TRAITÉ ÉLÉMENTAIRE
DE
LÉGISLATION INDUSTRIELLE

LES LOIS OUVRIÈRES

PAR

Paul PIC

PROFESSEUR DE LÉGISLATION INDUSTRIELLE
A LA FACULTÉ DE DROIT DE L'UNIVERSITÉ DE LYON
PROFESSEUR HONORAIRE A L'ÉCOLE SUPÉRIEURE DE COMMERCE

> Je crois qu'il y a au-dessus de nous, autour de nous, nous enserrant de toutes manières, une *solidarité naturelle* dont nous ne pouvons nous dégager. Nous naissons tous débiteurs les uns des autres.
>
> (LÉON BOURGEOIS).

Ouvrage récompensé par l'Académie des Sciences
Morales et Politiques
Prix Le Dissez de Penanrun, 1904

SIXIÈME ÉDITION

Entièrement refondue, et mise au courant de la Législation et de la Jurisprudence les plus récentes

FASCICULE I

PARIS
Librairie Arthur ROUSSEAU
ROUSSEAU & Cie, Éditeurs
14, RUE SOUFFLOT ET RUE TOULLIER, 13

1930

TRAITÉ ÉLÉMENTAIRE

DE

LÉGISLATION INDUSTRIELLE

LES LOIS OUVRIÈRES

[illegible]

[illegible]

[illegible]

TRAITÉ ÉLÉMENTAIRE
DE
LÉGISLATION INDUSTRIELLE

LES LOIS OUVRIÈRES

PAR
Paul PIC

PROFESSEUR DE LÉGISLATION INDUSTRIELLE
A LA FACULTÉ DE DROIT DE L'UNIVERSITÉ DE LYON
PROFESSEUR HONORAIRE A L'ÉCOLE SUPÉRIEURE DE COMMERCE

> Je crois qu'il y a au-dessus de nous, autour de nous, nous enserrant de toutes manières, une *solidarité naturelle* dont nous ne pouvons nous dégager. Nous naissons tous débiteurs les uns des autres.
>
> (LÉON BOURGEOIS).

Ouvrage récompensé par l'Académie des Sciences
Morales et Politiques
Prix Le Dissez de Penanrun, 1904

SIXIÈME ÉDITION

Entièrement refondue, et mise au courant de la Législation et de la Jurisprudence les plus récentes

---

PARIS
LIBRAIRIE NOUVELLE DE DROIT ET DE JURISPRUDENCE
ARTHUR ROUSSEAU, ÉDITEUR
14, RUE SOUFLOT ET RUE TOULLIER, 13

1930

DU MÊME AUTEUR

Ouvrages

Mariage et divorce en droit international et en législation comparée. Larose et Forcel, 1885, 1 vol. in-8° (épuisé).

Traité théorique et pratique de la faillite des sociétés commerciales. A. Rousseau, 1887, 1 vol. in-8°.

Traité des sociétés commerciales (Encyclopédie de droit commercial, fondée par E. Thaller), 3 vol. in-8°, 2e édit., 1926, A Rousseau, édit. Supplément en préparation.

La protection légale des travailleurs et le droit international ouvrier. F. Alcan, édit., 1 vol. in-18, 1909.

Les assurances sociales en France et à l'étranger. Alcan, édit., 1 vol. in-8°, 1913.

Des Sociétés à responsabilité limitée (en collaboration avec M. Baratin, libr. des Juris-classeurs, 1 vol. in-8°, 2e édit., 1929.

Syrie et Palestine. — *Mandats Français et Anglais dans le Proche Orient* (préface de M. le général *Gouraud*, dessins originaux de *G. A. Pic*, et une carte). Ed. Champion, édit., 1 vol. in-12, 1924. Supplément en préparation.

Principaux articles ou Brochures intéressant le Droit ouvrier.

La législation du travail en France (rapp. présenté au *Congrès intern., de lég. du travail de Bruxelles*). Weissenbruch, Bruxelles, et A. Rousseau, Paris, 1893, broch. in-8°.

La loi du 9 avril 1898 sur les accidents du travail (Extr. de la *Rev. d'écon. politique*). Larose, 1898, broch. in-8°.

Capacité civile des syndicats professionnels. La jurisprudence et le contrat collectif de travail (Extrait de la *Rev. trimestr. de dr. civil*). Larose, 1902, broch. in-8°.

Les syndicats de producteurs et la loi pénale (*Rev. polit. et parl.*, nov. 1902).

De la rupture ou de la suspension d'exécution du contrat de travail par l'effet des grèves ouvrières ou des lock-outs patronaux (Extr. de la *Rev. trim. de droit civil*). Larose, 1905, broch. in-8°).

Le congrès de l'Association internationale pour la protection légale des travailleurs (*Rev. de dr. intern. privé*, 1905, p. 259 et s.)

De la condition juridique des travailleurs étrangers en France (Extr. du *Journ. de droit intern. privé*). broch. in-8°, 1906.

Un voyage social en Grande-Bretagne, Lyon, 1907, broch. in-8°.

Le problème des assurances sociales (Extrait de la *Rev. écon. intern*). Bruxelles, 1909, broch. in-8°.

Le mouvement néo-corporatif en Allemagne et en Autriche. (*Rev. d'écon. politique*, avril 1909).

La main-d'œuvre étrangère en France (*Rev. écon. intern.*, nov. 1911).

La réforme du Code civil et le nouveau Code du travail (*Rev. trim. de dr. civil*, oct.-décembre 1911).

De la capacité juridique des syndicats professionnels (*Annales de droit commercial*, févr. 1912).

Les corporations germaniques (*Rev. polit. et parl.*, mai 1912).

La question du minimum légal de salaires dans l'industrie privée (*Rev. polit. et parl.*, sept. 1912).

L'évolution des lois européo-américaines en matière d'accidents du travail (*Rev. écon. intern.*, août 1913).

Vers la législation internationale du travail (*Rev. Gle de droit intern. publ.*, nov.-déc. 1913).

Les sociétés anonymes à participation ouvrière (Extr. du *Journ. des Soc.*), libr. du Rec. Sirey, édit., broch. in-8°, 1917.

Les questions ouvrières devant la Conférence de la paix (*Rev. bleue*, mars-avril 1919).

Législation sociale de la guerre, broch. in-8°, A. Rousseau, édit., 1919.

La journée de huit heures (*Rev. bleue*, oct. 1919).

La Conférence ouvrière de Washington et l'organisation internationale du travail (*Rev. bleue*, août 1921).

Une orientation nouvelle de notre législation économique. — La participation aux bénéfices et à la gestion dans quelques lois récentes (*Rev. d'écon. polit.*, 1921).

De la capacité juridique des syndicats professionnels d'après la loi du 12 mars 1920 (*Rev. des Soc.*, janv. 1922).

Le droit international ouvrier dans le traité de Versailles (*Rev. gén. de droit intern. public*, janv.-avril 1922).

Préface pour l'ouvrage de M. Saavedro Lamas sur *Les traités internationaux du type social*, 1923.

L'actionnariat ouvrier dans la législation française récente (*Rev. intern. du travail*, juin 1924).

Des voies de droit ouvertes, par la législation française récente, aux syndicats professionnels pour assurer le respect des contrats syndicaux (*Rev. intern. du travail*, juill. 1925).

Le projet de loi sur les assurances sociales au Sénat (*Dall. hebdom.*, n° 17 février 1927).

Vue synthétique sur l'œuvre de l'Organisation intern. du travail (*Rev. g^le de droit intern. public*, 1926, p. 246 et s.).

La protection des droits de l'inventeur salarié (*Semaine juridique*, 9 juin 1927).

La nouvelle législation anglaise des Trade Unions (*Dall. hebdom.*, 21 juillet 1927).

Le trade unionisme et l'Etat anglais (*Rev. écon. intern.*, avril 1928).

L'Organisation internationale du travail en 1928 ; les résultats obtenus, les écueils à éviter (*Rev. g^le de droit intern. public*, 1928, p. 781 et s.).

La crise économique anglaise et le mouvement trade unioniste (*Rev. de dr. commerc. et de dr. social*, anc. *Questions pratiques*, avril 1929).

Questions pratiques, droit ouvrier, économie politique et sociale, Revue trimest. dirigée par P. Pic, avec le concours de MM. Brouilhet, Bender, Amieux, de Maday et Gouachon :

1re série : A. Rousseau, édit. Paris, 15 vol. in-8°, 1900-1915.

2e série : Desvigne, et Bosc et Riou, édit. Lyon, 9 vol. in-8°, 1920-1928.

Les Questions pratiques ont fusionné, en 1929, avec le *Recueil de droit commercial et de droit social* (édit. des *Juris-classeurs*, Paris), dirigé par MM. Pic et Roger Picard.

Revue des questions ouvrières dans la *Revue politique et parlementaire, depuis* 1925.

Chronique de droit industriel dans les *Annales de droit commercial.*

Collaboration au *Recueil international de jurisprudence du travail* de Genève, fondé en 1925.

PRÉFACE DE LA SIXIÈME ÉDITION

La sixième édition de notre *Traité élémentaire de législation industrielle*, que nous publions aujourd'hui, est, à certains égards, un ouvrage nouveau.

Nous avons il est vrai conservé le cadre, l'armature générale de l'édition de 1922 ; mais de profonds remaniements ont dû y être apportés, tant à raison des nombreuses lois récentes, françaises et étrangères, promulguées depuis cette date, que des développements consacrés aux graves problèmes sociaux nés de la grande guerre de 1914-1918, ou des crises industrielles qui ont suivi la cessation des hostilités.

Abstraction faite d'une législation de guerre aujourd'hui périmée et à peu près abrogée, les caractéristiques de la législation ouvrière contemporaine sont les suivantes : — *a*) Tendance à l'unification des lois protectrices du travail, se manifestant dès avant la guerre par les conférences ouvrières de Berne (1906-1913), et s'affirmant, depuis la guerre, par l'insertion dans le traité de Versailles, du 28 juin 1919, de clauses relatives au travail. A peine ébauchée en 1921, l'Organisation internationale du travail est devenue l'un des rouages les plus vivants de la Société des Nations.

b) Evolution du syndicalisme, autonome en France, en Angleterre et en Allemagne, à base étatiste et corporative dans l'Italie fasciste.

c) Détermination de plus en plus stricte des conditions du travail, aboutissant en dernière analyse, sous la pression des organisations ouvrières, à la consécration légale de la journée de *huit heures* (L. du 23 avril 1919).

d) Réglementation de plus en plus complète, dans le cadre du Code du travail, du contrat de travail (1), notamment par l'effet d'une législation minutieuse sur le délai-congé. (Loi du 19 juillet 1928).

(1) Nous tenons à remercier ici publiquement notre distingué collaborateur des *Questions pratiques*, M. Bender, président du Conseil général et ancien député du Rhône, d'avoir bien voulu, comme pour les précédentes éditions, nous aider dans la révision des chapitres consacrés au contrat de travail.

e) Développement, surtout à l'étranger, des organes de conciliation et d'arbitrage.

f) Développement considérable des institutions d'économie sociale, en particulier des lois sur les assurances sociales et sur les habitations à bon marché (France, L. des 5 avril 1928 sur les assurances sociales, et 13 juillet 1928 — Loi Loucheur — sur les H. B. M. et logements moyens : — étranger, extension de l'assurance-chômage).

***

Le présent traité ne contient que la *Législation ouvrière* (réglementation administrative de l'industrie, protection légale des ouvriers ou employés, contrat de travail ou de salaire, conflits entre patrons et salariés, institutions dans l'intérêt des travailleurs, etc.), à l'exclusion de la *propriété industrielle*. La législation dite ouvrière constitue dès aujourd'hui une branche du droit autonome, très différente par son esprit (puisqu'elle n'est que de l'*économie sociale appliquée*), et par ses méthodes, de toutes les autres branches du droit, y compris la législation spéciale sur la propriété industrielle (droit industriel *stricto sensu*), qui offre au fond plus d'affinités avec le droit commercial.

Il y a donc tout avantage, et pour la clarté de l'exposition et pour l'unité scientifique de l'œuvre, à disjoindre la propriété industrielle de la législation ouvrière, au lieu de les confondre, comme on le faisait naguère, sous la dénomination générique de législation industrielle. Aussi avons-nous cru devoir, par l'adjonction à notre titre principal, commandé par les programmes officiels, de *Traité élémentaire de législation industrielle*, du sous-titre, « *Les lois ouvrières* », marquer clairement les limites dans lesquelles nous avons volontairement circonscrit nos recherches.

Il y aurait bien certaines réserves à formuler sur l'exactitude de ces termes : *législation ouvrière*, ou *lois ouvrières*. Il serait plus logique, semble-t-il, de dénommer *législation du travail* cette branche nouvelle de la législation économique ; attendu que les Parlements ont une tendance de plus en plus marquée, ainsi que nous le constaterons par la suite, à étendre aux salariés du commerce ou même de l'agriculture la réglementation primitivement édictée en faveur des seuls *ouvriers* de l'industrie. Mais l'expression de *législation ouvrière* est, dès aujourd'hui, consacrée par l'usage ; elle figure même dans les programmes des Ecoles techniques. Mieux vaut donc la conserver, étant bien entendu d'ailleurs que sa portée est plus large que ne semble l'indiquer la signification grammaticale des termes employés.

Le cadre de la législation ouvrière, ainsi entendue, s'est si démesurément élargi depuis quelques années qu'il était matériellement impossible de condenser, en un seul volume, un exposé embrassant à la fois la réglementation générale de l'industrie et l'étude des *règlements spéciaux à chaque nature d'industrie* (1). Du moins nous sommes-nous efforcé de décrire avec précision la réglementation d'ensemble, et de mettre en relief les caractères essentiels des règlements particuliers les plus importants. La bibliographie jointe à chaque chapitre permettra aisément à nos lecteurs de se reporter aux ouvrages

(1) Il existe notamment des réglementations spéciales sur les abattoirs, affichage et colportage, alcools, bières et boissons diverses (fabrication, circulation, débit), allumettes, appareils à vapeur, armes, billets de banque (fabrication, émission), boucheries et boulangeries, bougies, brocantage, bureaux de placement, cartes à jouer, chemins de fer et autres industries de transport, denrées alimentaires, eaux minérales, électricité, explosifs, établissements d'éclairage et chauffage par le gaz ou autres procédés, halles et marchés, houille blanche, huiles (végétales ou minérales ; fabrication, dépôts), magasins généraux, matières d'or et d'argent, mines, minières et carrières, monnaies, monopoles, navigation à vapeur (fluviale ou maritime) ; pharmacies, drogueries, sérums ; phosphore ; poids et mesures ; postes, télégraphes et téléphones ; presse, imprimerie et librairie ; professions bruyantes ; raffineries de sucre, de pétrole ; roulage ; soude (fabriques de) ; tabac ; travail pénitentiaire ; vinaigres, etc.

Pour le texte et l'analyse de ces règlements multiples, avec références aux règlements similaires étrangers, cons. notamment : Cohendy, *Recueil des lois industrielles* (avec des *notions de législation comparée*), 5ᵉ édit., 1912 ; Sumien et Groussier, *Code du travail*, 2 vol. 1912-1913 ; Massé et Bovier-Lapierre, *Législation du travail et prévoyance sociale*, 1919. — *Bulletin du Ministère du travail (français)*, paraissant depuis 1894 ; *Annuaire de la législation du travail* (publication annuelle de l'*Office du travail belge*, contenant les lois et règlements des divers pays depuis 1897) ; le *Bulletin de l'Office international du travail*, 1902-1919 ; Les *Lois nouvelles* ; Les lois annotées des Recueils de *Dalloz* et *Sirey* ; *les Codes du travail*, des *accidents du travail* et des *retraites ouvrières* de la petite collection *Dalloz* ; le *Répertoire Fuzier-Hermann* (Sirey), et celui de la *Gazette du Palais*. — Cf. *Répertoire pratique Dalloz*, 12 vol. et *Suppl.*, t. 1er. — V. aussi les nombreuses publications et enquêtes du *Bureau international du travail* de Genève, constitué en 1920. — La *Série législative* publiée par le Bureau, depuis 1920, fait suite au *Bulletin* précité de l'*Office international du travail*, qui a cessé de paraître. — Cons. spécialement : Les sources et l'interprétation de la législation du travail en France, par Lambert, Pic et P. Garraud (*Rev. intern. du trav.*, Juin 1920).

spéciaux, pour une documentation plus minutieuse, ou pour les détails techniques qui ne sauraient trouver place dans ce volume.

Bien que nous ayons dû, chemin faisant, toucher aux problèmes les plus brûlants de la politique sociale contemporaine, l'on ne trouvera ici, croyons-nous, aucun écho des passions qui agitent notre pays. L'impartialité la plus absolue a été notre loi : sur chacun de ces problèmes, nous avons exposé ce que nous considérons, à tort ou à raison, comme la vérité scientifique, en éliminant de parti pris tout ce qui pourrait donner à notre démonstration une allure de polémique, personnelle ou même doctrinale.

Nous ne saurions nous flatter d'y avoir réussi, vu l'extrême difficulté de la tâche ; mais notre bonne foi a été complète, et nous espérons que nos lecteurs et nos critiques voudront bien nous en donner le témoignage.

P. Pic.

Lyon, 1er Octobre 1929.

INTRODUCTION

CHAPITRE PREMIER

DOMAINE PROPRE DE LA LÉGISLATION INDUSTRIELLE ET OUVRIÈRE

1. — **Définitions.** — L'industrie, dans son acception économique la plus large, est l'ensemble des travaux productifs de l'homme, ou, plus exactement, l'ensemble des travaux de l'homme appliqués à la matière ; par opposition aux travaux intellectuels ou scientifiques, qui peuvent contribuer puissamment sans doute à la création de la valeur, mais qui ne la créent pas directement.

J.-B. Say et la majorité des économistes divisent l'industrie en trois branches : industrie agricole, industrie manufacturière et industrie commerciale.

1° L'industrie *agricole* comprend tous les travaux au moyen desquels on extrait, avec ou sans culture, les matières premières et les produits naturels (agriculture, chasse et pêche, mines, minières et carrières). En réalité, cette première branche comprend deux groupes bien distincts, régis par une législation très différente : l'industrie agricole, *stricto sensu*, et l'industrie extractive.

2° L'industrie *manufacturière* a pour caractère distinctif la transformation des matières premières en produits nouveaux, adaptés aux besoins de la civilisation.

3° L'industrie *commerciale*, ou industrie des échanges, met à la disposition des consommateurs, soit les matières premières, soit les produits fabriqués, en les transportant là où ils sont demandés, mais sans leur faire subir aucune transformation.

L'industrie des transports n'est qu'un sous-groupe de cette troisième branche.

2. — Il convient d'ailleurs de noter que la ligne de démarcation entre ces trois branches d'industrie n'est pas toujours facile à tracer, et qu'en pratique elles se pénètrent mutuellement, si intimement parfois qu'il est souvent difficile de déterminer le véri-

table caractère de telle opération industrielle donnée : détermination nécessaire cependant, l'industrie agricole, à la différence des deux autres, n'ayant pas le caractère commercial.

Souvent, en effet, l'agriculteur se fait manufacturier ; il crée sur son domaine des distilleries ou des raffineries et livre au consommateur ses produits transformés ; il en est de même des exploitations minières qui, d'ailleurs, sont aujourd'hui commercialisées (loi du 9 sept. 1919). D'autre part, le manufacturier se charge fréquemment de vendre lui-même et de transporter ses produits, de même qu'à l'inverse le commerçant fait souvent subir des transformations aux produits manufacturés.

Toutes les branches de l'industrie sont donc solidaires les unes des autres, et ce lien qui les relie rend particulièrement délicate la tâche du législateur et de l'interprète. Il est souvent difficile, en effet, en présence d'une réglementation édictée spécialement en vue de l'industrie manufacturière, par exemple, de déterminer dans quelle mesure cette réglementation doit être étendue aux industries commerciales. Ainsi s'expliquent ces changements fréquents de législation, dont la caractéristique est une tendance de plus en plus accusée du législateur à briser les cadres anciens, et à soumettre à une législation uniforme, au moins dans ses grandes lignes, les diverses formes de l'activité économique (1).

3. — Extension progressive du domaine de la législation industrielle. — En Allemagne, notamment, cette évolution est bien près d'être achevée : c'est ainsi que les lois allemandes sur les assurances ouvrières font participer l'employé de commerce et l'ouvrier agricole, sous certaines restrictions, au bénéfice d'une réglementation spéciale à l'origine aux ouvriers d'usine.

D'autre part, les diverses lois édictées entre 1900 et 1908, incorporées à la *Gewerbeordnung* de 1891, sont venues étendre aux employés de commerce, sous certaines modifications, la réglementation primitivement édictée en faveur des ouvriers de fabrique. Depuis peu, l'Allemagne a même doté l'agriculture d'un Code du travail (loi du 30 janv. 1919).

Dans le même ordre d'idées, il est intéressant de constater que la loi *anglaise* du 29 mars 1912 s'applique aux industries de l'alimentation, et *même aux magasins* de gros ou de détail. Il en est de

(1) C'est ce que met très nettement en relief M. Scelle, dans les conclusions de son *Précis élémentaire de législation industrielle* (1 vol. in-16, 1927) : « Nous avons dit au début de ce livre que la législation *ouvrière* constituait un « droit de classe ». Or son extension progressive à la grande majorité des citoyens actifs, y compris les professions libérales, les salariés de l'Etat, tend à lui rendre sous une forme nouvelle les caractères d'un droit commun... ».

même aux Etats-Unis et dans la plupart des colonies britanniques autonomes.

4. — En *France*, l'évolution est un peu moins avancée, et la législation industrielle, telle qu'elle se comporte encore aujourd'hui, est plus spécialement relative à l'industrie manufacturière.

Néanmoins, il n'est pas douteux que cette branche du droit empiète de plus en plus sur le domaine de l'industrie commerciale ou même agricole.

5. — Cette proposition est évidente si l'on croit devoir faire rentrer dans la législation dite industrielle l'étude de la *propriété industrielle.* Celle-ci, en effet, ne comprend pas seulement les marques de fabrique et les dessins ou modèles de fabrique ; elle englobe également les brevets d'invention, qui peuvent s'appliquer à des inventions concernant les industries agricoles, extractives ou commerciales, les marques de commerce, le nom commercial, et la théorie d'ensemble de la concurrence déloyale.

6. — **Champ d'application de la législation dite ouvrière ou législation du travail : ouvriers d'usine et ouvriers ruraux, employés de commerce.** — Même pour ceux qui, comme nous, limitent le domaine de la législation industrielle à l'étude des lois réglementant le travail, il est manifeste que, même en droit français, cette réglementation a dès aujourd'hui un champ d'application beaucoup plus large que l'industrie manufacturière. C'est ainsi que l'on doit rattacher à la législation industrielle tous les règlements propres à assurer l'hygiène et la sécurité de l'ouvrier, sans distinction entre l'ouvrier mineur et l'ouvrier d'usine ; c'est ainsi que les syndicats professionnels ont pour objet non seulement la défense des intérêts industriels, mais aussi celle des intérêts commerciaux et agricoles ; d'où il suit qu'ils peuvent se constituer non seulement entre patrons ou entre ouvriers d'usine, mais entre commerçants ou employés de commerce, entre agriculteurs ou travailleurs agricoles.

La même observation pourrait être faite pour la plupart des lois ouvrières promulguées dans la dernière décade du XIXe siècle, notamment pour les lois du 27 décembre 1892 sur la conciliation et l'arbitrage entre patrons et ouvriers *ou employés*, — du 12 janvier 1895 sur la saisie-arrêt des salaires *et petits traitements*, du 30 juin 1899 sur les accidents *agricoles*, — du 29 décembre 1900 fixant les conditions du travail des femmes *employées dans les magasins.*

7. — Plus significatives encore, dans cet ordre d'idées, sont les lois ouvrières du début du XXe siècle, partiellement incorporées

au Code du travail : du 11 juillet 1903 sur l'extension, aux établissements commerciaux, des prescriptions de la loi de 1893 sur l'hygiène et la sécurité des ateliers ; des 12 avril 1906 tendant à étendre la législation des accidents du travail aux entreprises commerciales ; 5 août 1922 (accidents agricoles), 2 août 1923 (gens de maison) ; du 13 juillet 1906 sur le repos hebdomadaire ; des 27 mars 1907, 3 juillet 1919 et 30 mars 1920 sur les Conseils de prud'hommes (Décret-loi 20 novembre 1926) ; des 27 novembre 1909, 17 juin 1913, 23 janvier 1919 et 4 janvier 1928, sur la protection des femmes en couches ; du 7 décembre 1909 sur le paiement des salaires des ouvriers *et employés* : du 5 avril 1910 sur les retraites ouvrières et *paysannes* ; des 2 avril 1914, 18 oct. 1917 et 1er février 1928 sur le cautionnement des ouvriers *et employés* ; du 25 mars 1919 sur les conventions collectives de travail ; du 23 avril 1919 sur la journée de huit heures ; du 5 avril 1928 sur les assurances sociales ; des 30 juin et 19 juillet 1928, modificatives du code du travail (déclaration obligatoire des établissements industriels et commerciaux, délai-congé) du 18 janvier 1929 sur l'apprentissage *agricole*.

8. — **Petite bourgeoisie, artisanat. — Protection des classes moyennes.** — Nous assistons même aujourd'hui à un mouvement d'opinion, très symptomatique, dans le sens d'une assimilation, à certains égards, du travail intellectuel au travail manuel. C'est ainsi que la loi du 12 janvier 1895, citée plus haut, ne protège pas seulement contre la saisie les salaires des ouvriers et gens de service, mais aussi les appointements ou traitements des employés, commis *ou fonctionnaires* jusqu'à concurrence d'une certaine somme ; que, d'autre part, la loi du 12 mars 1920 reconnaît formellement aux personnes exerçant des professions libérales, la faculté de former entre elles des syndicats professionnels, enfin que la loi Loucheur, du 13 juillet 1928, établissant un programme de construction, vise concurremment les habitations à bon marché et les logements à *loyer moyen*.

Ce mouvement est même plus accentué en certains pays étrangers qu'en France, spécialement en Belgique, où la protection des intérêts de la *petite bourgeoisie* (petit commerce, petits ateliers, fonctionnaires subalternes, etc.), et plus généralement de la classe moyenne, prise comme dans un étau entre la féodalité capitaliste et le prolétariat, a déjà fait l'objet de plusieurs Congrès intéressants (1).

(1) Aux Congrès nationaux (Anvers, 1899, Namur, 1901) ont succédé, à la suite de la création en 1903, à Bruxelles, de l'*Institut international pour l'étude du problème des classes moyennes*, les Congrès internationaux : Liège, 1905, Vienne, 1908, Paris, novembre 1910 ; Munich, sept. 1911, etc...

En France, le petit commerce n'a pas encore de représentation officielle, mais il tend depuis quelques années à s'organiser fortement sous l'impul-

A cet ordre de préoccupations a correspondu la création, à Bruxelles, auprès du Ministère de l'industrie et du travail, d'un *Office des classes moyennes*, remplacé en 1908 (arrêté du 25 mars) par l'*Office des métiers et négoces*. Cet office a pour mission essentielle d'organiser des enquêtes sur toutes les questions intéressant la petite industrie et le petit commerce, et de rechercher les moyens légaux susceptibles de fortifier leur situation économique, considérée comme un élément de conservation sociale.

Signalons d'un mot, parmi ces moyens, l'adaptation du crédit aux besoins de ce petit commerce et de cette petite industrie plus durement frappés par la guerre et la crise économique que les classes ouvrières ou paysannes (L. franç. des 13 mars 1917 et 7 août 1920. — Cf. sur le *crédit populaire, agricole et hôtelier* en France : L. de fin. des 30 juin 1923 et 19 déc. 1926, et décr.-loi du 9 août 1926 sur le *crédit mutuel* ; sur le crédit à *l'artisanat*, le décr. du 14 déc. 1925. — A signaler aussi, parmi les lois françaises récentes inspirées du même esprit : la loi du 27 déc. 1923 sur *l'aide à l'artisanat*, et la loi du 26 juillet 1925 sur les *Chambres de métiers*.

A enregistrer enfin, sur le plan international, la création à Paris, en 1926, de l'*Institut international de coopération intellectuelle*, centre de recherches et d'enquêtes, rattaché à la S. D. N., en vue d'améliorer la condition des auteurs, artistes, inventeurs et savants de tous ordres (Quest. pratiques, 1926, p. 371). — Cf. les dispositions relatives à l'inventeur salarié incluses dans le projet de loi sur les brevets d'invention (*Quest. Pratiques*, 1928, p. 83).

9. — Il faut voir, dans cet assouplissement des cadres législatifs anciens, un effet naturel des doctrines démocratiques, spécialement des doctrines de *solidarité* dont nous parlons plus loin : doctrines qui inspirent aujourd'hui la plupart des Parlements et les induisent à atténuer les inégalités sociales, en tant du moins que cette atténuation se concilie avec le maintien de l'ordre social actuel et

sion de plusieurs fédérations importantes, telles que la *Fédération des commerçants détaillants*, la *Confédération des groupes commerciaux*, etc., qui tiennent des Congrès périodiques. La petite industrie de métier groupée autour de la *Confédération générale de l'Artisanat*, qui elle aussi, a son Congrès annuel depuis 1922, a pour organes reconnus les *Chambres de métiers* (L. du 26 juillet 1925).

Pour l'étude de la question, tant en France qu'à l'étranger, cons. notamment : Brants, *La petite industrie contemporaine*, 2° édit., Paris, 1902 ; M. Bourguin, *Les systèmes socialistes et l'évolution économique*, 1 fort vol. in-8, 3° édit., Paris, 1907 (chap. XII et annexe IV) ; G. Blondel, *Le problème des classes moyennes* (*Questions pratiques de législation ouvrière et d'économie sociale*, 1909, p. 16, 89 et s.) ; De Royer de Dour, *L'Office belge des métiers et négoces* (*Réf. soc.*, 1er déc. 1910) ; Martin Saint-Léon, *Le petit commerce français, sa lutte pour la vie*, Paris, 1911 ; Barraud, *Les Chambres de métiers en France*, 1925.

le respect de la propriété individuelle.

Socialement, et économiquement, la nature du travail fourni importe peu : c'est en vue de la personne du travailleur, salarié ou même travailleur autonome, que les lois réglementaires sont édictées. Toutes les fois qu'il constate une rupture d'équilibre au préjudice de telle ou telle classe de citoyens, l'Etat moderne intervient pour rétablir l'égalité en jetant le poids de son autorité dans l'autre plateau de la balance ; les lois fiscales récentes (taxes successorales, impôt global sur le revenu.), répondent au même objectif que les lois ouvrières proprement dites.

10. — Le domaine propre de la législation industrielle, telle que nous la concevons, étant ainsi délimité, il nous paraît essentiel de dégager, dans une introduction d'ensemble, avant d'aborder le commentaire des lois positives, les principes économiques qui dominent cette branche du droit, et de mettre en relief les causes du développement simultané de la législation ouvrière dans tous les pays industriels. Nous esquisserons ensuite, à grands traits, l'histoire de cette évolution, depuis ses origines jusqu'à l'époque actuelle (1929).

Cette double enquête, économique et sociale d'abord, historique ensuite, enquête d'ailleurs sommaire vu l'exigence de notre cadre, fera l'objet des deux chapitres suivants.

CHAPITRE II

ESPRIT DE LA LÉGISLATION OUVRIÈRE. — ROLE DE L'ÉTAT DANS LA RÉGLEMENTATON DU TRAVAIL : SOCIALISME, INDIVIDUALISME, SOLIDARISME.

SECTION PREMIÈRE. — Abus de la libre concurrence. — Nécessité croissante d'une intervention législative.

11. — Caractères dominants de l'évolution industrielle au XIXe et au début du XXe siècle. — Trois faits essentiels caractérisent l'évolution de l'industrie manufacturière au XIXe et au début du XXe siècle : — 1° l'industrie s'y est développée sous un régime de libre concurrence presque absolue, succédant brusquement à l'organisation corporative, complétée par tout un système de privilèges royaux.

12. — 2° Ce régime de libre concurrence, stimulé par l'accroissement prodigieux des moyens d'action dont l'industrie pouvait disposer, grâce au développement de *machinisme* (1), a eu pour conséquence de concentrer la production en un petit nombre de mains. A cette multitude de petits ateliers corporatifs, qui fonctionnaient encore du XVIIIe siècle, et même au début du XIXe, a succédé le régime de la *grande industrie :* régime caractérisé par ces usines colossales, constituées le plus souvent sous la forme de sociétés par actions, qui emploient des armées d'ouvriers, drainent les capitaux disponibles et en restituent le produit sous forme de dividendes, non pas à la masse des travailleurs, mais aux capitalistes privilégiés qui ont pu confier leur épargne ou leur superflu aux fondateurs de ces vastes entreprises.

Ainsi s'est constituée peu à peu, dans l'ordre de l'industrie, une sorte de féodalité capitaliste, analogue à la féodalité commerciale des *grands magasins*, si redoutés du petit commerce, ou à la féodalité financière de ces sociétés de banque, dont le capital se chiffre par des centaines de millions, les disponibilités par milliards, et qui traitent avec les Etats en quête d'argent de puissance à puissance (2).

(1) G. Reboud, *Précis d'économie politique*, I., 1925 (chap. intitulé *Le machinisme*).

(2) Sur ce phénomène de concentration et ses progrès aux XIXe et XXe siècles, que nous retrouverons *infra* à propos des *trusts*, cons. notamment : Bourguin, *op. cit.*, chap. XI ; Passama, *L'intégration du travail, formes nouvelles de concentration industrielle*, 1910 ; Fontaine, March, Sayous, de Rousiers

Assurément, cette prétendue féodalité nouvelle est infiniment plus démocratique que ne veulent le reconnaître les ennemis du capital, puisque chacun peut apporter sa modeste contribution à la fondation de ces puissantes sociétés, et qu'il n'est pas rare de voir de simples ouvriers transformer leurs économies en actions ou obligations, et passer ainsi dans la classe des capitalistes. Mais il faudrait faire preuve d'un optimisme outré pour ne pas constater que le régime industriel moderne est loin d'avoir contribué au nivellement des fortunes privées, et qu'il a au contraire favorisé — plus encore dans le Nouveau-Monde qu'en Europe — la constitution rapide de fortunes immenses. Celles-ci, même lorsqu'elles semblent légitimement acquises, excitent fatalement l'envie et provoquent des revendications véhémentes, sinon justifiées.

13. — 3° Un troisième fait, corollaire des deux autres, et le plus grave peut-être au point de vue social, c'est la rupture des anciens cadres dans lesquels se mouvait l'industrie, et la disparition de cette solidarité réelle qui, sous *l'ancien régime*, unissait le plus souvent le patron à l'ouvrier ou à l'apprenti. Dans la *grande industrie*, la distance est immense entre le patron et la multitude des salariés ; le plus souvent d'ailleurs, le patron est un être impersonnel, une société, fédération anonyme de capitaux. Dans une telle organisation, l'antagonisme entre le capital et le travail risque de s'accentuer, de s'envenimer et d'aboutir à des grèves, parfois à des violences sanglantes, qu'une législation prévoyante pourrait prévenir, semble-t-il, en interposant entre les deux forces rivales un pouvoir conciliateur et arbitral.

14. — Les conflits sociaux. — Nous assistons en effet aujourd'hui, dans le milieu industriel, à une triple lutte, lutte acharnée et dangereuse pour l'ordre social : — 1° lutte internationale entre les industriels des différents pays, qui, secondés par leurs gouvernements respectifs, cherchent à monopoliser pour eux-mêmes les marchés intérieurs, et à déverser le trop-plein de leurs produits sur les marchés étrangers (1) ; — 2° lutte intestine entre les industriels

et Weiss, *La concentration des entreprises*, 1913 ; Brouilhet, *Précis d'économie politique*, 1912, p. 366 et s. ; Perreau, *Cours d'économie politique*, I, 3ᵉ éd., 1925 ; Truchy, *Cours d'économie politique*, I, 3ᵉ éd., 1929 (chap. sur *La concentration des entreprises*). V. aussi dans notre *Traité des soc. commerciales*, t. Iᵉʳ, 2ᵉ éd., (A Rousseau, 1926) le chap. intitulé : *Fonction économique du contrat de société*, nᵒˢ 85 et s.

(1) Sur les efforts de la *Société des Nations* pour atténuer les effets nocifs de cette rivalité, préparer une répartition rationelle des matières premières et des industries de transformation, et abaisser les barrières douanières, cons notamment : Scelle, *La conférence économique internationale* (Rev. politique et parlementaire, Juin 1927), et les docum. cités *infra* n° 185. — Sur la Conférence pour *la liberté des échanges internationaux*, complément de la

d'un même pays, entre la grande industrie, puissamment outillée, et la petite industrie, écrasée par la concurrence (1) ; — 3° lutte de classes, exaspérée par la grande guerre, entre les chefs d'industrie et les ouvriers (le quatrième état), qui prétendent à une rémunération plus équitable, et réclament comme un droit d'être admis au partage des richesses créées par leur travail (participation aux bénéfices et même à la gestion).

15. — Nécessité de l'intervention législative. — L'on a pu, sans doute, exagérer le mal, assombrir les couleurs du tableau. Mais le mal existe, la lutte est manifeste, dans les principaux centres industriels, entre le capital et le travail, et elle était parvenue, en plusieurs pays, à un état si aigu, que le législateur a dû se préoccuper, dans l'intérêt de la paix sociale, d'y mettre fin par une législation nettement interventionniste. Placés en présence d'une *question ouvrière* de plus en plus menaçante, la plupart des Parlements ont compris que le procédé commode de l'abstention systématique était irrévocablement condamné, car il risquait de conduire les Etats à des crises sociales redoutables.

Les faits ont été plus forts que les théories ; l'interventionnisme l'a définitivement emporté, et les Etats qui ont accepté la tactique nouvelle n'ont certes pas eu à s'en repentir. Il suffit pour s'en convaincre de comparer la prospérité, à la veille de la guerre de 1914-18, des Etats possédant une législation réglementaire plus ou moins complète, tels que l'Allemagne (2), l'Angleterre, la Belgique, la Suisse ou les Etats-Unis (sans parler de la France), à la situation précaire de certains Etats demeurés trop longtemps fidèles à l'abstentionnisme, tels que l'Espagne (3).

Conférence économique et tenue également à Genève, en Octobre-Novembre 1927, cons. les chroniques du *Temps* et des *Débats*, et les *Questions pratiques*, 1928, p. 178.

(1) « Pour les industries abandonnées à la concurrence et qui fabriquent l'article courant, faisait justement remarquer M. Richard Waddington au Sénat, lors de la discussion de la loi sur le travail des enfants et des femmes (séance du 21 mars 1892), il faut une règle générale, sans quoi elles se trouvent dans un état d'infériorité qui, dans un moment de *concurrence aiguë*, ne leur permet pas de subsister ». Sur les mesures de protection à prendre dans l'intérêt de la classe ouvrière, cons. : R. Hoffherr, *Les aspects sociaux du mouvement de rationalisation* (Quest. pratiques, 1928, p. 49 et s.).

(2) Comp. notamment : Blondel, *L'essor industriel et commercial du peuple allemand*, 2e éd., 1901.

(3) Sur les conséquences lamentables pour la classe ouvrière *espagnole* de cette absence de protection légale, cons. notamment le rapport présenté par M. *J.-M. Delas*, avocat à Barcelone, au *Congrès international de législation du travail* de Bruxelles de 1897 (*Congrès de Bruxelles*, rapp. et comptes rendus, p. 121). — Cons. aussi, sur la situation précaire des classes ouvrières en *Italie* il y a quelques années, faute d'une réglementation

16. — Tendances dominantes de la législation ouvrière contemporaine. — Dans cette voie de la réglementation, les différentes législations n'ont pas marché du même pas, les unes procédant par étapes, d'autres s'engageant résolument, comme les lois australiennes, dans une voie confinant au socialisme pur. Mais il n'est cependant pas impossible de discerner les tendances dominantes, les idées directrices dont elles se sont généralement inspirées.

Ces tendances sont celles des écoles interventionnistes, aux nuances variées, mais dont le caractère commun est un effort continu en vue de réaliser sans bouleversement social, par la coopération de l'Etat et de l'initiative privée, la partie pratique et utile des revendications socialistes.

Ces écoles n'ont pas la prétention chimérique de résoudre de front la *question sociale*, ou problème de l'inégalité des conditions : problème aussi vieux que la civilisation elle-même, et apparemment insoluble, malgré la multitude des systèmes éclos dans le cerveau des philosophes et réformateurs sociaux depuis Platon dans l'antiquité, et Thomas Morus au XVIe siècle, jusqu'à Babeuf, Saint-Simon, Fourier et autres au commencement du XIXe siècle, sans parler des théories socialistes ou communistes contemporaines.

Mais leur ambition très légitime est de substituer progressivement, sans soubresauts brusques, à l'ordre naturel qui demeure l'idéal des économistes libéraux, un ordre légal, moralement et pratiquement supérieur (1).

suffisante, le rapport de M. *Nitti*, professeur à l'Université de Naples, au même Congrès (p. 293). Il n'est que juste d'ailleurs de reconnaître que, depuis quelques années, des efforts considérables ont été faits, par le législateur italien ou espagnol, pour doter ces deux pays d'une législation ouvrière efficace.

Cons. également, en sens divers, sur la question ouvrière en Europe et en Amérique : René Lavollée, *Les classes ouvrières en Europe*, 3 vol. ; Levasseur, *Questions ouvrières et industrielles en France sous la troisième République*, 1 fort vol. in-8, 1907 ; Weill, *Histoire du mouvement social en France* (1852-1910), 1 vol. in-8, 2e éd., 1910 ; C. Brouilhet, *Les classes ouvrières sous la Troisième République*, broch. 1908 ; Eblé, *La question sociale d'aujourd'hui*, 1923.

(1) Sur la nécessité de la réglementation, cons. notamment : Raoul Jay, *La protection légale des travailleurs*, 1 vol. in-8, 2e édit., 1910 ; Pic, *La protection légale des travailleurs et le droit international ouvrier*, 1 vol. in-8, Alcan, 1909 ; Millerand, *Travail et travailleurs*, 1908. — V. aussi Bry et Perreau, *Cours élém. de législation industrielle*, 6e édit., 1921 ; M. Dufourmantelle, *Précis de législation industrielle* ; B. Raynaud, *Manuel de législation industrielle*, 1922 ; Bovier-Lapierre, *Législation du travail*, 1927 ; Capitant et Cuche, *Précis de législation industrielle*, 1927 ; de Maday, *Législation sociale comparée, Droit ouvrier*, Genève, 1917 ; Scelle, *Le droit ouvrier*, 1922, et *Précis de législation industrielle*, 1927. — Cf. Truchy, *op. cit.*, II, 2e éd., 1927, p. 340 et s. ; Gide, *Prin-*

A ce point de vue, l'*interventionnisme* nous apparaît comme une solution transactionnelle entre les utopies socialistes et l'optimisme individualiste, également dangereux, à notre avis, pour l'ordre social. Nous nous appliquerons, dans le paragraphe suivant, à synthétiser ces tendances, en les rapprochant des conclusions des autres écoles.

17. — Difficultés d'une classification rationnelle des écoles. — Le cadre de cet ouvrage ne nous permet même pas de tenter l'analyse, avec les développements qu'elle comporterait, des systèmes ou doctrines relatifs au rôle de l'Etat en matière sociale (1).

Il est d'ailleurs très malaisé d'établir une classification des écoles qui ne soit pas arbitraire et fausse à certains égards. Rien n'est plus facile assurément que d'opposer l'un à l'autre les représentants de deux écoles extrêmes, Karl Marx à Bastiat, Jaurès, Blum ou Cachin à Paul Leroy-Beaulieu par exemple ; mais rien n'est plus délicat que de déterminer les nuances, souvent fuyantes, qui différencient les écoles d'un même groupe, voire même de tracer une ligne de démarcation entre deux groupes, entre le groupe libéral et le groupe interventionniste par exemple, ou entre ce dernier et le groupe socialiste.

Les théories absolues sont en effet aujourd'hui en une singulière défaveur ; et l'influence des méthodes d'observation scientifique, ainsi que des doctrines évolutionnistes, est telle, depuis quelques années, qu'à l'exception de quelques intransigeants, les économistes les plus imbus des méthodes aprioristes de l'école libérale se défendent de tout exclusivisme (2) et en viennent à de sérieuses

cipes d'économie politique, 1 vol. in-16, 25e édit., 1926. — V. aussi Grandin, *Bibliographie générale*, t. 2, v° législation ouvrière, 1927.

(1) Cons. notamment, pour l'exposé des principales doctrines économiques : Ingram, *Histoire de l'économie politique*, trad. de Varigny, 1893 ; H. Denis, *Histoire des systèmes économiques et socialistes*, 2 vol. parus, 1904, 1907 ; Cossa, *Histoire des Doctrines économiques*, trad. Bonnet, préf. de Deschamps, 1899 ; Dubois, *Histoire des Doctrines économiques*, t. 1er, 1905 ; Chatz, *L'individualisme économique et social*, 1 vol. in-8, 1907 ; Béchaux, *Les écoles économiques au XXe siècle*, 3 vol., 1917 ; Gide et Rist, *Histoire des doctrines économiques depuis les physiocrates jusqu'à nos jours*, 1 vol. in-8, 5e édit., 1926 ; Brouilhet, *Le Conflit des doctrines dans l'économie politique contemporaine*, in-8, 1910 ; R. Gonnard, *Histoire des doctrines économiques*, 3 v., 1921-22 ; Totomiantz, *Histoire des doctrines économiques et sociales*, 1922 ; Garriguet, *Question sociale et écoles sociales*, 1924 ; Pirou, *Histoire des doctrines économiques en France depuis* 1870, 1925. V. aussi ; Cauwès, *Cours d'économie politique*, 3e édit., 1893, t. IV, appendice ; Schönberg, *Handbuch der politischen Œkonomie* (en collabor. avec Conrad, Kohler, Lexis, Neumann, von Scheel, Wagner, etc.), 4e édit., Tübingen, 1896 ; Gide, *Cours d'économie politique*, 2 vol. 9e édit., 1926 ; Anslaux, *Traité d'économie politique*, T. III, 1926. — *Revue d'histoire des doctrines économiques et sociales*, par Deschamps et Dubois.

(2) Compar. notamment, dans l'œuvre considérable d'un des maîtres incon-

concessions sur le terrain du droit d'intervention de l'Etat.

Ce mouvement des libéraux dans le sens de l'intervention, coïncidant avant la guerre avec un mouvement de recul assez marqué des socialistes, dont plusieurs chefs incontestés, sans abandonner leurs visées de reconstruction sociale, consentaient à donner le pas aux réformes pratiques, préconisées par l'école interventionniste, avait sur certains points rapproché les distances, dissipé certaines équivoques, et préparé un terrain d'entente sur un programme minimum de réformes législatives (1). L'intransigeance des néo-communistes, à tendances bolchevistes, adhérents de la 3e Internationale, serait, il est vrai, susceptible de creuser à nouveau un fossé profond entre la bourgeoisie et le prolétariat ; mais leur force réelle ne se mesure nullement à la violence de leurs anathèmes.

18. — Ces considérations nous dispensent d'étudier longuement les différentes écoles. Il nous suffira d'en esquisser les tendances générales, afin de dégager les points de divergence qui les séparent, ainsi que les questions sur lesquelles l'accord peut dès aujourd'hui être considéré comme réalisé, ou comme aisément réalisable.

Les écoles économiques au point de vue de leurs méthodes. — 19. — Les écoles économiques peuvent être étudiées, soit au point de vue extrinsèque (leurs *méthodes*), soit au point de vue du fond (leurs *tendances*). C'est à ce second point de vue que nous nous placerons, écartant à dessein toute classification basée sur les mé-

testés de l'école libérale française, Paul Leroy-Beaulieu : *L'Etat moderne et ses fonctions*, 2e édit., 1891, d'un libéralisme presque intransigeant, aux premiers chapitres de son *Traité d'économie politique*, postérieur de quelques années (1re édit., 1896). L'évolution est très sensible, surtout dans la 5e édit., 1911.

(1) Comp. sur ce mouvement, nettement caractérisé en France par les polémiques Millerand-Jaurès en 1901, J. Guesde-Jaurès en 1907, en Allemagne par le cas Bernstein, en Italie par l'incident Turati-Ferri ; — Kautsky, *Le marxisme et son critique Bernstein*, 1899 ; Bourdeau, *L'évolution du socialisme*, 1 vol. 1901 ; Millerand, *Socialisme réformiste*, 1903, etc. ; Georges Renard, *Le régime socialiste*, 3e édit., 1903 ; Fournière, *La crise socialiste*, 1908. — Assurément, les doctrines primitives de la *Confédération générale du travail*, sur l'antipatriotisme, l'action directe et la grève générale, confinaient à l'anarchie (V. Brouilhet, *op. cit.*, p. 245). Mais cette attitude outrancière comporte, dans la pratique certains tempéraments ; la C. G. T. a fortement évolué, et la résistance énergique de l'Internationale syndicaliste d'Amsterdam, ainsi que de la plupart des socialistes parlementaires français, Sembat, Blum, etc., aux injonctions hautaines de Moscou (Congrès socialiste de Tours, déc. 1920), démontre que l'extrémisme soviétiste se heurte en France, et même dans toute l'Europe occidentale, à de vives résistances. — Cf Jouhaux, *Le syndicalisme et la C. G. T.*, 1920. V. *infra*, n° 521.

thodes, attendu qu'elle ne pourrait nous fournir aucun critérium bien certain.

20. — **Méthode mathématique.** — Ainsi, la méthode mathématique (1), préconisée jadis en France par Cournot et Dupuit, reprise et perfectionnée par Gossen en Allemagne, Stanley-Jevons en Angleterre, et dont les principaux représentants sont à l'heure actuelle, depuis le décès de Walras (1910), et de Vilfredo Pareto (1923), Edgeworth et Marshall en Angleterre, Pantaleoni en Italie, Auspitz et Lieben en Allemagne, Fisher aux Etats-Unis, Colson et Aupetit en France, cette méthode, dis-je, n'exerce aucune influence bien définie sur les tendances de ceux qui l'emploient, principalement ou accessoirement. Il suffit, pour s'en convaincre, de remarquer que Walras s'est orienté dans le sens collectiviste (2), tandis que Marshall et plusieurs autres, Colson notamment, restent fidèles aux doctrines libérales.

21. — **Méthode psychologique (école autrichienne).** — La même observation pourrait être faite au sujet de la méthode psychologique mise en honneur par l'école autrichienne, dont les déductions rigoureuses se rapprochent par leur précision de celles de l'école mathématique (3). Les principaux représentants de l'école admettent l'intervention de l'Etat dans une certaine mesure ; mais il n'y

(1) Parmi les principaux ouvrages procédant de cette méthode, cons. principalement : Cournot, *Recherches sur les principes mathématiques de la théorie des richesses*, 1833 ; Stanley-Jevons, *The theory of political economy*, 2e édit., Londres, 1879 ; Walras, *Eléments d'économie politique pure*, 1re édit., Lausanne, 1874, 5e édit., 1925 (et abrégé du même ouvrage par Antonelli, 1914) ; Vilfredo-Pareto, *Cours d'économie politique*, 2 vol., 1896-97 et *Manuel*, 1906. — Pour l'exposé et la critique de la méthode, cons. notamment : Cossa, *op. cit.*, p. 101 et suiv. ; E. Bouvier, *La méthode mathématique en économie politique* (1 vol. in-8, 1901), *Le jubilé de M. L. Walras* (*Quest. pratiques*, 1909, p. 235 et s.), et *Vilfredo Pareto* (*Quest, pratiques*, 1924, I) ; Antonelli, *L'emploi des mathématiques en économie politique* (*Rev, d'écon. polit.*, 1921, p. 208).

(2) Il y a toutefois des différences notables entre le collectivisme agraire d'Henry George, par exemple, et le système de rachat des terres par l'Etat préconisé par Walras. — V. l'étude synthétique de Walras intitulée « *La paix par la justice sociale et le libre-échange* » (*Quest. pratiques*, 1907, juin-octobre). Cf. *Walras économiste*, par M. Leroy, 1923.

(3) Sur les travaux de l'école autrichienne, notamment de Sax, Menger, Böhm-Bawerck, Mataja ; cons. : Cossa, p. 429 et s.. ; Feilbogen (*Journ. des Economistes*, 1911-13) ; Gide et Rist, p. 607. — Ces derniers auteurs font observer avec raison que, depuis les travaux de Clark, Patter, etc., cette école est devenue plus américaine qu'autrichienne. — Cons. J.-B. Clark, *Principes d'économie*, trad. Oualid et Leroy, 1911 ; Nixon Carver, *La répartition des richesses*, trad. R. Picard, 1913.

a aucun lien nécessaire entre leurs déductions logiques, et notamment leurs remarquables études sur la valeur, et leurs conclusions sur la question de l'interventionnisme.

22. — **Méthode monographique.** — Il n'est pas jusqu'aux méthodes dont l'application semble devoir logiquement conduire à des solutions favorables à l'étatisme, qui ne soient utilisées par des économistes aux tendances opposées. Ainsi, la méthode inductive, préconisée par les écoles interventionnistes, a été mise en honneur par l'école de Le Play, dont les tendances libérales sur le terrain économique sont indéniables. (V. *infra*).

23. — **Méthode naturaliste (sociologie biologique)** (1). — L'école de la sociologie biologique, qui envisage la société comme un *organisme vivant*, analogue à l'organisme humain, devrait, semble-t-il, être logiquement conduite, et par son concept, et par sa méthode, empruntée aux sciences naturelles, à subordonner la partie au tout, l'Individu isolé à l'Etat omnipotent et souverain. Il n'en est

(1) Pour l'étude des doctrines de la *sociologie biologique*, cons. notamment : — comme précurseurs : Auguste Comte, *Cours de philosophie positive*, t. IV, et *La sociologie*, 97 ; H. Spencer, *Principes de sociologie*, t. II ; de Roberty, *Nouveau programme de sociologie*, 1904 ; — parmi les théoriciens de l'école : Espinas, *Les sociétés animales*, 1877 ; Schæffle, *Bau und Leben des socialen Körpers*, 1875-78 ; Lilienfeld, *Pathologie sociale*, 1896 ; de Greef, *La structure générale des sociétés*, 2 vol., 1908 ; Ferri, *Socialisme et science positive*, trad. Croce, 1897 ; Worms, *Organisme et société*, 1896, et *Principes biologiques de l'évolution sociale*, 1910. — V. aussi Durkheim, *La division du travail social*, 5e édit., 1925, etc. — Organe de l'école : *Revue internationale de sociologie*. — Certains sociologues, et non des moindres, tout en considérant la société comme une réalité organique, comme un *individu physiologique*, lui refusent la conscience, la personnalité ou individualité psychologique (Fouillée, *La science sociale contemporaine*).

Pour toute un école de jurisconsultes, théoriciens du droit public, l'Etat est bien une personnalité réelle, mais d'une réalité en quelque sorte métaphysique : l'Etat, en d'autres termes, est la personnalité juridique suprême, organe de l'unité collective de la nation. — Michoud, *La théorie de la personnalité morale*, 1906 ; Jellinek, *System der offentlichen subjektive Rechten*, 1892, etc. — V. aussi Hauriou, *La science sociale traditionnelle*, 1896, et *Leçons sur le mouvement social* ; Vilfredo Pareto, *Traité de sociologie générale*, 1919.

D'autres sociologues, enfin, refusent à la société toute réalité objective, et considèrent son assimilation à un organisme vivant comme une simple métaphore. — Tarde, *Etudes de physiologie sociale*, 1898 ; et *Psychologie économique*, 2 vol. 1902. — Conf. H. Michel, *L'idée de l'Etat*, 1895. — V. aussi Duguit : *Le droit social : le droit individuel et la transformation de l'Etat*, 1908 ; Bureau, *Introduction à la méthode sociologique*, 1923. — Cons. encore sur les différentes écoles sociologiques : Bernès, *Les deux directions de la sociologie contemporaine* (*Revue d'écon. pol.*, 1894, p. 193) ; *Revue de l'Institut de Sociologie*, Bruxelles, 1920-29 ; *Vox populorum* (organe de l'Institut intern. de sociologie de Turin). — Sur la sociologie économique, cons. Antonelli, *Traité d'économie politique*, t. 1er, 1927 ; Pirou, *Doctrines sociales et sociologie économique*, 1929.

rien cependant, et au point de vue des tendances, les sociologues sont très loin de constituer une école homogène.

Sans doute, la plupart d'entre eux sont favorables à l'étatisme ; mais la sociologie compte cependant des individualistes déterminés, tels que Spencer et Novicow parmi les adeptes de la sociologie biologique (1), et Tarde parmi les sociologues dissidents. Et, d'autre part, l'on trouve parmi eux toutes les nuances de l'interventionnisme, depuis l'interventionnisme modéré, fondé sur le concept de solidarité, d'Hauriou, Worms, Fouillée ou Duguit, jusqu'au socialisme d'Etat confinant au socialisme de Schæffle, ou aux conclusions collectivistes de Ferri, Durkheim et de Greef.

LES ÉCOLES ÉCONOMIQUES AU POINT DE VUE DE LEURS TENDANCES. — 24. — Envisagées au point de vue de leurs tendances, les écoles économiques actuelles peuvent se répartir en trois groupes principaux : écoles socialistes, écoles libérales, écoles interventionnistes, qu'il convient d'étudier successivement.

§ 1er. — Les écoles socialistes

25. — **Les principales écoles socialistes.** — Ce n'est point ici le lieu d'exposer les théories sociales qui se sont succédé dans le cours des âges (2), ou qui ont cours à notre époque. Nous ne décrirons donc ni les systèmes de reconstruction sociale des précurseurs du socialisme moderne, Saint-Simon, Fourier, Robert Owen, ou de

(1) Spencer, *L'individu contre l'Etat* (trad. Gerschel, 1888) ; Novicow, *Les gaspillages des sociétés modernes*, 1894.

(2) Sur l'histoire du communisme et du socialisme, depuis l'antiquité jusqu'au marxisme exclusivement, cons. notamment : Souchon, *Les théories économiques de la Grèce antique*, 1898 ; Weill, *L'école Saint-Simonienne* ; Lichtenberger, *Le socialisme utopique*, 1898 ; Charléty, *Essai sur l'histoire du Saint-Simonisme*, 1896 ; Maxime Leroy, *Le socialisme des producteurs, H. de Saint-Simon*, 1924 ; Bouglé, *L'œuvre de Saint-Simon*, 1925 ; G. et H. Bourgin, *Le socialisme français, de 1789 à 1848*, 1912 ; Dolléans, *Robert Owen*, 1907 ; — B. Malon, *Précis historique de socialisme*, 1892 ; Engels, *Die Entwickelung des Socialismus von der Utopie zur Wissenschaft*, 1882 ; Maisonneuve, *Pecqueur et Vidal*, 1898 ; Dommanget, *Babeuf et la conjuration des égaux*, 1922 ; Isambert, *Les idées socialistes en France de 1815 à 1848*, 1904 ; Fournière, *Les théories socialistes au XIXe siècle* (de Babeuf à Proudhon), 1904 ; Lavergne, *Le socialisme coopératif* (Rev. des études coopér., Juin 1928) ; — Paul Louis, *Les étapes du socialisme*, 1904, et *Histoire du socialisme en France*, 1925 ; Friedberg, *L'influence de Ch. Fourier*, 1926 ; Zevaès, Humbert, etc., *Histoire des partis socialistes en France*, 2e édit., 1924 ; Guy-Grand, Harmel, etc., *Proudhon et notre temps*, 1920 ; Noyelle, *La notion de justice dans l'œuvre économique de Proudhon* (Rev. d'hist. écon., 1923) ; Gignoux, *L'industrialisme ; de St-Simon à W. Rathenau* (même Revue, 1923). — Conf. les ouvrages précités de Cossa, H. Denis, Gonnard, Gide et Rist, Scelle, Weill, etc.

leurs disciples (Enfantin, V. Considérant, etc.), ni le communisme de Babeuf ou de Cabet, ni les conceptions des socialistes de transition, tels que P. Leroux, Pecqueur, Vidal, Stuart-Mill ou Rodbertus, ni les vues étatistes et coopératistes de Louis Blanc, dont l'action a été puissante sur le développement de la législation protectrice du travailleur, ni les théories singulièrement complexes, et parfois antinomiques, de Proudhon, ennemi déterminé de la propriété individuelle, mais également hostile à la centralisation collectiviste, et qui, à ce titre, peut être considéré comme un précurseur tout à la fois de l'anarchisme théorique, et de la conception fédéraliste en honneur aujourd'hui dans les milieux ouvriers.

26. — Nous n'exposerons pas davantage la théorie collectiviste de l'école du matérialisme historique, ou école marxiste, consignée dans l'œuvre monumentale de Karl Marx, *Le capital*, et développée, commentée et critiquée depuis lors par toute une pléiade d'écrivains favorables ou hostiles au socialisme scientifique, dont les formules sont loin d'ailleurs d'être fixées (1). Le cadre de cet

(1) Cons. notamment, sur le mouvement socialiste contemporain : — parmi les ouvrages *français* à tendances nettement collectivistes, ou communistes : Benoît Malon, *Socialisme intégral*, 3 vol., 1892 ; Fournière, *L'individu, l'association et l'Etat*, 1907 ; Jean Grave, *L'anarchie, ses buts, ses moyens*, 1924 ; Jaurès, *Etudes socialistes*, 1902 ; Emm. Lévy, *L'affirmation du droit collectif* (préf. d'Andler), 1903, et *La vision socialiste du droit*, 1926 ; Lévy-Bruhl, *Jean Jaurès*, 1927 ; G. Sorel, *Réflexions sur la violence*, 5e édit., 1925 ; Durkheim, *Le socialisme*, 1928 ; — parmi les ouvrages *allemands* : Engels, *op. cit.*, ; Bernstein, *Socialisme théorique et social-démocratie*, trad. Cohen, 1900 ; Menger, *L'Etat socialiste*, trad. Milhaud, 1904 ; Kautsky, *Le programme socialiste*, trad. Remy, 2e édit., 1927; — parmi les ouvrages *belges* : H. Denis, *op. cit.*, ; Vandervelde, *Le collectivisme et l'évolution industrielle* ; — parmi les ouvrages *italiens* : Ferri, *Socialisme et science positive*, trad. Croce, 1897 ; Croce, *Matérialisme historique*, trad. Bonnet, 1901 ; Labriola, *Essais sur la conception matérialiste de l'histoire*, préf. de Sorel, 2e édit., 1902 ; — parmi les ouvrages *anglais*, Hyndmann, *The historical bases of socialism in England* : — parmi les ouvrages *américains* : Gronlund, *Coopérative commonwealth* ; Bellamy, *Looking Backward*, roman communiste traduit et réfuté par M. de Lestrade sous le titre *Seul de son siècle* (Comp. *Travail*, de Zola) ; — parmi les ouvrages *russes* (antérieurs *au bolchevisme*) ; P. Kropotkine, *La conquête du pain*, préf. d'E. Reclus, 1895, et *L'entraide*, 1906, etc. — Cons. également, parmi les ouvrages favorables, dans une certaine mesure, au collectivisme : de Laveleye, *Le socialisme contemporain*, 6e édit., 1891 ; Schæffle, *La quintessence du socialisme*, trad. fr., 1891 ; B. et S. Webb, *Industrial democracy*, 1898.

Pour l'exposé descriptif des progrès du socialisme dans les divers pays, cons. : Destrée et Vandervelde, *Le socialisme en Belgique*, 2e édit., 1903 ; Métin, *Le socialisme en Angleterre* ; de Seilhac, *Le monde socialiste*, 1904 ; Sombart, *Das proletariches Socialismus*, 2e éd., Iéna 1925 ; Weill, *Histoire du mouvement social en France*, 2e édit., 1910 ; *Le socialisme à l'étranger*, par Bardoux, Gidel, Isambert, etc., 1909 ; Bourgin, *Les systèmes socialistes*, 1923 ; Wauters,

ouvrage ne nous permet pas de suivre, dans les œuvres des contemporains de Marx, tels que Lassalle ou de Paepe, de ses disciples directs, Engels, Lafargue ou Kautsky par exemple, ou de ses continuateurs, les déformations qu'a subies la doctrine primitive, soit dans le sens révolutionnaire, soit dans le sens évolutionniste :

Collectivisme intégral, internationaliste, ou *révolutionnaire*, préconisé par l'Association internationale des travailleurs, et, depuis la dissolution de cette association, par la plupart des groupements socialistes nationaux et des Fédérations internationales (Internationale socialiste de Bruxelles, Internationale syndicaliste d'Amsterdam, etc.) ; parti socialiste unifié (adhérent à l'Internat. ouvr., P. S. F. I. O.) avec Jules Guesde, Lafargue, Jaurès, G. Sorel, Renaudel, L. Blum, Paul Boncour, etc.), (1) ; Social-démocratie

L'évolution du marxisme, 1925 ; Berth, *Les divers aspects du socialisme*, 1923 ; Antonelli, *Traité d'économie politique*, 1928. — V. aussi Hitier, *La dernière évolution doctrinale du socialisme, le socialisme juridique* (*Rev. d'éc. polit.*, 1906).

Pour la critique des systèmes socialistes, cons. notamment : Paul Leroy-Beaulieu, *Le collectivisme*, 4e édit., 1903 ; Richter, *Où mène le socialisme*, trad. Villard ; Boilley, *Les trois socialismes : anarchisme, collectivisme, réformisme*, 1895 ; Villey, *Le socialisme contemporain*, 1898 ; Vilfredo Pareto, *Les systèmes socialistes*, 2 vol., 1902 ; Aucuy, *Les systèmes socialistes d'échanges*, 1907, et *Le Communisme dans la doctrine*, 1925 ; Bourguin, *op. cit.*, ; Pic, *Le conflit des doctrines* (*Quest. pratiques*, 1911.188) ; Braibant, *Le socialisme et l'activité économique*, 1911 ; Aftalion, *Les fondements du socialisme*, 1923 ; H. Sée, *Matérialisme historique et interprétation économique de l'histoire*, 1928 ; Bourdeau, *Les doctrines socialistes* (Débats, Août-Oct. 1925) ; Perroux, *La dictature du prolétariat chez les Marxistes* (Questions pratiques, Juill.-Août-Sept. 1928).

Périodiques à tendances socialistes ; en France, *Revue socialiste*, *Vie ouvrière*, *Le Populaire* (quot.) et la *Vie Socialiste* (hebd.), org. du parti socialiste unifié ; *Le Peuple* (syndicaliste) ; *L'Humanité* (quot. communiste). En Allemagne, le *Vorwaerts* (socialiste) ; En Angleterre le *Daily Hérald* (travailliste), etc...

(1) On connaît par les débats retentissants des Congrès socialistes, les dissensions des partis ouvriers et socialistes en France. Jusqu'en 1905, ces conflits entre *guesdistes*, *allemanistes* ou *blanquistes* semblaient tenir plutôt à des questions de méthode ou de tactique à l'égard des partis *bourgeois* qu'à des divergences fondamentales de doctrine.

La situation, toutefois, s'était sensiblement modifiée depuis la constitution en 1905 du *parti socialiste unifié*, à la suite du Congrès international d'Amsterdam (1904) et du Congrès de Chalon (oct. 1905). Au parti socialiste unifié (S. F. I. O.), partisan résolu au moins en théorie de la lutte de classes, s'opposait le parti socialiste autonome, fraction importante de l'ancien *parti ouvrier français*, qui, bien que poursuivant le même idéal, répudiait la tactique révolutionnaire et acceptait franchement la politique d'action commune des partis radical-socialiste et socialiste pour la réalisation des réformes pratiques. — Le parti socialiste français, à tendances réformistes, avec Painlevé, Brunet, Chabrun, etc., à efectifs beaucoup plus réduits que le parti socialiste S. F. I. O., accepte la participation au pouvoir, et par ce fait exerce une influence réelle sur la politique législative. A l'un et à l'autre s'oppose le parti communiste (Cachin, Doriot, Vaillant-Couturier, etc.), affilié à Moscou, violemment hostile à toute compromission avec les partis bourgeois.

allemande avec Bebel, Kautsky, Liebknecht, Breitscheid, etc. ; — parti socialiste *belge* avec Anseele, H. Denis, Vandervelde, — *anglais*, avec Hyndmann, Ramsay Macdonald (1), — *américain*, avec Gronlund, — partis ouvriers, *italien* (paralysé par la dictature fasciste), *espagnol* (à tendances anarchistes), et *néo-espagnol* (2).

Collectivisme agraire de l'école anglo-américaine de Stuart-Mill, Wallace, Henry George (comp. Walras) (3) ;

Collectivisme réformiste ou *socialisme expérimental* de Benoît Malon, Fournière, Millerand, Viviani, Briand, G. Deville, Brunet, G. Bourgin en France (4), d'Edg. Milhaud en Suisse, Vollmar ou Bernstein en Allemagne, des nouvelles Trade-Unions (*travaillisme*) et de la *Fabian Society* en Angleterre (B. et S. Webb, *op. cit.*), de la *Fédération américaine du travail* aux Etats-Unis, dont l'objectif est au fond le même que celui du collectivisme, mais qui prétend arriver au but progressivement, grâce à l'extension graduelle *et indéfinie* du rôle de l'Etat et de la commune dans l'ordre de la production ;

Communisme révolutionnaire (parti blanquiste) et *Collectivisme anarchiste*, dont les adeptes, disciples de Bakounine, Jean Grave, Kropotkine et autres, préconisent comme moyen la destruction violente, l'anéantissement de la société capitaliste, l'*amorphisme*, et comme but l'*anarchie* : l'absence même de toute contrainte légale leur apparaissant comme un état social idéal, où la personnalité humaine s'épanouira en toute liberté.

La Confédération générale du travail, C. G. T., devenue depuis 1902 l'organe central du syndicalisme ouvrier (v. *infra*), était plutôt

(1) E. Guyot, *Le socialisme ou l'évolution de l'Angleterre*, 1924 ; Ramsay Macdonald, *Le socialisme et la société*, trad. Le Roux, 1922.

(2) Laskine, *Le socialisme en Espagne* (Rev. d'hist. écon., 1929) ; Palacios, *Dos annos de accion socialista*, Buenos-Ayres, 1910 ; *El nuevo Derecho*, 1928.

(3) M. Leroy, *Walras économiste*, 1923.

(4) Millerand, *Le socialisme réformiste français*, 1903 ; Georges Renard, Mantoux, Landry, etc., *Le socialisme à l'œuvre*, 1907. — V. aussi Guy Grand, *La philosophie syndicaliste*, 1913 ; Maxime Leroy, *La coutume ouvrière*, 2 vol., 1913 ; Brunet, *Le socialisme expérimental*, 1924 ; Delewsky, *Antagonismes sociaux et antagonismes prolétariens*, 1924. — Il convient également de rattacher à ce groupe les syndicats indépendants qui, tout en figurant dans les Congrès socialistes, y représentent l'élément pondérateur et pratique et s'efforcent de faire prévaloir les idées de progrès méthodique par l'organisation syndicale, et l'action combinée de l'Etat et de la commune (socialisme municipal). — Cf. Mater, *Le socialisme conservateur ou municipal*, 1909 ; Orry, *Les socialistes indépendants* (Rev. d'Econ. polit., 1912). — La Fédération du livre se rattache très nettement à ce groupe. — Cf. sur l'opposition des deux conceptions : Ralea, *L'idée de révolution dans la doctrine socialiste*, 1924.

orientée il y a quelques années dans le sens du collectivisme anarchiste (grèves révolutionnaires de mai 1920) (1). Mais elle a évolué, et paraît aujourd'hui ralliée, comme le *Labour party* anglais, aux réformes pratiques et progressives.

26 bis. — Le *bolchevisme*, ou *néo-communisme* russe, procède directement du collectivisme anarchiste. En effet, les 21 propositions de Lénine et Trotsky, évangile de la 3e *Internationale*, ne tendent à rien moins qu'à un bouleversement social complet, dont les caractéristiques sont les suivantes : suppression, au moins théorique, de toute propriété individuelle, obligation rigoureuse au travail sanctionnée par le terrorisme, concentration aux mains de l'Etat omnipotent et de ses organes régionaux (*Soviets*) de toute l'activité nationale, soit politique (gouvernement, armée, relations extérieures) soit économique (nationalisation intégrale de l'industrie, du commerce et de l'agriculture).

Toute l'histoire de la Russie depuis l'avènement des soviets, en octobre 1917, se résume dans la lutte violente entreprise par le gouvernement révolutionnaire pour briser à l'intérieur toute résistance individuelle et favoriser au dehors, par les armes, l'intrigue et la corruption, la propagande communiste. Vainqueur en apparence dans les limites de la Russie proprement dite ou de la Sibérie occidentale, le bolchevisme n'a eu d'autres résultats que de plonger le peuple russe dans un chaos sans nom, fait de terrorisme, d'anarchie et de misère. Tel est l'idéal que le Congrès de Tours, en adhérant à l'Internationale de Moscou (30 déc. 1920), sur la proposition de Cachin, osa proposer aux masses ouvrières françaises. La diminution des effectifs de la C. G. T., depuis la grève révolutionnaire de mai 1920, et la défection de la plupart des parlementaires socialistes français, qui, plutôt que d'obéir aux ukases insultants de Moscou, préférèrent quitter le Congrès, démontrèrent que la France, pas plus que l'Angleterre ou les Etats-Unis, n'était mûre pour le communisme (2).

(1) Parmi les théoriciens du syndicalisme révolutionnaire, cons. : G. Sorel, *Les illusions du progrès*, 4e édit., 1927, et *Introduction à l'économie moderne*, 1922 ; Paul Louis, *Le syndicalisme contre l'Etat*. — V. aussi *l'Humanité*, *la Vie Ouvrière*. — Pour l'étude objective de ce mouvement, cons., outre les ouvrages précités de Brouilhet, Gide-Rist, Scelle et Challaye ; Pirou, *A propos du syndicalisme révolutionnaire* (Rev. polit. et parlem., 1911-4-130) ;Martin St-Léon, *Précis du syndicalisme ouvrier*, 1920, et *Les deux C. G. T.*, 1923.

(2) Sur le bolchevisme, consulter notamment :

Dans un sens favorable : Varga, *Les problèmes économiques de la dictature du prolétariat*, 1922; Zinoviev, *L'Internationale communiste au travail*, 1924; Trotsky, *Lénine*, 1926 ; — Dans un sens défavorable et critique : Alexinsky, *Les effets économiques et sociaux de la Révolution bolcheviste*, 1920 ; Kautsky, *Terrorisme et communisme*, 1920 ; Apostol, *Le bilan économique et financier du bolchevis-*

26 *ter*. — La scission était fatale entre le parti socialiste, même de tendances révolutionnaires (S. F. I. O.) adhérent à la 2e Internationale (Bruxelles), et le parti communiste, aveuglément soumis aux ordres de la 3e Internationale de Moscou.

La C. G. T. française, aujourd'hui presque réformiste avec Jouhaux, délégué de la France au B. I. T., se rattache nettement à la tendance socialiste, bien qu'elle proclame l'autonomie du syndicalisme à l'égard des partis politiques, tandis que la C. G. T. U., constituée en janvier 1923, groupe tous les communistes moscoutaires (1).

Le fossé est trop profond entre les deux tendances pour que les efforts des dirigeants actuels du bolchevisme russe en vue d'établir un lien entre la Russie des Soviets, incapable de mettre en valeur ses ressources naturelles, et le capitalisme occidental, et de reconstituer en même temps l'unité socialiste, aient la moindre chance de succès (2).

27. — **Revendications immédiates, sur le terrain de l'action parlementaire.** — Toutes ces théories, dans lesquelles l'imagination individuelle a une forte part, et dont la plus raisonnable supposerait, pour sa réalisation intégrale, un bouleversement complet de l'ordre social, ne sauraient être étudiées ici.

C'est seulement, en effet, au point de vue de leurs revendications immédiates, sur le terrain de l'action parlementaire, que les doctrines socialistes se rattachent directement à notre sujet. Or, sur ce point, et à ne considérer que les apparences, les revendications des socialistes ne semblent pas différer sensiblement de celles des interventionnistes les plus déterminés. Les uns et les autres, en effet, réclament une organisation plus forte des groupements professionnels, une limitation rigoureuse de la durée de la journée de travail, la généralisation du système des assurances obliga-

me (Journ. des Econom., Oct. 1923) ; Ch. Gide, *La Russie soviétique*, 1925 ; G. Blondel, *En Russie soviétique* (Réforme sociale, Sept. Oct. 1925) ; Jacques Lyon, *L'état actuel de la Russie* (Comité Nation. d'études, Fév. 1927) ; Perroux, *op. cit.*, et la bibliographie jointe. — V. aussi : Ed. Herriot, *La Russie nouvelle*, 1923 ; H. Béraud, *Ce que j'ai vu à Moscou*, 1926.

(1) La Fédération syndicale internationale d'Amsterdam et la 2e Internationale de Bruxelles reflètent au fond des tendances presque identiques, de même que le *Komintern* (Fédération soviétique) et la 3e Internationale de Moscou se confondent pratiquement. — Martin Saint-Léon, *Les deux C. G. T.* (syndicaliste et communiste), 1923 ; P. Louis, *La crise du socialisme mondial ; De la IIe à la IIIe Internationale*, 1922 ; Bourdeau, *Les deux Internationales* (Débats, n. 11 Sept, 1925). — V. *infra* n. 524.

(2) Sur la politique dite de la *Nep* (terme abréviatif désignant une formule moins rigide et moins dogmatique de l'économie marxiste), v. notam. : Doucet, *L'évolution du bolchevisme* (Monde économ., 1923-25) ; Bossan, *L'évolution de l'Etat communiste vers le collectivisme ; Ce qu'est la Nep* (Déb., 30 déc. 1923) ; Lydia Bach, *Le droit et les institutions de la Russie soviétique*, 1923.

toires, une réglementation rigoureuse du contrat de travail, la tentative obligatoire de conciliation pour les conflits collectifs, la réglementation internationale du travail, une politique agraire favorable au morcellement de la propriété, une modernisation du métayage (Bourbonnais, Landes, etc.) (1).

28. — **Le but réel poursuivi : ligne de démarcation entre le socialisme et l'interventionnisme.** — Mais il importe ici d'écarter les apparences pour envisager le but poursuivi. Or, à ce point de vue un fossé profond sépare les collectivistes, même les plus modérés dans leurs revendications immédiates, des interventionnistes. Les premiers, en effet, envisagent les réformes législatives qu'ils réclament comme une simple étape dans la voie de la socialisation des moyens de production. Les seconds considèrent au contraire ces réformes comme le moyen de préserver la société actuelle de tout bouleversement, par des concessions opportunes aux légitimes revendications des masses, et de faire, suivant l'expression de M. Gide, *l'économie d'une révolution*.

Les premiers sont donc des *révolutionnaires*, quelle que soit leur modération présente, à moins toutefois qu'ils ne restent plus attachés au collectivisme que par une sorte de dilettantisme, et qu'ils ne reconnaissent pratiquement l'impossibilité de sa réalisation intégrale (Andler (2) ou Millerand en France, Bernstein en Allemagne, Turati en Italie). Les seconds sont des *conservateurs*, dans l'acceptation scientifique du terme, si hardies que soient leurs conclusions.

29. — Et cette différence dans le but poursuivi réagit nécessairement sur le fond même des réformes réclamées. Que l'on compare, par exemple, le projet de *Code du travail* (3), déposé le 5 janvier 1903 (Ch. annexe n° 649), par M. Dejeante au nom du groupe socialiste, à l'ensemble des réformes actuellement soumises à l'examen du Parlement par les autres groupes de la Chambre, la différence apparaîtra immédiatement en pleine lumière.

La proposition Dejeante, en effet, ne tendait à rien moins qu'à préparer la mainmise des groupements ouvriers sur tous les instruments de production, et la subordination de l'Etat lui-même à ces groupements (4), par un ensemble de mesures, dont les plus

(1) Cf. Vandervelde, *Le socialisme et l'agriculture*, 1906 ; Compère-Morel, *Le socialisme agraire*, 1921 ; Bois, *Le socialisme et la conquête des paysans ; à travers les campagnes bourbonnaises*, 1913 ; Souchon, *Les métayers du Bourbonnais* (*Questions pratiques*, 1914, p. 65 et 125).

(2) Andler, *Les origines du socialisme d'Etat en Allemagne*, 1897.

(3) Le *Code du travail*, dont le livre 1er fut promulgué le 28 décembre 1910, n'a rien de commun avec le projet Dejeante. — V. n° 170 *infra*.

(4) Programme en grande partie réalisé aujourd'hui en Australie et en Nou-

significatives auraient été : — la suppression des syndicats mixtes et la concession du droit illimité d'acquérir aux seuls syndicats ouvriers ; l'accession de tous les fonctionnaires à la C. G. T. ; la consécration légale des *trois huit* pour tous les salariés, ouvriers agricoles compris ; la fixation par la loi d'un minimum de salaire, même dans l'industrie privée ; la nationalisation ou municipalisation des mines, des voies ferrées et services de transports urbains, de dstribution d'eau et de gaz, etc. ; l'élection des inspecteurs du travail par les salariés ; la participation des ouvriers à la gestion, même dans les entreprises privées, etc.

30. — Rien de tel ne se retrouve, même dans les projets les plus hardis, des autres groupes : à part le développement progressif et mesuré des régies d'Etat ou municipales. Aucun de ces projets ne tend à assurer d'autorité, aux syndicats ouvriers, la *souveraineté économique*, suivant l'expression significative de Paul Boncour (1), aucun ne tend à paralyser l'essor de l'industrie par un ensemble de dispositions manifestement destinées à préparer la dépossession violente des classes possédantes. Leur objectif commun est au contraire, ainsi que nous l'établirons plus loin, de faire régner entre le capital et le travail une harmonie durable et féconde, par un ensemble de mesures propres à maintenir entre eux l'égalité, et à pacifier les conflits qui s'élèvent entre ces deux facteurs essentiels de la production.

§ 2. — Les écoles libérales, ou non interventionnistes

31. — L'école libérale, ou école classique orthodoxe. — L'école libérale, qui reconnaît pour chef Adam Smith, a pour point de départ un certain nombre d'axiomes réputés infaillibles, desquels découle, en vertu des règles de la méthode déductive, toute l'économie politique. Tout individu, d'après Adam Smith, est dominé

velle-Zélande. — V. Métin, *Le socialisme sans doctrines, Australie et Nouvelle-Zélande*, 1901. C'est dans cet esprit qu'avait été élaboré en 1920, par la C. G. T., un projet de *Conseil économique du travail* ; Le Conseil national économique, créé officiellement en 1925, a un tout autre caractère. — V. n. 102 *infra*.

(1) Paul-Boncour, *Le fédéralisme économique, Etude sur les rapports de l'industrie et des groupements professionnels*, 1900. — Nous verrons plus loin que le fascisme (charte du travail établie par Mussolini) assigne à l'Etat une base corporative. Même dans le régime fasciste italien, la corporation obligatoire est étroitement subordonnée au pouvoir politique, bien loin de dominer l'Etat. — V. n. 517 *infra*. — La conception corporative de G. Valois (*L'économie nouvelle*, 1919) s'apparente nettement au fascisme, mais avec une note plus libérale. — Cf. Scelle, *Précis*, p. 90.

par un désir primordial, celui d'améliorer sa condition et de parvenir à la plus grande somme de richesse possible.

Ce désir est un principe d'action, il suffit à révéler à l'homme les moyens les plus propres à réaliser sa destinée ; d'où il suit logiquement que le meilleur moyen d'arriver à une société rationnellement organisée est de laisser le champ libre à la *concurrence*, de supprimer les barrières douanières et les monopoles, en attendant que l'on supprime les frontières, par l'établissement d'une République économique universelle ! L'intervention de l'Etat doit donc être réduite à un strict minimum : armée, justice, travaux publics (V. H. Spencer, *L'individu contre l'Etat*).

32. — **Malthus et Ricardo.** — La loi de la libre concurrence, tel est le dogme de l'économie politique enseignée par Adam Smith et par ses successeurs, anglais ou français, notamment par Ricardo et J.-B. Say. Seulement, tandis qu'Adam Smith était un optimiste, ses disciples, mieux éclairés sur les conséquences réelles de la libre concurrence, à la suite du développement du machinisme, ne cherchent nullement à dissimuler les conséquences fâcheuses que peut entraîner pour l'ouvrier la loi de l'offre et la demande, quand le législateur s'abstient systématiquement d'intervenir comme arbitre entre le capital et le travail.

Malthus formule sa célèbre loi sur la population, d'après laquelle « la population se multiplie selon une proportion géométrique, tandis que les subsistances s'accumulent selon une proportion arithmétique », et déduit avec une logique impitoyable les conséquences fatales de cette loi appliquée aux classes populaires. *Ricardo*, de son côté, formule cette autre loi, qualifiée par les socialistes de *loi d'airain*, d'après laquelle les salaires et profits vont toujours en diminuant, tandis qu'au contraire la *rente foncière*, dont le profit est exclusivement réservé aux propriétaires du sol, irait toujours en progressant, la seule limite de la dépréciation fatale du salaire étant la somme strictement nécessaire pour l'alimentation de l'ouvrier et de sa famille.

33. — **Réaction contre l'école de Manchester.** — Ces déductions, scientifiquement exposées, de l'*Ecole de Manchester*, provoquèrent, de 1820 à 1850, un triple mouvement de réaction : réaction violente caractérisée par l'éclosion des théories socialistes et humanitaires de Saint-Simon, Enfantin, Fourier, Louis Blanc et Proudhon et la publication du magistral traité de Stuart Mill (*Principes d'économie politique*, 1848), le premier ouvrage anglais de science économique « où ait passé un souffle socialiste » (Gide, *Princ. d'écon.*

pol., p. 25, note 1) (1) ; réaction énergique, malgré son caractère spéculatif et doctrinal, de l'école positiviste ou historique (V. *infra*); réaction timide et hésitante de l'école libérale française.

34. — Il serait injuste de méconnaître que dans la seconde moitié du XIXe siècle, l'école libérale française, sous la pression de l'opinion, ait cherché à modifier ses méthodes, à utiliser plus largement les procédés d'observation et d'induction mis en honneur par l'école historique, et aussi à humaniser ses conclusions. Comprenant le danger du pessimisme ricardien, dont les œuvres de Sismondi, notamment, reflètent l'âpreté désolante (2), elle y substitua, avec Rossi, et surtout avec Bastiat, Cherbuliez, Michel Chevalier, Wolowski, Courcelle-Seneuil, Léon Say, M. Bloch, Baudrillart, un optimisme serein que malheureusement les faits ont brutalement démenti. Toute la thèse tient en somme dans cette formule inspirée des *Harmonies économiques* de Bastiat : 1° les intérêts du patronat et du salariat, bien loin d'être antinomiques, sont harmoniques ; 2° l'harmonie des intérêts est d'autant plus parfaite que l'Etat, par son abstention, laisse un plus libre jeu au développement des forces économiques naturelles (3).

Vainement cette école prit-elle le qualificatif *d'éclectique*, sous le prétexte qu'elle assignait à l'Etat un rôle un peu moins effacé que l'école de Manchester : elle n'en procédait pas moins directement de l'école libérale anglaise et de la doctrine physiocratique du *laissez-faire, laissez-passer*.

35.— **L'école libérale contemporaine.**— L'école libérale se serait-elle profondément transformée dans ces dernières années, comme ses

(1) Cf. J. Lubac, *J. Stuart Mill et le socialisme*, 1 vol. in-8.

(2) Nul n'a stigmatisé plus durement que Sismondi le machinisme moderne, *Nouveaux principes d'économie politique*, 1819, 1827. — Cf. Jeandeau, *Sismondi, précurseur de la législation sociale contemporaine*, 1913 ; Seelle, p. 32 ; Gide et Rist, *op. cit.* — Il suffit, pour se rendre compte de l'exactitude des critiques formulées par Sismondi contre l'industrialisme, de se reporter à l'enquête approfondie ouverte quelques années plus tard par le Dr *Villermé*, chargé d'une mission officielle. Villermé, *Tableau physique et moral des ouvriers employés dans les manufactures de soie, de laine et de coton*, Paris, 1840. — Sismondi et Villermé ont eu le mérite d'établir la nécessité d'une économie sociale, inspirée d'une pensée de protection pour les faibles, venant corriger l'égoïsme de l'économie politique pure. — Il n'est que juste d'ajouter à ces deux noms celui d'Ad. Blanqui (*Histoire de l'économie politique*, 1837).

(3) Sur l'école optimiste française, cons. notamment : Cossa, p. 373 ; Gide-Rist, p. 370. — V. aussi Ronce, *Frédéric Bastiat*, 1905. — Sur les travaux des libéraux étrangers de la même période : Cairnes et St-Jevons en Angleterre, Walker aux Etats-Unis, de Thünen, Rau en Allemagne, Boccardo ou Minghetti en Italie : — Cons. Cossa, op. cit.

leaders l'ont maintes proclamé (1) ? A parler franchement, nous ne le croyons pas. Sans doute, l'école libérale contemporaine, à part quelques intransigeants (2), s'est appliquée, d'une part, à atténuer ce que cet optimisme avait de manifestement inacceptable par certaines concessions, habilement dosées, à l'interventionnisme ; d'autre part, à établir qu'elle ne voyait pas dans l'économie politique une simple science de la richesse ou *chrématistique*, puisqu'elle se préoccupait aussi de l'homme lui-même et des moyens d'améliorer sa condition sociale.

36. — Mais, au fond, l'école libérale, fidèle à ses principes, persiste à voir dans l'ingérence de l'Etat sur le terrain économique une atteinte aux lois naturelles qui régissent la production, et aussi à dénier à l'économie sociale le caractère de science. « Il est de toute évidence, écrit à ce sujet M. Paul Leroy-Beaulieu (3), qu'il ne s'agit pas là d'une science... Il s'agit d'un art, c'est-à-dire de questions d'application contingentes et variables suivant les milieux et les hommes ; si utiles que puissent être ces observations, elles ne mènent pas à la constatation de véritables lois *permanentes et universelles* ».

(1) V. notamment Béchaux, *Les écoles économiques au XXe siècle* (3 vol.), et Schatz, *L'individualisme*, *op. cit.*

(2) Nous avons fait ressortir déjà l'intransigeance d'H. Spencer, dont le libéralisme, fait d'une véritable aversion pour l'Etat, confine par certains côtés à l'anarchisme. — L'absolutisme de l'éminent philosophe anglais fut égalé, sinon dépassé, par de Molinari, qui pendant un demi-siècle lutta pour la défense des libertés économiques, et par son continuateur Yves Guyot, décédé en 1926. — Cons. notamment : de Molinari, *Les lois naturelles de l'économie politique*, 1891 ; *Les problèmes du XXe siècle*, 1901 ; — Yves Guyot, *La science économique*, 2e éd., 1907.— Cf. Léon Say et Chailley-Bert, *Nouveau dictionnaire d'économie politique*, 3 vol., 2e édit., 1900 ; Payen, *La réglementation du travail ; ses illusions, ses dangers*, 1913 ; Delemer, *Le bilan de l'étatisme*, 1922 ; Doucet, *L'Etat contre l'individu*, 1923.

(3) Paul Leroy-Beaulieu, *Traité d'économie politique*, t. Ier, 1re part., chap. IV (4 vol., 5e éd., 1911). — Cons. aussi, du même auteur : *L'Etat moderne et ses fonctions*, 4e éd., 1911 (sorte de testament scientifique de l'auteur), et son *Précis*, revu par Liesse (20e éd., 1922). — Parmi les auteurs récemment disparus se rattachant à l'école libérale, citons notamment : Frédéric Passy ; Beauregard, *Essai sur la théorie du salaire*, et *Eléments d'économie politique*, 1894 ; Levasseur, plus connu d'ailleurs par ses remarquables travaux d'histoire économique sur *L'histoire des classes ouvrières*, *L'ouvrier américain*, *Les questions ouvrières en France*, etc., ou de statistique, que par ses études dogmatiques d'économie pure. Parmi les contemporains, nous mentionnerons : Colson, *Cours d'Economie politique*, 2e éd., 1908, et *Organisation économique et désordre social*, 1912 ; d'Eichthal, *La liberté individuelle du travail*, 1908 ; Villey, *Traité élémentaire d'économie politique*, 2e éd., 1894, qui, plus que tout autre parmi les libéraux, aurait pu revendiquer l'épithète d'*éclectique*. Cf., du même auteur : *L'Etat et le progrès social*, 1923, et l'étude critique de R. Gonnard sur cet ouvrage

II. — *Ecole libérale chrétienne, ou école de la réforme sociale (Le Play).*

37. — **Le Play, sa méthode, ses tendances.** — Il est intéressant de constater que, procédant de principes très divergents, l'école classique et l'école de la réforme sociale, ou de Le Play, sont aujourd'hui parvenues à des conclusions assez voisines, sur la question du rôle dévolu à l'Etat dans l'ordre économique.

Le point de départ de l'école de l'économie sociale (dénommée aussi école de la réforme sociale ou école libérale chrétienne) est manifestement une pensée de réaction contre l'optimisme égoïste de l'école classique. S'engageant plus avant dans la voie frayée par Sismondi et Villeneuve-Bargemont, adversaires déterminés de la chrématistique ricardo-malthusienne, Le Play, véritable fondateur de l'école, a eu le double mérite de substituer le point de vue éthique, moral, au point de vue économique étroit, et d'opposer à l'apriorisme des formules, à la superstition des lois naturelles, la méthode d'observation scientifique, basée sur l'étude monographique des groupes sociaux (Le Play, *Les ouvriers européens*, *Les ouvriers des Deux-Mondes*, *L'organisation du travail*, etc.)

Quelques réserves qu'il convienne de formuler sur ses conclusions, l'on ne saurait contester, ni la supériorité du point de vue moral sur le point de vue industrialiste, ni la fécondité de la méthode monographique, reprise depuis lors et perfectionnée par de nombreux chercheurs, français ou étrangers, appartenant d'ailleurs à toutes les écoles économiques. Nous aurons maintes fois à utiliser, chemin faisant, les travaux monographiques et statistiques de la plupart d'entre eux, tels que Levasseur, Cheysson, du Maroussem (1), Grüner, Fougerousse, Babeau, Lavollée, d'Avenel, Turquan, Neymarck, Ch. Benoist, Eug. Rostand, Varlez, Waxweiler, Brants, de Schulze-Gävernitz, Rogers, etc., et de toute la pléiade du Musée social, de Rousiers (2), G. Blondel, de Seil-

(Rev. d'écon. polit. 1923, p. 569.). — Le même qualificatif d'éclectique conviendrait soit à M. Dufourmantelle (*Précis*, et *Code Manuel de législation industrielle*), soit aux auteurs étrangers, assez rares aujourd'hui, demeurés fidèles au libéralisme économique, notamment à l'économiste anglais Marshall (*Principles of economics*, 2e édit., 1891, et traduct. Sauvaire-Jourdan), aux économistes italiens Luzzati, l'apôtre des banques populaires, et Cossa, *Premiers éléments d'économie politique*, trad. fr., 1901.

Principaux organes périodiques de l'école libérale : *Economiste français* (Paul Leroy-Beaulieu, puis Liesse), *Journal des Economistes* (de Molinari, puis Yves Guyot, Germain Martin et Aupetit), *Monde économique* (Beauregard, puis Doucet, Bourdillon). — Comp. en Angleterre : *The Economist*, et aux Etats-Unis : *Quarterly*, *Journal of Economics* (revues plus éclectiques).

(1) V. dans l'ouvrage de du Maroussem, *Les enquêtes*, l'exposé scientifique de la méthode.

(2) De Rousiers, *Les grandes industries modernes*, 5 v. parus, 1928.

bac, Martin Saint-Léon, de Rocquigny, etc.

38. — Mais, de ce double point de départ, à la fois humanitaire et scientifique, qui est aussi celui de l'école *solidariste* (*V. infra*), l'école de Le Play ne déduira pas toutes les conséquences qui semblaient logiquement devoir en découler : — 1° parce qu'elle est trop profondément imbue des idées conservatrices et de la nécessité primordiale de maintenir dans la société l'ordre providentiel fondé, d'une part, sur l'affirmation du principe d'autorité (autorité de la religion dans l'Etat, du père dans la famille, du patron dans l'usine), et d'autre part sur la consolidation de la propriété individuelle, à l'aide de tout un ensemble de mesures législatives, destinées à favoriser la concentration des fortunes (V. Rambaud, p. 321).

2° Parce que cette même école, précisément à raison de ses tendances aristocratiques, a le regard plus volontiers tourné vers le passé (*retour à la coutume*) que vers l'avenir, vers les corporations que vers les formes syndicalistes nouvelles.

Le Play et ses successeurs n'ont dans l'Etat qu'une confiance restreinte ; ils comptent plutôt, pour faire renaître l'harmonie entre chefs d'industrie et salariés, sur l'initiative privée (1), stimulée par la charité chrétienne et par une notion plus haute de la *solidarité sociale*. Quand les patrons auront conscience de leurs devoirs, que chacun d'eux cherchera à améliorer la condition matérielle et morale de ses ouvriers par des institutions de *patronage* (2) (économats, logements ouvriers, participation aux bénéfices, cercles ouvriers, etc.), quand les patrons et les ouvriers réconciliés auront reconstitué spontanément ces corporations professionnelles mixtes dont la Révolution avait méconnu l'action pacificatrice, la *paix sociale* redeviendra une réalité, et le rôle du législateur se bornera à une mission générale de police et de surveillance.

39. — Mouvement convergent de l'école classique et de l'école libérale chrétienne. — Cette conception du rôle du législateur est aussi, nous l'avons établi, celle des libéraux sans épithète. Aussi assistons-nous, depuis quelques années, surtout en France (3), à un

(1) V. les quatres séries d'études publiées chez Guillaumin par Eug Rostand, sous ce titre significatif : *L'action sociale par l'initiative privée*, 1897-1907. — Cf. de Montesquiou, *L'œuvre de F. Le Play*, 1912.

(2) Cf. Roguenant, *Patrons et ouvriers*, 1907.

(3) En *Belgique*, il n'en va pas tout à fait de même: Soit que la poussée démocratique chrétienne y soit plus puissante, soit que les enseignements de l'Encyclique de Léon XIII aient trouvé en terre flamande un terrain mieux préparé, les deux fractions de l'école catholique sont beaucoup moins séparées

mouvement convergent des deux écoles libérales : l'école classique abandonnant son culte des formules et des lois naturelles pour rétablir à son plan le point de vue éthique, et l'école de Le Play, effrayée des hardiesses des catholiques sociaux (V. *infra*), accentuant son libéralisme et reléguant parfois au second plan ses préoccupations morales afin de consacrer ses efforts à la lutte contre le socialisme d'Etat (1).

40. — Encyclique « de conditione opificum ». — Ce mouvement, régressif à certains égards, de l'école libérale chrétienne devait provoquer une scission très nette dans le camp des économistes qui se réclament de l'Encyclique justement célèbre du pape Léon XIII « *de conditione opificum* » (ou *Rerum novarum*, 15 mai 1891). Sans doute cette encyclique est conçue en termes prudents sur la détermination du rôle de l'Etat, et les libéraux de l'école de Le Play ont pu, sans trop de difficultés, étayer leur doctrine sur le passage suivant : « L'Etat ne peut pas tout, ce sont les mœurs qu'il faut réformer ; c'est la charité ou plutôt la *solidarité chrétienne*, l'idée de justice évangélique qui fera le reste ».

Mais il n'en est pas moins vrai que, dans son ensemble, l'encyclique est plutôt interventionniste, et qu'elle fournit aux par-

qu'en France. L'un des chefs les plus en vue de l'école catholique belge, V Brants, est sans doute un libéral, mais son libéralisme n'exclut pas d'assez larges concessions à la thèse interventionniste. — Brants, *Les grandes lignes de l'économie politique*, 1901 ; *La petite industrie*, *op. cit.*, et ses nombreux articles de la *Réforme sociale*. — Vanlaer, professeur à l'Université de Lille, nous paraît représenter en France cette nuance intermédiaire.

(1) Cons. à l'appui de cette proposition : Béchaux, *La réglementation du travail*, 1904 ; Rambaud, *Le socialisme et les lois économiques*, 1890. A rapprocher des écrits de ces deux auteurs, professeurs d'économie politique dans les Facultés libres de Droit françaises, les *Premiers principes d'économie politique* de Ch. Perrin, prédécesseur de Brants à l'Université catholique de Louvain. Il convient de classer à part, parmi les libéraux chrétiens : Rostand, partisan convaincu de l'initiative individuelle (*L'action sociale par l'initiative privée op. cit.*) ; Cheysson, éclectique assez voisin de l'école solidariste sur le terrain des assurances sociales ; Anatole Leroy-Beaulieu, le vaillant champion de la pacification sociale. — A citer également parmi les principaux collaborateurs de la *Réforme sociale*, organe périodique de l'école de Le Play (Société d'économie sociale et Unions de la paix sociale) : G. Blondel, l'un des historiens les plus compétents du mouvement social germanique ; H. Lorin, M. Dufourmantelle, de Curzon, Mazel, Cazajeux, etc... — Conf. *Revue catholique des institutions et du droit*. — Sur l'œuvre d'ensemble de l'Ecole, cons. notamment : *Vignes*, *La science sociale d'après les principes de le Play et de ses continuateurs*, 2 vol. 1897 ; Auburtin, *Le Play d'après lui-même*, 1906 ; Gide-Rist, p. 560. — V. aussi la série des travaux publiés en 1906 à l'occasion des fêtes du centenaire de Le Play (*Réforme soc.*, n°s 1er et 16 juillet 1906 ; Béchaux, *Le Play* (*Rev. des deux-Mondes*, 15 avril 1906). — Cf. Emile Cheysson, *Œuvres choisies*, 2 vol. in-8 (recueil posthume), 1911.

tisans du *juste salaire* un point d'appui très fort. N'y est-il pas affirmé en effet, « que l'équité demande que l'*Etat se préoccupe des travailleurs* et fasse en sorte que de tous les biens qu'ils procurent à la société, il leur en revienne une *part convenable* » ? Ne lit-on pas ce passage plus significatif encore : « ....La classe riche se fait comme un rempart de ses richesses et a moins besoin de la tutelle publique. La classe indigente, au contraire, sans richesses pour la mettre à couvert des injustices, compte surtout sur la protection de l'Etat. *Que l'Etat se fasse donc*, à un titre tout particulier, la *providence des travailleurs* qui appartiennent à la classe pauvre en général » ! Comp. dans le même sens, l'encyclique *Graves de Communi*, 18 janv. 1901 (1).

41. — Libéraux et interventionnistes : double mouvement de concentration. — Aussi est-ce sur l'encyclique que les catholiques sociaux, tendant la main aux chrétiens sociaux des autres confessions, se sont délibérément appuyés pour réclamer l'intervention énergique de l'Etat en faveur des déshérités.

Ils se sont rencontrés sur ce terrain avec les interventionnistes de toute nuance ; et ainsi a-t-on vu se constituer, dans les dernières années du XIXe siècle, en face de la concentration libérale, une concentration très significative des interventionnistes, dont l'influence a été décisive sur l'œuvre parlementaire. C'est à la description sommaire de ce mouvement convergent des écoles interventionnistes, que notre paragraphe suivant sera consacré.

§ 3. — Les écoles interventionnistes

I. — Origine de l'interventionnisme. — L'école historique.

42. — Ecole historique : origine commune des doctrines interventionnistes. — C'est à l'école historique ou réaliste que se rattachent manifestement les diverses écoles interventionnistes entre lesquel-

(1) Sur l'ensemble des actes pontificaux relatifs à la question sociale, cons. spécialement : Max Turmann, *Le catholicisme social depuis l'encyclique Rerum novarum*, 1900. Cf. Feuillette, *Du régime du travail d'après l'encyclique Rerum novarum*, th. 1913.

Bien différente, il est vrai, fut l'attitude du successeur de Léon XIII, le pape Pie X. La condamnation retentissante du *modernisme*, par l'encyclique *Pascendi* (16 sept. 1907), suivant de près la publication du nouveau Syllabus (18 juillet), mit incontestablement en fâcheuse posture les chrétiens sociaux, placés dans l'alternative embarrassante, ou de renoncer à leurs convictions, ou de se mettre en révolte contre le Saint-Siège, V. *infra*, n° 49.

les se partagent la majorité des économistes contemporains (1). L'école historique qui se constitua en 1840 et 1860 (2) en Allemagne, sous la triple influence de la philosophie hégélienne, de Savigny et d'Auguste Comte, avec List, Kniès, Roscher, Hildebrand, Stein pour fondateurs, emprunta à la philosophie positive d'Auguste Comte sa méthode, sinon son esprit (3).

Cette méthode, développée depuis par H. Spencer, peut se ramener aux données essentielles suivantes : toutes les sciences sont solidaires les unes des autres, les lois sociales s'expliquent par les lois de la vie, lesquelles procèdent à leur tour des lois du monde inorganique ; ces lois sont dominées par le principe universel de *l'évolution*. C'est donc par la méthode *inductive* et *expérimentale*, en d'autres termes par l'histoire et la statistique, que le sociologue apprendra à connaître les lois générales des sociétés. C'est en s'inspirant de la même méthode que l'économiste, acceptant ces lois comme point de départ, étudiera les déformations que ces lois générales subissent dans tel ou tel milieu social, sous l'influence de telles ou telles circonstances contingentes, et qu'il parviendra à diagnostiquer en quelque sorte le régime économique le mieux approprié aux besoins de chaque Etat.

L'économie politique, ainsi envisagée comme une simple branche de la sociologie, ne comporte plus évidemment les affirmations absolues et dogmatiques de l'école libérale. Les limites de l'intervention de l'Etat, notamment dans la réglementation de l'industrie, se déplaceront suivant le degré de prospérité, et aussi suivant les besoins intérieurs de l'Etat. Le principe de la libre concurrence et de la liberté économique ne sera pas aboli, mais il subira certaines limitations nécessaires (4).

(1) L'école de Le Play, précédement étudiée, s'y rattache aussi dans une large mesure par sa méthode, mais non certes par son esprit. « Bien loin d'appartenir à l'historisme, M. Le Play est un traditionnaliste et serait plutôt un *traditionnaliste exagéré...* » Rambaud, p. 314.

(2) Sur les origines de l'historisme, cons. notamment : Andler, *Les origines du socialisme d'Etat en Allemagne*, 2e édit., 1897 ; Cossa, *op. cit.*, p. 414 et s. ; Gide-Rist, p. 437. — Les représentants les plus marquants de l'école historique allemande contemporaine sont L. Brentano et Schmoller. Ce dernier avait groupé autour de lui une pléiade d'économistes distingués, dont les travaux figurent principalement, soit dans la revue qu'il dirigea depuis 1881 jusqu'à sa mort (1917) sous le titre de *Jahrbuch für Gesetzgebung, Verwaltung und Socialwissenschaftliche Forschungen* (Berlin, 1878 et ann. suiv.). — Comp. aussi Schmoller, *Principes d'économie politique*, trad. Polak, 5 vol., 1903-1908 (nouv. éd., allemande, 1920).

(3) L'ouvrage fondamental de List, *Das nationale System der politischen Œkonomie*, est de 1841. Cf Roscher, *System der Volkswirthschaft* 1854-1859).

(4) Parmi les principaux adeptes, en France, de *l'école historique*, nous citerons Cauwès ; *L'économie politique nationale* (*Revue d'économie politique*, 1894, p. 97) ; Seignobos, *La méthode historique appliquée aux sciences sociales*. — V.

43. — **Déclaration d'Eisenach.** — Les théoriciens allemands de l'économie sociale ne devaient pas tous se borner à cette demi-concession, nécessaire d'ailleurs, aux revendications socialistes : plusieurs d'entre eux devaient s'orienter plus ou moins résolûment dans la voie du socialisme. Tandis que les chefs du parti ouvrier, Lassalle, K. Marx, Engels (1), etc., préconisaient tout un plan de réorganisation fondamentale de la société, les Universités allemandes développaient un système général d'intervention de l'Etat dans l'organisation de l'industrie, très différent du socialisme révolutionnaire en ce qu'il respectait la propriété individuelle, mais empreint néanmoins de socialisme en ce qu'il assignait à l'Etat, dans l'organisation du travail, un rôle prépondérant. Modérées étaient les réformes immédiates réclamées alors (elles ont été dépassées depuis par maintes législations) ; mais le point de départ était de nature à encourager toutes les hardiesses. — Sur la déclaration célèbre des universitaires allemands au congrès d'Eisenach, oct. 1872, et la constitution du *Verein für Socialpolitik*, cons. : Saint-Marc, *Rev. d'Econ. polit.* (1892, p. 245).

44. — Il est facile de comprendre comment de cette école unique, l'*école historique*, procédant d'une méthode d'observation scientifique rigoureuse, ennemie des généralisations systématiques, ont pu sortir plusieurs écoles aux tendances assez divergentes : l'école du *socialisme d'Etat* avec ses nuances assez fuyantes, l'école *sociale chrétienne*, l'école *éclectique*, l'école *coopérative*, et plus récemment l'école *solidariste*.

L'exagération du principe d'autorité, l'influence des doctrines socialistes éloquemment développées par Lassalle, K. Marx et leurs disciples (2), les efforts croissants des Eglises, catholiques ou protestantes, pour reconquérir la tutelle des âmes et participer au gouvernement des Etats, fût-ce au prix d'un retour aux doctrines égalitaires des premiers temps du christianisme : toutes ces causes réunies ont contribué à donner naissance dans les différents pays, soit au socialisme d'Etat, soit au socialisme chrétien, catholique ou évangélique. Mais ces deux écoles sont plutôt des déviations du rameau primitif ; et l'école éclectique actuelle, ou plutôt l'école *soli-*

aussi *Bulletin de la Société d'Economie politique nationale*, paraissant depuis 1898 ; et la *Réforme économique*. — Parmi les économistes anglais adeptes de l'école historique, nous mentionnerons Rogers, *Interprétation économique de l'histoire*, trad. Castelot, 1892 ; Ashley, *Histoire des doctrines économiques de l'Angleterre*, trad. Bondois, 1900 ; Ingram, *Histoire de l'économie politique*. — Comp. de Laveleye, *Eléments d'économie politique*, pour la Belgique ; et F. A. Walker, *Political economy*, aux Etats-Unis. —

(1) Turgeon, *La conception matérialiste de l'histoire d'après Marx et Engels* (*Rev. d'écon. polit.*, 1912, p. 273).

(2) Du Sart, *Karl Marx, Vie et œuvres* (*Démocratie chrétienne*, sept. oct. 1902).

dariste qui n'a fait que rajeunir les formules de la première, nous semble se rattacher plus directement à l'école historique.

II. — *Les principales écoles interventionnistes.*

A. Socialisme d'État. — 45. — Le socialisme d'État, appelé aussi (surtout par ses adversaires) *socialisme de la chaire*, attendu qu'il s'est développé principalement dans les Universités allemandes (1), d'où il s'est infiltré dans la législation ouvrière des États du centre de l'Europe, a ou avait naguère pour principaux représentants, en Allemagne et en Autriche, MM. Ad. Wagner, Schmoller, Schæffle, Sombart, de Berlepsch, Herkner, Schwiedland, von Scheel, von Mayr, von Philippowich, Braun, etc. (MM. Brentano, Conrad, ou Schönberg se rattachant plutôt à l'école éclectique) (2). — En France, nous citerons parmi les représentants (actuels ou récemment disparus), de cette tendance scientifique : MM. Jay, Bouglé, Cabouat, A. Fontaine, Keufer, Métin, B. Raynaud, Simiand, Scelle, G. Séaille ; et parmi les parlementaires ayant pris une part importante à la discussion des lois

(1) Les adeptes du socialisme d'Etat sont également assez nombreux en dehors de l'Allemagne. En France, Dupont-White (*L'individu et l'Etat*, 1865) peut être considéré comme l'un des premiers théoriciens de l'école. Plusieurs périodiques allemands correspondent, dans leur ensemble, aux doctrines de l'école. Tels sont : le *Jahrbuch* de Schmoller (Berlin), la *Zeitschrift für die gesammte Staatswirthschaft* de Schæffle (Stuttgart), la *Soziale Praxis* de Francke, Berlin, 1898-1913, la *Zeitschrift für Socialwissenschaft* de Wolf, les *Archiv für sociale Gesetzgebung und Statistik* de Braun (Berlin), la *Zeitschrift für Volkswirthschaft, Socialpolitik*..., de Bœhm-Bawerk, etc. — Comp. : pour la France, la *Revue d'économie politique* (actuellement dirigée par M. Gide, avec le concours de MM. Allix, Germain Martin, Lescure, Oualid, Rist, Truchy, etc..), qui, bien que correspondant plutôt aux tendances de l'école éclectique ou solidariste, est une tribune ouverte également aux travaux des écoles divergentes, soit dans le sens libéral, soit dans le sens socialiste. — La même observation pourrait être faite pour les *Questions pratiques* (*droit ouvrier, économie politique et sociale*), revue fondée par nous en 1900, en collaboration avec M. Godart, et dirigée jusqu'en 1928 par MM. Pic, Brouilhet, Bender, Amieux et de Maday. Cette revue vient de se fondre avec le *Recueil de droit commercial et de droit social* (édit. des Jurisclasseurs), dirigé par MM. Pic et Roger Picard. — Comp. les revues suivantes : *Schweizerische Blätter für Wirtschaft un socialpolitik* de Reichesberg (Suisse) ; *Annals of the American Academy of political ant social Science* (Etats-Unis), etc...

(2) Sur les nuances nombreuses, et fort délicates, de l'école allemande, cons. notamment : Saint-Marc, *Etude sur l'enseignement de l'économie politique* dans les Universités allemandes, *Rev. d'écon. polit.*, 1892, p. 217 et s., 43 et s. A signaler ici deux grands recueils collectifs dont les collaborateurs représentent à peu près toutes les nuances de l'interventionnisme: le *Handbuch der politischen Œkonomie*, de Schönberg (collabor. : Conrad, Lexis, etc., 4e édit., 1896, Tubingen, 2 vol.), et l'*Handworterbuch der Staatswissenschaft*, de Conrad (collabor. Elster, Lexis, etc., Iéna, 1889-1894, 6 vol.). — Cp. Stammhammer, *Bibliographie der Socialpolitik*, 1897 ; Herkner, *Die Arbeiterfrage*, 2 vol., 1923.

ouvrières de ces dernières années, MM. Dron, Dubief, Godart, Guieysse, Maruéjouls, Mesureur, Grinda, Nogaro, Chabrun, etc. (1). — Peuvent également être classés dans le même groupe en Belgique, MM. Ansiaux, Mahaim, Varlez, Waxweiler, de Greef, etc. ; en Suisse, MM. Bauer, Scherrer, Wuarin, de Maday (2) ; en Italie, MM. Ferraris, Vivante, etc. ; en Angleterre, MM: Rogers, Ashley ; aux Etats-Unis, MM. Willoughby, C. Wright, etc, etc.

Tous ces auteurs sont loin de s'entendre sur toutes les questions de réglementation du travail. Mais du moins procèdent-ils tous de ce principe commun, nettement contraire à la doctrine libérale, que l'Etat est *l'organe suprême du droit*. Sans l'intervention de l'Etat, les égoïsmes s'entrechoquent, et le fort écrase le faible : c'est à l'Etat représentant des intérêts généraux, qu'il appartient d'intervenir pour réprimer la lutte des individualités oppressives, et maintenir l'équilibre enter les différents facteurs de la production.

46. — En elle-même, la thèse nous paraît très juste. Ceux qui se posent en défenseurs de la liberté contre l'Etat ne sont que trop portés, lorsque leurs intérêts particuliers sont en jeu, à solliciter l'intervention des pouvoirs publics ; et, puisque, à moins de supprimer l'Etat, il y aura toujours une contrainte légale, mieux vaut assurément que cette contrainte « s'exerce au profit de la collectivité entière, au lieu de n'être mise en jeu que pour la défense de certains intérêts particuliers » (Wuarin, *op. cit.* p. 159).

47. — Mais sur cette voie de l'interventionnisme érigé en *système*, la pente est glissante, et plusieurs théoriciens du socialisme d'Etat sont parvenus par une gradation logique, à des théories d'avant-garde, assez voisines de la thèse collectiviste. C'est ainsi qu'Ad. Wagner (3) réclame certaines limitations de la propriété privée, et une extension corrélative de la *propriété sociale* : programme dont la mise en exécution, même par des voies légales, ne laisserait pas que d'ébranler l'ordre social actuel. Schæffle va plus loin encore, et dans une de ses œuvres au moins (4), semble

(1) Parmi les ouvrages des auteurs précités que nous aurons l'occasion de citer au cours de cet ouvrage, cons. principalement au point de vue des tendances : Jay, *Protection légale des travailleurs*, 2e éd., 1910 ; Gide, *Cours d'économie politique*, précité ; Vivante, *La pénétration du socialisme dans le droit privé* (*Quest. pratiques*, 1903, p. 33 et 65) ; Scelle, *Précis de législation industrielle*.

(2) De Maday, *Législation sociale comparée, droit ouvrier*, 1917. — Cf. Wuarin, *Une vue d'ensemble de la question sociale*, 1896 ; De Greef, *L'économie sociale d'après la méthode historique*, 1923.

(3) *Lehrbuch der politischen Œkonomie*, Leipzig, 7 vol. 1876-1893 (Cf. trad. Polack, sous le titre : *Les fondements de l'Economie politique*, 1904-1905).

(4) *Quintessence du socialisme*, trad. Malon.

admettre la possibilité de réalisation des doctrines collectivistes.

48. — **Fonctions économiques de l'Etat ou de la commune.** — D'autre part, le socialisme d'Etat a une tendance très nette à étendre progressivement le rôle économique de l'Etat ou des communes, et à favoriser soit la mainmise de l'Etat sur les voies ferrées ou les mines, soit l'exploitation en régie par les municipalités de tout un ensemble de services qui jusqu'ici étaient généralement exploités par des compagnies concessionnaires. M. Gide fait remarquer à ce sujet que l'objection des libéraux, tirée de l'incapacité prétendue de l'Etat, n'a qu'une valeur très relative.. Jusqu'à présent, en effet, dit-il, « l'Etat n'a été organisé qu'en vue de ses fonctions politiques et nullement de ses fonctions économiques..., mais il est permis d'espérer que le jour où l'Etat sera constitué en vue de ses nouvelles fonctions, il pourra exécuter dans le domaine économique une action plus rationnelle et plus efficace.... » (Gide, *Principes d'économie politique*, 7e édition, p. 87) (1).

B. Socialisme chrétien ou christianisme social. — 49. — Le socialisme chrétien est plutôt une tendance qu'une école.

D'une manière générale cependant, les adeptes du socialisme chrétien, catholique ou évangélique (2), se reconnaissent à deux signes distinctifs, qui permettent de les différencier, soit des libéraux chrétiens, comme Le Play, soit des interventionnistes sans épithète : — 1° Ils sont partisans d'une intervention de l'Etat en faveur des travailleurs, et constituent ainsi, dans les principaux pays civilisés, un véritable parti *démocrate chrétien* ; — 2° Ils ne

(1) Sur le fascisme italien envisagé comme un aspect nouveau de socialisme d'Etat, v. Prezzolini, *Le fascisme*, trad. Bourgin, 1925. — V. n. 517 *infra*.

(2) Le catholicisme social, en France, remonte à Lamennais (journal *L'Avenir*) — Mgr de Ketteler, l'ami de Lassalle, et l'un des fondateurs du catholicisme social allemand, est manifestement, au point de vue social, un disciple de Lamennais. — Cons. sur l'histoire du mouvement catholique social : de Girard, *Ketteler et la question ouvrière*, 1896 ; Nitti, *Socialisme catholique* ; Abbé Calippe, *L'attitude sociale des catholiques français au XIXe siècle*, 3 v., 1912 ; Fontanille, *L'œuvre sociale d'Albert de Mun*, 1926. — C'est en Angleterre qu'a pris naissance avec Th. Carlyle, Kingsley, le socialisme évangélique, qui s'est ensuite introduit et développé aux Etats-Unis, aux colonies anglaises, et (quoique avec un moindre succès) en Allemagne. Cons. sur l'évolution de ce mouvement : Verhaegen, *Socialistes anglais* ; Rév. Kerby, *Le socialisme aux Etat-Unis* ; Goyau, *L'Allemagne religieuse, protestantisme*, 1898 ; Judson, Cochran, etc., *Social Work of the Church* (*Annals of american Academy* de Philadelphie, nov. 1907) ; Collard, *Le mouvement social dans le protestantisme*, th. 1909. — Comp. (mais dans un sens défavorable à ce mouvement social) ; Périn, *Le salaire d'après l'encyclique*, 1891 ; Joly, *Le socialisme chrétien*, 1892. — Sur le mouvement éthique, parallèle au mouvement social chrétien, provoqué par les œuvres de Ruskin, de Toynbee, l'apôtre des œuvres de patronage social, de Tolstoï : Cons. Verhaegen, *op. cit.*, Geddes, *John Ruskin economist* (Edimbourg, 1884) ; Brunhes, *Ruskin et la Bible* ; Gide-Rist, p. 584.

conçoivent pas un Etat affranchi du dogme, mais un Etat dirigé par la tradition chrétienne : les catholiques se réclamant des Encycliques du Pape Léon XIII (Encycl. *Rerum novarum*, et *Graves de communi*), les protestants s'appuyant sur l'Evangile et s'efforçant de réaliser le *royaume de Dieu* sur la terre (1).

50. — **L'ordre social suivant l'idéal chrétien.** — En d'autres termes, les chrétiens sociaux ou démocrates chrétiens (2), abstraction faite des nuances individuelles ou confessionnelles, prennent pour devise cette éloquente parole de Lacordaire : « Entre le fort et le faible, entre le riche et le pauvre, c'est la liberté qui tue, c'est la loi qui affranchit ». C'est la pure formule du socialisme d'Etat, avec cette différence toutefois que la loi, pour les socialistes chrétiens, est une loi à base de christianisme.

51. — Signalons toutefois les tendances collectivistes de certains chrétiens sociaux, pour la plupart du groupe évangélique. L'abbé Mac-Glyn, irlandais d'Amérique, était l'un des membres les plus influents du *parti George* ; la *Guild of Saint-Mathew* (association évangélique anglaise) a des tendances socialistes qui la rapprochent

(1) Il convient de citer, parmi les catholiques sociaux dont les œuvres ou la propagande ont exercé dans ces dernières années, où exercent encore le plus d'influence en France : MM. de Mun, Lorin, de la Tour du Pin, de Ségur-Lamoignon, Turmann, Lapeyre, abbé Lemire, Bureau, Boissard, Le Cour-Grandmaison, Fonsegrive, abbé Six, Duthoit, etc. (Organes périodiques : *Le mouvement social*, (anciennement *Association catholique*), *La Démocratie chrétienne*, *Le Sillon* (M. Sangnier). *La Chronique sociale de France*, *l'Action populaire* (de Reims), *La justice sociale* (Abbé Naudet)) ; — centres du groupement : Semaines sociales ; — en Belgique, MM. Verhaegen, de Wiart, Dubois, Legrand, Nyssens, etc. (organe ; *Revue catholique, sociale et juridique*) ; — en Suisse, MM. Decurtins, de Girard ; — en Angleterre, cardinal Manning ; — en Allemagne, l'abbé Hitze, Mgr Fischer, cardinal archev. de Cologne ; — en Autriche, le prince de Lichtenstein, leader de l'antisémitisme, le comte de Lœsevitz, etc. ; — en Italie, M. Toniolo, l'un des organisateurs de l'œuvre des Congrès (organe périodique ; *Fascio democratico*) ; abbé Murri, chef des *démocrates chrétiens* (*Rivista coltura*, supprimée) ; — aux Etats-Unis, l'abbé Mac-Glyn.

Nous citerons parmi les socialistes évangéliques, en France, MM. Sabatier, Babut, Recolin, Ch. Robert, (revue *Le Christianisme pratique*), — en Angleterre, le Rév. Headlam, fondateur de la *Guild of Saint-Mathew* ; — aux Etats-Unis, les pasteurs Bliss, Herron, etc. (*Church social union*) ; en Allemagne, le pasteur Stœker (*Christlich-sociale Blätter*). — Pour l'étude du mouvement chrétien social contemporain, cons., outre les ouvrages précités : Max Turmann, *Le catholicisme social depuis l'encyclique Rerum novarum*, 1900 ; Goyau, *Le Pape, les catholiques et la question sociale*, 1895 ; Toniolo, *Tratt. di economia sociale*, Florence, 1907 ; Duthoit, *Vie économique et catholicisme*, 1924 ; Terrel, *Les semaines sociales de France*, 1923 ; Christiani, *Les diverses positions du protestantisme français en matière de doctrine sociale* (Chron. sociale de France, nov. 1920) ; Neufville (Agnès de), *Le mouvement social protestant en France depuis 1880*, 1926.

(2) Beaucoup d'entre eux protestent contre le qualificatif de socialisme chrétiens qui leur est communément appliqué par leurs adversaires.

du parti fabien ; il en est de même d'une fraction du parti évangélique allemand. Les catholiques sociaux, en Belgique et en Suisse, sont aussi en coquetterie avec le marxisme (Congrès de Zurich, 1897).

En France, la ligne de démarcation est beaucoup plus tranchée entre le parti socialiste et les chrétiens sociaux ; les catholiques se bornant en général, à réclamer l'intervention de l'Etat en faveur des faibles et la réorganisation de l'industrie sur la base corporative (1), les protestants se rattachant plutôt à la doctrine solidariste, dont nous parlerons plus loin. Signalons toutefois, parmi les théoriciens actuels du catholicisme social, une évolution marquée dans le sens démocratique : plusieurs d'entre eux sont résolument hostiles à la conception aristocratique de Le Play, tendant à subordonner au patronat les groupements ouvriers (2).

C'est, à n'en pas douter, en vue d'entraver cette évolution que le pape Pie X n'hésita pas à condamner le *modernisme* par l'encyclique *Pascendi*. En présence de cette déclaration de guerre à la pensée moderne, plusieurs courants se dessinèrent dans les milieux catholiques d'avant-garde. Le P. Tyrrell, l'un des chefs les plus en vue du modernisme, ne dissimula pas sa désapprobation des tendances actuelles du Saint-Siège (*The pope and modernisme*, *Times*, n°s 30 sept., 1er oct. 1907). En France, à part les abbés Loisy et Naudet (3), les plus compromis s'effacèrent (disparition de *Demain*, direct. P. Jay) ; quelques-uns même firent un acte éclatant de soumission. Ainsi procédèrent la *Démocratie chrétienne* et, en Italie, l'abbé Murri.

Mais ces soumissions ne devaient pas suffire à combler le fossé profond qui sépare les démocrates chrétiens des ultramontains, témoins la mise à l'index des œuvres exégétiques de l'abbé Loisy, du Sillon et de ses Congrès, et le régime de suspicion auquel furent longtemps soumis les prêtres libéraux, notamment l'abbé Lemire, député du Nord, l'un des chefs le plus courageux du mouvement catholique social, décédé en 1928. — Cf : *La politique de Pie X* (Débats, n^os des 5 et 10 oct. 1907) ; Pernot, *La Politique de Pie X* ; A. Leroy-Beaulieu, *Déb.*, n° 8 nov. 1911.

C. ÉCOLE ÉCLECTIQUE. — 52. — L'école éclectique (4) accepte le même point de départ que l'école du socialisme d'Etat. Elle n'admet pas,

(1) Voir notamment : Boissard, *Le syndicat mixte*, 1896. — V. aussi, pour l'Espagne, *La Paz Social* (dir. S. Aznar), Madrid.

(2) V. spécialement : Bureau, *Le contrat de travail, le rôle des syndicats professionnels*, 1902. — Chaine, *Les catholiques français*, 1908.

(3) *L'encyclique Pascendi et les catholiques progressistes*, par l'abbé Naudet (*Les documents du progrès*, décembre 1907).

(4) *L'école éclectique*, par ses doctrines mêmes, comporte les nuances les plus variées, et rien n'est plus malaisé que de tracer la ligne de démarcation qui la

avec les libéraux intransigeants, que l'étatisme soit malfaisant en soi ; elle estime, au contraire, que l'État a des fonctions multiples indispensables au bon fonctionnement de l'organisme social.

L'école libérale classique compte sur la liberté économique pour corriger tous les abus, l'école libérale chrétienne escompte les heureux effets du patronage et du régime corporatif restauré. L'une et l'autre, faute d'avoir pris contact avec la réalité, ou d'avoir voulu déduire les conclusions logiques de leurs enquêtes, sont d'un optimisme que l'école éclectique se refuse à partager.

53. — La restauration du patronage corporatif chrétien suffirait-elle, comme l'affirme l'école de Le Play, à faire disparaître dans la mesure du possible ces inégalités et à corriger les abus de la liberté illimitée ? Sans nier la puissance de l'association, l'école éclectique se refuse à l'admettre. Il serait chimérique de prétendre restaurer

distingue des autres écoles interventionnistes. Voici cependant, sous toutes réserves, une liste, d'ailleurs très incomplète, des auteurs qui nous paraissent, par leurs tendances générales, se rattacher à cette école (comme précurseurs, fondateurs ou adhérents). En *France*, le représentant le plus autorisé de cette école fut, jusqu'à son décès, M. Cauwès, président de la *Société d'économie politique nationale*. — Peuvent être classés dans le même groupe, parmi les auteurs déjà cités précédemment : MM. Bourguin, Bry, Duguit, Fouillée, Hauriou, Laborde, Rist, Souchon, Truchy, Piron. — V. aussi (sous réserves) Bellom, *Les lois d'assurances ouvrières à l'étranger*, 10 vol., 1892-1909 ; Berthélemy, *Traité de droit administratif*, 8e éd., 1926, *passim* ; Brouilhet, *op. cit.*, et *Précis d'économie politique*, 1911 ; Perreau, *Cours d'économie politique*, 3e éd., 1925 ; Reboud, *Précis d'économie politique*, 1925 ; Torcau-Bayle, *Le problème social et l'individualisme* (*Rev. pol. et parl.*, 1898, t. XVIII, p. 142). — Comp. les discours parlement. de Barthou, Poincaré, Strauss, R. Waddington, Deschanel, Siegfried, Tardieu, Loucheur, etc.

En *Angleterre*, l'on pourrait citer comme appartenant ou ayant appartenu aux mêmes tendances : Cliffe Leslie, Ingram, Foxwell, et (malgré de graves divergences) Stanley-Jevons. — En *Belgique* : Waelbroeck (*Législation industrielle*, 2 vol. 1865), Lambrechts. — Aux *États-Unis* : Carey, Thomson, Greeley, Clark, Commons. — En *Allemagne* et en *Autriche* : List, Brentano, Schonberg, Conrad, Cohn, Lexis, Mataja, Menger, Molitor, Höniger, Kaskel. — Cons. au surplus, pour l'étude des doctrines interventionnistes modérées enseignées dans les Universités allemandes : Cohn, *System der Nationalökonomie*, 3 vol., Stuttgart, 1891 ; Elster, *Wörterbuch der Volkswirtschaft*, 2 vol., Iéna (ouvr. collectif). — En *Italie* : Messedaglia, Nitti (directeur de la *Riforma Sociale*), della Volta, Sraffa, de Marinis. — En *Espagne* : Piernas y Hurtado, de Saralegui y Medina.

Nous avons déjà fait observer que la *Revue d'économie politique*, bien que constituant une tribune ouverte à toutes les doctrines, est plus spécialement, en France, l'organe de l'école éclectique ou solidariste. — V. aussi nos *Questions pratiques* ; les *Documents du travail* ; la *Journée industrielle* ; le *Musée Social* (*Bull. mensuel* et *Mémoires et documents*), les *Annales de droit commercial et industriel* ; le *Moniteur des syndicats ouvriers*. — Comp. *Revue pratique de droit industriel*, dir. par Bodeux (Liège) ; *Economic journal* (Londres) ; *Economista* (Florence) ; *Rivista di diritto commerciale*, etc., de Sraffa et Vivante (Milan) ; *Boletin de la Sociedad de fomento fabril* (Santiago-Chili), etc.

en France la corporation de jadis, avec ses cadres rigides, son caractère aristocratique, son traditionalisme chrétien ; sans être hostile aux syndicats mixtes, l'école éclectique accorde sa préférence aux syndicats homogènes, patronaux ou ouvriers, et dégagés de toute attache confessionnelle.

Mais ces organisations syndicales, si puissantes qu'on les suppose, ne sauraient extirper tous les abus. L'expérience des Etats dans lesquels les groupements ouvriers sont parvenus au plus haut degré de puissance, l'Angleterre et les Dominions notamment, démontre que, s'ils ont souvent assez d'influence pour promouvoir les réformes nécessaires, ils ne sauraient prétendre à les réaliser toutes directement, sans le concours de la loi (1). Au surplus, s'ils devenaient jamais assez puissants pour s'emparer de la souveraineté économique, comme en Australie, il est à supposer que les libéraux regretteraient alors de n'avoir pas réalisé par les voies légales les réformes nécessaires.

54. — Non moins irréalisable est l'espoir, formulé par une fraction de l'école de Le Play, de mettre fin aux conflits du capital et du travail par un ensemble d'institutions patronales.

Nous ne contestons pas l'efficacité du patronage, exercé, soit individuellement par le chef d'industrie à l'égard de son personnel, soit collectivement à l'égard des travailleurs, par des associations philantropiques ; mais nous estimons d'abord que le patronage doit être discret pour être aisément accepté, ensuite et surtout qu'il est, dans l'organisation industrielle actuelle, des abus trop graves pour que l'initiative privée, livrée à ses propres ressources, puisse en avoir raison. Aussi a-t-on vu maintes fois des chefs d'industrie désireux d'améliorer la condition de leur personnel réclamer instamment une intervention législative, qui en interdisant aux patrons peu scrupuleux certains modes d'exploitation manifestement condamnés, pouvait seule leur permettre, sans courir le risque d'une ruine presque inévitable, de réaliser dans leurs établissements des réformes plus profondes.

55. — Sans doute, l'école éclectique ne tient pas pour légitimes tous les modes d'intervention de l'Etat (2). Mais elle considère que le plus sûr moyen d'échapper aux expériences collectivistes qu'elle tient pour néfastes, n'est point de répéter à satiété la vieille formule usée « laissez-faire, laissez-passer », mais bien de délimiter avec précision les attributions normales de l'Etat, et de dégager,

(1) V. en ce sens : Jay, *Une forme nouvelle d'organisation du travail par les groupements professionnels* (*Rev. d'écon. polit.*, 1901, p. 270).

(2) Pour la critique du socialisme d'Etat *intégral*, v. Rist, *Origines du socialisme d'Etat* (*Rev. d'écon. polit.*, 1907, p. 321).

par une étude attentive de l'organisation industrielle moderne, les principes permettant d'assigner à celui-ci son véritable rôle.

Le rôle de l'Etat n'est pas seulement d'assurer la défense du territoire et de rendre la justice, comme le prétendent certains individualistes. Il doit aider aussi au développement de la richesse générale soit par des travaux productifs, soit par un système rationnel d'impôts. Il doit, d'autre part, non pas sans doute intervenir directement dans les contrats industriels, mais tout au moins veiller à ce que les contractants soient *vraiment libres*, réprimer l'exploitation abusive du salarié par le chef d'industrie, et imposer dans ce but aux industriels tout un ensemble de mesures protectrices du travailleur (1).

D. COOPÉRATISME ; SOLIDARISME. — 56. — Les écoles dites *coopérative*, *solidariste*, ne sont à vrai dire que des variantes de la précédente. Elles en diffèrent surtout en ce qu'elles s'appliquent à dégager un *criterium* précis permettant d'établir une ligne de démarcation rationnelle entre l'action de l'Etat et l'action individuelle.

57. — ÉCOLE COOPÉRATIVE. — Le chef de l'*école coopérative*, qui voit dans le développement indéfini de la coopération de production et dans sa substitution progressive au salariat la solution du problème social, est incontestablement, pour la France, M. Gide, qui dans ses nombreux travaux sur la coopération (2) a éloquemment mis en relief les avantages de la coopération envisagée comme moyen de faire passer pacifiquement, sans révolution violente et sans expropriation, les instruments de production des mains de l'oligarchie patronale en celles de la masse ouvrière.

Aujourd'hui, sous le régime du *salariat*, il n'y a pas d'association économique véritable entre l'ouvrier et le patron ; l'un et l'autre sont bien associés *dans la production*, mais nullement *dans la répartition*. C'est ce vice irrémédiable du salariat que dénonce l'école coopérative : pour elle, dans la société de l'avenir, à laquelle il est possible de parvenir graduellement, par étapes (la participation aux bénéfices généralisée en constituant la plus importante), l'association patronale doit faire place à l'association intégrale,

(1) Cf. Cauwès : t. III, n°s 837 et s. : et disc. inaugural du Congrès internat. de Paris, *Quest. pratiques de lég. ouvr.*, 1900, p. 344.

(2) Gide, *La coopération, conférences de propagande*, 4e édit., 1922 ; *Les sociétés coopératives de consommation*, 4e éd., 1924 ; *Les institutions du progrès social*, 5e éd., 1920 ; Deloncle, *Capital et travail, vers des temps nouveaux*, 1921 ; Bernard Lavergne, *L'ordre coopératif*, 1926. — V. aussi la plupart des auteurs classés *infra* parmi les solidaristes.

Organes de l'école : *L'Emancipation*, de Nîmes ; *Revue des études coopératives* (secrét. B. Lavergne). — V. aussi *Rev. de psychologie sociale*.

c'est-à-dire libre, complète, embrassant la répartition aussi bien que la production.

58. — École solidariste. — Quelque séduisantes que soient les perspectives d'avenir ouvertes par l'école coopérative, l'on est bien obligé de convenir que la solution qu'elle préconise, impliquant une transformation sociale profonde, est trop éloignée pour qu'il soit permis d'en attendre, dans le présent, un remède suffisant aux vices de l'organisation industrielle contemporaine.

Trop d'obstacles matériels ou moraux, M. Gide en convient tout le premier, s'opposent encore aujourd'hui à l'extension indéfinie de la coopération de production, pour qu'il soit permis d'envisager comme une possibilité prochaine la disparition du salariat ; et cependant bien des abus, dont souffre la masse travailleuse, appellent un prompt remède.

59. — Ce remède, une école très en faveur aujourd'hui, qui rallie sous son drapeau éclectiques, coopérateurs, et même bon nombre de socialistes d'État, résolument opposés au collectivisme révolutionnaire, le trouve dans le *solidarisme*.

Assurément, la notion de *solidarité sociale* n'est point une nouveauté. Elle a inspiré les systèmes de reconstruction sociale des socialistes utopistes de la première moitié du XIXe siècle, de Fourier et de P. Leroux ; elle est à la base de la morale positiviste (*altruisme*) d'Auguste Comte et de son école ; elle se retrouve dans toutes les œuvres des écrivains interventionnistes. Mais le mérite de l'école nouvelle est d'avoir systématisé cette notion un peu vague, et établi que la *solidarité*, — de plus en plus efficace au fur et à mesure qu'elle passe du domaine organique et inconscient dans celui des réalisations conscientes et voulues, soit par le groupement des initiatives privées, soit par le progrès syndical, soit par l'action stimulante des pouvoirs publics, — est la loi même du progrès social.

60. — L'école solidariste se rapproche donc de l'école de Le Play (1) en ce qu'elle place le point de vue éthique avant le point de vue économique ; du socialisme d'État ou de l'école sociale chrétienne en ce qu'elle admet la nécessité d'une intervention énergique des pouvoirs publics en faveur des faibles. Mais elle trouve, dans le concept scientifique de l'organisme social, ou tout au moins dans

(1) Ou de l'école anglo-américaine qui s'inspire des enseignements de Ruskin (v. Ruskin, *Unto this Last*, trad. Peltier, introd. Brunhes, 1902). — Comp. Carlyle, *Cathédrales d'autrefois et usines d'aujourd'hui* (*Passé et présent*), trad. C. Bos, préf. d'Izoulet. — Com. aussi à l'esthétisme de Ruskin ou au mysticisme de Carlyle, le mysticisme slave de Tolstoï, *Résurrection*.

la conscience de plus en plus nette de *l'interdépendance*, morale et juridique à la fois, de tous les individus dont se compose la société (1), la justification de toutes les réformes, morales et législatives, qu'elle préconise, sans hostilité au regard des dogmes, mais sans le concours nécessaire de ceux-ci.

61. — Le point de vue scientifique et naturiste est nettement indiqué dans le passage suivant du discours prononcé aux fêtes du jubilé de M. Berthelot (2 nov. 1901) par l'illustre savant : « De la connaissance plus profonde de l'univers et de la constitution physique et morale de l'homme résulte une nouvelle conception de la destinée humaine, dirigée par les notions fondamentales de la *solidarité universelle*, entre toutes les classes et toutes les nations ».

Le point de vue psychologique, à la fois moral et juridique, n'est pas affirmé avec moins de précision dans le passage suivant de *La solidarité*, de M. Léon Bourgeois, le fondateur de l'école nouvelle : « Au devoir moral de charité qu'a formulé le christianisme, et à la notion déjà plus précise, mais encore abstraite et dépourvue de sanction, de fraternité républicaine, la théorie de la solidarité substitue une obligation *quasi-contractuelle* (2), ayant, comme on dit en droit, une cause, et pouvant par suite être soumise à certaines sanctions (3) ».

(1) Pour les sociologues de l'école biologique, la solidarité est avant tout *organique* (Cf. Worms, Durkheim, *op. cit.*). Elle est semi-organique, semi-contractuelle pour les sociologues, philosophes ou économistes qui, tout en considérant l'Etat comme un groupement naturel, se refusent à l'assimiler à un organisme vivant (v. les ouvrages précités de Fouillée, Hauriou, Duguit, H. Michel, P. Deschanel). — V. aussi Secrétan, *Mon utopie*, 1892 ; Léon Bourgeois, *La solidarité*, 7e éd., 1912 ; Bouglé, *Le solidarisme*, 2e éd., 1924.

(2) Sur la supériorité de la notion de *quasi-contrat* sur celle de *contrat social*, v. Charmont, *Rev. critique*, 1907, p. 501.

(3) Il convient toutefois de remarquer que cette conception, essentiellement scientifique et positiviste, de Berthelot ou de Bourgeois, ne se retrouve pas chez tous les solidaristes. C'est celle des hommes d'Etat démocrates, comme Waldeck-Rousseau (*Questions sociales*, 1900), Millérand ou Guieysse (*rapports parlementaires*) ; — des économistes comme Gide, Bouglé, etc. en France ; — Sidgwick en Angleterre (*The principles of political economy*, 1887) ; Ely, Tolman aux Etats-Unis ; — des philosophes et sociologues comme Izoulet, Worms, Durkheim, Marion (*La solidarité morale*), sir John Lubbock (Le bonheur de vivre). — Sully-Prudhomme (*Le lien social*), etc. — Cf. Picard, *La philosophie sociale de Renouvier*, 1908. — Mais il y a aussi un *solidarisme chrétien* ; c'est celui d'une fraction importante du groupe social protestant. — Cons. encore, parmi les nombreux travaux inspirés de l'idée solidariste : Godart, *L'économie sociale* (*Quest. pratiques*, 1900, p. 43 et suiv.) ; Van Marken, *L'organisation sociale dans l'industrie*, Delft, 1900 ; *Essai d'une philosophie de la solidarité*, conférences sous

62. — Ramenée à ses termes essentiels, la doctrine solidariste peut se résumer dans les quelques propositions suivantes :

1° La morale de la concurrence et de la lutte de classes, préconisée à la fois par les libéraux et les marxistes, mais dans un sens optimiste et conservateur par les premiers, pessimiste et révolutionnaire par les seconds, doit faire place à la morale de *l'union pour la vie* entre tous les citoyens d'un même pays, sans distinction de classes et de situation sociale. « Nous naissons tous débiteurs les uns des autres, a écrit L. Bourgeois. Nous n'avons pas le droit de nous considérer dans la vie comme des isolés, mais nous sommes des associés nécessaires..... » (*Musée Social*, 1902, p. 83).

2° C'est par l'association libre, sans contrainte ni expropriation violente, sans révolution ni spoliation, que devront se réaliser les réformes profondes par lesquelles la société s'élèvera progressivement vers une organisation, dans laquelle chacun retirera de son travail une rémunération équitable : organisation caractérisée par l'atténuation de la concurrence, la diminution de la puissance de l'argent, la substitution de la coopération au salariat, etc.

3° L'Etat, représentant des intérêts généraux, doit *activement* coopérer à cette marche en avant, d'abord en faisant disparaître tous les obstacles qui s'opposent au libre développement des groupements professionnels, ensuite en réprimant tous les abus que l'initiative privée, livrée à elle-même, serait impuissante à extirper, en faisant pénétrer dans les masses, soit par des encouragements appropriés, soit par la contrainte s'il le faut (1), les notions de prévoyance et de solidarité « indispensables pour préparer le terrain sur lequel s'épanouira plus tard la coopération libre » (Gide, *Principes*, p. 45). En agissant ainsi, l'Etat n'excède point son droit. En effet « tout mal individuel qui est *en même temps un mal social* donne légitimement prise à la sanction commune » (L. Bourgeois, *op. cit*).

63. — **Rôle complexe de l'Etat dans la doctrine solidariste.** — L'Etat, en d'autres termes, dans les doctrines sociales fondées sur

la présidence de L. Bourgeois et Croiset, par MM. Darlu, Gide, F. Buisson, Boutroux, etc. (*Ec. des hautes études sociales*), 1902 ; *Les applications sociales de la solidarité*, par Budin, Gide, Monod, Paulet, Siegfried, etc., 2e éd., 1907 ; Charmont, *Le droit et l'esprit démocratique*, 1908.

(1) « Une obligation imposée par la loi est, dans bien des cas, le meilleur procédé éducatif pour enraciner dans les mœurs une idée morale qu'elle a fait naître : il en sera ainsi pour le sentiment de la solidarité sociale ; là où il fera défaut, *la loi doit l'imposer* ». Duboin, avocat général à la Cour de cassation, *Disc. de rentrée* (16 oct. 1900) sur *la législation sociale à la fin du XIXe siècle*.

la notion primordiale de solidarité, a une double mission à remplir, une mission de *police* et une mission de *tutelle*.

C'est en vertu de son *droit de police* que l'Etat prend les mesures propres à assurer le jeu normal du principe de la liberté du travail, qu'il réglemente coalitions et syndicats, et empêche ces groupements de dégénérer en instruments d'oppression, tout en leur accordant les moyens légaux de coopérer à l'émancipation pacifique de la classe ouvrière.

A ce même pouvoir de police se rattachent : — 1° Les dispositions législatives tendant à prohiber l'accaparement des produits nécessaires à la consommation générale ; — 2° La réglementation d'ensemble des établissements industriels au point de vue de la sécurité et de l'hygiène ; — 3° Les monopoles légaux ; — 4° Les lois et règlements tendant à prévenir les fraudes ; — 5° L'organisation de juridictions spéciales à l'industrie.

64. — D'autre part, c'est en vertu de son *droit de tutelle*, à la fois *morale* et *économique*, que l'Etat organise l'enseignement technique ; qu'il intervient dans les rapports contractuels des patrons et des ouvriers, pour garantir à l'ouvrier ou à l'employé l'intégralité de son salaire, pour réglementer les conditions du travail, pour assurer enfin les travailleurs contre les risques d'accidents professionnels, de maladie, d'invalidité, de vieillesse, ou de chômage.

65. — C'est dans le même esprit que l'Etat organise ou favorise le développement des institutions tendant à améliorer la condition matérielle et morale de la famille ouvrière (mutualité, patronage, assistance) et qu'il encourage la substitution progressive de la coopération au salariat. Le budget social intervient ici, non pour paralyser, mais pour stimuler et promouvoir les œuvres multiples de solidarité dues à l'initiative individuelle.

66. — En résumé, l'école solidariste, bien qu'assez voisine du socialisme d'Etat, s'en différencie par sa moins grande rigidité. Comme l'école éclectique, dont elle est une forme rajeunie, elle ne fait intervenir l'Etat que pour compléter l'œuvre des groupements libres.

Il y a encore beaucoup de vague dans ses conceptions ; mais ce vague même est fécond en ce sens qu'il laisse le champ libre aux hardiesses individuelles, et permet aux uns de s'avancer jusqu'aux confins du socialisme pur, aux autres de limiter plus étroitement le domaine de l'Etat : la doctrine définitive devant se dégager ultérieurement, par le contact des théories et des faits. Dans sa forme actuelle, encore imprécise, l'école solidariste nous offre le reflet le plus fidèle des tendances, et aussi des hésitations des Parlements, dans l'œuvre colossale de réglementation du travail qu'ils ont simultanément entreprise à la fin du XIXe siècle.

§ 4. — Conclusion : évolution convergente des écoles

67. — Nous ne nous dissimulons nullement ce qu'il y a d'artificiel dans cette classification des écoles, et dans la répartition des auteurs entre chacune d'elles.

Mais nous tenons à revenir ici sur un fait, indiqué précédemment, et qui ressort clairement de notre analyse des principales doctrines en présence ; c'est le fait de la rupture des cadres rigides dans lesquels se mouvaient naguère les chefs d'école. Depuis quelques années, les intransigeants se font rares, dans l'un et l'autre camp : nombre de libéraux admettent certaines formes de réglementation qu'ils combattaient naguère et l'on voit par contre des hommes d'Etat éminents, ayant joué un rôle important dans l'organisation du parti socialiste, ajourner à une date indéterminée la réalisation de leurs visées de reconstruction sociale (1).

Quant aux interventionnistes de toutes nuances, certaines questions primordiales, telles que la réglementation de la journée de travail, la protection du salaire, les assurances sociales, leur fournissent dès aujourd'hui un large terrain d'entente.

68. — Qu'est-ce à dire, sinon que les faits sont plus puissants que les théories, et que l'évolution sociale des peuples entraîne l'évolution des doctrines ? Ainsi se trouve justifiée la méthode historique, dont les adeptes, ennemis des constructions *a priori*, réclament pour chaque Etat une économie politique nationale. Le rapprochement manifeste des législations civilisées, sur le terrain de la protection ouvrière, n'est nullement en contradiction avec cette méthode : il faut y voir simplement la preuve que les divergences de peuple à peuple vont en s'atténuant.

Si la plupart des Etats admettent aujourd'hui, dans une mesure

(1) Cons. spécialement Millerand : *La politique sociale sous la troisième République* (*Rev. pol. et parl.*, 1900, II, p. 5 et s.) ; Sauzède, *Un constructeur de la IIIe République ; La politique sociale du président Millerand* (*Parlement et Opinion*, n° 20 décembre 1920).

d'ailleurs variable, la nécessité de la tutelle de l'Etat sur l'industrie, c'est que les modes de la production tendent à s'uniformiser.

C'est à la description de ce mouvement historique des faits, des idées et des lois, aboutissant à la formation d'une sorte de *droit commun européen*, en matière de protection ouvrière, que sera consacré le dernier chapitre de notre introduction.

CHAPITRE III

ÉVOLUTION HISTORIQUE DE LA RÉGLEMENTATION LÉGALE DU TRAVAIL INDUSTRIEL, DE L'ANTIQUITÉ AU XXe siècle (1)

SECTION PREMIÈRE. — Vues générales

I. LA LÉGISLATION DU TRAVAIL DIVISÉE EN PÉRIODES CHRONOLOGIQUES. — 69. — L'histoire de la législation du travail, depuis l'antiquité jusqu'à nos jours, peut se diviser en *quatre* grandes périodes, caractérisées chacune par la prédominance de certaines institutions économiques, étroitement liées à l'ordre politique. Il est malaisé d'établir entre elles, au point de vue chronologique, une ligne de démar-

(1) BIBLIOGRAPHIE. — La bibliographie complète de l'histoire du travail industriel depuis l'antiquité jusqu'à l'abolition des corporations ne saurait trouver place dans ce traité. Aussi nous sommes-nous borné à dresser une liste indiquant au lecteur, désireux de compléter les notions contenues dans ce chapitre, les travaux principaux auxquels il pourra se reporter.

I. — ANTIQUITÉ

§ 1er. — *Grèce*

CAILLEMER. — Le contrat de louage à Athènes ; et le mot *Artifices*, dans le Dictionnaire des antiquités grecques et latines de Daremberg et Saglio.
FRANCOTTE. — L'industrie dans la Grèce ancienne.
GLOTZ. — Le travail dans la Grèce ancienne.
GUIRAUD. — La main-d'œuvre industrielle dans l'ancienne Grèce. Paris, Alcan, 1900, in-8. — Etudes économiques sur l'antiquité, Hachette, 1905.
SOUCHON. — Les doctrines économiques dans la Grèce antique. Paris, Larose, 1898, in-12.

§ 2. — *Rome*

MOMMSEN. — De collegiis et sodaliciis Romanorum, 1843, in-8.
PAUL-LOUIS. — Le travail dans le monde romain. Alcan, in-8, 1912.
SALVIOLI. — Le capitalisme dans le monde antique (trad. Bonnet). Giard, 1906.
Cons. aussi : Duruy, Histoire des Romains, *passim* ; Gonnard, Les corporations d'artisans sous la République romaine, 1897, broch. in-8 ; et parmi les nombreuses thèses consacrées aux collèges d'artisans romains, celles de MM. Duseigneur, Stemler, Typaldo-Bassia.

cation bien tranchée. Pour l'évolution historique des sociétés, l'on est souvent obligé de compter par siècles.

Si nous considérons seulement la survivance des institutions, la difficulté s'accroît, car certaines d'entre elles sont ancrées dans les habitudes populaires. Aux époques lointaines où les communica-

II. — Moyen age jusqu'a la Révolution

L'ouvrage essentiel, qui comprend l'histoire du travail depuis la Gaule barbare jusqu'en 1789, est :

Levasseur. — Histoire des classes ouvrières et de l'industrie en France avant 1789. Paris, Rousseau, 2e édit., 1901, 2 vol. in-8.

Les traités suivants, plus succints, peuvent être consultés avec fruit :

Brisson. — Histoire du travail et des travailleurs. Delagrave, 1906.

Glotin. — Etude historique sur les syndicats professionnels. Paris, Larose, 1892.

Mahaim. — Etudes sur l'association professionnelle.

Martin Saint-Léon. — Histoire des corporations de métiers. Paris, Guillaumin, 3e édit., 1923, gr. in-8.

A côté de ces ouvrages généraux, et si l'on veut entrer dans le détail de l'évolution industrielle, les ouvrages suivants sont à consulter :

Pour la période antérieure au xve siècle :

Etienne Boileau. — Règlements sur les arts et métiers de Paris (xiiie siècle), connus sous le nom de Livre des métiers, éd. Depping, 1877, in-4.

Fagniez. — Documents relatifs à l'histoire de l'industrie et du commerce en France (du 1er siècle avant Jésus-Christ au xve). Paris, Picard, 1900, 2 vol. in-8.

Boissonnade. — *Le travail dans l'Europe chrétienne au Moyen-Age*, 1921.

A partir du XVe siècle :

Kovalevski. — La France économique et sociale à la veille de la Révolution, Paris, 2 vol. 1910.

Germain Martin. — La grande industrie sous le règne de Louis XIV. Paris, Rousseau, 1898, in-8.

— La grande industrie sous le règne de Louis XV. Paris, Rousseau, 1899, in-8.

Histoire économique et financière (Histoire de la nation française, d'Hanotaux, t. X).

Henri Sée. — *La France économique et sociale au XVIIIe siècle*, 1925.

Signalons encore, sur l'histoire plus particulière des associations ouvrières :

Germain Martin. — Les associations ouvrières au xviiie siècle (1700-1792). Paris, Rousseau, 1900, in-8.

Martin Saint-Léon. — Le compagnonnage ; Paris, Colin, 1901, in-12.

J. Godart. — Le compagnonnage à Lyon, Rey, 1903.

Laurent. — Le compagnonnage, 1921.

Des travaux ont été entrepris un peu dans toutes les régions sur l'histoire provinciale du travail ; tels sont :

Boissonnade. — L'histoire du travail en Poitou depuis le xie siècle. Paris, Champion, 1900, 2 vol. in-8.

Duvernoy. — Les corporations ouvrières dans les duchés de Lorraine et de Bar, au xive et au xve siècle.

Enfin, divers auteurs ont écrit l'histoire monographique d'une corporation :

Justin Godart. — L'ouvrier en soie. Monographie du tisseur lyonnais. Etude historique, économique et sociale. Paris, Rousseau, 1899, in-8.

tions étaient difficiles, où l'unification du pouvoir n'était pas réalisée, les habitudes se perpétuaient par la routine, le moindre progrès était lent à se faire accepter.

Enfin il convient de remarquer que l'évolution historique est plus ou moins rapide suivant les pays. C'est ainsi par exemple que, tandis que la France en 1791 détruisait d'un seul coup tout l'édifice corporatif, le régime traditionnel devait se maintenir pendant un demi-siècle encore dans l'Europe centrale.

70. — Sous le bénéfice de ces observations, nous diviserons l'histoire de la législation du travail en quatre grandes périodes, correspondant à quatre modes de travail très différents :

1° *L'Antiquité*, caractérisée par le travail *esclave*, par l'industrie de famille, par le groupement des artisans en collèges.

2° L'*époque féodale*, qui s'étend du xe au xve siècle. Cette époque voit, dans le cadre des communes affranchies de la tyrannie seigneuriale, se développer les corps de métiers.

3° L'*époque monarchique*, qui comprend les trois siècles précédant la Révolution : le pouvoir royal, édifié sur les ruines de la féodalité, cherche à développer l'industrie, soit en réglementant à nouveau les corps de métiers, non sans empiéter sur leur autonomie, soit en patronnant la grande industrie naissante.

4° L'*époque moderne*, qui comprend les dernières années du XVIIIe siècle, depuis l'abolition du régime corporatif, tout le XIXe siècle, et le début du XXe : — période complexe, caractérisée dans sa première phase par un régime de liberté industrielle quasi anarchique, — et dans sa seconde phase, la phase contemporaine (de 1848 à nos jours), par un mouvement de plus en plus accentué dans le sens de la réglementation du travail. C'est dans cette dernière phase qu'est véritablement née la *législation ouvrière*.

II. LES FORMES SUCCESSIVES DE L'INDUSTRIE. — **71.** — Parallèlement au développement de ces périodes, l'industrie évolue suivant les besoins et les mœurs.

BROLIQUIER. — De la corporation des orfèvres, th. Lyon, 1906.
GRAS. — Histoire de la rubanerie et des industries de la soie à Saint-Etienne.
D'URBAL. — L'industrie drapière de Vienne, th. Lyon, 1911.
A. ROY. — L'industrie de la lunetterie dans le canton de Morez, th. Lyon, 1913.
Signalons également les ouvrages de BABEAU (Les artisans et domestiques d'autrefois. Paris, Didot, 1886, in-12) ; — FRANKLIN (La vie privée d'autrefois : comment on devenait patron. Paris, Plon, 1898, in-12). et HAUSER, *Ouvriers du temps passé*, 5e édit., 1927.

Tout d'abord, aux temps anciens, qui de la préhistoire vont jusqu'au XIIe siècle, domine pour décroître ensuite l'industrie de famille. La famille doit être comprise au sens très large de groupement des parents et de leurs serviteurs, esclaves ou non ; ce groupe isolé dans les *villœ* mérovingiennes, dans les châteaux forts, travaille pour subvenir à tous ses besoins, fait son pain, laboure et sème, élève les bestiaux, construit, file et tisse le lin et la laine, prépare le cuir et coud les chaussures, taille les vêtements ; et c'est à peine si de loin en loin des marchands s'aventurent à apporter les produits étrangers.

Parfois aussi un artisan passe, et on le retient ; il travaille à la journée, c'est une nouvelle forme d'industrie. La production industrielle domestique transforme, pour l'usage commun, les matières premières qu'elle a elle-même produites ; le travail loué vient ajouter ses efforts aux siens, il exerce son art sur des matières premières qui ne lui appartiennent pas ; le producteur qui les fournit sera en même temps le consommateur du produit transformé.

72. — Avec l'éveil de la bourgeoisie au XIIe siècle, et l'affranchissement des communes, apparaît l'industrie corporative, le métier. L'artisan, devenu sédentaire, va se créer un atelier autonome. Les groupes urbains commencent à devenir assez importants pour lui fournir suffisamment de travail. Il achète la matière première, la transforme chez lui avec les outils lui appartenant, et vend directement au client.

Les communications devenant plus sûres et plus faciles, des marchés et des foires se fondent, et dans son petit cercle d'influence, l'artisan va offrir ses produits : son débouché reste local, c'est la ville et ses environs. Et pour dominer ce marché, les maîtres du même métier se groupent en corps : il faut lutter contre un double danger, le trop grand nombre d'artisans, les débouchés étant restreints, et le travail loué, survivance de la phase industrielle antérieure. Alors les règlements limitent le nombre des premiers, interdisent formellement le second.

73. — Mais ce sont là d'insuffisants moyens d'arrêter la transformation que le progrès nécessite. Le marché s'élargit ; de local il devient national; l'étranger emporte nos produits, les colonies leur sont exclusivement ouvertes. L'artisan ne domine plus ses vastes débouchés : il ne peut se rendre aux foires qui à époque fixe attirent en certains centres les marchands du monde entier, et il est obligé de passer par leur intermédiaire. Le marchand apparaît, et l'industrie entre dans une nouvelle phase, celle de l'industrie à domicile. L'artisan travaille toujours chez lui, avec ses outils, mais

le plus souvent la matière première lui est fournie par le marchand, et désormais les produits seront établis pour celui-ci. Le petit industriel n'est plus en relation avec le client, une autre personne est intervenue, qui organise la vente.

C'est là une révolution importante ; c'est *l'intervention du capital dans la production*, l'acheminement du producteur autonome, indépendant, *vers le salariat*. Déjà celui-ci apparaît dans les manufactures royales : les ouvriers, réunis en atelier, obéissent à la discipline du travail divisé et organisé, et on en revient à la forme primitive du travail loué. La scission entre le capital et le travail apparaîtra encore plus nette, après la Révolution.

74. — Ainsi, industrie de famille, travail loué, métier, manufacture à domicile, telles sont les différentes formes d'organisation industrielle qui se sont succédé depuis l'Antiquité jusqu'à la Révolution, sans qu'il y ait entre elles d'attribution possible à telle au telle époque chronologique, une forme n'ayant pas détruit l'autre. mais s'étant lentement substituée à elle sans jamais complètement la détruire.

Toutes ces formes coexistent également au xxe siècle, mais leur importance respective s'est modifiée. L'industrie familiale se concentre en certaines régions ou pour certains produits ; le métier recule devant le développement de la grande industrie ; la manufacture à domicile devient, par suite de la dépendance étroite du travailleur en chambre au regard des grands magasins, une forme inférieure d'industrie, qui appellè une réglementation spéciale. Enfin l'association coopérative de production, destinée dans un avenir incertain à se substituer au salariat, apparaît et se développe. Nous nous bornerons, pour l'instant, à cet aperçu sommaire.

En parcourant les diverses périodes indiquées plus haut, nous retrouverons ces diverses formes d'industrie, avec leurs caractéristiques essentielles.

SECTION II. — Le travail industriel dans l'antiquité

75. — **Gaule primitive.** — Nous ne savons rien de positif sur l'industrie dans la Gaule barbare. Certains auteurs affirment que les Druides auraient été, non seulement des prêtres, mais les dépositaires des traditions de métier, et auraient eu la direction économique des groupements d'artisans, comme ils avaient la direction religieuse et même politique dans un certain nombre d'Etats ou de clans. Ce n'est là qu'une hypothèse, plausible assurément, mais non démontrée (1).

(1) Sur la Gaule primitive, cons. notamment : Duruy, *Histoire des Romains*, t. III, p. 73 et s. ; — J. Brunhes, *Géographie humaine* (Hist. de la Nation française, d'Hanotaux, t. Ier).

Quoi qu'il en soit, la Gaule ne possédait qu'une civilisation rudimentaire à l'arrivée des Romains, dont, il est vrai, elle sut rapidement s'assimiler les institutions.

Pour comprendre l'influence exercée par les vainqueurs au point de vue industriel, il nous faut jeter un rapide coup d'œil en arrière et rechercher quelle était, en Grèce et à Rome, la condition des travailleurs.

§ 1er. — La Grèce

76. — **Les idées antiques sur le travail manuel.** — L'organisation industrielle antique a pour base essentielle le travail servile ; le travail domestique (sauf aux temps homériques) et le travail industriel des artisans libres n'apparaissent qu'au second plan. C'était en effet un préjugé presque universellement répandu dans les Républiques antiques que le travail manuel est une occupation vile, indigne d'un citoyen ; les plus illustres penseurs, Platon, Aristote et Xénophon en Grèce, Cicéron et Sénèque à Rome l'ont partagé (1), et la législation en était comme imprégnée, au moins dans les cités à base aristocratique, comme Sparte (2).

Même dans les cités à constitution démocratique, comme Athènes, jamais les artisans n'obtinrent une considération proportionnée à leurs services. Seuls les grands industriels échappaient à toute déchéance ; mais ils ne travaillaient pas plus de leurs mains que les grands propriétaires fonciers : ils faisaient travailler pour leur compte des esclaves, des affranchis ou des citoyens pauvres, et se déchargeaient même le plus souvent de la direction effective de l'entreprise sur un contremaître, esclave lui-même ou affranchi (Caillemer, *op. cit*).

77. — **Hétairies et éranes.** — Certains auteurs ont prétendu que, tenus à l'écart du gouvernement de la cité, les artisans grecs avaient du moins réussi à constituer entre eux de véritables groupements professionnels pour la défense de leurs intérêts ; mais

(1) Ce préjugé n'épargnait même pas les plus grands artistes : Phidias n'était pour les Grecs qu'un artisan, *teknitès* (Caillemer, *Dict. des antiq. grecques et latines*, Vᵒ *Artifices*).

(2) A Sparte, les artisans ne jouissaient pas de la plénitude des droits politiques, ils étaient plutôt sujets que citoyens.

(3) La grande industrie était d'ailleurs chose tout à fait exceptionnelle, et les quelques fabriques sur lesquelles nous possédions des renseignements n'étaient que des établissements bien modestes, par comparaison avec les grandes usines modernes. La plus importante, à une certaine époque, aurait été la fabrique de boucliers de Lysias, qui occupait 120 esclaves.

cette affirmation ne semble nullement confirmée par les textes.

Les *hétairies*, que l'on a parfois comparées aux *collegia* romains, étaient en réalité des associations politiques, tolérées plutôt que reconnues. Quant aux *éranes*, ces groupements avaient plutôt le caractère d'associations fraternelles analogues à nos sociétés de secours mutuels que de corporations proprement dites (Caillemer, v° *Artifices*, *Dict. des antiq.* ; Th. Reinach, v° *eranos*, *ibid.*

78. — A aucune époque, les pouvoirs publics, dans les Républiques helléniques, ne paraissent s'être préoccupés de protéger la main-d'œuvre et d'édicter des mesures quelconques concernant, soit l'hygiène des ateliers, soit les conditions du travail (Guiraud, *op. cit*).

§ 2. — Rome. — Les collegia

I. LES COLLÈGES D'ARTISANS SOUS LA ROYAUTÉ ET LA RÉPUBLIQUE. — 79. — Les corporations ou collèges d'artisans remontent aux premiers temps de Rome. Certains auteurs ont prétendu, il est vrai, en s'appuyant sur le témoignage de Florus (*Epitome*, 1, 6), que les « collegia opificum » ne remonteraient pas au delà de Servius Tullius. Mais il suffit de se reporter au témoignage des autres historiens, notamment de Tite-Live, pour constater que Servius Tullius se contenta d'assigner une situation privilégiée à certaines corporations existant antérieurement, dont le concours était indispensable à l'armée (*fabri tignarii*, *fabri œrarii*).

80. — Les collèges d'artisans romains n'ont jamais eu le caractère nettement professionnel des corporations du moyen âge. C'étaient avant tout, au moins dans les premiers siècles, des associations fraternelles, analogues aux *eranoi* grecs, dont les membres se réunissaient soit à époques fixes, dans un local consacré à une divinité protectrice, soit à l'occasion des fêtes ou cérémonies publiques, ou pour les funérailles des adhérents.

81. — Les *collegia* avaient donc surtout, du groupement professionnel, l'apparence extérieure, mais le véritable esprit corporatif faisait défaut. Leur ambition était plutôt d'exercer une influence sur la vie publique que d'organiser le métier. Paralysés dans leur développement organique par les guerres de défense ou de conquête que la République soutint pendant plusieurs siècles, et par l'afflux sans cesse croissant des esclaves de guerre, impuissants

à lutter contre l'avilissement des salaires causé par la concurrence servile, les « collegia » se mirent à la solde des agitateurs politiques. Parvenu au pouvoir suprême, non sans l'appui de certains d'entre eux, César s'empressa de les faire disparaître, à l'exception des plus anciens (*antiquitus constituta*), qui sans doute étaient demeurés plus fidèles à leur caractère professionnel.

II. Les collèges d'artisans a l'époque classique. — 82. — a) **Politique des Empereurs à l'égard des collèges, d'Auguste à Alexandre Sévère.** — Les collèges d'artisans, reconstitués dès le lendemain de la mort de César, menaçaient de devenir un foyer d'agitation menaçante pour le nouveau régime. Aussi l'une des premières mesures d'Auguste fut-elle de renouveler la prohibition édictée par César, et de réglementer à nouveau le droit d'association, en substituant au régime de liberté traditionnelle (attribué à la loi des XII Tables) dont jouissaient les associations sous la République, le régime de l'autorisation préalable (1).

83. — En fait, Auguste se montra très avare de ces autorisations, et ne laissa subsister que quelques collèges d'artisans, dont le concours était indispensable au gouvernement nouveau pour assurer la subsistance de Rome, et pour l'exécution des travaux publics.

Mais, au fur et à mesure que le gouvernement impérial s'affermit, les empereurs se départirent de leurs rigueurs. Les successeurs de Trajan comprirent en effet qu'en présence de la diminution progressive du nombre des esclaves (2), sous la triple influence de la cessation des grandes guerres, des affranchissements en masse, et de l'afflux dans Rome d'une population considérable, dont il fallait assurer la subsistance (3), il était d'une bonne politique d'encourager le développement du travail libre. Aussi voyons-nous successivement Marc-Aurèle leur accorder le droit de recevoir des

(1) *Ex senatus-consulti auctoritate vel Cæsaris* (Marcien, Dig. XLVII, 22).

(2) Il y eut cependant, pendant toute la durée de l'Empire, un grand nombre de *servi publici*, affectés spécialement à des travaux d'intérêt collectif, (exploitation des mines, fabrication des monnaies). — Ces esclaves de l'Etat se divisaient eux-mêmes en deux catégories bien distinctes ; — les *servi pœnæ*, c'est-à-dire les individus ayant subi une condamnation criminelle, dont la condition était d'une rigueur extrême, pour la plupart affectés aux mines (condamn. *ad metallum*), et les *servi publici populi romani*, notamment les captifs de guerre, dont la condition était au contraire supérieure à celle des esclaves ordinaires (Accarias, *Droit romain*, 4e édit., I, n° 41).

(3) D'importants privilèges étaient concédés aux corporations chargées d'assurer le service des subsistances (transport des grains, *navicularii*, *saccarii*, *nautes* de Lyon ou de Paris, industries de l'alimentation, *suarii pistores*, etc.)

libéralités testamentaires, et Antonin le Pieux leur concéder divers privilèges (L. 5, Dig. V., 12).

84. — Cette impulsion nouvelle du pouvoir central, coïncidant avec l'essor normal de l'industrie et du luxe public et privé, eut pour effet d'accroître très rapidement le nombre des collèges. Aussi Alexandre Sévère jugea-t-il nécessaire de régulariser ce mouvement dans l'intérêt supérieur de l'Etat. Tout en laissant à chacun d'eux une certaine latitude dans la rédaction de ses statuts, il s'applique à faciliter leur transformation en corps de métier ; à cette préoccupation se rattache l'interdiction, pour les artisans, de s'affilier à deux ou plusieurs collèges (L. 2, Dig. XLVII, 22).

85. — b) **Vie intérieure des collèges ; leur rôle social.** — L'Empire, en soumettant les collèges au régime de l'autorisation préalable, ne porta aucune atteinte sérieuse à la liberté dont ils jouissaient en ce qui concerne leur organisation intérieure.

Les statuts délibérés en assemblée déterminaient librement le but de l'association (pourvu que ce but ne fût pas contraire aux lois), le mode d'élection et les pouvoirs des chefs de la corporation, les jours de réunion et fêtes corporatives, etc. Par contre, aucun des statuts dont le texte nous est parvenu ne contenait l'affirmation d'un monopole quelconque au profit du collège ; aucun ne formulait de règles techniques, destinées à unifier les procédés de fabrication, et à maintenir l'égalité entre les associés. A ce double point de vue, le contraste est absolu entre le collège romain et la corporation médiévale.

86. — Sans doute, les empereurs cherchèrent, à partir du second siècle de l'ère chrétienne, à constituer les collèges d'artisans en véritables corps de métier. Mais ces efforts n'eurent que des résultats très imparfaits ; la prohibition édictée par Alexandre Sévère de l'affiliation d'un même individu à plusieurs corps de métier, ne fut jamais sérieusement observée, surtout en Gaule (1) ; et tous les documents que nous possédons démontrent que le double caractère, religieux et mutualiste, des collèges de la République s'était perpétué sous l'Empire.

La préoccupation constante du collège est toujours, d'une part, d'affirmer la solidarité de ses membres, notamment par l'assistance

(1) Plusieurs inscriptions lyonnaises démontrent que l'affiliation d'un même individu à plusieurs corporations était un fait assez fréquent (ex. : *sevir augustalis* Semius Regulianus, à la fois marchand de vin [*negociator vinarius*], marchand d'huile [*diffusor olearius*] et *naute* de la Saône).

en corps aux cérémonies publiques ou funéraires, d'autre part, d'organiser en l'honneur de la divinité protectrice de la corporation et de la divinité impériale un culte régulier.

87. — En résumé, tout ce qui, dans la corporation médiévale, nous apparaît comme un accessoire (secours funéraire, réunion périodique des maîtres ou des compagnons), — ou comme une simple manifestation extérieure destinée à établir la vitalité de l'association, — s'affirme au contraire comme l'objet primordial du collège romain ; et ainsi se trouve reléguée à l'arrière-plan la défense des intérêts professionnels.

III. Les collèges d'artisans au Bas-Empire. — 88. — L'organisation sociale du Bas-Empire a pour caractère distinctif le servage de la profession ; à la fin du IVe siècle, l'artisan est devenu le serf du collège, comme le colon est celui de la glèbe, comme le décurion est serf de la cité. En enchaînant les citoyens à leur profession, en décrétant même l'hérédité de celle-ci et en obligeant les fils d'artisans ou de colons à suivre la condition paternelle, sous peine de poursuites criminelles, en échange de quelques privilèges illusoires (1), les empereurs espéraient conjurer la ruine de l'Empire, conséquence fatale d'une politique économique déplorable.

89. — La fiscalité excessive qui paralysait les affaires, la propension naturelle des masses ouvrières à abandonner un métier qui les nourrissait mal, et les livrait sans défense à une exploitation inhumaine, pour venir dans les capitales, à Rome ou à Byzance, grossir les rangs de cette plèbe qui vivait des largesses du Trésor, la rupture d'équilibre entre la production et la consommation causée par la raréfaction du travail esclave, toutes ces causes réunies avaient déterminé, dans tout l'Empire, une crise économique intense : crise que des palliatifs grossiers, tels que les mesures draconiennes destinées à maintenir chacun par la contrainte dans la profession paternelle, avaient été impuissants à prévenir.

90. — Seule la réhabilitation du travail, tentée par le christianisme, aurait pu, en restaurant les mœurs, conjurer le péril, surtout si les empereurs, au lieu de recourir uniquement à la contrainte, eussent compris la nécessité d'améliorer par une législation tutélaire, exempte de toute atteinte à la liberté de la personne, la condition des travailleurs ruraux ou urbains.

(1) V. L. 1, Cod. Théod., *De collegiat.* XIV, 7 ; L. 8, *ibid.* XIV.

Mais ni la société romaine ou byzantine, profondément gangrenée, ni les empereurs et leur entourage n'étaient capables de discerner la cause du mal qui entraînait le monde antique à l'abîme, et par conséquent de recourir aux seuls remèdes efficaces.

91. — Loin de relever le travail libre, le Bas Empire s'appliqua plutôt à le ravaler au niveau du travail servile. Considérant le travail industriel, non comme l'exercice d'un droit, mais comme un service dont ils pouvaient exiger l'accomplissement, les empereurs furent logiquement conduits à faire, des diverses professions, autant de fonctions d'Etat obligatoires, et de ceux qui les exerçaient des serfs du métier : sans jamais se préoccuper d'ailleurs de la condition matérielle ou morale de l'artisan ou du salarié.

Esclave, l'ouvrier était la chose du maître, qui pouvait le maltraiter presque impunément ; c'est au prix de milliers de vies humaines, qu'ont été édifiés par l'Empire ces monuments orgueilleux dont les ruines parsèment encore l'ancien monde. Libre, l'artisan était livré à lui-même et pouvait à son tour exploiter à son gré les ouvriers à son service. L'Etat indemnisait en quelque sorte l'artisan autonome de la contrainte légale qu'il lui imposait, en lui laissant toute latitude dans l'organisation du travail des salariés qu'il s'adjoignait. L'on chercherait vainement trace dans les lois romaines d'une législation protectrice du travail.

SECTION III. — L'époque féodale

§ 1er. — Origines historiques de la corporation

I. Les invasions. — **92.** — Entre la période gallo-romaine et celle qui a vu se constituer et se développer le régime féodal, s'étend un long espace de cinq siècles environ (406, grande invasion, — 911, fondation du duché de Normandie), occupé par les invasions qui refoulent la civilisation romaine, et dans le tumulte desquelles la vie calme de l'industrie n'a pu s'établir.

Aussi savons-nous peu de choses sur la condition des travailleurs pendant cette période. Il est à présumer que ce fut l'industrie purement domestique qui domina (1). La population groupée au pied des

(1) « Dans les villes dépeuplées, — écrit Levasseur, — il reste à peine avec les débris de l'organisation municipale quelques rares débris de la corporation ». Certaines corporations puissantes, celle des nautes parisiens notamment, survécurent cependant à la chute de l'Empire d'Occident (Fustel de Coulanges, *Institutions de l'ancienne France*, p. 255).

châteaux forts, prête à s'y réfugier en cas de péril ou réunie derrière les remparts de villes, est sous la dépendance étroite du seigneur laïque ou ecclésiastique. Point d'autonomie véritable. A la campagne, les hommes du seigneur cultivent la terre, quelques-uns comme tenanciers libres, la plupart comme colons qui deviendront dans la suite des serfs, forme atténuée de l'esclavage.

II. DÉBUTS DE LA FÉODALITÉ : MOUVEMENT COMMUNAL. — 93. — Par suite de la difficulté des communications, de l'insécurité des routes, des péages multiples arbitrairement établis, les seigneurs s'isolent et fortifient leur pouvoir absolu dans leurs fiefs. Le commerce et l'industrie n'existent pour ainsi dire pas. Cependant les monastères, possesseurs de vastes domaines, organisent dans leur sein le travail, et la discipline religieuse aidant, ils deviennent le refuge des traditions artistiques et industrielles.

94. — Cet état de stagnation au profit de la féodalité ne pouvait durer. Les croisades frayèrent la route au commerce et élargirent son horizon. Le développement du commerce maritime, consécutif aux croisades, eut sa répercussion sur le commerce terrestre, grâce aux foires internationales, dont l'affermissement de l'autorité royale facilita le développement (1).

Assez modeste à ses débuts, la dynastie capétienne parvient, au XIIe siècle, avec Louis VI, à faire prévaloir son autorité sur celle des seigneurs, et à faire régner dans l'Etat un ordre relatif, condition première du développement économique. Ce fut le point de départ du mouvement communal et de l'affranchissement des serfs.

95. — Dans les campagnes, le seigneur était le maître et souvent accablait le serf d'impôts et redevances (taille, corvée, cens, four banal, etc.). Ce régime était incompatible avec la bonne mise en valeur du domaine. Aussi, pressés par des besoins d'argent, les seigneurs concédèrent-ils, surtout au XIIe siècle, des chartes d'affranchissement, qui, si elles ne dégageaient pas entièrement le serf des liens féodaux, fixaient les redevances déterminées qu'il devait payer et lui accordaient les droits civils.

96. — Un mouvement parallèle se fit parmi les habitants des bourgs, il eut même plus d'intensité, car ce fut de haute lutte souvent que les communes en vinrent à conquérir leurs droits (2).

(1) V. Thaller, *De la place du commerce dans l'histoire générale*, 1892 ; Cons, *Précis d'histoire du commerce*, 1896 ; Huvelin, *Essai historique sur le droit des marchés et des foires*, 1897.

(2) Il convient de noter toutefois que, dans le Midi de la France, l'organisation

Les marchands, les propriétaires, les manants des villes, aspiraient à la liberté municipale qui les émanciperait de la domination du seigneur. Et du milieu du XIe siècle au milieu du XIIIe ils se révoltent et obtiennent par la force leur franchise ; les seigneurs en vinrent assez vite à la leur accorder par contrat. La commune est ainsi constituée, et Guibert de Nogent la définit une « association de bourgeois dans laquelle le servage avec ses charges pécuniaires ou autres est remplacé par une redevance annuelle et les amendes judiciaires sont légalement déterminées » (1).

97. — Ce mouvement d'émancipation créé par les gros bourgeois devait profiter aux petits, aux gens de métier. Ceux-ci étaient non seulement sous la dépendance du seigneur, mais aussi, au point de vue professionnel, sous l'autorité de ses domestiques, qui, possédant leur office en viager, suivant qu'ils s'occupaient d'approvisionner le château en pain, de fournir les vêtements, etc., avaient sous leur dépendance les serfs de la même profession. Les officiers du roi conservèrent, jusqu'à la fin de l'ancien régime, certains droits sur les corps de métier dépendant de leur office.

98. — Avec les communes, les villes prennent un essor considérable. La charte est à la base de leur organisation ; certains centres sont créés de toutes pièces, en des lieux favorables au commerce, par des seigneurs désireux d'attirer sur leurs domaines les serfs des terres voisines : ce sont les villes neuves. L'industrie se perfectionne, le commerce augmente, les banquiers et les marchands italiens viennent installer leurs comptoirs, des marchés sont créés, le commerce international se donne rendez-vous aux foires de Champagne, de Lyon ou de Beaucaire.

III. LES CORPS DE MÉTIERS. — 99. — L'industrie de famille ne suffit plus ; il faut pour satisfaire la clientèle qui augmente, des

municipale, legs de la domination romaine, ne disparut jamais complètement. Le *Consulat*, qui est la forme normale de cette organisation au XIIe siècle, n'est qu'une transformation du municipe gallo-romain. — Certaines villes, Lyon par exemple, situées sur les confins des pays de coutumes et des pays de droit écrit, avaient une organisation intermédiaire.

(1) Sur l'histoire du mouvement communal dans ses rapports avec le mouvement corporatif, cons. notamment, outre les ouvrages mentionnés *supra* n° 69 : Aug. Thierry, *Tableau de la France municipale* ; Flach, *Les origines de l'ancienne France*, t. II, *Les origines communales*, 1893 ; Esmein, *Cours d'histoire du droit français*, 3e éd., p. 201 et s. ; Glasson, *Histoire du droit et des institutions de la France*, t. IV et s. — V. aussi Rambaud et Lavisse, *Histoire générale, du IVe siècle à nos jours*, t. II, chap. VIII et IX ; Lavisse, *Histoire de France depuis les origines jusqu'à la Révolution* (t. III par Langlois, et t. IV par Coville) ; Pirenne, *Histoire de Belgique, des origines au XIVe siècle*, liv. II et III, et *Les Villes au Moyen-Age*, 1927.

spécialistes, le *métier* se constitue. Comme, d'autre part, le grand commerce n'existe pas encore, on travaille à peu près uniquement pour un marché de la ville ou de la région ; celui-ci étant assez restreint, il importe, pour permettre aux artisans de vivre, de réglementer le travail, et ce fut après l'affranchissement municipal le principal souci de la bourgeoisie. Grâce au travail, elle a conquis sa liberté ; il importe de conserver à cet outil toute sa puissance ; aussi va-t-on l'entourer de minutieuses prescriptions. C'est alors que sont créés les corps de métiers, qui se développent largement au XIIIe siècle, surtout dans le Nord.

100. — Deux sentiments semblent avoir présidé à la formation des corps de métier : d'abord assurer la bonne police tant au point de vue du personnel que de la technique, en second lieu, garder le monopole du métier. Dans ce but, les artisans exerçant le même métier, se réunissent, et rédigent des statuts. Ceux-ci, dans les communes à organisation municipale, étaient homologués par les magistrats consulaires qui, en outre, présidaient à l'admission à la maîtrise et à l'élection des jurés.

Dans les villes seigneuriales ou royales, les statuts étaient accordés, non sans une redevance pécuniaire, par les grands officiers du seigneur ou du roi.

101. — Quoi qu'il en soit, la corporation, que rien ne permet de rattacher par une filiation ininterrompue aux collèges d'artisans gallo-romains, apparaît et va subsister jusqu'à la Révolution comme le mode dominant d'organisation du travail. Jusqu'au XVIe siècle, elle correspond au mode industriel que nous avons dénommé industrie corporative ; c'est-à-dire que l'artisan travaille chez lui avec son outillage, sur des matières premières qu'il achète lui-même, et qu'il vend directement après les avoir transformées au consommateur. Le marché étant restreint, toute augmentation du nombre des artisans est pour les autres une diminution proportionnelle de travail. C'est pourquoi s'érige la corporation, forteresse contre la concurrence, que nous allons décrire.

§ 2. — Organisation corporative

102. — Caractères distinctifs de la corporation. — La corporation est l'association des artisans du même métier, résidant dans la même ville, investie d'un monopole rigoureux de fabrication et de vente : monopole résultant de l'homologation de ses statuts et règlements, tant par la municipalité que par l'autorité seigneuriale ou royale. C'est un syndicat obligatoire, mais purement patronal, dirigé par des artisans élus par leurs pairs (maîtres gardes, gardes jurés, bayles, prud'hommes, élus ou consuls).

Les ouvriers restent en marge de la corporation ; ce sont des stagiaires qui, tant qu'ils ne seront qu'apprentis ou compagnons, n'auront aucune part dans la direction du groupement professionnel. Ils ne sont pas appelés aux délibérations ; il leur est interdit de former entre eux des associations, ils sont sous l'entière dépendance de leurs employeurs qui ne les admettent à la maîtrise que s'ils le veulent bien.

La corporation ne ressemble donc en rien au syndicat mixte, que certains auteurs nous représentent comme un retour au régime corporatif : elle n'est *qu'un syndicat patronal.*

103. — Une autre erreur, que propagent ceux qui prétendent rénover le système corporatif, est d'affirmer que sous ce titre il y eut une organisation générale, qu'il suffirait de rétablir pour voir revivre l'ancien état de choses. Cela n'est pas ; il n'y eut jamais à proprement parler de système corporatif uniforme pour tout le royaume. Chaque ville avait sa réglementation propre ; et tel maître qui avait conquis sa maîtrise dans la fabrique de soieries de Tours, s'il venait à Lyon, ne pouvait que par exception et très difficilement se faire admettre sans un stage préalable dans la manufacture de soieries de Lyon.

I. LA HIÉRARCHIE CORPORATIVE : APPRENTISSAGE ET COMPAGNONNAGE. — 104. — *L'apprenti.* — Les règlements déterminent minutieusement la durée et les conditions de l'apprentissage ; cette durée est fort longue, hors de proportion avec le temps nécessaire pour apprendre le métier, le plus souvent de sept ans, parfois même de douze. Dans la plupart des métiers le nombre des apprentis est limité ; chaque maître ne peut en avoir qu'un ou deux, et même, aux moments de crise, il est interdit pour trois ou six ans de prendre des apprentis. Le maître devait l'éducation à son apprenti, et celui-ci lui devait tout son temps ; mangeant à sa table, couchant sous son toit, non seulement il n'avait droit à aucun salaire, mais encore ses parents payaient une redevance au maître.

L'apprenti était immatriculé, moyennant finances, sur les registre de la corporation ; il était justiciable des maîtres gardes qui étaient chargés de le surveiller et qui, à la fin de son apprentissage, lui faisaient passer l'examen ou chef-d'œuvre.

105. — *Le compagnon.* — Après son temps d'apprentissage, l'apprenti devenait compagnon ; il était immatriculé sur un nouveau registre contre le paiement d'un nouveau droit, et alors il cher-

chait du travail et se plaçait chez un maître. Cette situation durait de trois à cinq ans suivant les règlements, pendant lesquels il ne pouvait songer à s'établir à son compte, sauf au cas où il épousait une fille ou veuve de maître, qui l'affranchissait du temps de compagnonnage restant à courir. Les maîtres disposaient ainsi d'une main-d'œuvre étroitement subordonnée. Le compagnon ne pouvait quitter la ville pour s'embaucher ailleurs, il lui aurait fallu recommencer un apprentissage : aussi était-il souvent obligé d'en passer par les exigences du maître.

106. — Associations compagnonniques. — L'isolement des compagnons faisait la puissance des maîtres. Aussi la royauté ayant intérêt à favoriser ceux-ci, des pénalités sévères furent-elles édictées contre toutes les associations de compagnons. Celles-ci ne s'en constituèrent pas moins dès le début du moyen-âge, mais sous forme de sociétés secrètes. Au début, les groupements entre compagnons des différents rites ou devoirs (Enfants de Salomon, de Maître Jacques ou du Père Soubise) avaient surtout un objectif d'assistance mutuelle ; mais ils prirent bien vite le caractère d'organisations de combat pour la défense des salaires, et même parfois pour la lutte contre le patronat. C'est ainsi que nous les voyons, à partir du XVIe siècle, intervenir fréquemment dans les conflits entre maîtres et compagnons : la corporation tendant alors à devenir une aristocratie marchande et industrielle, il était fatal que malgré toutes les prohibitions, les associations compagnonniques se fissent les champions du travail.

II. La maitrise. — **107.** — La maîtrise est l'échelon le plus élevé de la hiérarchie professionnelle. Lorsque se constituèrent les corps de métiers, ceux qui étaient en possession de l'état de maître s'associèrent et firent les règlements. Leur recrutement fut leur principale occupation : ils l'assurèrent dans leur intérêt, en édictant les règles de l'apprentissage et du compagnonnage, en faisant de par leurs élus bonne garde autour de leur monopole, jalousement défendu.

108. — Lorsque le compagnon avait fini son stage, il passait le chef-d'œuvre, nouvelle barrière qui se dressait devant lui, et payant un droit élevé, il obtenait une lettre de maîtrise. Il entrait alors, véritablement, dans la corporation. Il était appelé aux assemblées, votait pour l'élection des maîtres gardes. Il louait une boutique, travaillait à son compte, prenait des apprentis et des compagnons, en un mot devenait entrepreneur d'industrie. Il avait enfin conquis tout cela après une dizaine d'années d'attente, après des dépenses assez élevées, droits de maîtrise et banquets coûteux offerts aux maîtres en charge ; mais aussi quelle sécurité !

Il est titulaire d'un office en quelque sorte ; il a voix au chapitre et peut, en s'opposant à la création de nouvelles maîtrises, défendre son monopole. Ses fils sont assurés d'entrer dans le métier après un stage très court, en payant des droits réduits de moitié et sans faire de chef-d'œuvre, ses filles auront pour dot la franchise qu'elles apporteront au compagnon de leur choix ; et ainsi se constitue de par la maîtrise une caste qui, à partir du XVIe siècle, se scindera encore pour former une double aristocratie : celle du capital qui prendra le premier rang avec les marchands fabricants, et au dessous celle du travail qui comprendra les maîtres.

III. — Les règlements corporatifs. — **109.** —Les règlements ont ainsi créé une classe de privilégiés très jalouse de ses droits, celle des maîtres. Ils savent se défendre contre la concurrence extérieure en veillant avec soin à leur recrutement. Mais entre eux, il faut maintenir l'égalité, et empêcher que les plus habiles ne soient favorisés. Et tout un fouillis de prescriptions techniques uniformise les produits ; il est coupé court à toute innovation ; le nombre de fils des tissus ne peut varier, pas de fantaisie qui attirerait à l'ouvroir d'un maître avisé toute la clientèle. La limitation du nombre d'apprentis permet d'éviter le développement trop considérable d'un atelier ; on en viendra même dans certaines industries à limiter le nombre des métiers.

110. — Les articles relatifs à la technique du métier ont pour but proclamé d'éviter les malfaçons ; leur résultat direct est de maintenir l'égalité entre les maîtres. Une telle organisation, si minutieuse fût-elle, ne pouvait résister au progrès industriel ; aussi dans la période suivante, verrons-nous se glisser des exceptions et s'ouvrir de larges brèches dans l'étroit monopole corporatif.

IV. La confrérie. — **111.** — Un aperçu sur l'organisation corporative ne serait pas complet s'il ne tenait compte de l'esprit religieux qui l'anima, et qui se manifesta par la création des confréries. Peut-être furent-elles à la base des corporations qui, au début, étaient l'union des gens du même métier pour célébrer la fête d'un saint patron.

Il semblerait cependant, à en croire les arrêts du Parlement, voire même les doléances des conciles (concile de Sens, 1524), que les confréries n'aient été trop souvent que prétextes à joyeuses bombances : elles dépensaient dans les festins qui suivaient la messe annuelle tout l'argent qu'elles réunissaient pour le soulagement des pauvres, si bien qu'à diverses reprises, des ordonnances royales en décrétèrent la suppression (1498, 1500, 1539, 1660).

112. — Mais les confréries étaient un rouage corporatif trop profondément entré dans les mœurs pour disparaître ; même dissoutes par le Parlement, elles se reconstituaient bien vite, avec l'assentiment tacite de l'autorité.

En admettant même que les abus qui motivèrent les prohibitions royales n'aient pas été aussi graves que les arrêts précités paraîtraient le faire croire, il ne semble pas que les confréries aient jamais été autre chose qu'une manifestation extérieure de l'esprit religieux dominant, et qu'elles aient jamais joué le rôle, socialement bien supérieur, des sociétés de secours mutuels modernes. Sans doute, elles distribuaient des aumônes : mais, à de rares exceptions près, elles n'organisèrent aucun mode de secours méthodiques et permanents.

V. La royauté et les corporations. — 113. — Dans cette période qui s'étend de la constitution des corps de métier à la fin du xve siècle, nous ne trouvons pas à proprement parler de réglementation générale du travail. Seuls, les statuts des corporations font la loi dans le métier.

Cependant, il faut signaler l'ordonnance de février 1351, rendue par Jean le Bon après la peste noire qui décima la population. Les artisans en profitèrent pour augmenter dans des proportions considérables le taux de leurs salaires. Aussi la royauté intervint-elle pour fixer, dans son domaine, un maximum des salaires. En général, nul ne pourra désormais, sous aucun prétexte, demander plus d'un tiers en plus de ce qu'il demandait avant la contagion. De même, le prix des marchandises est limité : aucun marchand ne pourra prendre comme bénéfice plus de deux sous par livre.

114. — Enfin la royauté ouvre largement l'accès de tous les métiers, pour obtenir de l'augmentation du nombre des artisans la diminution de la main-d'œuvre. Chacun est libre de prendre le nombre d'apprentis qu'il lui plaît ; de même il est ordonné que « toutes manières de gens quelconques qui scauront eux mesler et entremettre de faire mestier, œuvre, labeur ou marchandise quelconque le puissent faire et venir faire » pourvu que « l'œuvre et marchandise soit bonne et loyale ». Mais la liberté dura peu.

115. — Dans les troubles de la guerre de Cent ans, l'industrie et le commerce furent très compromis. Aussi toute la politique de

Charles VII et de Louis XI tendit-elle à relever les ruines et à faciliter l'essor de l'industrie. Ils inaugurèrent tout un ensemble d'interventions pour arriver à ce résultat. Ce furent des octrois de franchise commerciale à certaines villes, l'institution ou le rétablissement de foires, de marchés, la confirmation par lettres patentes des statuts des corps de métiers ; et de plus en plus s'affirma la tendance de la royauté à favoriser les groupements professionnels et à fortifier les privilèges des corporations (1).

Sous cette impulsion, les corporations se constituent en forteresses de plus en plus solides contre la concurrence. Les statuts deviennent d'une minutie parfois puérile, le monopole se resserre, le chef-d'œuvre, mode d'élimination, se complique.

SECTION IV. — **L'époque monarchique, du XVIe à la fin du XVIIIe siècle**

116. — Durant cette période, le pouvoir royal régit les corps de métier, patronne la grande industrie naissante, et préside à l'organisation du travail et à la législation économique. Cette organisation n'est pas spéciale à la France ; il est intéressant de rapprocher, de la politique économique des rois de France, celle des souverains étrangers.

§ 1er. — Les corporations en France, du XVIe siècle à leur abrogation en 1791

117. — **Politique royale au regard des corporations.** — La royauté voit avec plaisir se développer les corporations, soit parce qu'elle les envisage comme un élément d'ordre social, soit parce qu'elle y voit des groupements riches, imposables à volonté.

C'est pourquoi, obéissant aussi au désir d'organiser le travail industriel, la royauté essaye-t-elle d'imposer le régime corporatif à toutes les villes et bourgades, par les édits de 1581 et de 1597.

118. — Le premier a un quadruple objet. Il réorganise en corps de métier tous les artisans du royaume, mais, ce faisant, il tend

(1) A signaler cependant les mesures prises par Louis XI pour attirer dans certaines villes, à Lyon, à Tours, des ouvriers italiens experts en l'art de tisser les draps d'or et de soie. Sur l'ordonnance de Louis XI, du 23 novembre 1466, et la participation de la royauté à l'établissement de la *Manufacture* lyonnaise, cons. Godart, *op. cit.*, chap. 1er

cependant à assouplir le régime corporatif en rendant l'admission plus facile. D'autre part, l'édit, sous le prétexte de supprimer certains abus, place les corps de métier sous la surveillance directe de la royauté ; et comme corollaire, un impôt est prélevé sur le travail. Somme toute, le roi affirme son droit domanial sur les corporations et en fait une source de revenus.

L'édit de 1597 renouvelle les dispositions de celui de 1581 : il les généralise même, car il englobe les marchands dans le régime corporatif, jusque-là applicable seulement aux artisans.

119. — Généralisation du régime corporatif à la fin du XVIIe siècle. — Non moins important, dans l'histoire corporative, est l'édit de Louis XIV, du 13 mars 1673. Le roi étant à court d'argent pour la guerre de Hollande, Colbert n'hésita pas à s'en procurer en imposant à toutes les villes et bourgades du royaume le régime corporatif. Alors qu'au XIIIe siècle, le nombre des localités dans lesquelles les métiers avaient une organisation corporative n'était qu'une petite minorité, à la fin de l'ancien régime, on peut estimer à 521 le nombre de villes et bourgades jurées. A Paris, l'effet de l'édit de 1673 fut immédiat. En 1672, il y avait 60 corporations ; en 1691 on en comptait 129.

Avec l'accroissement de leur nombre l'on vit se généraliser les abus. Ces inconvénients étaient-ils balancés par les avantages qu'elles offraient ? C'est ce qu'un exposé rapide va nous montrer.

120. — Jugement d'ensemble sur le régime corporatif. — D'après les partisans de ce régime, les principaux avantages des corporations auraient été : la conservation des procédés du métier, la surveillance incessante de la fabrication, la qualité certifiée par la marque du produit (1). On a fait ressortir en outre que les règlements, en imposant le double stage de l'apprentissage et du compagnonnage, et en instituant le chef-d'œuvre, arrêtaient au passage les incapables ; que, d'autre part, le métier ne se recrutant que dans la ville et les environs immédiats, il en résultait un obstacle à l'émigration si néfaste des campagnes vers les villes. Enfin la corporation aurait consolidé l'ordre social.

121. — Il y a dans cette énumération une certaine part de vérité, mais beaucoup d'erreurs, qui proviennent de la généralisation trop systématique des qualités qu'à un certain moment ont pu avoir les corporations. Il est évident que tout au début, alors que l'industrie

(1) V. Gaillard Bancel, *Les anciennes corporations de métiers et la lutte contre la fraude*, 1915.

sortait à peine de la phase familiale, que l'atelier était le prolongement du foyer, la corporation créa la paix sociale et favorisa le travail.

Mais au lieu d'évoluer avec les nécessités nouvelles d'une civilisation plus raffinée, la corporation se concentra peu à peu sur elle-même, devint rétrograde, et eut l'unique souci de son monopole. Et alors, pour le conserver en s'adaptant au milieu, elle se scinda et devint oppressive pour les maîtres.

122. — En effet, ceux-ci, les artisans d'autrefois, qui dans leur ouvroir travaillaient avec un ou plusieurs compagnons ou apprentis, sur des matières premières leur appartenant, qui commandaient le marché local, ne purent plus écouler eux-mêmes leur production lorsque le marché devint régional, national et même colonial.

Le marchand intervient alors ; c'est l'intermédiaire nécessaire qui dirige le travail, apporte les commandes, accapare toute la production de l'artisan et lui fournit la matière première : on entre ainsi dans la phase de la manufacture à domicile.

123. — La corporation ne pouvant laisser hors de ses cadres une personne s'occupant du métier englobe les marchands, crée pour eux une maîtrise, et *au-dessus du maître ouvrier se place le maître marchand*, qui inaugure la *production capitaliste* (1). Cela n'était pas pour maintenir la paix sociale : il y aura désormais deux classes parmi les maîtres, l'une dominant l'autre, et l'une et l'autre dominant les compagnons et les apprentis. Les conflits s'enveniment, et les nombreuses grèves qui éclatèrent, sous l'ancien régime à son déclin (2), nous sont une preuve que la corporation, sous sa forme dernière, ne fut pas un élément de stabilité sociale.

124. — Faut-il énumérer ses autres inconvénients ? En limitant la concurrence, elle maintient immuables les procédés de fabrication ; les statuts, dans leurs prescriptions techniques, sont une barrière dressée devant les inventions, ils consacrent le triomphe légal de la routine. Aussi, lorsque, à partir de Henri IV, on veut créer une nouvelle industrie, la constitue-t-on sous forme de manufacture royale, seul moyen de la soustraire à l'organisation corporative.

125. — La tendance au *monopole*, qui sera le grand reproche dirigé à la fin du XVIIIe siècle contre les corporations, était une con-

(1) Henri Sée, *Les origines du capitalisme moderne*, 1926 ; Sombart, *Le Bourgeois, contribution à l'histoire de l'homme économique moderne*, trad. 1926.

(2) Sur les grèves sous l'ancien régime, cons., outre les ouvrages précités de Martin Saint-Léon, Germain Martin, Godart : Dagallier, *Une grève sous l'ancien régime*, broch. in-8, 1901.

séquence inévitable de leur fonctionnement. En effet, dans les petites villes, les communautés d'arts et métiers ne comptaient parfois que trois ou quatre membres. Il était impossible de se glisser parmi eux ; maîtres du marché, ils n'éprouvaient aucun scrupule à exagérer les prix de vente et à comprimer les salaires.

Quant à l'accès du métier, il était rendu difficile non seulement par le chef-d'œuvre, mais aussi par les droits de réception très coûteux qui éliminaient les compagnons peu fortunés, au profit des fils de maîtres qui bénéficiaient d'une forte remise.

126. — Enfin, la paix qui n'existait pas toujours dans le sein de la communauté, était sans cesse troublée par les procès entre corporations de métiers similaires ou connexes. De là, d'interminables luttes judiciaires, où les ressources cependant inépuisables de l'ancienne procédure étaient épuisées (1).

127. — **L'Edit de Turgot.** — Ce furent tous ces inconvénients, en même temps que l'éveil des tendances libérales, affirmées par l'école physiocratique, qui amenèrent à la fin du XVIIIe siècle le mouvement de réaction contre les communautés. Vincent de Gournay le dirige ; les philosophes proclament le droit au travail pour tous, et avec Turgot cette théorie entre au ministère et guide sa politique. Alors paraît le célèbre édit de février 1776, qui abolit les communautés d'arts et métiers (2).

Mais les privilégiés, appuyés par le Parlement et par la Cour, se coalisent, et leur influence l'emporte ; Turgot est disgracié, et les corporations sont rétablies six mois plus tard par édit royal d'août 1776, émondées il est vrai, et moins fermées. Certains métiers fusionnent. Les règlements sont refondus, leur application est rendue facultative.

128. — **Suppression définitive du régime corporatif : décret des 2-17 mars 1791.** — Somme toute, par l'édit de février, un coup violent fut porté à la corporation, et le principe de la liberté du travail qu'il posait devait bientôt triompher avec la Révolution. Cette liberté date théoriquement de la nuit du 4 août 1789, dans laquelle l'Assemblée constituante décréta la suppression de tous les privilèges et monopoles, et pratiquement, du décret des 2-17 mars 1791, portant *suppression de toutes les maîtrises et jurandes*, — décret dont l'article 7 est ainsi conçu :

(1) Renouard (*Traité des brevets d'invention*) évalue à 800.000 francs la somme que les communautés parisiennes dépensaient en moyenne annuellement en procès pour la défense de leurs intérêts corporatifs. — Sur certains procès pittoresques, cons. Brisson, *Histoire du travail*, p. 16 et s.

(2) Cons. Levasseur : *Turgot*, broch. in-8, Paris, 1906 ; Denis, *Hist. des systèmes*, p. 140 ; Schell, *Turgot* ; Gide-Rist, chap. 1er.

« A compter du 1er avril prochain, il *sera libre à toute personne de faire tel négoce ou d'exercer telle profession, art ou métier qu'elle trouvera bon* ; mais elle sera tenue de se pourvoir auparavant d'une patente, d'en acquitter le prix suivant les taux ci-après déterminés, et de se conformer aux règlements de police qui sont ou pourront être faits ».

Les corporations avaient vécu.

§ 2. — Les corporations à l'étranger (1)

129. — Dans l'Europe du XVIIIe siècle, nous trouvons à peu près partout le travail organisé sous la forme de communautés d'arts et métiers.

En Flandre, dès le XIIe siècle, commerçants et artisans sont organisés en groupements puissants (ghildes), qui ont fait de la Flandre le pays le plus manufacturier et le plus actif de l'Europe septentrionale sous l'ancien régime (2).

130. — En *Italie*, les corporations se développent aussi.

A Florence, dès le XIe siècle, les métiers sont groupés : les artisans font leurs règlements, mais pour éviter la routine, ils les révisent obligatoirement tous les deux ans.

A Florence comme en Flandre, les corps de métiers sont mêlés très activement à tous les mouvements politiques (3).

131. — L'*Angleterre* (4) eut de bonne heure, comme la Flandre, ses ghildes de marchands et ses corps de métiers. Mais, dès 1545, intervient un acte du Parlement qui, confisquant les biens des ghildes, porte le coup de mort à l'organisation corporative.

Désormais, sauf dans quelques centres urbains, l'industrie va se se développer sans les entraves corporatives ; elle prend, de par la révocation de l'Edit de Nantes, qui amène une immigration assez considérable d'artisans expérimentés, un nouvel essor que rien ne viendra comprimer. Là même où la corporation a survécu,

(1) Cons. spécialement Lavollée, *Les classes ouvrières en Europe*.

(2) Espinas et Pirenne, *Recueil de documents relatifs à l'histoire de l'industrie drapière en Flandre* ; Pirenne, *Les anciennes démocraties des Pays-Bas*, 1910.

(3) Rodoconachi, *Les corporations ouvrières à Rome depuis la chute de l'Empire romain*, 1894. — La domination ou l'influence française ont entraîné, dès la fin du XVIIIe siècle, la disparition du régime corporatif dans presque toute l'Italie.

(4) Cons. notamment les ouvrages précités d'Ingram, de Th. Rogers, d'Ashley. V. aussi Green, *Hist. du peuple anglais*, trad. Monod, t. II, p. 224 ; Bry, *Hist. industrielle et économique de l'Angleterre*, 1900.

une brèche est faite dans son monopole par la création, en 1623, du brevet d'invention (*patent*).

En même temps, la réglementation royale s'efforce de se substituer à la réglementation corporative (statuts d'Elisabeth sur l'apprentissage, le compagnonnage, les salaires) et, vers le milieu du XVIIIe siècle, les ghildes et corps de métiers qui ont survécu ne sont plus que des associations amicales ou de bienfaisance.

Déjà d'ailleurs apparaissent en Angleterre, qui sur ce terrain a devancé le continent, les signes avants-coureurs de la grande industrie, qui va révolutionner les conditions du travail. — Mantoux, *La Révolution industrielle au XVIIIe siècle. Les commencements de la grande industrie en Angleterre*, 1907.

132. — L'*Allemagne* (1) vit les corporations se constituer à peu près dans les mêmes conditions qu'en France. La plupart des statuts des corps de métiers, des « Zunften », datent de la première moitié du XIIe siècle ; ces derniers vont se multipliant et se compliquant, ils aspirent au pouvoir municipal, et l'ayant conquis, renforcent la réglementation et le monopole.

133. — Dès le XVIe siècle, l'autorité impériale s'efforce de substituer aux règlements une police industrielle générale. De 1536 à 1594, sept édits paraissent dans ce but. Ils sont impuissants à l'atteindre ; et de même est sans résultat le règlement voté en 1731 par la Diète, défendant aux Zunften de s'assembler sans la permission des autorités locales, facilitant l'entrée des métiers en réformant l'apprentissage et en punissant les coalitions.

Les villes s'efforcent aussi d'élargir ce cadre trop étroit de la corporation. Elles créent des « Freimeister », des maîtres libres ayant le droit de travailler sans être incorporés ; mais ils n'ont pas le droit de prendre un apprenti ou un compagnon.

134. — **Les survivances du régime corporatif au XIXe siècle.** — Malgré l'exemple donné par la France de la Révolution, les corporations subsistèrent, pendant plus de la moitié du XIXe siècle, dans la majorité des Etats de la Confédération germanique.

Abrogées dès la fin du XVIIIe ou le début du XIXe siècle dans les parties occidentales de l'Allemagne réunies à la France (comme elles le furent, et pour la même raison, en Belgique et aux Pays-Bas), supprimées en Prusse en 1807, les corporations obligatoires

(1) Sur les corporations allemandes au moyen âge, cons. notamment : Schönberg, *Handbuch*, t. II : *Die rechtliche Ordnung des Gewerbewesens* ; — Eberstadt, *Der Ursprung der Zunftwesens und die alteren Handwerkerverbände des Mittelalters*, Leipzig, 1900.

se maintiennent en Autriche jusqu'en 1859 (1), en Wurtemberg et en Saxe jusqu'en 1861 et 1862. C'est seulement en 1869 qu'une loi applicable à toute la Confédération de l'Allemagne du Nord les supprime en tant que groupements privilégiés, les conservant d'ailleurs comme associations libres.

La tradition corporative s'était même maintenue si vivace dans les pays de langue allemande qu'elle devait, à la fin du XIXe siècle, déterminer un retour au régime de la corporation obligatoire pour la petite industrie, en Autriche d'abord (loi du 15 mars 1883), puis en Allemagne (loi du 26 juillet 1897). V. *infra*.

§ 3. — La grande industrie en France avant 1789. — Conclusions

135. — C'est Henri IV qui imagina le système de la *manufacture royale*, c'est-à-dire l'organisation du travail indépendant des corporations, les ouvriers étant réunis dans un même local et travaillant comme salariés sous les ordres et pour le compte d'un entrepreneur. Celui-ci tient son droit de la volonté royale, solennellement manifestée par des lettres patentes, délivrées parfois moyennant finances, le plus souvent gratuitement dans le but de stimuler l'industrie. La première manufacture royale fut un atelier d'ouvriers d'art installé dans les galeries du Louvre par Henri IV.

136. — Colbert (2) vint donner à la grande industrie une vigoureuse impulsion. Il opposa les manufactures aux corporations, celles-ci n'étant pas assez souples au point de vue de la production et se prêtant mal à la grande indusrie.

Pour arriver à créer les manufactures (Gobelins, manufactures d'or et d'argent de Saint-Maur, draps d'Elbœuf, etc.), tout fut mis en pratique. Les initiatives furent directement sollicitées par les agents du roi, elles furent encouragées par les avances nécessaires, les municipalités étant invitées à donner des subventions ou à fournir gratuitement les locaux nécessaires. L'émigration, sauf pour les colonies, fut sévèrement interdite, et l'immigration des ouvriers encouragée.

137. — **Corporations : règlements de fabrication.** — A l'égard des corporations, Colbert s'efforce d'unifier leur règlements. Depuis 1664, il n'édicte pas moins de 150 règlements, chaque tissu ayant le

(1) Cette substitution des associations professionelles libres aux corporations obligatoires ou *ghildes* s'est également effectuée vers le milieu du XIXe siècle au *Danemark* (1857), et en *Suède* et *Norvège*, en 1846.

(2) Sur le *colbertisme*, cons. notamment : Neymarck, *Colbert et son temps*, 2 vol., 1877 ; Boissonnade, *Colbert, son système*, 1902.

sien. En 1669, il complète cette législation par quatre grandes ordonnances qui fixaient dans toute l'étendue du royaume la fabrication des étoffes, la qualité de la laine, le nombre de fils en chaîne et en trame, etc. Pour surveiller l'application de cette réglementation touffue, Colbert créa des inspecteurs des manufactures.

138. — **Conclusions.** — La période historique que nous venons de décrire à grands traits offre un contraste complet avec la période moderne, qui fait l'objet de la section suivante.

Ce qui caractérise les lois ouvrières contemporaines, c'est leur caractère protecteur. — Après l'expérience de la liberté complète, antithèse du régime corporatif disparu, l'on a reconnu dans la plupart des Etats la nécessité de protéger le travailleur contre les conséquences préjudiciables pour lui, de la concurrence illimitée entre employeurs, et l'on s'est préoccupé du salarié au lieu d'envisager exclusivement le résultat utile du travail.

139. — Nous avons vu les règlements corporatifs édictés principalement en vue du résultat du travail. Tout est dirigé vers la meilleure fabrication possible, tout est subordonné au produit. Si par exemple l'on interdit le travail de nuit, c'est surtout par crainte des malfaçons. — L'organisation corporative est donc, au moins dans sa forme dernière, une organisation *chrématistique*, c'est-à-dire édictée en vue de la richesse à créer, abstraction faite du producteur, et *aristocratique*.

L'interventionnisme moderne, à l'inverse, est avant tout *social*, c'est-à-dire qu'il fait passer le point de vue social et éthique avant le point de vue économique, et *démocratique* en ce qu'il tend à assurer, autant que faire se peut, l'égalité du capital et du travail.

Ce n'est du reste que par étapes que les législations contemporaines en sont venues à ce concept ; c'est à la description de cette évolution que notre paragraphe suivant sera consacré.

SECTION V. — Le travail industriel depuis l'abolition du régime corporatif. — Apparition et développement progressif de la législation ouvrière dans les différents pays.

§ 1er. — Evolution historique de la législation (1).

1. Assemblée constituante : loi Chapelier. — **140.** — L'Assemblée constituante avait cru à la toute-puissance de la *liberté indivi-*

(1) Cons. notamment : Levasseur, *Histoire des classes ouvrières de 1789 à 1870*, 2 vol. 1906, et *Questions ouvrières sous la Troisième République*, 1907 ; Georges Weil, *Histoire du mouvement social en France* (1852-1924), 1925 ; Lamouzèle, *Précis d'histoire du travail en France des origines à 1914*, 1924 ; Paul Louis, *Histoire de la classe ouvrière en France depuis la Révolution jusqu'à nos jours*, 1927 ; Scelle, *op. cit.*, p. 19 et s.

duelle. Non contente de proclamer la liberté politique et d'inscrire les libertés publiques dans la charte des Droits de l'homme et du citoyen (1), elle avait brisé toutes les entraves à la liberté du travail, détruit le *régime corporatif* (loi des 2-17 mars 1791), et reconnu à tous les travailleurs le droit de travailler à leur gré, chez eux ou à l'atelier, pour leur compte ou pour le compte d'autrui. L'idée était généreuse ; les résultats, malheureusement, ne répondirent pas complètement aux espérances de l'Assemblée.

141. — Le régime de la libre concurrence, succédant brusquement au système corporatif, sans le contrepoids de l'association libre (prohibée par la loi des 14-17 juin 1791, dite loi Chapelier), a eu sans doute cet heureux résultat de stimuler les énergies individuelles, et d'accroître démesurément la production ; mais cette progression indéniable de la richesse publique n'a pas eu, pour la masse des travailleurs, tous les heureux effets escomptés.

Loin de contribuer à une entente durable entre les deux grands facteurs de la production, capital et travail, la concurrence économique n'a suscité que trop souvent les conflits les plus graves (2).

142. — C'est, tout d'abord, à la répression que le législateur de l'époque intermédiaire, dans sa crainte de voir se reconstituer le cadre industriel ancien qu'il venait de briser, crut devoir recourir pour faire cesser ces conflits. Les mesures les plus énergiques furent prises pour mettre obstacle aux manifestations les plus légitimes du droit, que la plupart des législations reconnaissent aujourd'hui aux travailleurs, de se concerter pour la défense de leurs intérêts communs (loi précitée des 14-17 juin 1791) (3).

Il est vrai qu'en revanche la législation révolutionnaire se préoc-

(1) Blum, *La déclaration des droits de l'homme*, in-18, 4e éd., 1900.

(2) Nul n'a, plus éloquemment que M. Gide, mis en relief les dangers de la concurrence illimitée, du *struggle for life économique*. — Cons. notamment sa conférence intitulée : *Concurrence ou coopération* (*Musée social*, mars 1899), et l'allocution présidentielle de M. Poincaré.

(3) Sur l'individualisme des Assemblées de l'époque intermédiaire, en matière de législation sociale, comp. notamment : Sagnac, *Législation civile de la Révolution française*, 1898 ; Lichtenberger, *S'il y eut du socialisme dans les Cahiers de 1789* (*Revue socialiste*, juin 1898) ; Roger Picard, *Les cahiers de 1789 et les classes ouvrières*, 1910 ; Paul Boncour, *Le fédéralisme économique*, p. 19 et s. ; P. Deschanel, *La question sociale*, introduction. — V. aussi Boissonnade, *Les études relatives à l'histoire économique de la Révolution française* (*Rev. de synthèse historique*, 1905, t. X, p. 57, et t. XI, p. 94 et s.) ; Vaillé, *La coalition ouvrière et les grèves*, 1901, p. 161 ; Aron, *Les grandes réformes du droit révolutionnaire*, 1910.

cupait d'organiser l'assistance (Rapport Barrère, *Sur les moyens d'extirper la mendicité*, 22 flor., an II). Mais les circonstances ne permirent pas aux pouvoirs publics, absorbés par leur double lutte contre la coalition extérieure et les factions intestines, de réaliser leur programme humanitaire : si bien que l'historien de la Révolution, envisagée au point de vue économique, est obligé de constater ce fait paradoxal d'une législation rigoureuse pour la classe ouvrière édictée par un législateur favorable au peuple, mais impuissant à traduire ses sympathies par des actes (1).

II. Consulat et premier empire. — **143.** — Sous le Consulat et le premier Empire, cette antinomie disparaît. Les pouvoirs publics renient de plus en plus leur origine révolutionnaire, et cherchent à consolider l'état de choses nouveau, en intéressant à son maintien les classes possédantes, spécialement les représentants du haut commerce. Ceux-ci, principaux bénéficiaires du régime économique nouveau, s'opposent aveuglément à toute réglementation inspirée d'une pensée de protection pour les masses.

Tout au plus se résignent-ils à quelques règlements de police générale. C'est dans l'intérêt de la sécurité publique, plutôt que dans celui des travailleurs, que les industries dangereuses ou insalubres sont réglementées (décret du 15 octobre 1810, sur les établissements dangereux, L. du 21 avril 1810 sur les mines, etc).

144. — Mais la législation du Consulat et du *Premier Empire*, nettement favorable à l'élément patronal, assuré de la prépondérance dans les conseils de prud'hommes, hostile aux salariés de tout ordre, au point de violer à leur préjudice la loi d'égalité entre tous les citoyens, affirmée par la Constituante, est aussi éloignée que possible de la conception humanitaire, qui caractérise le mouvement réglementaire contemporain.

Le contraste est même étrange, entre la forte organisation administrative instituée par le Consulat et l'état d'émiettement, « d'iso-

(1) « Le travail était affranchi, — écrit M. Barboux appréciant la législation sociale de la Constituante, — mais le travailleur était abandonné à lui-même, livré à toute l'âpreté de la concurrence, condamné à l'isolement obligatoire et rivé à l'esclavage d'une liberté trop absolue pour son ignorance, trop lourde pour sa faiblesse. Pour revenir de si loin, il fallut soixante-dix ans et toute la transformation économique du XIXe siècle » ; Barboux, disc. (*J. des Débats*, numéro du 16 mars 1897). — Comp. aussi, sur *l'anarchie partielle* créée par le libéralisme excessif de la Constituante en matière économique : Jay, *L'évolution du régime légal du travail*, p. 5. — V. *infra*, n° 329.

lèment et de pulvérisation obligatoire » dans lequel étaient seuls maintenus les ouvriers, alors qu'autour d'eux tous les autres groupements se reconstituaient, avec l'assentiment du pouvoir central (1).

145. — **Individualisme du Code civil : réaction jurisprudentielle et doctrinale.** — La loi civile ignore presque totalement le contrat de travail : les rédacteurs du Code civil ne semblent pas s'être doutés que le louage de services industriels nécessitait une réglementation prsque aussi étendue que le louage des choses ; deux articles, les articles 1780 et 1781, leur ont semblé suffisants, et encore l'article 1781 consacrait-il, au point de vue de la preuve, une inégalité si injustifiable entre l'employeur et le salarié, qu'on a dû le faire disparaître de nos lois. (L. du 2 août 1868) (2).

A ce point de vue, le Code civil français, imprégné de l'individualisme dogmatique des jurisconsultes de la fin du XVIIIe siècle, offre un contraste très marqué avec le nouveau Code civil allemand (Blondel, *Le Code civil allemand et les ouvriers*, *Bull. de la Soc. de lég. comp.*, janv. 1901), et surtout avec le nouveau Code civil *suisse.*

(1) Sur la politique antidémocratique du premeir Empire, cons. Levasseur, t. I, p. 285 et s. ; Paul Boncour, *op. cit.* ; Lefèvre, *Evolution historique des associations professionnelles*, p. 240 ; A. Milhaud, *Bonaparte et les ouvriers* (*Rev. du mois*, 10 déc. 1906) ; Lanzac de Laborie, *Les ouvriers parisiens au temps de Napoléon* (*Correspondant*, 1910, p. 107).

(2) « A vrai dire, l'ouvrier a été presque entièrement oublié dans notre Code civil », écrit justement M. Glasson, *Le Code civil et la question ouvrière*, p. 8. Ce point de vue a été nettement mis en relief par la plupart des orateurs français et étrangers, qui ont pris part, en 1904, aux fêtes organisées à Paris à l'occasion du *Centenaire du Code civil*. Les divergences n'ont guère porté que sur l'opportunité d'une révision *d'ensemble*, énergiquement défendue par MM. Larnaude, Tissier, Cauwès, Ambroise Colin, Cruppi, Pilon, Pic, etc., combattue au contraire par MM. Thaller, Planiol, Guillouard, Gaudemet, etc. Les adversaires de la révision ont insisté surtout sur ce que la législation ouvrière étant, à certains égards, une dépendance du droit public, il était plus logique d'en consigner les prescriptions dans un code spécial Mais la majorité de l'assemblée n'a pas paru convaincue par cette argumentation.

Sans doute, « en tant qu'elle organise une sorte de tutelle administrative des travailleurs, la législation ouvrière ressortit au droit public, mais elle se rattache au contraire au droit privé lorsqu'elle légifère sur les contrats industriels. Si donc il peut y avoir avantage à inscrire dans un Code ouvrier, distinct du Code civil, une réglementation détaillée du contrat de travail, du moins convient-il de poser dans le Code civil les principes directeurs dont le législateur du XXe siècle entend désormais s'inspirer ». Pic, *Le centenaire du Code civil et le droit social de demain* (*Quest. pratiques*, 1904, p. 474 et s.) .— Cf. *Le Code civil, Livre du centenaire*, 2 vol., Rousseau, 1904.

Les Codes récents se préoccupent du travailleur (1) ; le Code civil, préoccupé de protéger la fortune acquise, semble l'ignorer, comme si, même avant l'essor de la grande industrie, le contrat de travail n'était pas le plus fréquent de tous les contrats ! Il admet la rescision de la vente d'immeubles pour cause de lésion ; mais ses rédacteurs ne songent point « aux lésions nombreuses qui peuvent se produire dans les contrats intéressant le plus les classes pauvres, et spécialement dans le contrat de travail » (Tissier, *Le Code civil et les classes ouvrières, Liv. du Centenaire*).

En réalité, suivant l'expression très juste de M. Saleilles (Introd. à l'étude du droit civil allemand, 1904, p. 120), « le Code civil de 1804 fut dans le domaine de la vie juridique l'expression parfaitement adaptée d'un état social qui bientôt ne sera plus, mais qui venait de triompher, celui de la prépondérance des classes moyennes et de l'individualisme bourgeois ». Le Code, écrit de son côté Edm. Picard (*L'évol. histor. du dr. civil français*, 1898, p. 68), est « *l'épopée bourgeoise du droit privé* ». — Cf. Charmont, *Le droit et l'esprit démocratique*.

145 *bis*. — Il n'est que juste de remarquer d'ailleurs que, depuis quelques années, la jurisprudence française, encouragée dans cette voie par une fraction importante de la doctrine (2), s'est efforcée de plier l'individualisme rigide des Codes (C. civ. ou com.) aux nécessités sociales actuelles ; cette évolution, coïncidant avec le développement des études de droit comparé, est très marquée, par exemple, dans les arrêts qui précédèrent la législation de 1898 sur les accidents du travail (3).

(1) Cette préoccupation est surtout apparente dans le Code civil suisse, promulgué le 10 déc. 1907, et complété par la loi du 30 mars 1911 sur le contrat du travail (incorporée au liv. V, droit des obligations) ; car le Code civil allemand ne répond que très imparfaitement à l'idéal démocratique. — Gaudemet, *Les codifications récentes et la revision du Code civil* (*Le Code civil*, Livre du Centenaire, II, p. 967 et s.) ; Le Bénaff, *Le nouveau Code civil suisse* (*Rev. pol. et parl.*, 1908, IV, p. 490).

(2) Cons. dans le Recueil *Sirey*, la série des notes de M. Labbé, ainsi que les notes de MM. Esmein, Chavegrin, etc. ; dans le *Dalloz*, les notes de MM. A. Colin, Josserand, Planiol, Thaller, Pic, etc. Cf. G. Cohendy, *La méthode d'un arrêtiste au XIXe siècle : Labbé*, th. 1910.

(3) Sur le rôle important de la jurisprudence dans cette œuvre d'assouplissement des textes aux besoins nouveaux, cons. tout d'abord le magistral discours de M. Ballot-Beaupré, premier président de la Cour de cassation, à la séance solennelle du 29 oct. 1904 (*Le centenaire du Code civil*, broch. in-8°. Impr. nation., p. 23 et s). — Conf. Gény, *Méthode d'interprétation et sources du droit privé positif*, 1900 ; Lambert, *La fonction du droit civil comparé*, op. cit., p. 15 et s.

146. — Mais l'action évolutive de la jurisprudence est forcément limitée. Elle peut aider l'action législative, lui préparer les voies, mais non suppléer à l'inaction du législateur. D'où l'utilité, aujourd'hui reconnue, des sociétés qui ont pour objet principal de faire connaître les législations étrangères (*Société de législation comparée*), ou de celles qui tendent, soit à établir un lien permanent entre les jurisconsultes ou économistes des différents pays (*Institut de droit international*, *Association internationale pour la protection légale des travailleurs*), soit à indiquer au Parlement les réformes législatives désirables (*Société d'études législatives*).

Tous ces efforts, malgré l'ajournement des travaux de la commission extraparlementaire de révision du Code civil, aboutiront certainement à en modifier l'esprit (1). Déjà quelques résultats importants ont été obtenus, tels que le vote de la loi du 13 juillet 1907 sur le *libre salaire de la femme mariée*, qui modifie profondément l'esprit de notre législation sur la puissance maritale, celui de la loi du 25 mars 1919 sur les conventions collectives de travail ou de la loi du 19 juillet 1928 sur le délai-congé. — Quoiqu'il en soit, la révision du Code civil n'est encore qu'un projet, et il faut bien convenir que le Code Napoléon est resté jusqu'à ce jour, malgré certaines modifications de détail, ce qu'il était lors de sa promulgation : « la loi d'une société bourgeoise, non le Code du travail et du travailleur » (Glasson, *Rapport sur le concours pour le prix du budget*, 1898).

Aussi est-ce parallèlement aux Codes civil et de commerce, mais en dehors d'eux, que s'est développée dans la France du XIXe siècle, sans plan préconçu, et sous la pression des évènements, la législation ouvrière que nous aurons à commenter ici.

III. Restauration. — 147. — Sous la Restauration, de vaines tentatives furent faites pour obtenir la reconnaissance des associations ouvrières ou patronales ; mais ces efforts se brisèrent devant la résistance opiniâtre des chambres de commerce.

IV. Gouvernement de Juillet. — 148. — Avec le Gouvernement de Juillet apparaissent les premiers linéaments de la législation ouvrière. L'essor de la grande industrie, et les abus criants que la

(1) Cons. Charmont, *Les transformations du droit civil*, 1912 ; Morin, *La révolte des faits contre le Code*, t. Ier, 1920 ; Marco Barasch, *Le socialisme juridique et son influence sur l'évolution du droit civil en France à la fin du XIXe et au XXe siècle*, av. propos de E. Lévy (Rev. intern. du travail., Mars 1924).

prospérité économique du pays n'avait fait qu'aggraver (1), en l'absence de toute règlementation légale, déterminèrent les Chambres françaises, à l'instar du Parlement anglais (2), à adopter la première loi vraiment protectrice de la classe ouvrière.

Cette loi, du 22 mars 1841, sur le travail des *enfants* employés dans les manufactures, était d'ailleurs manifestement insuffisante ; elle eût cependant produit quelques heureux effets, si elle n'avait été ouvertement violée dès le lendemain de sa promulgation, par suite de l'absence de tout contrôle sérieux.

V. Législation sociale de la République de 1848. — **149.** — La pensée de réformation sociale qui présida aux premiers actes du gouvernement provisoire de 1848 détermina l'apparition, à cette date, de tout un ensemble de mesures législatives ou réglementaires destinées à améliorer la condition de la classe ouvrière (3). Le plus important de tous ces actes est sans contredit le décret du 2 mars 1848, par lequel le gouvernement provisoire, devançant son époque de près d'un demi-siècle, posa le principe de la règlementation du travail des hommes adultes : décret dont il convient de rapprocher celui du 27 mai 1848 sur les conseils de prud'hommes, tendant à assurer aux ouvriers dans ces juridictions électives une influence égale à celle des patrons, et celui du 29 février 1848 sur la liberté d'association, qui provoqua la formation de groupements professionnels et d'associations coopératives sur tous les points du territoire. Signalons également les décrets du 2 mars 1848, déclarant aboli le *marchandage*, et du 8 mars 1848, portant suppression des bureaux de placement payant.

150. — Ce mouvement social de 1848, si puissant en apparence, devait s'arrêter brusquement, par suite des fautes ou de l'inexpérience des gouvernants : proclamation imprudente du droit au travail, création des ateliers nationaux, absence de définitions

(1) Cpr. sur la situation lamentable des ouvriers à cette époque, les documents précis consignés dans le rapport officiel du Dr Villermé, cité *supra*, n° 24. — Cf. Souchon, *La situation des ouvriers en France à la fin du XIXe siècle* (*Musée social*, nov. 1899).

(2) Le premier *factory act* anglais remonte à 1802. Depuis lors, s'est déroulée toute une série d'actes, de plus en plus précis, dont les plus récents assujettissent toutes les formes de l'industrie et même du commerce à une réglementation minutieuse. V. *infra*, n° 730.

(3) V. G. Renard, *L'histoire économique et sociale de la deuxième République* (*Rev. intern. de l'enseignement*, 1902, 13) ; Loustau, *Louis Blanc et la commission du Luxembourg*, th. 1908 ; Bouniols, *Histoire de la Révolution de 1848*, 1918 ; Quentin Bauchard, *La crise sociale de 1848*, 1920 ; Scelle, p. 35 et s.

précises permettant d'appliquer utilement le décret sur le marchandage ; absence de toutes mesures transitoires. Habilement exploités par les adversaires du régime républicain, ces fautes, et les troubles de la rue qui suivirent, provoquèrent une réaction violente dont les tendances rétrogrades s'affirmèrent dans la législation, dès avant le coup d'Etat du 2 décembre 1851.

Au décret du 2 mars, succéda la loi du 9 septembre 1848, qui, tout en laissant subsister le principe de la réglementation du travail des adultes, en restreignit l'application aux établissements à moteur mécanique ou à feu continu, et aux fabriques occupant *plus de vingt ouvriers* réunis en atelier, et porta, de dix ou onze heures, à douze heures la durée maxima de la journée de travail dans ces établissements, avec faculté pour le patron, en divisant son atelier par équipes, de laisser l'atelier ouvert vingt-quatre heures. Ainsi atténuée, la loi de septembre 1848 ne fut pour ainsi dire pas appliquée, tout d'abord, à raison des exceptions trop nombreuses qu'elle comportait, ensuite et surtout par suite de l'absence d'un personnel de contrôle. Il fallut la loi du 16 février 1883, confiant aux inspecteurs du travail la mission de veiller à l'application de la loi de 1848, pour en faire revivre les prescriptions.

Presque aussi ouvertement violée devait être la loi du 22 février 1851 sur le contrat d'apprentissage, aucune autorité n'ayant été spécialement chargée de veiller à son exécution.

VI. — LE SECOND EMPIRE. — **151.** — Poursuivant ce mouvement de réaction, le gouvernement du ***Prince-Président*** et le ***second Empire*** devaient avoir promptement raison de l'œuvre sociale de la seconde République par toute une série de mesures contraires, telles que la remise en vigueur des lois prohibitives de l'association, la réglementation des bureaux de placement rétribués par le décret du 25 mars 1852, la loi du 1er mars 1853 sur les conseils de prud'hommes, et celle du 22 juin 1854 sur les livrets d'ouvrier.

152. — Mais, si la législation ouvrière de 1848 était anéantie ou paralysée, les idées nouvelles jetées dans la circulation avaient conservé toute leur puissance ; et le gouvernement impérial, obligé de compter avec elles, espérant d'ailleurs se concilier une fraction des adversaires du nouveau régime par d'habiles concessions sur le terrain de la politique sociale, fut progressivement amené à soumettre au Corps législatif une série de mesures libérales, telles que la loi du 25 mars 1864, abrogeant les art. 414 et 415 C. pén., et reconnaissant aux ouvriers comme aux patrons le droit de coalition et de grève, ou la loi du 24 juillet 1867 sur les sociétés, dont les art. 48 et suivants, sur les sociétés à capital variable, avaient pour objet de favoriser la constitution des coopératives.

VII. La troisième République. — **153.** — Bien autrement féconde est l'œuvre législative de la *troisième République* (1). Dès les premières années qui suivirent nos désastres, l'Assemblée nationale, désireuse de fortifier la patrie en atténuant les luttes de classes, dont l'insurrection communaliste avait révélé la gravité, se mit à l'œuvre ; et l'une des premières lois sociales issues de ce mouvement fut la loi du 19 mai 1874 qui, malgré ses lacunes, marque une date capitale dans le développement en France de la législation protectrice de l'ouvrier. C'est elle, en effet, qui pour la première fois a assuré à l'enfance ouvrière une protection efficace ; c'est elle qui, en interdisant aux femmes le travail souterrain, a posé les premiers jalons de la législation protectrice de l'ouvrière ; c'est elle enfin qui, en organisant l'inspection, a créé l'organe essentiel de toute notre législation réglementaire. Aussi peut-on dire, sans exagération, que la législation ouvrière française date vraiment de la loi de 1874. Cette loi, en tout cas, a été le point de départ d'une activité parlementaire ininterrompue dans le sens de son développement progressif.

§ 2. — Le mouvement législatif contemporain, en France et à l'étranger. — Progrès de la législation réglementaire ; analogie croissante des législations (2).

I. Principaux chefs de réglementation. — **154.** — Cette activité parlementaire, dans le sens d'une réglementation de plus en plus étroite de l'industrie, n'a rien de spécial à la France. Aussi convient-il, au point où nous sommes parvenu, de jeter un rapide coup d'œil sur les principales législations, afin de mesurer le chemin parcouru par chacune d'elles, pendant le dernier quart du XIXe siè-

(1) Cons. notamment, sur ce point, deux discours de rentrée prononcés devant la Cour de cassation par MM. les avocats généraux Sarrut, *Les progrès de la législation ouvrière sous la troisième République* (*Gaz. du Pal.*, 17 oct. 1894), et Duboin, *La législation sociale à la fin du XIXe siècle* (*France judic.*, 27 oct. 1900, p. 305). V. aussi Weill, *op. cit.*; Millerand, *La politique sociale sous la troisième République* (*Rev. polit. et parl.*, avril 1906) ; *L'œuvre sociale de la troisième République*, par Godart, Astier, Breton, Bonnevay, etc., 1912.

(2) Pour l'analyse des principaux projets de loi français ou étrangers, cons. notamment les revues suivantes : *Questions pratiques*, fus. avec le *Recueil de droit commercial et de droit social depuis* 1929, *Bull. du Ministère du Travail*, *Bull. de l'Office international du travail*, continué depuis 1920 par la *Série législative* du B. I. T., *Revue internationale du Travail*, *Musée social*, *Rev. d'économie politique*, *Revue du travail* (de Belgique), *Documents du Travail*, *L'Avenir du travail*, etc.

cle, et au début du XXe, dans la voie de la protection légale des classes ouvrières.

Ces lois peuvent se grouper sous les principaux chefs suivants : organisation officielle de l'industrie ; groupements professionnels, réglementation du travail industriel ou commercial ; protection légale du salaire ; juridictions arbitrales ; institutions propres à améliorer la condition du travailleur. D'une manière générale, les Etat civilisés, par cet ensemble de prescriptions, englobant dans un vaste réseau toutes les manifestations de la vie économique, se sont proposé de réaliser les objets suivants :

155. — ... 1° Assurer aux chefs d'industrie et aux travailleurs le moyen de faire parvenir leurs doléances aux pouvoirs publics et de coopérer par leur avis, conseils et enquêtes, à l'œuvre législative. A cet ordre d'idées se rattachent la création, tant en France que dans bon nombre de pays étrangers (Allemagne, Angleterre, Belgique, Suisse, Etats-Unis, Etats australasiens, Argentine, Italie, Espagne, Pologne, etc.), de *Ministères* ou *départements du travail*, l'institution dans la plupart des pays industriels de bureaux ou *Offices du travail*, chargés de réunir et de centraliser tous les renseignements et documents propres à éclairer le législateur sur les réformes à accomplir, et de *Conseils du travail et de l'industrie*, régionaux ou nationaux, composés, en partie au moins, de membres élus par les chefs d'industrie et les travailleurs, et investis d'attributions consultatives, ou même arbitrales (1).

156. — ... 2° Favoriser, en vue d'établir l'égalité ou l'harmonie entre le travail et le capital, les *groupements professionnels*, patronaux, ouvriers et mixtes, soit par la reconnaissance des syndicats

(1) *Allemagne*, ministère du travail (nov. 1918) ; *Angleterre*, *department of labour* ; *Argentine*, département du travail (L. 30 sept. 1912) ; *Belgique*, ministère de l'industrie et du travail (L. 25 mai 1895) ; *Canada*, ministère du travail (L. 19 mars 1909) ; *Etats-Unis*, département du travail (L. 18 mars 1904), transformé en ministère fédéral (L. 4 mars 1913) ; *France*, décret 26 oct. 1906, créant un ministère du travail dédoublé le 27 janv. 1920 en deux départements, travail et hygiène, réunis à nouveau en 1924 ; *Italie*, ministère du travail (décr. 3 juin 1920), remplacé en 1922 par le ministère de l'économie nationale, auquel est venu s'adjoindre en 1927, le ministère des corporations; *Mexique*, département du travail (L. 18 déc. 1911); *Pologne*, min. du travail, (1920); *Portugal*, ministère du travail (décr. mars 1916); *Yougoslavie*, ministère de la politique sociale (1923). — Comp. à l'Office du travail français (L. 20 juill. 1891), les offices similaires créés successivement aux Etats-Unis, en Angleterre, en Belgique, en Italie, etc. ; au Conseil supérieur du travail français (décr. 22 janv. 1891, 14 mars 1903, 31 janv. 1921, 10 oct. 1925), le Conseil supérieur du travail belge (Arr. royal des 7 avril 1892 et 5 févr. 1908), le Conseil supérieur du travail d'Italie (L. 15 janv. 1902), l'Institut de réformes sociales d'Espagne (décr. 23 avr. 1903 et 14 oct. 1919). — Sur le Conseil économique national allemand (constit. de Weimar, 1919), et le Conseil national économique français (décr. 20 juin 1925), v. n° 194, *infra*.

libres, soit par la reconstitution des corporations obligatoires, tout au moins pour la petite industrie ou industrie de métiers, soit par l'étatisation des corporations (formule fasciste) (1).

157. — .... 3° Réglementer le travail industriel (souvent même commercial), au double point de vue de la sécurité et de l'hygiène (2), et de la protection des salariés : protection tantôt limitée à certaines catégories de travailleurs, aux enfants, que leur âge rend inaptes à se protéger eux-mêmes, ou aux femmes, dont le travail doit être réglementé à raison de leur faiblesse et plus encore dans l'intérêt de la conservation de la race (3), — tantôt étendue à la généralité des travailleurs, y compris les hommes adultes, qui, eux aussi, ont le droit d'être protégés contre le surmenage et l'exploitation abusive du capital (4) ; — sans préjudice, soit des lois, de plus

(1) Comp. dans le sens de la liberté, les lois françaises des 21 mars 1884 et 12 mars 1920, anglaises des 24 juin 1871, 20 déc. 1906 et 29 juillet 1927, belge du 31 mars 1898, et dans le sens de l'obligation, les lois autrichiennes des 15 mars 1883 et 23 février 1897, hongroise du 21 mai 1884, allemande du 26 juillet 1897, roumaine du 7 février 1912, bulgare du 20 juin 1903, et serbe des 29 juin 12 juillet 1910. — A classer à part la loi italienne du 5 avril 1926 sur les corporations, fascistes, et le décret-loi espagnol du 6 août 1925 sur les corporations.

(2) Loi française, 12 juin 1893, amendée les 11 juillet 1903, 31 décembre 1912, 7 déc. 1926 et 30 juin 1928 (C. trav., liv. II, art. 65). — Comp. lois allemande du 30 juin 1900, anglaise du 17 août 1901, autrichienne du 21 avril 1913, belge du 2 juillet 1899, hollandaise du 1er juillet 1909, italienne du 22 décembre 1888, new-yorkaise du 20 mai 1908, suédoise du 29 juin 1912, serbe du 29 juin 1911, suisse du 18 juin 1914.

(3) Il y a quelques années, les lois du sud de l'Europe réglementaient exclusivement le travail des enfants. — Mais, à l'heure présente, presque toutes les législations réglementent concurremment, tout au moins à certains points de vue, le travail de la femme : loi allemande du 1er juin 1891 (*Gewerbeordnung*), amendée les 28 déc. 1908 et 14 avril 1927 ; lois anglaises des 28 août 1907 et 29 mars 1912 (cf loi hindoue du 24 mars 1911) ; lois argentine du 30 sept. 1924, belges des 13 déc. 1889 et 26 mai 1914, danoise du 29 avril 1913, espagnoles des 13 mars 1900 et 11 juillet 1912, grecque du 14 août 1912, françaises des 2 nov, 1892. 30 mars et 29 déc. 1900, 24 janv. 1925 (C. trav., liv. II), hollandaises des 5 mai 1889 et 7 oct. 1911, hongroise du 21 mai 1884, italiennes des 19 juin 1902, 23 août 1913, et 24 mars 1923, mexicaine (constitut.), de 1917 ; néo-zélandaise des 4 août 1908 et 3 déc. 1910, norvégienne du 10 sept. 1909, roumaines des 11-24 fév. 1906 et 8 avril 1928, suédoise du 29 juin 1912, suisses des 23 mars 1877 et 18 juin 1914, Yougoslave, de 1922, etc — Cf. la plupart des lois de l'Union américaine (Massachusetts, 12 avr. 1912, New-York, 19 avril 1912, Pensylvanie, 29 avril 1909).

(4) Lois françaises des 9 sept. 1848, 7 déc. 1874, 2 nov. 1892, 30 mars 1900, 29 décembre 1900 combinées. — Conf. loi australienne, colonie de Victoria, 2 mars 1909, lois autrichiennes des 8 mars 1885 et 14-16 janv. 1910, loi norvégienne du 18 sept. 1915, loi portugaise du 22 janv. 1915, lois russes, 2 fév. 1897 et 15 nov. 1906, lois suisses, 23 mars 1877 et 18 juin 1914, loi serbe des 29 juin-12 juill. 1910. — V. aussi en ce qui concerne les ouvriers de l'Etat, la loi fédérale américaine du 19 juin 1912. — L'économie générale des lois réglementaires précitées, tant sur le travail des adultes que sur celui des femmes et des enfants, a été profondément modifiée par l'adoption récente, tant en France que dans plusieurs pays étran-

en plus fréquentes, sur le *repos hebdomadaire* (1) ou sur le repos des *femmes en couches* (2), soit des règlements particuliers à certaines catégories de travaux particulièrement dangereux, tels que les travaux souterrains (3).

Il convient d'ailleurs de remarquer que l'institution d'un service de contrôle, chargé de veiller spécialement à l'application des lois protectrices de travail, est le corollaire logique de toute réglementation légale sérieuse. Aussi presque toutes les législations ont-elles créé un corps d'*inspecteurs du travail*, hiérarchiquement organisé (lois industrielles de chaque Etat, complétées par des règlements d'administration publique).

158. — ....4° Assujettir les contrats industriels à tout un ensemble de règles destinées, les unes à en fixer les caractères distinctifs et à fournir au juge une règle générale d'interprétation (4), les

gers, de la *journée de 8 heures* : — L. française du 23 avril 1919. — Cf. L. autrichienne du 17 déc. 1919, ordonn. allemande du 23 nov. 1918, et Loi du 14 avril 1927, L. belge du 14 juin 1921, décr. espagnol du 3 avril 1919, L. russe du 29 oct. 1917, suisse du 27 juin 1919, Yougoslave, de 1922, etc. — V. aussi Code industriel polonais, du 15 juin 1927.

(1) *Gewerbeordnung* allemande, lois autrichienne du 18 juill. 1905, argentine du 6 sept. 1905, belges des 17 juill. 1905 et 24 juillet 1927, canadienne du 13 juill. 1906, chilienne du 26 août 1907, espagnole du 3 mars 1904, française des 13 juill. 1906 et 29 déc. 1923, grecque des 7-20 déc. 1909, italienne du 7 juill. 1907, portugaise du 3 août 1907 (décr.), roumaine des 10-23 avril 1910, suisse du 1er avril 1905, etc.

(2) L. françaises des 17 juin 1913, 24 oct. 1919, 4 janv. 1928. — Parmi les lois étrangères, v. loi allemande du 16 juillet 1927.

(3) Lois françaises des 29 juin 1905, 31 déc. 1913 et 24 juin 1919 sur la durée du travail dans les mines. — Conf. lois anglaises des 11 déc. 1911 et 8 juill. 1926, autrichienne du 26 déc. 1911, belge du 5 juin 1912, espagnole des 27 déc. 1910 et 6 août 1927. — Signalons également, parmi les réglementations spéciales, les nombreuses lois de l'Union américaine sur le travail des employés et ouvriers de *chemins de fer* (cf. loi néerlandaise du 11 avril 1903) ; la loi de New-York, du 28 avril 1908, sur le travail *en chambre* ; la loi allemande du 20 déc. 1911 sur le travail à *domicile* ; les lois finlandaise du 22 mai 1908, italienne du 22 mars 1908, française du 28 mars 1919, etc., sur les boulangeries ; la loi allemande du 30 janv. 1919 sur le *travail agricole* (cf. L. autrichienne du 13 janv. 1914 et hongroise de sept. 1907), la loi française du 13 déc. 1926 sur le *travail maritime*. — A signaler aussi, à titre documentaire, les lois d'inspiration communiste sur le *travail obligatoire* : constitution soviétiste russe du 18 juill. 1917 ; loi bulgare du 10 juin 1920.

(4) Les Codes industriels (*Gewerbeordnung*) allemand, autrichien, polonais, suisse, etc., cités *supra*, contiennent une réglementation d'ensemble du contrat de travail. — V. aussi les lois anglaises du 17 août 1901, belge du 10 mars 1900 sur le contrat de travail et du 7 août 1922 sur le contrat d'emploi, hollandaise du 13 juill. 1907, amendée le 1er juill. 1909, suisse du 30 mars 1911 (incorporée au Code civil), serbe des 29 juin-12 juill. 1910, suédoise du 29 juin 1912, etc. — Cf. Code du travail français, livres 1 à IV, d'ailleurs incomplet. — V. n° 170, *infra*.

autres à protéger le salaire du travailleur, soit contre la négligence ou les abus de pouvoir du patron (truck system, irrégularité dans les paiements, retenues, amendes, détournements ou mauvaise gestion des fonds prélevés sur le salaire de l'ouvrier pour versements à des caisses de secours ou de retraites) (1), soit contre les créanciers du patron (2), soit contre les créanciers de l'ouvrier (3), d'autres enfin à prévenir les abus de pouvoir des personnes sous l'autorité desquelles peut se trouver le travailleur, du mari pour l'ouvrière mariée, des parents pour le jeune ouvrier (4).

Dans la conception socialiste, l'Etat devrait faire un pas de plus et imposer à l'employeur un *minimum de salaire*. Seules jusqu'à ces dernières années les nouvelles sociétés anglo-saxonnes (Australie, Nouvelle-Zélande) (5), s'étaient engagées dans cette voie. Les Etats européens n'admettaient la fixation légale d'un minimum de salaire que pour les travaux publics, dans lesquels l'Etat est partie au contrat (décrets français du 10 août 1889, inspirés de mesures semblables édictées en Angleterre, en Belgique, etc.) (5).

Mais, depuis peu, un mouvement se dessine en Europe et en Amérique en faveur de l'adoption d'un minimum de salaire pour les industries *à domicile*, dans lesquelles sévit le *sweating system*. Ce mouvement a abouti au vote de la loi anglaise du 20 octobre 1909 sur les conseils professionnels, de la loi française du 10 juil-

(1) Sur la répression du truck, des amendes arbitraires et la régularisation des paiements, cons. notamment les lois anglaises des 16 sept. 1887 et 14 août 1896, belge du 16 août 1887, luxembourgeoise du 7 août 1906, norvégienne du 27 juin 1892, russe du 15 juin 1896, néo-zélandaise du 28 oct. 1898, ainsi que la loi belge du 15 juin 1896 sur les règlements d'atelier. — V. aussi les Codes industriels allemand, autrichien, hongrois, polonais, ou suisse, ainsi que la plupart des lois de l'Union américaine (V. notamment loi new-yorkaise du 24 avril 1906). Cette forme de réglementation a prévalu en France, avec les lois du 7 déc. 1909 sur le paiement des salaires, et du 25 mars 1910 sur les économats, lois incorporées au Code du travail (liv. 1er). Toutefois les amendes ne sont pas encore réglementées ; c'est une lacune à combler. — Sur le cautionnement des employés, v. loi franç. du 18 oct. 1917 amendée le 1er fév. 1928 (C. T., liv. 1).

(2) Art. 549 C. com. français. — La plupart des lois étrangères considèrent également la créance de salaire comme privilégiée.

(3) Loi française du 12 janv. 1895 amendée le 27 juillet 1921, sur la saisie-arrêt des salaires et petits traitements (incorporée au Code du travail). — Comp. lois allemande, 25 mars 1897, anglaise du 14 juill. 1870, belge du 18 août 1887, espagnole du 12 juill. 1906, hongroise du 1er juin 1881, etc.

(4) Sur la protection du salaire de la femme mariée, cons, notamment les lois anglaise du 10 août 1882, norvégienne du 29 mai 1888, genevoise du 7 nov. 1894, belge du 10 fév. 1900 (femme mariée et mineur), françaises des 13 juill. 1907 et 8 juin 1923. — Conf. art. 1425 C. civ. italien, 1635 et suiv. C. civ. allemand, 215 et suiv. C. civ. suisse de 1907.

(5) Australie du Sud, lois de 1894 et 1896 ; Nouvelle-Galles du Sud, L. 24 déc. 1908, Victoria, L. de 1896-1903 ; Commonwealth, L. 13 déc. 1909 ; Queensland, L. 9 janv. 1912 ; Nouvelle-Zélande, L. de 1894 et 1910. — V. aussi Constitution mexicaine de 1917.

et 1915, amendée le 14 déc. 1928, sur le salaire légal minimum des ouvrières à domicile, etc. (1).

159. — ...5° Organiser en vue de trancher les *conflits collectifs ou individuels* entre employeurs ou salariés, des *juridictions spéciales*, conseils de prud'hommes ou tribunaux industriels, comités de conciliation, conseils ou cours d'arbitrage, juridictions composées de patrons et d'ouvriers ou employés en nombre égal, et présidées soit alternativement par un patron ou un ouvrier, soit par un arbitre départiteur, magistrat ou notable, étranger au litige (2).

160. — ...6° Favoriser le développement de toutes les institutions susceptibles d'améliorer la condition du travailleur, soit en lui facilitant l'*épargne* et la *prévoyance* sous toutes ses formes (3) : soit en améliorant pour la *famille ouvrière* les conditions matérielles de l'existence (*logements ouvriers, insaisissabilité du foyer* ou *homestead, coopératives* de *consommation*, de *construction* ou de *crédit*) (4) ; soit en facilitant pour les travailleurs l'accession

(1) Cf. L. de Massachusetts, 4 juin 1912, et L. allemande du 27 juin 1923. — V. aussi décr. bolcheviste russe du 19 déc. 1917 (minimum fixé pour tous les travailleurs).

(2) Lois françaises des 18 mars 1806, 27 mars 1907, 30 mars 1920, 24 déc. 1925, et décr. loi 20 nov. 1926 sur les conseils de prud'hommes, du 27 déc. 1892 sur les comités de conciliation et conseils d'arbitrage. — Comp., en ce qui concerne les prud'hommes (conflits individuels), les lois autrichienne du 14 mai 1869, belge des 15 mai 1910 et 9 juill. 1926, espagnole du 22 juillet 1912, serbe des 29 juin-11 juill. 1910, et plusieurs lois cantonales suisses (Neufchâtel, 20 nov. 1885, Genève, 12 mai 1897, etc.) — Comme organes officiels destinés à trancher les conflits collectifs, v. les conseils de l'industrie et du travail belges (l. 16 août 1877), les chambres du travail néerlandaises (l. 2 mai 1897), les conseils officiels d'arbitrage des Etats-Unis, de Genève (l. 10 fév. 1900), d'Australie (Commonwealth, l. 10 oct. 1914), de la Nouvelle-Zélande (l. de 1911, 1926-1927), ou du Canada (l. 4 mai 1910), et l'*Industrial Court anglaise*, (L. du 20 nov. 1919). — Cf. lois espagnole du 19 mai 1908, danoise du 12 avr. 1910, etc., suédoise de 1912 et 1927, norvégienne de 1915 et 1927, roumaine du 21 août 1920 sur l'arbitrage.

Les tribunaux du travail allemands (l. 6 juillet 1904 et 23 déc. 1926), de même que les *probiviri* italiens (l. 15 juin 1893), sont institués à la fois pour résoudre les conflits individuels et les conflits collectifs. Depuis la loi du 5 avril 1926, les conflits collectifs sont déférés en Italie à la *magistrature du travail*.

(3) Lois françaises sur les *caisses d'épargne* des 20 juill. 1895, 20 août 1926 et 22 juill. 1927 ; Comp. loi belge des 21 juin 1894 et loi italienne du 15 juill. 1888. — Loi française du 1er avr. 1898 sur les sociétés de secours mutuels, amendée le 28 déc. 1927 ; conf. lois anglaise du 11 août 1875 sur les *friendly societies* modifiée en 1908, belges des 23 juin 1894 et 30 mars 1926, italienne du 15 avr. 1886. En Allemagne, en Autriche et en Hongrie, les mutualités font partie intégrante du système général d'assurance obligatoire contre la maladie (v. *infra*).

(4) *Habitations ouvrières* : Lois françaises des 30 nov. 1894, 12 avril 1906, 10 avril 1908, 23 déc. 1912, 26 fév. 1921, 5 déc. 1922, 19 août 1926, 13 juill. 1928 (Loi Loucheur) ; conf. lois allemande du 2 janv. 1927, anglaises de 1903, 1919, 1923-24, belges de 1889 et 1919, italiennes des 2 janvier 1908 et 30 nov. 1926.

Homestead : Loi française du 12 juill. 1909, amendée le 14 mars 1928. — Lois américaines (Texas, 1839, New-York, 1850, etc.) ; serbe, 24 déc. 1873. — Conf.

du salariat à l'association par les *coopératives de production*, étayées sur les coopératives de consommation (*bonis*) et de crédit (1) ; soit en assurant l'ouvrier contre les principaux risques qui le menacent, risques d'accidents ou de maladies, risques de vieillesse ou d'invalidité prématurée, risques de chômage involontaire, ou tout au moins en lui facilitant, sans lui en faire une obligation légale, l'assurance contre ces divers risques, soit enfin en organisant l'assistance (2).

lois anglaises des 16 sept. 1887 (*Allotments act*). et 27 juin 1892 (*small holdings*
act) ; lois prussiennes des 2 juin 1874 (*Anerbenrecht*), et 8 juin 1896, sur les
Rentengüter et les *Rentenbanken*, etc.
Sur les coopératives de consommation, de construction ou de crédit, v. la
note suivante.
(1) *Coopération en général* : Lois françaises des 18 déc. 1915 et 6 mai 1922
(production), 26 avril 1917 (participation ouvrière), 7 mai 1917 et 3 juillet 1925
(consommation). – Cf. lois allemande du 12 août 1896, anglaise du 12 sept. 1893,
autrichienne du 9 avril 1893, néerlandaise du 17 nov. 1876, etc.
Sur les coopératives de crédit agricole et populaire V. les lois françaises des
5 août 1920, 9 août 1926 et 14 juill. 1929, codifiant les lois antérieures sur le crédit
agricole, 7 août 1920 et 24 juill. 1929 sur le crédit au petit commerce, 3 juill. 1925
sur le crédit aux coopératives de consommation, 14 déc. 1925 sur le crédit à l'ar-
tisanat. — Comp. loi belge du 21 juin 1894, et loi prussienne du 31 juill. 1895. —
Sur les coopératives de construction, v. notamment le *building societies act*
anglais de 1899 et la loi française du 2 févr. 1914.
(2) La grande majorité des législations européennes admet aujourd'hui, en
matière *d'accidents*, l'assurance obligatoire (L. allemande du 6 juill. 1884, amen-
dée le 30 juin 1900, autrichiennes des 28 déc. 1887 et 8 fév. 1909, belge du 24 déc.
1903, danoise du 27 mars 1908, hollandaise des 2 janv. 1901 et 5 juin 1913, ita-
lienne du 29 juin 1903, norvégiennes des 23 juill. 1894 et 16 août 1915, suédoise
du 29 juin 1912, suisse du 13 juin 1911, — ou quasi-obligatoire (L. françaises des
9 avr. 1898, 12 avr. 1906, 5 août 1920, 15 oct. 1922, 2 août 1923). Les lois anglaises
des 21 déc. 1906 et 16 avril 1923, espagnole du 30 janv. 1900, se bornent cepen-
dant à consacrer le principe du risque professionnel.
L'assurance contre la *maladie* est obligatoire en Allemagne (L. 13 juin 1883 et
8 fév. 1909) ; Angleterre (L. 16 déc. 1911), Autriche (L. 30 mars 1888 et 8 fév. 1909),
Hollande (L. 5 juin 1913), Hongrie (L. 6 avr. 1909) ; Luxembourg (L. 21 avr.
1908) ; Norvège (L. 1er avril 1911), Roumanie (L. 25 janv.-7 févr. 1912 et 26 avril-8
mai 1913), Tchéco-Slovaquie (L. 9 oct. 1924), Yougoslavie (1922), facultative en
Suisse (L. du 13 juin 1911). — En Angleterre, la maladie professionnelle est assi-
milée à l'accident (L. 21 déc. 1906). — Cf. L. française 25 oct. 1919, suisse de 1911,
belge du 24 juillet 1927. — Cf. décr.-loi italien du 27 octobre 1927, sur l'assurance
contre la tuberculose.
L'assurance *obligatoire* contre la *vieillesse* ou *l'invalidité prématurée*, organi-
sée tout d'abord en France au profit des inscrits maritimes, puis des ouvriers
mineurs, assurés également contre la maladie (L. 29 juin 1894), a été étendue à
l'ensemble des salariés par la loi du 5 avril 1910, amendée par les lois des 27 fév.
1912, 20 déc. 1918, 29 avril 1926. — La France a été précédée dans cette voie par
l'Allemagne (L. 22 juin 1889 et 12 juill. 1916), la Nouvelle-Zélande (L. de 1898,
1911), l'Australie (Commonwealth, L. 1908 et 1912), l'Angleterre (L. 1er août 1908,
et 7 août 1925). — L'obligation a prévalu récemment en Belgique (L. 10 déc.
1924), Espagne (décr. 11 mars 1919), Hollande (L. 5 juin 1913), Italie (décr. 21
avril 1919 et 30 déc. 1923), Luxembourg (L. 6 mai 1911), Suède (L. 30 juin 1913,

II. Les grands courants législatifs. — **161.** — Ce bref parallèle entre les principales législations de l'Ancien ou du Nouveau Monde, que nous nous proposons de reprendre à propos de chaque institution, nous permet dès maintenant de discerner, dans le développement progressif de la législation ouvrière, quelques grands courants, correspondant à des conceptions sociales différentes, mais dont les tendances au rapprochement sur certaines questions, assurances sociales notamment, s'accusent de plus en plus, surtout depuis une trentaine d'années (1).

Tchéco-Slovaquie (1914, Yougoslavie (1922). Cette modalité d'assurance ne fonctionne en Autriche que pour les employés (L. 16 déc. 1906) et les fonctionnaires (L. 25 juin 1914).

Quelques rares Etats sont restés jusqu'ici fidèles au système de la *liberté subsidiée* (L. vaudoise du 2 mars 1907, canadienne du 20 juill. 1908, genevoise du 25 mai 1910).

L'assurance obligatoire d'Etat contre le *chômage*, inaugurée par la loi anglaise du 16 déc. 1911 (et 9 août 1920) a été successivement introduite en Italie (décr. loi du 15 oct. 1919), en Autriche (L. 24 mars 1920), au Luxembourg (1921), au Queensland (1922), en Allemagne (L. 16 juill. 1927). — Elle fonctionne aussi en Russie soviétiste, comme contre-partie de l'obligation au travail, mais dans des conditions difficiles à contrôler. Les autres Etats se bornent à subventionner les caisses syndicales de chômage.

L'Allemagne a codifié ses lois d'assurance (L. du 29 juill. 1911). La France possède également depuis peu une grande loi d'assurances sociales, à base d'obligation, c. la maladie, la vieillesse et l'invalidité (L. du 5 avril 1928, applicable seulement en 1930).

Sur l'assistance, cons. notamment : L. française des 14 juill. 1905 et 30 déc. 1908 sur l'assistance obligatoire aux vieillards et infirmes ; L. danoise du 13 mars 1908 sur les secours de vieillesse ; L. belge du 20 août 1920 sur les pensions de vieillesse, etc.

(1) Pour l'étude du développement parallèle et convergent des principales législations européennes et américaines, consulter principalement :

Sur l'ensemble des législations : V. la collection des rapports sur les conditions du travail dans les pays étrangers publiée par le Ministère des affaires étrangères français ; les rapports présentés aux Congrès de l'Association internationale pour la protection légale des travailleurs et au Congrès de politique sociale de Prague de 1924 ; les chroniques étrangères des *Annales de droit commercial et industriel*, de la *Rev. du travail* (belge), ou des *Questions pratiques*. — Pour le texte des principales lois récentes, cons. notamment : l'*Annuaire de législation du travail*, publié par l'Office belge ; depuis 1901, le *Bulletin de l'Office international du travail*, de Bâle, continué depuis 1920 par la *Série législative* du B. I. T., le *Bulletin du Ministère du travail* (anc. Bul). de l'Office), depuis 1894.

— la France et les Colonies françaises : Bull. et publications du ministère du travail, et chroniques des *Annales de droit commerc.*, des *Questions pratiques*, et du *Recueil de droit commercial et de droit social*. — Mounier, *La législation algérienne du travail* (Rev. Alg. et Tunis., août-sept. 1924 ; Antonelli, *Manuel de législation coloniale*, 1926 ; Besson, *La législation du travail dans les colonies françaises* (Rev. int. du travail, oct. 1927). — Sur l'introduction progressive des lois françaises en *Alsace* et *Lorraine*, v. L. des 17 oct. 1919 et 1er juin 1924. — Cf. Niboyet, *Répert. pratique du droit alsacien-lorrain*.

— l'Allemagne : Syllabus du Droit ouvrier allemand, 1924 ; Kaskel, *Arbeitsrecht*, 7e éd., 1924 ; Höniger et Wehrle, *Arbeitsrecht*, 7e éd., 1926 ; Molitor, *Die Arbeitsrechtliche Buchliteratur*, 1927.

A ce point de vue, l'on pourrait, ce semble, diviser les législations réglementaires en cinq groupes principaux.

162. — 1° Groupe latin. — Ce premier groupe présentait, naguère encore, comme caractères dominants : l'absence de toute organisation corporative au sens traditionnel du mot, la reconnaissance des groupements professionnels libres, le développement, plus ou moins accentué, des lois protectrices du travailleur. Mais depuis l'avènement du fascisme, il a perdu toute unité. Les deux Etats qui étaient entrés tout d'abord dans la voie de la réglementation, la France et la Belgique, ont une législation ouvrière étroitement apparentée. Les premières lois ouvrières italiennes et espagnoles procédaient de la même inspiration ; elles s'étaient seulement engagées plus résolument dans la voie, frayée par l'Allemagne, de l'assurance obligatoire. Mais, depuis l'établissement dans ces deux pays d'un régime dictatorial, le principe du syndicat libre a été abandonné pour faire place à un régime corporatif *sui generis*, étroitement contrôlé par le gouvernement.

Les autres pays latins (Grèce (1), Portugal), et les principales Républiques de l'Amérique du Sud ont suivi l'impulsion française (2).

— l'AUTRICHE : Dr Lederer, *Le développement de la législation sociale dans la République d'Autriche depuis la Révolution* (Rev. int. trav., mai-juin 1921).

— la BELGIQUE : *Rev. du travail*, et les publications du Ministère de l'industrie et du travail.

— L'ESPAGNE : Vovard, *Nouvelle organisation du travail en Espagne* (*Mus. soc.*, janv. 1920).

— les ETATS-UNIS : *Bulletin of the Bureau of labor*, de Washington ; Dewavrin et Lecarpentier, *La protection légale des travailleurs aux Etats-Unis*, 1913 ; Commons, *Traité élém. de législation ouvrière américaine*, 1925.

— la GRANDE-BRETAGNE et les COLONIES ANGLAISES : Métin, *Le socialisme sans doctrines* (Australie et Nouvelle-Zélande), 1901 ; X., *La Législ. du travail au Canada* (Rev. int. trav., oct. 1922) ; Mackenzie King, *La question sociale et le Canada*, 1926.

— la HONGRIE : X. *La législation du travail en Hongrie* (Rev. int. trav., nov. 1923).

— l'ITALIE : Nitti, *All' alba del secolo XX*, Turin 1902, et Bollett. *Dell' Ufficio del lavoro* ; X. *La charte du travail italienne* (Quest. prat. 1927, 82).

— le LUXEMBOURG : P. Louis, *Les lois ouvrières du Luxembourg* (*Mus. social*, 1905).

— les PAYS-BAS : Tjeenk-Willink, *La législation sociale aux Pays-Bas* (*Mus. soc.*, mars 1899).

— la RUSSIE : Labry, *Une législation communiste*, 1920 ; Lydia Bach, *Le droit et les institutions de la Russie soviétique*, 1924 ; Patouillet et Dufour, *Les Codes de la République soviétique*, préf. Lambert, 1925. — V. aussi supra, n° 26 bis.

— la SUISSE : de Maday, *La législation sociale en Suisse de 1921 à 1924* (Quest. prat., 1925).

(1) Andréadès, *La législation ouvrière en Grèce* (Rev. int. trav., nov. 1922).

(2) L'*Argentine* a pris la tête du mouvement (Recueil des lois ouvrières de la République argentine, 1919). Cf. Palacios, *El nuevo Derecho, Legislacion del tra-*

La Tchéco-Slovaquie (1), la Pologne (2), ont aussi une législation sociale assez largement inspirée de la législation française

163. — 2° Groupe anglo-américain. — Ce groupe se rapproche du précédent par sa législation libérale sur les *trade-unions*, contrecarrée, il est vrai, aux Etat-Unis, par le pouvoir judiciaire, et en Angleterre par l'act. de 1927. Mais il s'en distingue notamment par une plus forte organisation de l'inspection, et par une surveillance plus stricte (surtout en Angleterre) de l'industrie à tous les degrés, y compris l'industrie familiale. Les deux législations sont jusqu'ici réfractaires à toute réglementation directe du travail de l'adulte. Pour les assurances sociales, l'Angleterre est à l'avant-garde ; les Etats-Unis hésitent à la suivre, et se contentent d'institutions patronales (3).

164. — 3° Groupe germanique. — Ce groupe (Allemagne, Autriche, Hongrie, Etats scandinaves) a pour traits caractéristiques : l'esprit de synthèse scientifique qui a présidé à l'élaboration des grandes lois industrielles, telles que la *Gewerbeordnung* allemande ; une certaine prédilection pour le régime corporatif traditionnel ; enfin la préoccupation dominante d'assurer *obligatoirement* la masse des travailleurs contre les principaux risques inhérents à leur condition. A noter toutefois que, depuis l'introduction du régime républicain en Allemagne et en Autriche, les syndicats ouvriers, appuyés sur les *Conseils d'entreprise* (loi allem. du 9 fév. 1920), tendent à voir leur influence se substituer à celle des corporations de métiers.

Par sa loi *industrielle*, la *Suisse* se rattache manifestement au groupe germanique. Cependant, elle s'en différencie nettement, à deux points de vue : absence de corporations fermées, moindre extension du régime des assurances obligatoires. — Même observation en ce qui concerne la législation *néerlandaise*, encore hésitante entre les influences latines et germaniques.

bajo, Buenos-Ayres, 2e éd., 1926. Le *Chili*, l'*Uruguay*, le *Pérou*, le *Vénézuéla*, *Cuba* ont suivi : d'abord réfractaire, le *Brésil* a créé une direction du travail. Le Mexique a inclus tout son Code ouvrier dans sa constitution de 1917. — Cf. Poblite Troncoso, *La législation sociale de l'Amérique latine* (Rev. int. trav., Janv. févr. 1928); chron. sur le Code du travail mexicain (Rev. int. trav., oct. 1926) ; T. J. Alfaro, *La condicion de los asalariados en el derecho venezolano*, 1926.

(1) Stern, *La législation ouvrière tchécoslovaque*, 1924 ; Grüber, *La politique sociale en Tchécoslovaquie*, 1924.

(2) G. Simon, *La législation ouvrière de la République polonaise* (Rev. int. trav., Nov. 1921). — Cf. Baumgart (*ibid.*, janv. 1923).

(3) Siegfried, *Les Etats-Unis d'aujourd'hui*, 1926 ; Philip, *Le problème ouvrier aux Etats-Unis*, 1927.

Les Etats balkaniques, Roumanie, Bulgarie, Serbie (Yougoslavie), se rapprochent plutôt du groupe germanique.

165. — 4° Groupe slave. — Avant la Révolution russe de 1917, ce groupe se rapprochait du précédent par sa conception corporative. Il s'en distinguait par une réglementation plus stricte du travail de l'adulte et par une moins forte organisation de l'assurance. Ces caractéristiques sont encore celles des lois en vigueur dans les pays détachés récemment de la Russie, la *Finlande* en particulier. Quant à la Russie soviétiste, le système communiste qui, théoriquement au moins, la régit, implique une étroite étatisation de toutes les formes de l'industrie, incompatible avec la liberté du travail, plus ou moins respectée dans tous les pays civilisés (1).

166. — 5° Groupe néo-saxon. — (Commonwealth australien, Nouvelle-Zélande). Ce groupe l'emporte sur tous les précédents (Russie mise à part) par la hardiesse de ses conceptions. C'est ainsi que ces lois sont les premières qui aient admis la fixation légale d'un minimum de salaire pour l'industrie *privée*, et l'arbitrage obligatoire. Mais plusieurs lois européennes récentes, ainsi que la loi mexicaine, s'en sont inspirées, ainsi qu'on le verra plus loin.

166 *bis*. — Orient et Extrême-Orient. — Les Etats orientaux ou extrême-orientaux échappent encore, au point de vue qui nous occupe, à toute classification. Le *Japon*, malgré le développement de son industrie depuis quelques années, ne possède qu'une législation protectrice des travailleurs tout à fait insuffisante (V. n° 743, *infra*). La loi du 28 mars 1911 sur les fabriques (*Bull. Off. intern.*, 1911, 151) réalise à cet égard un progrès sensible ; mais elle ne constitue jusqu'ici qu'une pierre d'attente, la mise en vigueur du régime nouveau étant abandonnée à l'arbitraire gouvernemental (dispos. addit.) (2). — En *Egypte*, une seule loi est à noter : loi du 4 juill. 1909 sur le travail des enfants dans les usines de coton (3). — En *Turquie*, la législation ouvrière est encore rudimentaire et se limite à quelques règlements d'hygiène. — Quant

(1) *Les conditions du travail dans la Russie des Soviets* (Bull. Minist. du travail, 1920, p. 299 et s.) V. supra n° 161, note.

(2) Une ordonnance a été édictée au Japon, le 2 août 1916, pour l'application de la loi sur les fabriques ; mais un certain nombre d'industries sont encore exceptées du bénéfice de la loi. — Ourakami, *L'état actuel des travailleurs au Japon* (Econ. franç., 1921, 231) ; chron. Rev. int. trav., mars 1923. — En *Chine*, malgré certaines survivances corporatives, la condition des travailleurs industriels est lamentable (*Bull. Min. trav.*, 1924, 202 ; *Rev. int. trav.*, Déc. 1924 et Nov. 1925). — Même observation pour la *Perse* (*Informations sociales*, n° 23 avril 1928).

(3) Cf. Seddik, *Essai sur le fellah et le travail manuel en Egypte*, th. 1913.

à l'Inde anglaise, elle possède aujourd'hui un véritable Code industriel (L. du 24 juin 1911).

III. AFFINITÉS CROISSANTES DES LOIS SOCIALES. — **167.** — Malgré ces divergences, encore profondes, les lois ouvrières sont loin de présenter, à l'heure actuelle, un caractère aussi nettement particulariste que les lois civiles. Eclose d'hier, sous l'empire de nécessités communes à tous les pays industriels, la législation sociale récente affecte dès aujourd'hui un caractère de généralité, que peu de lois possèdent au même degré.

Il suffit, pour s'en rendre compte, d'établir un parallèle entre les lois ouvrières des principaux pays civilisés à la fin du XIX° siècle (Conférence de Berlin, 1890), et ces mêmes lois en 1929. En 1890, les divergences étaient profondes, tant en ce qui concerne la protection des femmes et des enfants, que relativement à la protection légale des salaires, ou aux assurances sociales. Sur tous ces points, les divergences se sont atténuées, et l'on a vu certaines prescriptions, notamment sur le travail des enfants ou le risque professionnel, gagner de proche en proche et former une sorte de *droit commun européen* en dehors de toute entente formelle (1).

168. — Les facteurs de cette évolution convergente des législations contemporaines sont complexes. Les uns sont purement sociologiques, et doivent être cherchés dans la communauté des besoins auxquels doivent satisfaire les différentes législations ; les autres sont le résultat des efforts combinés des individus ou des collectivités qui, par leur compétence spéciale ou leur fonction politique, on un rôle à jouer, direct ou indirect, dans l'élaboration des lois. Plusieurs causes ont contribué, depuis quelques années, à accentuer le caractère scientifique de ce mouvement. Nous citerons parmi les principales : les progrès de la littérature juridique comparée, les progrès de l'enseignement social (universités, Collèges ou Instituts de sciences sociales, Musées sociaux), le développement des Congrès internationaux.

169. — Progrès de la codification des lois ouvrière.s — Les progrès de la codification systématique des lois ouvrières sont une résultante directe de ce mouvement. Nous avons constaté déjà que la plupart des Etats de l'Europe centrale, l'Allemagne, l'Autriche, la Hongrie, la Pologne, la Suisse possédaient de véritables Codes

(1) Sur cette évolution convergente, cons. spécialement notre rapport au Congrès de droit comparé. Paris, 1900, intitulé : « Rôle, fonction et méthode du droit comparé dans le domaine de la législation ouvrière (*Quest. prat.*, 1901, p. 39 et s.) — Cf. Quest. prat. 1903, 296

ouvriers. Il en est de même de la Roumanie, de la Yougoslavie et de l'Inde anglaise. Les lois belge du 10 mars 1900, anglaise du 17 août 1901, suédoise du 29 juin 1912, danoise du 29 avril 1913, etc., sont aussi des codifications partielles.

La France, au contraire, s'est laissé devancer quelque peu sur ce terrain. Notre législation du travail n'est pas encore homogène. Sans doute, dès 1901, le ministère de commerce avait constitué une *Commission extraparlementaire de codification des lois ouvrières* (*Quest. pratiques*, 1901, p. 399).

Mais il était interdit à cette Commission d'introduire dans la législation une seule disposition nouvelle. Son mandat était uniquement de *codifier* les lois en vigueur, c'est-à-dire de rapprocher les uns des autres les divers textes régissant la même matière, de supprimer les redites, en un mot de substituer un ordre méthodique à l'ordre dispersé, ou plutôt au désordre déroutant des dispositions en vigueur. Elle n'avait pas le droit d'en combler les lacunes, ou d'en corriger les imperfections, même les plus apparentes.

170. — Elle s'est acquittée en moins de quatre ans, non sans habileté, de cette mission délicate. Aussi le gouvernement s'appropria-t-il sans changement le texte de la commission extraparlementaire (1). Un premier projet, englobant les livres I à V, fut déposé sur le bureau de la Chambre les 6-21 février 1905 ; un second et un troisième projets comprenant les livres VI à VII furent déposés respectivement sur le bureau du Sénat le 22 février et le 16 février 1909. Ces deux derniers projets n'ont jamais été discutés. Les livres III à V ont été disjoints du premier projet ; seuls donc venus en discussion, avant la guerre, les livres I à II. Le livre Ier (*Conventions relatives au travail*) est devenu la loi du 28 déc. 1910, complétée par le décret du 12 janvier 1911. Le livre II (*Réglementation du travail*), a été promulgué par la loi du 26 novembre 1912, complétée par le décret du 28 novembre 1912.

170 bis. — **Les répercussions de la guerre ; législation d'après-guerre** (2). — Si la guerre de 1914-1918 et les nécessités de la défense

(1) Le projet de *Code du travail et de la prévoyance sociale*, élaboré par la Commission, ne comporte, dans son ensemble, pas moins de sept livres :

Livre Ier. — *Des conventions relatives au travail* ; rapp. M. Jay.

Livre II. — *De la réglementation du travail* ; rapp. M. Bourguin.

Livre III. — *Groupements professionnels* ; rapp. M. Fontaine.

Livre IV. — *Juridiction, conciliation et arbitrage, responsabilité professionnelle* ; rapp. M. La Borde.

Livre V. — *Assurances ouvrières* ; rapp. M. Paulet.

Livre VI. — *Prévoyance* ; rapp. MM. Dubois et Vel Durand.

Livre VII. — *Assistance* ; rapp. M. de Mouy.

(2) Scelle, p. 82 et s. ; Fontaine, *L'industrie française pendant la guerre* ; Roger Picard, *Les progrès de la législation ouvrière en France pendant et depuis la guerre* (Rev. intern. trav., 1921).

nationale devaient entraîner la suspension de certains des droits auxquels la classe ouvrière attache le plus de prix, tels que le droit syndical, et déterminer l'inspection du travail, en vue d'intensifier le travail des usines de guerre, à fermer les yeux sur certaines infractions aux lois protectrices du travail, l'après-guerre devait au contraire provoquer une recrudescence de l'activité législative.

Nous citerons parmi les principales lois d'après-guerre incorporées ou non au Code du travail, les lois des : 25 mars 1919 sur les *conventions collectives de travail* ; 23 avril 1919 sur la *journée de huit heures*, considérée comme l'une des plus grandes conquêtes ouvrières ; 12 mars 1920 sur la capacité des *syndicats professionnels;* 5 décembre 1922 sur la codification des lois sur les habitations à bon marché (à rapprocher de la loi Loucheur du 12 juillet 1928 sur la *politique du logement*, H. B. M. et logements moyens) ; 15 décembre 1922 et 30 avril 1926 sur les *accidents agricoles*, et 2 août 1923, sur les *accidents des gens de service* ; 27 décembre 1923 sur l'aide à *l'artisanat* ; 26 déc. 1925 sur les *Chambres de métiers* ; 11 août 1926 sur la *protection du travail national* ; 3 décembre 1926 sur *l'accaparement* et la spéculation illicite ; 20 mars 1928 sur l'organisation de *l'apprentissage* ; 5 avril 1928 sur les *assurances sociales* (loi d'une importance capitale, bien que l'application en soit différée jusqu'en 1930) ; 19 juillet 1928 sur le *délai-congé* ; 19 juillet 1928 sur les *bureaux de placement*.

170 *ter*. — Reprise de la codification. — Le nouveau Code du travail et de la prévoyance sociale. — Interrompu par la guerre, le travail de codification s'est poursuivi sans relâche depuis 1920. Aux livres 1er et II, promulgués en 1910 et 1912 (v. *supra*), ont succédé : le livre IV (*conciliation et arbitrage*, L. du 21 juin 1924), et le livre III (*groupements professionnels*, L. du 25 février 1927). — Seules les lois sur les assurances sociales, la prévoyance et l'assistance (livres V à VII du projet de la Commission) n'ont pas encore été codifiées. Il convient toutefois de noter que, par son étendue, la loi du 5 avril 1928 se présente comme un véritable Code des assurances sociales, incomplet d'ailleurs, puisque l'assurance accidents n'y a pas été incorporée et que l'assurance-chômage y est à peine amorcée.

170 *quater*. — Quel jugement convient-il de porter sur ce Code inachevé ? Pour nous, le Code du travail français, bien fait pour dérouter l'interprète par la bizarrerie de ses références (1), n'est

(1) Ainsi que le fait remarquer très justement M. Thaller (*Annales de dr. commerc.*, 1911, p. 134), « la diversité des procédés employés (tantôt abrogation du texte et incorporation dans le Code, tantôt reproduction dans le Code, mais

dans certaines de ses parties tout au moins, qu'un *Code en trompe l'œil*. Même quand les trois derniers livres auront été votés à leur tour et promulgués, la France ne possédera encore qu'un Code du travail assez imparfait. Le texte élaboré par la Commission n'était en effet, à cause même de la mission dont elle était investie, qu'un texte *de façade*, ou mieux une armature rappelant ces échafaudages imposants à l'abri desquels s'édifient aujourd'hui les maisons modernes.

Un architecte soucieux de son métier n'enlève les échafaudages qu'après l'achèvement de l'édifice. Pourquoi le Parlement français a-t-il procédé autrement, et par une promulgation hâtive, laissé apparaître au grand jour les lacunes graves de la législation en vigueur ? Sans doute, ces imperfections sont beaucoup moins apparentes depuis la promulgation des livres III à IV, et depuis l'incorporation récente dans les livres promulgués de lois qui les ont heureusement amendés ou complétés, telle que la loi du 19 juillet 1928 sur le délai-congé, qui est venu combler l'une des plus graves lacunes du livre 1er (1). Il ne serait plus exact de dire aujourd'hui, comme nous étions fondé à l'affirmer dans notre précédente édition, que le titre 2 du livre 1er (contrat de travail) n'est guère *qu'un cadre vide*. Mais l'œuvre est encore bien incomplète. La réglementation, si nécessaire cependant des amendes et des règlements d'atelier, est encore à l'état de projet. Et l'on y chercherait vainement les dispositions depuis longtemps étudiées, soit à la Commission du travail de la Chambre, soit en dehors du Parlement, à la Société d'études législatives ou au Conseil supérieur du travail, et concernant la définition et les obligations juridiques découlant du contrat de travail, ou la rescision pour lésion en cas de salaire usuraire.

171. — Il n'est que temps, croyons-nous, d'en revenir à une méthode plus scientifique. Que le Parlement veuille bien, enfin, après avoir éliminé nombre de propositions parasites qui encombrent son

n'est pas faite — on sans abrogation du texte originaire, tantôt simple renvoi) en conviendra, — pour éclairer le juge ou l'interprète et pour leur faciliter le maniement des textes nouveaux. — Et la complication s'accroît encore du fait que (art. 4 de chaque loi), « *sont maintenus... les règlements d'administration publique qui se trouvent en vigueur en vertu des dispositions législatives reproduites dans le présent Code* ». Comme les références de ces règlements sont faites de toute nécessité, aux textes anciens, un nouveau travail s'imposera à l'interprète pour retrouver dans le Code, l'article correspondant à ces textes ». Il convient de noter cependant que, depuis 1912, la plupart des décrets réglementaires ont été remaniés, et mis en concordance avec les articles du C. T. — Rien n'est gênant, d'autre part, comme le numérotage provisoire des articles (ex. art. 31 à 31 x, correspondant à la loi du 28 mars 1919 sur les conventions collectives).

(1) P. Pic, *Vue d'ensemble sur les lois incorporées en 1928 au Code du Travail*, (Rec. de droit. com. et de droit social, Mai 1929).

ordre du jour (1), aborder l'étude du grand projet d'ensemble sur le *contrat de travail*, dont il est saisi depuis 1906 (2). Qu'il examine également, avec la ferme volonté d'aboutir, les projets sur la réglementation des amendes (3), la conciliation et l'arbitrage. Les matériaux sont à pied-d'œuvre ; il suffirait de les coordonner pour doter la France d'un Code ouvrier digne de ce nom.

Plus ce mouvement de codification s'accentuera dans les différents pays, plus les divergences qui séparent les législations iront en s'atténuant. Ne serait-il pas possible d'activer ce mouvement, et de parvenir, au moins sur certains points, à l'unification législative par la voie diplomatique, c'est ce qu'il nous reste à rechercher dans la dernière section de cette introduction.

SECTION VI. — La réglementation internationale du travail

§ 1er. — L'évolution dans le sens de l'internationalisation des lois ouvrières.

ORIGINES DU MOUVEMENT EN FAVEUR D'UNE RÉGLEMENTATION INTERNATIONALE DU TRAVAIL. — **172.** — Il y a fort longtemps déjà que divers économistes, appartenant à des opinions très différentes, les uns libéraux comme Jules Simon ou Wolowski, les autres à tendances socialistes (3), avaient émis l'idée d'une entente diplomatique à

(1) V. au *Bull. du Ministère du travail* (janv. 1929), *l'état*, au 1er janvier 1929, *des projets et propos. de lois relatifs aux questions ouvrières et sociales soumis à l'examen du Parlement français.*

(2) Projet sur le contrat de travail, déposé par le ministre du commerce, le 2 juillet 1906, Ch., *Doc. parl.*, n° 158, p. 176.

(3) Le projet sur les règlements d'atelier et les amendes, voté le 13 mai 1928 par la Chambre, est pendant devant le Sénat.

(4) Emise pour la première fois en 1811 par R. Owen, rééditée après 1830 par Daniel Legrand, Burkhardt et Dolfus, reprise vers le milieu du XIXe siècle par J. Simon, Wolowski, Audiganne, la question de la réglementation internationale du travail est devenue, en 1866, l'un des articles fondamentaux du programme ouvrier, formulé par l'*Association internationale des travailleurs.* Vers 1889, le mouvement créé en ce sens par les groupes socialistes, parlementaires ou syndicaux, tant en France, en Suisse et en Belgique qu'en Allemagne et en Autriche, parut sur le point d'aboutir et le gouvernement helvétique adressa aux puissances une circulaire proposant la réunion, à Berne, d'une conférence diplomatique pour l'étude d'une *Convention internationale sur le travail des fabriques.* L'Empereur d'Allemagne, Guillaume II, désireux de se concilier les socialistes au début de son règne, se substitua en quelque sorte d'autorité au gouvernement suisse, et par ses fameux rescrits du 5 février 1890, convoqua à Berlin la

l'effet de réglementer le travail par des accords internationaux. Ils estimaient en effet que de telles ententes auraient le grand avantage d'enlever aux adversaires systématiques de la réglementation un de leurs arguments les plus forts, tiré du danger que la réglementation édictée isolément par un Etat ferait courir aux industriels de cet Etat, placés dans un état d'infériorité par rapport aux indusriels des pays non réglementés.

173. — Il semble bien que l'on se soit fréquemment exagéré ce péril de la concurrence internationale. Si, en effet, la réglementation isolée était si risquée, les Etats qui ont pris l'initiative d'une législation protectrice seraient sur le marché du monde dans un état d'infériorité manifeste ; or, c'est le contraire qui est vrai.

Néanmoins, il n'est pas niable que, dans certaines circonstances données, l'obligation de tenir compte de l'organisation du travail dans les pays concurrents peut arrêter le législateur de tel ou tel Etat dans la voie de réformes jugées nécessaires au point de vue théorique, et qu'à ce point de vue la conclusion préalable d'accords internationaux est susceptible d'aplanir la difficulté.

174. — La Conférence de Berlin : la réglementation internationale du travail est-elle possible ? — Sur le terrain de la propriété industrielle, l'affirmative n'est pas douteuse ; la constitution, dès 1883, d'une *Union internationale pour la protection de la propriété industrielle* en est la preuve.

Les faits semblaient au contraire, il y a quelques années, défavorables à la possibilité d'une législation internationale du travail. Effectivement la *Conférence internationale de Berlin* (15-25 mars 1890), convoquée par Guillaume II pour étudier les bases d'une réglementation internationale du travail des enfants et des fem-

première conférence internationale pour l'étude des questions ouvrières. La question était nettement posée. Depuis lors, les manifestations en faveur de la réglementation internationale se sont multipliées, des traités de travail ont été conclus ; les Conférences internationales ouvrières de Berne (1905, 1906 et 1913), ont posé les premiers jalons du droit international ouvrier. C'est à l'organisation permanente du travail, instituée par le traité de Versailles du 28 juin 1919 (art. 24, 387 et s), sous l'égide de la Société des Nations, qu'il appartient de parachever l'œuvre ébauchée, et d'asseoir sur de solides assises la charte internationale du travail . — Sur d'historique de la question, cons. notamment : Raynaud, *Droit international ouvrier*, 1906 ; Pic, *La protection légale des travailleurs et le droit international ouvrier*, 1909, et série de chroniques dans les *Questions pratiques* (1903-1914) et dans la *Revue générale de Droit international public* (1904-1913) ; Châtelain, *La protection internationale ouvrière*, th. 1908 ; Mahaim, *Le droit international ouvrier*, 1913 ; R. Weiss, *Un précurseur de la législation internationale du travail, Daniel Legrand*, préf. de A. Thomas, 1926 ; Scelle, *Précis*, p. 111 et s. —

mes, et du travail dans les mines, n'avait abouti qu'à un échange de vues sans aucune sanction pratique immédiate. Elle avait eu seulement le mérite de poser nettement devant l'opinion publique le problème du droit d'intervention de l'Etat, et d'indiquer certaines solutions désirables.

Les Congrès internationaux de 1897. — Deux Congrès tenus presque simultanément en 1897, le *Congrès international de législation du travail de Bruxelles* et le *Congrès international pour la protection ouvrière de Zurich,* étudièrent à nouveau le problème. Le Congrès de Zurich, composé en grande majorité de socialistes et de chrétiens sociaux, proclama la nécessité d'une réglementation internationale, sans se préoccuper des difficultés pratiques d'exécution ; mais le Congrès de Bruxelles, composé d'économistes de toutes nuances, crut devoir au contraire affirmer nettement, après discussion approfondie, l'impossibilité d'un tel accord (1).

LES OBSTACLES A L'ÉTABLISSEMENT D'UNE LÉGISLATION INTERNATIONALE. — 175. — L'établissement d'une législation internationale se heurtait en effet, semblait-il, à deux obstacles très graves : — 1° *La différence des prix de revient.* Le prix de revient d'un même produit diffère notablement suivant les pays, étant influencé par des causes multiples, dont les principales sont : le degré de perfectionnement de l'outillage, l'activité plus ou moins grande de l'ouvrier (très variable suivant la race ou le climat), les facilités de transport, la situation monétaire et économique du pays.

Au surplus, *dans l'intérieur d'un même pays,* et même sans tenir compte des avantages particuliers résultant pour tels ou tels industriels du voisinage d'un cours d'eau, d'une grande voie ferrée ou d'une chute d'eau (houille blanche), la durée moyenne du travail varie notablement suivant les industries. La journée de huit heures a pu donner de très bons résultats en Angleterre et aux Etats-Unis dans certaines firmes métallurgiques, où prévaut le travail mécanique ; elle a de graves inconvénients, au contraire, dans les industries où prévaut le travail *à la main*, nécessairement plus lent, mais aussi moins abrutissant, plus intellectuel que le travail à la machine.

Si l'unification de la durée de la journée de travail n'est pas encore possible *dans l'intérieur d'un même pays*, au-dessous d'une moyenne relativement élevée, comment admettre, disait-on, que

(1) Cons. notamment, sur le Congrès de Bruxelles, notre compte rendu publié dans la *Revue d'économie politique* (en collaboration avec M. Brouilhet), 1897, p. 1053 et suiv. — Sur le congrès de Zurich, V. notamment : *Rev. d'écon. politique*, 1898, p. 598.

cette unification soit présentement réalisable, pour l'ensemble des industries, sur le terrain international ?

2° *La difficulté de prévenir les fraudes.* — Supposons que le principe de la réglementation internationale triomphe : il sera très difficile, ajoutait-on, pour ne pas dire impossible, d'assurer dans tous les pays l'*exécution loyale* du pacte. Certains gouvernements favoriseront sous main les fraudes, et les violations du règlement international deviendront si fréquentes, que son abrogation s'imposera. Telle a été la cause essentielle de la dissolution au bout de peu d'années, de la *Fédération des brodeurs de la Suisse orientale et du Vorarlberg* (Autriche) (1).

176. — Atténuation progressive des obstacles à la réglementation internationale. — Les partisans de la législation internationale faisaient observer que les obstacles étaient de nature à s'atténuer, ou même à disparaître avec le temps. En effet, remarquaient-ils, au fur et à mesure que les relations internationales se développeront, et que le machinisme se perfectionnera et s'étendra aux petits ateliers (transmission de la force à domicile), les différences de prix de revient suivant les industries ou les régions iront en s'atténuant; les industries qui exigent actuellement de longues journées de travail ne réclameront plus à leur personnel qu'une journée normale, et le principe d'une limitation légale commune, préparée par les mœurs, pourra être admis sans trop de difficultés.

Plus les ententes internationales entreront dans l'usage, moins l'on devra redouter la mauvaise foi. Les moyens de contrôle se perfectionneront, s'uniformiseront, et la surveillance internationale pourra s'exercer utilement.

Ces prévisions devaient se réaliser, dès les premières années du XXe siècle, avec une rapidité qui a surpris les plus optimistes.

177. — Le rôle des Congrès et des Associations internationales. — A ce point de vue, l'influence des Congrès internationaux, si nombreux depuis quelques années, et surtout des associations internationales permanentes (2), a été décisive. Leur action a facilité le rapprochement des législations en rapprochant les hommes qui les

(1) Sur cette Fédération, consult. notamment, Jay, *Etudes sur la question ouvrière en Suisse.* V. aussi n° 515, *infra.*

(2) A rapprocher des travaux de *l'Association internationale pour la protection légale des travailleurs* étudiée *infra*, ceux de l'*Ass. intern. des Assurances Sociales*, fondée à la Haye en 1910, *et de l'Ass. intern. pour la lutte contre le chômage* (Paris, 1910). A la suite du Congrès de *politique sociale*, tenu à Prague en 1924, ces trois associations ont fusionné, le 25 sept. 1925, pour n'en former qu'une seule sous le titre d'*Association internationale pour le progrès social.* — Quest. pratiques, 1925, 21, et 1927, 141.

inspirent ou les élaborent, préparé les réformes partielles dans le sens de l'unification progressive des lois réglementaires, et rendu possible la conclusion, jusqu'alors réputée utopique, d'accords diplomatiques sur le droit ouvrier.

CONGRÈS INTERNATIONAL ET ASSOCIATION INTERNATIONALE POUR LA PROTECTION LÉGALE DES TRAVAILLEURS. — 178. — Faciliter cette évolution, dans les idées et les mœurs d'abord, dans les lois ensuite, telle fut la pensée maîtresse du *Congrès international pour la protection légale des travailleurs*, organisé à Paris en 1900, pour faire suite aux Congrès de Bruxelles et de Zurich (1).

Résolus à faire œuvre pratique, et s'interdisant à l'avance toute discussion d'ordre purement spéculatif sur l'interventionnisme, les promoteurs du Congrès s'étaient proposé, comme objet essentiel, la formation d'une Union ou Association internationale pour la protection légale des travailleurs, capable de réunir en un faisceau puissant les interventionnistes de toute nuance, et de toute condition sociale.

Créée dans la dernière séance du Congrès, l'Association nouvelle devait bientôt donner des preuves multiples de sa vitalité. Ses travaux et ses enquêtes ont, ainsi que nous le verrons dans un instant, servi de base aux délibérations des deux Conférences diplomatiques ouvrières de Berne, (1905-1906 et 1913). Son rayon d'action, malgré la grande guerre, s'accrut d'année en année ; ses sections nationales étaient, fin 1920, au nombre de quinze (2). Sous sa dénomination nouvelle (Ass. intern. p. le *progrès social*), elle demeure un auxiliaire puissant de l'organisation officielle de Genève.

L'Association était appelée à servir de lien permanent entre les enquêteurs officiels de tous les pays, Offices du travail ou bureaux de statistique, les enquêteurs privés (Musées sociaux ou Instituts

(1) Présidents du Congrès : MM. Cauwès, professeur à la Faculté de droit de Paris ; de Berlepsch, ministre d'Etat, ancien président de la conférence de Berlin ; Nyssens, ancien ministre du travail de Belgique ; de Philippovitch, professeur à l'Université de Vienne ; Scherrer, ancien président du Congrès de Zurich. — Sur les travaux du Congrès, cons. notamment, outre le volume contenant les rapports et discussions (Paris, 1901) : nos comptes rendus publiés dans les *Quest. prat. de législ. ouvrière*, 1900, p. 260 et s., et dans la *Revue d'économie politique* 1901, p. 685 et s.

(2) La section française a publié, depuis 1902, de nombreuses monographies sur la plupart des projets de réformes ouvrières soumis au Parlement. L'Association a tenu avant la guerre d'importants Congrès à Cologne (1902), Bâle (1904), Genève (1906), Lucerne (1908), Lugano (1910), et Lucerne (1912). — Le premier Congrès de l'A. I. p. le progrès social a eu lieu à Montreux, en sept. 1926 ; le second s'est tenu à Vienne en 1927.

sociologiques (1), sociétés savantes d'économie politique ou de statistique, etc.), et généralement tous les économistes désireux de coordonner les résultats de leurs recherches avec ceux des travaux entrepris parallèlement en pays étranger.

Grâce à la centralisation réalisée par l'*Office international du travail de Bâle* (2) et aux publications dudit Office (3), l'Association devait favoriser le groupement et la diffusion de tous les documents législatifs et statistiques, concernant la législation ouvrière dans les principaux pays civilisés.

L'Association avait enfin pour mission d'organiser les Congrès dans lesquels doit s'élaborer la législation sociale de l'avenir.

A aucun de ces points de vue, l'Association internationale n'a été inférieure à sa tâche. Il suffit, pour s'en convaincre, de mesurer le chemin parcouru depuis 1900.

C'est en grande partie grâce à ses efforts que la législation internationale du travail est sortie du domaine de l'utopie pour entrer dans la voie des réalisations pratiques.

Nous en trouvons la preuve décisive dans trois ordres de faits : conclusion de traités de travail ; — succès obtenu par les conférences diplomatiques ouvrières tenues à Berne en 1905, 1906 et 1913 ; — incorporation de la charte du travail dans le traité de Versailles, du 28 juin 1919. — Reprenons successivement ces trois points.

179. — TRAITÉS DE TRAVAIL, D'IMMIGRATION ET D'ASSISTANCE. — Le *traité de travail* est une innovation du XXe siècle. Le premier en date fut le traité franco-italien, du 15 avril 1904 (*Quest. prat.*, 1904, 165), complété par les arrangements des 20 janvier, 9 juin 1906, 15 juin 1910 (caisses d'épargne, accidents, protection des jeunes ouvriers), et 9 août 1910. L. approbative du 4 sept. 1918). Ce traité est demeuré

(1) A citer parmi les principales organisations de ce genre dues à l'initiative privée : le Musée social de Paris, le Musée d'économie sociale de New-York, les Offices sociaux de Lyon (disparu en 1914) et d'Amsterdam, les Musées sociaux de Munich, Francfort, Barcelone, etc., l'Institut de sociologie de Bruxelles, l'*Umanitaria*, de Milan, l'Institut social de Tourcoing, etc... Sur ces diverses institutions, cons. notamment : Bull. du *Mus. soc. de Paris*, avr. 1903 ; *Quest. pratiques*, 1903, 280.

(2) Bâle était le siège social de l'Association. C'est dans cette ville, qui est demeurée le centre de l'A. p. le progrès social que fut fondé, en 1901, sous la direction du professeur S. Bauer, l'*Office international du travail*, office de statistique et d'enquêtes.

(3) L'Office de Bâle a publié régulièrement, de 1901 à 1919, un Bulletin en trois langues (français, anglais, allemand,) résumant l'activité législative de tous les pays civilisés dans le domaine de la législation nouvelle. Ce Bulletin, faisant double emploi avec la *Série législative*, du B. I. T. de Genève, qui paraît depuis 1920, a été supprimé. Mais l'*A. I. p. le progrès social* publie une revue

le prototype du genre (1). C'est aussi, et de beaucoup, le plus complet, puisqu'il passe en revue toutes les formes usuelles de prévoyance ou d'assurance (épargne, accidents du travail, retraites, chômage, etc.), ainsi que la réglementation du travail des enfants et des femmes, et le fonctionnement de l'inspection, en vue de faire bénéficier dans la mesure du possible les ressortissants des deux pays d'un régime de protection similaire. Le traité de 1904 a fait place, après la guerre, à un traité de travail plus complet encore, puisqu'il réglemente aussi l'immigration et l'émigration ouvrière et l'assistance réciproque aux indigents (2).

Mais l'exemple donné par les deux grandes puissances latines devait être suivi, et le principe de réciprocité qui est à la base du traité franco-italien de 1904 reparaît comme une véritable clause de style dans toute une série de conventions internationales.

La plupart de ces conventions tendent à appliquer en principe, aux ouvriers des deux puissances contractantes, les prescriptions de la loi nationale concernant la réparation des *accidents du travail* ; arrangement franco-belge du 21 février 1906 ; conventions entre la France et le Luxembourg du 27 juin 1906, entre la France et l'Angleterre du 3 juillet 1909 ; conventions des 22 février 1906 entre l'Allemagne et la Belgique, 27 mars 1920 entre l'Italie et l'Argentine (3).

D'autres plus générales, comme la convention italo-allemande du 31 juillet 1912, appliquent le même régime de réciprocité à tous les types d'assurances sociales fonctionnant dans les deux pays — Depuis la guerre, la pratique des traités de *travail, d'immigration et d'assistance* s'est généralisée. Nous citerons notamment les traités franco-polonais des 7 sept. 1919 et 17 avril 1924, franco-belge du 24 déc. 1924, hispano-brésilien de 1923 (Bull. min. trav., 1923, 208) (4).

trimestrielle. *L'Avenir du travail*, depuis 1926. — La section française de ladite Association, présidée par M. A. Thomas, directeur du B. I. T. de Genève, a pour organe, *Les documents du travail*, revue mensuelle.

(1) Sur le traité de travail franco-italien, cons. notamment : Millerand, *Les traités de travail* (Rev. polit. et parl., 10 oct. 1903) ; Pic, *La convention franco-italienne de travail* (Rev. gén. de droit intern. public, 1904, p. 515 et suiv.) ; Métin, *Les traités ouvriers*, 1908.

(2) Le nouveau traité de travail franco-italien, signé le 30 sept. 1919, approuvé par le Parlement français le 10 janv. 1921, est entré en vigueur le 17 mai 1921. Sur les arrangements complémentaires des 22 mai et 4 juin 1924 (clauses relatives au travail et aux assurances), et sur le décret du 27 janvier 1925, concernant les clauses d'assistance, Cons. *Quest. prat.* 1925, p. 128, et Gouachon, *L'assistance aux étrangers* (*Quest. prat.* 1925, p. 49 et s.).

(3) Sur ces diverses conventions, V. Loubat, *Les accidents du travail en droit international*, 1911 ; Capitani, *Les conventions internationales sur les accidents de travail*, 1911.

(4) Sur les traités d'immigration et d'assistance d'après-guerre, cons. notamment : Rouillon, *Des traités de travail et d'assistance*, 1925 ; Dr Saavedra Lamas, *Tratados internationales du tipo social*, B.-Ayres, 1922 (trad. française, préface

Sans vouloir insister davantage sur l'apparition de ce type nouveau de traité (type social), nous tenons du moins à faire remarquer qu'elle souligne l'importance acquise dans les préoccupations des gouvernants par les problèmes du travail, trop longtemps considérés comme indignes de retenir l'attention des diplomates.

180. — Les conférences internationales de Berne. — Plus significatif encore, à cet égard, est le succès des conférences diplomatiques ouvrières de Berne, de 1905, 1906 et 1913. Celles de 1905 et 1906 ont, la première, préparé les bases, la seconde arrêté le texte de deux ententes internationales relatives à l'interdiction du phosphore blanc dans la fabrication des allumettes et à l'interdiction du travail de nuit des femmes dans l'industrie (1). La première convention, par suite de l'opposition du Japon et de l'Angleterre, ne put être votée que par sept puissances, dont la France. La seconde, au contraire, réunit l'unanimité des quatorze puissances représentées.

Sur l'initiative du gouvernement helvétique, une nouvelle conférence internationale groupant les délégués des 14 états, se réunit à Berne, en septembre 1913 (2), en vue de jeter les bases de deux conventions nouvelles : 1° sur l'interdiction du *travail de nuit des jeunes ouvriers* dans l'industrie ; 2° sur la fixation *à 10 heures* de la journée de travail des femmes et des jeunes ouvrières. Cette conférence n'était que préparatoire, et le texte élaboré par elle devait être soumis, l'année suivante, au vote d'une conférence diplomatique dont la guerre a empêché la réunion.

La question des sanctions était malheureusement une pierre d'achoppement que les plénipotentiaires de Berne n'avaient pas réussi à écarter. Il appartenait à la Conférence de la paix de créer cet organisme de contrôle international sans lequel les meilleurs règlements risqueraient de demeurer lettre morte.

§ 2. — L'Organisation internationale du travail de Genève. — Sa structure, son but, son œuvre (1).

181. — I. La Charte du travail dans le traité de Versailles : objectif poursuivi ; principes proclamés. — La législation interna-

P. Pic, 1924); Scelle, p. 118; Gouachon, *op. cit.* — Pour le texte ou l'analyse des traités V. *Bull. Min. trav.*, *Quest. prat.*, *Rev. intern. trav.*, — Sur les clauses relatives à l'immigration ouvrière, V. *infra*, n. 249. — Sur les conventions d'assistance, v. n° 1456 *infra*.

(1) Millerand, *La conférence officielle de Berne*, 1906 ; Pic, chron, *Quest. prat.*, 1905-1906.

(2) *Quest. prat.* 1913, p. 293.

(3) Parmi les nombreux ouvrages ou articles consacrés à la législation internationale du travail ou à l'organisation de Genève, cons. notamment : —

tionale du travail n'est qu'un des aspects de la législation ouvrière, transposée sur le plan international. Ce fut à notre avis, l'honneur des négociateurs de la Conférence de Paris de proclamer très haut, à la demande des masses populaires si durement éprouvées par la grande guerre, le lien étroit, indissoluble qui relie la paix internationale à la paix sociale.

Le préambule de la partie XIII du traité de Versailles, du 28 mars 1919, est à cet égard hautement significatif : « Attendu que la Société des Nations a pour but d'établir la paix universelle, et qu'une telle paix ne peut être fondée que *sur la justice sociale* ; — Attendu qu'il existe des conditions de travail impliquant pour un grand nombre de personnes l'injustice, la misère et les privations, ce qui engendre un tel mécontentement que la paix et l'harmonie universelle sont mises en danger, et attendu qu'il est urgent d'améliorer ces conditions... ; — Attendu que la non adoption par une nation quelconque d'un régime de travail réellement humain fait obstacle aux efforts d'autres nations désireuses d'améliorer le sort des travailleurs dans leur propre pays ; — Les Hautes Parties contractantes, mues par des sentiments de justice et d'humanité aussi bien que par le désir d'assurer une paix mondiale durable, ont convenu ce qui suit : ... »

On ne saurait trop louer, selon nous, — bien que certains économistes leur en aient plutôt fait un grief, — les plénipotentiaires des puissances alliées d'avoir ainsi créé, au siège même de la *Société des Nations*, une organisation officielle puissante, qualifiée pour préparer, par des enquêtes patiemment et scientifiquement conduites, sinon l'unification (1), du moins le rapprochement des législations ouvrières nationales et l'établissement, entre les divers Etats industriels, d'un faisceau serré de conventions diplomatiques assurant à la classe ouvrière, sur tous les points du globe, un minimum de protection et de bien-être.

Bauer, *La reconstruction de la protection ouvrière internationale depuis le Traité de Versailles* (extr. des Quest. Prat., 1922) ; Courtin, *L'organisation permanente du travail*, 1923 ; J. Godart, *Les clauses du travail dans le traité de Versailles*, 1920 ; Guerreau, *L'organisation permanente du travail*, 1923 ; Jouhaux, *La Classe ouvrière, la S. D. N. et le B. I. T.*, 1924 ; De Maday, *La charte internationale du travail* ; Mahaim, *Le droit international ouvrier*, 1922 ; Paul Pic, *Le droit international ouvrier dans le traité de Versailles* (Rev. génér. de droit international public, 1922, p. 60 et s. ; *Vue synthétique sur l'œuvre de l'organisation internationale du travail* (ibid, 1925, p. 269, 1926, p. 246, et 1928, p. 781) ; A. Thomas, *L'organisation internationale du travail ; origines, développement, avenir*, (Rev. intern. trav., janv. 1921) ; Hiitonen, *La compétence de l'organisation intern. du travail*, 1929.

(1) Sur l'impossibilité évidente d'une unification complète, cons. : Scelle, *Précis*, p. 110 et suiv,

L'opinion publique aurait été profondément déçue si l'on se fût borné à leur proposer un cadre, une organisation permanente évoluant sous l'égide de la S. D. N. Elle s'attendait à ce que la Conférence posât un certain nombre de principes directeurs dont devraient s'inspirer les Conférences du travail futures dans l'élaboration de la Charte du travail.

Déférant à ce désir de l'opinion, la Conférence de Paris, après avoir, dans la section 1re de la partie XIII du Traité, arrêté les grandes lignes de l'organisation nouvelle, se mit à l'étude des divers projets de Charte internationale élaborés soit par les gouvernements, soit par les Congrès ouvriers, et s'arrêta finalement à un exposé de principes, en neuf articles, qui est devenu la section 2 de la partie XIII du Traité (Art. 42), exposé dominé par les trois formules suivantes ;

a) Le travail ne doit pas être considéré simplement comme une marchandise ;

b) Les travailleurs ont droit à un salaire leur assurant un minimum de vie convenable (*standard of life*) ;

c) L'adoption de la journée de huit heures ou de la semaine de 48 heures doit être considérée comme le but à atteindre partout où il n'est pas encore obtenu.

182. — II. *L'organisation Internationale du travail ; sa structure.* — Le problème que la Conférence de Paris avait à résoudre était le suivant : forger de toutes pièces un organisme international, évoluant dans le cadre de la Société des Nations, mais doté néanmoins d'une autonomie et d'une compétence assez étendues, pour lui permettre d'élaborer progressivement la Charte du travail promise aux travailleurs.

C'est dans cet esprit qu'a été créé (art. 387 à 427, Traité de Versailles) l'Organisation permanente (ou internationale) du travail composée de deux éléments essentiels : la *Conférence générale*, et le *Bureau International du Travail.*

La *Conférence* se compose de quatre représentants de chacun des Etats membres (c'est-à-dire en principe de tous les Etats faisant partie de la Société des Nations, et de ceux-là seulement). De ces quatre représentants, deux sont les délégués officiels du Gouvernement intéressé, les deux autres représentent respectivement, d'une part les employeurs, d'autre part les travailleurs ressortissant à la même nation ; employeurs et employés devant être désignés d'accord avec les organisations professionnelles « les plus représentatives » de chaque groupe. En principe, sont considérées comme telles, les grandes Organisations syndicales, telles que la C. G. T. en France. Toutefois, de vifs débats se sont élevés à plusieurs reprises au sujet de l'admission du délégué ouvrier italien, l'organisation fasciste à laquelle il appartient étant plutôt une organisation politique qu'une fédération syndicaliste véritable.

Assemblée délibérative, la Conférence se réunit au moins une fois l'an pour étudier les propositions intéressant la législation internationale du travail soumises à son examen.

Le *Bureau international du Travail*, établi à Genève, siège de la Société des Nations, fonctionne sous la direction d'un *Conseil d'Administration* de 32 membres (1) : seize personnes représentant huit gouvernements, huit délégués patronaux et huit délégués ouvriers. Ainsi s'affirme, au Bureau comme dans la composition même de la Conférence, le principe paritaire, destiné à maintenir la balance égale d'une part entre les délégués officiels et les représentants des classes productrices, d'autre part entre le patronat et le salariat.

Mais entre les Etats, l'égalité est rompue en ce sens que huit représentants des gouvernements sont nommés par les Etats dont l'importance industrielle est prédominante, tandis que les huit autres sont désignés, tous les trois ans, par la Conférence elle-même. La permanence est ainsi assurée dans le Conseil aux principales puissances, tandis que les puissances secondaires n'y sont admises que par roulement.

A la tête du Bureau International du travail est placé un directeur nommé par le Conseil et responsable devant lui (2). Ses fonctions comprennent la centralisation et la publication de tous documents concernant la règlementation internationale du travail, l'exécution de toutes enquêtes prescrites par la Conférence, la préparation de l'ordre du jour de la Conférence. Les travaux considérables déjà menés à bien par le B. I. T. suffisent à attester l'importance du « Laboratoire de paix sociale » (3) institué par le Traité de Versailles.

Cette organisation ne laisse pas que de présenter une analogie étroite avec celle de la S. D. N. elle-même qui a, elle aussi, une Assemblée Générale annuelle, un Conseil et un Secrétariat permanent.

(1) Le chiffre initial était de 24. Il a été porté à 32 par la Conférence de 1922.

(2) Le directeur depuis l'origine est M. Albert Thomas, ancien ministre de l'armement français. Le président du Conseil d'administration, depuis l'origine également (ses pouvoirs ayant été deux fois renouvelés) est M. Fontaine, délégué du gouvernement français.

(3) Le mot est de M. Millerand. Il le prononça alors que, Président du Conseil, il alla en sept. 1920 visiter en détail les services que venait d'installer M. Albert Thomas.

Les publications multiples, périodiques ou non, du B. I. T. constituent dès maintenant une bibliothèque importante, cataloguée, dont la valeur se double des dossiers nombreux, encore inédits, classés dans ses archives. Les principales publications périodiques sont : *La Revue internationale du travail* (mens.) ;

III. — **L'O. I. T. ; ses pouvoirs.** — **183.** — A) *Conférence.* — La Conférence internationale du travail n'est pas un Parlement international ; mais c'est une institution tout à fait nouvelle, dotée de certains des attributs de la puissance publique qui l'élèvent au-dessus des Conférences diplomatiques ordinaires et lui permettent d'empiéter, dans certaines limites d'ailleurs bien spécifiées, sur la souveraineté des Etats membres.

Elle est en effet investie d'un pouvoir délibérant et d'un pouvoir constituant.

1°) *Pouvoir délibérant.* — Les propositions adoptées par la Conférence peuvent revêtir deux formes :

a) *La recommandation.* — simple invitation adressée à chaque nation adhérente de réaliser telle réforme par voie législative ou autrement ;

b) Le projet de *convention internationale*, soumis dans sa teneur expresse à la ratification pure et simple des Etats adhérents, et devenant ainsi, pour l'ensemble des Etats dont la ratification est obtenue, une véritable loi internationale obligatoire.

Recommandation ou convention sont votées à la majorité des deux tiers des voix (art. 405 du traité), alors que dans les Conférences diplomatiques, les résolutions ne peuvent être prises qu'à l'unanimité. Autre différence : dans ces dernières, les délégués d'un même pays votent en bloc ; à la Conférence de Genève, au contraire, chaque délégué a, comme les députés des Parlements nationaux, un droit de vote individuel (art. 390), en sorte qu'il n'est pas rare de voir en fait les délégués ouvriers, patronaux ou gouvernementaux d'un même Etat émettre des votes contradictoires.

2°) *Pouvoir constituant.* — La Conférence est même investie d'un véritable pouvoir constituant en ce sens qu'aux termes de l'art. 422

le *Bulletin officiel* (hebdom.) : les *Informations sociales* (hebd.), la *Série Législative, l'Annuaire international du travail* ; le *Recueil international de Jurisprudence du travail* (3 vol. parus en 1926, 1927 et 28). Cette dernière publication, de création récente, éditée en quatre langues, analyse dans un ordre logique les principales décisions jurisprudentielles françaises, anglaises, allemandes et italiennes. Pour la France, le travail est dirigé par le Pr Lambert, avec le concours de MM. Amieux, Garraud, Pic et Roubier. — A partir de 1928, la jurisprudence du travail des Etats-Unis sera également dépouillée.

Les publications non périodiques (*Etudes spéciales*), comprennent les enquêtes multiples auxquelles le B. I. T. a procédé depuis sa création : enquêtes sur l'assurance-chômage, la durée du travail, le problème du logement, les conditions du travail dans la Russie des Soviets, etc...., et surtout sa monumentale enquête sur la *production*, en 7 volumes. — Sur cette dernière, cons. Kréher : *L'enquête du B. I. T. sur la Production* (Quest. Prat. 1926, p. 10 et suiv.).

du traité, elle peut à la majorité des deux tiers des suffrages, voter des amendements au pacte : amendements qui deviennent exécutoires à la double condition d'avoir été ratifiés par l'ensemble des Etats représentés au Conseil et par les trois quarts des Etats membres. Il y a là, manifestement, une atteinte notable à la souveraineté des puissances.

B) *Conseil d'administration.* — Le Conseil d'Administration du B. I. T. est avant tout un organe d'exécution, et aussi en un certain sens une juridiction.

En tant qu'organe d'exécution, il règle et contrôle les dépenses soit du B. I. T., soit de la Conférence elle-même. Et surtout, il prépare le travail de la Conférence et en règle l'ordre du jour (art. 400). Cette fixation de l'ordre du jour, que la Conférence peut il est vrai compléter, mais à la majorité des deux tiers des voix seulement (art. 402), est assurément l'une des plus importantes du Conseil, puisqu'elle lui permet dans certains cas de tenir en échec les gouvernements eux-mêmes.

En tant qu'*organe juridictionnel*, le Conseil statue sur les réclamations adressées au B. I. T. par les organisations professionnelles, adresse s'il y a lieu des *avertissements* aux puissances mises en cause, et transmet à celles-ci les *plaintes* dont elles sont l'objet de la part de tel ou tel Etat membre, sauf à renvoyer l'instruction de la plainte à une *Commission d'enquête* (art. 411, 412).

Si l'Etat mis en cause refuse de tenir compte des recommandations de la Commission d'enquête, la Cour permanente de Justice internationale de la Haye peut être saisie du différend à la requête soit de l'Etat plaignant, soit de tout autre membre de la S. D. N. (art. 415 et suiv.).

183 bis. — A lire les dispositions du Pacte que nous venons de résumer sommairement (1), il semblerait que l'O. I. T. soit une sorte de *super-Etat*, ayant droit de contrôle et même de juridiction sur les Etats adhérents, ayant même, par sa Conférence générale, droit de légiférer comme un véritable Parlement international du travail.

Mais il n'y a là qu'un mirage, et rien au fond n'est plus inexact. Il convient en effet de ne se méprendre ni sur l'étendue de ses attributions législatives, ni sur la portée de ses pouvoirs juridictionnels.

Sur le premier point, la Conférence Générale se différencie nettement des Parlements nationaux en ce que les lois votées par ceux-

(1) Pour un commentaire détaillé, v. spécialement Guerreau, *op. cit.* Sur la compétence de la Cour internationale de La Haye concernant les questions de travail, v. Quest. Prat. 1928, n°s 71 et 169.

ci sont immédiatement exécutoires, tandis que les conventions élaborées par la Conférence ne sont jamais que des projets, et ne deviennent lois de l'Etat que si les Parlements des Etats intéressés consentent à les ratifier.

Quant au pouvoir de juridiction dont sont investis le Conseil d'Administration d'une part, la Cour permanente de justice internationale d'autre part, il a plutôt une allure comminatoire qu'une portée effective. Les avis du Conseil ou les injonctions de la Cour peuvent bien s'imposer par leur autorité morale, mais ils sont dépourvus de toute valeur coercitive réelle.

IV. — **L'O. I. T. ; sa compétence.** — **184.** — Cette compétence doit être envisagée sous un triple aspect : ratione materiæ, personæ et loci.

a) *Compétence rationæ materiæ.* — Pour savoir quel est le domaine réservé à l'activité de l'Organisation, il suffit de se reporter à l'art. 23 du Pacte de la S. D. N. ainsi qu'au préambule, prérappelé, de la partie XIII, et à l'art. 427.

D'une manière générale, la mission dévolue à l'O. I. T. est avant tout une mission d'humanité ; son rôle est de veiller à ce que sur tous les points du globe où son action peut s'exercer, les personnes placées sous sa juridiction bénéficient d'un « régime de travail réellement humain », au lieu d'être considérées comme de simples machines à produire de la richesse. D'où il suit que l'O. I. T. est investie d'un droit général d'intervention tutélaire, que les commentateurs qualifient généralement d'*intervention d'humanité* (1).

b) *Compétence rationæ personæ.* — D'une manière générale, l'O. I. T. est investie d'une sorte de tutelle générale sur les *travailleurs salariés.* Elle n'a pas à s'occuper des travailleurs autonomes.

Mais tous les salariés, indifféremment, peuvent-ils s'en réclamer ? Aucun doute pour les ouvriers de l'industrie et les employés de commerce. Mais des difficultés sérieuses, au contraire, se sont élevées en ce qui concerne les salariés agricoles et les travailleurs intellectuels.

Pour les premiers, un véritable conflit a surgi, en 1921, entre le B. I. T., qui avait cru devoir mentionner, en tête de l'ordre du jour de la troisième conférence, la question de la règlementation internationale du travail agricole, et les gouvernements français et suisse, nettement opposés à cette inscription. La question déférée à l'examen de la Cour permanente de justice internationale de la Haye, a été tranchée dans le sens de la compétence du B. I. T. Mais la Cour, dans son arrêt du 12 août 1922, a eu soin de spécifier que

(1) Cf. *Fauchille*, Traité de droit international public, t. I, première partie, n°s 300 et suiv.

les questions d'ordre purement économique (problème de la production, méthodes techniques, etc...) échappaient à sa compétence et rentraient dans le domaine de l'*Institut international d'agriculture de Rome* (1).

Pour les *travailleurs intellectuels*, le problème a été résolu, sans conflit, par une coopération amicale du B. I. T. et de l'*Institut international de coopération intellectuelle*, créé à Paris en 1925, sous l'égide de la S. D. N. et du Gouvernement français. Des pourparlers engagés entre M. Luchaire, directeur de l'Institut et le B. I. T. de Genève, il ressort que, s'il appartient à l'Institut d'étudier les problèmes intéressant le travail intellectuel dans son ensemble, le B. I. T. n'en demeure pas moins qualifié pour assurer la protection des intellectuels salariés et spécialement des *inventeurs* (ingénieurs, chimistes, etc..), professeurs de l'enseignement privé, secrétaires de toutes sortes, clercs d'offices ministériels, attachés de contentieux, journalistes, commis d'édition, etc..) (2).

C) *Compétence ratione loci.* — Strictement, tous les Etats de la S. D. N. et ceux-là seulement devraient faire partie de l'O. I. T. Mais cette règle a déjà fléchi au profit de plusieurs Etats non encore adhérents. C'est ainsi que l'Autriche et l'Allemagne y ont adhéré avant d'avoir été admises à la S. D. N.

A l'heure actuelle, l'O. I. T. groupe 55 Etats ou Dominions, sans compter les territoires placés sous mandat en exécution de l'art. 22 du traité de Versailles.

V. — **L'O. I. T. ; son œuvre, de 1919 (Conférence de Washington) à 1929. — 185.** — Cette œuvre, à laquelle ont travaillé douze assemblées successives, depuis la Conférence inaugurale de Washington (1919), jusqu'à la conférence tenue à Genève en Mai-Juin 1929, est considérable. Nous ne pouvons ici que la résumer sommairement (3).

La première conférence a eu lieu à Washington, conformément aux stipulations du traité de Versailles, du 25 octobre au 25 novem-

(1) Pour l'étude de cette question délicate, v. Pic, article précité (R. G. D. I. P., 1925, p. 284), et les autorités citées. Cf. Bull. Min. trav. 1922, 431 ; Antitch, *L'agriculture et la réglementation internationale du travail*, th. 1923.

(2) Pic, *op. cit.* (R. G. D. I. P., 1925, p. 288 et s.) et *La protection légale de l'inventeur salarié* (extrait de la Semaine juridique, 1927) ; Luchaire, *Institut intern. de la Coopération intellectuelle* (Revue bleue, 6 déc. 1924). Cf. Quest. Prat. 1926, p. 37.

(3) Pour l'étude détaillée des travaux effectués au cours des douze sessions de la Conférence intern. du travail, v. nos études précitées de la R. G. D. I, T., et nos chroniques des Quest. prat., du Rec. de Dr. Com., et de Dr. social, et de la Rev. pol. et parlem. — Sur la conférence de Washington, cons. spécialement : Mahaim, *La Conférence de Washington* (Rev. Econom. intern., Déc. 1920) ; Pic, *La Conférence ouvrière de Washington* (Rev. bleue, août 1920) ; V. aussi Bull. Minist. Trav., Rev. Belge du travail.

bre 1919. Trente-neuf États étaient représentés. Après avoir élu son bureau, l'Assemblée vota successivement six projets de convention (*journée de 8 heures*, chômage, femmes en couches, travail de nuit des femmes, âge minimum d'admission des enfants, travail de nuit des enfants) et plusieurs recommandations.

La seconde Conférence (Gênes, 1920) fut consacrée à l'étude de la réglementation du travail des marins ; elle échoua en présence de l'opposition irréductible de l'Angleterre, fidèle au régime des deux équipes.

Les Conférences suivantes, tenues à Genève, de 1921 à 1929, ont parcouru le cycle presque complet des problèmes ouvriers du temps présent, comme on peut s'en rendre compte par la simple énumération suivante :

3 (1921) : — Age d'admission au travail, droit d'association et réparation des accidents dans l'agriculture ; emploi de la céruse dans la peinture ; repos hebdomadaire dans les établissements industriels ;

4 (1922) : — Emigration et immigration ; rapatriement et transit des émigrants ;

5 (1923) : — Organisation de l'inspection du travail.

6 (1924) : — Chômage, loisirs ouvriers ;

7 (1925) : — Réparation des accidents du travail, et des maladies professionnelles ; égalité de traitement des accidentés français et étrangers ; travail de nuit dans les boulangeries ;

8 et 9 (1926) : — Inspection des immigrants à bord des navires ; engagement et rapatriement des marins ;

10 (1927) : — Assurance-maladie ; libertés syndicales ; méthodes de fixation des salaires minima dans les industries où sévit le *sweating system* ;

11 (1928) : — Méthodes de fixation des salaires minima, et prévention des accidents du travail :

12 (1929) : — Prévention des accidents, travail forcé aux colonies, travail des employés.

Ajoutons à l'actif du B. I. T., sa participation active à la préparation de la *Conférence économique internationale*, tenue à Genève en 1926, en vue d'étudier les moyens pratiques de remédier aux abus du nationalisme économique consécutif à la grande guerre, et d'arriver à une répartition équitable entre les nations des matières premières, ainsi qu'à un abaissement des tarifs douaniers (1).

(1) Sur la Conférence économique internationale de Genève, v. notamment : Scelle, *La conférence économique internationale* (Rev. pol. et parlem., Juin 1927) ; Theunis et Loucheur, *La Conférence économique internationale* (Rev. écon. intern., Avril 1927). A cette conférence a fait suite, en nov. 1927, une conférence diplomatique pour *la liberté du commerce international*, dont les travaux ont également été facilités par les enquêtes du B. I. T. (Quest. prat., 1928, p. 178).

Conclusions : Le problème des ratifications. — 186. — Le problème des ratifications pèse toujours lourdement sur l'organisation internationale de Genève (1). Les débats de la Conférence de Londres (Mai-Juin 1926) entre les ministres du travail des principales puissances (2) avaient un instant fait présager une solution favorable ; mais ces espoirs ne devaient pas se réaliser. Malgré l'invitation contenue dans la loi française portant ratification conditionnelle de la convention de Washington sur la journée de *huit heures*, loi en date du 23 mai 1927 (3), ni le Reichstag, ni la Chambre des Communes n'ont été saisis jusqu'ici, par leurs gouvernements respectifs, du projet de ratification attendu.

Celle-ci semblait même bien compromise en présence de la demande de révision de la convention de Washington, déposée en Février 1928 par le représentant de l'Angleterre à l'ouverture de la 38e session du Conseil d'administration du B. I. T. (4), et renouvelée à la session d'Avril 1929 : demande à laquelle d'ailleurs le gouvernement français refusa de s'associer et qui suscita les plus vives protestations des délégués ouvriers.

La situation, il est vrai, s'est favorablement modifiée par suite de la déclaration, à l'issue de la 12e Conférence (juin 1929), du représentant du gouvernement travailliste anglais, faisant présager enfin la ratification britannique. Toutefois, l'adhésion allemande est encore incertaine et les obstacles à vaincre restent considérables.

Faut-il donc conclure de l'impossibilité où s'est trouvée la Conférence de résoudre complètement certains problèmes ardus, à la faillite morale de l'O. I. T. ? Assurément non, et nous serions plutôt enclin à dire avec M. Scelle (2) que « les discussions passionnées qui se sont déroulées au cours des dernières conférences sont au contraire une preuve de la vitalité de l'institution » (5).

Il est fatal que la conclusion d'accords entre nombreux Etats parvenus à un stade différent d'évolution économique, sur des questions aussi complexes que la journée de huit heures ou les libertés syndicales, soulève des difficultés ou même des conflits passagers. Mais ces difficultés ne sauraient nous faire perdre de vue

(1) La France, ainsi que nous le verrons chemin faisant, a ratifié actuellement la plupart des conventions. Mais il en est différemment de plusieurs autres grandes puissances, l'Angleterre notamment. Au total, les enregistrements obtenus fin 1928 n'atteignaient pas 200, soit moins du quart des enregistrements escomptés eu égard au nombre des Etats membres.

(2) Quest. prat. 1926, p. 83.

(3) Cette loi porte ratification de la Convention, mais « sous cette réserve que les obligations qu'elle comporte pour la France n'auront effet que lorsque le projet de convention susvisé aura été ratifié par l'Allemagne et par la Grande-Bretagne », Cf. Quest. prat. 1827, p. 79, et *infra* n° 853 et s.

(4) Pic, *Rev. des Quest. ouvrières*, Rev. Polit. et parlem., août 1928.

(5) Scelle, *La dixième conférence internationale et la crise du syndicalisme* (Quest. Prat. 1928, 27).

les résultats obtenus, qui dès aujourd'hui sont importants, notamment dans le domaine des assurances sociales.

Il serait déplorable de laisser l'opinion publique s'égarer et ajouter foi aux pronostics pessimistes. La politique du B. I. T. est essentiellement constructive. Or, une construction durable ne peut être l'œuvre d'un jour.

TITRE PREMIER

RÉGLEMENTATION ADMINISTRATIVE DE L'INDUSTRIE

CHAPITRE PREMIER

MINISTÈRE DU TRAVAIL CORPS CONSULTATIFS DE L'INDUSTRIE (1)

SECTION PREMIÈRE. — Ministère du travail, de l'hygiène, de l'assistance et de la prévoyance sociales.

187. — Nécessité des enquêtes. — Tous les États civilisés s'accordent à reconnaître aujourd'hui la nécessité impérieuse, pour les Parlements ou les gouvernements, de se documenter avec autant de précision que possible, avant de légiférer, sur les conditions générales du travail dans les différentes industries ou régions.

Deux procédés ont été concurremment employés, pour fournir au législateur cette documentation : — 1° la consultation de plus en plus fréquente des intéressés, appelés officiellement à formuler leurs doléances sous forme de vœux ou avis, émis ou élaborés par des corps consultatifs groupant les représentants choisis par le pouvoir ou élus par les intéressés eux-mêmes, des chefs d'industrie et des

(1) BIBLIOGRAPHIE : Ch. Brouilhet, *Le ministère du travail*, 1907 ; Payen, *Les conseils français du travail et les conseils belges de l'industrie et du travail* (*Revue belge des questions de droit industriel*, Charleroi, 1900) ; Peyronnet, *Le ministère du travail*, 1924. — V. pour plus de développements sur les institutions officielles d'arbitrage : tit. III, chap. I et III *infra*, et, sur le conseil supérieur de l'enseignement technique : tit. II, chap. III, *infra*.

salariés ; — 2° l'enquête par les Offices spéciaux, dépendant directement du pouvoir central, et spécialement chargés de recueillir et de centraliser tous les renseignements statistiques propres à éclairer les pouvoirs publics sur les problèmes se rattachant à la réglementation du travail.

Ces deux procédés d'information préalable, destinés à se prêter un mutuel appui, se sont très rapidement développés en France et à l'étranger, surtout depuis vingt ans.

Les corps consultatifs et offices de statistique du travail, auxiliaires des Parlements dans leur œuvre réformatrice, peuvent se grouper en deux catégories : les uns, en effet, sont établis auprès du ministre compétent, au siège même du gouvernement ; les autres fonctionnent dans les divers centres manufacturiers, et ont pour but de renseigner les pouvoirs publics sur les besoins et les vœux de la population industrielle.

Nous décrirons brièvement, dans les sections suivantes, l'organisation de ces corps ou offices, telle qu'elle est établie par la loi française, en les comparant aux institutions similaires de l'étranger.

Mais auparavant, nous devons faire ressortir le rôle et l'importance du Ministère du travail.

188. — MINISTÈRES DU TRAVAIL, EN FRANCE ET A L'ÉTRANGER. — Le Ministère du travail ne date, en France, que de quelques années ; il est contemporain de la constitution du premier ministère Clemenceau (décret du 25 octobre 1906). Mais son apparition n'a pas été une surprise ; plusieurs Etats étrangers nous avaient déjà devancés dans cette voie, notamment la Belgique (Ministère de l'industrie et *du travail*, arrêté royal du 25 mai 1895), la Nouvelle-Zélande, les Etats-Unis (*Department of commerce and labor*, l. fédér. du 14 févr. 1903, remplacé par un Ministère fédéral du travail, L. 4 mars 1913), sans parler des Etats qui, sans posséder un véritable ministère du travail, avaient depuis longtemps constitué les services d'enquêtes ouvrières en sections autonomes, dotées d'une liberté d'action analogue à celle d'un véritable ministère (*department of labour* anglais, *secrétariat ouvrier* suisse) (1). — Voir *infra*.

(1) De nombreux Etats ont, depuis lors, institué, soit un véritable Ministère du travail (*Canada*, L. 19 mai 1909 ; *Portugal*, mars 1916 ; *Angleterre*, déc. 1916 ; *Allemagne*, fin 1918 ; *Pologne*, 1919 ; *Italie*, décr. 3 juin 1920 ; *Yougoslavie*, 1923 (*Ministère de la politique sociale*) etc. — soit un département du travail rattaché à un autre ministère, mais plus ou moins autonome : *Grèce*, direction du travail, 1911 ; *Mexique*, départ. du travail, 1911 ; *République Argentine*, départ. du travail, L. 30 sept. 1912 ; *Suisse*, Office fédéral du travail, arrêté du 8 oct. 1920, etc. — En Italie, depuis 1922, la direction du travail est une dépendance du ministère de l'Economie nationale.

En France, l'initiative au moins théorique de cette création remonte à plus d'un demi-siècle. C'est en effet Louis Blanc qui, quelques mois après la proclamation de la République de 1848, proposait à l'Assemblée constituante d'instituer un ministère du progrès et du travail. Emportée par la réaction politique de 1849, cette proposition ne fut pas discutée. Elle devait être reprise, en novembre 1899, par l'abbé Lemire.

Ce n'est cependant qu'en 1906 que fut créé le *Ministère du travail et de la prévoyance sociale*, groupant les directions du travail, de l'assurance (détachée du commerce), de la mutualité (détachée de l'intérieur), et de la protection du travail des mineurs (détachée des Travaux Publics).

En 1920, à la constitution du cabinet Millerand (décret 20 janvier 1920), fut créé un *Ministère de l'Hygiène, de l'assistance et de la Prévoyance sociales*. Le cabinet Briand (17 janvier 1921) conserva les deux Ministères du travail et de l'hygiène. Ils ont été fusionnés à nouveau en effet en 1924, sous la dénomination de *Ministère du travail, de l'Hygiène, de l'Assistance et de la Prévoyance sociales* (1).

SECTION II. — Corps constitués auprès du gouvernement

§ 1er. — Corps consultatifs investis d'attributions générales Offices du travail

189. — En France, les corps consultatifs fonctionnant auprès du gouvernement, pour l'étude des questions industrielles, sont au nombre de quatre, non compris les conseils ou comités spéciaux : le Comité consultatif supérieur du commerce et de l'industrie, et le Comité consultatif des arts et manufactures auprès du ministre du Commerce et de l'industrie ; le Conseil national économique rattaché à la présidence du Conseil ; — et le Conseil supérieur du travail, complété par l'Office du travail, auprès du ministre du travail. Ce dernier conseil est le seul qui ait pour objet exclusif les problèmes du travail.

I. Comité consultatif supérieur du commerce et de l'industrie.

190. — C'est Henri IV, ou plutôt Sully, qui eut le premier l'idée d'instituer après du gouvernement un Conseil du commerce ayant mission de l'éclairer sur les besoins et doléances du commerce

(1) Le Ministère du travail comporte actuellement quatre directions : Travail, Mutualité et personnel, Retraites et assurances sociales, Hygiène et assistance publiques, plus divers services annexes : contrôle des assurances privées, service de la statistique, service de l'actuariat.

(1607). *Le Conseil du Commerce* ne comprenait à l'origine que des fonctionnaires. Mais il fut réorganisé par un arrêt du Conseil du roi du 29 juin 1700, lequel arrêt le composa en majorité de négociants élus par leur pairs.

Sous la Révolution, le Conseil du commerce fit place au *Bureau central de l'administration du commerce* (21 octobre 1791). Réorganisé en l'an III, le Conseil du commerce a été fréquemment remanié. La création en novembre 1881 (décret du 14 novembre) d'un ministère de l'agriculture, distinct du ministère du commerce, entraîna la création de deux conseils distincts : *Conseil supérieur de l'agriculture* et *Conseil supérieur du commerce et de l'industrie*. Ce dernier a récemment fait place au *Comité consultatif supérieur du commerce et de l'industrie* (décrets 22 mai et 9 juillet 1924).

191. — Conseil supérieur du commerce et de l'industrie. — Le *Conseil supérieur du commerce et de l'industrie* comprenait des membres de droit et des membres choisis par le Président de la République, principalement parmi les présidents des chambres de commerce ; à la différence de ce qui se passait dans notre ancien droit, aucune part n'était faite à l'élément électif (art. 1er du décret du 13 Oct. 1882). Il comportait soixante-quatre membres, non compris les deux vices-présidents et les membres de droit (décr. 16 Janv. 1898).

Ses attributions étaient purement consultatives ; il était appelé à donner son avis sur toutes les questions de son ressort, dont le gouvernement lui renvoyait l'examen. Le conseil n'avait pas de session régulière ; mais son action fut renforcée par la constitution en 1894 (Décr. 3 juillet 1894) d'une *Commission consultative permanente*, composée de vingt-cinq membres.

192. — Comité consultatif supérieur du commerce et de l'industrie. — Ce comité, constitué en 1924 (v. supra), est moins une création originale qu'un élargissement du Conseil supérieur dont il a pris la place.

Plus nombreux puisqu'il comporte 120 membres au lieu de 64, il possède le même vice organique que l'ancien Conseil ; il ne comprend que des membres nommés par le Ministre, et aucun membre élu par les grandes organisations industrielles, commerciales ou ouvrières (1). Aussi plusieurs personnalités désignées, notamment MM. Jouhaux (C. G. T.) et Poisson (Conf. des Coopératives) ont-ils refusé d'y siéger ; ce refus a été l'une des causes de la consti-

(1) Plus libérale est l'organisation du *Conseil supérieur de l'industrie et du commerce de Belgique*, composé en majeure partie de membres élus (arr. roy. 6 juillet 1890).

tution d'un autre organe consultatif à base élective : le *Conseil national économique*, dont il est question ci-après. Les attributions du Comité, divisé en trois sections (commerce, industrie, intérêts économiques), sont exactement les mêmes que celles de l'ancien Conseil.

II. — Conseil national économique

193. — Les promoteurs de ce Conseil s'étant manifestement inspirés du Conseil économique allemand, il nous paraît indispensable de décrire d'abord brièvement le fonctionnement de ce dernier.

194. — **Conseil économique national allemand.** — On ne saurait contester la hardiesse de l'organisation nouvelle prévue à l'art. 165 de la Constitution allemande du 31 mars 1919 (1). Cet article ne tend à rien moins qu'à instaurer en face du Parlement politique un véritable Parlement professionnel, le *Conseil économique national*, qui lui-même apparaît comme le couronnement d'un vaste édifice. A la base, des *Conseils d'usine*, composés d'ouvriers et employés, plus ou moins associés à la gestion ; au-dessus, les *Conseils régionaux*, commissions paritaires de patrons et de salariés, appelés à « collaborer à l'exécution des lois de socialisation » ; enfin, au sommet, le *Conseil national*, dont la mission est de préparer les projets de lois économiques et sociaux, qu'il appartient au *Reichstag* de discuter et de voter.

Le Parlement politique reste souverain en droit ; mais en fait son influence risquait d'être contrebalancée par celle du Parlement professionnel, composé de 326 membres, dont 68 représentants pour l'agriculture, 68 pour l'industrie (34 patrons, 34 ouvriers), 44 pour le commerce et la banque, 34 pour les transports, 36 artisans, 16 fonctionnaires ou représentants des professions libérales, 30 délégués des consommateurs, plus un certain nombre d'économistes nommés par le gouvernement.

Qu'allait donner cette innovation ? Si les doctrines de socialisation avaient triomphé au Conseil économique, et échoué au Reichstag, on aurait pu redouter des conflits presque insolubles, dangereux pour l'ordre public ! En fait, le danger paraît provisoirement écarté. Le recul marqué des doctrines de socialisation n'a pas permis d'achever l'édifice. On a créé un certain nombre de Conseils d'usine, aux attributions d'ailleurs très limitées, et un Conseil économique provisoire ; mais l'échelon intermédiaire, que devaient

(1) Petit, *Le Conseil économique allemand* (Expansion économique, sept. 1920) ; Gignoux, *Organisation du Conseil économique en Allemagne* (Quest. pratiques, 1922, 142) ; Vermeil ; *Le Conseil économique du Reich* (Rev. des études coopératives, déc. 1924) ; Prélat, *Représentation professionnelle en Allemagne*, 1924.

constituer les Conseils régionaux, n'a pas été jusqu'ici mis en place. En l'état, le Conseil économique n'a donc pas une autorité suffisante pour tenir le Parlement en échec, et doit se maintenir sur le terrain consultatif (1).

195. — Conseil national économique. — Le problème de la représentation professionnelle est, depuis la Grande Guerre, nettement posé devant l'opinion. L'Allemagne s'est efforcée de le résoudre dans sa Constitution même (v. *suprà*) ; l'Italie fasciste lui a donné une autre solution en créant l'État corporatif (V. *infrà*, n° 517). C'est à ce même ordre de préoccupations, qu'a répondu la création en France, par décret du 17 janvier 1925, amendé le 20 juin 1925, du *Conseil national économique*.

Dans l'esprit de la C. G. T., l'organisme nouveau, nettement inspiré de la Constitution allemande de Weimar, devait être une sorte de Parlement consultatif du travail ayant pour mission de préparer tous les projets de lois économiques ou sociaux qu'il appartiendrait au Parlement, seul dépositaire du pouvoir souverain, de discuter et de voter, investi même du droit d'initiative (ce qui, soit dit en passant, eût été manifestement anticonstitutionnel) (2).

Beaucoup moins ambitieuse est la création de 1925. Le conseil nouveau sera simplement, suivant la formule de M. Scelle (3) « un centre d'étude et de compensation des différents intérêts nationaux et le représentant de ces grands intérêts auprès des pouvoirs publics ». Son autorité procédera bien moins de ses pouvoirs, purement consultatifs, que de son caractère électif.

Aux termes du décret organique du 17 janv. 1925 (4), le Conseil national économique est composé de 47 membres qui, délégués dans

(1) Le Gouvernement allemand a déposé, en 1926, sur le bureau du Reich-
stag. un projet de loi tendant à donner au Conseil son organisation défini-
tive. Le Conseil économique ne serait plus composé que de 123 membres, élus par
les différents groupements économiques officiels, par certaines catégories
d'employés ou de salariés, et par les représentants des professions libérales
(il n'est plus question de Conseils régionaux). Les projets de loi de caractère
économique devraient, obligatoirement, être soumis pour avis au Conseil éco-
nomique avant d'être étudiés par le Reichsrath (Conseil d'Empire), et sou-
mis au Reichstag, qui seul a qualité pour leur donner force légale.

(2) Jouhaux, *Le Conseil économique du travail* (Rev. intern. du trav., Fév. 1921) ; Antonelli, *Le conseil économique du travail* (Quest. prat. 1922, 1).

(3) Discours prononcé par M. Scelle, chef de cabinet du Ministre du travail, M. J. Godart, à la séance inaugurale de la Commission chargée de préparer la rédaction du décret (Quest. prat. 1924 p. 127).

(4) *Bibliographie*. — Scelle, *Le Conseil national économique* (Rev. pol. et parl. oct. 1924) ; Mazel, *Le conseil national économique* (*Ibid*, mars 1927) ; Roger Picard, *Le conseil national économique en Allemagne et en France* (Rev. Int. trav., Juin 1925) ; Gide, *Le Conseil national économique* (Rev. d'écon. polit., juill. Août 1928).

chaque catégorie par les organisations « les plus représentatives », représentent théoriquement au moins, les différentes forces économiques et sociales de la nation, dans les proportions ci-dessous :

I. — *Population et consommation* (coopératives, municipalités, usagers des services publics, pères et mères de famille et mutualité)	9
II. — *Travail.* (A) *Travail intellectuel et enseignement*	3
(B) *Travail de direction* (industrie, agriculture, commerce, transports, coopération, services publics)	11
(C) *Travail salarié* (Fonctionnaires, techniciens, main-d'œuvre, industrie, commerce, agriculture, transports)	14
(D) *Métiers urbains et ruraux* (artisans)	2
III. — *Capital.* — (A) Capital industriel et commercial	3
(B) Capital immobilier (propriété rurale et urbaine)	2
(C) Banque, bourse, assurances et caisses d'épargnes	3
Total	47

Le président du Conseil des ministres est président de droit du Conseil économique. Celui-ci élit son bureau. Les délibérations sont prises sous forme de rapports ou recommandations, dont les conclusions sont publiées au *Journal officiel.* Le gouvernement adresse pour information au Conseil national les projets ou propositions présentant un intérêt économique. Toute loi d'ordre économique pourra prévoir la consultation obligatoire du Conseil, pour l'élaboration des règlements d'administration publique nécessaires à son application.

Signalons d'autre part l'insertion, dans la loi budgétaire du 29 avril 1926, d'un article 134, consacrant légalement l'existence du nouvel organisme et laissant à une loi ultérieure le soin d'en déterminer la composition et les attributions. Ce projet a effectivement été déposé par le ministère Poincaré sur le bureau de la Chambre, le 18 novembre 1927 (doc. parl. n° 505) : d'après l'exposé des motifs, le Conseil, sous sa forme définitive, comporterait 150 membres représentant toutes les formes de l'activité nationale.

Bien que ce statut soit encore à l'état de projet, le Conseil national économique n'en a pas moins déjà tenu trois sessions en 1925, 27 et 28, consacrées à l'étude des grands problèmes d'actualité : lutte contre le chômage, développement de l'outillage national, du crédit agricole, de l'importation des produits coloniaux ; rationalisation de l'industrie.

III. — Comité consultatif des arts et manufactures

196. — Ce comité n'a rien de commun avec le Conseil supérieur du commerce et de l'industrie. C'est un comité technique, composé de vingt-quatre membres, dont seize nommés par décret, sur la proposition du ministre du commerce, et huit membres de droit (1) (Décr. des 18 oct. 1880, 8 mars 1884 et 18 janv. 1907).

Créé en 1791 et réorganisé par le décret du 8 mars 1884, ce Comité doit siéger au moins une fois par semaine. Il étudie toutes les questions intéressant l'industrie, qui lui sont renvoyées par le ministre, et plus spécialement les questions techniques relatives aux douanes, aux établissements dangereux, incommodes ou insalubres, aux brevets d'invention. Il procède aux enquêtes et informations prescrites par le ministre ; mais son rôle de ce chef est considérablement amoindri par la création de l'*Office du travail*, dont il sera question ci-après.

IV. — Conseil supérieur du travail (2).

197. — En présence de l'importance croissante de la législation du travail, il a paru indispensable d'instituer auprès du gouvernement (ministre du commerce à l'origine, ministre du travail depuis 1906), un conseil spécialement chargé de renseigner le gouvernement sur les réformes réalisables et d'étudier, à l'aide des documents fournis par un service statistique spécial, dit *Office du travail* (V. *infra*), les projets de plus en plus nombreux se rattachant à cette branche de droit.

Institué par le décret du 22 janvier 1891, le Conseil du travail ne comportait à l'origine que deux catégories de membres : dix membres de droit (directeurs des ministères, etc.) et cinquante membres nommés pour deux ans par décret.

Ce Conseil n'avait pas de session fixe et ne se réunissait que sur la convocation du ministre, qui fixait à son gré l'époque, la durée et l'objet de chaque session (art. 4).

198. — Cette exclusion de tout élément électif avait soulevé, dans le monde du travail, les plus vives protestations. Aussi, dès 1893, le ministre du commerce avait-il mis à l'étude un projet de réorganisation ayant pour base le recrutement par voie de l'élection des éléments patronaux et ouvriers du Conseil.

Cette réorganisation a été réalisée par le décret organique du 1er septembre 1899, amendé lui-même par les décrets des 27 janv. 1904, 24 juin 1907, 30 avril 1909, 1er juillet 1913, 22 avril 1919, 31 janvier 1921 et 10 octobre 1925.

(1) Les membres nommés par décret sont choisis dans le Conseil d'Etat, l'Académie des sciences, les corps des ponts et chaussées et des mines, le commerce et l'industrie.

(2) Il existe des institutions analogues en Belgique (arrêté des 7 avr. 1892 et 31 décembre 1908), en Autriche (ordonn. 21 juill. 1898), en Italie (loi du 15 janv. 1902), en Grèce (1911), etc.

Composition du Conseil. — Le Conseil supérieur du travail se compose actuellement de soixante-dix-huit membres, répartis en trois groupes : le groupe patronal composé de trente-deux délégués élus par les organisations patronales, le groupe ouvrier avec trente-deux délégués des organisations ouvrières, et un groupe composé de quatorze membres seulement, dans lequel figurent trois sénateurs, cinq députés, un membre de la chambre de commerce de Paris, un membre du Comité fédéral des Bourses du travail, un membre de la Chambre consultative des associations ouvrières de production, trois membres choisis par le ministre du travail parmi les membres de l'Institut et les professeurs de l'Université de Paris.

Voici comment il est procédé aux élections dans chacun des deux premiers groupes :

Les 32 délégués du groupe patronal se répartissent en trois séries : 22 délégués élus au scrutin de liste par les membres des chambres de commerce et des chambres consultatives des arts et manufactures, 2 agriculteurs, membres du conseil supérieur de l'agriculture élus par ce Conseil ; 8 conseillers prud'hommes patrons.

Les 32 délégués du groupe ouvrier comprennent seulement deux séries : 8 prud'hommes ouvriers et 24 ouvriers ou *employés* élus au scrutin uninominal par les syndicats d'ouvriers ou d'employés, légalement constitués, répartis à cet effet en vingt-quatre groupes industriels ou commerciaux correspondant, sauf les deux derniers, aux groupes patronaux.

Le mandat est de trois ans. Une rémunération est allouée aux élus des syndicats et des conseils de prud'hommes (art. 20). Pour être éligible, dans l'un ou l'autre groupe, il faut être Français, âgé de vingt-cinq ans au moins, et non déchu de ses droits civils et civiques. La candidature des femmes est admise (art. 8 et 10).

Les membres élus conservent leur mandat, même s'ils viennent à quitter la profession.

199. — Sessions : attributions. — Le Conseil se réunit chaque année, le deuxième lundi de novembre ; la session est de quinze jours. Le ministre du travail peut d'ailleurs, à toute époque de l'année, convoquer le Conseil en session extraordinaire (art. 16).

Il est institué une *Commission permanente* du Conseil, choisie dans son sein. Elle comprend sept patrons, sept ouvriers, un sénateur et un député élus par le Conseil, et trois membres de droit.

Ni le décret de 1891, ni les décrets postérieurs n'ont délimité les *attributions* du Conseil supérieur du travail. Elles consistent, d'une manière générale, dans l'étude des projets soumis ou à soumettre au Parlement et intéressant l'industrie, les ouvriers ou les employés.

Ces attributions sont purement techniques et consultatives. C'est une espèce de vaste syndicat mixte, où patrons, ouvriers et employés se rencontrent, sous la direction du gouvernement, pour discuter impartialement leurs intérêts.

Quant à la commission permanente, elle dresse avec le concours du ministre et spécialement de l'Office du travail, dont nous décrivons ci-après le mécanisme, le programme des questions à soumettre au Conseil ; elle élabore des avants-projets et ouvre, à la demande du ministre, des enquêtes sur les problèmes ouvriers d'une actualité reconnue (art. 18 et 19 du décret).

200. — L'œuvre accomplie. — Il suffit pour se rendre compte du rôle considérable joué depuis 1891 par le Conseil supérieur du travail dans l'élaboration de la législation du travail, de se reporter aux procès-verbaux de ses sessions. Il n'est pas un projet important qu'il n'ait discuté et étudié d'une façon approfondie, préalablement à l'ouverture des débats publics devant les Chambres. A ce point de vue, suivant l'observation très juste de M. Depasse (*Rev. pol. et parl.*, 1894, t. II, p. 303), le Conseil s'acquitte aujourd'hui, pour les lois économiques et ouvrières, de la mission qui, dans l'ensemble de l'œuvre législative, devrait normalement être remplie par la section de législation du Conseil d'Etat.

Consulter notamment les débats du Conseil supérieur relatifs à la réglemenation du travail des employés de commerce (1901 et 1912), au délai-congé (1904 et 1926), à l'enseignement professionnel (1905), aux privilèges du salaire (1907), à la réforme syndicale, (1909), au minimum de salaire dans l'industrie à domicile (1910), à la participation aux bénéfices et à la gestion (1923), au contrat individuel du travail (1926), à l'institution de délégués ouvriers à l'hygiène et à la sécurité (1927), etc. (1).

IV. Offices du travail.

201. — La création du *Conseil supérieur du travail* a été complétée par l'institution d'un *Office du travail*, sorte de bureau de recherches et d'enquêtes, chargé de la statistique du travail, tant en France qu'à l'étranger, et de la vulgarisation des documents recueillis et coordonnés par lui (loi 21 juillet 1891 : décrets organiques des 19-21 août 1891 et 4-5 février 1892).

(1) V. au *Bull. du Min. du Trav.*, le résumé des débats du Conseil supérieur. Cf. *Quest. pratiques*, chroniques. — Il est intéressant de noter que les attributions dévolues dans la métropole au Conseil supérieur sont exercées en Algérie par la *Commission consultative du travail*, qui assiste le gouverneur général et le ministre du travail dans l'adaptation très délicate des lois ouvrières métropolitaines à notre grande colonie africaine. Des organisations analogues fonctionnent dans nos grands protectorats.

L'utilité de ce rouage administratif nouveau n'est pas contestable. Le gouvernement français, en prenant l'initiative de cette création, ne faisait que s'inspirer des institutions analogues qui fonctionnaient avec succès depuis plusieurs années aux Etats-Unis, en Angleterre ou en Suisse. Aussi, avant d'étudier le mode de fonctionnement et les attributions de l'Office français, nous paraît-il nécessaire de faire connaître sommairement l'organisation des Bureaux ou Offices étrangers existant à l'époque de sa création.

202. — A. **Etats-Unis** (Département du travail). — C'est aux Etats-Unis que les associations ouvrières ont obtenu tout d'abord la création d'*Offices du travail*, ou *Bureaux de statistique du travail*.

Le premier Office du travail fondé aux Etats-Unis fut l'Office du Massachusetts, dont la création remonte à l'année 1869. L'exemple du Massachusetts fut rapidement suivi. Presque tous les Etats de l'Union américaine possèdent aujourd'hui un Office du travail organisé sur des bases analogues.

Les documents statistiques publiés par ces divers Offices présentaient un réel intérêt ; mais pour qu'ils produisissent leur maximum d'utilité, il était indispensable d'organiser, au-dessus d'eux, un Office central ou fédéral chargé de coordonner et de publier les renseignements épars dans les publications de chaque Office local, et d'étudier les conditions du travail dans les pays étrangers, concurrents des Etats-Unis sur le marché industriel international. C'est dans ce but que fut constitué, par la loi fédérale du 27 juin 1884, le *Bureau national de statistique du travail*, ayant son siège à Washington. Depuis la loi du 14 févr. 1903, le *Bureau du travail* est devenu l'un des rouages essentiels du *Department of labor*.

203. — B. **Angleterre** (Board of trade ; Labour department). — Dès 1887, l'Angleterre possédait un *Bureau de statistique du travail*, dirigé par un fonctionnaire spécial (*labour correspondent*) et dépendant du ministère du commerce (*Board of trade*). Ce bureau fut transformé, en 1894, en une section autonome sous la dénomination de *department of labour*.

Dirigé par un haut fonctionnaire, *Commissionner for labour*, investi du droit de correspondre directement avec les divers départements ministériels, le *Department of Labour* devint rapidement un rouage autonome, dont les travaux et les enquêtes jouissent d'une légitime autorité.

Aussitôt institué, le département du travail commençait la publication d'un organe mensuel, le *Labour Gazette*, résumant la statistique du travail et le mouvement législatif en Angleterre et à l'étranger.

204. — C. Suisse (Secrétariat ouvrier suisse). — Malgré sa dénomination, le *Secrétariat ouvrier suisse* est un organe administratif officiel ou à peu près officiel. Ce bureau, est ainsi dénommé, parce qu'il doit son origine à la société ouvrière suisse *Grutliverein*, aujourd'hui à son déclin, mais qui pendant longtemps assuma la direction du mouvement ouvrier en Suisse. C'est elle qui, à la suite d'un congrès ouvrier dont elle avait pris l'initiative, obtint en 1885 du gouvernement fédéral la constitution de ce *Secrétariat ouvrier*, qui présente cette particularité d'être tout à la fois un bureau officiel subventionné par le gouvernement et une délégation centrale de toutes les association ouvrières de la Suisse (*Bull. Off. trav.*, 1909, p. 1232).

205. — D. Organisation et attributions de l'Office français. — a) *Organisation.* — Aux termes de l'art. 2 du décret organique du 19 août 1891, « l'Office du travail constitue, au ministère du commerce et de l'industrie, un service distinct placé sous l'autorité immédiate du ministre ».

Le décret du 19 août 1891 n'ayant pas été abrogé en 1906, lors de la création du ministère du travail, l'Office du travail a conservé la même organisation.

L'Office du travail (1) comprend deux services : service central et service extérieur (art. 7 et 8, déc. 19 août 1901, amendé le 24 février 1919).

Le *service central* a une double fonction : — 1° procéder à une *enquête écrite*, soit par l'analyse des documents publiés dans les revues françaises ou étrangères, ou dans les tableaux statistiques dressés par les autres ministères, soit par le dépouillement des documents originaux provenant de la correspondance régulière de l'Office avec les administrations publiques, les Chambres de commerce, les syndicats, les bureaux du travail étrangers, etc... — 2° coordonner les résultats, tant de sa propre enquête que de celle à laquelle doit procéder le service extérieur, et formuler des conclusions.

Quant au *service extérieur*, dont l'idée a été empruntée aux Etats-Unis, sa mission consiste exclusivement à faire des enquêtes sur place, et à recueillir des informations dans les divers centres industriels (art. 8 du décret). Bien organisé et suffisamment doté, ce service est susceptible de fournir à la statistique du travail une

(1) Certaines grandes villes possèdent des bureaux ou Offices de travail, La préfecture de la Seine a créé, en 1895, un *Bureau de travail* (arrêté préfect. du 27 oct. 1895. Bull. off. du trav., 1895, 124). — Plus récemment, la ville de Lyon a créé un bureau ou Office municipal du travail, préposé aux relations avec les syndicats et la Bourse du travail, déclarations d'accidents, placement gratuit, etc.... — Cf. Institut social de Tourcoing.

base solide. Si les agents du service extérieur français ne sont pas, comme aux Etats-Unis, investis de pouvoirs de coercition et d'enquête à domicile, du moins leur est-il facile de se renseigner sur les usines dont l'accès leur serait interdit, par l'intermédiaire des *inspecteurs du travail*, qui dépendent du même ministère et qui, eux, sont investis de ce pouvoir de contrainte.

206. — b) *Attributions.* — Des articles 1er et 9 du décret du 19 août 1891, il ressort que l'Office du travail a été constitué dans un double but :

1° A l'effet de dresser une statistique permanente du travail, susceptible de servir de base aux travaux des Conseils supérieurs du travail, ou du commerce et de l'industrie, et aux réformes législatives concernant le régime de l'industrie ; 2° à l'effet de publier ces renseignements statistiques.

En d'autre termes, l'Office doit, suivant l'heureuse formule de l'exposé des motifs de la loi du 21 juillet 1891, constituer une sorte d'*observatoire des conditions du travail.*

207. — E. **Offices étrangers créés sur le modèle de l'Office français.** — Ces offices sont actuellement assez nombreux (1). Les deux principaux sont les Offices belge et italien.

a) *Belgique.* — Créé par arrêté royal du 12 novembre 1894, sur des bases analogues à l'Office français, l'Office belge, très richement doté dès le début, s'est rapidement placé au premier rang des institutions de ce genre par l'importance de ses enquêtes, la sûreté et la précision scientifiques de sa documentation.

b) *Italie.* — C'est jusqu'en 1902, le *Bureau de statistique* du royaume qui a procédé aux enquêtes sur les conditions du travail. Mais la loi du 15 janvier 1902, qui a doté l'Italie d'un Conseil supérieur du travail (v. *supra*), a créé en même temps un Office du travail (*Ufficio del lavoro*), presque calqué sur l'Office français (*Quest. prat.*, 1902, p. 25).

208. — F. **Organisations étrangères différentes du système français.** — Les autres Etats n'ont pas d'Office du travail proprement dit. Mais la plupart d'entre eux possèdent, indépendamment de leurs services de statistique générale, un service spécial de statistique du travail. C'est ainsi que l'*Empire allemand* a institué, en 1892, une *commission für Arbeiterstatistik*, fonctionnant sous la direction du chancelier de l'Empire.

(1) Le *Danemark* possède un Office du travail depuis 1896, l'*Autriche* depuis 1898, la *Norvège* depuis 1902, le *Chili*, le *Mexique*, la *Suède* depuis 1912.

Ce service, a subi, en 1902, un remaniement qui a eu pour résultat de doter l'Allemagne d'un service présentant une réelle analogie avec notre Office du travail (*Bull. Off. du trav.*, 1901, p. 878 ; *Reichs Arbeitsblatt*, avril 1903).

En *Hongrie*, c'est à l'Office central de statistique qu'incombent les enquêtes ouvrières (de Fenyvessy, *op. cit.*, p. 455).

L'*Espagne* possède également un service spécial de *statistique du travail* annexé au ministère de l'intérieur (Décr. 9 août 1894). Mais le rôle essentiel, tant pour l'organisation des enquêtes que pour la préparation de l'œuvre législative, appartient à l'*Institut des réformes sociales*, créé en 1883, mais complètement réorganisé par les décrets des 23 avril 1903 et 14 octobre 1919 (*Bull. min. trav.*, 19, 564). Composé de 60 membres (12 choisis par le gouvernement et 48 membres élus), il cumule les attributions de notre Conseil supérieur et de notre Office du travail ; toutes les lois ouvrières récentes promulguées en Espagne sont dues à son initiative (1). Une organisation parallèle, l'*Institut national de prévoyance* (L. 27 fév. 1908, règlem. 20 août 1910), a pour objet le développement progressif de l'assurance ouvrière.

209. — G. Travaux accomplis par les Offices français et étrangers ; valeur du système. — Les Offices du travail ont, dès aujourd'hui, amplement justifié les espérances de leurs fondateurs. La plupart publient des recueils mensuels, destinés à renseigner le public sur toutes les questions ouvrières : mouvement législatif dans les différents pays, fluctuation des salaires, mouvement syndical, statistique des accidents, institutions de prévoyance et d'assistance, etc. (2). De plus, chaque Office publie, en volumes ou fascicules séparés, les résultats des enquêtes qu'il dirige.

Les enquêtes des Offices *américains* constituent actuellement toute une bibliothèque documentaire précieuse. Parmi les travaux du département fédéral, nous citerons particulièrement : une histoire des crises industrielles en Europe et aux Etats-Unis depuis 1857 ; diverses études sur le travail pénitentiaire, sur le travail dans les chemins de fer, sur les grèves et lock-outs ; enfin et

(1) Marvaud, *L'Institut des réformes sociales de Madrid* (*Monde économ.*, 8 juin 1907).

(2) Nous citerons, par ordre chronologique : — *Bulletin of the department of labor*, publié par l'Office fédéral *américain* depuis 1884, concurremment avec les bulletins des Offices particuliers de chaque Etat ; *Labour Gazette anglaise*, paraissant depuis 1893 (feuille mensuelle) ; — *Bulletin de l'Office du travail* de France, paraissant depuis 1894 (35 vol. in-8 parus), public. mens., dénommée depuis 1913, *Bull. du Ministère du travail* ; — *Revue du travail* de Belgique, depuis 1895 ; — *Sociale Rundschau*, publiée depuis 1899 par l'Office *autrichien* ; — *Bollettino del Ufficio del lavoro* d'Italie (1902) ; — *Reichs Arbeitsblatt* d'Allemagne (1903), etc.

surtout une colossale enquête sur les prix de production et de revient, le taux des salaires et la condition sociale des travailleurs dans les principaux Etats du globe (1).

210. — Les travaux de l'*Office français* constituent également une importante collection, comportant plus de 200 volumes ou fascicules séparés (défalcation faite des volumes de statistique générale). Cette collection comprend notamment : — 1° Les publications statistiques de l'Office sur les grèves et arbitrages et sur les syndicats ; — 2° *Quatre* forts volumes sur les résultats statistiques du recensement des industries et professions en 1896, et *sept* volumes accompagnés d'un album graphique, sur les salaires et la durée du travail dans l'industrie française, plus quatre volumes sur les associations ouvrières de production (séries à continuer) : — 3° *Sept* volumes sur les résultats statistiques des assurances ouvrières obligatoires en Allemagne et en Autriche ; — 4° Tout un ensemble d'enquêtes sur le placement, le chômage professionnel, les conflits entre patrons et ouvriers, l'hygiène et la sécurité des travailleurs, les poisons industriels, la saisie-arrêt des salaires, le marchandage, le minimum de salaires, l'apprentissage, les tarifs de salaires et les conventions collectives au cours de la guerre (1914-18), la participation aux bénéfices.

211. — Les travaux du *Labour department anglais* (2) et de l'*Office belge* sont aussi des plus importants. Il convient de signaler tout spécialement les sept volumes du recensement général des industries ou des métiers, effectué en 1910 par les soins du ministère du travail belge. A noter également : les volumes consacrés par l'Office belge au travail de nuit, aux différentes industries à domicile (armes, broderies et dentelles, tressage de la paille, cordonnerie, etc.), aux industries des métaux, ainsi que la publication, depuis 1898, d'un *Annuaire de la législation du travail*. Interrompue par la guerre et l'occupation allemande, l'activité scientifique de l'Office belge s'est de nouveau manifestée, depuis 1919, par d'importantes publications : enquête générale sur la situation des industries belges en 1919 ; le travail industriel aux Etats-Unis, 2 volumes, 1920, etc.

(1) C. Wright, *A compilation of wages in commercial countries*, 2 vol. in-8, 1900. A signaler également, parmi les volumes issus de l'enquête, l'ouvrage de M. Gould, sur les grandes industries de la houille, de la fonte et de l'acier en Amérique et en Europe (France, Angleterre, Allemagne, Belgique).

(2) *Statistical tables and Report, on Trades-Unions*, 1 vol. par an depuis 1886 ; — *Report ont the stricks and lock-outs*, 1 vol. par an depuis 1886 ; — *Annual Report of the Labour department*, 1 vol. par an depuis 1893 ; — *Changes in wages and Hours of Labour*, 1 vol. par an depuis 1893, etc.

Quoique plus récent, l'Office *italien* a déjà publié d'importantes enquêtes, notamment sur les prud'hommes, le travail des femmes et des enfants, les soufrières de Sicile, le travail dans les rizières de Lombardie, la colonisation intérieure.

Signalons enfin : parmi les publications du Secrétariat ouvrier *suisse*, une étude comparative sur la protection ouvrière dans les différents pays ; — parmi celles de la commission de statistique *allemande*, les fascicules résumant les enquêtes sur le travail des employés de commerce, et sur le travail à domicile ; — parmi les publications *autrichiennes*, une enquête approfondie sur les corporations de la petite industrie.

212. — Ces quelques indications sommaires sur l'œuvre entreprise parallèlement dans les différents pays suffisent à démontrer la haute utilité des bureaux ou Offices spécialement préposés à la statistique du travail et des lois ouvrières.

Il ne restait plus qu'à coordonner les efforts, un peu dispersés, de ces organes nationaux ; c'est l'œuvre que réalise aujourd'hui le *Bureau international* du travail de Genève. — V. supra, nos 183 et s.

§ 2. — Conseils et Comités spéciaux.

213. — Outre les Conseils et Comités dont nous venons de parler, conseils ou comités investis d'attributions générales, il existe auprès du Ministre du travail, des Conseils et Comités spéciaux, présentant un caractère plus technique, et chargés exclusivement de l'étude des questions concernant telle ou telle branche d'industrie.

214. — Le nombre des Conseils institués auprès du ministre du commerce, et transférés en 1906 au ministère du travail, s'est considérablement augmenté dans ces dernières années par suite de l'usage qui s'est introduit, pour chaque loi réglementaire nouvelle, de placer auprès du ministre un Conseil consultatif chargé de veiller à l'application uniforme de la loi sur l'ensemble du territoire. Les principaux de ces conseils peuvent se répartir en deux groupes, correspondant au deux ministères, actuellement fusionnés, du Travail et de l'Hygiène (1) :

Travail et assurances sociales : — Commission supérieure du travail dans l'industrie, instituée par la loi du 2 novembre 1892, — *Comité consultatif du contentieux* (décr. 11 oct. 1912) ; — *Office*

(1) Citons également, parmi les Conseils ou Comités se rattachant à d'autres ministères, mais investis d'attributions intéressant l'industrie : — la plupart des Conseils placés auprès du ministre des travaux publics.

central de placement des chômeurs et réfugiés (L. 16 nov. 1914), — *Office national des mutilés et réformés de la guerre* (L. 2 janv. 1918), et *Conseil national de la main-d'œuvre* (décret 3 fév. 1920 et 7 avril 1925) ; — *Conseil supérieur de statistique* (décr. 23 mai 1907) ; — *Comité consultatif des accidents du travail* (L. 9 avr 1898, décr. 20 mai 1905 et 15 oct. 1912), et *Commission supérieure des maladies professionnelles* (L. 25 oct. 1919) ; — *Conseil supérieur des retraites ouvrières* (L. 5 avr. 1910), *Office national des retraites ouvrières* (décr. 16 juill. 1920), et *Commission consultative des caisses syndicales et patronales de retraites, de secours et de prévoyance* (L. 27 déc. 1895, décr. 10 janv. 1896).

Hygiène, assistance et prévoyance sociales : — *Conseil supérieur d'hygiène publique de France* (décr. 19 juin 1906, 31 mars 1920 et L. 24 déc. 1921, et Cons. sup. *d'hygiène sociale* (décr. 4 décem. 1924) ; — *Conseil supérieur des habitations bon marché* (L. 30 nov. 1894 et 12 août 1906, décr. 10 janv. 1907 et 25 juin 1913) ; — Conseil supérieur des *Caisses d'épargne* (L. 30 juill. 1895) ; — *Conseil supérieur des Sociétés de secours mutuels* (L. 1er avr. 1898, décr. 28 févr. 1898 et 29 mai 1905) ; — *Conseil supérieur de la coopération* (décr. 22 févr. 1918 et 22 avr. 1919) ; *Commission des coopératives ouvrières de production* (L. 18 déc. 1915) et des *coopératives de consommation* (L. 7 mai 1917) ; — *Conseil supérieur de l'assistance publique* (décr. 28 févr. 1909) ; — *Conseil supérieur de la natalité* (décr. 27 janv. 1920 et 12 mai 1921).

§ 3. — *Corps constitués dans les divers centres manufacturiers* (1)

I. CHAMBRES CONSULTATIVES DES ARTS ET MANUFACTURES. — **215.** — Ces chambres ont été instituées par la loi du 22 germinal an XI.

spécialement : le *Conseil général des mines* (décr. 18 sept. 1886) ; le Comité *consultatif des chemins de fer* (décr. 18 sept. 1893), le *Conseil supérieur des travaux publics* (décr. 9 sept. 1917) ; les *Comités consultatifs des mines* (L. 9 sept. 1919), et des *Concessions hydrauliques* (L. 16 oct. 1919). — Parmi les Conseils relevant du ministère de l'agriculture, nous signalerons : la *Commission de répartition des avances aux caisses régionales de crédit agricole* (L. 29 octobre 1906 et 5 août 1920), le *Conseil supérieur de l'agriculture* (décr. 15 juill. 1883 et 23 oct. 1913) ; — du ministère des colonies : le *Comité permanent de la législation coloniale du travail et de la prévoyance sociale* (décr. 4 oct. 1911 et 10 janv. 1912) ; — du ministère de l'instruction publique, le *Conseil supérieur de l'enseignement technique* (L. 25 juillet 1919, et décr. du 1er février 1925) ; — du ministère du Commerce, l'*Office national des recherches scientifiques et industrielles et des inventions* (décr. 1er fév. 1925).

(1) Sur les attributions des *Commissions départementales du travail*, et des *Commissions départementales d'hygiène*, v. *infra*, titre 1er, chap. V ; des *Offices de placement*, v. *infra*, titre II, chap. IV ; des *Comités départementaux et cantonaux de l'enseignement technique*, V. *infra*, titre II, chap. IV ; des *Offices publics d'habitations à bon marché*, v. *infra*, titre IV.

Il peut en être établi dans toutes les villes ou centres industriels paraissant assez importants pour justifier cette création. Le décret qui établit une *Chambre consultative* fixe sa circonscription, qui suivant les cas est limitée à une ville ou peut comprendre un département entier. Chaque chambre comprend douze membres, élus par le même corps électoral que les chambres de commerce, pour six ans, et renouvelables par tiers tous les deux ans (décr. 24 octobre 1863, et L. 19 févr. 1908).

Les chambres consultatives des arts et manufactures ont des attributions beaucoup moins étendues que les chambres de commerce. Leur rôle se borne à donner au gouvernement leur avis motivé sur les questions industrielles pouvant intéresser la région, sur la création dans le ressort d'un conseil de prud'hommes, et sur les taxes douanières.

Mais, à la différence des chambres de commerce, les chambres consultatives des arts et manufactures ne sont pas des personnes morales, elles n'ont pas de patrimoine ; leurs dépenses sont ordonnancées sur le budget des communes. N'ayant pas de budget, elles n'ont ni le droit, ni la possibilité matérielle de concourir à la fondation ou à la gestion d'établissements d'intérêt collectif. Cette insuffisance des moyens d'action laissés aux chambres consultatives a déterminé nombre d'entre elles à solliciter leur transformation en chambres de commerce.

Ce mouvement ne peut que s'accentuer en présence de la disposition finale de l'article 1er de la loi organique du 9 avril 1898 sur les chambres de commerce, portant qu'il doit y avoir *au moins une chambre de commerce par département* (1).

216. — Fusion projetée des chambres de commerce et des chambres consultatives. — L'on s'est demandé, dans ces conditions, s'il ne conviendrait pas d'unifier la représentation commerciale et industrielle, par la suppression de toutes les chambres consultatives, et la création de chambres de commerce en leurs lieu et place. Les chambres de commerce, chargées désormais exclusivement de la représentation de tous les intérêts économiques régionaux, industriels ou commerciaux prendraient le titre de *chambres de commerce et d'industrie*, à l'instar des organisations similaires fonctionnant à l'étranger (2).

(1) Les Chambres de commerce ont été récemment groupées en *Régions économiques* (arr. du min. du commerce du 12 avril 1919). Elle sont assistées par les *Comités consultatifs d'action économique*, créés pendant la guerre dans chaque région militaire. Ceux-ci, placés à l'origine sous l'autorité du sous-secrétaire d'Etat du ravitaillement, dépendent actuellement du Ministère du Commerce (décret 12 février 1919).

(2) Chambres de commerce et d'industrie *autrichiennes* (L. 29 juin 1868) ; chambres de commerce, d'industrie et de navigation *espagnoles* (décr. 9 avr. 1886) ; chambres de commerce et d'industrie *hollandaises* (décr. 4 mai 1896)

La Commission parlementaire de 1887 s'était prononcée en ce sens ; mais la Commission de 1890 crut préférable de laisser subsister concurremment cette double représentation, commerciale et industrielle.

L'existence des Chambres consultatives ne nous en paraît pas moins menacée. En effet, partout où elles fonctionnent, les chambres de commerce se comportent comme les organes représentatifs des intérêts industriels aussi bien que des intérêts commerciaux. A cet égard, leur autorité auprès des pouvoirs publics n'a fait que grandir, du jour où, en exécution de la loi du 19 février 1908, chambres de commerce et chambres consultatives ont reçu leur investiture du suffrage *universel* des commerçants et industriels, à l'instar des tribunaux de commerce (1). Si de plus l'institution des conseils régionaux du travail dont il est question ci-après avait pu fonctionner, les chambres consultatives seraient devenus sans objet.

II. Conseils consultatifs du travail. — 217. — Depuis longtemps, la question de la constitution de conseils ou chambres du travail régionaux, destinés à rapprocher patrons et ouvriers pour l'étude de leurs intérêts communs et l'aplanissement des conflits du capital et du travail, était posée devant l'opinion.

Et de fait, dès le lendemain de la promulgation de la loi du 27 déc. 1892 sur la conciliation et l'arbitrage, le Parlement était saisi de divers projets (2) tendant tous à doter la France, sous des dénominations diverses, de ces conseils dont le prototype fonctionne en Belgique depuis 1887, avec des attributions très étendues, attributions consultatives, représentatives et arbitrales (3).

etc. — Au surplus, même dans les pays où prévaut la dénomination de chambres de commerce, ces organes représentent cumulativement le commerce et l'industrie : tel est notamment le caractère des chambres de commerce (*Handelskammern*) de *Prusse* (L. 19 août 1897).

(1) Les femmes même sont éligibles, depuis la loi du 11 déc. 1924.

(2) Propos. Mesureur, tendant à créer des *Conseils régionaux de travail et d'arbitrage* (20 janv. 1894, Ch., *Doc. parl.*, n° 276, *Off.*, p. 65) ; — propos. Michelin sur la création de *Chambres du travail* (7 nov. 1895, Ch. *Doc. parl.*, n° 1592, *Off.* p. 1451), etc.

(3) Loi *belge* du 16 août 1887 sur les *conseils de l'industrie et du travail*. — Comp. Loi *néerlandaise* du 2 mai 1897 (*Bull. Off. du trav.*, 1897, 476), sur les *Chambres du travail* ; Loi *genevoise* du 10 février 1900 (*Ann. de législ., du travail*, 1900, 837) sur le règlement des conflits ; Loi *yougoslave* de 1912 sur les *Chambres du travail*. Comp. l'organisation corporative des chambres de métiers *autrichiennes* (L. 15 mars 1883 et 23 fév. 1897), des chambres de la petite industrie (*Handwerkskammern*) *allemandes* (L. 26 juillet 1897, *Bull. Off. du travail*, 1897, p. 789), ainsi que des *Conseils d'entreprise allemands* (Constit. du 11 Août 1919) ou *luxembourgeois* (décr. 8 mai 1925). — Cons. pour plus

En 1894, le Conseil supérieur du travail fut invité par le gouvernement à examiner ces projets. Un avant-projet fut élaboré par la Commission permanente. Mais cet avant-projet fut vivement combattu par M. Jules Roche, qui insista sur le danger de la constitution d'une sorte de Parlement du Travail siègeant auprès du Parlement politique, et issu du vote d'un certain nombre de petits Parlements régionaux du travail, qui s'érigeraient en arbitres souverains des différends industriels, et n'aboutiraient le plus souvent qu'à envenimer les conflits.

A la suite de ces observations, le Conseil supérieur rejeta, le 27 mars 1895, la partie fondamentale du projet comportant création de chambres du travail.

Malgré cet avis défavorable du Conseil supérieur du travail, la Chambre n'abandonna pas l'étude de la question. MM. Mesureur, Michelin, etc..., maintinrent leurs propositions, et un rapport d'ensemble, favorable en principe, fut même déposé en 1896 par M. Ch. Ferry. Mais le projet ne vint pas en discussion.

En présence de ces retards, dus à la mauvaise organisation du travail parlementaire, M. le ministre du commerce Millerand crut pouvoir, s'appuyant sur de nombreux précédents, notamment sur la création par décret, en 1891, du Conseil supérieur du travail, réaliser par voie de décret une réforme dont le principe était universellement admis. Telle est la pensée qui inspira la rédaction du décret du 17 septembre 1900, amendé par le décret du 2 janvier 1901.

218. **Organisation des conseils du travail d'après le décret de 1900.** — Aux termes de ce décret, aujourd'hui abrogé, il devait être créé des Conseils du travail par arrêté ministériel dans toute région industrielle où l'utilité en serait constatée (art. 1er). A l'instar des conseils belges, les conseils français devaient être divisés en sections professionnelles paritaires.

Dans chaque section étaient éligibles les Français *de l'un ou de l'autre sexe*, âgés de vingt-cinq ans au moins, résidant dans la circonscription, non déchus de leurs droits civils et civiques, appartenant ou ayant appartenu pendant dix ans comme patrons, employés ou ouvriers à l'une des professions dénommées .

La qualité d'électeurs appartenait, — c'était même un trait original de l'organisation nouvelle, — non point à des individus, mais

de développements sur ces différentes législations : — Payen, *Les Conseils de l'industrie et du travail en Belgique*, 1889 ; — Guinard, *Les Chambres ou Conseils de l'industrie et du travail en Belgique, en Hollande et en France : Les Chambres du travail aux Pays-Bas* (*Musée social*, 1903, 244). Gignoux, *Organisation des Conseils économiques en Allemagne* (Quest. prat., 1922, 142). — Sur les attributions arbitrales de ces Chambres ou Conseils, V. *infra*, titre III

à des collectivités, à savoir aux *associations patronales et ouvrières* constituées en conformité de la loi du 21 mars 1884.

Les sections devaient être complétées par des représentants des conseils de prud'hommes fonctionnant dans la région.

A l'instar des conseils belges, les conseils du travail avaient, d'après le décret de 1900, trois ordres d'attributions : consultatives, délibératives et arbitrales.

C'est sur les attributions arbitrales des conseils que le ministre du commerce avait cru devoir insister de préférence, soit dans son exposé des motifs, soit dans sa circulaire explicative du 25 février 1901 (*Quest. prat.*, 1901, p. 126).

« Il n'est pas indifférent d'habituer les patrons et les ouvriers à se rencontrer périodiquement, à discuter ensemble avec courtoisie, et en dehors de toute subordination hiérarchique, dans les réunions où leurs intérêts personnels et immédiats ne se choquent pas directement. Il n'est pas inutile de former aussi des conciliateurs et des arbitres désignés d'avance par le suffrage de leurs pairs... » (1).

Les seuls conseils du travail créés en exécution du décret (et encore ne purent-ils fonctionner) furent ceux de Paris, Lyon, Marseille, Lille, Douai (arr. minist. 17 oct. 1900, 2 et 3 fév. 1901).

Depuis cette date, aucune création nouvelle ne put avoir lieu, à raison de l'opposition d'une fraction du Parlement.

219. — Critiques formulées contre l'institution. — En effet, dès le lendemain de l'apparition des décrets de septembre 1900-janvier 1901, une très vive campagne s'ouvrit contre l'institution nouvelle, que l'on représentait d'une part comme illégale (2), d'autre part comme tendancieuse et destinée à battre en brèche le principe de liberté inscrit dans la loi syndicale et à rendre les syndicats virtuellement obligatoires (3). Cette campagne aboutit au dépôt sur le bureau du Sénat, d'une proposition de MM. Bérenger, Franck-Chauveau, etc., tendant : 1° à élargir la base de l'électorat et à substituer aux syndicats un corps électoral composé de tous les patrons et les ouvriers, syndiqués ou non, remplissant les conditions requises pour l'électorat du Conseil des prud'hommes ; — 2° à réduire le rôle des conseils à une mission *purement consultative*.

(1) Sur les essais d'organisation de l'arbitrage permanent, notamment dans certains services publics, et dans la marine marchande, V. titre III, *infra*.

(2) La légalité du décret de 1900 avait cependant été reconnue par le Conseil d'Etat (arr. du 19 février 1904, Quest. prat. 1904, 172).

(3) Conf. nos chroniques des *Questions pratiques* (1901, p. 201 ; et 1904, p. 172). V. aussi Godinet, *Les Conseils du travail en France*, th. 1904.

Ce texte, auquel la Chambre d'abord hostile s'était ralliée de guerre lasse, est devenu la loi du 17 juillet 1908 sur les *Conseils consultatifs du travail*, incorporée au livre IV du Code du travail (L. 21 juin 1924, titre III). Cf. décret organique du 10 mai 1909.

L'art. 1er en définit ainsi l'objet : « Leur mission est d'être les organes des intérêts naturels et moraux de leurs commettants, de donner, soit d'office, soit sur la demande du gouvernement, des avis sur toutes les questions qui concernent ces intérêts, — de répondre aux demandes d'enquêtes ordonnées par le gouvernement ».

Ce texte est significatif. Des trois ordres d'attributions reconnues aux Conseils par le décret de 1900, expressément abrogé, le Sénat ne conserve que les moins importantes, les attributions consultatives ; il n'est plus question pour eux de fonctions délibératives ou arbitrales (1).

En fait, les quelques Conseils créés en 1911, notamment à St-Etienne, Annonay, Maubeuge, n'ont pu fonctionner par suite de l'abstention patronale, et la loi est demeurée lettre morte. Si l'on entendait la faire revivre, il faudrait bon gré, mal gré revenir à l'esprit du décret de 1900 et transformer les conseils du travail en organismes permanents d'arbitrage ou tout au moins de conciliation (2).

220. — III. — LES CHAMBRES DE MÉTIERS (L. 26 juillet 1925 et décr. 17 avril 1928). — Les Chambres de métiers sont auprès des pouvoirs publics, les organes des intérêts, professionnels et économiques, des artisans-maîtres et compagnons de leur circonscription.

Elles sont instituées par décret rendu sur la proposition du ministre du travail, du commerce et du ministre de l'instruction publique. Elles sont des établissements publics. Il peut être créé une ou plusieurs Chambres de métiers par département.

Les Chambres de métiers sont composées de deux tiers d'artisans-maîtres et d'un tiers d'artisans-compagnons. Les membres sont élus pour six ans et rééligibles.

Elles ont pour attributions : 1° de sauvegarder les intérêts professionnels et économiques des métiers ; 2° de participer à l'organisation de l'apprentissage des métiers dans les conditions qui seront fixées par une loi spéciale (4).

(1) Sur les efforts du ministre du travail pour élargir la compétence des Conseils, au moyen d'un décret interprétatif (décr. du 10 mai 1909), v. Tasca, *Les Conseils du travail en France*, 1909.

(2) Cf. projets de loi sur le règlement amiable des conflits du travail, déposés à la Chambre, de 1920 à 1929. V. titre III, *infra*.

(3) Barraud, *Les Chambres de métiers en France*, 1925. — Cf. Quest. prat. 1923, 76, et 1926, 25. — V. aussi *Les Chambres de métiers en Alsace-Lorraine* (Quest. Prat. 1924, 175). — Cf. rapport Marot (sur la propos. Verlot), Ch. 10 juillet 1924, n° 676).

(4) Sur l'apprentissage et l'enseignement technique, v. *infra*, n°s 1246 et s.

221. — LE PARLEMENT ET LA REPRÉSENTATION DES INTÉRÊTS. — Le développement à l'étranger des Conseils d'industrie ou Chambres du travail, la création récente en France des Chambres de métiers sont autant de manifestations du mouvement irrésistible qui entraîne les Etats industriels modernes dans la voix de l'*organisation du travail*.

Faut-il s'en alarmer, comme M. Jules Roche (v. *supra*) ? A vrai dire, nous ne le pensons pas. La représentation directe des intérêts dans le Parlement, consacrée par certaines législations, notamment par la législation autrichienne (où les chambres de commerce et d'industrie élisent des représentants au *Reichsrath*) ou la transformation du Parlement en Assemblée à base corporative, comme dans l'Italie fasciste (1), nous paraissent difficilement acceptables et peu conciliables avec la forme constitutionnelle qui nous régit (2). La création d'une sorte de Parlement du travail, en face du Parlement national comme en Allemagne (V. *supra*), ne serait pas non plus sans danger. Aussi le projet de loi organisant définitivement le Conseil national économique en délimite-t-il strictement les attributions (V. *supra* n° 195).

Mais le développement des organes consultatifs, dans le genre de notre Conseil supérieur du Travail, ou des Conseils régionaux du travail, de nos Chambres de Commerce ou de nos *Chambres d'Agriculture* récemment créées (2), ne nous semble nullement menaçant pour la représentation nationale ; et nous estimons au contraire qu'il y a tout profit pour le Parlement à ce que les projets de loi intéressant directement l'industrie et les travailleurs soient préalablement discutés et étudiés dans des conseils, correspondant aux intérêts professionnels directement visés par ces projets.

---

(1) *Loi italienne* du 5 avril 1926, et *Charte du travail* du 22 avril 1927 (Quest. prat., 1926 et 1927, p. 82). V. *infra* n° 517.

(2) V. cependant : François, *La représentation des intérêts dans les corps élus* (Collect. des *Annales* de l'Université de Lyon, 1899) ; Dubreuil, *La victoire des précurseurs* (Information sociale, n° 15 Mai 1924) ; Duguit, *La représentation syndicale au Parlement* (*Rev. pol. et parl.*, juill. 1911) ; Valois, *L'Etat syndical et la représentation corporative*, 1927 ; Lautaux et Poudenx, *La représentation professionnelle*, 1927. — V. aussi Véraart, *L'organisation économique de la profession* (Rev. in. trav., mars 1925).

(3) Lois des 25 oct. 1919 (inappliquée) et du 3 janvier 1924 ; décr. 5 déc. 1927 ; L. budgét. du 27 déc. 1927. — Cf. A. Borrel, *Les Chambres d'agriculture* (Rev. pol. et parlement., Avril 1927) ; Le Meur, *Un Parlement professionnel*, (Temps, n° 9 mars 1927).

CHAPITRE II

DU PRINCIPE DE LA LIBERTÉ DU TRAVAIL ET DE SES CONSÉQUENCES JURIDIQUES

222. — **Liberté du travail en régime démocratique.** — Depuis plus d'un siècle le travail est libre en France (nuit du 4 août 1789, et décr. des 2-17 mars 1791. — V. *supra*, n° 128). Il est loisible à chacun de travailler sans entrave, soit pour son compte personnel comme industriel ou commerçant, soit pour le compte d'autrui, comme salarié, ouvrier ou employé. Chacun est libre aussi de ne pas travailler à la condition de ne pas se mettre en contravention avec les lois pénales (mesures contre le vagabondage, le vagabondage spécial, la circulation des nomades, etc.).

Corollaire nécessaire de l'abolition des anciennes corporations d'arts et métiers, ainsi que du régime démocratique, le principe de la liberté du travail, de l'industrie et du commerce domine encore aujourd'hui toute la législation moderne.

223. — **Obligation au travail en régime communiste (Soviets russes).** — L'antithèse est complète à ce point de vue entre le principe démocratique de liberté du travail, droit commun des pays civilisés, et l'obligation au travail, édictée par la Constitution des *Soviets* de Russie (1).

Celle-ci, en effet, décrète pour tout sujet russe de l'un et de l'autre sexe, *toute sa vie durant*, (exception faite seulement pour les malades, les infirmes et les enfants) l'obligation au travail, sous les sanctions les plus rigoureuses (privation de la carte d'alimentation, interdiction de circuler sur le territoire de la République, emprisonnement). L'Etat n'est plus qu'un immense arsenal, dans lequel les valeurs sociales sont renversées, les travailleurs manuels ayant, dans les Soviets locaux, la réalité du pouvoir, et la rémunération la plus large. C'est la dictature du prolétariat dans toute sa brutalité, l'asservissement de tout un peuple à une oligarchie de dirigeants, ne tenant leurs pouvoirs que d'eux-mêmes, puisque toute manifestation libre de la volonté populaire est supprimée, et ne se maintenant au pouvoir que par un véritable régi-

(1) Constitution soviétiste du 10 juillet 1918 ; décret sur le carnet de travail du 10 oct 1918. — Cf. Labry, *Une législation communiste*, 1920 (p. 2, 58 et s.) ; Nicholson, *The revival of Marxism*, London, 1920. — Patouillet, *Les Codes de la Russe soviétique*, 1926. — Cf. outre les ouvrages cités *supra*, n° 26 bis ; Zagorski, *La République des Soviets*, bilan économique (Rev. int. trav., Avril 1921), et *L'Economie soviétique* (Rev. pol. et parl., sept. 1928) ; — Savatier, *La Russie bolcheviste à travers ses lois*, 1926 ; Mlle Dadu, *La condition des travailleurs dans la Russie des Soviets*, 1926 ; Kokovtzoff, *Les Soviets devant une nouvelle crise économique* (*Rev. des Deux-Mondes*, n° sept. 1928) ; — Poplawski, *Le Code du travail de la Russie Soviétique*, broch. 1928.

me de terreur et de basse police. Le nombre des chômeurs n'en est pas moins impressionnant (plus de deux millions et demi en 1928, soit environ 25 % de la population ouvrière), et les salaires sont manifestement insuffisants. La faillite de l'économie étatisée est aujourd'hui flagrante, bien que le Code de 1922, et les réformes postérieures (la *Nep*), aient rétabli, dans une mesure d'ailleurs restreinte, la liberté d'embauchage et restitué à l'industrie libre une certaine place à côté des grands monopoles ou trusts d'Etat (1).

224. — **Service civil obligatoire (loi bulgare).** — Bien différente d'inspiration était la loi bulgare du 14 juin 1920 sur le service civil obligatoire. Il ne s'agissait nullement d'une servitude imposée, à titre permanent, mais d'un service public limité (un an pour les hommes, six mois pour les femmes), ayant pour objet d'achever la reconstitution économique du pays ruiné par la guerre.

Les jeunes gens (20 ans) étaient rassemblés dans des casernes, comme des recrues militaires, durant leur période de service. Dans les quatre premiers mois, ils recevaient un enseignement technique approprié à leur degré de culture et à leurs aptitudes ; dans les mois suivants, ils étaient affectés à l'exécution de travaux publics.

Les jeunes filles (16 ans) restaient dans leur famille ; elles suivaient des cours professionnels pendant trois mois, et pendant les trois mois suivant appliquaient leurs connaissances à des travaux d'utilité générale (confections pour les troupes, les hospices, etc.). Il ne s'agissait là, en somme, que d'une prestation en nature, d'une rigueur militaire peut-être excessive, mais qui ne pouvait sans injustice être assimilée au régime soviétiste, destructeur de la dignité humaine (2).

La rigueur de la loi de 1920 a du reste été singulièrement atténuée depuis la promulgation de la loi du 2 juin 1924. Hommes et femmes ne sont plus astreints au travail que 21 jours par an (de 20 à 40 ans pour les hommes, de 16 à 30 ans pour les femmes). La prestation de travail peut d'ailleurs être rédimée en argent. Le système nouveau se rapproche donc beaucoup plus de l'impôt de prestation que du service militaire.

(1) Poplawski, *op. cit.* ; B. I. T., *L'évolution des conditions du travail dans la Russie des Soviets*, 1924 ; Guérin, *Le régime de la production en Russie des soviets, ses résultats*, th. 1925 ; Lydia Basch, *Le droit et les institutions de la Russie soviétique*, 1923.

(2) Stoyanoff, *Le travail obligatoire en Bulgarie*, Rev. intern. trav., août 1922 ; Nicolaev, *Le travail obligatoire en Bulgarie* (Rev. polit. et parlement. 1923, 1, 56) ; X. *Les résultats du service obligatoire du travail en Bulgarie* (Rev. intern. trav., janv. 1926).

225. — **Mesures législatives contre la fermeture, totale ou partielle, des établissements industriels (droit allemand)** (1). — En dehors des mesures transitoires édictées au cours de la guerre, par le législateur allemand, en vue d'intensifier les fabrications de guerre (cartels obligatoires), et des lois (d'ailleurs suspendues en fait) préparant la socialisation de certaines branches d'industrie (2), la liberté d'action des industries allemandes est étroitement limitée par l'ordonnance du 8 novembre 1920. En vertu de ce texte, les propriétaires ou directeurs d'établissements industriels occupant au moins 20 ouvriers ne peuvent arrêter leur exploitation, ni même, dans ceux occupant plus de 200 ouvriers, réduire la production dans des conditions impliquant le congédiement de 50 ouvriers au moins, sans l'autorisation préalable du *Bureau de démobilisation économique*. Celui-ci peut, d'accord avec les organisations professionnelles intéressées, ordonner toutes mesures propres à assurer la continuité de l'exploitation.

Ces prescriptions, combinées avec le régime des Conseils d'usine, lequel tend à associer le personnel à la gestion des entreprises (v. titre 2, chap. 3, *infra*), ne laissent pas que de porter une atteinte très marquée à la liberté industrielle.

226. — En France, au contraire, depuis la levée des restrictions apportées par la législation de guerre à la liberté du travail (V. *infra*, n° 266), celle-ci subsiste, théoriquement au moins, à la base de notre législation industrielle. Aussi nous paraît-il indispensable, avant de passer en revue les principales lois qui en ont limité la portée et corrigé les abus, d'en faire ressortir tout d'abord les principales conséquences juridiques.

Ces conséquences peuvent se grouper sous les six chefs suivants : égalité du Français et de l'étranger, liberté d'établissement, liberté de fabrication, nullité des conventions attentatoires à la liberté de l'industrie et du travail, liberté de la vente, droit de groupement professionnel.

SECTION PREMIÈRE. — ÉGALITÉ DES TRAVAILLEURS FRANÇAIS ET ÉTRANGERS. EXCEPTIONS AU PRINCIPE : — L'IMMIGRATION OUVRIÈRE RÉGLEMENTÉE (3).

(1) *Rev. du travail* (belge), 1920, p. 1581.

(2) Tardy, *Le problème de la socialisation du droit en Allemagne*, 1921 ; Antonopoulo, *Des dispositions constitutionnelles allemandes relatives à la socialisation des entreprises économiques*, 1923.

(3) BIBLIOGRAPHIE. — Sur la condition des étrangers, envisagée plus spécialement au point de vue industriel, cons. notam., parmi les ouvrages postérieurs à la guerre : Oualid, *L'aspect juridique de l'immigration ouvrière*, broch. 1924, et *L'immigration en France* (Musée social, mai-juin 1927) ; Paon, *L'immigration en*

227. — A lire le préambule de la partie XIII du traité de Versailles, c'est un principe d'égalité absolue entre les travailleurs nationaux et étrangers qui devrait être admis par chaque législation interne et consacré par les traités internationaux.

Cette égalité s'affirme comme le corollaire logique de la réglementation internationale du travail.

L'intérêt bien entendu des Etats se confond d'ailleurs ici, semble-t-il, avec la justice sociale. « L'égalité de traitement apparaît donc comme la solution équitable opportune et idéale. On l'affirme dans l'enthousiasme de la paix revenue et de la solidarité internationale proclamée. On croit pouvoir la réaliser par une sorte de législation universelle proposée à l'agrément des divers Etats adhérents à l'O. I. T. » (1).

Mais la réalité vient vite refréner les enthousiasmes. Au lendemain même de la guerre, on a vu s'affronter les nationalismes antagonistes, et même entre les alliés de la veille, les barrières économiques, loin de disparaître, se sont dressées avec une rigueur nouvelle. Certains Etats, longtemps favorables à l'immigration, l'ont refoulée presque brutalement (législ. des Etats-Unis par exemple), et les législations les plus libérales à l'égard de l'étranger comme la législation française, ont dû édicter à l'égard des immigrants, arrivant en foule sur le sol national pour combler les vides de la guerre, des mesures de protection nationale et de défense, d'ailleurs réduites au strict nécessaire par les traités de travail et d'immigration, conclus au cours de ces dernières années.

Examinons tout d'abord l'immigration sur le plan national, tant en France qu'à l'étranger, puis nous passerons en revue brièvement le régime international instauré par les traités sur la base de la réciprocité.

228. — **Loi française : le principe d'égalité.** — Le principe est l'égalité de traitement. Cette égalité (2), au moins en temps de paix (car en temps de guerre, les sujets ennemis sont frappés d'une

France, préf. d'A. Thomas, 1926, ; Pairault, *L'immigration organisée et l'emploi de la main-d'œuvre étrangère en France*, 1927 ; Pasquet, *Immigration et main-d'œuvre étrangère en France*, 1927 ; — Roger Picard, *L'immigration ouvrière en France* (Rev. des Etudes coopér., oct. déc. 1926) ; Ricard, *L'action internationale dans les migrations ouvrières d'après-guerre* (Rev. pol. et parl., Janv. 1927) ; Lidji et Le Moal, *Manuel de l'étranger en France*, 1927 ; Lachaze, *Le statut juridique de l'étranger en France*, 1928.

(1) Oualid, *L'aspect juridique de l'immigration ouvrière*, *op. cit.*

(2) Dans notre ancien droit, au contraire, nul n'était admis, s'il n'était sujet du roi, à fabriquer un produit quelconque, s'il ne faisait partie d'une corporation reconnue ou n'était investi d'un privilège royal. — Sur la condition des étrangers en France, sous l'ancien régime, cons. notamment : Demangeat, *Histoire de la condition des étrangers en France* ; Weiss, *Traité th. et prat. du droit international privé* ; T. II., *Le droit de l'étranger*, 1898.

interdiction absolue de commerce et leurs biens peuvent même être séquestrés) (1) est la règle pour les commerçants et industriels étrangers (2).

C'est ainsi que les étrangers peuvent, sans avoir à se munir d'aucune autorisation, fonder en France des établissements industriels et commerciaux (non classés), ou établir des succursales et agences dépendant de maisons principales situées à l'Étranger.

229. — **Sociétés étrangères. — Titres étrangers.** — L'on ne saurait considérer comme une entrave sérieuse à la liberté d'établissement d'une maison étrangère, la nécessité, pour une société par actions étrangère, d'être pourvue, pour fonctionner librement en France, de l'autorisation prévue par la loi du 30 mai 1857. Cette autorisation, en effet, *est générale*, c'est-à-dire conférée en bloc *à toutes* les sociétés d'un même pays, et la plupart des puissances ont bénéficié en fait d'un décret de ce genre, la loi de 1857 n'en subordonnant même pas la concession à la condition de réciprocité au profit des sociétés françaises opérant à l'étranger (3).

Il en est de même des prescriptions de la loi du 18 décembre 1919 (art. 9), soumettant à l'immatriculation au registre du commerce toutes les sociétés commerciales étrangères possédant en France des agences et des succursales : simple mesure de publicité dont l'utilité n'est pas à démontrer. Même observation pour les mesures fiscales concernant la circulation des titres étrangers en France (décr. 6 Fév. 1880), ou leur émission sur le marché français (Loi du 30 janv. 1907) (4), et l'assujettissement des sociétés étrangères aux

(1) Décrets des 2 août et 27 septembre 1914 ; Lois du 5 août 1914, 4 avril 1915. Valéry, *De la condition en France des ressortissants des puissances ennemies* (Re. gén. du droit intern. public, 1916, p. 349) ; Reulo, *Manuel des séquestres*, 1916 ; Cassin, *L'interdiction du commerce avec l'ennemi* (Rev. de droit intern. privé, 1918, 45). — Cf. sur le droit de l'étranger, en temps de paix : Fauchille, *Traité de droit international public*, T. I, 1re partie, nos 441 et s., et en temps de guerre ; *ibid*, t. II, n° 1141 et s.

(2) Sur l'état d'infériorité de l'étranger tant en ce qui concerne le droit public que la jouissance de certains droits privés (distinction du *jus gentium* et du *jus civile*), cons. notamment : Weiss, *op. cit.*, et les *Traités de droit international privé* de Despagnet et de Boeck, Surville et Arthuys, etc... V. aussi Dalloz, Rép. prat, V. *étranger*, n° 77 et s., et Lachaze, op. cit.

(3) Sur l'interprétation de la loi de 1857, v. notamment : Weiss, *op. cit.* ; Pic, *Traité des Sociétés*, t. III, nos 2095 et s. ; Dalloz, Suppl. au rép., V° Société, nos 2260 et s. ; Rép. Fuzier-Hermann, V° Société commerc. nos 6.479 et s. V. aussi Pic, notes sous D. 97.2.497, 1909, 2.235 et 1911.1.401.

(4) Sur le régime fiscal des titres étrangers en France : cons. notamment : Besson, *Traité pratique des impôts cédulaires et de l'impôt général sur le revenu* ; Guilhot, *Le régime fiscal des valeurs mobilières et des Sociétés étrangères en France*, 2e éd. 1925, *et Manuel du droit fiscal spécial au notariat*, 1928 ; Pic et Bouvier, *Traité des sociétés commerciales*, T. III, nos 2119 et s., 2e éd., 1926.

Sur les nombreux projets ou propositions de loi tendant à amender la législation des sociétés étrangères en France, cons. Pic, *Traité des Sociétés*, T. III, n° 2088.

taxes qui frappent les sociétés françaises, ou à des taxes équivalentes. (Loi du 28 déc. 1895, lois de finances des 13 avril 1898 et 30 déc. 1916, 13 juill. 1925, 3 août 1926, 30 déc. 1928, 30 mars et 31 juill. 1929). Il suffit en effet de se reporter à ces textes pour constater qu'ils ont eu exclusivement pour but de faire cesser une immunité inacceptable, dont la conséquence était d'assurer aux valeurs étrangères une véritable prime, au détriment des titres français lourdement taxés. A noter cependant une légère surtaxe sur les valeurs étrangères non abonnées, dont les coupons acquittent une taxe sur le revenu de 25 %, au lieu de 18 % seulement imposés aux valeurs françaises (L. 3 août 1926, art. 16) (1).

230. — Propriété industrielle : droit des étrangers : Union internationale. — Il est vrai que nos lois sur la propriété industrielle semblent établir une différence importante entre les Français et les étrangers. Mais ce n'est là qu'une apparence, et il suffit de se reporter à ces lois pour constater que les étrangers résidant en France, même s'ils n'ont pas été autorisés à établir leur domicile en France (C. civ. art. 13), sont en thèse générale assimilés aux Français.

Ne sont dans une position d'infériorité au regard des français que les non-résidents, prétendant introduire en France des produits fabriqués à l'étranger ; et encore convient-il de remarquer qu'à cet égard les Français non-résidents ne sont pas mieux traités que les sujets étrangers. Aussi a-t-on pu dire avec raison que la législation française semble avoir, pour les droits industriels et commerciaux, négligé la nationalité du sujet du droit pour s'attacher à la nationalité de son objet ; elle reconnaît, pour ainsi dire, à cet objet un statut personnel (Weiss, *Traité élémentaire de droit international privé*) (2).

(1) Encore ce taux est-il réduit à 18 % pour certaines valeurs étrangères par la loi du 31 juill. 1929.

(2) En matière de brevets, l'assimilation est complète entre les nationaux et les étrangers (art. 27, 28 L. 5 juill. 1844), il n'existe qu'une seule différence de droit entre les étrangers et les Français, au point de vue du cautionnement imposé par l'art. 47-4° à l'étranger qui requiert la saisie d'objets prétendus contrefaits. Quant aux conditions imposées au breveté étranger qui veut faire protéger son invention en France (art. 29, 31 et 32 2° et 3°), elles sont identiques pour tous les titulaires de brevets étrangers, qu'ils soient ou non de nationalité française.

En ce qui concerne les dessins et modèles de fabrique, les marques de fabriques et de commerce et le nom commercial, les lois des 26 novembre 1873 et 14 juillet 1909 (art.13) posent le principe de la réciprocité législative. Pour nous en tenir aux marques, il ressort de la combinaison des articles 6 de la loi du 23 juin 1857 sur les marques et 9 de la loi de 1873 précitée : 1° Que tout étranger ayant un établissement en France est assimilé aux Français au point de vue des droits que peut lui conférer la marque régulière déposée ; 2° Que tout négociant français ou étranger, peu importe, n'ayant pas d'établissement en France, est soumis en principe à la condition de réciprocité. Mais la condition

231. — Au surplus, dans les rapports de la France avec les Etats signataires de l'Union internationale du 20 mars 1883 pour la protection de la propriété industrielle, ainsi que des conventions postérieures de Madrid (14 avril 1891), de Bruxelles (14 déc. 1910), et de la Haye (1926) (1), toutes ces inégalités plus apparentes que réelles ont disparu ; l'égalité de traitement pour tous les ressortissants des divers Etats signataires est complète, et certains auteurs considèrent même certaines stipulations de l'acte d'union comme susceptibles d'avantager outre mesure les produits de fabrication étrangère.

232. — **Caution judicatum solvi.** — Reste une mesure justifiée dans la pensée de ses promoteurs, par les facilités actuelles de déplacement qui auraient sensiblement diminué, pour les sujets français en contestation avec les étrangers, les garanties moyennes de remboursement des frais et dommages alloués à la partie gagnante. Nous voulons parler de la loi du 5 mars 1895, étendant aux matières commerciales l'obligation imposée par l'art, 16 du Code civil, à l'étranger demandeur, de fournir la caution *judicatum solvi*.

La valeur de cette innovation est très contestée et beaucoup d'auteurs la considèrent plutôt comme une vexation inutile susceptible de provoquer des représailles à l'encontre des français appelés à plaider devant les tribunaux étrangers, que comme une me-

de réciprocité dispense de l'établissement en France, est soumis en principe à la condition de réciprocité. Mais la condition de réciprocité dispense de l'établissement en France, si bien que le bénéfice de la loi française est acquis, sous condition de réciprocité législative ou diplomatique, à de véritables marques étrangères, apposées sur des produits étrangers, fabriqués en pays étranger. Contre ces produits l'industrie française n'était protégée que par les dispositions des articles 19 de la loi de 1857 et 15 de la loi du 11 janvier 1892, relatifs aux fausses indications de provenance. Cons. notre étude sur « l'introduction frauduleuse en France de produits étrangers » (Journ. Clunet, 1900, p. 250 et s.) et notre note sous D. 99.2.200. - Lacour, *Des fausses indications de provenance*, 1904. Cette protection est aujourd'hui renforcée par la loi du 6 mai 1919, amendée le 22 juillet 1927, sur les appellations d'origine.

V. aussi, sur la propriété industrielle en droit international, en dehors des traités généraux ; J. L. Brun, *Les marques de fabrique en droit français, droit comparé et international* (1894) ; Poinsard, *Le droit international conventionnel*, 1894 ; Vidal-Naquet, *Les marques de fabrique et le nom commercial en droit international*, 1898 ; Pillet et Chabaud, *Le régime international de la propriété industrielle*, 1911, p. 14. -- Sur la législation de guerre concernant : les brevets appartenant à des sujets ennemis (L. 27 mai 1915) ou les inventions intéressant la Défense nationale (L. 12 avril 1916), et sur les dispositions du traité de Versailles, du 28 juin 1919, tendant à protéger les industriels alliés (partie 10, sect. I et 7), cons. les *Annales de droit commercial*, 1920, p. 68) (chronique d'Amiaud).

(1) Plaisant et Jacq, *Le nouveau régime international de la propriété industrielle : -- Commentaire de la convention de la Haye de 1926.*

sure de protection efficace. A supposer que la réforme eût sa raison d'être, il convient de remarquer que son efficacité a été presque immédiatement annihilée par l'adhésion de la France à la Convention de la Haye *sur le droit international privé* (Convention du 14 novembre 1896, remplacée par l'acte du 17 juillet 1905). Cette convention affranchit en effet, par son article 11, tous les ressortissants des Etats signataires (15 Etats européens) de l'obligation de fournir la caution *judicatum solvi* devant les tribunaux desdits Etats.

Il convient d'ailleurs de noter que, pour les procès importants entre commerçants de nationalité différente, l'arbitrage de la *Chambre de commerce internationale* tend de plus en plus à se substituer à la procédure judiciaire.

233. — **Travailleurs étrangers. — Lois de protection nationale.** — Si les étrangers de toute provenance sont libres, sous les seules restrictions formulées ci-dessus, de créer ou d'acquérir en France des établissements de commerce ou d'industrie, la même liberté existe pour les travailleurs étrangers de faire concurrence aux travailleurs français et de louer leurs services en France comme ouvriers, commis ou employés de toute catégorie. Les seules dispositions antérieures à la guerre, assez illusoires d'ailleurs pour la plupart, susceptibles de restreindre la liberté d'embauchage, soit au regard du salarié, soit au regard de l'employeur français ou étranger, résultaient de la combinaison des textes suivants : loi du 21 mars 1884, sur les syndicats professionnels (art. 4 exigeant la nationalité française des administrateurs) — ; décret du 2 octobre 1888 sur la déclaration de résidence des étrangers — ; loi du 8 août 1893, relative au séjour des étrangers en France — ; décrets du 10 août 1899 sur les conditions du travail dans les marchés des travaux publics.

Nous ne citons que pour mémoire : *a*) la loi du 3 décembre 1849 sur l'expulsion des étrangers, cette loi n'ayant d'autre but que de régler l'exercice d'un droit régalien de l'Etat, justifié par des considérations évidentes d'ordre public et de défense nationale (1) ; *b*) La loi du 16 juillet 1912 sur l'exercice des professions ambulantes

(1) Sur la législation française et étrangère relative à l'expulsion des étrangers, cons. notamment : Martini, *L'expulsion des étrangers*, 1909. — Sur la législation relative aux passeports (décr. 23 messidor an III) encore en vigueur, bien que rarement appliqués en France avant la guerre, cons. notam. Dalloz Rép. Prat., v. *Passeport* ; Berthélemy, *Droit administratif* p. 335. — Il est évident que la remise en vigueur dès le début de la guerre, en France comme dans tous les autres pays européens, du régime des passeports, et son maintien depuis le rétablissement de la paix, permettent dans une certaine mesure de régulariser l'immigration étrangère.

et la circulation des nomades, basée également sur des motifs de sécurité publique (1) ; c) La loi du 9 avril 1898 sur les accidents du travail, dont l'article 3 *in fine*, bien que conçu dans un esprit de faveur pour les ouvriers français, a eu cette conséquence paradoxale, par suite du rejet du principe de l'assurance obligatoire, de créer une prime indirecte à l'embauchage des ouvriers étrangers (v. *infra*, tit. II, ch. 1er sect. 3) ; d) La loi du 5 avril 1910 sur les retraites ouvrières et paysannes, qui pose également dans son article 11 le principe de la réciprocité. Cf. loi du 5 avril 1928, sur les assurances sociales, art. 2 (salariés étrangers assurés, mais privés du bénéfice des allocations) (2).

234. — Nous aurons l'occasion de revenir, chemin faisant, sur ces diverses dispositions. Il nous suffira d'exposer ici, brièvement, les mesures de contrôle et de police auxquelles sont assujettis les étrangers qui viennent s'établir en France : mesures très anodines avant la guerre, sensiblement plus rigoureuses depuis 1914.

Avant la guerre, l'étranger non admis à domicile, arrivant dans une commune française pour y exercer une profession, un commerce ou une industrie était simplement tenu de faire à la mairie, dans les huit jours, une déclaration de résidence, en justifiant de son identité. Sa déclaration était consignée sur un registre d'immatriculation (Décr. de 1888, L. du 8 août 1893) (2).

Dès le début de la guerre, cette surveillance s'accentua (décr. du 2 avril 1917 sur la carte d'identité et du 21 avril 1917 sur le recrutement des travailleurs étrangers). Sa sévérité s'accrut même dans les années qui suivirent l'armistice en raison de l'afflux considérable de la main-d'œuvre étrangère, à laquelle la France dut recourir pour combler les vides énormes creusés par la guerre de

(1) Cf. décret réglem. du 16 Fév. 1913, amendé le 7 juillet 1926. — Challier, *La nouvelle loi sur la circulation des nomades*, 1913.

(2) Signalons également ici, d'un mot ; l'art. 9 de la loi des finances du 30 juillet 1913, appliquant aux commis-voyageurs de nationalité étrangère le principe de la réciprocité, au point de vue de la patente et autres taxes ; — les lois des 8 oct. 1919 et 2 août 1927, sur la carte obligatoire d'identité professionnelle des voyageurs et représentants de commerce ; les prescriptions de nos lois sur l'inscription maritime, la pêche et la nationalité des navires, assurant aux marins français un régime de faveur ; — l'article 1er *in fine* de la loi du 15 juillet 1893 sur l'assistance médicale gratuite posant le principe de la réciprocité diplomatique : l'art. 1er de la loi du 14 juillet 1905 réservant aux seuls nationaux le bénéfice des pensions instituées par cette loi au profit des vieillards et infirmes indigents, la loi du 12 juillet 1909 sur le bien de famille (*homestead*), dont le bénéfice ne peut être réclamé que par les étrangers admis à domicile (art. 1er) ; l'art. 26 de la la loi du 16 oct. 1919, réservant aux seuls français le bénéfice des concessions d'énergie hydraulique ; la loi du 22 juillet 1923 sur l'encouragement national aux *familles nombreuses*, de *nationalité française*.

1914-1918 dans la population active, et reconstituer les régions dévastées.

235. — Loi sur la protection du travail national : carte d'identité. — La loi du 11 août 1926 sur la protection du travail national et la série des décrets ou des dispositions insérées dans les lois de finances sur la carte d'identité des étrangers convergent toutes vers un même but ; protéger la main-d'œuvre nationale contre l'immigration ouvrière en surnombre.

Aux termes de la loi du 11 août 1926, modificative des articles 64 98 et 172 C. Trav. liv. II, il est interdit à toute personne d'employer un étranger non muni de la carte d'identité d'étranger, délivrée conformément aux dispositions réglementaires en vigueur et portant la mention « *travailleur* ». Lorsque cette carte est délivrée pour la première fois, elle doit porter l'indication et la date du *contrat de travail* sur le vu duquel ladite carte a été délivrée.

Il est interdit d'occuper dans une autre profession le travailleur étranger auquel la carte d'identité aura été délivrée en vue de son emploi dans une profession déterminée, à moins qu'une année ne soit écoulée depuis la délivrance de cette carte ou qu'il ne soit porteur d'un certificat délivré par un Office public de placement (1).

Il est interdit à tout employeur d'embaucher directement ou par intermédiaire un travailleur étranger encore engagé dans les liens du contrat de travail en vertu duquel il a été introduit en France (3).

Tout employeur de travailleurs étrangers est tenu de les inscrire dans le délai de 24 heures suivant leur embauchage sur un registre spécial. Pénalités : amende correctionnelle de 500 à 1.000 frs pour chaque contravention constatée: — Il convient de noter que cette expression générique « travailleurs étrangers » vise tous les salariés, manuels ou intellectuels, quel que soit leur degré dans la hiérarchie ; depuis les directeurs, ingénieurs, ou contre-maîtres jusqu'aux simples manœuvres. Seuls les travailleurs autonomes échappent aux prescriptions de la loi de 1926, mais ils doivent se munir d'une carte d'identité.

236. — Les dispositions réglementaires relatives à la *Carte d'identité* (décr. des 9 sept. 1925, 30 nov. 1926, 20 janv. et 25 nov. 1927,

(1) Sur le rôle important assigné aux offices publics de placement dans la répartition de la main-d'œuvre, v. Perret, *Du rôle moderne des offices de placement*. (Quest. prat. 1927, p. 49).

(2) Sur le débauchage de la main-d'œuvre étrangère, v. Pouillot, *Réforme sociale*, Mai-juin 1925.

20 janvier 1928, 17 avril et 10 juillet 1929, lois de finances des 19 déc. 1926, 26 mars 1927 et 30 mars 1929) peuvent se résumer ainsi qu'il suit : « Tout étranger âgé de plus de quinze ans, devant résider en France plus de deux mois, est tenu, dans les 48 heures de son arrivée, de se présenter au Commissariat de police ou à défaut à la Mairie de sa résidence pour y faire une demande de carte d'identité (Suit la liste des pièces à produire).

En cas de changement de domicile, l'étranger doit dans les 48 heures faire viser sa carte à la mairie ou au commissariat de police de son nouveau domicile. Valable pour deux ans, la carte d'identité vaut permis de séjour. En cas de refus ou de retrait de la carte, l'étranger doit quitter le territoire français dans un délai de 8 jours.

Les travailleurs étrangers qui se présentent à l'un des bureaux d'immigration ou postes-frontières, munis d'un titre d'embauchage reconnu valable, dans les conditions prévues par les instructions des Ministères du travail ou de l'Agriculture, sont pourvus par les soins du Commissariat spécial de la frontière, d'un sauf-conduit qui leur sert pour se rendre à la localité où ils ont un emploi (Le tout, sous réserve de l'application des règlements sanitaires et de police).

Dans les 48 heures de leur arrivée dans cette localité, les travailleurs étrangers doivent signaler leur présence au commissariat de police ou au maire et leur fournir les pièces nécessaires pour l'établissement d'une carte d'identité régulière, qui ne leur est délivrée qu'après enquête favorable de la Préfecture.

Tout étranger muni d'une carte d'identité de travailleur agricole devra, s'il devient travailleur industriel, demander préalablement sa nouvelle carte.

Les propriétaires, hôteliers, logeurs, doivent signaler dans les 24 heures au commissariat de police ou au maire la présence des étrangers habitant leurs immeubles.

237. — A l'occasion de la délivrance ou du renouvellement de la carte d'identité, il est payé un droit de 100 francs. Cette taxe est réduite à 20 francs pour certaines catégories d'immigrants (travailleurs, salariés, étudiants, etc....).

Les infractions aux dispositions précédentes sont passibles des peines prévues à l'art. 471 alinéa 15 C. Pén., sans préjudice du droit d'expulsion qui appartient au Ministre de l'Intérieur en vertu de la loi du 3 décembre 1849.

238. — **Organismes chargés du contrôle de l'immigration.** — Ce contrôle se partage entre plusieurs Ministères : Affaires étrangères pour la négociation des traités d'immigration (V. *infra*), Ministère de l'Intérieur chargé de la surveillance et de la police

des étrangers ; Ministères économiques du travail et de l'Agriculture pour la répartition rationnelle de la main-d'œuvre étrangère, et le contôle de son emploi (bureaux d'immigration et postes de dépôt aux frontières, services sanitaires, etc...).

C'est à la commission internationale de l'immigration, siègeant au Ministère des affaires étrangères, et au *Conseil national de la main-d'œuvre* (Décr. 7 avril 1925), qu'il appartient d'établir la liaison entre les divers Ministères intéressés, et de coordonner les mesures édictées en vue de contrôler et de canaliser la main-d'œuvre (1).

Sur l'utilité que présenterait la création, aux Affaires étrangères ou au Travail, d'un Office national de la main-d'œuvre doté de l'autonomie financière et jouissant de pouvoirs très étendus, v. Paon, *op. cit.* p. 157 et s. Sur le contrôle de l'immigration collective organisé par certains traités récents, v. *infra*, n 249.

239. — Législations étrangères. — (2) D'une manière générale, le contrôle de l'immigration est, depuis quelques années tout au moins, sensiblement plus rigoureux à l'étranger qu'il ne l'est en France. Presque tous les Etats étrangers, à l'exception peut-être de la Belgique (3), soumettent les travailleurs étrangers à un contrôle sévère, tant par mesure de police générale que dans une pensée de protection pour les nationaux.

Jusqu'en 1920, la législation italienne était très libérale à l'égard des ouvriers étrangers, d'ailleurs peu nombreux, l'Italie étant en raison de sa population surabondante un pays d'émigration. Mais, depuis l'avènement en 1922 du régime fasciste, les mesures de police et la surveillance rigoureuse de la frontière apportent un

(1) Aux termes du décr. du 7 avril 1925, *le Conseil national de la main-d'œuvre*, rattaché à la Présidence du Conseil, est appelé à donner son avis sur les mesures tendant : 1° à assurer par la coordination des services de placement l'utilisation et la répartition de la main-d'œuvre disponible sur le marché du travail ; 2° A régulariser et à contrôler le recrutement, l'introduction et les conditions d'emploi de la main-d'œuvre coloniale et étrangère. En ce qui concerne la main-d'œuvre coloniale, v. décr. du 4 avr. 1928 sur l'immigration des travailleurs indigènes algériens. — Cf. Oualid, *Doc. du trav.*, Oct. 1927. L'exode des travailleurs marocains est strictement réglementé par un dahir du 24 sept. 1924.

Le Conseil est à base paritaire. Il comprend 2 sénateurs, 4 députés, 6 représentants des patrons, 6 représentants des ouvriers et un représentant de chacun des Ministères suivants : Travail, Agriculture, Intérieur, Affaires étrangères, Colonies, Travaux publics.

(2) Pour l'étude détaillée des législations étrangères, cons notamment : — *Emigration et Immigration* (Législation et traités) public. du B. I. T. 1922, et chronique des migrations (public. annuelle) ; Paon, *op. cit.* p. 85 et s.

(3) Isbecque, *Condition des étrangers en Belgique* (Bull. Soc. de législ. comparée, 1920, 164).

sérieux obstacle à l'immigration des travailleurs étrangers en Italie, exception faite pour les travailleurs qualifiés réclamés par les industriels italiens. L'émigration est elle-même étroitement surveillée et contrôlée par le Commissariat général de l'émigration italienne, rattaché au ministère des Affaires étrangères, qui a dans ses attributions tout ce qui a trait à la politique d'émigration (1) ; préparation des accords internationaux, tutelle étroite des émigrants italiens à l'étranger, afin de maintenir le lien d'allégeance qui les unit à la mère-patrie, surveillance des services d'émigration, transports, hygiène, etc...

240. — Certains États européens (2) ont, depuis longtemps, établi une véritable barrière défensive à l'égard des étrangers. C'est ainsi qu'en *Russie*, aux *Pays-Bas*, (Loi 13 août 1847) (3), au *Danemark* (L. 15 mars 1875), et dans certains cantons *Suisses* (Genève notamment), les étrangers doivent tous se munir *d'un permis de séjour ; qu'en Norvège*, le travail dans les Mines est monopolisé, au profit des nationaux, sauf autorisation spéciale du Gouvernement (Loi d'avril 1906, *Clunet*, 1907.254) ; qu'en *Suède*, ainsi que dans plusieurs cantons suisses (Genève, L. du 8 mars 1879) les étrangers qui veulent fonder un établissement commercial sont astreints au régime de l'autorisation préalable ou *permis d'établissement*.

Ces permis de séjour ou d'établissement sont rarement gratuits. Ainsi, en Suisse, et surtout en Russie (4), les permis de séjour affectent tous les caractères d'une taxe déguisée sur les immigrants. Dans les cantons suisses des Grisons et de St-Gall (5), ainsi qu'au Danemark, l'ouvrier qui ne trouve pas de travail dans un délai déterminé (huit ou dix jours) est expulsé du territoire (Blanc, op. cit., p. 178).

(1) Pairault, *La politique italienne d'immigration* (Rev. pol. et parl., n° de décembre 1927).

(2) Certains pays extra-européens, naguère encore hostiles aux étrangers, sont entrés par contre dans une voie libérale. Il en est ainsi particulièrement du *Japon*. — Nagaoka, *Condition juridique des étrangers au Japon*, 1907. — La situation anarchique de la *Chine* jusqu'à ces derniers temps ne permet de formuler encore aucun pronostic certain sur le traitement réservé en Chine, en dehors des concessions européennes (dont le maintien même est mis en question), aux travailleurs européens. Il est probable d'ailleurs que si le gouvernement de Nankin se raffermit, les puissances européennes ne feront droit à ses réclamations concernant l'exterritorialité des concessions qu'en échange d'accords précis, réglant les conditions d'établissement des Européens en Chine.

(3) Cf. Loi du 29 avril 1901 sur l'immigration aux Indes hollandaises (Bull. Soc. Lég. comp., 1901, p. 51).

(4) Les mesures prises contre les étrangers par la Russie tzariste ont encore été aggravées par la Russie des Soviets.

(5) Hirsch, *Les étrangers en Suisse* (Re. d'Econ. polit., 1919, p. 41).

241. — En Allemagne, le régime varie selon les Etats. Tous assujettissent l'étranger à des mesures de police minutieuses. Certains les soumettent à des taxes plus ou moins déguisées. Les marchands ambulants étrangers en particulier sont lourdement frappés.

En dehors des taxes d'Etat, et des mesures de police, les ouvriers étrangers qui cherchent du travail en Allemagne, sont assujettis à un régime uniforme pour tout le Reich institué par l'ordonnance du 2 janvier 1926 (1).

Les ouvriers étrangers ne peuvent être engagés ou employés que dans les postes de travail pour lesquels l'Office d'Etat ou l'autorité désignée par lui autorise leur emploi.

Les ouvriers étrangers qui viennent pour la première fois en Allemagne ne peuvent être engagés dans une place accessible aux étrangers, d'après le § 1er, que s'ils sont en possession : a) d'un bulletin de voyage délivré dans un bureau frontière de la *Deutsche Arbeiterzentrale* ; b) d'un passeport pourvu d'un permis d'entrée. — L'employeur est tenu de délivrer à l'ouvrier étranger, à l'expiration de son contrat de travail, une déclaration portant qu'il n'a rien à objecter contre son emploi dans un autre poste. Les ouvriers agricoles étrangers ne peuvent être admis dans les entreprises non agricoles, qu'avec l'autorisation spéciale de l'Office de placement d'Etat compétent pour le nouveau poste (2).

242. — D'autre part, dans la majorité des Etats européens, les *voyageurs de commerce* étrangers sont frappés de taxes très lourdes. Toutefois, le principe de réciprocité posé dans la loi française du 30 juillet 1913 permet à notre gouvernement d'user de représailles si des modérations de taxes ne sont pas accordées.

Ajoutons qu'un grand nombre de législations interdisent le colportage aux commis-voyageurs étrangers, lesquels ne peuvent être porteurs que d'échantillons, sous des sanctions très rigoureuses. — Cf. *Loi autrichienne* du 25 janv. 1902 (*Clunet*, 1903-100).

243. — Il n'est pas jusqu'à *l'Angleterre*, terre d'élection des exilés politiques, qui ne se soit départie de son libéralisme traditionnel

(1) *Quest. pratiquees*, 1926 p. 125 et s.

(2) Signalons ici qu'aux termes de l'art. 276 du traité de Versailles du 28 juin 1919, l'Allemagne s'est engagée : 1° A n'imposer aux ressortissants des puissances alliées ou associées, en ce qui concerne l'exercice des métiers, professions, commerces ou industries, aucune exclusion qui ne soit pas également applicable à tous les étrangers sans distinction 2°, A ne soumettre ces ressortissants, leurs biens, droits ou intérêts, y compris les sociétés dans lesquelles ils sont intéressés, à aucune taxe autre ou plus élevée que celles imposées aux sujets allemands.

et qui n'ait cru devoir, par l'*Aliens Act* du 11 août 1905, prendre contre l'immigration des travailleurs étrangers des mesures assez rigoureuses, se rattachant à une pensée évidente de protectionnisme ouvrier (1).

La loi anglaise de 1905 était manifestement inspirée des lois sur l'immigration, édictées antérieurement par les grandes colonies britanniques autonomes (Australie, Canada, etc.). (2) et par les Etats-Unis d'Amérique.

244. — Les lois fédérales de ce dernier état sont particulièrement rigoureuses. Non contents d'arrêter par des mesures draconniennes l'invasion chinoise, (Loi fédérale du 17 mars 1894), et de limiter celle des Japonais, les Etats-Unis ont progressivement assujetti à une règlementation très stricte (Lois féd. 1907, 1917-1921-1924), l'immigration européenne. L'objectif très net des lois de 1921 et 1924 est non seulement de restreindre l'afflux des immigrants, mais aussi de protéger la race en favorisant l'immigration anglo-saxonne au détriment des Latins et des Slaves. En limitant le taux d'admission des immigrants de chaque nationalité à 2 % du nombre des étrangers de même origine établis aux Etats-Unis au moment du recrutement de 1890 (époque où les immigrants anglais ou irlandais étaient beaucoup plus nombreux qu'aujourd'hui), le législateur américain a évidemment favorisé l'apport ethnique britannique (3).

(1) Aux termes de la loi anglaise du 11 août 1905, les navires d'émigrants ne peuvent débarquer leurs passagers que dans certains ports : des agents du gouvernement placés dans ces ports ont le droit de s'opposer au débarquement des émigrants aliénés, malades, condamnés pour crime de droit commun *ou dépourvus de tous moyens d'existence* (indésirables). Est considéré comme navire d'émigrants celui qui a plus de vingt passagers d'entrepont. Henrique, *L'Aliens act anglais* (Rev. de dr. intern. privé, 1907. 340. et 1908. 47) ; Monnier, *Les indésirables*, 1908. Depuis la cessation des hostilités, le mouvement de défense ouvrière contre les travailleurs étrangers tendrait plutôt à s'accentuer. — Pépin, *Situation des étrangers en Angleterre*, (Bull. Soc. comp., 1920. 85).

(2) Loi canadienne de 1897 amendée en 1901 (Bull. de l'Office intern. de Bâle, 1902. 51) ; *Immigration restriction act* australien de 1901, amendé le 14 décembre 1908 (ibid 1909. XXIII). Cf. Loi sud-africaine du 16 juin 1913.

(3) Sargent, *Problems of immigration* (Annals of American Academy Philadelphie, juill. 1904- ; Jusserand, *Immigration aux Etats-Unis* (Clunet, 1904, 75) ; Dewarin, *La législation sur l'immigration aux Etats-Unis*, (Rev. pol. et parl., 1918. 1.323) ; Wurtz, *La question de l'immigration aux Etats-Unis, son état actuel*, 1925. — Sur les mesures édictées contre les Chinois et les Japonais, cons. : Pan-Nai-Wai, *L'immigration asiatique aux Etats-Unis*, Th. 1926 ; Des Rotours, *L'immigration japonaise aux Etats-Unis* (Réf. Soc. sept. oct. 1924). Sur l'intensité décroissante des migrations anglo-saxonnes d'Europe en Amérique, V. Gonnard, *Essai sur l'histoire de l'émigration*, 1 v. in-8, 1928.

245. — L'afflux des ouvriers étrangers en France. — Réformes législatives proposées. — Des documents relatés ci-dessus, il ressort que la France est l'un des pays civilisés dans lesquels, même depuis les lois et règlements récents, l'immigration ouvrière comporte le moins d'entraves de fait ou de droit. Cette situation n'est-elle pas sans péril ?

Il est un fait certain ; c'est que, depuis un demi-siècle, l'immigration étrangère s'est accrue en France dans des proportions inusitées, si bien qu'à l'heure actuelle notre pays vient immédiatement après les Etats-Unis d'Amérique, avant même le Canada, le Brésil et l'Argentine, dans la liste des pays d'immigration massive.

Depuis le milieu du siècle dernier, le nombre des étrangers établis en France a décuplé. Il était de 300.000 à peine en 1850 et atteint aujourd'hui (1929) près de 3 millions (1), sur une population totale de 40 millions d'habitants. Et ce qu'il y a de plus grave, c'est que dans certaines régions de la France, dans les départements agricoles dépeuplés du Sud-Ouest (2), dans les départements-frontière, dans la banlieue parisienne et dans certaines villes industrielles, l'élément indigène est presque submergé par ce flot disparate et trouble de travailleurs venus de tous les points de l'Europe : d'Italie, d'Espagne, de Pologne, de Tchécoslovaquie, voire même de l'Afrique du Nord, et de l'Extrême-Orient (3).

246. — N'y-a-t-il pas là une situation anormale et périlleuse ? Ne conviendrait-il pas de protéger plus efficacement le travail national, notamment par un système de taxes, assez élevées pour établir l'égalité entre les ouvriers de toute nationalité travaillant sur notre territoire, assez modérées pour éviter à nos émigrants des représailles, et pour ne pas éloigner de France l'appoint d'ou-

(1) En 1901, l'on dénombrait en France, 1.037.778 étrangers. On en comptait 1.550.000 en 1921 et 2.845.000 en 1925 (chiffres donnés par M. de la Rochefoucault, *La campagne abandonnée* (Rev. des Deux-mondes, 15 août 1928). Le chiffre officiel du recensement de 1926 est sensiblement inférieur (2.498.230) ; mais, d'après l'opinion générale, il serait sensiblement intérieur à la réalité. Malgré les mesures prises lors de la crise de chômage de 1927 pour enrayer l'immigration, la progression s'est poursuivie, quoique plus lentement. Il semble donc qu'à la fin de 1929, le chiffre de 3 millions, dans lequel les travailleurs salariés comptent pour plus des trois-quarts, ne soit pas exagéré : dans ce chiffre, figurent 900.000 italiens, 470.000 espagnols, 460.000 belges.

(2) M. Rémond, *L'immigration intalienne dans le Sud-Ouest de la France*, 1. v. in-8, 1927 ; Naudeau, *Enquête sur la population de la France* (Illustration, n°° Janv. Août 1929).

(3) Palewski, *L'immigration en France depuis la guerre et la main-d'œuvre étrangère*, 1927 ; Ricard. *Migrations ouvrières d'après-guerre* (Rev. pol. et parl. janvier 1927). — Cf. Liesse, *Les problèmes actuels de la population en France et l'immigration étrangère* (Econ. Fran. 1925. I. 385) ; Oualid, *L'immigration ouvrière en France et ses causes* (Rev. d'Econ. polit., nov. déc. 1928).

vriers étrangers dont notre industrie ou notre agriculture pourraient avoir besoin ?

Avant la Grande Guerre, l'opinion publique et le Parlement lui-même étaient des plus hésitants.

Plusieurs économistes autorisés voyaient dans l'immigration un moyen de maintenir et même d'accroître les forces productrices d'un pays de natalité nettement déficitaire (1).

La majorité des parlementaires, au contraire, impressionnée par les protestations de la classe ouvrière, s'efforçait d'élever, à l'encontre de ce flot grandissant des immigrants, une barrière solide, une sorte de digue protectrice. Les uns proposaient de percevoir directement une taxe sur les travailleurs étrangers (2) ; les autres de taxer l'employeur et de supprimer ainsi l'avantage pécuniaire que l'embauchage au rabais de salariés étrangers pouvait lui procurer (3) ; d'autres, enfin, de limiter l'emploi de la main-d'œuvre étrangère sur les chantiers français, et d'édicter en même temps un salaire légal minimum identique pour tous les salariés (4).

Aucune de ces propositions ne put aboutir. A plusieurs reprises, la Commission du travail de la Chambre se déclara hostile à tout système de taxation. Elle rejeta (Rapp. Mas, 24 nov. 1903, n° 1.322) la taxe directe sur l'étranger, tant en raison de ses dificultés de perception que de nos engagements internationaux (5). Elle écarta également la taxe sur l'employeur, par crainte de représailles à l'encontre des Français établis à l'étranger, dont le nombre est considérable, (près d'un million, disséminés dans le monde entier), et qui sont pour la France une force économique et un élément d'influence non négligeables (6). Quant à la fixation d'un pourcentage maximum d'étrangers, déjà admise par les décrets Millerand de 1899 pour les entreprises de travaux publics, il n'a pas paru possible d'en étendre le principe à la généralité des entreprises pri-

(1) Paul Leroy-Beaulieu, *Econom. Français*, oct. 1895.

(3) Propos. Brice, 18 juillet 1898. Ch., *doc. parl.* n° 212.

(3) Propos. Grosjean, 14 Oct. 1902, Ch. *doc. parl.* n° 312.

(4) Propos. Coutant, 27 juin 1901, reproduite le 22 nov. 1910, Ch. *doc. parl.*, n° 438.

(5) Les pays avec lesquels nous avons conclu des traités d'établissement ou des traités de commerce assimilant leurs ressortissants aux nationaux en matière fiscale, ou qui bénéficient de la clause de la nation la plus favorisée, n'auraient pu y être assujettis ; or ils sont au nombre de plus de 30 (Paon, *op. cit.* p. 40) Seule la carte d'identité délivrée contre versement d'un modeste droit de statistique a pu être instituée sans soulever de réclamations ; elle est d'ailleurs actuellement exigée dans presque tous les Etats.

(6) L'importance de ce facteur vient d'être mise en relief par le *Congrès des français à l'étranger*, organisé en Octobre 1928, à Paris, par la Ligue Maritime et Coloniale.

vées, encore moins de généraliser le régime du salaire légal minimum, qui, nous le verrons plus loin, soulève les objections les plus graves.

247. — Il est certain d'ailleurs, que, par suite du déficit énorme creusé par la guerre dans les rangs de notre population active, de la nécessité d'une main-d'œuvre d'appoint pour la reconstruction des régions dévastées, vu la faible natalité française (1), par suite également des augmentations de personnel, nécessitées par l'application de la loi de 8 heures, la main-d'œuvre étrangère ne constitue pas en temps normal une concurrence redoutable pour les travailleurs français. La France, comme nous le verrons plus loin, (nos 1.441 et s.) est l'un des pays du monde où le chômage est le plus faible ; même au plus fort de la crise de 1927 (Février-Mars) le nombre des chômeurs complets secourus par les fonds de chômage n'a pas dépassé le chiffre de 100.000 (2), alors qu'à la même époque les chômeurs se chiffraient par millions en Angleterre et en Allemagne. Il a suffi de l'arrêt pendant quelques mois, par mesure administrative, de l'immigration collective, et du refoulement de quelques milliers d'ouvriers étrangers dont le contrat était expiré, pour rétablir l'équilibre et ramener dans le mois de juin 1927 le nombre des chômeurs à un chiffre insignifiant (3).

248. — **Une politique d'immigration.** — Est-ce à dire que la politique française à l'égard des étrangers doive être purement négative ? Assurément non ; nous devons avoir au contraire, comme la plupart des pays qui nous entourent, l'Italie et l'Allemagne, en particulier, une véritable politique d'immigration. Avec MM. Oualid, Paon (4), etc... nous estimons que, si la France doit s'efforcer de s'assimiler les éléments sains qui nous viennent de l'étranger, notamment par une législation libérale sur la naturalisation (5), elle n'en doit pas moins, dans l'intérêt même de la préservation de la race et de la sécurité publique, se défendre énergiquement, comme le font les Anglo-Saxons, contre les indésirables.

(1) Sur les mesures prises en France pour encourager la natalité et venir en aide aux familles nombreuses, v. n° 1451, *infra*.

(2) R. Picard, *Le mouvement ouvrier* (Rev. d'écon. polit., 1928, p. 971).

(3) Interpell. à la Chambre sur la crise du chômage (Bull. Minist. trav. 1927, p. 75). — Cf. Oualid, Rev. d'Econ. polit., 1928, p. 97).

(4) Oualid, *Les problèmes internes de l'immigration* ; Paon, *L'immigration en France*, p. 107 et s.

(5) Notre nouvelle loi sur la *nationalité*, du 10 août 1927, est nettement conçue dans cet esprit. — Lambert, *Une politique de naturalisation* (Quest. prat. 1927, p. 1 et s.).

D'utiles emprunts pourraient être faits à la législation américaine, par exemple, au sujet des mesures tendant à nous préserver, par une surveillance plus stricte à la frontière, des repris de justice, des illettrés, des malades, voire des personnes appartenant à des catégories professionnelles notoirement encombrées (1). Il conviendrait également de modifier les conditions dans lesquelles les étrangers bénéficient de nos œuvres d'assistance sans réciprocité réelle, et d'en mettre les frais à la charge des employeurs qui les introduisent en France (2).

L'emprise des étrangers sur le sol français, notamment dans les départements frontière et dans le Sud-Ouest, emprise facilitée par le change élevé dont bénéficient certains pays d'Europe et d'Amérique, ne laisse pas que de préoccuper également le législateur. D'où l'inscription, dans le projet gouvernemental du 27 janvier 1920, d'une disposition conférant au gouvernement le droit de réglementer par des mesures spéciales, individuelles ou collectives, l'accès ou le séjour les étrangers dans certaines zones ou localités déterminées par décret. De plus, les étrangers ou personnes morales étrangères (sociétés, associations, etc.) ne pourraient acquérir la propriété ou l'usufruit d'immeubles, dans les départements frontière, sans autorisation spéciale accordée par décret. Malgré le vote favorable de la Chambre (6 nov. 1922), il est peu probable que ce texte soit définitivement adopté, à raison des représailles qu'il provoquerait à l'encontre des intérêts français à l'étranger, bien que nombre de législations (Etats-Unis, Pologne) contiennent des mesures restrictives analogues (3).

249. — Le régime des accords internationaux. — Mais le problème de l'immigration dépasse de beaucoup l'horizon national. Aussi est-ce dans la voie des accords internationaux, frayée dès 1904 par le

(1) Sur tous ces points, des progrès importants ont été réalisés par les règlements de 1926 et 1927 (Pairault, *L'immigration organisée* : Lachaze, *op. cit.* : Bull. minist. trav. 1927 p. 45 et s.). En ce qui concerne la *main-d'œuvre coloniale*, v. Antonelli (Quest. prat., 1926, p. 5 et s.). Mais il resterait à coordonner toute cette réglementation un peu touffue. — Un projet déposé en ce sens par le Gouvernement en 1920 (Ch. 27 janv. 1920, *doc. parl.* n° 248, rapp. Escudier, 15 janv. 1926, Ch. *Doc. parl.*, n° 3.028), est toujours en suspens.

(2) Cf. Propos. *Godart*, tendant à établir une taxe sur le contrôle sanitaire et une taxe d'assistance sur les étrangers (Ch. 14 janv. 1926, *doc. Parl.*, n° 2.385) ; Gouachon et Mouret, *Manuel pratique d'assistance*, 1925, p. 513.

(3) Witemberg, *La protection de la propriété immobilière des étrangers* (Journ. Clunet, 1928, p. 566). Une mesure qui, sans avoir la même gravité, aurait cependant son utilité, serait l'adoption du projet récemment déposé par le gouvernt (Juillet 1928) rendant obligatoire, dans les ventes et baux d'immeubles, la déclaration de nationalité des parties (Juris-class., Rec. civ. et notarial, n° 5 août 1928, p. 453).

premier traité de travail franco-italien, largement ouverte par le traité de Versailles (v. *supra*, nos 183 et s.) et par nos récents traités d'immigration et de travail franco-polonais, franco-italien, franco-tchécoslovaque, franco-belge (1), qu'il convient de chercher la solution la plus adéquate de ce problème si complexe de l'immigration étrangère.

De tous ces accords, le plus complet est l'accord franco-polonais, qui règle dans le détail l'organisation de l'émigration collective des Polonais en France, et détermine avec précision les attributions de la *Commission consultative* instituée par le traité, qui siège alternativement à Paris et à Varsovie. Cette Commission est chargée : 1° de fixer d'un commun accord le nombre et la catégorie de travailleurs qui pourront faire l'objet d'un recrutement collectif, de manière à ne nuire ni au développement économique de la Pologne ni aux travailleurs français ; 2° de déterminer les régions de Pologne où le recrutement pourra être opéré et les régions de France sur lesquelles les équipes pourront être dirigées.

Supprimant les rivalités ouvrières de pays à pays, substituant aux conflits actuels entre le travail national et la main-d'œuvre étrangère un état d'équilibre stable, la règlementation internationale du travail par la voie diplomatique peut devenir un des facteurs les plus puissants de cette paix sociale dont le Bureau international du travail de Genève s'est, dans le cadre de la Société des Nations, constitué le champion (2).

SECTION II. — **Liberté d'établissement**

250. — Il n'appartient à l'*autorité municipale*, en principe, ni d'assigner un emplacement ou un quartier aux diverses industries

(1) Sur le traité franco-italien du 30 septembre 1919 (et les arrangements des 22 Mai et 4 Juin 1924), le traité franco-polonais du 7 septembre 1919 (et les accords des 17 avril 1924, 3-20 fév. 1925 et 14 mars 1928), le traité franco-tchécoslovaque du 20 mai 1920, le traité franco-belge du 23 décembre 1924, etc., v. *Bull. Minist. trav.* 1925, p. 205 et s. ; Nogaro, *Les récentes conventions d'émigration* (Rev. pol. et parl. oct. 1920) ; Rouillon, *Les traités de travail*, 1925 ; Legouis, *Les problèmes d'immigration devant l'économie mondiale* (Rev. écon. intern., oct. 1926). Li-kou-tsaï, *Réglementation internationale de l'immigration*, th., 1928.

(2) Les heureux effets de cette internationalisation des mesures contre le chômage risqueraient toutefois de ne pas se produire si certaines nations faisaient preuve, dans leur désir de protéger leurs émigrants au dehors et de les maintenir coûte que coûte dans l'allégeance nationale, d'un nationalisme exagéré. La Conférence nationale de l'émigration et de l'immigration, tenue à Rome en 1924, n'a pas complètement échappé à cet écueil (*Rev. du trav.* belge, 1924, p. 1431 ; Paon, p. 109 ; *Les Gouvernements européens et l'émigration* (Rev. intern. du trav., avril-mai 1924). — Sur le Congrès international de l'émigration

(1), ni de déterminer les *heures* d'ouverture et de fermeture des fabriques, ni de subordonner à la nécessité d'une autorisation, ou même d'une simple déclaration, soit l'établissement, soit même le transfert dans un autre local d'une usine, fabrique ou atelier (Dalloz, *Rép. pratique*, v° *Industrie et commerce*, n°s 122 et s.). (2)., ni d'interdire ou de réglementer le travail du *dimanche*, dans des conditions différentes de celles prévues par la loi du 13 juillet 1906 sur le repos hebdomadaire.

251. — Les nombreux décrets ou lois dérogeant à ce principe, notamment en ce qui concerne les *établissements insalubres*, les *cafés* et *débits*, les *bureaux de placement*, les *commerçants forains*, les *spectacles publics*, les *professions bruyantes* et celles qui s'exercent sur *la voie publique*, les *halles* et *marchés*, l'inspection des *denrées alimentaires*, etc., ne font que confirmer la règle. En d'autres termes, ces règlements sont de droit étroit, *strictissimi juris* ; et un maire ne pourrait, sans excès de pouvoir, assujettir à une règlementation particulière l'une des industries non visées par le texte de ces lois ou décrets (3). — Conf. Dalloz, *Rép. pratique*, v^{is} *Commune*, n°s 1288 et s., et *Industrie* et *Commerce*, n°s 172 et s.

252. — La liberté de l'industrie a également pour conséquence la faculté, pour un commerçant ou un industriel, de *cumuler* plusieurs branches d'industrie ou de commerce, sauf l'obligation de respecter les règlements propres à chaque industrie et de ne point user d'un monopole pour faire, sous le couvert de ce monopole, une concurrence déloyale à des industries soumises au droit commun

tenu en 1928 à La Havane, v. Gonnard, *Rec. de dr. com. et de dr. soc.*, 1929. 204. — Sur le rôle dévolu à l'Organisation internationale du trav. de Genève dans la protection des émigrants. v. *Rev. intern. du trav.* Août, oct. 1923. — Cf. sur les travaux de la 8ᵉ Conférence intern. du trav. (Inspection des émigrants à bord) : *Quest. prat.*, 1926, p. 83.

(1) Crim. rej., 1ᵉʳ juillet 1859, D. 59.1.429 ; Cons. d'Etat, 9 avril 1886, D. 88.3.20.

(2) Ce droit n'appartient pas davantage à l'autorité *préfectorale*. Ainsi un préfet ne saurait, sans excès de pouvoir, imposer une autorisation préalable pour l'exercice de la profession de brocanteur non ambulant. — Crim. rej., 22 fév. 1895, D. 1900.1.55. — Observons à cet égard que la profession de *brocanteur* a été, depuis cet arrêt, réglementée par la loi du 13 février 1898 (D. 98.4.25).

La loi du 30 juin 1928, incorporée au Code du travail, sur la déclaration préalable imposée à tous les établissements industriels ou commerciaux occupant un personnel salarié, ne modifie rien à ces principes. Ces déclarations, en effet, sont transmises directement à l'inspecteur du travail.

(3) Cons. sur le principe : — Cons. d'Etat, 22 déc. 1905, D. 1907.3.85 ; 5 juin 1908, S. 1909.3.113. — V. aussi Crim. cass., 22 mars 1907, D. 1908.1.443, 13 avril 1923, S. 24.1.46 ; 2 févr. 1924, *Gaz. Pal.* 24.1.765 — Cf. Goujon, *Réglementation du commerce sur la voie publique à Paris*, 1908.

de la concurrence (1) ; — sauf également les taxes supplémentaires et progressives auxquelles les *grands magasins* peuvent être assujettis (2).

SECTION III. — Liberté de fabrication, sous réserve du droit des voisins

253. — Procédés de fabrication : liberté de la marque. — L'industrie est libre, en principe, quant à ses *procédés de fabrication.* — Il n'est pas en d'autres termes de règlements de fabrication, obligatoires pour tous les patrons d'un même métier, analogues à ces règlements minutieux qui, dans les corporations de l'ancien régime, paralysaient l'esprit d'invention.

Tout industriel est libre aujourd'hui ; — 1° d'employer les *procédés* qui lui semblent les meilleurs, sans avoir à subir de ce chef aucun contrôle, à la seule condition de ne pas empiéter sur le droit d'autrui, et ne pas s'approprier indûment des procédés brevetés à la requête d'un autre fabricant ; — 2° d'apposer ou non une *marque* sur les produits (à l'exception de certaines industries, soumises au régime de la *marque obligatoire*) (3).

(1) La question s'est posée, notamment, pour les Compagnies de chemins de fer. La jurisprudence leur a reconnu le droit d'exploiter, commme accessoire de leur concession, un buffet ou un hôtel terminus (Cass., 19 déc. 1882, D. 83. 1.57) ; mais on leur a contesté le droit d'adjoindre à l'hôtel-terminus une salle de fêtes (question du terminus de la Compagnie d'Orléans, Quai d'Orsay), Trib. com. Seine, 20 mai 1901. Ce jugement a d'ailleurs été infirmé par la Cour suprême (Cass., 13 mars 1906, D. 1909.1.63).

(2) Sur la progressivité de la taxe par employé, et sur la réforme des patentes dans le sens d'une majoration des charges fiscales imposées aux grands magasins, v. *infra*, tit. II. ch. II.

(3) Si les marques de fabrique sont devenues facultatives en principe (art. 1er, loi du 23 juin 1857), néammoins cette loi réserve-t-elle à l'administration la faculté de déclarer, par décret rendu dans la forme des règlements d'administration publique, la marque obligatoire de certains produits (art, 1er § 2 et 9). — Sur le poinçonnage obligatoire des ouvrages d'or et d'argent (L. 19 brum. an VI) et des armes de guerre ou de commerce (décr. 25 juill. 1810 et actes postér.), cons. Dall., *Rép. pratique*, v° *Armes*, *Matières d'or et d'argent.* — Sur l'obligation pour les imprimeurs d'indiquer leurs nom et domicile sur tous les ouvrages sortis de leurs presses (L. 28 germin. an IV, 29 juillet 1881), cons. Dall., *Rép. prat.* v° *Presse*, n°s 40 et s. — Sur la marque nominale imposée aux fabricants de *cartes à jouer* (décr. 9 fév. 1810), aux fabricants d'*eaux minérales artificielles* (ordonn. 18 juin 1823), v. Dall., *Rép. pratique* v° *Impôts directs*, *Eaux minérales et thermales.* — Sur le caractère obligatoire des *marques collectives* concédées à titre de privilège aux fabricants de certaines villes (draps de Louviers, décr. 25 juillet 1810, savons de Marseille, décr. 1er avr., 18 sept. 1811 etc.), cons. Pouillet, Taillefer et Claro, *Traité des marques de fabrique et de la concurrence déloyale*, 5e éd. ; J.-L. Brun, *Les marques de fabrique*, 1894 ; Mail-

254. — Droit des voisins. — La liberté de fabrication est nécessairement limitée par l'obligation légale où se trouve tout industriel, même s'il a satisfait aux prescriptions réglementaires, de ne point porter atteinte aux droits de propriété des voisins.

En d'autres termes, l'exploitation de tout établissement industriel doit avoir lieu de telle façon qu'elle ne prive pas les voisins des avantages de leur propriété. Aussi est-il de principe que l'autorisation administrative obtenue par le propriétaire d'un établissement dangereux, insalubre ou incommode (sur cette catégorie d'établissements, v. chap. V. sect. 1re *infra*) ne le préserve pas des recours des voisins. Ceux-ci, il est vrai, ne peuvent se plaindre que s'ils justifient d'un préjudice réel et appréciable, excédant la mesure des obligations ordinaires de voisinage, eu égard à la localité où se trouve situé l'établissement (1). Mais, si cette justification est fournie, le propriétaire de l'usine peut être condamné, non seulement à des dommages-intérêts pour le passé, mais encore à prendre les mesures nécessaires pour faire cesser ou atténuer l'incommodité (transformation dans l'outillage, suppression de certaines machines, etc.). — Cass., 20 janv. 1891, D. 91. 1. 153 ; Lyon 25 nov. 1908, Mon. jud. Lyon, 29 déc. 1908. — Que si les mesures de ce genre ne sont pas possibles, il doit alors être condamné à payer une indemnité pour la moins-value subie par l'immeuble voisin (Req. 3 janvier 1887, D. 88. 1. 39).

255. — L'obligation qui pèse de ce chef, sur l'industriel, a tous les caractères d'une obligation *ex lege* ; n'est donc nullement nécessaire, pour qu'une condamnation soit encourue, qu'une faute positive, engageant sa responsablité *quasi ex delicto*, dans les termes

lard de Marafy, *Grand dictionn. internat. de la propriété industrielle*, 6 vol., 1890, etc. ; V. aussi *supra*, n° 234. Toute marque non déclarée obligatoire par une loi ou un décret est facultative.

(1) Capitant, *Des obligations de voisinage*, broch. in-8, 1900 ; Ressicaud, *Des droits des tiers lésés par le voisinage des établissements incommodes, insalubres et dangereux*, th. 1902 ; Ripert, *De l'exercice du droit de propriété dans ses rapports avec le voisinage*, 1902 ; Crouzel, *Etudes sur la responsabilité civile, Les rapports de voisinage* (*Rev. gén. du droit*, nov.-déc. 1919). — Comp. sur le principe : Cass., 11 nov. 1896, D. 97.1.1.10 ; 18 fév. 1907, D. 1907.1.135 et note Ripert ; 24 juill. 1907, D. 1908.1.62 et rapp de Moras. — Sur les nombreuses applications faites par la jurisprudence, voir, notamment : Orléans, 22 nov. 1889, D. 91.2.120 (bruit et trépidation) ; Cass., 7 déc. 1909 D. 10.1.95 et 14 fév. 1910, D. 10.1.136 (émanations d'une usine de produits chimiques ou d'une tannerie) ; Cass. 11 juin 1877, S. 78.1.209 (corruption de cours d'eau par un déversement d'eaux usinières) ; Cass., 3 janv. 1887, D. 88.2.39 (fumée d'usine) ; Cass. 17 juill. 1922, D. 1922.1.172 (chemins de fer), etc... — Sur la nécessité de tenir compte de la localité où est située l'usine (obligations de voisinage plus lourdes dans les centres industriels), comp. Lyon, 10 mars 1886, D. 87.2.23 ; Cons. d'Etat, 22 déc. 1893, D. 94.5.385 (motifs).

de l'article 1382, soit relevée à sa charge ; il faut et il suffit que le préjudice éprouvé par le voisin du fait de l'exploitation, même absolument régulière, de l'usine, excède la mesure normale, arbitrée par le juge, des obligations de voisinage (1).

SECTION IV. — **Nullité des conventions attentatoires à la liberté de l'industrie et du travail** (2)

256. — La liberté du commerce, de l'industrie et du travail peut se trouver limitée par certaines restrictions conventionnelles, dans les rapports des parties contractantes. Mais, s'il est loisible à toute personne, capable de s'obliger, de consentir en ce qui la concerne à une certaine limitation des droits qu'elle tient de la loi, il ne saurait être permis à quiconque de contracter des engagements qui seraient, par rapport à l'obligé, la négation même de la liberté du travail, inséparable de la liberté de la personne (Déclaration des droits de 1789, loi des 2-17 mars 1791, art. 7).

Aussi la jurisprudence est-elle unanime à considérer comme nulles toutes les conventions tendant non point à limiter la liberté de l'un des contractants, mais à anéantir en sa personne, dans l'intérêt de l'autre partie, la liberté de l'industrie que lui garantissent les lois. Nous ferons plus tard l'application de cette règle aux coalitions (chap. III, *infra*) ; il nous suffira de mentionner ici les applications qu'elle a reçues à propos des *renonciations* individuelles au droit d'exercer un commerce ou une industrie déterminés.

257. — a) **Renonciations consenties par un commerçant ou un industriel, accessoirement à la cession d'un fonds de commerce.** — Aux termes d'une jurisprudence constante, « la liberté de faire le com-

(1) Labbé, note S. 72.1.353 ; Capitant, *op. cit.*, p. 15 ; Josserand, *Responsabilité du fait des choses inanimées*, 1897, et *De l'esprit des droits, théorie dite de l'abus des droits*, 1927, n° 16. — Cf. Cass., 3 juin 1887, D. P. 88.1.39 ; Nancy, 13 juill. 1894, D. 97.1.10. — V. cependant : Civ. cass., 11 nov. 1896, cassant l'arrêt de Nancy, D. 97.1.10.

(2) BIBLIOGRAPHIE. — Pouillet, *Des marques de fabrique et de la concurrence déloyale*, 5e éd., nos 577 et s. ; Allart, *Traité théorique et pratique de la concurrence déloyale*, 1892, p. 259 et s. ; Pic, *Traité des sociétés*, t. 1er, nos 636 et 679; Nichel, *Des restrictions conventionnelles à la liberté du commerce et de l'industrie*, th. 1900 ; Cendrier, *Les fonds de commerce*, 4e édit. 1926, Conf. Dalloz, *Rép. pratique*, vo *Fonds de commerce*, nos 101 et s., *Industrie et commerce*, n° 282 et s. ; Sanhoury, *Les restrictions contractuelles à la liberté individuelle du travail dans la jurisprudence anglaise*, préf. de E. Lambert, th. Lyon, 1925.

merce ou d'exercer une industrie peut être restreinte par des conventions particulières, pourvu que ces conventions n'impliquent pas une *interdiction générale et absolue*, c'est-à-dire illimitée tout à la fois quant au temps et quant au lieu ; la restriction est donc valable lorsque, librement consentie, elle est perpétuelle mais limitée à un lieu déterminé, comme aussi lorsque, s'étendant à tous les lieux, elle ne doit être observée que pendant un certain temps » (Cass., 2 juillet 1900, D. 1901.1.294). De cette formule, d'une netteté parfaite, que nous empruntons à un important arrêt de la Cour suprême, rendu dans l'affaire Nordenfelt (armements de guerre à tir rapide), découlent les conséquences suivantes :

1° Doit être considérée comme nulle la convention par laquelle le vendeur d'un fonds de commerce s'interdirait, *d'une façon absolue*, illimitée quant au temps et quant au lieu, d'exercer un commerce (1). La convention étant nulle, le vendeur n'est plus tenu que de s'abstenir de tous actes susceptibles d'être considérés, d'après le droit commun, comme des actes de concurrence déloyale (Paris, 28 mai 1895, *précité* ; 3 nov. 1898, *Gaz. des trib.* 2 déc. 1898). (2).

258.— 2° Doit au contraire être considérée comme valable la clause d'usage par laquelle le vendeur d'un *fonds de commerce* s'interdit d'exercer, dans un certain rayon, la même industrie que celle qui fait l'objet de la cession. Loin de porter atteinte à la liberté de l'industrie, une telle clause n'a d'autre objet que de délimiter avec plus de précision l'obligation de garantie qui, par le seul fait de la vente, pèse sur le vendeur (Cass. 9 mai 1888, D. 89. 1. 76 ; 1er fév. 1899, *Pandectes*, 1900, 1. 151) (3).

L'ouverture d'un fonds similaire dans le périmètre interdit, soit

(1) Cass. 30 mars 1885, D. 85.1.247 ; 15 juin 1922, S. 1922.1.200 ; — Cf. Lyon, 21 juin 1926, S. 26.2.69. — V. aussi, note Chavegrin sous Lyon, 1er mars 1926, S. 26.2.97.

(2) Est également nul l'engagement pris par un commerçant de se fournir exclusivement chez tel fabricant, dans des conditions telles qu'il en résulte pour le premier une véritable *servitude*, *incompatible* avec la liberté du commerce (Nancy, 21 oct. 1895, D. 96.2.180 ; Douai, 1er avril 1911, *Rec. de Douai*, 1911,300) ; ou l'engagement pris par un fabricant de ne plus travailler désormais que pour un seul commerçant et de ne plus accepter aucune commande des maisons concurrentes. — Trib. com. Seine, 19 avril 1899, *Gaz. trib.*, 15 mai. — Cf. Dalloz, Rép. v° *Industrie et commerce*, nos 303 et s.

(3) Sur la mesure de l'obligation de garantie dans les ventes de fonds de commerce, cons. notamment, outre les autorités citées *supra* : — Paris, 7 janv. 1899, D. 90,2.290 et note Planiol ; Cass., 29 juill. 1908, D. 1909.1.281 et note Lacour ; Requ. 8 févr. 1911, D. 1912.1.173 ; Civ, 15 juin 1914, D. 16.1.88. — Sur le droit pour les acquéreurs successifs du fonds de s'en prévaloir à l'encontre du vendeur ou des ayants cause à titre universel de celui-ci, comme d'un droit inhérent au fonds cédé, cons. notamment : Lyon, 20 oct. 1900, *Mon. judic. de Lyon*, 23 avr. 1901.

par le vendeur, soit par un prête-nom du vendeur, son fils par exemple, constituerait au premier chef un acte de concurrence déloyale envers l'acquéreur (Paris, 11 déc. 1889, D. 90.2.283 ; 26 déc. 1890, D. 90.2.318). Mais l'on ne saurait assimiler à l'exploitation prohibée le seul fait, par le vendeur du fonds, de contracter des marchés avec des personnes domiciliées dans le périmètre interdit, si d'ailleurs les produits livrés ont été fabriqués dans un établissement situé hors du périmètre réservé, et si de plus le client ne paraît pas avoir été sollicité par des démarches du vendeur ou de l'un de ses agents, affectant les caractères d'un détournement de clientèle (Paris, 8 déc. 1892, D. 94.2.100 ; Cass., 29 mars 1909, 1.372) (1).

A *fortiori*, le vendeur ne saurait-il être incriminé si les produits qu'il vend sont des articles spéciaux qu'il s'est réservé le droit de fabriquer ou de placer même dans le périmètre interdit (Rouen, 13 juillet 1904, *Mon. jud. de Lyon*, 1er déc. 1904).

259. — Quant à l'étendue du périmètre réservé, aucune règle absolue ne saurait être posée. Tout dépendra des hypothèses, et de la nature du commerce ou de l'industrie : il peut se produire telle circonstance où, à raison de l'importance du fonds aliéné et de la répartition de sa clientèle sur tous les points du territoire, l'acheteur aura pu, sans violer la loi, interdire au vendeur de se rétablir sur un point quelconque du sol français (2).

260. — 3° Est valable, par identité de motifs, la clause par laquelle le vendeur d'un fonds s'interdirait, au regard de l'acquéreur, *pour un temps limité*, d'exercer un commerce ou une industrie similaire en quelque lieu que ce soit, *fût-ce en pays étranger*, à la condition toutefois que la durée stipulée ne soit pas tellement longue qu'elle doive être, eu égard à l'âge du vendeur, considérée comme l'équivalent d'une interdiction pour la vie entière (3).

(1) *Quid* du cas où, sans se rétablir lui-même dans le périmètre réservé, le vendeur du fonds louerait, dans ce même périmètre, un local à lui appartenant à un tiers exerçant la même industrie ? — C. dans le sens du droit de location, sauf le cas de fraude : Paris, 21 fév., 1900, *Le Droit*, n° du 28 avril 1900. — v. aussi Pouillet, n° 593. — V. cependant Boutaud, *Ann. de droit. commerc.*, 1900 p. 334.

(2) V. aussi Paris, 21 avr. 1895, D. 97.2.177 et note Dupuich ; Cass., 1er fév. 1899, D. 99.1.302. — *Contra* : Req. 17 mai 1911, D. 13.2.842 (interdiction temporaire, mais englobant tout le territoire d'une colonie).

(3) Ce principe a été affirmé successivement par les juridictions suprêmes *anglaise* (Lord justice Lindley, 1893, arrêt rapp. par I. Davis, chron. des *Annales de droit commercial*, 1895, p. 164), et *française* (Cass., 2 juil. 1900, D. 1901.1.295), dans l'affaire Nordenfelt (Cf. Sanhoury, *op. cit.* p. 250). L'une et l'autre ont tenu pour valable la clause par laquelle un vendeur de procédés pour armements de guerre s'était interdit, pendant vingt-cinq ans, l'exercice

Il en est de même de la clause d'une convention par laquelle une des parties s'engagerait, pour une durée indéterminée, à céder à l'autre, à des prix fixés à l'avance, tous les produits d'une usine spécifiés dans l'acte ; la limitation d'un tel engagement quant au lieu respecte suffisamment la liberté du commerce. — Lyon, 31 juillet 1902, *Mon. jud. de Lyon*, 19 déc. 1902 (1).

261. — b) **Renonciations consenties par un employé ou un ouvrier en vertu d'une clause insérée dans le contrat de travail.** — L'application aux salariés du principe de la nullité des renonciations absolues doit logiquement conduire aux propositions suivantes : — 1° Doit être tenue pour nulle la convention par laquelle un ouvrier ou employé engagerait ses services *à vie*, ou *pour un temps excédant* la durée probable de sa *pleine capacité de travail* (2), convention d'ailleurs expressément prohibée par l'article 1780 du Code civil et l'art. 20 du Code du travail (liv. 1er). — (Cass., 19 déc. 1860, D. 61.1.115). — Cf., pour le commentaire de l'art. 20, C. trav. : nos 1178, et s. *infra* ; 2° Est nulle également la convention par laquelle un salarié prendrait l'engagement négatif de ne jamais et en aucun

de tout commerce similaire, alors que, d'une part, cette interdiction était restreinte à certains objets spécifiés et non à tous les articles fabriqués par le cédant, que, d'autre part, son caractère général quant aux lieux auxquels elle s'appliquait tenait à la nature même du commerce cédé, qui s'exerce en tous pays et qu'enfin l'interdiction, eu égard à l'âge du cédant (quarante-six ans), ne pouvait être considérée comme perpétuelle. — Jugé même que la convention par laquelle l'acquéreur d'un fonds (confections pour homme) s'interdit l'exploitation d'une branche de commerce voisine (confections pour dames) pendant 30 ans et dans un rayon de 100 km., bien que souscrite par un sexagénaire, étant suffisamment bornée dans son objet, dans l'espace et dans le temps, est exclusive du caractère de perpétuité prohibé par la loi. Rouen, 20 nov. 1925, S. 25.2.125 et note M.H.R. (solution plus que contestable).

(1) Sur les renonciations imposées à un associé par le pacte social, ou lors de la liquidation, v. Civ. Cass., 21 juillet 1891, D. 93.1.123 ; 9 janv. 1923, *Gaz. Pal.* 1923.1.480 ; Pic, *Traité des sociétés*, I, nos 636 et 679.

(2) Mais un représentant de commerce peut valablement s'engager, au cas où il quitterait la maison volontairement ou involontairement, à ne pas visiter pendant dix ans la clientèle de ladite maison. — Trib. com. Seine, 8 janv. 1898, *Gaz. Pal.* 29 nov. 1898. — Un employé peut s'interdire sous une clause pénale et en cas de départ ou de renvoi, de prêter son concours à une industrie similaire ou d'exploiter lui-même cette industrie dans le département, et ce, pendant *deux années*. — Civ. 27 juill. 1927, S. 1927.1.286.

L'interdiction pourrait même s'étendre à une durée plus longue, dix ans par exemple. — Paris, 23 avril 1925, *Gaz. Pal.* 25.2.246 ; Cass. 17 juin 1927, *Gaz. Pal.* 1927.2. 431.

Mais les clauses d'interdiction doivent être interprétées restrictivement. Ainsi, ne devrait pas être considéré comme ayant violé l'engagement par lui pris de ne pas se rétablir pendant deux ans comme gérant d'une maison vendant des produits similaires, le gérant d'une succursale de société commerciale qui, en quittant son emploi, aurait accepté la gérance d'une coopérative civile ne vendant pas au public. — Paris, 3 juin 1922, S. 22.2.118.

lieu, travailler chez un autre patron (Civ. cass. 25 mars 1868, D. 69.1.277 ; Req., 2 mai 1882, D. 83.1.168 ; Trib. Seine, 9 mars 1910, S. 1910.2.261. — Conf Allart, *op cit.*, p. 289 et s.).

Est valable au contraire, l'engagement pris par un employé, au cas où il sortirait de chez son patron, de ne pas travailler, pendant un temps déterminé, pour un autre patron, de la même localité, vendant les même articles (Req., 6 août 1878, D. 79.1.400 ; Trib. com. Seine, 8 janv. 1898, *Gaz. Pal.*, 29 nov. 1898) (1). Un tel engagement oblige non seulement l'employé qui, volontairement quitterait la maison, mais même celui qui viendrait à être congédié pour *causes légitimes* (Trib. Mayenne, 3 mars 1892, *Gaz. Pal.*, 1892.1.120; Trib. com. Seine, 8 janv. 1898 précité) (1). Et l'observation de cet engagement peut être réclamée, non seulement par l'ex-patron, mais même par les ayants cause à titre particulier de celui-ci, notamment par l'acquéreur du fonds (Paris, 23 juin 1882, *Gaz. Pal.*, 1883.1.491).

232. — *Quid*, d'un engagement illimité quant au temps, limité quant au lieu, par exemple, de l'engagement par lequel un commis s'engagerait, au cas où il quitterait la maison, à ne jamais fonder dans la même ville ou région, d'industrie concurrente, ni à se placer comme commis, ou représentant dans une maison rivale ? Ou de l'engagement limité quant au temps mais illimité quant au lieu, par exemple de la promesse contractée par l'agent de ne pas établir de maison concurrente, ni de prêter son concours à une maison similaire en quelque lieu que ce soit (France, colonies ou étranger), pendant un laps de temps déterminé ?

Si l'on appliquait purement et simplement à cette hypothèse le principe formulé précédemment à propos des cessions de fonds de commerce, il faudrait en tous cas tenir ces engagements pour licites ; et de fait, certains arrêts semblent bien avoir admis cette conclusion (2). Mais il n'y a au fond, selon nous, aucune parité de situation entre les deux hypothèses ; et nous estimons, avec une fraction importante de la doctrine, que l'on ne saurait tenir pour valables, même lorsqu'elles comportent une certaine limitation, soit quant à la durée, soit quant au périmètre de la prohibition,

(1) L'employé congédié sans causes légitimes pourrait, au contraire, à titre de dommages-intérêts pour renvoi indû, être considéré comme délié de ses engagements. — Trib. Mayenne, 3 mars 1892, cité au texte.

(2) Cons. dans le sens de la validité des engagements de cette nature, illimités quant au temps, limités quant au lieu ; Bourges, 21 déc. 1898, S. 99.2.70 ; Paris, 11 mai 1899, S. 1900.2.37. — Comp., dans le sens de la validité des engagements, limités quant au temps, mais illimités quant au lieu : Trib. com. Clermont, 18 mai 1900, *Ann. de dr. commerc.* 1901; *Bull. judic.*, p. 41 ; Cass., 26 mars 1928, *Gaz. Pal.* 28.1.705.

que les renonciations n'ayant point pour résultat de porter atteinte à la *personnalité économique* du salarié, c'est-à-dire de mettre ce dernier dans l'impossibiité d'utiliser les connaissances techniques qui constituent le plus souvent son unique gagne-pain.

Devraient seules en conséquence être réputées valables et obligatoires les clauses destinées uniquement à mettre l'ancien employé, ouvrier ou contre-maître dans l'impossibité de faire, ou de favoriser une concurrence déloyale à son ancien patron. Toute autre convention restrictive serait à considérer, quant à lui, comme portant atteinte à la liberté imprescriptible de travailler que lui garantit la loi de 1791, et par conséquent comme nulle et non avenue (1).

263. — Sanction des renonciations légalement consenties. — Il convient d'appliquer ici le droit commun, en matière d'obligations de faire ou de ne pas faire. — S'il a été stipulé une *clause pénale*, *l'obligé* (vendeur de fonds de commerce, ou salarié) aura la faculté d'opter entre l'exécution stricte de ses engagements et le paiement du forfait convenu qui lui rendra sa liberté (2). — Dans le cas contraire, s'il y a eu ouverture indue d'un établissement industriel, le tribunal pourra cumulativement condamner le vendeur à des dommages-intérêts pour le passé et prescrire la fermeture de l'établissement pour l'avenir dans un délai déterminé (Req., 22 janv. 1862, D. 62.1.185).

S'agit-il d'un ancien commis, ou d'un ancien ouvrier qui aurait, au mépris de ses engagements, travaillé pour une maison concurrente, aucune mesure coercitive directe ne pourra évidemment être prise contre lui (art. 1142 C. civ.). L'obligation se résoudra donc nécessairement en dommages-intérêts, représentant globalement le préjudice déjà éprouvé, et celui que l'inexécution de l'obligation dans l'avenir est réputé devoir causer au demandeur (à moins, bien entendu, que le débiteur ne s'incline devant la décision du tribunal) (3).

(1) *Sic* : Trib. com. Seine, 19 déc. 1903, *Mon. jud. de Lyon*, 24 fév. 1904 (motifs) et 5 mai 1909, *ibid*, 29-30 août 1909. Cf. n° 1181, *infra*. — Telle est la solution expresément consacrée par le Code de commerce allemand du 10 mai 1897 (article 74), et par la jurisprudence anglaise. Cf. Nichet, *op. cit.* p. 187 ; Dall., *Répert. prat.* v° *Ind. et comm.*, n° 291 et s. ; Sanhoury, *op. cit.*, p. 326 et s.

(2) L'exécution stricte, disons-nous. Ainsi jugé que, lorsqu'un employé s'est interdit sous une clause pénale, en cas de départ ou de renvoi, de prêter son concours à une maison similaire dans l'étendue du département et pendant deux années, le juge ne peut limiter l'application de cette convention licite au cas du départ volontaire de l'employé ou à celui de renvoi après un congé justifié impliquant à sa charge une faute quelconque, à l'exclusion du renvoi par la seule volonté du patron. Cass. 27 juill. 1927. *Gaz. Pal.* 27.2.555.

(3) L'application de la théorie des astreintes aboutit pratiquement à une coer-

SECTION V. — Liberté de la vente ; restrictions en temps de guerre

264. — Régime normal ; temps de paix. — La liberté de l'industrie a encore pour conséquence la *faculté de vendre ou de ne pas vendre*, c'est-à-dire de vendre aux conditions qu'il plaît à l'industriel de fixer, et le droit de suspendre l'écoulement de ses produits, s'il croit avoir intérêt à ne pas vendre à un prix non rémunérateur (1) (Trib. civ. Seine, 21 mars 1892, S. 92.2.189 ; Trib. corr. Marseille, 18 mai 1892, *Rec. Marseille*, 1892.1.231).

La Convention avait édicté des lois de *maximum*, c'est-à-dire imposé aux commerçants, pour toutes les denrées de consommation usuelle, un prix qu'il leur était interdit d'excéder, sous une sanction sévère ; mais ces lois, contraires à la liberté de l'industrie, et aussi vexatoires que peu efficaces, durent être abrogées après une courte période d'application (4 mai 1793, 23 déc. 1794, 4 nov. an III) (2). Nous verrons bientôt qu'un régime analogue a fonctionné en France au cours de la guerre de 1914-1918.

ction rigoureuse à l'encontre de l'ouvrier ou employé. Jugé en effet que, lorsqu'un employé s'est interdit « sous peine de dommages-intérêts, de s'occuper de toute industrie similaire pendant dix ans, à partir de l'expiration de ses fonctions, cette clause peut, d'après la nature du contrat et les circonstances de la cause, être interprétée par les juges du fond, en cas de transgression par l'employé, en ce sens, non pas que la seule sanction devrait consister en une condamnation unique en des dommages-intérêts lui laissant ensuite toute liberté, mais bien dans l'obligation de cesser ses fonctions dans la maison concurrente sous peine d'une astreinte, et de s'abstenir pendant le délai prévu d'une collaboration quelconque à toute autre entreprise similaire. Cass. 17 juin 1927, précité Cf. Brésard, *La théorie des astreintes*, th. 1904. — Sur la provocation ou incitations d'ouvriers ou d'employés à la rupture du contrat de travail et la responsabilité civile du provocateur, cons. notamment : Chambéry, 13 mai 1924, D. H. 24.728 ; Paris 23 avril 1925, *Gaz. Pal.* 1925. 2.416 ; Trib. com. Villefranche, 16 janv. 1926, *Mon. Judic. Lyon*, 1926-26. — Sur les mesures prises pour empêcher le débauchage de la main-d'œuvre étrangère importée en France (L. 11 août 1926), v. *supra*, n° 235. — V. aussi Chambéry, 13 mai 1924, précité. — Cf. Recueil international de jurisprudence de travail, Genève, 1925, p. 152 et s., et 1926, p. 168 et s. — Sur les rémunérations occultes versées à des ouvriers ou à des employés pour les inciter, soit à rompre leur contrat de travail, soit à divulguer des secrets de fabrique, et sur la répression de ces pratiques par l'art. 179 C. Pén. v. Crim. Cass. 12 novemb. 1926, D. 26.548.

(1) On sait que dans les charbonnages anglais, les suspensions partielles de travail concertées entre les compagnies et les trade-unions, afin d'empêcher l'avilissement des cours, sont fréquemment pratiquées.

(2) Sur l'historique des lois de *maximum*, cons. notamment : Bouge, *Les conditions du travail et le collectivisme* (*Rev. polit. et parl.*, 1896, t. IX, p. 539 et suiv.) ; Marion, *Les lois du maximum sous la Convention* (Correspondant, fév. 1916).

264 bis. — Prix imposés. — Mais à qui appartient-il de fixer les prix de vente, ou plutôt de revente ? Un producteur isolé peut-il imposer à son acheteur, lui-même commerçant détaillant, un *prix de revente*, dont il n'aura pas le droit de s'écarter ? L'affirmative est presque unanimement admise en jurisprudence. Ainsi jugé, qu'un fabricant de spécialités pharmaceutiques peut imposer aux pharmaciens détaillants un prix déterminé ; serait passible de dommages-intérêts et d'astreinte, en cas de nouvelle contravention, tout pharmacien qui s'aviserait de vendre ces produits au-dessous du prix marqué (Paris, 15 déc. 1904, D. 1905.2.302 ; Cass. 3 Mai 1920, S. 1921.1.158).

Les tribunaux imposent même le respect du tarif établi par le producteur à des revendeurs n'ayant avec celui-ci aucun lien de droit. Ainsi, est passible de dommages-intérêts le détaillant qui, pour obtenir des remises sur un tarif imposé à un grossiste et revendre lui-même au dessus du prix fixé par le fabricant, provoque le grossiste à manquer à son engagement envers celui-ci (1). — En ce qui concerne les prix imposés par une coalition de producteurs, susceptible de tomber sous l'application des articles 419, C. Pén., V. n° 564 et s. *infra*.

265. — Industries taxées : boulangerie, boucherie. — Toutefois, certaines industries, telles que la *boulangerie* et la *boucherie*, sont encore aujourd'hui soumises au régime de la taxe (facultative pour les municipalités) ; (2) régime impliquant l'obligation, pour les industries assujetties à la taxe, de vendre à quiconque offre de payer comptant au prix taxé (Crim. rej. 11 janv. 1889, D. 89.1.222) (3).

Depuis longtemps l'Ecole libérale réclame la suppression pure et simple de la taxe, comme inefficace et vexatoire. Il ne nous semble pas qu'en présence de la recrudescence des trusts, qui est l'une des caractéristiques de l'époque contemporaine, et de la puissance

(1) Paris, 17 juill. 1913, *Gaz. Pal.*, 1913.2.116 ; Trib. com. Seine, 9 nov. 1923. D. H. 1924. 118 (aff. Coty). — Cf. R. Picard, *Les prix imposés* (Semaine juridique, n° 4 Oct. 1928) ; Favre-Gilly, *La politique des prix fixes*, 1925, avec préface de Lambert (étude comparative des jurisprudences française, anglaise et américaine).

(2) Décrets 19 juillet 1791, 21 fév. 1838, 22 juin 1863. Cf. sur la réglementation des industries de la *boulangerie* et de la *boucherie* et le régime de la taxe ; Join-Lambert, *L'organisation de la boulangerie en France*, th. 1900 ; Dall., *Rép. pratique*, V° *commune*, n°s 1413 et s.

(3) Sur le droit pour les boulangers de vendre un pain de qualité supérieure, ou pain de *luxe*, au-dessus du prix taxé pour le pain ordinaire de première et seconde qualité, cons. Crim. rej. 12 déc. 1890, D. 91.1.288. Sur le droit de recourir au ministre de l'agriculture contre les taxes entachées d'excès de pouvoir, v. Cons. d'Etat, 7 juill. 1905, D. 1907.3.59, et Crim. cass., 13 mai 1910, *Mon. jud. de Lyon*, 25 nov. 1910.

des syndicats d'approvisionnement (1), notamment des syndicats de la meunerie, une majorité ait la chance de prévaloir au Parlement dans le sens de l'abrogation pure et simple d'une arme légale, dont sans doute il est fait rarement usage, mais qui n'est pas absolument dénuée d'efficacité dans certaines circonstances données.

Tout ce que l'on peut souhaiter, à notre avis, c'est une législation plus souple, destinée uniquement à empêcher les hausses excessives, onéreuses pour la masse des consommateurs, non point à fausser le marché. Tel était précisément l'objet des projets de loi déposés successivement sur le bureau de la Chambre par trois ministres de l'agriculture, M. Dupuy, en 1901 (29 janv.), M. Mougeot, en 1902 (6 nov.), et M. Ruau, en 1906 (12 juin, Ch., *Doc. parl.*, n° 14, p. 473). Ces projets laissaient subsister la taxe, mais simplement à titre de cran d'arrêt à la hausse ; la discussion n'en avait pas encore commencé lorsque la guerre éclata (2).

236. — Temps de guerre : liberté de la vente paralysée ou limitée. — Le principe de la liberté de la vente a subi de rudes atteintes au cours de la guerre de 1914-1918. En raison des nécessités de la défense nationale, et du ravitaillement civil, tout un ensemble de mesures restrictives ont été successivement édictées : — *a*) réglementation des importations (pour enrayer autant que possible la baisse du change) ; — *b*) restriction des exportations (pour conserver dans le pays les denrées de première nécessité, ainsi que les matières premières utilisées dans les fabrications de guerre) ; — *c*) réglementation administrative de la consommation (cartes de toutes sortes , pain, sucre, charbon, tabac, etc) ; — *d*) réquisition du blé et autres produits, tels que pétrole, essence, etc., et création d'offices départementaux de ravitaillement (pour assurer une équitable répartition entre les consommateurs) ; — *e*) taxation des denrées et substances, (pour lutter contre la spéculation à la hausse) et pénalités rigoureuses, en vue d'empêcher l'accaparement et le stockage ; — *f*) contrôle de la meunerie, etc...

Citons, à titre indicatif, parmi les innombrables mesures édictées de 1914 à 1918, les décrets des 23 nov. 1914 sur les *lainages*, 21 déc. 1914 sur les *peaux* ; la loi du 16 avril 1915 prohibant l'*exportation* d'un grand nombre de produits ; les décrets des 3 oct. 1915,

(1) D'où les projets de loi tendant à réglementer, à l'instar de l'Allemagne, ou même à prohiber les marchés à terme sur les denrées de consommation courante. Cons. Brouilhet, *La culture du blé en France et les primes à l'exportation* (*Quest. prat.*, 1901, p. 376, et 1902, p. 8). L'auteur est d'ailleurs nettement opposé à ces projets restrictifs.

(2) Déposé en 1908, le rapport (favorable) de M. Coulondre fut repris le 25 octobre 1910 (*Doc. parl.*, n° 223). — Les maires, de leur côté, au cours d'une réunion plénière (Paris, 9 novembre 1911), se prononcèrent pour le maintien de la taxe.

11 janv. 1916 sur les *armes à feu* ; la loi du 20 avril 1916 sur la *taxation des denrées et substances* ; les décrets de taxation des 16 oct. 1915 (*farines*), 22 avril 1916 (*charbon*), 3 juillet 1917 (*sucre*), 25 avril 1915 (*cuirs et peaux*) ; les décrets des 3 août et 30 novembre 1917 réglementant la vente et la consommation du *pain*, du 19 avril 1917 sur la *pâtisserie*, du 24 avril 1917 sur la *viande*, l'arrêté du 17 août 1917 sur la vente des *chaussures nationales*, les arrêtés du 18 août 1917 sur la *surveillance des prix*, du 4 décembre 1917 sur la *consommation de l'essence*.

La plupart de ces mesures avaient pour objectif commun d'enrayer la hausse des prix et d'empêcher l'*accaparement*. Il semble toutefois qu'elles aient souvent provoqué la disparition, ou tout au moins la raréfaction des marchandises taxées (1). Aussi a-t-il fallu renforcer la taxation par la réquisition (L. 16 oct. 1915 sur la réquisution du *blé*, du 29 juillet 1916 sur la réquisition des *céréales*, décret du 13 juillet 1917 sur la taxation et la déclaration des céréales), et par des pénalités rigoureuses (Loi du 23 oct. 1919 sur la *spéculation illicite*).

237. — **L'après-guerre.** — A tort ou à raison, nombre de ces mesures restrictives furent maintenues après la cessation des hostilités, pendant un temps plus ou moins long. Toutefois, le retour au régime de la liberté s'effectua progressivement. La liberté du commerce des charbons fut rétablie tout d'abord ; la liberté du commerce du blé le fut en 1921 (après la soudure) ; la plupart des prohibitions d'exportations sont depuis longtemps abolies.

Mais les pénalités édictées contre l'*accaparement*, sur lesquelles nous reviendrons, ont été maintenues en principe (2). L'une des attributions des *Conseils de consommateurs*, créés en vue d'étudier les moyens de remédier à la cherté de la vie (décr. 16 oct. 1920), consiste précisément à signaler aux pouvoirs publics les abus et les actes délictueux dont ils pourront avoir connaissance. — La vente par mandataire est libre. Toutefois, les *voyageurs* et *représentants de commerce* doivent être porteurs d'une carte professionnelle d'identité (L. du 3 octobre 1919, modifiée par la loi du 2 août 1927. — Cf. décr. 21 nov. 1927).

(1) Zolla, *Les questions du blé et de la viande* (Rev. des deux Mondes, 1915.4.361).

(2) La loi du 20 avril 1916 sur la spéculation illicite a bien été abolie (L. 21 oct. 1922), mais les pénalités édictées par les art. 419 et s. ont été renforcées (L. 3 déc. 1926). — V. n° 573, *infra*.

Au même ordre de préoccupation (réprimer l'accaparement et la spéculation génératrice de vie chère), se rattache le décret du 30 sept. 1928 portant institution d'une carte d'identité spéciale pour les personnes se livrant à des transactions dans les foires et marchés de bétail, à l'exception des producteurs et de leurs représentants.

SECTION VI. — **Droit de groupement professionnel**

268. — Ce droit, qui s'analyse lui-même en deux facultés distinctes, droit de *coalition* et droit d'*association professionnelle*, est peut-être le corollaire le plus important du principe de la liberté du travail, par ses conséquences sociales et les facilités qu'il offre aux travailleurs d'accéder à un régime économique supérieur au salariat, par une évolution progressive et consciente.

Aussi la réglementation des groupements professionnels occupe-t-elle, dans l'ensemble de la législation ouvrière, une place capitale. D'où la nécessité de consacrer à chaque forme de groupement un chapitre distinct (chap. III et IV, *infra*).

CHAPITRE III

DU DROIT DE COALITION (COALITIONS GRÈVES ET LOCK-OUTS) (1)

269. — Définitions. — L'on désigne, en droit industriel, sous le nom de coalition l'action concertée d'un certain nombre d'ouvriers ou d'un certain nombre de patrons, pour la défense de leurs droits ou de leurs intérêts communs.

La coalition, qui éveille toujours l'idée d'un conflit au moins latent entre deux collectivités, l'une ouvrière, l'autre patronale, ou entre un patron et son personnel, est le prélude assez ordinaire de la *grève* (2), ou suspension brusque de travail s'il s'agit d'une coalition ouvrière, du *lock-out* ou arrêt concerté de travail suivi

(1) BIBLIOGRAPHIE : — Drioux, *Les coalitions d'ouvriers et de patrons de 1789 à nos jours*, th. Paris, 1883 ; Fabreguettes, *Le contrat de travail, les coalitions et les grèves devant la loi*, 1896 ; Jourdain, *La législation française sur les coalitions, son évolution au XIXe siècle*, th. Lille, 1898 ; Vaillé, *La coalition ouvrière et les grèves, étude historique*, th. Lyon, 1901 ; L. de Seilhac, *Les grèves*, 1903 ; Hamelet, *La grève devant la loi et les tribunaux*, 1904 ; de Morillon, *Le droit de grève et le contrat de travail*, th. Dijon, 1905 ; Pouget, *La grève au point de vue juridique*, th. Bordeaux, 1907 ; Gide, Berthélémy, Bureau, Keufer, etc., *Le droit de grève* (Lec. de l'Ec. des Hautes-Etudes sociales), 1909 ; Olphe-Galliard, *L'organisation des forces ouvrières*, 1911 ; Gonnot, *La grève dans l'industrie privée*, 1912 ; Lacour, *Les grèves et leur réglementation*, 1912 ; Critesco, *Essai sur le fondement juridique du droit de grève*, th. 1921 ; — Howell. *The conflicts of capital and labor*, Londres, 1890 ; Von Berlepsch, *Das Koalitionsrecht der Arbeiter* (*Soz. Praxis*, nos 7, et 21 avril 1904).

Parmi les ouvrages généraux, cons. notamment : — Gide, p. 473 et s. ; Levasseur, *Quest. ouvr.*, p. 642 et s. ; Scelle, p. 276 et s. ; Garraud, *Traité de droit pénal*, t. V., p. 436 et s.

Pour la statistique des grèves, cons. les publications annuelles du *Ministère du travail français*, du *Department of labour* anglais, de *l'Office impérial de statistique allemand*, des Offices *belge* et *italien*, du *Bureau of labor* américain, etc.. Ces statistiques sont analysées dans le *Bulletin du Ministère du travail français*. V. aussi les chroniques du *mouvement ouvrier*, de R. Picard, dans la *Rev. d'Econ. polit.*, et du *syndicalisme*, de Villey, dans la *Rev. pol. et parl.*

(2) Le mot *coalition* vient du latin *coalescere* (*Dict.* Littré). Le mot *grève* est un vieux mot dont il convient de faire remonter l'origine aux antiques usages des ouvriers parisiens. Sous l'ancien régime, les ouvriers en quête de travail, spécialement les ouvriers du bâtiment, se réunissaient *Place de Grève*, d'où la dénomination de grève donnée par la suite au chômage volontaire et concerté. Le *lock-out*, terme anglais aujourd'hui consacré, est une véritable grève de patrons qui, soit spontanément, soit en réponse à un ultimatum d'ouvriers, s'entendent pour la suspension du travail et la fermeture provisoire des ateliers.

de fermeture des ateliers s'il s'agit d'une coalition patronale (1) ; mais il serait cependant inexact de considérer le mot coalition comme synonyme de grève.

La coalition est à la grève ce que l'ultimatum est à la déclaration de guerre. C'est une menace de conflit, qui ne se transformera en lutte ouverte que si le patron, mis en demeure de faire connaître ses intentions, ne fait pas à ses ouvriers, avant toute cessation de travail, des concessions jugées suffisantes.

270. — La coalition ne doit pas non plus être confondue avec l'association. Les associations ouvrières ou patronales, en effet, ont un caractère durable qui manque à la coalition, groupement momentané appelé à se dissoudre dès que le résultat obtenu est atteint, ou reconnu au contraire inaccessible.

Parfois, sans doute, l'une naît de l'autre, l'association permanente fomentant la coalition, et celle-ci, à l'inverse, se transformant après la lutte en un groupement permanent ou donnant naissance à un syndicat dissident (syndicats rouges ou jaunes) ; et ainsi se justifie le lien étroit que tous les théoriciens de la législation industrielle établissent entre le droit de coalition et le droit d'association professionnelle. Mais ces deux manifestations du principe de la liberté du travail n'en demeurent pas moins distinctes, et doivent être étudiées successivement.

SECTION PREMIÈRE. — Justification théorique du droit de coalition Statistique

271. — Légitimité théorique du droit de coalition. — Philosophiquement, la légitimité du droit de coalition, corollaire logique du principe de la liberté du travail, ne paraît pas contestable, surtout depuis la suppression du régime corporatif. Jadis, les coalitions pouvaient être envisagées comme une insurrection contre l'organisation sociale du travail, dont la base était le patronage. Aujourd'hui ce point de vue n'est pas admissible, les lois de la Révolution ayant restitué aux deux parties en présence dans le contrat de travail, théoriquement au moins, leur complète indépendance.

(1) Nous étudierons ultérieurement (ch. V. sect. 1re *infra*) une autre forme de coalition : la *coalition de producteurs*. Ces coalitions patronales ne sont point dirigées *contre les ouvriers*, mais contre les producteurs étrangers (*cartels* de défense, réputés licites), ou contre les consommateurs (*trusts*, *syndicats d'accaparement*, prohibés en principe). Il convient de les étudier à part, attendu qu'elles ne sont qu'un aspect de la concentration capitaliste moderne, et que, loin d'être une application du principe de la liberté du travail, elles tendent souvent à la constitution de véritables *monopoles de fait*.

Envisagée en elle-même, la *coalition* ou accord concerté entre plusieurs personnes en vue d'influer sur les conditions du travail, n'est qu'une forme de la *libre concurrence*, absolument licite dès l'instant qu'elle ne se complique d'aucun acte de violence contre ceux qui refusent d'adhérer à la coalition ou qui refusent d'en sortir. Et à ce point de vue, aucune distinction rationnelle ne saurait être proposée entre l'accord des patrons, tendant à faire baisser, et l'accord des ouvriers tendant à faire hausser les salaires.

272. — Supposons, par exemple, que tous les fabricants d'un même tissu, sur une place ou dans une région déterminée, s'entendent pour abaisser le prix de la journée de travail, ou le prix de la pièce ; pratiquement, ils auront peut-être tort d'agir ainsi, surtout si la rémunération moyenne n'est pas excessive, mais théoriquement (et à moins qu'ils ne soient liés par un contrat collectif), ils n'excèdent par leur droit. Chaque fabricant eût pu, ou n'offrir aucun travail, ou n'en accorder qu'à prix réduit ; ce que chacun eût incontestablement pu faire isolément, tous doivent pouvoir le faire collectivement. Il n'y a là aucune atteinte à la liberté de l'industrie, pourvu cependant que les fabricants n'usent d'aucun moyen de contrainte, direct ou indirect, envers ceux d'entre eux qui, rompant le pacte ou refusant d'y adhérer, persisteraient à accorder à leurs ouvriers un salaire plus élevé.

Est également légitime l'accord en vertu duquel les fabricants d'une même place s'entendent pour arrêter temporairement la fabrication d'un article, en cas de surproduction, ou même conviennent de fermer provisoirement leurs ateliers (*lock-out*), à l'effet de contraindre les travailleurs à accepter une réduction de salaire, rendue nécessaire par l'état du marché. Le *lock-out* est en somme, la contre-partie de la grève et puise sa justification dans des considérations identiques.

273. — Non moins légitimes sont les coalitions d'ouvriers, formées le plus souvent dans un but inverse, c'est-à-dire pour faire hausser les salaires, ou former contrepoids aux coalitions de patrons et empêcher ceux-ci d'en abaisser le taux. En fait, ces coalitions peuvent être nuisibles aux coalisés, qui ne disposent pas toujours de ressources suffisantes pour soutenir la lutte. Mais, en droit, ces coalitions ne sont, au même titre que les coalitions patronales (et sous la même réserve au sujet des contrats collectifs), qu'une conséquence normale du régime de la liberté du travail. Tout ouvrier est libre de ne pas travailler aux conditions offertes ; ce que chaque ouvrier peut faire isolément doit, logiquement, être considéré comme également licite pour les ouvriers en groupe. Pré-

sentées isolément, leurs réclamations échouent presque fatalement ; s'ils se concertent, il peuvent lutter avec avantage, et opposer à la puissance du capital la force que donne l'association. Pourvu que les coalisés ne portent pas atteinte aux droits des dissidents, la coalition d'ouvriers, loin d'être une atteinte au principe de liberté, n'en est que la consécration.

274. — **Causes des grèves.** — Peu importe d'ailleurs l'objet de la réclamation. Il ne faudrait pas croire en effet que les grèves n'éclatent jamais que pour *défendre* le taux du salaire contre toute tentative de réduction de la part de l'employeur, ou pour conquérir de haute lutte, les circonstances économiques paraissant favorables, un salaire plus élevé. Telle est bien sans doute la cause principale des grèves, mais d'autres causes peuvent également intervenir. On en jugera par la statistique suivante, intercalée au rapport du Ministère du travail sur les *grèves en* 1925 (*Bull. min. trav.*, 1927, p. 278) : — Demandes d'augmentation des salaires, 71 1/2 % ; — Réduction des salaires, 2 1/2 % ; — Autres causes (demandes de renvoi d'ouvriers, contremaîtres ou directeurs, ou inversement, demandes de réintégration d'ouvriers congédiés, salaire aux pièces, etc.), 26 %.

Au fur et à mesure que se développe la législation ouvrière et que le contrat de travail est plus étroitement réglementé, le nombre des grèves relatives, soit à l'aménagement hygiénique des ateliers, soit aux modalités diverses du contrat de travail (modes de paiement, travail aux pièces, règlements d'atelier, durée de la journée, repos du dimanche, amendes, etc.) va en diminuant. Sur 89 grèves signalées, d'octobre à décembre 1927, au ministère du travail, 17 seulement se référaient à des questions de règlementation du travail (*Bull. Min. trav.* 1928, p. 31.).

Par contre, il convient d'enregistrer le progrès des grèves de *sympathie* ou de *solidarité* (ouvriers n'ayant aucun grief personnel, mais se mettant en grève, sur un mot d'ordre, par *sympathie* pour des grévistes de la même profession, ou même d'une autre profession, à titre de solidarité ouvrière). Ex. tentative de grève générale dans les mines, en 1901, par sympathie pour les grévistes de Montceau ; grèves générales ordonnées en France par la C. G. T., en 1910 et en 1920, en vue d'appuyer la grève des cheminots (1) ; grève générale anglaise de mai 1926, par sympathie pour les mineurs.

(1) A signaler aussi : *a) les grèves politiques*, tendant à exercer une pression sur le pouvoir : grèves générales *belges* de 1892 et 1913 pour le suffrage universel (Vandervelde, de Brouckère, *La grève générale en Belgique*, 1914) ; grève générale de *Suède* pour le suffrage universel, 1902 ; grèves d'un ou deux jours provoquées dans le monde entier en juillet-août 1927, par le parti communiste, à l'occasion de l'exécution aux Etats-Unis de deux ouvriers anarchistes d'origine

275. — **Grève générale révolutionnaire.** — De plus en plus, les partis extrêmes envisagent la *grève générale* comme le principal instrument de la lutte de classes et comme un premier pas dans la voie révolutionnaire conduisant à la suppression de la propriété capitaliste (1). Cet objectif apparaît très nettement dans la grève de mai 1920. Des deux grèves qui, en mars et mai 1920, désorganisèrent en France les transports par voie ferrée, la 1re pouvait, à la rigueur, se réclamer de revendications d'ordre corporatif, mais la 2e, déclanchée le 1er mai, par les extrémistes de la Fédération du rail, était nettement révolutionnaire, puisqu'elle ne tendait à rien moins qu'à mettre en échec le Parlement national sur une question de nationalisation des réseaux.

Même arrière-pensée politique, favorable à la Troisième Internationale de Moscou, dans les menaces de grève générale lancées en août 1920 et avril 1921 par la Fédération des mineurs anglais (2), et dans la grève générale anglaise de Mai 1926, provoquée par la même Fédération.

Jusqu'ici, ces tentatives de grève générale ont plus ou moins échoué, tant à raison de l'impossibilité d'une entente entre les travailleurs de toutes professions (3), que du grand nombre de *sans-travail* prêts à prendre la place des grévistes, et des mesures défensives prises par les gouvernements, en vue d'arrêter à ses débuts un mouvement aussi périlleux pour l'ordre public (4). Le résultat

italienne, Zacco et Vanzetti. — En fait, d'ailleurs, les grèves générales affectent presque toujours, depuis quelques années, un caractère politique très marqué : telles les grèves générales française, anglaise et italienne de 1920 ou la grève générale anglaise de 1926 ; — *b*) les *grèves législatives*, entreprises pour contraindre les patrons à respecter la loi, telle du moins que l'interprètent les syndicats : ex. grèves multiples déterminées par la mise en vigueur de la loi de 1903 sur le repos hebdomadaire, ou de 1919 sur la journée de huit heures, etc.

(1) Lagardelle, *La grève générale et le socialisme*, 1905 ; Griffuelhes, *L'action syndicaliste* ; Vandervelde, *La grève générale* (ouvr. collectif précité de Gide, etc., sur *Le droit de grève*) ; G. Sorel, *Réflexions sur la violence*, 2e éd., 1925 ; Perroux, *G. Sorel et la grève générale* (*Rev. de l'Université de Lyon*, 1928, p. 149 et s.) ; Colonel Feyler, *La violence prolétarienne* (Rev. de Genève, fév. 1928).

(2) Pic, *La grève dans les services publics* (*Quest. pratiques*, 1920.1.4) ; *Le premier Mai et sa mystique* (*ibid.*, 1920.2.8).

(3) La fédération trade-unioniste anglaise et le parti travailliste, en majorité hostiles au communisme russe, n'ont, en 1921, pu conjurer la grève des mineurs, mais du moins ont-ils empêché qu'elle ne s'étendît à d'autres corporations. — En 1926, au contraire, les mineurs ont réussi à déclancher la grève générale ; bien que celle-ci n'ait duré que huit jours, toute l'économie britannique en est demeurée profondément ébranlée. Le chiffre des pertes britanniques, tant du fait de la grève générale que de la grève des mineurs, qui se prolongea six mois, est d'environ 600 millions de livres. — XXX, *La crise minière anglaise et la grève générale de 1926* (Quest. Prat. 26, p. 63), et *La grève générale de 1926, la nouvelle loi sur le Trade Unionisme* (Qu. Prat., 27, p. 137).

(4) Sur l'échec final de la grève générale suédoise, cons. *Mus. social*, avril 1910 ; — des grèves générales de Buenos-Ayres, V. *Rev. polit.* 1909, 496 ; — de la grève générale française de 1920, v. *Quest. prat.*, 1920, n° 4 et s.

le plus clair de la grève de 1920, avoué à la tribune française par des socialistes notoires opposés à la tactique révolutionnaire (1) a été de diminuer considérablement les effectifs de la C. G. T. Celle de 1926 n'a pas été moins désastreuse pour le syndicalisme anglais.

Seuls les métallurgistes italiens semblaient avoir obtenu un succès partiel, le principe de la participation des ouvriers à la gestion des établissements industriels ayant été admis par le gouvernement Giolitti et traduit en un projet de loi, d'ailleurs précédé de l'évacuation des usines par les contingents ouvriers qui les avaient occupées par la force (août, sept. 1920). — Cette victoire prolétarienne ne devait pas être de longue durée. La réaction fasciste ne se fit pas attendre. Maître du pouvoir à la suite de la marche sur Rome, le gouvernement de Mussolini n'eut rien de plus pressé que de transformer les syndicats en organes administratifs, étroitement subordonnés à l'autorité, et de supprimer le droit de grève, tous les conflits de travail étant dorénavant soumis à une juridiction spéciale. — v. n° 298, *infra*.

276. — Le droit de coalition et la doctrine. — Toutes les écoles économiques s'accordent aujourd'hui, les unes sous certaines réserves, d'autres sans restriction, à reconnaître la légitimité du droit de grève. A ce point de vue, les idées se sont singulièrement modifiées, depuis un demi-siècle, aussi bien dans les milieux libéraux que dans les milieux socialistes (2).

(1) Nombreux sont les socialistes réfléchis qui condamnent aujourd'hui la violence systématique dans les grèves (sabotage, action directe). — Cf. Alfassa, *Le Congrès socialiste d'Amsterdam* (Quest. pratiques, 1904, p. 461, et 1905, p. 9) ; Poisson, *La grève des cheminots* (Rev. socialiste, nov.-déc. 1910) ; E. Lévy, *Paroles d'un exclu* (Quest. prat. 1920.1.15).

(2) Il est intéressant de noter les phases diverses qu'a parcourues, sur ce point, *l'école libérale*, d'abord hostile au droit de coalition, qu'elle considérait comme susceptible de détruire l'heureuse harmonie des lois naturelles : (A. Smith, *Richesse des nations*, p. 86 ; J.-B Say, *Catéchisme d'économie politique*, p. 96), puis favorable sous certaines réserves, à la reconnaissance légale du droit de grève (de Molinari, *Les bourses du travail* : Paul Leroy-Beaulieu., *Traité*, t. II, p. 435). — Les mêmes variations sont à relever dans l'histoire des doctrines socialistes : Proudhon était un adversaire systématique des coalitions (*Philos. de la misère*, I, p. 110) ; K. Marx au contraire, et depuis Marx, la plupart des théoriciens du socialisme préconisent la grève, qu'ils envisagent surtout d'ailleurs comme une arme de combat, comme « une des formes sous lesquelles les prolétaires effectuent leur organisation *comme classe* » (Marx, *Misère de la philosophie*, p. 242). Telle est aussi la doctrine de la C. G. T. U., affiliée à Moscou ; mais la C. G. T. est actuellement acquise à l'idée de la tentative préalable de conciliation. — V. *infra*.

Quant aux écoles interventionistes, toutes admettent la légitimité du droit de coalition. Toutes également reconnaissent la nécessité pour le législateur d'en réprimer les abus, et aussi de favoriser le développement des institutions propres à prévenir les conflits ou à les pacifier : Gide, p. 473 de Mun, *La ques-*

Au fond, il semble que ni l'école libérale, ni l'école de Le Play, n'acceptent franchement le droit de grève avec toutes les conséquences, bonnes ou mauvaises, qu'il implique logiquement. La première, au risque de se mettre en contradiction avec ses principes libéraux, verrait sans déplaisir le législateur intervenir pour limiter le droit de grève dans l'intérêt de l'ordre public (1).

Le Play et ses successeurs voient avec plus de défaveur encore le droit de coalition, qu'ils envisagent comme un produit néfaste du milieu industriel moderne (Le Play, *La réforme sociale en France*, II, p. 164 ; Bouloc, *Le droit de grève et les grèves*, 1910) ; et, sans réclamer de mesures répressives, du moins concluent-ils à la nécessité d'établir la paix sociale sur les bases du patronage corporatif restauré.

277. — Nous estimons, pour notre part, que le tableau que l'on trace volontiers des grèves dans les deux écoles précitées est trop poussé au noir. Sans nier les conséquences néfastes que peuvent avoir pour la classe ouvrière elle-même les grèves imprudemment déclarées, sans contester la haute utilité des institutions d'arbitrage, nous croyons fermement que les grèves, envisagées dans leur ensemble, n'ont pas une action aussi pernicieuse qu'on le prétend ; et que, loin d'être une cause d'appauvrissement pour les travailleurs, elles ont au contraire, prises en bloc, contribué à ce mouvement de hausse progressive des salaires, qui s'est poursuivi jusqu'à la crise industrielle de fin 1920 (2).

Par là même disparaît l'un des principaux arguments des adversaires systématiques du droit de grève. Toute grève, nous dit-on, fait perdre aux grévistes un certain nombre de journées de salaire, et se chiffre conséquemment par une perte sèche pour les ouvriers. A cet argument, l'on peut répondre : 1° que certains résultats imma-

tion sociale au XIXe siècle (*Assoc. cathol.*, 1899, t. XLVIII) ; Boissard, *Le fait et le droit de grève*, 1910. — Cf. E. Lévy, *La grève et l'entente* (*Quest. prat.*, janv.-févr. 1911).

(1) Sur cette attitude défiante de l'école libérale, cons. notamment : Levasseur, *Y a-t-il un droit de grève* (*Séances et trav. de l'Acad. des sc. morales*, 1908, p. 1, 15 et suiv.). — Certains économistes, plutôt favorables au syndicalisme, contestent aussi l'existence d'un droit de grève, et envisagent celle-ci comme un *pur fait* ; mais leur raisonnement tend plutôt, à l'inverse de celui des libéraux, partisans des mesures répressives, à taxer d'illusoires toutes les mesures législatives tendant à réglementer la grève. Brouilhet, *La grève et le droit* (*Quest. prat.*, 1910, p. 330).

(2) Conf. Gide, . 476 ; Jourdain, *La législation française sur les coalitions ouvrières*, p. 140. — Quelques économistes libéraux, notamment M. P. Leroy-Beaulieu, le reconnaissent implicitement : « Les grèves, écrit ce dernier, agissent par la crainte qu'elles inspirent... Elles peuvent ruiner *momentanément* les grévistes, mais la crainte de susciter une grève est *chez les manufacturiers un frein nécessaire*. (*Essai sur la répart. des richesses*, p. 399). — V. cependant : Perreau, n° 643

tériels, tels que la reconnaissance par le chef d'industrie de la liberté syndicale, valent bien qu'on les obtienne par certains sacrifices momentanés ; 2° que, matériellement parlant, une grève dont le résultat est d'assurer dans l'avenir aux coalisés un salaire plus élevé est une bonne affaire, puisqu'ils récupéreront et au delà, en quelque temps, les salaires perdus pendant la période de chômage (1), à la condition toutefois que la grève, imprudemment engagée, dans un moment de dépression économique, ne mette pas l'industrie nationale en position d'infériorité vis-à-vis de l'étranger (2).

La seule question est de savoir si les grèves, réellement professionnelles, et non révolutionnaires, permettent vraiment d'obtenir des avantages sérieux et durables. A la question ainsi posée, les statistiques, aujourd'hui dressées avec grand soin dans la plupart des pays industriels, vont nous permettre de répondre.

278. — **Statistique des grèves. — Résultats généraux obtenus.** — Des statistiques annuelles publiées depuis 25 ans, dans les principaux pays industriels, il ressort que la courbe des grèves, qui était allée en progressant jusqu'en 1906; avait fléchi, puis s'était relevée sensiblement en 1910 (3) (grandes grèves des cheminots français en 1910, des cheminots et des mineurs anglais en 1911-12), pour atteindre son maximum en 1913 (1073 en France). Au cours de la guerre de 1914-1918, leur nombre et leur importance ont beaucoup diminué : toute l'activité industrielle s'étant concentrée sur les fabrications de guerre, et la militarisation au moins partielle du personnel ouvrier des usines de guerre (d'ailleurs largement rémunéré) ayant permis de prévenir la plupart des conflits.

Depuis, la courbe reprend sa marche ascendante, au moins jusqu'en septembre 1920, tant à raison de l'activité industrielle qui a marqué cette période que des excitations révolutionnaires. C'est

(1) Picquenard, *Les bilans financiers des grèves* (in *Le droit de grève*, de Gide, etc).

(2) Tel a été malheureusement l'effet de certaines grèves françaises à tendance révolutionnaire, telles que la grève des dockers de Marseille, en 1901, ou celle des inscrits maritimes, en 1904, qui ont fait perdre au commerce national près de 100 millions. — Quant aux grèves des cheminots, de 1910 et 1920, elles ont été désastreuses. La première a embouteillé certains de nos grands ports pendants plusieurs mois ; celles de 1920 (mars et mai) n'ont fait qu'aggraver la situation économique de la France, déjà épuisée par cinq ans de guerre. Même observation, pour les grèves anglaises de 1920. — V. *suprà*.

(3) En Allemagne, le mouvement de recrudescence, pour 1910 a été particulièrement intense. On ne compte pas moins, pour cette seule année, de 2.113 grèves intéressant 115.680 ouvriers. Quant aux lock-outs, leur nombre a passé de 115 au chiffre stupéfiant de 1.115 affectant 10.834 établissements ou travaillaient 306.613 ouvriers, dont 214.125 furent renvoyés. Résultats : 81 succès, 1.010 transactions, 24 échecs. Il est visible que le patronat allemand, fortement uni grâce aux cartels, avait cette fois pris l'offensive.

ainsi qu'en Angleterre le nombre des grèves s'est élevé pour 1918 à 1.252 contre 706 en 1915, 580 en 1916 et 688 en 1917 (*Bull. Min. trav.*, 1919, 104) — En France, nous relevons pour 1919, le chiffre total à fait anormal de 2.053 grèves, alors que pendant toute la guerre, le total des conflits déclarés n'a pas atteint le chiffre de 1.000 (430 d'août 1914 à fin 1916. *Bull. Min. trav.*, 17.126). — En 1921, le mouvement gréviste se ralentit considérablement sous l'influence de la crise intense qui sévit sur tous les pays industriels. — Voici quelques chiffres : — pour la *France*, 475 grèves seulement au lieu de 1.832 en 1920 (B. M. T., 1924, 341) ; pour l'Angleterre 860, au lieu de 1.745 (B. M. T. 1922, 220) ; pour l'Allemagne, 5.223 au lieu de 8.800 (B. M. T., 1923, 93).

La crise une fois terminée, le nombre des grèves tend à se relever. Dès 1922, on enregistre pour la France 665 grèves et pour l'Allemagne 5.361. Cette progression se continuera en France et en Angleterre jusqu'en 1926 ; — 931 pour la France en 1925, englobant 249.000 grévistes, et 1738 en 1926, englobant 338.000 grévistes ; pour l'Angleterre, 603 en 1925, — 320 en 1926, englobant 2.751.000 grévistes (grève générale), au lieu de 445.000 seulement en 1925.

En 1927, au contraire, année de crise, la regression est très nette.

Ainsi le nombre des grèves tombe alors en France à 421, pour 120.000 grévistes seulement (*Rev. d'Econ. polit.*, 1928, p. 977).

Ces constatations ne font que confirmer la loi économique dégagée en 1907, par M. Rist (1), d'une étude comparative des grèves en France, Angleterre, Italie, Allemagne et Belgique : loi d'après laquelle la courbe des grèves est en raison directe de la courbe des exportations, indice sûr de l'activité économique d'un peuple, et en raison inverse de la courbe des chômages. En d'autres termes, le nombre des grèves augmente fatalement en temps de prospérité économique ; leur chiffre diminue aussitôt en période de stagnation et de crise, le nombre des chômeurs rendant alors l'issue des grèves trop aléatoire pour la classe ouvrière. Il en sera ainsi tant que, par suite du manque de souplesse de notre organisation sociale la grève apparaîtra aux ouvriers comme un moyen brutal, sans doute, mais efficace, de s'adapter aux circonstances économiques, et d'obtenir la part de profit à laquelle ils peuvent légitimemen prétendre (2).

(1) Rist, *La progression des grèves en France et sa valeur symptomatique* (*Rev. d'écon. polit.*, 1907, p. 161 et s.). — Cf. R. Picard (même Revue, 1928, p. 975).

(2) *Sic* : Rist, *op. cit.* ; Ch. Brouilhet, *Les grèves en* 1906 (*Quest. prat.*, 1907, 288). — D'autres causes occasionnelles peuvent d'ailleurs, pour un pays donné, ou à une époque donnée, influencer la courbe des grèves. Nous avons signalé déjà l'action révolutionnaire. Il est à remarquer, d'autre part, qu'aux *Etats-Unis*, les grèves ont presque toujours échoué dans les industries *trustifiées*, contre la puissance financière desquelles viennent se briser tous les assauts ouvriers. Seuls, des syndicats très puissants, à base nationale, pourraient engager

Quant aux résultats, voici quelques chiffres : — en France, pour 1926, — 239 réussites, 299 transactions, 393 échecs, — et pour 1927, 76 réussites, 82 transactions et 235 échecs ; —

En Angleterre, pour 1926 (318 conflits, abstraction faite de la grève générale et du conflit minier) : 66 réussites, 130 transactions et 122 échecs (1).

279. — **Observations particulières à certaines grèves.** — Rapprochons maintenant de ces résultats généraux quelques résultats particuliers à certaines grèves, dont l'importance a attiré l'attention des pouvoirs publics au cours de ces dernières années, soit en France, soit à l'étranger ; et voyons si les conclusions qui se dégagent de cette enquête ne vont pas corroborer celles que nous suggère l'étude des statistiques générales.

En France, l'une des principales grèves de la fin du XIXe siècle fut la grève du Creusot. Cette grève se termina le 7 octobre 1899 par une sentence arbitrale de M. Waldeck-Rousseau, président du Conseil, qui donna en quelque sorte à ce gigantesque établissement industriel sa charte pour l'avenir, en posant plusieurs principes dont tous les chefs d'industrie et toutes les organisations ouvrières auraient intérêt à s'inspirer : engagement formel pris par la Compagnie de respecter les libertés syndicales ; égalité des syndiqués et des non-syndiqués ; institution d'un conseil d'usine (*Bull. Office trav.*, 1899, p. 841 et suiv.)

Une autre grève qui préoccupa l'opinion par sa répercussion sur le commerce général fut la grève des inscrits maritimes de 1904.

A la suite de la grève des dockers de 1901, une entente étroite s'était nouée entre les dockers et les inscrits. Sur une menace de grève adressée par les inscrits à la Compagnie transatlantique, toutes les Compagnies d'armement de Marseille, se solidarisant, décrétèrent le lock-out et désarmèrent tous les navires (août 1914), d'accord avec les état-majors.

Cette suspension de la vie économique de notre grand port méditerranéen pouvait avoir les plus graves conséquences. Aussi, après quelques semaines de négociations laborieuses, M. Magnan, ancien président du tribunal de commerce, fut-il choisi comme arbitre. Sa décision arbitrale, bien que repoussée tout d'abord par le syndi-

la lutte, mais ces syndicats sont l'exception, la grande industrie américaine en ayant paralysé le mouvement par tout un ensemble d'institutions patronales qui rattachent plus ou moins étroitement les travailleurs à l'usine. — Philip, *Méthode et structure des syndicats ouvriers aux Etats-Unis* (Quest. Prat., 1927, p. 117 et s.) et *Le problème ouvrier aux Etats-Unis*, 1 v. in-8, 1927, p. 231 et s. — La partialité évidente des tribunaux en faveur des patrons, dans les conflits de travail, rend d'ailleurs les coalitions ouvrières très difficiles.

(1) Sur la part considérable due, dans les réussites, aux organismes de conciliation ou d'arbitrage, v. titre III, *infra*.

cat des dockers, fut acceptée en fait par la presque unanimité des intéressés. Elle avait en effet le grand mérite de sanctionner à nouveau le pacte collectif de 1903, de reconnaître formellement aux syndicats le droit de négocier de nouvelles ententes collectives, tout en laissant aux compagnies d'armement la faculté d'embaucher individuellement les ouvriers qui se présentent à elles. Il était difficile de concilier plus heureusement le droit syndical et le droit individuel. De son côté, et afin de prévenir des conflits futurs, le gouvernement déposait un projet de loi réglant les conditions du travail à bord des navires de commerce ; ce projet est devenu la loi du 17 avril 1907, amorce du code du travail maritime du 13 déc. 1926 (1).

Dès les premiers mois de la mise en vigueur du régime nouveau, une nouvelle grève éclatait (mai 1909), par suite d'une divergence d'interprétation entre armateurs et inscrits. En présence des protestations justifiées de notre colonie algérienne, dont les intérêts étaient gravement menacés par l'irrégularité des services maritimes, le gouvernement comprit qu'il était temps d'en finir ; aussi, dès le 25 mai, déposait-il sur le bureau de la Chambre un projet l'autorisant à suspendre en cas de grève le monopole du pavillon entre la métropole et l'Algérie. — Une vive campagne s'organisait en même temps contre le principe même de l'inscription maritime. — Cette attitude énergique eut promptement raison des inscrits marseillais. Dès le 3 juillet, l'arbitre proposé par le ministre de la marine, M. le président Ditte, tranchait le différend soulevé par l'application de la loi de 1907, et le 24 juillet, était promulguée la loi autorisant le gouvernement à suspendre temporairement l'application des lois des 17 juillet 1867 et 2 avril 1889 sur le *monopole du pavillon* entre la France et l'Algérie, et instituant un *Conseil permanent d'arbitrage* « qui devra être saisi sans délai des différends d'ordre collectif entre les Compagnies de transport et leurs équipages ». Ce Conseil, dont le siège est à Paris, a été organisé par le décret du 19 juin 1910, amendé le 24 sept. 1925 (*Quest. prat.*, 1926, p. 28.).

Bien que l'arbitrage ne soit pas obligatoire, chacune des parties pouvant refuser de soumettre le différend au Conseil, le caractère permanent de celui-ci lui confère une réelle autorité. En fait, le calme revint rapidement dans les ports français. Il ne fut sérieusement troublé qu'en oct. 1922, par une grève de trois semaines, qui

(1) Cf. le décret du 13 janvier 1908 (*Bull. Off. trav.*, 1908, 165), déterminant les mesures de sécurité et d'hygiène à observer sur les navires se livrant à la *grande pêche primée* (Terre-Neuve, Islande).

Sur les grèves maritimes, cons. : Pic, *Le récent conflit ouvrier de Marseille* (*Quest. prat.*, 1905.25) ; Charles Roux, *Les grèves et l'inscription maritime* (*Rev. des Deux-Mondes*, 1909.I.121) ; Schoux, *Les grèves maritimes*, th. 1910.

affecta surtout le port de Marseille, et en Sept-Oct. 1928, par un conflit localisé à ce même port relatif à une question de salaires. La difficulté avait été tranchée, conformément au décret de 1925, par une sentence arbitrale du Premier Président de la Cour de Cassation. Sur une divergence d'interprétation de la sentence entre armateurs et inscrits, une grève partielle éclata, mais le Ministre des Travaux Publics, M. Tardieu, réussit rapidement à aplanir le conflit et à obtenir le respect de la décision arbitrale (1).

Un an auparavant (Avril 1927), le même ministre avait réussi à empêcher une grève minière menaçante, qui aurait pu avoir de graves conséquences pour la reconstitution des régions libérées (v. sur ce conflit, le discours de M. Tardieu à la Ch., *Doc. parl.*, s. 1er Avril 1927).

283. — **Grève des postiers et des cheminots.** — Quelle qu'ait été l'importance des conflits signalés plus haut, aucun n'eut la gravité des grèves dans les services publics, qui éclatèrent en France en 1909, 1910 et 1920 : — grève des *postes* (*P. T. T.*) en mars et mai 1909 ; — grève des employés et ouvriers des *chemins de fer*, en octobre 1910, mars et mai 1920 (2). De telles grèves ne sont qu'un incident du conflit entretenu à l'état aigu par les syndicalistes révolutionnaires entre la classe ouvrière et l'Etat. La question est de savoir si l'Etat moderne restera ce qu'il est, le gardien des intérêts généraux et le défenseur de l'unité nationale, ou s'il doit se transformer en une vaste fédération professionnelle, dont les agents (fonctionnaires de tous ordres) seraient plutôt les serviteurs de la C. G. T. que les préposés de la collectivité. Les fonctionnaires ont-ils, en l'état actuel de la législation, le droit syndical et le droit de grève ? Ce double droit, à supposer qu'il doive être refusé aux fonctionnaires proprement dits, n'appartient-il pas du mons aux cheminots ?

Ce sont des questions que nous réservons, la solution du problème ainsi posé se rattachant étroitement à l'étude de la loi syn-

(1) Quelques mois auparavant (Juin, juillet 1928), un conflit plus grave avait paralysé le trafic du port d'Anvers. Provoqué par des agitateurs communistes, la grève se prolongea près d'un mois. A la suite d'une intervention du Ministre du travail, les grévistes se résignèrent à reprendre le travail aux conditions anciennes, sur la promesse toutefois que le gouvernement belge déposerait à bref délai un projet sur la réglementation des contrats collectifs. — Plus complet encore fut le fiasco de la grève des employés et ouvriers des transports en commun de la Région parisienne déclanchée en Juin 1928 sur l'ordre de Moscou ; au bout de trois jours, tous les grévistes avaient réintégré leur poste (Villey, *Rev. pol. et parl.* juill. 1928).

(2) Pour l'historique de ces grèves, v. de Seilhac, *La grève des cheminots*, 1911; et la thèse de M. Legal, 1914. — Cf. Pic, *La grève dans les services publics*, et *Le premier Mai* (*Quest. prat.* avril et juill. 1920).

dicale (V. chap. IV, *infra*) (1). Notons seulement ici les solutions provisoires qu'elles reçurent du Parlement français, à la suite des grèves précitées. A la grève des postiers (mars 1909), la Chambre répondit par l'ordre du jour suivant, réservant la question du droit syndical des fonctionnaires, mais leur déniant expressément le droit de grève : « La Chambre, résolue à donner aux fonctionnaires un statut légal, *excluant formellement le droit de grève*, passe à l'ordre du jour » (2).

A la suite de la grève des cheminots, un flottement se produisit dans le Parlement, partagé entre deux tendances, la tendance *répressive*, affirmée par le ministère Briand, impliquant interdiction de toutes coalitions, non seulement entre fonctionnaires, mais aussi entre tous agents de compagnies investies d'un monopole, telles que les compagnies de chemins de fer, et la tendance *conciliatrice*, représentée par M. Millerand, dont la caractéristique était de laisser subsister le droit de grève pour les non-fonctionnaires, mais en réduisant au minimum les risques de grève, par une forte organisation de la conciliation préventive et de l'arbitrage (3). En fait, après la chute du ministère Briand (27 février 1911), aucun des projets déposés par celui-ci ne vint en discussion, et l'on resta dans le *statu quo*.

Quant aux grèves de mars et de mai 1920, dont nous avons signalé plus haut le caractère nettement révolutionnaire, leur échec fut complet (4). Les meneurs se heurtèrent au bon sens de la majorité des travailleurs du rail, à l'hostilité marquée du public, et à la résistance énergique du gouvernement, qui, prenant à son tour l'of-

(1) Sur les syndicats de fonctionnaires, v. la bibliographie insérée *infra*, n° 369. — Sur les grèves de fonctionnaires et l'impossibilité pour un gouvernement régulier de les tolérer, cons. spécialement : Berthélémy, *Le droit de grève et les fonctions publiques* (in *Le droit de grève*, de Gide, Berthélémy, etc., etc., 1909.) — Sur la grève des postes, cons. notamment : Rolland, *les Grèves des postes de 1909 et le droit public*, 1909 ; Pic, *Le premier Mai* (*Quest. prat.*, janv. 1921). — Cf, sur l'impossibilité pour un gouvernement de tolérer les grèves de fonctionnaires : Briand, exposé des motifs du projet du 24 décembre 1910 sur le statut des chemins de fer, et déclar. minist. de M. Poincaré (Juill. 1926 et Nov. 1928).

(2) La jurisprudence civile et administrative, s'appuyant sur l'art. 123 C. Pén., lequel prohibe les *coalitions de fonctionnaires*, s'est nettement prononcée à l'encontre du droit de grève des fonctionnaires (Crim. 14 mai 1908, D. 1909. 1. 133 ; Trib. corr. Seine, 29 juill. 1909, D. 1909.5.69, syndicat des postiers, et, sur appel, Paris, 27 oct. 1910, S. 1916.2.97 et note Bonnecase (*Bull. off. trav.*, 1910.1331 ; — Cons d'Etat, 7 août 1909, S. 1909.3.14 et note Hauriou, D. 1911.3.17) ; 1er mars 1912, D. 14.3.48 ; Cass. ch. réun. 15 janv. 1923, D. 1924.1.153 (motifs) ; Cass. 9 juin 1924, S. 25.1.141 (motifs, condamnation de la grève générale révolutionnaire affectant les services publics). — V. aussi trib. corr. Seine, 13 janv. 1921, *Gaz. Pal.* 15 janv.

(3) Pic, *La grève des cheminots, le nouveau ministère Briand et la réforme syndicale* (*Quest. prat.*, 1910, p. 289 et s.) ; *Les projets Briand* (*ibid.*, 1911, p. 48 et s.)

(4) Pic, *Le premier Mai*, *op. cit.*

fensive, ordonna des poursuites immédiates contre la C. G. T., et contre les syndicats de fonctionnaires affiliés à celle-ci. — Sur le jugement du trib. correct. de la Seine, du 13 janvier 1921, prononçant la dissolution de la C. G. T., v. *infra*, n° 438. — Sur les projets de règlement amiable des conflits, v. titre III, *infra* (1).

281. — Grèves à l'étranger. — Allemagne. — Les deux grèves les plus graves qui aient éclaté en *Allemagne* avant la guerre ont été la grève des dockers de Hambourg, 1896-97 (2) et la grève des mineurs de Westphalie, en 1905 (3). Après une résistance de plusieurs mois, la grève des dockers prit fin par l'épuisement des ressources des coalisés, sans que les armateurs eussent fait aucune concession ferme. Mais il n'en est pas moins vrai que, aussitôt le travail repris, les patrons augmentèrent les salaires, dans une proportion importante (15 à 20 0/0).

La grève des mineurs de Westphalie est un des incidents les plus caractéristiques de la lutte engagée depuis quelques années en Allemagne entre les kartells patronaux et les fédérations syndicales ouvrières. La cause initiale de cette grève gigantesque, qui, en février 1905, groupa une armée compacte de 268.000 hommes (4) fut, en effet, l'attitude intransigeante du kartell dénommé « Union rhénane westphalienne », qui se refusait systématiquement à discuter avec les groupements ouvriers. La gravité de ce conflit détermina une intervention du gouvernement prussien qui, pour obtenir la reprise du travail, déposa sur le bureau des Chambres un projet de loi réglementant le travail dans les mines. Les sacrifices consentis par les mineurs rhénans n'avaient donc pas été perdus pour la cause ouvrière.

282. — Nous ne parlerons pas des grèves de la Ruhr, de 1920 à 1923, fomentées par le Reich, et destinées à entraver les mesures coercitives prises par les alliés pour obliger l'Allemagne à s'acquitter des obligations mises à sa charge par le traité de Versailles. — Mais il nous paraît intéressant de signaler d'un mot le *lock-out* des industries minières et métallurgiques de Wesphalie, de novembre 1928, qui présente une réelle analogie aves la grève de 1905.

(1) Des essais d'organisation de l'arbitrage permanent dans les conflits entre l'administration et son personnel ont déjà été tentés. Signalons notamment l'institution des *délégués du personnel* du ministère des travaux publics (postes, chemins de fer de l'Etat, décrets et arrêtés des 18-19 janv. 1910), et du conseil de discipline de l'administration postale (Décr. 9 juin 1906 et 18 mars 1909).

(2) V. les chroniques du *Bull. de l'Off. de trav.*, 1896 et 1897. Comp de Rousiers, *Hambourg et l'Allemagne contemporaine*, 1 vol. in-8, 1902.

(3) *Physionomie des grèves récentes de Wesphalie* (*Quest. prat.*, 1905, p. 96) : Dr Richter, *La grève des mineurs de Westphalie* (*Rev. popul. d'écon. sociale*, fév. mars 1905).

En 1928, comme en 1905, les grands trusts s'efforcent de briser la résistance des organisations ouvrières, mais en 1928, la situation se complique du fait de l'intervention du Ministre du travail qui, s'appuyant sur les lois de 1923 et 1926 (v. *infra*, nos 1294 et s.), n'hésite pas à déclarer obligatoire la sentence arbitrale intervenue. La question est alors portée devant le tribunal arbitral d'appel. Mais sans attendre sa décision, les parties, sous la pression de l'opinion publique, acceptent l'arbitrage du Ministre de l'Intérieur prussien, qui se prononce dans un sens nettement favorable aux ouvriers (1).

283. — Pendant douze ans, de 1898 à 1909, aucun conflit ouvrier vraiment grave n'avait éclaté en Angleterre. La fin du XIXe siècle avait été marquée par un conflit redoutable, la grève des *mécaniciens*, qui paralysa pendant près de huit mois, en 1897, l'industrie de la construction mécanique, et ne se termina qu'en janvier 1898, par la défaite des coalisés (*Bull. off.*, 1898, p. 136). Les *Trade-Unions* avaient cru qu'il suffisait pour vaincre d'une forte organisation syndicale et de puissantes réserves ; l'évènement démontra, et ce sera notre première conclusion, qu'une autre condition indispensable au succès de toute grève réside dans la modération relative des revendications formulées, et dans le respect des conventions collectives librement consenties. Les trois vastes mouvements grévistes qui troublèrent si profondément l'Angleterre en 1910, 1911 et 1926, (grève des mineurs du pays de Galles, oct.-nov. 1910, grève des chemins de fer, août 1911, grève des mineurs, mai-nov. 1926) (2) vont nous permettre d'illustrer cette proposition. Si les mineurs du pays de Galles, en effet, malgré leur forte organisation, n'aboutirent pas dans leurs revendications, c'est qu'ils avaient émis la prétention de déchirer plusieurs clauses essentielles du pacte signé en leur nom. Si, au contraire, les cheminots anglais obtinrent gain de cause, après une grève de 4 jours, c'est que loin de s'insurger contre l'accord intervenu en 1907 (3) sur l'initiative de M. Lloyd George, président du *Board of trade*, ils en réclamaient l'application complète.

284. — Le calme ne devait pas être de longue durée. Dès le 29 février 1912, la Fédération des mineurs déclarait la grève en vue d'imposer aux Compagnies une échelle de salaires arrêtée par elle, et de contraindre le Parlement à décréter la nationalisation des mines. Ce conflit, qui infligea à l'Angleterre des pertes énormes, dura près d'un mois et se termina grâce à l'intervention du prési-

(1) *Rev. pol. et parl.*, Févr. 1929 (notre chronique ouvrière).
(2) Bourat, *Les conflits sociaux anglais* (*Parlem. et Opinion*, 10 sept. 1911).
(3) *Bull. Off. trav.*, 1908, p. 65.

dent du Conseil, Sir Asquith, par une transaction consistant dans la consécration légale du salaire minimum (L. 29 mars 1912). Les salaires seraient désormais fixés par des commissions locales, après consultation des organisations patronales et ouvrières ; la revendication relative à la nationalisation était écartée (1).

Il n'y eut pas de conflits graves pendant la guerre 1914-18. Mais aussitôt après l'armistice, la lutte allait se rouvrir. Effectivement, en février 1919, la triple alliance des mineurs, cheminots et dockers envoyait au Gouvernement un ultimatum réclamant une majoration de salaires de 30 0/0, une réduction de la journée de travail à 6 heures dans les mines, et la nationalisation de tous les charbonnages. Une commission mixte fut nommée pour étudier ces revendications et à la fin de mars, grâce à l'intervention de la Fédération trade-unioniste, le triple entente ouvrière renonçait à des exigences inacceptables.

Mais le conflit allait rebondir en 1925-26. — Les hauts salaires payés aux mineurs anglais mettant les Compagnies dans une situation difficile, en face des mines allemandes et des mines françaises reconstituées, celles-ci avaient décidé d'imposer à leur personnel une réduction des salaires. Le gouvernement anglais avait réussi en juillet 1925 à conjurer la grève en obtenant du Parlement l'autorisation d'allouer aux mines anglaises, jusqu'au 1er mai 1926, une subvention qui leur permettrait de maintenir les salaires. Une commission royale était nommée à l'effet d'étudier, avant la date sus-indiquée, la situation de l'industrie minière.

Les conclusions de cette commission, déposées en Juin 1926, étaient les suivantes : suppression de tous subsides d'Etat aux mines pauvres ; pas de nationalisation, mais regroupement des mines et création de comptoirs de ventes, en vue de réduire les frais généraux, tout en modernisant l'outillage ; réduction du taux des salaires. Ces conclusions, acceptées par le gouvernement, furent repoussées par les deux parties ; d'où la grève, qui, compliquée en mai de la *grève générale* (huit jours de durée), se prolongea pendant six mois, et eut pour les Compagnies comme pour les mineurs, et aussi pour l'industrie nationale anglaise (600 millions de L. de pertes, directes ou indirectes), les conséquences les plus graves. La réforme de la loi organique des Trade-Unions, promulguée le 29 juillet 1927, et sur laquelle nous reviendrons, peut être considérée comme une riposte du gouvernement conservateur anglais, désireux de mettre un terme à l'ingérence des Trade-Unions sur le terrain politique (2).

(1) De Seilhac, *La grève du charbon*, 1912 ; Recouly, *La grève anglaise et ses leçons* (Rev. polit. 12.2.163).

(2) Pic, Revue des questions ouvrières (*Rev. polit. et parl.*, nos sept. 1925 et mai 1927) ; XXX, *La crise minière anglaise, la grève générale de 1926* (Quest. prat.

285. — La défense patronale : l'assurance contre les grèves. — Ce sont, en partie, les prétentions exagérées des groupements ouvriers qui déterminèrent les patrons allemands à constituer entre eux, en 1904, des associations de défense ou d'assurance contre les grèves, dont l'objectif avoué était d'indemniser les adhérents victimes de grèves injustes, mais qui tendaient, à la veille de la guerre, à prendre une allure de combat contre les syndicats ouvriers, inspirée de l'attitude des *briseurs de grèves* américains, agents stipendiés des trusts (1).

L'exemple des patrons allemands devait être suivi, mais dans un esprit différent, par le patronat français (2). C'est en effet en 1907 que la *Fédération des industriels et commerçants* de France jeta les bases d'une caisse d'assurance mutuelle contre les risques de chômage en temps de grève (3).

L'institution, en soi, est parfaitement légitime ; en face de la Confédération générale du travail, il est logique qu'une Confédération similaire se constitue du côté patronal. Mais sa mise en œuvre est particulièrement délicate, tous les projets de cette nature risquant de se heurter à un double écueil : l'intransigeance, qui ferait d'un organisme de défense un instrument de lutte sociale ; la difficulté d'évaluer le risque à garantir et d'établir une échelle de primes acceptables pour l'ensemble des industries (4). Le meilleur moyen, selon nous, d'échapper à ce péril serait de souder à l'assurance un organisme permanent de conciliation, dans le genre des Comités de conciliation britanniques (5).

1926, 63) et *la nouvelle loi sur les Trade Unions* (Quest. prat., 1927, 136) ; sir Goschen, *La colossale folie de la grève charbonnière* (Rev. écon. intern., fév. 1927).

(1) Blondel, *Les grèves allemandes* (*Réf. soc.* 16 mai 1911) ; *Quest. prat.*, 1908, p. 57 et 372 ; Weber, *Der Kampf zwischen Kapital und Arbeit*, Tübingen, 1911. — Cf., sur l'organisation défensive de la *Confédération nationale agraire italienne* ; Bourgin, *La question agraire en Italie* (*Rev. d'écon. polit.*, 1912, 291).

(2) Tronel, *Essai sur l'organisation de la défense patronale*, th. 1911 ; Lefort, *L'assurance contre les grèves*, 1911 ; *Pic*, *ibid.* (*Quest. prat.*, 1911, p. 230 et s.) ; Expert-Besançon, *Les organisations de la défense patronale*, 1913.

(3) *Bull. de la Fédération*, 1907, 1911 et 1913.

(4) Thaller, *L'assurance patronale contre la grève* (*Ann. de dr. commerc.* 1907, p. 337 et s.). — Remarquons, d'ailleurs que, jusqu'ici, les rares lock-outs déclarés en France n'ont pas eu le caractère agressif des lock-outs allemands. C'est ainsi que, grâce à l'intervention d'une Commission de la Chambre, présidée par M. Millerand, le lock-out de *Fougères* (industrie de la chaussure, nov. 1906-janv. 1907) se termina par un compromis entre syndicats ouvriers et patronaux (*Quest. prat.*, 1907, p. 252).

(5) Il est intéressant de noter que la jurisprudence belge tient pour illicites les ententes patronales *de combat*, dont les adhérents s'interdiraient à l'avance d'accueillir toute ouverture de conciliation. — Liège, 24 février 1909, *Journ. des tribun.* (de Bruxelles), n° 21 mars 1909.

286. — En admettant qu'ils parviennent à triompher de ces difficultés d'organisation, — ce sera là notre conclusion finale, — les chefs d'industrie n'en auront pas moins intérêt à faire preuve d'un esprit conciliant. Ils ne doivent jamais perdre de vue que toute grève — et nous ajouterons tout lock-out, — risque d'entraîner pour eux, tant à raison de l'arrêt de l'industrie que du détournement des commandes, accaparées par les maisons rivales, du même pays ou de l'étranger, un préjudice considérable, supérieur souvent à celui qu'ont à supporter les grévistes (1). Il est donc de leur intérêt, d'une part, de calculer avec prévision leurs prix de revient et d'arrêter d'après ce calcul le maximum des concessions possibles ; d'autre part, de conclure avec les syndicats des accords permanents susceptibles de prévenir les conflits futurs. — Sur les contrats collectifs de travail, voir *infra*, chap. IV, titre II.

SECTION II. — Histoire du droit de coalition. Législation comparée

I. — LES COALITIONS SOUS L'ANCIEN RÉGIME (2). — 287. — Cette forme particulière de la lutte engagée entre le capital et le travail n'est pas aussi moderne qu'on pourrait le supposer. Sans remonter à l'antiquité classique, qui a plutôt connu les conflits politiques (3) ou les guerres serviles, que les coalitions véritables d'ouvriers libres, il est incontestable qu'au moyen-âge les coalitions ont été fréquentes et souvent accompagnées de troubles graves.

L'histoire des corps de métiers dans les différents pays d'Europe, spécialement dans les Flandres, en France, en Allemagne, en Italie, nous représente les artisans ou gens de métier fréquemment engagés dans des luttes violentes contre les seigneurs.

(1) Les ruines accumulées par la grande grève anglaise de 1926 en sont la confirmation éclatante. En France, la grève de Montceau (1901), qui dura un mois et demi, coûta 3 millions aux ouvriers, 6 ou 7 millions à la compagnie.

(2) BIBLIOGRAPHIE. — Cons. de préférence sur l'histoire des coalitions, parmi les ouvrages mentionnés *supra* dans notre introduction historique : Levasseur, Martin-St-Léon, Germain Martin, Boissonnade, du Bourg, Godart, Hauser, Vailhé, Dagallier. — *Adde* : Hauser, *Histoire d'une grève au XVIe siècle, les imprimeurs lyonnais*, Girard, 1902 ; Renard et Weurlersse, *Grèves d'autrefois* (*Rev. polit. et parl.*, 1920.1.95), etc.

(3) Tel semble avoir bien été le caractère des retraites de la plèbe romaine sur le Mont-Aventin, qualifiées un peu arbitrairement de grèves par M. P. Leroy-Beaulieu (*Répart. des richesses*, p. 396).

288. — Lorsque la ligne de démarcation commence à se préciser entre patrons et ouvriers, confondus à l'origine dans une même sujétion au regard des seigneurs, le conflit change de caractère ; c'est entre les compagnons que se nouent les *cabales*, et le seigneur n'intervient plus que comme souverain, pour empêcher ces ententes de troubler l'ordre public.

Au début, nous voyons l'autorité royale ou les seigneurs interdire indifféremment toutes ententes, soit entre patrons, soit entre ouvriers (1). Mais bientôt, les ententes patronales sont tolérées et toutes les sévérités des lois ou des statuts municipaux sont dirigées contre les coalitions de compagnons (2).

Au fur et à mesure que le caractère aristocratique des corporations s'accentue, le fossé s'élargit entre patrons et salariés, et chaque jour aussi les conflits s'aggravent. Ainsi s'expliquent ces explosions violentes, si fréquentes au XVIIIe siècle (qualifié par Brentano de siècle des insurrections ouvrières), que la royauté essaye vainement de réprimer (ordonn. 13 août 1720, 2 janvier 1744, 17 février 1777) (3). Le rétablissement des corporations, supprimées un instant par l'édit éphémère de Turgot (V. *supra*, n° 127), ne fit que surexciter la classe ouvrière ; et l'on vit à la veille de la Révolution les mises en interdit se multiplier, en dépit des défenses les plus sévères.

II. — LES COALITIONS EN FRANCE DEPUIS LA RÉVOLUTION. — 289. — **Assemblée constituante, loi Chapelier.** — Tout en proclamant la liberté du travail, la Constituante crut devoir prohiber la coalition, dans laquelle elle se refusait à voir un corollaire indispensable de cette liberté même, soit parce qu'elle considérait l'agitation ouvrière comme menaçante pour l'ordre public, soit parce qu'elle redoutait de voir, sous couleur de coalitions patronales, se reconstituer les corporations qu'elle venait de détruire.

D'où l'insertion dans la loi des 14-17 juin 1791 (*loi Chapelier*), d'une disposition portant « que si, contre les principes de la liberté et de la constitution, des citoyens attachés aux mêmes professions, arts et métiers, prenaient des délibérations, faisaient entre eux des conventions tendant à refuser de concert ou à n'accorder qu'à un

(1) Beaumanoir, *Coutumes de Beauvoisis*, chap. XXX, 62 ; Jean Bouteillier, *Somme rurale*, liv. I. tit. 28, v° *Monopole* ; Ordon. de Philippe IV, 1305 (Isambert, *Rec. des ordonn.*, II, p. 830), et Philippe VI, 18 mars 1330 (*ibid*, IV. p. 383).

(2) Ordonn. roy. de 1401, 1466, 1539, édit de 1541, déclar. roy. du 10 sept. 1572. — Cons. d'Avenel, *Hist. économique de la propriété, des salaires et des prix de 1200 à 1800*, *passim* ; Hauser, *op. cit.*, p. 178.

(3) Sur les coalitions ouvrières au XVIIIe siècle, consult. Germain Martin, Bonnassieux, Flammermont, *Des grèves à la fin de l'ancien régime* (*Bull. du Comité des trav. historiques*, année 1894), Godart, Dagallier, etc.

prix déterminé le secours de leur industrie et de leurs travaux, lesdites délibérations accompagnées ou non de serment seraient déclarées inconstitutionnelles et attentatoires à la liberté et à la déclaration des droits de l'homme ».

290. — La législation répressive, du Code pénal à la loi de 1864. — Le Consulat et l'Empire, moins par le désir d'empêcher la reconstitution des corporations que par méfiance à l'égard des classes populaires, aggravèrent même la prohibition, et s'efforcèrent de la rendre surtout efficace à l'encontre des ouvriers. La pénalité édictée par les articles 414 à 416 du Code pénal (réédition aggravée des pénalités de la loi du 22 germinal an XI) contre les coalitions ouvrières, était en effet plus forte que celle atteignant les coalitions de patrons, lesquels n'étaient en outre punissables que si elles étaient *injustes* ou *abusives*.

La République de 1848 se montra d'abord favorable au droit d'association. Mais, après les évènements de juin, ces tendances se modifièrent ; et, malgré les protestations d'Arago, Bastiat, Wolowski, en faveur de la liberté, le législateur de 1849 maintint, sur le rapport de M. de Vatimesnil, le caractère délictueux de la coalition.

La loi du 27 novembre 1849 se borna à supprimer l'inégalité dans la répression que consacrait le Code pénal, en décidant que toute coalition, soit patronale, soit ouvrière, constituerait un délit, passible d'un emprisonnement de six jours à trois mois et d'une amende de 16 à 10.000 francs, et pour les meneurs d'un emprisonnement de deux à cinq ans.

Cette égalité n'était cependant qu'apparente. En fait, la répression était beaucoup plus dure pour les ouvriers, à un double point de vue : d'abord parce que les coalitions patronales, ne groupant qu'un petit nombre de personnes, passent le plus souvent inaperçues ; ensuite parce qu'il est beaucoup moins grave pour des patrons de s'exposer à des poursuites éventuelles que pour des ouvriers qui, s'ils font grève, ont en perspective la prison et le congédiement.

291. — Reconnaissance légale du droit de coalition : loi de 1864 (1). — Aux sévérités excessives de la répression, le gouvernement impérial essaya tout d'abord de porter remède par l'exercice le plus large du droit de grâce ; mais ce palliatif n'était pas sans danger, car il était en quelque sorte un encouragement à la violation de la

(1) Cons. notamment : Emile Ollivier, *L'Empire libéral*, t. VI, *La loi de coalition*. — V. aussi Levasseur, *Histoire des classes ouvrières de 1789 à 1870*, liv. IV, chap. VIII.

loi. Certains tribunaux persistaient à appliquer rigoureusement la loi ; d'autres prononçaient des condamnations illusoires.

Les plaintes devinrent de plus en plus vives, et déterminèrent le gouvernement à soumettre au Corps législatif un projet tendant à modifier, dans un sens libéral, les articles 414 et 416 du Code pénal. Ce projet devint la loi du 25 mai 1864, dont la disposition caractéristique consiste dans la *suppression du délit de coalition*, remplacé par le délit d'atteinte à la liberté du travail.

292. — **Lois de 1884, 1892 et 1919.** — La coalition devenue licite, la loi prohibait comme par le passé toute association professionnelle permanente, même dissimulée sous l'apparence d'une coalition (loi du 10 avril 1834, interdisant toute association de plus de vingt personnes). Le droit de réunion lui-même demeurait interdit ; et à plus forte raison était-il interdit aux coalisés de constituer une permanence (Crim. cass., 7 févr. 1868, S. 69.1.42). Étaient prohibées également toutes défenses ou interdictions prononcées en vertu d'un plan concerté (art. 416, C. pén.). — Les coalitions, théoriquement autorisées, étaient ainsi privées des seules armes qui rendissent leur action efficace.

La situation changea avec la loi du 30 juin 1881 sur la liberté de réunion, et surtout avec la loi du 21 mars 1884 sur les syndicats professionnels qui, en reconnaissant aux patrons et aux ouvriers le droit de s'associer à titre permanent et en abrogeant l'article 416 du Code pénal, fit disparaître les entraves qui s'opposaient jusqu'alors à l'exercice complet du droit de coalition.

Les lois des 27 décembre 1892 et 25 mars 1919, que nous commenterons *infra* (tit. III), sont venues, d'autre part, sans porter aucune atteinte aux droits consacrés par les lois de 1864 et 1884, fournir à tous les intéressés un moyen légal de prévenir les grèves ou d'y mettre fin par des accords amiables.

III. — LES COALITIONS A L'ÉTRANGER. — 293. — La plupart des lois étrangères contemporaines admettent plus ou moins complètement le droit de coalition.

Angleterre. — La plus favorable de toutes, tout au moins dans la période comprise entre 1906 et 1927, est incontestablement la législation anglaise. Dès 1824, *l'Angleterre* abrogeait, dans son application aux coalitions ouvrières, l'antique délit de *conspiracy* et proclamait la liberté de coalition (loi 21 juin 1824). Seuls les faits de violences et menaces contre les personnes ou les biens, et certaines molestations (enlèvement des outils ou vêtements des non-grévistes, *rattening*), — poursuite tumultueuse sur la voie publique, etc.), étaient réprimés par la loi (loi 13 août 1875) (1).

Cette législation laissait donc à l'abri de toute répression pénale, comme la loi française de 1884, la simple mise à l'index, sans violence. L'on avait même longtemps considéré que la responsabilité civile du syndicat promoteur de la grève ne pouvait, en pareil cas, être mise en jeu. Toutefois, par deux arrêts de principe (22 juill. et 5 août 1901), qu'il est intéressant de rapprocher des solutions admises par les tribunaux français, la Chambre des Lords avait modifié cette jurisprudence, et admis, en certains cas, la responsabilité civile des unions ouvrières. Dans l'une de ces deux affaires (Cie du Taff Vale), le syndicat des employés de chemins de fer fut, sur renvoi après cassation, condamné par jugement du Banc du roi à L. 23.000 (575.000 francs) de dommages-intérêts !

Cette nouvelle jurisprudence provoqua dans les milieux ouvriers une émotion intense. L'affaire fut portée sur le terrain politique par le parti libéral, associé au parti ouvrier et, dès le lendemain de son avènement, le ministère libéral Campbell-Bannermann saisit la Chambre des Communes d'un projet de loi donnant pleine satisfaction aux syndicats. Ce projet devint la loi du 21 décembre 1906, l'une des lois sociales les plus hardies du début de ce siècle

Aux termes de la loi de 1906, aucune poursuite judiciaire ne peut être intentée contre les trade-unions pour actes relatifs à la préparation ou à la conduite d'un conflit de tavail sont seuls exceptés de cette immunité, les actes qui constitueraient des crimes ou délits de droit commun.

Echappent à toute responsabilité civile les trade-unions qui auraient provoqué ou encouragé la grève. Leurs fonds, même si elles sont enregistrées et partant investies de la personnalité morale, se trouvent donc légalement à l'abri de toute poursuite en dommages-intérêts émanant des patrons ou des tiers lésés par la grève (2).

(1) Les lois antérieures punissaient même le *picketing* (simple surveillance sans menaces), aux abords des ateliers. Ce délit a été supprimé par la loi de 1875.

(2) Sur la législation anglaise et le mouvement qui a déterminé le vote de la loi de 1906, cons. notamment : Pic, *Les audaces de la démocratie sociale anglaise* (*Quest. prat.* 1909.3.48) ; Gérard, *La violence dans les grèves anglaises* 1913. V. aussi : R. Hoffherr, *Le boycottage devant les Cours anglaises*, 1923. — Sur la suppression, tout au moins théorique, des grèves dans certaines colonies anglaises autonomes (Nouvelle-Zélande, Australie), par le mécanisme de l'*arbitrage obligatoire*, v. *infra*, titre III. — Sur la loi *canadienne* du 22 mars 1907, amendée le 4 juin 1910, dite « des enquêtes en matière de différends industriels », loi tendant à prévenir les grèves dans les services publics, v. titre III, *infra*. — Cf. dans le sens de l'irresponsabilité complète des syndicats : E. Lévy, *L'affirmation du droit collectif*, 1903.

Beaucoup moins libérale, il est vrai, est la loi nouvelle du 29 juillet 1927, votée à la suite de la grève générale de 1926. L'art. 1er proclame l'illégalité de toute grève (*stricke*) : 1° ayant tout autre objet qu'un conflit économique survenu dans l'industrie à laquelle appartiennent les grévistes ; 2° ayant pour objet de forcer la main au gouvernement, d'agir par intimidation sur la communauté. Quiconque prend part à une grève de cette nature encourt certaines pénalités, et se voit privé du bénéfice de l'act de 1906 ; individus et syndicats, convaincus d'y avoir participé peuvent donc être déclarés civilement responsables des suites dommageables de la grève, et notamment condamnés à des dommages-intérêts envers les syndiqués qui auraient refusé de se conformer à l'ordre de grève (art. 2.) L'art. 3 interdit le *picketing*, même pacifique. Enfin, l'article 6 déclare illégales les grèves, sans notification préalable, des employés municipaux, et condamne implicitement toute grève de fonctionnaires.

Combattue avec indignation par les partis travailliste et libéral, la loi de 1927 ne paraît pas devoir survivre longtemps à l'avènement du Ministère Mac Donald.

293 bis. — Etats-Unis. — Aux Etat-Unis, au contraire, la loi de *conspiracy*, partie intégrante de la *common law* britannique, existe toujours à l'encontre des coalitions, mais plutôt à l'état de menace, car elle n'est qu'assez rarement appliquée (2). Il est d'ailleurs illo-

(1) Pour le commentaire de la loi de 1927, sur laquelle nous reviendrons à propos des syndicats, v. Pic, *Réforme de la législation anglaise des trade-unions* (D. H., Juillet 1927), et *Le Trade Unionisme et l'Etat anglais* (Rev. écon. inter. avril 1928).

(2) Signalons toutefois la tendance très nette de la Cour suprême à étendre les
dispositions de l'*Antitrust-Law*, de 1890 (loi Sherman, édictée contre les coali-
tions patronales poursuivant un but d'accaparement) aux mises à l'index éma-
nant des syndicats ouvriers et portant atteinte à la liberté commerciale (arrêts
de 1908, 5 juin 1922, oct. 1927). — Cf. Teilhac, *Le paradoxe de la législation con-
tre les trusts ou son application aux syndicats ouvriers* (Quest. prat., 1928, p.
137). — A noter également l'habitude prise par certaines cours fédérales de lan-
cer des *injonctions*, c'est-à-dire des sommations aux grévistes d'avoir à repren-
dre le travail. C'est à la suite d'une injonction de ce genre qu'en novembre 1919,
le Comité exécutif des mineurs renonça à faire grève. — James Garner, *Vie poli-
tique aux Etats-Unis*, (*Rev. polit. et parl.* 1908.1.669). — Sur les coalitions aux
Etats-Unis, cons. notamment : Carol Whright, *Industrial evolution of the Uni-
ted states*, p. 236 et s. ; Crouzel, *Le droit anglais et le droit américain en matiè-
re de coalition et de grève* (*Rev. pratique du droit industr.*, 1893, p. 318 et s.) ;
Cestre, *Les conflits du travail et du capital aux Etats-Unis* (*Rev. polit. et parl.*
1920.1.2). — Sur les tendances, nettement défavorables à la classe ouvrière, de la
jurisprudence américaine, cons. notam. : Lambert, *Le gouvernement des juges*,
La lutte contre la législation sociale aux Etats-Unis, 1921 ; Lambert et Brown,
La lutte judiciaire du capital et du travail organisé aux Etats-Unis, 1924. — V.
au surplus, sur les associations ouvrières aux Etats-Unis, la bibliographie jointe
à notre chap. IV. *infra*.

gique de prohiber la coalition, groupement momentané, et de reconnaître le syndicat, groupement permanent. Aussi est-ce plutôt dans le sens des institutions d'arbitrage officiel (V. titre III, *infra*), que dans la voie périlleuse de l'application stricte d'une législation surannée, que sont orientés depuis longtemps la plupart des Etats de l'Union américaine.

294. — **Allemagne.** — La législation allemande sur le droit de coalition ressemble beaucoup à notre législation de 1884. Elle ne réprime pas seulement les atteintes à la liberté du travail par violences ou menaces, mais aussi, comme notre article 416 abrogé en 1884, la simple mise à l'index en vertu d'un plan concerté (Gewerbeordnung de 1869, art. 152 et suiv., maintenus en 1891) (1).

Le gouvernement allemand, en présence de la recrudescence des grèves, crut opportun, il y a quelques années, de renforcer cette législation répressive, voire même de punir certains faits jusqu'alors réputée licites, tels que le *rattening* ou le *picketing* (v. *supra*). Il déposa un projet en ce sens sur le bureau du Reichstag ; mais ce projet fut repoussé à une forte majorité, en novembre 1889. Il n'a aucune chance d'être repris sous le régime actuel.

Nous étudierons ultérieurement les mesures prises récemment (L. 23 déc. 1926 sur les tribunaux du travail) pour faciliter le règlement amiable des conflits du travail et parfois l'imposer. — V. titre III, chap. 1er, *infra*.

295. — **Autriche.** — **Hongrie.** — Dans la petite industrie, placée sous le régime de la corporation obligatoire, les ententes en vue de cesser le travail sont interdites. Dans la grande industrie, les grèves sont implicitement permises ; elles ne peuvent en effet donner lieu à des poursuites pénales que si elles sont accompagnées de violences ou menaces (loi autrichienne, 7 avr. 1870, art. 2), ou d'attroupements devant les ateliers (C. pén. hongr., art. 177) ; mais les pouvoirs très étendus dont l'autorité administrative est investie sur la population ouvrière permettent parfois de prévenir les grèves en dispersant les meneurs (2).

Depuis l'établissement de la République autrichienne, la liberté de coalition est complète. En Hongrie, au contraire, les mouvements ouvriers qui ont suivi la fin de la guerre (1919) ont été durement réprimés.

(1) H. Heinemann, *Das Koalitionsrecht* (*Soz. Praxis*, 11 déc. 1902) ; Blondel, *Les grèves en Allemagne* (*Bull. Soc. de législ. comparée*, 1905).

(2) Sur la législation draconienne *hongroise* relative aux grèves rurales, v. Gonnard, *La Hongrie sociale* (*Quest. prat.*, 1909, p. 250). — Cf. Agoston (*Quest. prat.*, 1909, p. 331).

296. — Belgique. — La loi belge du 31 mai 1866 était à peu près calquée sur la loi française de 1864. Mais les grèves ayant pris à une certaine époque un caractère de gravité inquiétant, le législateur belge crut devoir renforcer les pénalités et réprimer certains faits jusqu'alors non prévus, tels que les bris d'outils, les actes d'intimidation à l'adresse des ouvriers non grévistes, les attroupements, etc. (L. 30 mai 1892) (1).

297. — Russie. — Seule de tous les Etats européens, la Russie n'a jamais connu la liberté de coalition. Sous le régime czariste, toute entente entre patrons ou ouvriers était un délit (L. 3-13 juin 1886) (2) ; si la grève paraissait avoir eu pour cause la violation par le patron des prescriptions tutélaires de la loi, les ouvriers n'échappaient pas à la répression, mais le patron coupable était puni de trois mois d'arrêt et déchu du droit de diriger une fabrique. La Commission judiciaire de la Douma avait adopté, en 1909, un projet tendant à reconnaître le droit de grève ; mais ce projet, mal vu sans doute du gouvernement, n'aboutit pas.

Dans la Russie des Soviets, les grèves sont réprimées avec la dernière rigueur. Le travail étant rigoureusement obligatoire, tout différend qui n'est pas amiablement tranché par le Conseil d'usine, doit être déféré au Commissaire régional du peuple pour le travail (3).

298. — Italie. — Jusqu'en 1926, la législation italienne, presque calquée sur la législation française, ne réprimait la coalition qu'autant qu'elle était accompagnée de violences ou de menaces (C. pén. 1889, art. 155 et s.).

Mais depuis la promulgation de la loi du 5 avril 1926, qui a fait des organisations syndicales fascistes, placées sous l'autorité directe du gouvernement, l'armature politique et économique de l'Etat, le droit de coalition a disparu. Comme en Russie, grèves et lock-outs sont interdits désormais sous peine de sanctions rigoureuses, et tous les conflits collectifs sont tranchés d'autorité par la magistrature du travail (4). Sur cette juridiction, v. titre III, *infra*.

(1) Pour l'interprétation de la loi belge, cons., dans la *Revue pratique du droit industriel* (*Rev. belge*, Liège), les études sur *Les atteintes à la liberté du travail*, de MM. Bodeux (1898 et 1899), et Halflants (1902).

(2) Cons. notamment : Marie Stromberg, *La production capitaliste et la question ouvrière en Russie* (*Rev. soc.*, juill. 1907).

(3) Labry, *Une législation communiste*, 1920, p. 55, 184. — Cf. *Les conflits du travail en Russie* (Rev. intern. du travail, août 1926).

(4) Perroux, *Contribution à l'étude de l'économie des finances publiques en Italie depuis la guerre*, 1 v. in-8, 1928, p. 172 et s.

299. — Autres Etats européens. — Les Etats scandinaves, qui admettent la liberté d'association, n'édictent aucune pénalité spéciale contre les délits de violences ou de menaces dont les coalitions peuvent être l'occasion. Ces délits tombent sous l'application du droit commun (Vaillé, p. 227 et s.).

Il en était de même, il y a quelques années, aux Pays-Bas, en Espagne et en Portugal. Mais à la suite d'une grève des ouvriers et employés de chemins de fer qui dégénéra en une véritable grève générale, le Parlement néerlandais vota d'urgence une loi (L. 11 avril 1903) réprimant pénalement les violences et actes d'intimidation (*picketing*) commis au cours d'une grève, ainsi que tout arrêt concerté du service des voies ferrées.

L'Espagne est entrée à son tour, en 1909, dans la voie de la réglementation. La loi *espagnole* du 27 avril 1909 (*Bull. Off. intern.*, 1909, p. 242) reconnaît expressément le droit de grève, mais en ayant soin, comme la loi française, d'interdire les actes de violence dont l'exercice de ce droit peut être le prétexte (1).— Cf. loi *serbe* des 29 juin, 12 juill. 1910, art. 56 et s. ; décr. *portugais* du 6 déc. 1910.

Mais il est intéressant de remarquer que la plupart des lois récentes édictent des pénalités contre les grèves dans les services publics, et qu'elles s'efforcent en même temps, par l'institution d'organismes permanents de conciliation, de *prévenir* les grèves et lock-outs. — V. *infra*, n° 320, et titre III.

299 bis. — Suisse. — La législation suisse présente aujourd'hui une physionomie particulière. La loi fédérale, en effet, n'édicte contre les coalitions aucune pénalité ; les faits de grève ne peuvent donc être réprimés, comme dans les législations précitées, que par application du droit commun. Mais certaines lois cantonales récentes ont apporté à ce principe d'importantes dérogations. C'est ainsi que la loi *genevoise* du 10 février 1900 (amendée le 26 mars 1904), a édicté tout un ensemble de mesures pour empêcher tout arrêt brusque du travail.

D'autre part, la loi de police de Bâle-Ville, mise en vigueur en 1905, et amendée par la loi du 14 janvier 1909 (*Bull. Off. intern.*, 1909, p. 64), contient un article 164, réprimant les violences et les menaces commises au cours d'une grève, voire même la simple mise à l'index. — Cf. lois *bernoise* (23 fév. 1908), des *Grisons* (25 octobre 1908), de *Zurich* (10 déc. 1916).

(1) Delpech. *Les grèves en Espagne* (*Quest. prat.* 1910, p. 348) ; Vovard, *Les grèves en Espagne* (*Monde économ.*, 1923, p. 522).

SECTION III. — Commentaire des articles 414 et 415 du Code pénal. Conséquences de l'abrogation de l'article 416

300. — Délit d'atteinte à la liberté du travail. — Depuis 1864, la coalition est permise, soit entre patrons, soit entre ouvriers. Les uns et les autres peuvent donc se concerter librement.

Mais la loi prohibe sous peine d'un emprisonnement de six jours à trois ans et d'une amende de 16 à 3.000 francs, ou de l'une de ces peines seulement, les violences ou voies de fait, les menaces ou manœuvres frauduleuses employées par les coalisés contre les dissidents (art. 414 C. pén., modifié par la loi de 1864). Les faits prévus par cette disposition constituent le délit *d'atteinte à la liberté du travail*, nettement distinct de l'ancien délit de coalition : effectivement, lesdits faits ne supposent aucun concert, aucune entente collective ; même émanés d'un ou plusieurs individus, agissant isolément, ils peuvent servir de base à la répression. Toutefois, l'existence d'un plan concerté pour l'exécution des faits délictueux visés par l'article 414 constitue une circonsatnce aggravante ; d'où la faculté conférée au juge par l'article 415 de placer en pareil cas les coupables sous la surveillance de la *haute police* (remplacée par l'*interdiction de séjour*, l. 27 mai 1885).

301. — Le délit *sui generis* (1), prévu et puni par les articles 414 et 415 du Code pénal, suppose la réunion de deux conditions : — 1° Il faut qu'il y ait eu des *violences* ou des *voies de fait*, des *menaces* ou des *manœuvres frauduleuses*. Le terme *de violences* se réfère aux coups et blessures (2) ; l'expression *voies de fait* désigne plus spécialement les violences légères, qui n'occasionnent aucune blessure, y compris même ces voies de fait dépourvues de tout caractère de gravité qui, de droit commun, n'entraîneraient que l'application d'une peine de simple police, aux termes de l'article 605 du Code de brumaire an IV (non abrogé, d'après la jurisprudence, par l'art. 311 C. pén. ; Cass., 7 janv. 1881, D. 81.1.278). Ces voies de fait sans gravité, lorsqu'elles interviennent dans l'hypothèse prévue par l'article 414, dégénèrent en un délit correctionnel, passible des peines ci-dessus.

(1) Sur les éléments constitutifs de ce délit : cons. notamment Garraud, *Traité théorique et pratique du droit pénal français*, t. V, p. 436 et suiv. ; Garçon, *Code pénal ann.* (collect. Sirey), sous l'art. 414.

(2) Il n'est cependant pas indispensable que les violences aient été commises *contre les personnes*. Le texte ne distinguant pas, la jurisprudence considère également comme punissables les violences *contre les choses* (mise bas des feux, fermeture de la vapeur, des registres de chaudière et autres faits appliqués à des installations marchant d'elles-mêmes). — Paris, 5 avril 1911, D. 1912.1.277.

En ce qui concerne les menaces, l'article 414 est aussi large que possible. Il n'est donc pas nécessaire, pour qu'elles soient punissables, lorsqu'elles interviennent en vue de soutenir une coalition,, que les conditions prévues par les articles 305 et 309 du Code pénal soint réunies, c'est-à-dire qu'il s'agisse de menaces écrites, ou de menaces verbales, faites avec ordre ou sous condition ; de simples menaces verbales, même sans condition, faite par l'un des coalisés, peuvent constituer le délit prévu par l'article 414, pourvu qu'elles affectent un caractère suffisant de gravité (1). Mais encore faut-il, pour que les articles 414 et 415 s'appliquent, que l'on soit en présence de faits ayant le caractère de *menaces* véritables, c'est-à-dire de propos ou d'écrits propres à faire appréhender sérieusement, par ceux qui en sont l'objet, un attentat dirigé contre leur personne ou contre leurs biens (2).

(1) Le droit commun reprendrait au contraire son empire, et les pénalités correctionnelles ou criminelles édictées par les articles 305 et suiv., 400 et 436 du Code pénal devraient être considérées comme applicables, si les violences ou les menaces affectaient le caractère de gravité prévu expressément par lesdits articles. L'article 414 peut en effet avoir pour résultat d'aggraver, jamais d'atténuer les pénalités encourues. — Douai, 18 avril 1867, D. 67.2.216. Conf. Dall. *Rép. prat.*, v° *Travail*, n° 326. — Il serait donc absolument faux de considérer la société comme désarmée à l'égard de ces formes odieuses de l'action directe, ouvertement préconisées dans certains milieux révolutionnaires, que l'on appelle « chasse aux *renards* » (non grévistes), *sabotage*, etc. Le meurtre prémédité d'un « renard » est un assassinat, passible de la peine de mort ; il en est de même du sabotage des voies ferrées présentant les caractères d'un attentat contre les agents des trains ou les voyageurs (aiguilles faussées, déraillements provoqués); le Code pénal et la loi du 15 juill. 1845 sur la police des chemins de fer fournissent aux parquets toutes les armes nécessaires pour atteindre ces actes criminels, qui lors des grèves de cheminots ont justement ému l'opinion. — Cf. Ganzoni, *Le droit de grève*, p. 98 et s.

(2) Ex... irruption dans le chantier où travaillent les non grévistes, accompagnée de *menaces* de voies de fait (Bourges, 15 juin 1894, D. 94.2.441 ; Grenoble, 18 juill. 1901, D. 1902.2.470) ; lettre ouverte d'un député proclamant que, s'il n'est pas fait droit aux réclamations des grévistes, ceux ci répondront par la violence. (Toulouse, 20 juill. 1896, aff. Rességuier (administr. des Verreries de Carmaux) c. Jaurès, *La Dépêche* et la *Petite République*, et sur pourvoi Req. rej. 29 juin 1897, D. 97.1.537, et note de M. Dupuich, S. 91.1.17, et note de M. Esmein, *Pand.*, 97.1.337, et note de M. Mérignhac) ; menace de mise à l'index de tous les navires, adressée à des marins pour les déterminer à prendre part à une grève d'inscrits (Civ. 7 janv. 1921, S. 22.1.233 et note Roux) ; attitude comminatoire du secrétaire d'un syndicat de dockers à l'égard des ouvriers travaillant au déchargement d'un bateau (Cass. 22 mars 1923, S. 23.1.395), etc. — Mais, la loi française, à la différence de certaines lois étrangères, n'ayant pas déclaré punissables les simples faits d'intimidation, tels que le *rattening* ou le *picketing* (enlèvement d'outils sans violence aux abords des ateliers, etc...), nous ne saurions admettre, avec certains auteurs (Fabreguettes, *La question sociale*, p. 79, conf. déclar. au Sénat, 6 juill. 1893, *Offic.*, p. 1051, de M. Guérin, garde des sceaux), que ces faits puissent donner lieu à des poursuites pénales, soit comme *menaces*, soit comme manœuvres *frauduleuses*. — Vallé, p. 224. — V. cependant Trib. corr. Provins, 10 juill. 1907, D. 1908.5.14.

302. — L'expression de *manœuvres frauduleuses* est plus élastique que les précédentes. Mais le rapporteur de la loi de 1864, M. Emile Ollivier, en a précisé le sens, en subordonnant l'existence du délit à la réunion des trois circonstances suivantes : *a*) la *fraude* c'est-à-dire un acte accompli de *mauvaise foi* ; *b*) des actes combinés artificieusement en vue de surprendre la confiance ; *c*) des actes de nature à *faire impression* sur ceux dont on se propose de forcer l'adhésion. Cette paraphrase du terme *manœuvres frauduleuses*, malgré sa précision apparente, laisse d'ailleurs aux juges du fond une très grande latitude.

L'on peut citer comme exemple de manœuvres de ce genre : la propagation de fausses nouvelles, les imputations calomnieuses sur le compte des gérants, soit par voie de la *presse* (aff. Rességuier-Jaurès, citée *supra* en note, Conf. Barbier, *Code de la presse*, t. I, p. 262), soit par toute autre voie ; les lettres d'intimidation conçues en termes destinés à abuser le destinataire sur la personnalité ou qualité de l'envoyeur (Caen, 22 oct. 1897, S. 99.2.306), etc. — Il est plus que douteux, au contraire, comme nous l'avons fait observer *supra*, que le simple groupement des grévistes à l'entrée des usines, puits ou chantiers, en vue d'*intimider* les ouvriers non grévistes se rendant au travail ou en sortant, puisse être qualifié soit de menaces, soit de manœuvres frauduleuses, alors du reste que les grévistes s'abstiennent de toute violence.

303. — 2° La deuxième condition requise pour l'existence du délit spécial prévu par les articles 414 et 415 réside dans le *but* poursuivi. Il faut que les actes ci-dessus énumérés (violences, menaces ou manœuvres) aient eu pour but de porter *atteinte à la liberté du travail*, en assurant le succès d'une coalition qui risquait de ne pas aboutir sans l'emploi de ces moyens illicites (*Sic*. décl. du rapporteur, M. Emile Ollivier, Paris, 16 oct. 1894, *Gaz Pal.*, 1894.2.679). Il n'est pas indispensable, d'ailleurs, que le but poursuivi ait été réellement atteint ; il suffit qu'il y ait eu *tentative*, dans le sens de l'article 2 du Code pénal.

Ces deux conditions sont nécessaires et suffisantes. Il n'est pas nécessaire que les actes incriminés émanent de l'un des ouvriers. S'ils sont le fait d'un tiers, d'un journaliste par exemple ou d'un homme politique, ils n'ent sont pas moins délictueux. Mais la responsabilité pénale du tiers ne saurait être engagée, s'il s'était borné à *conseiller* les actes incriminés, et ne pouvait, à raison des circirconstances, être considéré ni comme coauteur, ni comme complice du délit. — Toulouse, 20 juillet 1896, arrêt précité (1).

(1) V. sur cette affaire la consultation de M. Waldeck-Rousseau (*Gaz. Pal.* n° 15 fév. 1896).

304. — Mise à l'index. — Abrogation de l'article 416 ; ses conséquences juridiques. — Afin d'assurer plus complètement le respect du principe de la *liberté du travail*, la loi de 1864 avait, dans l'article 416 du Code pénal, prévu et puni un autre ordre de faits, qualifié par le rapport d'*atteintes* légères à la liberté du travail, par opposition aux atteintes graves visées par l'article 414. Aux termes de cet article 416, étaient « punis d'un emprisonnement de six jours à trois mois, et d'une amende de seize francs à trois cents francs, ou de l'une de ces deux peines seulement tous ouvriers, patrons et entrepreneurs d'ouvrage qui, à l'aide d'amendes, défenses, proscriptions, interdictions prononcées par suite d'un plan concerté, auront porté atteinte au libre exercice de l'industrie ou du travail ». Cette disposition avait été vivement critiquée, dès 1864, par MM. J. Favre et J. Simon. Ces deux orateurs faisaient remarquer que le maintien dans le Code pénal d'un délit ainsi caractérisé équivalait presque au rétablissement, sous un autre nom, du délit de coalition. « Qu'est-ce en effet, disaient-ils en substance, que le *plan concerté*, sinon la coalition sous une forme particulière ? Or, si ce fait est licite, il ne peut, logiquement être érigé en délit, précisément lorsqu'il affecte la forme la plus appropriée au but poursuivi ».

M. E. Ollivier s'efforça de répondre à cette objection, très grave, en faisant observer que le plan concerté déclaré délictueux ne portait pas sur la coalition même, mais exclusivement sur certains procédés d'intimidation, amendes ou interdits, constituant une atteinte manifeste à la liberté de l'industrie. Cette réponse n'était pas décisive ; manifestement, l'article 416 laissait planer une menace de poursuites sur toutes les coalitions, et conférait aux tribunaux une liberté d'appréciation excessive (1). Aussi l'article 416 du Code pénal a-t-il été purement et simplement abrogé par l'article 1er de la loi de 1884 sur les syndicats professionnels.

305. — Voici quelles sont les conséquences pratiques les plus importantes de cette abrogation de l'article 416 (Conf. circ. min., 25 août 1884).

A. Le fait de se concerter en vue de préparer une grève n'étant plus un délit, l'*interdiction* des établissements industriels prononcée par une assemblée générale d'ouvriers ne constitue de leur part que l'exercice d'un droit, même lorsqu'ils ont eu recours pour atteindre ce but à des affiches et à des insertions dans les journaux, pourvu que l'on ne relève contre eux aucune allégation pouvant

(1) Cf. discours prononcé au Sénat par M. Waldeck-Rousseau, ministre de l'Intérieur (Sénat, séance du 28 janvier 1884, *Off.* Déb. parl. p. 188).

nuire à l'honneur ou à la considération de cet établissement (1).

B. La pression exercée par les ouvriers sur les patrons, même en vertu d'un plan concerté, pour obtenir par exemple le renvoi d'un de leurs camarades (pression se manifestant notamment par la *mise à l'index* du patron, décrétée par un syndicat ouvrier), quelque répréhensible qu'elle puisse être dans certains cas, ne constitue plus un délit pénal (2).

306. — Grève, mise à l'index, syndicat promoteur, responsabilité civile. — Mais la mise à l'index d'un établissement industriel ne peut-elle pas du moins, dans certaines circonstances, engager la responsabilité des ouvriers coalisés, ou du syndicat promoteur ? Cette question de *responsabilité* doit être envisagée à un double point de vue. L'on peut en effet se demander : — 1° si le patron lésé par la brusque déclaration de la grève, sans préavis ni observation des délais d'usage, ne peut pas réclamer de ce chef des dommages-intérêts aux ouvriers, syndiqués ou non, qui ont pris part à la lutte ; — 2° si ces mêmes ouvriers coalisés ne peuvent pas être également déclarés responsables envers les tiers lésés par leur intervention comminatoire, notamment envers le contremaître ou les ouvriers renvoyés de l'usine par le patron, sur les injonctions des grévistes ?

La solution de cette double question devrait être cherchée, d'après l'école libérale, dans l'assimilation des collectivités aux individus au point de vue de la responsabilité, en cas de brusque dénonciation du contrat de louage de service. L'ouvrier, dit-on, qui dénonce brusquement, sans préavis, le contrat qui le lie au patron, est passible de dommages-intérêts (art. 1780 C. civ.) (3) ; la même sanction doit, logiquement, être appliquée aux ouvriers syndiqués qui, en vertu d'un plan concerté, se mettent brusquement en grève, au mépris des délais d'usage, ou qui, sans déclarer immédiatement la grève, mettent en interdit certaines maisons et causent de ce fait, soit aux patrons, soit aux ouvriers dissidents des dommages dont il est dû réparation par le syndicat. Ces dommages-intérêts pourront être recouvrés tant sur chaque gréviste individuellement, que sur le syndicat promoteur de la grève.

(1) Toulouse 20 juill. 1896, aff. Rességuier, précitée (motifs) ; Amiens 7 juill. 1905, S. 1906.2.66 ; Civ. cass., 25 janv. 1905, D. 1905.1.153, et note Planiol, S. 1906.1.209, et note Wahl. — V. cependant : Paris, 5 février 1901, D. 1901.2.427, arrêt isolé, manifestement contraire à l'esprit de la loi.

(2) Civ. 22 juin 1892, D. 92.1.449, et sur renvoi, Chambéry, 14 mars 1893, D. 93.2.191 ; Lyon, 15 mai 1895, D. 95.2.310 ; Civ. 25 janv. 1905, précité. — *Contra* : Paris 5 fév. 1901, précité.

(3) Pour le commentaire de cet article, incorporé à l'article 23 du liv. I. du Code du travail, V. *infra*, titre II, chap. I. sect. IV.

Pierre Leroy-Beaulieu, *Le droit de grève* (*Economiste franç.*, 4 janv. 1902).

307. — Cette thèse, dans sa généralité, nous paraît très discutable au point de vue du droit. En admettant qu'un doute pût subsister au lendemain de la loi de 1864, ce doute a disparu depuis l'abrogation de l'article 416 du Code pénal par la loi du 21 mars 1884, article 1er. Le législateur de 1884 a entendu légitimer non seulement la coalition elle-même, mais les *moyens* employés pour la faire aboutir, et, parmi ces moyens, la mise en interdit.

Cette abrogation de l'article 416 n'a donc pas simplement fait disparaître des pénalités exorbitantes ; elle a réellement eu pour résultat de conférer aux ouvriers des droits nouveaux, dont l'exercice normal ne saurait engager, *même civilement*, leur responsabilité envers qui que ce soit. La question qui se pose en présence d'une grève brusquement déclarée, ou d'une mise à l'index, n'est donc pas de savoir, comme l'affirme l'école libérale, si ce congé brusque et collectif donné par les ouvriers au patron a eu lieu sans motifs suffisants, ou si cette menace de grève, non précédée de négociations amiables, a été dommageable, mais uniquement si les ouvriers n'ont pas *abusé* du droit que la loi leur reconnaît (1).

308. — Si la grève ou la mise en interdit a pour objet la *défense des intérêts professionnels* dont le syndicat a la garde, aucune condamnation, même civile, ne saurait être encourue. Si, au contraire, il a été fait usage de ces moyens, licites en eux-mêmes, dans une pensée malveillante soit à l'encontre du patron, à l'effet de porter atteinte à ses droits et de l'empêcher de recruter son personnel à son gré, soit à l'encontre d'un ouvrier ou d'un groupe d'ouvriers à l'effet, par exemple, d'obtenir leur renvoi de l'usine, en ce cas l'intervention du syndicat affecte les caractères d'un dommage sus-

(1) Sur la théorie de l'*abus du droit* et son application à la responsabilité encourue par les grévistes ou par le syndicat promoteur de la grève, cons. notamment : Saleilles, *L'abus du droit* (*Bull. Soc. d'Et. législ.*, 1905, n° 4) ; Planiol, *Traité de droit civil*, t. II, n° 870 et note sous D. 1903.2.329 ; Ferron, note sous S. 1905.2.17 ; Josserand, *De l'esprit des droits et de leur relativité, théorie dite de l'abus des droits*, 1927, n° 178 ; Gardenat et Salmon-Ricci, *De la responsabilité civile*, 1927, p. 630 et s.. — V. aussi C. civ. *allemand*, art. 226. — Cf. Brunschwigg, *La responsabilité civile des syndicats professionnels à raison des atteintes à la liberté du travail*, th. 1902 ; Pouget, *La grève au point de vue juridique*, th. 1907. — Sur l'application corrélative de la même théorie aux agissements du patron, notamment aux mesures illicites prises par celui-ci en vue de briser un groupement ouvrier, cons. trib. Bordeaux, 14 déc. 1903, S. 1905.2.17. — Sur son application au *lock-out*, v. Trib. com. Dunkerque, 2 août 1926, *Gaz. Pal.*, 22 oct. 1926.

ceptible de servir de base à une action en responsabilité civile (1).

309. — La jurisprudence. — Tels sont les principes que la jurisprudence de la Cour de cassation et de la majorité des Cours d'appel n'a pas cessé d'affirmer toutes les fois qu'elle s'est trouvée en présence d'une action en dommages-intérêts dirigée contre un groupe d'ouvriers grévistes, par un contremaître ou un ouvrier boycotté, menacé de renvoi ou effectivement congédié par suite de la pression exercée sur le patron. — Cass. 22 juin 1892, D. 92.1.449, S. 93.1.41 (aff. de Bourgoin-Jallieu), et sur renvoi après Cass. : Chambéry, 14 mars 1893, D. 93.2.139 ; Lyon, 2 mars 1891, D. 94.2.205, et la note de M. Planiol ; Paris, 31 mars 1896, D. 96.2.181 (aff. du pilori corporatif) ; Cass., 25 janv. 1905, D. 1905.1.153 et note Planiol ; Civ. 7 juillet 1910, D. 1911.1.201 et note Nast ; 24 oct. 1916, D. 1916.1.246 ; 12 juillet 1921, S. 22.1.147 ; Grenoble, 19 nov. 1920, *Gaz. pal.* 21 janv. 1921 (but politique) ; Trib. rég. Mulhouse, 28 juin 1923, D. 1925.2.1 et note Pic. — Conf. pour le cas de coalisés indépendants de tout syndicat : Civ. cass., 9 juin 1896, S. 97.1.27, et note de M. Z... ; Paris, 25 mars 1908, D. 1909.2.185 ; Chambéry, 4 octobre 1910, D. 1911.2.187) (2).

(1) Ce que nous disons de la mise à l'index s'appliquerait-il au *boycottage* (ou *boycott*), c'est-à-dire à l'emploi par les grévistes de toutes les mesures de publicité, voire d'intimidation, autres que les violences envers les personnes ou les attentats contre les biens, propres à détourner le public d'acheter les produits d'une maison mise à l'index, ou de traiter avec elle ? A défaut de la jurisprudence française, la jurisprudence suisse a eu à se prononcer sur cette question délicate, qu'elle a résolue dans le sens le plus favorable aux organisations ouvrières. Le tribunal fédéral estime qu'en principe le *boycott* est un corollaire, une mesure complémentaire de la mise à l'index, licite pour les mêmes motifs : exception faite toutefois de l'hypothèse où les mesures de boycottage, dirigées contre les fournisseurs de la maison frappée d'interdit, tendraient à anéantir la personnalité économique de celle-ci ; dans cette dernière hypothèse, le droit individuel devrait l'emporter sur le droit collectif et justifierait de la part de la ou des personnes lésées une action civile en dommages-intérêts, basée sur l'article 50 du Code des oblig. (Cpr. art. 1382, C. civ. français). — Trib. féd. suisse, 16 juin 1906, S. 1910.4.14. — Cf. Keufer, *Ce qui est licite et illicite en cas de grève* (in *Le droit de grève*, p. 73 et s).

(2) Il y a cependant quelques dissidences. Dans la célèbre affaire Joost, c. le syndicat des imprimeurs sur étoffes de Bourgoin-Jallieu, la Cour de Grenoble a formellement déclaré que la mise à l'index, étant désormais l'exercice d'un droit, ne pouvait servir de base à aucunes poursuites, mêmes civiles, contre le syndicat : Grenoble, 28 oct. 1890, D. 92.1.281, S. 93.1.41, et la note conforme de M. Jay. — *Sic* : Rennes, 21 juillet 1894, sous Cass., 9 juin 1896, précité. — Dans ces deux hypothèses, l'arrêt de la Cour a été cassé (arrêts précités de la Cour de cass., 22 juin 1892 et 9 juin 1896). — Cons., dans le sens de la jurisprudence dominante : Garraud, *Traité de droit pénal*, V. p. 445 ; Séon, *Etude sur la responsabilité pénale et civile des syndicats professionnels*, th. 1900 ; Hamelet, *La grève devant la loi*, 1904 ; Raynaud, *L'intérêt professionnel des syndicats ouvriers devant les tribunaux français* (*Quest. prat.*, 1906, p. 60) ; Planiol, note sous D. 1905.1.153.

Ces solutions puisent d'ailleurs, à notre avis, leur justification, non seulement dans les principes généraux de la responsabilité civile, mais dans le principe posé par l'article 7 de la loi de 1884 (liberté absolue pour chacun de demeurer à l'écart du syndicat, et pour les syndiqués d'en sortir à leur gré). V. *infra*.

310. — La grève emporte-t-elle rupture ou suspension d'exécution du contrat de travail ? — Nous ne saurions approuver, par contre, l'attitude de la jurisprudence dans la question, cependant connexe, des droits du patron lui-même à l'encontre des grévistes. Sans doute, certains arrêts ont reconnu aux organisations ouvrières le droit de recourir à la mise à l'index, à la seule condition de s'abstenir de toutes violences, menaces ou manœuvres. Mais, tout d'abord, ces arrêts limitent arbitrairement l'exercice de ce droit, en interdisant aux syndicats le droit de s'adresser par voie d'affiches aux ouvriers de la profession *non syndiqués* (1).

De plus, ce droit, théoriquement reconnu, est le plus souvent annihilé en fait par l'assimilation de la grève à une *rupture collective* du contrat de travail. Pour la jurisprudence, la grève, en effet, est *par elle-même* une cause de rupture du contrat de travail, *quels que soient les mobiles* auxquels ont obéi les coalisés. Les choses doivent se passer comme si chacun des grévistes eût, en cessant le travail, individuellement notifié au patron son intention de résilier le contrat : si donc la grève éclate brusquement, sans préavis ni observation des délais d'usage, grévistes et syndicat promoteur de la grève pourront être condamnés à des dommages-intérêts envers le patron lésé par l'arrêt brusque du travail (arg. art. 1780), sans préjudice du droit pour celui-ci de se refuser à reprendre les grévistes dans ses ateliers, à moins toutefois qu'il n'ait formellement consenti à les réembaucher s'ils réintégraient l'usine dans un délai déterminé (2).

(1) Cass., 25 janv. 1905, D. 1905.1.153 et note Planiol.

(2) Req., 18 mars 1902, D. 1902.1.323, S. 1903.1.465 ; Civ. cass., 4 mai 1904, D. 1904.1.289, S. 1906.1.497 ; 13 nov. 1906, S. 1906.1.500, D. 1907.1.372 ; 15 mai 1907, D. 1907.1.369, et note A. Colin ; Crim. 9 juill. 1921, D. 22.1.217, S. 22.1.137 et note Roux ; Civ., 15 mai 1922, S. 22.1.207 ; Civ., 1er mai 1923, D. 23.2.66 ; 29 déc. 1925, D.27.1.86 ; 24 janv. 1927, S. 27.1.107.

Cf. trib. com. Bourgoin, 31 juill. 1895 (cité par Planiol, note sous D. 1904.1.289); trib. com. Seine, 6 août 1902, D. 1904.2.219 ; Cons. prud'hom. Valenciennes, 14 mars 1907, D. 1907.5.30 ; Cons. prud'hommes Lyon, 25 juin 1920 (inédit) ; Grenoble 19 nov. 1920, (*Gaz Pal.*, 21 janv. 1921) ; Trib. civ. de Montpellier, 14 juillet 1926, (*Sem. jurid.* 1927, p. 254, -- grève de solidarité). — V. aussi pour la jurisprudence étrangère : Cons. prud'h. Charleroi, 15 mai 1890 (*Rec. législ. des mines*, 1891.4) ; trib. féd. suisse, 5 juillet 1905 (S. 1906.4.4).

Sic : Fabreguettes, *Le contrat de travail, les coalitions et les grèves devant la la loi*, 1896 ; Donadéi, *Conséquences du droit de grève au point de vue pénal et*

311. — Nous estimons, au contraire, avec la majorité des auteurs (1), qu'envisagée en elle-même, la grève ne met pas fin, en thèse générale tout au moins, au contrat de travail ; elle en suspend seulement l'exécution, elle en distend les rouages sans les briser, *jusqu'au jour où le conflit prend fin par arrangement collectif* qui vient consolider ou améliorer le contrat primitif, plutôt qu'il ne crée un état de choses nouveau.

« En vérité, — écrit M. Planiol, *op. cit.*, — dans les conflits industriels, il y a bien une *rupture* entre les patrons et les ouvriers, mais c'est une rupture de fait qui est *tout autre chose que la destruction juridique du contrat*... Ouvriers et patrons continuent à se croire liés les uns aux autres, ils suspendent le travail, mais ils n'ont pas l'intention de se séparer.... »

Que les grévistes ne se proposent pas de substituer un contrat nouveau à l'ancien, cela est d'évidence dans les deux cas suivants : 1° Lorsque l'origine du conflit réside dans une inobservation, vraie ou prétendue, des conditions d'un contrat antérieur, généralement d'un contrat collectif, et que l'objectif exclusif des grévistes est d'obliger le ou les patrons à en respecter les clauses (2) ; — 2° Lors-

au point de vue civil, th. 1902 ; Bayard, *Caractère juridique de la grève* (*Rev. critique*, 1909, 534) ; Ganzoni, *Le droit de grève*, p. 114 et s. ; Capitant et Cuché, *Législ. indust.*, n° 499.

(1) Pour l'étude complète de la question, cons. notre article intitulé « *De la rupture ou de la suspension d'exécution du contrat de travail* par l'effet des grèves ouvrières ou des lock-outs patronaux », broch. in-8 1905 (extr. de la *Rev. trim. de droit civil*), et les autorités citées. — Cons. dans le même sens : Esmein, note sous S. 1898.1.17 ; Planiol (et Ripert), *Dr. civ.* 10e éd., t. II, n° 1896 bis, et notes sous D. 1904.1.289 et 1907.1.373 ; Wahl, *Du motif légitime de rupture dais le contrat de louage de services* (*Quest. prat.*, 1903, 161) et notes sous S. 1906.1.497 ; A. Colin, note sous D. 1907.1.369 ; De Morillon, *Le droit de grève et le contrat de travail*, th. 1905. — Quelques auteurs proposent une distinction, basée sur la combinaison des articles 1184 et 1780 C. civ. : la grève serait une cause de rupture du contrat, lorsque les grévistes demanderaient une modification au pacte primitif; elle laisserait au contraire subsister le contrat lorsqu'elle serait déclarée, soit pour obliger l'autre partie à exécuter loyalement les clauses du pacte, soit pour obtenir une concession étrangère audit pacte (renvoi d'un contremaître, grève de solidarité, grève politique, etc.). — Hamelet, *La grève devant la loi et les tribunaux*, 1904, p. 161 ; Villey, *Le droit de coalition*, th. 1903, p. 96. — V. aussi Demogue, *Rev. trim. de dr. civ.*, 1923, p. 518 ; Rouast, note sous D. 1928.1.33.

(2) Trib. paix Carvin, 16 janvier 1904 (*Bull. Off. trav.* 1904, 225). — Il semble que dans ce cas particulier, la Cour de cassation admette la thèse de la non rupture. Du moins est-ce ainsi qu'il convient d'interpréter, à notre avis, un arrêt récent de la Ch. civ., du 16 novemb. 1927 (D. 28.1.33 et note Rouast).

« Sont à bon droit, dit la Cour, considérés comme n'ayant pas fait grève, des ouvriers qui, sans quitter l'atelier, ont interrompu collectivement le travail au cours d'un après-midi, afin d'appeler l'attention du patron sur leurs doléances et d'obtenir qu'une délégation fût reçue par lui. L'interruption de travail survenue dans ces conditions n'entraîne pas la rupture du contrat de travail ; c'est que la grève a pour cause un fait extrinsèque au contrat de travail, par exemple une question de discipline dans l'atelier, ou de défense syndicale, d'action politique ou de solidarité ouvrière.

Le problème est plus délicat lorsque la grève a pour but d'obtenir certaines modifications au pacte primitif. Et cependant, même en ce cas, il est aisé d'établir que ni les ouvriers, ni les patrons n'entendent rompre le contrat qui les unit, et que leur objectif est simplement d'améliorer ce pacte, en tenant compte de facteurs économiques nouveaux.

Vainement objecte-t-on qu'en admettant même que les ouvriers et les patrons aient cru ne pas rompre le contrat, ils ne peuvent pas empêcher que le *seul* fait de l'interruption de travail ne soit équipollent à une résiliation. — A cette objection, l'on peut faire une double réponse. — La première s'induit des principes mêmes du droit civil : « La grève est tout simplement, — fait remarquer M. Planiol, *op. cit.*, — un refus *temporaire d'exécution*, quelque chose d'analogue au droit de rétention du vendeur ou, d'une façon plus générale, à l'exception *non adimpleti contractus*, qui n'est qu'une fonction spéciale de l'exception de dol, et qui n'a rien de commun avec la résiliation du contrat ».

La seconde nous est fournie par les travaux préparatoires des lois de 1864 et 1884. La jurisprudence, en voulant appliquer à la grève, qualifiée par elle de rupture collective, les règles de la rupture individuelle, méconnaît le *processus* historique de la législation ouvrière. Elle oublie que celle-ci a évolué dans le sens d'une reconnaissance de plus en plus nette de la collectivité ouvrière, et va dans cette méconnaissance du droit collectif jusqu'à rendre trop souvent illusoire le droit de coalition (1).

312. — Deux conséquences pratiques principales découlent de notre doctrine sur la non-rupture du contrat par le fait de grève : — 1° La suspension brusque du travail pour cause de grève ne

au contraire le patron qui rompt le contrat en congédiant immédiatement les ouvriers, et dès lors, il leur doit une indemnité pour brusque renvoi ».

Au fond, il semble bien qu'il y ait eu grève en l'espèce ; la grève *des bras croisés*, même si elle ne dure que quelques heures, est bien une grève (Trib. paix Paris, 2e arr., 18 fév. 1910, D. 10.5.19 ; Trib. civ. Seine, 3 nov. 1921, D. 22.5.2). Seulement c'est une grève qui, juridiquement, ne saurait être une cause de rupture du contrat puisqu'elle tend au contraire à le faire respecter. « Pour se faire entendre, fait observer M. Rouast, les ouvriers envoient une délégation, laquelle n'est pas reçue. Alors ils usent de l'arme qui appartient à tout contractant dans un contrat synallagmatique, *ils suspendent momentanément* l'exécution de leur propre obligation... »

(1) La Chambre a été saisie récemment (3 fév. 1925), par M. Victor Jean, d'une propos, tendant à dire que la suspension collective du travail par l'exercice du droit de grève, n'entraîne pas rupture du contrat de travail.

pourra, en aucun cas, même si le règlement de l'atelier ou les usages de la profession imposent un délai de prévenance, servir de base à une action fondée sur l'art. 1780 C. civ. Tandis que d'après la jurisprudence dominante (1) la seule inobservation du délai d'usage élève en quelque sorte une présomption de faute contre les grévistes, selon nous, les grévistes sont à considérer comme ayant purement et simplement usé du droit que la loi leur confère, à moins que le ou les patrons lésés par la grève n'établissent qu'il a été fait un usage *abusif* du droit de grève.

2° Si la grève n'équivaut point à la rupture du contrat, la liberté absolue reconnue au patron par la jurisprudence de réintégrer ou non les grévistes n'existe nullement. Le patron doit, au contraire, à moins que les ouvriers n'aient eu l'imprudence de prendre les devants, notifier un congé en règle aux grévistes s'il entend mettre fin au contrat. Cette notification donne ouverture au pouvoir d'appréciation du juge, conformément à l'art. 1780, et les tribunaux peuvent allouer ou non des dommages-intérêts aux ouvriers que le patron se refuse à reprendre, suivant qu'ils considèrent, après examen des circonstances de fait, son attitude comme légitime ou abusive. — Il y aurait abus, selon nous, dans le refus du patron de réembaucher des ouvriers syndiqués, *uniquement* à raison de leur qualité (2).

Ajoutons, en terminant, que si la grève ne rompt pas le contrat, il doit logiquement en être de même du *lock-out* ; le seul fait de l'arrêt du travail ne saurait donc justifier, ni la condamnation des patrons coalisés, à la requête des ouvriers lésés par la suspension

(1) Quelques décisions judiciaires ont admis notre thèse de la non-rup-
ture, et écarté en conséquence l'application de l'art. 1780. — Cons. prud'h. Rou-
baix, 9 juin 1891, *Loi*, 4-5 oct. 1891 ; Prud'h. Seine (Métaux), 12 mai et 16 juin
1902, *Bull. Off. trav.*, 1904, p. 532 ; Prud'h. Seine, 9 juin 1906, D. 1907.5.5 ; Trib.
civ. Lille, 12 nov. 1906, D. 1908.2.73, et 26 fév. 1907 (cassé par l'arrêt précité de
la Ch. civile du 15 mai 1907) ; Trib. paix de Paris, VI°, 25 avr. 1907 (cité par Co-
hendy et Darras, p. 849) — V. aussi Cons. prud'h. de Montpellier, 26 mars 1926
(*Droit ouvrier*, 1926, 174). — D'après la loi *serbe* du 29 juin-12 juillet 1910 (art.
56), la grève serait une cause de résiliation du contrat de travail, mais ne sau-
rait servir de base à une action en dommages-intérêts pour inobservation
des délais de prévenance.

(2) Cf. art. 10 du projet de loi Waldeck-Rousseau, repris par M. Millerand,
sur les syndicats. — Conf. Cons. des prud'hommes de Paris, 9 et 23 juin 1906,
précités ; Trib. civ. Lille, 19 fév. 1906 (motifs), D. 09.2.121, et notre note. — V.
aussi Cass. 16 nov. 1927, précité (dans un cas spécial, il est vrai). — *Contra* :
Cass., 13 nov. 1906, D. 07.1.372 ; 15 mai 1907, D. 07.1.369. — Mais les ouvriers gré-
vistes qui ont soin de se conformer au délai de préavis, et de notifier au patron
leur intention de faire grève à l'expiration du délai (un mois, d'après le règle-
ment d'atelier) si satisfaction ne leur est pas donnée, ne sauraient être con-
damnés à des dommages-intérêts pour brusque rupture. — Cass. 24 mars 1924, S.
24.1.60.

du travail, ni le refus systématique des ouvriers de réintégrer l'établissement après la reprise du travail.

313. — Il est cependant un cas où la grève pourrait être envisagée comme une cause de rupture ; c'est celui où elle serait déclarée au *mépris d'une convention collective* conclue pour une durée déterminée dans les conditions de la loi du 25 mars 1919.

En autorisant les parties lésées à actionner en dommages-intérêts les parties responsables de l'inexécution du pacte, sans en excepter le cas de grève (art. 39 et s.) le législateur de 1919 semble bien avoir considéré la violation du pacte, même si elle se rattache à une grève déclarée, comme une rupture de contrat susceptible d'engager la responsabilité des promoteurs de la grève, si d'ailleurs son caractère abusif était établi par ailleurs. — Cf. Colmar, 1er Mars 1927, *Rev. d'Alsace-Lorraine*, 1927, 366.

314. — **L'article 1780 et le droit de grève.** — Cette réserve du caractère *abusif* de la rupture est, en tout cas, essentielle. En effet, l'article 1780 (art. 23, liv. 1er, C. du trav), ainsi que nous l'établirons *infra* (tit. II, ch. 1er, sect. IV), n'autorise la partie congédiée à réclamer des dommages-intérêts que si l'autre partie a abusé du droit que la loi lui conférait de dénoncer *ad nutum* le contrat conclu sans détermination de durée. Une condamnation civile, basée sur cet article, ne saurait donc, même depuis la loi du 19 juillet 1928, modificative de l'article 23, être prononcée contre les grévistes que s'il y avait abus, dûment constaté par le juge, du droit de coalition,, c'est-à-dire s'ils en avaient fait usage en vue d'une fin autre que celle qui a motivé la reconnaissance légale du droit de coalition, étrangère par conséquent à la défense de leurs intérêts professionnels (1).

315. — **Immixtion des tiers dans la grève ; responsabilité.** — Une autre question de responsabilité civile, non moins délicate, est celle de savoir si, et dans quelle mesure les tiers étrangers à la profession, qui ont conseillé ou assisté les grévistes, sont responsables, civilement, au regard des chefs d'industrie ? C'est à propos d'une affaire retentissante, l'affaire Rességuier-Jaurès (déjà citée *supra*, n° 303), que pour la première fois la jurisprudence a été appelée à

(1) Certaines décisions judiciaires admettent très nettement cette distinction. — *Sic* : Trib. civ. Douai, 7 mai 1902, D. 03.2.329 ; Limoges, 10 juin 1902, S. 03.2.225, et note Wahl ; Trib. civ. Lille, 12 nov. 1906, précité. V. aussi Grenoble, 19 nov. 1920, *Gaz. Pal.* 21 janv. 1921 (grève politique en vue d'entraver les fabrications nécessaires à la défense nationale, abus du droit). — Mais il en est qui, au contraire, semblent considérer le seul fait de la brusque rupture comme une faute. — *Sic* : Req., 18 mars 1902, D. 02.1.323 ; Riom, 7 fév. 1900, S. 1903.2.225.

trancher la difficulté. De l'arrêt de la Cour suprême du 29 juin 1897, précité, il ressort nettement que l'on ne saurait incriminer, même au point de vue civil, ni le fait de la part d'un tiers non intéressé, journaliste, député ou autre, de *conseiller* les grévistes (1), ni même le fait de prêter assistance à ceux-ci, si d'ailleurs le chef d'industrie n'est pas en mesure d'établir une relation directe de cause à effet entre l'intervention du tiers et le préjudice éprouvé. Mais cette ingérence peut servir de base à une condamnation à des dommages-intérêts au profit de l'industriel, s'il est établi que les *manœuvres* auxquelles le tiers s'est livré ont eu pour résultat de prolonger la grève (2).

216. — **De la grève envisagée comme cas de force majeure.** — Nous avons envisagé jusqu'ici la grève, au point de vue des rapports juridiques des coalisés avec le chef d'industrie ou avec les tiers lésés. Mais la grève peut également avoir une répercussion sur l'exécution des contrats conclus entre le chef d'industrie dont le personnel s'est mis en grève et les tiers ayant passé avec lui des marchés, dont l'exécution a dû être suspendue ou retardée par le fait de la coalition.

La grève doit-elle, en pareil cas, être envisagée comme un évènement *de force majeure*, relevant celui qui l'invoque de ses engagements et l'affranchissant par exemple de tous dommages-intérêts en cas de livraison tardive des produits fabriqués qui lui avaient été commandés ? D'après la jurisprudence, la grève n'est pas, en elle-même, un cas de force majeure (3).

Toutefois ce principe n'a rien d'absolu ; et, s'il s'agit d'une grève générale de toute une branche d'industrie, provoquant un arrêt complet de toutes les usines similaires, la grève devra être considérée comme cas de force majeure, et les industriels mis par ce fait

(1) Sur le droit de *conseil* en matière de grève, v. la décision du juge anglais Bigham (*Banc du roi*, 7 août 1902) refusant, malgré l'arrêt de la Chambre des Lords, de reconnaître la responsabilité de la Fédération des mineurs du Pays de Galles (*Quest. prat.*, 1903, p. 126). — Cf. Lagache, *Du droit d'intervention des tiers dans les grèves*, th. 1903.

(2) Ex. de *manœuvres* coupables : — diffamation contre le directeur de la Compagnie, propagande de désembauchage à prix d'argent, fait de représenter les ouvriers non-grévistes comme des incapables. (V. les motifs de l'arrêt de Toulouse). — Sur la possibilité pour le tribunal de condamner *solidairement* le syndicat et le journal comme coupables d'une faute commune, v. Paris, 5 fév. 1901 (D. 01.2.427). — Sur la responsabilité du tiers qui encourage de ses subsides une grève chez ses concurrents, dans le but d'en tirer profit, v. Cass., 9 avril 1921, S. 22.1.161 et note Hugueney ; trib. corr. Lyon, 27 déc. 1926, *Semaine juridique*, 1927, p. 1210.

(3) Douai, 28 juin 1901, D. 1902.2.133 : Requ. 22 avril 1909, D. 13.1.136. — *Contra* : Trib. Avesnes, 27 déc. 1890, S. 95.2.100.

dans l'impossibilité d'exécuter leur engagements ne pourront être condamnés, de ce chef, à aucune indemnité envers leurs clients et correspondants (1).

317. — Certains auteurs ont proposé, à ce sujet, une distinction, qui nous paraît très juridique et plus précise que la formule jurisprudentielle. S'agit-il d'une obligation de *donner*, d'une vente à livrer, impliquant l'obligation pour le vendeur de livrer dans un certain délai des produits d'une certaine catégorie, la grève ne pourra être invoquée par lui comme moyen d'exonération ; car il doit pouvoir se procurer, en cas d'arrêt du travail, des produits similaires, et en tout cas, il est en faute de n'avoir pas, en prévision d'un arrêt de ce genre, inséré dans ses marchés, comme cause d'exonération, la clause de grève (2). S'agit-il au contraire d'une obligation *de faire* (obligation pour un entrepreneur *de construire* un édifice, pour un façonnier de fabriquer des tissus dont on lui fournit la matière première, pour un chargeur ou consignataire de marchandises expédiées par mer d'opérer dans un délai déterminé le chargement à bord ou le débarquement à quai, etc...), la grève, même partielle, pourvu qu'elle ait mis le débiteur dans l'impossibilité *absolue* de s'acquitter de ses obligations, pourra être invoquée comme cas de force majeure (3).

(1) Trib. com. Marseille, 24 août 1900, et sur appel, Aix, 21 nov. 1901, D. 02.2.138 (grève générale des dockers). — Cf. Req. 31 oct. 1905, D. 07.1.38 ; Trib. civ. Seine, 6 août 1908, D. 08.5.52 (interruption générale du service d'éclairage d'une ville) ; Nancy, 10 juillet 1909, D. 11.2.61 (grève postale) ; Req. 17 juill. 1912, D. 13.1.539 ; 24 juin 1925, *Gaz. Pal.*, 25.2.588 (grève générale d'un réseau de chemins de fer arrêtant tous les transports). — Même en cas de grève *partielle*, les tribunaux ont parfois exonéré les industriels de leurs engagements, mais seulement dans le cas où, par la soudaineté de sa déclaration, ou la violence des grévistes, les patrons surpris se sont réellement trouvés dans l'impossibilité *absolue* de faire face à leurs engagements. — Trib. com. Seine, 1er mai 1902, et sur appel, Paris, 13 nov. 1903, D. 04.2.73 ; 28 oct. 1907, D. 09.1.282 ; Poitiers, 12 janvier 1908, *Gaz. Pal.*, 1908.2.224 ; Paris, 15 janvier 1926, *Gaz. Pal.*, 26. 1.390. — Cf. Pouget, p. 320 ; Pic, *Rupture ou suspension d'exécution du contrat de travail*, p. 14 ; Chodorowski, *Des effets de la grève sur l'exécution des contrats passés entre le chef d'entreprise et des tiers*, th. 1910 ; Sarraute, *Influence de la grève dans les rapports entre l'entrepreneur des travaux publics et l'administration*, 1912.

V. aussi Cons. d'Etat, 29 janv. 1909, D. 10.3.89 ; 3 juill. 1912, D. 16.3.3. ; Civ. 2 mars 1915, D. 1920.1.108.

(2) Cf. Trib. Hazebrouck, 18 janv. 1890, S. 95.2.109 (note).

(3) Thaller (*Ann. de dr. commerc.*, 1895, p. 151 ; Amiot, *Répercussion des grèves ouvrières* (*Ann. de dr. commerc.* 1903, p. 65). — Conf. pour l'inexécution des marchés par suite d'une grève de *dockers* : Trib. com. St-Nazaire, 23 nov. 1893, *Droit*, 8 déc. ; Ch. des Lords anglaise, arrêts rapp. par I. Davis (*Annales*, 1893, p. 66, et 1893, p. 66, et 1894, p. 130) ou d'une grève de mariniers ou de matelots (Trib. com. Seine, 1er mai 1902, D. 04.2.73). — *Contra* : Trib. com. Marseille 27 juin 1889, *Journal de Marseille*, 1889.1.276 ; Douai, 28 juin 1901, précité.

SECTION IV. — Projets de réformes législatives.

318. — **Projets répressifs.** — Il existe, dans certains milieux, un courant nettement défavorable au droit de grève. Les statistiques démontrent, dit-on, que malgré le développement des lois protectrices des travailleurs, le nombre des grèves va plutôt en augmentant (1). D'autre part, les grévistes ne s'attaquent pas seulement à l'industrie privée ; la régularité des services publics, spécialement des transports par voies ferrées, a été compromise, à plusieurs reprises, en France, en Angleterre, aux Etats-Unis, aux Pays-Bas, en Italie, soit par des menaces de grève, soit même par des grèves effectives qui n'ont avorté qu'en présence des mesures énergiques adoptées par les gouvernements intéressés (occupation militaire des réseaux et des grandes gares, appel des réserves) (2). Il y a plus encore : depuis quelques années, les partis révolutionnaires préconisent ouvertement la *grève générale*, dont ils prétendent faire une arme de guerre contre la société capitaliste.

319. — Cet ensemble de faits ne constitue-t-il pas une menace directe pour l'ordre social, et la société n'a-t-elle pas, dans ces conditions, le droit et le devoir de se défendre par un renforcement des pénalités existantes ? Un parti se forma en ce sens, vers la fin du siècle dernier, au Sénat ; d'où le dépôt successif de deux propositions nettement restrictives du droit de grève : la proposition *Marcel Barthe*, restaurant sous une autre forme l'ancien article 416 du Code pénal, et la proposition *Cordelet-Merlin*, prohibant les coalitions tendant à arrêter le travail dans les exploitations, même industrielles, de l'État, ou des Compagnies de chemins de fer (4),

Nous avons déjà, par avance, fait connaître notre sentiment sur l'article 416. Il est incontestable que son abrogation a porté, indirectement, une atteinte assez sensible au principe de la liberté du travail. Mais le législateur de 1884 n'a pas pensé que cette atteinte fût assez grave pour légitimer une poursuite correctionnelle ;

(1) Il y aurait, plutôt en France tout au moins, régression depuis deux ans. — V. *supra*, n° 278.

(2) Comp. spécialement : Desveaux, *Les coalitions dans le personnel des chemins de fer*, th. 1899. Cf. Guyot, *Les chemins de fer et la grève*, 1911. — Sur les grèves récentes de chemins de fer, et sur les grèves postales, v. *supra*, n°s 275, 281. — Sur la légalité de l'appel des réserves pour briser les grèves de cheminots, v. Cons. d'Etat, 18 juill. 1913, D. 17.3.21.

(3) V. *supra*, n°s 275 et 284.

(4) Prop. Marcel Barthe, 15 mars 1886 (Sénat, *Doc. parl.*, p. 131) ; prop. Cordelet, Merlin, 21 décembre 1894 (Sén., *Doc. parl.*, n° 58).

d'autant plus que dans une certaine opinion, les coalisés, même quand la coalition a pour base un syndicat régulier, n'auraient *aucune action en justice* pour exiger des dissidents le paiement des amendes (1). Si l'on remarque, d'autre part, que les coalitions purement platoniques, dénuées de tout moyen de contrainte effective, sont d'une efficacité plus que douteuse, l'on ne peut qu'approuver le législateur de 1884 d'avoir fait la part du feu, et de s'être abstenu de réprimer la *contrainte morale*, afin de détourner les syndicats de recourir aux violences matérielles et de prévenir ainsi des troubles bien plus dangereux pour l'ordre social.

320. — Les grèves dans les services publics ; chemins de fer, arsenaux, etc... — **Tout autre est la question de savoir si, en présence des menaces de grève générale formulées par certains groupements syndicaux, le législateur ne devrait pas, par mesure de sécurité publique, interdire les coalitions susceptibles de compromettre le fonctionnement d'un service public et de mettre en péril l'Etat lui-même.**

Le Sénat le pensa, et sans adopter la proposition Cordelet-Merlin, dont le tort était de confondre dans une même prohibition les coalitions entre ouvriers des manufactures de l'Etat (tabac, allumettes, etc...), et les coalitions intéressant vraiment la défense nationale (chemins de fer de l'Etat ou des Compagnies, arsenaux, etc.), vota le projet déposé en 1895 par M. Trarieux, garde des sceaux, tendant à interdire les coalitions formées dans le but de suspendre ou cesser le travail dans les services publics de l'Etat, ou des Compagnies de chemins de fer (2).

(1) C'est du moins la thèse qui fut soutenue par M. Ribot devant la Chambre — Conf. Trib. civ. Valence, 27 février 1888, *Lois nouvelles*, 1888, 3, p. 74. — L'unique sanction de la violation, par les dissidents, de la solidarité ouvrière, consisterait donc dans l'exclusion du syndicat, prononcée en conformité des statuts. — Trib. civ. Havre, 26 oct. 1894, D. 95.2.202. V. chap. IV, *infra*.

(2) Projet Trarieux déposé le 4 mars 1895 (Sén., *Doc. parl.*, n° 38, *Off.*, p. 107). — Cf. Berthélemy, *Le droit de grève et les fonctions publiques* (in *Le droit de grève, op. cit.*, p. 34)) ; Hoffmann, *La grève dans les services publics*, 1912 ; Pic, *La grève dans les services publics* (*Quest. pratiques*, janv.-avr. 1920, p. 4 et s.). — La plupart des législations étrangères contiennent des dispositions permettant de poursuivre pénalement les organisateurs de grèves de cette nature. C'est ainsi que la loi *anglaise* de 1876 punit comme *conspiracy* les grèves dans les services d'utilité publique, chemins de fer, distributions d'eau ou de gaz. Cf. loi du 29 oct. 1920 (*Rev. du travail*, nov. 1920). — Aux *Etats-Unis*, les grèves de cette nature peuvent être poursuivies, soit en exécution des lois générales sur la *conspiracy*, soit par l'application de l'*Interstate commerce law* de 1887, ou même de l'*anti-trust law* de 1890. — En Allemagne, le *Code industriel*, article 152, déclare illicites les grèves susceptibles d'entraver un service public. Cf. ordonn. du 10 nov. 1920 (*Rev. du trav. belge*, 1921, 81). — La loi néerlandaise de 1903, rapportée *supra*, n° 298, édicte également des pénalités sévères contre les grévistes de la voie

Adopté le 14 février 1896, le projet Trarieux ne fut transmis à la Chambre que deux ans plus tard, le 20 juin 1898, et renvoyé à la Commission du travail.

321. — Celle-ci, résolument hostile au principe même du projet, n'en proposa point la discussion à la Chambre. La Chambre estimait sans doute qu'avant d'enlever aux ouvriers ou employés de chemins de fer un droit qui ne pouvait guère leur être contesté sous l'empire de la loi actuelle, il convenait tout d'abord de les garantir efficacement contre l'arbitraire des Compagnies, et d'organiser dans toutes les exploitations des Comités mixtes permettant aux délégués des ouvriers de débattre contradictoirement avec leurs chefs toutes les questions relatives au contrat de salaire. Un premier pas fut fait dans cette voie par la création sur le réseau de l'Etat, puis sur le réseau de la Compagnie du Midi, de *Comités du travail* (*Bull. Off. du travail*, 1901, 207) et l'institution, par les décrets et arrêtés des 18-19 janvier 1910, des *délégués du personnel* du ministère des travaux publics (État, Ouest-État).

La grève des cheminots de 1910 devait fatalement poser à nouveau, devant le pays, le problème de la répression des conflits de cette nature.

Les trois projets déposés le 22 décembre 1910 (Ch., *Doc. parl.*, n°s 624 à 626) par le ministère Briand avaient en effet pour objet, le premier de réprimer plus sévèrement les actes de sabotage (1), le

ferrée. — Cf. décret *roumain* des 19 décembre 1909-2 janvier 1910 (*Bull. Off. intern.*, 1910, p. CLXVI)), et L. du 21 août 1920. — En *Italie*, à la suite d'une menace de grève des employés de chemins de fer, en 1902, le gouvernement fit savoir qu'il considérait tous les agents des compagnies de chemins de fer comme des fonctionnaires publics, passibles en cas de grève des pénalités édictées contre la coalition de fonctionnaires. Cf. décr. 24 avril 1920 (*Boll.* 6 mai). Aujourd'hui toutes les grèves sont interdites (loi italienne de 1926, précitée).

Il convient d'ailleurs de remarquer que ces lois répressives sont assez rarement appliquées, et qu'elles n'ont en tout cas qu'une valeur préventive restreinte. Aussi, la meilleure solution du problème nous paraît-elle avoir été donnée par la loi *canadienne*, dite des *enquêtes préventives*, du 22 mars 1907, amendée le 4 mai 1910 (*Bull. Off. intern.* 1908, 307 et 1911, 66) : d'après cette loi, la grève n'est possible dans un service public ou monopolisé (chemins de fer, tramways, mines, télégraphes, téléphones), qu'à la suite d'une enquête contradictoire dont les résultats sont publiés afin d'éclairer l'opinion, et seulement en cas de refus des parties ou de l'une d'elles d'accepter l'arbitrage. — Sur les heureux résultats de cette loi, v. *Bull. Off. trav.*, 1909, p. 1228. — Il est intéressant de noter que plusieurs lois étrangères récentes sur la grève des services publics ont essayé de la réglementer sans la proscrire : loi *espagnole* du 27 avril 1909 (préavis obligatoire de huit jours, *Quest. prat.*, 1910, 349) ; loi *turque* du 6 oct. 1908, amendée le 25 juill. 1909 (*Bull. Off. intern.*, 1908, 394 et 1910, 188). — V. aussi décr. *portugais* du 6 déc. 1910 (*Ann. Lég. du trav.*, 1910, 505). — Cf. *Bull. Off. du trav.*, 1912, p. 929.

(1) Détérioration du matériel. — Pour les attentats contre les personnes, le Code pénal suffit, comme nous l'avons démontré plus haut (n° 301).

second de compléter la loi du 15 juillet 1845 sur la police des chemins de fer, le troisième enfin d'organiser le statut des chemins de fer d'intérêt général.

Le troisième projet, de beaucoup le plus important, tendait d'une part à interdire le droit de grève aux « cheminots » ou agents de tous ordres des voies ferrées, et d'autre part à instituer, au profit du personnel, et à titre de compensation du droit de grève qu'on leur enlevait, tout un système de conciliation et d'arbitrage obligatoire (sur lequel nous reviendrons, titre III, *infra*), permettant de résoudre pacifiquement les conflits collectifs susceptibles d'éclater sur un ou plusieurs réseaux (1).

La chute du ministère Briand, en février 1911, démontra que la majorité de la Chambre n'était pas favorable à la politique de répression (2), même tempérée par l'arbitrage, et que ses préférences allaient au système de conciliation et de règlement amiable préconisé depuis longtemps par M. Millerand, ministre des travaux publics démissionnaire, au lendemain de la grève. — Sur ce projet, v. n° 324, *infra*.

Aucun de ces projets, en fait, n'a eu les honneurs d'une discussion publique. Souhaitons que le projet de loi sur le règlement amiable des conflits du travail, déposé par le gouvernement au lendemain de la grève des cheminots en mai 1920, et repris en 1925 et 1929 (V. n° 324, *infra*), ait une meilleure fortune.

322. — **Projets tendant au retour au droit commun.** — Bien loin d'être favorable à une restriction quelconque du droit de coalition, une fraction importante de la Chambre semblait naguère plutôt favorable à la suppression du délit spécial d'atteinte à la liberté du

(1) Pour l'analyse détaillée du projet Briand, v. nos chroniques des *Quest. prat.*, 1910, p. 289 et 1911, p. 48 et s.

Nous réservons pour l'instant, la question du droit de grève pour les fonctionnaires proprements dits, cette question se rattachant étroitement, quoiqu'on en ait dit, au prétendu droit syndical des fonctionnaires que nous étudions *infra* (n° 369). — Bornons-nous à constater que la jurisprudence est unanime à tenir pour illégales les grèves de fonctionnaires publics, d'autorité ou même de gestion. V. *supra*, note sous n° 280.

(2) Il va de soi qu'en cas de péril extérieur, l'application des lois sur la mobilisation permettrait au gouvernement d'assurer la marche régulière des services. Ceux-ci ont fonctionné sans arrêt pendant toute la guerre de 1914-18. Il y eut bien, en 1917, quelque flottement dans les arsenaux et usines de guerre ; mais l'organisation par les décrets des 17 janv. et 7 sept. 1917 d'un mode rapide de solution arbitrale des conflits suffit à calmer l'effervescence (Rolland, *Les grèves en temps de guerre*, Rev. du dr. public, 1917, p. 152 et s.). Cf. loi du 27 fév. 1920, autorisant la réquisition civile des moyens de transport autres que les voies ferrées en cas d'interruption de l'exploitation d'un ou de plusieurs réseaux.

travail, prévu par les articles 414 et 415 du Code pénal (1). En effet, disait-on, il est illogique de considérer comme une cause d'aggravation le fait de se livrer à des voies de fait ou à des violences au cours d'une grève, dès l'instant que la coalition est reconnue licite; plus illogique encore d'autoriser, comme l'article 415, le juge à aggraver la pénalité lorsque les violences, menaces ou manœuvres ont été commises *par suite d'un plan concerté*, alors qu'en elle-même cette entente est devenue l'exercice d'un droit !

La suppression des articles 414 et 415 du Code pénal, ajoutait-on, n'aurait nullement pour conséquence d'assurer l'impunité aux auteurs de faits délictueux commis au cours de la grève. Les menaces de voies de fait sont réprimées par les articles 305 et s. du Code. Quant aux manœuvres frauduleuses, il est permis de soutenir que la faculté pour ceux auxquels elles préjudicient d'en poursuivre les auteurs par les voies civiles, est une sanction très suffisante.

Nous n'hésitons pas à déclarer qu'en présence de la recrudescence de l'agitation révolutionnaire entretenue par l'Internationale communiste de Moscou, le moment serait mal choisi pour voter l'abrogation des articles 414 et 415 du Code pénal. Un tel vote ne saurait intervenir qu'en période de calme, à une époque où il ne risquerait pas d'apparaître comme une capitulation devant les adversaires de l'ordre social.

323. — **Mesures préventives ; conciliation et arbitrage.** — En tout cas, et sur ce point tous les partis sont d'accord, sauf à différer sur les voies et moyens, c'est bien moins par les lois répressives, dont il importe de n'user que très prudemment, que par le développement des institutions arbitrales, que les États modernes pourront atténuer l'acuité des luttes du capital et du travail.

A ce point de vue, de sérieux progrès ont été réalisés depuis quelques années, soit par l'institution des comités de conciliation et conseils d'arbitrage facultatifs (loi du 27 déc. 1892), soit par le développement, trop lent encore en France, des conseils d'usine ou des commissions mixtes (v. tit. III, *infra*). D'autres progrès sont encore réalisables en ce sens ; nous nous bornons à signaler ici

(1) Propos. Coutant (dép. 11 juill. 1898, renouvelée le 3 juill. 1906, Ch., *Doc. parl.*, n° 194, *Off.*, p. 751. — Comp. projet de Code du travail de MM. Groussier et autres, art. 57 et s. (ce projet supprime même, expressément, toute responsabilité *civile* pour faits de grève). — Le parti socialiste n'était pas seul, avant la guerre, à réclamer l'abrogation de ces dispositions d'exception. Se conformant à l'opinion défendue depuis 1901 par l'un des membres, M. Barthou, le ministère Clémenceau avait déposé un projet de loi tendant à l'abrogation pure et simple des articles 414 et 415 du Code pénal (Ch. 14 janv. 1907, *Doc. parl.*, n° 650, p. 42). Cf. Barthou, *L'action syndicale*, p. 268, et s.

pour mémoire, nous réservant d'y revenir *infra* (tit. III), les nombreux projets ou propositions déposés depuis trente ans sur le bureau des Chambres, en vue de compléter la législation de 1892, soit en rendant obligatoire la tentative de conciliation (projet Mesureur, repris par M. Bovier-Lapierre, 22 novembre 1898, Ch., *Doc. parl.*, n° 408), soit en rendant obligatoire l'arbitrage lui-même (proposition Paul Constans, 3 juill. 1906, Ch., n° 183, et projet de code du travail de Groussier et autres ; comp. législ. néo-zélandaise), soit en favorisant la constitution de juridictions arbitrales permanentes.

324. — **Organisation de la grève.** — Au cours de la même période, un mouvement parallèle s'est dessiné dans le sens d'une organisation *de la grève*, destinée à faire disparaître le caractère brutal de cette manifestation du droit collectif et à lui donner plutôt l'allure d'une contestation juridique (1).

Trois systèmes principaux ont tout d'abord été proposés : — l'un, respectueux de la liberté, mais d'une efficacité douteuse, tendant à interdire sous certaines sanctions civiles et pénales les grèves brusquement déclarées, sans préavis, et à en faciliter la solution pacifique par une extension des pouvoirs des conseils des prud'hommes (propos. Fl. Ravarin, 10 mars 1911, Ch., *Doc. parl.*, n° 813, et 20 mai 1920, n° 901 sur l'organisation du droit de grève) (2) ; — l'autre, préconisé par le groupe socialiste, tendant à organiser la grève par un système de votation annihilant les droits de la minorité, combiné avec l'arbitrage obligatoire (projet de Code du travail de Groussier et autres, art. 840 et suiv. ; prop. P. Constans, 4 juill. 1906, précitée), système inacceptable, attendu qu'il irait directement à l'encontre du principe de liberté inscrit dans la loi de 1884, et compromettrait gravement la discipline de l'atelier ; — enfin, un système mixte, fort ingénieux, sinon très pratique, proposé par M. Millerand, ministre du commerce, basée sur la combinaison du contrat libre et de l'obligation, et sur l'institution de conseils d'usine avec arbitrage obligatoire dans les établissements industriels de l'Etat, ainsi que dans les établissements privés (occupant plus de 50 ouvriers) dont les chefs auraient préalablement accepté le régime nouveau (projet de loi sur le règlement amiable des différends

(1) Cons. notamment l'intéressante enquête sur « Les grèves et leur réglementation », ouverte par le *Bulletin de la Semaine* (mai-août 1911), et les réponses de MM. Saleilles, Levasseur, Souchon, Villey, M. Nast, etc. — Cf. Ferneuil, *La réglementation des grèves* (*Rev. polit.*, 1911.1.8).

(2) A rapprocher de ces propositions, l'article 39 du projet de loi sur le *contrat de travail* élaboré par la Société d'Etudes législatives (*Bull. Soc. d'Et. législ.*, 1906 et 1907).

relatifs aux conditions du travail, 15 nov. 1900). Ce projet fut repris par M. Millerand, en son nom personnel, le 12 juin 1906 (Ch., *Doc. parl.*, n° 14, p. 464) (1).

Le projet gouvernemental du 9 mars 1920, repris avec quelques modifications par M. Durafour, ministre du travail (Ch. 5 nov. 1925, *Doc. parl.*, n° 2040) (2), puis par M. Loucheur (17 janv. 1929), procède d'une quatrième formule, un peu différente. Il s'analyse en un système préventif, bien plus facile à organiser que l'arbitrage, et consistant à rendre ***obligatoire*** la tentative de conciliation et ***facultatif*** seulement l'arbitrage.

Nous nous réservons d'analyser ultérieurement ces divers projets, dans la partie de cet ouvrage consacrée aux juridictions arbitrales (tit. III, *infra*). Il nous suffit de constater pour l'instant, et cette constatation est plutôt rassurante, que presque tous les partis semblent avoir reconnu le danger des luttes violentes entre le capital et le travail, et que la société moderne s'achemine lentement vers une organisation du travail meilleure et plus harmonique.

(1) Pour l'exposé justificatif de projet, cons. Millerand, *La grève et l'organisation ouvrière*, 1906 ; rapp. Colliard, 16 juin 1910, Ch., *Doc. parl.*, n° 113 : Bender, *La conciliation et l'arbitrage dans les conflits du travail* (Quest. prat., 1909. 129).

(2) Pour l'étude de ces projets successifs de *règlement amiable*. v. la brochure publiée sous ce titre, en 1924, par le Ministère du travail, et notre article sur *La prévention ou le règlement amiable des conflits collectifs* (Quest. pratiques, 1925, p. 89 et s.).

CHAPITRE IV

DU DROIT D'ASSOCIATION. — DES SYNDICATS PROFESSIONNELS

325. — La liberté du travail et de l'industrie a pour corollaire indispensable la liberté d'*association professionnelle*. En effet, si les travailleurs ne peuvent lutter efficacement en vue du maintien ou de l'augmentation des salaires, qu'à la condition de pouvoir se concerter, à plus forte raison est-il nécessaire de leur concéder le droit de se constituer en groupements permanents, destinés à pourvoir à la défense de leurs intérêts communs. Le droit de coalition entraîne donc, logiquement, le droit d'association. Cependant, le second de ces droits, par suite d'une méfiance excessive à l'égard des associations, ne fut reconnu que vingt ans après le premier. Mais le propre des lois mal faites, contraires aux besoins permanents et impérieux de la collectivité, est d'être fatalement violées ou tournées ; l'histoire des associations professionnelles de patrons et d'ouvriers, depuis la fin du XVIIIe siècle, en est la démonstration éclatante.

SECTION PREMIÈRE. — **Histoire des associations professionnelles en France, de 1789 à 1929** (1)

§ 1er. — **Période révolutionnaire**

326. — Dès le lendemain de la promulgation de la loi des 2-17 mars 1791, supprimant les maîtrises et jurandes et proclamant la liberté

(1) BIBLIOGRAPHIE. — Sur l'histoire des associations professionnelles, consulter spécialement, parmi les ouvrages énumérés *supra*, en note sous n° 69 ; pour l'*antiquité*, Caillemer et Mommsen ; pour les corporations du *moyen âge*, Levasseur, Martin Saint-Léon, Mahaim, Hauser, Godart, Germain Martin, Babeau, Franklin. — V. aussi notre *Introduction*, n°s 75 à 128 *supra*. — Pour l'histoire du mouvement syndical de 1789 à nos jours, cons. notamment : Levasseur, *Histoire des classes ouvrières en France de 1789 à 1870* ; Martin Saint-Léon, Mahaim, de Seilhac, *ouvr. précités* ; Lefèvre, *Evolution historique des associations professionnelles* ; Paul Boncour, *Le fédéralisme économique* ; — *Les associations professionnelles ouvrières*, t. Ier (publicat. de l'*Office du travail*) ; — H.

du travail et de l'industrie (1), de nombreuses réunions de patrons et d'ouvriers s'organisèrent à Paris et dans les grands centres, réunions dans lesquelles les patrons et les ouvriers de la même profession se proposaient de discuter leurs intérêts communs.

La Commune de Paris autorisa d'abord les réunions. Mais les excès, auxquels se livrèrent bientôt certains groupements ouvriers, déterminèrent un revirement dans l'opinion de cette assemblée ; aussi, le 22 avril 1791, la municipalité parisienne prenait-elle un arrêté condamnant expressément les coalitions ouvrières, et par voie de conséquence, le mouvement syndical.

327. — **Loi Chapelier.** — En présence des protestations des ouvriers et de la contre-protestation des patrons, l'Assemblée Constituante s'interposa comme arbitre. Sa décision souveraine fut nettement contraire aux revendications des ouvriers. L'Assemblée, en effet, craignant que ces associations professionnelles libres ne fussent un acheminement au rétablissement des corporations, imbue d'autre part des idées individualistes de Turgot et d'Adam Smith, vota, sur le rapport de Chapelier, la loi prohibitive des 14-17 juin 1791, dont le passage suivant du rapport fait nettement ressortir la pensée inspiratrice : « Il doit sans doute être permis à tous les citoyens de s'assembler ; mais il ne doit pas être permis aux citoyens *de certaines professions* de s'assembler *pour leurs prétendus intérêts communs*. Il n'y a plus de corporation dans l'Etat, il n'y a plus que l'*intérêt particulier* de chaque individu et l'*intérêt général*. Il n'est permis à personne d'inspirer aux citoyens un intérêt intermédiaire, de les séparer de la chose publique par un esprit de corporation ».

Vainement les défenseurs du droit d'association objectèrent-ils que les associations professionnelles présentaient une utilité incontestable au point de vue de la distribution des secours aux ouvriers victimes du chômage et de la maladie : ses adversaires répondirent « qu'il appartenait à la nation seule de fournir des travaux à ceux qui en ont besoin pour leur existence, et des secours aux infirmes (2) ». La Constitution proclamait ainsi le principe du *droit*

Lagardelle, *L'évolution des syndicats ouvriers en France*, th. 1901 ; Paul Louis, *Histoire du mouvement syndical en France* (1789-1910), 2ᵉ éd., 1910 ; Clunet, *Les associations*, t. Iᵉʳ, 1909 ; Ch. Benoist, *La crise de l'Etat moderne*, t. II, *L'organisation du travail*, 1909 ; Olphe-Galliard, *L'organisation des forces ouvrières* (p. 15 et s.), Maxime Leroy, *La coutume ouvrière*, 2 vol., 1913.

(1) V. *supra*, nᵒˢ 128, 140 et suiv.

(2) Rapport de Barrère, *Sur les moyens d'extirper la mendicité*, 22 flor. an II (*Moniteur*, XX, p. 445). — Sur la politique des Assemblées révolutionnaires à l'égard des groupements ouvriers, cons. notamment : P. Boncour, p. 19 et suiv. ; Jaurès, *Histoire socialiste*, t. Iᵉʳ, p. 605 et suiv. ; Vaillé, *La coalition ouvrière*, p. 163 et s. — V. aussi *supra*, nᵒˢ 140 et suiv.

au travail qui, mal compris, devait être la pierre d'achoppement de la République de 1848, lorsque celle-ci s'avisa de l'appliquer dans les ateliers nationaux.

328. — Les dispositions fondamentales de la loi des 14-17 juin 1791 sont les articles 1er et 2, ainsi conçus : Art. 1er : « L'anéantissement de toutes espèces de corporations de citoyens du même état ou profession étant l'une des bases fondamentales de la Constitution française, il est défendu de les rétablir de fait; sous quelque prétexte et sous quelque forme que ce soit ». Art. 2 : « Les citoyens du même état ou profession, entrepreneurs, ceux qui ont boutique ouverte, les ouvriers et compagnons d'un art quelconque ne pourront, lorsqu'ils se trouveront ensemble, se nommer de président ni de secrétaire syndic, tenir des registres, prendre des arrêts ou délibérations, former des règlements sur leurs prétendus intérêts communs ». L'article 4 contenait la prohibition des coalitions (V. *supra*). Les articles suivants édictaient diverses pénalités.

La loi Chapelier reposait sur une double confusion, entre la coalition et l'association professionnelle, entre l'association libre et la corporation fermée. Une telle loi englobant dans une même défense le droit de coalition et le droit d'association, eût été logique dans un Etat socialiste ; si l'Etat se charge de subvenir aux besoins de tous, les associations intermédiaires entre l'Etat et l'individu n'ont évidemment pas d'objet. Elle était incompatible, au contraire, avec les principes de la propriété individuelle et de la liberté du travail, inscrits dans la Déclaration des droits de l'homme. Dès l'instant que le travail était déclaré *libre*, les travailleurs auraient dû, de leur côté, être admis à se grouper, afin d'échapper à l'oppression qui menace le travailleur isolé (1).

329. — **Esprit de la législation révolutionnaire.** — Si, par cet ensemble de mesures prohibitives, la Révolution créa dans une certaine mesure un état industriel anarchique, dont l'ouvrier devait supporter lourdement les conséquences (2), nous nous garderons de nous associer aux critiques dirigées trop fréquemment contre l'œuvre sociale de la Révolution par les partisans modernes du régime corporatif.

Il convient en effet, pour porter un jugement impartial sur les lois de cette époque, de se reporter aux circonstances dans lesquelles les assemblées révolutionnaires eurent à délibérer. D'une part, le régime de la grande industrie existait à peine ; et les

(1) Cf. Scelle, *Précis*, p. 22.
(2) Jay, *L'évolution du régime légal du travail*, p. 6 et suiv.

auteurs de la loi Chapelier, imbus des idées physiocratiques, étaient certes bien excusables de croire à la toute-puissance de la liberté pour régler les conditions du travail, alors surtout que, dans les corporations dégénérées du XVIIIe siècle, le régime du monopole n'avait servi qu'à rendre intolérable l'oligarchie patronale (V. *supra*, n° 123).

D'autre part, avant d'organiser l'Etat économique, les constituants ou les conventionnels avaient une œuvre plus urgente à accomplir, l'œuvre d'organisation politique. Or ils estimaient, non sans raison, que le plus sûr moyen de fortifier le régime nouveau, fondé sur la souveraineté de la nation, était d'opposer une digue commune à la poussée démagogique, favorisée par Marat, et à la contre-révolution, symbolisée par les corporations abolies (1).

330. — Le moyen employé par eux fut sans doute plus que défectueux ; et il eût été infiniment préférable d'organiser l'association libre au lieu de recourir à la prohibition ; mais les erreurs fréquentes du législateur contemporain doivent rendre les hommes du XXe siècle indulgents pour leurs devanciers du XVIIIe.

Il est d'ailleurs essentiel de remarquer que la Révolution, en proclamant le *droit supérieur de l'Etat*, avait indiqué le remède aux maux que l'abus de la liberté, bonne en soi, pouvait engendrer par la suite. Ce remède n'était autre que l'intervention tutélaire de l'État, remède que les gouvernements républicains, issus des révolutions populaires de 48 et de 70, appliqueront résolument, au fur et à mesure que se révéleront les abus de l'industrialisme (2).

§ 2. — La législation, du Consulat à 1848

331. — Consulat et Premier Empire. — Sous le Directoire et le Consulat, les réclamations redoublèrent et le Premier Consul fut vivement sollicité de rétablir les corporations. Ces sollicitations, émanées tant des ouvriers que des petits patrons, accueillies d'abord favorablement par Bonaparte, échouèrent finalement en présence de l'opposition énergique de la Chambre de commerce de Paris, composée de notables commerçants, qui avaient monopolisé presque tout le profit du régime de liberté institué par la Révolution.

Napoléon se contenta d'organiser, par décret, certaines corpora-

(1) *Sic* : H. Michel, *L'idée de l'Etat*, p. 90 ; P. Boncour, p. 58.

(2) Paul Deschanel, *La question sociale*, Introduction ; H. Michel, P. Boncour, *ubi supra*. — V. aussi *supra*, n°s 149 et suiv.

tions, se rattachant à l'alimentation : boulangers et bouchers de Paris se reconstituèrent en véritables corps d'état, investis d'un *monopole*. Ces corporations napoléoniennes présentaient, du reste, plus d'analogie avec les *collegia* du Bas-Empire romain qu'avec les corporations du moyen âge ; le but de l'Empereur en les constituant avait été, en effet, uniquement de remédier à l'accaparement possible, en cas de siège, des denrées nécessaires à l'alimentation de la capitale. Ce système se perpétua, pour la boucherie, jusqu'en 1858, et pour la boulangerie, jusqu'en 1863 (V. *supra*, n° 265).

332. — A part ces exceptions, motivées par des considérations spéciales, les groupements professionnels demeuraient rigoureusement prohibés (art. 291 C. pén., contre les associations). Mais cette prohibition n'était plus en réalité dirigée que contre l'ouvrier.

Tandis que le gouvernement impérial tolère ou même favorise la constitution de syndicats patronaux, les lois qu'il édicte établissent une distinction injustifiable dans la répression entre l'ouvrier et le patron (V. *supra*, chap. III), et soumettent le travailleur industriel, par le livret, à une véritable surveillance de la haute police. Cette inégalité se traduit même dans le Code civil (art. 1781) (1) ; et ainsi se substitue, à la législation égalitaire de la Révolution, une législation de *classe*, dont le résultat fatal sera de pousser les ouvriers dans la voie révolutionnaire.

333. — **Restauration et Gouvernement de Juillet.** — La Restauration et le Gouvernement de Juillet laissèrent, sur ce point, subsister la législation impériale. La résistance opiniâtre des chambres de commerce triompha de tous les efforts tentés en vue de la reconnaissance légale des groupements corporatifs. Relativement libéral sur le terrain politique, le Gouvernement de Juillet se montra même plus rétrograde, s'il est possible, que les régimes précédents sur le terrain social, puisqu'il aggrava encore, par la loi du 10 avril 1834, les pénalités rigoureuses édictées par l'article 291 du Code pénal contre les associations.

On sait avec quelle rigueur, fort de cet article, le gouvernement de Louis-Philippe réprima les mouvements ouvriers (2).

§ 3. — La législation et le mouvement syndical de 1848 à 1884, et de 1884 à 1929

334. — En 1848, à la suite de la Révolution du 24 février, le Gou-

(1) Sur l'attitude du Code civil au regard des ouvriers, V. *supra*, n° 145.

(2) Sur les mouvements ouvriers, entre 1830 et 1848, cons. les ouvrages sur les coalitions, cités *supra*, chap. III. — V. aussi Festy, *Le mouvement ouvrier au début de la monarchie de Juillet* (1830-34), 1908.

vernement provisoire décréta la liberté d'association, et favorisa même la constitution des associations professionnelles, en invitant officiellement les ouvriers des divers métiers à élire des délégués, chargés de présenter leurs vœux aux pouvoirs publics. Mais ce régime de liberté dura peu : la liberté d'association fut de nouveau supprimée, au lendemain du coup d'Etat du 2 décembre 1851, et les sociétés de secours mutuels échappèrent seules à la répression.

Si les associations professionnelles restèrent prohibées en droit pendant tout le second Empire, et même sous la République, de 1870 à 1884, en fait, ces associations dont plusieurs remontaient d'ailleurs au premier Empire, se développèrent dans des proportions considérables, surtout depuis 1860. Ne pouvant détruire ces associations, le gouvernement impérial chercha à dériver le courant à son profit, en laissant se constituer librement certaines associations ouvrières, qui, placées sous le régime de la tolérance administrative, lui semblaient moins dangereuses qu'à l'état de sociétés secrètes.

335. — **Premières chambres patronales.** — Les premières chambres syndicales, avons-nous dit, remontent au premier Empire. Mais il convient d'ajouter que ces chambres, tolérées par Napoléon Ier, étaient exclusivement des chambres syndicales de patrons. Les diverses corporations patronales du bâtiment se groupèrent, vers 1810, en une fédération dite *Chambre syndicale du bâtiment de la Sainte-Chapelle*. D'autres professions se syndiquèrent à leur tour, et ces divers syndicats, en se fédérant, fondèrent en 1858, avec l'approbation du gouvernement, une association puissante, qui exerce encore aujourd'hui une sérieuse influence : l'*Union nationale du commerce et de l'industrie*, qui comprenait 153 chambres syndicales au 1er janvier 1908.

336. — D'autres groupements patronaux, presque aussi considérables, se sont d'ailleurs constitués dans la capitale, soit sous le second Empire, comme le *Comité central des chambres syndicales*, qui remonte à 1867, ou le *Groupe des chambres syndicales*, constitué dès 1859, — soit depuis la loi organique de 1884, comme l'*Alliance syndicale du commerce et de l'industrie* (1889), la *Fédération des industriels et des commerçants français* (1904), ou la *Confédération générale de la production française* (1).

(1) Outre ces unions syndicales groupant des industries diverses, il existe à Paris des unions très importantes entre négociants de la même profession (V. *Annuaire des syndicats professionnels*). Le *Comité central* et la *Fédération des industriels et commerçants* publient, le premier depuis 1869, le second depuis 1894, un Bulletin mensuel. — Villey, *L'organisation professionnelle des employeurs dans l'industrie française*, 1923.

Les groupements patronaux de province n'ont pas la même importance. Signalons cependant, parmi les plus nombreux et les plus influents, l'*Union des chambres syndicales lyonnaises* (40 ch.), l'*Union générale des syndicats girondins* (27 ch.), l'*Union des syndicats nantais* (29 ch.), la *Fédération des syndicats patronaux de Marseille* (29 ch.).

Il n'y avait à la veille de la loi de 1884, que 101 chambres syndicales de patrons, avec 820 membres. — Au 1er janvier 1925 (1), la statistique officielle nous donne les chiffres de 6.596 syndicats patronaux (sans compter les syndicats mixtes) avec 496.360 membres, et de 309 unions patronales groupant plus de 4.000 syndicats avec 300.000 membres environ. La progression est remarquable ; nous en déterminerons les conséquences sociales dans notre section IV, *infra*.

337. — Développement des associations ouvrières. Compagnonnage et syndicats. — Quant aux associations ouvrières, elles paraissent s'être développées dans des proportions bien plus grandes encore, aussi bien en province qu'à Paris, malgré l'hostilité de la plupart des gouvernements. Mais leur essor ne date guère que de 1860. Dans la première moitié du XIXe siècle, le *compagnonnage*, qui avait survécu à la Révolution et à la destruction du régime corporatif, constitua presque la seule organisation ouvrière (2). Cette organisation avait de graves défauts. Les compagnons étaient divisés en devoirs ou rites ennemis ; des rixes fréquentes éclataient entre les compagnons des divers rites. A partir de 1840, les efforts de deux anciens compagnons, Perdiguier et Moreau, aboutirent à mettre fin à ces luttes, et la société de secours mutuels l'*Union ouvrière*, englobant les compagnons de la France entière, s'organisa pour sceller la réconciliation. Cette union est assez prospère : elle comptait, antérieurement au vote de la loi sur les syndicats, 47 bureaux particuliers dans 22 villes de France (3).

(1) La dernière statistique, très sommaire d'ailleurs, publiée par le Ministère du travail français s'arrête au 1er janv. 1925 (*Bull. Min. trav.*, 1925, 288). Le dernier *Annuaire* détaillé s'arrête même à 1913. Les statistiques étrangères, que nous utilisons plus loin, sont plus récentes, ce qu'il est permis de regretter.

(2) Sur le compagnonnage, cons. notamment : Martin Saint-Léon, *Le compagnonnage*, 1902 ; Agricol Perdiguier, *Le livre du compagnonnage* ; Museux, *Agricol Perdiguier* (*Rev. socialiste*, 1901, 270) ; Hauser, *Les compagnonnages à Dijon aux XVIIe et XVIIIe siècles* (*Revue bourguignonne*, 1907, n° 4) ; J. Godart, *Le compagnonnage à Lyon*, 1903. — V. aussi pour le côté romantique du compagnonnage : George Sand, *Le compagnon du Tour de France*. Sur les origines de l'institution, v. *supra*, n° 106.

(3) D'après la statistique de M. Martin Saint-Léon (1901), il existait environ 2.500 membres actifs de l'Union compagnonnique. D'autre part, en dehors de

338. — Depuis 1884, le compagnonnage a cherché à affirmer sa vitalité ; il a tenu plusieurs congrès, notamment à Bordeaux (1884), à Nantes (1894) et à Paris, à l'occasion des Expositions internationales. Cependant, il semble bien que cette antique institution du compagnonnage soit en voie de décadence. Les causes de ce déclin sont multiples : tout d'abord le *tour de France* tend à se perdre, même là où il était le plus en honneur, comme chez les charpentiers ; d'autre part, les cérémonies symboliques ou mystiques de l'affiliation n'ont plus le même attrait que jadis.

Enfin, et c'est là peut-être une des principales causes du déclin de l'institution, le compagnonnage est en un certain sens une institution conservatrice. Les compagnons ne se proposent nullement de faire disparaître le salariat ; leur but est simplement d'améliorer le sort du salarié, en l'associant au bénéfice des institutions de prévoyance créées par l'association compagnonnique. Or, la plupart des ouvriers ont aujourd'hui, sur le salariat, des idées beaucoup plus radicales ; aussi se tournent-ils de préférence du côté des syndicats ouvriers, plus ou moins acquis à la politique révolutionnaire (1).

Le compagnonnage, il est vrai, n'a pas seulement pour but de procurer du travail ou des secours aux affiliés, mais aussi d'organiser l'enseignement technique, et d'encourager les progrès artistiques des adhérents (l'usage antique du chef-d'œuvre s'y est perpétué). Mais ici encore le développement de l'enseignement technique officiel d'une part (v. *infra*), et d'autre part les progrès du machinisme, qui diminuent l'importance de l'habileté individuelle, sont venus entraver les efforts des fidèles du compagnonnage.

339. — **Mouvement syndical de 1848. — Politique impériale.** — *La Révolution de* 1848 donna naissance à un grand nombre d'asso-

l'Union, l'on comptait près de 6.000 compagnons actifs des divers devoirs, soit de 8 à 10.000 compagnons actifs pour la France entière.

Il convient toutefois de remarquer que, dans une interwiew plus récente, M. L. Blanc, président de l'Union, a évalué à plus du double (exactement 5.973) le nombre de ses membres adhérents. — Vialatoux, *Le compagnonnage* (*Démocr. du Sud-Est*, 11 août 1907).

(1) Peu à peu disparaissent aussi les quelques *corporations* qui, dans les principaux ports de France, avaient réussi à se maintenir, comme groupes fermés et investis d'un véritable monopole, pendant la première moitié du XIXe siècle. La création des *docks*, soit à Marseille, soit au Havre, a porté un coup décisif, soit à l'antique institution des *portefaix de Marseille*, qui remonte au XIVe siècle, soit à la corporation des *brouettiers du grand corps, au Havre* : la première n'est plus guère qu'une société de secours mutuels, la seconde est une société coopérative de production, dépourvue de tout monopole. Lefèvre, *Evolution historique des associations professionnelles*, p. 276 et s. ; de Seilhac, *La grève des docks de Marseille*, *Musée social*, juillet 1901.

ciations ouvrières, affectant pour la plupart la forme de sociétés coopératives de production. Mais ces associations n'eurent qu'une durée éphémère. Elles durent se dissoudre à la suite du coup d'Etat de 1851, ou se reconstituer en sociétés de secours mutuels.

Mais à partir de 1860, le Gouvernement impérial se départit de ses rigueurs, et inaugura une politique semi-socialiste destinée, dans sa pensée, à dériver à son profit le mouvement libéral et républicain, qu'une politique répressive n'avait fait que rendre plus redoutable (V. Mahaim, p. 110). Ce revirement de la politique impériale se traduisit par deux actes qui eurent alors un grand retentissement : la grâce accordée aux ouvriers typographes condamnés pour faits de grève et l'envoi à l'Exposition universelle de Londres, aux frais de l'Etat, d'une délégation d'ouvriers français.

Ce dernier acte eut une influence décisive sur la formation des groupements ouvriers ; les délégués entrèrent en rapport avec les chefs des *Trade-Unions*, et revinrent en France, convaincus de la nécessité d'organiser des associations ouvrières puisssantes. Sous la pression de l'opinion, le Gouvernement impérial fit voter la loi de 1864, abolissant le délit de coalition ; c'était un premier pas dans la voie de la reconnaissance légale des syndicats.

340. — **Association internationale des travailleurs.** — Mais à cette époque, 1864, survint un évènement grave, dont les suites devaient arrêter le Gouvernement impérial dans la voie libérale où il s'était engagé : à savoir la constitution, à Londres, de la célèbre *Association internationale des travailleurs*, sous l'influence du chef du socialisme allemand, Karl Marx (1). Le premier manifeste de l'Association fut relativement modéré. Le Gouvernement impérial accueillit même favorablement le mémoire des délégués ouvriers de Paris à l'Exposition universelle de 1867, concluant à l'organisation de chambres syndicales ouvrières, sur le même type que les chambres syndicales patronales. Forts de l'appui gouvernemental, les délégués ouvriers nommèrent immédiatement une commission d'initiative, chargée de provoquer la constitution, sur tout le territoire, de syndicats ouvriers.

Mais, vers la même époque, s'accentuèrent les tendances révolutionnaires de l'Association internationale (Congrès de Bruxelles). Au début, « cette Association ne devait être qu'une vaste société de résistance pour maintenir ou élever le taux des salaires, une sorte de *Trade-Union* universelle ». (de Lavaleye). Quatre ans plus tard, elle rêvait de transformer complètement la société, et de sup-

(1) Laveleye, *Socialisme contemporain*, p. 173 ; Guillaume, *l'Internationale* (1864-1878), 1909.

primer le salariat, *cette forme nouvelle de l'esclavage*. Le Gouvernement impérial s'émut, et ordonna des poursuites contre un certain nombre d'adhérents français, coupables de s'être affiliés à une société non autorisée. Ces poursuites eurent pour résultat immédiat d'enrayer le mouvement d'association professionnelle.

341. — La troisième République. — Les évènements de la Commune (dans laquelle l'Internationale joua un rôle important) déterminèrent tout d'abord dans l'Assemblée nationale un courant défavorable aux groupements ouvriers : la loi du 14 mars 1872 sur l'*Association internationale des travailleurs*, et les instructions données aux parquets, par les gouvernements de combat du 24 mai 1873 et du 16 mai 1877, en vue de l'application stricte de l'article 291 du Code pénal, paralysèrent le mouvement ouvrier.

Mais l'arrivée au pouvoir d'un ministère républicain, à la fin de l'année 1877, et l'activité industrielle provoquée par l'Exposition universelle de 1878, déterminèrent un nouveau courant syndical. Les syndicats ouvriers purent de nouveau se constituer ouvertement, grâce à la tolérance bienveillante des pouvoirs publics ; si bien qu'il existait, au jour de la promulgation de la loi de 1884, 237 syndicats ouvriers à Paris, et 350 en province (1).

342. — Tolérance administrative : répression intermittente. — L'on a parfois prétendu que le régime de *tolérance administrative*, sous lequel ont vécu si longtemps les syndicats professionnels, était un régime très acceptable, peut-être même préférable au régime de la *reconnaissance légale* inaugurée en 1884. Il nous paraît facile de réfuter cette thèse et de démontrer que le régime du bon plaisir administratif présentait, en fait, les plus graves inconvénients.

Vainement, les associations syndicales s'étaient-elles appliquées à adopter une organisation capable de les soustraire aux poursuites dont toute association non autorisée était sans cesse menacée, sous le régime de l'article 291 du Code pénal. La plupart des chambres syndicales de patrons s'étaient en effet constituées sous la forme de sociétés civiles, ou même d'agences commerciales. Quant aux syndicats ouvriers, ils se constituaient fréquemment,

(1) La progression des syndicats ouvriers, depuis la loi de 1884, n'a pas été moindre que celle des syndicats patronaux. Il existait, en effet, au 1er janvier 1925, 7.072 syndicats ouvriers régulièrement constitués, groupant 1.846.047 ouvriers ou employés, 392 unions ou fédérations syndicales groupant environ 6.000 syndicats, avec un personnel de près de 1.500.000 membres, et 147 Bourses du travail. — Il existait également, à la même date, 196 syndicats mixtes, avec 32.331 membres, et 9.041 syndicats agricoles, avec 1.222.534 membres. — Pour plus de développements, v. les tableaux publiés *infra*.

soit sous le couvert d'une société de secours mutuels, soit sous la forme d'une société à capital variable. Mais, quelle que fût la forme adoptée, l'administration pouvait toujours établir le véritable caractère du syndicat et en poursuivre la dissolution (1).

Sans doute, ces poursuites correctionnelles étaient rares ; mais, en admettant même que le parquet y renonçât complètement, la situation des syndicats demeurait précaire, car ils étaient dépourvus de *toute existence civile*, et leurs représentants n'avaient pas qualité pour ester en justice.

343. — Les trois tendances : syndicale, libérale et corporative. — Un tel état de choses ne pouvait se perpétuer longtemps. Faisant usage de la liberté de réunion reconnue par la loi du 6 juin 1868 et notablement étendue par la loi du 30 juin 1881, les intéressés ouvrirent une campagne énergique en faveur de la reconnaissance légale des associations professionnelles. Cette campagne fut dirigée par les *Congrès ouvriers*. Le Congrès de Lyon, notamment (1878), élabora un programme assez pratique d'organisation légale.

Les tendances révolutionnaires d'une fraction des délégués ouvriers au Congrès de St-Etienne (1882) risquèrent de compromettre la cause des associations ouvrières. Mais la scission qui se produisit alors entre les socialistes révolutionnaires ou guesdistes, et les membres du parti ouvrier ou *possibilistes*, sauva la situation. Ces derniers fondèrent l'*Union des chambres syndicales ouvrières de France*, ayant un organe périodique, le *Moniteur des chambres syndicales ouvrières* ; et cette Union, dont les tendances modérées rassuraient l'opinion, put travailler efficacement à la reconnaissance légale (2).

Vers la même époque, *deux* autres influences s'exercèrent dans le même sens : celle des *Unions patronales*, et celle des *Congrès catholiques*.

344. — A ces trois influences convergeant dans le sens de la reconnaissance légale des syndicats professionnels correspondaient d'ailleurs trois conceptions notablement différentes de l'association professionnelles : — *a*) la conception *libérale*, préconisée par les syndicats patronaux, consistant essentiellement à attribuer la personnalité morale à tous les syndicats patronaux ou ouvriers, sans accorder la moindre prééminence à l'un des groupes et sans porter atteinte à la liberté des non syndiqués ; — *b*) la conception *autoritaire* ou

(1) Lyon, 28 mars 1874, D. 75.2.65.

(2) Cons. de Seilhac : *Les Congrès ouvriers en France*, 1re série, 1902, et 2e série, 1908 ; *Syndicats ouvriers, Fédérations, Bourses du travail*.

socialiste des Congrès ouvriers, tendant à assurer aux syndicats ouvriers la prééminence sur les syndicats patronaux, et à contraindre au moins indirectement les ouvriers non syndiqués à s'affilier aux syndicats ; — *c*) la conception *corporative* des congrès catholiques, dont l'idéal était, sinon le retour aux corporations fermées de l'ancien régime, tout au moins la constitution de corporations chrétiennes *libres* ou *syndicats mixtes*, dans lesquels l'élément patronal et l'élément ouvrier figureraient simultanément, mais non sur un pied d'égalité : les patrons devant être investis sur leurs ouvriers d'une certaine autorité (*patronage*), susceptible de rétablir dans la société l'ordre providentiel détruit par la Révolution (1). A ce point de vue, la tendance corporative faisait antithèse à la tendance autoritaire des Congrès socialistes ouvriers, partisans d'une société idéale, d'où patronat et patronage fussent exclus.

345. — **Les lois de 1884 et 1920 : consécration de la tendance libérale.** — En présence de ces trois tendances, si divergentes, le gouvernement n'hésita pas : il se rallia nettement à la première, la seule qui n'eût pas pour effet d'opposer une classe à l'autre.

Ce libéralisme était à la base même du projet déposé par le gouvernement, le 22 novembre 1880, par MM. Cazot et Tirard. Il a passé dans le texte définitif. La loi organique du 21 mars 1884 (2), qui est encore aujourd'hui la charte fondamentale des associations professionnelles françaises, est avant tout une loi *de liberté*, également respectueuse des droits des patrons et des ouvriers, des syndiqués et des non-syndiqués. Elle comportait assurément des retouches, mais, ainsi que nous le verrons, en étudiant les travaux préparatoires de la loi du 12 mars 1920, modificative de la loi de 1884, il était éminemment désirable que son principe même, si nettement mis en relief par M. Waldeck-Rousseau, au cours des débats, fût respecté et même consolidé.

346. — Telle était d'ailleurs, la pensée maîtresse du projet de loi déposé en 1899 (3) par le même homme d'Etat, de nouveau prési-

(1) Sur la conception *corporative*, cons. notamment : Boissard, *Le syndicat mixte*, 1896 ; Duthoit, *Sur l'organisation professionnelle*, 1910. — Conf. (mais avec une nuance démocratique et égalitaire) ; Bureau, *Le contrat de travail, le rôle des syndicats professionnels*, 1902.

(2) *Travaux préparatoires* de la loi de 1884 : — V. l'exposé des motifs du projet (22 nov. 1880), les rapports à la Chambre de MM. Allain-Targé (15 mars 1881, *doc. parl.*, n° 3420), Lagrange (6 mars 1883, n° 1760), et au Sénat de MM. Barthe (24 juin 1882, n° 296), et Tolain (14 déc. 1883, n° 112). — Cf. Waldeck-Rousseau : circul. du 25 août 1884 ; disc. de St-Mandé, 13 juill. 1884 (*Offic.* 15 juill.).

(3) Projet de loi déposé le 14 novembre 1899 (Ch., *Doc. parl.*, n° 1185, *Offic.*, p. 125). — Ce projet n'ayant pas été discuté sous le ministère Waldeck-Rousseau,

dent du Conseil : projet tendant, d'une part à étendre la capacité des syndicats régulièrement constitués, et d'autre part, à sanctionner plus énergiquement toutes les atteintes aux droits reconnus par la loi.

« On peut concevoir, — écrivait-il, — une méthode différente, un gouvernement qui se croira plus sage que les hommes eux-mêmes, c'est la conception *tyrannique*, et j'emploie ce mot dans son sens scientifique. Appliquée au travail, elle a trouvé jadis sa formule et son expression dans la corporation. Elle règle tout : le nombre des corporations, le nombre des artisans, celui des compagnons et des apprentis, la production et la fabrication. Mais un tel édifice est tout d'une pièce, tout s'y tient, et si on y pratique une brèche, tout s'écroule. La tyrannie devient impuissante et n'est plus que désordonnée. *Nous avons choisi la liberté, faisons-lui confiance* (1). »

L'on ne saurait mieux définir le caractère primordial de notre législation syndicale, basée sur le respect égal de tous les intérêts engagés : respect des associations professionnelles légalement constituées, respect de l'indépendance des non-syndiqués.

Loin de s'écarter de ce principe, les rédacteurs de la loi de 1920 (2), manifestement inspirée du projet Waldeck-Rousseau-Millerand, tout au moins en ce qui concerne l'extension de la capacité syndicale, l'ont scrupuleusement maintenu.

Le triple objectif du législateur de 1920 a été en effet : 1° de supprimer les entraves qui, dans la loi de 1884, s'opposaient au libre développement des syndicats, en confiant à ceux-ci, et même aux unions (jusqu'alors non personnifiées), une capacité juridique

fut repris par M. Millerand, en son nom personnel, au début des législatures de 1902 (Ch., 14 oct. 1902, n° 322, et rapp. Barthou, au nom de la Commission du travail, 28 déc. 1903, n° 1418), et de 1906 (Ch., 12 juin 1906, n° 15).

(2) Waldeck-Rousseau, préface pour l'ouvrage de Paul Boncour, *Le Fédéralisme économique*.

(3) BIBLIOGRAPHIE. — Pour l'étude de la loi de 1884, cons. notamment (outre les ouvrages précités de MM. Boissard, Glotin, Hubert-Valleroux, Mahaim, Martin St-Léon, de Seilhac) les commentaires de MM. Boullay, Ledru et Worms, Revon, Veyan. — *Adde* : Jay, *L'organisation du travail par les syndicats* (*Rev. d'écon. polit.*, 1894) ; Barthou, *L'action syndicale* 1904 ; Fonteilles, *Responsabilité des syndicats professionnels*, th. 1897 ; Séon, *id.*, th. 1900 ; Brunschwigg, *id.*, th. 1903 ; Jolly, *Capacité d'acquérir des syndicats professionnels*, th. 1900 ; Courot, *Syndicat demandeur en justice dans l'intérêt de ses membres*, th. 1900 ; Marais, *Les syndicats professionnels et la jurisprudence*, 1910 ; Finance, *Les syndicats professionnels devant les tribunaux et le Parlement*, 1911. — Pour l'étude de la loi de 1920, cons. notamment : Berthélémy, *L'extension de la capacité des syndicats professionnels* (*Rev. polit. et part.*, avril 1920) ; B. Raynaud, *Guide des syndicats professionnels*, 1925 ; Bordes, *Les responsabilités des syndicats professionnels*, th. 1922 ; Renard, *L'application de la loi du 12 mars 1920*, th. 1927 ; Dalloz, Répert. prat. V° *Syndicat professionnel*.

complète, uniquement limitée par l'interdiction de faire le commerce ; 2° de mettre fin, dans le sens le plus libéral, aux controverses pendantes sur l'étendue du droit reconnu aux syndicats d'ester en justice pour la défense des intérêts collectifs dont ils ont la garde ; 3° de combler certaines lacunes de la loi de 1884, notamment en ce qui concerne l'admission des mineurs et des femmes mariées dans le syndicat et la dévolution des biens dépendant du patrimoine syndical après dissolution.

SECTION II. — **Commentaire de la loi du 21 mars 1884 sur les syndicats professionnels, amendée par la loi du 12 mars 1920** (Code du travail, livre III).

§ 1er. — Caractères généraux des lois de 1884, et 1920

347. — Les caractères distinctifs des syndicats professionnels, reconnus et réglementés par la loi organique du 21 mars 1884, amendée en 1920, peuvent se résumer dans ces trois mots : *légalité, égalité, liberté.*

I. — Légalité. — Tolérées, jusqu'à la loi de 1884, les associations professionnelles sont, depuis cette loi, formellement reconnues (art. 1er). Non seulement elles échappent à toutes les pénalités qui, jusqu'à la loi du 1er juillet 1901, menaçaient toute association non autorisée de plus de 20 personnes (art. 291 et s. C. pén.) ; non seulement leurs réunions échappent à l'application des articles 23 et 24 de la loi du 29 juillet 1881 sur la presse, lesquels ne répriment les provocations à des crimes ou délits qu'autant qu'elles se produisent dans des réunions *publiques* ; mais elles jouissent, à la condition de se conformer aux formalités très simples de l'article 4 (v. *infra*), de la personnalité civile la plus étendue.

(1) *Travaux préparatoires* de la loi du 12 mars 1920 : — propos. Chéron, Strauss, etc., Sén., 10 févr. 1916, *Doc. parl.* n° 37 ; rapp. Chéron, Sén. 15 mars 1917, n° 81 ; rapp. Lauche, Ch., 5 sept. 1918, n° 4945 ; nouv. rapp. Chéron, Sén., 23 déc. 1919, n° 765 ; rapp. Chabrun, Ch., 2 mars 1920, n° 453. — D. 1920.4, p. 81 et s. — A noter l'application en *Alsace* et en *Lorraine*, par le décret du 3 déc. 1919, des dispositions de la loi de 1884.

Les lois du 21 mars 1884 et du 12 mars 1920, ainsi que la loi du 18 déc. 1915 sur les coopératives de production, ont été récemment (L. du 25 fév. 1927) incorporées au Code du travail, dont elles forment le livre III. — Mais les règlements d'admin. publique continuent à renvoyer auxdites lois.

348. — **Lois de 1884 et de 1901.** — A tous ces points de vue, la loi de 1884 constituait, à l'époque où elle est intervenue, un régime de faveur évident pour les groupements professionnels. Il en est différemment aujourd'hui, la loi du 1er juillet 1901 sur les associations (art. 2), manifestement inspirée du même esprit que la loi de 1884, décidant que « les associations de personnes pourront se former librement sans autorisation ni déclaration préalable » (1). La liberté d'association étant ainsi devenue un principe de notre droit public, la règle d'interprétation restrictive, qui prévalait en 1884, ne semble plus de mise ; nous en déduirons ultérieurement certaines conséquences importantes.

II. — Egalité. — 349. — Les syndicats de patrons et les syndicats d'ouvriers fonctionnent sur le *pied de l'égalité la plus complète.* Les syndicats mixtes, *de patrons et d'ouvriers*, qui seuls répondent à la conception corporative, sont autorisés, mais ils ne jouissent d'aucun privilège particulier. Vainement, M. de Mun avait-il cherché à obtenir pour ces syndicats mixtes un double privilège, consistant d'une part dans le droit de posséder des immeubles, d'autre part dans la faculté d'avoir des membres honoraires ; le Parlement repoussa ces propositions, dans la crainte de voir se constituer, sous couleur d'associations professionnelles, des groupements politiques ou religieux dangereux pour l'ordre public.

III. — Liberté. — 350. — Les syndicats professionnels ne constituent pas des corporations fermées. La loi du 21 mars 1884 a laissé subsister sans modification le principe de la liberté du travail et de l'industrie, proclamé par la Révolution ; elle s'est contentée de le compléter par cet autre principe, connexe et non pas contradictoire, de la liberté d'association. Tout patron ou tout ouvrier est libre de travailler isolément, ou d'entrer dans un syndicat : quiconque est entré dans un syndicat est libre d'en sortir (art. 7). Tel est le caractère distinctif, fondamental des syndicats professionnels ; c'est celui qui les différencie nettement, soit des anciennes corporations françaises, soit des corporations fermées, reconstituées dans certains pays de l'Europe.

Mais il convient de remarquer que ce caractère libéral de la loi nouvelle a été fréquemment méconnu, depuis 1884, soit par les patrons, soit par les ouvriers. Il n'a pas été compris, surtout au début du régime nouveau, par certains patrons, qui se refusaient

(1) La condition juridique des associations n'en est pas moins très différente de celle des syndicats, surtout depuis l'extension de la capacité juridique de ceux-ci, consacrée par la loi de 1920. — Cf., Pic, *Sociétés*, 2e éd., t. I, n° 9.

systématiquement à négocier avec les délégués des syndicats ouvriers, fussent-ils investis d'un mandat régulier, ou qui même excluaient de leurs usines les ouvriers syndiqués. Le caractère libéral de la loi est plus souvent encore méconnu par les ouvriers, trop enclins à exercer une pression sur les patrons pour les déterminer à n'employer que des ouvriers syndiqués : maintes fois l'on a vu des établissements industriels mis à l'index pour avoir voulu employer des ouvriers non-syndiqués ou exclus d'un syndicat. Ces abus ont attiré l'attention du législateur, et le Parlement a été, à plusieurs reprises, saisi de propositions de loi destinées à y mettre fin.

351. — **Essais de conciliation, par la jurisprudence, des droits du syndicat et de ceux de l'individu.** — Nous reviendrons ultérieurement (sect. IV) sur ces propositions de loi. Il nous suffira, pour l'instant, de rappeler brièvement par quels moyens la jurisprudence s'est efforcée de concilier le principe d'après lequel tout ouvrier ou patron est libre d'adhérer ou non au syndicat avec cet autre principe, implicitement consacré par l'article 1er de la loi de 1884, portant abrogation de l'article 416 du Code pénal, que les ouvriers peuvent, par interdit ou mise à l'index, obliger moralement d'autres ouvriers, restés non syndiqués, à déserter l'usine en cas de grève et à subir ainsi la loi du syndicat.

La jurisprudence inaugurée par l'arrêt de la Cour de cassation (Ch. civ.) du 22 juin 1892, dans l'affaire de Bourgoin-Jallieu, et confirmée par toute une série de décisions de la Cour suprême et de la majorité des cours d'appel, précédemment rapportées (1), part de cette idée que la loi de 1884 a entendu consacrer simultanément, en les plaçant sur le même plan, deux droits qui, bien que se faisant antithèse, ne sont nullement contradictoires : le droit de l'*association* et le droit de l'*individu*. Les droits de l'association sont limités par les droits *égaux* de l'individu ; d'où il suit que, si le syndicat ouvrier peut mettre une usine à l'index, sous certaines conditions précisées *supra*, il ne peut pas mettre à l'index tel ou tel individu. En effet, par la mise à l'index de l'usine, le syndicat ouvrier n'oblige pas les ouvriers non syndiqués à sortir de leur isolement ; ces ouvriers, si l'usine ferme, peuvent porter leurs bras ailleurs, et si, au contraire, l'usine rouvre après accord intervenu avec le syndicat, rien ne les empêchera de reprendre leur poste.

La *mise à l'index de l'individu*, de l'ouvrier *non syndiqué* par le syndicat est au contraire (sous certaines réserves indiquées en note),

(1) V. la liste de ces arrêts, et l'indication des quelques décisions contraires, dans notre chapitre précédent sur les *coalitions* (tit. Ier, chap. III, nos 305 et s., 309 et suiv., *supra*).

une violation flagrante du droit formellement reconnu à chacun par l'article 7 de la loi, de rester étranger à tout groupement corporatif, ou de sortir de ce groupement à son gré (1). Si les procédés déclarés légitimes par la Cour de Grenoble dans un arrêt du 28 octobre 1890 (rapp. *supra*, n° 309), condamnés au contraire par la Cour suprême, venaient à se généraliser, la situation deviendrait intenable pour les ouvriers non syndiqués, placés dans l'alternative ou d'entrer dans le syndicat ou de n'être embauchés nulle part, et ce, contrairement à l'article 7 de la loi de 1884, contrairement aussi au principe de la liberté du travail, proclamé par la loi de 1791 et maintenu par la loi de 1884 (2).

352. — En d'autres termes, le juge saisi d'une action en dommages-intérêts dirigée contre un syndicat doit avant tout rechercher si l'intervention du syndicat, même sous la forme comminatoire d'une

(1) Crim. 17 déc. 1926, *Gaz. Pal.*, 1927.1.202.

(2) Mais le syndicat n'excède pas ses droits en obligeant *ses membres* à respecter le *tarif syndical*, établi par *contrat collectif*, puisque l'établissement d'un tarif de ce genre rentre manifestement dans les attributions légales des syndicats. Ainsi le syndicat pourrait expulser de son sein, sans indemnité, un ouvrier qui accepterait du travail à un taux inférieur, Paris, 31 mars 1896, D. 96.2.184 ; Trib. civ. Aix-en-Provence, 23 nov. 1903 (*Bull. Off. trav.*, 1904.40). — La responsabilité civile du syndicat serait également hors de cause si ses agissements, en vue de faire renvoyer un ouvrier, même non syndiqué, un employé ou un contremaître, avaient été déterminés par les manœuvres répréhensibles de ce dernier (tentative en vue de faire renvoyer les syndiqués, en vue de déterminer le patron à violer le tarif, etc.), Chambéry, 14 mars 1893, D. 93.2.191. — Est également licite et ne porte point atteinte à la liberté du travail la clause des statuts d'un syndicat ouvrier autorisant celui-ci à exiger des ouvriers qui sans autorisation auraient cessé de faire grève, la restitution des secours de grève par eux encaissés. — Cass. 17 nov. 1926, D. 27.1.33 et note Pic, S. 27.1.241 et note Chavegrin. — Le juge, avant de condamner un syndicat ou les administrateurs de celui-ci, à des dommages-intérêts, doit donc toujours s'enquérir avec soin, des *mobiles* de la mise à l'index décrétée par le syndicat. C'est ainsi que, dans le cas où le patron se serait engagé envers le syndicat à ne faire travailler aucun de ses ouvriers, syndiqués ou non, au-dessous du tarif, le syndicat aurait le droit de mettre sa maison à l'index s'il obtenait la preuve que certains ouvriers travaillent au-dessous du tarif. — Trib. Lyon, 16 déc. 1896, *Droit*, 22 fév. 1897, et l'étude de M. Crouzel au sujet de cette décision (*Rev. prat. de droit industriel*, 1897, p. 255 et s.). *Quid*, de la convention par laquelle un industriel s'engagerait envers un syndicat à n'embaucher que des syndiqués ? Ici, encore, d'après la Cour suprême, tout dépend du mobile de l'accord intervenu. Celui-ci est licite s'il est temporaire et dicté par un désir réciproque de conciliation, et non par l'intention de nuire à d'autres ouvriers (Civ. 24 oct. 1916, D. 16.1.246). — Sur la rupture abusive d'un contrat collectif par un syndicat ouvrier, v. Trib. rég. Mulhouse, 23 janv. 1923, D. 25.2.1 et note Pic. V. aussi Chéron, *Le contrat collectif et la responsabilité des syndicats* (Quest. Prat., 1921, 41). — Cf. Josserand, *Les mobiles dans les actes juridiques*, 1928. — Sur le contrat collectif de travail, v. *infra*, § 4 et titre II, chap. III.

mise à l'index, a eu pour but la *défense des intérêts professionnels*, auquel cas son intervention est légale et ne saurait engager sa responsabilité, *même civile*, ou si, au contraire, le syndicat n'a pas fait usage de moyens, licites en eux-mêmes, dans une pensée malveillante, soit à l'encontre des patrons, soit à l'encontre d'un groupe d'ouvriers, auquel cas son attitude l'expose à une action en dommages-intérêts, dans les termes du droit commun, soit de la part des ouvriers, soit de la part du patron lésé (1).

353. — **Les patrons et les libertés syndicales.** — S'il ne doit pas être permis aux syndicats ouvriers d'éluder l'art. 7 de la loi de 1884, et de rendre, par des voies détournées, le syndicat *obligatoire*, il ne saurait davantage être permis aux patrons d'empêcher le libre fonctionnement des syndicats. Aussi croyons-nous que le renvoi par un patron d'un ouvrier syndiqué, par le seul motif qu'il fait partie d'un syndicat, et à plus forte raison, le renvoi en masse par le patron de ceux de ses ouvriers qui auraient, au mépris de ses avertissements, fondé une chambre syndicale, pourrait servir de base à une action en dommages-intérêts. Cette action, selon nous, pourrait s'appuyer non seulement sur le droit commun de l'article 1382, mais encore et surtout sur l'article 1780 du Code civil (C. du travail, livr. 1er, art. 23). Cet article, ainsi que nous l'établirons plus loin (titre II, *infra*), autorise en effet le juge à considérer comme une faute, engageant la responsabilité de son auteur, l'*exercice abusif* du droit de congé ; or, il y a manifestement *abus* du droit de congé dans le fait, de la part d'un patron, de renvoyer un ouvrier à raison de sa qualité de syndiqué — (2). — Mais il n'en

(1) V. l'exposé de cette jurisprudence et des commentaires auxquels elle a donné lieu en doctrine, soit dans notre chapitre précédent sur les *coalitions* (nos 312 et s.), soit sous la note précédente, relative au *tarif syndical*. — Sur la responsabilité personnelle des administrateurs du syndicat, v. Trib, civ. Seine, 5 déc. 1905, D. 1907.2.32, et note Planiol ; Trib. civ. Thonon, 6 juin 1910 (*Mon. jud. Lyon*, 14 juin). — Sur le *boycottage* des tiers, notamment des fournisseurs de la maison mise à l'index, v. *supra*, n° 308.

(2) Jugé en ce sens, que, si le patron a le droit de choisir librement son personnel, il excède son droit en se refusant à l'embauchage de certains ouvriers *par le seul motif*, expressément déclaré, qu'ils font partie d'un syndicat professionnel, ou en contraignant, sous menace de congédiement, les ouvriers qu'il a embauchés à se retirer du syndicat. De tels agissements ont le caractère d'un délit civil, dont le syndicat intéressé peut demander réparation, conformément au principe de l'art. 1382. — Trib. civ. Bordeaux, 14 déc. 1903, S. 05.2.17 et note Ferron, et sur pourvoi, Req., 13 mars 1905, D. 06.1.113 et note Planiol ; Trib. com. Epernay, 28 fév., 1906, D. 06.5.55 ; Trib. civ., Lille, 12 nov. 1906, D. 08.2.73 et note Josserand ; Trib. paix Carmaux, 10 janv. 1901, D. 08.5.28 ; Cass. 27 mai 1910, D. 11.1.223. — V. aussi : Cons. prud'h. Seine (prod. chimiques), 20 oct. 1903, *Bull. Off. trav.*, 04.43. — Ce jugement est le seul qui se soit appuyé sur l'art. 1780. — *Sic : Raynaud, op. cit.* (*Quest. prat.* 06.15), et notre note sous D. 09.2.121.

est pas de même, d'après la jurisprudence, de la clause de non embauchage, destinée à sanctionner une convention syndicale. Ainsi, est licite et peut être sanctionné par une clause pénale l'engagement souscrit par les membres d'un syndicat patronal de fermer leurs ateliers sur l'ordre du bureau de leur syndicat, en cas de conflit avec le syndicat ouvrier touchant la fixation du tarif des salaires, et de *n'embaucher aucun ouvrier* jusqu'à ce que le conflit ait pris fin (1).

§ 2. — Conditions requises pour la formation des syndicats

354. — Ces conditions se réfèrent : 1° à la forme ; 2° au fond (personnes et objet).

I. — CONDITIONS DE FORME.

La loi de 1884, partant du principe de la liberté d'association sur le terrain professionnel, n'a cru devoir assujettir les syndicats à aucune autorisation préalable. Ainsi que nous l'avons fait remarquer *supra*, il y avait là une faveur des plus significatives.

La faveur est moindre aujourd'hui, depuis la promulgation de la loi du 1er juillet 1901, consacrant la liberté d'association. Nous verrons cependant que, même depuis cette loi, les syndicats sont encore favorisés, spécialement au point de vue de la capacité d'acquérir à titre gratuit, puisque cette capacité, refusée aux associations simplement déclarées (art. 6), n'appartient qu'aux associations reconnues par décret d'utilité publique (art. 10 et 11 L. 1901), et encore sous certaines réserves.

355. — **Dépôt des statuts.** — Une seule obligation de forme est imposée par la loi aux syndicats en formation : la *publicité* résultant du dépôt, par les fondateurs, du texte des statuts ainsi que

Jugé cependant que l'employeur ayant le libre choix de son personnel, peut se refuser à prendre à son service des syndiqués ou même n'engager que les ouvriers qui, n'étant affiliés à aucun syndicat, renonceraient pour la durée du contrat au droit d'y entrer. Les exclusions et conventions ainsi spécifiées ne seraient contraires à la loi que si elles étaient motivées par une pensée d'hostilité contre le syndicat (Aix, 21 déc. 1910, S. 12.2.97 et note Naquet, et sur pourvoi Civ. 9 mars 1915, D. 1916.1.25 et note Planiol). Ces décisions nous paraissent peu conciliables avec l'esprit général de la loi de 1884.

(1) Cass. 17 nov. 1926, D. 1927.1.33 et note Pic. — Cf., *La liberté syndicale* (*Etude internationale*), broch. publiée en 1927 par le B. I. T. (Etudes et doc., série A., n° 28).

des noms de ceux qui, à un titre quelconque, doivent participer à la direction de l'association (1). Doivent également être publiés dans la même forme tous les changements apportés à la direction ou aux statuts (art. 4, § 1er et § 3). Etant assujettis à cette formalité du dépôt, les statuts doivent nécessairement être rédigés *par écrit*. Mais, comme les syndicats sont des établissements d'utilité publique (V. *infra*), il ne semble pas qu'ils soient soumis au droit commun des preuves, et notamment qu'il soit nécessaire de dresser autant d'originaux qu'il y a d'adhérents. La loi est respectée, dès l'instant que les statuts, préalablement approuvés par l'assemblée, ont été rédigés par écrit, fût-ce en *un seul original*, destiné au dépôt ; la circulaire ministérielle exige toutefois la rédaction des statuts en double, afin de faciliter la communication au ministère public (Cf. Glotin, p. 178).

Cette publicité répond à un double but : elle permet, tout d'abord, à l'administration de vérifier si le syndicat a un objet licite ; elle permet ensuite aux tiers de s'informer des garanties que peut éventuellement leur offrir le syndicat.

356. — Le dépôt doit être effectué : à Paris, à la préfecture de la Seine ; dans les départements, à la mairie du siège social (art. 4). S'il s'agit d'un syndicat groupant des adhérents dans différentes localités (il en est de régionaux, voire même de nationaux), le dépôt doit être effectué à la mairie du lieu où le syndicat a son *domicile légal*, c'est-à-dire son principal établissement (2).

La loi n'ayant assujetti le dépôt des statuts à aucune forme spéciale, ce dépôt peut être effectué sur *papier libre* (instruction de l'enregistrement du 25 mars 1885). Le texte paraît n'exiger qu'un seul exemplaire ; mais la circulaire ministérielle du 25 août 1884 exige, pour les motifs indiqués *supra*, le dépôt de deux exemplaires, comme pour les sociétés de secours mutuels. Le préfet de la Seine, ou le maire, dans les départements, doit délivrer aux déposants un *récépissé*. Aucune publicité par la voie de la presse n'est exigée.

357. — **Sanctions. — Syndicat clandestin, pénalités.** — La formalité du dépôt est obligatoire pour tous les syndicats professionnels, même pour ceux constitués antérieurement à la loi, qui jouissaient

(1) Le dépôt légal étant une forme de publicité, la communication des statuts et des noms des administrateurs ne saurait être refusée aux tiers intéressés (Cons. d'Etat, 5 juill. 1912, S. 17.3.12).

(2) Lorsqu'un syndicat constitue, dans une localité déterminée, une section autonome, les noms des administrateurs de cette section doivent faire l'objet d'une déclaration spéciale. — Bourges, 1er mai 1902, D. 1902.2.412.

jusqu'alors de la tolérance administrative (1). Il avait été question d'autoriser la constitution d'associations professionnelles libres, exemptes de tout contrôle administratif, et de réserver le privilège de la personnalité morale, à celles qui consentiraient à effectuer le dépôt prescrit par la loi. Mais ce système (analogue à celui qui fonctionne en Angleterre pour les *Trade-Unions*), a été repoussé. Il a paru dangereux d'autoriser la constitution d'associations professionnelles clandestines : rien d'ailleurs n'est moins vexatoire que cette simple formalité du dépôt des statuts.

C'est au ministère public qu'il appartient de veiller à l'observation de la loi. Les statuts, aussitôt déposés, doivent en conséquence, être communiqués au procureur de la République du ressort (art. 4). Mais à quel moment commence l'obligation pour les fondateurs d'effectuer le dépôt sous peine de poursuites correctionnelles ? D'après le projet du gouvernement, le dépôt devait avoir lieu *quinze jours avant le fonctionnement du syndicat* ; mais la rédaction qui a prévalu ne fait mention d'aucun délai, d'où la circulaire ministérielle du 25 août 1884 a conclu avec raison que, pendant la période de formation, aucune formalité n'était exigée. Par contre, le dépôt devient obligatoire dès le jour où, le syndicat étant définitivement formé, et les statuts approuvés par l'assemblée générale, l'association commence à fonctionner.

L'article 9 (art. 8 depuis la loi du 12 mars 1920) détermine les pénalités : amende de 16 à 200 francs contre les directeurs et administrateurs, portée à 500 en cas de fausse déclaration ; faculté pour le juge de prononcer la dissolution du syndicat.

358. — Conciliation des articles 8 de la loi de 1884, 2, 5 et 8 de la loi du 1er juillet 1901. — L'article 8 précité est-il encore applicable, en présence de l'article 2 de la loi du 1er juillet 1901, portant que les associations de personnes pourront se former librement sans autorisation ni *déclaration préalable* ? Théoriquement, oui sans doute, puisqu'aux termes de l'article 21 de la même loi « il n'est en rien dérogé pour l'avenir aux lois spéciales relatives aux syndicats professionnels » ; pratiquement, non, en principe, attendu que les fondateurs poursuivis ne manqueront pas de se retrancher derrière le principe de liberté inscrit dans l'article 2 de la loi de 1901, et de déclarer qu'ils ont entendu fonder, non point un syndicat professionnel, mais bien une association ordinaire affranchie comme telle de toute déclaration (2).

(1) Conf. les déclarations de MM. Floquet à la Chambre (13 mars 1883) et Waldeck-Rousseau au Sénat (D 84.4.132) ; — Paris, 26 janv. 1894, aff. des syndic. irréguliers de la Bourse du travail de Paris (*Rev. des sociétés*, 94.1.295).

(2) Cons.. dans le même sens, outre les travaux préparatoires de la loi de 1901 : Grumbach, *Les associations et les cercles depuis la loi du 1er juillet 1901*, p. 100 ;

Les fondateurs d'un syndicat non publié ne nous paraissent donc, depuis la promulgation de la loi de 1901, pouvoir être poursuivis pénalement que s'ils prétendent faire jouer au syndicat le rôle d'une personne morale, effectuer en son nom des acquisitions, ester en justice, etc... : fait prévu et puni par l'article 8 de la loi de 1901.

359. — **Inexistence légale du syndicat non publié.** — Cette même loi de 1901 semble devoir mettre fin à une controverse, pendante depuis 1884, sur la question de savoir si l'omission des formes de publicité prescrites par l'article 4 est uniquement sanctionnée par les pénalités de l'article 9, ou s'il n'y faut point ajouter une *sanction civile : l'inexistence légale* du syndicat clandestin.

Quelques Cours d'appel ont cru devoir se prononcer contre l'admission de cette sanction civile. En effet, dit-on, les nullités sont de droit étroit. Lorsque le législateur entend subordonner la concession du bénéfice de la personnalité morale à l'observation de certaines formalités, il le dit expressément (art. 7, loi du 21 juin 1865 sur les associations syndicales, art. 56, loi du 24 juillet 1867) ; or, aucune disposition de ce genre ne figure dans la loi de 1884. Bien au contraire, l'article 9 de cette loi décide que « les tribunaux pourront, à la diligence du procureur de la République, prononcer la dissolution du syndicat ». Qu'est-ce à dire, sinon que le syndicat existe légalement, même en l'absence de dépôt ? — Bordeaux, 25 nov. 1886, D. 87.5.430.

Cette dernière argumentation est spécieuse, mais contraire, et à l'esprit de la loi de 1884, et aux principes de notre droit public. D'une part, en effet, il semble bien que l'objectif du législateur de 1884 ait été de proscrire toute association professionnelle clandestine. D'autre part, l'argument tiré de la faculté reconnue au tribunal de prononcer la dissolution des syndicats irréguliers n'est pas décisif. Une association *de pur fait*, non personnifiée, *peut être dissoute* par mesure administrative ou judiciaire ; l'article 292 du Code pénal (abrogé en 1901) s'expliquait du reste formellement à ce sujet. La dissolution prévue par l'article 9 de la loi de 1884 est une mesure de ce genre, le syndicat professionnel clandestin rentrant précisément dans la catégorie des associations non autorisées. Si l'article 9 reconnaît au juge le droit de dissoudre ou de laisser subsister provisoirement le syndicat, c'est afin de donner aux fondateurs, lorsque l'association professionnelle ne paraît pas dangereuse pour l'ordre public, le temps de se mettre en règle avec la

Hayem, *Domaines respectifs de l'association et de la société* (1907), p. 332 et s. — V. aussi Fouquet, *Les syndicats professionnels d'après la loi de 1884 et les associations d'après la loi de 1901*, th. 1907.

loi ; — mais, dissoute ou non, une telle association doit être considérée comme dépourvue de toute personnalité civile (1).

360. — A supposer que cette solution pût faire doute au lendemain de la promulgation de la loi de 1884, elle n'est plus contestable en présence de la loi sur les associations. Il résulte en effet de la combinaison des articles 2, 5 à 8 de la loi du 1er juillet 1901 que la personnalité civile restreinte, dont l'article 6 détermine les effets, n'appartient qu'aux associations ayant effectué la déclaration prescrite par l'article 5, et que les contraventions aux prescriptions de cet article sont sanctionnées, *cumulativement*, par les pénalités de l'article 8, et par l'inexistence légale de l'association, en tant que personne morale (art. 6 et 7 cbn.). Or, nous l'avons établi, il y a aujourd'hui identité de fait, au point de vue des conséquences de la non-publicité tout au moins, entre la condition juridique des syndicats et celle des associations en général.

Pratiquement, et bien que le législateur de 1901 ne paraisse pas avoir eu ce résultat en vue, la combinaison des lois de 1884 et de 1901 aboutit ainsi aux deux résultats suivants : — 1° Impunité assurée aux syndicats clandestins, en tant du moins que ces syndicats ne prétendent pas se comporter en personnes morales ; — 2° reconnaissance implicite, à raison même de cette impunité, de deux catégories de syndicats professionnels, comme en droit anglais : les uns affranchis de toute ingérence administrative, mais dépourvus de toute personnalité civile, les autres investis de cette personnalité, mais astreints en échange à l'obligation du dépôt de leurs statuts.

II. — Conditions de fond.

361. — Ces conditions se réfèrent aux personnes et à l'objet.

A. Des personnes admises a figurer dans un syndicat. — La réponse à cette question est inscrite dans les articles 2 et 3 de la loi de 1884. De la combinaison de ces deux articles, et de leur rapprochement avec divers textes, encore en vigueur, du Code pénal ou du droit administratif, il résulte que la régularité d'un syndicat, au point de vue de sa composition, est subordonnée à la réunion de deux conditions :

(1) *Sic* : Trib. paix Dunkerque, 4 septembre 1907, *Mon. Jud. Lyon*, 9-10 août 1908.

1° Que tous les membres du syndicat exercent soit la même profession, soit des professions similaires ou connexes ;

2° Que la profession, ou les professions exercées ne soient pas de celles dont les titulaires sont, de par la loi, privés du droit de s'associer, ou groupés au contraire en corporations officielles, assujetties à des règlements professionnels spéciaux.

a) **Professions similaires ou connexes.** — Il faut, tout d'abord, que les membres du syndicat exercent *la même profession*, ou des professions *similaires* ou tout au moins *connexes*. Cette condition se justifie d'elle-même : il eût été trop rigoureux d'exiger, comme dans l'organisation corporative de l'ancien régime, l'identité de profession ; mais il était indispensable d'exiger tout au moins, entre les syndiqués, une certaine communauté d'intérêts. Le qualificatif de métiers similaires désigne les métiers ayant entre eux un certain point de contact (ex. : boulangers et pâtissiers, tisseurs et moulineurs). Le terme de *métiers connexes* désigne l'ensemble des métiers, même dissemblables, *concourant* à l'établissement de *produits déterminés* : c'est ainsi par exemple qu'un syndicat unique pourrait, légalement, grouper tous les ouvriers, dits ouvriers du bâtiment (maçons, plâtriers, charpentiers, menuisiers, tailleurs de pierre, peintres, etc.), ou tous les ouvriers employés dans les chantiers de construction maritime.

Toutes les professions dont l'ensemble constitue soit l'industrie du bâtiment, soit l'industrie des constructions navales, si différentes qu'elles soient, n'en constituent pas moins, suivant l'expression de M. Tolain, rapporteur de la loi au Sénat, de *grandes familles industrielles* ; tous les membres de ces familles ont des intérêts communs à défendre ; il est juste qu'ils puissent se grouper tous dans un vaste syndicat. Il est vrai qu'à défaut de syndicat de cette nature, les ouvriers de chaque profession connexe pourraient constituer des syndicats particuliers, et réunir ultérieurement ceux-ci dans une fédération ; mais, ainsi que nous le verrons bientôt, les fédérations de syndicats étaient loin, tout au moins avant la loi de 1920, d'avoir les mêmes droits que les syndicats isolés.

362. — S'il n'existe, au contraire, entre les professions ou métiers exercés par les syndiqués, ni similitude, ni connexité (1), le syndi-

(1) La question de savoir si deux professions sont ou non *connexes* ne laisse pas que d'être parfois délicate. C'est ainsi que, par arrêt du 11 novembre 1901, confirmé par la Chambre criminelle (28 fév. 1902, D. 02.1.203), la Cour de Douai a réformé un jugement du tribunal correctionnel de Lille en date du 10 avril 1901 (D. 01.2.411), qui avait reconnu légale l'*Union médico-pharmaceutique*, association professionnelle de médecins et de pharmaciens. Cf. Bry, *Elém. de*

cat est illégal, et les directeurs et administrateurs sont passibles des peines édictées par l'article 9, sans préjudice du droit pour le tribunal d'ordonner la dissolution de cette association illicite. Peu importe d'ailleurs que les fondateurs d'un tel syndicat, pour donner le change, se soient attribué faussement une qualification qui n'appartiendrait, en réalité, qu'à certains d'entre eux ; la loi de 1884 s'attache aux faits, non aux apparences (1).

Pratiquement, du reste, de telles poursuites paraissent à peu près impossibles aujourd'hui. Les syndicats groupant les personnes de métiers différents n'auront en effet, pour y échapper, qu'à se réclamer de la loi de 1901. — V. *supra*, n° 358 (2).

jurisprudence médicale, p. 155. — Le tribunal correctionnel de Lille, pour écarter l'inculpation, s'était appuyé sur la *connexité* des professions. La Cour, pour déclarer illégale l'union dont il s'agit, s'est fondée, d'une part, sur la différence foncière des deux professions, l'une exclusivement libérale, l'autre commerciale, d'autre part et subsidiairement, sur le principe (contesté, même avant la loi de 1920), que la loi de 1884 ne s'étend point aux professions libérales. Les médecins ne puiseraient le droit de se syndiquer que dans la loi de 1892 sur l'exercice de la médecine ; or, cette loi ne les autorise qu'à se syndiquer *entre eux*.

Une autre difficulté du même genre s'est élevée en ce qui concerne les syndicats d'*employés de commerce*. Par plusieurs arrêts, le Conseil d'Etat, statuant au contentieux, a décidé que la situation d'employé de commerce ne constituait pas par elle-même une *profession* permettant à des personnes appartenant à des commerces différents (et non connexes) de se grouper légalement en un syndicat professionnel. — Cons. d'Etat, 3 août 1907 (D. 09.3.42). Socialement parlant, cette jurisprudence, si elle était maintenue, serait des plus fâcheuses, car elle ruinerait l'autorité de la très grande majorité des chambres syndicales d'employés. Mais, de plus, elle nous paraît juridiquement très critiquable.

Il est indéniable en effet que la profession d'employé de commerce est, dans une très large mesure, indépendante de la spécialité industrielle ou commerciale de l'employeur : commis de rayon, vendeurs, voyageurs, préposés à la caisse ou aux comptes, ont les mêmes intérêts professionnels, quel que soit l'objet du commerce ou de l'industrie dont ils sont les auxiliaires.

Il nous semble du reste que le Conseil d'Etat s'est mis en contradiction directe, dans les arrêts précités, avec le décret du 14 mars 1903 sur le Conseil supérieur du travail. — Ce décret répartit en un seul groupe (art. 8) les employés de banque *et tous commerces* autres que ceux de l'alimentation ; n'est-ce pas reconnaître l'existence d'un lien de connexité entre toutes les variétés d'employés de commerce ?

Ces considérations ont-elles déterminé un revirement dans la jurisprudence du Conseil ? Il le semblerait, puisque, dans un arrêt du 10 juillet 1908 (D. 10.3.36), trop sommairement motivé, le Conseil d'Etat a déclaré recevable l'intervention du « Syndicat des employés de commerce et de l'industrie de la région du Nord ».

(1) Ainsi l'on doit considérer comme illégal un prétendu syndicat professionnel de *sport hippique*, groupant des personnes appartenant aux professions les plus dissemblables (Paris, 29 nov. 1892, D. 94.2.5). V. aussi Douai, 1er fév. 1904, S. 06.2.57 et note Wahl.

(2) Thaller, *Les répercussions de la loi sur les associations* (*Ann. de dr. commerc.* 1902, 151).

363. — **Validité des syndicats mixtes.** — Mais il n'est aucunement nécessaire que la profession soit exercée *au même titre* par tous les syndiqués. Bien que la loi n'ait pas expressément reconnu la légitimité des *syndicats mixtes*, il est universellement reconnu aujourd'hui qu'un même syndicat peut grouper tous les individus exerçant une même profession. L'article 2 s'exprime en effet dans les termes les plus larges ; il autorise toutes les personnes qui, dans des professions semblables ou simplement connexes, concourent à l'établissement de certains produits, à se grouper : « que ces personnes soient des patrons, des contremaîtres, des employés, des ouvriers, peu importe ; il ne distingue pas entre elles ; elles ont des intérêts communs à défendre, cela suffit pour que toutes puissent se rapprocher dans un syndicat ». — (Cf. Boissard, *Syndicat mixte*, p. 41).

Vainement s'est-on prévalu, pour établir l'illégalité des syndicats mixtes, de l'article 6 de la loi de 1884, lequel porte « que les syndicats professionnels de patrons *ou* d'ouvriers auront le droit, etc. ». La disjonctive *ou* prouverait que les syndicats peuvent comprendre des patrons *ou* des ouvriers, mais non pas des patrons *et* des ouvriers. Cette interprétation judaïque de l'article 6 nous paraît absolument inacceptable pour divers motifs : — 1° L'article 6 n'a pas pour but de déterminer quelles sont les personnes admises à figurer dans un syndicat. L'article relatif à cette question est l'article 2, conçu dans les termes les plus généraux ; — 2° Cette interprétation est en opposition formelle avec les travaux préparatoire (réponse de M. Floquet à M. de Mun) ; — 3° La prohibition des syndicats mixtes serait non seulement fâcheuse, en ce qu'elle supprimerait un moyen puissant de pacification sociale, mais elle soulèverait des difficultés pratiques assez sérieuses. Entre le patron et l'ouvrier, il existe, en effet, des intermédiaires dont la situation est mal définie : le tâcheron n'est qu'un ouvrier vis-à-vis des patrons, mais il est patron vis-à-vis des ouvriers qu'il emploie ; faudra-t-il donc l'exclure à la fois des syndicats de patrons et des syndicats d'ouvriers ?

Ne voit-on pas, au surplus, que la prohibition du syndicat mixte équivaudrait pratiquement à la prohibition des syndicats agricoles, qui ne sont pour la plupart que des syndicats mixtes groupant les différentes catégories d'exploitants ?

364. — **Question des membres honoraires.** — Si les syndicats mixtes sont légaux, c'est à la condition toutefois de ne grouper que des personnes exerçant *réellement la profession*, comme patrons ou comme ouvriers (art. 2 de la loi de 1884). Aussi ne saurions-nous reconnaître aux syndicats le droit d'admettre dans leur sein des personnes étrangères à la *profession*. L'introduction dans les syndicats d'un élément étranger à la profession (hommes politiques,

prêtres, rentiers, etc.) ferait dévier fatalement l'institution de son but. Il ne faudrait pas cependant exagérer la prohibition ; nous établirons ultérieurement que les syndicats peuvent recevoir des libéralités ; or il est d'usage de conférer aux donateurs le titre de *membre donateur* ou *membre honoraire*. Nous croyons donc qu'un syndicat, gratifié par une personne étrangère, pourra conférer à celle-ci le titre de *membre honoraire*, mais « sous la condition stricte que ces membres restent *honoraires*, c'est-à-dire qu'ils ne prennent aucune part active au fonctionnement de l'association (1) ».

365. — **Maintien des anciens patrons, ou des anciens ouvriers.** — Si le principe que le syndicat professionnel ne peut comprendre, comme membres actifs, que des individus exerçant la profession, est souvent méconnu en fait, en droit il était si impératif, qu'aucune exception n'était admise par la loi de 1884, même en faveur des *anciens patrons* ou des *anciens ouvriers* (2). Un tel ostracisme, à l'encontre des personnes ayant exercé la profession, était évidemment regrettable ; aussi, à la suite du débat de 1891, le gouvernement, sur l'invitation de la Chambre, déposa-t-il un projet de loi tendant à admettre dans les syndicats, sous certaines conditions, les personnes ayant appartenu à la profession.

Voté par la Chambre le 3 nov. 1892, le projet a été incorporé, par le législateur de 1920, dans le nouvel art. 4 : « Pourront continuer à faire partie d'un syndicat professionnel les personnes qui auront quitté l'exercice de leur fonction ou de leur profession, si

Ce texte nous paraît devoir être approuvé. Il y aurait un réel

elles l'ont exercé au moins un an ».

inconvénient à autoriser l'entrée dans le syndicat de personnes ayant abandonné la profession avant d'y avoir adhéré ; mais il est très légitime d'admettre les syndiqués qui se retirent de la profession à demeurer comme membres actifs dans l'organisation corporative, et à constituer ainsi une sorte de Conseil des anciens.

366. — b) **Groupements prohibés ; survivances corporatives.** — Il faut, en second lieu, pour que le syndicat soit régulier, que la profession, ou les professions exercées, ne rentrent pas dans la catégorie de celles dont les titulaires sont légalement privés du droit de s'associer pour la défense de leurs intérêts communs (*fonctions*

(1) Trib. civ. Villeneuve-sur-Lot, 29 juin 1892, D. 94.2.4 ; Douai, 26 oct. 1892, et sur pourv. Crim. cass., 18 fév. 1893, D. 94.1.26 (*Assoc. profess. des patrons du Nord, dite Notre-Dame de l'Usine*) — Mais tout syndicat peut avoir des auxiliaires, ou employés, ou des conseils, étrangers à la profession (Douai, 26 oct. 1892, précité ; Amiens, 13 mars 1895, D. 95.2.563 et note Planiol).

(2) Bordeaux, 27 déc. 1893, D. 94.2.197 ; Douai, 1er fév. 1904, *Gaz. Pal.*, 1904.1.301.

publiques), ou groupés au contraire en *corporations officielles*, assujetties à des règlements professionnels spéciaux (*offices ministériels*).

Faisons l'application de cette formule aux corporations ou compagnies antérieures à la loi de 1884, et aux fonctionnaires publics.

367. — Corporations ou compagnies antérieures à la loi de 1884. — Il est incontestable que la loi de 1884 n'a porté aucune atteinte aux *corporations existantes*, constituées ou plutôt restaurées (car il faut y voir des survivances de l'ancien régime) par le Consulat, le Premier Empire ou la Restauration : compagnies d'*officiers ministériels* (L. 28 avr. 1816), ordre privilégié des *avocats* ou *barreau*, (L. 22 vent. an XII, décr. 14 déc. 1810 et 20 juin 1920). Etroitement liées à l'organisation administrative et judiciaire, les Compagnies d'officiers ministériels sont et demeurent régies par des réglements impératifs, exclusifs de toute application de la loi de 1884 (2). L'obéissance à ces règlements est la condition même du monopole dont jouissent légalement les titulaires d'offices ; ils ne peuvent ni s'en affranchir, ni opter pour la liberté syndicale.

La question se pose en d'autres termes pour les *avocats* qui, s'ils constituent un ordre privilégié, ne sont titulaires d'aucun office, et jouissent par conséquent d'une liberté beaucoup plus grande que les notaires, avoués ou huissiers par exemple. On peut admettre que tout en étant soumis aux règlements de l'ordre, et au contrôle de la Cour au point de vue disciplinaire, ils peuvent, surtout depuis l'extension formelle du droit syndical aux professions libérales par la loi de 1920, constituer de véritables syndicats pour la défense de leurs intérêts corporatifs (2).

368. — Fonctionnaires publics (3). — La faculté de se constituer en syndicats professionnels doit, selon nous, être déniée aux *fonc-*

(1) Cf. propos. *Sembat*, 20 janv. 1891, et *Lemire*, 5 déc. 1910. — Pour plus de développements sur les lois et règlements multiples auxquels sont soumis le barreau et les offices ministériels, cons. notamment : Dall. *Rép. pratique*, v[is] *Avocat, Avoué, Notaire, Office*, etc.

(2) J. Appléton, *Les groupements syndicaux dans les professions libérales* (Quest. Prat. 1923, p. 33 et s.), et *Traité de la profession d'avocat*, 1923.

(3) BIBLIOGRAPHIE : Le question du droit syndical des fonctionnaires a suscité, dans ces dernières années, toute une littérature. Consulter notamment, dans le sens du droit pour les fonctionnaires de se syndiquer : P. Boncour, *Les syndicats de fonctionnaires*, 1906 ; Berthod, *Les syndicats de fonctionnaires* (*Rev. polit. et parl.*, 1906.1.413) ; Cahen, *Les fonctionnaires et leur action corporative*, 1911 ; M. Leroy, *Syndicats et services publics*, 1909 ; Chardon, *Le pouvoir administratif*, 1909 ; Brouilhet, *Syndicats de fonctionnaires* (*Quest. prat.*, 1909, p. 1) ; Paul Louis, *Le syndicalisme contre l'Etat* ; Budon, *L'association professionnelle et le syndicat chez les fonctionnaires* (Rev. pol. et parl., 1922, 2 nov) ; M. Glan-

tionnaires publics de tous ordres, civils ou militaires (argument : art 123 C. pén., prohibant les *coalitions de fonctionnaires*) (1). La même prohibition s'étend à tous les citoyens, non investis de la qualité de fonctionnaires, mais appelés à remplir un *service public*, médecins au rapport, médecins des hôpitaux, etc. (art. 13, L. 30 novemb. 1892, sur l'exercice de la médecine). Avant la loi de séparation, les ministres des cultes reconnus devaient être assimilés à des fonctionnaires. Il n'en est plus de même, (sauf pour les ministres des cultes des départements d'Alsace-Lorraine, qui émargent au budget), depuis la loi de nov. 1905 qui a brisé le lien existant entre les Eglises et l'Etat (2).

turco, *Le reconnaissance du droit syndical des fonctionnaires en France* (*Quest. prat.*, 1925, p. 102, 151 et s.). — Cf. Duguit, *Le syndicalisme* (*Rev. polit.*, 1908.2.472) ; Martin Saint-Léon, *L'Etat et ses fonctionnaires* (*L'Opinion*, n° 8 mai 1909) ; Cahen Salvador, *La situation matérielle et morale des fonctionnaires* (Rev. pol. et parl., 1926.4.315) ; ces auteurs, favorables aux syndicats de fonctionnaires, leur dénient le droit de grève. — V. aussi Olphe Galliard, *Les syndicats de fonctionnaires* (*Quest. prat.* 1910, p. 36 et s.)

A l'encontre du droit syndical des fonctionnaires : F. Faure, *Les syndicats de fonctionnaires* (*Rev. polit. et parl.*, 1906.1.433, et mai 1907) ; Ferneuil, *Le syndicalisme, réponse à M. Duguit* (*Rev. polit. et parl.*, 1908.3.51) ; Berthélemy, *La crise du fonctionnarisme* (*Quest. prat.*, 1906, 161) ; Rolland, *Les grèves des postes et le droit public*, 1909 et note D. 13.1.321 ; Capitant, note D. 11.2.329 ; Pic, *C. G. T., grève générale et syndicats des fonctionnaires* (*Quest. prat.*, 1921) ; Zapp, *Le syndicalisme dans les services publics* (Rev. pol. et parl., 1921.2.289 et 1922.2.119 et s.) ; Villey, *Le syndicat professionnel et la fonction publique* (*ibid*, 1928, I, p. 82 et s., et IV, p. 163 et s.).

En faveur de la solution mixte consistant soit à distinguer entre les fonctionnaires d'autorité et les fonctionnaires de gestion, soit à opposer aux fonctionnaires proprement dits les simples salariés de l'Etat ou des communes : Bourguin, *L'application des lois ouvrières aux ouvriers et employés de l'Etat* ; Barthou, *L'action syndicale*, p. 130 ; Nézard, *La théorie juridique de la fonction publique*, 1901, p. 40 et 753.

Sur la question connexe du *statut des fonctionnaires*, cons. les études de F. Faure (*Rev. polit. et parl.*, déc. 1907), Salaun (*ibid.*, janv. 1908), Demartial, *Le statut des fonctionnaires*, 1908 ; Cahen, Chardon, *op. cit.* ; Busquet, *Le statut des fonctionnaires*, th. 1910.

Sur les syndicats de fonctionnaires et sur les lois relatives à leur statut en pays étranger, cons. la série des études de Demartial dans la *Rev. polit. et parl.* (juin à sept. 1907).

(1) Garraud, *Traité de droit pénal*, t. III, n°s 47 et s. ; *Rép. prat.*, D., v° *forfaiture* ; *Rép.* Fuzier-Herman, v° *Coalition de fonctionnaires*. — Le jugement du trib. cor. de la Seine (20 juill. 1909, D. 1909.5.69), condamnant comme illicite le syndicat des postiers, a nettement affirmé l'étroite connexité du droit syndical et du droit de grève. — Cf. Crim. cass., 14 mai 1908, D. 1909.1.133 (motifs). — Cf. dans le sens de cette connexité, inconciliable avec la continuité nécessaire des grands services publics : Villey, *Le syndicat professionnel et la fonction publique*, cité *supra*.

(2) Sur le droit, pour les ministres des cultes, de constituer entre eux non seulement des cultuelles ou des associations diocésaines, organes reconnus par la loi de séparation, mais même de véritables syndicats professionnels, cons. : Puget,

369. — La question, cependant, est vivement controversée ; elle est passée depuis 1910 au premier plan de l'actualité, par suite du mouvement qui s'est manifesté dans certains corps de fonctionnaires (sous-agents des postes, instituteurs, etc.) en faveur de la transformation en syndicats des associations amicales et de l'adhésion (Mai 1920) de la Fédération des fonctionnaires à la C. G. T. (v. *supra*, n° 281). Aussi convient-il de l'examiner avec quelques développements. Précisons tout d'abord le champ de la controverse. Pour nous, la qualité de *fonctionnaire* ne saurait être reconnue à quiconque émarge au budget de l'Etat ; aussi établissons-nous une distinction essentielle entre les simples salariés de l'Etat et les fonctionnaires proprement dits.

L'on a parfois refusé le droit syndical à *tous les ouvriers salariés* par l'Etat, les départements ou les communes (ex. : ouvriers et employés des établissements industriels exploités en régie par l'Etat, arsenaux, manufactures de tabac ou d'allumettes, etc... (1). Cette thèse nous paraît juridiquement inexacte. Sans doute, les chefs de service, directeurs, ingénieurs du contrôle, détachés d'un service administratif dont ils continuent à faire partie, sont à considérer comme des fonctionnaires. Mais nous nous refuserions à étendre ce qualificatif à l'ensemble du personnel, dont les services sont identiques, en définitive, à ceux que les Compagnies de chemins de fer par exemple, exigent de leurs agents.

370. — L'on a cependant proposé une distinction entre les ouvriers et employés auxiliaires, embauchés temporairement, et les employés ou *agents commissionnés*, liés à l'Etat non par un simple louage de services, mais par un contrat de mandat *sui generis*, qui les constituerait dépositaires de la puissance publique.

Cette thèse fut soutenue tout d'abord par l'Administration préfectorale de la Seine au regard des *cantonniers* de la Ville de Paris, agents commissionnés. Peu de temps après, elle était développée devant la Chambre par M. Jonnart, ministre des travaux publics, en ce qui concerne les agents commissionnés des chemins de fer de l'Etat (interpell. Jourde, 22 mai 1894). Mais le ministère fut mis en minorité par la Chambre sur cette question, et la discussion se clôtura par un ordre du jour ainsi conçu : « La Chambre, considérant que la loi de 1884 s'applique aux ouvriers et employés des *exploitations de l'Etat* aussi bien qu'à ceux des industries privées, invite le gouvernement à la respecter et à en faciliter l'exécution ».

Les syndicats de prêtres catholiques (Rev. polit. et parl. 1923.2.31) ; Hebrard, *Associations diocésaines et syndicats ecclésiastiques*, br. 1925.

(1) Cf. Paris, 20 juill. 1915, *Rev. des établ. de bienfaisance*, 1916, 248 (personnel des hopitaux de la Seine, refus du droit syndical).

371. — La solution admise par la Chambre nous paraît absolument juridique. Commissionnés ou non, les ouvriers, ou employés de l'*Etat industriel* ne participent à aucun titre à l'exercice de la puissance publique. Ils peuvent être des mandataires, des préposés, mais ne sont pas des *fonctionnaires* au sens légal du mot (1).

Sans doute, le législateur pourrait, dans l'intérêt supérieur de la défense du territoire, restreindre le droit d'association dont jouissent actuellement les cheminots et les ouvriers des arsenaux, et, sinon déclarer illégaux tous leurs groupements, du moins leur interdire de former entre eux des coalitions ou de déclarer la grève.

Plusieurs projets, déjà étudiés par nous (v. *supra*, nos 320 et s.) à propos du droit de coalition, ont été déposés en ce sens sur le bureau des Chambres, soit avant, soit depuis les grèves des cheminots de 1910 et 1920. Mais, tant qu'ils n'auront pas abouti, la loi de 1884 restera la charte commune de tous les salariés, qu'ils dépendent de l'Etat ou de l'industrie privée.

372. — Si le droit syndical, en l'état actuel de la législation, appartient selon nous à tous les salariés de l'Etat (2), des départements ou des communes, nous estimons au contraire qu'il doit être refusé aux fonctionnaires proprement dits, préposés à nos grands services publics (finances, enseignement, travaux publics, postes et télégraphes, etc.) : car ces agents sont unis à l'Etat non par un contrat de salaire, mais par un véritable *contrat de droit public*, leur conférant des droits et leur imposant en retour des devoirs spéciaux,

(1) Sur la définition du terme *fonctionnaire public*, cons. notamment : Berthélemy, *Droit adm.* p. 45 et suiv. ; Nézard, *Théorie de la fonction publique*. M. Berthélemy fait observer avec raison que le seul moyen de mettre fin aux controverses très délicates qui s'élèvent journellement en France sur la question de savoir si tel agent ou salarié de l'Etat est ou non un fonctionnaire, serait de nous doter d'une loi générale *sur les fonctions publiques* analogue à la loi allemande du 11 mars 1879.

Le projet de loi du 1er mai 1920 sur le statut des fonctionnaires, dont il est question ci-après, a cherché à combler cette lacune. L'art. 1er est en effet ainsi conçu : « Sont considérés comme fonctionnaires, pour l'application de la présente loi, tous ceux qui, en qualité de délégués de l'autorité publique, d'employés, d'agents ou de sous-agents, occupent un emploi dans les cadres permanents d'un service public civil régi par l'Etat, à l'exclusion du personnel ouvrier. »

(2) Sous réserve des mesures à prendre en ce qui concerne les ouvriers des arsenaux, par exemple, en vue de sauvegarder les intérêts supérieurs de la défense nationale. En fait, les décrets de 1917, rapportés *supra*, n° 322, avaient précisément pour objet de mettre obstacle à toute interruption de service dans les établissements travaillant pour la défense nationale. — Cf. art. 17 du projet de loi du 9 mars 1920, sur le règlement amiable des conflits du travail. — A noter d'ailleurs qu'en temps de guerre la militarisation des voies ferrées rend toute grève ferroviaire impossible.

notamment au point de vue hiérarchique, incompatibles avec les droits de grève et de fédération professionnelle qui découlent du droit au syndicat (1).

L'on a, il est vrai, proposé de distinguer entre les fonctionnaires *d'autorité* et les fonctionnaires *de gestion*, pour refuser aux premiers et accorder aux seconds, le droit syndical (v. *supra*). Mais la difficulté commence lorsqu'on veut appliquer ce critérium à la multiplicité des fonctionnaires publics de tout ordre. Où cesse le pouvoir d'autorité, où commence la simple gestion ? Le *sous-agent des postes*, qui, dans certains cas peut verbaliser, est-il agent d'autorité ? Que dire de l'instituteur, qui sans doute ne verbalise point, mais dont la mission sociale est assurément très dissemblable de celle d'un ouvrier ? — Le problème est presque insoluble. Aussi, estimons-nous que le critérium le plus sûr est celui qui découle de la nature du contrat intervenu entre l'Etat et l'agent.

L'Etat se comporte-t-il comme chef d'industrie, comme patron, les ouvriers qu'il emploie auront le droit syndical (sauf au législateur à en limiter l'exercice à l'encontre des travailleurs des arsenaux par exemple). L'Etat agit-il comme puissance publique, les agents qu'il prépose à la gestion des services publics, quel que soit leur degré dans la hiérarchie, sont des fonctionnaires, unis à l'Etat par un *contrat de droit public*, inconciliable avec le droit syndical, sans qu'il soit nécessaire de rechercher s'ils rentrent ou non dans la catégorie des fonctionnaires dits d'autorité. C'est la thèse que le Conseil d'Etat, par deux arrêts fortement motivés, a affirmée au lendemain de la grève postale (2), et qu'a consacrée depuis lors une jurisprudence très ferme (3).

(1) Dans deux décisions récentes, le Conseil d'Etat a assimilé,à ce point de vue, les fonctionnaires départementaux ou communaux aux fonctionnaires d'Etat. — Cons. d'Etat, 18 déc. 1925, D. H. 1926.72 ; 7 août 1926, *Gaz. Pal.* 1926.1.700. — Le droit syndical n'appartiendrait qu'au personnel ouvrier des services concédés. — Cf. Paris, 20 juillet 1915, précité.

(2) Cons. d'Etat, 7 août 1909, deux arrêts, S. 09.3.145, et note Hauriou, D. 11.3.17 (concl. de M. Tardieu) ; 21 mars 1912, D. 14.3.48. « Considérant, — lisons-nous dans ces arrêts, — que la grève, si elle est un fait pouvant se produire légalement au cours de l'exécution d'un *contrat de travail réglé par les dispositions du droit privé*, est au contraire, lorsqu'elle résulte d'un refus de service concerté entre des fonctionnaires, un acte illicite, alors même qu'il ne pourrait être réprimé par la loi pénale ; que par son acceptation de l'emploi qui lui a été conféré, le fonctionnaire s'est soumis à toutes les obligations dérivant des nécessités mêmes du service public et a renoncé à toutes facultés incompatibles avec une continuité essentielle à la vie nationale ; qu'en se mettant en grève, les agents préposés au service public, sous quelque dénomination que ce soit, ne commettent pas seulement une faute individuelle, mais qu'ils se placent eux-mêmes, par cet acte collectif, en dehors de l'application des lois et règlements édictés dans le but de garantir l'exercice des droits résultant pour chacun d'eux *du contrat de droit public qui les lie à l'administration*...

(3) Par maints arrêts, le Conseil d'Etat, la Cour de Cassation et les Cours

373. — Les travaux préparatoires de la loi du 12 mars 1920, sur l'extension de la capacité syndicale, ne font à vrai dire que confirmer la thèse jurisprudentielle. La Chambre en effet, avait voté un article conférant le droit syndical à la plupart des fonctionnaires (Ch. 21 juin 1919). Mais le Sénat se refusa énergiquement à sanctionner l'innovation contenue dans le texte voté par la Chambre. Il crut préférable de chercher, dans la voie de l'attribution formelle aux fonctionnaires du droit d'association sur le terrain de la loi de 1901 (1), et de l'institution corrélative d'un *statut des fonctionnaires*, déterminant avec précision les conditions de recrutement et d'avancement, la solution du problème posé.

Sa pensée apparaît nettement dans la rédaction du nouvel article 9 de la loi de 1884, que de guerre lasse la Chambre se résigna à accepter : « La présente loi est applicable aux professions libérales. *Une loi spéciale fixera le statut des fonctionnaires* ». En opposant les fonctionnaires aux personnes exerçant une profession libérale indépendante, le législateur de 1920 a clairement marqué qu'à ses yeux les groupements de fonctionnaires devaient être régis par un statut spécial.

d'appel ont posé en principe qu'aucun groupement de fonctionnaires ne peut, en l'état actuel de la législation, constituer un syndicat professionnel de la loi de 1884, ayant comme tel, qualité pour ester en justice. — Cons. d'Etat, 13 janv. 1922, S. 22.3.1 et note Hauriou, D. 23.3.33 et note Berthélemy ; 20 fév. 1925, S. 25.3.72 ; 7 août 1926, *Gaz. Pal.*, 1926.2.700 ; — Crim. cass. 14 mai 1908, D. 1909.1.133 ; Trib. corr. Seine, 20 juill. 1909, D. D. 1909.5.69 (postiers) ; Paris, 27 oct. 1910, D. 1911.2.320 et note Capitant ; Civ. 4 mars 1913, D. 13.1.321 et note Rolland (instituteurs) ; Trib. corr. Seine, 13 janv. 1921 (Fédér. des fonctionnaires) ; Lyon, 15 nov. 1921, *Bull. Min. Trav.*, 1922, p. 202 (instituteurs du Rhône).

(1) La loi de 1901 étant absolument générale, et le droit de groupement qu'elle consacre étant reconnu à tous les citoyens capables, les fonctionnaires eux-mêmes doivent pouvoir s'en réclamer à la condition de l'exercer dans les limites du statut qui régit leurs fonctions, lequel statut est rigoureusement exclusif de toute grève ou coalition. Formellement approuvé, à plusieurs reprises, par le gouvernement (déclar. Barthou à la Ch., 17 déc. 1920, décl. Poincaré au Sénat, 7 avril 1906, et à la Ch., 7 mars 1924), la validité des associations amicales de fonctionnaires est universellement reconnue soit par la jurisprudence administrative, soit par la juridiction civile. — Cons. d'Etat, 11 déc. 1908, D. 1909.3.49 ; 10 déc. 1909, D. 11.3.113 ; 13 janv. 1922, précité ; 10 novem. 1922, D. 25.3.45 ; 22 déc. 1922, S. 24.3.7 ; 10 déc. 1924, D. H. 25.65 ; 25 nov. 1925, D. H. 26.120 ; Reims, 25 fév. 1910, *Gaz. Pal.*, 3-8 mars 1910 ; Paris, 27 déc. 1910, D. 11.2.320 et note Capitant ; Cass. 4 mars 1913, D. 13.1.321 et note Rolland ; Cass., Ch. réun., 15 juin 1923, D. 24.1.153 et note Roland, S. 25.1.40 et note Chavegrin ; 14 oct. 1923, S. 24.1.332 ; Poitiers, 11 fév. 1925, *Gaz. Pal.* 25.2.752. La Cour de Cass, toutefois, dans son arrêt précité du 15 juin 1923, intervenu dans la célèbre affaire du cardinal Luçon, contre les assoc. d'instituteurs, enferme le droit d'action en justice des associations de fonctionnaires dans les limites les plus étroites. D'après cet arrêt, une association de fonctionnaires est irrecevable à ester en justice pour défendre la considération d'une profession qui n'est que l'exercice d'une fonction publique ; c'est à l'Etat seul qu'il appartiendrait d'en assumer la défense.

Mais ce vote d'attente faisait au Parlement un devoir d'élaborer sans plus de retard ce fameux statut. Las d'attendre, les fonctionnaires ont créé des syndicats, ou transformé leurs amicales en syndicats ; ces syndicats se sont à leur tour fédérés, ont adhéré à la C. G. T. ; et, lorsque le Gouvernement voulut ordonner des poursuites contre les syndicats illégaux ou contre la Fédération elle-même, il se heurta à une opposition si puissante qu'il dut ajourner *sine die* les poursuites engagées (1924).

Une telle situation ne pouvait se prolonger sans péril, et c'est avec l'espoir d'y mettre fin que, dans sa déclaration du 17 juin 1924, le *Ministère Herriot* crut devoir reconnaître explicitement le droit syndical des fonctionnaires. Mais la déclaration ajoute : « Au cas d'une action collective de ces fonctionnaires *contre les intérêts de la nation*, le Gouvernement ne renonce à aucun des droits dont les Gouvernements ont usé et qu'ils tiennent soit des lois, soit de la jurisprudence ».

La formule est un peu enveloppée, mais le sens en est clair. Pas plus que les gouvernements précédents, le Ministère Herriot n'a entendu autoriser les fonctionnaires à se dresser contre la Nation. Il veut bien reconnaître leurs groupements, même constitués sous la forme syndicaliste, et pratiquer avec leurs délégués une politique de collaboration, mais il leur dénie formellement le droit de grève.

Au fond, et quoiqu'on en ait dit, la formule Herriot n'est pas très éloignée de celle du Ministère Poincaré (1). Que lisons-nous, en effet dans le discours prononcé par M. Poincaré, président du Conseil, à la Chambre, le 28 juin 1928 : « ...Aucune catégorie de fonctionnaires n'est l'égale de l'Etat. Outre qu'ils reçoivent de l'Etat des avantages exceptionnels, ils ont pour patron la France elle-même, représentée par les Pouvoirs publics. S'ils menaçent l'Etat de la grève ou de la sous-production, les fonctionnaires désertent leur devoir le plus élémentaire.

« Il est nécessaire qu'intervienne un régime légal laissant aux fonctionnaires le droit de former des associations *et des syndicats*, mais déterminant aussi les devoirs individuels et collectifs auxquels ils sont astreints. A cet effet, des textes législatifs vous seront proposés dont nous vous demanderons l'adoption en engageant toute notre responsabilité ».

(1) Nous n'en dirions pas autant de la proposition Chabrun-Berthod, sur les syndicats de fonctionnaires (Ch. 18 juin 1925, *doc. parl.* n° 1747, rapp. Chabrun, 17 déc. 1926, *doc. parl.* n° 3711). — La reconnaissance du droit syndical des fonctionnaires, sans la réserve formelle du droit de grève, serait manifestement périlleuse. Aussi, M. Chabrun ayant sollicité la Chambre, avant de se séparer, d'ouvrir un débat sur sa proposition, le Gouvernement opposa-t-il la question préalable qui fut votée, le 16 mars 1928, à une forte majorité (391 v. c 190).

Le problème est ainsi nettement posé. Souhaitons que le texte annoncé soit bientôt déposé et voté par le Parlement. La politique des compromis et des faux-fuyants n'a que trop duré (1).

374. — **Professions libérales.** — La question de savoir si les personnes exerçant une profession libérale avaient ou non le droit de se syndiquer était, avant la loi de 1920, vivement controversé. La majorité des auteurs (2), surtout depuis la loi de 1904 sur les associations, s'était bien prononcée pour la validité des syndicats de cette nature, en faisant observer que le législateur de 1884 n'assignait pas seulement comme objectif, aux syndicats professionnels, la défense des intérêts *industriels, commerciaux et agricoles*, mais aussi celle des intérêts *économiques*. Or peut-on contester que des artistes, des hommes de lettres, des professeurs libres n'aient pas des intérêts économiques communs ?

N'était-il pas illogique au surplus, de reconnaître le droit syndical aux *médecins*, chirurgiens-dentistes ou sage-femmes (L. 30 nov. 1892, art. 13, sur l'exercice de la médecine) et de le refuser aux autres professions libérales ? Au lieu d'argumenter par *a contrario*, de ce texte, n'était-il pas plus rationnel de l'envisager plutôt comme un texte interprétatif !

C'est à cette dernière solution que s'étaient peu à peu ralliés tous les tribunaux, ainsi que le Conseil d'Etat (3). Mais il y avait encore des résistances, surtout de la part de la Ch. criminelle (4).

C'est pour mettre fin à cette controverse et légaliser les nombreux syndicats actuellement existants, entre personnes exerçant des professions libérales, mais indépendantes de toute administration publique, que l'art. 9 nouveau a été rédigé. La formule adoptée par le législateur de 1920 « La présente loi est applicable aux professions libérales » est aussi large que possible, et ne comporte pas de larges commentaires.

Il nous suffira de faire observer qu'en présence de la généralité

(1) Cf. Pic, *Les syndicats de fonctionnaires* (Quest. prat., 1924, 119), et *Le ministère Poincaré et les syndicats de fonctionnaires* (Quest. prat. 1928, p. 182). — V. aussi : Jèze, *Le statut des fonctionnaires*, 1 v., 1928.

(2) César-Bru, p. 16 ; Glotin, p. 163 ; Waldeck-Rousseau (*Musée soc.*, mars 1900, p. 102) ; Garraud, *Droit pénal*, IV, p. 178.

(3) Trib. civ. Seine, 10 mars 1890, S. 90.2.144 (professeurs libres) ; Paris, 1er déc. 1898, S. 99.2.14 (géomètres experts) ; Aix, 26 déc. 1910, S. 13.2.97 (musiciens) ; Cons. d'Etat, 6 déc. décembre 1914, S. 14.3.85 (architectes).

(4) Crim. 27 juin 1885, D. 86.1.137 ; 14 mai 1908, D. 09.1.133 (motifs) ; Trib. civ. Seine, 10 mars 1909 (*Mus. soc.*, avril 1909, p. 102). — A noter d'ailleurs que la jurisprudence a toujours admis la validité des syndicats de *pharmaciens*, ceux-ci étant assimilés à des commerçants (Lyon, 3 juin 1890, D. 91.2.29 ; Crim. 28 fév. 1902, S. 03.1.200. — Cf. Bry, *Législ. et jurisprud. pharmaceutiques*, p. 290).

du texte, doivent être considérés comme licites, non seulement les syndicats constitués entre personnes exerçant la même profession libérale, soit à titre autonome, soit comme salariés (1), mais même ceux formés entre professions libérales et professions industrielles ou commerciales connexes : les architectes et entrepreneurs, artistes musiciens et fabricants d'instruments de musique ; auteurs et éditeurs, etc. (2).

375. — **Propriétaires fonciers.** — Quelque extensive que doive être, aujourd'hui, l'interprétation de la loi syndicale, du moins est-il indispensable, le texte est formel, que tous les membres du syndicat exercent une *profession commune*, ou plusieurs professions *similaires* ou *connexes*. L'entrée des syndicats, comme tels, nous semble donc devoir être refusée aux personnes qui n'ont *que des intérêts*, mais pas de profession véritable, c'est-à-dire aux *rentiers*, et même aux *propriétaires fonciers* non exploitants.

La question est cependant controversée, et certains auteurs ont essayé d'un raisonnement subtil pour ouvrir l'entrée des syndicats non seulement aux propriétaires qui exploitent eux-mêmes (3), ou qui font cultiver en régie, et qui peuvent dès lors, à juste titre, être considérés comme exerçant la *profession d'agriculteurs*, ainsi qu'aux fermiers et ouvriers ruraux, mais aussi aux propriétaires qui afferment leurs terres. Le mot *profession*, dit-on (Sénart, *Bulletin de la Société des Agriculteurs de France*, mai 1885, p. 381), ne doit pas être entendu dans un sens étroit et rigoriste ; « tout propriétaire foncier a des intérêts économiques et agricoles engagés dans l'exploitation même du fonds ; il n'est donc pas abusif de le considérer comme faisant profession d'agriculteur (4) ».

Au point de vue économique, il y aurait peut-être avantage en

(1) Hubert René. *Organisation syndicale des travailleurs intellectuels* (Rev. intern. trav., juill.-août 1921) ; Sageret. *Le syndicalisme intellectuel* (*Ibid*, sept. 1922). — Sur l'Institut intern. de coopération intellectuelle, v. *supra*, n° 184.

(2) La validité des syndicats mixtes de médecins et pharmaciens pourrait cependant être contestée, même depuis la loi de 1920, pour les motifs d'ordre public relevés par la jurisprudence antérieure (Crim. 28 fév. 1902, S. 1903.1.445 et note Wahl). — Cf. Nicolay. *Syndicats de médecins et syndicats de pharmaciens*, 1911.

(3) Peu importe d'ailleurs le *mode* d'exploitation , ce *mode* étant déterminé par le caractère même ou l'objet de la culture. Ainsi, la *pêche* étant l'objet principal de l'exploitation des *étangs*, nul doute ne saurait s'élever sur la légalité du syndicat constitué entre des *poissonniers*, c'est-à-dire des propriétaires d'étangs exploitant eux-mêmes, ou des fermiers d'étangs. — Amiens, 13 mars 1895. D. 95.2.553, et la note de M. Planiol, et sur pourvoi : Req., 5 janv. 1897, D. 97.1.120.

(4) Conf. Genin. *Associations agricoles*, p. 203 ; Gairal. *Les droits et les devoirs des syndicats agricoles*, p. 116 ; Bry, p. 560.

effet, à autoriser l'entrée des propriétaires non exploitants dans les syndicats agricoles. Mais, en droit positif, une telle solution paraît inacceptable : la qualité de propriétaire d'immeubles ruraux affermés n'est pas une *profession*, c'est une *condition sociale* analogue à celle de propriétaire d'usines, ou de capitaux employés dans l'industrie. (*Sic* : Coulet, *Le mouvement syndical et coopératif dans l'agriculture française*, p. 14).

376. — **Métayage.** — Quelques auteurs ont même cru devoir, par des scrupules juridiques assez sérieux, refuser la qualité d'agriculteur au propriétaire dont le fonds est exploité par un *métayer*, qui partage avec lui la récolte en nature : la loi du 11 juillet 1899 sur le métayage semble en effet considérer plutôt le métayage comme une variété de bail que comme un contrat de société *sui generis* (1). Nous n'irons pas jusque-là. Le point de vue économique doit ici l'emporter sur le point de vue strictement juridique. Or, économiquement parlant, le propriétaire et le métayer sont deux associés, ayant chacun un rôle distinct, l'un de direction et de surveillance, l'autre d'exploitation proprement dite (2).

377. — Nous ne refusons donc l'entrée des syndicats qu'aux propriétaires n'exploitant ni en régie ni sous forme de métayage. Remarquons du reste que les intérêts de ces propriétaires ne sont, pour autant, nullement sacrifiés. Tout d'abord, il leur est très facile de détacher de leur domaine une fraction quelconque, qui, exploitée en régie, leur ouvrira l'accès des syndicats. De plus, même sans rien exploiter eux-mêmes (3), ils peuvent entrer, par voie de souscription de parts (L. 5 août 1880), dans des sociétés coopératives agricoles, annexes de ces syndicats ; d'autre part, ils peuvent figurer dans les *associations syndicales* constituées en exécution de la loi des 21 juin 1865 et 22 décembre 1888, amendée par le décret-loi du 21 déc. 1926, et complétée par la loi du 15 décembre 1888 pour la défense des vignes contre le phylloxéra. (V. décret du 18 décembre 1927).

(1) Glotin, p. 153.

(2) Jugé en ce sens qu'un syndicat agricole peut régulièrement comprendre tous les propriétaires de vignobles d'une localité ou région. Bordeaux, 4 juin 1897, D. 98.2.125, et note de M. Planiol. On sait en effet que les vignobles sont communément exploités, soit en régie, soit sous forme de métayage.

(3) Ils pourraient aussi, mais à la condition de ne prendre aucune part active à la gestion, entrer dans le syndicat agricole de leur circonscription comme membres *honoraires* (v. *supra*). — Les *comices agricoles* (L. 20 mars 1851), les *Chambres d'agriculture* (L. 3 janv. 1924) assurent également aux propriétaires fonciers, un moyen légitime d'influence.

Certains des objets énumérés dans les textes précités rentrent dans *l'étude et la défense des intérêts agricoles*, objet propre des syndicats professionnels ; les propriétaires, exclus des syndicats professionnels, pourront donc, en certains cas, aboutir au même résultat par la constitution d'associations syndicales.

378. — **Le rôle des syndicats agricoles.** — Nous remarquerons du reste que la discussion précédente est plutôt théorique que pratique. En fait, les propriétaires non exploitants sont entrés en grand nombre dans les syndicats agricoles ; ils y ont même pris une influence considérable, or, jamais il n'est venu à la pensée des autorités de poursuivre ces syndicats pour constitution irrégulière.

Si nous avions un vœu à formuler, ce ne serait assurément pas celui de voir l'administration, par un scrupule tardif de légalité, provoquer des poursuites contre des associations qui, somme toute, rendent de réels services. Ce serait uniquement de voir se *démocratiser* davantage les syndicats, par l'adhésion d'un plus grand nombre de petits fermiers et d'ouvriers ruraux. Alors seulement le syndicat deviendrait ce qu'il doit être pour répondre à son but : un *syndicat mixte* à base communale, affilié ou non à une fédération régionale, et groupant dans son sein, *sur un pied absolu d'égalité*, tous ceux qui participent à la mise en valeur du sol national. — *Sic :* Coulet, p. 54 ; Poutaud,, *L'association communale agricole* (1).

379. — **Questions relatives au domicile, au nombre, à la nationalité et à la capacité des syndiqués.** — Telles sont les seules conditions requises pour la validité d'un syndicat professionnel. Aucune condition spéciale n'est exigée en ce qui concerne le domicile des adhérents, leur nombre, leur nationalité, leur capacité.

Nombre. — L'article 2 dit expressément que les « associations professionnelles de plus de vingt personnes peuvent se constituer

(1) A côté des syndicats agricoles, dominés par le patronat et la « gentry », se sont développés dans ces dernières années les syndicats d'ouvriers ruraux. Ces syndicats ont deux délégués au Conseil supérieur du travail (Décr. 30 août 1909). — Sur les syndicats agricoles en général, cons. notamment : De Rocquigny, *Les syndicats agricoles et leur œuvre*, 2ᵉ édit., 1906 ; th. Coulet, Eymard, Gairal, Genin, Nast ; Dalloz, *Manuel des syndicats agricoles*, 1925. — Cf. *Ann. des syndicats agricoles*, *Bull. de la Soc. d'agriculture*. — Sur le syndicalisme rural, cons. notamment : Chausse, *L'ouvrier agricole devant les lois du travail* (*Quest. prat.*, janv.-fév. 1911) ; Authier, *L'amélioration légale de la condition des travailleurs agricoles*, th. 1911 ; Souchon, *Les métayers du Bourbonnais* (*Quest. prat.*, 1914, p. 65, 127). — V. aussi *infra*, n° 520.

librement ». Le minimum est de deux (il faut être au moins deux pour s'associer), mais aucun maximum n'est fixé ; aussi, en fait, certains syndicats comptent-ils plusieurs milliers d'adhérents. Cette extension des syndicats est singulièremnet facilitée par l'absence, dans la loi, de toute condition restrictive concernant le *domicile* des adhérents. Il n'est aucunement nécessaire qu'ils résident dans la même commune : un syndicat peut s'étendre à la France entière, et même à l'Algérie (1) et aux colonies.

380. — **Nationalité.** — Les *étrangers* sont, au point de vue du droit d'association professionnelle, placés sur le même pied que les Français. Cette règle ne comporte que deux exceptions :

a) Les administrateurs de tout syndicat professionnel fonctionnant en France doivent être Français (V. *infra*). Lors donc que les ouvriers étrangers constituent entre eux un syndicat, ils doivent avoir soin de choisir des administrateurs français.

b) Aux colonies, les travailleurs étrangers et engagés sous le nom d'immigrants ne peuvent faire partie des syndicats (art. 10, *in fine*) (2).

D'autre part, la loi de 1884 avait laissé subsister la loi du 14 mars 1872, sur l'*Association internationale des travailleurs.* Tout syndicat professionnel convaincu d'internationalisme, c'est-à-dire constitué en vue de l'un des objectifs définis par l'article 1er de cette loi de 1872, était donc passible de pénalités rigoureuses.

Les circonstances qui avaient déterminé le vote de cette loi d'exception ayant disparu, le législateur de 1901 n'a pas hésité à l'abroger (art. 21, loi du 1er juillet 1901).

Ni l'administration, ni l'autorité judiciaire ne sont cependant désarmées contre les menées révolutionnaires, ourdies à l'étranger ou à l'instigation de l'étranger contre le gouvernement, ou la sûreté intérieure ou extérieure de l'Etat. L'article 12 de la loi de 1901, sans prohiber les associations internationales, dont plusieurs poursuivent un but scientifique qu'il convient au contraire d'encourager, permet au gouvernement de dissoudre celles de ces associations présentant des dangers, soit pour la sûreté de l'Etat, soit pour son développement économique. D'autre part, la loi de 1901 a laissé subsister les dispositions édictées par les

(1) Larcher, *Indigènes musulmans et syndicats professionnels* (*Rev. algér.*, mars 1904).

(2) Sur la législation française de l'immigration aux colonies, v. Girault, *Principes de colonisation*, 2e éd., t. II, p. 124 ; Antonelli, *Législation coloniale*, 1924.

lois des 18 décembre 1893 et 28 juillet 1894 (D. 94.4.81) contre les *menées anarchistes* ; les fondateurs ou même les simples membres d'un syndicat prétendu professionnel, sous le couvert duquel se dissimulerait une *association de malfaiteurs* poursuivant le *but anarchique* défini par l'article 265 (nouveau) du Code pénal, encourraient donc les pénalités édictées par ces deux lois (1).

381. — **Capacité.** — S'il n'est pas nécessaire d'être Français, pour entrer dans un syndicat, il n'est pas davantage nécessaire de jouir de la capacité civile ou politique. Bien que la loi de 1884 ne s'en expliquât pas expressément, l'on s'accordait à autoriser l'entrée dans les syndicats : 1° des *mineurs* pourvus de l'autorisation de leurs père, mère ou tuteur ; 2° des *femmes mariées*, avec autorisation du mari, (celle-ci étant inutile toutefois pour les femmes séparées de corps).

La loi du 12 mars 1920 a supprimé la nécessité de l'autorisation pour le mineur comme pour la femme (art. 4 nouveau). — La capacité du mineur est toutefois moindre que celle de la femme à un double point de vue. Tout d'abord, la femme, même non séparée, est libre d'entrer dans un syndicat *pourvu qu'elle exerce une profession ou un métier*, le droit d'adhésion au syndicat étant un corollaire du droit de libre disposition de ses salaires qu'elle tient de la loi de 1907. Le mari ne peut donc opposer son veto, directement tout au moins, car il conserverait la ressource de lui retirer l'autorisation d'exercer la profession, de faire le commerce par exemple, auquel cas elle devrait abandonner le syndicat.

Les père, mère ou tuteur du mineur peuvent toujours, au contraire, opposer leur veto à son entrée dans le syndicat. Mais la loi parle du mineur *âgé de plus de seize ans* ; ceux qui n'ont pas atteint cet âge sont donc exclus du syndicat.

En second lieu, la femme mariée peut exercer dans le syndicat des fonctions d'administration ou de direction ; un mineur ne le peut pas, même avec l'agrément des personnes ayant autorité sur lui.

Il n'est pas question au texte des *mineurs émancipés*. Mais comme ils ont, sous réserve de l'observation des formalités de l'art. 2 C. com., le libre exercice de leur profession, il paraît logique de leur reconnaître le droit syndical sans limitation.

La loi de 1920 est également muette sur la condition des individus privés de certains droits civils et politiques. L'opinion domi-

(1) Sur les associations illicites, et spécialement sur la répression des crimes anarchistes, cons. Garraud, *Traité de droit pénal*, t. IV, n°° 1518 et suiv., et *L'anarchie et la répression*.

nante est qu'ils peuvent faire partie d'un syndicat comme simples membres, la jouissance intégrale des droits civils n'étant exigée que pour les *administrateurs* (art 3 *in fine*).

382. — **Personnes morales.** — Mais faut-il reconnaître, aux *personnes morales* exerçant une profession industrielle, le droit d'entrer dans un syndicat professionnel, ou ce droit se limite-t-il rigoureusement aux *individus* ? La question est controversée.

Il est incontestable que l'on ne saurait admettre à figurer dans un syndicat les sociétés ou associations ne jouissant pas de la personnalité morale. Mais il nous semble au contraire que les *sociétés civiles* ou *commerciales* doivent être admises à figurer, *comme unités*, dans les syndicats dont font partie les individus exerçant la même industrie. Il est reconnu qu'une société commerciale peut entrer comme associée dans une autre société (Cf. notre *Traité des Sociétés commerciales*, t. I, n° 205) ; pourquoi, dès lors, ne pas l'autoriser à figurer aussi comme individualité (représentée par le président de son conseil d'administration ou un délégué spécial), dans le syndicat de la profession ?

Ainsi qu'on l'a fait observer très justement (Boullaire, *Manuel des syndicats professionnels agricoles*, p. 56), « on imaginerait difficilement que la Société du Creusot fût exclue d'un syndicat métallurgique, la Société de Saint-Gobain, d'un syndicat de produits chimiques, les compagnies qui extraient de la houille, d'un syndicat minier ! »

L'on a objecté cependant contre cette solution (1) que si l'on admettait les personnes morales dans les syndicats, il faudrait logiquement autoriser les syndicats eux-mêmes à s'affilier à d'autres syndicats ; solution contraire à l'esprit de la loi, laquelle n'autorise que les unions de syndicats, unions dépourvues de la personnalité morale (art 5.).

Cette objection repose sur une véritable confusion : si nous autorisons les sociétés à entrer comme unités dans les syndicats, c'est à raison de la branche de commerce ou d'industrie qu'elles exploitent. Or, par définition même, les syndicats professionnels n'exercent aucune industrie ; ce sont de simples associations de défense ou d'étude ; et dans ces conditions, il est bien évident qu'un syndicat ne peut faire partie, comme individualité juridique, d'un autre syndicat. Au surplus, la fraude que l'on redoute n'est plus à craindre aujourd'hui, les unions jouissant depuis la loi de 1920 de la même capacité que les syndicats isolés.

(1) Glotin, p. 139 ; Bry, p. 568. — V. cependant, dans le sens de l'opinion soutenue au texte : Dall., *Rép. prat.*, v° *Syndicat profess.*, n° 64.

B. OBJET DES SYNDICATS. — 383. — L'article 3 de la loi de 1884 définit ainsi l'objet des syndicats : « Les syndicats professionnels ont exclusivement pour objet l'étude et la défense des intérêts économiques, industriels, commerciaux et agricoles ».

Les syndicats professionnels ont donc le droit d'étudier toutes les questions de salaires ou de réglementation du travail, mais ils ne peuvent sortir de ce cercle. D'où cette triple conséquence.

1° Qu'un syndicat qui n'aurait pas pour objet la défense des intérêts économiques communs à tous les membres dont il se compose, mais un *objet de pur agrément*, ou la sauvegarde de certains intérêts particuliers, ne répondrait pas aux vues de la loi (1).

384. — ...2° Que le *domaine des questions politiques et religieuses* est rigoureusement interdit aux syndicats. Les infractions à cette prohibition peuvent servir de base à des poursuites correctionnelles contre les directeurs et administrateurs (art. 9 de la loi de 1884), et même légitimer la dissolution du syndicat. v. *supra*, n° 364) (2).

La tâche du parquet est assez délicate lorsque les syndicats s'occupent de questions présentant un intérêt industriel direct, et confinant indirectement à la politique, telles que les élections aux conseils de prudhommes et aux tribunaux de commerce. Il nous semble que, là où la question professionnelle apparaît au premier plan, l'intervention du syndicat est légitime ; tel est du reste l'avis des parquets, qui ne se sont jamais avisés de poursuivre les administrateurs de syndicats pour avoir recommandé, aux électeurs commerciaux, telle ou telle liste. Mais, par contre, tomberait sous le coup de la loi tout syndicat qui s'immiscerait dans les élections politiques, voire municipales. — Tr. corr. Albi, 9 avr. 1898, *Droit*, 18 avr. 1898.

Les observations qui précèdent n'ont plus guère qu'une portée théorique, en présence de la loi sur les associations. Les *congrégations* étant les seules associations soumises au régime de l'autorisation préalable, et l'article 21 de la loi de 1901 ayant abrogé l'article 30 de la loi du 30 juin 1881 interdisant les clubs, il semble bien qu'aucune poursuite correctionnelle ne puisse plus

(1) Ainsi jugé pour un syndicat de *chasseurs*, la chasse étant un passe-temps, non point une *profession* (Trib. civ. Langres, 9 déc. 1887, D. 88.3.136)... ou pour un syndicat agricole qui masquait une véritable agence de paris mutuels (Paris, 25 nov. 1892, D. 94.2.5).

(2) Un syndicat ne saurait, sans engager sa responsabilité, faire pression sur un syndiqué pour le contraindre à prendre part à une manifestation politique (Civ. 16 nov. 1914, D. 17.1.61).

être utilement intentée contre des administrateurs de syndicats à raison de l'empiètement de ceux-ci sur les domaines politique ou religieux, à moins que les syndicats dont il s'agit ne tombent sous l'application soit de l'article 3 (objet illicite), soit des articles 5 et 7 de la loi de 1901 (association *non déclarée* se comportant publiquement comme personne morale), soit de l'article 410 du Code pénal (cercle ouvert, jeux de hasard, Trib. corr. Seine, 4 nov. 1903, *Mon. jud. Lyon*, 22-23 nov. 1903).

385. — ...3° Que les syndicats professionnels, associations d'étude et de défense, ne peuvent se transformer en sociétés commerciales, notamment en coopératives de production. La loi de 1867 a réglementé les associations de cette nature ; la loi sur les syndicats aurait fourni un moyen trop simple d'en éluder les prescriptions, s'il eût été loisible aux syndicats de se transformer ainsi en établissements industriels. Au surplus, l'article 1er de la loi de 1901 sur les associations est venu confirmer la prohibition implicite de la loi de 1884, maintenue par la loi de 1920.

386. — **Créations syndicales autorisées par la loi.** — Si les syndicats ne peuvent eux-mêmes s'adonner au commerce, du moins leur est-il loisible de provoquer la création entre leurs membres, à condition d'observer les formalités prescrites par la loi de 1867 et les lois subséquentes, de sociétés coopératives de divers types. — Sur les coopératives syndicales, voir § 4 de la présente section IV, *infra*. — La loi de 1884 était en effet très libérale à cet égard ; elle autorisait, elle encourageait même les syndicats à essaimer, à constituer autour d'eux tout un réseau d'institutions de prévoyance. L'article 6 (§ 4 et s.) énumérait les principales.

Le législateur de 1920 a cru cependant préférable de donner une énumération plus complète, d'ailleurs purement énonciative, des œuvres et institutions de prévoyance susceptibles d'être encouragées par les syndicats. « L'art. 5 (ancien art. 6 de la loi de 1884), — lisons-nous dans l'exposé des motifs de la propos. Chéron, — presque entièrement renouvelé, commence par une confirmation du grand principe de la personnalité civile des syndicats, déjà consacré par la loi de 1884. Mais il étend cette personnalité, jusqu'alors restreinte (v. *infra*).

Aux caisses spéciales de secours mutuels et de retraites qu'ils pouvaient déjà créer, s'ajoute la possibilité pour les syndicats d'affecter une partie de leurs ressources à la création d'habitations à bon marché et à l'acquisition de terrains pour jardins ouvriers, pour l'éducation physique ou pour l'hygiène. Au droit qu'ils tenaient déjà de la loi de 1884 de créer des offices de renseignements, est ajoutée la possibilité de créer, d'administrer ou de subventionner des œuvres professionnelles : institutions de prévoyance, laboratoires, champ d'expériences, œuvres d'éducation scientifique, cours et publications intéressant la profession.

Ils peuvent subventionner des sociétés coopératives de production et de consommation. Ils peuvent, s'ils sont autorisés par leurs statuts, *et à la condition de ne pas distribuer de bénéfices*, acheter pour les louer, prêter ou répartir entre leurs membres tous les objets nécessaires à l'exercice de leur profession,... prêter leur entremise *gratuite* pour la vente des produits provenant exclusivement du travail personnel ou de l'exploitation des syndiqués....

Ils peuvent passer avec les employeurs et du reste, avec toutes entreprises des *contrats collectifs* de travail dans les conditions déterminées par la loi du 25 mars 1919. — Est assurée en faveur des syndicats la protection de leurs marques ou labels... »

Nous reviendrons ultérieurement, à propos de la capacité contractuelle des syndicats, sur la mesure dans laquelle il leur est loisible d'intervenir dans l'exercice de la profession de leurs membres, et sur la question du label. Mais, dès maintenant, quelques indications sont nécessaires sur les principales créations syndicales.

387. — **Caisses de secours mutuels syndicales.** — Le paragraphe 4, tout d'abord, autorise les syndicats professionnels à constituer entre leurs membres des *caisses spéciales de secours mutuels*. Une difficulté assez sérieuse s'était élevée, avant la loi organique du 1er avril 1898 sur les sociétés de secours mutuels, au sujet du caractère juridique de ces caisses. En décidant que les syndicats pourraient, *sans autorisation*, constituer entre leurs membres des caisses spéciales de secours, le législateur de 1884 semblait avoir voulu affranchir leurs fondateurs de la nécessité de l'approbation préfectorale (1).

Mais cette solution semblait bien avoir été écartée par la loi du 1er avril 1898, charte actuelle des sociétés de secours mutuels. En effet, l'article 40 dispose formellement que « les syndicats professionnels, qui ont prévu dans leurs statuts les secours mutuels entre leurs membres adhérents, bénéficieront des avantages de la présente loi, *à la condition de se conformer à ses prescriptions* ». Or, au nombre de ces prescriptions, figure l'obligation pour toute société, désireuse de bénéficier du régime de faveur des sociétés *approuvées*, de faire approuver ses statuts par *arrêté ministériel* (art. 16). — En supprimant les mots « *sans autorisation* », le législateur de 1920 a entendu, sans nul doute, mettre fin à cette contro-

(1) *Sic* : Glotin, p. 260. — *Contra* : Boullaire, p. 166.

verse, et placer à tous égards les sociétés mutualistes créées par les syndicats sous le régime du droit commun, tel qu'il est défini par la loi de 1898.

388. — **Coopératives syndicales.** — La faculté pour les syndicats d'organiser des coopératives entre leurs membres était reconnue sans conteste sous la loi de 1884, à la condition d'observer pour ces créations les prescriptions générales de la législation sur les sociétés, ou les prescriptions spéciales des lois concernant les coopératives de production, de consommation ou de crédit (L. de 1867, art. 38 et s. ; — L. des 18 déc. 1915, 7 mai 1917, 5 août 1920, etc.).

Sur ce point, le texte de 1920 ne fait que confirmer l'interprétation antérieure. Il innove cependant en ce sens qu'il autorise les syndicats, dans les termes les plus généraux, à *subventionner* les coopératives. Un syndicat peut donc désormais, soit faire apport à une coopérative des immeubles nécessaires à son fonctionnement (usine par exemple), soit souscrire des actions, obligations ou parts de ladite Société, soit garantir à celle-ci un minimum d'intérêt, etc. Et cette faculté doit lui être reconnue, même au regard des coopératives constituées entre d'autres personnes que ses propres membres ou se rattachant à une branche de commerce ou d'industrie autre que celle à laquelle appartiennent les syndiqués. Le but social de la coopération remplace ici la condition de connexité. Il en serait différemment pour les coopératives de crédit, que, sans doute à dessein, le législateur de 1920 s'est abstenu de mentionner (1).

389. — **Habitations à bon marché.** — Une autre innovation très importante de la loi de 1920 consiste dans la faculté reconnue aux syndicats, par le nouvel article 5 § 4, « d'affecter une partie de leurs ressources à la création d'habitations à bon marché et à l'acquisition de terrains pour jardins ouvriers... »

Cette formule est aussi large que possible. Non seulement les syndiqués ont désormais le droit de subventionner sous forme de souscription d'actions, apport de terrains, etc., les œuvres existantes (coopératives d'habitations à bon marché, par exemple), même constituées entre d'autres que leurs membres. Mais il leur est loisible de construire eux-mêmes, sur des terrains acquis par eux, des habitations à bon marché, répondant au type légal.

La mission reconnue ici aux syndicats déborde nettement du

(1) Bry, p. 919.

cadre professionnel ; le législateur a entendu les associer étroitement à ses efforts, en vue de développer toutes les œuvres sociales.

390. — Offices de renseignements : placement syndical gratuit. — Le paragraphe 5 de l'article 6 de la loi de 1884, autorisant les syndicats professionnels à créer des *Offices de renseignements*, c'est-à-dire des *bureaux de placement gratuit* pour leurs adhérents (ouvriers ou employés) était également une disposition de faveur. En effet, jusqu'au vote de la loi, les chambres syndicales qui s'occupaient de placement étaient soumises aux dispositions rigoureuses du décret de 1852, sur les *bureaux de placement*. En vertu de la loi de 1884, au contraire, les syndicats peuvent créer des bureaux de placement sans aucune autorisation (1). — Cette disposition a été reproduite sans modification par le nouvel art. 5, § 5, qui remplace l'art. 6.

391. — Contentieux et arbitrage. — Enfin, aux termes des paragraphes 14 et 15 de l'article 5, (2) « les syndicats pourront être consultés sur tous les différends et toutes les questions se rattachant à leur spécialité. Dans les affaires contentieuses, les *avis* du syndicat seront tenus à la disposition des parties, qui pourront en prendre communication et copie ». Nous avons vu précédemment que, bien avant la loi de 1884, les tribunaux de commerce avaient contracté l'habitude de prendre l'avis des chambres syndicales patronales. Cette pratique était manifestement illégale, puisque les chambres syndicales n'avaient alors aucune existence juridique.

Le droit pour les syndicats de formuler sur les litiges intéressant la profession, des avis motivés, et pour les tribunaux d'en faire état, n'est plus aujourd'hui discutable ; mais ces avis ne sauraient en aucune manière lier le juge (lettre du Min. de la Justice du 7 juillet 1886).

392. — Rien n'empêche d'ailleurs les membres des syndicats professionnels de porter directement les difficultés qui les divisent devant le bureau du syndicat. Il suffit, pour que cette procédure soit licite, qu'ils aient la faculté de *compromettre*. Mais pourraient-ils s'engager à l'avance à soumettre au bureau du

(1) Sur la loi du 14 mars 1904, incorporée sous les art. 79 et s., liv. Ier, C. travail, amendés eux-mêmes par la loi du 19 juill. 1928, v. *infra*, titre II, chap. II, sect. 1.

(2) Ces paragraphes de la loi de 1920 sont la reproduction textuelle des paragraphes 6 et 7 de l'article 6 de la loi de 1884.

syndicat toutes les difficultés qui pourraient s'élever entre eux ? Oui, en ce qui concerne l'exécution des contrats collectifs (art. 31 x., livre 1er, C. trav., L. 25 mars 1919). — Dans les autres cas un doute subsiste, la clause compromissoire considérée comme illicite par la jurisprudence, sur le vu de l'art. 1006 C. Proc. civ., n'ayant été expressément validée, par la loi du 31 déc. 1925, qu'en matière commerciale.

§ 3. — Constitution intérieure des syndicats professionnels

I. — Du personnel directeur

393. — Les syndicats professionnels ont à leur tête des administrateurs ou des directeurs, qui doivent satisfaire à la *triple condition* d'être membres du syndicat, Français, et de jouir de leurs droits civils (art. 4, *in fine*) (1).

La première condition se justifie d'elle-même ; les syndicats sortiraient de leurs attributions normales, s'ils pouvaient prendre pour chefs des individualités étrangères à la profession. L'assemblée générale du syndicat peut cependant choisir pour administrateurs des personnes étrangères au syndicat, *pourvu qu'elles exercent la profession ;* mais par le seul fait de leur acceptation, ces étrangers deviendront membres actifs du syndicat.

394. — **Nationalité.** — *La seconde condition* (*être Français*) est peut-être illogique, puisque les syndicats peuvent comprendre des étrangers, et même, la loi n'ayant établi aucune règle de proportionnalité, ne comprendre *que des étrangers.*

Mais cette condition se justifiait par des considérations politiques très sérieuses. Le législateur de 1884 estimait dangereux d'abandonner la direction des syndicats aux mains d'agitateurs étrangers, qui auraient pu se servir des syndicats en vue de reconstituer l'*Association internationale des travailleurs*, alors spécialement visée par la loi du 14 mars 1872. La loi de 1901 a abrogé cette dernière loi, mais les précautions qu'elle prend pour empêcher les associations composées en majeure partie d'étrangers ou administrées par des étrangers de devenir un foyer d'agitation dangereuse (art. 12 cité *supra*, et art. 3, combin.) prouvent que le législateur n'a pas entendu demeurer désarmé en présence des menées internationalistes.

(1) V. Laporte, *Des personnes admises à être membres ou administrateurs des syndicats professionnels*, th. 1903.

395. — **Jouissance des droits civils.** — Telle est la troisième et dernière condition requise en la personne des administrateurs. Le mot *jouissance* s'entend ici, de la jouissance *intégrale* des droits civils. D'où il suit que tout Français, privé de la jouissance *de certains droits civils*, doit être considéré comme incapable d'être administrateur de syndicat. Seront donc incapables d'être administrateurs de syndicats : — 1° Tout individu condamné à une peine criminelle, voire même à la dégradation civique (art. 32 C. pén.) ; — 2° Les condamnés à la dégradation militaire, laquelle implique la dégradation civique (art. 190 C. just. milit.) ; — 3° Les individus condamnés à certaines peines correctionnelles, et privés, par suite de la condamnation encourue, ou par décision spéciale du tribunal, de certains droits civils (art. 42 C. pén.) ; — 4° Les individus déclarés déchus de la puissance paternelle, conformément aux articles 1 à 3 de la loi du 24 juillet 1889.

396. — Plus délicate, en apparence, était la question de savoir si l'on devait considérer comme incapables d'être administrateurs de syndicats les personnes frappées d'une simple *incapacité d'exercice : femmes mariées non séparées de corps* ou *mineurs*, *interdits* judiciairement ou individus placés dans un établissement d'*aliénés*. L'affirmative avait prévalu, sous l'empire de la loi de 1884. Mais, ainsi que nous l'avons indiqué précédemment, la loi du 12 mars 1920 n'écarte de l'administration que les mineurs, et reconnaît au contraire formellement aux femmes mariées le droit de participer à l'administration des syndicats (art. 4 nouveau § 6). Nous déciderons par *a contrario* que ce droit ne saurait appartenir ni à un interdit, ni même à un individu pourvu d'un Conseil judiciaire.

Un *failli*, au contraire, n'étant pas civilement incapable, pourrait être choisi ou maintenu comme administrateur.

397. — **Responsabilité contractuelle ou délictuelle des administrateurs de syndicats.** — La responsabilité des administrateurs, tant à l'égard du syndicat qu'à l'égard des tiers, doit s'apprécier, comme la responsabilité des administrateurs d'une société anonyme, suivant les principes généraux du mandat. En principe, par conséquent, les administrateurs du syndicat ne s'obligent pas personnellement envers les tiers : seul, le syndicat est obligé par l'effet des actes accomplis par eux, dans la limite de leurs pouvoirs.

Par exception, les administrateurs sont responsables, *quasi ex delicto*, envers les tiers, lorsque leur faute ou leur dol cause à ceux-ci un préjudice (art. 1382) (1).

D'autre part les administrateurs sont responsables vis-à-vis du syndicat, comme tout mandataire, soit *ex contractu*, pour faute ou dol dans leur gestion, soit *ex delicto*, pour manœuvres dolosives commises à l'égard de certains membres du syndicat. Enfin ils peuvent être poursuivis correctionnellement, dans les termes de l'article 9 de la loi de 1884, pour violation des règles concernant la constitution ou le fonctionnement des syndicats.

398. — **Responsabilité du syndicat.** — La responsabilité *civile*, individuelle ou solidaire suivant le cas, des administrateurs peut, ainsi que nous l'avons établi *supra*, n° 306 à propos des coalitions, se cumuler avec celle du syndicat lui-même, en tant que personne morale, si la faute dont réparation est demandée peut être considérée comme l'œuvre de la collectivité syndicale.

Les arrêts que nous avons cités semblent bien admettre, en pareil cas, la responsabilité directe du syndicat en vertu de l'article 1382, et non pas une simple responsabilité indirecte à raison des agissements illicites de ses préposés (art. 1384). — V. notamment : Civ. cass., 22 mars 1892, D. 92.1.449 ; Lyon, 25 mai 1895, D. 95.2.310.

Cette solution, cependant, est contestée par une fraction importante de la doctrine. « Les personnes morales — écrit M. Planiol, — ne peuvent pas commettre de délits. Ce sont des fictions instituées pour la commodité de certains actes juridiques, mais qui ne peuvent pas servir de paravent pour les auteurs d'actes délictueux. *Cela est évident si le délit est puni par la loi pénale* (2). La solution doit rester la même lorsque le délit, non frappé d'une

(1) Paris, 30 mars 1908, D. 13.2.113 et note Planiol. — Sur le droit de révocation reconnu à l'assemblée générale et sur le droit de contrôle des tribunaux et ses limites, cons. Trib. Seine, 16 fév. 1926, S. 26.2.113 et note Mestre.

(2) Le Code pénal français n'admet point le *délit corporatif*. Ainsi, les amendes édictées par l'article 9 de la loi de 1884, pour contravention aux prescriptions de la loi, le sont *contre les directeurs ou administrateurs*, mais il n'y est pas question d'une responsabilité pénale quelconque susceptible d'atteindre le syndicat, personne morale. Aussi la jurisprudence repousse-t-elle toute idée de responsabilité pénale corporative. C'est que, ainsi que le fait observer M. Garraud (*Traité de dr. pén.*, t. Ier, p. 314), « le droit criminel n'admet pas de fictions, car sous les fictions vivent et agissent des personnes physiques et ce serait sur ces personnes physiques que porterait, en dernière analyse, l'incidence de la peine ». — V. aussi notre *Traité des sociétés*, t. Ier, n° 207. — Quelques auteurs français, s'inspirant d'une doctrine, renouvelée des traditions médiévales, et assez accréditée en Allemagne, se prononçent cependant pour la responsabilité, civile et *pénale*, des personnes morales, et en particulier des syndicats. — Séon, *Etude sur la responsabilité pénale et civile des syndicats professionnels*, th. Dijon, 1900.

peine proprement dite, existe à l'état de simple délit civil ». — Note sous D. 94.2.305.

399. — **Chambres syndicales, assemblées générales** (1). — A côté des administrateurs ou directeurs, il existe dans la plupart des syndicats professionnels d'autres rouages non prévus par la loi. Le rôle et les attributions de ces divers rouages peuvent être arbitrairement déterminés par les statuts. Parfois d'ailleurs les administrateurs sont pris dans la chambre syndicale, ou se confondent avec elle : dans ce dernier cas, la chambre syndicale ne doit naturellement comprendre que les membres satisfaisant aux conditions de capacité exigées par l'art. 4.

II. — Rapports du syndicat avec ses membres

400. — La plus grande liberté est laissée aux fondateurs des syndicats, dans la rédaction des statuts, notamment en ce qui concerne les conditions d'admission dans le syndicat (2), ainsi que les rapports des administrateurs avec les membres (taux, mode de paiement et affectation des cotisations, etc.), à une condition toutefois : c'est que les fondateurs se renferment dans l'objet assigné par la loi aux syndicats et que les statuts ne contiennent aucune clause contraire à l'ordre public, spécialement à la liberté du travail. Encore cette dernière restriction n'est-elle pas absolue ; puisque le législateur de 1884, en abrogeant l'article 416 du Code pénal, a virtuellement autorisé les syndicats à prononcer des amendes contre les ouvriers travaillant dans un atelier mis à l'index. Il est vrai que le syndicat n'aurait pas d'action en justice pour exiger, en pareil cas, le paiement de l'amende ; mais l'ouvrier qui refuserait de l'acquitter courrait le risque d'être *exclu* du syndicat (3).

401. — **Retraite ou démission des membres.** — Sous cette réserve unique, les statuts des syndicats ne peuvent porter aucune atteinte à la liberté des adhérents. L'article 7 reconnaît, en effet, à tout

(1) Sur la vie intérieure des syndicats, v. M. Leroy, *La coutume ouvrière*, 1, p. 138 et suiv.

(2) Cass. 27 oct. 1924, *Gaz. Pal.*, 1924, 2.747.

(3) Quelques décisions judiciaires ont cependant reconnu aux syndicats le droit de poursuivre judiciairement le recouvrement des amendes (Caen, 30 mai 1892. D. 93.2.245). *Contra* : Just. de paix, canton sud Grenoble, 28 juin 1899, *Annuaire des synd. profess.*, 1900, p. 597.

membre d'un syndicat la faculté *de se retirer à tout instant*, nonobstant toute clause contraire : devrait par conséquent être considérée comme nulle toute clause portant que les membres du syndicat en feront partie *leur vie durant*, ou même pendant un *laps de temps déterminé* ; serait même nulle la clause obligeant le démissionnaire au paiement d'une amende.

La démission affranchit l'ex-syndiqué de ses obligations pour l'avenir ; mais elle ne saurait le délier pour le passé. Aussi l'article 7 décide-t-il que le membre démissionnaire reste *tenu d'acquitter « la cotisation* afférente aux six mois qui suivent son retrait d'adhésion ».

402. — Si le démissionnaire est affranchi pour l'avenir des charges syndicales (1), il cesse, en retour, d'avoir droit aux avantages sociaux. Non seulement il ne peut réclamer aucune part de l'actif social, mais il ne peut même pas exiger la restitution de son apport, c'est-à-dire des cotisations par lui payées.

Toutefois, et par exception, le membre démissionnaire conserve le droit de faire partie des sociétés de secours mutuels et des caisses de retraites, à l'actif desquelles il a contribué par des cotisations ou des versements de fonds (art. 7, § 2). Cette solution est facile à justifier. En effet, tandis que les cotisations affectées au syndicat n'ont pas pour destination d'être capitalisées, mais bien de faire face aux dépenses de l'exercice, les cotisations spéciales versées par l'adhérent à une société de secours mutuels, et surtout à une caisse de retraites, annexe du syndicat, ont dû au contraire être capitalisées, en vue des éventualités prévues par le règlement de la société ou de la caisse ; ses premiers versements ont donc constitué, à son profit, un droit acquis. Mais, à notre avis, l'article 7, § 2, cesserait de recevoir son application, si la caisse de secours ou de retraites créée par le syndicat, au lieu d'être alimentée par des cotisations spéciales, fonctionnait exclusivement à l'aide de prélèvements sur les revenus annuels du syndicat (Bordeaux, 27 oct. 1902. *Rec. de Bordeaux*, 1903.1.24).

403. — **Décès des membres.** — La qualité de membre d'un syndicat est une qualité rigoureusement personnelle. Elle ne se transmet ni aux héritiers du syndiqué, ni en cas de cession de l'établissement industriel, à raison duquel une personne fait partie du syndicat, au cessionnaire du fonds. Celui-ci pourra sans doute

(1) C'est ainsi qu'il cesse d'être tenu d'observer les règlements syndicaux, notamment en ce qui concerne les tarifs de salaires, prix de vente arrêtés en commun, etc. (Civ. 25 nov. 1913, *Bull. min. travail*, 14, p. 43).

entrer dans le syndicat aux lieu et place de son cédant, mais il y entrera en son nom personnel, et en se conformant aux formalités prescrites par les statuts pour l'admission des nouveaux membres.

404. — Exclusion des membres. — La loi n'a prévu que l'hypothèse de démission. Ce n'est pas à dire cependant que les syndicats ne puissent prononcer contre leurs membres la peine de l'*exclusion*. Les fondateurs ont au contraire toute liberté pour déterminer dans les statuts les cas, les formes et la procédure d'exclusion. Les cas le plus fréquemment admis sont les condamnations pénales, la faillite ou la déconfiture, les injures graves adressées aux membres du syndicat, l'inexécution des obligations sociales (1). L'exclusion étant une sorte de peine, la disposition des statuts qui détermine les causes d'exclusion est de droit étroit, et l'assemblée générale excéderait ses pouvoirs en prononçant l'exclusion pour une cause non prévue (2). D'autre part, il est de principe que nul ne peut être condamné sans s'être défendu, ou tout au moins avoir été mis à même de se défendre ; toute exclusion prononcée sans mise en demeure préalable doit donc être considérée comme irrégulière (3).

C'est aux tribunaux civils qu'il appartient de statuer *en dernier ressort*, sur la validité des exclusions prononcées, et ce, nonobstant toute clause contraire, conférant au bureau ou à l'assemblée générale le droit de statuer *sans appel* (4).

(1) Ex. : non-paiement des cotisations (Limoges, 19 mai 1904, *Bull. off. trav.*, 1904, 537).

(2) Dijon, 4 juill. 1890, D. 91.2.2 ; — Trib. civ. Seine, 5 avril 1900, D. 1900.2.160 ; Requ. 15 mars 1910, D. 13.5.30. — Il semble cependant que, conformément au droit commun, le syndiqué qui se refuserait à exécuter ses obligations de syndiqué pourrait être exclu du syndicat, alors même que cette cause d'exclusion ne serait pas expressément énoncée dans les statuts. — Trib. civ. Havre, 26 oct. 1894, D. 95.2.202 ; Aix, 23 nov. 1904, D. 05.2.121, et note Planiol. — Cf. Raynaud (*Quest. pratiques*, 1906, p. 318).

A noter également que le syndicat a le droit et même le devoir (décr. 27 sept. 1914), de prononcer la radiation des sujets ennemis (Trib. civ. Seine, 14 mars 1915, D. 16.2.47).

(3) Rouen, 24 mai 1890, *Rev. soc.* 1890, 58 ; Aix, 23 nov. 1904, précité ; Colmar, 15 juill. 1924, S. som., 25, 2005 ; Cass. 27 oct. 1924, D. 26.1.104 ; Trib. Seine, 16 fév. 1926, S. 26.2.113 et note Mestre. — Cf. Demogue, Rev. trim. de dr. civ., 1924, p. 139.

(4) Décisions précitées. — Les syndicats étant des associations de défense auxquelles l'exercice de tout commerce est interdit, c'est aux tribunaux *civils*, et non point aux tribunaux *de commerce* qu'il appartient de connaître des contestations entre le conseil d'administration du syndicat et ses membres (Trib. com. St-Nazaire, 16 juin 1894, *Gaz. Pal.*, 94.2.81 ; Caen, 30 mai 1892, S. 94.2.139). — Deviendrait toutefois justiciable du tribunal de commerce, le syndicat qui, contrairement à la loi, aurait fait profession de commerçant. — Angers, 29 oct. 1894, *Gaz. Pal.*, 94.2.602.

4. — Condition juridique des syndicats professionnels De la personnalité civile des syndicats et de la capacité qui en dérive

405. — Personnalité civile et Nom du syndicat. — « Les syndicats professionnels jouissent de la personnalité civile ». Ainsi s'exprime le nouvel article 5, § 1er (L. 12 mars 1920), affirmant ainsi expressément un principe universellement reconnu, d'ailleurs, par tous les commentateurs de la loi de 1884.

Tout syndicat, régulièrement constitué et publié, constitue donc une personne juridique ayant son *nom propre*, qui est sa propriété exclusive, et qu'il peut revendiquer *erga omnes* (Paris, 1er mars 1888, *Revue des Sociétés*, 1888, p. 297).

406. — Les syndicats sont-ils des établissements d'utilité publique ? — Mais dans quelle catégorie de *personnes morales* convient-il de placer les syndicats ?

Il est incontestable que ce ne sont pas des *établissements publics*, puisqu'ils ne gèrent aucun service public. Mais ne constituent-ils pas tout au moins des *établissements d'utilité publique* ? La solution du problème dépend du parti que l'on adopte sur le *critérium* permettant de distinguer les étalbissements d'utilité publique des sociétés privées. D'après une partie importante de la doctrine, les établissements d'utilité publique se distinguent essentiellement des sociétés privées, en ce que les premiers ne peuvent exister et fonctionner qu'en *vertu d'un acte spécial et individuel de la puissance publique*, tandis que les sociétés privées sont affranchies de toute ingérence administrative. Tel est le *critérium* proposé notamment par M. Ducrocq (*Droit administratif*, t. II, p. 596) (1).

Dans un second système, au contraire, développé notamment par M. Sauzet (*Les syndicats professionnels et leur personnalité civile*) (2) et auquel nous nous rallions, le *critérium* cherché résiderait, non dans l'intervention de l'administration à la naissance de l'établissement, mais uniquement dans le *but* poursuivi par l'association. L'association poursuit-elle un but de lucre, elle est une *personne morale privée*, même si la loi subordonne la formation de chaque société de ce type à la nécessité d'une autorisation individuelle ; l'association, au contraire est-elle constituée dans un but désintéressé, elle est un *établissement d'utilité publique*, sans qu'il y ait lieu de rechercher si la loi exige, pour chaque société du

(1) Conf. Labbé, sous Paris, 25 mars 1881, *Rev. critique*, 1892, p. 345.

(2) *Sic : Glotin*, p. 200 ; Jolly, *De la capacité d'acquérir des syndicats professionnels*, p. 80 ; Cruet, *Le syndicat personne morale*, th. 1908.

même type, un acte d'investiture individuel émané de l'administration, ou si elle autorise en bloc la constitution d'une série indéfinie d'établissements du même type.

406. *bis.* — Si ce *critérium* est exact, aucun doute sérieux ne saurait subsister sur la véritable nature de la personnalité des syndicats professionnels. Ces syndicats, nous l'avons déjà démontré, ne poursuivent pas un but de lucre ; leur objet exclusif réside dans la défense des intérêts professionnels. C'est donc bien dans un intérêt public que le législateur de 1884 les a érigés en personnes morales ; et dès lors il importe peu que, pour faciliter leur développement, la loi les ait affranchis de la nécessité de se pourvoir d'une autorisation individuelle. Constitués en dehors de toute pensée lucrative, les syndicats professionnels sont des établissements d'*utilité publique*.

Ce point de vue se confirme, si l'on tient compte de la coopération de plus en plus étroite, voulue par le législateur, des syndicats réguliers à la vie économique du pays, de la place qui leur est assignée dans les Conseils officiels (Cons. supérieur du travail et Cons. supérieur de la coopération notamment), du rôle qu'ils jouent aujourd'hui dans la répression des fraudes (v. *infra*), enfin de leur représentation dans les organismes économiques créés pendant la guerre ou au lendemain de celle-ci.

Nous aurons à déduire les conséquences pratiques de ce point de vue, en étudiant les trois effets juridiques principaux de la personnalité civile reconnue aux syndicats : — 1° droit d'ester en justice ; — 2° capacité d'acquérir ; — 3° capacité contractuelle.

I. — Droit d'ester en justice (1)

407. — Les syndicats professionnels ont le droit d'*ester en justice*, comme toute personne morale, par l'intermédiaire d'un représentant légal, sans qu'il soit nécessaire de mettre en cause les simples membres de l'association ; il suffit que le nom du représentant du syndicat figure, en cette qualité, dans les actes de procédure. Si les statuts ne délèguent pas ce mandat *ad litem* à

(1) Sur le droit d'ester en justice des syndicats, cons notamment : Raynaud, *L'intérêt professionnel des syndicats ouvriers devant les tribunaux français* (*Quest. prat.*, 1906, p. 13, 54, 261, 317) ; Escarra, *Etude sur la recevabilité des recours exercés par les syndicats*, th. 1907 ; Bender, *Le droit d'action ou d'intervention des syndicats dans son état actuel* (*Quest. prat.*, janv. 1911) ; Boucaud, *Les syndicats et leur action devant les tribunaux*, th.

une tierce personne, c'est le président du syndicat qui, de droit, le représentera en justice (Lyon, 3 juill. 1890, D. 91.2.30) (1). — Si le syndicat joue le rôle de défendeur, il devra être assigné, conformément au droit commun, devant le tribunal du siège social ; toutefois, si le syndicat comprenait plusieurs sections autonomes, ayant leur siège dans des ressorts différents, chacune de ces sections pourrait être considérée comme attributive de juridiction.

Malgré leur caractère d'établissement d'utilité publique, les syndicats professionnels n'ont besoin d'aucune autorisation administrative pour ester en justice. La nécessité d'une autorisation *ad litem* n'est pas, en effet, une obligation générale pour les établissements d'utilité publique ; c'est au contraire une mesure exceptionnelle qui ne saurait être imposée qu'en vertu d'un texte formel (argt, L. 8 janv. 1905). La loi de 1884 n'exigeant pas l'intervention administrative en pareille matière, les représentants des syndicats sont incontestablement affranchis de cette tutelle.

408. — Mais les syndicats, étant constitués en vue d'un intérêt général, ne peuvent ester en justice que pour la conservation de leur patrimoine, ou la défense des *intérêts collectifs* dont ils ont la garde. Ce principe était constant en jurisprudence (2), avant d'être expressément proclamé par le législateur (art. 5 nouveau, § 1 et 2. L. 12 mars 1920 ; C. trav. liv. III, art. 10 et 11).

Sur le premier chef (conservation du patrimoine), aucune difficulté sérieuse ne saurait s'élever. Il est bien évident, en effet, que les représentants légaux du syndicat ont qualité pour figurer dans toutes les instances tendent à sauvegarder un droit inhérent au patrimoine syndical. C'est ainsi qu'il leur appartient de poursuivre judiciairement le paiement des cotisations arriérées (Just. de paix de Grenoble, 28 juin 1899, *Bull. Off. du trav.*, 1900, p. 263), de poursuivre les membres du syndicat qui viendraient à méconnaître leurs engagements (3), ou de défendre aux actions en dom-

1911 ; Planiol, de Loynes, Capitant, Hauriou, Roux, Raynaud, notes citées *infra* sous D. et S. ; Gemähling, *Les actions syndicales en justice pour la défense des intérêts professionnels*, 1912 ; Jacq, *Les actions en justice des syndicats*, 1913 ; Rolland, note sous D. 13.1.321. — Rappelons du reste que le droit d'ester en justice, corollaire de la personnalité, n'appartient qu'aux syndicats régulièrement constitués. — Cons. d'Etat, 20 déc. 1907, *Mon. jud. de Lyon*, 9-10 fév. 1908.

(1) Ou son Comité directeur. — Paris, 25 mars 1908, D. 1909.2.185.

(2) Cass. 1er fév. 1893, D. 93.1.341 ; Cons. d'Etat, 28 déc. 1903, D. 1907.3.13 ; Cass. Ch. réun. 5 avr. 1913, D. 14.1.65 ; Lyon, 30 mars 1915, D. 16.1.44.

(3) Grenoble, 6 mai 1902, D. 1903.2.31, et note Planiol. — Sur la validité des conventions syndicales, et leurs limites (principe de la liberté du travail), v. Pic, notes sous D. 25.2.1 et D. 27.1.33.

mages-intérêts formées par des tiers contre le syndicat, notamment pour atteinte à la liberté du travail (V. *supra*, n° 351).

409. — **Intérêt collectif, direct ou indirect ; recevabilité de l'action syndicale.** — Sur le second chef, au contraire, certaines résistances s'étaient manifestées ; mais dans leur ensemble la jurisprudence et la doctrine (1) s'étaient, bien avant la loi de 1920, déclarées nettement favorables au droit pour les syndicats d'ester en justice dans l'intérêt collectif de la corporation. Nous en trouvons la preuve dans tout un ensemble de décisions judiciaires pouvant se répartir en cinq groupes :

1° La série des décisions autorisant un syndicat à poursuivre directement les faits de *concurrence déloyale* susceptibles de nuire au bon renom de la profession, et de causer par conséquent aux syndiqués un *préjudice moral collectif*, distinct du préjudice matériel causé par les mêmes faits à certains des syndiqués, préjudice dont il leur appartient de poursuivre, parallèlement à l'action syndicale, réparation par voie d'action individuelle (2). Ainsi jugé, à plusieurs reprises ; *a*) au profit des syndicats de *pharmaciens* (3) ; *b*) de *médecins* (4) ; — *c*) de *marchands de vin* (5) ; — *d*) d'un syndicat de fabricants *d'eaux gazeuses* (contre les fraudeurs) (6) ; — *e*) d'un syndicat de l'*ameublement* (contre les commissaires-priseurs) (7) ; *f*) des syndicats de *poissonniers*, réclamant des mesures de protection contre la contamination des étangs par des eaux usinières (8), etc...

(1) Cons. spécialement parmi les auteurs cités *supra* : Gemähling, Jacq et Rolland. — V. aussi Pic, *Des voies de droit ouvertes par la législation françaises récente aux syndicats professionnels pour assurer le respect des contrats syndicaux ou des conventions collectives de travail* (Rev. intern. du travail, juill. 1925) ; — Demogue, *Rev. trim. de dr. civ.* 1924, 346 ; *Recueil intern. de jurisp. du travail*, 1925, note p. 169. — Cf. lois du 29 juin 1907 sur le *mouillage des vins*, du 5 août 1908 sur la répression des *fraudes alimentaires*, du 10 fév. 1911, sur la *délimitation des vins de Champagne*, lois des 6 mai 1919 et 22 juillet 1927 sur les *appellations d'origine*, etc. Toutes ces lois habilitent expressément les syndicats à dénoncer et à poursuivre les fraudes qui leur portent préjudice.

(2) Sur la question très délicate du droit pour les syndicats étrangers d'ester en justice devant les tribunaux français, cons., dans le sens de la négative : Cass. 5 mai 1908, *Rev. de dr. intern. privé*, 1909, 253, et pour l'affirmative, M. Nast, note sous l'arrêt précité.

(3) Cass. 5 janv. 1894, S. 95.1.382 ; Crim. 11 janv. 1915, D. 15.1.62.

(4) Grenoble, 6 mai 1902, D. 1903.2.31 et note Planiol, et 25 mars 1909, sous Cass. S. 10.1.333

(5) Crim. 26 juill. 1889, D. 90.1.239 (Champagne c. Saumur) ; Nancy 19 avril 1902, D. 1903.2.29.

(6) Paris, 20 juill. 1909, S. 11.2.9

(7) Cass. 25 janv. 1910, D. 12.1.395.

(8) Cass. 5 janv. 1897, D. 97.1.120. — Cf. droit d'ester du syndicat français

410. — 2°. Les décisions tendant à faire respecter les *usages généraux de la profession*. Ainsi, est recevable l'action intentée contre une Compagnie de chemins de fer par un syndicat de marchands de vins, à l'effet de contraindre la Compagnie au respect des usages relatifs à la livraison en gare, au détail, des vins transportés dans des wagons-foudres (1).

411. — 3° Les décisions reconnaissant aux syndicats le droit de provoquer l'application des lois protectrices de la classe ouvrière, incorporées aujourd'hui pour la plupart au Code du travail, telles que : les lois des 14 mars 1904 et 19 juill. 1928 (C. trav. liv. 1er, art. 79 et s.) sur le *placement* (2) ; la loi du 13 juill. 1906 (C. trav., liv. II, art. 30 et s.) sur le *repos hebdomadaire* (3) ; les lois des 12 juin 1893 et 11 juill. 1903 (C. trav. liv. II, art. 65 et s.) sur l'*hygiène et la sécurité des travailleurs* (4) ; — les lois des 2 nov. 1892, 30 mars 1900, 22 déc. 1911, etc.., sur le *travail des enfants et des femmes*, et la loi du 23 avril 1919 sur la journée de *huit heures* (C. trav., liv. II, art. 6 et s.) (5) ; les lois des 10 juill. 1915, et 14 déc. 1928 (C. trav. liv. Ier, art. 33 à 33 *n*), sur le salaire des *ouvriers à domicile* (6), etc...

412. — 4°. La série des décisions judiciaires autorisant un syndicat à ester en justice, pour assurer le respect d'un *contrat collectif de travail* négocié par son entremise (L. 25 mars 1919, C. trav. liv. I. art. 31 *a* à 31 *x*., et 32) (7).

Il convient toutefois d'établir une distinction essentielle entre les contrats *syndicaux*, intervenus entre membres d'un même syndicat, et les *contrats collectifs proprement dits* qui, par définition même (C. trav., liv. I, art. 31), interviennent entre membres de syn-

lésé dans ses intérêts corporatifs par la concurrence illicite d'une société qui, constituant en réalité une entreprise allemande, exerçait le commerce en France en violation du décret du 27 septembre 1914 (Cass. 20 juill. 1915, D. 1916.1.44).

(1) Cass. 15 janv. 1905, D. 1908.1.27.

(2) Bordeaux, 21 mars 1906, *Bull. off. trav.* 1906.826.

(3) Cons. d'Etat, 28 déc. 1906, D. 1907.3.13 ; 15 janv. 1909, S. 1909.3.151.

(4) Trib. de police Roubaix, 12 déc 1908, *Bull. off. trav.* 1908.43.

(5) Paris, 22 oct. 1910, *Bull. off. trav.* 1911.144, Lyon, 23 nov. 1925, D. 28.2. 149 et note Pic.

(6) Cass. 28 juillet 1919, D. 20.1.19.

(7) Trib. corr. Seine, 4 fév. 1892, *Gaz. pal.*, 92.1.221 (Cie omnibus Paris) ; Trib. civ. Cholet, 12 janv. 1897, D. 1903.2.25 et note Planiol (tarif ouvriers tisserands) ; trib. Narbonne, 23 juill. 1904, *Bull. off. trav.* 1904, 802 (contrat collectif agricole) ; Lyon, 10 mars 1908 (contrat collectif entre chemin de fer de Niort et personnel syndiqué), D. 09.2.33 et note Capitant, S. 10.2.40 et note Raynaud, *Quest. prat.* 1908, 153 et note Appleton ; Cass. 7 juill. 1910, D. 11.1.201 et note Nast (synd. de maçons).

dicats rivaux ou entre un syndicat ou groupement ouvrier et un ou plusieurs patrons. Au point de vue du droit d'ester en justice, en effet, les limites dans lesquelles peut évoluer l'action d'un syndicat sont très différentes, suivant que celle-ci s'appuie sur une convention syndicale ordinaire ou sur une convention collective conclue dans les conditions définies par la loi de 1919 (Pour le commentaire de cette loi, v. *infra*, n°s 1235 et s.).

D'après la loi de 1884 ,les sydicats ne peuvent ester en justice que dans l'intérêt collectif de la profession qu'ils représentent, et non dans l'intérêt individuel de leurs membres. Telle était la règle admise avant la loi de 1919, même pour la défense des droits découlant des conventions collectives négociées par leur entremise (Civ. 20 juill. 1915, D. 16.144) ; et cette règle s'applique même encore aujourd'hui, dans la généralité des cas, notamment en matière de contrats syndicaux (1).

Mais la loi de 1919 a considérablement élargi la capacité judiciaire des syndicats lorsqu'il s'agit pour eux de faire respecter les conventions collectives auxquelles ils ont été parties. Non seulement elle les habilite à agir de leur chef pour en assurer l'exécution, ce qui n'est que la consécration de la jurisprudence antérieure, mais elle leur confère expressément le droit de prendre les lieu et place de chacun de leurs membres, pour l'exercice des actions individuelles nées d'une même convention (C. trav. liv. 1er, art. 31 *v*.), sans même avoir à justifier d'un mandat du ou des intéressés (2).

413. — 5° Les décisions des tribunaux répressifs admettant les syndicats à poursuivre soit directement, soit en s'associant à l'action du ministère public, les *fraudes* susceptibles de porter atteinte aux intérêts généraux et au bon renom de la profession (3).

(1) Trib. paix Paris, 7 nov. 1924, *Gaz. Pal.*, 24.2.745.

(2) Trib. civ. St-Nazaire, 21 juill. 1922, D. 25.2.1. et note Pic ; Civ. 1er mai 1923, S. 23.1.372, *Gaz. Pal.*, 1923.2.342.

(3) Crim. cass., 27 juill. 1907, D. 09.1.129 et note Planiol, S. 08.1.105 et note Roux ; Cons. d'Etat, 21 déc. 1906, S. 07.3.33 et note Hauriou ; Trib. corr. Seine, 26 avril 1906, *Pand.*, 06.1.228 et note Chesney ; Nîmes, 18 janv. 1907, *Mon. jud. Lyon*, 15 mai (falsification de vins) ; Amiens, 2 Mai 1913, D. 13.2.244 (Synd. nat. de la viticulture) ; Trib. Bar-s-Aube, 9 juill. 1909, *Gaz. trib.* 16-18 août 1909 (Synd. vins Champagne) ; Trib. corr. Lyon, 23 janv. 1911, *Mon. jud. Lyon*, 4 mars, (synd. march. de soie, c. mouliniers). — Cf. Monnier, Chesney et Roux, *Traité des fraudes et falsifications*, I. n°s 512 et s. ; Le Noir de Tourteauville, *De la protection des vins de Champagne*, 1912 ; Bender, *De la délimitation du Bourgogne et du Beaujolais*, 1913.

414. — Loi de 1920 : intérêt collectif, préjudice direct ou indirect. — Un certain flottement subsistait cependant, sous le régime de la loi de 1884, sur la définition de l'intérêt collectif. C'est ainsi que quelques arrêts, notamment de la Ch. criminelle, avaient cru devoir restreindre outre mesure la faculté pour les syndicats de défendre devant les tribunaux les intérêts collectifs de la profession (1).

Toutefois la jurisprudence et la doctrine dominantes avaient depuis longtemps réagi contre ce système d'interprétation restrictive des droits du syndicat, manifestement contraire à l'esprit de la loi. La Cour de cassation, toutes chambres réunies, avait condamné la thèse de la Ch. crim. et proclamé la recevabilité de toutes les actions syndicales tendant à sanctionner un intérêt professionnel, même dans le cas ou l'intérêt collectif ne serait engagé qu'indirectement, sous le couvert, en quelque sorte, d'un intérêt individuel (Ch. réun. 5 avr. 1913, D. 1914.1.65, rapp. de M. le Conseiller Falcimaigne, concl. de M. le Pr. général Sarrut et note L. S.). Depuis lors, arrêts et auteurs n'hésitaient plus à se prononcer pour la pleine validité des accords syndicaux (2).

Cette tendance n'a pu que s'affirmer depuis la promulgation de la loi précitée du 12 mars 1920. Effectivement l'objectif avéré du nouvel art. 5 de la loi du 21 mars 1884, modifié en 1920 (C. trav., livre III, art. 11) a été de couper court à toutes fantaisies jurisprudentielles ayant pour effet de restreindre arbitrairement le droit syndical : « (Les syndicats) peuvent, devant toutes les juridictions, exercer tous les droits réservés à la partie civile relativement aux faits qui portent un préjudice *direct* ou *indirect* à l'intérêt *collectif de la profession qu'ils représentent* » (3).

415. — Il ne peut plus être question désormais de contester à un syndicat régulier le droit d'intervenir judiciairement dans une poursuite exercée contre l'auteur d'une infraction aux lois réglementant le travail. Ainsi, jugé depuis la promulgation de la loi de 1920 : — *a*)Que les syndicats professionnels ont l'exercice de l'action civile en réparation du préjudice qui atteint *même indirectement* l'intérêt collectif de la profession, à la seule condition que

(1) C'est ainsi que la Ch. crim. avait déclaré irrecevable l'intervention du syndicat national de défense de la viticulture française dans une action dirigée contre des fraudeurs (Crim. 10 fév. 1911, D. 11.1.218 ; 17 févr. 1912, D. 13.1.329 et note Chesney). — Cf. crim. 5 nov. 1909, S. 10.1.133 (syndicat médical) ; 5 mars 1910, S. 11.1.417 et note Roux (Synd. de l'épicerie du Havre).

(2) Crim. 21 nov. 1913, D. 14.1.297 et note Nast ; Civ. 5 nov. 1918, D. 22.1.105.

(3) Sur la portée de la réforme, cons. notamment : Pic, étude précitée (*Rev. intern. du travail*, juill. 1925) ; Toubeau, *L'action en justice des syndicats professionnels depuis la loi de* 1920, (*Rev. pol. et parl.*, oct. 1920).

le préjudice soit la conséquence de l'infraction relevée (1) ; — *b*) que l'action syndicale, même quand elle procède d'un même fait dommageable, peut s'exercer indépendamment de l'action individuelle (2).

416. — *c*) Que l'engagement souscrit par les membres d'un syndicat professionnel patronal de fermer leur atelier sur l'ordre du bureau (*lock-out*), en cas de conflit avec le syndicat ouvrier touchant le tarif des salaires, et de *n'embaucher aucun ouvrier* pendant la durée du conflit est licite et peut être sanctionné par une clause pénale, dont il appartient au syndicat de réclamer le paiement par les voies judiciaires (3) ;

d) Que lorsqu'un *contrat collectif* a été conclu entre patrons et ouvriers, pour régler les conditions du travail dans leur profession, les clauses doivent être respectées de part et d'autre jusqu'à la date convenue entre les parties, à la seule condition qu'elle ne soient contraires à aucune prescription légalé, et notamment au principe de la liberté du travail, et qu'il appartient en conséquence aux syndicats qui l'ont signé d'en poursuivre judiciairement l'exécution loyale et complète (4).

II. — Capacité d'acquérir

417. — Les syndicats professionnels, investis de la personnalité morale, peuvent avoir un patrimoine. Mais, à cet égard, avant

(1) Crim. 8 juin 1923, D. 23.1.201 et note Leloir ; 10 fév. 1928, D. H. 28.214 ; Trib. com. Seine, 17 juin 1921, *Bull. min. trav.*. 22.62 (débauchage clandestin) ; trib. police St-Etienne, 15 juin 1922. *Bull min. trav.*, 1922.426 ; Lyon, 23 nov. 1925, D. 28.2.149 et note Pic ; Orléans, 20 janv. 1926, S. 26.2.45 (syndicat de fromagers, appellation d'origine) ; Trib. civ. Lyon (2 jug.). 20 nov. 1926, *Gaz. Pal.* 27.1.393 ; Crim. 17 nov. 1927, *Gaz. Pal.* 27.2.967 (profession différente, absence de préjudice).

(2) Cass. 14 mars 1924, S. 25.1.192 (repos hebdomadaire, infraction) ; 1er mai 1924, D. H. 1924, 349 ; Paris, 10 oct. 1924, *Gaz. Pal.* 24.2.563 (boulangerie, travail de nuit) ; Crim. 1er mai 1925, S. 26.1.137, et note Roux (syndic. de médecins) ; Cons. d'Etat, 19 déc. 1924, D. 25.1.120 (repos hebdomadaire ; Douai, 17 juin 1926, *Gaz. Pal.* 26.2.461 ; Crim. 12 avril 1927, Gaz. Pal. 27.2.149 ; Requ. 12 juill. 1927, *Gaz. Pal.* 27.2.667 (syndic viticole).

(3) Civ. 17 nov. 1926, D. 27.1.33 et note Pic, S. 27.1.241 et note Chavegrin. — Cf. trib. civ. Lyon, 11 nov. 1921, D. 23.2.150 et note L. (syndic. des maîtres-tullistes). — *Contra*, sur la convention de non-embauchage : Riom, 27 mai 1922, D. 23.2.150.

(4) Civ. 17 nov. 1926, précité. — Cf. trib. civ. Seine, 12 déc. 1922, *Rev. des Cons. de prud'h.*, 1923, 100 ; Trib. civ. St-Nazaire, 21 juill. 1922 et trib. rég. Mulhouse, 28 juin 1923, D. 25.2.1. et note Pic.

la loi de 1920, leur capacité était assez restreinte, le législateur de 1884 s'étant préoccupé d'empêcher la reconstitution des *biens de mainmorte,* dont l'accroissement indéfini pouvait entraîner, croyait-il, de graves perturbations économiques.

C'est dans cet esprit restrictif qu'avait été rédigé l'article 6, §§ 2 et 3, ainsi libellé : « Les syndicats pourront employer les sommes provenant des cotisations. Toutefois ils ne pourront acquérir d'autres immeubles que ceux qui seront nécessaires à leurs bibliothèques et à des cours d'instruction professionnelle ».

Cet article n'ayant plus qu'un intérêt historique, il nous paraît superflu d'en présenter le commentaire et de revenir sur la controverse qui s'était élevée au sujet du droit pour les syndicats de recevoir, sans autorisation, des libéralités mobilières. Nous nous bornerons à rappeler que dans l'opinion dominante, cette faculté leur était reconnue, mais qu'il leur était au contraire interdit à peine de nullité de recevoir des libéralités immobilières, exception faite pour les immeubles se rattachant directement à leur objectif professionnel (art. 8 ancien) (1).

418. — Loi de 1920. — Pleine capacité d'acquérir reconnue aux syndicats. — Depuis longtemps, les commentateurs de la loi de 1884 s'accordaient à reconnaître qu'il n'y avait aucun danger à permettre aux syndicats d'acquérir dans des conditions plus larges, et à garantir ainsi plus efficacement l'exécution de leurs engagements. C'était plutôt parmi les syndiqués eux-mêmes que cette extension de capacité rencontrait certaines défiances.

« En donnant aux groupements syndicaux la possibilité d'acquérir, d'où découle logiquement un sens plus averti des responsabilités, nous travaillons à la paix sociale — lisons-nous dans le premier rapport de M. Chéron au Sénat. — L'une des raisons pour lesquelles le mouvement syndical est insuffisamment développé en France, est que les syndicats, à de rares exceptions près, ne possèdent rien et se trouvent dans l'impossibilité de se constituer un patrimoine immobilier. C'est pour les mêmes raisons que les conventions collectives de travail n'ont pas le développement que comporte l'organisation industrielle moderne. Il y a donc tout avantage à donner aux syndicats la pleine capacité civile, génératrice de responsabilité, mais aussi de sagesse et d'autorité morale ».

(1) Pour le commentaire des anciens articles 6 et 8, cons. notre 4e édit., nos 430 et s. ; — Jolly, *De la capacité d'acquérir des syndicats professionnels*, 1900 ; Tissier, *Traité théorique et pratique des dons et legs aux établissements publics ou d'utilité publique*, I, n° 20.

Ces considérations ont paru décisives au Parlement qui n'a pas hésité à voter le nouvel article 5, dont le § 1er, l'une des innovations capitales de la loi de 1920, consacre expressément le droit pour les syndicats « d'acquérir sans autorisation, à titre gratuit ou à titre onéreux, des biens, meubles ou immeubles ».

419. — La faculté ainsi reconnue aux syndicats réguliers est aussi large que possible. Ils peuvent désormais acquérir librement, soit à titre gratuit, soit à titre onéreux, non seulement les immeubles nécessaires à leur activité professionnelle, mais même des immeubles de rapport.

De ce chef, leur droit ne comporte qu'une seule limitation, corollaire de leur incapacité légale de faire le commerce, maintenue par la loi de 1920 ainsi que nous le verrons plus loin : il leur est interdit, sinon d'acquérir, du moins d'exploiter un fonds de commerce ou d'industrie, un brevet, un modèle ou un dessin (1). La loi ne fait exception à ce point de vue qu'en ce qui concerne le label ou marque syndicale (v. *infra*).

420. — La réforme réalisée par le législateur de 1920 est généralement approuvée. Deux critiques, cependant, lui ont été adressées. On lui reproche d'abord son caractère de privilège.

« La loi de 1901 sur les associations, tout en supprimant l'art. 291, n'a accordé que des droits civils très restreints aux associations déclarées... Comment se fait-il que personne ne songe à donner aux associations civiles la nouvelle dose de liberté que l'on va concéder aux groupements d'ouvriers ou de patrons ?... Une association de philanthropes ou de savants est-elle vraiment plus dangereuse qu'une association de maçons ou de charpentiers ?... » (2).

On reproche, en second lieu, au législateur de 1920, une contradiction. Vous avez voulu, lui-dit-on, rendre les syndicats responsables... pour les assagir, et en même temps vous avez rendu cette responsabilité illusoire en disposant (art. 6, § 17) « que les immeubles et objets mobiliers nécessaires à leurs réunions, à leurs bibliothèques, etc.., seront *insaisissables* » (3).

Ces deux critiques ne nous semblent nullement convaincantes. Que la législation des syndicats ait un caractère de privilège, nous n'en disconvenons pas, mais la chose n'est pas nouvelle. C'est en effet le législateur de 1884 qui, très délibérément, a enten-

(1) Cf. Bry, p. 922.
(2) *Journ. des Débats*, 24 juin 1917.
(3) Berthélemy, *Rev. polit. et parl.*, avr. 1920, p. 39.

du avantager les syndicats, précisément à raison de leur objectif professionnel ; pouvait-on, en 1920, désavouer l'œuvre de Waldeck-Rousseau et de tout le parti républicain ?

Quant au reproche de contradiction, nous le tenons pour inexact, attendu que le bénéfice de l'insaisissabilité n'est accordé qu'aux biens à destination rigoureusement professionnelle, dont l'acquisition était autorisée par la loi de 1884, et nullement à l'ensemble du patrimoine (1). Qu'un syndicat vienne à acquérir des immeubles de rapport, ces biens répondront désormais de ses engagements. Responsabilité illusoire, dit-on ! Non pas, en présence de la jurisprudence précédemment exposée par nous à propos du droit de grève (v. *supra*, nos 307 et s.). Il convient de noter, en effet que le législateur français s'est jusqu'ici refusé à proclamer, comme l'avait fait la loi anglaise de 1906, l'irresponsabilité des syndicats promoteurs de grève.

L'espoir exprimé par M. Chéron d'un changement de mentalité des syndicats propriétaires ne nous apparaît donc pas comme irréalisable. Avec Waldeck-Rousseau, Millerand, Briand, nous considérons au contraire comme socialement utile toute réforme tendant à préparer et à faciliter l'*accession du salariat à la propriété*.

III. — Capacité contractuelle. — Conventions collectives de travail

421. — Du droit de posséder découle logiquement le droit de *contracter*. Ayant un patrimoine jouissant de la personnalité morale, les syndiqués professionnels doivent pouvoir contracter librement par l'intermédiaire de leurs représentants légaux.

Ce droit pour les syndicats de contracter, affirmé dès le lende-

(1) Le texte primitif voté par la Chambre était beaucoup plus large, mais le Sénat l'amenda très heureusement. « Par la généralité de ses termes, — écrit M. *Chéron* dans son rapport, — l'article en question (texte de la Chambre), conférait en réalité l'insaisissabilité à tous les biens des syndicats. Or, deux raisons décisives s'opposent à l'adoption d'un pareil principe... — D'abord, dès lors qu'on fait des syndicats des personnes pleinement capables, *cette capacité ne saurait être envisagée en dehors de la responsabilité qu'elle entraîne*. D'autre part, la proposition que nous avons votée, conférant le droit syndical non seulement aux ouvriers, mais aux membres des professions libérales, des personnes ne se proposant que très indirectement un but syndical pourront constituer des associations qui deviendraient immédiatement, et sans aucun besoin d'autorisation, détenteurs d'une mainmorte insaisissable. Il est impossible d'introduire dans nos lois une disposition à ce point exorbitante du droit commun ».

main du vote de la loi de 1884, est expressément consacré par le nouvel article 5 § 9 (Loi du 12 mars 1920) : « Ils (les syndicats) peuvent passer des contrats ou conventions avec les autres syndicats, sociétés ou entreprises. Tout contrat ou convention, visant les conditions collectives du travail, est passé dans les conditions déterminées par la loi du 25 mars 1919 ».

Indiquons tout d'abord les conséquences pratiques du principe ; puis nous étudierons les exceptions qu'il comporte.

422. — Conventions collectives de travail, avant et depuis la loi du 25 mars 1919. — C'est en partant de ce point de départ (personnalité juridique du syndicat, impliquant le droit de posséder et par conséquent celui de contracter) que la doctrine et la jurisprudence en étaient arrivées, après quelques hésitations, à reconnaître la pleine validité du contrat collectif.

N'eût-il pas été contradictoire, en effet, de décider que les syndicats « ont exclusivement pour objet l'étude et la *défense* des intérêts » de la profession, et de leur refuser les seuls moyens d'action efficace pour la réalisation de cette défense collective ? N'eût-il pas été vain, pour les tribunaux, de prétendre barrer la route au mouvement irrésistible qui entraînait toutes les fédérations professionnelles puissantes dans la voie de ces accords, destinés à prévenir les conflits futurs par l'établissement d'une charte durable (1) ?

Aussi bien, était-on depuis longtemps d'accord sur le principe ; les divergences ne portaient guère que sur l'étendue du droit reconnu aux syndicats réguliers de négocier de tels accords, son mode d'exercice et ses conséquences juridiques. C'est ce que nous examinerons ultérieurement lorsque nous commenterons la loi de 1919, l'une des plus importantes lois ouvrières promulguées au lendemain de la grande guerre. — V. titre II, chap. IV *infra*. — V. aussi *supra*, n° 412.

Il nous suffira pour l'instant de constater, d'un mot, que la loi du 25 mars 1919, à laquelle renvoie la loi de 1920, n'a fait que confirmer cette interprétation, mais en ayant soin de préciser les formes et les effets de la convention collective.

(1) Sur les avantages économiques et sociaux du contrat collectif de travail, cons. notamment : Jay, *Une forme nouvelle d'organisation du travail par les groupements professionnels* (*Rev. d'écon. polit.*, 1901, 170) ; Brouilhet, *Le contrat collectif du travail*, broch. 1902 ; Passama, *Les conventions collectives relatives aux conditions du travail*, 1908 ; Bureau, *Ce qu'on peut attendre du contrat collectif* (*Réforme soc.*, avril-mai 1911) ; Roger Picard, *Le développement des contrats collectifs en France* (*Rev. économ. internat.*, 1914, 2.476) ; Eblé, *Le développement juridique et social de la convention collective du travail*, 1923. — Pour une bibliographie plus complète du contrat collectif du travail, v. *infra*, n° 1235.

423. — **Des restrictions apportées par la loi au droit pour les syndicats de contracter.** — Si les syndicats ont le droit de contracter, c'est à la condition de se *cantonner* dans le domaine qui leur est assigné et de ne pas se transformer en sociétés commerciales (1). L'objet propre des associations professionnelles est en effet uniquement d'assumer la défense des intérêts généraux de la profession.

Sur ce point, le législateur de 1920 s'est séparé très sensiblement du projet Waldeck-Rousseau (2). Aux termes de ce projet, les syndicats étaient autorisés, sinon à faire le commerce eux-mêmes, du moins à se rendre propriétaires de la totalité des actions des coopératives de production ou de crédit qu'il leur plairait de constituer, en se conformant pour le surplus aux prescriptions des lois de 1867 et 1893. Lorsque le syndicat, ès-qualités, se serait ainsi rendu propriétaire de la totalité des actions, les syndiqués auraient eu le droit d'être administrateurs, sans être individuellement actionnaires.

Cette partie du projet, difficilement conciliable d'ailleurs avec les principes généraux de notre législation organique sur les sociétés (minimum de 7 actionnaires), avait soulevé de sérieuses critiques. En la forme, le texte proposé manquait de clarté (3). Au fond, cette capacité commerciale avait éveillé, même dans les milieux ouvriers, de vives défiances. M. Keufer s'en était fait l'écho dans les termes les plus nets (4) : « Formés déjà avec tant de peine, les syndicats industriels, devenus industriels et commerçants, seraient voués... à la désagrégation rapide par la poursuite exclusive des intérêts matériels... » — S'inspirant de ces directives, la Société d'Etudes législatives avait, au cours des années 1910-1911, procédé à l'examen approfondi d'un projet complet de réforme de notre législation syndicale. C'est le projet ainsi élaboré qui a passé presque complètement dans la proposition de loi Chéron devenue, avec quelques amendements, la loi du 12 mars 1920.

424. — Comme sous l'empire de la loi de 1884, le droit des syndi-

(1) Kiefer, *Capacité commerciale des syndicats*, th. 1910. — Cf. Cahen, (*Bull. Soc. Et. Législ.*, 1909-4).

(2) Projet déposé par M. *Waldeck-Rousseau* au nom du gouvernement le 14 nov. 1899 (Ch., doc. parl., n° 1185), et repris en son nom personnel par M. *Millerand*, les 14 oct. 1902 et 12 juin 1906 (Ch., doc. parl., n° 13).

(3) Gonnard, *Quest. prat.*, 1900, p. 17 ; Hamelet, *Capacité commerciale des syndicats* (*Bull. de la Fédération des industriels*, 1907) ; Kiefer, op. cit.

(4) Cf. Martin Saint-Léon, *L'organisation professionnelle de l'avenir* (*Assoc. cathol.*, 1904.2.273 et 369) ; Cons. sup. du travail, 1907-1909. — V. cependant, dans le sens du projet : Barthou, *Action syndicale*, p. 190.

cats se borne à faciliter la constitution, entre leurs membres (1), de sociétés coopératives ; mais ces sociétés, distinctes du syndicat, doivent, à peine de nullité, se conformer aux prescriptions de la loi de 1867 et des lois de 1915, 1917-20, 1922, 1925. — V. *infra* nos 1389 et s.

C'est ainsi, en particulier, qu'un syndicat patronal ne saurait, sans violer la loi, exploiter un brevet d'invention ; qu'un syndicat ouvrier ne pourrait, par lui-même, se porter adjudicataire d'une entreprise de travaux publics ou privés. Mais rien n'empêche le syndicat ouvrier de créer dans son sein une coopérative, apte à se porter adjudicataire. L'administration favorise même la constitution de ces sociétés en les affranchissant de certaines formalités imposées aux entreprises patronales (décret des 4-5 juin 1888, concernant les travaux de l'État ; L. du 25 juill. 1893, amendée le 13 juillet 1914, relative aux marchés communaux).

425. — Il importe cependant de remarquer que le législateur de 1920 a conféré aux syndicats tout un ensemble de droits qui leur permettent d'assumer aisément, dans la coulisse, la direction effective des opérations commerciales entreprises par leurs filiales.

Désormais, en effet, les syndicats ont toutes facilités pour *subventionner* les coopératives de production ou de consommation (v. *supra*, n° 388) ; des travaux préparatoires de la loi, il ressort que par cette expression « subventionner », le législateur n'a pas simplement entendu viser un concours timide résultant de l'octroi d'une modeste contribution pécuniaire. Sa volonté a été d'autoriser le syndicat à souscrire un nombre déterminé de parts ou d'actions de la coopérative, voire même de figurer au nombre de ses fondateurs.

Si le moindre doute pouvait subsister à cet égard au lendemain du vote de la loi du 12 mars 1920, il disparaîtrait à la lecture de l'art. 1er de la loi du 5 août 1920 sur le *crédit mutuel et la coopérations agricoles*, loi organique du crédit mutuel agricole, amendée elle-même par le décret-loi du 9 août 1926.

Cet article, en effet, dispose expressément que « les caisses de crédit agricole peuvent être constituées par tout ou partie des membres d'une ou de plusieurs des associations suivantes et par ces associations elles-mêmes : *syndicats professionnels agricoles*, sociétés d'assurance mutuelles agricoles... »

(1) Ou même entre syndiqués et étrangers, depuis la loi nouvelle. V. *supra*, n° 388.

426. — En fait, un syndicat qui entend se réserver le contrôle d'une coopérative de production créée par son entremise, aura le choix, notamment, entre deux combinaisons. Il peut tout d'abord souscrire des actions d'une coopérative ouvrière de production, constituée en conformité de la loi du 18 déc. 1915. Cette première solution ne lui confère qu'un droit assez restreint, les deux tiers des membres du Conseil d'administration devant être pris parmi les sociétaires ouvriers ou employés.

Mais il peut aussi constituer une société anonyme *à participation ouvrière*, du type de la loi du 26 avril 1917. S'il détient la majorité des actions du capital de ladite société, il en acquiert virtuellement le contrôle, les actions de travail remises à la coopérative de main-d'œuvre, qui groupe l'ensemble du personnel, ne conférant à celui-ci dans le Conseil qu'une influence proportionnelle à l'importance du capital-travail eu égard au capital-espèces. — V. titre IV, *infra*.

427. — Label, ou marque syndicale. — L'interdiction de faire le commerce était considérée, sous l'empire de la loi de 1884, comme impliquant l'impossibilité pour un syndicat d'adopter une marque de fabrique ou de commerce (1). La loi de 1920, au contraire, voyant dans la marque un instrument de défense professionnelle, confère expressément aux syndicats le droit de « déposer, en remplissant les formalités prévues par l'art. 2 de la loi du 23 juin 1857, modifiée par la loi du 3 mai 1890, leurs marques ou labels. Ils peuvent, dès lors, en revendiquer la propriété exclusive dans les conditions de ladite loi ».

Ces marques ou labels peuvent être apposés sur tout produit ou objet de commerce pour en certifier l'origine (2) et les conditions de fabrication.

Les peines prévues par les articles 7 à 11 de la loi du 23 juin 1857, contre les auteurs de contrefaçons de marques de commerce, seront applicables en matière de contrefaçons, apposition, imitations ou usages frauduleux, des marques syndicales ou labels.

Ainsi est rétablie virtuellement l'ancienne marque corporative.

428. — Intervention du syndicat dans l'intérêt de ses membres. — Droits des syndicats agricoles avant la loi de 1920. — Sous l'empire de la loi de 1884, de sérieuses difficultés s'étaient élevées à l'occasion des opérations les plus usuelles des syndicats agricoles.

(1) Crim. 19 juin 1908, D. 1909.1.21, S. 1910.1.57 et note M. Nast.
(2) Conf. L. des 6 mai 1919 et 22 juill. 1927 sur *les appellations d'origine*.

Le plus souvent, les syndicats achètent en gros les matières nécessaires à l'agriculture, notamment les engrais chimiques, pour les répartir entre leurs membres, au prorata des demandes, sur les bases du prix d'achat, légèrement majoré pour couvrir les frais. La question s'était posée de savoir si, en procédant ainsi, les syndicats ne violaient pas la loi ?

La solution négative avait tout d'abord prévalu, avec raison selon nous (1). Ce qui constitue essentiellement l'acte de commerce, c'est l'achat pour revendre *avec bénéfice*, autrement dit, la spéculation sur la revente. Or, dans l'espèce, il n'y a pas spéculation, même lorsque le syndicat, au lieu de se borner à grouper les commandes, achète ferme, et constitue ainsi des stocks pour les répartir au prix coûtant, entre ses adhérents, en vertu d'une sorte de *mandat-tacite* (2).

Mais tout avait été remis en question par un arrêt de la Cour suprême (Crim. 25 mai 1908, D. 1909.1.25 et note Salmon-Legagneur), confirmant un arrêt de Nancy, du 25 nov. 1907, qui avait prononcé la dissolution de plusieurs syndicats agricoles, inculpés d'avoir contrevenu à la loi de 1884 en se livrant aux opérations décrites ci-dessus, sans aucun esprit de lucre. Cet arrêt avait provoqué une vive émotion, qui se traduisit par le dépôt de plusieurs projets ou propositions, aujourd'hui inutiles en présence de la loi de 1920 (3).

429. — Les syndicats agricoles depuis la loi de 1920. — Le texte nouveau (art. 5 §§ 8 et 9) valide en effet, sans discussion possible, les opérations incriminées par la Cour suprême. Il y est dit expressément « qu'ils peuvent, s'ils y sont autorisés par leurs statuts et *à condition de ne pas distribuer de bénéfices*, même sous forme de ristournes à leurs membres : — 1° *acheter, pour les louer, prêter ou répartir* entre leurs membres, tous les objets nécessaires à l'exercice de leur profession, matières premières, outils, instruments (4), machines, engrais, semences, plants, animaux et ma-

(1) Coulet, *Le mouvement syndical et coopératif dans l'agriculture*, p. 41 ; Gairal, *Droits et devoirs des syndicats agricoles*, p. 95 ; Sylvestre, *Œuvre des syndicats agricoles par l'organisation collective de l'achat et de la vente*, th. 1905. — V. cependant Allix, *La capacité des syndicats agricoles et les récents projets de loi* (*Quest. prat.*, 1911, p. 203, 206).

(2) Reims, 1er juill. 1909, *Bull. Off. trav.*, 1909, 887. — V. aussi Cons. d'Etat, 11 nov. 1908, *Bull. Off. trav.*, 1909, 412.

(3) Proj. *Ruau*, 19 juin 1908 (Ch. n° 1801) ; prop. Gaillard-Bancel, 19 déc. 1908 (Ch. n° 2193), etc. — Cf. Sallet, *Les syndicats agricoles, leur régime actuel et les projets de loi*, th. 1910 ; de Marcillac, *Les syndicats agricoles et la loi de 1884* (Réf. soc., 16 nov. 1913).

(4) Un syndicat ouvrier pourrait, par exemple, créer pour ses adhérents un

tières alimentaires pour le bétail ; — 2° *prêter leur entremise gratuite pour la vente* des produits provenant exclusivement du travail personnel ou des exploitations des syndiqués ; faciliter cette vente par expositions, annonces, publications, groupement de commandes et d'expéditions, sans pouvoir l'opérer sous leur nom et sous leur responsabilité ».

Le sens de ces dispositions, plus spécialement écrites pour les syndicats agricoles mais susceptibles d'être invoquées par tous les syndicats, est d'une clarté parfaite. Pourvu que le syndicat n'achète pas pour revendre *avec bénéfice*, mais qu'il soit un simple intermédiaire, ou s'il achète ferme, qu'il se couvre uniquement de ses frais sans prélever aucun bénéfice, la loi est respectée. Si, au contraire, le syndicat fait acte de spéculation (1), la loi est violée, et les administrateurs s'exposent à des poursuites pénales (ancien art. 9, devenu l'art. 8), sans préjudice de la faculté pour le tribunal de prononcer la dissolution du syndicat.

430. — **Crédit mutuel.** — La même distinction doit nous conduire logiquement à décider que si les syndicats peuvent se constituer les *assureurs* de leurs membres, (l'assurance mutuelle est en effet, par définition, exclusive de l'idée de lucre), il leur est interdit au contraire de faire eux-mêmes les opérations de *crédit mutuel*, l'acte de crédit étant essentiellement commercial. Sur ce point, et sous réserve du droit pour les syndicats de coopérer comme fondateurs à la création d'une caisse de crédit agricole (v. *supra*, n° 424), le régime ancien est maintenu.

Même observation pour les banques populaires, ou les sociétés de crédit immobilier qu'il plairait aux syndicats de soutenir financièrement. Il leur est loisible de placer leurs fonds dans des banques ou sociétés de ce genre ; mais ils ne peuvent se transformer eux-mêmes en banques de crédit.

431. — **Mine aux mineurs.** — Sous l'empire de la loi de 1884, la jurisprudence s'accordait à tenir pour illicite l'exploitation directe, par un syndicat ouvrier, d'une concesson minière (2), même s'il s'agissait d'une mine abandonnée par la Compagnie concessionnaire à un groupement de travailleurs. Cette solution s'appuyait principalement sur le caractère immobilier de la mine.

atelier syndical, dans lequel ils travailleraient en commun, mais chacun pour son compte. Si l'atelier dégénérait en association coopérative de production clandestine, la loi serait violée.

(1) Sur les caractères de la spéculation interdite, V. Requ. 3 avril 1912, D. 13.1.71, S. 13.1.489 et la note.

(2) Lyon, 26 mars 1891, D. 91.2.201 (aff. de la *Mine aux mineurs* de Rive de Gier). — Cf. Bréchignac, *La mine aux mineurs de Monthieux*, th. 1909.

Aujourd'hui, les syndicats peuvent librement acquérir des immeubles ; mais il leur est, comme par le passé, interdit de faire le commerce. Or, la loi du 9 sept. 1919 dispose, dans son art. 5, que « l'exploitation des mines est considérée comme acte de commerce ». D'où l'on devrait conclure logiquement que, même depuis la loi de 1920, un syndicat ouvrier ne pourrait exploiter directement une concession, et qu'il serait tenu, pour le faire, de se substituer une coopérative de production, constituée dans les formes légales (L. de 1867 et 1915).

A première vue, cette conclusion semble cependant démentie par l'art. 1er de cette même loi de 1919, aux termes duquel « la concession peut être accordée à un département, à une commune, autorisés par une loi, *à un syndicat professionnel, dans des conditions qui seront fixées par une loi spéciale...* »

La loi spéciale visée audit article n'ayant pas été promulguée, nous ne saurions préjuger des décisions du législateur. Mais a priori, il nous semble impossible qu'un syndicat, privé par définition de toute capacité commerciale, puisse assumer l'exploitation en régie de la concession par lui obtenue. La loi lui fera sans doute l'obligation de se substituer une coopérative, confirmant ainsi sur ce point la jurisprudence antérieure.

§ 5. — Dissolution des syndicats

432. — **Causes de dissolution.** — Théoriquement, les syndicats professionnels peuvent avoir une durée indéfinie. Néanmoins, de nombreuses causes d'extinction, statutaires ou accidentelles, sont susceptibles de mettre fin à leur existence juridique.

a) *Cas de dissolution volontaire.* — Ces cas sont au nombre de trois : — 1° L'arrivée du terme fixé par les statuts. — Il appartient du reste à l'assemblée générale d'empêcher cette cause d'extinction de produire effet en décrétant (avant l'arrivée du terme statutaire) la prorogation du syndicat pour une durée déterminée, ou même en supprimant purement et simplement le terme primitif ;

2° La réalisation du but en vue duquel le syndicat a pu se constituer. — C'est ainsi qu'un syndicat constitué *exclusivement* en vue de soutenir une grève prendra fin après la reprise du travail, à moins que les syndiqués ne votent la prorogation indéfinie du syndicat ;

3° Le vote de dissolution, émané de l'*unanimité* des membres du syndicat. — Certains auteurs décident même qu'en pareille matière le *vote de la majorité* doit suffire ; mais nous croyons plus juridique d'exiger l'unanimité. La personnalité du syndicat est en effet indépendante de celle des individus qui le composent, et l'article 7 démontre que, dans l'esprit du législateur de 1884, la démission individuelle, libre d'ailleurs de toute entrave, est la seule voie légale ouverte aux membres désireux de recouvrer leur liberté d'action.

433. — *b) Dissolution forcée.* — La dissolution forcée est prononcée, à *titre de peine complémentaire*, par le tribunal correctionnel, pour infraction aux articles 2 à 6 de la loi de 1884, c'est-à-dire pour inobservation, soit des formes de publicité, soit des conditions de fond édictées par la loi. Remarquons, du reste, que la dissolution est toujours *facultative* pour le tribunal. Cette pénalité sera d'autant plus rarement prononcée qu'il n'appartient pas au tribunal de la prononcer d'*office* ; il ne peut le faire qu'*à la diligence du procureur de la République.* La Cour de Paris a fait usage, il y a quelques années, de ce pouvoir discrétionnaire à l'occasion des poursuites exercées contre les secrétaires des quarante-sept syndicats irréguliers affiliés à la Bourse du travail de Paris (1) Mentionnons également le jugement de dissolution prononcé contre la C. G. T. (Trib. corr. Seine, 13 janv. 1921, *Gaz. Pal.*, 15 janv.), sur lequel nous reviendrons *infra.*

434. — La compétence du tribunal correctionnel est exclusive, soit de celle du tribunal civil (qui n'a pas qualité pour prononcer une peine), soit à plus forte raison de la compétence administrative. Nous avons vu en effet, que le législateur de 1884 avait entendu affranchir les syndicats professionnels de toute tutelle administrative.

435. — **Effets de la dissolution.** — Dans le silence de la loi de 1884, l'affectation à donner aux biens provenant de l'actif syndical en cas de dissolution avait soulevé de vives controverses.

Quelques auteurs reconnaissaient aux membres du syndicat disparu le droit de se répartir l'actif (2). Mais l'opinion dominante se prononçait en faveur du retour à l'Etat de l'actif net. L'on admettait toutefois, assez généralement, qu'il était loisible aux rédacteurs des statuts d'écarter cette mainmise de l'Etat, et de régler expressément la répartition des biens, tout au moins de ceux acquis

(1) Paris, 8 nov. 1893. — V. aussi Crim. rej. 18 fév. 1893, D. 94.1.20 (patrons du Nord).

(2) Boullaire, p. 131.

à titre onéreux. Pour ceux acquis à titre gratuit, on décidait qu'ils devaient faire retour aux donateurs.

Toutes ces controverses n'ont plus qu'un intérêt rétrospectif, le nouvel article 7, *in fine*, disposant qu' « en cas de dissolution statutaire ou prononcée par justice, les biens de l'association sont dévolus conformément aux statuts, ou, à défaut de dispositions statutaires, suivant les règles déterminées par l'assemblée générale. En aucun cas, ils ne peuvent être répartis entre les membres adhérents ».

Ce texte n'est que la reproduction de l'art. 9 de la loi du 1er juillet 1901 sur les associations : sauf l'addition du paragraphe final interdisant le partage de l'actif net entre les membres, dont le but est d'éviter que la possession de meubles et d'immeubles ne devienne une prime à la dissolution et ne favorise des manœuvres intéressées contre l'existence du syndicat lui-même (rapp. Chéron).

§ 6. — Unions de syndicats. — Fédérations ouvrières, Bourses du travail et Confédération générale du travail (1)

I. — Unions ou fédérations syndicales

436. — **Principe du droit d'union.** — Les divers syndicats d'une même région, ou les syndicats d'une même industrie, même disséminés sur les différents points du territoire, peuvent avoir des *intérêts communs* à défendre. Ainsi que le fit observer M. Hiélard, au nom de l'*Union nationale du commerce*, lors de l'enquête ouverte en 1884 sur la question de savoir s'il fallait reconnaître les unions de syndicats, « à côté des questions purement techniques, où la compétence des gens de métier est indispensable et suffisante, il en est d'autres et très nombreuses qui visent des intérêts communs à plusieurs corps d'état, quelquefois même à toute

(1) F. Pelloutier, *Histoire des Bourses du travail*, 1 vol. in-8, 1901 ; de Seilhac, *Syndicats ouvriers, Fédérations, Bourses du travail*, 1902 ; Facdouel, *La Fédération des travailleurs du livre*, th. 1905 ; Pouget, *La Confédération générale du travail*, 1907 ; Griffuelhes, *L'action syndicaliste*, 1907 ; Jouhaux, *La C. G. T.*, 1920 ; Martin Saint-Léon, *Les deux C. G. T. : syndicalisme et communisme*, 1923 ; Paraf, *Le syndicalisme pendant et après la guerre*, 1923. — Conf. dans la *Rev. polit. et parl.*, la chronique du syndicalisme de Villey, ainsi que les chroniques du *Mouvement socialiste*, du *Populaire*, organe de la C. G. T., la *Revue syndicaliste*, etc...

l'industrie d'une région et d'un pays, douanes, transports, etc. ». Le principe même de la reconnaissance des Unions de syndicats rencontra cependant au Sénat des adversaires résolus.

M. Tolain triompha de ces résistances en faisant observer qu'il ne pouvait plus être question d'empêcher la formation des Unions de syndicats ; que ces fédérations existaient depuis longtemps en fait, et qu'il était dès lors beaucoup plus politique de les reconnaître en les réglementant que de les pousser par une persécution maladroite dans la voie révolutionnaire (Sénat 31 juill. 1883). Ces considérations prévalurent, et le principe du droit d'union fut inscrit dans l'article 5 de la loi de 1884.

437. — A. Conditions de validité de l'Union des syndicats. — 1°. *Conditions de forme.* — L'article 5 paraissait n'exiger qu'une seule formalité : le dépôt à la mairie des noms de tous les syndicats composant l'Union. Fallait-il donc en conclure que les unions n'ont pas besoin de déposer leurs statuts, ni de faire connaître les noms des directeurs et administrateurs ? Certains auteurs l'avaient prétendu (1) ; mais l'opinion contraire avait prévalu. Le législateur de 1884 n'avait autorisé les unions qu'avec une certaine défiance ; il eût été vraiment étrange qu'il les affranchît de la seule mesure susceptible de faciliter le contrôle de l'autorité judiciaire. — C'est en ce sens que s'est d'ailleurs expressément prononcé le législateur de 1920. Le nouvel article 6, qui remplace l'ancien article 5, est en effet ainsi conçu : « Les syndicats professionnels, régulièrement constitués d'après les prescriptions de la présente loi, peuvent librement se concerter pour l'étude ou la défense de leurs intérêts économiques, industriels, commerciaux et agricoles. — Les dispositions des articles 3 et 4 sont applicables aux unions des syndicats qui doivent, d'autre part, faire connaître dans les conditions prévues audit article, le nom et le siège social des syndicats qui les composent. — Ces unions jouissent, en outre, de tous les droits conférés par l'art. 5 aux syndicats professionnels. — Leurs statuts doivent déterminer les règles selon lesquelles les syndicats adhérents à l'Union sont représentés dans le Conseil d'administration et dans les assemblées générales ».

De la combinaison des art. 3, 4 et 6 nouveau, il ressort que, dorénavant, pour qu'une union soit régulière et échappe aux pénalités édictées par l'art. 8 (ancien art. 9), ses fondateurs doivent avoir soin de déposer : — 1° Les statuts de l'Union, et les noms de ses administrateurs. — Dans ces statuts doivent être énoncées les conditions d'adhésion des syndicats ; 2° La liste complète de tous les syndicats adhérents.

(1) Mongin, *Lois nouvelles*, 1888, p. 98.

438. — 2° *Conditions de fond.* — Ces conditions se réfèrent aux personnes et à l'objet.

a) *Personnes.* — Les seules personnes juridiques admises à entrer dans une union de syndicats sont les syndicats *régulièrement constitués.* Les directeurs d'une union qui comprendrait au nombre de ses adhérents un ou plusieurs syndicats irréguliers ou quelque autre association illicite seraient passibles des peines édictées par l'article 8 de la loi, sans préjudice du droit pour le tribunal correctionnel d'en prononcer la dissolution. Application de ce principe a été faite par la Cour de Paris à l'Union de syndicats, dont la Bourse du travail de Paris était le centre, union comprenant 47 syndicats irréguliers (Paris, 8 nov. 1893, v. *supra*, n° 433). Les syndicats régulièrement constitués, dont parle l'article 5, sont exclusivement les syndicats constitués suivant la loi française ; aucun syndicat étranger ne pourrait donc être admis à figurer dans une union. Une fédération de syndicats ouvriers, qui ferait appel aux syndicats étrangers, s'exposerait aux pénalités de l'article 9, sans préjudice de l'application possible de l'article 12 de la loi du 1er juillet 1901 sur les associations.

b) *Objet.* — Les *Unions de syndicats* ont le même objet que les syndicats : défense des intérêts économiques communs à leurs membres (art. 6 § 1er). Il leur est rigoureusement interdit, sous la sanction pénale de l'article 8, soit de poursuivre un but politique (1) ou religieux, soit de faire le commerce.

(1) La C. G. T. poursuivant alors un objectif nettement politique, le gouvernement songea sérieusement (mai 1907) à en poursuivre la dissolution. M. Clémenceau, ne se croyant pas suffisamment armé par la loi de 1884, se proposait de soumettre au Parlement un projet de loi autorisant formellement la dissolution des Unions poursuivant un but illégal. Mais cette idée fut abandonnée, les art. 5 et 9 de la loi de 1884, combinés avec l'art. 3 de la loi de 1901, permettant de poursuivre efficacement tous les attentats contre la sûreté de l'Etat dont cette association, aux tendances nettement révolutionnaires, aurait pu se rendre coupable ou complice. — Cf. Paul Deschanel, disc. à la Ch., oct. 1908. — C'est d'ailleurs ce que reconnurent, au nom du gouvernement, M Viviani, min. du travail (Ch. 23 oct. 1908), et Briand, présid. du Conseil (C 20 janvier 1911).

Au surplus, c'est uniquement en s'appuyant sur la loi de 1884, amendée e 1920, que par jugement du 13 janvier 1921 (*Gaz. Pal.*, 15 janv.), le trib. corr. de la Seine prononça la dissolution de la G. G. T., et condamna ses administrateurs à l'amende. Cette décision était fondée sur ce que la C. G. T., qui pendant la guerre avait loyalement coopéré à la défense nationale, était revenue dès 1919 à ses errements révolutionnaires, qu'elle avait prétendu faire pression sur le gouvernement dans un but nettement politique (paix avec les Soviets), et provoqué le 1er mai 1920 une grève révolutionnaire. — Cf. sur ce jugement : P. Pic, *Le 1er mai et sa mystique (C. G. T., grève générale et syndicats de fonctionnaires). Quest. pratiques*, mai-juill. 1920, janv.-mars 1921.

439. — B. **Mode de fonctionnement et droits de l'Union de syndicats.** — 1° *Personnel directeur.* — L'Union de syndicats est administrée et dirigée, comme les syndicats eux-mêmes, par des administrateurs et directeurs (commission exécutive), dont le mode d'élection dépend d'ailleurs des statuts. Le plus souvent, ces administrateurs sont désignés par un conseil fédéral, ou conseil syndical, composé de délégués de tous les syndicats adhérents. Si les syndicats adhérents sont en petit nombre, ces délégués eux-mêmes constituent, par leur réunion, le conseil d'administration. Ils doivent satisfaire aux mêmes conditions de capacité que les administrateurs de syndicats isolés (art. 3 et 4).

440. — 2° *Rapports de l'Union avec ses membres.* — C'est une question très discutée que celle de savoir si l'on doit étendre aux unions de syndicats la disposition de l'article 7, aux termes de laquelle « tout membre d'un syndicat professionnel peut se retirer à tout instant de l'association, nonobstant toute clause contraire ». Nous n'hésitons pas à nous prononcer pour l'affirmative. L'article 5, en effet, ne se suffit pas à lui-même, il convient de le combiner avec d'autres articles, notamment avec l'article 7, qui paraît bien être un des articles fondamentaux de la charte syndicale.

441. — 3° *Droits de l'Union.* — Sous l'empire de la loi de 1884, les Unions de syndicats différaient essentiellement des syndicats, en ce qu'elles ne jouissaient pas de la personnalité civile.

N'ayant pas de personnalité juridique, l'Union ne pouvait ester en justice par l'intermédiaire de ses directeurs ; en cas de procès intéressant l'Union tout entière, tous les syndicats qui la composent devaient figurer, en nom, dans l'instance (1).

Le gouvernement d'ailleurs, ne crut pas opportun d'exécuter cette décision, les éléments extrémistes, en liaison avec l'Internationale de Moscou, ayant fait scission en Janv. 1922 pour former un groupement rival, la *C. G. T. U.*, et l'ancienne C. G. T. ayant, depuis cette date, évolué dans un sens nettement réformiste. Notre programme, disent les chefs actuels de la C. G. T., Jouhaux, Dumoulin, Dubreuil, etc., est nettement réaliste. Nous répudions la politique de la table rase, consistant à vouloir tout détruire pour reconstruire ensuite ; pour nous, « la révolution économique ne peut pas être la rupture brutale entre le passé et le futur ; elle se réalisera par des étapes successives, qui pourront même passer inaperçues de la masse ». — Dubreuil, dans l'*Atelier*. — Cf. Martin Saint-Léon, *Les deux C. G. T.* — V. aussi J. K., *Quest. prat.*, 1923, p. 185 ; Villey, *Chron. du syndicalisme* (*Rev. Pol. et parl.*, avril et Juill. 1928).

(1) Trib. paix Alger, 18 mai 1907, D. 08.5.64. — La loi de 1901 fournit d'ailleurs une solution élégante de la difficulté : l'Union n'a qu'à se constituer en association déclarée pour être admise à ester en justice (art. 6, loi du 1er juill. 1901). — Hayem, *Domaines respectifs de l'association et de la société*, p. 332 et s. ; Lettre du garde des sceaux du 27 juill. 1909 (*Bull. Off. trav.*, 1909, p. 1021).

442. — La loi de 1920, au contraire, confère aux Unions de syndicats régulièrement constitués, la même capacité qu'aux syndicats isolés. C'est ce que décide expressément l'article 6 § 3, ainsi conçu : « Ces unions jouissent en outre de tous les droits conférés par l'art. 5 aux syndicats professionnels ».

Le Parlement a pensé sans doute que l'œuvre sociale à laquelle il conviait les syndicats ne pouvait être menée à bien que par une puissante concentration de capitaux. Qu'il s'agisse de créer un Institut technique, une Cité ouvrière, ou de subventionner une coopérative de production, le plus souvent, un syndicat isolé sera impuissant. Ce sont des groupements de syndicats qui seuls disposeront des ressources et du crédit nécessaire ; pour les encourager dans cette voie, le législateur leur fait confiance, et lève toutes les entraves qui s'opposaient à l'extension de leur patrimoine (1).

II. — Bourses du travail.

443. — Des Unions de syndicats, doivent être rapprochées les *Bourses du travail*. Ce n'est pas que toute Bourse du travail doive être assimilée à une union : envisagée en elle-même, une Bourse n'est qu'un centre où les adhérents des divers syndicats d'une même ville ou région se rencontrent et se concertent pour la défense de leurs intérêts. Même dans le cas, très fréquent, où ces syndicats ont leur siège social dans les locaux de la Bourse, l'on conçoit très bien, théoriquement, que chaque syndicat adhérent de la Bourse conserve toute son indépendance.

Mais, pratiquement, il est évident que l'objectif de la création dans une ville d'une Bourse de ce genre est de constituer entre tous les syndicats adhérents de la même ville ou de la région un lien permanent, une véritable fédération.

En fait, à chaque Bourse du travail correspond une union ou fédération de syndicats adhérents ; et toutes les Bourses françaises ont constitué entre elles, depuis nombre d'années, une vaste fédération nationale. Depuis le Congrès de Montpellier (septembre 1902), la Fédération des Bourses, jusqu'alors indépendante, est devenue un simple rouage de la *Confédération générale du travail (C. G. T.)*, constituée en 1895, au Congrès ouvrier de Limoges.

Celle-ci comprend : 1° Les fédérations nationales d'industrie ou de métiers et les syndicats nationaux (arsenaux, tabacs, allumet-

(1) Cf. Bry, p. 924 ; Dupont, *op. cit.* (*Quest. pratiques*, mai-juill. 1920).

tes, etc.). 2° Les Bourses du travail et les syndicats dont les professions ne sont pas constituées en fédération d'industrie ou de métier. A sa tête, sont placées trois commissions permanentes : la commission du journal, la commission des grèves et la commission de contrôle.

444. — **Progression rapide de l'institution.** — Les Bourses du travail se sont rapidement multipliées dans la majorité des pays industriels, et spécialement en France, en Belgique, en Suisse, en Italie, aux Pays-Bas. Il en existait 25 en France en 1893 ; le chiffre officiel pour 1925 est de 147 (*Bull. Min. trav.* 1928, p. 435). La plupart d'entre elles, tant en France qu'à l'étranger, ont été créées par les syndicats ouvriers, avec le concours pécuniaire des municipalités (1).

445. — **Condition juridique des Bourses du travail.** — Les lois de 1884 et 1920 les passent complètement sous silence. Faut-il donc en conclure qu'elles n'ont aucune existence légale ? Non évidemment, selon nous.

Les Bourses sont le complément naturel de la liberté de réunion, de coalition et d'association reconnue aux travailleurs depuis nion, de 1884 sur les syndicats : leur légitimité était donc certes lois de 1864 sur le droit de coalition, de 1881 sur le droit de réutaine sous l'empire de l'article 291 du Code pénal, et elle l'est plus encore aujourd'hui depuis la loi de 1901.

Rien de plus légitime que cette prétention des syndicats ouvriers d'une même ville de se réunir en un local unique pour se concerter sur les conditions du travail, soutenir les grèves, organiser des services communs (placement, secours de chômage, *viaticum* ou enseignement technique). En s'attachant de préférence à l'organisation du placement, les Bourses ne font que se conformer à leur objectif essentiel, qui est de créer un marché du travail, de rapprocher le capitaliste en quête de bras et le travailleur en quête de salaire (2).

(1) D'après l'annuaire de 1901, le total des *frais* d'installation supportés par les budgets municipaux, pour les 75 Bourses alors existantes, était de 3.123.550 francs. Le total des subventions municipales s'est élevé, pour l'exercice 1919, à 430.522 francs, dont 200.000 pour Paris, 18.000 pour Lyon, 16.000 pour Toulouse, 12.000 pour Bordeaux, Limoges et Cette, etc.. — Quelques Bourses reçoivent des subventions départementales (47.600 fr. au total, en 1919). — Parmi les Bourses les plus importantes de l'étranger, nous signalerons : en Belgique, celles d'Anvers, Bruxelles, Liège, Charleroi et Verviers ; — en Suisse, celles de Genève et Zurich. — Les Bourses du travail anglaises (*Labour Exchanges*), n'ont rien de commun avec les Bourses *françaises*, belges ou suisses. Ce sont de simples bureaux de placement officiels, institués en exécution de la loi du 20 septembre 1909 (*Bull. Off. trav.*, 10.293). Sur le placement à l'étranger, v. *infra*.

(2) Sur l'historique de l'idée des Bourses de travail, v. notamment : de Molinari, *Les Bourses du travail*.

446. — Envisagées en elles-mêmes, et abstraction faite des irrégularités dont elles peuvent être entachées, les Bourses du travail sont donc des institutions parfaitement licites.

Il importe peu qu'elles englobent les professions les plus diverses, le principe de connexité, proclamé par la loi de 1884 pour les syndicats isolés, n'ayant pas été étendu aux unions syndicales.

Au point de vue juridique, il convient de leur appliquer par analogie les dispositions de la loi de 1884, amendée en 1920, sur les Unions de syndicats. Elles jouiront donc de la personnalité morale, dans les conditions définies par l'art. 6.

447. — **Réglementation administrative des Bourses.** — Si la légalité de l'institution ne semble pas contestable, il n'en est pas moins regrettable qu'aucun texte général ne détermine avec précision les droits et obligations des Bourses du travail. Le Conseil d'Etat avait, en 1894, élaboré un projet de réglementation d'ensemble ; mais, pour des raisons qui nous échappent, le gouvernement crut suffisant de réglementer par décret la Bourse de travail de Paris (Décr. 7 déc. 1895, amendé le 17 juillet 1900) (1).

L'article 1er du décret s'applique à définir l'objet de l'institution. D'après cet article, qui n'est que l'expression du droit commun, la Bourse a pour objet principal « de faciliter les transactions relatives à la main d'œuvre au moyen de bureaux de placement gratuit, de salles d'embauchage public, etc... Elle a aussi pour but de concourir à l'éducation technique et économique des syndicats ouvriers. Il y est annexé des bureaux mis à la disposition des syndicats et des salles pour les réunions coopératives ».

Ne peuvent être admis à occuper un local à la Bourse que les syndicats régulièrement constitués (art. 2 et 3). Des mesures sont prises pour empêcher les syndicats adhérents de monopoliser une institution, créée dans l'intérêt de tous les travailleurs. C'est ainsi qu'aux termes de l'article 5 « la salle d'embauchage installée dans les bâtiments de la Bourse est ouverte aux patrons, ouvriers et employés de toute profession, *syndiqués ou non* », et que l'article 7 autorise l'installation dans ces mêmes bâtiments d'une bibliothèque *publique*, et la création de cours et conférences, également accessibles au public.

448. — La Commission administrative, depuis le décret de 1900, est composée de 15 membres élus pour une année par les délégués des syndicats admis à la Bourse. Elle a les attributions les

(1) Le décret de 1900, modifié sur certains points de détail par les décrets des 11 août 1905 et 15 oct. 1908, se différencie principalement de celui de 1895 par l'extension des droits de l'administration préfectorale, et la restriction de ceux dévolus à la municipalité.

plus étendues, notamment en ce qui concerne l'admission ou l'exclusion des syndicats, la répartition des locaux et les subventions. la direction des services (bibliothèques, statistiques, bulletin) (1).

Toutefois, dans l'exercice de ses fonctions, la Commission administrative est soumise à un triple contrôle : — 1° Contrôle direct et permanent du préfet de la Seine, représenté à la Bourse par un employé faisant fonctions de régisseur-général ;

2° Contrôle de la municipalité. — Bien que plus limité, le contrôle du conseil municipal de Paris s'exerce utilement à un triple point de vue : *a)* pour l'élaboration du règlement général de la Bourse ; *b)* pour le vote annuel du budget (art. 5 et 10) ; *c)* par son droit de réforme, comme juge d'appel, des décisions de la Commission administrative (décret de 1905) ;

3° Contrôle supérieur du gouvernement. — Le ministre du travail a la haute main sur toutes les Bourses. Il peut en ordonner la fermeture par mesure de police, ou simplement dissoudre la Commission administrative par arrêté spécial ; dans ce dernier cas, la Commission est provisoirement remplacée par une délégation spéciale, à la nomination du préfet (art. 11).

SECTION III. — **Législations étrangères : mouvement syndical et mouvement corporatif** (2)

449. — Il y a cinquante ans, le régime de l'association professionnelle libre dominait dans l'Europe entière, à l'exception de la Russie ; ce régime semblait en effet le seul compatible avec le principe de la liberté du travail et de l'industrie, proclamé par la Révolution française, et adopté par la plupart des Etats (3). Nous assis-

(1) Sur l'étendue exacte des pouvoirs de la Commission administrative, v. Cons. d'Etat, 15 fév. 1905 (*Rev. gén. d'admin.*, 1905, t. II, p. 35).

(2) BIBLIOGRAPHIE : Lavollée, *Les classes ouvrières en Europe* ; Martin Saint-Léon, *Histoire des corporations de métiers*, 3e édit. ; Morisseau, *La législation du travail : I. La législation corporative* ; Schönberg, *Handbuch der politischen Oekonomie*, t. II, p. 64 et s. ; *Recueil des rapports sur les conditions du travail dans les pays étrangers*, édité par le ministère des affaires étrangères ; Paul Louis, *Le syndicalisme européen*, 1914 ; Renard et Weulersse, *Le travail dans l'Europe moderne*, 1924 ; Moreau, *Essai sur les théories et l'histoire du syndicalisme ouvrier*, th. 1925.

(3) Le Bureau intern. du travail a publié en fév. 1921, un recensement général des forces syndicales ouvrières dans les différents pays civilisés, exception faite toutefois de la Russie, de la Chine, du Japon et des Indes. L'effectif total, pour les 20 pays considérés, qui n'était que de 10 millions en 1910, et de 13.222.000 en 1914, aurait atteint 32.680.000 membres en 1919. Depuis 1920, la régres-

tons depuis quelques années à une renaissance du régime corporatif, sous des formes d'ailleurs assez différentes suivant les pays. Le régime corporatif nouveau, institué en *Allemagne*, en *Autriche* et dans les *Etats balkaniques*, n'intéresse que la petite industrie, la grande industrie ayant conservé le régime du syndicat libre. — Bien différente est la conception corporative *italienne*. La loi du 5 avril 1926 ne tend, en effet, à rien moins qu'à transférer aux organisations corporatives fascistes, englobant grande et petite industrie, le pouvoir politique, et à en faire l'armature politique et économique du pays. — Cf. décret-loi *espagnol* du 26 nov. 1926.

Le régime italien, tendance sociale mise à part, n'est pas sans analogie avec le régime *soviétiste*. En effet, depuis la Révolution russe, la masse ouvrière est obligatoirement embrigadée dans des *soviets*, semi professionnels, semi politiques, très différents de l'ancienne corporation de métiers.

Les législations étrangères peuvent donc se diviser, au point de vue qui nous occupe, en trois classes : — 1° législations qui n'admettent que l'association professionnelle libre ; — 2° législations qui ont conservé les corporations anciennes ou institué un régime corporatif nouveau, tout en admettant le syndicat libre pour la grande industrie ; — 3° Législations à base corporative et étatiste généralisée, exclusives de toute liberté syndicale.

§ 1er. — Législations qui n'admettent que l'association professionnelle libre

450. — *L'association professionnelle* libre, plus ou moins analogue à l'organisation française des syndicats professionnels, prévaut aujourd'hui, à l'exclusion de tout régime corporatif, en Angleterre et dans les colonies ou Etats coloniaux dépendant de la Grande-Bretagne, aux Etats-Unis, en Belgique et aux Pays-Bas, en Suisse, dans les Républiques de l'Amérique du Sud, et dans les Etats scandinaves.

sion est considérable. D'après la dernière statistique de la Fédération syndicale internationale d'Amsterdam, l'effectif global des confédérations nationales affiliées n'atteindrait même pas 13 millions (12.839.174) fin 1926. — *Bull. Min. trav.*, 1928, p. 100. — Il conviendrait il est vrai, d'y ajouter les syndicats extrémistes, adhérents à la IIIe Internationale de Moscou ; le nombre n'en est pas exactement connu ; mais la Russie soviétique mise à part, leurs effectifs sont manifestement très inférieurs à ceux des syndicats indépendants ou de tendances confessionnelles. — Il est à noter d'autre part que la diminution des adhérents à la Fédération d'Amsterdam tient en partie à la disparition de la C. G. T. italienne, qui comptait près de 250.000 membres.

I. — Grande-Bretagne, colonies anglaises et dominions

451. — A. **Grande-Bretagne. — Développement historique des Trade-Unions** (1). — L'Angleterre est le pays classique de l'*association professionnelle libre*, surtout de l'association ouvrière. Il ne faudrait pas croire cependant que ce régime de liberté, dont l'Angleterre s'enorgueillit, soit bien ancien ; il fallut aux ouvriers anglais un siècle d'efforts et de luttes, souvent violentes, pour triompher des résistances du Parlement.

Les associations ouvrières anglaises sont aussi anciennes que le *compagnonnage* français. Persécutées par les pouvoirs publics, à l'instigation des *guilds*, prohibées par toute une série d'actes législatifs, ces sociétés ouvrières reparaissaient toujours ; dissoutes sur un point, elles se reformaient sur un autre point, ou sous un autre nom.

A la fin du XVIIIe siècle et au début du XIXe, — alors que depuis longtemps les corporations patronales, frappées à leur tour par le pouvoir royal (v. *supra*, n° 131), avaient disparu, — les unions ouvrières se développèrent même dans des proportions considérables. Lorsqu'ils virent la grande industrie remplacer les métiers et disparaître les petits ateliers, les ouvriers, impuissants à discuter isolément les conditions du salaire, sentirent le besoin de se grouper et d'opposer à la puissance du capital la force que donnent la solidarité et l'entente commune. Vainement, le Parlement anglais chercha-t-il à enrayer ce mouvement par des lois draconiennes contre les associations ouvrières ; celles-ci, obligées de

(2) Bibliographie. — Howell, *Le passé et l'avenir des trade-unions* (traduct. Lecour-Grandmaison) ; Sidney et Béatrice Webb, *Histoire du trade-unionisme* (trad. Métin, 2e éd., 1911) ; *Industrial Democracy*, 1900 ; P. de Rousiers, *Le trade-unionisme en Angleterre*, 1897 (enquête du Musée social avec la collaboration de MM. de Carbonnel, Festy, Fleury et Wilhem) ; Bry, *Histoire industrielle et économique de l'Angleterre*, 1900 ; Mantoux et Alfassa, *La crise du trade-unionisme*, 1903 ; Morin, *Situation juridique des trade-unions en Angleterre*, th. 1907 ; Keir Hardie, *The labour movement* (*Nineteenth Century*, déc. 1906) ; Cole, *Introduction to trade unionisme*, Lond. 1918 ; Sisley, *Le syndicalisme anglais et son leader G. D. H. Cole* (*Rev. pol. et parl.*, nov. 1920, p. 245) ; Fouilland, *Allen v. Flood* ; le boycottage, les listes noires et les autres instruments de contrainte syndicale, th. 1922 ; Philip, *Guild Socialisme et trade unionisme*, 1924 ; Delion, *Le trade unionisme en Angleterre depuis 1914*, 1926 ; Pini, *Le trade unionisme et ses rapports avec le mouvement ouvrier contemporain*, 1927 ; Baratier, *L'autonomie syndicale et ses limites*, th. 1927 ; Pic, *Le projet de réforme de la législation anglaise des Trade-Unions* (D. H, n° 21 juill. 1927. *Le trade unionisme et l'Etat anglais* (Rev. économ. internation., avril 1928) et *La crise économique anglaise et le mouvement trade unioniste* (Rec. de dr. com. et de dr. soc., avril 1929) ; XXX, *La grève générale anglaise et la nouvelle loi sur les Trade-Unions* (*Quest. prat.*, 1927, p. 136 et s.).

fonctionner dans l'ombre des sociétés de secours mutuels (*friendly societies*), eurent alors recours, pour se défendre, aux procédés révolutionnaires et au terrorisme.

452. — Pendant les premières années du XIXe siècle, de 1800 à 1820, l'on vit se multiplier, en Angleterre, dans les centres ouvriers, les attentats contre les patrons, les incendies d'usines, les destructions de machines. Le Parlement effrayé, ordonna une enquête ; mais les commissaires enquêteurs comprirent bien vite que les lois répressives étaient la cause principale de ces désordres ; et, sur leur proposition, le Parlement anglais vota, en 1824, une loi autorisant les ouvriers à se coaliser, et même à s'associer, à la seule condition de ne pas user de violences, de menaces ou d'intimidation pour atteindre leur but, et de respecter la liberté du travail. A la faveur de cette loi, les associations professionnelles ouvrières (*Trade-Unions*), se multiplièrent rapidement dans tout le Royaume.

A leur origine, les Unions étaient, avant tout, des caisses permanentes de chômage. Mais leur cercle d'action s'élargit rapidement ; d'une part, en effet, ces Unions travaillèrent à la réforme de la législation industrielle, et c'est en partie à leur instigation que le Parlement anglais vota toute une série de lois sur le travail des femmes et des enfants, l'inspection des mines et des ateliers, etc.. ; d'autre part ces Unions s'appliquèrent à créer, entre leurs membres, tout un ensemble d'institutions de prévoyance et d'assistance mutuelle.

453. — Pendant les années qui suivirent la promulgation de la loi de 1824, les Unions ouvrières furent vues, par les pouvoirs publics, avec une certaine faveur. Mais leur prospérité croissante finit par porter ombrage aux patrons, qui avaient dû céder à plusieurs reprises devant la grève organisée ; les poursuites contre les associations ouvrières recommencèrent. Ces rigueurs du pouvoir eurent exactement les mêmes résultats qu'au commencement du siècle ; certaines Unions eurent recours de nouveau au terrorisme, et les attentats de Sheffield, en 1865, provoquèrent dans tout le Royaume une émotion considérable. Une enquête parlementaire fut ordonnée, et, comme en 1824, la conclusion fut qu'il convenait de renoncer aux mesures répressives et de reconnaître, cette fois expressément et sans ambages, les *Trade-Unions* : d'où la loi du 29 juin 1871 (*Trade-Unions act*), complétée par la loi du 30 juin 1876, et par une loi du 13 août 1875 sur les coalitions, profondément modifiée elle-même par la loi du 20 décembre 1906 (sur ces deux dernières lois, v. *supra*, n° 293).

454. — Lois de 1871-1876, amendées par les lois de 1906 et 1913. — Aux termes de la législation anglaise de 1871-1876 (dont la loi française de 1884 s'est manifestement inspirée), toute association professionnelle, soit entre ouvriers, soit entre patrons est licite. L'entrée et la sortie de l'association sont absolument libres : nul ne peut être contraint d'en faire partie, et tout adhérent peut se retirer à son gré.

Les *Trade-Unions* ne jouissent pas, de plein droit, de la personnalité morale (1). Mais celles qui veulent jouir de ce bénéfice n'ont qu'à faire enregistrer leurs statuts au bureau du *Registrar*, fonctionnaire spécial qui vérifie la légalité des statuts, et procède à l'enregistrement s'il ne constate aucune irrégularité de fond ou de forme. Ces unions doivent, chaque année, faire connaître au Registrar le nombre de leurs membres et le chiffre de leur capital. Les Unions enregistrées peuvent ester en justice et posséder un capital mobilier illimité ; mais leur propriété immobilière ne peut excéder un acre.

La loi anglaise n'intervient nullement dans la constitution intérieure de l'Union ; mais, en fait, toutes les Unions sont constituées sur un type analogue. La cotisation est égale pour tous et tous les adhérents jouissent de droits identiques. L'Union est administrée par un comité, élu au suffrage universel, par tous les sociétaires ; quant au patrimoine de l'Union, il est généralement administré par des délégués spéciaux (*trustees*), qui en sont responsables au regard de leurs mandants. La loi du 7 mars 1913 a reconnu expressément aux Unions le droit de participer activement au mouvement politique ; mais les fonds affectés à l'action

(1) Nous ne pouvons entrer ici dans la discussion des controverses interminables auxquelles a donné lieu, en Angletrre, la mesure de la personnalité reconnue aux Unions enregistrées. De 1871 à 1901, la majorité des interprètes de la loi semble avoir admis, et telle a toujours été la thèse des Unions ouvrières, que les Unions peuvent bien comme telles posséder un patrimoine (d'ailleurs administré par un *trustee*), mais qu'elles n'ont pas qualité pour ester en justice : situation avantageuse au fond, malgré les apparences, puisqu'elle les mettait à l'abri de tous recours patronaux. Comme le fait justement remarquer M. Hannigan (*La nouvelle orientation des Trade-Unions* (*Rev. soc. cathol.*, 1er juillet 1906), « c'était là une anomalie, une hérésie juridique : mais on sait que le législateur anglais pousse parfois très loin la coquetterie de l'illogisme ». La Ch. des Lords, statuant comme Cour suprême, en déclarant le syndicat responsable (arrêt de juillet 1901, cité *supra*, n° 293, aff. du Taff Vale), est rentrée dans la logique : mais cette interprétation logique était-elle conforme à l'esprit de la loi ? Il est permis d'en douter (Hannigan, *op. cit.* — V. aussi Mantoux et Alfassa, Morin, *op. cit.*), et ainsi s'explique, non moins que par des considérations politiques, le vote à une grande majorité de la loi du 21 décembre 1906, qui a affranchi les Trade-Unions de toute responsabilité civile, sans cependant porter aucune atteinte à leur personnalité. — Cf. Schlasser et Smith Clark, *The legal position of Trade-Unions*, Lond., 1912.

politique, aux élections par exemple, doivent être distincts du fonds syndical.

455. — **Le nouveau régime légal des Trade-Unions ; loi du 29 Juillet 1927.** — Cette loi est issue de la grève minière et de la grève générale de 1926, dont nous avons signalé plus haut les répercussions économiques redoutables sur l'économie britannique (V. *supra* n° 284). Sous l'empire des lois de 1906 et 1913, les *Trade-Unions* jouissaient de véritables privilèges qui n'ont d'équivalent dans aucun pays, puisque leurs agissements les plus blâmables échappaient à toute répression. Le gouvernement estima qu'il était indispensable, pour la sécurité même de l'Etat, d'établir nettement par un texte légal la ligne de démarcation entre la grève corporative permise et la grève générale, interdite, et de supprimer cette irresponsabilité absolue sous le couvert de laquelle les extrémistes avaient réussi, un instant, à dominer les organisations ouvrières.

L'art. 1er de la loi de 1927 proclame l'illégalité de toute grève n'ayant pas un caractère strictement corporatif (v. *supra* n° 293). Quiconque prend part à une grève de cette nature encourt certaines pénalités, et de plus se voit privé du bénéfice de l'acte de 1906, qui autorisait le *picketing* et proclamait l'irresponsabilité civile des Trade-Unions et de leurs dirigeants.

L'art. 4 amende la loi de 1913, et dispose qu'aucun syndiqué ne pourra être requis de contribuer à la caisse politique de son union si, avant la date du versement de la contribution, il n'a pas envoyé au bureau de l'Union une note écrite stipulant sa volonté de contribuer (renversement de la présomption d'adhésion édictée par l'act de 1913). — Les art. 5 et 6 règlent le statut des fonctionnaires, nationaux ou municipaux.

456. — Cette loi, promulguée dans une atmosphère de fièvre, a donné lieu aux appréciations les plus divergentes. Elle ne supprime nullement le droit syndical ; seulement, au lieu de bénéficier d'un régime de faveur, les *Trade-Unions* rentrent dans le droit commun. L'irresponsabilité, instituée par la loi anglaise de 1906, disparaît et, dorénavant, sur le terrain de la responsabilité civile, les unions anglaises vont se trouver dans la même situation légale que les syndicats français.

A certains points de vue, cependant, le régime français est plus favorable que le nouveau statut anglais. C'est ainsi qu'à l'heure actuelle le droit français ne comporte aucune interdiction des grèves de solidarité ou de sympathie ni même de la grève générale (sous réserve des mesures d'ordre gouvernemental qui pourraient être prises contre cette dernière). D'autre part, le *picketing*, en droit français, n'est pas réprimé pénalement. Enfin, les syndicats de fonctionnaires, en France, bénéficient en fait d'une tolérance qui équivaut presque à une reconnaissance *de jure*.

Ainsi s'explique l'hostilité irréductible non seulement du parti travailliste, mais même du parti libéral contre l'act de 1927. Le nouveau ministère Mac Donald a promis son abrogation ; le retour au régime légal antérieur est donc très vraisemblable.

457. — **Statistique.** — Les Trade-Unions ouvrières avaient pris jusqu'à 1920 une très rapide extension. Vers 1884, l'on en comptait 30.000 environ, groupant un peu plus de 1.200.000 adhérents. En 1920, le chiffre des adhérents était 7 fois plus élevé (plus de 8 millions). Mais le nombre des Unions était infiniment plus restreint, par suite du mouvement de concentration ou d'*amalgation* qui était allé en s'accentuant sans cesse ; fin 1918, l'on ne comptait plus que 1.220 Unions.

Certaines de ces Unions, d'ailleurs subdivisées en un grand nombre de sections, mais obéissant toutes à l'impulsion d'un comité central, englobent tous les travailleurs d'un même métier sur toute l'étendue du territoire (ex. Union des mécaniciens, *amalgamated engineers*). Au-dessus de ces Unions se placent les fédérations, au nombre de 182 fin 1917, et au-dessus des fédérations particulières, la fédération générale, qui depuis 1916 englobe la grande majorité du personnel des unions.

A partir de 1920, l'effectif des Unions a sensiblement fléchi, les tendances extrémistes de la minorité ayant écarté un grand nombre de travailleurs. Au lendemain de la grève générale de 1926, de nombreuses défections en masse se sont produites, si bien qu'au dernier recensement (fin 1926), on ne comptait plus que 1.129 unions et 84 fédérations groupant 5 millions 208.000 membres (1).

Un fléchissement parallèle s'est produit dans les recettes. L'ensemble des ressources propres des Unions, qui en 1920 (point culminant) dépassait 12 millions de L., n'était plus fin 1926 que de 7 millions de L. (subventions non comprises).

458. — **Œuvre sociale des Unions : Congrès annuels.** — La puissance encore considérable des associations ouvrières s'affirme depuis 60 ans dans des Congrès annuels, que l'on a justement qualifiés de *Parlements du travail*. Par le sérieux des discussions, la hauteur de vues d'un grand nombre d'orateurs, les Congrès annuels des Unions anglaises, au moins jusqu'en 1920, ressemblaient

(1) *Les Trade-Unions en 1926* (*Bull. Min. trav.*, 1927, p. 516, d'après la *Labour Gazette*).

davantage aux débats des Parlements qu'aux discussions, trop souvent confuses et déclamatoires, de nos Congrès ouvriers.

Dans de nombreuses branches d'industrie, notamment dans les mines, le bâtiment, l'industrie cotonnière du Lancashire, etc. (1), des comités mixtes permanents se sont créés, comités composés de délégués patronaux et délégués ouvriers, investis de pouvoirs suffisants pour discuter et arrêter au nom de leurs mandants les bases du contrat collectif de travail : taux du salaire, généralement déterminé d'après une *échelle mobile ;* durée du travail journalier, mode de travail (à la journée ou aux pièces), règlements d'atelier, apprentissage, etc. Cette substitution progressive, pour les principales industries, du *marché collectif de travail,* loi générale et contractuelle de la profession, aux marchés individuels, dont l'arbitraire et les fluctuations sont trop souvent l'origine première des conflits, est incontestablement l'œuvre maîtresse des Unions anglaises (2).

Parallèlement au régime du contrat collectif, se sont développées les institutions d'arbitrage, sur lesquelles nous reviendrons ultérieurement (v. *infra*, titre III).

459. — *Ancien et néo-trade-unionisme.* — Le principal défaut des Unions ouvrières anciennes était de n'être ouvertes qu'à l'élite des ouvriers, de constituer une sorte d'*aristocratie du travail.* Les conditions pécuniaires ou morales exigées à l'entrée, la règle d'après laquelle l'Union ne doit comprendre que des ouvriers *en titre* de la profession, à l'exclusion des auxiliaires, la sévérité des règlements à l'encontre des membres en retard de payer leurs cotisations, toutes ces circonstances réunies aboutirent à diviser la classe laborieuse anglaise en deux camps : le camp des unionistes, comprenant les privilégiés de la profession, et le camp des travailleurs exclus des Unions, englobant la grande majorité des salariés, ce qu'on a appelé l'*unskilled labour*, c'est-à-dire les individus n'ayant pas appris de métier, ou plus exactement, les individus ayant un métier qui n'exige pas un véritable apprentissage technique, tels que les portefaix, les ouvriers des docks, etc.

460. — Les travailleurs de cette dernière catégorie, exclus des anciennes Unions, se groupèrent à leur tour, et entreprirent la constitution d'*Unions nouvelles*, ouvertes à tous les travailleurs

(1) V. les détails fournis par Olphe-Galliard, *L'organisation des forces ouvrières*, p. 90 et suiv.

(2) Cons. en ce sens, outre les travaux cités *supra* (nos 422 et s.), sur le contrat collectif de travail : Schloss, *Les modes de rémunération du travail*, trad. Rist ; B. et S. Webb, *Industrial democracy*.

manuels, dans lesquelles devaient dominer naturellement les tendances *socialistes*, hautement répudiées par les Unions anciennes. La grande grève des docks de Londres, en 1889, qui détermina la constitution de l'Union des *dockers*, la plus puissante des Unions nouvelles, fut le signal de ce mouvement, et bientôt l'influence des Unions nouvelles vint contrebalancer celle des anciennes.

On le vit dès l'année suivante au Congrès de Liverpool (1890), où les Unions nouvelles réussirent à faire voter des résolutions empreintes d'un socialisme d'Etat accentué.

Toutefois, sauf au Congrès de Norvich (1894), les doctrines collectivistes pures n'eurent pas, jusqu'en 1914, de succès bien marqué auprès des Congrès néo-trade-unionistes. C'est ainsi, notamment que les Congrès de Liverpool (1906) et Bath (1907), s'ils se prononcèrent en faveur de la journée de 8 heures, du développement du *municipal trading*, etc.., repoussèrent nettement toutes les motions tendant à la socialisation des moyens de production.

Mais à la suite d'une vive campagne du parti conservateur contre les groupements ouvriers, les leaders du trade unionisme conclurent un cartel avec le parti collectiviste (*Social democratic federation*). Cette alliance, aux élections législatives de 1906, fit entrer au Parlement un nombre considérable de députés ouvriers (54), et détermina la constitution du *Labour Party*, dont l'influence sur la législation sociale anglaise, même avant l'arrivée au pouvoir, en 1924, du premier ministère travailliste, est indéniable (1).

461. — Les tendances du syndicalisme anglais, de 1906 à 1920. — Depuis ce moment, l'orientation du trade-unionisme vers le socialisme intégral allait s'accentuer et les votes des Congrès de Birmingham (1916), et Glasgow (1919) en faveur de la nationalisation des chemins de fer, des mines, etc., et de la participation du personnel ouvrier à la gestion des usines, en attendant la socialisation générale, furent tout à fait caractéristiques des nouvelles tendances du syndicalisme anglais (2).

A noter cependant que les communistes y étaient encore en minorité, et que la Conférence du *Labour Party*, tenue en juin 1920 à Scarborough, s'était nettement prononcée contre la dictature du prolétariat, et l'adhésion à la troisième Internationale communiste de Moscou.

(1) M. Alfassa, *Après les élections anglaises de 1906* ; *Le groupe ouvrier à la Chambre des Communes* (*Mus. soc.*, mars-avril 1906) ; Ramsay Macdonald, *Le socialisme, le trade-unionisme et le parti ouvrier* (*Rev. socialiste*, nov. 1907) ; Pic, *Les audaces de la démocratie sociale anglaise* (*Quest. prat.*, 1909:345).

(2) Sisley, *op. cit.* ; Delemer, *Le Congrès des Trade-Unions* (*Rev. polit. et parl.*, oct. 1919).

462. — Les tendances actuelles : vers l'accord entre les organisations ouvrières et patronales. — A partir de 1920, la poussée extrémiste allait s'accentuer. Echappant à l'influence modératrice du parti travailliste, alors au pouvoir avec le premier ministère MacDonald, le Congrès de Hull (sept. 1924), vota à une forte majorité la nouvelle *Charte du peuple*, renouvelée de la Charte de 1842 réclamant la nationalisation immédiate du sol et du sous-sol, la participation des ouvriers à la gestion des entreprises, la semaine de 44 heures, etc... Deux ans plus tard, sous les mêmes influences, la grève générale était déclarée (v. *supra*, n° 284).

Mais l'échec lamentable de cet essai de mobilisation des forces révolutionnaires, et les ruines accumulées par la grève des mineurs paraissent avoir provoqué, dans les masses ouvrières anglaises, un revirement très net. Le parti de la lutte des classes, malgré l'appui de Moscou, est nettement en régression, et nous n'en voulons pour preuve que le succès de la *Conférence industrielle de Londres* dont sir Mond prit l'initiative fin 1927, et qui devait aboutir, en Juillet 1928, à la suite d'une délibération très cordiale entre les représentants qualifiés de la Fédération des *trade-Unions* et ceux de la Confédération des organisations d'employeurs, à un accord de principe sur les deux points suivants : *a*) Rationalisation des industries, en vue de réduire les frais généraux ; *b*) création d'un *Conseil national industriel*, à base paritaire, chargé d'étudier périodiquement la situation économique du pays, de préparer les plans de réforme et de veiller au règlement amiable des conflits du travail.

Quelques semaines plus tard, le Congrès des *Trade-Unions*, à sa séance annuelle tenue à Swansea en sept. 1928, ratifiait à une forte majorité les accords de principe arrêtés à la Conférence de Londres (1).

463. — B. Colonies anglaises et dominions. — Australasie (2). — Si le mouvement unioniste ne présente dans la plupart des Dominions aucune particularité intéressante, il en est différemment en *Australasie* (*Commonwealth* australien et Nouvelle-Zélande) où, depuis bientôt quarante ans, le parti ouvrier est parvenu à domi-

(1) P. v. *Le Congrès des Trade-Unions* (Déb., n° 10 sept., 1928). — Cf., sur l'utilité de ce rapprochement entre patrons et ouvriers : Noble et sir Kennet Anderson, *Les vues sociales du grand patronat anglais* (*Rev. polit. et parl.*, avril 1920).

(2) Métin, *Le socialisme sans doctrines*, 1901 ; Pierre Leroy-Beaulieu, *Nouvelles sociétés anglo-saxonnes*, 1905 ; A. Siegfried, *La démocratie en Nouvelle-Zélande*, 1904 ; Biard d'Aunet, *L'aurore australe*. — Conf. Fairfield, *State socialism in the Antipodes*, anal. par Raffalovich (*Econ. franç.*, 28 fév. 1891, p. 263 et s.) ; *Les lois australiennes* (*Mus. soc.*, mai 1906, p. 213) ; Tom Mann, *Le syndicalisme en Australie* (*Mouv. social*, mars 1910).

ner les pouvoirs politiques. — Un journal d'Auckland, cité par André Siegfried, en faisait naguère la remarque : « Les *trade and labour councils* (fédérations locales des Unions ouvrières) font et dirigent la législation plus que tout autre corps constitué de la colonie... Depuis quelques années, ce sont eux qui ont fait nos lois.... et ce sont eux qui par les ministres dirigent la colonie ». Et de fait, c'est sous l'influence non dissimulée des Unions ouvrières qu'ont été votées, en Australasie, toutes les lois ouvrières le plus nettement empreintes de socialisme d'Etat : lois sur le minimum de salaire, sur l'arbitrage obligatoire, etc. ; c'est la pression de ces mêmes Unions qiu a déterminé l'adoption, dans presque tous les métiers, avec ou sans le concours de la loi, de la journée de huit et même de sept heures.

464. — **Souveraineté de fait des Unions australasiennes.** — Il est intéressant de noter, que, pour arriver à cette souveraineté de fait, les *trade-unions* australiennes ou néo-zélandaises n'ont pas eu besoin de rendre légalement obligatoire pour les travailleurs l'affiliation aux Unions. Les lois australasiennes sur les trade-unions (Nouvelle-Zélande 1878, Victoria 1885, etc.) paraissent au contraire calquées sur la législation métropolitaine, mais cette liberté est plus apparente que réelle.

Grâce à leur action sur les pouvoirs publics, les Unions australiennes ou néo-zélandaises ont fait à leurs membres une situation si manifestement privilégiée, que la masse des travailleurs a dû, bon gré mal gré, adhérer aux groupements existants. L'un des exemples les plus significatifs de ce régime de faveur accordé aux Unions nous est fourni par la loi néo-zélandaise d'avril 1894, amendée en 1908. Ainsi que nous le verrons ultérieurement (tit. III), tout le mécanisme de cette loi, qui en instituant l'arbitrage obligatoire a supprimé les grèves (1), tend à faire aux Unions ouvrières une situation prépondérante. Seules en effet les Unions enregistrées peuvent recourir à la procédure légale ; privés du droit de grève, et de la faculté de recourir aux conseils d'arbitrage, les ouvriers isolés qui veulent se faire rendre justice n'ont guère d'au-

(1) Suppression plus théorique que pratique. En fait, malgré les prohibitions légales, les grèves n'ont pas disparu, et certaines d'entre elles ont même fortement indisposé l'opinion publique. La grève des dockers, en 1927, a même eu des répercussions économiques si graves que le gouvernement a dû intervenir et faire voter une loi disposant que tout docker convaincu d'avoir refusé de se soumettre à une sentence arbitrale peut se voir retirer sa licence de docker (licence obligatoire, à partir d'octobre 1928, pour être embauché). — Sur cette réaction contre le syndicalisme, v. des Rotours, *Réforme sociale*, janv. 1926 ; X..., *La mission australienne aux Etats-Unis* (*Rev. du travail belge*, oct. 1928).

tre ressource, à moins d'entente amiable avec leurs employeurs, que d'adhérer à l'Union du métier.

Facultatifs en droit, les syndicats ouvriers australasiens ne sont donc pas loin, en fait, d'être obligatoires.

II. — ÉTATS-UNIS (1)

465. — Régime légal des Trade-Unions. — Ce régime n'est pas uniforme pour tout le territoire de l'Union. Toutes les Unions professionnelles peuvent sans doute se constituer librement, en vertu du principe de la *liberté d'association* inscrit dans le pacte fédéral ; mais le régime légal varie suivant les Etats. Toutefois, la plupart des législations locales, à l'instar du droit anglais, confèrent aux Unions enregistrées le bénéfice de la personnalité morale ; les fédérations syndicales peuvent également, mais à la condition d'avoir leur siège à Washington, et d'y faire enregistrer leurs statuts, bénéficier de la personnalité (Loi fédér. de 1886) (2).

Certains Etats ont édicté des pénalités rigoureuses contre les atteintes susceptibles d'être apportées à la liberté syndicale. C'est ainsi, notamment, qu'une loi du Connecticut (9 janv. 1899) déclare le patron qui mettrait obstacle à l'affiliation de ses ouvriers au syndicat de la profession, passible d'une amende de 200 dollars et d'un emprisonnement de 6 mois au maximum. Plusieurs Etats (Massachusetts, 11 mai 1899, Idaho, Delaware, ect.), ont législativement proclamé la validité du *label*, ou estampille apposée par

(1) BIBLIOGRAPHIE. — Levasseur, *L'ouvrier américain*, 2 vol., 1898 ; M. Alfassa, *Des conditions de la vie économique et sociale de l'ouvrier aux Etats-Unis* (Comm. industr. Mosely, trad. franç., 1904) ; W. Kirk, *National labor federations in the United States* (J. Hopkins Univers, stud.), 1906 ; Davis, *Essays in the history of american corporations*, Harvard stud., 1917. — Conf. W. F. Willoughby, *La corporation de l'acier des Etats-Unis et la grève de ses ouvriers*, trad. de Montaignac (*Mus. soc.*, fév. 1902) ; Viallate, *Les forces ouvrières et patronales aux Etats-Unis* (*Rev. bleue*, 23 juin 1906) ; Tardieu, *Le socialisme aux Etats-Unis* (in *Le socialisme à l'étranger*, ouvr. collectif précité) ; Olphe-Galliard, *op. cit.*, p. 95. ; Commons, *Les tendances du mouvement syndical aux Etats-Unis* (*Rev. intern. trav.*, juin 1922) ; Philip, *Le problème ouvrier aux Etats-Unis*, 1927, et *Méthodes et structure des syndicats ouvriers aux Etats-Unis* (*Quest. prat.*, 1927, p. 117, 173 et s.) ; Schneider, *The Workers and american Trade-Unions*, 1928. — Cons. aussi : *Law and labor* (organe patronal) et *American Federationist* (organe de la Fédération ouvrière).

(2) Il a même été jugé que les réunions professionnelles non incorporées ont cependant aptitude à poursuivre ou à être poursuivies, notamment pour atteinte à la loi *Sherman*, c'est-à-dire pour atteinte à la liberté du travail. — C. suprême des Etats-Unis, 5 juin 1922, D. 22.2.53 et note Lambert.

une Trade-Union sur les produits qu'elle recommande, comme ayant été fabriqués dans les conditions de travail qu'elle prétend faire respecter.

466. — **Chevaliers du travail (Knights of Labor).** — C'est seulement à partir de 1880, que le mouvement de concentration des forces ouvrières prit un essor assez rapide. Mais, pendant quelques années, les sociétés ouvrières, au lieu d'adopter la forme syndicale reconnue par les lois, préfèrent s'organiser en sociétés secrètes, ayant pour objectif principal la réalisation progressive du programme collectiviste, suivant les formules d'Henry George ou de Gronlund (v. *supra*, n° 26). L'ensemble de ces sociétés forma l'association, naguère puissante, des *Chevaliers du travail* (*Knights of Labors*), qui étendit ses ramifications sur toute l'étendue de l'Union, du Canada et de l'Australie.

467. — Cette prospérité de l'association ne fut pas de longue durée. Des dissensions intestines, la hardiesse de ses doctrines, la participation active qu'elle prit à certaines grèves retentissantes, telles que la grève de Chicago en 1894, lui aliénèrent l'opinion publique et déterminèrent un grand nombre de groupements ouvriers à faire sécession. Vainement les chefs de l'association, pour rassurer l'opinion publique, renoncèrent-ils à tout ce qui donnait à l'ordre des K. O. L. le caractère de société secrète. Cette modification aux statuts primitifs ne réussit point à empêcher la désagrégation de l'ordre qui, après avoir groupé plus de 700.000 ouvriers en 1886, se trouve aujourd'hui réduit à un chiffre infime.

468. — **American Federation of Labor.** — Des Chevaliers du travail, la direction du mouvement ouvrier a passé, depuis quelque trente ans, à l'*American Federation of Labor*, très différente des K. O. L., et par sa composition — attendu qu'elle n'est autre chose qu'une fédération de syndicats réguliers, — et par ses tendances.

Les Chevaliers du travail avaient un objectif plus ou moins socialiste ; la Fédération actuelle (1) s'est affirmée depuis sa création

(1) De 1910 à 1920, la progression du nombre d'adhérents à la Fédération a été considérable : 2 millions environ en 1910, 2.500.000 en 1913 (*Bull. min. trav.*, 1913, p. 1232), 5.100.000 en 1920. Mais à partir de 1920, un fléchissement sensible s'est produit ; à la suite de l'échec de la grève de l'acier en 1919, et d'une série de lock-outs dans les chemins de fer, le bâtiment, etc. désastreux pour les Unions ouvrières, les défections se multiplièrent. La Fédération ne comptait plus que 3.700.000 membres en 1924, et depuis cette époque le mouvement de recul paraît s'être poursuivi (Philip, *op. cit.*, p. 249).

(1881) comme une association rigoureusement professionnelle, poursuivant par les voies légales l'amélioration du sort des travailleurs. La Fédération, dirigée par un président investi de pouvoirs très étendus, soutient de ses subsides les grèves dont elle approuve le principe, tout en s'efforçant d'ailleurs d'en diminuer le nombre par l'organisation de l'arbitrage ; elle s'applique à développer la pratique du contrat collectif ; la généralisation du *label* est due en grande partie à l'influence de la Fédération (1).

469. — **Influence des Unions sur la législation.** — Tout en évitant de s'inféoder, à la différence des K. O. L., ou des syndicats australiens, à un parti politique déterminé, la Fédération américaine ne se désintéresse nullement de l'œuvre législative. A l'instar des Trade-Unions anglaises, elle a pesé de toute son influence sur les Parlements des divers Etats de l'Union pour faire adopter une législation protégeant efficacement le travail.

Comme les Trade Unions anglaises, les Unions américaines ont traversé une crise, due principalement à l'attitude hostile des trusts les plus puissants, notamment du trust de l'acier. Toutefois, un certain nombre de chefs d'industrie sont demeurés fidèles à la politique d'entente loyale avec les groupements ouvriers, sur la base d'accords collectifs librement débattus, impliquant une participation indirecte des ouvriers aux bénéfices généraux de l'entreprise, sous la forme de l'échelle mobile des salaires (2). Aussi acceptèrent-ils de se faire représenter en nov. 1919, à la Conférence industrielle de Washington, réunie sur l'initiative du président Wilson, pour étudier, entre délégués du patronat et des Trade-Unions, les problèmes sociaux issus de la guerre.

469 bis. — **L'avenir du Trade-Unionisme aux Etats-Unis.** — Résumant une vaste enquête, poursuivie aux Etats-Unis pendant plus

(1) Son ancien président, Samuel Gompers, décédé en 1925, s'appliqua à mettre en relief, au cours des réunions de la Commission ouvrière de la *Conférence de Paris* (janv.-mai 1919), dont il fut un des leaders (v. *supra*, n° 183), la différence foncière qui sépare les méthodes américaines de la tactique révolutionnaire des grandes Fédérations européennes. L'*Industrial Workers of the World*, affiliée à Moscou, est au contraire nettement extrémiste (Philip, p. 246). A la suite de la crise de chômage qui a durement sévi aux Etats-Unis du début de 1927 à 1928, surtout dans le milieu des ouvriers non qualifiés (près de 3 millions de chômeurs, *Bull. min. trav.* 1928, p. 227), les unions industrielles indépendantes, pour la plupart de tendances révolutionnaires, se sont multipliées (Cf. Philip, *Quest. prat.*, 1927, p. 177). Elle n'englobent cependant encore qu'une faible minorité des travailleurs américains.

(2) Sur l'*échelle mobile des salaires* usitée notamment dans l'industrie du fer et de l'acier, cons. les détails fournis par Willoughby (*Mus. soc.*, fév. 1902).

de deux ans, sur le mouvement ouvrier américain, M. Philip s'exprime en ces termes : « Le mouvement ouvrier américain présente des caractéristiques qui le différencient nettement des diverses formes du syndicalisme européen ; relativement faible et peu développé (on ne compte que 3 millions de syndiqués, moins de 10 % des ouvriers d'industrie), à la fois conservateur et violent, pratiquant la lutte économique, mais rejetant le socialisme et acceptant le régime capitaliste, le Trade-Unionisme américain cherche exclusivement à défendre les intérêts de métier de ses membres, et refuse de se laisser attacher à aucune doctrine ».

Ces caractéristiques s'expliquent aisément par le développement, vraiment remarquable, de la prospérité générale aux Etats-Unis depuis quelques années. Comme le fait remarquer M. Siegfried (1), l'ouvrier américain, tout au moins l'ouvrier qualifié est de beaucoup le mieux payé du monde entier : « son *standard of living* dépasse d'une marge énorme celui des classes analogues, dans n'importe quel pays ». Le grand patronat cherche à s'attacher un personnel stable, non seulement par des salaires élevés, mais par tout un ensemble d'œuvres destinées à améliorer la condition de la famille ouvrière ; certaines cités-jardins, aux Etats-Unis, sont célèbres. L'ouvrier s'embourgeoise, a sa maison, son auto, son compte en banque ; il s'assure, acquiert des actions industrielles, bref, il prend une mentalité capitaliste.

Cette prospérité matérielle due en grande partie au machinisme, au travail en grande série, est-elle d'une solidité à toute épreuve ? Il est permis d'en douter ; l'excès même du machinisme, destructeur de la personnalité ouvrière, aboutit à la surproduction, celle-ci déclanche les crises, et les crises à leur tour, déchaînant un chômage massif, peuvent devenir le point de départ de mouvements ouvriers plus ou moins violents, peut-être même d'une véritable agitation révolutionnaire (2).

Mais il est indéniable que présentement la masse ouvrière américaine est, dans l'ensemble, satisfaite de son sort et que cette quiétude explique en grande partie l'état de demi-sommeil des Unions ouvrières.

III. — Belgique (3)

470. — Evolution historique du mouvement syndical en Belgique. — La constitution belge consacre le droit d'association dans les

(1) Siegfried, *Les Etats-Unis d'aujourd'hui*, 1927 (chap. XI, *La main-d'œuvre*).

(2) V. les conclusions de l'ouvrage de Philip. — Cf. *Quest. prat.*, 1928, p. 166. La crise boursière de New-York (nov. 1929), pourrait bien avoir, à raison de son intensité, des répercussions imprévues.

(3) Bibliographie. — Mahaim, *Etudes sur l'association professionnelle* ; Dechesne,

termes les plus larges (art. 20). Aucun obstacle légal ne s'opposait donc à la diffusion des syndicats professionnels ; il semblait même qu'ils dussent se développer spontanément dans un pays où l'on a conservé fidèlement le souvenir des puissantes corporations du moyen-âge.

Il n'en est rien cependant, et le mouvement d'association ouvrière, très intense aujourd'hui en Belgique, est de date relativement récente. Il existe, il est vrai, depuis longtemps en Belgique des Unions patronales ; mais l'on n'y rencontrait, il y a cinquante ans, qu'un très petit nombre de syndicats professionnels ouvriers permanents. L'une des raisons de cette rareté, pendant un demi-siècle (1830-80), des groupements professionnels en Belgique, résidait dans l'état de dépression intellectuelle qui longtemps caractérisa l'ouvrier belge, astreint à des travaux excessifs et réduit à un salaire minime.

471. — Vers 1869, la Belgique assista à un premier réveil de la classe ouvrière, qui se manifesta par l'affiliation en masse des ouvriers à l'*Association internationale des travailleurs*, à la suite du Congrès de Bruxelles. Après avoir effrayé le monde par ses déclamations violentes bien plus que par ses actes, l'Association se désagrégea peu à peu ; lors de son dernier Congrès, à Gand, en 1877, César de Paepe lui donna le coup de grâce en opposant victorieusement, aux théories utopiques des révolutionnaires, un programme de revendications ouvrières pratiques, susceptible d'une réalisation progressive. Ce programme devint la plate-forme du *Parti ouvrier belge*, qui se constitua en 1884.

De son côté, le parti catholique, plus ou moins acquis aux idées du socialisme chrétien, cherchait à bénéficier du réveil de la classe ouvrière. Aux Congrès du parti ouvrier, le parti catholique opposa ses Congrès des œuvres sociales ; et sous cette double influence, l'on vit se constituer peu à peu, dans toute la Belgique, d'abord des coopératives de consommation et de production, telles que le *Vooruit* de Gand ou la *Maison du peuple* de Bruxelles (fondations du parti ouvrier), la *Maison ouvrière* de Bruxelles (fondation concurrente du parti catholique), puis des syndicats professionnels, dans tous les centres industriels.

Les syndicats ouvriers belges, 1906 ; Vandervelde, *La Belgique ouvrière*, 1906. — *Varlez : Le Vooruit de Gand* (*Mus. soc.*, n° 20, série A) ; *Les syndicats ouvriers en Belgique* (*ibid.*, déc. 1906). — Van der Smissen, *La loi belge de 1898 sur les syndicats* (*Annales des sc. polit.*, janv. 1899) ; Janssens, *Discours à l'audience solennelle de rentrée de la Cour de cassation de Belgique* (*Journ. des tribunaux de Bruxelles*, 6 oct. 1910) ; Mertens, *Le mouvement syndical en Belgique* (*Rev. intern. trav.*, janv. 1926). — V. aussi L. Bertrand, *L'ouvrier belge depuis un siècle* (*ibid.*, Mai 1925).

472. — **Loi du 31 mars 1898 sur les Unions professionnelles.** — Si les syndicats professionnels belges avaient pu se développer sans entraves, grâce à l'article de la Constitution sur la liberté d'association, du moins ne jouissaient-ils, à la différence des syndicats français, d'aucune personnalité morale. — Un mouvement assez vif s'étant dessiné dans les milieux industriels et ouvriers en faveur de la *personnification*, le gouvernement crut devoir élaborer un projet en ce sens. Très libéral, le projet primitif accordait ce bénéfice à toutes les associations coulées dans le moule professionnel, sans d'ailleurs spécifier formellement la condition de connexité ; et d'autre part, ce même projet autorisait implicitement les syndicats reconnus à poursuivre un but lucratif, d'où faculté pour eux d'évoluer librement de la forme professionnelle pure à la coopérative de production.

473. — La Commission parlementaire chargée de l'examen du projet le modifia profondément. S'inspirant de la loi française, elle s'appliqua par un texte précis : d'une part, à maintenir rigoureusement les syndicats reconnus sur le terrain *exclusivement* professionnel ; d'autre part, à limiter leur objet à la défense des intérêts économiques, la poursuite d'un but lucratif leur étant rigoureusement interdite.

Le texte ainsi amendé est devenu la *loi du 31 mars 1898 sur les unions professionnelles* (*Ann. de lég. étrang.*, 1899, p. 449). Il nous paraît superflu d'analyser longuement cette loi, largement inspirée de la loi française. Nous nous bornerons à faire observer : 1° qu'elle admet les membres honoraires et autorise la constitution de syndicats entre personnes exerçant des professions libérales ; 2° qu'elle subordonne expressément la validité des dons et legs faits aux syndicats à la nécessité d'un autorisation gouvernementale (*contra* : droit français) ; 3° qu'elle exige des statuts réglant *en détail* le fonctionnement de l'Union (art. 4) ; 4° qu'elle confère au gouvernement le droit de dissoudre les syndicats irrégulièrement constitués, faculté qui en France est réservée à l'autorité judiciaire ; 5° qu'elle laisse subsister les pénalités rigoureuses édictées par la loi pénale belge contre les coalitions.

Comme la loi française de 1920, elle confère aux fédérations syndicales la même capacité qu'aux syndicats isolés (illimitée quant aux meubles, restreinte quant aux immeubles). Elle autorise aussi les unions à déposer et posséder des marques de fabrique ou de commerce pour l'usage individuel de leurs membres.

474. — **Echec relatif de la loi, ses causes : intensité du mouvement syndical extra-légal.** — Les auteurs de la loi de 1898 s'attendaient évidemment à ce que les nombreux syndicats existants missent un

certain empressement à solliciter le bénéfice de la personnification ; leur attente a été complètement trompée.

En effet, tandis que la statistique officieuse de 1920 attribue à l'ensemble des organisations syndicales ouvrières belges un personnel approximatif de 876.000 membres (1), le nombre des syndicats ouvriers enregistrés comme Unions, d'après la dernière statistique officielle d'avant-guerre (rapp. sur les Unions en 1910, publié en 1914) était insignifiant : 499, groupant moins de 30.000 membres. — En fait, la loi n'était guère utilisée que par les syndicats agricoles, enregistrés pour la plupart, et par les professions libérales. Depuis quelques années, un certain nombre de syndicats patronaux ont également demandé l'enregistrement (2).

475. — Les causes de cet échec relatif de la loi de 1898 sont faciles à dégager. La principale réside dans les conditions historiques de l'évolution des associations professionnelles en Belgique. Lorsque la loi fut promulguée, celles-ci s'étaient déjà développées, grâce à la liberté d'association, sur tous les points du territoire ; elles s'étaient constituées sans entraves, sous l'égide des partis politiques ou religieux, s'efforçant de donner une satisfaction complète aux aspirations populaires, créant ici des coopératives (3), là des mutualités ou des caisses de chômage, et accroissant leurs ressources, dans l'intérêt même des partis auxquels

(1)

Syndicats affiliés au parti ouvrier	720.000 membres
Confédération des syndicats chrétiens	156.000 membres
Total	876.000 membres

(*Rev. du travail*, 1920, p. 1450 et s.).

De 1920 à 1927, aucune statistique générale n'a été publiée à notre connaissance. Mais il ressort de statistiques partielles récentes qu'à la suite de la crise industrielle et monétaire de 1926-27, le nombre des ouvriers syndiqués a sensiblement fléchi. C'est ainsi qu'à la fin de 1927, le nombre des membres des syndicats affiliés au parti ouvrier (Internationale d'Amsterdam) n'était plus que de 530.000, soit une perte de 190.000 membres par rapport à 1920 (*Rev. du travail*, 1928, p. 243).

(2) C'est ainsi que sur les 38 unions enregistrées en 1926, on compte 17 unions agricoles, 15 patronales, 3 de professions libérales, et 3 unions de salariés seulement (une d'ouvriers, deux d'employés). *Rev. du trav.* 1928, p. 68.

(3) Il convient, d'ailleurs, de remarquer qu'en Belgique, c'est par la coopération que s'est peu à peu réalisée l'unité ouvrière. Ainsi que le fait observer Vandervelde (*op. cit.*), les 26 Fédérations régionales (aujourd'hui 31) dont l'ensemble constitue le parti ouvrier sont organisées, à peu de choses près, sur le même modèle. « A Gand comme à Bruxelles, à Anvers comme à Liège, c'est une grande coopérative de consommation *qui forme le pivot de l'organisation fédérale*, et autour d'elle, dans la Maison du peuple qui leur appartient, viennent se grouper les syndicats professionnels, les ligues ouvrières, les cercles d'études...

elles étaient inféodées, par des opérations lucratives (1). Il était donc chimérique de supposer que ces groupements puissants se résigneraient, pour les avantages incertains de la personnification, à se cantonner dans un moule rigoureusement professionnel.

Quant aux organisations patronales, amies du mystère, possédant de puissants moyens d'action sur les pouvoirs publics, mais n'aimant point à les révéler, il était invraisemblable qu'elles consentissent, pour la satisfaction platonique d'obtenir une personnalité morale restreinte, à trahir, par le dépôt de leurs statuts et des noms de leurs membres, les dessous de leur fonctionnement.

Peut-être un remaniement de la loi belge, dans un sens libéral, déterminerait-il un certain nombre de syndicats neutres à déposer leurs statuts. Mais nous n'oserions l'affirmer.

IV. — Pays-Bas

476. — La Hollande vit, comme la Belgique, sous le régime de la liberté d'association la plus complète. Grâce à cette liberté, les associations ouvrières se sont, depuis longtemps, développées dans tous les centres industriels (2). Il existe même des fédérations ouvrières puissantes ; les deux principales sont l'*Association générale des travailleurs néerlandais*, et la société des *Compagnons de Saint-Joseph*, composée uniquement d'ouvriers catholiques.

De nombreux groupements à tendances socialistes se sont également constitués, dans ces dernières années, et le parti ouvrier néerlandais dispose aujourd'hui de moyens d'action puissants (3).

Le régime légal des syndicats néerlandais est identique à celui des syndicats belges avant la loi de 1898. Vivant sous le régime du droit commun, ils n'ont point le bénéfice de la personnalité morale.

Celle-ci ne pourrait leur être conférée que par une loi spéciale.

Il est à noter que les syndicats catholiques, patronaux et ouvriers, se sont depuis peu étroitement rapprochés, et ont constitué, sous le nom de Conseil national et Conseils généraux, — ceux-ci renforcés par des Conseils de métier, — un vaste organisme assez puissant pour influencer la législation.

(1) Miry, *Les tendances capitalistes du parti ouvrier belge* (*Rev. pol. et parl.*, août 1924).

(2) Total des syndiqués ouvriers au 1er janv. 1926 : 273.800. Leur nombre s'était élevé en 1920 à 428.000 ; il y a donc un recul marqué (*Bull. min. trav.*, 1926, 506).

(3) Du Bois de Vroylande. *L'organisation du milieu ouvrier en Hollande*, 1 v. in-8°, 1926.

V. — États Scandinaves

477-481. — Suède et Norvège. — Ainsi que nous l'avons fait observer *supra* (n° 134), le régime des corporations obligatoires, procédant historiquement des ghildes scandinaves, s'est perpétué dans la péninsule scandinave jusque vers le milieu du XIX° siècle (1846). Comme en Autriche, les corporations patronales suédoises ou norvégiennes ont survécu comme associations libres ; mais tandis que dans l'Empire austro-hongrois les industries de métier étaient, au bout de quelques années, replacées légalement sous le régime de l'obligation, avec prééminence patronale, le mouvement syndical affectait au contraire en Suède et en Norvège un caractère nettement démocratique. Les Unions ouvrières devaient prendre bientôt une part active au mouvement social (1).

482. — Danemark : prédominance du contrat collectif. — Plus accentuée encore a été l'évolution des groupements professionnels au Danemark. Bien que la disparition du régime corporatif ne remonte dans ce pays qu'à 1857, les organisations ouvrières y sont puissamment organisées et fédérées, sous l'égide du parti social démocratique (2). Les chefs d'industrie, de leur côté, ont formé de vastes unions parfaitement disciplinées ; — et à la suite d'un long conflit, intervint entre l'Association patronale danoise et les Unions ouvrières fédérées un véritable traité de paix qui put alors être considéré comme le prototype des contrats collectifs de l'avenir (*Bull. Off. trav.*, 1900, p. 44).

VI. — Suisse (3)

483. — Fédérations patronales et ouvrières, leur action sur les pouvoirs publics. — Nous avons réservé à dessein la législation

(1) Lindley, *Le mouvement ouvrier en Suède* (*Humanité nouvelle*, numéro de janv. 1900).

La progression des effectifs de la Confédération syndicale ouvrière *suédoise* est continue. Elle comptait 250.000 membres en 1909, 385.000 fin 1925, 415.000 au 31 décembre 1926 (*Rev. du travail*, 1928, p. 47). — Cf. Siegfried Harsson, *Le mouvement syndical en Suède* (*Rev. intern. trav.*, avril 1923).

La Confédération syndicale *norvégienne* groupait 86.000 membres fin 1923 (*Bull. min. trav.*, 1925, 460).

(2) Von F. Lindenberg, *Arbeiterbewegung und Sozialdemokratie in Dänemark* (*Soz. Praxis*, 29 mai 1902) ; Paul Louis, *Le mouvement syndical danois* (*Mus. soc.*, Doc., nov. 1910). — A la fin de 1916, on comptait au Danemark environ 1.930 unions ouvrières groupant 189.000 membres (*Bull. Min. trav.*, 1918-244). Fin 1921, l'effectif s'était élevé à 245.000 (*ibid.* 1923, 100).

(3) Fayon, *Organisation professionnelle. Syndicats obligatoires*, 1893 ; Jay,

suisse pour clore la série, car, si la Suisse vit encore aujourd'hui sous le régime de l'association professionnelle libre, un mouvement assez vif s'y est manifesté en faveur de l'institution du régime corporatif à base d'obligation.

La Suisse est, par excellence, le pays des associations. Grâce à une Constitution aussi démocratique que possible, les associations professionnelles de toute nature se sont multipliées sur tous les points du territoire ; aux associations isolées ont succédé les fédérations, dont les trois plus puissantes sont : l'*Union du commerce et de l'industrie*, l'*Union des arts et métiers* (qui groupe les petits patrons, la petite industrie), enfin la *Fédération ouvrière* ou *Union syndicale suisse* (1), qui depuis longtemps exerce une influence prépondérante sur la législation sociale de la Confédération, par l'action combinée de trois rouages : son Comité central et son Comité de direction, ses Congrès périodiques, analogues aux Congrès des *Trade-Unions* anglaises, et son *Secrétariat ouvrier*, siégeant à Berne, devenu un véritable rouage officiel (v. *supra*, n° 206).

484. — La Fédération ouvrière, par son action incessante, a déjà obtenu le vote de plusieurs lois industrielles importantes, intéressant l'hygiène des ateliers, l'inspection, le travail des enfants et des adultes. Cependant elle n'a encore réussi, malgré l'appui du gouvernement fédéral, à faire prévaloir définitivement qu'une partie de son programme, dans lequel figurent notamment : l'*assurance obligatoire* en cas de maladie, d'accidents ou de chômage ; l'institution de *conseils d'arbitrage* ; la *constitution de syndicats* patronaux et ouvriers *obligatoires* ; enfin l'adoption d'une *législation internationale* pour la protection des travailleurs. — Quelques mots seulement sur ces deux dernières revendications.

485. — Syndicats obligatoires et législation internationale du travail. — L'insuccès final des tentatives faites, par la corporation

Etudes sur la question ouvrière en Suisse, 1893 ; Clerget, *Les conditions du travail en Suisse* (*Quest. prat.*, mai 1908).

(1) Le *Grütliverein* est la fédération la plus ancienne (elle remonte à 1838), et fut longtemps la plus puissante des sociétés helvétiques. Au Congrès d'Aarau (1897), elle comptait 30.000 membres. Elle a décliné depuis lors, les ouvriers préférant aujourd'hui la forme syndicale pure ; elle ne comptait plus au 31 décembre 1907 que 8.047 adhérents. — Les fédérations les plus puissantes sont actuellement celles des métallurgistes et horlogers (42.000), des transports (36.000), des travailleurs du bois (17.000). — L'Union syndicale suisse groupait au 31 déc. 1925, 20 fédérations centrales, comptant ensemble 150.000 membres (*Bull. Min. trav.*, 1926. 381). — La régression est sensible depuis 1920 (220.000 membres).

des brodeurs, pour lutter contre la concurrence étrangère et l'avilissement des prix, fut l'une des causes du mouvement affirmé au Congrès de Bienne (1893), en faveur de la corporation obligatoire.

« L'idée maîtresse du système, a écrit à ce sujet M. Favon, l'un des initiateurs du mouvement, qui compte aussi des partisans en France (1), c'est l'assimilation de l'organisation économique à l'organisation politique. Les horlogers de Neufchâtel et de Genève, les brodeurs de St-Gall, les sculpteurs sur bois de l'Oberland bernois sont-ils liés par une solidarité moins étroite que les habitants de la commune de Carouge, de Morges ou de Fleurier ? Et si nous les organisons en communes professionnelles (2), avec le recours constant à l'autorité chargée de garantir le lien national, en quoi aurions-nous attenté à la liberté ? »

Nous ne sommes pas convaincu, pour notre part, de la justesse de cette assimilation entre l'organisation politique et l'organisation économique. Dans l'ordre économique, l'Etat doit sans doute être un facteur actif d'ordre et de progrès. Mais il ne nous est pas démontré qu'en *imposant*, à tous les travailleurs, l'adhésion à un syndicat, et en détruisant la liberté du travail, l'Etat n'irait pas à l'encontre du but qu'il poursuit, et ne porterait pas un coup sérieux au progrès de l'industrie nationale.

486. — Nous réservant de revenir bientôt (sect. IV) sur cette grave question de la liberté ou de l'obligation en matière syndicale, nous nous bornerons pour l'instant à signaler une objection sérieuse contre le syndicat *obligatoire*, à savoir la connexité étroite existant entre cette formule et celle de la législation internationale du travail.

L'histoire de la corporation helvétique des brodeurs a fourni de cette proposition une éclatante démonstration. Cette corporation était parvenue, grâce à un système d'intimidation et de boycottage, à rendre ses règlements obligatoires *en fait* pour toutes les maisons suisses ; mais à peine avait-elle imposé son tarif minimum sur le territoire suisse qu'elle eut à lutter contre la concurrence des brodeurs du Vorarlberg. Le Grütliveren et la Fédération des brodeurs ouvriers s'adressèrent aussitôt au Conseil fédéral pour lui demander d'ouvrir des négociations diplomatiques avec l'Allemagne et l'Autriche, tendant à l'adoption d'un règlement international obligatoire pour tous les patrons brodeurs de ces

(1) Jay, *op. cit.*, ; Lorin, *Etudes sur les principes de l'association professionnelle.*

(2) V. *infra* l'application de ce système de la *commune professionnelle* en Hongrie.

différents pays. Ces tentatives devaient fatalement aboutir à un échec complet, dont le résultat fut la désagrégation de la corporation.

C'est qu'en effet de graves obstacles s'opposent encore même aujourd'hui, à l'adoption d'une législation ouvrière internationale généralisée (1). Nous les avons signalés déjà (v. *supra*, n° 176.) ; il est inutile d'y revenir. Ces obstacles, sans doute, tendent à s'aplanir avec le temps ; et le *Bureau International du travail*, établi à Genève, en 1920, s'y emploie de son mieux. Mais l'œuvre est immense, et l'édifice n'est encore qu'à pied-d'œuvre.

§ 2. — Législations qui ont conservé les corporations anciennes ou institué un régime corporatif nouveau.

I. — Survivances du régime ancien

487. — Russie tzariste (2). — La Russie tzariste était le seul Etat européen qui eût conservé, sans modifications, le régime corporatif. Ce régime, d'ailleurs, n'avait été introduit que très tard en Russie, vers la fin du XVIIIe siècle, par Catherine II. D'après le décret de Catherine, tous les artisans des grandes villes faisaient obligatoirement partie d'une *corporation* (*tseck*), organisée sur le modèle de nos anciennes jurandes.

Les corporations russes jouissaient d'une assez grande autonomie ; leurs administrateurs étaient élus. A côté du conseil d'administration, siégeait un comité (*ouprava*) chargé de trancher les différends et de surveiller le travail des ouvriers. Ces corporations jouissaient de la personnalité morale et pouvaient posséder.

Il n'y avait aucune place, dans une telle organisation, pour des associations professionnelles ouvrières dans le genre des *Trade-Unions* ou des syndicats professionnels français (3). Des peines sévères étaient même édictées contre les ouvriers qui tenteraient

(1) Parmi les conventions de Washington, certaines ont été ratifiées par la Suisse ; les autres sont restées en suspens (de Maday, *La législation sociale suisse*, Quest. prat., 1925, p. 10 et s.).

(2) *Des artèles*, public. de l'Office du travail, 1893 ; Apostol, *L'artèle, Etude d'histoire économique*, 1898 ; Pernet, *Le livret de l'ouvrier russe* (*Quest. prat.*, 1907, p. 32, 127 et 215) ; Dr Kritschewski, *Le mouvement syndical en Russie* (Doc. du Progrès, déc. 1907).

(3) En Finlande, toutefois, les réunions ouvrières étaient autorisées ; mais leur champ d'action était rigoureusement limité à l'assistance mutuelle et à l'instruction technique de leurs membres.

d'obtenir, par voie de coalition ou de grève, des modifications aux conditions du contrat acceptées par eux. Lorsqu'un différend s'élevait au sujet du salaire entre un chef d'usine et des ouvriers, ceux-ci étaient tenus de s'en rapporter à l'arbitrage de l'inspecteur de fabrique de la circonscription ; à défaut de l'inspecteur, c'est la police qui arbitrait le différend.

488. — **Artèles.** — Les corporations ont naturellement disparu dans la tourmente révolutionnaire. Il en est autrement des *artèles*, coopératives d'ouvriers agricoles ou d'artisans, beaucoup plus anciennes que les corporations. Les deux formes les plus répandues sont : — 1° l'*artèle industrielle*, réunion d'ouvriers qui demeurent et travaillent ensemble et se partagent également le produit de leur travail ; — 2° l'*artèle agricole*, réunion de paysans qui, trop pauvres pour acheter ou affermer isolément des terres, s'associent pour cette opération (Cpr : communautés taisibles du moyen-âge). Le régime bolcheviste a laissé subsister ces groupements, tout en les soumettant à un contrôle étroit qui fait d'eux un organisme de production et de répartition semi-officiel (1).

489. — **Empire ottoman.** — Dans l'Empire ottoman, les artisans et ouvriers grecs sont, de même que les marchands, groupés en corporations ; le syndicat corporatif est moins général chez les ouvriers turcs. Les corporations jouissent d'une grande liberté dans leur constitution intérieure ; elles ont la personnalité morale et peuvent posséder des immeubles (2). — Il est douteux que le régime corporatif survive longtemps à l'ébranlement causé par la grande guerre, surtout depuis l'exode en masse des populations grecques d'Asie Mineure, en 1922-23.

(1) Les opinions les plus contradictoires ont été formulées sur les *artèles*. Certains auteurs estiment que cette antique institution, conforme aux habitudes de travail en commun du peuple russe, peut se plier aux nécessités de la production moderne : Merlin, *Les associations ouvrières et patronales*, p. 334. — Cons. aussi G. Alfassa, *La crise agraire en Russie. Quarante ans de propriété collective*, 1905 (étude très complète sur le *mir*). — D'autres ont rapporté d'une enquête approfondie cette conviction que l'artèle russe était une institution routinière, rebelle au progrès technique. Schulze-Gävernitz, *op. cit.* La vérité pourrait bien être entre ces deux opinions extrêmes (*Quest. prat.*, 1902, 317).

(2) Cons. Glotin, p. 346 ; H. Schurtz, *Türkische Basare und Zünfte* (*Zeitsch. f. Socialwiss.* 1903, heft 2). Le régime corporatif se retrouve, avec des variantes, dans tous les pays musulmans. — Cf. Germain Martin, *Les bazars du Caire*, 1910 ; Alger, *Les corporations tunisiennes*, 1909... et aussi en Extrême-Orient. — Courant, *Les associations en Chine*, 1908 ; Descamps, *La crise sociale en Chine* (Pax, n° 22 juill. 1927).

II. — Des législations qui ont établi, pour la petite industrie, un régime corporatif nouveau (Autriche, Hongrie, Allemagne, Etats Balkaniques).

490. — Ces législations sont les lois autrichienne, hongroise, allemande, roumaine, bulgare et serbe. Leur objectif commun a été : « de restaurer les corporations anciennes, mais sous une forme compatible avec l'esprit moderne... » Nous citons les propres paroles du prince de Lichtenstein, l'un des chefs du parti conservateur autrichien, promoteur de la loi autrichienne de 1883. La liberté de l'industrie, proclamée par la Révolution française, adoptée vers le milieu du XIXe siècle par tous les Etats de l'Europe, a causé, disent les partisans du régime corporatif, plus de maux qu'elle n'a rendu de services ; elle a permis, il est vrai, à la grande industrie de se développer, mais cet essor même de la grande industrie s'est produit au détriment de l'industrie de métier.

Que doit donc faire un Etat prévoyant pour remédier au mal ? Son devoir est de rétablir, au moins pour la petite industrie, le cadre corporatif obligatoire, et de contrôler le fonctionnement des corporations restaurées. C'est cette conception de l'Etat-providence, imposant sa protection à la classe ouvrière, tout en respectant les prérogatives traditionnelles du patronat, qui est la caractéristique véritable de la législation inaugurée à la fin du siècle dernier, dans les Etats de l'Europe centrale (1).

D'essence monarchique et aristocratique, cette conception sociale paraît difficilement conciliable avec le régime républicain, instauré en Autriche, Hongrie et Allemagne à la fin de la grande guerre (nov. 1918), et avec les doctrines de la social democratie, portée au pouvoir par la Révolution. Les lois que nous allons commenter n'ont cependant été l'objet d'aucune abrogation, et rien ne permet d'envisager leur disparition prochaine.

A. — Autriche (2)

491. — Evolution historique de la législation autrichienne. — Les anciennes corporations, avec monopole, se sont perpétuées, en

(1) Sur le mouvement corporatif et ses caractères distinctifs, cons. notamment : Brants, *Le régime corporatif au XIXe siècle dans les Etats germaniques*, 1894 ; Boissard, *Le mouvement corporatif en France et à l'étranger, syndicats mixtes*, 1897 ; Martin Saint-Léon, *Hist. des corpor. de métiers* ; Pic, *Les corporations germaniques* (Rev. polit. et parl., mai 1912).

(2) Brants, *L'état du régime corporatif en Autriche* (*Réforme soc.*, 16 juill.-1er

Autriche jusqu'en 1859 (v. *supra*, n°s 132 et s.). La loi du 20 décembre 1859 proclama le principe de la liberté des professions, tout en laissant subsister, comme associations libres, les corporations existantes. Ces corporations, dépouillées de leurs privilèges, eurent grand'peine à lutter contre la double concurrence de la grande industrie et des petits patrons indépendants ; elles s'adressèrent aux pouvoirs publics pour obtenir le rétablissement de l'état de choses ancien ; d'où le vote de la loi industrielle (*Gewerbeordnung*) du 15 mars 1883 (révisée en 1885, 1897 et 1907), qui a rétabli en Autriche, pour *la petite industrie*, le régime des corporations obligatoires. Cette loi n'est applicable ni aux ateliers de famille, ni aux fabriques, ni au commerce.

492. — Lois de 1883 à 1907. — La loi de 1883 divise les professions en trois catégories :

1° Les professions *autorisées*, c'est-à-dire celles qui ne peuvent être exercées qu'en vertu d'une *concession* spéciale de l'autorité. Ces professions sont celles qui présentent un certain danger, soit au point de vue moral ou politique (aubergiste, imprimeur, libraire, armurier, etc...), soit au point de vue de l'hygiène publique (établissements insalubres).

2° Les professions *libres*, c'est-à-dire celles que tout individu peut exercer, sous la double condition de satisfaire à certaines conditions de capacité, et de faire, soit au tribunal civil, soit au conseil provincial, suivant les cas, une déclaration préalable. Les professions libres sont le droit commun ; l'on doit considérer comme telles toutes celles qui ne sont ni soumises au régime de l'autorisation, ni classées dans la catégorie des professions dites *de métier*. La grande industrie (réserve faite pour les établissements insalubres), rentre dans ce second groupe.

3° Les professions dites *de métier*, lesquelles ne peuvent être exercées que sur la production d'un certificat, constatant un certain stage comme apprenti et des connaissances techniques suffisantes.

C'est en vue de cette troisième catégorie de professions, c'est-à-dire de la *petite industrie*, que le législateur de 1883 a restauré le régime corporatif, par une disposition ainsi conçue :

Chapitre VII, article 110 : « Entre ceux qui exercent le même métier ou des métiers similaires, dans une même commune ou dans les communes limitrophes, le lien corporatif *doit* être main-

août 1897, p. 179), et *Les corps de métiers en Autriche après vingt ans*, 1883-1903 (*ibid.*, 1er mars 1905) ; Combes de Lestrades, *Les lois sur l'industrie en Autriche et en Allemagne* (*Mus. soc.*, Doc., nov. 1911).

tenu là où il existe ; s'il n'existe pas, l'autorité *doit* chercher à l'établir, là où les circonstances le permettent ».

Ainsi, aux termes de la loi, tout patron exerçant un métier dans une circonscription où fonctionnait, avant la promulgation de la loi, une corporation *libre*, est *tenu*, légalement, d'entrer dans cette corporation : se rattachent également à cette même corporation, mais comme simples adhérents, tous les ouvriers, compagnons ou apprentis. Dans les régions ou n'existent pas de corporations, l'autorité provinciale a pour mission d'en créer ; elle est investie, à cet effet, des pouvoirs les plus étendus.

493. — **Objet de la corporation.** — L'objet de ces corporations (*Genossenschaften*) est multiple. Certaines de leurs attributions appartenaient déjà aux corporations libres ; les corporations nouvelles sont, en effet, spécialement chargées de prendre toutes les mesures propres à sauvegarder les intérêts communs de la profession, d'organiser l'enseignement professionnel, etc. Mais les corporations instituées par la loi de 1883 sont en outre investies de certaines attributions nouvelles : — 1° Elles doivent édicter des règlements sur les rapports entre patrons et ouvriers et l'organisation du travail, notamment sur l'apprentissage, l'hygiène et la police des ateliers, etc... ; — 2° organiser des caisses de secours au profit des ouvriers et apprentis ; — 3° fonder ou développer dans l'intérêt de leurs membres actifs, des institutions de secours et de prévoyance, ou d'économie collective (entrepôts à prix commun, coopératives pour l'achat en commun des matières premières, etc.) ; — 4° ouvrir un registre pour les offres et demandes de travail ; — 5° fournir aux autorités administratives les documents statistiques dont elles ont besoin, etc...

494. — **Fonctionnement de la corporation.** — La corporation est administrée, et ses biens sont gérés par un conseil de direction ou bureau de douze patrons.

Le bureau doit rendre ses comptes à l'assemblée générale annuelle, à laquelle peuvent assister les délégués des ouvriers. A côté de cette assemblée patronale, la loi institue une assemblée d'ouvriers, purement consultative.

Parrallèlement au bureau, fonctionne une commission arbitrale paritaire, chargée de trancher les différends entre patrons et ouvriers. Cette juridiction est d'ailleurs facultative.

Ajoutons, pour compléter ce tableau sommaire du régime autrichien, que les corporations sont soumises à une tutelle administrative des plus étroites.

495. — Associations professionnelles libres, mixtes et ouvrières. — Le chapitre V de la loi de 1883 autorise toutefois la constitution d'associations professionnelles libres entre patrons et ouvriers, c'est-à-dire de syndicats mixtes. Mais cet organisme hybride ne s'est pas développé.

La seule association professionnelle qui aurait pu prospérer à côté des corporations eût été le syndicat professionnel ouvrier ; mais la loi autrichienne tenait, naguère encore, pour illicites les associations de cette nature.

En fait, dès avant la guerre, les syndicats professionnels ouvriers avaient pu se développer, sous le couvert d'une large tolérance. La commission centrale des syndicats autrichiens groupait, fin 1913, 415.195 adhérents. Leur effectif avait beaucoup baissé pendant la guerre (177.173 adhérents seulement fin 1915) ; mais le mouvement syndical, à la faveur de la liberté d'association inscrite dans la nouvelle constitution autrichienne, reprit en 1919 sa marche ascendante (1).

496. — Critique du régime corporatif autrichien. — Il nous paraît inutile d'insister longuement sur les vices fondamentaux de la législation autrichienne. Aux inconvénients inhérents au système même du syndicat obligatoire viennent s'ajouter, dans le régime autrichien, deux vices graves : 1° Cette législation a un caractère aristocratique accentué, peu conciliable avec la constitution actuelle de la République autrichienne ; — 2° La législation autrichienne a, de plus, un caractère inquisitorial et policier.

Artificiellement composées, groupant des professions sans affinité entre elles, ces corporations nouveau style végètent, ou versent dans la politique ; plusieurs sont minées par des luttes violentes, issues du mouvement antisémitique.

Quant aux corporations greffées sur un tronc ancien, constituées entre les artisans d'un seul métier, elles sont assurément plus vivantes. Mais déjà l'on voit renaître entre elles ces conflits d'intérêt si fréquents sous l'ancien régime.

(1) C'est en 1920 que le mouvement a atteint son apogée : 2.158.000 membres (ouvriers et employés). Le nombre des adhérents, fin 1924, s'était abaissé à 1.650.000 ; il se maintient depuis lors autour de ce chiffre, d'ailleurs considérable eu égard à la population totale de la République autrichienne (*Bull min. trav.*, 1925, p. 332).

Dans la *Tchécoslovaquie*, érigée en Etat indépendant par le traité de Saint-Germain, le mouvement syndical n'est pas moins intense. Le nombre des syndiqués tchécoslovaques s'élevait au 1er janv. 1924 à 1.627.000 (*Bull. min. trav.*, 1925, p. 234)

497. — **Grande industrie.** — Le résultat, peu encourageant en somme, de cette restauration mal venue du régime corporatif (1) détermina dans l'opinion publique, au bout de quelques années, un revirement assez marqué. Celui-ci se traduisit pratiquement : — 1° par le rejet des dispositions tendant à réglementer les fabriques de produits dits de la petite industrie (fabriques de chaussures en gros, établissements métallurgiques livrant au commerce des produits fabriqués également par les petits artisans) ; — 2° par le rejet pur et simple du projet, déposé le 17 juin 1891, tendant à étendre, sous une autre forme (conseil d'usine obligatoire), le régime corporatif à la grande industrie.

498. — **Industrie minière.** — Seule l'industrie minière a été dotée, par la loi du 14 août 1896, d'une réglementation spéciale comportant le groupement des ouvriers mineurs du fond ou de la surface. Chaque district minier doit avoir au moins un *syndicat minier* : patrons et ouvriers forment dans le syndicat deux groupes distincts, ayant chacun son assemblée : le grand Comité, formé de la réunion des comités des deux groupes, sert de trait d'union. Au fond, il s'agissait moins, dans la pensée des promoteurs de la loi de 1896, d'adapter à la grande industrie le système de la corporation obligatoire, que de faciliter le développement, dans l'industrie minière, des institutions arbitrales.

499. — **Industrie agricole.** — C'est au contraire au système de la corporation obligatoire que se rattache la loi du 19 février 1902 sur les associations professionnelles d'agriculteurs, puisque cette loi groupe obligatoirement les propriétaires fonciers en syndicats (2). Mais il y a loin du texte actuel au projet primitif. Dans le projet ambitieux du parti agrarien, le syndicat agricole devait être un organisme puissant, capable de prendre la direction économique des cultures de la région. Ce projet fut abandonné, peut-être à raison de ce qu'en apparence au moins, il se rapprochait à certains égards de la solution collectiviste. D'après le texte qui a prévalu, le groupement obligatoire des propriétaires n'est plus qu'un syndicat de défense, ayant pour mission d'aider à la constitution d'œuvres diverses dans l'intérêt collectif de ses membres (crédit mutuel, coopération), mais sans but lucratif.

(1) Les partisans les plus convaincus du régime corporatif avouent ce demi-échec. — Brants, *Petite industrie contemporaine*, p. 187.

(2) Paisant, *Les associations professionnelles d'agriculteurs en Autriche*, loi du 19 février 1902 (*Mus. soc.*, juin 1902, p. 240 et suiv.).

B. — Hongrie

500. — Le régime corporatif institué en Hongrie par la loi du 21 mai 1884 est à peu près semblable au régime autrichien. Toutefois, tandis qu'en Autriche l'administration peut créer des corporations arbitrairement, la corporation hongroise est une fédération *communale* de métiers. Elle englobe tous les métiers de petite industrie existant dans chaque commune, mais à une double condition : 1° qu'il existe dans la commune au moins cent personnes exerçant l'un des métiers spécifiés par la loi ; 2° que les deux tiers des industriels demandent l'établissement d'une corporation (1).

D. — Allemagne (2)

501. — La législation corporative allemande (lois des 18 juill. 1881, 26 juill. 1897 et 28 déc. 1908) présente avec la législation autrichienne la plus grande analogie. L'analogie, tout d'abord, est manifeste, depuis 1897, au point de vue du caractère obligatoire

(1) Sur le développement économique de la Hongrie, cons. Gonnard, *La politique économique et les agrariens en Hongrie*, broch. in-8, 1908. — Sur la condition juridique des ouvriers agricoles (loi du 20 août 1907), v. Gonnard, *La Hongrie au XXe siècle*, 1908. — Cf. Blondel, *L'évolution de la Hongrie* (*Quest. prat.*, 1910, p. 3 et s.). Delos, *Du régime agraire en Hongrie* (Rev. écon. intern. nov. 1925). — Le syndicalisme a réalisé depuis 30 ans de sérieux progrès ; les syndiqués, qui n'étaient que 10.000 en 1902, étaient au nombre de 107.000 en 1913, de 126.000 en 1926 (Rev. du trav., 1928, 50).

(2) Bibliographie. — Sur le régime corporatif allemand : — Combes de Lestrade, *op. cit.* : Brants, *Les métiers de la petite industrie en Allemagne* (*Réf. soc.*, 1900 p. 421 ; Legrand, *L'organisation corporative de la petite industrie allemande*, 1911. — Sur les groupements patronaux libres dans la grande industrie : — Schomarus, *Die Organisation der Arbeitergeber* (*Soz. Praxis*, 1906-1907, p. 845) ; Hertz, *Les organisations patronales allemandes* (*Rev. écon. intern.* 1909, p. 495). — Sur le mouvement syndical ouvrier d'avant-guerre : — Dupin, *Du mouvement syndical ouvrier dans l'industrie allemande*, 1 vol. gr. in-8, 1902 ; Tondeur-Scheffler, *Les syndicats ouvriers allemands* (*Mus. soc.*, avr. 1902) ; A. Rivaud, *Les syndicats ouvriers allemands* (*Rev. polit. et parl.*, 1903, 3 [t. XXXVII], p. 301 et suiv.) ; Schwiedland, *Le syndicalisme en Allemagne* (*Rev. d'écon. polit.*, 1908, p. 349 ; Dechesne, *Syndicats ouvriers en Allemagne* (*Rev. économ. intern.*, janv. 1910). — Sur le mouvement syndical depuis la révolution de 1918 : — M. P., *Les Betriebsraete* (*Débats*, n° 31 août 1919) ; Got, *L'Allemagne à l'œuvre* 1920 ; *Syllabus du droit ouvrier allemand*, p. 15, 53 et s. ; Guillebaud, *The Works Council*, Londres, 1928. — V. aussi *supra*, n° 194.

de la corporation de métier. La législation allemande ressemble également à la loi autrichienne par la prééminence qu'elle assure aux patrons, et le droit de tutelle qu'elle confère à l'administration ; elle est cependant plus libérale, en ce qu'elle ne proscrit pas les associations ouvrières libres.

PETITE INDUSTRIE, CORPORATIONS DE MÉTIER. — 502. — **Loi de 1869.** — Les corporations privilégiées du moyen âge se sont perpétuées dans certaines régions de l'Allemagne jusqu'au milieu du XIXe siècle. Elles n'ont été abrogées complètement que par la loi fédérale du 21 juin 1869. Mais il importe de remarquer que cette loi, à l'instar de la loi autrichienne de 1859, et à la différence de la loi française de 1791, ne prohiba nullement les corporations ; elle supprima simplement leur monopole, et les laissa subsister en tant que sociétés libres.

503. — **Loi de 1881.** — Mais bientôt un vaste pétitionnement s'organisa dans tout l'Empire en faveur du rétablissement des corporations fermées. Le Reichstag fit droit en partie aux réclamations de la petite industrie par la loi du 18 juillet 1881, qui fut un premier pas dans la voie du retour au régime ancien.

Caractères distinctifs de la corporation. — « Peuvent seuls être admis en qualité de membres de la corporation (*Innung*) ceux qui exercent dans le district corporatif et *à titre indépendant*, un métier pour lequel la corporation est instituée, ou qui sont employés comme contremaîtres... » La corporation allemande, comme la corporation autrichienne, est donc exclusivement patronale. L'article 95 de la loi allemande prévoit cependant la constitution, dans chaque corporation, d'un *Comité de compagnons* élu par ceux-ci ; l'un des membres au moins de ce comité est délégué au comité de direction.

La corporation allemande est plus spécialisée que la corporation autrichienne, et moins localisée que la corporation hongroise : tantôt elle est circonscrite au territoire d'une commune, tantôt elle s'étend à toute une circonscription administrative ; mais en aucun cas elle n'englobe d'artisans de métiers non similaires (art. 82).

504. — *Objet et attributions de la corporation.* — L'article 81, *a* et *b* de la loi de 1881, complétée par la loi de 1897, définit le but complexe des corporations : — entretenir l'esprit de corps ; favoriser l'établissement de relations convenables entre maîtres et compagnons, et constituer à cet effet des tribunaux arbitraux ; organiser l'enseignement professionnel, réglementer l'apprentissage ; instituer des œuvres d'assistance ou d'assurance, et des offi-

ces de placement ; — créer des organismes coopératifs dans l'intérêt collectif des adhérents.

505. — La corporation obligatoire : loi de 1897. — La loi de 1881 contenait, sur l'apprentissage, une disposition tendant à placer les industriels libres dans une situation d'infériorité manifeste au regard des adhérents de la corporation. L'article 100 conférait en effet à l'autorité administrative supérieure le droit de déclarer obligatoires pour les patrons libres les règlements sur l'apprentissage édictés par la corporation.

Ce n'était là qu'un premier pas dans la voie de l'obligation. Dès 1895, le gouvernement allemand soumettait au Reichstag un projet tendant à restaurer, à l'instar de l'Autriche, la corporation obligatoire pour la petite industrie. Ce projet est devenu la loi du 26 juillet 1897, dont la disposition principale, formant le paragraphe 100 de la *Gewerbeordnung* est ainsi conçue :

« Dans l'intérêt commun professionnel des *métiers de petite industrie*, l'autorité supérieure de surveillance *peut* autoriser la formation d'une corporation *obligatoire* entre ceux qui exercent le même métier ou un métier similaire dans une circonscription déterminée, lorsque *la majorité* de ceux qui exercent un métier le demandent, lorsque par suite de l'étendue de la circonscription aucun adhérent n'est dans l'impossibilité de prendre part à la vie corporative et lorsque le nombre des adhérents est suffisant pour assurer l'existence de cette corporation ».

Une corporation obligatoire ne peut donc être créée que si, d'une part, la majorité des intéressés le demande formellement, et si, d'autre part, les conditions indiquées en l'article 100 précité sont réunies. Aussi les corporations libres sont-elles en grande majorité.

Lorsque l'administration a décidé la création d'une corporation obligatoire, ou la transformation, en corporation obligatoire, d'une corporation facultative préexistante, sont inscrits de plein droit sur la liste des membres tous ceux qui exercent le métier *pour leur propre compte*, à l'exception de ceux qui l'exercent en *grande industrie* (*fabrikmässig*), ou au contraire de ceux qui exercent le métier seuls, sans compagnons ni apprentis. Grands industriels ou artisans travaillant en chambre *peuvent* adhérer à la corporation du métier ; mais c'est pour eux une simple faculté.

La corporation peut *limiter* le nombre des apprentis (art. 130) ; mais elle ne peut tarifier le prix des marchandises.

506. — Chambres de petite industrie ou d'artisans (Handwerkskammern). — Une autre innovation de la loi de 1897 consiste dans la création des chambres de petite industrie ou d'artisans, organe représentatif des intérêts collectifs de l'industrie de métiers.

Les membres en sont élus par les corporations (*Innungen*), obligatoires ou facultatives, et par les associations industrielles (*Gewerbevereine*). A côté de la chambre fonctionne un comité de compagnons.

Les chambres d'artisans ont été créées en vue de rendre à la petite industrie des services analogues à ceux que le commerce et la grande industrie peuvent attendre des chambres de commerce (*Handelskammern*). — Il leur appartient d'éclairer l'administration, par des rapports ou des avis motivés ; elles ont également qualité pour réglementer l'apprentissage et surveiller l'enseignement technique.

Il est à remarquer qu'au point de vue de l'apprentissage notamment, les attributions des chambres d'artisans font quelque peu double emploi avec celles reconnues par la même loi de 1897 aux corporations de métier ; aussi les conflits d'attributions sont-ils assez fréquents entre ces deux rouages parallèles, l'un professionnel et basé sur la communauté du métier, l'autre régional et reposant sur le groupement de tous les métiers de la circonscription.

Quel a été le résultat des réformes législatives de 1897 ? Des plus médiocres, à ce qu'il semble, de l'aveu même des partisans les plus déterminés du régime corporatif, tels que M. Brants. D'après la statistique dressée en 1905 par l'Office impérial de statistique (*Bull. Off. trav.*, 1908, p. 579), l'on comptait en Allemagne à la fin de 1904, 8.147 corporations libres avec 270.232 membres, et 3.164 corporations obligatoires avec 218.400 membres, soit au total 488.700 artisans incorporés. Les *Handwerkskammern* étaient au nombre de 63 seulement. Dans certaines villes, à Berlin notamment, les artisans libres, indépendants de toute organisation professionnelle, forment une majorité considérable, atteignant jusqu'à 85 et 90 %.

Grande industrie. — 507. — La grande industrie, sans être assujettie au régime de la corporation obligatoire, n'en est pas moins englobée à certains égards dans le mouvement corporatif. Nous verrons en effet plus loin que le fonctionnement des *assurances obligatoires ouvrières* a pour base la constitution entre tous les chefs d'industrie assujettis au nouveau régime légal, de corporations *sui generis*, ayant pour mission essentielle d'opérer entre tous les adhérents la répartition équitable des charges imposées par la loi.

Il s'est constitué, d'autre part, entre patrons de la grande industrie, un certain nombre d'associations libres, analogues à nos syndicats patronaux. Mais la plupart d'entre elles se sont écartées de leur objet propre, pour se transformer en syndicats de producteurs.

Depuis quelques années, cependant, les groupements patronaux se préoccupent également de la défense professionnelle. Ils ont constitué dans ce but deux puissantes fédérations (*Centralverband der deutschen Industrieller* et *Verein deutscher Industrieller*), dont le double objectif est d'agir auprès des pouvoirs publics pour la défense économique des industries nationales, et d'organiser la résistance aux revendications ouvrières.

SYNDICATS OUVRIERS. — 508. — Si les ouvriers ne sont pas, et ne peuvent pas être membres actifs des corporations, du moins peuvent-ils constituer entre eux des associations professsionnelles ou syndicats. Ce syndicats sont parfaitement licites, mais ils restent soumis au droit commun des associations, c'est-à-dire qu'ils ne jouissent pas de la personnalité morale.

Les associations ouvrières, très puissantes avant la guerre, avaient vu leurs rangs s'éclairer de 1914 à 1918 ; mais, depuis l'armistice, elles avaient repris un essor vraiment remarquable et leurs effectifs s'élevaient en 1922, au chiffre impressionnant de 13.305.000 membres ! (*Bull. min. trav.*, 1925, 447). Mais les années suivantes devaient être marquées par un brusque mouvement de recul, sous l'influence de la crise économique causée par l'effondrement du mark. Fin 1923, ces effectifs s'étaient abaissés à 7 millions environ. Depuis la restauration monétaire de l'Allemagne, ce mouvement de régression s'est arrêté, et l'on constate même, depuis 1927, une reprise sérieuse, mais les chiffres actuels n'en demeurent pas moins inférieurs de plus d'un tiers à ceux de 1922 (*Rev. du travail*, 1928, p. 1192).

Les trois principaux groupements sont les suivants :

509. — 1° **Associations ouvrières socialistes (Gewerkschaften).** — Leur développement a suivi un mouvement ascensionnel presque continu, depuis le Congrès socialiste d'Erfurt (1872), où fut définitivement fondée la fédération de tous les groupes socialistes ouvriers de l'Allemagne, jusqu'à 1914. Affiliée à l'Association internationale des travailleurs, imbue des doctrines de Lassalle et de Karl Marx, l'Union des métiers contribua puissamment à la diffusion de ces doctrines dans les masses ouvrières.

Effrayé des progrès du socialisme, le gouvernement eut d'abord recours aux moyens de répression violents, préconisés par M. de Bismark : la loi de 1878 vint interdire aux associations socialistes toute manifestation extérieure. Mais le virus socialiste n'en avait pas moins produit son effet : le gouvernement lui-même, dans l'espoir d'enrayer le mouvement, entrant dans la voie préconisée par le parti qu'il combattait, soumettait au Reichstag toute une série de lois en faveur de la classe ouvrière, et provoquait même la réunion, à Berlin, d'une Conférence internationale ouvrière (V. *supra*, n° 174).

Les socialistes triomphaient pour ainsi dire sans combattre ; les lois répressives étaient absolument impuissantes à enrayer leurs progrès, si bien que le nouvel empereur Guillaume II considéra qu'il serait de bonne politique de se départir de rigueurs d'un autre âge. Le Reichstag se montrait d'ailleurs nettement hostile au renouvellement de cette législation d'exception ; l'on revint donc au droit commun.

510. — Depuis cette date, 1890, les syndicats ouvriers socialistes ont progressé avec une rapidité croissante. L'année 1890 vit se reconstituer la fédération de 1872, désagrégée par l'effet des lois d'exception. La fédération à laquelle tous sont affiliés a pour base les unions de métiers, dotées pour la plupart d'un bureau central et d'un Congrès périodique ; chaque Union envoie un délégué par 3.000 membres aux congrès périodiques de la fédération. Celle-ci a pour organe permanent sa *Commission générale*, composée de sept membres, et siégeant à Hambourg.

A côté de ces Unions de métiers, organisées régionalement ou nationalement, se sont constituées depuis quelques années de nombreuses Unions locales, correspondant à peu près à nos Bourses du travail (*Gewerschaftskartelle*).

Les syndicats socialistes fédérés comptaient en 1900 plus de 680.000 membres. Le maximum d'avant-guerre est atteint fin 1913 avec le chiffre de 2.576.688 cotisants. Pendant les trois premières années de guerre, l'effectif fléchit considérablement et tombe à 934.834 fin 1916. Dès 1917, on constate une reprise lente d'abord, puis de plus en plus rapide. En 1919, sous le régime de la Constitution de Weimar, le syndicalisme acquiert une force irrésistible et l'effectif s'élève au chiffre de 7.338.723 ! Le maximum est atteint en 1922, avec 8.814.000 adhérents. Puis vient une régression brutale due à la crise monétaire. Fin 1924, les syndicats ouvriers socialistes ne comptaient plus que 3.975.000 membres. Mais leur nombre s'élève à nouveau à partir de 1927 ; fin 1927 l'effectif global est de 4.415.000 (1).

511. — 2° **Associations ouvrières à base confessionnelle.** — Ces associations sont de deux sortes : les associations exclusivemnt

(1) Leur situation financière s'améliore parallèlement. Leurs recettes se sont élevées au total à 182.252.000 marks or en 1927. Leurs dépenses, au contraire ont diminué, par suite de la réduction du nombre des chômeurs. Ainsi, sous peu d'années, leurs réserves, détruites par la crise monétaire, seront reconstituées (*Rev. du trav.*, 1928. p. 1102).

religieuses (*Konfessionnelle Vereine*) impliquant adhésion formelle à une confession déterminée, telles que les *Evangelische Arbeiter-vereine*, dont les promoteurs les plus connus furent le pasteur Stöcker, Naumann, le professeur Wagner ; et les *Christliche Gewerkvereine*, fondées par le parti catholique, mais ouvertes néanmoins à tous ceux, catholiques ou protestants, qui se réclament de la morale et de la discipline chrétiennes.

Les premières sont nettement en décroissance (50.000 adhérents en 1924).

Les secondes au contraire, sous la double impulsion des socialistes chrétiens et du centre catholique, se sont rapidement développées, surtout dans les provinces rhénanes ; elles ne comptaient pas moins, fin 1923, de 800.000 membres, formant, comme les *Gewerkschaften* socialistes, une vaste fédération.

512. — 3°. **Associations ouvrières purement professionnelles (Geverkevereine Hirsch Duncker), et syndicats indépendants.** — Ces associations, fondées en 1868 par le Dr Max Hirsch et le député progressiste Franz Duncker, ont le même objectif que les *Trade-Unions* anglaises, de l'ancien type : améliorer pacifiquement la condition des travailleurs sans bouleversement social, en dehors de toute politique de parti. Malgré le zèle de leurs promoteurs, ces associations n'ont obtenu qu'un succès relatif : c'est à peine si elles atteignent aujourd'hui 209.000 membres.

Il convient toutefois d'ajouter à la liste des syndicats Hirsch-Duncker les *syndicats indépendants*, qui poursuivent eux aussi un objectif exclusivement professionnel (1.350.000 membres fin 1923 d'après le *Reichsarbeitsblatt*).

513. — **L'œuvre des syndicats.** — L'œuvre des syndicats ouvriers allemands est considérable. Nous aurons l'occasion de revenir sur leur participation active, soit à l'organisation de l'apprentissage, soit au fonctionnement des institutions d'assurance. Signalons également leur intervention dans le contrat de travail et la conclusion des contrats collectifs, dans le fonctionnement des institutions arbitrales, dans la création d'œuvres sociales de toute nature, leurs encouragements au mouvement coopératif.

Leur action sur le mouvement législatif n'est pas moins certaine ; la plupart des lois sociales votées dans ces vingt dernières années avaient été discutées et étudiées à fond dans les Congrès syndicaux.

514. — **Vers le syndicat obligatoire, par les Betriebsraete, et les Conseils économiques.** — Dès le lendemain de la Révolution allemande, l'ordonnance du 23 déc. 1918 instituait dans chaque entre-

prise des Conseils d'ouvriers et d'employés, plus ou moins imités du régime soviétiste. Cette innovation, qui ne tendait à rien moins qu'à associer obligatoirement le personnel à la gestion, fut définitivement consacrée par la loi du 9 février 1920, imposant dans toute entreprise, occupant au moins 20 ouvriers ou employés, l'institution d'un *Betriebsrat* (Conseil d'entreprise) (1).

Ces conseils forment l'assise de toute une organisation économique d'Empire, à base corporative et à tendance socialiste accentuée. Le projet soumis au *Reichstag* comporte en effet au 1er échelon, des Conseils d'exploitation ou d'entreprise ; au second échelon, des Conseils de district ; au troisième échelon, deux vastes Fédérations nationales, patronales et ouvrières, et enfin au sommet, le *Conseil économique national*.

Cette vaste organisation n'est encore qu'à l'état d'ébauche ; les organismes intermédiaires n'ayant pu être constitués, l'on s'est borné à créer un Conseil économique provisoire. — Sur le rôle dévolu à ce Parlement consultatif du travail, v. *supra*, n° 194.

Mais dès maintenant il apparaît clairement que, dans l'Allemagne nouvelle comme dans le *Commonwealth* australien, les syndicats sont devenus virtuellement obligatoires, l'ouvrier isolé étant en quelque sorte hors la loi commune (2).

IV. — Etats Balkaniques

515. — Les Etats balkaniques ont, en matière de législation syndicale, suivi la même évolution que les Etats germaniques. — Après avoir proclamé le principe de la liberté d'association, ils s'orientent aujourd'hui dans le sens de la corporation obligatoire (L. *roumaine* du 5 (18) mars 1902 sur l'organisation des métiers, amendée par la loi des 25 janv. 7 fév. 1912, *bulgare* du 20 juin (3 juill.) 1903, amèndée par la loi des 27 mars-9 avril 1910, *serbe* du 29 juin (12 juill.) 1910 sur l'industrie, amendée en 1922 (3).

(1) Sur la participation à la gestion dans le nouveau droit ouvrier allemand, participation d'ailleurs restreinte par suite de la résistance patronale et des rivalités ouvrières, v. *infra*, titre IV.

(2) Got, *op. cit.*, p. 176 ; Hauser, *La syndicalisation obligatoire en Allemagne* (*Rev. d'écon. polit.*, 1918, p. 230 et s.). — Cf. Rathenau, *La nouvelle économie nationale*. « Les syndicats, déclarait ce théoricien du socialisme d'Etat, doivent devenir les centres nerveux de toute l'organisation économique ». — V. aussi Guillebaud, *op. cit.* — Il convient de remarquer que l'organisation corporative, dans le nouveau Code industriel de *Pologne* (Code ind. des 7-15 juin 1927), est nettement inspirée du régime allemand. — *Rev. du trav.*, 1928, p. 721.

(3) *Ann. de lég. du travail*, 1910, p. 114 ; 1912, p. 52 et s. ; *Rev. du travail*, 1924, p. 606. — Ghiulea, *Les organisations ouvrières en Roumanie* (*Rev. intern. trav.*, janv. 1924).

Aux termes de la loi *roumaine*, — spéciale à la petite industrie, — nul ne peut exercer un métier à son compte, ni employer des apprentis ou des ouvriers, s'il ne possède un brevet de maître délivré sous certaines conditions par le corps de métier.

Toute personne exerçant l'un des métiers soumis aux dispositions de la loi, ainsi que les ouvriers de fabrique ayant reçu une préparation professionnelle, font partie *obligatoirement* du corps de métier respectif. Les ouvriers et apprentis ne sont pas, comme en Allemagne et en Autriche, dans une situation d'infériorité au regard des maîtres. L'égalité est complète entre eux, l'assemblée générale du corps de métiers se composant de tous les membres majeurs et jouissant de leurs droits. La réunion de plusieurs corps de métiers constitue une *corporation*. La corporation doit comprendre au moins 1.000 membres. Elle est le premier organe des assurances.

Auprès de chaque corporation fonctionne une Commission arbitrale de trois membres (v. titre III, *infra*).

La loi *bulgare* présente une grande analogie avec la loi roumaine.

La loi *serbe* de 1910, étendue en 1922 à toute la *Yougoslavie*, s'inspire des deux précédentes, mais elle n'a pas la même précision. C'est ainsi notamment qu'elle n'indique pas nettement sous quelles conditions les artisans d'une ville peuvent décréter l'obligation corporative. Cette même loi reconnaît expressément aux patrons et ouvriers le droit de constituer des syndicats libres. Elle réglemente d'autre part les bourses du travail (1).

§ 3. — Législations à base corporative et étatiste généralisée

1. — Italie

516. — La liberté syndicale avant le régime fasciste (2). — C'est seulement à partir de 1903 que se produisit en Italie un mouvement général en faveur de l'association professionnelle. Dès la fin du XVIIIe siècle, sous l'influence française, les corporations avaient

(1) Extrême-Orient. — Sur l'apparition et le développement du syndicalisme au *Japon*, v. Challaye, *Le mouvement ouvrier au Japon* (*Rev. intern. trav.*, nov. 1921) ; Quest. prat. 1925, p. 85 ; Rev. belge du travail, 1928, p. 938 ; — en *Chine*, v. Quest. prat. 1925, p. 37, et Rev. belge du travail, 1928, p. 175.

(2) Foa, *La Confédération du travail en Italie* (Mouv. socialiste, janv. 1906) ; Lemonon, *L'Italie économique et sociale*, 1913.

disparu dans le Nord de l'Italie. Suivant le même mouvement, le Pape Pie VII les abolit dans ses États en 1801, et prohiba, comme l'avait fait la Constituante, tout groupement professionnel. Par un décret de 1852, Pie IX revint sur cette interdiction et autorisa ouvriers et patrons à constituer des corporations *libres*, à la seule condition d'en soumettre les statuts à la congrégation préposée au contrôle des métiers.

Mais la législation papale disparut naturellement avec le pouvoir temporel et le Gouvernement italien ne songea point, avant 1907, à donner aux syndicats professionnels, qui avaient pris la place des corporations supprimées dans tout le Royaume par la loi de 1864, un statut légal. Mis en défiance à l'endroit des associations ouvrières par les tendances internationalistes affichées par la plupart de celles fondées en Italie depuis 1865, sous l'influence des anarchistes russes, et spécialement de Bakounine, le Parlement italien chercha tout d'abord à dériver le mouvement dans le sens de la constitution de sociétés de secours mutuels et de sociétés coopératives (V. 161, et chap. IV, *infra*).

Cette situation allait se modifier à partir de 1903, c'est-à-dire depuis l'époque où le gouvernement italien, par diverses créations, inspirées de la législation française (Conseil du travail, inspection, etc.), affirma nettement son intention d'orienter la législation italienne dans le sens des réformes sociales. Des relations suivies se nouèrent entre le gouvernement et les groupements ouvriers, et un véritable mouvement associationniste se développa rapidement dans toute la péninsule. Les chiffres suivants (1) en attestent l'intensité : 97 *chambres de travail* (cpr. Bourses du travail françaises) au 1er janvier 1914, 543 syndicats et 622.298 adhérents. 61 Chambres affiliées à la Confédération générale du travail. — Les *Fédérations de métiers*, au nombre de 24, groupaient 220.591 ouvriers. — Les *ligues des travailleurs de la terre* étaient au nombre de 2.626 avec 468.949 adhérents.

Un projet de loi, inspiré des lois française et belge, sur la reconnaissance légale des syndicats, fut même déposé en 1907 sur le bureau de la Chambre italienne. Il ne vint pas en discussion.

516 bis. — **La C. G. T. et le contrôle ouvrier** (2). — Mais la C. G. T. italienne allait être reconnue comme organe officiel du prolétariat ouvrier par le gouvernement italien, dans les circonstances

(1) Chiffres empruntés au *Boll. dell Ufficio*, par le *Bull. du Minist. du travail* (1914, p. 361).

(2) Hautecœur, *L'agitation des ouvriers métallurgistes en Italie* (Soc. d'ét. et inform. écon., 1920) ; *Quest. pratiques*, chronique août- oct. 1920, mars-avril 1921). — Cf. *Lettres d'Italie* (Débats, 14 mars, 3 avril 1920).

suivantes. On sait qu'à la fin d'août 1920, les ouvriers métallurgistes des grands centres de la péninsule s'emparèrent par la violence des usines et organisèrent eux-mêmes, sous l'inspiration de Moscou, un réglement de travail nettement communiste.

Ce mouvement révolutionnaire devenant menaçant, le gouvernement prit l'initiative, le 19 sept. 1920, de réunir par décret, en une commission paritaire, les représentants de la C. G. T. et ceux de la grande industrie. Cette commission élabora un règlement provisoire, auquel il fut un instant question de substituer un système légal et permanent de contrôle du personnel sur la gestion (proj. Giolitti, 9 fév. 1921).

517. — Régime fasciste : suppression de la liberté syndicale, corporations fascistes intégrées dans l'État (1). — Le triomphe de la C. G. T. italienne ne devait pas être de longue durée. Dès le lendemain de la marche sur Rome (octobre 1922), le dictateur Mussolini institua sur toutes les organisations professionnelles un contrôle des plus sévères ; beaucoup d'entre elles durent se dissoudre et la C. G. T. elle-même se désagrégea.

Le terme logique de cette évolution allait être la loi du 5 avril 1926 (*Bull. min. trav.*, 1926, 241), sur *la discipline juridique des rapports collectifs du travail*, consacrant en fait le monopole des syndicats fascistes, étroitement intégrés dans l'État.

Cette loi ne tend, en effet, à rien moins, le suffrage universel étant aboli, qu'à transférer aux organisations syndicales fascistes, cadres virtuellement obligatoires (à l'instar des anciennes corporations), le pouvoir politique (d'ailleurs singulièrement limité), et à en faire l'armature politique et économique du pays. C'est dans ces associations, patronales et ouvrières, étroitement subordonnées au Directoire, c'est-à-dire à l'autorité directe de M. Mussolini, chef du gouvernement, assisté du Ministre des corporations,

(1) BIBLIOGRAPHIE. Gino Arias, *La réforme syndicale en Italie* (*Rev. intern. trav.*, sept. 1926) ; M. Gianturco, *La legislazione sindacale fascista*, broch. 1926, et *Le monopole syndical* (*Rev. polit. et parl.*, juin 1926) : Muret, *Cinq ans de fascisme* (*Pax*, n°s 18 nov., 5 déc., 1927) ; Naudeau, *Où en est le fascisme en Italie*, broch. 1927 ; Perroux, *Contribution à l'étude de l'économie et des finances fascistes depuis la guerre*, 1 v. in-8, 1928, p. 172 et s., et *Le syndicalisme fasciste*, broch. 28 ; Scelle, *La dixième conférence internationale du travail et la crise du syndicalisme* (*Quest. prat.*, 1927, p. 97, et 28, p. 1 et s.) ; Le Roy, *La charte du travail fasciste*, th. 1928 ; Aillaud, *Le développement de la corporation en Italie* (*Rev. intern. trav.*, mai 1928). — Cf. Annuaire du *Centre internat. d'études sur le fascisme* (*Cinef*), 1re ann., 1928, Lausanne ; *La liberté syndicale* (vol. d'enquêtes du B. I. T., 1928).

Nombre d'ouvriers inscrits à la Confédération nationale des syndicats fascistes au 31 déc. 1927 : — 2.768.730.

que d'après la nouvelle constitution du Royaume (décembre 1928) se recruteront à l'avenir, en grande majorité du moins, les représentants de la nation (1). Ces associations, seules reconnues comme personnes morales, ont seules qualité pour conclure des contrats collectifs, obligatoires *pour tous*, même pour les non syndiqués.

Toute résistance aux initiatives prises par ces groupements à estampille gouvernementale est brisée d'avance ; les grèves et lock-outs étant interdits désormais sous peine de sanctions rigoureuses (v. *supra* n° 298), et tous les différends relatifs à la discipline des rapports collectifs du travail étant déférés aux Cours d'appel fonctionnant comme *magistrature du travail*, avec le concours d'une sorte de jury sélectionné, recruté parmi les organisations professionnelles intéressées.

Il convient à cet égard de rapprocher de la loi précitée, la *Charte du travail*, promulguée le 22 avril 1927 (2), et dans laquelle est précisée, synthétisée, en quelques brèves formules, la conception fasciste des droits et devoirs de l'employeur et du salarié, avec indication du rôle primordial assigné aux syndicats professionnels, ou plutôt aux corporations de métier agréées par le pouvoir, dans la vie politique de l'Etat.

II. — Espagne

518. — Dès avant le décret-loi de 1926, il semblait que l'*Espagne* dût être classée dans le groupe des Etats qui ont conservé le régime corporatif. En effet, le décret de 1847 contient une disposition ainsi conçue : « Dans chaque localité, tous les individus exerçant la même industrie ou profession, le même art ou le même commerce, formeront un collège pour le paiement de la *contribution*

(1) D'après le nouveau régime électoral de la Chambre corporative, réduite au rôle modeste d'un Conseil de notables, le grand Conseil fasciste, lui-même étroitement subordonné au *Duce*, choisira 400 députés, pris parmi les 800 candidats désignés par les syndicats patronaux et ouvriers (80 délégués de patrons de l'industrie, 80 des ouvriers industriels, — 48 délégués de la Confédération des Commerçants, et 48 de celle des employés, 96 délégués de la Confédération des agriculteurs et 96 des travailleurs de la terre, etc...), et parmi les 200 candidats des organisations d'ordre social et cultural, Universités, fonctionnaires de tous ordres, Institut colonial, Institut des coopératives, etc.). Le grand conseil reste d'ailleurs l'arbitre absolu de la répartition définitive, ayant le pouvoir de rayer, sélectionner, compléter même les listes qui lui sont soumises (*Temps*, 16 déc. 1928).

(2) V. *Bull. min. trav.*, 1927, p. 243 et s. ; *Quest. prat.*, 1927, p. 82 ; Dupeyroux, *La charte du travail en Italie*, br. 1928.

industrielle ». Mais il ne s'agissait là en réalité que d'une mesure fiscale destinée à faciliter le recouvrement de l'impôt.

Patrons et ouvriers pouvaient, du reste, — en vertu de la loi du 30 juin 1887 sur la liberté d'association, — constituer entre eux des associations professionnelles, jouissant de la personnalité morale, à la seule condition pour les fondateurs de déposer les statuts, huit jours au moins avant la mise en vigueur, au gouvernement de la province (1). Les employés et ouvriers des manufactures d'État bénéficiaient du droit syndical (ordonn. 10 août 1916). Pouvaient toutefois être considérées comme illicites les associations contraires à la morale publique (art. 198 C. pén.). Cette disposition pénale permit au gouvernement de combattre (parfois brutalement, aff. Ferrer) le développement inquiétant de l'internationalisme révolutionnaire, puissant en Catalogne (2).

518 bis. — **Décret-loi du 26 Nov. 1926, créant l'organisation corporative du travail.** (3). — Ce décret du dictateur espagnol Primo de Rivera est manifestement inspiré du régime italien ; comme celui-ci, il substitue à l'organisation syndicale du type anglo-français une organisation d'ensemble du travail industriel à tous les degrés, sur la base corporative.

A cet effet, toutes les formes de l'activité économique sont réparties en 27 groupes corporatifs. Chaque groupe possède une représentation paritaire à plusieurs échelons dont l'ensemble constitue la corporation. Les organismes paritaires corporatifs, qui sont des institutions de droit public, comprennent :

1° A la base, les Comités paritaires locaux ;

2° Au stade intermédiaire, les Commissions mixtes du travail, constituées dans chaque province par les Comités paritaires de professions connexes ;

3° Au sommet, les Conseils de corporation. Elus par les Comités

(1) Il en est différemment en *Portugal* où, comme en France jusqu'en 1901, les associations sont soumises au régime de l'autorisation administrative préalable (art. 282 C. pén.). Les associations professionnelles, ne bénéficiant d'aucun régime de faveur analogue à notre loi française de 1884, n'y ont donc qu'une existence de fait, même depuis l'établissement du régime républicain. — Par contre, la législation *grecque* sur les associations (L. 21 juin-4 juill. 1914), présente une grande analogie avec la législation espagnole antérieure à 1926.

Sur le mouvement syndical dans les Républiques espagnoles de l'Amérique du Sud ou de l'Amérique centrale (*Argentine, Uruguay, Mexique*, etc.) cons. notamment : — Palacios, *El nuevo Derecho*, Buenos-Ayres, 2e éd., 1928 ; Salgado, *El derecho de Huelga*, Montevideo, 1920 ; Lopez, *Sociedades y syndicatos*, Mexico, 1920.

(2) Marvaud, *La question sociale en Espagne*, 1910.

(3) *Revue belge du travail*, 1927, 253 ; — *Quest. pratiques*, 1928, p. 99 et s.

paritaires de toute l'Espagne, ils constituent l'organe central et national de chaque corporation. Chaque Conseil est représenté dans la Commission déléguée des Conseils, qui joue auprès du Ministre du travail, du commerce et de l'industrie un rôle analogue à celui du Conseil supérieur du travail français.

III. — Législation soviétiste

519. — La législation. — D'après la constitution soviétiste (1), les syndicats feraient partie intégrante de l'organisation de l'Etat, spécialement en matière économique. Ils figurent dans les administrations de chaque usine, dans le Conseil de contrôle ouvrier pour toute la Russie, dans les directions de chaque industrie nationalisée, dans les Commissions de salaires, etc. Les articles 7 et s. du Code du travail leur accordent même le droit de fixer les conditions du travail. Ils jouent également un rôle politique, ayant des délégués dans tous les Soviets ou Conseils communaux ou régionaux et dans le gouvernement (Conseil des commissaires du peuple, à Moscou).

L'inscription aux syndicats est obligatoire pour tous les travailleurs dans un certain nombre de branches d'industrie ; les syndicats fédérés de chaque branche envoient à leur tour des délégués au Conseil central panrusse siégeant à Léningrad ou à Moscou.

519 bis. — La pratique. — Le syndicalisme contre la dictature communiste du Moscou. — Si la législation de 1918-1919 semble inspirée du syndicalisme le plus pur, tout autre est la pratique suivie depuis 1920 par le gouvernement de Moscou. Lénine et Trotsky d'abord, puis Staline, redoutant l'esprit d'indépendance des ouvriers, en sont arrivés progressivement à supprimer de fait le contrôle ouvrier et la participation aux bénéfices du personnel dans les usines, ainsi que le concours des syndicats à la règlementation du travail. Au lieu des courtes journées promises, et pratiquées pendant quelques mois, ils ont cru pouvoir, après avoir promis la journée de 7 heures, décréter d'autorité la journée de 12 heures dans certaines industries, en échange de salaires de famine, et ont transformé peu à peu les usines en véritables bagnes d'où, malgré les méthodes terroristes du *Guépéou*, les ouvriers

(1) Les *conditions du travail dans la Russie des Soviets* (enquête du Bureau intern. du travail), *Bull. Min. trav.*, 1920, p. 299. — Labry, *Une législation communiste*, p. 127 et s.

s'évadent pour se réfugier dans les campagnes, où ils créent de petits ateliers autonomes. Cet exode est si général que les grandes villes ont perdu plus de la moitié de leur population (1).

Au début de 1921, l'opposition des syndicats, périodiquement aggravée par la famine, prit un caractère très menaçant pour Moscou. Des révoltes graves éclatèrent sur presque tous les points de la République russe. Les chefs du mouvement réclamaient la convocation de la Constituante, l'abandon des méthodes dictatoriales et terroristes, et l'application loyale de la Constitution de 1917-18, garantissant notamment aux syndicats une part effective dans le gouvernement du pays. Ce mouvement, réprimé par la terreur, n'aboutit pas, mais le faible rendement des entreprises industrielles russes ne laissa pas que de préoccuper le gouvernement de Moscou. Les atténuations apportées au régime marxiste (la *Nep*) en vue d'attirer en Russie les capitaux étrangers, n'ont donné jusqu'ici que des résultats très médiocres, à raison de la précarité des garanties offertes, et de la défiance justifiée des techniciens étrangers, sans le concours desquels l'outillage acquis à grands frais au dehors par le Service central d'achats risque de demeurer inutilisable.

L'économie soviétiste est donc encore très loin d'avoir trouvé son équilibre (2).

(1) Les diverses industries sont concentrées en trusts qui dépendent du commissariat de l'industrie. Ces trusts ont à leur tête un président et des délégués techniques, choisis parmi les ouvriers, mais nommés et contrôlés étroitement par le pouvoir central. La classe ouvrière ne constitue d'ailleurs qu'une infime minorité par rapport aux paysans. Toutes les terres d'une commune sont constituées en fonds commun, puis réparties entre les familles, proportionnellement à leur capacité d'exploitation mesurée par le nombre des travailleurs et l'importance du cheptel dont elles disposent. L'inégalité des conditions n'a donc nullement disparu : la population paysanne est constituée par 50 % de prolétaires qui ne possèdent rien et sont obligés de louer leurs bras ; près de 50 % de *seredniak* ou paysans de la classe moyenne peuvent vivre sur leurs terres ; il subsiste même une aristocratie terrienne, peu nombreuse, mais riche (les *koulaks*) possédant beaucoup de bétail et de machines, et détenant de vastes domaines. — Boris Sokolof, *La classe ouvrière en Russie* (Débats, n° 29 Nov. 1920) ; M. Bossan, *La vie économique en Russie ; ce qu'est la Nep* (Débats, n° 30 déc. 1923) ; Zvorikine, *Le communisme agraire dans le pays des soviets* (Réf. soc., Nov. 1925) ; J. Lyon, *L'état actuel de la Russie* (Comité national d'études, s. des 29 fév. et 28 mars 1927).

(2) L'une des preuves de ce déséquilibre est l'importance du chômage : 2 millions et demi, soit 25 % des salariés industriels. L'insuffisance du salaire moyen, et la proportion excessive des accidents sont des symptômes aussi caractéristiques. — Zagorsky, *L'économie soviétique* (*Rev. polit. et parl.*, sept. 1928) ; *La Nep dans une impasse* (*ibid.*, août 1929) ; P. Villard, *Le dixième anniversaire du communisme russe*, broch. 1928 ; *Bull. min. trav.*, 1928, 232.

SECTION IV. — Résultats économiques et sociaux de la loi de 1884. — Projets de réforme

§ 1. — Résultats économiques et sociaux de la loi de 1884 Documents statistiques

520. — Développement des syndicats depuis 1884 : statistique officielle. — Nous avons, dans les sections précédentes, présenté l'historique du mouvement syndical et corporatif en France et à l'étranger et commenté la loi organique de 1884 (amendée en 1920), mise en parallèle avec les principales lois étrangères. Il nous reste pour compléter l'étude de cette loi, qui domine tout le droit industriel, à rechercher brièvement quelles sont les réformes dont la pratique a démontré la nécessité.

La loi de 1884 a été vivement attaquée, dans les camps les plus opposés. Que valent ces attaques ? Il est un fait incontestable, qui ressort avec évidence des statistiques officielles, malheureusement beaucoup trop anciennes (1), c'est l'impulsion considérable imprimée au groupement corporatif, par la promulgation de la loi de 1884. Il suffit, pour mesurer la progression de toutes les catégories de syndicats jusqu'à la veille de la guerre, de se reporter au tableau suivant, qui donne le mouvement des syndicats professionnels constitués en exécution de la loi du 21 mars 1884 (tableau arrêté au 1er juillet de chaque année jusqu'en 1895 inclus, et au 31 décembre à partir de 1897) :

(1) Le dernier *Annuaire* publié par le Ministère du travail (résumé au *Bull. Min. trav.*, 1915, p. 29 et s.) s'arrête au 1er janvier 1914. Il est très regrettable que la France n'ait pas repris après la guerre cette publication, et se borne à nous donner des tableaux statistiques sommaires, tout à fait insuffisants pour refléter la physionomie exacte du mouvement syndical. Le dernier de ces tableaux s'arrête d'ailleurs au 1er janv. 1926 (*Bull. min. trav.*, 1926, p. 419); alors que les documents correspondants pour certains États nous donnent la statistique de 1926 (Grande-Bretagne et Suisse par exemple). Voici quels étaient, fin 1926, les effectifs syndicaux adhérents à l'Internationale d'Amsterdam : 12.839.174, dont 4.382.040 pour l'Allemagne, 4.163.934 pour la Grande-Bretagne, 736.392 pour l'Autriche, 605.250 pour la France, 551.860 pour la Belgique, 548.231 pour la Tchécoslovaquie, 414.859 pour la Suède, etc... (*Bull. min. trav.*, 1926, 100). Il y a régression de près d'un demi-million par rapport à 1925 (13.366.387), due en grande partie à la disparition de la C. G. T. italienne, recensée en 1925 pour 234.520 membres. — Sur le mouvement syndical international, V. *Rev. intern. trav.*, fév. et mai 1926. — Cf. Rev. du trav. belge, *passim*.

ANNÉES	Syndicats industriels et commerciaux			Syndicats agricoles	Totaux	Différence en plus d'une période à l'autre
	patronaux	ouvriers	mixtes			
1884 (1er juill.).	101	68	1	5	175	
1902 (31 déc.)..	2.757	3.934	156	2.433	9.280	9.105
1914...........	4.967	4.846	233	6.667	16.713	7.439
1920...........	5.074	5.283	175	6.519	17.055	342
1926...........	6.621	6.349	156	11.613	24.739	7.684

ANNÉES	Personnel des Syndicats					Différence en plus d'une période à l'autre
	patronaux	ouvriers	mixtes	agricoles	Totaux	
1902..........	205.463	643.757	33 431	598.834	1.481 485	
1914..........	403.143	1.026.302	51.111	1.029.727	2.510.283	1.028.798
1920..........	379.855	1.580.967	31.906	1.083.057	3.073.685	563.402
1926..........	524.073	1.181.297	27.206	1.583.247	3.315.823	239.938 (1)

520 bis. — **Mouvement des Unions de syndicats professionnels de 1884 à 1926 :**

ANNÉES	Nombre des Unions de Syndicats				Totaux
	patronaux	ouvriers	mixtes	agricoles	
1884..............	10	10	»	»	20
1902..............	82	134	11	45	272
1914..............	177	201	9	98	485
1926..............	329	426	5	203	954

Les Unions sont locales, régionales ou nationales. Les Unions nationales patronales de même profession les plus importantes sont le Syndicat général du commerce des vins en gros, les syndicats généraux de la boulangerie, de la boucherie, de l'industrie hôtelière, des industries métallurgiques et minières, des industries textiles.

(1) On remarquera que cette différence en plus est due uniquement à la progression considérable du nombre des adhérents des syndicats patronaux et agricoles. Celui des ouvriers syndiqués a au contraire beaucoup diminué depuis 1920 (— 399.670), bien que le nombre des syndicats ait augmenté, par suite de la scission les syndicats communistes d'avec les syndicats demeurés fidèles à la C. G. T. — V. *supra*.

Les principales Unions nationales ouvrières de même profession sont les Fédérations des mineurs, des travailleurs du livre, des métallurgistes, des verriers, des employés, de l'industrie textile, des maçons, des cuirs et peaux, et le Syndicat national des travailleurs des chemins de fer. Il n'existe qu'une seule Union nationale véritable d'associations ouvrières de professions diverses, c'est la *Confédération générale du travail*, qui siège à Paris à la Bourse du travail (V. *supra* n° 438) (1). La C. G. T. U. communiste est plus politique que corporative.

521. — Orientation générale du mouvement fédératif. — Le mouvement fédératif, dans les milieux industriels et commerciaux tout au moins (2), comporte, ainsi que nous l'avons remarqué *supra*, une double forme de groupements : groupements professionnels ; groupements régionaux, de patrons et ouvriers de professions diverses. Nous avons vu précédemment que, dans plusieurs pays étrangers, notamment en Angleterre et en Allemagne, le mouvement fédératif ouvrier avait pris pour base les groupements professionnels ; en France au contraire, comme en Belgique, c'est le système des groupements régionaux qui semble devoir l'emporter.

Sans doute, la forme du groupement fédératif professionnel n'est pas inconnue en France ; nous avons énuméré ci-dessus les plus puissantes de ces Fédérations. Toutes ont leur siège social à Paris, à l'exception de la *Fédération des verriers*, dont le siège est à Lyon (3). Mais il n'en est pas moins vrai que toutes ces fédérations réunies ne groupent qu'une faible partie de l'effectif syndical.

522. — Toutes les tentatives faites pour constituer en France un

(1) Le nombre des *Bourses du travail* a peu varié depuis un certain nombre d'années. On en comptait 143 en 1914, et 147 en 1926.

(2) Le cadre de cet ouvrage ne nous permet pas d'étudier, avec les développements qu'il comporterait, le mouvement fédératif dans l'agriculture française. — Cons. notamment sur ce point les ouvrages, cités *supra*, n° 378, de Coulet, de Rocquigny, Gairal, Eynard, Boutaud, Augé-Laribé, etc. — Sur les syndicats d'ouvriers agricoles, cons. notamment : Roblin, *Les bûcherons du Cher et de la Nièvre, leurs syndicats*, 1903, et les ouvrages ou articles cités *supra*, n° 378.

(3) Sur le mouvement fédératif français, cons. notamment : de Seilhac, *Syndicats ouvriers, Fédérations, Bourses du travail*, 1902 ; Pelloutier, *Histoire des Bourses du travail* ; Facdouel, *La Fédération des travailleurs du livre* ; Delivet, *Les employés et leurs corporations*, 1909 ; G. Renard, *Syndicats, trade-unions et corporations*, 1909 ; Brouilhet, *Le conflit des doctrines* (liv. IV, *Le syndicalisme*). — Sur la *Confédération générale du travail*, v. *supra*, n°s 426 et s., et la note.

vaste groupement des fédérations de métiers, sans alliage d'éléments étrangers, ont jusqu'ici échoué, et en 1894, au Congrès ouvrier de Nantes, la Fédération nationale des syndicats s'est effondrée pour faire place à la *Fédération des Bourses du travail*, créée en 1899, et à la *Confédération générale du travail* (Congrès de Limoges, 1895).

La Confédération générale du travail aspire, il est vrai, à devenir, pour les unions de métiers, un organisme central analogue à la Fédération allemande des *Gewerkschaften* socialistes ; mais ses moyens d'action ne sont pas à la hauteur de ses ambitions. Affaiblie à plusieurs reprises par les dissensions intestines de ses chefs (v. *supra*, n° 26), la Confédération est loin de représenter la masse des travailleurs français, bien qu'elle donne parfois l'illusion de la force par la véhémence de ses revendications (1).

En fait, et malgré leur affiliation collective à la C. G. T., les Bourses du travail sont demeurées, au moins dans un grand nombre de centres, les organismes les plus vivants, les plus qualifiés pour représenter le travail organisé.

523. — Cette orientation générale du mouvement fédératif ouvrier n'est pas sans inconvénients. Dès l'instant en effet que les groupements d'ouvriers de toutes professions prenaient le pas sur les fédérations de métiers, il était fatal que les unionistes, laissant de côté les problèmes techniques, fussent entraînés dans l'orbite des agitateurs politiques. La Confédération, nous l'avons vu, a trop souvent dévié sur le terrain de l'action révolutionnaire ; et la résistance qu'elle a opposée à la Troisième Internationale ne saurait faire oublier complètement la part néfaste qu'elle prit aux grèves révolutionnaires de mai 1920.

Le contraste est complet à cet égard entre ces organisations et les Unions purement professionnelles, telles que la Fédération des travailleurs du Livre, ou celle des employés. Ces unions, même lorsque leurs tendances sont nettement socialistes, s'inspirent de la tactique réformiste.

(1) V. notre article sur *Le Premier Mai et sa mystique* (*Quest. prat.*, 1920 et 1921). — Pour la critique du syndicalisme révolutionnaire, bien atténué dans la C. G. T. depuis la constitution en 1922 de la C. G. T. U. communiste, cons. notamment : Challaye, *Syndicalisme révolutionnaire et syndicalisme réformiste*, 1908 ; Franck, *La Confédération générale du travail*, 1909 ; Pawlowski, *id.*, 1910 ; Martin Saint-Léon, *Les deux C. G. T.*, 1924. — Cons. au contraire, en faveur du syndicalisme : Pouget, *La Confédération du travail*, 1907 ; Griffuelhes, *L'action syndicaliste*, 1907 ; Jouhaux, *Le syndicalisme et la C. G. T.*, 1920 ; Probus, *La constitution syndicale de la France*, 1920. — Cf. *La Vie ouvrière*, et la *Revue syndicaliste*,

La C. G. T. ne paraît pas grouper actuellement, plus du quart de l'effectif syndical.

Leur puissance financière relative suffirait à établir la supériorité de leur méthode. La Fédération française du Livre a un budget annuel supérieur à 300.000 francs et une réserve à peu près égale. La C. G. T., au contraire, n'encaisse pas annuellement 100.000 francs et n'a pour ainsi dire aucune réserve : chiffre misérable, si on le compare aux budgets des grandes fédérations anglaises, allemandes ou américaines (V. *supra*, nos 457 et s.).

524. — **Les adversaires de la loi de 1884.** — Quelque opinion que l'on puisse avoir sur les doctrines sociales préconisées dans certains milieux syndicaux, il est manifeste que l'institution des syndicats a poussé en France de profondes racines, et que son rapide développement est dû, pour une bonne part, à la loi de 1884. Faut-il s'en réjouir ou s'en alarmer ? La loi, nous le savons, compte encore d'assez nombreux adversaires, déclarés ou masqués, tant à droite qu'à gauche. Ces adversaires peuvent se classer en trois catégories bien distinctes : les *révolutionnaires*, les *libéraux intransigeants*, les *chrétiens socaux* (1).

525. — 1° *Les révolutionnaires.* — Les socialistes révolutionnaires, dès 1884, se posèrent en adversaires résolus de la loi, qu'ils considéraient comme une loi *policière*.

Il nous paraît superflu de réfuter longuement de telles allégations : il faut être d'une bonne foi douteuse pour contester le caractère franchement libéral d'une loi qui affranchit les syndicats de toute tutelle (v. *supra*, nos 354 et s.). L'obligation de déposer les statuts à la mairie n'est gênante que pour les syndicats anarchistes ; mais cette obligation est au contraire une garantie pour les ouvriers sérieux. Ceux-ci s'en rendirent compte dès le lendemain du vote de la loi. Aussi opposèrent-ils à la *Fédération du parti des travailleurs socialistes de France* une organisation respectueuse de la légalité, dite *Union des chambres syndicales des ouvriers de France.*

Cette organisation, un instant assez puissante grâce à l'appui du *parti ouvrier possibiliste*, déclina rapidement. Le *Moniteur des syndicats* est demeuré sur la brèche, mais l'Union dont il était l'organe s'est désagrégée. L'on vit par contre, en 1899-1901, à la suite des grèves du Creusot et de Montceau, se constituer sur différents points des syndicats nettement opposés à la lutte de classes, les *syndicats jaunes*, qui tinrent en mars 1902, à Paris, leur premier Congrès (*Mus. soc.*, mai 1902) (2).

(2) Sur les trois tendances entre lesquelles eut à opter le législateur de 1884, v. *supra*, n° 343.

(2) Sur les syndicats jaunes, cons. : Biétry, *Les jaunes de France*, 1907 ; Warin, *Les syndicats jaunes*, th. 1908

Ces syndicats forment aujourd'hui une fédération nationale ; ils ont un organe officiel, et plusieurs Bourses du travail indépendantes.

Il est difficile de se prononcer sur l'avenir d'une organisation, qui a contre elle d'apparaître à la masse des ouvriers comme un organisme artificiel, suscité par les patrons pour fomenter la division parmi les travailleurs. Ces griefs peuvent être dépourvus de tout fondement ; mais ce serait nier l'évidence que de contester l'énorme supériorité numérique des syndicats à tendances socialistes. Nous verrons du reste plus loin que, depuis 1921, la C. G. T. a nettement évolué dans le sens réformiste.

526. — 2° *Les libéraux intransigeants.* — Les économistes de ce groupe, peu nombreux d'ailleurs (1), offrent un contraste complet avec les précédents. Ils sont, par leurs idées et par leurs intérêts, à l'antipode des théories révolutionnaires ; ce sont des conservateurs outranciers.

L'association ouvrière est dangereuse, disent-ils, pour l'ordre social, parce qu'elle dégénère fatalement en association politique poursuivant un but révolutionnaire. Les associations patronales ne valent pas mieux, car elles aboutissent généralement à des coalitions ruineuses pour le consommateur. Quant aux *syndicats mixtes*, ajoute-t-on, leurs avantages sont hypothétiques, attendu que les ouvriers ne supporteront jamais la tutelle des patrons ; leur danger, par contre, est certain ; de tels syndicats ayant une tendance fatale à se constituer en corporations fermées (2).

527. — 3° *Les chrétiens sociaux* (3). — Conservateurs en politique comme les précédents, — pour la plupart du moins — les chrétiens sociaux professent en économie politique une doctrine diamétralement opposée. Ils considèrent la liberté du travail proclamée par la Révolution comme la source de toutes les misères endurées par les travailleurs, et préconisent la reconstitution de

(1) La majeure partie des économistes appartenant à l'école libérale est, sous certaines réserves, favorable aux syndicats. — V. notamment Villey, *Traité d'économie politique*, p. 78 et s. — La plupart s'élèvent contre la *tyrannie syndicale* ; mais les adversaires systématiques de la liberté syndicale se font rares dans le camp libéral. Aussi est-ce aux *abus*, plutôt qu'au principe, que prétendent s'attaquer Paul Leroy-Beaulieu (*Traité*, t. II, p. 465 et s.) ; Liesse, *Le travail au point de vue scientifique, industriel et social* ; D'Eichthal, *La liberté individuelle du travail*, 1908.

(2) Cons. en ce sens : Yves Guyot, *La tyrannie socialiste* ; Audouard, *Boycottage* (*Monde écon.*, 16 janv. 1897).

(3) Sur les nuances très variées de ce groupe, v. *supra*, n°s 51 et s.

la corporation chrétienne, avec sa hiérarchie et ses règlements. Imbus de telles idées, ils ne peuvent évidemment que condamner le caractère libéral de la loi de 1884.

Nul d'ailleurs ne demande le retour pur et simple à la corporation médiévale. Les uns voudraient que la corporation fût rendue obligatoire, au moins dans la petite industrie ; mais cette corporation englobant de droit *tous* les travailleurs, patrons et salariés, aurait un caractère démocratique que ne présentait à aucun degré la corporation de l'ancien régime (1). D'autres, sans réclamer la corporation *obligatoire*, préconisent une législation dans laquelle le syndicat mixte serait ouvertement *favorisé* et pourrait notamment élaborer des règlements obligatoires, *même pour les non-sydiqués* (2).

D'autres enfin, placés à l'aile gauche des chrétiens sociaux, formulent des revendications assez voisines de celles du parti ouvrier, repoussent toute idée de corporation assurant à l'élément patronal une prééminence quelconque, et demandent simplement la transformation des syndicats patronaux et ouvriers, en syndicats obligatoires : le trait d'union entre patrons et ouvriers syndiqués devant résulter moralement de la communauté d'idées religieuses, et pratiquement de la généralisation des conseils d'usine (3).

528. — **Justification de la loi : réponse aux objections.** — Telles sont, les principales critiques formulées contre le principe même de la loi de 1884. Il nous paraît facile de les réfuter.

Les critiques des *partis révolutionnaires*, tout d'abord, contiennent, à notre avis, l'une des meilleures justifications de la loi. Ces partis, en effet, ont bien compris qu'en donnant aux ouvriers sérieux le droit d'association, qui devait leur permettre de débattre librement avec les patrons les conditions de travail, le Parlement contrariait leur action sur les masses laborieuses ; de là leur hostilité non déguisée contre la loi de 1884. Aussi bien ces colères un peu artificielles s'apaisent-elles et le gros du parti socialiste, suivant l'exemple des syndicats belges, s'est-il orienté dans le sens

(1) *Sic* : Martin Saint-Léon, *Histoire des corporations de métiers*, conclusions. — Cf. lois balkaniques, étudiées, *supra*, n° 531. — Les chrétiens sociaux de Belgique sont nettement favorables à la corporation obligatoire. — Cf. conférence du R. P. Rutten à la XVe *Semaine sociale* de Louvain (*Rev. belge du trav.* 1928, p. 1165 et s.).

(2) Propos. de Mun, v. *supra*, n° 360. — Conf. Boissard, *Le syndicat mixte*.

(3) Lorin, *Le dynamisme de l'idée syndicale* (*Chron. sociale de France*, avr. 1909) ; *Association catholique*, *Le Social*, *passim*... — V. aussi Bureau, *Le contrat de travail, le rôle des syndicats professionnels* ; Duthoit, *Vers l'organisation professionnelle*, 1910.

du développement des coopératives syndicales (1). L'on ne peut qu'applaudir à une telle évolution, gage de paix sociale, même lorsque l'arrière-pensée des promoteurs du mouvement coopératif est d'accroître les ressources du parti ouvrier pour la lutte contre l'organisation capitaliste : l'objectif final, la Révolution sociale, se trouve par le fait même de cette utilisation des forces syndicales à une œuvre de longue haleine (comme le Vooruit de Gand, par exemple, ou la verrerie d'Albi), relégué dans un lointain nébuleux.

Nous avons déjà indiqué plus haut, d'ailleurs, que depuis la formation de la C. G. T. U., révolutionnaire et adhérente à la IIIe Internationale de Moscou, la C. G. T., affiliée à l'Internationale syndicaliste d'Amsterdam et en relations étroites avec la IIe Internationale de Londres ,avait nettement évolué dans le sens réformiste. « Devant l'épuisement des vieilles formules, lisons-nous dans un manifeste récent de la C. G. T., le syndicalisme entend faire œuvre de constructeur... Réaliser les conditions d'un commun effort vers le but : développement du bien-être pour tous, nous paraît être la formule du temps présent ». (*Peuple*, n° 16 nov. 1927). Nous sommes loin, on le voit, de la lutte de classes érigée en système. La formule nouvelle de la démocratie industrielle implique au contraire l'union du patronat et de la classe ouvrière organisée, notamment pour l'étude en commun des méthodes de rationalisation, de participation du personnel à la gestion, etc. (2).

529. — Les critiques de certains *individualistes intransigeants* ne nous semblent pas beaucoup plus convaincantes. Quand ils nous représentent l'*association ouvrière* comme dangereuse en soi, ils font une confusion voulue entre l'association politique, qui n'a de professionnel que le nom, et l'association professionnelle véritable. Il serait donc à la fois inique et impolitique, pour mettre fin à quelques abus, d'enlever à la classe ouvrière l'une de ses conquêtes les plus précieuses.

(1) G. Sorel, *L'avenir socialiste des syndicats* ; Cabouat, *Syndicats et coopératives* ; de Seilhac, *La verrerie ouvrière d'Albi*. — V. aussi Dechesne, *L'évolution syndicale et ses perspectives d'avenir* (Rev. écon. internat., déc. 1920) ; Lepelletier, *A la Verrerie ouvrière d'Albi* (*Réf. sociale*, mai 1921).

(2) Sur les tendances actuelles du syndicalisme français, cons. notamment : Villey, *Chronique du syndicalisme* (*Rev. pol. et parl.*, avril et juill. 1928) ; Roger Picard, *Le mouvement ouvrier* (*Rev. d'écon. polit.*, 1928, p. 970 et s.). — Cf. Jouhaux, *La Fédération syndicale internationale et la réorganisation économique*, 1922 ; M. Leroy, *Les techniques nouvelles du syndicalisme* (*Rev. intern. trav.*, janv. 1922) ; Cazalis, *Les positions sociales du syndicalisme ouvrier* (*Rev. intern. trav.*, avril 1924) ; Comte de Fels, *Vers la paix sociale* (*Rev. de Paris*, 1er et 15 avril 1928) ; Dubreuil, *Standards*, 1929.

530. — En ce qui concerne les *syndicats patronaux*, le reproche qu'on leur fait de faciliter l'accaparement des denrées et de ruiner les consommateurs est démenti par les faits. Ce reproche serait fondé si les patrons seuls pouvaient se syndiquer ; il n'est plus admissible, dès l'instant que les ouvriers peuvent, eux aussi, se syndiquer et que les consommateurs eux-mêmes ont la ressource de constituer entre eux des associations coopératives de consommation. Au surplus, l'histoire industrielle de ces dernières années démontre que les coalitions d'accaparement n'ont presque jamais produit, pour les coalisés, qu'un résultat négatif (v. *infra*, n° 558). D'ailleurs, la loi n'autorise pas toute espèce de coalition : celle-ci peut être poursuivie pénalement, ainsi que nous le verrons bientôt, lorsqu'elle affecte les caractères de l'*accaparement* (art. 419, C. pén.).

Restent les *syndicats mixtes* : Ces syndicats pourraient être dangereux, si la loi les favorisait au détriment des autres. Mais soumis au régime de droit commun, ils ne présentent que des avantages : ils sont des instruments précieux de pacification sociale.

531. — Quant aux griefs des *chrétiens sociaux*, nous y avons répondu par avance en signalant les abus criants des corporations du XVIIIe siècle (V. *supra*, n°s 123 et suiv.), ainsi que les inconvénients multiples du régime corporatif modernisé, inauguré il y a quelques années en Autriche (V. *supra* n°s 190 et s.). Il est vrai que ces inconvénients disparaîtraient avec la solution démocratique et égalitaire préconisée par le groupe socialiste chrétien le plus avancé (2) ; mais resterait le caractère *obligatoire* du syndicat, qui transformerait entièrement les bases mêmes de la loi syndicale, et se heurterait à de graves difficultés.

532. — **Avantages multiples des syndicats.** — Les griefs formulés contre la loi de 1884, envisagée dans son principe, ne résistent donc pas à l'examen. Les dangers prétendus des diverses formes de syndicats libres sont purement hypothétiques ; leurs avantages, au contraire, sont certains, et démontrés par une expérience déjà longue ; c'est ce qu'il nous reste à établir.

Utilité des syndicats patronaux. — Les syndicats de patrons, tout d'abord, ont des utilités multiples. Il est absolument faux de les envisager comme un simple instrument de combat ; nous avons établi, au contraire, qu'à ce point de vue spécial, leur action est

(1) Arendt, *La nature, l'organisation et le programme des syndicats ouvriers chrétiens*, 1927.

le plus souvent illusoire. Par contre, ces associations patronales sont des plus utiles, au point de vue des intérêts généraux de la profession : soit qu'il convienne d'attirer l'attention du législateur sur les réformes désirables (1) ; soit qu'il paraisse nécessaire de réprimer certains faits de *concurrence déloyale* (V. *supra*, n° 410) ; soit qu'il s'agisse d'éclairer les tribunaux sur certains usages commerciaux (V. *supra*, n° 391).

Les syndicats patronaux peuvent aussi travailler efficacement à l'essor de l'industrie nationale, par leur contribution à l'enseignement technique.

532 bis. — **Fonctions sociales des syndicats ouvriers.** — *Contrat collectif de travail.* — Les syndicats ouvriers, lorsqu'ils sont dirigés par des professionnels, ne sont pas appelés à rendre de moindres services.

Pas plus que les syndicats de patrons, les syndicats ouvriers ne sont, par essence, des instruments de lutte et de combat. Sans doute ces syndicats peuvent être amenés, par la résistance des patrons à leurs réclamations, à organiser la grève, mais leur intervention de ce chef est d'autant plus légitime, pourvu qu'ils n'aient pas recours à des moyens prohibés (V. chap. III, *supra*), que le groupement des travailleurs est, dans bien des cas, le plus sûr moyen de défendre efficacement leurs intérêts (2).

Mais la grève n'est pas le seul moyen pour les ouvriers de faire triompher leurs revendications. Puissamment organisés, les syndicats peuvent sans doute soutenir de longues luttes et amener le patronat à des concessions ; mais la perspective même de ces luttes et des périls qu'elles comportent lasse le plus souvent les deux armées et les détermine, non seulement à conclure entre elles des accords durables, mais à instituer des organismes permanents,

(1) Sur la participation des organisations professionnelles au mouvement législatif, v. Grunebaum-Ballin, *Rev. pol. et parl.*, 1920.1.42. — Cf. sur l'œuvre sociale des syndicats patronaux : Villey, *L'organisation professionnelle des employeurs dans l'industrie française*, 1 v., Alcan, 1923 ; de Leener, *L'organisation du travail et la question ouvrière*, Bruxelles, 1924. — A noter la constitution, entre le patronat et la classe ouvrière, de l'Union syndicale des techniciens de l'industrie, du commerce et de l'agriculture (*U. S. T. I. C. A.*), véritable agent de liaison entre les deux forces rivales.

(2) Chacun connaît les abus du *sweating-system* ; or, l'immense majorité des femmes vit encore sous le régime du travail individuel, sans aucune cohésion entre ouvrières du même métier, et ce manque de cohésion est également la caractéristique des travailleurs en chambre, victimes du sweating. — Sur la bibliographie, très abondante, relative au *travail à domicile* et au *sweating*, v. titre II, chap. 2, *infra*. — Sur les syndicats féminins, cons. notamment Mlle Rochebillard, *L'action syndicale féminine* (*Soc. écon. polit. Lyon*, 1903.4) ; De Contenson, *Les syndicats professionnels féminins*, 1910.

chargés de servir de trait d'union entre les groupements adverses. Ces commissions mixtes aplanissent les différends et discutent toutes les conditions du travail : l'ère du *contrat collectif de travail* est ouverte et remplace le régime, arbitraire et incertain, des contrats individuels (1).

533. — Nous avons eu l'occasion de signaler déjà le développement considérable du *contrat collectif*, dans les pays anglo-saxons, en Angleterre et aux Etats-Unis, ainsi qu'en Allemagne. En France aussi, la pratique du contrat collectif, traditionnelle dans certaines industries, notamment dans le tissage (l'on cite un tarif homologué dès 1686 par le Consulat de Lyon pour certaines catégories d'étoffes de soie), se répand de proche en proche. — Le contrat collectif tend à devenir la règle dans l'industrie minière ; il prévaut également dans la typographie, dans l'industrie tulliste, il est fréquent dans le bâtiment, la métallurgie ; l'on en peut citer également des exemples dans la tannerie, l'industrie du gaz, les entreprises de transports, etc. (2). Des tarifs ont aussi été élaborés par les Conseils syndicaux des *syndicats mixtes* chrétiens du Nord (3). — Progressivement, le travail s'organise syndicalement, sans aucune contrainte légale, et ainsi voyons-nous se réaliser peu à peu la formule de P. Deschanel : « le syndicat est la *cellule de l'organisation nouvelle du travail* ». (*Rev. polit. et parlem.*, t. XI, p. 48).

534. — *Créations syndicales (éducation technique, mutualité de prévoyance, ou mutualité coopérative).* — Quelque importante que soit dès aujourd'hui la participation des syndicats ouvriers à l'élaboration des tarifs, leur fonction sociale ne se limite point à la défense des salaires. Il leur appartient en effet de contribuer aussi efficacement à l'amélioration du sort des travailleurs par un triple moyen :

(1) Les syndicats français commencent également à emprunter aux syndicats anglo-saxons, dans le but de liguer l'opinion contre les employeurs qui refusent de payer un salaire normal, la pratique ingénieuse du *label* ou marque syndicale apposée sur les produits, établis dans les conditions du tarif syndical (*Quest. prat.*, 1901, p. 402) ; Jean Brunhes (Mme H....), *Les ligues de consommateurs*, 1901 ; Sieurin, *Le label* (*Mouvement socialiste*, 15 mai 1905). Le *label* est aujourd'hui législativement reconnu par la loi de 1920 (v. *supra*, n° 427). — Sur la Commission mixte de l'industrie du Livre, cons. : *La Fédération des travailleurs du Livre* (*Mus. soc.*, série B, circul. 15), et Facdouel, *op. cit.*, p. 251.

(2) Sur le contrat collectif de travail en France et à l'étranger, cons. les documents cités *supra*, n° 422, et *infra*, titre II, chap. 4.

(3) De Seilhac, *L'organisation du travail collectif* (*ibid.*, 1904.1.312 et 417). — Sur les contrats collectifs dans la fabrique lyonnaise, cons. Reynaud, p. 77.

1° En concourant, de concert avec les syndicats patronaux, à l'organisation de l'enseignement professionnel technique (1) ;

2° En organisant soit isolément, soit avec le concours des syndicats patronaux, tout un ensemble d'œuvres d'assistance ou plutôt de prévoyance et d'assurance ouvrière : secours mutuels, caisses de secours et de retraites, offices de placement gratuit, caisses de chômage, etc... (2) ;

3° En créant, entre leurs membres, des *sociétés coopératives de consommation, de production ou de crédit* (3).

535. — *L'Etat et les syndicats.* — Nous aurons à rechercher ultérieurement, quand nous étudierons les moyens légaux propres à améliorer la condition de l'ouvrier, quelle doit être, dans une organisation sociale rationelle, la participation de l'Etat à l'organisation de ces diverses formes de mutualité. Nous définirons le rôle des organisations ouvrières dans le développement de la législation réglementaire (v. chap. V du tit. Ier et tit. II, *infra*) (4). Nous aurons également à différencier la coopérative de combat, poursuivant un objectif révolutionnaire (v. *supra*, n° 527, et *infra*, tit. IV), de la coopérative pacifique, travaillant par les voies légales à substituer progressivement l'action collective des sociétaires au régime patronal (5).

(1) Sur les efforts des syndicats mixtes pour relever l'apprentissage, v. l'ouvrage précité de Boissard. — Comp. lois autrichienne et allemande, p. 77.

(2) La question de l'organisation d'un système préventif contre le chômage est, avec raison, au premier plan des préoccupations syndicales (v. *infra*, tit. II, chap. Ier, sect. 1) ; les principales Fédérations ouvrières, notamment celle du Livre, ont créé le *viaticum*, service tendant à fournir aux ouvriers de passage les moyens de déplacement et de subsistance (Fagnot, p. 49) ; la Fédération du Livre a même adjoint au *viaticum* la caisse des *passagers* (*Quest. prat.*, 1902, p. 153).

(3) Bonnafous, *Les œuvres d'amélioration sociale réalisées par les syndicats ouvriers en France*, 1925.

(4) Sur la conception syndicaliste de l'Etat, à laquelle d'ailleurs nous ne saurions nous rallier sans réserves formelles, v. notamment : — M. Leroy, *Les transformations de la puissance publique*, et *La coutume ouvrière*, II, p. 697 et s. — Duguit, *Le droit social, le droit individuel et la transformation de l'Etat*, 1908 ; *La representation syndicale au Parlement* (*Rev. polit.*, juill. 1911) ; — Antonelli, études publiées dans la *Démocratie sociale*, 1911, *passim*. ; Duthoit, *op. cit.*, chap. 7, etc. ; — Grunebaum Ballin, *La participation des organisations professionnelles à l'exercice du pouvoir législatif* (*Rev. polit. et parl.*, janv. 1920) ; Moreau, *Le syndicalisme*, 1925. — V. aussi la bibliographie précitée (n° 382, *supra*), sur les syndicats de fonctionnaires. — Sur le rôle du *Conseil national économique*, créé à la demande des organisations syndicales, v. *supra*, n° 195.

(5) V. Cabouat, *Syndicats et coopératives*.

536. — **Bilan des œuvres syndicales.** — Pour ce bilan, nous allons utiliser les chiffres de la dernière statistique officielle, dressée par l'*Office du travail* : étant bien entendu que cette statistique, beaucoup trop ancienne d'ailleurs, ne fait connaître que très incomplètement les moyens d'action des syndicats et laisse dans l'ombre bien des initiatives utiles ou des créations ingénieuses (1).

Les créations de syndicats, patronaux, ouvriers et mixtes, ainsi que des unions reconnues (2), visées dans la dernière statistique officielle (1er janv. 1926, *Bull. Min. trav.*, 1928, p. 422), peuvent se répartir en quatre groupes :

a) *Enseignement professionnel et technique, et vulgarisation des méthodes scientifiques :*

	SYNDICATS	UNIONS
Cours et écoles professionnels, conférences.	799	60
Bibliothèques professionnelles	1.029	88
Laboratoires d'analyses ou d'expertises ..	100	6

b) *Marché du travail :*

Bureaux ou offices de placement	1.576	57

c) *Institutions de prévoyance ou d'assistance :*

Caisses de secours mutuels	952	24
Caisses de chômage	677	23
Secours de route	674	42
Caisses de retraites	161	7
Sociétés d'assurances contre les accidents.	58	»

(1) Seules les monographies de métiers peuvent nous faire connaître dans toute sa complexité la vie syndicale. V. les ouvrages précités de de Seilhac, Martin Saint-Léon, Boissard, les études et chroniques du *Musée social*, des *Questions pratiques*, de la *Réforme sociale*, etc. — Cf. Pessieux, *Etude monographique des créations syndicales* (région lyonnaise), th. 1907 ; Facdouel, *op. cit.* — V. aussi Barberet, *Le travail en France, Monographies professionnelles*, 7 vol. ; *Les associations professionnelles ouvrières*, 4 vol. parus (public. de l'*Office du travail*) ; Bézard-Falgas, *Les syndicats patronaux de l'industrie métallurgique en France*, 1922.

(2) Pour les créations multiples des *syndicats agricoles*, coopératives d'achat et de vente, ou de crédit, caisses d'assurances mutuelles, laboratoires d'analyse, champs d'expérience, pépinières, etc.., v. les publications officielles du ministère de l'agriculture. — V. aussi les ouvrages de Rocquigny, Gairal, etc. — Cf. Dalez, *Manuel des syndicats agricoles*, 1925 ; Augé-Laribé, *Syndicats et coopératives agricoles*, 1 v. in-12, 1928.

d) *Coopération :*		
Sociétés coopératives de consommation, économats	182	4
Sociétés coopératives de production (1)	74	»
Caisses de crédit mutuel	121	»
e) *Propagande :*		
Publications diverses (bulletin, journal, annuaire)	914	152

537. — Il serait très désirable que l'Office du travail publiât annuellement un bilan plus détaillé. C'est ainsi que nous ne possédons aucun document précis sur les patronages d'apprentis, orphelinats, services médicaux, offices de renseignements, services du contentieux, conseils d'arbitrage, ateliers syndicaux, etc., institutions sur lesquelles les premiers annuaires contenaient des indications précises, dont la disparition ne se justifie point (2).

Quoiqu'il en soit, les chiffres que nous possédons suffisent à démontrer qu'à tout prendre les résultats pratiques de la loi de 1884 sont des plus favorables, que les syndicats ont fait œuvre utile, et ne méritent pas la défiance qu'ils ont éveillée dans certains milieux.

§ 2. — **Projets de réforme** (3)

538. — Le vote de la loi du 12 mars 1920, sur l'extension de la capacité civile des syndicats professionnels, dans laquelle ont été synthétisées la plupart des réformes réclamées par l'opinion, sim-

(1) Sur le rôle de la *Chambre consultative des associations ouvrières*, qui réunissait au 1er janv. 1923 dans un groupe fédératif 350 sociétés de production, cons. *Les associations ouvrières de production* (publ. de l'*Off. du trav.*, p. 114 et s.). — Pour la statistique des associations ouvrières de production et de leurs divers groupements, v. *Bull. Off. trav.*, 1924, p. 19, et 1926, p. 158. — V. aussi titre IV, *infra*.

(2) Sur le syndicat de l'*Union amicale des ouvrières tourquennoises* et ses créations multiples (maisons de famille, école ménagère, bibliothèque, réfectoire, etc.), v. *Mus. soc.*, 1902, p. 93. — V. aussi Evin, *Les syndicats féminins de la rue de l'Abbaye* (*Action popul.*, n° 245).

(3) Pour l'étude d'ensemble de ces projets, cons. notamment : Barthou, *L'action syndicale*, 1904 ; Pessieux, *op. cit.* ; Palmade, *L'extension de la capacité contractuelle des syndicats ouvriers*, th. 1910 ; Etat, au 1er janv. 1929, des projets et propos. de loi relatifs aux questions ouvrières (*Bull. min. trav.*, 1929, p. V et s.).

plifie singuièrement notre tâche. Depuis ce vote en effet, presque toutes les propositions déposées par les divers groupes de la Chambre ont disparu de l'ordre du jour, et ce simple fait démontre que la législation nouvelle, incorporée au Code du travail (liv. III), apparaît aux yeux du plus grand nombre comme pleinement satisfaisante.

Aussi nous suffira-t-il de passer en revue brièvement, à titre rétrospectif, les propositions aujourd'hui tombées dans l'oubli, et d'analyser sommairement les deux ou trois projets encore pendants devant le Parlement.

539. — A. **Projets tendant à porter atteinte aux bases mêmes du régime en vigueur.** — Ce premier groupe se subdivise lui-même en deux séries. La première comprend les propositions émanées du groupe des *individualistes intransigeants*, tendant à restreindre les libertés syndicales, et à réprimer sévèrement les abus des groupements ouvriers. *Sic* : propos. M. Barthe, des 10 juill. 1893, Sén, *Doc. parl.*, n° 260, et 22 mars 1894, Sén., *Doc. parl.*, n° 131 ; Cf. propos. Cordelet-Merlin, 21 déc. 1894, Sén., *Doc. parl.*, n° 58.

Nous avons apprécié déjà (V. *supra*, nos 319 et s.), la valeur des critiques formulées par les auteurs de ce groupe, et mis en relief l'injustice de leurs griefs. Aussi bien, l'accueil fait par la Chambre, à ces propositions depuis longtemps enterrées, permet-il d'affirmer que leur réédition n'aurait aucune chance d'aboutir.

540. — *Corporation ou syndicat obligatoire.* — La seconde série du même groupe comprend tout un ensemble de projets ou de motions faisant antithèse aux revendications individualistes, en ce qu'ils tendent à développer, par la contrainte légale, le mouvement corporatif ou syndical, mais se rapprochant néanmoins des propositions de la première série en ce qu'ils ne portent pas une moindre atteinte au principe de liberté du travail.

Les projets de cette seconde catégorie ont pour caractère commun de tendre à substituer d'autorité, au régime du travail libre, le travail *organisé collectivement* ; soit qu'il s'agisse de reconstituer la corporation obligatoire avec sa hiérarchie (aile droite des chrétiens sociaux), soit que l'objectif poursuivi consiste à rendre obligatoires les groupements syndicaux (socialistes collectivistes, aile gauche des socialistes d'État, aile gauche des chrétiens sociaux ou démocratie chrétienne) (1).

(1) La ligne de démarcation n'est pas toujours facile à tracer entre socialistes et chrétiens sociaux. (Comp. à ce point de vue les théories développées par Fournière dans la *Revue socialiste* (1905), ou par H. Lagardelle, *L'évolution des syndicats ouvriers, de l'interdiction à l'obligation*, etc., aux théories de l'*Association catholique* (*aujourd'hui Mouvement social*), ou du *Social*. — V. notamment, Bureau (*op. cit.*), et *supra*, n° 527.

Mais, ici, une observation préalable s'impose. Les projets dont il s'agit ne sont point du domaine parlementaire ; ce sont plutôt des vœux ou des avant-projets, formulés dans les écrits des auteurs (1) ou développés dans les Congrès corporatifs ; mais aucun, à part cependant la propos. Molinié (2), n'a encore reçu de forme définitive, l'opinion publique n'étant pas mûre en France pour une telle réforme.

541. — Les autres propositions soumises au Parlement (3), tendaient simplement à établir une *contrainte indirecte*, et à orienter ainsi, par une pression légale graduée, tous les travailleurs dans la voie de l'association : — projets des chrétiens sociaux tendant à conférer aux syndicats mixtes certains privilèges (prop. de Mun, 25 nov. 1895, Ch., *Doc. parl.*, n° 1625 ; conf prop. Lemire, 15 déc. 1910, Ch., *Doc. parl.*, n° 590) ; — projets du groupe socialiste tendant non seulement à abroger toutes les pénalités spéciales édictées contre les abus du droit de coalition, mais aussi à mettre les syndicats à l'abri de toutes poursuites civiles (propos. de loi Vaillant, 11 nov. 1910, Ch., *Doc. parl.*, n° 451) ; — projets tendant à imposer à tous, au moyen d'un système d'arbitrage *obligatoire* (prop. Paul Constans, 3 juillet 1906, Ch., *Doc. parl.*, n° 184, p. 739), les conditions de travail arrêtées entre les groupes syndicaux ou sanctionnées par les conseils d'arbitrage.

(1) L'un des partisans les plus déterminés du *syndicat obligatoire*, M. Jay, a écrit ceci : « L'association n'aura-t-elle jamais que le caractère d'une organisation libre, facultative, ou verrons-nous, au contraire, renaître *sous quelque forme nouvelle* une organisation légale du travail associant véritablement à l'œuvre du législateur les représentants réguliers des ouvriers et des patrons ? La seconde hypothèse nous apparaît *chaque jour plus vraisemblable...* ». Jay, *L'évolution du régime légal du travail*. — V. aussi Gobin, *L'idée d'obligation au groupement*, th. 1908. — D'une manière générale, l'attention de la plupart des auteurs partisans de l'obligation se porte sur ce fait, signalé dans maints passages des écrits de B. et S. Webb, que, sous le régime de la liberté, les règlements de travail élaborés par les syndicats sont presque toujours éludés, sous l'action dissolvante des *coloyeurs*, c'est-à-dire « des ouvriers ou des patrons égoïstes ou malins qui laissent s'engager les autres pour rester libres de leur faire concurrence » (Conf. de M. Perrenond, *Generols* du 18 mars 1892). D'où la nécessité, disent-ils, sinon d'imposer immédiatement, à tous les travailleurs, l'inscription à ces syndicats, du moins de sanctionner légalement et de rendre *obligatoires pour tous, syndiqués ou non*, les règlements de travail établis dans certaines conditions par les syndicats ouvriers et patronaux (contrat collectif), ou, à la suite de conflits, par les commissions mixtes, ou autres organes d'arbitrage reconnus par la loi. — Cons. en ce sens : P. Boncour, *Fédéralisme économique* : Raynaud, *Le contrat collectif de travail*.

(2) Propos. *Molinié* et *Dessein* sur la constitution sociale du travail, 24 mai 1927, Ch., *Doc. parl.*, n° 3711. — Cf. *Rev. belge du travail*, 1928, p. 1143 et s.

(3) Aucune n'a été jusqu'ici, croyons-nous, renouvelée depuis plusieurs législatures.

542. — *Liberté ou obligation : justification de la conception libérale.* — Nous n'insisterons pas longuement sur les périls de la transformation des syndicats libres, soit en corporations, soit en syndicats obligatoires. Nous avons eu l'occasion maintes fois déjà, au cours de cette étude, de les faire ressortir, soit en rappelant les abus du régime corporatif ancien (v. *supra*, nos 123 et s.), soit en signalant le vice fondamental du régime néo-corporatif autrichien ou allemand, soit en décrivant les progrès remarquables de l'association professionnelle sous le régime de la liberté.

Le législateur, sans doute, n'a pas accompli toute sa tâche lorsqu'il a reconnu l'existence légale des syndicats et déterminé le champ de leur activité ; il doit aussi, par tous les moyens en son pouvoir, en favoriser le développement. Mais son intervention ne doit pas dépasser le but et imposer à tous les travailleurs une suprématie syndicale qui, si elle pouvait se réclamer de la loi, risquerait de devenir aussi abusive que pouvaient l'être les corporations abolies en 1791.

En un mot, et ce sera notre conclusion, les abus trop réels du régime de liberté institué par la Révolution ne doivent pas nous en faire oublier les avantages. Avec Waldeck-Rousseau, nous répéterons qu'ayant choisi en France entre la conception *tyrannique*, dans l'acception scientifique du terme, et la conception *libérale*, nous devons faire confiance à la liberté (1).

543. — **B. Projets tendant à fortifier l'action syndicale, tout en respectant les bases essentielles de la loi de 1884.** — Les projets de ce second groupe, tous inspirés par le désir d'améliorer la loi syndicale, sans en modifier les caractères essentiels, peuvent à leur tour se subdiviser en trois catégories :

a) *Projets tendant à réprimer, civilement et pénalement, toutes les atteintes à la liberté syndicale.* — Le prototype de ces projets est la célèbre proposition Bovier-Lapierre, votée dès 1890 par la Chambre des députés, systématiquement repoussée par le Sénat, obstinément reprise dans les législatures suivantes, soit par son auteur originaire (21 novembre 1895, Ch., *Doc. parl.*, n° 1617), soit par d'autres députés ou même par le gouvernement, avec certaines variantes (proj. Mesureur, 4 fév. 1896, Ch., *Doc. parl.*, n° 1772 ; projet Godart, 3 fév. 1925, Ch. *Doc. parl.* n° 1169) (2).

(1) V. *supra*, n° 346. — Cf. en faveur du syndicat libre : Waldeck-Rousseau, *Questions sociales*, 1900, et préface pour l'ouvrage de P. Boncour ; Barthou, *L'action syndicale*, p. 47 et suiv.

(2) Cf. loi *danoise* du 27 mars 1929 sur la liberté du travail (Rev. du trav., mai 1929).

544. — b) *Projets tendant à faciliter la constitution, ou à agrandir le champ d'action des syndicats.* — A cette seconde catégorie se rattachent : — 1° Les propositions émanées du groupe socialiste, tendant à affranchir les syndicats de tout contrôle administratif, en faisant disparaître la formalité du dépôt des statuts (prop. Jaurès, 21 nov. 1895, Ch., *Doc. parl.*, n° 1616 ; Vaillant, 30 nov. 1906 (Ch., *Doc. parl.*, n° 498, p. 204) ; — 2° Les propositions tendant, soit à autoriser la formation de syndicats entre personnes de professions différentes (prop. Basly, précitée), y compris les fonctionnaires publics (Code du travail Groussier ou propos. Vaillant, précités), soit à permettre aux anciens ouvriers ou employés de faire partie, sous certaines conditions, des syndicats de leur ancienne profession (propos. Lemire, 5 déc. 1910, précitée) ; — 3° Les propositions ayant pour objet d'accroître la capacité syndicale, soit en autorisant les syndicats à acquérir des immeubles sans aucune limitation (prop. Dussaussoy, 5 fév. 1895, Ch., *Doc. parl.*, n° 1164), soit en conférant la personnalité civile aux Unions et fédérations syndicales (Code Groussier) ; — 4° Les propositions tendant à étendre le champ d'action des syndicats et spécialement des syndicats agricoles (proj. Ruau, 15 juin 1908, Ch. n° 1801 ; proj. Cazeneuve, 30 mars 1911, Sén. *Doc. parl.*, n° 96, etc).

Le mérite de ces propositions est très inégal. Nous avons indiqué déjà, en commentant la loi de 1920, les considérations décisives qui militaient, à notre avis, en faveur de l'extension de la capacité syndicale.

Nous estimons au contraire qu'il serait imprudent d'enlever au pouvoir le droit de contrôle, très restreint en somme, résultant pour lui de la formalité du dépôt des statuts. — Quant aux propositions tendant à conférer le droit d'entrée dans les syndicats à des personnes ne faisant point partie de la profession, nous distinguerions essentiellement entre celles qui ont simplement pour objet d'ouvrir l'accès des syndicats aux anciens patrons ou aux anciens ouvriers (cf. loi de 1920), et celles qui, autorisant indistinctement la formation de syndicats entre personnes de professions différentes, risqueraient de transformer les syndicats en groupements politiques ou religieux.

545. — c) *Projets tendant à la fois à sanctionner plus efficacement les libertés syndicales et à fortifier l'autorité des syndicats. — Projet Waldeck-Rousseau-Millerand.* — Le plus important de ces projets, le seul qu'il nous paraisse utile de rappeler ici, est le projet Waldeck-Rousseau (14 nov. 1899, Ch., *Doc. parl.*, n° 1185), devenu la proposition Millerand (12 juin 1906, Ch., *Doc. parl.*, n° 13), dont la loi du 12 mars 1920 a, nous le savons, adopté les grandes lignes.

Le texte définitif ne diffère guère du projet que sur trois points : — 1° Il confère aux Unions une capacité aussi étendue qu'aux syndicats isolés (1) ; — 2° Il écarte résolument la capacité commerciale, dont nous avons signalé déjà les inconvénients (2) ; — 3° Il écarte aussi les dispositions pénales, inspirées de la propos. Bovier-Lapierre, et reproduites dans le projet Godart de 1925, tendant à punir des peines édictées par l'art. 414 C. Pén. quiconque aura, par l'un des moyens énumérés audit article, obligé ou tenté d'obliger une ou plusieurs personnes soit *à sortir d'un syndicat, soit à en faire partie* : la responsabilité civile encourue en droit français par quiconque se rend coupable d'un abus du droit caractérisé (v. *supra*, n° 307) suffisant à sanctionner efficacement les atteintes, soit au droit de l'individu, soit au droit syndical.

546. — **Loi de 1920 ; Conclusions.** — La pensée dominante du législateur de 1920, que nous approuvons sans réserves, a été en somme de ne retenir que les dispositions nouvelles susceptibles de fortifier l'action syndicale, sans altérer le caractère à la fois libéral et désintéressé du syndicat professionnel français. Cette conception est la nôtre, et nous exprimons le vœu que le Parlement écarte à l'avenir, sans hésiter, toutes les propositions modificatives qui tendraient à faire du syndicat ouvrier, soit un instrument d'oppression à l'égard des travailleurs indépendants, soit une société de production, ayant pour principal mobile la recherche du profit.

(1) Cf. projet établi par la *Soc. d'études législatives* (rapp. *Capitant*, *Bull. Soc.*, 1911, n° 2, p. 150).

(2) Cf. projet précité.

CHAPITRE V

DES LIMITATIONS LÉGALES AU PRINCIPE DE LA LIBERTÉ DE L'INDUSTRIE, OU DES DIFFÉRENTES FORMES D'INTERVENTION DE L'ÉTAT DANS L'ORGANISATION DU TRAVAIL, INDUSTRIEL OU COMMERCIAL

547. — Ainsi que nous l'avons établi dans notre introduction (V. *supra*, n° 63), l'Etat, au regard de l'industrie, est investi d'un double droit : droit de police, droit de tutelle. — C'est en vertu de son pouvoir général de police que l'Etat réglemente les coalitions et associations professionnelles ; qu'il s'oppose à l'accaparement des produits nécessaires à la consommation générale ; qu'il réglemente les fabriques et ateliers, au point de vue de l'hygiène, et de la sécurité des travailleurs ; qu'il soumet à une réglementation spéciale ou même qu'il monopolise certaines industries, etc.

C'est en vertu de son *pouvoir de tutelle* que l'Etat, d'autre part, organise l'enseignement technique ; qu'il réglemente le travail des enfants ou des femmes, voire même celui des adultes et protège le salaire ; qu'il organise enfin ou favorise le développement des institutions de prévoyance, d'assurance et d'assistance sociales.

548. — En fait, il n'est pas toujours facile de déterminer en vertu de quel pouvoir, pouvoir de police ou pouvoir de tutelle, l'Etat intervient dans telle ou telle hypothèse donnée. Souvent, en effet, c'est à ce double titre, de gardien de l'ordre public et de protecteur des faibles, que l'Etat intervient ; et à cet égard, nous avons eu l'occasion de signaler une évolution très nette de toutes les législations dans le sens de l'extension, de plus en plus marquée, de l'intervention *tutélaire* de l'Etat (V. *supra*, n° 154).

Quoi qu'il en soit, notre division n'en subsiste pas moins dans ses grandes lignes, et nous croyons utile de la maintenir pour la clarté de l'exposition, sa portée exacte étant d'ailleurs dégagée.

SECTION PREMIÈRE. — **Police de l'industrie**

ART. 1er. — *Coalitions ou syndicats de producteurs et détenteurs de marchandises. — Délits d'accaparement et d'altération des prix* (1).

549. — Nous avons étudié précédemment la législation relative aux coalitions de patrons et d'ouvriers. Ces coalitions, en elles-mêmes, sont licites, ainsi que les syndicats professionnels qui, le plus souvent, jouent un rôle décisif dans la formation des coalitions et des grèves. Seules, les atteintes à la liberté du travail dont elles peuvent être l'occasion sont pénalement réprimées. Mais il est une coalition qui n'a pas cessé d'être prohibée, même depuis les lois de 1864 et de 1884, c'est la coalition entre les principaux détenteurs d'une marchandise, lorsqu'elle a eu pour but

(1) BIBLIOGRAPHIE. — OUVRAGES FRANÇAIS : Babled, *Les syndicats de producteurs et détenteurs de marchandises*, 1892 ; Brouilhet, *Essai sur les ententes industrielles et commerciales*, 1895 ; Beyssade, *Les unions d'entrepreneurs*, 1897 ; de Rousiers, *Les syndicats industriels de producteurs en France et à l'étranger*, 2e éd., 1912 et *Les grandes industries modernes*, 5 vol. 1924-28 ; Laur, *De l'accaparement*, 2e éd., 4 vol., 1900-1908 ; Dolléans, *L'accaparement*, 1902 ; Martin Saint-Léon, *Cartells et trusts*, 3e éd., 1912 ; Chastin, *Les trusts et les syndicats de producteurs*, 1909 ; Passama, *L'intégration du travail, formes nouvelles de la concentration industrielle*, 1910 ; Flu, *Les Comptoirs métallurgiques d'après guerre*, th., 1924 ; Lapergue, *Les syndicats de producteurs*, 1925 ; Teilhac, *L'évolution juridique des trusts et sa portée*, 1927 ; L. Mazeaud, *Le problème des Unions de producteurs devant la loi pénale*, 1924 (préf. de R. Garraud) ; *Le délit d'altération des prix*, 1927 ; *Le régime juridique des ententes industrielles et commerciales en France*, 1928. — V. aussi : de Birague d'Apremont, *L'accaparement et les formes nouvelles des ententes entre producteurs devant la loi pénale* ; Hugueney, Commentaire de la loi de 1926 (*Lois nouvelles*, 1927, p. 17 et s.) ; Fourgeaud, *La rationalisation*, 1929.

REVUES FRANÇAISES. — P. Pic, *Les syndicats ou coalitions de producteurs et la loi pénale* (*Rev. polit. et parlem.*, nov. 1902) ; de Norvins, *Trusts américains* (*Rev. des revues*, janv.-févr. 1903) ; Willoughby, *La corporation de l'acier aux Etats-Unis* (*Mus. soc.*, févr. 1902) ; P. de Rousiers, *Trust du pétrole aux Etats-Unis* (*Rev. de Paris*, 15 sept. 1898, et *Trust de l'Océan* (*ibid.*, juin 1902) ; Brouilhet, *La concentration à la fin du XIXe siècle* (*kartells et trusts*) (*Quest. prat.*, 1904, p. 157, 183 et suiv.) ; Martin Saint-Léon, *Les trusts aux Etats-Unis* (*Ann. Soc. d'écon. polit. de Lyon*, 1903, 357, et 1907, 129) ; Noyelle, *Les syndicats de producteurs* (*Rev. d'écon polit.*, janv.-févr., 1912) ; Pic, *Les cartels et ententes industrielles ; art. 429-420 C. P. modifiés par la loi de* 1926 (Rev. pol. et parl. janv. 1928) ; Perroux, *La notion de profit normal et la loi de* 1926 (*Quest. prat.* 1928, p. 163).

OUVRAGES ÉTRANGERS ET REVUES ÉTRANGÈRES : — Allemagne : Liefmann, *Kartelle, Konzerne, Trusts*, 7e éd., 1927 ; Baumgarten und Mezleny, *Kartelle und*

et *pour résultat effectif* de fausser les prix (art. 419 et 420, C. pén.). (1).

Avant de présenter l'étude critique de l'article 419 et de la loi du 3 décembre 1926 qui l'a complété et renforcé, il convient de passer en revue, très sommairement, les types les plus usuels de syndicats industriels. Cette étude économique préliminaire nous permettra d'établir une ligne de démarcation précise entre l'entente licite et l'accaparement délictueux, et d'apprécier, à la lumière des principes ainsi dégagés de l'étude des faits, la valeur de notre législation actuelle.

§ 1er. — Les principaux types de syndicats de producteurs Leurs effets, économiques et sociaux

550. — A. Définitions. — Divers types de syndicats. — Le premier écueil auquel se heurte quiconque veut étudier méthodiquement les syndicats des producteurs est une question de terminologie. Rien n'est plus vague, en effet, que les termes multiples employés en France pour désigner ces groupements : syndicats industriels, ententes, syndicats de défense ou d'accaparement, coalitions de producteurs, unions, *omniums*, *consortiums*, comptoirs de vente, unions d'entrepreneurs, etc.

Aussi est-ce plutôt aux langues allemande ou anglaise, c'est-à-dire à la langue des deux pays où se sont particulièrement développés ces groupements, l'Allemagne et les Etats-Unis, qu'il convient d'emprunter les termes qui nous serviront à les caractériser. Eliminant le terme vague de *combination* ou *combine* (2), nous

trusts, 2 vol., 1906 ; Kestner, *Der organisationzwang*, 1912 ; Sombart, *Le capitalisme moderne*, t. III, (L'apogée du capitalisme), 1927 : Tchverski, *Le problème du changement de structure des cartels* (*Wirtschafts dienst*. sept. 1927) ; Wolfers, *Unions économiques monopolistiques ou non monopolistiques* (*Ibid.*, avril 1928). — Autriche : Dr Gruntzel. *Die Wirtschaftliche Konzentration*, Vienne, 1928. — Angleterre : Macrosty, *The trust movement in british industry*, 1907 ; Lévy, *Monopole, Kartelle und trusts in der Geschichte und Gegenwart der englische industrie*, Iéna, 1927. — Etats-Unis : Ely, *Monopolies and Trusts*, 1900 ; B. et M. Clark, *The control of trusts*, 1912. — Belgique : De Leener, *L'organisation syndicale des chefs d'industrie*, 2 vol. in-8, 1909. — Italie : Martorelli, *I sindicati industriali*, 1913. — Cf. *L' Organizzazione scientifica del lavoro*, Milan, 1926-1929.

(1) Paris, 28 juill. 1916, *Gaz. trib.*, 5 mars 1917.

(2) Assez usité en Angleterre, ce terme a le grave inconvénient de s'adapter indifféremment à des *combinaisons* très diverses. Sur les *combines* anglais, cons. notamment, dans le *Musée social* (févr. 1900, p. 60), l'étude de M. Langer,

distinguerons, avec la majorité des auteurs, trois catégories de syndicats, les *corners* (appelés aussi *rings* ou *pools*), les *kartells* ou *cartels*, et les *trusts*).

551. — 1° CORNERS. — Le *corner* est une coalition éphémère de spéculateurs, en vue d'accaparer un produit, brut ou manufacturé, et de provoquer une hausse artificielle des cours par la raréfaction du produit sur le marché ; à la faveur de cette hausse factice, le corner écoule aussi rapidement qu'il le peut le stock accumulé par ses agents et correspondants sur les principaux marchés, puis se dissout. La plupart des corners se sont constitués pour l'accaparement des matières premières nécessaires à l'alimentation (blés, cafés, maïs, etc.) ou à l'industrie (coton, laine, soie, métaux bruts), ou de certains produits fabriqués se prêtant à la spéculation (sucres raffinés, métaux ouvrés, etc.) (1). Cette forme de spéculation, assez grossière, et vouée à un échec presque certain, est aujourd'hui à peu près abandonnée.

552. — 2° KARTELLS OU CARTELS. — Le *kartell* ou *cartel* (*cartell*) est un accord plus ou moins étroit, mais durable, entre industriels fabriquant le même produit, en vue de prévenir la surproduction et l'avilissement des cours, par diverses combinaisons, dont les plus usuelles sont : la fixation d'un prix commun, ou minimum, tout au moins pour la vente à l'intérieur, la répartition des débouchés, la répartition des commandes, la réglementation de la production, et (le plus souvent) la création d'un organisme commun (*Comité directeur*, *Comptoir de vente*, etc.), destiné à faciliter et à régler l'écoulement des produits des usines syndiquées.

CARTELS ALLEMANDS D'AVANT-GUERRE. — Les kartells avaient pris en *Allemagne* dès la fin du XIX° siècle, un développement énorme, dû à plusieurs causes conjuguées : libéralisme de la législation, tarifs protecteurs, encouragements du gouvernement impérial, esprit d'association et de discipline de la race germanique. De l'industrie

intitulée « *Fusions, monopoles, coalitions* ». — V. aussi Macgrégor, *Industrial combination*, 1906.

(1) Pour l'historique des principaux *corners*, presque tous antérieurs à 1900, (*corners* sur les blés, à Chicago, 1882-1887, sur les laines, à Roubaix, 1883-1884 ; corner international sur les maïs, à Budapest, 1896 ; corner international franco-anglo-allemand sur les sucres, 1888-1889 ; sur les cotons (Liverpool, 1899) ; sur le caoutchouc (1889 sur la *soie brute* (consortium franco-italien de Turin, 1896), corner international du *cuivre*, l'un des plus célèbres (1887-1889), consortium d'Anvers sur les cafés, 1907, etc., cons. notamment : Babled, p. 83 et suiv. ; Martin Saint-Léon, p. 245.

houillère et de la métallurgie, ce mouvement de concentration devait s'étendre aux industries les plus diverses : ciments, briqueteries, salines, papeteries, verreries, glaces, sucres et alcools, potasse, filatures, tissage même pour certaines étoffes de type uniforme (doublures, etc.). Bref, tandis qu'en 1879, il n'existait que 14 cartels en Allemagne, Liefmann en dénombrait 287 à la veille de la guerre (enquête de 1913). Presque tous étaient groupés autour du *Centralverband deutscher Industrieller*, organisme central siégeant à Berlin. Le gouvernement prussien était d'ailleurs, comme industriel, membre de plusieurs cartels, houilles, produits chimiques basiques (1).

553. — **La guerre et les cartels.** — Simples groupements privés, bien que favorisés par l'Etat allemand, les cartels devinrent dès le lendemain de la déclaration de guerre (août 1914), des organismes officiels. Le dictateur au ravitaillement, Dr *Rathenau*, enjoignit en effet à toutes les entreprises qui concouraient aux fabrications de guerre et à l'approvisionnement du pays, de se concentrer en unions obligatoires, qui répartiraient souverainement les matières premières et les commandes (2).

Tandis que dans les autres pays ayant pris part à la guerre de 1914-18, en France, en Angleterre, en Belgique, les Offices industriels se liquidèrent assez rapidement, la politique du *Reich* fut, au contraire, de faire des *kartells* et *Konzerns* une organisation *puissante* permettant à l'Allemagne vaincue de reconquérir la suprématie économique. D'où l'insertion dans la constitution de Weimar du 2 août 1919, d'un article 156 portant que « le Reich, en cas de besoin pressant, peut fédérer, par une loi, des entreprises en sociétés économiques, en vue... de régler d'après les principes de l'économie collective, la production, la création, la distribution, l'emploi, les prix, ainsi que l'importation et l'exportation des richesses ».

Application de ces principes fut faite successivement aux industries du charbon, de la potasse, de l'électricité, à la sidérurgie, à l'industrie du lin, etc... Progressivement les cartels volontaires

(1) Brouilhet, Martin Saint-Léon, *op. cit.*, ; Lescure, *L'évolution du cartell dans la grande industrie allemande* (*Rev. d'écon. polit.*, mai 1906) ; Raffalovich, *Les industries allemandes* (*Econ. franç.*, 28 mars 1914) ; Hauser, *Le rôle des cartels et du dumping dans l'exportation allemande* (*Académ. Sc. morales*, 1916, 2, 431). Sur l'extension des cartels à l'agriculture, v. Souchon, *Les cartels de l'agriculture en Allemagne*, 1903.

(2) Sur la politique économique du *Reich*, pendant la guerre et après l'armistice, cons. notamment : Antonelli, *Les sociétés anonymes d'économie mixte* (Rev. des soc., fév. 1923) ; L. Mazeaud, *Le problème des Unions de producteurs*, p. 76 et s.

d'avant-guerre se transformèrent ainsi en Konzern à base d'obligation, plus ou moins contrôlés par l'Etat.

554. — Les Konzern ; leur apogée avec Stinnes, leur déclin (1). — Le Konzern est une forme d'intégration beaucoup plus accentuée que le cartel. A la concentration horizontale, groupement des industries similaires parvenues au même stade de production, il joint la concentration verticale, groupement des industries qui, depuis la matière première jusqu'au produit fini, concourent à l'établissement d'un même produit. « Comme des alpinistes attachés à la même corde, — a écrit Stinnes, — les indusdustries ainsi intégrées montent à l'assaut des débouchés extérieurs ». Mais l'évènement devait bientôt démontrer que cette ascension téméraire était aussi risquée que celle des cîmes alpestres, faute d'un point d'appui suffisant.

C'est vers 1922-23, au moment de l'effondrement du mark, que se place l'apogée des Konzerns, et en particulier du Konzern Stinnes, le plus gigantesque de tous, mais aussi le plus imprudent, puisque son fondateur, au lieu de se borner à grouper des industries similaires ou connexes, avait fini par contrôler les entreprises les plus diverses : mines, sidérurgie, électricité, transports terrestres, fluviaux ou maritimes, industrie hôtelière, papeterie, presse, librairie, banque, etc. !

Si puissants en apparence, ces Konzerns n'étaient que des colosses aux pieds d'argile. Du jour même où l'Allemagne eut réalisé son rétablissement financier et fondé sur les ruines du mark-papier son édifice audacieux du *renten*, puis du *gold mark* (1924), ces entreprises tentaculaires, qui dominaient et étouffaient l'Etat, commencèrent à péricliter, et la mort de Stinnes ne fit qu'en précipiter la chute, dès lors fatale. De telles entreprises, en effet, sont vouées à la ruine d'abord parce qu'elles sont dévoratrices de capitaux, ensuite parce qu'elles tendent fatalement à la surproduction.

555. — Les nouveaux cartels allemands ; ententes et fusions (2). — L'ère de la concentration n'était nullement terminée ; mais elle

(1) P. Pic, *La crise des cartels et des Konzern allemands* (*Rev. polit. et parl.*, mars 1926) ; de Lannoy, *Un exemple de la grande concentration allemande : les Konzern d'Hugo Stinnes* (*Rev. écon. intern.*, 1926, 1, p. 328) ; *Bull. de la Haute commission des Provinces du Rhin*, n° 1er nov. 1926.

(2) Lemoine, *L'évolution de la concentration industrielle en Allemagne* (Rev. écon. intern., août 1926) ; R. Dornis, *L'évolution des trusts en Allemagne* (Rev. des sciences polit., avril-juin 1927) ; Léonidoff, *Un nouveau Konzern allemand de l'acier* (*Wirtschaftdienst*, sept. 1927) ; H. G. A., *L'évolution de la concen-*

allait prendre une autre forme, plus logique et plus conforme aux besoins généraux. La hausse des prix intérieurs et la prime à l'exportation ayant disparu du fait de la stabilisation de la monnaie, la grande industrie allemande entra résolument dans la voie de la *rationalisation*, affectant deux formes conjuguées : — reconstitution des cartels pour maintenir les prix, fusion complète de certaines industries similaires en vue de permettre le perfectionnement du matériel, et de réduire les prix de main-d'œuvre, tant par la réduction du personnel que par la spécialisation.

Dès novembre 1924, réapparaît dans la métallurgie la concentration commerciale avec le nouveau cartel de l'acier, groupant 32 usines et limitant la production de chacune. En juillet 1925, l'entente se perfectionna par la création d'un bureau de vente ; enfin, en 1926, nous assistons à la fusion de plusieurs grandes firmes, dont Thyssen, en une société unique au capital de 800 millions de marks.

Même mouvement de fusion dans l'industrie chimique. Les diverses entreprises qui constituaient le consortium de l'aniline se groupent, en 1926, en une seule société, au capital énorme de 1 milliard 100 millions de marks (*I. G. Farben industrie*).

D'autres cartels se sont constitués ou réorganisés dans les industries de la potasse, de la photographie, de l'optique, de l'horlogerie, des transports maritimes, des assurances, etc..

Enfin toutes les Compagnies de navigation aérienne ont fusionné, sous le contrôle direct du *Reich*, et ne forment plus qu'une société unique, remarquablement outillée, la *Lufthansa*.

556. — **Cartels français.** — En *France*, ce mouvement de concentration industrielle, quoique moins marqué, est cependant très prononcé également. L'un des plus anciens cartels est assurément l'Union ou Société charbonnière de la Loire (1842-52). Depuis lors, on vit se constituer : les Syndicats des salines de l'Est (1863), des commerçants en bois du Nord (Calais 1846), des fabricants d'iode de Bretagne (1869), le Comptoir de Longwy pour les fontes brutes (1879), qui fut pendant longtemps le plus puissant de tous les comptoirs de spécialités métallurgiques (poutrelles, tôles, etc.), les Maîtres de Forges du Nord, etc.

Le mouvement de concentration gagna bientôt les industries les plus diverses : industries extractives (plâtrières, phosphates, briqueterie, tuilerie), quincaillerie (quincaillers de l'Est), horlogerie (Syndicat horloger du Doubs), fabriques de jouets (fabricants

tration économique en Allemagne (Rev. pol. et parl., janv. 1928) ; Laufenburger, *La vie économique en Allemagne* (Rev. d'écon. polit., 1928, p. 1127 et s.) ; Fourgeaud, *La rationalisation*, 1929.

parisiens), filatures (lin du Nord, laine des Ardennes), tissus (velours de St-Etienne), produits chimiques, papeteries, meuneries, pétroles, superphosphates (contrôle de la Compagnie de Saint-Gobain) ; sans compter le Syndicat des raffineurs de sucre, l'un des plus puissants avant 1914, qui, à l'instar des syndicats similaires étrangers, affectait des allures de *trust* et dominait le marché intérieur (1).

Pendant la guerre, les cartels institués dans l'intérêt de la défense nationale et pour assurer le ravitaillement régulier en denrées et matières premières, fonctionnèrent comme régies d'Etat (2).

Dans les années qui suivirent l'armistice et le traité de paix, l'industrie reprit sa liberté. Certains cartels durent se dissoudre, tels le Comptoir de Longwy, remplacé d'ailleurs bientôt par d'autres ententes, dont les Aciéries de Micheville, Châtillon, Commentry, Schneider du Creusot et Wendel prirent la direction. D'autres étendirent leur champ d'action, tels les cartels de produits chimiques (St-Gobain, Alais et Camargue, etc.), de l'électricité (Cie générale d'électricité, véritable konzern, et groupe Grammont), des textiles (Fabricants de velours, Comptoir cotonnier français, Cotonnerie de St-Quentin, etc.), du bâtiment, de l'alimentation (groupement de l'industrie sucrière française, grands moulins réunis, consortium des crus du Languedoc-Roussillon), de la librairie, de l'édition, etc. (3).

Nous ne citons que pour mémoire les grandes fédérations professionnelles, telles que la Fédération de la Soie (4), constituée en 1923, en vue de travailler d'un commun accord au développement de l'industrie séricicole, et des industries et commerces qui en dépendent (moulinages, filatures et tissages). Il ne s'agit là en

(1) Aftalion, *Les cartels dans le nord de la France* (Rev. écon. intern., 1908.1. 1907 et mai 1911) ; Obrien, *Le Comptoir métallurgique de Longwy*, th. 1908 ; Vignes, *Le bassin de Briey*, 1913 ; Fontaine, March, *La concentration des entreprises*, 1913.

(2) Pinot, *Le Comité des Forges au service de la France*, 1920.

(3) Sur le mouvement des cartels en France depuis la guerre, cons. notamment : L. Mazeaud, *Le problème des Unions de producteurs*, p. 14 et s. ; Flu, *Les Comptoirs métallurgiques d'après-guerre*, 1919-22, th. 1924 ; *Rev. d'économie politique* (*La France économique*, annuaires de 1922 à 1928, chroniques de Laufenburger sur les industries métallurgiques, Pommery, sur les industries textiles, Adam, sur les industries électriques, Micanel, sur la houille blanche, etc.). — L'on trouve également des cartels importants en *Angleterre* (métallurgie, tissus, industries chimiques), en *Suisse* (chocolaterie, meunerie, soierie), en *Italie* (métallurgie, carrières de marbre), en *Belgique* (houille, métallurgie, verrerie, etc.).

(4) Pic, *La concentration industrielle et la Fédération de la soie* (Rev. pol. et parl., fév. 1924). — Cf. Comité central de la laine, Syndicat de l'industrie cotonnière française, etc.

effet que d'un mouvement syndical, qui peut favoriser la création d'ententes plus étroites, mais qui dans sa forme initiale tout au moins laisse à chaque maison adhérente son entière indépendance.

557. — **Trusts** (1). — Les *trusts*, d'origine américaine, mais qui tendent à s'acclimater en Europe, sont, ainsi que nous l'établirons plus loin, des syndicats permanents, comme les cartels, mais plus fortement centralisés.

Précédés et préparés par de nombreuses ententes temporaires (*pools*, *rings* et *corners*), les trusts ont, depuis un demi-siècle, accaparé progressivement presque toutes les branches de l'industrie aux Etats-Unis. Il existait en 1906 sur toute l'étendue du territoire de l'Union, plus de 600 trusts avec 36 milliards de fr. de capitaux, corespondant aux huit dixièmes environ du capital circulant de la République américaine. Dix ans plus tard (1916), les commissaires enquêteurs nommés par la Chambre des députés évaluaient à 125 milliards de fr. (25 milliards L.), la valeur globale des entreprises contrôlées par Morgan et Rockefeller (Gide, *Cours d'écon. polit.*, I, p. 290). Les principaux, sans parler de celui de l'acier (v. *infra*), sont les trusts du pétrole, du sucre, du cuivre, des fonderies de métaux, du gaz et de l'électricité, des cordages, du caoutchouc, du tabac, de la bijouterie, des tissus, des pianos, des livres classiques, etc., et, depuis peu, de l'aviation. Les plus importants de ces trusts se sont fédérés à leur tour pour ne plus constituer que deux groupements financiers gigantesques : le ***Morgan interest***, fédération des trusts de l'acier, et le ***Rockefeller interest Standard Oil***, fédération des cinq trusts du pétrole, du cuivre, du tabac, du sucre et des métaux.

558. — **Structure juridique des trusts.** — Dans le cartel proprement dit, tous les adhérents conservent leur individualité, sinon leur indépendance ; ils acceptent, mais seulement dans une certaine

(1) Sur les trusts américains, cons. notamment, outre les ouvrages cités *supra*, n° 549 : — Eliot Jones, *The Trusts problems in the United States*, N.-Y., 1922 ; Franck, *The significance of industrial integration* (Journal of political Economy, avril 1925) ; Tellbac, *L'évolution juridique des trusts*, 1928 (et la bibliographie jointe) ; Siegfried, *Les Etats-Unis d'aujourd'hui* ; Philip, *Le mouvement ouvrier aux Etats-Unis* ; Nestier-Tricoche, *Le mouvement de concentration industrielle aux Etats-Unis* (Rev. des Etudes coopératives, oct.-déc. 1926).

Sur l'acclimatation en Europe du régime et des procédés des trusts, notamment dans l'industrie sucrière, les produits chimiques, la meunerie, etc.., v. les ouvrages précités de MM. De Rousiers, Martin Saint-Léon, L. Mazeaud. — Pour l'étude spéciale des trusts anglais, v. Sénéchal, *La concentration industrielle en Angleterre*, 1909. A noter spécialement, depuis la guerre, la formation d'un véritable trust des journaux britanniques.

mesure, l'impulsion d'un comité de direction. Dans le trust, au contraire, il y a absorption presque absolue de toutes les maisons adhérentes dans un organisme unique, autocratiquement dirigé par un *Board of trustees*, qui ressemble fort à une vaste société anonyme née de la fusion de toutes les firmes concurrentes, même lorsqu'en droit les fondateurs du trust laissent à chaque établissement une apparence d'autonomie. Celle-ci, du reste, tend de plus en plus à disparaître, même dans la forme.

Les trusts les plus anciens (*Standard Oil C°*, par exemple, formé en 1882) se constituèrent au moyen d'une habile adaptation de l'antique institution anglaise des *trustees* et d'un dédoublement du droit de l'actionnaire en deux droits distincts : — droit aux dividendes, réservé à l'actionnaire ; droit de prendre part aux assemblées générales délégué aux trustees, qui acquéraient ainsi la haute main sur la direction de toutes les sociétés syndiquées, dont ils désignaient à leur gré les administrateurs, tout en respectant en apparence l'autonomie de chacune d'elles (1). A la suite des lois prohibitives, sur lesquelles nous reviendrons, édictées contre les *trusts*, ceux-ci se sont transformés, pour échapper aux rigueurs de la loi ; et les grands trusts récents se sont constitués, soit par la fusion ostensible, en une vaste société anonyme, de toutes les sociétés concurrentes, soit, comme celui de l'acier (2), le plus colossal de tous, par le procédé ingénieux du *holding trust*.

Cette nouvelle incarnation du trust est une société anonyme constituée en vue d'acquérir la majorité au moins des actions dans chacune des entreprises qui doivent faire partie de la combinaison : les sociétés syndiquées ne fusionnent pas, elles conservent leurs directeurs et administrateurs respectifs, maix ceux-ci ne sont en réalité que les *hommes de paille* du trust (3).

(1) Cons. sur ce mécanisme ingénieux : Babled, p. 53 et suiv. ; Brouilhet, p. 60 et suiv. ; Percerou; *Ann. de dr. comm.*, janv. 1897, p. 296.

(2) Le *trust de l'acier* (*U. S. steel corporation*) s'est constitué en 1901, à la suite d'un accord intervenu entre Pierpont Morgan, le *roi du fer*, et Carnegie, le *roi de l'acier*, par le groupement de tous les grands trusts métallurgiques des Etats-Unis, au capital formidable de 1 milliard de dollars. A la veille de la guerre, son capital était évalué au double. D'autre part, le trust de l'acier peut être considéré comme le fondateur du *trust de l'Océan*, qui se constitua en 1902, au capital de 150 millions de dollars, en vue de monopoliser les transports maritimes du globe, mais dont l'échec retentissant, par suite de la résistance de la Compagnie Cunard et de la Compagnie Transatlantique française, fit pâlir l'étoile de P. Morgan (Colson, *Rev. des quest. de transp.*, Rev. polit. et parl., fév. 1912). — La guerre a achevé sa débâcle.

(3) Pour la description du mécanisme du *holding trust*, cons. notamment : Martin Saint-Léon, *Cartels et trusts*, p. 131 ; Brouilhet, *Concentration industrielle* (*Quest. pratiques*, 1904. 161). — Sur l'utilisation du mécanisme des actions à droit de vote privilégié pour s'assurer le contrôle d'une affaire et réaliser un

Depuis quelques années, aux Etats-Unis comme en Europe et notamment en France, la pratique de plus en plus répandue des émissions d'actions à *droit de vote privilégié* (actions *A.* et *B.*, *O.* et *P.*) a singulièrement facilité cette forme de spéculation. La possession d'un nombre relativement restreint d'actions à privilège de vote, conférant 10 voix chacune par exemple alors que les actions ordinaires ne disposent que d'une voix dans les assemblées, suffit à un groupe bien dirigé pour acquérir la maîtrise d'une affaire.

559. — **Cartels et trusts internationaux** (1). — Cartels et trusts ont le plus fréquemment pour objectif la monopolisation du marché intérieur, sous le couvert de tarifs protecteurs. D'où ce phénomène singulier que les cartels vendent généralement leurs produits au dehors sensiblement au-dessous du tarif arrêté entre les adhérents pour la vente sur le marché intérieur. Cet encouragement artificiel à l'exportation, connu sous le nom de *dumping* (2), est le point faible du système. Supprimée à l'intérieur, la concurrence n'en est plus que âpre pour la conquête des débouchés extérieurs entre les cartels des différents pays, voire même entre les industriels syndiqués d'un même pays, et cette concurrence même fait renaître, avec plus d'acuité parfois, les crises de surproduction que l'on s'était flatté de faire disparaître.

Ainsi s'expliquent les efforts considérables tentés, surtout depuis la guerre de 1914-18 (3), par les dirigeants des grandes industries d'exportation en vue de substituer, aux cartels nationaux, de vastes cartels ou trusts internationaux assez puissants pour régulari-

holding financier, v. H. Mazeaud, *Le vote privilégié dans les sociétés de capitaux*, 2e éd., 1928.

(1) Gérard, *Les ententes industrielles internationales* (Rev. écon. intern., mai 1927) ; Minost, *Les coopérations interétatistes*, 1929.

(2) Dr W. Morgenroth, *Die Export politik der Kartelle*, 1907 ; Bellet, *Le commerce allemand*, 1907 ; Perreau, *Econ. polit.*, 1 p. 204.

(3) Bien avant la guerre, des ententes internationales multiples s'étaient établies. Il en existait pour le zinc, l'acier, les glaces, le verre, la teinturerie de soie (Lyon, Crefeld, Bâle, 1906), les rails, les Compagnies de navigation, le coton, etc... Martin Saint-Léon, *Cartels et trusts*, p. 413 ; Macara Bart, *Fédération intern. des filatures et manufactures de coton* (Rev. écon. intern., avril 1911). — Pour le *sucre*, une entente internationale, conclue en 1902, renouvelée en 1907 et 1912, mais brisée par la guerre, était même intervenue entre les principaux Etats producteurs de sucre de betterave, pour faire disparaître progressivement les droits protecteurs énormes, véritables primes à l'exportation, à la faveur desquels s'étaient constitués en France, en Allemagne, en Belgique, etc, des trusts sucriers, groupant quelques puissants raffineurs, pour le plus grand profit des pays non producteurs, tels que l'Angleterre où le sucre était vendu au rabais. — Truchy, *La convention sucrière de 1907*.

ser la production dans les différents pays adhérents, et stabiliser les prix à un taux rémunérateur pour toutes les maisons adhérentes.

L'un des trusts les plus puissants est le trust du *pétrole* (1) qui, bien que plus spécialement européen, rayonne sur le monde entier et tient tête au *Standard Oil trust* de Rockefeller. Englobant les productions de la Roumanie, de la Silésie, du Caucase (en partie), des Indes néerlandaises (Royal Dutch), de l'Irak (Mossoul), du Mexique, le trust européen, ouvertement contrôlé par l'Angleterre (*Shell Transport*), a depuis la fin de la guerre délibérément repris la lutte contre le monopole américain. D'où l'opposition première des Etats-Unis aux accords de 1927, portant attribution à la France, représentée par la Compagnie française des pétroles, des intérêts possédés antérieurement par l'Allemagne dans le *Turkisk-Petroleum* : soit 25 % des pétroles de Mossoul, actuellement exploités par l'Irak, c'est-à-dire par l'Angleterre, puissance mandataire. Depuis lors, un accord paraît être intervenu entre les deux groupes rivaux.

Presqu'aussi important est le *cartel européen de l'acier*, constitué en octobre 1926, qui contrôle la production de la France, de l'Allemagne, de la Belgique et du Luxembourg, de la Tchécoslovaquie (2). Puis viennent les ententes plus limitées concernant notamment les *potasses* (France, Allemagne) (3), les industries *chimiques* (France, Allemagne, Japon) (4), l'industrie *cotonnière* (5), les *ciments*. A signaler aussi le trust mondial des *lampes électriques* (6), le trust européen du *linoléum* (7), etc...

(1) Delasi, *Le pétrole*, 1921 ; Allix, *Le problème du pétrole* (Journ. des Econom., fév. 1928 ; Le Cour Grandmaison, *La France et le pétrole* (Rev. de France, juin 1928); Bull. financ. des *Débats*, n°s 17 nov. 1927, 17 janv. 28 et 17 nov. 1928.

(2) Gignoux, *L'entente internationale de l'acier* (Rev. Econ. intern., 1926.4.21) ; Auboin, *Les ententes dans la métallurgie européenne* (Europe nouvelle, mars 1927) ; Jeannaire, *L'entente internationale des producteurs d'acier* (*Rev. polit. et parl.*, fév. 1927) ; *Bull. des valeurs région.* (Soc. générale Alsac. de Banque), chron. 1926-29 ; Nattan-Larrier, *L'entente internationale de l'acier*, 1929.

(3) Clelens, *Deux accords industriels : potasse et tabac* (Europe nouvelle, avril 1927).

(4) Sauzède, *La concentration et les ententes dans l'industrie chimique* (Economie nouvelle, janv. 1928). Un mouvement très net se dessine en faveur d'une concentration européenne des produits colorants, sous l'impulsion des grands trusts I. G. Farben et Kuhlmann (*Déb.*, n° 27 déc. 1928).

(5) Macara, *Les aspects internationaux de l'industrie cotonnière*, (Rev. écon. intern., 1926.3.211).

(6) Micapel, *L'industrie autrichienne et le trust mondial des lampes électriques* (Rev. d'écon. polit., nov.-déc. 1925).

(7) *Monde économique*, 13 mai 1928.

560. — D'autre part, malgré le coup porté à l'*International holding* de la *soie artificielle* par la mort tragique du financier belge Lœwenstein, les pourparlers engagés entre les principaux groupes français, anglais, allemand, belge, italien et américain sont en bonne voie et ont déjà abouti, en oct. 1928, à la création d'un Bureau International pour la standardisation des fabriques de soie artificielle. Un mouvement très net se dessine également en vue d'une entente internationale pour la production de la houille (1), de même que pour le contrôle de la production sucrière mondiale, réclamé à la fois par les producteurs européens et américains (Cuba, Etats-Unis, Antilles).

De plus en plus, ce mouvement presque irrésistible en faveur de la répartition équitable des matières premières entre les peuples, et de la réglementation de la production par un contingentement rigoureux que sanctionnent des amendes versées à un fonds commun, s'organise autour de la Société des Nations et de la Conférence économique internationale. Nous nous réservons de revenir dans nos conclusions, sur le rôle de premier plan, assigné à la S. D. N. dans le plan gigantesque de réorganisation du monde avec le concours de toutes les grandes Fédérations productrices, patronales et ouvrières, et des puissantes organisations françaises, dont la grande industrie est solidaire.

561. — B. Effets économiques et sociaux des syndicats de producteurs. — Rien n'est plus contradictoire que les appréciations formulées sur ces groupements. Les corners seuls ne comptent guère de défenseurs, peut-être parce qu'ils ont presque toujours échoué, causant autour d'eux par leur effondrement beaucoup de ruines imméritées. La réussite de deux ou trois corners, tels que le Syndicat des laines de Roubaix en 1884, ou le Consortium des soies de Turin en 1886, due à la prudence de leurs promoteurs, qui surent se contenter d'un bénéfice modéré, ne saurait être mise en parallèle avec les désastres financiers provoqués par les corners sur les grains de Chicago, ou par le fameux Syndicat des cuivres, dont la ruine entraîna celle du Comptoir d'escompte.

Cartels et trusts ont au contraire de nombreux partisans, voire même des défenseurs enthousiastes : Schæffle, Liefmann ou Rathenau (2) en Allemagne, de Rousiers et Colliez en France pour les cartels, Gunton (*Trusts and the public*, N.-Y., 1899), et autres, aux

(1) Mack Eastman, *La crise charbonnière européenne de 1926 à 1927* (Rev. intern. du trav., fév. 1928) ; XXX, *La crise du charbon en Europe et la Société des Nations* (Rev. polit. et parl., juin 1928).

(2) Rathenau, *Die neue Wirtschaft*, Berlin, 1918.

Etats-Unis, pour les trusts. Ces auteurs insistent complaisamment sur les avantages suivants, que présenterait d'après eux la concentration industrielle : la limitation du stock fabriqué en prévision des besoins probables donnerait aux prix plus de stabilité et préviendrait les crises de surproduction (1) ; — la diminution des frais généraux, résultant des perfectionnements apportés à l'outillage et à l'utilisation du personnel, ainsi que de la fermeture des établissements installés dans des conditions défectueuses, en un mot de la *rationalisation* ou *normalisation* de l'industrie (2) permettrait aux syndicats de réaliser des bénéfices sans majoration de prix, voire même d'améliorer la condition du personnel : les syndicats de salariés feraient contrepoids aux syndicats patronaux, et l'on verrait ainsi, grâce à la généralisation du contrat collectif, s'instituer un régime économique présentant une remarquable stabilité, et quant aux prix, et quant aux salaires (3).

562. — Nous avons peine à partager cet optimisme ; et nous nous demandons, avec la majorité des auteurs français, si les avo-

(1) Sur cette fonction préventive des crises attribuées aux trusts, fusions, et cartels, cons. Lescure, *Des crises générales et périodiques de surproduction*, 1907 (conclusions optimistes). Cf. enquête belge de 1920 sur *le travail industriel aux Etats-Unis* (II, p. 120).

(2) Pour l'étude de la rationalisation, et de ses répercussions sur le salaire et la condition des ouvriers, v. *infra* n° 931. — Cf. Hoffherr, *Les aspects sociaux du mouvement de rationalisation* (Quest. pratiques, 1928, p. 49 et s.) ; Philip, *Le scientific management* (*in* Problème ouvrier aux Etats-Unis, p. 39 et s.).

(3) Sur les accords intervenus en Angleterre entre les compagnies houillères du pays de Galles, du Northumberland, etc., et les *trade-unions*, pour l'établissement d'un taux de salaire variant avec les prix courants de la houille (échelle mobile, *sliding scale*), v. Babled, p. 41 ; Raynaud, *Une industrie sans grèves, Les mines anglaises*, 1905. — Les grèves gigantesques de 1912, 1921 et 1926, et les ruptures brusques des contrats collectifs existants par les mineurs anglais, donnent un démenti éclatant à ces prévisions trop optimistes.

Dans le même ordre d'idées, une fraction du parti socialiste verrait plutôt d'un œil favorable cette concentration de la richesse publique entre quelques mains, qui préparerait et faciliterait l'avènement du collectivisme et la mainmise par l'Etat sur toutes les branches de l'industrie nationale (Vandervelde, *Le collectivisme et l'évolution industrielle*, p. 91). — La réalisation du collectivisme intégral paraît plutôt chimérique (Bourguin, *Systèmes socialistes*, p. 336 ; Passama, p. 320) ; mais il n'est pas niable que la concentration industrielle outrancière est susceptible, dans certaines circonstances données, de hâter la transformation des grands monopoles de fait en monopoles légaux (sucres, pétroles, importation des blés, charbons, etc.) : objectif pratique du *socialisme réformiste* (Brouilhet, *La concentration industrielle*).

En fait, cette transformation s'est produite, à titre transitoire, de 1914 à 1918, dans tous les Etats belligérants ; mais les monopoles d'Etat et *consortiums* de guerre n'ont pu survivre longtemps aux circonstances exceptionnelles qui leur avaient donné naissance, malgré les efforts du parti socialiste en vue de leur maintien. — V. *infra*.

cats des syndicats ne laissent pas trop volontiers dans l'ombre certains inconvénients très graves, très apparents pour les trusts, mais très visibles aussi pour les cartels, au fur et à mesure que ceux-ci évoluent dans le sens de la monopolisation du marché intérieur.

Au point de vue économique d'abord, la sécurité donnée par les cartels à l'industrie nationale est souvent trompeuse. A l'abri des tarifs de douane, ils règlent la production à l'intérieur, mais la lutte pour les marchés extérieurs n'en est que plus âpre. Ces marchés extérieurs arrivent rapidement à saturation : pour s'y maintenir, l'on vend au rabais à l'étranger, et l'on prend sa revanche sur la consommation intérieure (*sic*, pour les sucres, les métaux ouvrés, etc.) (1). Celle-ci rançonnée, se défend par l'abstention, réduit ses achats ; les stocks s'accumulent et un beau jour la crise éclate, d'autant plus redoutable que tous les ressorts économiques ont été faussés. C'est l'histoire en raccourci de la crise industrielle qui, en 1901-1902, sévit sur l'industrie allemande. Une crise similaire menaçait l'Allemagne en 1914. La méthode allemande d'impérialisme économique, se traduisant par le *dumping*, « ne pouvait conduire l'Allemagne qu'à la ruine de ses industries si le système avait été appliqué plus longtemps sous le régime de la paix, *ou à la guerre*, — ce qui est arrivé » (A. L., *Les problèmes économiques de l'après-guerre*, Déb., n° 16 fév. 1918) (2).

Rappelons également, dans le même ordre d'idées, la crise redoutable de surproduction et de spéculation, tout à la fois, que traversèrent les Etats-Unis en 1907-1908. — crise dont les répercussions se firent sentir dans le monde entier, mais surtout en Allemagne (3).

(1) C'est ainsi qu'avant la guerre, les syndicats allemands vendaient à l'étranger la tonne de coke ou la tonne de fil de fer à 30 % au-dessous du cours pratiqué à l'intérieur (Martin Saint-Léon, de Leener, Hauser).

(2) Cons. Blondel, *Les embarras de l'Allemagne*, *op. cit.* ; Victor Bérard, *Les kartells allemands* (Rev. des Deux-Mondes, déc. 1915). — V. aussi Cambon, *L'Allemagne au travail*.

(3) Blondel, *La crise allemande* (*Réf. soc.*, 16 juin 1909, p. 790) ; Sauvaire-Jourdan, *Un conflit dans la métallurgie allemande, industrie rhénane contre industrie lorraine* (*Rev. polit. et parl.*, août 1911). V. aussi Aftalion, *Les crises périodiques de surproduction*, 2 vol., 1913. — L'insuffisance du numéraire, l'abus des crédits consentis par les banques à l'industrie, en partie à l'aide de fonds étrangers empruntés à un taux onéreux, aggravèrent encore la situation ; si bien qu'en septembre 1911, la crainte d'une guerre franco-allemande au sujet du Maroc suffit à déchaîner une redoutable panique financière dans tout l'Empire. Nous verrons du reste plus loin que dès 1914, aux Etats-Unis, et depuis la guerre, en Allemagne, des mesures ont été prises pour contrôler les agissements des trusts et cartels, et faire servir leur puissance financière à des fins collectives. — A noter d'autre part que certaines dispositions du *traité*

Les trusts, ces machines de guerre gigantesques, aux bases fragiles (1), destinées à écraser l'Ancien Monde sous les produits du Nouveau et à *contrôler* la production mondiale, eurent une lourde part de responsabilité dans les désastres financiers de la crise américaine de 1907, de même que les *holdings* ont été la principale cause de la crise new-yorkaise de nov. 1929.

563. — Si la valeur des syndicats à *tendance monopolisatrice* est très contestable au point de vue *économique*, leurs dangers *sociaux* sont assurément plus graves encore. Le *trust*, genre américain, est trop souvent un agent de démoralisation publique et privée par les procédés qu'il emploie, cyniquement parfois (2) ; c'est le triomphe de l'or sous sa forme la plus brutale, et l'audace de certains financiers d'Outre-Mer était devenue telle, en 1912, que la plus haute autorité des Etats-Unis crut nécessaire de dénoncer publiquement cette cause de perturbation des rouages administratifs de la grande République.

Les progrès techniques réalisés par les industries syndiquées, les créations philanthropiques ou scientifiques créées par les milliardaires, ne sauraient être mis en parallèle avec les résultats néfastes que doivent provoquer inévitablement : la ruine de la petite industrie indépendante, la décadence progressive du moyen commerce ou de la moyenne industrie, éléments de stabilité et de

de Versailles (art. 264 et s.), tendent à garantir les alliés, dans une certaine mesure, contre les abus du *dumping* allemand. — Cf. les *anti-dumping bills* votés, en 1919, par les Parlements anglais, canadien et américain.

(1) L'une des principales causes de fragilité des trusts est le *mouillage*, (*watering*), ou *surcapitalisation*. Il n'est pas rare de voir majorer de 100 ou 200 % les apports des compagnies syndiquées. — Cf. de Leener, *La surcapitalisation et les trusts américains* (*Rev. econom. internat.*, mars 1904) — V. aussi Good, *La vérité sur l'U. S. Steel trust*, article de la *Financial Review of Reviews*, résumé par les *Débats*, chron, fin. du 11 oct. 1909. — Sur les majorations scandaleuses auxquelles eut recours le groupe Morgan, lors de la création du trust de l'Océan, v. Colson, *Revue des questions de transport* (*Rev. polit. et parl.* 1908.1.430). — Cet échafaudage de titres de spéculation, ne correspondant que pour partie à une valeur réelle, pesa lourdement sur les cours au début même de la crise américaine de 1907, et en décupla l'intensité. — Aupetit, *La crise américaine* (*Rev. écon. internat.*, nov. 1907) ; Manceron, *La crise américaine de 1907*, th. 1910.

(2) Grâce au régime de libre concurrence sous lequel s'est constitué le réseau ferré américain, et à l'absence de tout contrôle officiel *sérieux*, les accords les plus scandaleux, les *pools* les plus immoraux étaient intervenus entre les directeurs des trusts et les Compagnies. Bénéficiant de tarifs réduits dans des proportions invraisemblables, partageant même avec les Compagnies la *discrimination*, les trusts du pétrole, du whiskey et autres parvinrent rapidement à détruire ou annihiler les maisons dissidentes. — Les documents publiés dans les enquêtes officielles de 1900 (*Industrial Commission*, t. XIII), et 1906, sont édifiants à cet égard. — Cf. Gide, *op. cit.*, I, p. 294.

force pour les États, enfin le renchérissement progressif des prix, suite inévitable du monopole (1).

564. — Si la hausse générale des prix, consécutive au triomphe des trusts, hausse nuisible aux consommateurs, avait réellement pour conséquence, ainsi qu'on l'a prétendu, une hausse *correspondante* des salaires, il n'y aurait que demi-mal ; mais rien n'est moins prouvé que cette assertion. Il convient en effet de remarquer que, par définition même, un trust est toujours un régulateur de production, et que le moyen normal employé dans ce but consiste, soit à réduire dans certaines usines le personnel ou le nombre des journées de travail, soit à supprimer un certain nombre d'établissements (Le *whiskey trust*, sur 80 usines, en ferma 62 !). Comment dans ces conditions pourrait-on sérieusement soutenir que les trusts profitent à la masse des salariés (2) ?

C'est donc à juste titre, selon nous, que dans presque tous les pays, le législateur a dû se préoccuper de contrôler les ententes, et d'en réprimer les abus.

§ 2. — Législation répressive. — Contrôle administratif

565. — **Nécessité de la répression : ses limites rationnelles.** — La question de savoir s'il convient d'ériger la coalition de producteurs en un délit pénal est vivement controversée. Les économistes libéraux, sans méconnaître les inconvénients de ces groupements à tendance monopolisatrice, estiment que ce n'est point à l'aide d'une législation répressive, mais uniquement par une politique économique libérale, comportant une renonciation complète au régime des primes et droits protecteurs, que l'on pourra remédier efficacement à de tels abus. — Ils n'admettent même pas la nécessité de réprimer les *corners*, par la raison que les fondateurs de ces combinaisons, aussi fragiles qu'ambitieuses, en seraient toujours les premières victimes (P. Leroy-Beaulieu, *Traité*, t. IV, p. 35).

Ce raisonnement nous paraît inacceptable. Peu importe qu'en fait ces coalitions gigantesques échouent à peu près fatalement.

(1) Pic, *Trusts et Kartells. Le devoir du législateur* (*Annales de dr. comm.*, 1908,324) ; S. Bates Clark, *Principes d'Économique*, trad. Oualid et O. Leroy, 1911 (chap. 24 et 28).

(2) Sur la longue lutte engagée entre le trust de l'acier et l'association ouvrière correspondante, cons. Willoughby, *op. cit.* — V. aussi Philip, p. 266 et s.

Les spéculations de cette nature n'en sont pas moins condamnables, parce que les ruines qu'elles entraînent ne frappent pas seulement ceux qui s'y livrent ; — pendant des semaines ou des mois, parfois des années, le corner peut demeurer le maître du marché, écraser ses concurrents et semer ainsi la ruine autour de lui, en attendant que sa chute fasse d'autres victimes ; bien imprévoyant serait le législateur qui ne s'appliquerait point à prévenir de telles opérations (Bourguin, *op. cit.*, p. 381).

566. — Ce qu'il faut, en pareille matière, c'est une législation répressive très souple, laissant toute liberté d'allure aux syndicats de défense, et permettant au contraire d'atteindre l'entente industrielle, de quelque nom qu'on la désigne et quelques formes extérieures qu'elle revête, dès le jour où, même sans changer de physionomie apparente, *elle cesse d'être un syndicat de défense pour dégénérer en un instrument d'accaparement et de monopolisation.*

Tel est précisément, — et l'on ne saurait trop insister sur ce fait, car les articles 419 et 420 du Code pénal sont bien antérieurs au développement des syndicats modernes, — le caractère de la législation pénale française : législation qui, malgré ses imperfections en partie corrigées par la loi du 3 nov. 1926 (1), présente cette réelle supériorité sur les lois américaines, spécialement forgées contre les trusts et presque inefficaces en pratique (v. n° 571 *infra*), de permettre aux tribunaux d'atteindre corners et trusts, et d'épargner les cartels, toutes les fois que ceux-ci ne cherchent pas à se constituer en monopole abusif.

567. — **Articles 419 à 421 du Code pénal, modifiés par la loi du 3 décembre 1926. — Délit d'altération des prix** (2). — Aux termes de l'ancien article 419 du Code Pénal, « tous ceux qui, par des faits faux ou calomnieux semés à dessein dans le public, par des suroffres faites au prix que demandaient les vendeurs eux-mêmes, *par*

(1) En ce qui concerne le délit de *spéculation illicite*, délit édicté par la loi des 20 avril 1916 et 23 octobre 1919, loi de guerre abrogée par la loi du 19 octobre 1922, ces lois n'ayant plus qu'un intérêt historique bien que plusieurs de leurs dispositions aient passé dans la loi de 1926, il nous paraît superflu de l'étudier ici. On trouvera le commentaire de ces lois de circonstance dans notre 5ᵉ édition, nᵒˢ 573, 578. — Cf Rouquet, *La spéculation illicite* (*Lois Nouvelles*, 15 janv. 1920) ; Pella, *Le délit de spéculation illicite*, 1920. — Crim. 21 juin 1918 et 30 janv. 1919. D. 19.1.13 et note Matter; Crim. 1ᵉʳ mai et 3 juin 1920, D 20.1.115 et note Le Poittevin. — Notons toutefois qu'il serait question, pour réprimer le mouvement de hausse spéculative sur les denrées alimentaires, de faire revivre certaines prescriptions rigoureuses dss lois de 1916 et 1919, que le législateur de 1926 n'avait pas cru opportun d'incorporer aux art. 419 et 420.

(2) Pour le commentaire des art. 419 et 420 nouveaux, cons. notamment les ouvrages ou articles de Mazeaud, Perroux, Hugueney, Pic. etc.., cités *supra*, n° 549. — Cf. Truchy, *Le nouvel article 419* (*Journ. des Econom.*, avril. 1927) ; Tchernoff, *Accaparement et ententes* (*Rev. Soc.*, mars 1927).

réunion ou coalition entre les principaux détenteurs d'une même marchandise ou denrée, tendant à ne pas la vendre ou à ne la vendre qu'un certain prix ou qui, par des voies et des moyens frauduleux quelconques, auront opéré la hausse ou la baisse du prix des denrées ou marchandises ou des papiers et effets publics *au-dessus ou au-dessous des prix* qu'aurait déterminés la concurrence naturelle et libre du commerce, seront punis d'un emprisonnement d'un mois au moins, d'un an au plus, et d'une amende de 500 à 10.000 francs... »

Et l'art. 420 ajoute : « La peine sera d'un emprisonnement de deux mois au moins et de deux ans au plus, et d'une amende de 1.000 à 20.000 francs, si ces manœuvres ont été pratiquées sur grains, semailles, *farines, substances farineuses*, pain, vin ou toute autre boisson... »

Plaçons en regard les nouveaux articles 419 à 420 (Loi du 3 décemb. 1926) ;

Art. 419 nouveau : « Tous ceux :

1° qui, par des faits faux ou calomnieux semés sciemment dans le public, par des offres jetées sur le marché à dessein de *troubler les cours*, par des suroffres faites aux prix que demandaient les vendeurs eux-mêmes, par des voies ou moyens frauduleux quelconques ;

2° ou qui, en exerçant ou en *tentant* d'exercer, soit *individuellement, soit par réunion ou coalition*, une action sur le marché dans le but de se procurer *un gain que ne serait pas le résultat du jeu naturel de l'offre et de la demande* :

Auront, directement ou par personne interposée, opéré ou tenté d'opérer *la hausse ou la baisse artificielle* du prix des denrées ou marchandises ou des effets publics *ou privés* — seront punis d'un emprisonnement de deux mois à deux ans et d'une amende de 2.000 à *100.000 francs*... »

Art. 420 : « La peine sera d'un emprisonnement d'un an à trois ans et d'une amende de 5.000 à *150.000 francs* si la hausse ou la baisse ont été opérées ou tentées sur des *grains, farines, substances farineuses*, denrées alimentaires, boissons, combustibles ou engrais commerciaux. L'emprisonnement pourra être porté à cinq ans et l'amende à 200.000 francs s'il s'agit de denrées ou marchandises qui ne rentrent pas dans l'exercice habituel de la profession du délinquant... »

Le nouvel article 421 vise l'interdiction des droits civiques et politiques, et la publicité du jugement. Enfin, l'art. 3 de la loi de 1926 réglemente la procédure (suppression du droit de citation directe, principe de l'expertise contradictoire). L'art. 4 et dernier étend la loi à l'Algérie et aux colonies.

568. — Du rapprochement de ces textes, anciens et nouveaux, il ressort que la loi du 3 déc. 1926 n'érige plus la coalition de producteurs en un moyen particulier de commettre le délit, ce que faisait l'ancien art. 419. Mais elle supprime le délit de coalition, plus communément dénommé délit *d'accaparement*, c'est pour lui substituer un nouveau délit, *le délit d'altération des prix sans manœuvres frauduleuses*, et elle a grand soin de spécifier que ce délit peut être commis « par réunion ou coalition ».

Bien loin d'éliminer la coalition de l'art. 419, le législateur de 1926 étend le champ de la répression aux individus isolés. Les ententes demeurent visées ; mais elles ne sont plus, comme auparavant, seules punissables, en l'absence de manœuvres dolosives ; l'action individuelle est placée sur le même plan que l'action collective et concertée.

Le texte nouveau s'explique par le désir qu'avait le législateur, au lendemain du déséquilibre économique créé par la guerre, de moderniser les textes du Code pénal et de les adapter aux nécessités nouvelles. L'ancien texte était ou paraissait à la fois trop large et trop étroit. Il était trop large en ce que, pris à la lettre, il semblait condamner toutes les ententes, alors que celles-ci sont parfois utiles et même nécessaires ; sur le terrain national, en ce qu'elles régularisent les conditions de la concurrence, et sur le terrain international, en ce qu'elles permettent aux industries nationales de lutter contre la concurrence étrangère, et aux industries similaires des divers pays de s'unir pour échapper aux périls de la surproduction ou du *dumping* (accords internationaux de l'acier, de la soie artificielle, de la potasse, etc.. encouragés par les gouvernements eux-mêmes).

L'ancien texte, par contre, était trop étroit en ce qu'il ne permettait pas de réprimer les spéculations ou même les tentatives d'accaparement émanant d'individus isolés, disposant de ressources financières puissantes.

Certains auteurs avaient cru pouvoir, il est vrai, soutenir que l'art. 419 était abrogé par désuétude (déclar. de M. Naquet au Sénat en 1885, lors de la discussion de la loi sur les marchés à terme). Mais il n'y a pas en droit français d'abrogation par désuétude, et en fait la jurisprudence, comme nous le verrons plus loin, n'a jamais hésité, soit avant la guerre, soit depuis, à faire application de ce texte.

Non moins inadmissible était la thèse d'après laquelle l'art. 419 aurait été abrogé par la loi du 21 mars 1884 sur les syndicats professionnels (Boullay, *Rev. cathol. des instit. et du droit*, 1890). Sans doute, les syndicats ont qualité pour défendre tous les intérêts professionnels légitimes ; mais si, sous couleur de défense professionnelle, un syndicat professionnel s'efforce de fausser les cours, il commet alors, ou plutôt ses dirigeants (car seules les personnes physiques peuvent délinquer) commettent un délit, prévu et puni par l'art. 419. Il n'y a donc aucune incompatibilité entre la loi de 1884, amendée en 1920, sur les syndicats, et l'art. 419. La jurisprudence est depuis longtemps fixée en ce sens. Crim. Cass., 17 juin 1922, *Gaz. Palais*, 1922.2.433, et les arrêts et auteurs rapportés en note par H. Mazeaud, *Le délit d'altération des prix*, p. 77.

Il n'en est pas moins vrai que « la jurisprudence n'était pas, avant 1926, restée inactive. Elle sut, par son interprétation de l'art. 419, maintenir l'accord indispensable entre la répression et l'évolution économique... Son action, en ce sens, avait été double : d'une part, stricte interprétation de l'art. 419 pour en écarter les coalitions qui, par leur caractère extérieur, ne remplissaient pas toutes les conditions exigées par ses termes ; d'autre part, légitimation des unions nécessitées par les circonstances économiques » (1).

569. — Double également a été, en 1926, l'action du législateur. D'une part, les sanctions qu'il édicte vont s'appliquer à toutes les coalitions, abstraction faite de leurs caractères extérieurs, et même aux spéculations isolées. D'autre part, et comme contrepartie de cette extension de la sphère d'application du délit, le nouvel article 419 s'approprie expressément la distinction antérieurement établie par la jurisprudence *entre les bonnes et les mauvaises unions ;* seules, les mauvaises unions, c'est-à-dire celles qui tendent à la réalisation d'un *gain ou bénéfice anormal*, tombent sous le coup de la prohibition. Reprenons successivement ces deux points :

a) *Le législateur de 1926 ne s'attache plus aux signes extérieurs pour atteindre les coalitions.* — L'ancien article 419 ne visait que « la réunion ou coalition entre les *principaux détenteurs* d'une *même* marchandise ou denrée... » Le texte nouveau s'applique au contraire à *toute réunion ou coalition*, poursuivant le gain illicite défini par la loi. Il n'y a donc plus lieu de distinguer « entre les coalitions d'après leurs caractères extérieurs : quelle que soit leur forme juridique (2), quel que soit le but direct de l'engagement qui lie leurs membres, quelle que soit leur composition, les unions de

(1) Mazeaud, *op. cit.*, p. 78 ; P. Garraud, *L'état actuel de la législation et de la jurisprudence françaises, relatives à l'accaparement, à la spéculation illicite et aux coalitions* (Bull. de la Soc. de législ. comparée, 1924, p. 354).

(2) Sur les diverses formes extérieures que peut revêtir un cartel, v. Mazeaud, ouvrages précités. — Sur les avantages que présente pour les cartels la forme de *Société à responsabilité limitée*. (L. 7 mars 1925), cons. Pic et Baratin, *op. cit.*, 2e édit., nos 33, 137, 183 et p. 586 (formule de cartel).

Sur les *fusions*, v. L. Mazeaud, *Régime juridique des ententes*, p. 51 et s. ; Auger, *La fusion* (*Rev. Soc.*, févr. mars 1925) ; Pène, *La fusion des sociétés com-*

producteurs tombent sous le coup du nouvel article ». Mazeaud, *op. cit.*, p. 80.

Il n'est donc plus possible de soutenir aujourd'hui, comme l'affirmaient certains auteurs avant la loi de 1926 (R. Garraud, *Traité de droit pénal*, 2e édit. t. 6, n° 2547), que le trust par fusion complète en une société unique échappe à la répression. La jurisprudence, du reste, était en sens contraire. C'est ainsi que par un arrêt en date du 2 janv. 1900 (Chaux de St-Astier, D. 1901.2.150), la Cour de Bordeaux n'avait pas hésité à frapper un syndicat qui, après avoir formé une première association occulte déclarée nulle par justice, s'était transformé, pour échapper aux sévérités de la loi, en une société en nom collectif (1).

En tout cas, le doute n'est plus possible aujourd'hui, en présence du texte nouveau (déclar. du rapport. au Sénat, M. Poulle, s. du 19 nov. 1926).

La forme juridique de l'engagement est également sans importance. Point n'est besoin d'un contrat formel et exprès ; la volonté d'entente, se manifestant par les faits, bien que non consignée dans un accord écrit, est suffisante, pourvu qu'elle soit prouvée. Telle était du reste la solution qui avait prévalu sous l'empire de la loi ancienne. Garraud, *op. cit.*, t. 6, n° 2456 ; Roux, note sous S. 1917.1.65.

Enfin, et ici l'innovation est manifeste, il n'est plus nécessaire que l'union, pour être punissable, englobe *les principaux détenteurs* d'une *même* marchandise. Dès l'instant que la spéculation, même isolée, peut donner lieu à poursuites, à plus forte raison la répression peut-elle atteindre, si par ailleurs les éléments du délit sont réunis, les unions ou coalitions ne groupant qu'une minorité de producteurs, ou celles réunissant dans une action commune les détenteurs de marchandises différentes, mais dont les cours sont susceptibles de s'influencer réciproquement.

Le texte ancien ne permettait pas de poursuivre la *concentration* verticale ou *intégration*, attendu que les unions verticales groupent des détenteurs de marchandises différentes, depuis les producteurs de matières premières jusqu'aux fabricants du produit fini et aux

merciales. — A noter que les fusions sont facilitées, au point de vue fiscal, par la loi budgétaire du 19 mars 1928 (art. 25).

Sur le procédé très répandu aujourd'hui du *holding* (société pour l'acquisition de la majorité des titres, ou de la majorité des voix dans un certain nombre d'entreprises similaires), v. L. Mazeaud, p. 56 et s. ; H. Mazeaud, *Le vote privilégié dans les sociétés de capitaux*, 2e édit. 1928 ; Michel, *Les Omniums* (Rev. soc., août-septembre 1928).

(1) Conf. Grenoble, 1er mai 1894 (Société des Tuileries, D. 1895.2.221) ; Aix, 15 juin 1912 (*Gaz. Pal.*, 1912.2.106) ; Pic, *Les syndicats de producteurs et la loi pénale* (*Rev. pol. et parlem.* novemb. 1902).

dépositaires de celui-ci, en passant par toute la filière intermédiaire. Désormais, au contraire, unions verticales et unions horizontales sont placées sur le même plan et sujettes aux mêmes risques. — Cf. déclar. de M. Plaisant, rapport. de la loi à la Chambre (Ch., s. du 13 mars 1924).

570. — b) Le législateur de 1926, s'inspirant de la jurisprudence antérieure et la confirmant, distingue entre les bonnes et les mauvaises unions, et ne frappe que les dernières.

Si le législateur de 1926 frappe toutes les unions poursuivant un but délictueux, sans s'attacher à leur forme extérieure ou à leur composition, du moins a-t-il entendu épargner celles qui, loin de chercher à fausser les cours, s'efforcent de stabiliser les prix.

Cette distinction, d'ailleurs, n'est pas une innovation, puisqu'elle ne fait que reproduire l'interprétation rationnelle et équitable depuis longtemps consacrée par la jurisprudence antérieure, aussi bien par le Tribunaux civils, appelés à se prononcer sur la validité des ententes, considérées à tort ou à raison comme portant atteinte au principe de la liberté du travail ou du commerce (art. 1131, 1133 C. civ., L. du 2-17 mars 1791) (1), que par les tribunaux répressifs, saisis de poursuites basées sur les art. 419 et s. du Code pénal.

« Les travaux préparatoires le précisent avec certitude : la loi du 3 décembre 1926 consacre la distinction jurisprudentielle entre les bonnes et les mauvaises unions ; elle prend comme critère de cette distinction celui qu'avaient déterminé les arrêts : le bénéfice »... L. Mazeaud, *Le délit d'altération des prix*, p. 88.

Les déclarations de M. Raynaldy, rapporteur à la Chambre, sont à cet égard d'une netteté parfaite : « La jurisprudence, dit-il, a déclaré qu'il ne fallait pas confondre toutes les ententes, qu'il y en avait de bonnes et de mauvaises, et elle n'a consenti à punir que les ententes qui poursuivaient un but délictueux en faussant le cours normal des prix. Le texte que nous vous soumettons *tend à consacrer cette jurisprudence* ». (Ch. ann. n° 7047, *Offic.* 23 mars 1924). — Cf. rapp. Poulle au Sénat (sess. 1926, ann. n° 338), et déclaration au Sénat de M. Bokanowski, ministre du Commerce (Sén., s. du 19 nov. 1926).

(1) Sur la sanction civile de l'accaparement (nullité d'ordre public des accords portant atteinte au principe de la liberté du travail ou du commerce), cons. notamment : Cass. 11 févr. 1879, D. 79.1.349 ; Bordeaux, 2 janv. 1900, D. 1901.2.150 ; Aix, 19 avril 1928, Rec. jurid. Soc., n° août-septembre 1928. — Cf. Mazeaud, ouvrages précités. Sur la pleine validité, au contraire, des coalitions de consommateurs, groupés en vue de lutter contre le monopole abusif de certaines sociétés concessionnaires, v. Paris 13 janv. 1887, *Gaz. Pal.* 1887.267. — Cf. Bellom, *La lutte contre la vie chère par l'initiative des consommateurs* (*Econom. franç.*, 1917.235).

Il ne saurait être question de passer ici en revue toute cette jurisprudence. Mais il convient, en nous attachant seulement à quelques arrêts de principe, d'en bien dégager l'esprit et les tendances.

D'une manière générale, après certains tâtonnements, la jurisprudence en était arrivée à opposer nettement, aux syndicats d'accaparement ou de spéculation, qui agissent artificiellement sur les cours, et sont punissables à ce titre, les cartels de défense, ceux du moins dont l'objectif essentiel est de régulariser les prix, de résister à la concurrence étrangère, et de créer entre les adhérents, suivant l'heureuse formule de Thisse (*Pandectes*, 1900.2.33), une sorte d'*assurance mutuelle contre les risques d'instabilité des cours.*

Pour savoir si un syndicat ou entente, quelle qu'en soit la dénomination ou la forme extérieure, tombe ou non sous le coup de la loi (peine correctionnelle et annulation de l'accord), le juge doit donc avant tout déterminer son objectif *réel*, ainsi que *les résultats* obtenus par la coalition incriminée. Il ne suffit donc pour établir le délit :

Ni d'un accord entre les producteurs sur la fixation d'un tarif commun (tarif de vente, ou unification des prix de fabrication), l'établissement de tarifs de ce genre n'étant qu'une mesure de défense contre l'avilissement des prix absolument licite, et rentrant au surplus dans les attributions normales des syndicats professionnels (1).

Ni même d'un accord plus étroit en vue de la répartition des commandes (2), de la régularisation (sinon de la limitation) de la production pour certains articles, voire même de la vente centralisée aux mains d'un intermédiaire commun (commissionnaire, ou Comptoir de vente) (3).

Il faut, de plus, que l'objectif avéré de l'accord ait été de monopoliser la fabrication ou la détention des stocks, dans une certaine mesure tout au moins, et que cette manœuvre spéculative ait eu pour résultat de fausser les prix (4).

(1) Paris, 16 janv. 1902, D. 1903.2.297 et note Percerou (tarifs de librairie) ; Paris, 15 décemb. 1904, D. 1905.2.362 (spécialités pharmaceutiques) ; Trib. com. St-Etienne, 11 avr. 1911, *Mon. jud.* Lyon, 1er-2 nov. 1911 (unification des prix de façon dans la rubanerie) ; Paris, 16 avril 1910, D. 1913.5.2 ; Requ. 3 mai 1911, D. 1912.1.33 et note Percerou (polissage et biseautage des glaces) ; Trib. civ. Seine, 6 janv. 1925, D. H. 1925.89 (entente entre éditeurs de musique sur le prix de vente aux détaillants, etc... — Cf. Favre-Gilly, *La politique des prix fixes*, 1925 (préf. Lambert) ; Roger Picard. *Les prix imposés* (Semaine jurid., nov. 1924).

(2) Paris, 16 avril 1910, précité.

(3) Requ. 12 juillet 1892, D. 93.1.390 (phosphates du Sud-Ouest) ; Grenoble, 1er mai 1894, D. 95.2.26 (Société des tuileries) ; Paris, 23 juillet 1902, *Monit. judic.* Lyon, 26 nov. 1902 (Comptoir général des plâtres) ; Aix, 19 avril 1928, *Rec. jurid. soc.*, 1928.213 (Société Générale Poteries de Vallauris).

(4) Cass. 24 décem. 1916, S. 1917.1.65 et note Roux. — Cf. Coalitions entre laitiers

570 bis. — Parmi les considérants des arrêts, certaines formules typiques sont à retenir : celle de l'arrêt de Grenoble, du 1er mai 1894 (cité *supra*) par exemple, déclarant licite une union (entre fabricants de tuiles dont le but était « non de surélever les cours des produits en leur attribuant une hausse fictive, mais d'empêcher leur avilissement en atténuant les ardeurs et les effets de la concurrence » ; ou celle de la Cour d'Aix (15 juin 1912, *Gaz. Pal.*, 1912.2.106), déclarant l'art. 419 inapplicable aux « unions nécessaires pour atténuer les effets d'une concurrence effrénée, résultat d'une surproduction irréfléchie, et ramener un peu d'ordre et de sécurité sur le marché ».

Citons de même parmi les arrêts postérieurs à la guerre : l'arrêt de la Chambre civile, du 26 oct. 1921 (D. 1925.1.26), proclamant la validité de « l'entente dont l'objet est non de déterminer une hausse factice des prix, mais de faire cesser l'avilissement que lui a fait subir la concurrence » ; ou de la Cour de Bordeaux, qui, interprétant encore l'ancien article 419, C. pén., déclare ce texte inapplicable « si le prix fixé est justifié par la situation économique (Bordeaux, 14 déc. 1926 (*Gaz. Pal.*, 16 mars 1927). L'arrêt de la Ch. civ. du 26 oct. 1921 est particulièrement intéressant, car il s'agissait d'un accord intervenu à Londres entre un groupe d'importateurs anglais et un consortium de négoçiants français du port d'Alger pour la fixation des prix de vente du charbon de soute. Il était constaté, par l'arrêt attaqué (Aix, 11 févr. 1914) que l'entente ne tendait pas à l'accaparement, à l'établissement d'un prix de monopole puisque la concurrence n'était pas supprimée, et qu'elle avait continué à jouer en fait par suite des importations allemandes ; que dès lors l'entente n'avait eu d'autre objet « que de pallier, par une limitation convenue du prix du charbon, les effets de la concurrence sérieuse que les parties se faisaient entre elles ». La Cour de cass. a estimé qu'un objectif ainsi défini était absolument licite, devant la loi civile comme devant la loi pénale.

Cette interprétation équitable était-elle en opposition, soit avec la lettre, soit avec l'esprit de l'art. 419 C. Pén. ? Nullement. L'art. 419 ancien, en effet, ne frappait les unions que si elles altéraient les prix « qu'auraient déterminés la concurrence *naturelle* et libre du commerce ». Il n'y a donc pas de délit lorsque le juge constate que le prix normal n'a pas été faussé par des faits d'accaparement, de raréfaction du produit sur le marché, ou toutes autres manœuvres qu'il lui appartient d'apprécier, et que le prix obtenu, quoique stabilisé, n'en est pas moins un prix naturel, conforme à la situation économique.

ou entre boulangers (Aix, 17 juin 1922, D. 1924.1.179). — V. aussi Douai, 25 janv. 1925, *Rec. Douai*, 1925.24.

571. — Telle est la jurisprudence que le nouveau texte de l'art. 419 a confirmée en la précisant. Il ne frappe que les unions qui altèrent les prix « dans le but de se procurer un gain qui ne serait pas le résultat du jeu naturel de l'offre et de la demande ». D'où il suit que, sans nul doute possible, le *bénéfice exagéré* devient ou plutôt demeure (puisqu'il était déjà implicitement admis) le critère de la distinction entre les bonnes et les mauvaises unions.

« Ce qu'il faut considérer, c'est le résultat, c'est le gain réalisé par l'union. Si ce gain est normal, il n'y a pas de délit, mais il y a délit s'il est anormal » (1).

Les tribunaux, recevant de l'article 419 le mandat, singulièrement délicat dans la pratique, de contrôler les bénéfices, exercent ainsi sur les coalitions un pouvoir souverain. C'est au juge du fond, investi d'un libre pouvoir d'appréciation pour déterminer le caractère normal ou anormal du gain réalisé (ou espéré, puisque la loi de 1926 frappe même la tentative), qu'il appartient de se prononcer, sans que la Cour de cassation puisse intervenir, sur le caractère licite ou illicite des unions de producteurs traduites devant lui (2).

572. — Ajoutons, d'un mot, pour clore cet aperçu synthétique de la loi du 3 décembre 1926, que les pénalités antérieures ont été singulièrement aggravées. Le nouvel article 419 prévoit un emprisonnement de deux mois à deux ans, et une amende de 2 à 100.000 francs. La peine sera d'un emprisonnement de 1 à 3 ans et d'une amende de 5.000 à 150.000 francs si la hausse ou la baisse ont été opérées ou tentées sur des grains, farines, denrées alimentaires, boissons, combustibles ou engrais. L'emprisonnement pourra être porté à 5 ans et l'amende à 200.000 francs s'il s'agit de denrées ou marchandises qui ne rentrent pas dans l'exercice habituel de la profession du délinquant.

A titre de compensation pour ces aggravations de peine, des garanties de procédure qui lui faisaient défaut jusqu'ici sont accordées à l'inculpé. Pour protéger industriels et commerçants contre

(1) Mazeaud, *op. cit.*, p. 98 et s. ; Le Poittevin, La Loi du 3 oct. 1926, D. H. n° 27 janv. 1927 ; Hugueney, *Comment. de la loi du 3 décem.* 1926 (Lois nouvelles, 1927, I. p. 80 et s. — Cf. Trib. corr. Bordeaux, 14 décemb. 1926, *Gaz. Pal.* n° 16 mars 1927 (syndicat des producteurs de lait de Bergerac, prix justifié par la situation économique, gain jugé normal, validité de l'accord). Sur la notion de bénéfice illicite sous l'empire de la loi de 1916, cons. notamment : Cass. 10 mars 1922, S. 22.1.389 ; 10 févr. 1923, S. 23.1.233 et note Roux ; 2 juin 1923, S. 23.1.329.

(2) Les rédacteurs de la loi de 1926 ne se sont nullement dissimulé les difficultés de la tâche qu'ils assignaient aux juges du fond, et leur ont recommandé la prudence (Poulle, rapport au Sénat, 1926, ann. n° 338, p. 94).

tout chantage, le droit de citation directe est écarté (1). L'instruction préalable est toujours obligatoire, et l'ordonnance de renvoi doit être motivée.

Enfin, toutes les fois que le juge croit devoir ordonner une expertise, l'inculpé peut exiger qu'elle soit contradictoire. En cas de désaccord, un tiers expert est désigné.

573. — **Législation comparée. — Etats-Unis : de la répression à la prévention.** — Aux Etats-Unis, la législation *anti-trust* a passé par deux phases bien distinctes : la phase répressive et la phase préventive. Appartenaient à la première phase, pour ne parler que des principales lois fédérales ; la loi *Sherman*, du 2 juillet 1890, déclarant illégale toute combinaison en forme de *trust* ou autrement ayant pour but de mettre obstacle à la liberté de l'industrie ou du commerce entre Etats ou avec les nations étrangères ; l'*Intestate Commerce Law* du 4 févr. 1897 et l'*Elkins Act* du 19 février 1903, édictant des pénalités sévères contre les Compagnies de Chemins de fer convaincues d'avoir consenti des rabais secrets à certains expéditeurs au détriment des autres chargeurs.

Sur le vu de ces lois, plusieurs poursuites retentissantes furent intentées. C'est ainsi que la *Standard Oil* fut condamnée, par la Cour de district de Chicago (août 1907) (2), à de formidables amendes s'élevant au total à 25 millions de dollars. Son recours devant la Cour suprême fut rejeté (15 mai 1911). A la même date fut condamné le *Tabacco trust*. D'autres trusts, notamment celui de l'acier, et le groupe *Harriman*, des chemins de fer, étaient également sous le coup de poursuites lorsqu'éclata la guerre de 1914.

C'est alors que se produisit un véritable revirement d'opinion. Il fut reconnu, d'une part, que l'exécution des condamnations pénales, même définitives, se heurtait le plus souvent à des obstacles insurmontables, à raison de l'autonomie des Etats (3), et que d'autre part la formule simpliste de la loi Sherman était une menace pour les ententes les plus loyales, tendant simplement à la régularisation des prix ou à la défense du marché intérieur contre la concurrence étrangère. C'est dans ces conditions que furent promulgués les deux grands textes législatifs qui régissent actuellement les ententes individuelles aux Etats-Unis : la loi du 26 sept. 1914

(1) Ce droit existait au contraire sous l'empire de la loi du 20 avril 1916 (Crim. 6 nov. 1925, S. 26.1.237), et un usage abusif en avait été fait.

(2) V. le texte de cet arrêt de la Cour suprême, accompagné d'un commentaire très complet de M. Perceron, sous D. 1912.1.33.

(3) G. N. Tricoche, *Le fonctionnement de l'antitrust Law aux Etats-Unis* (Journ. des Econom. 15 oct. 1911) ; Quest. pratiques, 1911. p. 225.

(*Federal trade commission act*), et la loi *Clayton*, du 15 oct. 1914 (1). Ces deux textes conjugués avaient un double objet : — 1° dégager de la masse confuse des faits de spéculation illicite un certain nombre de manœuvres typiques pour leur imprimer le sceau uniforme et définitif d'illégalité ; — 2° restreindre le plus possible l'emploi de la répression judiciaire en organisant *une politique continue et systématique de prévention.*

Cette politique préventive a elle-même une double base : 1° surveillance et action disciplinaire exercée sur les coalitions industrielles et leur activité ; — 2° large publicité donnée aux enquêtes, décisions et avis de la Commission, pour lui permettre d'associer l'opinion publique à son œuvre d'épuration commerciale. La conclusion de M. Wasserman sur l'œuvre de la *Federal Trade Commission* est nettement favorable. Loin de fournir de nouvelles armes aux juridictions répressives, elle s'est efforcée par ses conseils, sa direction, ses injonctions discrètes parfois, précédées d'enquêtes approfondies, d'assainir le monde des affaires. On peut affirmer, dit-il, qu'elle a fortement contribué à modifier dans le sens le plus heureux la mentalité de l'homme d'affaires américain et qu'elle a, en définitive, largement répondu aux espoirs fondés sur elle par le législateur de 1914.

574. — **Autres lois étrangères.** — La majorité des lois étrangères édicte, comme la loi française, des pénalités contre les syndicats d'accaparement. Telles sont en particulier : la loi belge de 1866 (art. 311 Code pénal, réprimant les moyens *frauduleux* tendant à déterminer une hausse ou une baisse factice) ; le Code pénal *italien* de 1890 (art. 293 et 326, contenant des prescriptions analogues) ; la loi fédérale *canadienne* du 2 mai 1889 (2), qui réprime, comme la loi française, toutes manœuvres et ententes, même non frauduleu-

(1) Pour le commentaire et l'étude critique de ces deux lois, et de leurs résultats, cons. notamment : Lambert, *La défense contre la spéculation illicite par la publicité et le contrôle administratif* (Les lois américaines de 1914 contre les trusts et la Federal Trade Commission), avril 1925 ; Wassermann, *L'œuvre de la Federal Trade Commission* (préf. Lambert), 1 v. in-8, 1925 ; Teilhac, *L'évolution juridique des trusts et sa portée*, 1927 (validation systématique des trusts de défense contre la concurrence étrangère, et même de ceux qui tendent à assurer au commerce américain une situation prépondérante sur les marchés extérieurs ; aspect spécial de la politique économique impérialiste d'après-guerre) ; P. M., *La vie économique aux Etats-Unis* (Rev. d'Econ. politique, 1927-1928) ; Hoffherr, *Quelques applications du principe de protection sociale en matière de concentration industrielle* (Rev. intern. trav., janv. 1928) ; Perroux, *Le Problème juridique des trusts aux Etats-Unis* (Rev. polit. et parlem., n° août 1929).

(2) A signaler par ailleurs la loi canadienne du 13 juin 1923 sur les *enquêtes industrielles*, manifestement inspirée de la loi américaine de 1914 sur la *Federal Trade Commission.*

ses, tendant à supprimer la concurrence et à fausser les cours.

Il est cependant deux grands États industriels, l'Allemagne et la Grande-Bretagne, qui n'édictent contre les ententes, même de tendance monopolisatrice, aucune pénalité. Mais l'un et l'autre, l'Allemagne depuis 1923, la Grande-Bretagne depuis 1928, sont entrés dans la voie du contrôle préventif, frayée par la loi américaine de 1914.

L'ordonnance *allemande* du 2 nov. 1923 (1), contre l'abus de la puissance économique, n'interdit pas les cartels, qu'elle considère comme un facteur de l'activité économique, s'ils ne sont pas détournés de leur but. Mais elle crée un organisme spécial, le *tribunal des cartels*, dont la fonction propre est de rechercher, toutes les fois qu'il en est saisi par l'autorité gouvernementale ou même par l'initiative privée, si le cartel incriminé est ou non susceptible de « mettre en péril l'économie collective ou le bien public ».

Lorsque l'action émane du Gouvernement (Ministre de l'Économie ou Ministre de l'Agriculture), le Tribunal des cartels peut, suivant les cas : *a*) déclarer le contrat servant de base au cartel (contrat *écrit* à peine de nullité) nul dans son intégralité ; *b*) interdire certains modes d'exécution du contrat ; *c*) Prononcer le droit à une dénonciation sans délai.

De leur côté, les intéressés, c'est-à-dire les adhérents, (particuliers ou sociétés) peuvent toujours dénoncer le contrat qui les lie ; si la dénonciation, réputée abusive, n'est pas acceptée, c'est au Tribunal des cartels qu'il appartient de trancher le différend.

La nouvelle loi britannique sur les sociétés par actions (*Companies Act* de 1928), sans avoir une portée aussi large, institue sur les *Holding Companies* une forme de contrôle indirect, susceptible, semble-t-il, de gêner sensiblement les manœuvres de ces grands trusts, qui depuis quelques années s'efforcent de subordonner l'activité industrielle des principaux pays producteurs au bon plaisir de quelques banques d'affaires.

D'après l'Act de 1928, les *Holding* doivent annexer à leur bilan un état, signé par le Conseil, de l'emploi fait des bénéfices des filiales, ou de la manière dont leurs parts ont été comptabilisées. L'état doit viser chacune des filiales. Il doit indiquer, en cas de perte, le chiffre des provisions consacrées, soit par la société mère, soit par les filiales, à tous amortissements. Enfin, le bilan

(1) Dr Wertheimer, *Législation allemande sur les cartels* (Rec. jurid. des Sociétés. févr. 1925) ; X., *La loi allemande sur les cartels* (Quest. pratiques, 1925, p. 80) ; Maquenne, *La législation allemande sur les cartels de producteurs* (Rev. polit. et parlem., févr. 1928). — Conf. Tschierschky, *Le jugement du Tribunal des cartels contre le monopole du fer* (Wirtschaftsdienst, avril 1927).

doit mentionner le nombre d'actions des filiales détenues par la société mère.

575. — **Vers le contrôle international des trusts et cartels.** — En présence de l'intensité du mouvement de concentration industrielle dans tous les pays civilisés, des efforts des grands trusts pour conquérir les marchés extérieurs, et des conventions qui, pour mettre fin à des luttes ruineuses, se nouent fréquemment par dessus les frontières (v. *supra*, n° 257), la plupart des Gouvernements ont dû reconnaître, au lendemain de la guerre, que le meilleur moyen d'asseoir la paix internationale sur des bases solides était de procéder à une vaste enquête sur la situation économique générale, et de rechercher les moyens d'harmoniser l'activité productrice en favorisant toutes les ententes loyales destinées à préparer une répartition équitable des matières premières, et des débouchés (1).

Seule la *Société des Nations* avait une puissance de rayonnement assez grande pour une œuvre de cette envergure. D'où le dépôt en septembre 1925, par M. Loucheur, délégué français, sur le bureau de l'Assemblée de la S. D. N., d'une motion qui eut le plus grand retentissement, tendant à réunir à Genève une *Conférence économique internationale* appelée à étudier ce vaste problème, et à en préparer la solution.

Il ne nous appartient pas de résumer ici les travaux considérables de la Conférence préparatoire de 1926, et de la grande Conférence économique internationale de Mai 1927 (2). Qu'il nous suffise de rappeler, d'après le discours prononcé par M. Loucheur devant la neuvième assemblée de la S. D. N. (sept. 1928), les conclusions qui semblent se dégager de ces vastes débats :

« En ce qui concerne la rationalisation des industries, les grandes puissances n'entendent pas stabiliser à leur profit la situation moins favorable des petits et moyens Etats. Aucune considération ne doit empêcher ces Etats de se développer normalement et selon

(1) Il est intéressant de noter que, dès avant la guerre, *l'Institut international d'agriculture de Rome* avait été créé, notamment dans le but de contrecarrer les mouvements purement spéculatifs du cours des denrées, dus aux manœuvres des trusts, par la publicité rapide d'une statistique complète et loyale de la production agricole mondiale (Musée soc., Févr. 1912).

(2) Cons., outre l'importante collection de documents publiés en 1927 par la S. D. N. sur la *Conférence économique internationale*, les études de Loucheur et de Theunis (Rev. Econom. internat., avril 1927), Von Langenhove (id, Juin 1927); Barthélémy et Scelle (Rev. polit. et parlem., mai et juin 1927) ; Auboin, *La Conférence économique et les cartels internationaux* (Europe nouvelle, avril 1927) ; X., *Les problèmes économiques devant la Société des Nations* (Quest. prat., 1928.178) ; J. Bosc, *Les vues du Comité consultatif économique de la S. D. N.* (Rev. pol. et parlem., août 1928).

leurs besoins économiques. Il se produit actuellement des regroupements, des concentrations industrielles qui peuvent à certains moments menacer la classe des travailleurs, et c'est pourquoi, en même temps qu'elle poussait à la conclusion des cartels et des ententes industrielles, la Conférence économique se prononçait en faveur d'un contrôle *international*, sous la forme d'une large publicité (1) organisée par la S. D. N. ».

576. — Energiquement réclamé par toutes les grandes Fédérations ouvrières, ce contrôle aura le double avantage, lorsque la S. D. N. aura réussi à l'instituer, de rendre plus difficiles l'accaparement, par certains groupes financiers, de tels ou tels produits, de telle ou telle branche d'industrie, et de faciliter les accords entre producteurs de pays rivaux, sous l'égide de leurs Gouvernements respectifs. Ainsi s'opérera peu à peu, par étapes, la reconstruction économique mondiale, si nécessaire après le formidable ébranlement de la grande guerre. — Cf. projet de fédération européenne soumis à l'Assemblée de la S. D. N., en sept. 1929, par M. Briand.

Mais il ne faut pas se dissimuler que la tâche ainsi proposée à l'examen de la S. D. N., — car il ne s'agit encore que d'un projet (2) — est singulièrement délicate et se heurte à bien des obstacles : indépendance ombrageuse des Etats, méfiance des producteurs, point de vue divergents des groupements patronaux et ouvriers, documentation insuffisante sur les ententes industrielles fonctionnant à l'intérieur de chaque Etat.

C'est sur ce dernier point seulement qu'il nous semble intéressant d'insister quelque peu, à titre de conclusion de cette étude. Avant d'adhérer à une forme quelconque de contrôle international des trusts, l'Etat français devra tout d'abord se documenter avec certitude sur les formes de concentration industrielle existant en France, en établir la statistique et en dégager les tendances.

577. — **Conclusions. — Réformes nécessaires.** — Il est donc indispensable que, sous une forme ou sous une autre, la France s'en-

(1) D'après le projet soumis à la Conférence de 1927 par M. Oualid, tous les cartels internationaux devraient obligatoirement être enregistrés par les soins de la S. D. N. — Cf. E. Lévy, *La justice de la Société des Nations* (Rev. critique, mai 1928).

(2) Toutefois, deux vastes enquêtes viennent d'être ouvertes par la S. D. N., l'une sur le *charbon*, l'autre sur le *sucre*. — Cf. Mack Eastner, *La crise charbonnière européenne de 1926-27, solutions nationales et internationales* (Revue intern. travail, février 1928). Sur la coopération active du B. I. T. de Genève à toutes les enquêtes économiques de la S. D. N., cons. notamment, *La Rev. intern. du travail*.

gage dans la voie du contrôle préventif où l'ont précédée les Etats-Unis, l'Allemagne et depuis peu l'Angleterre. Aussi est-il permis de regretter, à ce point de vue, que le Parlement ait cru devoir disjoindre du projet gouvernemental de 1923 (1), devenu la loi du 3 décembre 1926, modificative des articles 419, 420 C. Pénal, les articles relatifs au contrôle des cartels (déclaration obligatoire), et que la propos. *Antonelli* (2), manifestement inspirée de la *Trade Commission* américaine, ne soit même pas venue en discussion.

578. — Signalons toutefois, parmi les projets récemment déposés par le Gouvernement (février 1929), en vue d'assurer la protection de l'épargne, certaines dispositions inspirées de la loi anglaise, tendant à assujettir les *holding* sociétés à une large publicité. Il y aurait là un premier pas dans la voie du contrôle préventif.

La réglementation des actions à droit de *vote privilégié*, dont il a été fait depuis quelques années un usage abusif, serait également désirable (3). Mais le problème des ententes est trop complexe pour que ces mesures de détail puissent être considérées comme suffisantes ; et un jour ou l'autre, le Parlement français devra l'aborder dans son ensemble (4).

Art. II. — *Police et hygiène des établissements industriels* (5)

579. — « La plupart des industries, on pourrait presque dire toutes les industries sont insalubres (Ch. de Freycinet). » Toutes, à des degrés divers, sont dangereuses, soit pour le voisinage, soit pour

(1) Projet *Colrat* (garde des sceaux), Ch. 28 janv. 1923, n° 6267. — Cf. Projet *Barthou* sur la spéculation illicite, Ch. 16 nov. 1926, ann. 3525. — V. aussi L. Mazeaud, *Le régime juridique des ententes*, p. 211 et s.

(2) Propos. *Antonelli*, tendant à la création d'une Commission nationale pour la répression du commerce illicite (Ch. 12 nov. 1924, ann. n° 655). — Cf. dans le même sens : concl. de L. Mazeaud, *op. cit.*, p. 241. — V. aussi Hoffherr, *Les aspects sociaux du mouvement de rationalisation* (Quest. prat. 1928, p. 49 et s.).

(3) Germain Martin, *L'évolution des sociétés anonymes et la défense de l'épargne* (Débats, n° 24 sept. 1928) ; H. Mazeaud, *Le vote privilégié dans les sociétés par actions*, 2e édit., conclusions ; Alexis, *Les privilèges de vote dans les sociétés anonymes*, 1 v., n° 8, 1928.

(4) Le Gouvernement l'a récemment reconnu. Au cours de la discussion du budget du commerce (Ch. 16 nov. 1928), M. Chéron, ministre des finances, répondant à une question de M. Spinasse, s'est nettement déclaré favorable à l'établissement d'un contrôle des prix et d'un *statut légal des trusts*.

(5) BIBLIOGRAPHIE. — *Encyclopédie d'hygiène*, dir. par le Dr Rochard, liv. VI ; *L'hygiène industrielle*, par le Dr Layet, 1896. — Brouardel et Mosny, *Traité d'hygiène* ; Langlois, *Précis d'hygiène publique et privée*, 4e éd., 1910 ; J. Cour-

les travailleurs. — La proximité d'une usine ou d'une fabrique expose presque toujours les maisons voisines, parfois même tout un quartier urbain, à des risques spéciaux d'infection ou d'incendie ; elle est tout au moins, abstraction faite de ces risques, une cause d'incommodité susceptible de déprécier notablement la valeur des immeubles voisins. D'autre part, le travailleur d'usine est exposé plus directement encore aux mêmes risques : risques d'infection par suite de l'installation défectueuse de l'atelier, ou de la nocuité des substances sur lesquelles s'exerce son travail, risques d'accidents ; et à ces risques matériels vient s'ajouter, spécialement pour les femmes et les enfants, un risque moral non moins grave, à savoir le danger de corruption que recèle toute agglomération nombreuse.

A ce double danger, inhérent au *milieu industriel*, correspondent deux ordres de mesures législatives ou réglementaires, tendant, les unes à préserver le voisinage, les autres à protéger la personne de l'ouvrier au triple point de vue de l'hygiène, de la sécurité et de la moralité. Nous étudierons les premières en traitant des *industries réglementées*. Il ne nous reste donc à étudier ici que les mesures législatives édictées en *faveur* de *l'ouvrier*.

mont, Lesieur et Rochaix, *Précis d'hygiène*, 1914. — Public. de l'Office du travail français : *L'hygiène et la sécurité des travailleurs en France et à l'étranger*, 1895, et *Les poisons industriels*, 1901. — Public. du B. I. T. : *Hygiène du travail*, 1925. — Cons. aussi : Nivard, *Organisation et pouvoirs de l'administration sanitaire en France et en Angleterre*, 1898 ; Duclaux, *Hygiène sociale*, 1902 ; Dullin, *L'hygiène et la sécurité des travailleurs*, th. 1903 ; Monod, *La santé publique*, 1903 ; Strauss et Filassier, *Loi sur la protection de la santé publique*, 2e édit., 1905 ; Paraf, *Hygiène et sécurité du travail industriel*, 1905 ; Jourdan, *Législation des logements insalubres*, 6e édit., et Suppl., 1907 ; Dr Martial, *Hygiène des travailleurs*, 1907 ; Dr, Seytre, *Droits et devoirs des maires en matière d'administration sanitaire*, 1910 ; Breton, *Le plomb*, 1 vol. in-8°, 1910 ; Bousquet, *Hygiène des villes*, 1912 ; L. et M. Boneff, *La vie tragique des travailleurs*, 1914 ; Berthélemy, *Droit admin.*, 8e éd., p. 341 ; Juillerat, *L'hygiène urbaine*, 1921 ; Violle et Wibaux, *Législation sanitaire française*, 1923 ; Xardel Nicole, *Le mouvement d'hygiène industrielle*, 1926 ; Razous, *Cours d'hygiène générale des établissements industriels*, 3e éd., 1926. — Cf. Courcelle, *Répert. de police et d'hygiène* ; Dejust, *Répert. d'hygiène et de médecine sociale*, 1924 ; Dalloz, Rép. prat. v[is] *Salubrité publique* et *Travail*. — Comptes rendus des Congrès internationaux d'hygiène, Congrès de la prévention des accidents, de l'Alliance d'hygiène sociale ; Recueil des travaux du Comité consultatif d'hygiène publique de France ; Congrès de la propriété bâtie ; *Les industries insalubres*, 2 vol. 1903 ; *Revue d'hygiène publique et de police sanitaire*, *Annales d'hygiène publique*, *Revue pratique d'hygiène municipale*, *La technique sanitaire*, *Le mouvement sanitaire*, *Revue municipale*, *L'hygiène ouvrière*, *Science du travail*, *Revue philanthropique*, *Office internat. d'hygiène publique*, etc... — V. aussi *Handbuch der Hygiene*, de *Weyl*. — Sur la réglementation des *mines*, v. *infra*, n°s 615 et suiv. — Sur la question des *habitations à bon marché*, v. titre IV, *infra*.

580. — De la réglementation préconisée par les hygiénistes. — S'il est une forme d'intervention légitime, c'est assurément celle qui s'exerce de la part de l'Etat, du département ou de la commune, sur les ateliers et fabriques. Affranchi de tout contrôle, le chef d'industrie est trop souvent tenté de négliger les mesures d'hygiène les plus élémentaires ; c'est à l'autorité qu'il appartient d'imposer à tous, au nom de l'intérêt public, les mesures reconnues indispensables. Fortifier l'action de l'autorité, et dans ce but, organiser au centre, à Paris, un Office central d'hygiène, dépendant d'un ministère unique, auquel ressortiraient tous les services d'hygiène régionaux, tel est donc le premier objectif des hygié-
résolue, les hygiénistes réclament, dans l'intérêt de l'ouvrier, une
nistes (1). Cette question d'organisation générale des services étant
série de mesures pouvant se grouper sous les cinq chefs suivants :
1° Surveillance rigoureuse des locaux au point de vue de leur
de vue de la moralité générale des travailleurs (locaux séparés
installation hygiénique ; — 2° Aménagement des ateliers au point
pour les deux sexes, surveillance spéciale des enfants) ; — 3° Mesures tendant à prévenir les accidents (enveloppement des mécanismes dangereux, inspection fréquente des chaudières, etc.) ; — 4° Législation protectrice des femmes et des enfants dans l'industrie, et fixation d'un maximum légal pour la durée du travail même des adultes hommes ; — 5° Inspection des logements d'ouvriers, lois tendant à faciliter la construction des maisons ouvrières et à développer toutes les institutions de prévoyance.

581. — Réglementation internationale. — Mentionnons également le mouvement très prononcé des Congrès d'hygiène et de protection ouvrière, auxquels depuis 1905 s'associent les gouvernements, en faveur de l'adoption de règlements internationaux tendant à prohiber ou limiter l'emploi de certains *poisons industriels*, tels que la céruse ou blanc de plomb, et le phosphore blanc. Les Etats civilisés sont parvenus, dans un série de conférences diplomatiques (Dresde 1893, Venise 1897, Paris 1903 et 1912, etc.), à se préserver dans un large mesure du fléau des épidémies de choléra, de peste ou de fièvre jaune importées d'Asie ou d'Amérique. Leur

(1) Un progrès avait été réalisé dans cette voie par la création, en 1920 (v. *supra*, n° 188) du *Ministère de l'hygiène*. Il conviendrait aussi de répandre, par un enseignement approprié, les notions élémentaires de l'hygiène, de faire en un mot l'éducation *hygiénique* du public. — Cf. Duclaux, *L'hygiène sociale* ; Dr Lacassagne, *Le rôle social du médecin* (*Quest. prat.*, 1903, numéros d'avril et mai). — Il n'est que juste de remarquer qu'à cet égard des progrès sensibles ont été réalisés depuis quelques années grâce aux efforts de l'*Alliance sociale*, des Offices publics, dispensaires et Comités départementaux de préservation antituberculeuse, des *Surintendantes d'usines*, etc.

serait-il bien plus difficile de préserver, par une entente loyale, leurs populations ouvrières de ces terribles affections qui appauvrissent la race, telles que l'intoxication saturnine, ou la nécrose des os maxillaires ?

Non évidemment. Aussi à la suite de la vaste enquête sur les *poisons industriels*, ouverte simultanément par les Offices du travail de chaque État (1902-1904), les gouvernements se sont-ils émus ; et non contents d'édicter des règlements plus ou moins sévères sur l'emploi de la céruse (V. *infra*), ont-ils, dans deux Conférences diplomatiques internationales tenues à Berne en mai 1905 et septembre 1906, arrêté les termes d'un accord tendant à interdire l'emploi du *phosphore blanc* dans la fabrication des allumettes (1).

L'acte de Berne n'était d'ailleurs qu'un premier pas dans la voie de la réglementation internationale de l'hygiène industrielle. Dans son Congrès de Genève (1906), l'Association internationale avait en effet dressé un programme détaillé d'enquêtes, à conduire parallèlement dans les différents pays, sur les principaux poisons industriels autres que le phosphore. Ces travaux étaient très avancés dès 1910 ; et les résolutions du Congrès de Lugano (1910) sur la réglementation des conditions hygiéniques dans l'industrie céramique, l'imprimerie, le travail dans l'air comprimé auraient pu, sans la guerre, servir de base à de nouveaux accords.

582. — Les Conférences internationales du travail, créées sous l'égide de la Société des Nations par le traité de Versailles, ne peuvent manquer de faciliter la conclusion de ces ententes. La première Conférence, tenue à Washington en exécution de l'art. 424 du traité de Versailles (oct. 1919) a voté en ce sens quatre recommandations concernant la prévention du charbon, le saturnisme, la création dans chaque État d'un service public d'hygiène, en rapport régulier avec le B. I. T. de Genève, et l'application de la convention de 1906 sur le phosphore blanc. La 6e Conférence s'est occupée du travail dans les verreries, et de l'infection charbonneuse, la 7e des maladies professionnelles, la 11e enfin (1928), de la prévention des accidents du travail (2).

(1) Conv. du 26 sept. 1906 (loi fr. du 17 déc. 1908, décr. de promulg. du 26 janv. 1910, D. 1910.4.11). Sur les conférences internationales ouvrières de Berne, v. *supra*, n° 180, et les autorités citées.

(2) Les services publics d'hygiène nationaux entretiennent également des rapports réguliers avec l'*Office international d'hygiène publique*, dont la création à Paris fut décidée par la Convention internationale de Rome (9 déc. 1907, approuvée par la loi du 21 mars 1908). — C'est dans les Conférences tenues à Paris sur l'initiative de cet Office qu'ont été élaborées les Conventions sanitaires internationales des 17 janv. 1912 et 21 juin 1926 (décr. de promulg. du 25

Connaissant les desiderata principaux formulés par les hygiénistes et les Congrès internationaux, voyons maintenant dans quelle mesure les principales législations y ont répondu.

§ 1er. — Législations étrangères

583. — **Caractères communs des lois récentes.** — Les législations étrangères les plus intéressantes à étudier sont les lois allemande, anglaise, italienne et belge. Dans ces Etats en particulier (et sans méconnaître, d'ailleurs, les efforts accomplis dans les autres pays), les gouvernants ont compris que les progrès de l'hygiène scientifique, et les transformations profondes survenues dans la médecine, grâce aux méthodes pasteuriennes, devaient avoir leur répercussion nécessaire sur l'aménagement des villes et de la réglementation du travail. Ils ont compris que l'hygiène publique, *essentiellement préservatrice*, avait un rôle capital à jouer dans l'assainissement des cités et l'amélioration de la condition des travailleurs.

L'on n'a plus le droit d'ignorer en France que, grâce aux milliards dépensés sans compter pour la transformation des quartiers populaires, grâce également aux pouvoirs de contrainte accordés par la loi aux autorités sanitaires, le fléau de la tuberculose a rétrogradé de 50 % en Angleterre, et que Londres est aujourd'hui devenu, malgré son climat, l'une des grandes villes les plus saines d'Europe ! L'on n'a pas le droit d'ignorer non plus que des résultats aussi remarquables ont été obtenus, grâce aux mêmes méthodes, en Allemagne, en Italie, en Belgique, en Suisse, dans les Etats scandinaves, aux Etats-Unis, etc.

En regard de ces résultats, d'une portée sociale incalculable, l'on s'explique difficilement que certains économistes s'attardent encore aujourd'hui en France à opposer à l'action des autorités sanitaires le *droit* des propriétaires, le *droit* des chefs d'industrie, comme si la conception antique de la propriété, *jus abutendi*, n'était pas un monstrueux anachronisme dans nos cités modernes. La science a victorieusement démontré que, en matière d'hygiène, l'individualisme outrancier était un véritable crime social (1).

juin 1928, *Bull. Min. trav.*, 1928, 170*). — Cf. les résolutions de la Conférence internat. des *maladies professionnelles* (Lyon, Avril 1929).

(1) Sur la nécessité sociale de la lutte contre la tuberculose, cons. notamment : *Travaux du Congrès international de la tuberculose*, Paris, 1905 ; Dr A. Pic, *Les sanatoria populaires* (*Quest. pratiques*, déc. 1900, janv. 1901) ;

584. — I. ALLEMAGNE. — *Hygiène publique* (1). — Les divers États du *Reich* jouissent, en matière d'hygiène, d'une large autonomie l'*Office sanitaire allemand* étant plutôt un centre d'études scientifiques qu'un organe d'exécution.

L'autorité exécutive appartient, dans chaque État, à un service sanitaire autonome. Ce service constitue, en Prusse, un véritable ministère, ou plutôt une attribution ministérielle, le ministre de l'instruction publique et des cultes étant aussi *ministre des affaires médicales*. Dans chaque province, la direction sanitaire appartient au président supérieur, assisté d'un *collège médical*, ou comité consultatif d'hygiène.

585. — *Hygiène industrielle*. — L'hygiène industrielle proprement dite est réglementée très complètement par la loi industrielle allemande (Gewerbeordnung) du 8 mai 1891 (2).

Les prescriptions d'hygiène et de sécurité inscrites dans la loi allemande s'imposent à toutes les usines et fabriques, aux tuileries, aux carrières, ainsi qu'aux simples ateliers actionnés par une force élémentaire, en un mot à tous les établissements industriels, au sens le plus large du mot (à l'exception des mines, assujetties comme en France, à un régime spécial). La disposition essentielle est l'article 120 *a*, relatif à l'aménagement intérieur de l'usine (éclairage, volume d'air, expulsion des poussières, gaz et vapeurs, installation de dispositifs protecteurs). La disposition finale de cet article est peut-être la plus importante de toute la loi ; elle impose en effet, à tout chef d'industrie l'obligation de formuler une sorte

Graux, *La tuberculose et l'habitation urbaine*, 1905 ; Juillerat, *La tuberculose dans les maisons de Paris en 1906* (*Hygiène générale et appliquée*, mars 1907) ; Cheysson, *Le taudis*, 1907. — Cf. exposé des motifs des lois françaises du 15 avril 1916, instituant des *dispensaires d'hygiène sociale* et de préservation antituberculeuse, et du 7 sept. 1919 sur les *sanatoriums*. Sur les crédits alloués à ces œuvres, v. L. de finances du 30 déc. 1928, art. 140. — Des mesures d'ensembles ont été prises plus récemment pour la lutte contre le cancer, la syphilis, etc.

(1) Gottstein. Schossmann et Teleky, *Handbuch der sociales Hygiene und Gesundheitsfürsorge*, 6 v., Berlin, 1927.

(2) La codification du 30 juin 1900 a laissé subsister sans modification les articles concernant l'hygiène des ateliers. Il en est de même de la loi du 28 décembre 1908, sauf que celle-ci a substitué la notion de l'exploitation à celle, beaucoup plus étroite, de la fabrique, et élargi ainsi le champ d'application de la *Gewerbeornung*. Mais de nombreuses ordonnances ont été édictées par le Conseil fédéral en vertu de la délégation générale inscrite à son profit dans l'article 120, à l'effet de réglementer spécialement certaines industries présentant des dangers particuliers. Telles sont par exemple., les ordonnances des 6 février 1900 sur l'exploitation des usines à zinc ; 29 décembre 1908 sur la grande industrie métallurgique, 6 mars 1913 sur les fabriques de couleurs plombiques, etc..

de *règlement de fabrique*, dans lequel il devra se conformer scrupuleusement aux prescriptions légales : règlement dont l'administration supérieure appréciera la régularité, et qui, une fois approuvé, formera en quelque sorte la charte constitutionnelle de l'établissement.

586. — L'article 120 *c* détermine les attributions de police du Conseil fédéral et des autorités locales de police, ainsi que les recours ouverts aux industriels. Le Conseil fédéral peut déterminer la durée du travail dans les établissements où la santé de l'ouvrier peut être compromise par un surmenage excessif. Quant aux autorités de police, elles peuvent mettre en demeure les chefs d'industrie de se conformer aux prescriptions légales, et ordonner la fermeture en cas de refus. Appel peut être interjeté de leur décision, devant l'autorité administrative supérieure. En dehors de cette sanction administrative, le patron qui viole les prescriptions de la loi s'expose à certaines pénalités.

587. — II. ANGLETERRE ET COLONIES ANGLAISES. — *Angleterre*. — L'hygiène publique (1) est centralisée, en Angleterre, aux mains d'une autorité gouvernementale unique, le *Local government Board* ; à cette autorité supérieure ressortissent, au point de vue sanitaire, les conseils de comté dont dépendent à leur tour les conseils sanitaires de district. Le district est l'unité sanitaire. — Tout district a un personnel sanitaire, dont la composition varie suivant qu'il s'agit d'un district rural ou urbain.

Le conseil sanitaire urbain est placé sous la direction d'un médecin sanitaire : celui-ci est assisté d'*inspectors of nuisances*, agents administartifs chargés de la visite des locaux et de la mise à exécution des décisions du conseil, et de *surveyors*, ingénieurs ou architectes préposés aux enquêtes, ainsi qu'aux travaux ordonnés par le conseil, que les propriétaires se seraient refusés à effectuer après mise en demeure régulière (L. 5 mars 1894, sur le gouvernement local).

Grâce à cette superposition des conseils préposés à l'hygiène publique, et à la faculté pour le conseil de comté de se substituer aux conseils de districts négligents, grâce aussi aux pouvoirs de contrainte conférés aux agents sanitaires, l'organisation sanitaire anglaise a obtenu en peu d'années des résultats remarquables.

(1) La législation anglaise sur la santé publique est consignée dans la loi du 11 août 1875, amendée en 1890 et 1903 (*Public health act*). Sur cette loi, v. l'ouvrage précité de Nivard. — Cf. Garnier, *La législation anglaise, en matière de salubrité de l'habitation*, 1903 ; Ollier, *Le comté anglais*, th. 1912.

588. — En ce qui concerne l'*hygiène industrielle*, il nous suffira de rappeler que l'Angleterre est le premier Etat en Europe qui se soit préoccupé sérieusement de la police et de l'hygiène des ateliers. La réglementation actuelle est consignée dans la loi sur les fabriques du 27 mai 1878, amendée à diverses reprises, et finalement codifiée par les lois des 17 août 1901 et 2 août 1916. Cette législation, dont le Parlement allemand s'est manifestement inspiré en 1891, est complétée par une série d'ordonnances détaillées concernant un grand nombre d'industries insalubres, fabriques de céruse, d'allumettes, d'accumulateurs électriques, de chromate de potasse, peignages de laine, etc. (1). Certaines des prescriptions de la loi anglaise sont applicables aux magasins, voire même aux travailleurs à domicile.

589. — *Colonies anglaises.* — La plupart des colonies anglaises possèdent des Factory Acts analogues à la loi anglaise, contenant un ensemble de prescriptions, relatives à l'hygiène et à la sécurité des ateliers et magasins. Nous citerons notamment les lois canadiennes (Québec, loi 9 mai 1885 ; — Nouvelle-Ecosse, loi 4 mai 1901), les lois australiennes (Victoria, 2 mars 1909, Nouvelle-Galles du Sud, 29 décem. 1909) (2), néo-zélandaise (loi du 3 déc. 1910), et l'*Indians factories Act* du 24 mars 1911.

590. — III. ITALIE. — L'organisation sanitaire italienne, telle qu'elle résulte de la loi du 22 décembre 1888 (*Ann. de législ. étr.*, 1889), véritable Code de l'hygiène, est peut-être la plus complète de toutes les organisations similaires. Non seulement elle étend son action à toutes les portions du territoire, grâce à ses agents hiérarchisés, du chef du bureau sanitaire au Ministère de l'intérieur aux offices sanitaires *communaux*, en passant par les échelons intermédiaires du médecin provincial (assistant du préfet), et du médecin départemental (assistant du sous-préfet), agents secondés par autant de conseils ; mais elle est investie de pouvoirs coercitifs étendus (3).

(1) Sur la souplesse de la réglementation anglaise, à laquelle sont associés dans une certaine mesure les intéressés, patrons et ouvriers, cons. Boulin, *Les industries dangereuses ou insalubres en Angleterre* (*Quest. prat.*, 1900, p. 319). — Cf. *Le mouvement pour la sécurité en Grande-Bretagne* (*Rev. intern. trav.*, juin 1923).

(2) Cf. *L'hygiène industrielle en Australie* (*Rev. intern. trav.*, juill. 1926).

(3) Sur les officiers sanitaires communaux, cons. : Dr Courmont, *La loi sanitaire en Italie* (*Progrès de Lyon*, 2 mai 1902) ; Celli, *Manuale dell Officiale sanitario*, Rome, 1899. — Cf. L. du 16 juin 1907 (*Bull. Off. intern.*, 1908.197), sur la riziculture. — Sur les réalisations obtenues, notamment dans l'ordre de la lutte contre la tuberculose, cons. Indri, *Pour la santé des ouvriers*, 1 vol. in-8,

591. — IV. Belgique. — Comme en Italie, l'organisation sanitaire belge a pour base la commune ; mais l'autonomie communale est beaucoup plus complète en Belgique qu'en Italie ou en Angleterre au point de vue sanitaire, et le cas échéant, le gouvernement n'aurait pas l'autorité nécessaire pour vaincre l'inertie des autorités locales.

Quant à l'hygiène industrielle, elle est actuellement régie en Belgique par la loi du 2 juillet 1899 (*Ann. de lég. du trav.*, 1899, pp. 226), dont l'article 1er autorise expressément le gouvernement à prescrire toutes les mesures propres à assurer la salubrité des ateliers, et la sécurité des ouvriers dans les entreprises industrielles *et commerciales*, même s'il ne s'agit pas d'établissements classés.

592. — V. Suisse. — En Suisse, malgré l'existence d'une commission sanitaire fédérale, les services d'hygiène publique cantonaux sont à peu près indépendants les uns des autres.

Mais il convient d'en excepter l'hygiène industrielle, dont les prescriptions essentielles figurent dans la loi fédérale sur les fabriques. La loi du 23 mars 1877, dont le Code industriel allemand de 1891 s'est manifestement inspiré, est la première qui ait, en Europe, imposé aux industriels un ensemble de mesures relatives è l'aération, et à l'enveloppement des parties dangereuses des machines. Elle soumet les fabriques à une surveillance administrative très rigoureuse. Ses prescriptions ont été refondues dans la nouvelle loi sur les fabriques du 18 juin 1914.

593. — VI. Autriche. — Hongrie. — L'hygiène publique est régie en *Autriche* par la loi du 30 avril 1870. L'administration sanitaire est confiée, dans chaque circoncription territoriale, à l'agent administratif cantonal, etc.), assisté d'un ou plusieurs agents médicaux.

L'hygiène industrielle est réglementée par la loi du 17 juin 1883, sur l'inspection des fabriques, et par la loi du 8 mars 1885, amendée le 21 avril 1913. — Cf. loi *hongroise* du 11 déc. 1893.

594. — VII. États scandinaves. — *Suède* et *Norvège*. — L'organisation sanitaire de la *Suède* (L. 25 septembre 1874) et de la *Norvège* (L. de 1860) présentent certaines analogies avec le régime italien. C'est ainsi qu'en Norvège chaque commune possède un médecin préposé à la police sanitaire. L'hy-

Rome 1927 (préf. Mussolini). — Cf. sur le 5e Congrès italien de médecine du travail : *Rev. intern. trav.*, août 1922.

giène industrielle est réglementée par les lois *suédoise* du 29 juin 1912 et *norvégienne* du 27 juin 1892.

Danemark. — Le territoire du royaume est divisé en *départements médicaux*, et ceux-ci en districts : à la tête de chacun est un médecin. — L'hygiène industrielle fait l'objet d'une section spéciale de la loi sur les fabriques du 1er juillet 1901.

595. — VIII. AUTRES LÉGISLATIONS. — Des lois spéciales sur l'hygiène industrielle ont également été promulguées, au *Brésil* (L. 29 déc. 1917), en *Bulgarie* (L. 5-18 avril 1917), en *Grèce* (décr. 25 avr.-8 mai 1913), aux *Pays-Bas* (L. 19 juin 1915, très complète), et dans un certain nombre d'Etats de l'*Union américaine* (V. notamment la loi de *New-York* du 20 mai 1908) (1). — Cp. loi *serbe*, sur l'industrie, des 29 juin-22 juillet 1910, art. 29 et s.). (2).

§ 2. — Législation française

596. — Cette législation se résume dans les deux lois fondamentales du 19 février 1902(modifiée par les lois des 7 avr. 1903, 29 janv. 1906 et 25 nov. 1908) sur la *protection de la santé publique* et du 12 juin 1893 (amendée les 11 juill. 1903 et 31 déc. 1912), sur l'*hygiène et la sécurité des travailleurs*, lois complétées par tout un ensemble de décrets réglementaires et de circulaires ministérielles. — Les lois de 1893, 1903 et 1912 ont elles-mêmes été incorporées au livre II du Code du travail (art. 65 et s.), récemment amendé par la loi du 30 juin 1928, sur la *déclaration obligatoire* des établissements industriels et commerciaux.

A. — HYGIÈNE PUBLIQUE

597. — **Organisation centrale des services sanitaires.** — Les services ressortissant à l'hygiène sont loin d'être tous concentrés au *Ministère du travail et de l'hygiène*.

A ce ministère se rattachent tous les services non spécialisés qui,

(1) *Rev. intern. trav.*, janv. 1922.

(2) A noter, dans les pays orientaux, quelques essais encore incomplets de réglementation. — Ex. *loi égyptienne* du 4 juill. 1909 (*Ann. de lég. du trav.*, 1909, 774) sur le travail des enfants dans les usines d'égrenage du coton. — Cf. Mourad Kamel bey, *L'assistance publique et privée en Egypte* (Rev. philanthropique, n° 15 févr. 1929). — Pour l'Extrême-Orient, v., *L'hygiène industrielle au Japon* (Rev. intern. trav., août 1926).

jusqu'en 1920, ressortissaient au ministère de l'intérieur (direction de l'hygiène et de l'assistance publique). — Mais si l'hygiène industrielle dépend aussi, en principe, du ministère du travail, l'hygiène agricole se rattache au ministère de l'agriculture et l'hygiène scolaire au ministère de l'instruction publique.

La direction de *la santé publique et de l'hygiène sociale* (1) est investie d'une mission générale de contrôle, dont elle s'acquitte avec le concours de quatre organes distincts : l'inspectorat (inspecteur général des services sanitaires, et inspecteurs généraux adjoints), le *Conseil supérieur d'hygiène publique de France* (2), le *Comité directeur des services de l'hygiène* (3), et le *Comité technique permanent* (4).

En matière d'hygiène industrielle, l'influence réelle se partage entre deux organismes ressortissant, depuis 1906, au Ministère du travail, l'un relativement ancien, la *Commission supérieure du travail*, créée par la loi du 19 mai 1874 et réorganisée par la loi du 2 novembre 1892 ; l'autre, de création plus récente, appelé à collaborer étroitement avec le ministre, la *Commission d'hygiène industrielle* (arr. minist. du 24 déc. 1900) (5).

598. — *Services sanitaires régionaux et locaux.* — Au-dessous de ces conseils ou commissions, dont l'action s'étend à tout le territoire, fonctionnent dans chaque département : le *Conseil départemental d'hygiène*, présidé par le Préfet, les *Commissions sanitaires* (v. *infra*), le service départemental d'inspection *des épidémies*, et les *Commissions départementales du travail*, qui dépendent directement de la Commission du travail, et dont les *inspecteurs du travail* de la circonscription sont membres de droit.

A la base de l'organisation de l'hygiène se trouve naturellement la commune. Mais jusqu'à la loi de 1902, l'*organisation sanitaire municipale* était radicalement insuffisante. La *Commission des logements insalubres*, instituée par la loi du 13 avril 1850, mais avec un caractère *facultatif*, ne fonctionnait sérieusement que dans quelques grandes villes ; et d'ailleurs, l'insuffisance de ses moyens d'action, l'impossibilité pour les commissions d'ouvrir des

(1) Décr. du 17 août 1921.

(2) Sur la composition et les attributions du Conseil supérieur, v. l'art. 25 de la loi du 19 fév. 1902, amendée en 1906, 1908, et 1921 (L. du 10 déc.) — Sur l'*Office national d'hygiène sociale*, v. décr. 4 déc. 1924 (*Off. du tr.*).

(3) Décret des 23 juin-7 août 1893.

(4) Arrêté du 28 juin 1920 (*Bull. Min. trav.* 1920, p. 83).

(5) Le Conseil supérieur du travail a également assumé un rôle important dans l'amélioration, au point de vue hygiénique, des conditions générales du travail.

enquêtes d'office (1), et la négligence des conseils municipaux enlevaient à la législation en vigueur toute action sérieuse sur la transformation hygiénique des quartiers populaires. Seuls les très grands centres, Paris, Lyon, etc.., avaient pris l'initiative de créer des *bureaux d'hygiène*.

599. — **Loi de 1902 sur la protection de la santé publique.** — Depuis plus de onze ans, le Parlement était saisi d'un projet de réorganisation d'ensemble des services d'hygiène publique, sur des bases analogues à celles consacrées par les lois allemande, anglaise ou italienne (2) ; plusieurs fois amendé, ce projet est devenu la loi des 15-19 février 1902, entrée en vigueur le 20 février 1903.

Le titre 1er, sur les *mesures sanitaires générales*, dispose que *toutes les communes doivent avoir un règlement sanitaire*, homologué par le préfet, après avis du Conseil départemental d'hygiène (3). — Aucune habitation ne peut être construite, dans les villes de 20.000 habitants et au-dessus, sans un permis du maire constatant que les conditions de salubrité prescrites par le règlement sanitaire sont observées.

La *déclaration* de certaines maladies contagieuses ou épidémiques (décret et arrêté du 10 févr. 1903); la *vaccination* et la *revaccination* sont rendues obligatoires. Enfin les prescriptions illusoires de la loi de 1850 sur les logements insalubres font place à une règlementation rigoureuse, inspirée de la loi anglaise.

(1) La loi de 1850 ne protège que les locataires ; la commission n'a pas à s'enquérir de l'insalubrité des maisons occupées par les propriétaires eux-mêmes. De plus, elle ne se met en mouvement que sur une plainte.

(2) Sur les travaux préparatoires de la loi de 1902 (D. 1902.4.41), cons. notamment : Strauss et Filassier, *op. cit.*

(3) Ce n'est guère qu'à la fin de 1905 que la plupart des communes ont été pourvues de leur règlement sanitaire. V. la circulaire du Min. de l'Intér. du 25 juillet 1907. — Le premier règlement sanitaire mis en vigueur a été celui de la ville de Lyon, approuvé dès le 26 mai 1903 par le conseil municipal de Lyon ; les deux règlements sanitaires de la ville de Paris (règlement sanitaire de la préfecture et ordonnance de police) datent du 22 juin 1904. Deux règlements-types, destinés à servir de guide aux maires dans l'élaboration du règlement, ont été publiés en 1903 par le ministère de l'Intérieur, l'un à l'usage des villes et bourgs, l'autre à l'usage des communes rurales. — V. dans Strauss et Filassier, p. 82 et s., le texte des règlements-types, ainsi que les règlements lyonnais et parisiens. — Sur le *Casier sanitaire*, v. le rapport de MM. Juillerat et Fillassier au Congrès international d'hygiène de Berlin, 1907. — Sur la limite des pouvoirs du maire (ou du préfet de la Seine à Paris) en matière d'hygiène, de salubrité ou de sécurité publique, v. Cass., 19 juin 1909, S. 1909.1.585 et note Roux ; Cons. d'Etat, 5 juin 1908, S. 1909.3.113 et note Hauriou, D. 09.3.1., 13 mars 1914, S. 17.3.17 et note Hauriou ; Cons. d'Etat, 1er août 1923, *Gaz. Pal.*, 1923.2.604 ; Cass. 7 fév. 1925, *Gaz. Pal.*, 1925.2.185. — Sur le droit de contrôle et d'annulation du préfet (L. du 5 avril 1884, art. 95), v. Cons. d'Etat, 23 fév. 1906, D. 1907.3.104. — V. aussi Berthélemy, p. 344.

Tout immeuble insalubre peut, même en dehors de toute plainte, même s'il est occupé par le propriétaire, par un usufruitier ou usager, faire l'objet d'une enquête de l'autorité municipale. Une procédure, malheureusement trop longue (1), permettra désormais, après débat contradictoire entre le propriétaire intéressé et l'administration devant le conseil départemental d'hygiène, d'assurer la mise à exécution des arrêtés municipaux prescrivant, en conformité de l'avis de la commission sanitaire (laquelle remplace la commission des logements insalubres), les travaux d'assainissement nécessaires, ou portant interdiction d'habiter. A défaut de recours, dans le mois, contre l'arrêté, ou en cas de rejet du recours par le Conseil de préfecture, le propriétaire récalcitrant est traduit devant le tribunal de simple police, qui autorise le maire à faire exécuter les travaux d'office à ses frais, sans préjudice de l'application de l'article 471, § 15, du Code pénal (art. 14).

600. — Le titre II est relatif à l'*administration sanitaire*. Toute ville de 20.000 habitants ou plus (2) doit avoir un bureau d'hygiène. Chaque département se divise, au point de vue de l'hygiène publique, en un certain nombre de circonscriptions sanitaires, dont les limites sont tracées par le conseil général, ou à son défaut par décret. Chaque circonscription est pourvue d'une *Commission sanitaire*, composée de 5 à 9 membres. Le nombre de ces commissions varie de 2 à 5 par arrondissement. — Les commis-

(1) Quoique plus rapide que celle de la loi de 1850, la procédure instituée par la loi de 1902 ne laisse pas que d'être encore assez lente si le propriétaire de l'immeuble insalubre croit devoir épuiser les moyens de procédure : débat contradictoire entre le maire et le propriétaire devant la commission sanitaire ; avis (mais seulement en cas de désaccord entre le maire et la commission sanitaire) du conseil départemental d'hygiène ; arrêté du maire (revêtu de l'approbation préfectorale s'il porte interdiction d'habiter) pris sur le vu de l'avis émis par la Commission sanitaire ou le conseil départemental ; recours (suspensif d'exécution) par le propriétaire devant le conseil de préfecture, dans le mois de la notification de l'arrêté (Cons. préf. Seine, 30 mars 1927, *Gaz. Pal.*, 27.1.728) : recours du même, en cas de décision du Conseil conforme à l'arrêté municipal, devant le conseil d'Etat, dans les délais de droit commun (deux mois à compter de la notification de ladite décision). L. de 1902, art. 12 et 1-3. — Si l'on totalise tous ces délais, et en tenant compte des expertises et vacations, l'on arrive aisément à prolonger la procédure plus d'une année, parfois même deux ans et plus. Fillassier et Strauss, *op. cit.*, p. 349 et suiv.

(2) Il en est de même des communes d'au moins 2.000 habitants, qui sont le siège d'un établissement thermal (art. 19). Les prescriptions de la loi à cet égard ne sont encore que bien imparfaitement observées. D'après le recensement de 1906, l'article 19 est applicable à 124 villes et à 30 stations thermales. Or à cette époque, il n'y avait des bureaux que dans 29 villes et 1 station thermale. — Dr Chalot, *Les bureaux d'hygiène*. — Leur nombre s'est, il est vrai, sensiblement accru depuis lors.

sions sanitaires de chaque département ressortissent au *Conseil départemental d'hygiène* (1).

Au sommet de la hiérarchie est placé le *Conseil supérieur d'hygiène publique de France* (art. 25). Ses attributions sont plus nettement définies que celles de l'ancien Comité consultatif, et étendues à des objets nouveaux. C'est ainsi, en particulier, qu'il doit être *nécessairement* consulté sur les conditions d'exploitation des eaux minérales, sur les travaux publics d'assainissement ou d'amenée d'eau d'alimentation des villes de plus de 20.000 habitants, et sur le *classement des établissements insalubres, dangereux ou incommodes*. — V. le décret organique du 19 juin 1906, réglant le fonctionnement du Conseil supérieur et constituant une section permanente.

Les autres titres concernent les dépenses obligatoires pour les communes, les pénalités, etc... (2).

En résumé, et bien que la loi de 1902 soit loin de constituer un Code sanitaire complet (3), le régime nouveau peut être envisagé dans son ensemble comme très supérieur à l'ancien, et l'on ne saurait trop s'applaudir de voir le système préventif (règlement

(1) Sur l'organisation sanitaire spéciale de Paris et des localités suburbaines, cons. les art. 22 et suiv. de la loi, amendés par la L. du 4 avril 1926.

(2) V. notamment le décret du 10 juillet 1906, organisant dans les communes le service de désinfection, prévu par l'article 26 de la loi de 1902.

(3) La loi de 1902 est muette sur certains services existants, notamment sur les attributions des médecins inspecteurs des épidémies (service départemental). Elle n'institue aucun corps spécial d'*inspecteurs sanitaires* chargés de veiller, concurremment avec les inspecteurs du travail, à l'observation de ses prescriptions ; l'organisation de l'inspection *sanitaire* est laissée à la discrétion des préfets et des conseils généraux (art. 19). — Sur cette lacune de la loi, cons. Strauss et Fillassier, p. 381 et suiv. — Cf. propos. *Doizy, Siegfried*, etc., tendant à rendre obligatoire la création de directeurs départementaux d'hygiène (Ch. 5 nov. 1912, n° 2226). — En ce qui concerne les logements insalubres, il convient de faire observer que le législateur, dans la plupart des pays et notamment en France, s'est efforcé de remédier à l'insalubrité des logements ouvriers par une législation spéciale tendant à encourager la construction de *logements à bon marché* (L. du 5 déc. 1922, sur les H. B. M., — loi *Loucheur*, du 13 juillet 1928, H. B. M. et logements moyens, — L. 15 mars 1928 sur les lotissements, etc.). — V. titre IV, *infra*. — Des facilités nouvelles ont été conférées, d'autre part, aux communes désireuses de procéder à l'assainissement des quartiers populeux, par la loi Siegfried, sur l'expropriation *pour cause d'insalubrité* (loi du 19 juin 1915, incorporée à l'art. 18 de la loi de 1902). — Sur les motifs et l'économie générale de cette loi, qui prescrit au jury de n'allouer au propriétaire d'un immeuble déclaré insalubre que la différence entre le prix d'évaluation globale et le coût des travaux qui seraient nécessaires pour son assainissement, cons. : Dr Gautrez, *L'insalubrité publique et l'expropriation, une loi nécessaire*, 1907. — Cf. Lois des 6 nov. 1918 sur l'expropriation par *zones* et 17 juillet 1921 sur l'expropriation *conditionnelle*. — Sur la lutte antituberculeuse et l'organisation des *sanatoria*, v. n° 1452 *infra*.

sanitaire, permis de bâtir, etc.) prendre le pas sur le système répressif, toujours coûteux, quelque peu vexatoire s'il est sérieusement appliqué, inefficace dans le cas contraire.

600 bis. — **Projets de réforme.** — C'est à combler les lacunes du régime actuel, et spécialement à renforcer les pouvoirs tout à fait insuffisants du personnel sanitaire (surtout si l'on considère le décret du 14 août 1914, édicté au début de la guerre comme virtuellement abrogé), que tend le projet de loi déposé le 7 nov. 1922 par le Ministre de l'hygiène, sur le bureau de la Ch. (Ch., *doc. parl.*, n° 5018). Cette insuffisance s'est récemment révélée, à l'occasion de l'épidémie de fièvre typhoïde de la banlieue lyonnaise (fin 1928), dûe, sauf erreur, à l'inobservation d'ailleurs signalée mais en vain, par les autorités sanitaires, des précautions d'hygiène indispensables par la Compagnie des Eaux. — Cf. Sarraz-Bournet, *L'organisation de l'hygiène publique en France*, broch., 1928. — Il est très regrettable que le Parlement mette si peu d'empressement à discuter le projet de 1922 qui renforcerait sensiblement la défense du pays contre les maladies contagieuses (interpell. de MM. Strauss et L. Martin, Sén., 1er mars 1928) ; — *Quest. prat.*, 1928, p. 83.).

B. — Hygiène industrielle

601. — **Nécessité d'une législation préventive et protectrice.** — Pendant longtemps le législateur français a cru que son rôle se bornait à préserver le voisinage des risques spéciaux que pouvait lui faire courir la proximité des établissements industriels. — Sur cette législation, v. *infra*, nos 674 et s. ; v. aussi, sur le droit d'indemnisation des voisins, n° 254, *supra*. — Aussi, à part certaines prescriptions concernant les usines et ateliers dans lesquels il était fait usage de machines à vapeur, ou les exploitations minières, la législation française ne comportait-elle, naguère, aucune réglementation d'ensemble de l'industrie, inspirée d'une pensée sociale, c'est-à-dire destinée à préserver la personne du travailleur des risques spéciaux qui le menacent.

Depuis longtemps cependant les hygiénistes s'élevaient contre cette conception étroite de l'intérêt public, et s'efforçaient d'établir l'urgence d'une législation préventive imposant aux industriels un ensemble de mesures protectrices se référant à un triple objet : — *a*) au *milieu professionnel* ; préservation des poussières, des gaz et vapeurs nocifs, dispositifs propres à atténuer les dangers spéciaux résultant, soit du travail devant les fours (fonderies, forges, verreries, industries de l'alimentation, etc.), soit du travail dans l'humidité (teintureries, produits chimiques, filatures de lin, etc.) ; — *b*) à *l'action toxique*, *délétère ou infectieuse des produits* manipulés en vue de la fabrication, ou des *opérations chimiques* nécessitées par celle-ci (*intoxication professionnelle* : saturnisme, mercurisme, phosphorisme, etc. ; *méphitisme professionnel* : acide carbonique, oxyde de carbone, etc. ; *maladies virulentes infectieuses* : charbon, syphilis des verriers, tuberculose d'origine professionnelle, etc.) : — *c*) aux *machines et outils*, et à la nécessité d'adopter un ensemble de mesures destinées à prévenir, autant que possible, les *accidents provenant de l'outillage* (1).

602. — Lois des 12 juin 1893, 11 juillet 1903 et 31 décembre 1912 (art. 65 et s., 173 et s., liv. II, C. du travail) (2). — C'est de ce mouvement d'opinion en faveur d'une législation protectrice qu'est issue la loi du 12 juin 1893, contenant une réglementation d'ensemble des établissements industriels, tant au point de vue de l'hygiène que de la sécurité des travailleurs. Quelques mois auparavant avait été promulguée la loi du 2 novembre 1892 sur le travail des femmes et des enfants, dont la section V intitulée : *hygiène et sécurité des travailleurs*, comporte un ensemble de prescriptions de même ordre pour tous les établissements dans lesquels sont employées des personnes protégées. — Sur ces prescriptions, complétées par la loi du 31 déc. 1912, et incorporées au Code du travail (art. 71 et s.), v. sect. II, art. 3, *infra*.

Dès les premières années d'application de la loi de 1893, l'on reconnut que son champ d'application, rigoureusement limité à l'industrie manufacturière, était trop restreint. La loi n'était appli-

(1) Le cadre de cet ouvrage ne nous permet point d'entrer dans le détail des causes d'insalubrité et d'insécurité professionnelles, et des moyens préconisés pour y remédier. L'on trouvera sur l'hygiène professionnelle des indications techniques fort complètes dans l'*Encyclopédie d'hygiène*, dans les ouvrages précités de Brémond, Razous, Paraf (figures explicatives), Sourbès, dans les rapports annuels officiels sur l'application de la loi de 1893, etc. — Cons. spécialement, sur l'intoxication saturnine (plus de soixante professions menacées): les rapports du professeur A. Gauthier (*Bull. Off.*, 1899, 1904) ; Dr Letulle, *L'insalubrité du métier de peintre*, *Rev. d'hyg.*, 1902, p. 160 et 394. ; Thibaut, *La céruse*, 1907 ; Breton, *Le plomb*, 1910 ; Cantineau, *La céruse*, Liège, 1921, et les enquêtes du B. I. T. (Rev. intern. trav., janv. et déc. 1922) ; — sur l'insalubrité des filatures : Dr Galibert, *Les filatures de lin*, 1902 ; — sur l'intoxication par l'oxyde de carbone : Boulin, *Le gaz à l'eau* (*Quest. prat. de législ. ouvr.*, 1901, 249) ; — sur les maladies virulentes infectieuses : Cavaillé, *Le charbon professionnel*, 1912. — V. aussi : L. et M. Bonneff, avec préface de A. Craissac, *Les métiers qui tuent*, 1906. — Cf. sur les *maladies professionnelles*, n°s 1156 et s.

(2) BIBLIOGRAPHIE. — Rollin, *L'hygiène et la sécurité des travailleurs*, th. 1903 ; Cluzel, *Commentaire de la loi de 1912* (*Lois nouvelles*, 1913.1.37).

cable, en effet, ni aux magasins et bureaux, ni même aux petites industries de l'alimentation (boulangeries, pâtisseries, boucheries, charcuteries, hôtels, restaurants et débits, etc.).

Or, si ces établissements ne présentent pas les mêmes dangers d'accidents que les usines et ateliers, les mauvaises conditions hygiéniques dans lesquelles était souvent placé leur personnel suffisaient amplement à justifier l'intervention légale.

Aussi, à la suite d'un vœu du Conseil supérieur du travail, le gouvernement soumit-il au Parlement un projet de loi destiné à combler cette lacune. Ce projet, étendant le bénéfice de la loi aux établissements susvisés, est devenu la loi du 11 juillet 1903, incorporée au texte de 1893. Ces dispositions, à leur tour, ont été complétées par les lois du 31 décembre 1912 (extension des prescriptions légales aux théâtres, cirques, etc.) et 6 mars 1917 (interdiction de l'alcool dans les usines). Ces diverses lois ont été incorporées au Code du travail, liv. II, sous les art. 65 à 70.

Elles ont été complétées par une série de règlements d'administration publique : *a)* du 10 juill. 1913, amendé les 29 mars 1914 et 23 oct. 1917 (remplaçant ceux de 1894 et 1904), concernant les mesures d'hygiène et de sécurité applicables dans l'ensemble des établissements assujettis ; *b)* du 13 août 1913, sur le couchage du personnel ; *c)* du 22 sept. 1913, amendé le 23 décembre 1928, sur la protection des employés affectés aux étalages extérieurs (1).

A côté de cette réglementation générale, et sans parler du régime administratif spécial aux établissements classés, un certain nombre de règlements particuliers à certaines industries (mines, peinture, installations électriques, etc.) ont été promulgués dans ces dernières années (2).

603. — 1. ***Etablissements assujettis à la réglementation légale.*** — L'art. 1er de la loi de 1893 visait les « manufactures, fabriques, usines, chantiers, ateliers de tout genre et leurs dépendances » :

(1) Le décret du 25 janv. 1921 a déclaré applicable, à l'*Algérie*, sauf certaines modifications, le livre II du C. du Travail. — Cf. Rectenwald, *La législation ouvrière en Algérie* (*Rev. algér. et tunis.*, 1910, 137). —V. aussi : *Rev. intern. trav.*, août 1922. — Pour la *Tunisie*, v. le décret beylical du 15 juin 1910 (*ibid.*, 10, 207). — Pour le *Maroc*, v. les arrêtés viziriels des 25 déc. 1926 et 18 janv. 1927 (Rivière, *La législation ouvrière au Maroc*, *Gaz. trib. Maroc*, n° 1er mars 1928). — Sur l'application du Code du travail (liv. II) à la *Martinique*, la *Guadeloupe* et la *Réunion*, v. les décrets des 12 fév., 4 et 7 sept. 1913, 22 mai 1916, 14 sept. 1916, 9 janvier 1917. — Sur l'application aux départements du Haut-Rhin, du Bas-Rhin et de la Moselle du livre II du Code du travail, v. Niboyet, *Répert. prat. de droit et de jurisprudence d'Alsace et Lorraine*, 1926.

(2) A signaler également les instructions détaillées du Comité directeur de l'Assoc. des industriels de France.

formule calquée sur celle de l'art. 1er de la loi du 2 nov. 1892 sur le travail des enfants et des femmes, sauf une différence importante concernant les *mines, minières et carrières* qui figurent dans l'énumération de la seconde de ces lois, tandis que la première n'en fait pas mention. La Commission supérieure du travail en a conclu que la loi était inapplicable aux travaux souterrains de la mine, les ouvriers mineurs étant protégés par un ensemble de règlements spéciaux.

Par contre, la loi de 1893 s'applique aux *dépendances* des mines, établies à la surface ; avec cette particularité toutefois que c'est aux ingénieurs et non aux inspecteurs du travail qu'incombe la mission de surveiller l'application de la loi.

603 bis. — Il est une autre catégorie d'établissements industriels qui, d'après l'administration (Circ. min. 8 sept. 1894, *Bull. Off.*, 1894, 528), échapperait également à l'application de la loi : à savoir les ateliers des Compagnies de chemins de fer, placés sous le contrôle du ministre des travaux publics.

Il s'ensuivrait que les dispositions relatives à l'hygiène et à la sécurité, inscrites dans l'ordonnance du 15 novembre 1846, modifiée par les décrets des 1er mars 1901 et 11 nov. 1907, et dans les décrets sur le contrôle (27 mars 1852 et 11 mars 1902) seraient les seuls textes dont puisse se prévaloir le personnel des chemins de fer. — Le personnel des autres entreprises de transport pourra, au contraire, exciper de la loi pour tous les travaux exécutés en chantiers, ateliers ou magasins. — Remarquons, du reste, que les *marins du commerce* bénéficient d'une protection spéciale (L. 17 avr. 1907, D. 1907.4.153), concernant la sécurité de la navigation et la réglementation du travail à bord des navires de commerce (1).

604. — La loi de 1903, tout en maintenant les mines, minières et carrières en dehors de son champ d'application, a étendu le bénéfice de la protection édictée par elle au personnel de cinq catégories nouvelles d'établissements :

1° Les établissements commerciaux (magasins, boutiques) ;

2° Les entreprises de chargement et de déchargement ;

3° Les petites industries de l'alimentation ;

4° Les bureaux (2) ;

5° Les établissements de l'Etat non visés par les dispositions antérieures (c'est-à-dire présentant un caractère plutôt commercial qu'industriel).

(1) Cf. Décr. 4 août 1910 et 7 avr. 1910 (ce dernier spécial à l'*Algérie*).

(2) Sur l'application de la loi aux bureaux des ministères, v. Cons. d'Etat, 1er juillet 1910 (*Bull. Off. trav.*, 1910.862).

Il convient de remarquer toutefois qu'aux termes de l'article 4 nouveau, pour les établissements de l'État dans lesquels l'intérêt de la défense nationale s'oppose à l'introduction d'agents étrangers au service, la sanction de la loi est exclusivement confiée aux agents désignés à cet effet par les ministres de la guerre et de la marine. — Cf. décrets des 27 mars 1904 et 2 mars 1905.

Au total, le régime de protection institué par la loi de 1893 a été étendu, en 1903, à plus de 200.000 établissements nouveaux, occupant environ 800.000 personnes.

A cette liste la loi du 31 déc. 1912 a ajouté les théâtres, cirques et spectacles.

605. — *Ateliers de famille.* — Il est cependant une catégorie d'ateliers qui demeure affranchie de la réglementation légale. Nous reviendrons ultérieurement, à propos de la loi de 1892, sur la définition de l'atelier de famille. — Qu'il nous suffise de constater ici que la dispense légale n'est accordée qu'aux petits ateliers dans lesquels tout le travail s'effectue *à la main* (1). Dès l'instant que l'on introduit dans l'atelier familial un outillage mécanique, ou à plus forte raison une chaudière à vapeur, un moteur électrique, à pétrole, etc..., l'établissement tombe sous le coup de la loi, en ce sens du moins que « l'inspecteur a le droit de prescrire les mesures de sécurité et de salubrité édictées par la loi pour les usines et ateliers ». Il en est de même si l'industrie exercée, même sans adjonction de moteur, rentre dans la catégorie des établissements classés.

606. — II. *Réglementation légale.* — La réglementation se réfère à un double chef : — installation hygiénique des établissements assujettis ; mesures de sécurité. — Les prescriptions relatives au premier chef (*hygiène*) sont consignées dans les articles 66 et 66 *b* du livre II du C. du travail, et dans les articles 1 à 9 du règlement du 10 juillet 1913. Elles se réfèrent à cinq chefs principaux : propreté des locaux ; aération et éclairage ; préservation des odeurs et émanations malsaines ; évacuation, destruction ou neutralisation des poussières et gaz nocifs ; interdiction absolue

(1) Tel était le cas, il y a peu d'années, de l'atelier du tisseur lyonnais (canut), lorsque ce tisseur n'employait pas de compagnons étrangers. Mais la transformation progressive des métiers à main en métiers mécaniques, actionnés par l'électricité, a eu pour conséquences de soumettre nombre de tisseurs à l'application de la loi de 1893. Même observation en ce qui concerne les métiers à ruban de la région stéphanoise. — Sur cette évolution économique résultant des découvertes nouvelles, v. *infra*, n°s 949 et s.

d'introduire des boissons alcooliques dans l'intérieur des usines (1).

Les prescriptions légales concernant le second chef (*sécurité*), inscrites dans les articles 66 *a* du Code du travail, 10 à 18 du règlement, se réfèrent aux objets suivants : isolement des moteurs volants, appareils de transmission ; isolement électrique des dynamos, enveloppement des pièces saillantes mobiles des machines par des dispositifs protecteurs (2), installations spéciales pour préserver les ouvriers des chutes dangereuses, prescriptions rigoureuses en ce qui concerne la mise en train ou l'arrêt des moteurs, le nettoyage et la réparation des organes mécaniques, l'évacuation rapide des ateliers en cas d'incendie, d'explosion, etc.

607. — III. *Sanctions : mise en demeure, pénalités.* — C'est aux inspecteurs du travail qu'est dévolue la mission de constater les contraventions à la loi de 1893 ; sans préjudice du droit pour les autorités judiciaires de poursuivre d'office, conformément au droit commun (art. 5).

Par dérogation aux principes généraux de notre législation, pénale, et en raison des frais considérables que la transformation de leurs usines et ateliers était susceptibles d'imposer aux industriels, l'article 6 de la loi décide qu' « *en ce qui concerne l'application des règlements d'administration publique*, prévus par l'ar-

(1) Cf. circul. des 29 août 1916 (guerre), et 7 juin et 25 sept. 1916 (travail), relatives à l'hygiène du travail féminin dans les usines de guerre.

(2) Une vive controverse s'est élevée sur l'étendue des pouvoirs du juge. La Cour de cassation, s'inspirant de l'esprit de la loi, l'a résolue dans le sens le plus rigoureux. Elle décide en effet que, s'il appartient en principe aux inspecteurs du travail et à l'autorité judiciaire d'apprécier le caractère dangereux des appareils mécaniques, une exception doit être faite pour les organes *désignés* expressément par la loi (roues, courroies, engrenages, etc.) (art. 12 du décret), lesquels sont de plein droit réputés dangereux, alors même que l'usine n'emploierait que des hommes adultes. L'absence d'appareils protecteurs autour de ces organes place donc, *ipso facto*, le chef d'industrie en état de contravention. — Crim. cass., 19 et 27 févr. 1897, D. 1900.1.241 et notre note ; Civ. cass., 10 mars 1902, D. 1903.1.403 ; Crim. cass., 22 févr. 1906, D. 1906.1.125, et 31 oct. 1925, *Gaz. Pal.*, 26.1.240. — Sont également impératives et absolues les prescriptions du règlement (art. 12) concernant les dispositifs protecteurs à établir autour des machines-outils à instruments tranchants (Crim. cass., 27 mai 1898, *Bull. Off. trav.*, 1899, 175), ainsi que celles de l'art. 6, relatives à l'évacuation des poussières (Crim. cass., 27 févr. 1909, *ibid.*, 1909, 775).

Par exception, toutefois, le juge aurait le droit de relaxer l'industriel s'il résultait d'une expertise régulière qu'au moment de la contravention il n'existait aucun appareil protecteur susceptible d'être pratiquement adapté au mécanisme reconnu dangereux. — Cass., 15 mai 1903, D. 1903.1.452. — Il est à remarquer du reste qu'il n'incombe pas aux inspecteurs du travail d'indiquer aux industriels les modèles d'appareils à établir dans leurs usines (Crim. cass., 27 févr. 1901, précité), pas plus d'ailleurs qu'il ne leur appartient d'*imposer* un modèle déterminé.

ticle 3, les inspecteurs, *avant de dresser procès-verbal*, mettront les chefs d'industrie *en demeure* de se conformer aux prescriptions de la loi ».

D'où il suit qu'une distinction essentielle doit être faite entre les contraventions aux prescriptions impératives de la loi elle-même, et les contraventions aux prescriptions des décrets complémentaires de la loi : les premières pourront, comme celles prévues par la loi de 1892 sur le travail des enfants, faire l'objet de poursuites directes et immédiates, les secondes, au contraire, ne pourront être constatées ou poursuivies *qu'après une mise en demeure* non suivie d'effet, notifiée aux chefs d'industrie dans les conditions déterminées par la loi (Crim. cass., 28 mars 1896, 29 janv. 1897, D. 1900.1.241, et notre note) (1). Mais, pour que des poursuites puissent êtres exercées directement, et sans mise en demeure préalable, encore faut-il qu'elles puissent s'étayer sur un texte précis (ex. les prescriptions de l'art. 2, § 2, relativement aux mesures de sécurité), et non sur une de ces dispositions vagues (ex. art. 2, § 1er, relativement à l'hygiène) qui demandent pour être susceptibles d'application, à être complétées par un règlement détaillé (Crim. 2 avr. 1897, D. 1900.1.241. — Cf. notre note ; Mongin, note sous l'arrêt précité, *Pand.*, 1898.1.97).

Sur les formes et délais de la mise en demeure, et sur le rôle dévolu au ministre du travail (faculté d'accorder des délais pouvant atteindre 18 mois, en cas de transformations importantes portant sur le gros œuvre), v. les articles 69 et 70 du livre II du C. du travail. — Sur les dispenses susceptibles d'être accordées par le ministre du travail, v. l'article 20 du décret de 1913.

608. — En principe, l'infraction aux prescriptions de la loi de 1893 ou des règlements complémentaires est une contravention de simple police (amende de 5 à 15 fr.) (2).

L'amende est encourue autant de fois qu'il y a de contraventions *distinctes* constatées par le procès-verbal, sans toutefois que le chiffre total des amendes puisse excéder 200 francs. Le jugement fixe, en outre, le délai dans lequel doivent être exécutés les travaux (art. 173 et 174 C. du trav.) (3).

(1) Sur les mentions que doit contenir la mise en demeure, v. Crim. cass., 14 janv. 1911, *Bull. Off. trav.*, 1911, 706. — Cf. Guyard, *De la procédure de la mise en demeure*, th. 1914.

(2) Le contrevenant peut donc invoquer la prescription annale (art. 640 C. inst. crim.). Mais une contravention ne saurait être déclarée prescrite par le motif qu'il se serait écoulé plus d'une année depuis la mise en demeure, alors qu'il est constaté que cette contravention continuait à une date depuis laquelle le délai de prescription n'est pas écoulé. — Crim. cass., 10 déc., 1910, *Mon. jud. Lyon*, 26 janv. 1911.

(3) La responsabilité *pénale* pèse, soit sur le chef d'industrie, soit sur le direc-

Si l'industriel condamné n'exécute pas les travaux dans le délai à ce fixé par le juge de police, l'affaire est sur un nouveau procès-verbal portée devant le tribunal correctionnel qui peut, après une nouvelle mise en demeure restée sans effet, ordonner la fermeture de l'établissement. Ce jugement est susceptible d'appel ; la Cour doit statuer d'urgence (art. 175).

609. — En cas de *récidive*, c'est-à-dire si le contrevenant a été frappé dans les douze mois qui ont précédé le fait incriminé d'une première condamnation pour infraction à la loi, la poursuite est intentée directement devant le tribunal correctionnel : la peine encourue est une amende de 50 à 500 francs, sans que le total des amendes puisse excéder 2.000 francs (art. 176).

Sont également passibles d'une poursuite correctionnelle (amende de 100 à 500 francs et, en cas de récidive, de 500 à 1.000 francs) tous ceux qui auront mis obstacle à l'accomplissement des devoirs d'un inspecteur (art. 178).

611. — **Déclaration obligatoire des établissements industriels et commerciaux** (*L. du 30 juin 1928, portant modific. des art.* 1, 29, 52, *etc. liv. II., C. trav.*). — Jusqu'à ce jour, l'obligation d'une autorisation ou d'une déclaration préalable n'existait que pour les établissements dangereux, incommodes ou insalubres (L. du 19 Déc. 1917, v. *infra* n°s 675 et s.). Dorénavant, en exécution des « dispositions préliminaires » inscrites au frontispice du livre II du C. trav., la déclaration est rendue obligatoire pour tous les établissements industriels ou commerciaux « qui se proposent d'employer du personnel » (art. 1er *a*).

Ce n'est donc pas avant l'ouverture de l'établissement, mais simplement avant l'emploi d'un personnel quelconque, que la déclaration est exigée. Elle doit être faite par carte-lettre recommandée, adressée à l'inspecteur du travail qui, en retour, informera le déclarant des mesures à prendre pour la protection du personnel.

Que penser de cette réforme, réalisée à l'instigation du Conseil supérieur du travail (sess. de 1926) ? Certaines Chambres de commerce l'ont vivement combattue comme vexatoire, et contraire au principe de la liberté du travail (Ch. de com. de Lyon, 1926, *Quest. prat.*, 1928, p. 81). Nous estimons, au contraire, que cette déclara-

teur, gérant ou préposé investi d'une délégation générale (argum. art. 7, l. de 1893, et art. 26, l. 2 nov. 1892). Crim. cass., 21 janv. 1911, *Bull. Off. trav.*, 1911, 268. — Même lorsque sa responsabilité pénale n'est pas en jeu, par suite de l'interposition d'un directeur ou gérant, le chef d'industrie n'en demeure pas moins civilement responsable des condamnations prononcées (art. 184 C. trav.).

tion, très simple, ne constitue pour les chefs d'industrie aucune gêne sérieuse. On peut même soutenir qu'elle n'est pas moins utile aux patrons qu'aux salariés. Si elle constitue en effet, pour ceux-ci une garantie, elle permettra aux premiers d'éviter de se mettre, par ignorance, en contravention avec les règlements, et de commettre des erreurs fâcheuses dans la construction ou l'aménagement des usines, ateliers ou magasins.

611. — IV. *Résultats généraux de la loi de 1893 : réformes proposées.* — Des rapports, malheureusement trop anciens, sur l'application des lois de 1893, 1903 et 1912, publiés en exécution de l'article 110 du Code du travail (1), il ressort que, depuis la mise en vigueur des prescriptions réglementaires de 1893-1904, les conditions générales de l'industrie française au point de vue de l'hygiène et de la sécurité du personnel se sont très notablement améliorées. — En ce qui concerne la salubrité de l'atelier, il est incontestable que la minutie des prescriptions des décrets précités a permis de combattre efficacement les maladies professionnelles. C'est ainsi que les mesures concernant le nettoyage des locaux industriels, l'obligation d'aérer les locaux pendant le repas, qui doit être pris dans une salle spéciale, etc., ont contribué, très utilement, à la prophylaxie de la tuberculose, ainsi que des intoxications provenant des produits, ou des gaz nocifs (2).

Il y a progrès aussi au point de vue de la sécurité, et ce progrès est dû à une triple cause : à la netteté des prescriptions légales, au zèle des inspecteurs qui tiennent rigoureusement la main à leur stricte observation (33.474 mises en demeure signifiées en 1913, dont 7.895 pour protection insuffisante des parties saillantes mobiles des machines), — enfin à la mise en vigueur de la loi du 9 avril 1898 sur les accidents professionnels.

(1) Sur l'application des lois de 1893-1912 en 1913 (dernière statistique parue), v. le rapport de M. le ministre du travail au Président de la République, dans la collection des *Rapports sur l'application des lois réglementant le travail en 1913*, 1 vol. in-8°, Imp. Nation., 1920, p. 40 et suiv. — Des innovations fort intéressantes sont signalées dans ces rapports annuels. C'est ainsi que dans l'industrie métallurgique, des mesures efficaces ont été prises pour protéger le personnel contre le rayonnemnt des fours (rapp. de l'insp. divis. de Lille). — Des progrès sérieux ont été réalisés également dans les moulinages de soie pour l'évacuation des buées, dans les ateliers de l'industrie du bois pour la substitution du graissage automatique au graissage à la main des lames de scie à ruban (rapp. de l'insp. divis. de Lyon pour 1909), etc... Mais il est très regrettable qu'aucun rapport d'ensemble n'ait été publié depuis de longues années.

(2) Sur les progrès réalisés, tant au point de vue matériel qu'au point de vue moral, par l'application du décr. du 28 juill. 1904 sur le couchage du personnel dans les filatures, moulinages et tissages de soie de l'Ardèche, de la Drôme, du Gard et de Vaucluse, v. les rapports des inspecteurs pour 1909 (résumés dans le *Bull. de l'Off. du trav.*, 1911, p. 251).

Il semble cependant que la procédure relative à la constatation des infractions ait besoin d'une mise au point. Dans sa session de 1927, la Commission supérieure du travail a été invitée par le Ministre à rechercher si la formalité de la mise en demeure préalable ne pourrait pas être modifiée, et même supprimée dans bien des cas (*Bull. min. trav.*, 1927, p. 397).

612. — En ce qui concerne les magasins, et surtout les petites industries de l'alimentation, de sérieux progrès ont été réalisés, notamment au point de vue de l'aménagement des locaux affectés au couchage du personnel. Il est certain cependant que l'application de la loi dans ces nombreux établissements se heurte à de sérieuses difficultés, tenant soit au mauvais vouloir des patrons (1), soit à l'incurie des travailleurs, soit à l'insuffisance du personnel d'inspection (2).

613. — **Règlements spéciaux à certaines industries.** — En dehors de la réglementation générale ci-dessus résumée et du contrôle administratif auquel sont assujettis les établissements classés (v. *infra*), un certain nombre d'établissements industriels et commerciaux sont soumis à des règlements particuliers (3), à raison des

(1) Cons. notamment, dans la collection de l'*Action populaire*, les études monographiques de G. Mény : *Nos petits marmitons ; Le jeune boucher à Paris*. — V. aussi : *La protection légale des enfants occupés hors de l'industrie*, par MM. Mény, Gemähling, etc.

(2) Le nombre des établissements assujettis à la loi de 1893 était de 322.289 (statist. de 1902) ; depuis la loi de 1903, ce chiffre atteignait en 1913 550 000 environ, donc 513.331 soumis au contrôle de l'inspection du travail. Le personnel protégé, qui était de 2.888.587 personnes en 1902, dépassait 4.460.000 en 1913 (non compris le personnel des établissements de la guerre et de la marine, soustrait au contrôle des inspecteurs, ou le personnel des mines et carrières, soumis à un régime spécial). — Sur les projets de réforme de l'inspection, v. *infra*, sect. 2, art. 4. — Des réformes s'imposaient également en ce qui concerne l'hygiène des locaux agricoles, et spécialement le couchage des domestiques de ferme. — Authier, *L'amélioration de la condition des travailleurs agricoles*, 1911. — C'est à combler cette lacune que tend la loi du 31 juillet 1929, aux termes de laquelle des règlements d'administration publique, pris dans les 18 mois qui suivront la promulgation de la loi détermineront, par régions agricoles, les conditions générales de salubrité auxquelles devra satisfaire le logement des salariés dans les exploitations agricoles, notamment en ce qui concerne l'aération, l'éclairage, le couchage, etc. (Rec. de D. C. et D. S., 29, 323). — Cf. loi *danoise* du 21 août 1908.

(3) A la suite de la loi du 31 déc. 1912, douze décrets ont été promulgués le 1er oct. 1913, édictant tout un ensemble de mesures protectrices, soit concernant certaines professions (industries plombiques, zinc, céruse., poterie d'étain, couperies de poils, acéto-arsénite de cuivre, blanchisseries, tissage du coton), soit certains modes de travail (emploi de gazes ayant servi à des pansements, soufflage à la bouche dans les verreries, travail dans les chambres à air comprimé, emploi du ciment à prise rapide).

dangers graves que présentent, soit les substances manipulées, soit les mécanismes mis en œuvre.

A la première catégorie (nocivité ou danger des substances manipulées), se rattachent notamment : — 1° Les fabriques et dépôts d'*explosifs* (L. 8 mai 1875, décr. 19 sept. 1903) ; — 2° Les fabriques et dépôts d'*huiles minérales*, pétrole, schiste, etc. (décr. des 19 mai 1873 et 19 sept. 1903) ; — 3° Les fabriques d'*acéto-arsénite de cuivre* ou vert de Schweinfurt (décr. 29 juin 1895 et 1er oct. 1913) ; — 4° L'industrie du *phosphore* (décr. 19 juill. 1895 et 14 sept. 1916) (1) ; — 5° Les *blanchisseries* (décr. 4 avr. 1905 et 1er oct. 1913) ; — 6° Les *tanneries*, etc. (décr. 22 août 1910 et 2 juin 1911) ; —7° Les établissements faisant usage de la *céruse* ou blanc de plomb. Le danger de cette substance, a été maintes fois signalé au cours des enquêtes prescrites par le gouvernement français, notamment en 1845 et en 1901 (2). S'inspirant des résultats de l'enquête de 1901, la plupart des départements ministériels proscrivirent l'emploi de la céruse dans les travaux exécutés pour le compte de leurs administrations. En 1902 (18 juill.), était promulgué un décret réglementant sévèrement l'usage de cette substance dans les travaux de peinture en bâtiments : les prescriptions de ce règlement furent étendues à tous les travaux de peinture par le décret du 15 juill. 1904, complété par les décrets des 23 avr. 1908, 28 déc. 1909 et 1er oct. 1913.

Cet ensemble de mesures a été complété par la promulgation de la loi du 22 juillet 1909, incorporée au titre 2 du livre II du C. trav., interdisant en principe l'emploi de la céruse dans la peinture en bâtiments, tant à l'intérieur qu'à l'extérieur. Cette loi a été amendée sur certains points de détail par la loi du 31 janv. 1926. La Farnce a ratifié, à la même date, la convention relative à l'emploi de la céruse, adoptée à Genève, en 1921, par la Conférence internationale du travail (3).

(1) Ces décrets doivent se combiner avec l'acte final de la Conférence de Berne, de septembre 1906, tendant à interdire, à partir du 1er janvier 1911, l'emploi du *phosphore blanc* dans la fabrication des allumettes. La France, nous le savons (v. *supra*, n° 182), est au nombre des Etats signataires de cette convention.

(2) *Poisons industriels*, publ. de l'*Off. du trav.*, 1901. — Sur les résultats des expériences comparatives de peintures au blanc de céruse et au blanc de zinc à l'Institut Pasteur, v. *Bull. Off. trav.*, 1908, 24.

(3) La plupart des lois étrangères réglementent plus ou moins sévèrement l'emploi industriel des composés du plomb. — Cons. notamment l'ordonn. allemande des 16-27 juin 1905, la loi prohibitive belge du 20 août 1909, etc. — Sur la question de la céruse, outre les ouvrages cités *supra*, cons. notamment : Breton, rapp. à la Chambre, 1er mars 1907, *Doc. parl.*, n° 799 ; Pédebidou, rapp. au Sénat (8 juin 1906, *Doc. parl.*, n° 282) ; Orliac et Calmettes, *La lutte contre le saturnisme*, 1912.

614. — Rentrent dans la seconde catégorie (mécanismes dangereux) :

1° Tous les établissements employant un mécanisme actionné par la *vapeur* (L. du 21 juill. 1856, amendée le 18 avr. 1890, et décrets des 9 oct. 1907, 25 avr. 1910, 23 févr. 1919 et 2 avril 1926). — Sur la protection du personnel des *chemins de fer*, v. *supra*, n° 604. — Quant au personnel travaillant sur les voies dépendant des établissements industriels, v. décr. 4 déc. 1915.

2° Les établissements qui produisent ou mettent en œuvre des *courants électriques*. — L. 15 juin 1906, amendée par la L. du 27 févr. 1925, sur les distributions d'énergie électrique, et décret organique du 26 octobre 1927 (1), sur la protection des travailleurs employés.

3° Les chantiers *à air comprimé* (décr. 15 déc. 1908, 21 avr. 1910 et 1er oct. 1913).

Signalons, en terminant, le vœu émis en nov. 1927 par le Conseil supérieur du travail en faveur de l'ouverture, dans tous établissements dangereux ou insalubres, d'un registre destiné à recevoir les observations du personnel.

615. — **Règlementation des exploitations minières** (2). — Les *exploitations minières* sont également soumises, dans l'intérêt de l'hygiène et de la sécurité des travailleurs, à un régime spécial, dont il convient d'exposer ici les traits essentiels (3). Cette réglementation est encore éparse dans un certain nombre de dispositions législatives de dates différentes. Toutefois, les dispositions essentielles sont actuellement groupées dans le livre II du Code du travail (art. 9, 13, 27, 28, 55, 56, 77, 120, à 157), et dans les décrets des 3 janv. 1813 et 14 janv. 1909 sur la *police des mines*, des 13 août 1911 (amendé le 25 sept. 1913) sur l'exploitation des mines de combustible, et 20 janv. 1914 sur l'exploitation des mines autres que les mines de combustible (4).

(1) Bougault, *Comment. de la loi sur les distributions d'énergie électriques*. — Comp. l'instruction, très précise, de l'Association des Industriels de France sur les *précautions à observer dans les installations électriques*.

(2) BIBLIOGRAPHIE. — Aguillon, *Législation des mines françaises et étrangères*, 3 vol., 3e éd., 1912 ; Vernier, *Du droit de surveillance de l'Etat sur l'exploitation des mines*, 1900 ; Larand, *Délégués mineurs*, th. 1907 ; Amieux, *Des conditions du travail dans les mines*, th. 1908 ; Bartuel et Rullière, *La mine et les mineurs*, 1923. — V. aussi : Dalloz, *Rép. pratique*, v° *Mines*. — Conf. *Annales des mines* ; *Revue de la législation des mines*, *Revue du droit minier*, *passim*.

(3) Il ne sera question ici que des lois protectrices du personnel. Nous reviendrons ultérieurement à propos des monopoles, sur les lois du 21 avril 1810 et 9 sept. 1919 concernant le régime minier (v. nos 633 et s. *infra*).

(4) A cette énumération, il conviendrait d'ajouter les textes, sur lesquels

La réglementation des mines comporte deux ordres de mesures : — 1° des mesures de *police* destinées à assurer la sécurité et l'hygiène des travailleurs et la bonne exploitation de la mine ; — 2° des mesures destinées plus spécialement à protéger l'ouvrier contre les dangers du travail souterrain.

C'est aux ingénieurs du contrôle des mines qu'est dévolue la mission de veiller à l'application de ces règlements multiples. Ils sont, à ce point de vue, placés sous la double autorité du ministre des travaux publics et du ministre du travail. — V. la circulaire du 12 avr. 1907 (*Bull. Off. trav.*, 1907.609).

616. — *a*) *Mesures de police.* — Aux termes du décret du 3 janvier 1813, tout ouvrier malade, ou en état d'ivresse, doit être retenu à la surface. Tout ouvrier qui, par sa désobéissance aux ordres du chef d'équipe, aurait compromis la sécurité des personnes ou la bonne exploitation, peut être traduit devant le tribunal correctionnel ; il sera passible d'une peine de trois mois à deux ans de prison et d'une amende de 50 à 600 francs en cas de mort d'un tiers consécutive à cette désobéissance, de six jours à deux mois de prison et d'une amende de 16 à 100 fr. ou l'une de ces peines seulement, en cas de blessure simple, sans préjudice des dommages-intérêts auxquels il peut être condamné.

D'après le décret de 1813, tout ouvrier mineur devait avoir un livret d'ouvrier : la loi du 2 juillet 1890 a aboli le livret pour les mineurs comme pour les autres ouvriers. Mais les directeurs d'exploitation n'en sont pas moins tenus de dresser un contrôle exact et quotidien des mineurs employés soit à l'intérieur, soit même à l'extérieur de la mine ; ces contrôles doivent être portés sur un registre officiel, coté et paraphé par le maire et visé par les ingénieurs de l'Etat, chargés de l'inspection des mines. Ces mêmes ingénieurs ont également pour mission d'ordonner toutes les mesures préventives urgentes propres à remédier aux dangers de l'exploitation, aux coups de grisou dans les mines de houille (1), etc. ; enfin de constater les

nous reviendrons ultérieurement, organisant, au profit des ouvriers mineurs, privilégiés à cet égard, un régime complet d'assurances contre la maladie et la vieillesse (L. 29 juin 1894, 25 févr. 1914, 23 nov. 1918, 24 déc. 1923, 24 juin 1927, etc., instituant et réglementant les caisses de secours et de retraites des ouvriers mineurs. — V. aussi décr. du 14 mars 1916 relatif aux mines *algériennes*, et décret beylical du 15 juin 1910 sur le travail des enfants dans les mines *tunisiennes*.

Conf. règlement *anglais* de 1872 et 1889 (*Congrès de Bruxelles*, p. 364) ; loi *autrichienne*, du 27 juin 1901 ; loi *prussienne* du 28 juill. 1909 (*Ann. de lég. étrang.*, 1909.26), et règlement *prussien* du 13 juill. 1903 sur la lutte contre l'ankylostomiase, etc...

(1) Cons. notamment la circulaire du min. des trav. publics aux préfets, du 21 oct. 1907 (*Bull. Off. trav.*, 1907, 1218), sur l'extension à toutes les mines de

accidents et d'en rechercher les causes, afin de coopérer à l'action de la justice qui, sans le concours du service d'inspection, serait impuissante à établir les responsabilités.

Les ingénieurs ne peuvent ordonner, sous leur responsabilité, que des mesures urgentes ; s'il est nécessaire de prendre des mesures d'ensemble pour remédier aux dangers de l'exploitation, ils doivent en référer au préfet, qui statue par arrêté (art. 50, L. 1810).

Jusqu'à la loi de 1907, la lettre des règlements semblait limiter les pouvoirs des ingénieurs aux mesures de sécurité.

Mais la loi du 23 juillet 1907 (C. du trav., art. 77) sur l'*hygiène et la salubrité des mines*, par la simple insertion du mot *hygiène* dans l'article 50 de la loi du 21 avril 1810 et dans l'article 1er de la loi du 8 juill. 1890 (C. du trav., art. 120), a conféré, *ipso facto*, aux préfets, le droit d'intervenir par voie d'arrêtés pour prescrire les mesures hygiéniques reconnues indispensables, comme ils peuvent le faire déjà lorsque la sécurité est en jeu ; et en même temps les délégués mineurs ont vu leur mission expressément étendue à l'étude de cette catégorie de mesures préservatrices.

617. — *b) Mesures protectrices de l'ouvrier.* — Ces mesures sont, les unes spéciales à certaines catégories d'ouvriers que leur faiblesse fait un devoir au législateur de protéger spécialement, c'est-à-dire aux enfants ou aux femmes, les autres générales et édictées dans l'intérêt de tous, comme la loi sur les délégués mineurs.

Dispositions protectrices des enfants et des femmes. — De l'article 9 de la loi du 2 novembre 1892 (C. du trav., art. 55), il résulte que le travail *souterrain* est absolument interdit aux filles et aux femmes, même adultes, ainsi qu'aux jeunes garçons âgés de moins de treize ans. La loi de 1892 n'a fait que reproduire la prohibition inscrite dans la loi de 1874, mais en portant de douze à treize ans l'âge minimum d'admission. Les garçons de treize ans à dix-huit ans peuvent être employés dans les mines, mais sous des conditions spéciales. Il est interdit, en principe, d'employer les jeunes ouvriers aux travaux proprement dits de la mine (abatage, boisage ou forage) ; ne sont autorisés pour eux que les travaux accessoires, moins pénibles et moins dangereux, triage et chargement du minerai, roulage des wagonnets, etc... Toutefois, les jeunes ouvriers de seize à dix-huit ans peuvent, à titre d'aides ou d'apprentis, être employés à l'extraction du minerai, mais seulement *cinq heures* par jour (Déc. 3 mai 1893) (1).

combustibles de l'interdiction des lampes à feu nu et du régime adopté pour les explosifs dans les mines à grisou.

(1) La plupart des législations récentes contiennent des règles protectrices analogues. Toutes les lois européennes, à l'exception des lois belge et *espa-*

618. — *Dispositions générales.* — 1° *Lois des 29 juin 1905, 31 déc. 1913 et 24 juin 1919 sur la journée de huit heures dans les mines* (art. 9 et s., 27 et 28, C. du trav.) (1). — Il nous suffira de mentionner ici d'un mot les lois qui ont introduit, en France, la journée de huit heures dans les mines, préludant à la loi générale du 23 avril 1919 sur la journée de huit heures dans l'industrie. Le commentaire de ces textes se rattache en effet logiquement à l'étude de la réglementation d'ensemble du travail des enfants, des femmes et des adultes (v. *infra*).

619. — 2° *Délégués à la sécurité des ouvriers mineurs.* — A la suite d'accidents répétés, survenus dans les houillères de la Loire, les syndicats d'ouvriers mineurs protestèrent énergiquement contre l'insuffisance du contrôle, et réclamèrent la création d'un service d'inspection recruté parmi les ouvriers eux-mêmes. D'où la loi du 8 juillet 1890 sur les *délégués à la sécurité des ouvriers mineurs*, conforme dans ses grandes lignes aux vœux des syndicats (2). — Cette loi a été amendée sur divers points de détail par les lois des 23 mars 1901, 9 mai 1905, 12 mars 1910, 13 févr. 1912, 13 déc. 1912, 25 mars 1928. — Ces divers textes ont été insérée au Code du travail (livre II, art. 120-157). — Cf. décr. 19 déc. 1914.

Les délégués sont élus au scrutin de liste. Pour être électeur, il faut être Français et inscrit sur la feuille de la dernière paie. Pour être éligible, il faut : 1° savoir lire et écrire ; — 2° n'avoir jamais été condamné pour infraction aux lois sur la police des mines ou pour atteinte à la liberté du travail ; — 3° être électeur, âgé de 25 ans, et travailler au fond depuis cinq ans au moins dans la circonscription. Sont inéligibles, en conséquence, les *employés* chargés de

gnole, excluent absolument les femmes du travail souterrain, et encore convient-il d'ajouter que la plupart des compagnies belges ont renoncé à employer les femmes aux travaux du fond. — Varlez, *La législation protectrice en Belgique* (*Congrès de Bruxelles*, p. 239). — Pour les enfants du sexe masculin, l'âge d'admission est fixé en Allemagne et en Autriche à 12 ans pour le travail de jour, 14 ans pour celui de nuit. La loi *anglaise* admet l'enfant aux travaux souterrains à 12 ans. Les lois *espagnole* (13 mars 1900) et *italienne* (19 juin 1902) ont adopté respectivement l'âge de *seize* et de *treize* ans.

(1) *Loi anglaise* du 21 déc. 1908 (*Bull. Off.*, 09 p. 315). Cette loi consacre le principe de la journée de 8 heures pour *tous* les ouvriers du fond. Abaissée à 7 heures par la loi de 1919, la journée a été ramenée à 8 heures par la loi du 8 juillet 1926, promulguée au cours de la grande grève minière. — Les lois *belge* du 31 déc. 1909 (*Ann. de lég. du trav.*, 1909, p. 210), et *espagnole* du 27 déc. 1910 (*Bull. Off.*, 1911 p. 362) se sont arrêtées à la journée de 9 heures.

(2) L'institution française des délégués mineurs a été, en partie, empruntée à la loi *anglaise* du 10 août 1872.

La loi française à son tour, a eu des imitateurs (Cf. loi *belge* du 11 avril 1897, loi *prussienne* du 28 juill. 1909, art. 2).

la surveillance des ouvriers (Cons. d'Etat, 20 juin 1891, D. 92.3.108). Les *anciens ouvriers* peuvent même être élus, sous certaines conditions déterminées par l'article 6. Les délégués ou leurs suppléants sont élus pour trois ans. Des dispositions sévères sont prises à l'effet d'assurer la sincérité du vote (C. du trav., liv. II, art. 181).

620. — Les délégués ont pour mission essentielle de visiter les travaux souterrains à l'effet de vérifier les conditions de sécurité ou d'hygiène de l'exploitation, ainsi que les causes des accidents (1). Le délégué doit visiter deux fois par mois touts les puits, galeries et chantiers de sa circonscription ; il consigne ses observations sur un registre spécial fourni par la Compagnie et mis à la disposition des ouvriers ; ce registre est visé par l'ingénieur-inspecteur lors de sa tournée et copie des observations du délégué doit être transmise au préfet, qui les communique aux ingénieurs. Les délégués reçoivent du Trésor une indemnité, calculée sur les bases indiquées dans les articles 154 et s., liv. II, du C. du travail (2). Tout délégué qui se rendrait coupable de négligences graves ou d'abus dans ses fonctions peut être suspendu pendant trois mois au plus par le préfet et révoqué par le ministre des travaux publics.

621. — Il est aujourd'hui établi que l'institution des délégués mineurs, vue tout d'abord avec quelque défiance par les Compagnies, a eu, comme en Angleterre, d'heureux résultats au point de vue de l'aménagement hygiénique des mines et de la sécurité de l'exploitation (3). Voici en effet la statistique des accidents mortels survenus dans les mines de houille dans la période de huit années immédiatement antérieure à la présente loi, et dans la période postérieure :

(1) La loi du 12 mars 1910 (*Bull. Off.*, 1910.390) les a chargés également de signaler les infractions aux lois sur la réglementation du travail (2 nov. 1892, 30 mars 1900, etc.), relevées par eux au cours de leurs visites. — Chaque année le délégué mineur adresse à l'Ingénieur des mines un rapport faisant connaître son opinion sur les mesures à prendre en ce qui concerne la sécurité des ouvriers. Ce rapport est communiqué à l'exploitant, et visé par l'ingénieur des mines dans son rapport annuel de surveillance (L. du 25 mars 1928, incorp. C. trav. sous l'art. 127 *ter*).

(2) Une loi du 2 avril 1906 fait bénéficier les délégués, sous certaines conditions, des *caisses de secours et de retraites*, établies dans leur circonscription. — V., sur ces conditions, le décret du 28 déc. 1906.

(3) A. Fontaine, directeur du travail au minist. du comm. : *Notes sur l'inspection du travail au moyen des délégués ouvriers en France* (*Congrès de Paris*, 1900, p. 350).

	Grisou	Autres causes	Total
(par 10.000 ouvriers)	—	—	—
1883-1890	7	12	19
1891-1899	0,7	10,5	11,2 (1)

Il serait excessif, assurément, d'attribuer exclusivement l'honneur de cette amélioration notable à l'action des délégués ouvriers. Mais il n'est pas niable que le zèle déployé par les délégués dans l'exercice de leur mission de confiance ne soit pour beaucoup dans le résultat obtenu.

Conviendrait-il de renforcer les pouvoirs des délégués, et d'en faire de véritables inspecteurs-adjoints, exerçant une partie des pouvoirs aujourd'hui dévolus aux ingénieurs du contrôle ? La question est délicate ; nous la posons simplement, nous réservant d'y répondre ultérieurement, lorsque nous étudierons l'organisation actuelle du service de l'inspection du travail (2).

ART. III. — Des *industries monopolisées, ou des monopoles légaux* (3)

622. — Définition : Monopoles de fait et monopoles légaux. — Le caractère distinctif de tout *monopole* réside dans la suppression de la concurrence.

(1) Depuis cette époque, les progrès se sont continués. Il résulte en effet d'une statistique comparative dressée par le comité central des houillères de France en 1906 que, pour la période décennale 1891-1900, la proportion des accidents mortels s'est maintenue sensiblement en France au-dessous de celle des autres pays (1,18 0/00 en France, 1,39 en Belgique, 1,44 en Angleterre, 2,47 en Prusse). — En 1919, nous relevons les chiffres de 1,17 pour la France et de 1,58 pour l'Angleterre.

(2) Sur les autres questions touchant au régime légal des mines, — propriété des mines, mine aux mineurs, limitation de la journée de travail, institutions de secours ou de prévoyance, institutions arbitrales, — v. *infra* les sections ou chapitres respectivement consacrés : à l'étude des monopoles légaux, de la coopération, de la réglementation du travail industriel des enfants, des femmes ou des adultes, du contrat de travail, des assurances sociales, des conflits collectifs ou individuels.

(3) BIBLIOGRAPHIE. — Cauwès, t. IV, n°s 1170 et suiv. ; Brouilhet, p. 64 ; Foxwell, *Du développement des monopoles* (*Rev. d'écon. polit.*, 1889, p. 157) ; Bodin, *De la tendance des monopoles dans le mouvement économique actuel* (*ibid.*, 1894, p. 26 et suiv.). — Cp. : Paul Leroy-Beaulieu, *L'Etat moderne et ses fonctions* ; Dalloz, *Répert. pratique*, v^is *Industrie et commerce*, n°s 176 et suiv., *mines, monnaies, postes et télégraphes, poudre* et Supplém., v° *chemins de fer*. V. aussi, Berthélemy, *Droit administratif*, p. 330 ; Allix, *Traité élém. de législation financière*, p. 482 ; Pic, *Les grandes régies d'Etat* (Rev. d'écon. polit., 1912, 394) ; Y. Guyot, *La gestion par l'Etat et les municipalités*, 1913 ; Carnot, *L'Etatisme industriel*, 1920 (acte d'accusation contre la régie directe, basé sur

Lorsque cette suppression est le résultat d'une lutte inégale entre concurrents, le plus fort écrasant le plus faible, il y a *monopole de fait* ; il y a au contraire *monopole légal* lorsque la suppression de la concurrence est le fait du législateur. Certains économistes libéraux ont une tendance manifeste, d'une part à nier l'existence des monopoles de fait ou tout au moins à en contester l'importance économique et sociale, d'autre part à condamner de parti-pris, sinon tous les monopoles légaux, du moins la plupart d'entre eux. Il nous paraît impossible de souscrire à cette double thèse.

Tout d'abord, il semble difficile de nier l'importance et la fréquence des monopoles de fait. Ces monopoles sont au contraire un des aspects les plus remarquables de l'organisation industrielle moderne, fondée cependant sur la libre concurrence ; ils naissent, en effet, tantôt de conditions locales particulièerment favorables au développement de certaines industries, tantôt d'une concurrence acharnée qui aboutit fatalement à la ruine des entreprises insuffisamment outillées ; tantôt enfin de la formation entre industriels de syndicats d'accaparement (V. *supra*, art. 1er). Il y a là un fait qui mérite d'attirer l'attention du législateur : s'il est vrai que la libre concurrence soit l'une des causes du développement de ces monopoles ruineux ou oppressifs pour la petite industrie et le petit commerce, il est trop évident que le remède ne saurait consister dans la politique d'abstention préconisée par l'école libérale, mais bien au contraire dans une intervention mesurée du législateur

Cette intervention pourra affecter diverses formes : forme *fiscale* (réforme de la législation des patentes, taxes sur les *grands magasins* (1), modération de taxes pour les sociétés coopératives) ; forme *pénale* (législation répressive de l'accaparement) (2) ; forme *réglementaire* (substitution, aux monopoles de fait, de monopoles légaux, au profit de l'État ou de la commune).

623. — La supériorité théorique du monopole légal sur le monopole de fait ne saurait être sérieusement contestée. En formulant cette proposition, nous n'entendons nullement nous rallier à la thèse collectiviste , mais nous estimons avec M. Gide que « pour certaines branches d'industrie qui, *par leur nature, ne peuvent prendre que la forme de monopoles*, mieux vaut qu'elles soient monopolisées *au*

l'expérience acquise par l'auteur dans les usines de guerre de 1914 à 1918) ; Delemer, *Le bilan de l'étatisme*, 1922 ; Liesse, *Sur les monopoles industriels d'Etat* (Econ. fr., mars 1926) ; Doucet, *Les monopoles* (Monde économ., 1926, p. 373) ; De Fels, *Les richesses de l'Etat français*, 1928. — Pour l'étude particulière de certains monopoles (alcools, mines, chemins de fer, etc.), v. les bibliographies publiées ci-dessous).

(1) V. tit. II, chap. II, *infra*.

(2) V. article 1er, *supra*.

profit de tous que monopolisées au profit d'individus ou de compagnies » (1).

Il nous paraît également démontré que l'exploitation, même industrielle, des grands services d'intérêt général, tels que les postes et télégraphes, incombe normalement à l'Etat.

Quant à l'exploitation, par l'Etat, sous le régime du monopole, de certaines branches d'industrie soustraites au régime de la concurrence dans un intérêt *fiscal*, c'est dans les résultats obtenus qu'il faut chercher sa justification. Si par l'établissement d'un monopole lucratif, sur une consommation de luxe, l'Etat parvient à alléger le fardeau de l'impôt et, par une répercussion indirecte, à diminuer le coût moyen des denrées de première nécessité, le résultat obtenu suffit à justifier le procédé ; celui-ci, au contraire, serait critiquable, si à raison de la complexité de l'exploitation, le bénéfice net était aléatoire, ou si le monopole, même lucratif, tendait au renchérissement d'un produit nécessaire au plus grand nombre.

L'on peut enfin imaginer une variété de monopole portant sur un produit de consommation usuelle, mais plutôt nocif qu'utile, tel que l'alcool. Un tel monopole tient le milieu entre les deux précédents, puisque ses promoteurs poursuivent un but d'intérêt général, qui est la restriction des consommations nuisibles par la hausse des prix, et qu'ils espèrent en même temps obtenir, de cette mainmise sur un produit d'usage courant, une plus-value considérable. La difficulté, dans l'établissement d'un tel monopole, est de concilier deux intérêts antinomiques : celui du fisc, intéressé au développement de la consommation, et celui de l'hygiène, intéressé à sa diminution. La difficulté, du reste, n'est pas insurmontable, l'exemple de plusieurs pays étrangers le démontre ; et l'on conçoit très bien, *a priori*, les avantages d'une combinaison qui, sans sacrifier l'hygiène, soit susceptible néanmoins de procurer au Trésor d'importantes ressources. Il s'agit donc ici plutôt d'une question d'organisation rationnelle que d'une question de principe.

624. — Consortiums de guerre. — Est-ce à dire que le régime du monopole légal doive être progressivement étendu à tous les produits de consommation courante ? Non évidemment. Pour nous, et sur ce point nous nous séparons nettement de la doctrine collec-

(1) « Il ne faut voir ici, ajoute M. Gide, (I, p. 319), qu'une *forme particulière de la coopération* : quand il s'agit de pourvoir à des besoins spéciaux à certaines personnes, c'est le domaine de la coopération libre ; quand il s'agit de pourvoir aux besoins de *tous*, c'est le domaine de la coopération *municipale ou nationale* ». — Cf. Bouvier, *La municipalisation des Services publics*, 1907, et *Les régies municipales*, 1910 — *Annales de la Régie directe* (aujourd'hui, *Annales de l'Economie collective*).

tiviste, la nationalisation ou la municipalisation ne peuvent, en temps normal tout au moins, revêtir qu'un caractère exceptionnel, et doivent, sous réserve des quelques monopoles fiscaux visés *supra*, se limiter à la régie des services publics (1).

La guerre a pu, ainsi que nous l'avons établi plus haut (n° 266), nécessiter l'établissement légal de *consortiums* pour l'importation et la répartition des matières premières nécessaires à la consommation générale ou à l'industrie (Office central des charbons, Comité des Forges, blés exotiques, sucres, pétrole, etc.). Dans ce régime, l'État s'était constitué le seul acquéreur des matières premières les plus variées ; et sous son contrôle direct, des *consortiums* d'industriels en assuraient la répartition entre les consommateurs ou les producteurs (2).

Mais, aussitôt après la cessation des hostilités, les protestations les plus véhémentes (3) s'élevèrent contre la survie de ce régime d'exception, qui ne pouvait que contribuer au maintien de la cherté de la vie, et la liberté du commerce fut peu à peu rétablie.

625. — Régie intéressée ; économie mixte ; État actionnaire. — L'État, il est vrai, a conservé un droit de regard sur le fonctionnement de plusieurs industries, échappant par leur nature même au régime de la libre concurrence ; mais, éclairé par la guerre sur les abus inhérents à la régie directe (4), c'est dans la voie de la *régie intéressée* ou de *l'affermage avec participation aux bénéfices*, ou même de l'association directe de l'État et des capitaux privés pour l'exploitation industrielle de certains services d'intérêt général, que les États modernes (5) tendent aujourd'hui à s'en-

(1) Cf. Allix, *Syndicalisme et nationalisation* (Rev. polit., juill. 1920) ; de Launay, *Problèmes économiques d'après-guerre* (Rev. des Deux-Mondes, 8 juill. 1918).

(2) Sur l'organisation des consortiums pendant la guerre, cons. notamment : le discours de M. Clémentel, min. du commerce à la Chambre, s. du 28 juin 1918. — La Bruyère, *La métallurgie pendant la guerre* (Rev. polit. et parl., sept 1919, p. 297 et s.) ; Pinot, *Le Comité des Forges de France au service de la nation*, 1919.

(3) Délibérations des Chambres de commerce, des Chambres syndicales patronales, meetings : — Lhéritier, *Les consortiums* (*Monde Econom.*, 17 mai 1919).

(4) Certains organismes, répondant à des nécessités transitoires, furent maintenues pendant un certain temps après la guerre, tel le *Comptoir central d'achat des régions libérées* (Rev. polit., janv. 1920, p. 369). Mais le retour au régime normal se réalisa dès 1921 pour le charbon. Quant à la *flotte d'Etat*, dont on connaît les déboires, la loi du 21 janv. 1928 en a consommé la réalisation. Pour les *pétroles*, leur importation s'effectue toujours sous le contrôle de l'Etat, pour des raisons de défense nationale. — V. n° 631, *infra*.

Sur la survie des consortiums d'Etat en Allemagne, v. *supra*, n° 553.

(5) Nous reviendrons ultérieurement, à propos de la participation aux bénéfices, et de l'actionnariat ouvrier, sur la question de l'*Etat actionnaire* et des

gager. Nous trouverons des applications intéressantes de cette formule dans les lois récentes du 9 sept. 1919 sur le régime minier, du 16 oct. 1919 sur les concessions d'énergie hydraulique, du 27 mai 1921, sur l'aménagement du Rhône, etc...

Ces principes généraux étant dégagés, nous allons passer en revue brièvement les divers types de monopoles définis ci-dessus, en nous plaçant tout d'abord en présence de l'Etat *industriel*, puis de la *commune industrielle*.

§ 1er. — Monopoles d'Etat. — Concessions ou régie, directe ou intéressée (1)

I. — MONOPOLES D'INTÉRÊT GÉNÉRAL OU D'ORDRE PUBLIC. — 626. — Au premier rang des monopoles de ce genre figure le monopole de la fabrication des *poudres* (L. 13 fructidor an V), qui se justifie aisément par des considérations déduites de la sécurité publique et de la défense nationale (2).

Sociétés d'économie mixte tant en France qu'à l'étranger (v. n° 1381, *infra*). A consulter notamment : — Kœppelin, *Le système dit d'économie mixte dans les entreprises publiques en Allemagne* (Rev. d'Econ. polit., 1920) ; Antonelli, *Les sociétés anonymes d'économie mixte* (Rev. des soc., févr. 1923) ; Rolland, *L'Etat actionnaire* (Bull. Soc. d'études législ., 1924, p. 57) ; Bret, *Les sociétés d'économie mixte*, 1925 ; Lapie, *L'Etat actionnaire*, 1925 ; Chéron, *De l'actionnariat des collectivités publiques*, préf. Beudant, 1928 ; Jolly, *Des conditions dans lesquelles l'Etat, les départements, les communes et les établissements publics peuvent jouer le rôle d'actionnaires, de fondateurs, d'administrateurs dans les sociétés anonymes* ; Chardot, *La collaboration financière des administrations publiques et des entreprises privées*, 1928. — V. aussi Pic, *L'actionnariat ouvrier* (Rev. intern. trav., juill. 1924) ; Lavergne, *L'ordre coopératif*, 1926, p. 189 et s. ; Gide, I. p. 334 ; Truchy, *Cours d'Economie polit.*, 3e éd., t. Ier 1929, p. 215 et s.

(1) Il ne sera question ici que des monopoles légaux purement industriels, à l'exclusion des monopoles se rattachant plutôt au droit administratif ou au droit commercial : monopole des *pompes funèbres* concédé aux communes (loi du 28 déc. 1904), monopole des officiers ministériels, monopole des banques d'émission et spécialement de la Banque de France, monopole des inventions brevetées, monopole de la *condition des soies*, *laines* ou *cotons*, au profit d'un certain nombre de chambres de commerce (Lyon, Saint-Etienne, Calais, etc.) ou municipalités (Aubenas, Privas, Roubaix, etc.). L. 21 août 1900, D. 1902.4.89.

(2) Il avait même été question, quelques années avant la guerre, d'étendre le monopole d'Etat à la fabrication de la dynamite et des explosifs à base de nitro-glycérine, simplement réglementée aujourd'hui (L. 8 mars 1875). Mais ce projet fut abandonné à la suite de l'enquête sur l'explosion du cuirassé *Liberté* en rade de Toulon (rapp. Cazeneuve au Sénat, 30 mai 1912).

Sans le concours de l'industrie privée, étroitement groupée par le Comité des Forges autour du ministre de l'armement, l'Etat eût été impuissant à fabri-

Rentrent dans la même catégorie : — 1° le monopole de la fabrication des *monnaies*, fondé sur les nécessités du crédit public ; — 2° le monopole des *postes*, *télégraphes et téléphones*, qui se justifie concurremment par l'intérêt du commerce et du public en général, et par des considérations déduites de la sûreté de l'État. Il est incontestable, en effet, que la substitution à la régie par l'État du système de la libre concurrence pour les communications postales, télégraphiques et téléphoniques, risquerait de causer une perturbation générale dans les affaires et présenterait les plus graves inconvénients pour les correspondances officielles (1).

Le monopole de l'État, pour être efficace, doit naturellement être étendu à tous les procédés nouveaux de communications rapides. La loi du 16 juillet 1889 (D. 90.4.90) l'a étendu aux téléphones : le décret du 7 février 1903 a réservé à l'administration des postes et télégraphes l'établissement et l'exploitation de tous les postes de *télégraphie sans fil*, établis sur le territoire français, et destinés à l'échange de la correspondance officielle ou privée (2).

Est-ce à dire que l'État doive s'attribuer le monopole de la *radio-diffusion* ? Un décret-loi du 28 déc. 1926 avait en effet institué ce monopole. Mais en présence des protestations générales du public, des sociétés privées de radiodiffusion et des milieux politiques, le gouvernement a renoncé à cette conception et a déposé, en juin 1928, un projet de loi soumettant la radiodiffusion à un contrôle nécessaire, mais laissant subsister les postes d'émission privés (3).

quer l'énorme quantité de munitions nécessaire aux armées en campagne au cours de la guerre 1914-18. Sur l'échec lamentable de l'arsenal de Roanne, édifié à grands frais pendant la guerre, cons. Gignoux, *L'arsenal de Roanne et l'Etat industriel de guerre*, th. 1920. — L'existence d'arsenaux d'*Etat* n'en est pas moins indispensable à la défense nationale. — Pluyette, *De l'industrialisation des établissements d'Etat* (Rev. polit. et parlem., sept. 1925).

(1) Avant la guerre, le gouvernement français était tributaire, pour ses communications télégraphiques avec certaines de ses colonies, de compagnies de *câbles sous-marins* ressortissant à un gouvernement étranger. Cette situation fâcheuse s'est heureusement modifiée depuis la guerre, l'Allemagne ayant été contrainte de céder aux alliés, dont la France, la majeure partie de ses câbles sous-marins (traité de Versailles du 28 juin 1919, partie VIII, annexe VII). Du reste, aujourd'hui, la France est directement reliée par T. S. F. avec ses possessions les plus lointaines.

(2) Berthélemy, *Droit administratif*, p. 703 ; P. Sarrien, *Réglementation de la télégraphie sans fil*, th. 1907 ; Laurent, *Les services postaux*, th. 1913. — Mais si le monopole postal est nécessaire, encore convient-il de prendre des mesures sérieuses pour mettre fin aux vices d'organisation révélés par les grèves postales de 1909 (v. *supra*, n° 281) ; des efforts louables ont été tentés en ce sens pour industrialiser le service. — Bouctot, *La grande usine des P. T. T.* (Rev. polit. et parlem., nov. 1926).

(3) Dausset, *Le statut de la T. S. F. en France* (Rev. pol. et parl., juill. 1927) ; Contenot, *Organisation de la radiophonie*, 1928 ; Saudemont, *La radiophonie et le droit*, 1927 ; Mestre, *Code de la T. S. F.*, 1927 ; Alauzin, *La radioélectricité* (Rev. des Deux-Mondes, 1er août 1928).

II. — Monopoles fiscaux. — 627. — Les autres monopoles, monopole de la fabrication et de la vente des *tabacs* (décr. de 1810), des *allumettes chimiques* (L. 2 août 1872 et 27 déc. 1889, décr. 30 déc. 1889), de la vente du *papier filigrané* pour les *cartes à jouer*, constituent, par contre, des monopoles purement fiscaux, et leur suppression ne serait assurément pas dangereuse pour la sécurité de l'Etat. Mais elle risquerait de creuser dans le budget un déficit profond qu'il serait impossible de combler sans imposer aux contribuables des taxes directes beaucoup plus lourdes ; considération suffisante pour justifier leur maintien. Dès l'instant en effet qu'un monopole, d'une exploitation relativement simple, procure au Trésor des bénéfices considérables sans frapper lourdement le consommateur, — or tel est le cas du monopole du tabac, — son existence nous paraît suffisamment justifiée, alors qu'il s'agit d'une consommation de luxe (1).

627 bis. — Le monopole des *allumettes* compte cependant de nombreux adversaires. L'art. 36 de la loi de finances du 22 mars 1924, abrogeant la loi de 1872, l'avait même supprimé, mais la loi du 1er août 1924 l'a presque aussitôt rétabli. La propos. de loi Poincaré, tendant à substituer, à la régie directe, la régie intéressée

(1) « Les meilleurs impôts — écrit M. Berthélemy (p. 330) — sont en définitive ceux qui produisent le *maximum de rendement* en provoquant le *minimum de mécontentement* ». Comment ne pas appliquer cette formule au monopole du *tabac*, dont le bénéfice net s'était élevé en 1913, dernière année normale avant la guerre, à 436.340.000 fr. et excède aujourd'hui 3 milliards ! Les résultats enregistrés en 1928 ont fait ressortir un revenu net de 3 milliards 236 millions (décl. de M. Lebrun, administrateur de la Caisse d'amortissement, au Sénat, s. du 1er avril 1930 ; le revenu net de 1929 sera presque certainement supérieur, probablement de 4 milliards. — M. Paul Leroy-Beaulieu, grand adversaire des monopoles d'Etat, avait dû s'incliner devant ces chiffres et reconnaître que « dans un Etat qui a grand besoin de trouver des impôts qui ne soient pas une entrave à la production, le monopole de la fabrication du tabac doit être considéré *comme une excellente mesure* ». *Traité de la science financière*, t. 1er, p. 621. La question du maintien du monopole du tabac ne peut plus d'ailleurs se poser en France, la gestion de ce monopole ayant été confiée à la Caisse nationale d'amortissement et le produit net de l'exploitation devant être intégralement affecté à l'amortissement (L. 7 avril 1926, et L. constitutionnelle du 10 août 1926). Cf. Allix, *Le monopole des tabacs* (Rev. pol. et parl., sept. 1928) ; Lamarque, *Le monopole des tabacs*, 1927.

Le monopole du tabac existe également en Autriche, en Italie, en Pologne, au Japon. Le monopole est affermé en Espagne, au Portugal, en Suède. La fabrication et le commerce du tabac sont libres en Allemagne, en Suisse, en Angleterre, aux Etat-Unis, mais sujets à des taxes élevées. — Cf. *Le marché mondial du tabac* (Rev. internat. d'agriculture, déc. 1928 et janv. 1929) ; XXX, *Le marché mondial du tabac* (Rec. de D. C. et de D. S., oct. 1929).

Le Japon, d'autre part, a pendant plusieurs années retiré de gros bénéfices du monopole du *camphre*, mais le rendement est aujourd'hui presque nul. Algoud, *Les monopoles au Japon* (Rev. pol. et parl., mai 1926).

d'une Compagnie fermière (Compagnie française, mais contrôlée par un groupe suédois), a échoué à la Chambre en juin 1927. Le rendement net de ce monopole est d'environ 80 millions.

III. — MONOPOLES MIXTES. — 628. — Les monopoles de cette catégorie, fondés tout à la fois sur des considérations d'intérêt général et sur des préoccupations fiscales, ne fonctionnent point actuellement en France. Le plus important est assurément le *monopole de l'alcool* (1), qui, introduit depuis 1887 en Suisse, a fonctionné en Russie de 1895 à 1914, et que la plupart des États, France, Angleterre, Allemagne, Italie, Autriche, Espagne, Belgique, etc., ont mis à l'étude.

C'est une question particulièrement délicate que celle de savoir s'il convient de confier à l'État, sous forme de monopole, la fabrication et la vente de produits de consommation courante, dont le commerce sous le régime de la libre concurrence présente de réels dangers au point de vue de l'hygiène publique. Posée devant l'opinion, il y a plus de 40 ans, par M. Alglave, soumise dès 1891 à l'examen de la Chambre, reprise en 1895, puis en pleine guerre, en 1917, la question n'a encore reçu en France qu'une solution provisoire. Mais, avant d'examiner la position actuelle du problème, un bref aperçu des législations étrangères nous paraît nécessaire.

629. — Monopole de l'alcool en Suisse et en Russie ; Système de Gothembourg en Suède et Norvège. — D'après la loi fédérale *suisse* du 23 décembre 1886, la régie des alcools est chargée de la fabrication, de l'importation et de la vente en gros, mais le monopole ne vise que l'alcool d'industrie ; sont exceptées toutes les eaux-de-vie

(1) BIBLIOGRAPHIE. — Alglave, *Le monopole facultatif de l'alcool*, 1886 ; de Lavergne et P. Henry, *Le monopole de l'alcool en Suisse*, 1906 ; Allix, *Légist. financ.*, p. 472 et s.; Tournan, *Le régime de l'alcool, sa réforme nécessaire*, 1916; Yves Guyot, *Le monopole de l'alcool*, 1917.— Parmi les nombreux articles de revue consacrés à la question, cons. notamment : Droz, *Monopole de l'alcool en Suisse* (*Rev. pol. et parl.*, sept.-nov. 1895); Fochier, *Le système de Gothembourg et le monopole de l'alcool en Russie et en Suisse* (*Quest. prat.*, 1900, p. 200 et 213); Astier, *Le monopole de l'alcool* (*Rev. polit. et parl.*, mars 1903). — *Cf.* l'enquête sur le régime de l'alcool dans les principaux pays étrangers, publiée dans la *Rev. pol. et parl.*, ann. 1896, 1897 et 1899. — Cons. également la série des rapports parlementaires ou extraparlementaires publiés en France sur la question : rapport *Guillemet*, à la Chambre (en faveur du monopole, du 6 février 1897 (Ch., *Doc. parl.*, p. 140) ; rapport *Tournan* sur le projet concernant le régime des alcools (Ch., juin 1916, *doc. parl.*, n° 2034) ; *Pinot* et *Gervaise*, rapport sur la question de l'alcoolisme présenté à la Commission interministérielle de main-d'œuvre (*Bull. Min. trav.*, 1917, p. 27 et s.). ; rapp. *Sarraut*, sur le projet instituant le monopole de l'alcool industriel (Ch. nov. 1922, n° 377) ; etc... — Cf. Bourgougnon, *Le régime de l'alcool industriel* (*Rev. pol. et parl.*, déc. 1924).

naturelles, de vin ou de fruits ; les alcools étrangers ne peuvent être importés que par la régie. Financièrement, le monopole, sans être un désastre financier, comme on l'a prétendu, n'a donné que des bénéfices inférieurs aux prévisions de ses partisans ; mais ce mécompte s'explique par le maintien du privilège des bouilleurs de cru, et aussi, — contre-partie heureuse, et dont les hygiénistes ne peuvent que s'applaudir, — par une diminution sensible de la consommation moyenne de l'alcool pur (moins de 4 litres aujourd'hui (3,72) contre 5 litres 13 avant le monopole).

Le monopole *russe*, institué par une loi du 8 juin 1893, et supprimé au début de la guerre (v. *infra*), n'était pas un monopole de fabrication, mais un monopole de vente, vente en gros et au détail, et d'importation. Le but poursuivi était la suppression du cabaret, fléau des classes populaires russes. Ce but ne fut atteint que très imparfaitement, la consommation moyenne de la *vodka* étant demeurée très élevée. Mais l'opération donna, au point de vue financier, les résultats les plus brillants ; le bénéfice net réalisé par le Trésor en 1913 ne fut pas inférieur à 651 millions de roubles (1.736 millions de fr.) !

Du régime russe il convient de rapprocher le régime suivi depuis quarante ans en *Suède* et *Norvège*, et connu sous le nom de *système de Gothembourg* : système consistant à faire de la vente au détail de l'alcool un monopole communal, exercé par des compagnies privilégiées, dans des conditions particulières destinées à décourager les buveurs d'alcool et à favoriser la consommation des boissons non alcooliques (sur les détails curieux du système, cons. l'article précité de Fochier). Excellent pour la moralisation des masses (consommation par tête descendant de 6 litres à 1 litre 1/2), le procédé scandinave a donné, comme le procédé russe, d'excellents résultats fiscaux ; les bénéfices nets ont été consacrés à des œuvres de relèvement social.

630. — *Législation française de guerre et d'après-guerre ; monopole et projet de loi sur l'alcool industriel.* — La question de l'introduction en France, non point du monopole de fabrication, opération gigantesque et aléatoire à raison des indemnités énormes à payer aux industriels, mais du monopole de rectification de l'alcool par Etat, était nettement posée devant l'opinion, lorsque la guerre éclata (1).

De 1914 à 1918, des préoccupations plus pressantes détournèrent le gouvernement et le Parlement de toute discussion doctrinale. La

(1) Propos. Astier-Ruau (Ch. 2 février 1903), tendant à instituer le *monopole de rectification*.

consommation de l'alcool, tant sur le front que dans les usines de guerre, ayant pris les proportions d'un fléau public, il fallut prendre tout un ensemble de mesures tendant à restreindre cette consommation nocive : d'où la loi du 16 mars 1915 interdisant la fabrication et la vente de *l'absinthe* (1) ; les lois des 16 mars 1915, 10 oct. 1917 et 23 oct. 1919 sur la limitation des débits de boissons, la loi du 8 mars 1917, interdisant l'introduction de l'alcool dans les usines, etc. ; les lois budgétaires élevant progressivement les droits sur l'alcool pur (2).

Le régime définitif de l'alcool restait à définir ; c'est à cet objectif complexe et quelque peu contradictoire, — l'hygiène et l'intérêt fiscal se trouvant ici en opposition, — que s'attacha le gouvernement dans son projet de loi du 26 août 1915.

Ce texte tendait à concilier les intérêts divergents des producteurs d'alcool naturel (vins et fruits, départements du Midi et de l'Ouest) et d'alcool industriel (grains et betteraves, départements du Nord), par la constitution d'un monopole d'Etat limité à *l'alcool industriel*. La consommation de l'alcool de bouche était enrayée par tout un ensemble de mesures, telles que la suppression progressive du privilège des bouilleurs de cru, et l'augmenattion des taxes. Celle de l'alcool industriel (3) était au contraire favorisée par la constitution d'un monopole *sui generis* que M. Barthe, inspirateur du projet, définit « une exploitation industrielle pour le compte de l'Etat ». Le monopole serait géré sous le contrôle de l'État, mais par une Société autonome, dont les actionnaires se recruteraient parmi les intéressés, producteurs, distillateurs, industriels (4). Le principe de la réforme passa dans la loi du 30 juin 1916, réservant à l'Etat, pour toute la durée de la guerre et pour une année à compter de la cessation des hostilités, le droit de réquisitionner tous les alcools d'industrie, par l'entremise de *l'Office national des alcools* (le principe de la création d'une Société autonome était réservé). Voté par la Chambre, le 6 août 1919, le projet gouvernemental rencontra au Sénat certaines résistances. Aussi parut-il plus expé-

(1) Sur la portée exacte de la prohibition, v. Cass. 7 mars 1918, S. 21.1.89 et note Roux. — Des mesures beaucoup plus radicales furent prises dans certains pays belligérants. Une ukase russe du 22 août 1914 interdit dans tout l'Empire, pour toute la durée de la guerre, la vente des spiritueux (Interdiction levée en 1917 par la Révolution). — Les Etats-Unis, en 1917, votèrent la fameuse loi Volstead interdisant, dans toute l'étendue de la Fédération, la vente et la consommation de toutes boissons alcooliques, y compris le vin et la bière

(2) Bender, *Le régime des alcools pendant la guerre* (Rev. de viticulture, 13 juill. 1916).

(3) Destiné aux industries de l'éclairage, du chauffage, de la parfumerie, des explosifs, de la vinaigrerie, de l'automobile (carburant national — mélange d'alcool éthylique et d'essence), etc.

(4) V. le rapport précité de M. Tournan.

dient de proroger la loi de 1916, en 1919 d'abord (L. du 13 août 1919), puis en 1924 (L. 1er août 1924, à rapprocher de la loi du 28 fév. 1923, art. 6, — carburant national), et enfin en 1927 (L. de finances du 27 déc. 1927, art. 21). Le régime (*provisoire ?*) de l'alcool paraît donc assez solidement établi aujourd'hui (1).

631. — *Office national des combustibles liquides (pétrole).* — Dès avant la guerre, une fraction importante du Parlement préconisait la mise à l'étude de tout un ensemble de monopoles (pétrole, sucre, assurances, etc.), en vue de lutter contre la tyrannie des trusts, et de transporter à la collectivité le bénéfice d'une exploitation monopolisée qui, actuellement, ne profite qu'à une oligarchie capitaliste (2).

Depuis la cessation des hostilités, les milieux politiques semblent avoir évolué. L'opinion, au début, paraissait plutôt favorable à l'établissement d'un monopole d'importation du pétrole, complété par un contrôle officiel de la vente, l'Etat prenant ainsi la succession du *consortium* de guerre, dont les opérations allaient entrer en voie de liquidation. Un projet fut même déposé en ce sens par M. Klotz, ministre des finances, le 16 juin 1919 (3). Mais, depuis lors, un revirement très net s'est produit. On a fait observer que le bénéfice considérable escompté de ce nouveau monopole pouvait bien n'être qu'un mirage trompeur « il est à remarquer — lisons-nous dans le *Journ. des contributions indirectes* (fév. 1918), — que les denrées auxquelles M. Gonnevot propose d'étendre l'application du système, — le sucre, l'alcool et le pétrole, — sont déjà grevées d'impôts fort élevés... Si l'Etat en accapare la fabrication, ainsi que l'importation et la vente en gros, il faudra, pour déterminer le bénéfice *réel* de son exploitation, déduire des sommes encaissées celles qu'il percevait précédemment sous forme d'impôt... Il faudra

(1) Bourguignon, *Le régime de l'alcool industriel* (Rev. pol. et parl., déc. 1924) ; Payen, *Le monopole de l'alcool industriel* (Econom. Franç., 28 janv. 1928). — Les autres dispositions ont été disjointes pour faire l'objet d'un autre projet qui n'est pas encore venu en discussion.

(2) Ch. : vote, le 28 févr. 1903, d'une résolution, approuvée par le gouvernement, favorable a l'établissement d'un monopole d'Etat sur le raffinage du *pétrole*. — Cf. déclar. Cochery, 1919. — V. aussi de Monzie, *Les pétroles et le budget* (Rev. polit., déc. 1902). — *Contra* : André, *L'industrie et le commerce du pétrole en France*, th. 1910.

(3) Cf. propos. *Barthe* sur le monopole de l'importation et de la vente du *pétrole* (Ch., oct. 1916, n° 2533) ; propos. *Gonnevot*, tendant à l'institution de trois monopoles d'Etat, *alcool, sucre et pétrole* (Ch., janv. 1918, n° 4033). — Sur cette question du pétrole, cons. notamment : Delaisi, *Le pétrole*, 1920 ; Le Page, *L'impérialisme du pétrole*, 1921 ; Allix, *Le monopole du pétrole* (Rev. pol. et parl., avril 1928) ; La Cour Grandmaison, *La France et le pétrole* (Rev. de France, juin 1928) ; Filhol, *Législation mondiale du pétrole*, 1929. — Sur les trusts du pétrole, v. *supra*, n° 556.

déduire aussi les impôts multiples que payaient antérieurement les industriels et les commerçants dépossédés. Ces déductions faites, il ne restera vraisemblablement pas grand chose..., si ce n'est peut-être un déficit ». La thèse libérale a prévalu, et en décembre 1920 (Ch., *Doc. parl.*, n° 1816), le gouvernement déposait un projet tendant à instituer, pour le pétrole, un régime de liberté contrôlée. Le commerce des pétroles redeviendrait libre, sous condition pour les importateurs, de constituer, sous le contrôle d'un Office d'État (Office national des combustibles liquides), un stock d'essence et de pétrole pour les besoins de la Défense nationale, et de coopérer à la liquidation des stocks du consortium. C'est ce régime qu'avait provisoirement consacré la loi du 10 janv. 1925, et que le Parlement, écartant le principe du monopole que semblait préparer la loi budgétaire du 4 avril 1926 (art. 53), a définitivement instauré, par la loi du 30 mars 1928, sur le régime d'importation des pétroles.

631 bis. — Un autre Office national créé vers la même époque est l'*Office national industriel de l'azote*. Une loi du 11 avril 1924, répondant au double souci de procurer à l'agriculture française les engrais azotés dont elle a besoin et d'assurer à la défense nationale les matières premières indispensables à la fabrication des explosifs, a ratifié la convention passée, le 11 nov. 1919, entre le Ministre de la reconstitution industrielle et la *Badische Anilin und Soda Fabrik*, en vue de la fabrication, par la poudrerie nationale de Toulouse, de l'ammoniaque synthétique. Pour l'exécution de cette convention, il a été créé, auprès du Ministre des Travaux publics, un Office national industriel de l'azote, ayant pour objet exclusif la fabrication et la vente des engrais et produits azotés, des acides et procédés acquis de la Compagnie précitée. Cet Office est un établissement public, investi de la personnalité civile et de *l'autonomie financière*. Il n'est investi d'aucun monopole, l'industrie privée demeurant libre (1).

632. — *Monopoles projetés.* — Nombreux étaient, naguère, les partisans du monopole des *assurances*, forts du précédent créé par l'Italie en 1912 (2), ou tout au moins des *réassurances* (3). Le succès

(1) Cadoux, *La question de l'azote* (Rev. pol. et parl., mai 1928) ; Pose, *Aspects actuels de la question de l'azote* (*Ibid.*, juin 1928) ; Charpy, *L'industrie de l'azote en France*, th. 25. — On avait songé à une formule d'économie mixte, mais le Sénat s'y montra hostile.

(2) L. *italienne* du 4 avril 1912 sur le monopole des *assurances sur la vie* (Bull. Off. trav., 1912, 600) : monopole supprimé d'ailleurs, dès 1923, par le régime fasciste. — Cf. loi *uruguayenne* (Jèze, *Rev. de Sc. Financ.*, janv. 1913). — Cf. Néri, *Le monopole d'État des assurances sur la vie en Italie* (Parlem. et Opin., déc. 1916).

(3) Propos. *Nadi* sur le monopole des assurances (Ch., 14 juin 1924, *doc. parl.*,

des expériences de valorisation du *café* au Brésil (Clerget, *Les récentes expériences de valorisation*, *Quest. pratiques*, 1910.24) détermina également certains parlementaires français à préconiser la régie du café (1).

Mais aucun de ces projets ou avant-projets n'a fait l'objet d'enquêtes préliminaires assez approfondies pour servir de base à une réforme législative. Tout monopole nouveau risque de porter atteinte à des intérêts considérables, et, si le projet escompté n'est pas étayé sur des calculs et des prévisions très étudiés, de troubler gravement l'économie générale du pays (2). L'exemple de l'Indo-Chine, où les régies de l'*alcool*, du *sel* et de l'*opium* ont produit les plus tristes résultats, à raison de leur caractère d'extrême fiscalité et des rigueurs de leur application, doit nous éclairer sur le péril des monopoles hâtivement institués (3).

IV. — MONOPOLES RÉSULTANT DE LA NATURE MÊME DE L'INDUSTRIE. — 633. — Il est enfin des monopoles qui résultent de la *nature* même des choses, et que l'Etat constate, pour en réglementer l'exercice, plutôt qu'il ne les crée : tels sont les monopoles d'exploitation des *mines* ou des *chemins de fer*.

MINES (4). — En ce qui concerne les *mines*, l'unité d'entreprise pour le tréfonds sur une vaste superficie est une condition néces-

n° 976) ; avant-projet Klotz, limité à la réassurance (1918). — Cf. Benoit du Retz, *Le monopole de la réassurance* (Rev. d'Econ. polit., 1918, 609). — V. aussi, dans un sens défavorable : de Nouvion, *Le monopole des assurances*, broch. 1918, et *Journ. des Econom.*, fév. 1920 ; Ch. com. Lyon, *Travaux*, 1927.

(1) Cette régie fonctionne en Italie depuis le 15 juin 1919. M. *Méda*, min. des finances, avait même déposé en décembre 1918 un vaste projet de monopolisation englobant le café, le thé, le sucre, le pétrole, la benzine, l'alcool, les matières explosives, les lampes électriques, etc. Mais ce projet a été abandonné par le régime fasciste. Il est curieux de constater qu'en *Espagne*, au contraire, le régime dictatorial de Primo de Rivera s'était nettement orienté dans le sens du développement des monopoles d'Etat (pétroles, ciments, etc.). Leurs fâcheux résultats ne paraissent pas étrangers à la chute de ce régime (févr. 1930).

(2) Truchy, *Les monopoles fiscaux* (*Journ. des Econom.*, 1918.2.334). — Telle est la raison pour laquelle le Sénat a disjoint, en 1926, du projet sur la création de nouvelles ressources fiscales, un article 48-4° qui tendait à instituer un monopole de l'importation des sucres. — Cf. R. Franck, *Le monopole de l'importation du sucre* (Rev. pol. et parl., mai 1926). — Une allusion a été faite récemment (disc. Poincaré au Cons. nation. économique, 27 nov. 1928) à la constitution d'un *service public de transports aériens*, mais aucun projet en ce sens n'a été déposé.

(3) Sur les régies fiscales de l'Indo-Chine, cons notamment : rapp. Violette, sur le budget des colonies (Ch., 27 déc. 1911, *doc. parl.*, n° 376) ; Peyrouton, *Les monopoles en Indo-Chine*, th. 1913. — Le monopole de l'alcool indo-chinois a disparu en 1923.

(4) Aux ouvrages de MM. Aguillon, Féraud-Giraud, Amieux, cités supra,

saire de l'exploitation ; même dans les pays où prévaut le système de l'*accession* qui consiste à attribuer la propriété du tréfonds aux propriétaires de la surface (ex. : l'*Angleterre*) (1), la formation entre les propriétaires superficiaires de vastes syndicats ou associations s'est imposée, dès que l'exploitation des richesses minérales a pris une certaine extension. Mais ces associations elles-mêmes ne peuvent fonctionner pratiquement que dans les Etats où la propriété n'est pas trop morcelée ; en France, où le régime des successions favorise le morcellement indéfini des héritages, le système de l'accession eût donné les plus déplorables résultats (2). Il a donc fallu opter entre le système de l'*invention* et le système du *droit régalien de l'Etat*.

634. — *Invention*. — Le premier système, qui consiste à envisager les mines comme des *res nullius*, et à en attribuer la propriété exclusive à l'*inventeur* ou au premier occupant, est consacré par un grand nombre de législations (Prusse, Autriche, Etats scandinaves, Espagne, Portugal, Mexique, etc.). — Il compte en France des partisans, et en 1894, M. Jonnart déposait un projet tendant à consacrer pour les mines à découvrir le principe du droit de l'*inventeur* (5 mai 1894, Ch., *Doc. parl.*, ann. n° 740). Il est juste, disait M. Jonnart, « d'assurer la propriété de la mine à celui qui, par l'initiative et l'ingéniosité de ses recherches, par les capitaux qu'il y a aventurés, a trouvé le gisement minier, considéré jusque-là comme *res nullius* et a fait sortir du néant ce fonds de richesse, en un mot à l'*inventeur* ».

n° 615, *adde* : Weiss, *L'exploitation des mines par l'Etat ; mines fiscales de la Prusse et régime minier français*, 1901 ; de Leener, Wodon et Waxweiler, *Le charbon dans le Nord de la Belgique* (Institut Solvay), 1904; Lozé, *Mines et métallurgie dans le Nord*, 1905 ; Rolland, *La refonte de la législation minière* (*Rev. pol. et parl.*, 1910.3.96 et s.) ; Ajam, *La question des mines*, broch. 1911 ; Aguillon, *Les concessions de mines* (*Rev. pol. et parl.*, juin 1912) ; Payen, *La réforme de la législation minière* (*Econ. fr.*, 1918.581). — *Revue de législation minière*, passim, et *Revue de droit minier*.

Sur la nouvelle loi organique du 9 sept. 1919, cons. notamment : *Rép. prat. Dalloz*, p. 742, addit., v° *mines* ; *Lois nouvelles*, 1er nov. 1919 ; Lévy et Friedel, *Précis de législation minière française*, 1922 ; Bocquet, *Les modifications récentes apportées à la législation minière* (métropole, colonies, protectorats), 1924 ; Ledoux, *Notre nouvelle législation minière* (Rev. pol. et parl., sept. 1922) ; D'Hauterives, *Le régime juridique des mines* (Rec. de dr. commerc., Juris-cl., n°s oct. et nov. 1928). — V. aussi Truchy, *Cours d'écon. polit.*, I. p. 203 ; Pic, *Sociétés*, III, n°s 1765 et s. ; Planiol, Ripert et Picard, *Droit civil*, t. III, 1926, n°s 521 et s.

(1) Zevaès, *La législation des mines en Angleterre*, 1912.

(2) En Angleterre même, les transformations nécessaires se heurtent à l'individualisme méfiant et à l'esprit de routine des propriétaires de mines ; là est l'une des causes de la crise économique très grave que ce pays subit actuellement. — Pic, *La crise économique anglaise et le mouvement trade unioniste* (Rec. de dr. comm. et de dr. social, avril 1929), et les autorités citées.

Ce point de vue renferme assurément une part de vérité, et l'on conçoit que, dans les pays neufs, pour stimuler l'esprit de découverte et assurer la mise en valeur rapide des ressources naturelles qu'ils renferment, la préférence soit donnée au *jus inventionis* (1). Mais ce régime, à d'autres points de vue, ne laisse pas que de présenter des inconvénients très graves. Outre qu'il a le tort d'étendre artificiellement, à des richesses dont la mise en valeur progressive et prudente importe à la collectivité tout entière, les principes traditionnels de la propriété individuelle, il risque de provoquer des exploitations hâtives et défectueuses. Or une exploitation vicieuse peut avoir pour résultat le gaspillage et la perte de ces richesses minérales dont la conservation importe non seulement à la prospérité de l'industrie, mais aussi à la défense nationale.

635. — *Droit régalien de l'Etat : régie ou concession.* — L'Etat gardien des intérêts généraux, a donc le droit d'intervenir pour réglementer cette exploitation, et ainsi se trouve justifié par avance le système du *droit régalien*. Soit que l'État exploite lui-même *en régie* comme en Russie, au Japon (2), etc., soit qu'il concède à des particuliers, choisis par lui, la pleine propriété de la mine, comme en *France* (loi du 21 avril 1810), ou simplement un droit *temporaire* d'exploitation (concessions nouvelles, L. du 9 sept. 1919), dans les deux cas, les intérêts généraux sont théoriquement sauvegardés ; l'Etat se réservant, même dans le système de la concession en pleine propriété, un droit supérieur de contrôle sanctionné par des obligations positives imposées à l'exploitant, et par la faculté de prononcer la déchéance de la concession.

(1) C'est ce régime que la France a introduit dans ses possessions de l'Annam et du Tonkin (décr. 16 oct. 1888), de Madagascar (décr. 17 juill. 1896, 20 juill. 1897 et 20 février 1902), de l'Afrique occidentale et équatoriale. — Croze, *La question aurifère à Madagascar*, th. 1907; Méniaud, *La question des mines d'or dans le Haut Sénégal-Niger* (*Parl. et opinion*, 10 août 1911) ; de Lafaulotte, *La réglementation minière en Indo-Chine*, 1921. — L'Algérie est soumise, sous le bénéfice de certaines réserves, au régime de la France continentale (Décr. 6 janv. 1855) ; Augouard, *L'industrie minière en Algérie*, 1909. — En Tunisie prévaut aussi, depuis l'établissement du protectorat, le régime de la concession, mais le concessionnaire est soumis à une tutelle plus rigoureuse qu'en France. — Zeys, *Mines et phosphates en Tunisie*, 1912. — Le *Maroc* pratique également le régime des *concessions*. Mais le Protectorat a récemment créé une société de gestion des titres miniers qui lui permet de prendre des participations dans les sociétés nouvelles et de constituer ainsi des sociétés minières d'économie mixte étroitement contrôlées par l'administration. — Hoffherr, *L'équilibre économique du Maroc moderne*, br. 1929. — V. aussi Chapus, *Phosphates du Maroc*, 1928.

(2) Le *Japon* a constitué en 1925, à la suite d'un accord avec la Russie (*U. R. S. S.*), pour l'exploitation des pétroles et houillères de l'île de Sakkaline, une société d'économie mixte, fonctionnant sous son contrôle.

636. — *Imperfections de la loi de 1810.* — Il faut bien reconnaître cependant que l'État français était très insuffisamment armé, même depuis le décret du 14 janv. 1909 (D. 09.4.118), par la loi de 1810 contre les abus d'exploitation, ou contre le défaut d'exploitation des mines concédées. Le conseil d'État se montrait très défavorable à la déchéance ; c'est ainsi qu'en 1905, il avait annulé trois arrêtés par lesquels le ministre des travaux publics avait prononcé la déchéance de concessions inexploitées ou abandonnées (Cons. d'État, 13 janv. 1905, D. 06.3.73). — V. cependant Cons. d'État, 10 avril 1908, D. 1909.3.119.

Il semblait également nécessaire de renforcer législativement les droits de l'État, en vue de lui permettre d'insérer, dans les cahiers des charges des concessions nouvelles, certaines clauses dans l'intérêt des ouvriers : clauses devenues de style dans les cahiers des charges des adjudications des travaux publics, mais que le Conseil d'État tenait pour illégales, sous l'empire de la loi de 1810 (Cons. d'État, avis des 19 et 26 déc. 1907, *Bull. Off. trav.*, 1908.174) (1).

Il était fâcheux également que l'État fût *obligé* strictement de recourir au régime de la concession, et qu'il ne lui fût pas loisible, pour les gisements nouvellement découverts, de tenter l'expérience de la régie directe (2).

(2) Ainsi a procédé l'État prussien, lorsqu'il a racheté, pour les exploiter en régie, plusieurs mines situées en Westphalie. — Cf. loi prussienne du 18 juin 1907. — Weiss, *op. cit.*; Gréard, *L'exploitation des mines par l'État en Prusse*, 1913 ; Normand, *La socialisation des mines en Allemagne* (*Rev. d'écon. polit.*, janv.-févr. 1920) ; Magnard, *La socialisation des mines de charbon en Allemagne*, th. 1926 ; Noël, *Le domaine minier de l'État prussien*, 1925. — Le procédé peut avoir certains avantages, par exemple celui de paralyser les manœuvres des trusts miniers en vue de provoquer une hausse exagérée des combustibles. Il est même particulièrement recommandable, lorsque des gisements houillers importants viennent à être découverts ; pour ces gisements, qui sont encore *res nullius*, le principe du respect des droits acquis ne peut plus être invoqué, et l'État peut examiner en toute liberté s'il convient de leur appliquer le système traditionnel de la concession ou au contraire d'exploiter *en régie* ; cette dernière combinaison paraît indiquée, lorsque l'État, exploitant déjà en régie ses voies ferrées, est un gros consommateur de houille.

La question se posa précisément en ces termes, en 1901, en Belgique, à la suite de la découverte en Campine, dans le Limbourg belge, de riches gisements houillers. — Le parti socialiste et le parti libéral s'entendirent pour soumettre au Parlement belge un projet de loi tendant à réserver à l'État, pour l'exploitation en régie, une vaste zone dans le nouveau bassin (propos. Hanrez, *Rev. pratique* [belge] *de dr. industriel*, oct. 1902, p. 314). — L'on argumentait notamment, en ce sens, des heureux résultats de l'exploitation par la Prusse des mines de Westphalie, et des expériences, non moins heureuses, du Luxembourg depuis 1874, et des Pays-Bas dans le Limbourg hollandais (loi hollandaise du 26 juin 1901).

Ces arguments ne convainquirent pas le gouvernement belge, qui se prononça contre la régie.

637. — **Projets français.** — Ainsi s'expliqua la multiplicité des projets ou propositions de refonte de la loi de 1810, déposés au cours de ces vingt-cinq dernières années sur le bureau des Chambres ; les uns ne tendant à rien moins qu'à substituer la régie directe à la concession, même pour les mines existantes, d'autres instituant pour l'avenir un régime nouveau, mais sans toucher aux droits acquis.

Les propositions du premier groupe n'avaient aucune chance d'aboutir, attendu que la régie généralisée présupposait le rachat, par le Trésor, d'un capital immobilier colossal, concédé en toute propriété depuis le début du XIXe siècle.

C'est cependant en faveur de la nationalisation immédiate des mines, avec interdiction de recourir à la concession pour les gisements nouveaux, que se prononça, en 1909, la Commission des mines de la Chambre, sur le rapport de M. Zévaès (1). Mais il semble bien que la Commission ait simplement voulu se livrer à une manifestation platonique, puisqu'elle laissait à une loi ultérieure le soin de régler les conditions de la reprise des concessions !

Tout autre était le caractère du projet élaboré par M. Barthou, ministre des travaux publics (2).

Ce projet laissait subsister le principe des concessions *perpétuelles*, mais il délimitait rigoureusement les droits respectifs du propriétaire de la surface, du prospecteur ou inventeur et du concessionnaire. Il édictait contre celui-ci des déchéances rigoureuses notamment pour le cas de non exploitation, interdisait la cession

La *Tchécoslovaquie*, la *Pologne*, se sont, à l'instar de la Prusse, constitué un important réseau minier.

En *Angleterre*, surtout depuis le dépôt du rapport Sankey (Rev. pol. et parl., janv. 1920, p. 122) et la grande grève de 1926, la nationalisation des mines est préconisée, non seulement par le parti travailliste, mais aussi par une fraction importante du parti libéral. — Defferière, *Le contrôle des mines de charbon en Angleterre pendant la guerre et le problème de la nationalisation de la mine*, 1925 ; Eastman, *La crise charbonnière* (Rev. internat. trav., mai 1926). Cf. XXX, *La crise du charbon en Europe et la Société des Nations* (Rev. pol. et parl., juin 1928).

(1) La Commission était saisie, en dehors du projet Barthou, de trois propositions : deux émanant du groupe socialiste unifié, tendant à la nationalisation immédiate et intégrale (prop. P. Constans, Ch., 14 juin 1906, *Doc. parl.*, n° 102) ; Cormand, Ch., 1er juin 1908, *Doc. parl.*, n° 31, reprise le 21 juin 1910, n° 151). — C'est sur l'ensemble de ces propositions que fut établi le rapport Zevaès (1er avril 1909, *Doc. parl.*, n° 2431) concluant à la nationalisation immédiate. — De nouvelles propositions tendant à la nationalisation des mines ont été déposées plus récemment, l'une en février 1921 par le groupe socialiste, l'autre en mai 1925 (*doc. parl.*, n° 671) par M. Durafour.

(2) Projet de loi sur le *régime général des mines*, déposé le 17 novembre 1908 (Ch., *Doc. parl.*, n° 2114). — Nouveau dépôt le 30 juin 1910, *Doc. parl.*, n° 502.

des concessions sans autorisation spéciale, relevait enfin le taux des redevances dues à l'État, et instituait, pour le cas où le produit net d'une concession dépasserait le dixième du capital de premier établissement, une véritable participation de l'État aux bénéfices, la redevance sur l'excédent étant brusquement portée de 5 à 20 %. — L'article 17 du projet permettait d'autre part d'astreindre l'attributaire à certains versements dans l'intérêt du personnel (1).

Ce premier projet avait pour contre-partie un autre projet (2), autorisant par avance l'État à racheter, sous certaines conditions, les concessions et usines accessoires, et à les exploiter en régie.

En 1918, le projet Barthou, dont la guerre avait interrompu la discussion, fit place à un projet beaucoup plus hardi, le projet *Loucheur*, limitant pour l'avenir la durée des concessions, instituant la participation de l'État et du personnel aux bénéfices et à la gestion, et conférant à l'État la faculté d'opter, pour tous les gisements nouveaux, entre la régie directe et la concession.

C'est ce projet qui est devenu la loi organique du 9 septembre 1919 (3), modificative de la loi de 1810.

638. — **Loi du 9 septembre 1919.** — Les caractéristiques de cette loi sont les suivantes :

a) Droit pour l'État, pour tous les gisements nouveaux, d'opter entre la régie directe et la concession, les droits acquis avant sa promulgation étant respectés ;

b) Caractère temporaire et révocable des concessions nouvelles ;

c) Caractère immobilier et commercial du droit du concessionnaire ;

d) Affirmation du droit régalien de l'État ;

(1) Sur la question des *actions de travail*, v. notre titre IV, *infra*.

(2) Projet de loi sur le *rachat des concessions de mines*, déposé le 17 novembre 1908 par les ministres des travaux publics et des finances (Ch., *Doc. parl.*, n° 2113).

(3) *Travaux préparatoires* de la loi du 9 sept. 1919 : Projet déposé par MM. *Loucheur*, min. de l'armement, et *Klotz*, min des fin., le 10 janv. 1918 (Ch., *Doc. parl.*, n° 4928). — Cf. Décret du 21 août 1920 approuvant le cahier des charges-types pour les concessions nouvelles ; décr. 8 mai 1920 rendant applicable à l'*Algérie* la loi de 1919.

La loi de 1919 doit se combiner, pour son application, avec toute une série de textes postérieurs : L. budgétaire du 31 juill. 1920, art. 18 (*transformation* des sociétés civiles de mines, constituées avant la loi de 1919, en sociétés anonymes) ; L. du 16 déc. 1922 (définition de la mine, *travaux de recherches*) ; L. du 28 juin 1927 relative à l'institution de *permis d'exploitation* des mines ; L. du 26 janv. 1928 sur les *mines de sel*, de sodium et de potassium ; L. du 12 avril 1928 sur la réparation des dommages causés par les travaux des mines aux propriétés de la surface.

e) Participation du personnel aux bénéfices et à la gestion ;

f) Contrôle de l'ensemble des exploitations minières, exercé en commun par l'Etat, les exploitants et le personnel.

Reprenons successivement ces divers aspects du régime nouveau, qui, ainsi que nous le verrons, présente une étroite analogie avec celui qui a prévalu pour la houille blanche.

639. — *a) Caractère temporaire des concessions nouvelles.* — La loi de 1919, respectueuse des droits acquis, laisse subsister le caractère perpétuel des concessions antérieures ; mais dorénavant, aucune concession ne sera plus accordée qu'à temps. La durée de la concession est fixée à 99 ans pour les gisements de houille et de lignite, à 50 ans minimum et 99 ans maximum pour tous les autres gisements (art. 2). Ces concessions sont renouvelables.

La concession peut être accordée, *à moins que l'Etat ne préfère exploiter en régie directe,* à un département, à une commune, autorisés par une loi spéciale (1), à toute société commerciale, ainsi qu'à un particulier.

L'Etat est d'ailleurs libre de refuser toute concession, et d'opter pour la régie directe. En ce cas, un décret fixe le périmètre et règle les droits des propriétaires de la surface; et , s'il y a lieu, les indemnités dues aux inventeurs (art. 1er, § 2).

640. — *b) Caractère du droit du concessionnaire.* — Bien que temporaires, les concessions de mines constituent, comme sous l'empire de la loi de 1810, des droits immobiliers susceptibles d'hypothèque (art. 1er, § 4).

Mais, tandis que d'après le C. civil et la loi de 1810, l'exploitation des mines était réputée civile, l'art. 5 dispose que « l'exploitation des mines est considérée *comme un acte de commerce.* Cette disposition s'applique aux sociétés civiles existantes, sans qu'il y ait lieu pour cela de modifier leurs statuts » (2).

641. — *c) Affirmation du droit régalien de l'Etat.* — L'affirmation énergique de ce droit découle de tout un ensemble de dispositions, dont les plus significatives sont : 1° la faculté expressément reconnue à l'Etat d'exploiter en régie ; 2° le caractère temporaire de la concession, et le droit en fin de concession ou en cas de déchéance, de reprendre gratuitement les terrains, bâtiments, ouvra-

(1) Cette innovation est difficilement conciliable avec le caractère commercial assigné par la loi de 1919 aux exploitations minières. Les syndicats, en effet, même depuis la loi de 1920, restent en principe incapables de faire le commerce (v. *supra* n° 423). Il convient d'attendre la loi spéciale annoncée, pour connaître la portée exacte de ce droit conféré aux syndicats.

(2) V. cependant, L. du 31 juillet 1920.

ges, machines, etc., servant à l'exploitation et en constituant des dépendances immobilières (art. 2, § 4 et 5) ;

3° Le droit de contrôle rigoureux dont l'administration est investie, droit sanctionné par la déchéance dans les conditions spécifiées au texte (art. 2, 6°) ;

4° La participation obligatoire de l'État au bénéfice net, dans les conditions spécifiées au cahier des charges (art. 2, 8°) ;

5° La faculté d'obliger le concessionnaire à adhérer à un consortium ou comptoir de vente, ou à participer à la construction ou à l'alimentation d'usines chimiques, ou métallurgiques (art. 2, 12°).

642. — *d) Participation du personnel aux bénéfices et à la gestion.* — Cette participation aux bénéfices est de droit : la part du personnel est prélevée sur celle de l'État, et correspond au tiers de cette dernière.

C'est aux intéressés eux-mêmes qu'il appartient de décider si la répartition doit être faite individuellement au personnel et sous quelle forme, ou si le produit doit être employé conformément aux dispositions de la loi du 26 avril 1917 (sur les sociétés anonymes à participation ouvrière), ou encore si la totalité ou une fraction de la part des bénéfices revenant au personnel doit être versée à la Caisse autonome des ouvriers mineurs (art. 2, 9°).

Les mineurs obtiennent, en outre, un traitement de faveur depuis longtemps réclamé par leur Fédération, sous forme de garantie d'un *salaire minimum* (art. 2, 11°).

Enfin, leur participation indirecte à la gestion est prévue par l'article 2, 11°, en ce sens, que l'acte de concession peut imposer au concessionnaire la création d'une Commission mixte, patronale et ouvrière, dont le cahier des charges précisera les attributions.

643. — *e) Contrôle de l'ensemble des exploitations minières.* — Ce contrôle est assuré par un « Comité consultatif des mines », comprenant des techniciens de l'Administration des mines, des membres du Conseil d'État et des administrations publiques intéressées, des exploitants des mines, des ouvriers mineurs, et des membres du Parlement (art. 3).

644. — *Mines domaniales de la Sarre ; mines de potasse d'Alsace.* — Attribuées en pleine propriété à la France par le traité de Versailles (art. 45 et s.), les mines de la Sarre sont exploitées directement par l'État français, comme elles l'étaient par la Prusse avant notre prise de possession (régime provisoire institué par décret du 23 oct. 1919) (1).

(1) Malzac, Mines domaniales de la Sarre (*Rev. polit. et parl.*, janv. 1921, p. 27 et s.). ; Roy, *Le régime des mines de la Sarre et des mine de potasse d'Alsace* (Qu. prat. 1921, 82).

Ce premier essai de régie directe a donné jusqu'ici des résultats satisfaisants, malgré la gêne résultant pour la direction des mines de la Sarre de l'impossibilité où elle se trouve d'emprunter, ou de se constituer des réserves, étant dépourvue de toute personnalité morale.

Aussi est-il très désirable que le Parlement se décide enfin à voter le projet de loi, déposé par MM. Loucheur et Klotz, le 27 déc. 1919, tendant à créer un *Office domanial des mines de la Sarre*, investi d'une large autonomie et pouvant agir et se développer dans des conditions analogues à celles de l'industrie privée (1).

Signalons d'un mot, en terminant, le rachat par l'Etat français des *mines de potasse d'Alsace* mises sous séquestre depuis le retour de l'Alsace-Lorraine à la France (L. du 26 mars 1920, autorisant le rachat effectué le 24 déc. 1924), et le projet d'amodiation de ces mines à quatre groupements, trois sociétés privées, et un Office domanial, formant un seul cartel ou comptoir de vente, sous le contrôle de l'Etat français (2).

645. — **Houille blanche** (3). — De la loi du 9 sept. 1919, organisant sur des bases nouvelles le monopole minier, il convient de rapprocher la loi du 16 octobre 1919, véritable charte, non seulement

(1) Rapp. favorable de M. *Engerand* (Ch., févr. 1921, n° 1535) ; adopt., Ch., 17 juin 1921. — Cf. Roy, *L'organisation financière des mines de la Sarre*, 1926.

(2) Proj. de loi sur l'amodiation des mines de potasse d'Alsace (Ch., déc. 1920, n° 1821). Il est regrettable qu'un désaccord de principe entre la Chambre, favorable à la création d'une société d'économie mixte (soc. anonyme à participation ouvrière, texte voté le 21 févr. 1923) et le Sénat, acquis à l'idée d'un *Office national*, c'est-à-dire d'un monopole d'Etat, ait jusqu'ici retardé la solution définitive du problème — Cf. sur la question : Lavergne, *L'ordre coopératif*, 1926, p. 414 et s. ; Douffiagues, *Les mines de potasse d'Alsace* (Rev. Pol. et Parl., nov. 1927) ; *Quest. pratiques*, 1928, p. 38.

(3) BIBLIOGRAPHIE : — Tavernier, *Les forces hydrauliques dans les Alpes en France, en Italie et en Suisse*, 1900 ; Brouilhet, *Autour du Congrès de la houille blanche* (*Quest. prat.*, oct. 1902 et *Précis d'Econ. polit.*, p. 289 et s.) ; *La houille blanche*, compte r. des Congrès de Grenoble de 1902 et 1925 ; Bresson, *La houille verte*, 1905 ; Giterman, *La révolution électro-technique et la socialisation de la houille blanche* (*Régie directe*, août 1910) ; Clerget, *L'exploitation rationnelle du globe*, 1912 ; Tochon, *Le statut légal des usines hydrauliques* (*Rev. polit. et parl.*, 1917.4.90 et 1919.3.164) ; de Varigny, *La houille blanche* (*Débats*, 18 juin 1917), et *La houille bleue* (*Débats*, 24 août 1919) ; Bougault, *La législation nouvelle des chutes d'eau*, 1920 ; Gonnard, *L'industrialisation des Alpes françaises* (*Rev. écon. intern.*, mars 1921) ; M. Porte, *L'industrie hydro-électrique en France* (*Rev. d'écon. polit.*, mars-avril 1921) ; Gerin, *Les forces hydrauliques*, th. 1921 ; Cavaillès, *La houille blanche*, 1922 ; Borrel, *Les réseaux de transport d'énergie électrique et les droits des particuliers* (Rev. pol. et parl., janv. 1925) ; F. Honoré, *La houille blanche* (*Illustration*, n° 13 juin 1925) ; Cadoux, *L'avenir de la houille blanche* (Rev. écon. intern., 1926.3.577) ; Lhuillier, *Législation des forces hydrauliques*, 1928 ; *La houille blanche* (Sud-Ouest Econom., n° 29 févr. 1928) ; Adam et Mica-

de la houille blanche, mais de toutes les modalités d'*utilisation de l'énergie hydraulique*, qu'il s'agisse de la houille blanche, verte ou bleue (1).

Ainsi que l'a fait observer M. L. Perrier, rapporteur de cette loi à la Chambre, la France est, (après la Norvège et la Finlande), le pays d'Europe le plus riche en chutes d'eau. Alors en effet que l'Allemagne ne possède que 1.450.000 chevaux hydrauliques et l'Angleterre 963.000, la richesse globale de notre pays ne serait pas inférieure, d'après les évaluations moyennes, à 9 millions de chevaux ! 800.000 H.-P. à peine étaient utilisés, il est vrai, au début de 1914. Mais, le charbon faisant défaut par suite de l'occupation ennemie dans le Nord de la France, et la guerre ayant nécessité le développement intensif de nos usines de guerre, spécialement des usines électro-chimiques de la région des Alpes, la mise en valeur de nos ressources en houille blanche s'est accélérée dans des proportions telles qu'en 1919 plus de 1.400.000 H.-P. étaient équipés (Gide II, p. 274). Aujourd'hui (1929) le chiffre dépasse 2 millions (déclar. de M. Tardieu, Ministre des Travaux publics, à l'inauguration du barrage de Puy-Valador, dans la région pyrénéenne, le 23 juillet 1928. — *Quest. prat.* 1928, p. 153).

Il n'est pas exagéré de dire que la houille blanche, grâce aux ressources inépuisables des glaciers alpestres (2) ou pyrénéens, place l'industrie française dans une situation privilégiée, et la met dans une certaine mesure à l'abri de cataclysmes tels que ces grèves de mineurs, qui troublent si profondément, depuis quelques années, la vie économique et sociale de l'Angleterre. Grâce à elle, l'électrifi-

nel, *Les industries électriques* et *Les industries de la houille blanche* (Rev. d'écon. polit. 1928, 822 et 1929, 671 et s.; Malafosse, *La houille blanche dans l'Isère*, th. 1928 ; Remaurey, *Houille blanche*, préf. de M. A. Hauriou, 1929. — Cf. *La houille blanche* (rev. périod.) ; *Les Annales de l'énergie* (rev. périod.), *passim*. V. aussi Planiol, Ripert et Picard, *Droit civil*, t. III, 1926, n° 510 et s.

(1) La *houille blanche*, ou *verte*, s'entend de l'énergie emmagasinée dans les chutes naturelles ou artificielles aménagées ou créées sur les fleuves, rivières et ruisseaux, la houille *bleue* de l'énergie des marées, dont on commence à étudier les procédés de captation (création en 1924, de la station marémotrice de l'Aber-Wrach, près de Brest).

(2) Lorsque la loi sur l'*aménagement du Rhône*, promulguée le 27 mai 1921 (Ch. rapp. *Perrier*, et Sén., rapp. *Perchot*), sera mise à exécution (exécution retardée par la crise économique, mais qui va être entreprise par une société d'économie mixte dont le capital-actions, 360 millions, est enfin réuni), notre industrie disposera d'au moins 1 million d'H.-P. nouveaux. — L. Bordeaux, *La question du Rhône* (préf. Herriot), 1921; Rouland, *L'aménagement du Rhône* (Écon. Fr., n° 29 déc. 1928; Romier, *Marseille*, port de l'Europe (Rev. des deux Mondes, n° 15 déc. 1928); décl. Forgeot, Min. des tr. publ., fév. 1929. — *L'aménagement du Rhin*, entre Bâle et Strasbourg, également à l'étude, accroîtrait encore les disponibilités françaises de 4 à 500.000 H.-P.

cation des voies ferrées et l'électrification des campagnes ont réalisé, depuis deux ans, des progrès considérables.

646. — *Les diverses conceptions juridiques en présence.* — L'exploitation rationnelle d'une telle richesse soulève deux sortes de problèmes, les uns techniques, qui ne sont pas de notre ressort, les autres économiques et juridiques, qu'il nous appartient au contraire d'envisager rapidement.

Depuis vingt ans, chacun s'accordait à reconnaître l'insuffisance de notre législation civile, vieille de plus d'un siècle, pour résoudre d'une façon satisfaisante les conflits d'intérêts nés du développement des usines hydrauliques ou hydro-électriques et des applications nouvelles du transport de la force à distance (1).

Mais il y avait divergence sur le choix des moyens : les uns se prononçant en faveur de la constitution d'un monopole nouveau, analogue à celui résultant pour les concessionnaires des mines de la loi de 1810, d'autres en faveur du régime des concessions *temporaires*, d'autres enfin donnant la préférence à un système tendant à faciliter, par voie de licitation, la concentration aux mains des usiniers des droits d'usage appartenant, d'après le Code civil, à tous les riverains.

Les trois thèses furent longuement discutées au *Congrès de la houille blanche* (Grenoble, sept. 1902), à la Société d'études législatives (2), et dans les Commissions de la Chambre (3).

(1) Suivant la formule de Brouilhet (p. 294), « il faut créer ici, comme l'ont fait les mines et la métallurgie pour leurs besoins personnels, un régime économico-juridique nouveau... »

La jurisprudence s'était efforcée cependant, dans la mesure où les textes du Code civil le permettaient, de concilier les droits de la propriété avec les nécessités de l'industrie et de combattre les prétentions exagérées des *barreurs de chute*. — Cf. Grenoble, 7 août 1901, D. 1902.2.275 et note Capitant ; Cass. 24 juillet 1901, D. 1901.1.464.

(2) *Bull. de la Soc. d'études législatives*, 1901.

(3) Le projet de loi déposé par M. Baudin, min. des travaux publics, le 6 juillet 1900 (Ch. n° 1822), se prononçait en faveur d'un système de *concessions temporaires*. — Cf. concessions trentenaires renouvelables de la loi *italienne* de 1884 ; loi *norvégienne* du 9 juill. 1909 (*Quest. pratiques*, 1910, 267) ; loi fédér. *suisse* du 22 déc. 1916. — Ce projet fut écarté par la Commission, favorable aux concession perpétuelles. — Deux autres projets (prop. *Mougeot Ruau*, Ch. 15 janv. 1904, et *Barthou Caillaux*, Ch., 8 juill. 1908), le premier concernant les cours d'eau non navigables ni flottables, le second concernant les usines établies sur les cours d'eau du domaine public, furent déposés, puis abandonnés. — Sur les procédés utilisés aux *Etats-Unis* pour monopoliser la distribution de l'énergie électrique aux mains d'organisations puissantes, contrôlées par les Etats (quest. des *super-power*, loi fédér. du 29 juin 1920), cons. Tavernier: *L'évolution des entreprises de distribution d'énergie aux Etats-Unis* (Quest. pratiques, 1927, p. 123 et 161).

Sans la guerre, ces débats académiques auraient pu s'éterniser. Mais, en présence du péril commun, et des nécessités supérieures de la défense nationale, les oppositions systématiques se turent. Chacun comprit qu'il était temps de procéder, par une étroite coopération des pouvoirs publics et des initiatives privées, à l'aménagement rationnel de nos cours d'eau ; et, partant de ces directives, le gouvernement réussit à faire voter, en deux ans, une loi sur l'utilisation de l'énergie hydraulique, dont il est permis d'attendre, malgré ses lacunes, les plus heureux résultats dans un avenir prochain (1).

647. — *Caractères distinctifs du régime légal institué par la loi de 1919.* — Ramené à ses grandes lignes, le régime édicté par la loi du 16 oct. 1919, dont l'analogie avec la loi du 9 sept. 1919 sur les mines est évidente, a pour caractéristiques essentielles : *a*) La faculté pour l'État d'opter entre la concession ou l'autorisation, temporaires l'une et l'autre, et la régie directe ; *b*) La participation de l'État, en cas de concession ou d'autorisation, aux bénéfices et à la gestion ; *c*) L'attribution au concessionnaire d'un droit immobilier *sui generis* ; *d*) La participation du personnel aux bénéfices et à la gestion.

648. — **Commentaire de la loi du 16 octobre 1919.** — a) *Concession, autorisation ou régie directe.* — Le droit de disposer de l'énergie hydraulique constitue, d'après le régime nouveau, un *droit régalien*, nettement distinct de la propriété riveraine, sous réserve des dispositions édictées en vue d'indemniser les usagers au cas où la concession porterait atteinte à des droits acquis (art. 6), ou des règles transitoires auxquelles sont assujetties les entreprises antérieurement autorisées ou concédées (art. 18 et s.).

Ce droit régalien, sans qu'il y ait lieu de distinguer désormais entre les cours d'eau non navigables ni flottables et les dépendances du domaine public, ni entre la houille blanche, verte ou

(1) Projet déposé le 24 juillet 1916 (Ch. *Doc. parl.*, n° 3623 ; rapp. à la Chambre, M. L. Perrier, au Sénat, M. Cazeneuve). — La loi du 16 oct. 1919 a été complétée par trois règlements d'admin. publique, publiés à l'*Offic.* du 10 août 1920. — Il convient de remarquer que la loi nouvelle, qui réglemente les usines créatrices de l'énergie hydro-électrique, n'a pas eu pour effet d'abroger la loi du 15 juin 1906 (v. *supra* n° 614), dont l'objet exclusif est de réglementer l'énergie créée. Cette loi de 1906 a, elle-même, été amendée par les lois des 19 juill. 1922 et 27 fév. 1925. — Cf. décr. des 14 oct. 1924 et 29 juill. 1927. — V. Carpentier, *Code des distributions d'énergie*, 1925 ; Blaevoet, *Modifications apportées au régime des distributions d'énergie électrique par la loi de 1925* (*Rev. de dr. public*, 1926, p. 53).

bleue, s'exerce sous trois formes : concession, autorisation, ou régie directe (art. 1, 2, 23 et s.).

Sont placées sous le régime de la *concession* : 1° les entreprises ayant pour objet principal la fourniture de l'énergie à des services publics, et dont la puissance maximum excède 150 kilowatts ; 2° les entreprises dont la puissance maximum excède 500 k. quel que soit leur objet. — Sont placées sous le régime de l'autorisation toutes les autres entreprises (art. 2).

La *concession* est instituée par une loi lorsque les travaux d'appropriation de la force comportent le déversement des eaux d'un bassin fluvial dans un autre ou le détournement des eaux sur une longueur de plus de 20 kil., ou lorsque la puissance normale excède 50.000 kilowatts. Dans les autres cas, la concession est instituée par décret rendu en Conseil d'Etat (art. 3).

Pour l'exécution des travaux définis au cahier des charges, ainsi que pour l'exploitation de la concession, le concessionnaire est investi des droits les plus étendus. Il peut notamment occuper les propriétés privées nécessaires à l'établissement des ouvrages de retenue ou de prise d'eau, submerger les berges par le relèvement du plan d'eau, et procéder, dans les formes de la loi de 1841, à toutes les expropriations nécessaires (art. 4 et 5).

La concession ne peut être accordée qu'à un français ou une société française (art. 26). Sa durée ne peut dépasser 75 ans, à compter de l'achèvement des travaux. Elle peut être rachetée par anticipation après l'expiration d'un délai qui ne doit pas être inférieur à cinq ans, ni supérieur à vingt-cinq ans (art. 10, 5° et 13°). Dix ans au moins avant l'expiration de la concession, l'administration doit notifier au concessionnaire si elle entend ou non lui renouveler sa concession. A défaut de notification, la concession est, de *plein droit*, renouvelée pour trente ans (art. 13).

649. — Les *autorisations* sont accordées par arrêté préfectoral, quel que soit le classement du cours d'eau. Elles ne doivent pas avoir une durée supérieure à 75 ans ; à toute époque, elles peuvent être révoquées ou modifiées sans indemnité dans les cas prévus par les lois en vigueur sur le régime des eaux. Le renouvellement s'opère de plein droit pour trente ans si l'administration ne notifie pas de décision contraire avant le commencement de la dernière année (art. 15 et 16).

Les entreprises autorisées peuvent, à toute époque, sur un accord entre l'Etat et le permissionnaire, être placées sous le régime de la concession. Elles le seront obligatoirement lorsque à raison d'une augmentation de puissance ou de changement de leur objet principal, elles viendront à rentrer dans la catégorie de celles classées comme concessibles aux termes de l'article 2 (art. 17).

650. — *Régie directe.* — L'Etat, ainsi que les départements ou les communes, peuvent exploiter directement l'énergie des cours d'eau (art. 23). L'exploitation d'une usine par l'Etat (le département ou la commune), en régie directe ou intéressée, ne peut être décidée qu'après avis conforme du Comité consultatif institué auprès du ministre des travaux publics (art. 31).

651. — *b) Participation de l'Etat aux bénéfices et à la gestion.* — L'Etat, même lorsqu'il se substitue un concessionnaire ou octroie une autorisation, au lieu d'exploiter en régie, n'en est pas moins *une sorte d'associé*, investi sur la gestion de l'exploitant d'un droit supérieur de contrôle, et appelé à participer aux bénéfices dans une mesure variable, déterminée par le cahier des charges, et proportionnée naturellement aux sacrifices qu'il a assumés.

Indépendamment des réserves en eau et en force motrice à prévoir au profit des services publics, le concessionnaire est assujetti par l'acte de concession, — outre une taxe annuelle de 0,05 par k. de puissance de chute (art. 8), — au paiement de redevances proportionnelles, soit au nombre de kilowatts-heure produits, soit aux dividendes ou aux bénéfices répartis, ces deux redevances pouvant se cumuler. Toutefois, la redevance proportionnelle aux dividendes ou aux bénéfices ne peut être imposée que lorsque le concessionnaire est une société régie par la loi du 24 juil. 1867 et ayant pour objet principal l'établissement et l'exploitation de l'usine hydraulique (art. 9). Le concessionnaire peut d'ailleurs être tenu de se substituer, dans un délai déterminé, une société anonyme (art. 11).

Un tiers de la redevance proportionnelle est réparti par l'Etat entre les départements et les communes sur le territoire desquels coulent les cours d'eau utilisés.

C'est le cahier des charges qui détermine, pour chaque entreprise, les conditions financières de la concession et notamment : *a)* Le minimum au-dessous duquel la redevance proportionnelle au nombre de kilowatts-heure produits ne peut descendre ; *b)* En cas de redevance proportionnelle aux dividendes, le capital initial auquel est constituée la Société, le taux de l'intérêt moyen annuel alloué au capital investi, non remboursé, à partir duquel l'Etat entre en participation ; l'échelle progressive d'après laquelle est calculée la part de l'Etat ; *c)* Le montant des *actions d'apport* qui pourront être attribuées à l'Etat ; *d)* Lorsque l'Etat contribuera sous forme d'avances à l'aménagement de la chute d'eau, le montant des *obligations* qui pourront lui être attribuées ; *e)* Lorsque l'Etat contribuera, sous forme de subvention, à l'aménagement de la chute, le montant des actions de second rang (dites ordinaires) qui pourront lui être attribuées en proportion de sa contribution ; *f)* Lorsque l'Etat souscrira une partie du capital social, le montant des actions de premier rang (dites privilégiées) qui lui seront remises en représentation de sa participation ; *g*) Dans tous les cas où l'Etat contribuera financièrement à l'entreprise, le nombre des représentants au Conseil d'administration qu'il pourra exiger (art. 10, 8°).

Notons en dernier lieu que toutes les dépendances immobilières de la concession font retour gratuitement à l'Etat en fin de concession (art. 10, 11 et 12).

652. — *c*) *Nature du droit du concessionnaire.* — Le droit de disposer de l'énergie hydraulique constitue, avons-nous dit, d'après la loi nouvelle, une faculté légale absolument distincte des droits appartenant, conformément au Code civil, aux riverains du cours d'eau. En conséquence, et bien que temporaire, le droit du concessionnaire ou du bénéficiaire de l'arrêté d'autorisation est un droit immobilier susceptible d'hypothèque (art. 21). D'où possibilité pour la Société concessionnaire d'émettre un emprunt, garanti par des obligations hypothécaires, sans préjudice des garanties d'intérêt susceptibles d'être accordées par l'Etat, le département ou la commune.

653. — *d*) *Participation du personnel aux bénéfices et à la gestion.* — Conformément à une formule très en faveur aujourd'hui, et que nous avons déjà rencontrée dans la loi de sept. 1919 sur le régime minier, la loi nouvelle organise la participation obligatoire du personnel aux bénéfices et à la gestion.

L'article 28 décide en effet qu'un règlement d'administration publique fixera, notamment, les conditions dans lesquelles devra être organisée la participation du personnel aux bénéfices et à la gestion dans le cadre de la loi du 26 avril 1917 (sur les sociétés anonymes à participation ouvrière).

653 bis. — La loi de 1919 contient d'assez graves lacunes, que la jurisprudence a dû compléter. Ses efforts ont porté sur quatre points principaux : *a*) Dans quelle mesure les baux de riverains antérieurs à la loi sont-ils résiliables pour privation de jouissance (Chambéry, 2 mai 1923, S. 23. 2. 89 et note Mestre, D. 23. 2. 113 et note Picard ; trib. civ. Moutiers, 25 fév. 1923, Gaz. trib. 15 oct. 23) : — 2° Les travaux entrepris par le concessionnaire n'ont-ils pas le caractère de travaux publics (Cons. d'Etat, 22 juin 1928, Génie civil, n° 14 juil. 1928) ? — Comment se calculent les indemnités dues par le concessionnaire de chute (art. 20) aux industriels lésés par la diminution ou la suppression de leur force motrice (trib. Savoie, sect. d'Albertville, 26 juill. 1927, S. 28. 2. 105) ? — 4° Formes de la réquisition d'achat par le propriétaire du sol prévue à l'art.

4 (cass. 23 déc. 1924, *Houille blanche* 1925, p. 24). — Cons., pour l'exposé de cette jurisprudence : Mestre, *La jurisprudence de la houille blanche*, 1928.

654. — **Chemins de fer** (1). — C'est par des considérations analogues à celles invoquées précédemment au sujet des mines que l'on peut justifier le monopole des *chemins de fer* : soit que l'Etat exerce ce monopole en régie, comme en Autriche, en Suisse, en Russie, en Roumanie, au Japon, etc., pour l'ensemble du réseau (2), ou en France pour les lignes de l'Etat et pour le réseau d'Alsace-Lorraine ; soit que, tout en s'attribuant la propriété du réseau, envisagé comme une dépendance du domaine public, il en concède temporairement, comme en France pour la grande majorité des voies ferrées, l'exploitation à des compagnies privilégiées.

L'expérience a démontré, notamment aux *Etats-Unis*, et aussi en *Angleterre*, qu'en matière de transports par voie ferrée, la concurrence est un état instable, qui fatalement aboutit à la constitution, au profit des sociétés les plus puissantes ou des lignes concurrentes syndiquées, d'un monopole de fait beaucoup plus nuisible que le monopole légal : ce dernier ayant pour contrepoids nécessaire l'obligation pour les Compagnies privilégiées de se con-

(1) BIBLIOGRAPHIE (antérieure à la loi de 1921). — Picard, *Les chemins de fer*, 1918 ; Colson, *Transports et tarifs*, 3e édit., 1908, Suppl. 1918 et *Cours d'économie politique*, t. VI, 1908 ; P. Léon, *Fleuves, canaux, chemins de fer*, avec préf. de P. Baudin, 1903 ; Dupré de Pomarède, *Le rachat de l'Ouest*, th. 1910 ; Berthélemy, *Droit administratif*, p. 657 et suiv. ; Hauriou, *Droit administratif*, 6e édit., p. 698 ; Chardon, *Les travaux publics*, 1907, p. 242 et suiv. — Articles de revue: Berthélemy, *Le rachat des chemins de fer* (*Quest. prat. de législ. ouvr.* 1907.65 et suiv.) ; Porte, Chronique des transports, *Le rachat de l'Ouest* (*Rev. d'écon. polit.*, 1908, 130) ; Amieux, *Le rachat de l'Ouest* (*Quest. prat.*, 1908, 263) ; Baudin, *Les exploitations industrielles de l'Etat* (*Rev. écon. intern.*, nov. 1909) ; Peschaud, *La crise des transports* (*Rev. polit.*, 1920.1.207) ; Allix, *La réorganisation des chemins de fer français* (*Rev. polit.*, 1921.1.309 et 2.283).

Sur le nouveau régime des chemins de fer français (L. du 29 oct. 1921), cons. notamment : — D. 23.4.231 (travaux préparatoires) ; Porte, *Le nouveau régime des chemins de fer*, 1922 ; Thévenez et Bleys, *id.*, 1922 ; Allix, *Le Gouvernement et les Compagnies* (Rev. pol. et parl., mars 1925) ; Josserand, *Les transports*, 2e éd., 1926, p. 1072 et s. ; Guy de Traversay, *Notre régime ferroviaire* (Rev. pol. et parl., avril 1928). — V. aussi Truchy, *Econ politique*, t. 1er p. 207 et s.

(2) Il convient de noter toutefois que, depuis quelques années, la régie directe est moins en faveur. Elle a fait place à la régie intéressée en *Allemagne*, où le bénéfice net de l'exploitation de la Compagnie des chemins de fer du Reich, constituée en 1924, est une des garanties de l'exécution du plan Dawes, Young aujourd'hui; en *Italie*, où le réseau d'Etat a été affermé en 1922; en *Belgique*, où l'Etat a fait apport de son réseau à la Société nationale des chemins de fer belges, dont les actions privilégiées ont servi à rembourser les bons de Trésor. — Van der Leyen, *La Compagnie des Chemins de fer allemands* (Ann. de l'économie collective, janv. 1927) ; de Leener, *Les chemins de fer en Belgique*, 1927.

former à un tarif imposé, ainsi qu'aux prescriptions réglementaires multiples imposées par la charte de concession, tant dans l'intérêt des voyageurs ou des expéditeurs que dans l'intérêt supérieur de l'Etat ou de la défense du territoire (Cf. Cauwès, t. IV, n° 1170 ; Gide, I, p. 397) (1).

655. — *Régie ou concession : question du rachat.* — Ici encore, par conséquent, la question ne se pose pas entre la libre concurrence et le monopole, mais bien entre le monopole exercé en régie par l'Etat et le monopole concédé. Les partisans de l'exploitation directe par l'Etat sont ici plus nombreux que pour les mines ; effectivement, aucune question de propriété n'est en jeu, la propriété des chemins de fer appartenant à l'Etat français, et celui-ci s'étant réservé le droit d'en reprendre la libre disposition en rachetant les concessions avant leur expiration. D'autre part, le régime des concessions, complété par le lourd fardeau des *garanties d'intérêts*, avait soulevé de vives critiques ; si bien que l'on put il y a quelques années, non sans de sérieuses apparences de raison, envisager le rachat comme une opération susceptible d'alléger le budget national et de lui rendre plus d'élasticité.

Or la question de propriété et la question budgétaire étant écartées, le système de l'exploitation directe par l'Etat paraît, à première vue, présenter plus d'avantages que d'inconvénients. Ce système, en effet, donne la liberté des tarifs, et permet de substituer à une tarification, établie avant tout en vue des actionnaires, un ensemble de taxes moins lucratives peut-être pour l'exploitant, mais plus conformes à l'intérêt du public. La multiplicité des réseaux entraîne fatalement des complications ; l'unification du

(1) Sur les efforts tentés aux Etats-Unis pour lutter contre la tyrannie des *pools* et *trusts*, résultat d'une liberté non réglementée à l'origine (*Intestate commerce act*, *Anti trust law*). v. *supra*, n° 571, et notre article précité de la *Rev. polit.* (nov. 1902). — Cf. *Railway and traffic problems* (*Annals of American Academy*, n° de mars 1907) ; Viallate, *La question des chemins de fer aux Etats-Unis* (*Rev. économ. internat.*, 1905, IV, n° 2, p. 349). — Sur le contrôle, d'ailleurs insuffisant pour prévenir les trusts, institué par les lois *anglaises* de 1888 et 1891, cons. Brouilhet, *Questions de chemins de fer en Angleterre et en France* (*Quest. prat.*, 1908.343). — La guerre a naturellement obligé l'Etat, aussi bien en Angleterre qu'aux Etats-Unis, à centraliser entre ses mains la gestion des réseaux ; en 1919, les Compagnies ont reconquis partiellement leur liberté, mais des mesures sérieuses ont été prises pour prévenir les guerres de tarifs et coordonner l'exploitation. C'est ainsi qu'en Angleterre, le *Railway act* de 1921 a prescrit la formation d'un petit nombre de groupes puissants, par fusion ou absorption de Compagnies (Lawley, *Les chemins de fer britanniques et l'Etat* (*Ann. de l'économ. collect.*, avril,juin 1926). — Le *transportation act* américain de 1920 établit même un lien étroit entre les Compagnies, en les astreignant à la constitution d'une Caisse commune (Cf. loi française de 1921).

réseau sous une direction unique, et son raccordement (comme en Allemagne) avc toutes les grandes voies navigables, auquel les Compagnies commercialement exploitées s'opposèrent longtemps (1), ne pourraient manquer de contribuer au développement économique du pays.

L'exploitation directe par l'Etat présente en outre, au point de vue de l'organisation de la défense, des avantages évidents ; il semble bien que ce régime ait, en août 1914, facilité l'invasion par l'Allemagne du Nord de la France. Dès le jour de la mobilisation, l'Etat français a pris sans doute la direction de tous les réseaux (2) : mais c'est dans la période d'avant-guerre, pour l'établissement des voies stratégiques, que la régie a rendu à l'Allemagne les plus grands services

656. — *Incapacité prétendue de l'Etat industriel.* — L'on nous oppose, il est vrai, l'incapacité prétendue de l'Etat industriel ; mais cette thèse *a priori* est contredite par les heureux résultats de l'exploitation par l'Etat en Allemagne (3), voire même en France sur l'ancien réseau d'Etat, où cependant les lignes exploitées en régie, enchevêtrées dans les grands réseaux concurrents de l'Ouest ou d'Orléans, étaient dans une situation défavorable au point de vue commercial (4). Au surplus, les abus reprochés aux

(1) Il est hors de doute que la Compagnie P.-L.-M. a tout mis en œuvre, jusqu'en 1912, pour empêcher l'utilisation rationnelle d'un réseau fluvial merveilleux (Saône, Rhône et canaux de raccordement avec les bassins de la Loire, de la Seine et du Rhin). — Cf. travaux de MM. Tavernier, Pierre Baudin, *Forces perdues*, 1903, p. 67 ; Frécon, *La navigation du Rhône*, th. 1907.

(2) Le fonctionnement du réseau ferré pendant la guerre a été du reste irréprochable. — Allix, *Les chemins de fer français pendant la guerre* (Rev. pol. et parl., juin 1927) ; Peschaud, *Les chemins de fer français et allemands et la guerre* (*ibid*, déc. 1927).

(3) Le produit net de l'exploitation des chemins de fer allemands atteignait, avant la guerre, 1.375 millions ! Meuriot, *Les revenus domaniaux de l'Allemagne* (Journ. de la Soc. de statist. de Paris, mai 1907). — Le déficit des chemins de fer allemands de 1919 à 1922 fut une suite de la guerre, non de la régie. La *Société des chemins de fer du Reich*, constituée en 1924 en exécution du plan Dawes, réalise présentement des bénéfices considérables, s'élevant à près de 1 milliard de marks-or dont 600 millions vont aux obligations, créées au profit des créanciers de l'Allemagne, au titre des réparations. — Traversay, *op. cit.* — Mais la nécessité de créer des obligations remboursables (L. du 15 juillet 1925) et d'organiser un contrôle interrallié a seule déterminé le Gouv. allemand à renoncer à la régie directe qui aurait pu donner les mêmes résultats.

(4) Financièrement parlant, l'opération du rachat en *Suisse* donna d'assez graves mécomptes. Le bénéfice net des exercices prospères (1905-1907, de 22 millions en moyenne), fit place au déficit, et celui-ci dépassa 9 millions en 1909, 64 millions en 1921. Mais il convient de noter que le gouvernement helvétique, en rachetant les chemins de fer, ne s'était nullement proposé comme l'Allemagne

administrations d'État, mêmes autonomes (comme le serait évidemment la régie des chemins de fer), sont également imputables au personnel des grandes compagnies (Cauwès, t. IV, n° 1190 ; Gide, I, p. 399).

Il est même plus facile à l'État, par une réglementation rationelle, de mettre fin à ces abus dans une exploitation dépendant directement de lui, que dans un réseau géré par un conseil d'administration, sur les agissements duquel le contrôle du ministre des travaux publics est souvent illusoire.

Ces considérations, maintes fois développées à la tribune ou dans la presse, déterminèrent en France il y a une vingtaine d'années, un courant d'opinion assez marqué qui aboutit au rachat du réseau de l'Ouest et à son incorporation dans le réseau d'État.

La loi de rachat est du 13 juillet 1908, mais c'est dans la loi budgétaire du 13 juillet 1911 qu'il faut chercher le statut définitif du réseau de l'État, constitué par la réunion de l'ancien réseau d'État, du réseau de l'Ouest et de quelques lignes cédées par l'Orléans.

657. — **Conséquences du rachat de l'Ouest.** — La substitution de l'État à la Compagnie de l'Ouest, justifiée dans son principe par la situation lamentable de cette Compagnie, incapable de s'acquitter jamais de sa dette envers l'État (1), préparée par la doctrine (2), fut tout d'abord favorablement accueillie.

Deux ans plus tard, un revirement complet s'était produit, et l'opinion dominante semblait nettement hostile à l'exploitation en régie. Les libéraux s'accordaient à présenter un tableau, très noir, de la *gabegie* de l'Ouest-Etat : retards invraisemblables, accidents

un but fiscal, et qu'il a toujours entendu exploiter avant tout dans l'intérêt du commerce national. — Gariel, *Les chemins de fer fédéraux suisses* (*Rev. écon. internat.*, 1914.184). — Il est certain également que l'exploitation des chemins de fer *italiens* est déficitaire ; mais les Compagnies auxquelles succéda en 1906 la régie d'Etat n'étaient pas moins obérées (Corsango, *L'industrie des chemins de fer en Italie*, *Rev. d'écon. polit.*, 1914,232), et nous croyons savoir que le déficit n'a pas cessé, depuis le rétablissement des Compagnies en 1922. — Quant au réseau de l'Etat *belge*, il est incontestable qu'il n'a jamais donné que des bénéfices assez maigres, et que depuis 1907 il était en déficit. Mais, pas plus que la Suisse, la Belgique n'a poursuivi la réalisation d'un but fiscal ; son objectif principal a été, en abaissant et simplifiant les tarifs, de stimuler le commerce national. Il est indéniable que ce but a été atteint, témoin l'essor prodigieux du port d'Anvers. La Société nationale, constituée en 1926 en vue de faciliter la stabilisation monétaire par la conversion d'office des bons du Trésor en actions privilégiées, n'est du reste qu'un paravent derrière lequel se profile l'Etat belge, unique actionnaire d'origine ! — De Leener, *op. cit.*

(1) Elle devait, fin 1907, 453.816.843 francs à l'Etat (Dupré de Pomarède, p. 97).

(2) Sur les avantages du rachat par l'Etat des réseaux lourdement endettés, cons. Berthélemy, *Dr. admin.*, p. 677 et s.

répétés, actes de sabotage, mauvais état des voies, insuffisance du matériel, coefficient d'exploitation atteignant près de 90 %, (rapp. général Chéron sur le budget de 1912), déficit croissant parallèlement, etc. (1).

Ces critiques n'étaient-elles pas exagérées, ou tout au moins tendancieuses? Il le semble bien. Si la voie était mal établie, le matériel insuffisant, à quoi devait-on l'imputer, sinon à la coupable incurie de la Compagnie de l'Ouest? Dès le lendemain de la prise de possession par l'Etat, des efforts considérables furent faits pour améliorer la situation (2), mais un matériel aussi considérable ne se renouvelle pas d'un trait de plume.

Des circonstances imprévues, telles que la grève des cheminots, qui troubla aussi profondément les réseaux concédés que celui de l'Etat, ou les inondations de la Seine qui firent refluer sur la voie ferrée les poids lourds, ordinairement acheminés sur Paris par voie fluviale, paralysèrent pendant près d'un an l'action des pouvoirs publics. Mais ceux-ci se ressaisirent (sous l'impulsion énergique de MM. Millerand et Augagneur) ; et il était permis d'espérer en 1914 que, lorsque les dispositions de la loi budgétaire du 13 juillet 1911 (art. 41 et s.), tendant à industrialiser le service des chemins de fer de l'Etat, auraient produit leur plein effet, l'Ouest-Etat supporterait la comparaison avec les réseaux concédés.

658. — La situation des chemins de fer au lendemain de la guerre ; les projets en présence. — Nous avons exposé la position du problème des voies ferrées à la veille de la guerre ; mais celle-ci est venue tout bouleverser. Le régime de l'exploitation autonome des réseaux, complété par la garantie d'intérêts (conventions de 1883), avait pris fin le 2 août 1914, au moment même où l'autorité militaire prenait possession des lignes ; il ne pouvait être question de revenir purement et simplement au régime d'avant-guerre.

Il fallut, après l'armistice, maintenir un régime provisoire qui, pour des causes multiples, était devenu absolument ruineux ; le déficit constaté s'élevait fin 1920 à près de 4 milliards, pour le seul réseau de l'Etat.

Il n'était que temps de trouver une combinaison permettant d'équilibrer les recettes et les dépenses : mais laquelle? Le Parlement avait à opter entre trois solutions : la *régie directe*, précédée

(1) Pierre Leroy-Beaulieu, *Le budget des chemins de fer de l'Etat* (*Econ. franç.*, 11 janv. 1913).

(2) Sur les travaux considérables effectués par l'Etat à la gare Saint-Lazare, et sur l'ensemble des améliorations en cours d'exécution à la veille de la guerre, v. Pontuel, *L'Ouest-Etat* (*Parlem. et opin.*, n° 10 sept. 1911).

du rachat, préconisée par la C. G. T. et le parti socialiste (1) ; la *régie intéressée*, comportant également rachat parallèle du réseau, mais constitution simultanée d'une Compagnie fermière (2) ; la *coordination des réseaux* sous le contrôle de l'Etat, système préconisé par le gouvernement, et qui finalement l'emporta à une forte majorité.

Les deux premiers projets avaient un vice commun ; l'un et l'autre présupposaient le rachat préalable de tous les réseaux, opération impraticable en l'état actuel de nos finances.

Le premier (propos. Blum) avait un autre vice irrémédiable, en ce sens qu'il impliquait une véritable mainmise du personnel syndiqué sur le réseau nationalisé, et annihilait l'autorité du ministre, représentant des intérêts généraux.

652. — **Le nouveau régime des chemins de fer** (*Loi du 29 Octobre 1921*. — Aux termes de la convention intervenue le 28 juin 1921, entre le gouvernement et les Compagnies et dont la loi porte ratification, l'exploitation des voies ferrées a été unifiée dans une large mesure, de manière à équilibrer le budget des réseaux, tout en laissant subsister les concessions existantes.

Les réseaux subsistent avec leur organisation intérieure ; mais la loi les subordonne à un *Comité de direction* (3 membres par réseau), dont les délibérations, sur les questions intéressant l'ensemble des Compagnies, les engagent toutes, sauf la faculté pour celle qui s'estimerait lésée de réclamer une indemnité compensatoire.

La coordination de l'exploitation en vue d'assurer la prééminence des intérêts nationaux est assurée : 1° par la création du *Conseil supérieur* des chemins de fer, sorte de Parlement consultatif de 60 membres, groupant autour des représentants de l'Etat les délégués des Compagnies, des usagers (commerce, industrie, agriculture, tourisme), et du personnel (décr. 28 nov. 1924 et 3 juill. 1927).

Le pouvoir de décision appartient au ministre des travaux publics, mais celui-ci ne peut prendre aucune mesure d'intérêt commun sans avoir provoqué l'avis du Conseil ;

2° par la création du *fonds commun*. Chaque réseau prélèvera désormais sur ses recettes ses frais généraux, son dividende fixé invariablement au minimum garanti par les conventions de 1883, et

(1) Prop. *Blum* organisant un service public des chemins de fer (Ch., nov. 1920, n° 1464).

(2) Prop. *Loucheur* (Ch., Juill. 1920, n° 943).

sa prime de gestion (inversement proportionnelle au coefficient d'exploitation). Le fonds commun percevra l'excédent, ou couvrira l'insuffisance. L'équilibre devra toujours être rigoureusement maintenu entre les recettes et les dépenses. En cas de déficit, les mesures nécessaires sont immédiatement prises (compression des dépenses, relèvement ou nouvel aménagement des tarifs, etc.).

Les deux tiers de la prime de gestion de chaque réseau sont attribués au personnel. Il sera créé, pour chaque réseau une société coopérative du personnel. La moitié de la part de prime revenant au personnel *pourra* être versée par chaque agence à la coopérative qui placera les fonds à elle confiés, soit en actions ou obligations du réseau, emprunts d'Etat ou obligations garanties par lui, soit en immeubles affectés à l'habitation d'agents du réseau.

Toutefois, les Compagnies pourront, en utilisant la loi du 26 avril 1917, créer des actions du travail et remplacer la coopérative de réseau par la coopérative de main-d'œuvre prévue par ladite loi (1).

659 bis. — **Les débuts du régime nouveau : premiers résultats obtenus.** — La loi de 1921 a été diversement appréciée. Le parti socialiste lui a reproché de n'être qu'une demi-mesure et il insiste toujours pour la régie directe ; les économistes libéraux, au contraire, s'attaquent plus énergiquement que jamais au réseau d'Etat, et en réclament l'affermage.

Sans considérer la loi actuelle comme intangible, nous estimons avec le ministre des Travaux publics, M. Forgeot (2), qu'à tout prendre le régime nouveau a donné de bons résultats, et qu'il serait pour le moins prématuré d'en revenir à une autre formule. Quelques chiffres suffiront à justifier notre affirmation (3).

Grâce à l'effort d'économie réalisé par les réseaux, Etat compris, à certaines majorations de tarifs, et à l'abaissement du coefficient d'exploitation, les chemins de fer français sont enfin sortis, en 1926, de l'ère des déficits. Alors que l'exercice 1925 accuse

(1) En fait, aucune Compagnie n'a déféré à cette invitation. — Sur la loi de 1917, v. n° 1379 *infra*.

(2) Ch., s. du 1er déc. 1928.

(3) Cons. pour plus de détails : De Traversay, *op. cit.* ; Colson, *Les impôts sur les transports et les majorations des tarifs des chemins de fer* (Rev. Pol. et Parlem., juin 1928) ; Peschaud, *L'épargne et les chemins de fer* (*ibid.*, oct. 1928) ; R. Bloch, *Les chemins de fer et la navigation intérieure* (*ibid.*, avril 1929) ; Ed. Payen, *La situation des grands réseaux français* (*ibid.*, fév. 1929). — Cf. Porte, *Les chemins de fer et autres modes de transports* (Rev. d'Econ. polit., 1929, p. 818 et s.)

encore un déficit global de 588 millions, l'exercice 1926 enregistre au contraire, une plus-value de 535 millions ! Il est vrai que l'exercice 1927, affecté par la crise consécutive à la stabilisation du franc, a été moins favorable (170 millions de déficit) ; mais la situation s'est sensiblement améliorée en 1928-29.

Sans doute, les réseaux se heurtent encore à de graves difficultés : — augmentation des frais d'exploitation et de personnel, concurrence redoutable des autres moyens de transport (automobiles et navigation fluviale), impossibilité de majorer encore les tarifs, déjà trop lourds pour l'économie nationale. Mais aucune de ces difficultés n'est insurmontable ; les Compagnies, au lieu d'entrer en lutte avec l'auto, organisent elles-mêmes des circuits touristiques de plus en plus recherchés, et quant aux tarifs, il appartient à l'Etat d'en rendre l'augmentation inutile en réduisant les taxes, manifestement excessives, qui pèsent sur les transports ferroviaires (*sic* : dégrèvements de lois des 31 juill. et 29 Déc. 1929).

§ 2. — Monopoles municipaux. — La commune industrielle (1)

660. — Causes du développement de la municipalisation des services publics. — Des considérations analogues à celles développées *supra*, en faveur du rachat des voies ferrées par l'Etat, devaient logiquement déterminer les municipalités à donner, en principe, la préférence à l'exploitation en régie sur le système des concessions à long terme, pour les services publics de distribution d'eau, de gaz, d'électricité, voire même pour d'autres services d'intérêt commun, tels que les transports urbains.

(1) BIBLIOGRAPHIE: — Ouvrages français : Pilon, *Monopoles communaux*, 1899 ; Stehelin, *Essais de socialisme municipal*, 1901 ; Brees, *Les régies et concessions communales en Belgique*, 1906 ; Copper, *Industries communales, eau, gaz, électricité*, 1906 ; Boverat, *Le socialisme municipal en Angleterre*, 2e éd., 1913 ; Barbat du Closel, *Les entreprises municipales de la ville de Glasgow*, th. 1907 ; Cadoux, *La vie des grandes capitales*, 1908 ; Bussy, *La municipalisation des tramways, les résultats financiers à l'étranger*, th. 1908 ; Maier, *Le socialisme conservateur ou municipal*, 1909 ; E. Bouvier, *Les régies municipales*, 1910 ; Yves Guyot, *La gestion par l'Etat et les municipalités*, 1913 ; V. *La cité moderne et les transformations du droit*, 1925. — Cf. Gide, I, p. 331 ; Brouilhet, *Précis*, p. 307 et s. (dével. sur l'urbanisme) ; Berthélemy, p. 200 ; Truchy, *Econ. polit.*, I. p. 196.

Ouvrages anglo-américains : Meyer, *Municipal Ownership in Great Britain*, New-York and London, 1906 ; Lord Avebury (sir John Lubbock), *On municipal*

Cette tendance des municipalités est généralement qualifiée de *socialisme municipal*. Cette expression n'est que partiellement exacte. Il est bien évident que le développement de l'activité industrielle des communes est conforme au programme du parti socialiste. Mais il est cependant essentiel de remarquer que l'on peut fort bien, sans être socialiste, se prononcer très nettement en faveur de l'évolution que nous étudions. C'est ainsi qu'en Angleterre comme en France, plusieurs villes importantes, dont les conseils étaient fort éloignés du socialisme par leurs tendances politiques, n'ont pas hésité à s'engager dans cette voie par des motifs d'intérêt général et de justice fiscale, et qu'après expérience faite, elles entendent y persévérer (1).

661. — Il n'est pas indifférent de rattacher la reprise des services en régie à la tendance socialiste, ou à des considérations utilitaires, dégagées de tout doctrinarisme. Le socialisme, en effet, n'envisage cette reprise que comme une étape dans la voie de la socialisation des moyens de production ; aussi cherche-t-il à étendre indéfiniment le domaine des entreprises industrielles des munici-

and national trading, Londres, 1906, et trad. Elissen, Paris, 1907 ; *Municipal and private operation of public utilities*, report to *The National civic Federation*, New-York, 1907, 3 vol.

Revues : Mataja, *Le socialisme municipal* (*Rev. d'écon. polit.*, 1894, 968, et 1895.45 ; Augagneur, *La régie directe des services publics* (*Quest. pratiques*, 1904.97); Capitant, *L'exploitation municipale des services de distribution d'eau, du gaz et de l'énergie électrique à Grenoble* (*Ibid.*, 1905, 40) ; Dalla Volta, *La loi italienne sur la municipalisation des services publics* (*Rev. de sc. financ.*, 1904, 244) ; Pic, *Un voyage social en Angleterre, régies municipales, habitations ouvrières* (*Quest. prat.*, 1907, 105) ; Veber, *Le mouvement social contemporain et la municipalisation des services publics* (*Régie directe*, juill.-août 1909) ; E. Milhaud, *La municipalisation et les finances communales* (*Ibid.*, janv. 1910) ; Nézard, *Le socialisme municipal en France* (*Rev. d'écon. polit.*, août-déc. 1910) ; de la Taste, *La crise économique et les services publics concédés* (Rev. pol. et parl., déc. 1920) ; Mossé, *Les régies municipales* (*Régie directe*, nov. 1923, janv. 24) ; Fischer, *Les concepts de domaine public et régie publique* (*Ibid*, nov. 23, janv. 24) ; Vinck, *Le rôle des communes dans l'organisation de la production* (Ann. de l'économie collective, anc. Régie directe, janv.-Mars 1925) ; Bouvier, *Le nouveau régime des régies municipales en France* (*Ibid*, janv. 1927).

(1) Dans son *Traité de la science des finances* (1re édit., 1877, t. 1er, p. 679), l'un des chefs de l'Ecole libérale, M. Paul Leroy-Beaulieu, s'était déclaré plutôt favorable à l'exploitation en régie, par l'entremise de Compagnies fermières à durée limitée, des services de l'eau et du gaz. Un autre économiste libéral, M. Colson, n'hésite pas à affirmer que « les départements et les communes *trouveraient une source notable de revenus* dans la reprise des distributions d'éclairage, des chemins de fer d'intérêt local et des tramways, *dont le produit, actuellement, est presque tout entier attribué aux concessionnaires* » (*Cours d'économ. polit.*, t. III, *Les finances publiques*, 1905, p. 99).

palités, préconisant, après la reprise des réseaux urbains de l'eau ou du gaz, l'institution de services municipaux d'alimentation ou de chauffage, la fourniture municipale du logement ou du vêtement, voire même la municipalisation du commerce de banque.

L'école interventionniste, au contraire, établit une distinction essentielle entre les *services publics*, répondant aux besoins généraux et permanents de la collectivité, nécessitant pour leur bonne organisation une intervention plus ou moins directe des pouvoirs locaux, et l'industrie proprement dite, dont les libres et multiples manifestations ne sauraient, sans péril, être entravées ou paralysées par une intrusion tyrannique de l'autorité publique. Le critérium de cette distinction ressort des conditions mêmes dans lesquelles s'exploitent ces services publics ou ces industries. — Les industries de l'alimentation, du vêtement, etc., n'ont besoin, pour fonctionner normalement, d'aucun concours, direct ou indirect, de l'administration locale ; — les services publics de distribution d'eau ou de gaz, de transports en commun, etc., au contraire, nécessitent une emprise sur le sol communal, et par ce fait même leur exploitation industrielle aboutit à la constitution de *monopoles de fait* plus ou moins exclusifs, même lorsque les municipalités concédantes s'efforcent d'en empêcher la constitution (1). Monopole pour monopole, mieux vaut en théorie générale un monopole municipal, dont les bénéfices profiteront à la masse, et permettront de faire disparaître ou d'atténuer, parmi les taxes municipales, celles dont le poids pèse le plus lourdement sur les classes populaires.

662. — Le socialisme municipal à l'étranger. — *Angleterre.* — L'Angleterre est l'un des États où le socialisme municipal (*municipal trading*) s'est le plus rapidement développé, grâce à l'esprit de suite des administrations municipales, aux encouragements du *Local government Board*, et à la bonne gestion financière de la plupart des entreprises industrielles des villes anglaises, qui ont trouvé dans cette extension de leur activité un double profit :

(1) L'exemple de Lyon est significatif. En 1897, l'administration municipale passait avec la Compagnie du gaz un nouveau traité posant le principe de la liberté de l'éclairage, et en 1898, forte de ses droits, elle concédait à une société concurrente, la *Société d'énergie électrique*, le droit de distribuer l'électricité. Or, dès l'année suivante, la Société d'énergie électrique cédait ses droits à la Compagnie du gaz. Aux États-Unis, le même phénomène s'est produit ; la libre concurrence a presque partout donné naissance à des monopoles de fait, contre lesquels les villes ont dû lutter par la municipalisation.

profit matériel d'abord, profit moral ensuite résultant de l'affectation de ces plus-values à des œuvres d'intérêt local.

Non seulement les villes anglaises, sauf quelques rares exceptions, ont-elles, depuis un certain nombre d'années, municipalisé le service des eaux, non seulement la grande majorité d'entre elles se sont-elles substituées aux compagnies pour la fourniture du gaz, et plus récemment, de l'électricité (éclairage ou force motrice), — mais un grand nombre ont assumé l'exploitation directe des services de transports en commun, spécialement des tramways électriques : les réseaux de Manchester, Glasgow, Leeds, Liverpool, Birmingham, etc., sont entièrement municipalisés, celui de Londres presqu'entièrement (1) .

(1) Voici quelques chiffres significatifs, empruntés aux statistiques d'avant-guerre, spécialement au *Municipal Year Book*, à l'ouvrage de E. Bouvier sur les *régies municipales*, et à l'étude très complète de J. West sur la *municipalisation du gaz dans le Royaume-Uni* (*Rég. directe*, juill. 1911). Presque toutes les villes anglaises exploitent en régie leur service des *eaux* : l'on estimait pour les quatre années 1898-1902 à L. 2.032.756 leur profit brut moyen, à L. 90,128 leur profit net. Et encore convient-il de remarquer que la plupart des municipalités n'ont pas cherché à exploiter ce service en vue d'en retirer des bénéfices, mais bien plutôt dans l'intérêt de l'hygiène publique. C'est ainsi que la ville de Glasgow, la métropole industrielle de l'Ecosse, n'a pas hésité à dépenser plus de 100 millions pour la captation et la purification des eaux du lac Katrine, situé à 55 kil. — Pic, *Un voyage social en Grande-Bretagne* ; Barbat du Closel, *Les entreprises municipales de la ville de Glasgow*.

Le nombre des autorités locales qui exploitent le *gaz* en régie était, en 1909-1910 de 293 (contre 50 Compagnies) ; leurs recettes s'élevaient à L. 8.017.444 et leurs dépenses à L. 5.818.824.

Les entreprises municipales d'*éclairage électrique* étaient en 1905 au nombre de 244, contre 136 entreprises particulières seulement. Les premières années ont été déficitaires ; mais à l'heure actuelle, le rendement de cette régie est satisfaisant dans l'ensemble.

C'est surtout en ce qui concerne les tramways que les villes anglaises se sont résolument engagées dans la voie de la régie directe. Au 31 mars 1906, les régies municipales de tramways, pour l'ensemble du Royaume-Uni, étaient au nombre de 195, contre 110 réseaux seulement exploités par des Compagnies privées. Pour un capital effectivement dépensé s'élevant à 26.175.222 L., les documents officiels ont fait ressortir un rendement net de 2.280.779 L., soit 8,74 % du capital. — Pour certaines villes, les résultats obtenus sont vraiment remarquables. Ainsi, Glasgow, a retiré en 1917, de ses tramways électriques, qui lui ont coûté 100 millions, un revenu net supérieur à 8 millions (Gide, 1. p. 333).

De tels chiffres sont plus que rassurants. En admettant même, comme l'affirment plusieurs auteurs (Avebury, Boverat, Bussy, etc.), qu'ils doivent être rectifiés, et que, déduction faite des sommes à prévoir pour l'amortissement, les bénéfices nets doivent être réduits de plusieurs unités (M. Bussy les évalue à 4,03 seulement pour les tramways), l'expérience anglaise de municipalisation est très satisfaisante dans son ensemble.

Voici, au surplus, quelques chiffres plus récents empruntés à Lawley (*Les entreprises commerciales de municipalisation en Grande-Bretagne*, Ann. de

Un certain nombre d'entre elles ont également institué des bureaux de placement gratuit (1), quelques-unes ont créé un service d'assurances contre l'incendie (2) ; d'autres n'ont pas craint de courir les risques d'une véritable exploitation industrielle en exploitant des imprimeries, des *épiceries* (3), voire même des hôtelleries ou auberges à l'usage des classes pauvres (*lodging houses* de Glasgow, de Londres, etc.).

663. — Mais où les municipalités anglaises ont fait preuve peut-être de l'esprit d'initiative le plus hardi, c'est dans la transformation hygiénique des quartiers populaires. Partant de cette idée que la sauvegarde de l'hygiène leur impose l'obligation, non seulement de faire disparaître les foyers d'insalubrité, mais encore d'aider à l'édification de quartiers populaires nouveaux, répondant aux exigences de l'hygiène moderne, plusieurs villes anglaises n'ont pas reculé devant la tâche gigantesque de la reconstruction, en régie, de quartiers entiers, dont les locaux sont ensuite loués aux conditions les meilleures, aux familles de la classe ouvrière ou du petit commerce. La ville de Londres, en particulier, avait dès avant la guerre de 1914, consacré plus de 100 millions à la démolition de quartiers populaires insalubres, et à la construction de quartiers nouveaux, à la périphérie (4).

Ces quelques exemples, choisis parmi les plus caractéristiques, suffisent à mettre en relief l'intensité du mouvement qui entraîne

l'Econ. collect., 1928, p. 53 et s.) : — L'ensemble des bénéfices nets réalisés en 1924-27 par les entreprises municipales d'Angleterre et d'Ecosse se traduit par les chiffres suivants :

Electricité	1.240.000 L.
Tramways	261.000
Ports et docks	103.000
Domaines municipaux	220.000

Excédents affectés à l'allègement des taxes communales par les municipalités provinciales, L. 1.546.000, par celles de Londres, 114.800.

(1) Artibal, *Les bureaux municipaux de placement en Europe* (*Rev. municip.*, 26 août 1900).

(2) Breuillé, *L'assurance municipale en Angleterre* (*Rev. municip.*, 10 nov. 1900).

(3) Sur les pharmacies, laiteries municipales, etc., cons. notamment : Breuillé, *Laiteries municipales en Angleterre* (*Rev. municip.*, 23 mars 1901).

(4) Quelques chiffres sont à relever. Dès 1905, Glasgow avait construit une véritable cité ouvrière abritant 12.000 personnes. A la veille de la guerre, les habitations municipales londonniennes, construites dans de parfaites conditions de salubrité, sur l'emplacement des taudis de Boundary-Street, étaient occupées par plus de 50.000 personnes ! Il convient de noter d'ailleurs que les municipalités britanniques sont encouragées dans cette voie par la loi elle-même : loi de 1875 et acts postérieurs, incorporés dans l'acte du 3 décembre 1909 sur les habitations ouvrières, loi du 26 avril 1910 instituant l'impôt sur la *plus-value*, créée par l'exécution des travaux publics. — Pour plus de développements sur la question, v. titre IV, *infra*. — Aussitôt après la guerre, les pou-

les municipalités anglaises dans la voie de l'exploitation directe des services publics.

664. — *Allemagne.* — L'Allemagne, elle aussi, s'est engagée résolument dans la même voie. La plupart des grandes villes allemandes exploitent en régie les services de l'eau, du gaz, ou de l'électricité (1), des tramways (2). A certains points de vue, notamment en ce qui concerne l'organisation municipale du placement gratuit, l'hébergement provisoire des chômeurs et des travailleurs expulsés pour non-paiement de loyer (3), la municipalisation de l'assurance-incendie (4), l'Allemagne a une avance incontestable sur les autres pays (5). Depuis quelques années, plusieurs grandes villes allemandes ont pris une part directe à l'amélioration des quartiers ouvriers, soit par des subventions aux sociétés de logements à bon marché, soit même par la construction, en régie, de maisons ouvrières. — Depuis la Révolution de nov. 1918, le mouvement de socialisation n'a fait que s'accentuer (6)

voirs publics établirent un programme d'ensemble gigantesque dont l'exécution intégrale, exigeant des milliards, ne pouvait, vu la cherté de la main-d'œuvre, se réaliser que par étapes. Sa réalisation est en très bonne voie, comme nous le verrons plus loin, n°s 1359 et s. — Cf. Cox, *Le Conseil du Comté de Londres et l'urbanisme* (Ann. Econ. collective, 1928, 302).

(1) Sur les 1.350 stations électriques recensées en Allemagne en 1907, 1.025 étaient exploitées en régie par l'Etat ou les municipalités (*Soziale Praxis*, 18 juin 1908). La régie municipale du gaz de Berlin rapportait en moyenne annuellement plus de 4 millions de marks (Bouvier, *op. cit.*, p. 151).

(2) Les régies municipales allemandes de tramways s'élevaient fin 1907 au nombre de 43. Certaines sont florissantes. En 1908, le revenu net de la régie de Munich s'est élevé à 1.488.000 m. (Buisson, *Les régies de Munich* (*Rég. dir.*, janv. 1910). Dans certaines villes, prévaut le système de la régie intéressée (Raffalovich, *Régies municipales intéressées en Allemagne* (*Econ. franç.*, 30 nov. 1912). Ce régime, qui continue à fonctionner à Strasbourg sous le régime français, a donné les meilleurs résultats financiers : bénéfice net de la ville dans la régie de l'électricité, en 1918, 769.000 marks ; dans celle du gaz, 650.000 francs pour 1919 ; dans celle des tramways, 125.000 francs pour 1919 (Chassagne, *Presse de Paris*, n° 1 déc. 1919).

(3) Sur les bureaux municipaux de location de logements ouvriers, ou bureaux mixtes de placement et location, v. *Rég. dir.*, n°s déc. 1910 et sept. 1911.

(4) Lindemann, *L'assurance publique contre l'incendie en Allemagne depuis 1908* (Ann. de l'économ. collective, nov.-déc. 1926).

(5) Pour l'étude d'ensemble des régies municipales en Allemagne, cons. notam.: — Lindemann, *La municipalisation en Allemagne* (Rég. directe, 1921.22, p. 257, et 1923-24, p. 107).

(6) La *Saxe* est l'Etat allemand où la socialisation a été poussée le plus loin. L'électricité y constitue un monopole d'Etat. — Cf. Fischer, *La socialisation en Allemagne* (Rég. directe, 1921-22, p. 71). — Cf. Giterman, *L'action collective contre la crise du logement en Allemagne* (Ann. de l'écon. collective, janv. mars 1926).

665. — *Autres États.* — Le mouvement que nous étudions n'est pas spécial à l'Angleterre et à l'Allemagne. Il est également très marqué en Autriche (1), en Belgique, en Suisse, en Suède, Norvège, et Danemark, en Italie, en Hongrie, aux États-Unis, au Canada, etc. (2).

666. — **Le socialisme municipal en France.** — En France, le mouvement de municipalisation serait aussi intense que dans les États voisins si la législation d'une part, la jurisprudence du Conseil d'État d'autre part, n'apportaient de sérieuses entraves à cette évolution économique.

Dès aujourd'hui, plus de la moitié des villes françaises exploitent directement le service des eaux (3). Un certain nombre d'entre elles, et cela est vrai surtout des petites villes de montagne à proximité d'une source d'énergie hydro-électrique (houille blanche), possèdent des installations électriques ; mais presque toutes les usines à gaz appartiennent à des Compagnies concessionnaires (il

(1) Pick, *Les entreprises communautaires en Autriche* (Rég. directe, 1921-22, p. 106) ; Freundlich, *L'économie collective en Autriche* (Ann. de l'écon. collective, 1927, 305). — Cf. loi autrich. du 29 juillet 1919.

(2) La régie des eaux fonctionne en Belgique dans un grand nombre de villes, notamment à Liège, à Gand, etc. ; elle est la règle en Suisse, en Hollande, etc. — En Suisse, en Danemark, presque toutes les usines productrices de lumière sont municipales. En Belgique, la régie de l'électricité fonctionne à Bruxelles, celle du gaz à Bruxelles, à Gand, etc. — Genève a créé elle-même, de toutes pièces, son service des eaux et des forces motrices électriques, et a racheté les concessions du gaz et de l'éclairage électrique. — Gariel, *Rôle économique des municipalités en Suisse*, 1913 ; Giterman, *L'économie collective en Suisse* (Ann. de l'écon. collective, 1927, 326).

En Italie, la municipalisation, d'ailleurs encouragée par le législateur (l. du 29 mars 1903, décr. 15 oct. 1925), revêt les formes les plus diverses (services publics, d'éclairage et de transport, alimentation, etc.). — Rizzi, *La loi Giolitti de 1903* (*Réf. sociale*, 1er janv. 1913). — Cf. *Régie directe*, chron. 1922-23, p. 229 ; Lavergne, *L'ordre coopératif*, p. 499.

Au point de vue des résultats, quelques chiffres sont intéressants à noter. La régie du gaz de Bruxelles réalisait, avant la guerre, un bénéfice net variant entre 1.500.000 et 2.200.000 francs par an. — Genève a retiré, en 1908, un revenu net de 1.940.000 de l'ensemble de ses régies (eaux, gaz, électricité et force motrice). — Sur les sommes considérables consacrées par l'État hongrois et la ville de Buda-Pesth à la construction de maisons ouvrières, v. Dr Z. Sido, *Les exploitations municipales de Buda-Pesth* (Réf. soc. 16 janv. 1913). — V. aussi Harrer, *Les institutions municipales d'approvisionnement de Buda-Pesth* (Ann. écon. collect., 1927, 263).

(3) Nous ne possédons sur ce point aucune statistique récente. Mais dès 1892, sur 483 villes françaises de plus de 5.000 habitants, 284 exploitaient ce service en régie et, depuis cette date, plusieurs grandes villes, Lyon et Nantes en particulier, ont racheté les concessions. — Paris a adopté le système de la régie intéressée, pour les eaux en 1860 et pour le gaz en 1907 (Bouvier, p. 419). Paris exploite en régie directe le secteur électrique des Halles.

existe cependant des usines à gaz municipales à Grenoble, Valence, Tourcoing, Maubeuge, etc.) ; bien rares sont les municipalités qui exploitent en régie les services de transport en commun (1). — Toutefois, au point de vue de l'organisation du placement municipal gratuit, et des services d'assistance, les municipalités françaises ne le cèdent en rien aux organisations étrangères.

667. — Il convient, disons-nous, de chercher la cause de ce retard des municipalités françaises sur les municipalités étrangères dans la loi, et dans la jurisprudence du Conseil d'Etat. — Dans la loi d'abord : en effet, le principe de la liberté du commerce et de l'industrie domine toute notre législation industrielle, et à ce principe une loi seule peut déroger. C'est au nom de ce principe, rigoureusement interprété, que le Conseil d'Etat s'est toujours opposé, avant la guerre, à l'exploitation par les municipalités de boulangeries, boucheries ou pharmacies municipales (2).

668. — *Etendue du droit des concessionnaires.* — Quant aux droits exclusifs concédés par les *municipalités*, à des entreprises d'éclairage par le *gaz* ou *l'électricité*, ou de distribution *d'eau*, ces concessions, légitimes en tant qu'elles sont la rémunération du service public confié à ces compagnies, ne sauraient, sans excès de pouvoirs, dégénérer en un monopole exclusif de la fourniture du gaz ou de l'eau. Il est bien vrai que la commune qui, par traité, concède à une Compagnie du gaz ou des eaux le droit exclusif d'établir sa canalisation sous les rues et places de la voirie urbaine, en échange des avantages qu'elle stipule pour elle-même ou pour les habitants s'interdit, *ipso facto*, d'autoriser une société rivale à établir un réseau concurrent sur sa propriété (art. 1134, C. civ.) (3). Mais une telle convention n'équivaut point à un monopole exclusif de fournitures ; d'où cette conséquence, qu'une autre Compagnie serait en droit de faire concurrence à la première en utilisant

(1) Langres, notamment, et tramways de Tunis ; autobus électriques de Lyon, etc... — Depuis 1911, le département de la Côte-d'Or, n'ayant pu trouver de concessionnaire, exploite ses tramways en régie. Il en est de même, depuis 1920, du réseau départemental des Bouches-du-Rhône (L. 1er juill. 1920), depuis 1921 du réseau d'int. local des Côtes-du-Nord (L. 29 juin 1921), et depuis 1928, du réseau du Rhône. — Ce mouvement ne pourra que s'accentuer en présence de la crise des chemins de fer et tramways départementaux.

(2) Pharmacie municipale de Roubaix (avis du Cons. d'Etat, section de l'intérieur, du 17 juill. 1894, D. 98.3.3.) ; autre avis sur le même objet, du 2 août 1894 (*Rev. génér. d'admin.*, 1894.3.434). — Cf. Cons. d'Etat, 1er févr. 1901, D. 1902.3.34.

(3) Cons. d'Etat, 26 déc. 1891, D. 93.3.25 ; 4 août 1905, D. 1907.5.11. — Copper, t. Ier, p. 123, et t. II, p. 72.

pour sa canalisation une route départementale ou nationale traversant la commune, grâce à une permission de voirie émanée du département ou de l'Etat (1).

Mais, dès 1882, le gouvernement, préoccupé de prévenir les conflits qui s'élevaient entre les municipalités et l'administration supérieure, recommandait aux préfets, par une série de circulaires, de n'accorder dorénavant aucune permission de voirie susceptible de paralyser un monopole concédé par une commune. Cf. avis du Conseil d'Etat, du 27 juin 1893. — N'était-ce pas, indirectement reconnaître au concessionnaire un monopole de fait (2) ?

669. — *Interprétation des traités de concession par la jurisprudence.* — A un autre point de vue encore, le Conseil d'Etat nous paraît avoir donné à ce monopole de fait, dont il contestait théoriquement l'existence en droit (3), mais qu'il consolidait pratiquement, une extension abusive. C'est ainsi, que, dans le doute sur l'étendue des privilèges concédés, le Conseil a une tendance à interpréter le traité dans le sens le plus favorable au concessionnaire, et à décider, par exemple, que la commune qui, dans le cahier des charges, n'a pas pris soin de limiter à un mode déterminé d'éclairage (le gaz en général) le privilège qu'elle concède, s'est interdit *ipso facto* d'autoriser sur le domaine public communal toute canalisation ou installation au profit d'une Compagnie concurrente exploitant un autre procédé d'éclairage (électricité

(1) Cass., 26 juillet 1882, D. 83.1.106 ; Cons. d'Etat, 17 nov. 1882, D. 84.3.17 ; 22 juin 1888, *Rev. gén. d'admin.*, 1889.1.315. — Cf. Hérard et Sirey, *Les canalisations d'éclairage électrique*, p. 80. V. aussi *Rép. prat.*, Dalloz, v° *Gaz, électricité.*

(2) Il le semble bien, si l'on remarque que le Conseil d'Etat autorise le concessionnaire lésé par une concurrence, établie sur la grande voirie, à recourir contre la ville qui aurait donné un avis favorable à cet établissement. — Cons. d'Etat, 20 mars 1903, D. 1904.3.84.

(3) La loi du 15 juin 1906 (art. 8) sur les *distributions d'énergie électrique*, amendée par les lois de 1922 et 1925 (v. *supra* n° 646), établit une distinction essentielle entre les concessions d'éclairage et les concessions de force motrice. La commune peut dorénavant conférer au concessionnaire de l'éclairage public le droit d'utiliser, à l'exclusion de tous autres, les voies publiques communales, ce qui équivaut à une reconnaissance d'un monopole au profit du concessionnaire. Sur ce point, par conséquent, la loi consolide la dernière jurisprudence, favorable aux Compagnies. Mais le même article interdit toute concession exclusive de ce genre pour la fourniture de la force motrice (Cf. Mistral, *La loi de 1906 sur les distributions d'énergie*, th. 1907). La jurisprudence de la Cour suprême a réussi, en s'appuyant sur cet article 8, à arrêter les empiètements abusifs des Compagnies concessionaires sur le domaine réservé à la libre concurrence, à empêcher notamment les Compagnies de tramways de se transformer en fournisseurs de force motrice. — Req., 18 avr. 1910, D. 1910.1.425 et note Berthélemy.

notamment) (Cons. d'État, 8 mars 1895, D. 96.5.300 ; 22 mai 1900, D. 1901.3.78) (1).

Rappelons ici, d'un mot, le fameux arrêt du gaz de Bordeaux (Cons. d'État, 30 mars 1916, et rapp. Chardenet, D. 16.3.25), autorisant les Compagnies gazières, à raison de la hausse *imprévisible* du charbon consécutive à la guerre, à exiger une modification corrélative des clauses de leur contrat de concession, notamment à élever leurs tarifs, sans encourir aucune déchéance. Cet arrêt, qui a fait jurisprudence (2), est un obstacle presque insurmontable au rachat des services concédés par les municipalités.

L'on pourrait, il est vrai, mettre en regard de ces arrêts d'autres décisions du Conseil d'État, plus favorables aux droits de la collectivité, telles par exemple que l'arrêt du 12 mai 1900 (D. 1900, 3.65) interprétant dans un sens favorable à la ville de Paris les clauses du traité conclu par elle avec la Compagnie du gaz au sujet du partage des bénéfices (V. aussi Cons. d'État, 31 mai 1907, S. 1907. 3.113). — Mais il n'en est pas moins vrai que, prise dans son ensemble, la jurisprudence administrative française n'est point favorable à l'exploitation en régie des services publics municipaux, et qu'elle s'est longtemps opposée d'une façon absolue, par des considérations juridiques dont la faiblesse a été maintes fois démontrée (3), à l'exploitation immédiate en régie des services de transport en commun.

(1) Pour la critique de ces décisions, cons. notamment : Hauriou, op. cit. ; Bouvier, p. 258.

(2) V. notamment les arrêts des 23 janv. 1925, 27 mars 1926, D. 1925.3.17, 1927.3.17, notes Closset et autorités citées. — Sur cette jurisprudence du Conseil d'État, cons. notamment : Gros, *Les conséquences juridiques de la guerre sur les services concédés*, th. 1922 ; Lapeyre, *L'imprévision dans les marchés passés par les société de gaz et d'électricité*, th. 1923 ; Alibert, *L'imprévision dans les concessions de travaux publics*, 1927 ; Jacquemart, *id.*, th. 1928.

(3) Les communes sont juridiquement incapables, — déclare le Conseil d'État, — de faire le commerce ou d'exploiter une industrie lucrative quelconque. — Avis précité du Conseil d'État ; Cons. d'État, 1er févr. 1901, précité. — C'est en partant de cette conception que le Sénat a repoussé (14 déc. 1905) le projet de régie directe du gaz parisien, que la Chambre avait adopté le 13 nov. à une forte majorité, et obligé la Ville de Paris à organiser un système de régie intéressée, confiée à une société fermière.

Non seulement la thèse du Conseil d'État ne peut se réclamer de la loi municipale de 1884, dont aucune disposition ne prohibe la régie ; non seulement elle aboutit à des contradictions insolubles, l'exploitation en régie étant parfois une nécessité absolue (Bouvier, p. 331) ; mais elle est inconciliable, selon nous, avec tout un ensemble de textes, qui ont expressément reconnu aux communes le droit d'exercer un commerce ou une industrie, ou tout au moins une régie *lucrative*, le plus souvent sous le régime du monopole (pesages et mesurages publics, l. 28 mars 1790 ; bureaux municipaux de conditionnement, l. 21 août 1900 ; pompes funèbres, l. 28 déc. 1904 ; droit d'exploiter directement

670. — En réalité, le Conseil d'Etat nous paraît avoir alors cédé plutôt à un concept économique, inspiré des traditions libérales, qu'à des arguments d'ordre juridique. Cette tendance était fâcheuse, car elle mettait obstacle à des transformations économiques très désirables ; aussi approuvons-nous le gouvernement d'avoir restitué par des textes précis et non équivoques, aux municipalités françaises, des droits qu'elles n'avaient jamais eu l'intention d'aliéner (1).

Sans doute, cette orientation nouvelle des communes françaises les obligera à s'organiser commercialement, à créer à côté de leurs services administratifs proprement dits, des régies disposant d'une large autonomie, ayant un budget spécial et des réserves. Ainsi procèdent les villes anglaises, ou les villes italiennes, en exécution de la loi de 1903 (2). Ainsi fonctionneront désormais les régies municipales françaises, qui sans doute ne possèdent pas une personna-

un chemin de fer d'intérêt local, l. 11 juin 1880, ou une source d'énergie hydraulique, l. 16 oct. 1919, ou de souscrire des actions ou obligations de sociétés d'habitations à bon marché, l. 12 avr. 1906, 5 déc. 1922, 13 juill. 1928). — Cf. en faveur du droit des communes : Bouvier, *op. cit.*, p. 202, 280 et s. ; Pic, *Tr. de droit commercial*, t. Ier, 1907, p. 565 et suiv. — V. aussi Mater, *Le municipalisme et le Conseil d'Etat* (*Rev. d'écon. polit.*, 1905, 324).

Toutes les concessions accordées aux Compagnies de tramways, omnibus, chemins de fer d'intérêt local, Métropolitain parisien, etc., sont temporaires. A l'expiration des concessions, aucun obstacle juridique ne semble donc pouvoir s'opposer à l'exploitation en régie ; et avant cette date, la plupart des traités prévoient une faculté de rachat anticipé. L'on ne voit donc pas nettement pour quel motif les villes n'auraient pas pu, même avant les décrets de 1926, exploiter d'emblée, en régie, des services de transport en commun auxquels, à raison de leur nature même, le principe de la libre concurrence est manifestement inapplicable.

Sur les autres monopoles ou privilèges résultant de concessions municipales, monopoles des portefaix commissionnés, des facteurs aux halles, des peseurs et mesureurs publics dans les marchés, halles et ports, etc., v. *Rép. prat.*, Dall., vis *Halles*, et *Industrie et commerce*, n° 182. — V. aussi sur le monopole des facteurs aux halles, réorganisé par la loi du 11 juin 1896 (D. 96.4.83) ; Cons. d'Etat, 30 juin et 7 juill. 1911 (*Mon. jud. Lyon*, 29 déc. 1911). — Sur le monopole du *conditionnement des soies*, cons. Rép. prat. Dall., vis *Laines et soies*. — Cf. Delattre, *Les bureaux de conditionnement de l'industrie textile*, 1909.

(1) Décrets-loi des 5 nov. 1926 sur la *décentralisation administrative*, et 28 déc. 1926 sur les *régies municipales*.

(2) Sur la nécessité de donner aux communes françaises l'organisation économique qui leur manque, cons. notamment : Bouvier (p. 358 et s.), G.-J. Jaray, Bussy, *op. cit.* — Cf. Letailleur, *Les vices de structure de nos services publics* (Grande Revue, nov. 1926 et mai 1927). — V. aussi Gide, I, p. 324. — Il est intéressant de noter d'ailleurs que, même sous le régime actuel, certaines régies municipales, prudemment gérées, ont donné les meilleurs résultats. Ex. : régie lyonnaise des eaux (plus de 3 millions de bénéfice net), gaz de Grenoble, secteur électrique des Halles de la Ville de Paris, etc.

lité distincte de la commune, mais sont dotées de l'autonomie budgétaire (déc. loi du 28 déc. 1926, art. 3). —

Il convient d'ailleurs de noter qu'au lieu d'exploiter en régie directe, les communes peuvent si elles le préfèrent prendre des participations dans des entreprises, *de forme coopérative ou commerciale*, ayant pour objet le fonctionnement des services publics, le ravitaillement et le logement de la population, les œuvres d'assistance et de prévoyance, ou la réalisation d'améliorations urbaines. — (déc. loi du 5 nov. 1926 et déc. du 28 déc. 1926 art. 13) (1). — Sur les modalités de la participation des villes à la construction des habitations à bon marché et logements moyens (L. 5 déc. 1922, et loi *Loucheur* du 13 juil. 1928), V. titre IV *infra*, nos 1382 et s.).

671. — Les régies municipales pendant la guerre et depuis la cessation des hostilités. — Dès 1910, un mouvement très marqué s'était dessiné en France, dans le sens d'une extension de la capacité municipale en matière de régies.

Plusieurs propositions intéressantes avaient été déposées dans ce but (2). De son côté, le ministère Caillaux avait annoncé, dans les derniers mois de 1911, le dépôt prochain de tout un ensemble de projets inspirés du même esprit : projet conférant aux communes la faculté de participer directement ou indirectement à la constitution de *boulangeries* ou *boucheries coopératives* ; projets donnant aux villes les moyens légaux de réaliser, au moyen de l'expropriation par zones et de l'imposition de la plus-value (comme en Angleterre et en Allemagne), de vastes plans d'habitations à bon marché, et projet complémentaire conférant aux villes le droit de construire en régie, que leur refusait la loi de 1906.

Déjà l'un de ces projets avait partiellement abouti avant la guerre. C'est en effet la loi du 23 déc. 1912 qui a autorisé les communes à construire en régie des habitations à bon marché *pour familles nombreuses*.

Trois lois sur l'*expropriation* votées depuis lors (L. 21 avril 1914 sur le mode de calcul de l'indemnité, L. 17 juin 1915 sur l'expropriation pour cause d'insalubrité, — loi Siegfried, — et L. 6

(1) Sur la portée de ces décrets, cons. Bouvier, *op. cit.*, (Ann. de l'écon. collective, janv. 1927) ; Lavergne, *L'ordre coopératif*, p. 553 et s.

(2) Du 16 janv. 1911, propos. Marietton et Veber sur la *municipalisation des services publics* ; du 4 juill. 1910 (n° 175), propos. Bender, Godart, etc., tendant au remboursement des *plus-values* résultant des travaux publics. Cf. propos. Siegfried, du 18 nov. 1910, sur l'*expropriation pour cause d'insalubrité publique*, du 22 janv. 1909, propos. Beauquier obligeant les villes à dresser des *plans d'extension* et d'embellissement, etc.

nov. 1918 sur les expropriations *par zones*), ont eu pour objectif commun de faciliter l'œuvre de construction des cités ouvrières, d'assainissement des quartiers malsains, et de reconstitution des régions libérées : œuvre malheureusement entravée par le coût excessif des matériaux et de la main-d'œuvre. — C'est dans le même esprit qu'a été votée, au lendemain de la guerre, la loi du 14 mars 1919 (propos. Beauquier, dite loi Cornudet), sur les *plans d'extension* et d'aménagement des villes, complétée par la loi du 19 juil. 1924, et par celle du 15 mars 1928 sur les lotissements (1).

672. — Il convient de noter d'autre part que, pendant la guerre, nombre de villes ont dû, pour assurer le ravitaillement, organiser des régies alimentaires : boucheries, boulangeries, épiceries municipales même (2). Il s'agissait sans doute de parer à des circonstances exceptionnelles ; mais l'esprit d'initiative dont ces villes firent alors preuve avait créé, dans les Conseils urbains, un esprit d'indépendance avec lequel le gouvernement dut compter désormais.

La cause de la décentralisation administrative était gagnée, et les décrets précités de 1926 ont été accueillis avec faveur par l'opinion publique.

673. — **Manufactures nationales.** — En dehors des industries exploitées par lui ou par ses concessionnaires, sous le régime du monopole, l'Etat exerce, en concurrence avec l'industrie privée, diverses industries dans des établissements modèles, dont l'objet principal est d'offrir à l'industrie privée des types artistiques, aussi parfaits que possible, susceptibles de former le goût et de stimuler l'esprit d'invention : manufactures de porcelaines (Sèvres), de tapis (Gobelins et Beauvais), Imprimerie nationale (3). Les adversaires des monopoles d'Etat ne s'élèvent pas moins vivement contre cette prétention qu'a l'Etat de former le goût des industriels. La supério-

(1) Bonde, *Traité de l'aménagement des villes et des lotissements*, 1927. — V. aussi Carpentier, *Code métropolitain de l'expropriation pour cause d'utilité publique et de l'aménagement des villes* ; Rey, Pidoux, Barde, *La science des plans des villes*, in-4°, 1928.

(2) Doucet, *La ville de Paris épicière* (Monde économ., 29 avril 1922) ; Levy, *Les œuvres de guerre et d'après-guerre de la municipalité lyonnaise* (Régie directe, 1923-24, p. 241) ; Gaumont, *La boulangerie municipale* (Quest. prat., 1927, p. 75).

(3) L'Imprimerie nationale jouit du monopole des impressions administratives (décr. 28 août 1888) ; mais, sous cette réserve unique, elle ne doit pas faire concurrence à l'industrie libre. Aussi le règlement de 1823 décide-t-il que l'Imprimerie nationale ne peut exécuter aucun travail pour le compte des particuliers, à l'exception des ouvrages dont l'exécution exige des caractères qui ne se trouvent pas dans les imprimeries ordinaires, et de ceux dont le gouvernement prescrit l'impression gratuite.

rité universellement reconnue de nos manufactures nationales permet de répondre aisément à ces détracteurs systématiques. La tendance de l'industrie moderne vers le bon marché des produits rend au contraire indispensable le maintien de ces manufactures d'Etat, outillées en vue d'une production esthétique, sans préoccupation excessive du prix de revient.

ART. 4. — *Des industries réglementées, et spécialement des établissements dangereux, insalubres ou incommodes.*

674. — **Des industries réglementées en général.** — En principe, l'industrie est libre en France (V. *supra*, nos 128 et 240). Il n'en existe pas moins, en France comme à l'étranger, des industries réglementées : les unes dans un intérêt de sécurité et de salubrité publique (établissements dangereux, insalubres ou incommodes, exploitations minières, pharmacie et droguerie, eaux minérales, industries de l'alimentation, débits de boissons, commerces forains, brocanteurs, magasins généraux, bureaux de placement, théâtres et spectacles divers, armes, agences d'affaires, agences d'émigration, etc.) ; les autres dans un intérêt politique (presse, imprimerie, librairie, colportage) ; d'autres enfin dans un intérêt fiscal (établissements soumis à l'*exercice*, brasseries et distilleries, débits de boissons, entrepôts de sucres, raffineries, vinaigreries, etc.).

Le cadre de cet ouvrage ne nous permettant pas d'étudier les réglementations spéciales (1), nous nous bornerons à résumer la législation relative aux *établissements dangereux, insalubres ou incommodes*, à raison de son caractère de généralité (2).

(1) V. pour plus de détails sur les *industries réglementées* : Dall., *Rép. pratique*, vis *Armes, eaux minérales, industrie et commerce, machine à vapeur, médecine-pharmacie, presse, sucre*, etc...

(2) BIBLIOGRAPHIE. — Ch. Constant, *Code des établissements industriels classés*, 3e éd., 1893 ; Ressicaud, *Des droits des tiers lésés par le voisinage des établissements dangereux*, 1902 ; Cavayé, *Des pouvoirs de l'autorité judiciaire en matière d'ateliers dangereux*, th. 1909. — Comp. *Traités généraux de droit administratif*, de MM. Hauriou, Berthélemy, Bonnard, Simonnet, etc. — Pour le commentaire de la nouvelle loi du 19 déc. 1917 (D. 1919.4.10), et les règlements d'administration publique des 17 déc. 1918 (D. 19.4.29) et 24 déc. 1919 (D. 19.4.365) qui la complètent cons. spécialement *Rép. prat.* Dalloz, v° *Manufactures et établissements dangereux* ; Le Roy, *Les établissements classés, leur nouvelle réglementation*, 1922 ; Magistry, *La nouvelle législation des établissements classés*, 1923.

675. — **Des établissements classés : motifs de l'intervention administrative.** — Le principe de la liberté de l'industrie ne peut aller jusqu'à permettre aux industriels de compromettre la sécurité publique. L'Etat, gardien des intérêts généraux, a donc pour devoir d'intervenir pour réglementer sévèrement toutes les industries dangereuses ou insalubres. Il est inadmissible que les fabriques de produits chimiques, dont les émanations empoisonnent l'air, que les fabriques d'explosifs, dont les produits accumulés pourraient, si l'imprudence ou la malveillance en provoquaient l'explosion, faire sauter tout un quartier, puissent s'établir librement au milieu d'une ville. Aussi toutes les législations (1) s'accordent-elles à soumettre ces usines à la nécessité d'une autorisation administrative préalable ; et cette autorisation n'est accordée qu'aux établissements satisfaisant à certaines conditions de sécurité ou d'hygiène.

La loi française réglemente aussi les établissements simplement incommodes : il s'agit bien entendu d'une incommodité grave, susceptible de causer un tort considérable aux propriétés voisines (ex. : tanneries, usines pour la préparation des viandes, etc.).

676. — Loi organique du 19 décembre 1917. — Pendant plus d'un siècle, les établissements dangereux ont vécu sous le régime édicté par le décret du 15 oct. 1810, complété par l'ordonnance du 14 janv. 1915. Depuis longtemps les pouvoirs publics avaient reconnu l'urgence de doter la France d'un Code mieux ordonné de l'hygiène publique et industrielle, englobant l'ensemble des mesures réglementaires, reconnues nécessaires, tant dans l'intérêt du voisinage que pour la protection du personnel.

Un grand pas a été fait dans cette voie par la promulgation de la loi du 19 déc. 1917, qui a très heureusement remanié la législation archaïque de 1810, en la coordonnant avec les prescriptions de la loi de 1902 sur l'hygiène publique, et du Code du travail sur l'hygiène et la sécurité des travailleurs. Le régime nouveau a, sur les textes antérieurs, cette triple supériorité : 1° de protéger plus efficacement les intérêts ouvriers, en obligeant l'administration à subordonner les autorisations qu'elle délivre à l'observation des prescriptions légales sur l'hygiène des ateliers ; 2° de simplifier les formalités, en substituant pour les établissements de la troisième classe la simple déclaration à l'autorisation préalable ; 3° d'assurer la stricte observation de la loi par le renforcement des sanctions répressives et l'organisation d'un corps d'inspecteurs techniques.

(1) Sur les lois étrangères concernant les établissements dangereux ou insalubres, v. les indications données *supra* n°s 583 et suiv.

677. — **Usines de guerre.** — Malgré la généralité du décret de 1810, la jurisprudence du Conseil d'État considérait ses prescriptions comme inapplicables aux *établissements d'Etat*, intéressant la défense ou la sécurité du territoire (fabriques de dynamite, mélinite, poudreries militaires, etc.). — Cons. d'État, 17 mai 1878, D. 78.3.82. — Les particuliers lésés par ces établissements publics ne sauraient donc exciper du défaut d'autorisation pour en réclamer la suppression ; mais ils seraient fondés à réclamer des dommages-intérêts à raison du préjudice subi du fait de leur voisinage.

En fait, le développement au cours de la guerre des usines travaillant pour la défense nationale (établissements d'État, ou usines privées contrôlés par le Ministère de l'armement), et la fréquence des accidents provoqués par leur installation défectueuse (explosions de Neuville, de la Courneuve, de Grenoble, etc.), démontrèrent la nécessité d'une réglementation spéciale, conciliant les droits de l'Etat et les intérêts des tiers ; ce fut l'objet de la loi du 19 mars 1919 (D. 20.4.96). — Cf. L. 2 avril 1918 et 17 avril 1919, art. 66 — V. aussi L. 3 mai 1921 sur la répartition des dommages causés aux tiers par des accidents survenus dans les usines de guerre.

I. — ÉTABLISSEMENTS CLASSÉS

678. — La loi de 1917 maintient la division des établissements dangereux, incommodes ou insalubres en *trois classes*. Les industries auxquelles s'applique la loi et le classement de chacune d'elles ont été déterminés par un décret rendu en Conseil d'Etat (décr. du 24 déc. 1919), après avis du Conseil supérieur d'hygiène publique de France et du Comité consultatif des arts et manufactures, sur la proposition du ministre du commerce et de l'industrie.

Le tableau actuellement en vigueur n'énumère pas moins de 353 types d'établissements. Les classements ultérieurs, nécessités par l'évolution incessante de l'industrie et de la science, se feront dans les mêmes formes.

A. — DES ÉTABLISSEMENTS DE LA PREMIÈRE CLASSE. — 679. — Cette première catégorie comprend tous les établissements qui, à raison du danger d'incendie ou d'explosion qu'ils présentent, ou des maladies infectieuses que leurs émanations peuvent développer, *doivent être éloignés des habitations particulières*. Telles sont les fabriques de poudres et autres explosifs, les usines pour la fabrication ou l'épuration des huiles et essences (odeur et danger d'incendie), pour la fabrication de certains acides ; les abattoirs (odeur, altération des eaux), etc.

La loi n'a pas édicté, d'ailleurs, de distance réglementaire. La distance nécessaire pour la sécurité des voisins varie, en effet, suivant la nature et l'importance de chaque usine. Aussi est-ce à l'autorité administrative qu'il appartient de déterminer, dans chaque cas, à quelle distance des habitations particulières pourra être édifié l'établissement projeté. — (1).

680. — Formes de la demande. — La demande d'autorisation doit être adressée, en province, au préfet ; à Paris, au préfet de police (2). Cette demande doit contenir des renseignements précis sur la nature de l'exploitation projetée, l'importance des installations, le déversement et l'utilisation des eaux résiduaires ; un double plan doit être annexé à la demande : plan topographique (situation de l'usine projetée par rapport aux constructions les plus voisines) et plan architectural (organisation intérieure). — Décr. 17 déc. 1918, art. 1er.

Copie de la demande est adressée par le préfet au maire de la commune, qui doit ouvrir une enquête *de commodo et incommodo*. Même enquête est ouverte dans toutes les communes situées dans un rayon, variant, suivant l'industrie, entre un et cinq kilomètres de l'usine projetée. Ces enquêtes durent un mois ; la demande est affichée dans toutes les communes, pour provoquer les observations des intéressés. Enquêtes et affichage sont prescrits à peine de nullité. Le rapport du commissaire enquêteur est communiqué à l'industriel. Puis le préfet statue, sur un rapport du Conseil départemental d'hygiène, après avoir pris l'avis de la Commission sanitaire locale, de l'inspecteur des établissements classés, et de l'inspecteur du travail (3). L'arrêté préfectoral rejetant ou admettant la demande est notifié au demandeur et publié.

681. — Recours administratifs impartis à l'industriel ou aux tiers. — L'arrêté peut être attaqué devant le Conseil de préfecture (4)

(1) Cons. d'Etat, 15 mai et 19 juin 1903, D. 1904.5.412 ; 10 déc. 1909, D. 11.3.107.

(2) Cons. d'Etat, 18 nov. 1925, *Gaz. Pal.*, 1926, p. 21.

(3) Tous ces avis sont exigés à peine de nullité. — Cons. d'Etat, 6 déc. 1907 et 17 janv. 1908, D. 1909.3.62 ; Cons. d'Etat, 27 nov. 1908, D. 1910.3.60:

La loi de 1917 doit se combiner avec la loi du 14 mars 1919, amendée le 15 mars 1928, sur les plans d'extension. En conséquence, malgré l'avis favorable des services techniques, l'autorisation doit être refusée, si l'on peut prévoir, dans un avenir prochain, des constructions d'habitation aux alentours immédiats de l'établissement projeté. — Cons. préf. Seine, 14 mars 1923 (*Rec. Alsace-Lorraine*, 1923, 33). — V. aussi cons. préf., Seine, 22 févr. et 2 mars 1928 (*Gaz. Pal.*, 1928.1.795).

(4) D'après le décret de 1810, le recours de l'industriel était porté directement devant le Conseil d'Etat.

soit par l'industriel, en cas de refus ou d'autorisation subordonnée à des conditions onéreuses, soit par les tiers ou les municipalités lésés par une autorisation qui leur porte préjudice. L'industriel a deux mois pour se pourvoir, à compter de la notification de l'arrêté (1). Le recours des tiers ou des municipalités n'est au contraire assujetti à aucun délai, et ne cesse d'être recevable, que « s'ils peuvent être présumés avoir renoncé à l'exercice de ce droit » (art. 14) (2).

L'arrêté du Conseil de préfecture peut être déféré au Conseil d'Etat dans le délai ordinaire de deux mois.

B. — ÉTABLISSEMENTS DE LA 2e CLASSE. — 682. — Ces établissements sont ceux dont l'éloignement des habitations n'est pas indispensable, mais qui présentent néanmoins des dangers ou des inconvénients assez graves pour qu'il soit nécessaire, dans l'intérêt des voisins, de n'en permettre l'installation qu'après enquête. Tels sont, par exemple, les forges et hauts fourneaux, les usines à gaz, les fabriques de chaux, ciments, etc... Ici encore l'administration jouit d'un très large pouvoir d'appréciation. Elle n'est pas sans doute tenue d'exiger l'éloignement des habitations (Cons. d'Etat, 25 juil. 1902, D. 1904.3.30) ; mais elle peut l'exiger lorsqu'elle estime que la fabrique aurait des inconvénients graves pour le voisinage immédiat (ammoniaque, mise en œuvre de matières organiques, etc.). D'autre part, elle peut subordonner son autorisation à toutes les conditions qu'elle juge convenables (art. 11 (3).

La demande d'autorisation est soumise aux mêmes formalités que pour les établissements de la 1re classe. Mais l'enquête *de commodo* ne dure que quinze jours et se limite à la commune. — Mêmes voies de recours que dans le cas précédent.

C. — ÉTABLISSEMENTS DE LA 3e CLASSE. — 683. — Ces établissements sont tous ceux qui peuvent sans inconvénient subsister auprès des habitations, mais qu'il est néanmoins utile de surveiller, à raison du préjudice que leur installation défectueuse pourrait causer aux propriétés voisines ou à l'hygiène publique. Telles sont les distilleries, les brasseries, les fabriques de bougies, d'ammoniaque, etc..

(1) Il y aurait lieu à annulation si le préfet s'était, pour statuer, inspiré de considérations étrangères au caractère dangereux de l'établissement : Cons. d'Etat, 3 fév. 1899, *Rec.*, p. 81 ; 26 juin 1911, D. 13.3.111.

(2) Il est également loisible aux tiers d'*intervenir* dans l'instance formée par l'industriel. Les communes intéressées ont, à cet égard, la qualité des tiers : Cons. d'Etat, 2 févr. 1900, D. 1901.3.53.

(3) Sur l'étendue des pouvoirs de l'autorité administrative, v. Cons. d'Etat, 11 déc. 1903, D. 1905.5.45 ; 27 nov. 1908, D. 10.3.69.

etc. La loi de 1917 a supprimé pour ces établissements la nécessité de l'autorisation, et l'a remplacée par une simple déclaration écrite adressée au préfet (1). Celui-ci en donne récépissé sans délai, et notifie en même temps à l'industriel copie des arrêtés préfectoraux concernant le mode de fonctionnement, dans le département, des établissements similaires (art. 4, 17 à 19).

D. — RÈGLES COMMUNES AUX TROIS CLASSES D'ÉTABLISSEMENTS, —

684. — *a*) *Caractères de l'autorisation administrative.* — Cette autorisation présente trois caractères principaux : — 1° Elle est *impersonnelle* ; en d'autres termes, elle est donnée non pas à tel industriel, mais à tel établissement déterminé : l'autorisation donnée à l'exploitant primitif profite donc à ses successeurs, lesquels sont assujettis à une simple déclaration (art. 24).

2° Elle est *de droit étroit*, c'est-à-dire que l'autorisation n'est jamais donnée qu'à l'établissement tel qu'il se comporte actuellement. Toute modification de quelque importance oblige l'industriel, à moins qu'elle n'ait été prévue par l'arrêté, à solliciter une nouvelle autorisation (art. 25 et s.) (2).

3° En principe, l'autorisation est donnée à titre définitif (sous réserve d'une révocation toujours possible dans les conditions indiquées *infra*). Cependant, surtout lorsqu'il s'agit d'une industrie nouvelle, l'autorisation peut n'être donnée tout d'abord qu'à titre provisoire et pour un temps limité (art. 15).

685. — *b*) *Inspection.* — L'inspection des établissements dangereux, insalubres ou incommodes a été confiée, par la loi de 1917, à un corps spécial d'inspecteurs, nommés après concours. — Toutefois, la loi laisse aux Conseils généraux le soin d'apprécier, dans chaque département, eu égard au nombre et à l'importance des établissements classés, s'il convient de créer à cet effet de nouveaux fonctionnaires ou si cette mission peut être confiée à des agents de l'État ou du département déjà investis d'autres fonctions, mais présentant des garanties de compétence suffisantes (inspecteurs du travail, membres des commissions sanitaires, etc.).

686. — *Sanctions des infractions aux conditions imposées à l'exploitant.* — Cette sanction est double : sanction *pénale* et sanction *administrative*.

(1) Sur la déclaration imposée désormais (L. du 30 juin 1928, incorporée au C. du trav.) à tout établissement, même non classé, occupant un personnel salarié, v. *suprà* n° 611.

(2) Avant tout procès-verbal de contravention pour infraction aux dispositions de l'arrêté, doit intervenir une mise en demeure adressée à l'industriel avec fixation de délai. Crim. cass., 2 juin 1926, *Gaz. Pal.* 1926.2.418.

Sanction pénale. — Sous l'empire du décret de 1810, la sanction consistait uniquement dans l'application d'une peine de simple police (art. 471, C. pén.). La loi de 1917, au contraire, gradue les pénalités suivant la gravité de l'infraction.

Les contraventions aux prescriptions générales de la loi ou des règlements d'administration publique qui la complètent ne sont passibles que de peines de simple police, sauf au cas de récidive (art. 32), mais l'inobservation des conditions et réserves essentielles imposées à l'industriel dans l'intérêt du voisinage, de la santé publique ou de l'agriculture comporte une sanction plus rigoureuse.

Effectivement, aux termes de l'article 34, lorsque l'inspecteur des établissements classés a constaté à la charge de l'industriel un manquement de cette nature, la poursuite a lieu directement devant le tribunal correctionnel qui, après avoir reconnu le caractère *essentiel* des conditions et réserves visées au procès-verbal, applique les pénalités prévues à l'article 32 *in fine* pour le cas de récidive (amende de 16 à 500 fr.), et impartit à l'intéressé un délai pour se mettre en règle.

L'ouverture d'un établissement classé, sans autorisation ni déclaration, ou la continuation de l'exploitation au mépris d'un arrêté préfectoral de mise en demeure ou de fermeture provisoire, constitue également un délit correctionnel, passible d'une amende de 100 à 500 francs, sans préjudice du droit pour le tribunal d'ordonner l'apposition des scellés sur les appareils et machines et sur les portes de l'établissement (art. 36).

Sanction administrative. — A l'expiration du délai imparti par le tribunal correctionnel, sur le vu du jugement et d'un nouveau procès-verbal constatant l'inobservation persistante des conditions essentielles imposées, le préfet peut suspendre provisoirement les autorisations accordées aux établissements de 1re et de 2e classe. Il peut également prononcer, dans les mêmes conditions, la fermeture des établissements de la 3e classe (art. 34).

L'arrêté préfectoral portant suspension provisoire de l'autorisation accordée à un établissement de 1re et de 2e classe, ou fermeture temporaire d'un établissement de la 3e classe peut, dans les deux mois qui suivront sa notification, être déféré par l'intéressé au Conseil de préfecture, sauf appel au Conseil d'Etat (art. 35).

687. — c) *Droit des tiers devant les tribunaux judiciaires.* — Quels sont les droits des tiers lésés par l'exploitation d'un établis-

sement classé ? Il est évident que les tiers (1) ont le droit d'agir en dommages-intérêts, soit devant le tribunal civil, soit devant le tribunal de simple police, en se portant parties civiles (citation directe), lorsque l'établissement qui leur cause préjudice est exploité irrégulièrement (art. 36, § 1er).

Mais les tiers lésés par l'exploitation *normale* et régulière d'un établissement classé et dûment autorisé ont-ils également le droit de se plaindre et de réclamer une indemnité ? L'affirmative n'est pas douteuse (2). Le droit à indemnité résulte ici nécessairement, comme nous l'avons démontré *supra* (n° 270), soit du principe général de l'article 1382, soit de l'article 1384 du Code civil (obligation *ex lege*). L'autorisation administrative obtenue par l'industriel ne saurait en aucune manière modifier la situation juridique du bénéficiaire vis-à-vis des tiers ; cette autorisation n'est en effet donnée que *sous réserve des droits des tiers*. L'article 12 de la loi de 1917 s'en explique du reste expressément.

II. — Établissements non classés

688. — Lorsque l'exploitation d'un établissement industriel non classé présente des dangers jusqu'alors insoupçonnés, soit pour la sécurité du voisinage, soit pour la santé publique, le préfet peut, après avis du maire et du Conseil départemental d'hygiène, mettre l'industriel en demeure de prendre les mesures nécessaires pour faire disparaître les dangers signalés. Faute par l'industriel de se conformer, dans le délai imparti, à cette injonction, le préfet peut suspendre provisoirement le fonctionnement de l'établissement (3).

Aussitôt après, un rapport est envoyé au ministre du commerce, qui prescrit une instruction à la suite de laquelle un décret de classement intervient s'il y a lieu (art. 29).

III. — Suppression des établissements dangereux

689. — Dans le cas où le fonctionnement d'un établissement industriel quelconque, classé ou non classé, autorisé ou non, pré-

(1) Propriétaires, ou simples locataires : Cons. d'Etat, 4 avr. 1884, *Lebon*, p. 224.

(2) V. spécialement Ressicaud, *op. cit.* — Conf. Capitant, *Des obligations de voisinage, et spécialement de l'obligation qui pèse sur le propriétaire de ne causer aucun dommage au voisin.*

(3) Sur le droit du maire, v. Cons. d'Etat, 5 décembre 1923, *Loi*, n° 9 mars 1924.

senterait pour le voisinage ou la santé publique des dangers que les mesures prévues aux articles 11, 18 et s. de la loi ne seraient pas susceptibles de faire disparaître, ces établissements peuvent être supprimés, après avis du Conseil supérieur d'hygiène publique et du Comité consultatif des arts et manufactures, par un décret rendu en forme de règlement d'administration publique (art. 31).

ART. V. — *Intervention de l'État dans les rapports entre l'industriel et le consommateur, en vue d'assurer la loyauté des transactions.*

689 *bis*. — Les mesures législatives classées sous cette rubrique sont des mesures générales, applicables à toutes les industries, aussi bien aux industries libres qu'aux industries réglementées.

L'intervention de l'État, en vue de faire régner la loyauté et la justice dans les transactions commerciales, se justifie aisément en principe. En effet, la liberté du commerce n'est pas la liberté de vendre à faux poids, de tromper l'acheteur sur la nature, la quantité ou la qualité de la marchandise. Sans doute, ces fraudes sont des délits, susceptibles d'entraîner des condamnations civiles ou même pénales contre leurs auteurs ; mais il est très difficile le plus souvent, pour le consommateur, de s'en apercevoir en temps utile : d'où il suit qu'à défaut de tout contrôle officiel sur les *poids* et mesures employés, sur la qualité des produits débités, etc., les industriels et négociants de mauvaise foi auraient les plus grandes chances d'échapper à toute répression. Ainsi se trouve justifié le système préventif dans ses manifestations les plus ordinaires : système officiel de *poids et mesures*, *marque* de provenance imposée à certains produits, contrôle des produits destinés à l'*alimentation*, police des *halles, foires et marchés* (1). Nous nous bornerons à présenter ici quelques brèves observations sur les lois relatives *aux falsifications de denrées*.

690. — **Lois tendant à réprimer la falsification des denrées** (2). — Ces lois sont fort nombreuses, le législateur contemporain s'effor-

(1) Sur la législation des *poids et mesures*, tant en France qu'à l'étranger, v. *Supp. au Rép.* Dalloz, v° *Poids et mesures*. — Sur la réglementation officielle des industries de l'alimentation, v. *Rép. prat.* Dalloz, v° *boucheries, boulangeries, eaux minérales, halles, foires et marchés, impôts indirects, sel, sucre, substances falsifiées*.

Sur les *marques*, facultatives ou obligatoires, v. *supra*, n° 268.

çant d'atteindre la fraude sous quelque aspect qu'elle se présente. Les unes sont générales et répriment toutes les fraudes dans la vente des marchandises, toutes les falsifications de denrées alimentaires : Loi du 1er août 1905, amendée les 5 août 1908, 28 juillet 1912, 20 mars 1919 et 21 juill. 1929 ; décrets organiques des 26 févr. 1909, 22 janv. 1919 et 31 décembre 1928 (1).

Les autres sont spéciales à certains produits dont la falsification, devenue très fréquente par suite des progrès de la chimie industrielle, présente pour la santé des consommateurs des dangers plus ou moins graves. Telles sont : la loi du 23 juillet 1907 sur la vente des *beurres et margarines ;* la loi de finances du 30 mars 1907, articles 49 et 55, relatifs à l'emploi de la *saccharine ;* les lois du 31 mars 1903 sur les *sucres ;* du 1er mai 1905 sur les fraudes en matière de *sels ;* des 18 juillet 1904, 15 juillet 1907, 28 juil. 1912 sur les fraudes dans la vente, le sucrage, le mouillage ou la fabrication des *vins et spiritueux* (2) ; du 11 juillet 1906 sur la protection des *conserves* contre la concurrence étrangère ; du 4 février 1888 sur les fraudes dans le commerce des *engrais ;* du 25 avril 1895 sur les *sérums thérapeutiques ;* du 25 juin 1908 sur l'inspection des pharmacie et la répression des fraudes en matière médicamenteuse, etc. —Sur l'intervention des syndicats dans la répression des fraudes, v. *supra*, n° 415.

(1) De Borssat, *Législation nouvelle sur les fraudes et falsifications*, 3e éd. 1923 ; Monier, Chesney et Roux, *Traité théorique et pratique sur les fraudes*, 2e éd., 1927 ; — Marchadier et Goujon, *L'hygiène alimentaire et la législation*, 1926. — Aux lois sur les fraudes, se rattache, par un lien d'étroite connexité, la loi du 6 mai 1919, amendée par la loi du 22 juillet 1927, sur la *protection des appellations d'origine*. — Cf. Toulbeau, *La protection des appellations d'origine*, 1919 ; Plaisant et Jacq, *Traité des noms et appellations d'origine*, 1921 ; Jacq, *La loi du 22 juillet 1927* (Ann. de la propriété industr. 1928, p. 89). — V. aussi Douarche, *La défense des marques d'origine et l'exploitation des vins de France* (Rev. pol. et parl., juill. 1925). — Conf. L. des 24 juin 1928 sur la protection des signes servant à identifier les marchandises, et 26 mars 1930, réprimant les *fausses indications d'origine* des marchandises.

(2) Sur l'ensemble des lois régissant les vins et alcools, v. le *Code des boissons et alcools*, par E. Bender (pet. coll. Dalloz), 1912. — V. aussi : L. 1er janv. 1930, *sur les vins*.

SECTION II. — De la tutelle exercée par l'État sur l'industrie. Règlementation légale du travail industriel (ou commercial) des enfants, des femmes et des hommes adultes (1).

691. — Nous avons rattaché précédemment (n° 64), au pouvoir général de *tutelle* de l'Etat, l'intervention du législateur dans l'organisation du travail industriel et commercial.

Revenant avec plus de détails sur l'évolution retracée à grands traits dans notre introduction historique (n°s 140-182), nous aurons à rechercher tout d'abord sur quels principes rationnels repose le droit d'intervention de l'Etat, et comment ces principes ont reçu, dans la plupart des législations, une application de plus en plus complète. Puis, nous plaçant en présence du régime légal actuellement en vigueur en France, nous en exposerons les prescriptions

(1) BIBLIOGRAPHIE. — *Textes : Code du travail, liv. II*, amendé par les lois des 23 avril 1919, 21 janv. 1925, 7 déc. 1926, 25 mars et 30 juin 1928, etc. — *Travaux* préparatoires de la loi du 23 avril 1919 (D. 1920.4.1) sur la journée de 8 heures ; v. rapp. *J. Godart* (Ch., 10 avril 1919, n° 5980) et *Strauss* (Sén., 22 avril 1919, n° 210).

Sur la loi du 2 nov. 1892: Lagrésille, *Commentaire de la loi du 2 nov. 1892*, 1894 ; Caire, *La législation sur le travail industriel des femmes et des enfants*, 1896. — Sur la loi du 9 sept. 1848 : Rist, *Réglementation de la journée de travail de l'ouvrier adulte en France*, 1898.

Sur la législation, encore en vigueur dans quelques rares établissements, résultant de la combinaison des lois de 1848, 1892, 30 mars 1900 et 29 déc. 1900, incorporées au Code du travail, cons. spécialement (outre les ouvrages généraux sur la législation industrielle) : L. Bouquet, *La réglementation du travail dans l'industrie*, 1904 ; Béchaux, *La réglementation du travail*, 1904 ; Jay, *La protection légale des travailleurs*, 2e éd., 1910. — Cf. Fighiera, *La protection légale des travailleurs en France*. — Sur la loi du 23 avril 1919, cons.: Cavaillié, *La journée de 8 heures*, 1919 ; Pasquier, *La loi sur la journée de 8 heures ; de quelques conséquences économiques et sociales*, 1921 ; Veyssié, *Le régime de huit heures en France*, 1922 ; Tessier, *Un progrès social, la journée de huit heures*, 1923 ; Beaudemoulin, *La loi de huit heures, Enquête sur son application et sur les loisirs de l'ouvrier*, 1923 ; Touchard, *La journée de huit heures dans la métallurgie*, 1925 ; thèses Boutroux, Guyot, etc. — V. *infra*, la bibliographie spéciale aux lois de 1906 et 1923 sur le repos hebdomadaire. — Comp. chroniques et docum. des *Bulletin du Minist. du travail*, *Rev. d'écon. polit.*, *Questions pratiques* et *Rec. de dr. comm. et de droit social*, *Réforme sociale*, *Musée social*, *Doc. du travail*, etc.

Sur le fonctionnement de l'*inspection du travail en France*, sur les réglementations spéciales à certaines industries (chemins de fer, mines, manufactures de l'Etat, etc.) ou à certains modes de travail (travail à *domicile*), travail collectif des *orphelinats*, *prisons*, etc., et sur les principales *lois étrangères*, cons. les bibliographies spéciales annexées à chaque paragraphe.

essentielles, et rechercherons, à la lumière du droit comparé, de quelles réformes cette législation paraît susceptible.

ART. 1er. — *Justification du principe de la réglementation* (1).

692. — Cette question de la délimitation légale de la *journée de travail* est assurément l'une des plus graves, mais aussi l'une des plus complexes, qui s'imposent à l'examen attentif du législateur contemporain.

Tous les Congrès, spécialement les Congrès *de protection ouvrière*, qui ont précédé ou suivi la constitution de l'Association internationale (V. *supra*, nos 175 et suiv.), ainsi que la plupart des Parlements, l'ont maintes fois remise à l'ordre du jour. Pendant longtemps, l'on vit s'affronter dans ces tournois oratoires les deux tendances extrêmes, la tendance socialiste, nettement favorable à la journée de 8 heures pour l'ensemble des travailleurs (2), et la tendance libérale, hostile à toute limitation de la journée de travail, sauf pour les enfants.

A la veille de la guerre de 1914-18, la plupart des législations s'étaient, sous l'influence de l'école interventionniste, ralliées à une solution intermédiaire, consistant à réglementer plus strictement le travail de l'enfant ou de la femme que celui de l'homme adulte.

Bien que, depuis la fin de la guerre, la formule socialiste des trois-huit ait été consacrée, sous certaines réserves, par nombre de législations, dont la législation française, les modalités de la réglementation, notamment en ce qui concerne le travail de nuit, demeurent très différentes, suivant les catégories de travailleurs.

(1) Dans le sens de la réglementation, cons. notamment : Jules Simon, *L'ouvrier de huit ans*, *L'ouvrière* ; Jay, Pic, *op. cit.* ; Benzacar, *L'ouvrière au XXe siècle Quest. prat.*, 1902, p. 172 et 193); Mlle Schirmacher, *Le travail des femmes en France* (*Mus. soc.*, 1902); Caroline Milhaud, *L'ouvrière en France*, 1907; Gide, *Cours*, II, p. 371; de Maday, *Droit ouvrier*, I, p. 99. — V. aussi les comptes-rendus des Congrès et Assemblées de l'Assoc. internationale pour la protection légale des travailleurs, 1900-1912; les commentaires du traité de Versailles et de la Conférence de Washington, ainsi que les publications du Bureau internat. du travail de Genève. — V. *supra*, nos 172 et suiv. — Cons. au contaire, dans le sens individualiste : Béchaux, *op. cit.* ; Payen, *La réglementation du travail réalisée ou projetée ; ses illusions, ses dangers*, 1913.

(2) C'est afin de faire aboutir cette revendication que les socialistes des Deux Mondes décrétèrent, en 1889, le chômage symbolique du 1er mai. — Pic, *Le premier mai et sa mystique* (*Quest. prat.*, mai-juill. 1920).

Nous sommes ainsi logiquement conduit à présenter sous trois chefs distincts la justification de la réglementation du travail industriel, par rapport à l'enfant, à la femme et à l'homme adulte.

§ 1er. — Enfants

693. — Substitution du jeune ouvrier à l'apprenti : protection nécessaire. — L'ancien régime avait compris la nécessité de protéger l'enfance. Aussi les maîtres-gardes des corporations étaient-ils investis par les statuts d'un large pouvoir de tutelle sur les *apprentis*. — V. *supra*, n° 104.

Aujourd'hui, ainsi que nous le verrons au titre II, la loi réglemente, comme le faisaient jadis les statuts corporatifs, le contrat d'apprentissage. Mais cette réglementation ne pouvait suffire en présence du développement de la grande industrie ; il n'existe en effet d'apprentis, au sens véritable du mot, que dans les petits ateliers. Dans les usines, l'enfant débute immédiatement comme ouvrier. L'intervention active du législateur n'en était que plus nécessaire ; aussi voyons-nous apparaître dans tous les pays, au fur et à mesure que l'activité industrielle se développe, une législation protectrice de l'enfant, destinée à le protéger contre les abus de pouvoir patronaux.

C'est en Angleterre que cette législation tutélaire a été promulguée tout d'abord ; la France a suivi (décret du 3 janvier 1813 spécial aux mines, loi sur le travail des enfants dans les manufactures du 22 mars 1841, loi du 19 mai 1874). Cette loi de 1874 n'était elle-même qu'une étape, comme la plupart des lois étrangères de la même époque. Depuis un demi-siècle, tous les Parlements se sont préoccupés à l'envi d'accentuer cette législation tutélaire.

694. — Réfutation de la thèse abstentionniste. — L'accord unanime des législations (1) élève tout au moins une forte présomption en faveur de la nécessité d'une réglementation sévère du travail des enfants ; et de fait, la plupart des économistes, même les plus libéraux comme M. P. Leroy-Beaulieu, avouent qu'en pareille matière, il convient de faire fléchir le principe du *laissez-faire*. Seuls, quelques intransigeants contestent encore la légitimité de

(1) Deuxième Congrès international pour la protection de l'enfance (*Rev. internat. du travail*, janv. 1922).

l'intervention de l'Etat, sous le double prétexte que cette intervention serait contraire à la liberté du travail, et qu'elle constituerait un empiètement sur les droits de la famille (1).

Le premier argument, fondé sur le principe de la *liberté du travail*, n'est vraiment pas sérieux. En effet, s'il est permis d'invoquer ce principe pour condamner la limitation de la durée du travail des adultes, il ne saurait être question de la liberté du consentement pour un enfant de huit, douze ou même treize ans. L'enfant subit, sans les discuter, les ordres qui lui sont donnés ; il n'a en réalité ni volonté propre, ni force de résistance. Donc il est faux de prétendre que la loi attente à la liberté de l'enfant lorsqu'elle décide que les patrons ne pourront engager d'enfants qu'à partir de tel âge, et qu'ils ne pourront faire travailler les enfants qu'un certain nombre d'heures. La vérité est que la loi stipule pour l'enfant et réclame en son nom le traitement qu'il réclamerait lui-même s'il était capable de vouloir.

695. — Le droit de la famille. — Mais, ajoutent les partisans de la non intervention, si l'enfant n'a pas de volonté, ses parents en ont une ; seuls ils ont qualité pour parler en son nom. Le législateur, en intervenant, porte donc une grave atteinte à la puissance paternelle. Cette seconde objection repose sur une double erreur : — *a*) une *erreur de fait*. En fait, l'expérience démontre, malheureusement, que dans la classe ouvrière la misère, la nécessité de pourvoir à la subsistance d'un grand nombre d'enfants, déterminent trop fréquemment les parents à utiliser, dans des conditions préjudiciables à leur santé, le travail de ceux-ci. Le témoignage non suspect du Dr Villermé (2), sur la condition lamen-

(1) Conf. déclarations de MM. Yves Guyot et Hubert-Valleroux au Congrès de Bruxelles de 1897 (Congrès, rapp. et comptes-rendus, p. 643, 667).

(2) Dr Villermé, *Tableau physique et moral des ouvriers employés dans les manufactures de soie, de laine et de coton*, 1840. La durée moyenne du travail industriel était, en 1840, de quatorze heures par jour ! Or, à cette époque, la durée du travail de l'enfant était la même que celle de l'homme ; et comme les lois ne fixaient pas l'âge minimum d'entrée dans les usines, il n'était pas rare de voir dans les usines des ouvriers de sept ans ; il y avait même, à Sainte-Marie-aux-Mines, des dévideurs de trame de *quatre à cinq ans !* Pour savoir quels étaient les résultats sociaux d'un régime industriel aussi barbare, il suffit de consulter les tables de mortalité et les statistiques de recrutement. Des premières il ressort qu'à Mulhouse, par exemple, la durée moyenne de la vie de l'ouvrier de fabrique était de vingt-cinq ans, tandis que la moyenne était de trente-six ans pour le reste de la population. Les secondes nous apprennent que dans les centres industriels de Normandie, pour 100 conscrits reconnus bons au service, il y en avait 166 inaptes ! — Cp. Achille Penot, *Bull. de la Société industr. de Mulhouse*, n° 28, p. 341 et suiv. ; Souchon, *La situation des ouvriers*

table de la classe ouvrière à la veille de la première loi qui, dans notre pays, ait protégé (bien faiblement) l'enfant contre l'exploitation des usiniers, illustre éloquemment cette proposition et démontre combien il était chimérique, comme le prétendaient les libéraux d'alors, de considérer le jeune ouvrier comme suffisamment protégé par l'affection vigilante de sa famille.

b) Une *erreur de droit* : il est absolument inexact de considérer la puissance paternelle *comme un droit* pour le père, comme une sorte de propriété *sui generis*, qui pourrait être, pour les parents, une source de revenus ! La *puissance paternelle*, au contraire, en droit moderne, est organisée avant tout dans l'intérêt de *l'enfant*, et aussi dans l'intérêt *social* : c'est plutôt une *obligation* qu'un droit pour celui qui l'exerce ; aussi appartient-il aux pouvoirs publics d'intervenir pour prévenir ou réprimer les abus, dont les parents qui en sont investis pourraient se rendre coupables. Ce caractère limité de la puissance paternelle n'est d'ailleurs plus contestable depuis la promulgation des lois du 24 juillet 1889 sur la protection des enfants maltraités ou moralement abandonnés, et la déchéance de la puissance paternelle, et du 22 juillet 1912, amendée le 30 mars 1928, sur les tribunaux pour enfants.

§ 2. — Femmes

696. — Le problème. — Le législateur doit-il se borner à réglementer le travail des enfants et des filles mineures, ou doit-il réglementer également le travail des femmes adultes ? La question a divisé longtemps les économistes et les législateurs.

Dans plusieurs Etats du sud de l'Europe, notamment en Espagne et en Grèce, a prévalu, tout au moins jusqu'en 1912, le système de la non-intervention.

La limitation législative est au contraire depuis longtemps, le droit commun des pays du nord et du centre de l'Europe, des colonies britanniques et des Etats-Unis. Cette limitation, sur laquelle nous reviendrons, a un quadruple objet : prohibition du travail de nuit, repos hebdomadaire obligatoire, durée maxima du travail quotidien, chômage légal des femmes enceintes ou relevant de couches. Le législateur *français* de 1892, et à sa suite la

en France à la fin du XIXe siècle (*Mus. soc.*, août 1899). — V. aussi l'enquête du *Children's Bureau*, sur les conditions physiques de l'emploi des enfants (*Rev. intern. du trav.*, janv. 1922).

plupart des pays latins (Italie 1907, Espagne et Grèce 1912), se sont ralliés au principe de la réglementation.

697. — Arguments en faveur de la réglementation. — L'on justifie généralement la nécessité d'une réglementation du *travail des femmes adultes* par trois arguments principaux ; mais le dernier seul, ainsi que nous le démontrerons, paraît vraiment décisif.

1° Les *femmes adultes* sont en majorité, *mariées*, et en puissance de mari. Elles doivent avant tout s'occuper des soins du ménage, de l'entretien et de l'éducation des enfants ; il convient donc que le législateur les protège, dans l'intérêt du mari et de la famille, contre une exploitation abusive des chefs d'industrie (V. Jules Simon : *L'Ouvrière*). Ce premier argument, éloquemment développé par l'éminent homme d'Etat, a sa valeur ; mais il n'est peut-être pas absolument décisif ; car l'on peut répondre, en faveur de la non-réglementation, que la famille ouvrière a intérêt à ce que la mère travaille plus longtemps à l'usine et rapporte à la maison un salaire rémunérateur. Au surplus, cet argument n'a de portée que pour le travail des femmes mariées ; il ne justifierait pas la limitation du travail des femmes non mariées, des veuves ou des filles, tout au moins lorsqu'elles n'ont pas d'enfants en bas âge.

2° La femme, comparée à l'homme adulte, est un être faible, incapable de fournir sans danger grave pour sa santé un travail trop long et trop pénible ; il est donc nécessaire de la protéger contre elle-même. — Ce second argument, à lui seul, n'est pas plus décisif ; en effet, si la loi protège l'enfant, ce n'est pas seulement à raison de sa faiblesse physique, mais aussi et surtout à raison de son défaut de discernement. La femme, elle, a pleinement conscience de ses actes, et c'est *librement* (1) ou du moins en pleine connaissance de cause, qu'elle s'engage envers celui qui l'emploie.

(1) Liberté, d'ailleurs, beaucoup plus apparente que réelle, vu la modicité extrême du salaire féminin dans la plupart des professions, et spécialement dans toutes les industries de la couture, lingerie, confection, où le *sweating*, savamment entretenu par les courtiers des grands magasins, et la concurrence des femmes mariées, satisfaites d'un salaire d'appoint, ou des ouvroirs et orphelinats, avaient fait tomber le taux des salaires à un taux dérisoire. Il y a trente ans, les corsetières, les chemisières étaient fréquemment réduites, pour une journée moyenne, dans les grandes villes de province, à un salaire oscillant entre 0 fr. 75 et 1 fr. Bonnevay, *Les ouvrières lyonnaises travaillant à domicile*, 1896. Il y a vingt ans, la situation de cette catégorie d'ouvrières ne paraissait pas s'être sensiblement améliorée (Office du trav., *Enquête sur le travail à domicile dans la lingerie*, 5 vol., 1907-1911) ; Espinasse, *L'ouvrière à l'aiguille à Toulouse*, 1907. — Pour plus de développements sur la question du *sweating system* et sur

698. — 3° Aussi est-ce sur un autre terrain, sur le terrain de la *conservation sociale*, que les défenseurs de la réglementation se cantonnent de préférence aujourd'hui, avec raison selon nous. Si la femme, en travaillant avec excès, ne nuisait qu'à elle-même, il serait permis à la rigueur de soutenir que le législateur n'a pas à intervenir ; mais telle n'est pas la situation. En effet, l'état physique de la femme exerce une influence fatale et nécessaire sur celui de l'enfant. En compromettant sa santé par un travail excessif, la femme ne se nuit donc pas seulement à elle-même, elle nuit aux enfants qu'elle pourra procréer ; ces enfants, issus d'une mère affaiblie par le travail mécanique, naîtront mal conformés, débiles ou rachitiques. Faute d'avoir réglementé le travail des femmes, la société sera vite menacée d'un abâtardissement de la race ; et le mal ira toujours croissant, tant que des mesures énergiques ne seront pas prises pour limiter la durée du travail de la femme, lui interdire les travaux les plus pénibles, spécialement le *travail de nuit*, et enfin lui imposer, ou du moins obliger ceux qui l'emploient à lui laisser chaque jour assez de loisirs pour vaquer aux soins du ménage et à l'éducation des enfants.

Les enquêtes ouvertes dans les différents pays, les rapports des inspecteurs du travail, s'accordent à constater les effets déplorables du travail excessif de la femme (1). Il y a donc un intérêt social en jeu, et, dans ces conditions, l'intervention du législateur est légitime et nécessaire.

699. — **Les objections.** — Les économistes libéraux protestent cependant contre cette intervention. Leurs objections, nettement exposées dans un discours de M. Bérenger au Sénat, au cours de la discussion de la loi de 1892, sont au nombre de trois principales :

les moyens d'y remédier (salaire minimum, L. du 10 juill. 1915) v. *infra*, titre II, chap. 2, art. 3.

(1) Ansiaux, *Travail de nuit des ouvrières de l'industrie dans les pays étrangers* (enquête de l'Office belge) ; *Final Report of the select committee of the House of Lords on the Sweating system*, 1890 (enquête anglaise). — Cf. Vallin, *La femme salariée et la maternité*, 1911 ; Dr Amar, *Organisation physiologique du travail*, 1917 ; Congrès internat. des ouvrières à Genève (*Rev. intern. du trav.*, juill. 1922).

Sur l'influence néfaste, au point de vue démographique, du travail de nuit des femmes, cons. également les conclusions du *Congrès internat. d'hygiène et de démographie*, Paris, 1900 (*Rev. d'hygiène*, 1900, p. 762 et s.). — Sur les résolutions des Conférences diplomatiques de Berne et de Washington, tendant à l'interdiction en principe du travail de nuit des ouvrières dans l'industrie, v. *supra*, nos 182 et s.

1° La première objection est d'ordre philosophique ; elle est tirée du principe de la *liberté du travail* : « Il n'est pas admissible, déclarait M. Bérenger, alors que la femme a toute liberté de ne pas travailler, de laisser sa famille, ou de se livrer à la débauche, que la loi intervienne seulement pour lui interdire de se sacrifier, de supporter un travail parfois au-dessus de ses forces, dans l'intérêt de sa famille ».

A cette première objection, nous ferons une double réponse : — *a*) Il est bien vrai, nous l'avons dit nous-même, que le travail doit, en principe, être libre, mais ce principe doit céder devant l'intérêt social ; et si cet intérêt exige qu'une certaine restriction soit apportée au régime de la liberté absolue, cette restriction est légitime et doit être approuvée. — *b*) Ainsi que l'a fait observer le ministre du commerce, M. Jules Roche, dans la discussion de la loi de 1892, les conditions du travail se sont complètement transformées depuis un siècle ; il n'y a aucune comparaison à établir entre les petits ateliers de jadis, et ces immenses établissements industriels, où l'ouvrier, embrigadé, travaille aussi longtemps qu'il plait au chef d'industrie de le faire travailler, sans qu'une protestation isolée de sa part puisse être d'aucune efficacité. Les ouvriers ont sans doute la ressource des grèves ; mais cette ressource, qui pratiquement d'ailleurs fait défaut à l'immense majorité des ouvrières (vu la faiblesse des syndicats féminins), est des plus aléatoires. Quant à l'initiative patronale, son insuffisance est reconnue par ceux-là mêmes, parmi les chefs d'industrie, qui auraient le désir d'améliorer la condition de leur personnel, et qui en sont empêchés par les lois implacables de la concurrence ; aussi sont-ils les premiers parfois à réclamer une intervention légale (1).

708. — 2° La deuxième objection est tirée de la répercussion prétendue nécessaire de la limitation du travail des femmes sur le travail des hommes. Il serait dangereux, dit-on, de limiter la durée de la journée de travail des adultes hommes ; or, c'est à ce résultat qu'aboutirait fatalement la limitation des heures de travail des femmes. En effet, la plupart des usines emploient des ouvriers des deux sexes ; l'atelier sera désorganisé après le départ des ouvrières

(1) Cons. en ce sens, déclar. de M. Waddington à la tribune du Sénat le 28 mars 1892. — Cf. déposition de la Chambre syndicale de l'alimentation parisienne devant la Commission permanente du Conseil supérieur du travail, le 15 avril 1901 (rapp. par Jay, *op. cit.*, 35) ; et la déclaration de M. Le Blanc, président du syndicat de l'industrie linière du département du Nord, au Congrès de Paris, 1900.

si bien que le chef d'industrie se verra, malgré lui, obligé de réduire dans la même proportion le travail des ouvriers.

Nous étudierons bientôt la question de la limitation du travail des adultes hommes ; mais, dès maintenant, nous croyons pouvoir contester absolument le bien-fondé de l'objection tirée de la répercussion *nécessaire* de la réglementation du travail des femmes sur le travail des hommes. Il convient en effet de remarquer que, dans la majorité des établissements industriels, enfants et femmes sont affectés à des travaux distincts, s'exécutant dans des ateliers séparés.

Que si, par exception, des adultes hommes travaillent *dans les mêmes locaux* que les femmes et les enfants, il pourra paraître opportun d'adopter pour tous une même durée de travail. Mais cette mesure, admise par le législateur français de 1900 dans une pensée de simplification (v *infra*), n'est nullement nécessaire ; et la loi allemande a longtemps maintenu la répartition des ouvriers travaillant dans les même ateliers en plusieurs catégories.

701. — Durée du travail et productivité. — 3° La troisième objection est d'*ordre économique*. La production industrielle, dit-on, est proportionnelle *à la durée du travail*. Si vous réduisez la durée du travail des femmes dans les usines françaises, vous diminuez d'autant le chiffre de la production de chaque usine, et vous mettez nos industriels dans l'impossibilité de lutter contre la concurrence étrangère. Cet argument, décisif au premier abord, procède d'un point de départ manifestement inexact. En effet, la valeur de la production n'est pas rigoureusement proportionnelle à la durée du travail, mais bien à la durée de ce travail combinée *avec son intensité* et sa *qualité* : or, c'est un fait d'expérience que l'intensité et la qualité du travail, dans un temps donné, diminuent notablement au bout d'un certain nombre d'heures. L'ouvrier fatigué par une station prolongée à l'usine, et surtout l'ouvrière, fournit dans les dernières heures un travail plus lent et beaucoup moins parfait que dans les premières heures : d'où il suit que les usines dans lesquelles l'ouvrier n'est jamais *surmené*, parce qu'on ne l'emploie que 9 ou 10 heures, par exemple, peuvent produire autant que les usines occupant leur personnel pendant 11 ou 12 heures par jour.

Cette proposition n'est pas une affirmation sans preuves. La diminution de la durée de la journée de travail des femmes et des enfants, imposée par la loi tant en Angleterre qu'aux Etats-Unis, n'a eu sur le développement de la production industrielle aucune influence fâcheuse, bien au contraire : les statistiques ouvrières de ces deux Etats l'établissent péremptoirement (1).

Une expérience de près de trente ans, et les rapports concordants des inspecteurs démontrent qu'il en a été de même en France, et que, contrairement aux pronostics pessimistes des libéraux, la loi de 1892 n'a compromis en rien notre industrie nationale, bien loin de la mettre dans l'impossibilité de lutter contre la concurrence des Etats étrangers, dont les plus prospères, l'Allemagne, l'Angleterre ou la Suisse par exemple, ont d'ailleurs également adopté le principe de la réglementation du travail féminin (2).

§ 3. — Hommes adultes (3)

702. — Le problème. — Nous abordons ici l'un des problèmes les plus délicats du droit ouvrier, l'un de ceux où la divergence apparaît le plus irréductible entre les libéraux et les interventionnistes ; l'un de ceux aussi où la réalisation d'un accord entre les législations paraissait le plus difficile, avant la guerre tout au moins. Sans doute le principe de la limitation légale de la journée de l'adulte avait gagné du terrain. Consacré par la loi française de 1848, il avait successivement triomphé en Suisse, en Autriche, en Russie, en Serbie, et dans quelques Etats de l'Union américaine ou de l'Australie.

Il n'en est pas moins vrai que, dans les principaux pays industriels, notamment en Angleterre et en Allemagne, aucune loi géné-

(1) Sur les statistiques *anglaises*, nettement favorables, cons. notamment : Brentano, *Les rapports entre le salaire, la durée du travail et sa productivité* (*Rev. d'éc. polit.*, 1893, p. 273) ; S. Webb and Harold Cox, *The eight hours day* ; Jay, *La loi de dix heures en Angleterre* (*Rec. d'éc. pol.*, mai 1902). — Sur les statistiques américaines, cons. l'enquête officielle de 1904 (*Wages and hours of labor*), publiée en 1904 par le *Bureau of Labor* de Washington).

(2) Cons. la collection des rapports annuels des inspecteurs du travail. Les conclusions qui s'en dégagent sont ainsi résumées dans le rapport de la Commission supérieure du travail pour 1897 : « L'amélioration de vitesse des engins mécaniques, les pertes de temps moins nombreuses, les repos plus réels, ont permis à la production, non de diminuer ou de rester stationnaire, mais de suivre une *marche ascendante, si bien que peu d'industriels se résoudraient aujourd'hui à revenir à la journée de douze heures* (*Bull. Off. du trav.*, janvier 1898, p. 30).

(3) Cons. sur la question : Mataja, *Les origines de la protection ouvrière en France* (Rev. d'écon. polit., 1895, p. 527, et 1896, p. 232) ; Jay, *op. cit.* ; Philippe, *Réglementation du travail industriel des adultes*, 1897 ; Rist, *Réglementation légale de la journée de travail de l'ouvrier adulte en France*, 1898 ; Pic, Pasquier, *op. cit.* Cf. S. Webb et H. Cox, *The 8 hours days*, 1891 ; J. Raë, *Eight hours for work*, 1894.

rale ne fixait encore la durée maxima de la journée de l'homme adulte pour l'ensemble des industries. Un pas décisif fut fait dans la voie de la réglementation législative du travail de l'adulte par l'insertion dans le *traité de Versailles* (art. 427), d'une clause assignant à toutes les nations civilisées « comme but à atteindre partout où il n'a pas encore été obtenu (1) » l'adoption de la *journée de huit heures.*

C'est en conformité de cette disposition que la Conférence ouvrière de Washington (oct.-nov. 1919) élabora un projet de convention sur la journée de huit heures dans l'industrie, sur lequel les Parlements des deux mondes furent appelés à délibérer (2).

Convient-il d'approuver, ou doit-on au contraire condamner cette tendance, aujourd'hui internationalement affirmée ?

703. — Les objections. — Elles peuvent se ramener en somme à deux principales :

1° Toute limitation légale de la journée de travail est une atteinte au principe de la liberté du travail. Cette limitation, légitime à l'égard de l'enfant, est déjà plus contestable lorsqu'il s'agit de femmes adultes ; cependant cette intervention peut se justifier, dans une certaine mesure, par la faiblesse de la femme, et surtout par l'intérêt social. Mais la limitation légale de la durée du travail des adultes hommes constitue, dit-on, une atteinte injustifiable au principe de la liberté du travail. L'adulte qui s'engage envers un patron à travailler douze heures par jour sait à quoi il s'oblige ; son engagement contracté librement est obligatoire et doit s'exécuter dans sa teneur.

Cette protection que l'on prétend imposer à l'ouvrier sera fatalement ou illusoire, ou dangereuse pour ceux que l'on veut protéger. Elle sera illusoire si les autorités judiciaires ou administratives ne tiennent pas la main, par un contrôle incessant et vexatoire, à la stricte observation des prescriptions légales ; elle sera dangereuse si elle est appliquée, car les patrons seront nécessairement obligés, sous peine de ruine, d'abaisser le taux des salaires en proportion de la diminution des heures de travail, imposée par la loi. Résultat net pour l'ouvrier : diminution immédiate du taux des salaires, ou à bref délai, chômage prolongé par suite de la fermeture de l'usine. Sous un régime de liberté, au contraire, le

(1) Dès avant la signature du traité de Versailles (28 juin 1919), plusieurs Etats avaient adopté la journée de 8 heures, notamment l'Allemagne, par le décret-loi du 23 nov. 1918, et la France par sa loi du 23 avril 1919, bien plus strictement appliquée.

(2) Sur l'état actuel de la question, v. *infra*, n°° 708 et s., 764 et s.

chef d'industrie proportionne exactement la durée du travail des ouvriers aux nécessités de la concurrence ; il lutte ainsi avec chances de succès contre ses rivaux, et la prospérité de la fabrique rejaillit sur les ouvriers, sous forme d'augmentation de salaires.

2° La limitation de la durée de la journée de travail n'est qu'un premier pas dans la voie du socialisme. Cette première mesure, en effet, aboutit logiquement à une mesure beaucoup plus grave, à savoir la fixation légale d'un salaire minimum. Or, la fixation par la loi du taux des salaires est l'une des plus dangereuses utopies que puissent rêver les réformateurs de l'ordre social (V. *infra*, nos 941 et s.).

704. — **Les arguments en faveur de la réglementation.** — En faveur de la limitation du travail industriel des hommes adultes, l'on ne fait valoir qu'un seul argument, décisif d'ailleurs : l'argument de l'*intérêt social*. Tout travail manuel excessif et prolongé outre mesure aboutit en effet à l'épuisement physique, à l'atrophie morale et intellectuelle de celui qui s'y livre ; l'Etat a donc intérêt, pour empêcher la dégénérescence de la race, à protéger les populations ouvrières contre elles-mêmes et contre ceux qui les exploitent. Et d'ailleurs, l'intérêt local est ici d'accord avec l'intérêt économique ; car c'est un fait d'expérience incontestable que le travail de l'ouvrier épuisé par une station trop prolongée à la fabrique est moins bon, moins productif que le travail de l'ouvrier qui jouit d'un repos suffisant.

Les anciennes corporations l'avaient si bien compris que tous les règlements corporatifs interdisaient, sauf exception, le travail de nuit. Le travail ne pouvait commencer qu'après le lever du soleil (annoncé, à Paris et dans les principales villes industrielles, au son du cor et des cloches des églises et des couvents), et ne pouvait se prolonger après le coucher du soleil. Telle fut du moins la règle presque universellement suivie jusqu'à la fin du XVIe siècle ; au XVIIe siècle, et surtout au XVIIIe siècle, la durée du travail industriel fut prolongé. Dans un certain nombre d'industries, les ouvriers travaillaient seize heures et même jusqu'à dix-huit heures par jour (*Sic* : ouvriers en soie). Mais cette longueur excessive de la journée du travail était rendue plus supportable par le grand nombre de jours de chômage obligatoire.

Si le travail industriel trop prolongé avait, sous l'ancien régime, des dangers reconnus pour l'ouvrier, à plus forte raison en est-il de même du travail industriel moderne, beaucoup moins diversifié, beaucoup plus monotone par suite de la division extrême du travail dans les grandes usines, et par conséquent beaucoup plus abrutissant, énervant tout au moins, pour l'ouvrier.

Cet épuisement physique et intellectuel (1) de l'ouvrier, consécutif au travail mécanique excessif, ne nuisant pas à l'individu seulement, mais ayant des conséquences funestes pour la société entière, l'État a le droit d'intervenir pour remédier au mal.

705. — **Réponse aux objections.**— *a*) *Liberté incomplète de l'ouvrier.* — A la première objection, tirée du principe théorique de la liberté du travail, l'on peut répondre qu'il est faux de parler de liberté. L'ouvrier, lorsqu'il traite avec le patron, n'est ni libre, ni indépendant, puisqu'il n'a pas d'avances, qu'il engage ses services pour vivre et faire vivre les siens ; tandis que l'industriel, ayant des capitaux, peut toujours contraindre l'ouvrier à accepter ses conditions, quelques léonines qu'elles puissent être ! C'est précisément pour rétablir l'égalité entre les deux parties contractantes que l'État doit intervenir. « L'idée ancienne du travail-marchandise et du contrat de travail absolument libre qui en découle est une *idée barbare*, — lisons-nous dans le discours inaugural prononcé par M. *Cauwès*, au Congrès international pour la protection légale des travailleurs, Paris, 1900. — Dans ce contrat, l'ouvrier engage avec son travail, sa personne, son mode d'existence. Avec des journées trop prolongées, avec un travail de nuit non réglementé, que reste-t-il pour la vie intellectuelle et morale, pour les devoirs et les soins de la famille ? L'État lui-même n'a-t-il pas à remplir une tâche de prévoyance sociale ?... Dans le passé, c'est l'État, c'est la loi générale qui ont eu raison de toutes les tyrannies locales. De nos jours encore, elle est la *sauvegarde nécessaire de la liberté humaine* (2) ».

706. — *b*) *La journée légale et le taux des salaires : théorie de la productivité décroissante.* — Reste l'objection, déduite de la répercussion fatale de la limitation de la journée de travail sur le taux des salaires. Mais cette prétendue corrélation nécessaire entre la durée du travail et le taux des salaires nous paraît très contestable.

(1) Sur les dangers, au point de vue médical, des longues journées, cons. Labry, *Physiologie du travail* (*Rev. scientif.*, 1905, n° 7-9) ; Dehers, *Les tests de fatigue* (Rev. intern. trav., déc. 1924) ; Palacios, *Les problèmes du travail et les investigations expérimentales* (Quest. prat., 1922, 177).

(2) Nous retrouvons la même idée exprimée dans l'art. 427 du traité de Versailles : « Les Hautes Parties contractantes... persuadées qu'elles sont que *le travail ne doit pas être considéré simplement comme un article de commerce*, pensent qu'il y a des méthodes et des principes pour la réglementation des conditions du travail que toutes les communautés industrielles devraient s'efforcer d'appliquer ».

Sons doute la limitation de la journée de travail des adultes est susceptible d'exercer une certaine influence indirecte sur le taux des salaires. Mais cette répercussion n'est nullement forcée ; car, ainsi que nous l'avons établi à propos du travail des enfants et des femmes, la productivité du travail n'est pas exactement proportionnelle à la durée du travail. La durée du travail n'est que l'un des facteurs de la productivité ou résultat utile du travail industriel ; mais un autre facteur réside dans l'*intensité* du travail ; un troisième facteur sera la valeur intrinsèque du travail. Or, il est certain que le travail de l'ouvrier surmené par un travail trop prolongé, n'est ni aussi intense, ni aussi bien fait que le travail de l'ouvrier auquel le patron n'impose qu'une tâche proportionnée à ses forces (1).

(1) Aux expériences précédemment rappelées, et concernant plus spécialement le personnel féminin, il convient d'ajouter celles non moins probantes, faites dans les établissements industriels employant concurremment des adultes et des femmes ou des enfants ou seulement des adultes. Chacun sait que dès 1869, la maison Dolfus, de Mulhouse, prit l'initiative de substituer la journée de onze heures à celle de douze heures, alors couramment pratiquée. Quelques années plus tard, des expériences analogues furent tentées à Rouen, avec un plein succès, dans le tissage, par MM. Waddington (rapporteur de la loi de 1892) et Degenetais. Vers la même époque, M. Martin, tisseur mécanique à Voiron, ne craignit pas de réduire la journée de travail de *douze heures à dix heures et demie*. « Ma production, dit-il, s'est maintenue ; le nombre des métiers est resté le même ; j'ai montré simplement une sévérité plus grande, en exigeant plus d'exactitude ». Dépositions analogues de MM. Giraud, tisseur à Moirans, Davenier, fabricant de tulle à Boulogne. — Dron, *Rapp. sur le travail des adultes dans les établissements industriels*, Ch., 26 juin 1893, ann. n° 2874. · Cons. également, sur les résultats favorables de la réduction de la journée dans les fabriques du Nord, les fabriques de broderies de l'Est, etc., les rapports annuels des inspecteurs. Cf. pour plus de développements : Rist, *op. cit.*, 2e part., p. 175 et suiv.; J. Raë, *op. cit.* — Cf. *Expériences du prof. Abbe*, directeur des usines Zeiss, à Iéna (rapp. par Clerget, *Quest. pratiques*, 1908, 151) ; Vernon, *Les expériences concernant le rapport entre la durée et le rendement du travail en Grande-Bretagne* (Avenir du travail, n° août 1928). — Voici une statistique tout à fait probante empruntée par M. Gide (Cours, II, p. 373) à un rapport publié en 1918 par le Comité des usines de guerre anglaises :

Nombre d'heures par semaine	Rendement par heure	Rendement par semaine
66	100	6.600
55	134	7.270
46	158	7.268

Notons toutefois que ces rendements progressifs ne sont possibles que si les syndicats renoncent aux pratiques restrictives de la production, trop en honneur dans certains milieux ouvriers (Gide, II, p. 375). « Tout mouvement vers une durée moindre de travail, fait observer dans le même sens M. Truchy (II, p. 374) se lie à la question générale de la moralité ouvrière ».

Ces considérations nous paraissent décisives, et nous n'hésitons pas à nous rallier au principe de la réglementation de la journée de travail de l'adulte.

ART. II. — *Evolution législative dans le sens de la réglementation* (1)

707. — Nous nous placerons alternativement, dans cette étude, au point de vue du droit comparé et au point de vue du droit positif français. De cette double enquête historique, nous dégagerons ensuite la synthèse, c'est-à-dire l'orientation des législations contemporaines, mises en parallèle et classées par affinités.

§ 1er. — Evolution historique des législations étrangères

I. — ALLEMAGNE (2)

708. — *Le Reich* allemand est encore régi, au point de vue de la réglementation du travail, par le Code industriel (*Gewerbeordnung*) du 1er juin 1891, amendé notamment par les lois des 26 juillet 1897, 30 juin 1900, 28 décembre 1908 et 27 décembre 1911.

Sur cette législation est venue se greffer, aussitôt après la Révolution, l'ordonnance du 23 nov. 1918 (*Bull. Off. intern. du trav.*,

(1) Cons. spécialement : rapp. des Congrès de Bruxelles et de Paris ; Bulletin de l'*Office international du travail*, 1901-1918 ; Jay, *L'évolution du régime légal du travail* (*Rev. polit. et parlem.*, juin 1897) ; Souchon, Ansiaux, Mataja, *op. cit.* ; *Bull. du Ministère du trav. franç.* ; *Bull. de la Soc. de lég. comparée* ; *Rev. d'écon. polit.* ; *Quest. prat.* — V. aussi *supra*, notre introd., nos 140 et suiv. — Cf. Lehmann (Andrée), *Réglementation légale du travail féminin, Etude de législation comparée*, 1925.

(2) BIBLIOGRAPHIE. — Sarraute, *Limitation légale de la durée du travail en Allemagne*, 1900 ; Hoffmann, *Commentaire de la Gewerbeordnung*, 5e éd., Berlin, 1906 ; Rouff, *Question du travail à domicile en Allemagne*, Paris, 1908 ; Ernst Neukamp, *Die Gewerbeordnung*, Tübingen, 1910 ; P. Martin, *Le travail des enfants en Allemagne*, 1911 ; Kaskel, *Arbeitsrecht*, 1924 ; Berthelot, *Les lois du travail en Allemagne*, 1924 ; Höniger-Wehrler, *Arbeitsrecht*, 1927. — Sur la journée de huit heures en Allemagne, cons. *Quest. prat.*, 1927, 79 et 1928, 94 ; *Rev. belge du travail*, 1927, p. 109, 356, 390, 746, et 1928, p. 1370 ; Neitzel, *La durée du travail et les industries de la sidérurgie allemande* (Rev. intern. du trav., avril 1928).

1918-182) sur la journée de huit heures dans l'industrie, très imparfaitement observée dès l'origine, et rendue presque illusoire par l'ordonnance du 21 déc. 1923 (*Bull. Min. trav.*, 1924.82), et par la loi du 14 avril 1927 (*ibid*, 1927.233).

Envisageons successivement la réglementation en vigueur relativement au travail industriel des femmes et des enfants, et la situation faite par la loi, les ordonnances, ou les règlements corporatifs aux travailleurs adultes du sexe masculin.

709. — **Travail industriel des enfants, des jeunes ouvriers et des femmes adultes.** — a) *Enfants et jeunes ouvriers.* — La rigueur de la réglementation suit une marche décroissante, suivant qu'il s'agit d'enfants, d'adolescents (14 à 16 ans) et de jeunes gens, majeurs de 16 ans et mineurs de 21 ans (art. 135 et 136).

Enfants — L'enfant ne peut entrer dans une fabrique que lorsqu'il a satisfait à la loi scolaire. Or la loi scolaire de Bavière exigeant l'assiduité de l'enfant jusqu'à 13 ans et celle de Prusse jusqu'à 14 ans, le jeune Bavarois ne peut être admis au travail industriel qu'à 13 ans, le jeune Prussien qu'à 14 ans.

L'enfant, c'est-àdire le majeur de 13 ans, mineur de 14 (dans les pays allemands où l'obligation scolaire cesse avant 14 ans) ne peut travailler que six heures par jour, coupées par des repos.

Adolescents. — Les adolescents de 14 à 16 ans ne doivent travailler que dix heures par jour ; ce travail doit être coupé de trois repos (une heure dans le milieu du jour, et deux repos d'une demi-heure). Le travail *de nuit* (8 heures du soir à 6 heures du matin) et le travail du *dimanche* leur sont interdits, sauf certaines exceptions limitativement déterminées.

Jeunes gens mineurs de 21 ans — Au-dessus de 16 ans, le jeune homme est considéré comme adulte, et ne jouit, en principe, d'aucune protection spéciale. Cependant la loi de 1891 contient certaines dispositions tendant à fortifier la puissance paternelle et à encourager l'apprentissage. C'est ainsi que, d'après l'article 107 de la loi, les mineurs de 21 ans ne peuvent être admis comme ouvriers que s'ils sont porteurs d'un livret, lequel n'est délivré au mineur que sur la demande ou avec autorisation du père ou du tuteur. Le paiement du salaire ne peut avoir lieu aux mains du mineur que si le père ou tuteur en a donné l'autorisation écrite. De plus, les patrons sont tenus de laisser à tous ouvriers et ouvrières mineurs de 18 ans le temps nécessaire pour suivre les cours professionnels.

710. — b) *Femmes adultes.* — Les femmes adultes, c'est-à-dire âgées de plus de 16 ans accomplis, ne peuvent travailler plus de dix heures par jour, du lundi au vendredi, ni plus de huit heures les samedis et veilles de fête.

Le travail de nuit et le travail du dimanche leur sont interdits dans les même conditions qu'aux enfants. Elles sont également exclues des travaux souterrains. Cette exclusion est absolue. Les autres prohibitions comportent au contraire certains tempéraments en ce qui concerne les industries saisonnières (art. 139).

Les ouvrières ne peuvent être occupées avant et après leurs couches pendant une période d'une durée totale de *douze* semaines (Art. 137, amendé par la loi du 16 juill. 1927) (1).

711. — c) *Inspection et pénalités.* — Le soin de veiller à l'observation de la loi est confié à des inspecteurs du travail, investis à peu près des mêmes attributions qu'en France, mais beaucoup plus nombreux, ce qui leur permet de visiter à peu près chaque année tous les établissements de quelque importance. Dans certaines régions, quelques femmes ont été *adjointes* aux inspecteurs de fabrique, pour donner plus d'efficacité aux lois protectrices du travail féminin.

Les pénalités consistent, en principe, dans des amendes, pouvant s'élever jusqu'à 2.000 marks (art. 146). En cas d'insolvabilité de l'exploitant, l'emprisonnement remplace l'amende ; — la durée varie, suivant le chiffre de l'amende encourue, de huit jours à six mois.

712. — **Travail industriel des hommes adultes.** — Ainsi qu'on l'a fait observer *supra*, la loi allemande n'édictait, jusqu'à l'ordonnance de 1918, aucune réglementation générale du travail industriel des hommes adultes. Mais le législateur allemand n'en était pas moins parvenu, par des voies indirectes, à une limitation de fait de la durée du travail dans l'industrie.

En effet, tout d'abord, le développement du régime corporatif, consécutif aux lois d'assurances ouvrières et à la loi de 1897 sur les métiers (V. *supra*, n° 506), avait notablement facilité l'entente des patrons de la petite industrie sur la limitation de la journée de travail dans chaque profession. Dans la grande industrie, le même résultat tendant à être obtenu, par la généralisation du contrat collectif de travail.

(1) *Rev. belge du trav.*, 1928, p. 111. — Les femmes, employées de commerce, bénéficient de la même protection.

En second lieu, le Code industriel allemand contient certaines prescriptions impératives, obligatoires pour tous : c'est ainsi qu'il prohibe, en principe, dans la grande et la petite industrie (métiers), le travail du dimanche et le travail du samedi passé six heures du soir.

Enfin, le Conseil fédéral a très largement utilisé les pouvoirs que lui confère la loi de 1891, dans l'intérêt de l'hygiène et de la salubrité publiques, pour réglementer directement le travail des adultes dans certaines industries réputées particulièrement dangereuses ou insalubres, et créer ce qu'on appelle communément la *journée maxima sanitaire* (art. 120 c). C'est ainsi qu'ont été successivement réglementées, pour l'ensemble du personnel, la durée et les conditions du travail dans les *boulangeries* (ord. 3 mars 1896), les *ateliers de confection et lingerie* (31 avril 1897), les *auberges et débits* (23 janv. 1902), les *verreries* (5 mars 1902), les *laminoirs et forges* (27 mars 1902 et 6 juill. 1906), la *fabrication de la céruse* (16 juin 1905), la *grosse métallurgie* (4 mai 1914), etc.

713. — **Les ordonnances de 1918 et 1923, et la loi du 14 Avril 1927 sur la journée de huit heures.** — Dès le lendemain de la Révolution, le gouvernement provisoire instituait par voie d'ordonnance (23 nov. 1918), la journée de huit heures dans l'ensemble des établissements industriels, et dans les mines. Mais des dérogations étaient prévues pour des motifs d'intérêt public.

En fait, les dérogations fondées sur l'intérêt public étaient si nombreuses et si élastiques que le régime nouveau ne fonctionna jamais sérieusement (1). L'ordonnance du 21 déc. 1923, édictée à la requête des chefs d'industrie, soi-disant en vue de permettre à l'Allemagne de faire face au fardeau des réparations imposées par le traité de Versailles, vint d'ailleurs instituer ouvertement la journée de 10 heures, sous couleur d'heures supplémentaires. En présence des protestations unanimes des syndicats ouvriers, et à la suite de la conférence tenue à Londres par les ministres du travail (*Quest. prat.*, 1926, p. 82) en vue d'étudier les possibilités d'une ratification simultanée de la convention de Washington par les grandes puissances européennes, le gouvernement du Reich déposa en 1926 un projet de loi tendant à réviser dans son ensemble la loi de protection ouvrière (*Rev. belge du travail*, 1927, p. 109 et s.) Mais

(1) Signalons ici, à titre documentaire, la limitation à 8, 10 ou 11 heures suivant la saison, de la durée du travail des salariés agricoles, par la loi du 30 janv. 1919 (Code du travail dans l'agriculture). — Cette loi ne fut guère qu'une simple manifestation platonique, le contrôle des heures étant impraticable dans les campagnes.

ce projet est demeuré en suspens, et le Reichstag s'est borné à voter une loi provisoire (L. du 14 avril 1927), tendant à réglementer plus rigoureusement que ne le faisait l'ordonn. de 1923 l'octroi des heures supplémentaires. — La journée de travail ne pourra être prolongée au delà de *dix heures*, même pour cause d'urgence et pour des raisons d'intérêt général, que par décision du Ministre du Travail ; les heures supplémentaires devront être payées sur les bases d'un tarif majoré, et enfin les industriels ne pourront porter la journée, dont la durée demeure théoriquement fixée à 8 heures, à 9 ou à 10 heures qu'en exécution d'une convention collective.

Il n'en est pas moins vrai que ces conventions collectives sont la règle (1), et qu'en fait, la journée de neuf à dix heures a remplacé la journée de huit heures dans l'industrie allemande (2).

714. — **Employés de commerce.** — En 1891, la protection légale directe ne s'étendait guère qu'à la grande et à la moyenne industrie. La loi de 1891 ne visait le commerce que pour réglementer sévèrement le travail du dimanche. Mais, par une série d'actes postérieurs, le cadre de la protection légale s'est progressivement élargi.

Par certains règlements précédemment rappelés, le Conseil fédéral avait déjà brisé le cadre un peu artificiel qui sépare l'industrie du commerce, et étendu sa protection aux *petites industries de l'alimentation*. Il ne restait plus qu'un pas à franchir pour étendre la protection légale aux employés de commerce ; il le fut par la loi industrielle du 30 mars 1900.

Aux termes de cette loi, incorporée au Code industriel sous les articles 139 *c* à 139 *m* (3), dans les magasins de vente ouverts au public et les bureaux et entrepôts y attenant, un *repos ininterrompu d'au moins dix heures* doit être accordé à tous les employés, apprentis et ouvriers. Ce repos doit être d'*au moins onze heures* dans les magasins de vente, occupant au moins deux employés, établis dans les communes de plus de 20.000 habitants. Tous les magasins de vente doivent, en principe, être fermés de 9 heures du soir à 5 heures du matin. Sur la demande des *deux tiers* au moins des

(1) *Bull. Min. trav.* 1927, p. 234, d'après le *Reichsblatt* des 5-10 fév. 1927 (enquête du Min. du trav. allemand sur les heures supplémentaires).

(2) Il semble cependant que depuis peu, dans la grosse métallurgie tout au moins, la pression ouvrière ait déterminé un mouvement dans le sens du retour à la loi de huit heures (Neitzel, article précité).

(3) D'après le projet gouvernemental de 1926, sur la durée du travail, la journée serait la même en principe pour les employés et pour les ouvriers (*Rev. belge du travail*, 1927, p. 109 et 390).

patrons, l'administration supérieure, les autorités communales entendues, peut ordonner, pour une commune ou plusieurs communes voisines, la fermeture des magasins, soit à certaines époques, soit pendant toute l'année, de 8 ou 9 heures du soir à 5 ou 7 heures du matin.

Des sièges doivent être mis à la disposition de *tous* les employés, et non pas seulement des femmes, comme en France.

715. — Industrie à domicile : lois de 1903 et de 1911. — A la suite d'une enquête approfondie sur l'*industrie à domicile*, le législateur allemand reconnut que près de la moitié des enfants affectés à des travaux d'ordre industriel ou commercial s'y livraient, en dehors de l'atelier, dans des locaux privés échappant à l'inspection. C'est à la protection de ces enfants, victimes du *sweating system*, que s'est attaché le législateur de 1903 (L. 30 mars).

Cette loi, en effet, réglemente l'emploi, soit dans les exploitations industrielles, soit dans les diverses branches de commerce, soit dans les transports, des enfants n'ayant pas encore atteint l'âge d'admission à l'usine. La réglementation varie suivant qu'il s'agit de jeunes enfants appartenant à la famille (*eigene Kinder*) ou étrangers à la famille (*fremde Kinder*). Pour les premiers, le travail est autorisé à partir de dix ans, pour les seconds, à partir de douze. Pour les *eigene Kinder*, la durée journalière du travail n'est pas légalement fixée, sauf qu'il est interdit de les occuper la nuit, ainsi qu'avant l'école de la matinée, et qu'ils ne peuvent être occupés dans l'après-midi qu'une heure après la fin de la classe. Pour les *fremde Kinder*, au contraire, la durée totale du travail est fixée à trois heures au maximum en principe, et à quatre heures pendant les vacances scolaires.

Aux termes de la loi du 20 décembre 1911, dans tous les locaux où le travail est distribué pour être exécuté à domicile et dans ceux où le travail est livré à l'entrepreneur, doit être affichée une *liste des salaires* afférents à chaque catégorie de travail. La personne qui distribue le travail doit remettre à chaque ouvrier à domicile un *carnet de salaires* (ordonn. 14 fév. 1913).

Les employeurs qui occupent des ouvriers à domicile doivent dresser une liste tenue à jour, de cette catégorie d'ouvriers.

Enfin, le Conseil fédéral peut établir, pour certaines industries, des conseils professionnels (*Fachausschüsse*), ayant pour mission de présenter des rapports sur les conditions de l'industrie dans leurs ressorts et sur les taux des salaires en usage, et de favoriser la conclusion des contrats collectifs (ordonn : 18 juin 1894). — Sur le rôle dévolu à ces Conseils dans la fixation du taux des salaires, v. *infra* n° 954.

II. — Argentine (République)

716. — En Argentine, le travail des enfants et des femmes est réglementé par la loi du 30 sept. 1924 (1), qui a remplacé la loi du 14 oct. 1907.

Cette loi interdit tout travail aux enfants de moins de douze ans. Les femmes ne peuvent être employées plus de 8 heures par jour et les jeunes gens de moins de 18 ans, plus de 6 heures. Les uns et les autres ne doivent pas travailler la nuit, ni dans les industries insalubres, ni à certains travaux pénibles, énumérés par la loi. D'autres dispositions protègent l'ouvrière avant ou après l'accouchement, instituent un livret de travail, etc..

Enfin, le travail du dimanche est interdit en principe pour tous les salariés (L. 6 sept. 1905 et 14 août 1913).

Le travail à domicile est étroitement réglementé (2).

III. — Autriche

717. — L'Autriche (3) est au nombre des États qui avaient admis, bien avant la guerre, le principe de la réglementation générale du travail industriel des adultes ; mais il convient de remarquer

(1) Poblete Troncoso, *La législation sociale dans l'Amérique latine* (Rev. intern. trav., janv.-févr. 1928).

(2) Loi du 8 oct. 1918, nettement inspirée de la loi française du 10 juillet 1915 (*Lois ouvrières de la République argentine*, 1919, 42).

La plupart des États de l'*Amérique latine* se sont engagés, à la suite de la République Argentine, dans la voie de la réglementation. Certains même l'ont devancée en adoptant, bien avant la consécration internationale du principe par la Conférence de Washington, la journée de *huit heures*, dans l'industrie tout au moins (*Equateur*, loi du 4 sept. 1916 ; *Mexique*, constit. du 31 janv. 1917, art. 123 ; *Panama*, L. 27 oct. 1914 ; *Uruguay*, L. 17 nov. 1915). — Cf. P. Troncoso, *op. cit.*

(3) Législation : *Code industriel* du 8 mars 1885, amendé par les lois des 25 févr. 1902, 5 févr. 1907 ; lois du 16 janv. 1895 sur le repos du dimanche dans le commerce, du 27 juin 1901 sur les mines, du 14 janv. 1910 sur le travail dans le commerce, du 19 déc. 1918 sur le travail des enfants et sur le travail à domicile, et du 17 déc. 1919, sur la journée de huit heures. — Cf. ordonn. 3 févr. 1909 sur la réglementation du travail en *Bosnie* et *Herzégovine*. — Bibliographie : Rapp. Kuzmany, Mischler, Mme Gumplowicz au Congrès de Paris (p. 147, 186, 287) ;

que la protection légale ne s'applique qu'aux entreprises ayant le caractère de *fabriques* (*fabrikmässige Betriebe*). Les employés de la petite industrie n'ont d'autre protection que celle résultant pour eux des règlements corporatifs.

Par contre, les employés de commerce bénéficient depuis la loi du 14 janvier 1910 d'une protection assez complète.

718. — Enfants et femmes. — a) *Enfants.* — En Autriche, l'enfant est admis à 12 ans dans les bureaux et ateliers sans moteur mécanique, à 14 ans dans les fabriques ; de 12 à 14 ans, la journée maxima est de trois heures, avec obligation scolaire; de 14 à 16 ans, journée maxima, onze heures. Interdiction pour tous, en principe, du travail du dimanche et du travail de nuit (1).

b) *Femmes.* — Pour les femmes, comme pour les hommes adultes, la journée maxima était, avant la loi du 17 déc. 1919, de onze heures, dans les établissements ayant le caractère de *fabriques*. Le travail de nuit et le travail du dimanche leur sont interdits, sauf exception (Cf. sur le travail de nuit, les lois des 21 févr. 1911, rendue en conformité de l'acte de Berne, et 8 juin 1919). Les femmes ont droit à un repos absolu dans les quatre semaines qui suivent l'accouchement.

719. — Ouvriers adultes. — *Industrie.* — Les ouvriers adultes, c'est-à-dire âgés de plus de seize ans, ne pouvaient travailler en principe plus de onze heures. La durée de la journée, pour l'ensemble du personnel protégé par le Code industriel, les employés de chemins de fer et les mineurs, a été réduite à *huit heures* par la loi du 17 déc. 1919 (2). Il est permis toutefois de faire dix heures, trente jours par an, en cas de pénurie de main-d'œuvre.

Le travail du *dimanche* est interdit en principe à tous les ouvriers, même adultes. L'interdiction s'étend même à la petite industrie, et, depuis la loi de 1905, au commerce ; dans les industries de l'alimentation, le travail du dimanche est autorisé, mais sous certains tempéraments.

Agahd, *Kinderarbeit und gesezlicher Kinderschutz in Osterreich und Deutschland*, Vienne, 1904.

(1) La loi du 19 déc. 1918 réglemente même l'emploi des enfants dans l'agriculture et le travail domestique.

(2) Sur les conditions du travail dans les exploitations *agricoles* et *forestières*, v. L. 13 janv. 1914.

Commerce. — Les employés de commerce, depuis la loi du 14 janvier 1910, bénéficient d'une protection spéciale : repos minimum quotidien de onze heures, une heure de repos à midi ; fermeture, à 8 heures du soir, des magasins ouverts au public (9 heures pour les magasins de denrées alimentaires).

720. — *Travail à domicile.* — Le travail à domicile, sans distinction entre les ouvriers et les ouvrières, est étroitement réglementé par la loi du 19 déc. 1918. Cette loi comporte : la déclaration obligatoire par les entrepreneurs, l'affichage des conditions de travail dans les locaux affectés à la remise des produits manufacturés, l'institution de commissions de salaires.

IV. — BELGIQUE (1)

721. — *Femmes et enfants.* — Aux termes des lois des 13 décembre 1889 et 26 mai 1914 (2), les enfants ne peuvent être admis qu'à 14 ans (ou 13 ans s'ils sont porteurs du certificat d'études) dans les fabriques. De 13 à 16 ans pour les garçons, de 13 à 21 ans pour les filles, la durée de travail était de 12 heures (avant la loi de 1921 sur la journée de huit heures, dont bénéficient tous les travailleurs). Le travail de nuit et le travail du dimanche sont interdits.

Les filles mineures sont exclues des travaux souterrains. La durée du travail des femmes majeures n'était pas réglementée avant la loi de 1921. La loi se bornait à édicter le chômage obligatoire des ouvrières pendant les quatre semaines qui suivent l'accouchement et à leur interdire le travail de nuit, en conformité des résolutions de la conférence de Berne (L. 10 août 1911).

L'*inspection du travail* est organisée à peu près sur les mêmes bases qu'en France. Il convient toutefois de signaler l'institution, à côté des ingénieurs des mines, et des inspecteurs du travail proprement dits, de cinq *inspecteurs-médecins*, chargés plus spécialement de tout ce qui concerne l'hygiène, et de *délégués ouvriers*,

(1) BIBLIOGRAPHIE. — Sagnier, *De la réglementation du travail en Belgique*, 1900 ; Mechelink, chronique belge (*Annales de dr. commerc.*, 1912.216).

(2) Cf. loi *luxembourgeoise* du 6 décembre 1876. La loi luxemb. du 22 mai 1902 sur l'inspection du travail prévoit l'adjonction, aux inspecteurs titulaires, de délégués ouvriers. — V. aussi loi luxemb. du 21 août 1913 sur le repos hebdomadaire.

soit à l'inspection des mines, soit à l'inspection des établissements industriels en général (1).

722. — *Ouvriers adultes. Journée de huit heures.* — Jusqu'en 1905, le travail des ouvriers adultes était demeuré affranchi de toute réglementation.

Un premier pas fut fait dans la voie de l'interventionnisme par le vote de la loi du 17 juillet 1905 sur le *repos du dimanche*, amendée le 24 juillet 1927. La loi du 31 décembre 1909, sur le travail dans les *mines*, qui fixait en principe à 9 heures la durée de la journée, forme une seconde étape.

Le terme de cette évolution devait être le vote de la *journée de huit heures* (L. du 14 juin 1921) (2). Cette loi, qui présente de profondes analogies avec la loi française de 1919, est strictement appliquée (2). La Belgique est un des rares États qui aient ratifié, sans réserves, la convention de Washington (L. du 4 août 1926).

V. — BULGARIE (3)

723. — La Bulgarie est entrée en 1905 dans la voie de l'intervention par une loi sur le travail des femmes et des enfants dans l'industrie, manifestement inspirée des lois de l'Europe centrale ou occidentale (L. 26 mars-10 avr. 1905, *Bull. Off. intern.*, 1905. 33). En principe, l'entrée de l'usine ou de l'atelier est interdite aux enfants de moins de 12 ans ; toutefois et par exception les enfants de 10 ans ayant terminé leurs études primaires sont admis dans certains établissements énumérés par décret.

La durée maxima du travail est de 6 heures pour les enfants de 10 à 12 ans, de 8 heures pour ceux de 12 à 15, de 10 heures pour les femmes de tout âge.

Le travail de nuit est interdit en principe aux enfants et aux femmes, qui ont droit, d'autre part, à un jour de repos par semaine.

(1) Susini, *L'inspection du travail en Belgique*, 1904.

(2) Sur l'application en Belgique de la loi de huit heures, cons. notamment : *La journée de huit heures en Belgique* (Réforme sociale, n°s sept.-oct., 1924, nov. 1925) ; Van Elewick, *L'enquête belge sur la journée de huit heures* (Rev. écon. intern., 1926.4.485) ; Ansiaux, *La journée de huit heures et la concurrence internationale* (*Quest. prat.*, 1926.49) ; *Rev. belge du travail*, 1921.29, *passim*.

(3) Yanouloff, *La législation de protection ouvrière en Bulgarie* (Rev. intern. trav., sept. 1924).

VI. — Danemark

724. — Aux termes de la loi industrielle danoise, du 29 avril 1913, l'emploi des *enfants* n'ayant pas achevé la fréquentation scolaire est interdit dans les établissements soumis à l'inspection. Les adolescents qui ont satisfait aux obligations scolaires ne peuvent, jusqu'à 18 ans révolus, travailler plus de 10 heures. Le travail de nuit leur est interdit, ainsi que le travail du dimanche.

La loi n'assigne pas à la journée de travail des ouvriers et ouvrières adultes une durée légale maxima, sauf dans les usines à feu continu (8 heures, L. 8 fév. 1919) ; elle se contente de leur interdire, sauf exception, le travail du dimanche (L. 22 avr. 1904), de réglementer le travail dans les boulangeries et pâtisseries (L. 8 juin 1912), et de fixer l'heure de fermeture des boutiques et magasins (L. des 19 juin 1908, et 30 avr. 1909).

Toutefois les *ouvrières* bénéficient d'une double protection : d'une part, en effet, les femmes ne peuvent être employées, en principe, dans les quatres semaines qui suivent leur accouchement ; d'autre part, le Conseil du travail a le droit, pour les travaux considérés comme dangereux, de réglementer, ou même d'interdire complètement l'emploi, soit des enfants ou jeunes gens, soit des femmes.

VII. — Espagne (1)

725. — **Enfants et femmes.** — Les efforts, longtemps infructueux, du gouvernement et du Parlement espagnol pour assurer aux travailleurs industriels un minimum de protection, sont la meilleure preuve de l'impuissance des législations réglementaires, qui n'ont pas pour point d'appui un service d'inspection fortement organisé.

Dès 1873 (loi du 24 juillet 1873), était promulguée une loi sur la protection des enfants dans l'industrie, interdisant notamment l'entrée des enfants à l'usine avant 10 ans. Un jury mixte, composé d'ouvriers, fabricants, maîtres d'école et médecins, était chargé de veiller à l'application de la loi.

Or, jamais ces jurys n'ont sérieusement fonctionné, et la loi de 1873 était tombée dans un oubli si profond que dans les principaux

(1) Chauvet, *La protection légale des travailleurs en Espagne*, 1903 ; Vovard, *Nouvelle organisation du travail en Espagne* (Mus. soc., janv. 1920).

centres industriels, il n'était pas rare de rencontrer dans les usines des enfants de 6 à 7 ans.

C'est pour remédier à ces abus que fut promulguée la loi réglementaire, fort complète en apparence, du 13 mars 1900.

Aux termes de cette loi, les enfants âgés de 10 ans ne peuvent être admis à aucun genre de travail. Les enfants majeurs de 10 et mineurs de 14 ans ne peuvent être employés que 6 heures dans les établissements industriels, et 8 heures dans les établissements commerciaux ; le travail de nuit leur est interdit. Il est défendu d'employer les femmes pendant les quatres semaines qui suivent leur accouchement (L. 8 janv. 1907 ; décr. 28 juin 1913). Le travail de nuit leur est également interdit (L. 11 juill. 1912).

L'inspection, longtemps illusoire, fonctionne aujourd'hui sous le contrôle de l'*Institut des réformes sociales*, dont nous avons précédemment (n° 215) décrit le fonctionnement (Décr. 1er mars 1906).

726. — Hommes adultes ; journée de huit heures. — Le travail des adultes ne comportait, jusqu'en 1919, que certaines réglementations fragmentaires : 1° Loi du 3 mars 1904 sur le *repos du dimanche ;* loi à tendances confessionnelles, puisqu'elle interdit le travail dominical même aux artisans travaillant *pour leur compte ;* 2° Loi du 27 déc. 1910 sur le travail dans les *mines* (journée de 9 heures, réduite en principe à 7 heures par le décr. du 6 août 1927).

Mais à la date du 3 avril 1919 est intervenu un décret limitant en principe à *huit heures* la durée du travail pour toutes les catégories de travailleurs de l'industrie et du commerce, femmes, enfants ou adultes. Toutefois des dérogations peuvent être accordées, après avis des Comités locaux (décr. 21 avril 1919). (1)

VIII. — ETATS-UNIS (2)

727. — Les Etats-Unis ne possèdent pas de législation fédérale sur le travail industriel, à l'exception toutefois de la loi du 28 juin 1868, portant que la journée de travail sera de *huit heures* « pour tous les ouvriers qui pourront être employés par le gouvernement ou pour son compte ». Cf. 1. du 19 juin 1912 (*Bull. Off. trav.*

(1) V. *Bull. Min. trav.*, 1922, p. 93.

(2) Willoughby. *Essai sur la législation ouvrière aux Etats-Unis*, trad. Chaboseau, Paris, 1903 ; Leray, *Limitation légale du travail aux Etats-Unis*, th. 1910 ; Chaboseau, *Réglementation du travail des enfants et des femmes aux Etats-Unis*,

12. 1198), et l. du 3 sept. 1916, spéciale aux agents des chemins de fer. Mais la plupart des Etats ont édicté, spécialement en ce qui concerne le travail industriel ou même commercial des enfants et des femmes, des règlements plus ou moins nombreux.

Femmes et enfants. — L'admission des *enfants* dans les fabriques varie entre douze et quatorze ans ; les lois les plus récentes s'arrêtent à quatorze ans et étendent aux magasins les prescriptions naguère limitées au travail industriel (*Sic* : Pensylvanie, loi 2 mai 1905 ; *New-Jersey*, L. 26 mars 1914. *Ann. Lég. étr.* 15.441). La durée moyenne de la journée est de dix heures ; quelques lois (New-York, *Labor législ.* éd. 1925 (1), Wisconsin, Indiana, par exemple) limitent à huit heures la journée de l'enfant. Le travail de nuit est sinon prohibé, du moins sévèrement réglementé.

D'assez nombreuses lois (Pensylvanie, New-York, L. 19 avr. 1912, Massachusetts, L. 31 mars 1911 et 12 avr. 1912 etc.), ont étendu aux ouvrières adultes le bénéfice de la protection légale ; la plupart d'entre elles fixent à dix heures la journée légale avec un maximum hebdomadaire variant entre cinquante-quatre et soixante heures (neuf heures dans l'Etat de New-York, 1925, huit heures seulement dans le Colorado. 1913). Une dizaine d'Etats réglementent de la même manière le travail des femmes employées de commerce (Pensylvanie, Connecticut, Californie, Illinois, etc.) ; d'autres ne protègent que les ouvrières mineures de vingt et un ans.

728. — *Travail des adultes.* — Les lois américaines ne contiennent pas de réglementation générale du travail des hommes adultes. Les règlements édictés par un certain nombre d'Etats concernent simplement les travaux publics (journée de huit heures), et les chemins de fer et tramways. Il convient toutefois de noter : — 1° que presque tous les Etats imposent législativement le repos du dimanche à tous les salariés de l'industrie et du commerce ; — 2° que sous l'influence des associations ouvrières, un certain nombre de

1910; Dewavrin et Lecarpentier, *La protection légale des travailleurs aux Etats-Unis*, 1914 ; Mary von Kluke, *Women in Industry*, 1919 ; Commons, *Principles of labor législation*, N.-Y 1920. — V. aussi, sur le mouvement législatif aux Etats-Unis, analysé année par année, les publications du *Bureau of the labor de W.* — Sur les insuffisances de cette législation fragmentaire et sur les obstacles systématiques apportés par certaines Cours à l'application des lois protectrices, v. Lambert, *Le gouvernement des juges et la lutte contre la législation sociale aux Etats-Unis*, 1923 ; Faulkner-Baker (Mlle), *Protective labor legislation*, New-York, 1925. — Cf. *Quest. prat.*, 1925, p. 85.

(1) *Rev. belge du travail*, 1926, p. 696 et s.

chefs d'industrie ont progressivement réduit la journée de travail à dix heures, neuf, puis huit heures, à l'instar des travaux publics : la journée de huit heures est consacrée par de nombreux contrats collectifs récents. (1).

Les législations de quelques Etats, sans imposer absolument un maximum légal pour la journée de l'adulte, sont arrivées par un détour à orienter l'industrie privée dans le sens d'une réduction progressive de la journée. Ces lois (Californie, Illinois, New-York, Pensylvanie, etc.) décrètent que la *journée normale est de huit heures*, à moins de convention contraire ; les conventions prolongeant la journée sont donc licites, mais le salarié a droit à une rémunération supplémentaire.

729. — *Inspection ; travail à domicile.* — Tous les Etats industriels ont un service d'inspection doté des pouvoirs les plus étendus. Frappé des abus du *sweating system*, le législateur américain (comme le législateur anglais) a étendu le contrôle de l'inspection aux ateliers de famille et au travail en chambre. C'est ainsi en particulier que, d'après la loi du Wisconsin (20 avr. 1889, *Ann. de lég. du trav.*, 1900, p. 895), nul industriel ne peut confier à des ouvriers et ouvrières du travail à exécuter *à domicile*, si l'inspecteur n'a préalablement inspecté les locaux dans lesquels ce travail doit être exécuté et délivré une autorisation (V. aussi loi de New-York du 28 avr. 1908, *Ibid.*, 1908.244). Quelques Etats exigent même que les produits fabriqués dans ces conditions portent la marque *tenement made* (fait en appartement) (2).

IX. — GRANDE-BRETAGNE ET POSSESSIONS BRITANNIQUES (3)

730. — GRANDE-BRETAGNE. — En Angleterre, les premiers essais de réglementation, dus à l'initiative de Robert Peel, remontent à

(1) Une fraction importante de la métallurgie américaine n'en reste pas moins hostile à la journée de huit heures, et entend maintenir la journée de dix heures (deux postes de 12 h., avec 2 h. de repos). — Cf. Nestler-Tricoche, *La journée de huit heures aux Etats-Unis* (Rev. d'Econ. polit., 1923, 409) ; Jacq, *La durée de la journée du travail dans la métallurgie américaine* (Monde économ., 1923.171).

(2) Une marque spéciale doit également figurer sur les marchandises fabriquées dans les prisons (Loi de New-York du 13 mai 1897). La loi pénitentiaire du Massachussetts (5 mars 1901, *Bull. Off. internat.*, 1903.36), fixe le nombre maximum de détenus susceptibles d'être employés à chaque industrie, et décide que, dans tout établissement pénitentiaire comptant plus de cent détenus, le nombre des détenus employés à une même industrie ne devra pas, en principe, dépasser 30 0/0. Le but de ces prescriptions minutieuses est d'empêcher le travail pénitentiaire de faire une concurrence sérieuse au travail libre.

(3) Mlle Mac-Donald, *La législation du travail en Angleterre* (Congrès de

1802. Depuis lors s'est déroulée toute une série d'actes dont l'ensemble constitue une réglementation minutieuse et compliquée ; nous en indiquerons seulement les grandes lignes (1).

Enfants, jeunes gens et femmes adultes. — Au-dessous de douze ans, les enfants sont rigoureusement exclus des établissements industriels : de onze à quatorze ans, l'enfant ne peut être employé dans les fabriques ou ateliers qu'au *demi-temps*, c'est-à-dire le matin ou l'après-midi, et pas plus de trente heures par semaine au total.

Les jeunes gens de quatorze à dix-huit ans et *toutes les ouvrières, quel que soit leur âge*, ne peuvent travailler plus de cinquante-cinq heures et demie par semaine dans les industries textiles, ni plus de soixante heures dans les autres fabriques et dans les ateliers ; ce qui représente neuf à dix heures de travail effectif par jour, le dimanche non compris. Seulement, comme il est interdit de faire travailler les mineurs de dix-huit ans et les femmes le dimanche et même l'après-midi du samedi (sauf exceptions), les patrons ont le droit d'exiger d'eux onze heures de travail les autres jours, ou dix heures dans les industries textiles. Le travail de nuit est prohibé, sauf exceptions.

731. — La protection légale s'étend, depuis la loi de 1892, aux enfants et aux femmes employés dans les *magasins*, restaurants et auberges. La durée de la journée, dans les établissements commerciaux, est de 60 heures (ou mieux 68 heures, repos et heures supplémentaires comprises), d'après le *shop act* du 16 décembre 1911, incorporé dans la loi de codification du 29 mars 1912. Une surveil-

Bruxelles, p. 321) ; Jay, *La loi de dix heures en Angleterre* (*Rev. d'écon. polit.*, 1902) ; G. H. Wood, *Le travail de nuit des femmes dans l'industrie en* 1902 (étude très complète), rapp. présenté à Cologne, 1902 ; Barrault, *La réglementation du travail à domicile en Angleterre*, 1906 ; Vialla-Martin, *Réglementation du travail des femmes et des enfants dans l'industrie anglaise*, th. 1910 ; Rubbens, *La réglementation du travail en Angleterre* (*Rev. cathol. soc.*, oct.-nov. 1920) ; Gutteridge, *L'interprétation et l'application de la législation du travail en Angleterre* (*Rev. intern. trav.*, août 1924).

(1) Les principales de ces lois sont : les lois des 27 juillet 1878, 28 juin 1892 (magasins), 27 juillet 1893 (chemins de fer), 17 août 1901 (*Bull. Off.*, 1902.256). Cette dernière loi, entrée en vigueur le 1er janvier 1902, est un véritable Code industriel, analogue à la Gewerbeordnung allemande. La loi de 1901 a été elle-même complétée ou amendée par un certain nombre de lois postérieures : 14 août 1903, 15 août 1904 sur la fermeture des magasins, 21 déc. 1908 sur le travail des enfants dans les professions ambulantes, 29 mars 1912 (*Ann. L. du trav.*, 12.1.312). Cette dernière loi, sur le travail dans les magasins (*Shop act*), est un véritable Code très complet de protection de l'employé de commerce. — Cf. pour la réglementation des *mines*, les lois de 1908, 1911, 1919 et 1926.

lance sévère est exercée sur les magasins et leurs dépendances au point de vue de l'hygiène.

Ces dispositions réglementaires générales représentent un minimum ; elles peuvent être, sous le contrôle de l'administration supérieure, renforcées par l'autorité locale.

Les *ateliers de famille* sont eux-mêmes réglementés, et étroitement contrôlés, ainsi que tous les travaux exécutés *à domicile, en chambre*, pour le compte d'autrui. C'est ainsi que les patrons et entrepreneurs doivent adresser aux autorités de district la *liste* des personnes qu'ils emploient en dehors de l'*atelier*. La journée de travail, pour les travailleurs à domicile, n'est pas directement réglementée ; mais le conseil de district peut prescrire telles mesures qu'il jugera opportun, dans tous les cas où le travail à domicile s'effectuerait dans des conditions dangereuses ou insalubres (L. 19 avr. 1911, *Bull. Off. intern.*, 1911.121). — Enfin, dans un certain nombre d'industries, où sévit avec une intensité particulière le *sweating system*, le législateur anglais n'a pas hésité à recourir à la fixation d'un *minimum légal de salaires* (L. 20 oct. 1909, *ibid.*, 1910.25). — Pour le commentaire de cette loi, v. infra, titre II, chap. 2, sect. 3.

732. — **Hommes adultes.** — A part les dispositions qui précèdent, édictées surtout en faveur des ouvrières, mais dont bénéficient aussi un certain nombre d'ouvriers, et les prescriptions légales concernant le travail dans les mines (1), la législation industrielle anglaise ne comporte aucune réglementation du travail des adultes (2). Non seulement elle n'en détermine pas la durée, mais elle ne prohibe même pas expressément le travail du dimanche (3). L'Angleterre est cependant le pays d'Europe où le repos du dimanche est le plus strictement observé ; ici les mœurs font loi. C'est aussi l'un de ceux où la durée moyenne du travail est peut-être la moins

(1) La loi du 21 déc. 1908, qui fixait à 8 heures la durée du travail journalier dans les mines, a été amendée en 1919, à la suite du rapport Sankey, par une loi, réduisant le temps de travail à 7 heures. Mais à la suite de la grève de 1926 (v. *supra* n° 284), le Parlement a rétabli, pour cinq ans, le régime antérieur des 8 heures.

(2) Toutefois, les autorités locales ont le droit d'ordonner, après consultation des intéressés (dont les deux tiers doivent être consentants), la fermeture des magasins à certaines heures. — L. 15 août 1904 (*closing act*).

(3) Il est vrai que les antiques lois anglaises sur le repos du dimanche, notamment la loi de Charles Ier, de 1677, n'ont pas été abrogées. Mais, d'une part, leur application est abandonnée à l'arbitraire de la police et de la juridiction locale (L. 17 août 1871), et, d'autre part, les pénalités édictées (amende de 5 shill. en principe), suffisantes pour gêner le petit boutiquier, sont illusoires à l'encontre des chefs d'industrie.

longue. Beaucoup de patrons ont volontairement fait l'essai de la journée de huit heures ; elle a pris place, depuis 1918, dans un grand nombre de contrats collectifs. Dans les autres établissements, les journées supérieures à dix heures de travail effectif sont une exception de plus en plus rare.

Est-ce à dire que ces progrès doivent être exclusivement attribués à l'initiative et à l'esprit d'équité, ou mieux encore à une plus claire compréhension de leurs intérêts de la part des patrons ? Cette conclusion serait manifestement inexacte.

733. — **Manufactures d'Etat. — Commission mixte et journée de huit heures.** — Sans parler de l'influence indirecte, exercée sur le travail de l'adulte par la limitation légale du travail des femmes et des enfants (Cf. Jay, *op. cit.*), l'Etat anglais, comme la République américaine, a contribué par son exemple, à la réduction progressive de la journée de travail. — Non seulement il a pris pour règle d'imposer aux adjudicataires de travaux publics l'obligation de se conformer aux conditions de travail adoptées par les trade-unions (V. *infra*, tit. II) ; mais il a, d'autorité, à partir de 1894, réduit à huit heures la durée de la journée dans les ateliers dépendant directement de lui (arsenaux, magasins de la marine ou de la guerre, admin. des postes).

De son côté, la puissante organisation des *Trade-Unions* a contribué très efficacement, en Angleterre comme en Amérique, à cette diminution progressive de la journée de travail. Toutefois, les Unions ouvrières ne considèrent pas les résultats obtenus par elles, sans le concours de la contrainte légale, comme suffisants, et elles réclament énergiquement dans tous leurs Congrès, depuis la fin de la guerre, la consécration légale de la journée de huit heures.

Depuis 1919, le personnel des Cies de *chemins de fer* bénéficie de la journée de 8 heures; D'autre part, la grande Commission mixte industrielle, réunie en 1919 sur l'initiative de M. Lloyd George, se prononça en principe pour la consécration légale des huit heures dans l'industrie.

Se conformant à ces indications, le Gouvernement déposa un projet de loi conforme aux résolutions de la Conférence de Washington sur la journée de huit heures. Mais la Ch. des Communes, par 109 voix contre 65 (4 juin 1921), rejeta le projet, et depuis lors tous les efforts du parti ouvrier et du parti libéral pour obtenir le vote de la loi de huit heures et la ratificaiton de la convention de Washington se sont heurtés à l'opposition très nette du gouvernement conservateur (1).

(1) Pic, Rev. des quest. ouvrières (*Rev. polit. et parlem.*, Mai 1927). — Sur l'attitude nouvelle du gouvernement travailliste, v. *infra* n° 855 *bis*.

734. — Inspection, pénalités. — En dehors du régime spécial d'inspection auquel sont assujetties les mines, et de l'inspection hygiénique, confiée au service sanitaire, l'Angleterre possède un corps d'inspecteurs et d'inspectrices, dont l'activité et la compétence paraissent hors de conteste. D'abord vus avec défiance par les chefs d'industrie, ils se sont imposés peu à peu, et leur contrôle s'exerce aujourd'hui sans difficulté.

Les contraventions à la loi, constatées comme en France par les procès-verbaux des inspecteurs, sont également réprimées par des amendes. Mais, tandis qu'en France, l'amende ne peut atteindre que le manufacturier, directeur ou gérant, en droit anglais, l'amende peut être prononcée même contre les parents, coupables de connivence avec l'entrepreneur pour faire travailler l'enfant dans des conditions prohibées.

Possessions anglaises. — 735. — *a*) **Dominion du Canada.** — La plupart des Etats canadiens possèdent une législation réglementaire assez analogue à celle de la métropole ; toutefois, l'âge d'admission des enfants dans les fabriques est généralement retardé d'un an ou deux. C'est ainsi que, d'après la loi d'Ontario (loi de 1887, amendée en 1895, et en 1911, (24 mars), les enfants ne sont admis en principe qu'à quatorze ans dans les fabriques ; et encore le lieutenant-gouverneur en conseil peut-il prohiber l'emploi des garçons au-dessous de seize ans, et des filles au-dessous de dix-huit, dans tout travail réputé dangereux. Le travail dans les magasins est également assujetti à une réglementation spéciale (loi d'Ontario, 1896, Nouvelle-Ecosse, loi 23 avr. 1909). Une loi du 13 juillet 1906 interdit en principe, le dimanche, tout travail industriel et commercial (1).

736. — *b*) **Australie et Nouvelle-Zélande** (2). — *Femmes et enfants.* — Dans le *Commonwealth australien* et en Nouvelle-Zélande, ces terres classiques du socialisme d'Etat, la réglementation légale du travail est naturellement plus étroite. D'après la plupart des lois récentes (3), les enfants ne sont admis dans les fabriques qu'à l'âge de quatorze ans. Les garçons au-dessous de

(1) Métin, *Le travail au Canada* (*Mus. soc.*, mém. et docum., mars 1905) ; *Rev. intern. trav.*, mars 1924.

(2) Cons. Métin, *La législation ouvrière et sociale en Australie et en Nouvelle-Zélande*, 1901 ; Ramsay Macdonald, *Expériences australasiennes* (*Réforme sociale*, 16 mars 1908). — V. aussi *supra*, n° 463, en note.

(3) Cons. notamment les lois des Etats de *Victoria*, 31 mars 1912, amendée en 1922 ; *Australie du Sud*, 1908 et 1920 ; *Queensland*, 15 avr. 1908, amendée le 1er

seize ans et les femmes de tout âge ne doivent pas travailler plus de quarante-huit heures par semaine (et parfois 44 — *sic*, Australie Occidentale) : soit une moyenne de huit heures, ou sept heures et demie, par jour. Mais, le travail du dimanche et de l'après-midi du samedi leur étant interdit, les chefs d'industrie peuvent leur imposer du lundi au vendredi un travail journalier de dix heures. Le travail de nuit est interdit. Dans les magasins, la journée légale est un peu plus longue : cinquante-deux heures par semaine d'après la loi de Victoria. Les lois sur la durée du travail des enfants et des femmes sont obligatoires, même pour les ouvriers travaillant *en chambre*.

737. — *Adultes.* — Pour les hommes adultes, aucune législation réglementaire générale n'est intervenue, sauf dans la Nouvelle Galles du Sud (44 heures par semaine, soit sept heures et demie de moyenne). Mais, ainsi que nous l'avons fait observer précédemment, les syndicats ouvriers ont depuis longtemps conquis en fait la journée de huit heures. Plusieurs actes législatifs ont du reste contribué, indirectement, à cette généralisation de la courte journée : telles sont en particulier les lois sur le *minimum de salaire* (V n° 941 *infra*), obligeant les patrons à payer les heures supplémentaires (le salaire légal étant calculé pour une journée de huit heures) sur le pied d'un tarif majoré) ; les lois sur les travaux publics, ou sur l'heure de fermeture des magasins (*Early closing bills*) ; enfin les lois sur l'arbitrage obligatoire (v. tit. III, *infra*), permettant de sanctionner énergiquement toute violation des contrats collectifs.

738. — *Inspection du travail.* — La rigueur de la réglementation a pour corollaire la rigueur de l'inspection. Nul pays au monde ne possède un corps d'inspecteurs aussi nombreux et aussi puissamment armé que la Nouvelle-Zélande. L'inspection officielle est d'ailleurs secondée, dans toute l'Australasie, par les syndicats, intéressés à la stricte observation des lois qui sont un peu leur œuvre, et par des associations volontaires, telles que l'*Anti-sweating League*, ou les comités de sans-travail (1).

juillet 1925 ; *Nouvelles-Galles du Sud*, 16 déc. 1925 ; *Australie occidentale*, 1920 ; *Nouvelle-Zélande*, 15 déc. 1913. — Toutes ces lois sont rapportées dans le *Bull. de l'Off. internat.*, et depuis 1920, dans la *Série législative*. — *Cf. Quest. Prat.*, 1926, p. 126.

(1) *Autres Colonies.* — Signalons notamment : pour les *Indes*, la loi du 24 mars 1911 (*Bull. Off. intern.*, 1911.125), codifiant les lois sur le travail dans les fabriques (âge d'admission des enfants, 9 ans ; durée du travail jusqu'à 14 ans,

X. — Grèce (1)

739. — Depuis 1912, la Grèce est entrée résolument dans la voie de la réglementation légale du travail. Aux termes de la loi du 24 janv.-6 févr. 1912, les enfants ne sont admis dans les établissements industriels qu'à l'âge de 12 ans. De 12 à 14 ans, la durée légale de la journée est de six heures ; de 14 à 18, elle est de dix heures.

La durée légale du travail de la femme adulte est aussi de 10 heures. Les femmes en couches ont droit à un repos de huit semaines. Le travail de nuit est interdit aux enfants et aux femmes. Cf. L. 24 janv.-6 fév. 1912, sur le travail des employés de chemins de fer et ordonn. des 24 déc. 1914-6 janv. 1915 sur le travail dans les boulangeries.

XI. — Hongrie

740. — La législation hongroise est beaucoup moins interventionniste que la législation autrichienne.

Le travail des femmes et des enfants est réglementé en Hongrie à peu près dans les mêmes conditions qu'en Autriche (C. industr. du 21 mai 1884 ; L. 14 août 1911 sur le travail de nuit des femmes). Mais aucune protection spéciale n'est assurée à l'ouvrier adulte, sauf l'interdiction, en principe, du travail de nuit (2).

En 1908, le gouvernement avait déposé un projet de loi réglementant le travail des adultes ; mais ce projet, également combattu par les patrons et les ouvriers, ne put aboutir (3).

XII. — Italie (4)

741. — **Lois de 1902 et 1907.** — Jusqu'en 1902, la législation italienne n'accorda à l'enfant qu'une protection presque illusoire.

7 heures ; durée de travail des femmes, 11 heures ; travail de nuit interdit) ; — pour l'*Union sud-africaine*, la loi du 15 avril 1911 (*ibid.*, 1911.227), sur l'exploitation des mines et usines. — Cf. *Rev. intern. trav.*, juillet et décembre 1922.

(1) Andréadès, *La législation ouvrières en Grèce* (Rev. intern. travail, nov. 1922).

(2) V. cependant L. 31 juillet 1913 sur les heures de fermeture des magasins. — Cf. *Rev. intern. trav.*, nov. 1923.

(3) Agostou, *Le projet de loi industrielle hongrois* (*Quest. prat.*, 1909, p. 226, 331). — Sur la loi hongroise de 1907 concernant les ouvriers *agricoles*, v. *Bull. Off. internat.*, 1907, 254.

(4) Nitti, *La législation du travail en Italie* (Congrès de Bruxelles, p. 293) ;

La loi du 11 fév. 1886 admettait, à l'âge de 9 ans, les enfants dans les fabriques. Aucune disposition n'était édictée en faveur des femmes adultes. Il n'existait pas d'inspection du travail.

Cet état de choses regrettable a aujourd'hui pris fin. Le 19 juin 1902, en effet, était promulguée une loi sur le travail des enfants et des femmes, dont la mise en exécution, facilitée en 1906 (L. 19 juill. 1906, amendée le 22 déc. 1912), par l'organisation d'un service d'inspection, a permis de faire disparaître la plupart des abus révélés par les enquêtes.

Deux lois du 7 juillet 1907, l'une (amendée les 3 juill. 1910 et 23 août 1913) sur le *travail des enfants et des femmes*, l'autre sur le *repos du dimanche* dans l'industrie et le commerce, sont venues encore accentuer la note interventionniste. — *Adde*. L. 22 mars 1908, interdisant le travail de nuit dans les boulangeries ; et L. 16 juin 1907 sur le travail dans *les rizières :* durée maxima, 10 h. 1/2.

Les *enfants* de moins de douze ans sont exclus de tout travail industriel ; ils ne sont admis qu'à treize ans dans les mines, à quatorze ans dans les soufrières de Sicile, et à quinze ans dans les usines ou ateliers où s'accomplissent certains travaux dangereux ou insalubres, dont la liste est dressée par décret. Les femmes mineures et les enfants âgés de moins de quinze ans ne peuvent être admis au travail que porteurs d'un *livret* médical.

Les enfants des deux sexes ne peuvent être employés, de douze à quinze ans, plus de *onze heures*, et les *femmes de n'importe quel âge*, plus de douze heures (neuf heures seulement depuis 1923 — v. n° 742 *infra*). — Les enfants de moins de quinze ans doivent produire un certificat d'études primaires (L. de 1910). Les femmes relevant de couches ne peuvent être employées qu'un mois après l'accouchement ; des mesures spéciales sont imposées aux usiniers en vue de faciliter l'allaitement des nourrissons par les ouvrières. Le travail souterrain est interdit aux femmes de tout âge.

Le travail de nuit (10 heures soir, 5 heures matin) est interdit, en principe, aux garçons âgés de moins de quinze ans et aux femmes.

742. — **Adultes ; journée de huit, et neuf heures.** — A la suite de la convention de Washington, l'Italie avait adopté en principe la journée de huit heures ; seulement il était spécifié que des heures supplémentaires pourraient être demandées aux ouvriers, moyennant une majoration de 10 0/0 (décr. loi 15 mars 1923). — Mais le décret loi du 30 juin 1926 a porté à neuf heures la durée normale de

Tonfolo, *Le travail des femmes en Italie* (Cologne, 1902) ; Baudoin, *La réglementation légale du travail des femmes et des enfants dans l'industrie italienne*, th. 1905 ; Audoly, *La protection légale des travailleurs agricoles en Italie*, th. 1913.

la journée industrielle, pourvu qu'il y ait accord à ce sujet entre les organisations patronales et ouvrières (1). De plus, de nombreuses exceptions sont prévues (*Rev. écon. intern.*, Avril 1923).

XIII. — Japon (2)

743. — Il n'existait jusqu'en 1911 au Japon aucune législation protectrice de la classe ouvrière, et la condition vraiment lamentable de celle-ci, sous ce régime de liberté, sans contrepoids légal, était bien faite pour donner à réfléchir aux libéraux impénitents qui préconisent comme un idéal la liberté absolue de l'industrie. Tous les abus relevés en France, lors de l'enquête de 1840, fleurissaient naguère au Japon ; et, les classes dirigeantes s'en préoccupaient peu, sans doute parce qu'elles envisageaient le bas prix de la main-d'œuvre comme un moyen, pour l'industrie asiatique, de concurrencer victorieusement l'Europe et l'Amérique sur leurs propres marchés.

Les premiers efforts d'organisation de la classe ouvrière japonaise, donnèrent-ils à réfléchir aux classes dirigeantes, ou les pouvoirs publics s'étaient-ils émus des progrès effrayants de la tuberculose dans la population ouvrière féminine ? Il le semble : car le Parlement a enfin voté, le 28 mars 1911 (*Bull. Off. intern.*, 1911.141), une première loi sur les fabriques tendant à réglementer le travail des enfants et des femmes : admission des enfants à douze ans, et par exception à dix ans ; travail des jeunes ouvriers de moins de quinze ans et des femmes limité en principe à douze heures ; interdiction du travail de nuit, sauf certaines exceptions. Cette loi est entrée en vigueur, sauf exception pour certaines industries, le 1er sept. 1916 (ordonn. du 2 août).

Elle a été amendée en 1923 (*Série législative*. 1923-J.2). L'âge minimum d'admission des enfants a été porté à 14 ans, sauf exception, et la durée de la journée abaissée à 10 heures, sauf dérogation (3).

(1) *Rev. belge du travail*, 1926, p. 1008 et 1927, p. 498 et 1466. — Sur les *loisirs ouvriers*, v. décr. du 14 mai 1925 (*Quest. prat.*, 26, p. 30).

(2) Saïto, *La protection ouvrière au Japon*, 1900 ; Métin, *Le Japon industriel* (*Rev. écon. intern.*, 1906.1.255) ; *Quest. prat.*, 1910.267 (Chronique) ; Ourakami, *Lettre japonaise* (*Econ. franç.*, 13 févr. 1921) ; Ayusawa, *L'emploi des femmes dans l'industrie au Japon* (Rev. intern. trav., fév.-Mars 1929).

(3) *Chine*. — Il convient de rapprocher de la législation japonaise les essais de réglementation tentés en Chine par le gouvernement de Nankin. Ces essais,

XIV. — Mexique (1)

744. — Aux termes de la constitution fédérale de 1917 (art. 123), la durée de la journée de travail dans l'industrie est de *huit heures*. Certaines lois d'Etat vont plus loin ; dans le Yucatan, la journée de travail n'est que de *six* heures !

La constitution mexicaine prohibe l'emploi des femmes et des enfants de moins de 16 ans dans les industries malsaines ou dangereuses. Les enfants ne sont admis au travail qu'à l'âge de 12 ans ; de 12 à 16 ans, la durée maxima de leur travail est de six heures.

XV. — Pays-Bas

744 *bis*. — *Femmes et enfants*. — La loi du travail (Arbeidswet) du 5 mars 1889, amendée par les lois du 1er juillet 1909 et du 7 octobre 1911, réglemente ainsi qu'il suit le travail des enfants et des femmes. L'âge d'admission des enfants dans les établissements industriels est fixé à treize ans ; la durée légale de la journée, pour les enfants de treize à dix-sept ans et pour les femmes de tout âge, est de dix heures. Le travail de nuit et le travail du dimanche sont interdits, sauf exceptions ou tolérances.

Adultes. — Le travail des hommes adultes n'était pas, jusqu'en 1919, directement réglementé. Toutefois la législation néerlandaise comportait la fixation d'une journée maxima sanitaire, comme en Allemagne.

Journée de huit heures. — Mais, déférant à l'invitation de la Conférence de Washington, le Parlement néerlandais a voté, le 1er nov. 1919, une loi fixant à huit heures dans l'industrie et à dix

limités à certaines provinces (*Kouang-Toung* notamment), feront notamment bénéficier les femmes et les enfants de la journée de 8 heures, organiseront la protection des femmes enceintes, le repos hebdomadaire, etc. — Cf. S. Chan, *L'évolution de la législation sociale en Chine sous le gouvernement national* (Rev. intern. trav., janv. 1929). Mais ces tentatives de réglementation demeureront platoniques tant que la guerre civile sévira en Chine à l'état endémique. Les seules mesures de protection sérieuses édictées jusqu'ici l'ont été dans les concessions européennes, notamment à Shang-Haï (*Rev. intern. trav.*, mai 1925). — V. aussi Cte Sforza, *L'énigme chinoise*, 1928.

(1) *Quest. prat.*, 1924, p. 60

heures hors des fabriques et ateliers, la durée légale de la journée pour l'ensemble du personnel (*Bull. min. trav.* 19, p. 224 et 427). Cette loi a été assouplie par la loi du 20 mai 1922, qui facilite l'octroi d'heures supplémentaires (1).

XVI. — Pologne (2)

745. — La loi du 23 nov. 1918 (*Bull. min. trav.* 1919.91 et 20-57), instituant la journée de 8 heures, a laissé au Ministre du travail le soin d'en régler les détails d'application. En principe, la semaine est de 46 heures dans l'industrie, le commerce et l'industrie minière ; toutefois, des heures supplémentaires, payées à un tarif spécial, sont prévues.

XVII. — Portugal

745 *bis*. — Le décret-loi du 14 avril 1891 réglemente le travail des enfants du sexe masculin mineurs de 16 ans, et des filles de 21 ans. De 10 à 12 ans, les enfants pourvus d'un certificat de scolarité ne peuvent être astreints au travail que pendant six heures ; la durée légale de la journée est de dix heures pour les garçons de 12 à 16 ans et pour les filles mineures. Le travail de nuit est interdit aux garçons mineurs de 12 ans et aux filles mineures. La loi du 22 janv. 1915 (*Bull. Min. Trav.*, 15-81) a unifié à 10 heures la durée de la journée de travail dans l'industrie et le commerce pour l'ensemble du personnel. Tous les ouvriers et employés ont droit au repos hebdomadaire (décr. 9 janv. 1911).

Un décret du 10 mai 1919 a introduit le principe de la journée de 8 heures, sous le bénéfice de certaines dérogations. Mais il a été sursis à sa mise en vigueur effective (*Bull. Min. trav.*, 1919.222).

XVIII. — Roumanie (3)

746. — La Roumanie, pays agricole et de petite industrie, n'est entrée que depuis peu de temps dans la voie de la protection légale

(1) *Bull. Min. trav.*, 1922, p. 346. — Cf., sur l'application aux Pays-Bas de la loi de huit heures : *Rev. belge du trav.*, 1927, p. 1560.

(2) Baumgart, *La législation sociale en Pologne* (Rev. intern. trav., juin 1923) ; Capitant, *Réglementation du travail en Pologne* (Bull. Soc. Lég. comp., n° oct.-déc. 1928).

(3) Radu, *La loi sur le repos du dimanche et ses conséquences en Roumanie* (*Quest. prat.*, 1900, p. 14 à 149). — *La durée du travail en Roumanie* (Rev. intern. trav., juin 1926).

des travailleurs. Naguère encore, les deux seuls actes législatifs de cette catégorie étaient : 1° le règlement du 20 septembre 1894 sur les *industries insalubres* ; 2° la loi du 28 février 1897, amendée les 10-23 avril 1910, sur le *repos dominical*.

Puis vint la loi sur les métiers du 5 mars 1902 (1) qui contient au sujet de l'emploi des enfants dans l'industrie des prescriptions assez complètes, mais ne concerne que la petite industrie. A la date des 11-24 février 1906 (*ibid.*, 1909. 56) fut promulguée la loi sur le travail des enfants et des femmes, applicable à la grande comme à la petite industrie (âge d'admission 12 ans ; durée du travail, 8 heures pour les enfants, 10 heures pour les femmes). — Mais ce régime vient d'être profondément modifié par la loi du 8 avril 1928 (*Rev. trav.* 28 p. 1015), qui a posé le principe de la journée de 8 heures, pour tous les travailleurs de l'industrie, sous le bénéfice de certaines dérogations.

XIX. — RUSSIE (2)

747. — **Russie tzariste.** — *Femmes et enfants.* — Aux termes des lois des 1er juin 1882 24 avril 1890, l'accès des fabriques est interdit aux enfants de moins de 12 ans. De 12 à 15 ans, la journée légale est de 8 heures ; il est interdit de faire travailler les enfants la nuit et le dimanche.

Le travail de nuit est prohibé également pour les adolescents de 15 à 17 ans et pour les femmes de tout âge.

Adultes. — La journée légale du travail des adultes dans l'industrie est de onze heures et demie (L. 2 juin 1897) : le chômage est obligatoire, sauf exception, les dimanches et jours de fête.

Le travail des employés de commerce ne peut excéder douze heures par jour.

748. — **Russie soviétiste.** — Un des premiers actes du gouvernement bolcheviste fut de proclamer le principe de la journée de huit heures et de promettre à bref délai la journée de *sept* heures (L. 29 oct.-19 nov. 1917 ; C. du travail de 1919, art. 93). Mais depuis le

(1) *Quest. prat.*, 1902, p. 264. — V. *supra*, n° 551.

(2) Pernet, *Le livret de l'ouvrier russe* (*Quest. prat.*, 1906.362, et 1907, 32.127.315); — *Les conditions du travail dans la Russie des Soviets* (enquête du Bur. internat. du travail, résumée au *Bull. Min. trav.*, 1920.299).

début de l'année 1920, la crise de sous-production provoquée par la nationalisation et l'anarchie obligea le gouvernement des soviets à suspendre temporairement l'application de la loi de 1917, à imposer aux ouvriers, embrigadés par la force (sur la loi de travail obligatoire, art. 18 de la constitution de 1918, v. *supra*, n° 228), jusqu'à 10 et 12 heures de travail, et même à supprimer le repos hebdomadaire.

Depuis 1926, on est revenu théoriquement à la journée de huit heures, mais pratiquement ce taux est largement dépassé dans beaucoup d'industries (1).

Le décret du 25 oct.-25 nov. 1917 réglemente le travail des enfants et des femmes (2).

XX. — Serbie-Croatie-Slavonie (Yougoslavie)

749. — La loi serbe sur l'industrie, des 29 juin-12 juillet 1910 (*Bull. Off. intern.*, 1911. 78), réglementait le travail des adultes. La durée du travail pour les adultes des deux sexes était de dix heures dans l'industrie et de douze heures dans les établissements commerciaux.

Lorsque la guerre de 1914-18 eut fait de la Serbie le noyau d'un nouvel Etat, la *Yougoslavie* englobant désormais la Croatie, la Slavonie et la Bosnie, il fut question tout d'abord d'étendre la loi de 1910 aux nouvelles provinces. Mais il parut préférable, la Yougoslavie s'étant ralliée l'une des premières aux résolutions de la Conférence de Washington, d'édicter de toutes pièces une législation ouvrière plus conforme aux tendances nouvelles.

Les dispositions de la loi de 1922 (3) concernent notamment : la durée du travail (régime des *huit heures*, dans toute entreprise occupant plus de 15 ouvriers) ; le repos hebdomadaire ; l'interdiction du travail de nuit pour les femmes et les enfants ; la protection

(1) Mlle Dadu, *La condition des travailleurs dans la Russie des Soviets*, 1926 ; X, *Le problème de la durée du travail dans l'Union soviétique* (Rev. intern. trav., mars-avril 1928).

(2) *Finlande*. — Dès avant la proclamation de son indépendance en 1917, la Finlande avait une législation ouvrière spéciale (v. L. du 15 avr. 1889 sur le travail des enfants, des 22 mai-4 juin 1908 sur l'interdiction du travail de nuit dans les boulangeries). — Une loi du 27 nov. 1917 a introduit en Finlande la journée de 8 heures, pour l'industrie et le commerce ; mais d'importantes dérogations sont prévues par la loi du 14 août 1918.

(3) *Revue du travail*, 1924, p. 606 ; *Quest. prat.*, 1924, p. 50.

des femmes en couches ; la création de délégués ouvriers dans toutes les entreprises occupant plus de 20 ouvriers.

XXI. — Suède et Norvège

750. — Suède. — D'après la loi suédoise du 17 octobre 1900, amendée le 29 juin 1912 (*Ann. de lég. du trav.*, 1912.11.207), l'âge d'admission des enfants dans les fabriques est fixé à 12 ans. Les enfants qui n'ont pas accompli leur treizième année peuvent être occupés au maximum pendant six heures, les enfants et adolescents, de 13 à 18 ans, au maximum pendant dix heures par jour. Le travail de nuit et un certain nombre de travaux dangereux sont interdits aux mineurs de 18 ans. Le repos du dimanche est obligatoire.

La loi suédoise de 1900 ne s'occupait des femmes adultes que pour interdire l'admission à l'usine des femmes récemment accouchées (six semaines) et les exclure des travaux souterrains, mais elle a été complétée par la loi du 20 novembre 1909, portant interdiction du travail de nuit des femmes dans l'industrie en conformité de l'acte de Berne.

Une loi du 1er janv. 1920 a posé le principe de la journée de 8 heures ; mais de nombreuses dérogations sont prévues (1).

Norvège. — 751. — Des dispositions analogues figuraient dans la loi norvégienne du 27 juin 1892. Mais depuis la sécession des deux Etats, la Norvège a sensiblement accentué sa législation protectrice. Aux termes de la loi industrielle du 10 septembre 1909, les enfants au-dessous de 14 ans ne peuvent être employés à des travaux industriels ; de 14 à 18 ans, la durée du travail est de 10 heures. — Une loi du 18 sept. 1915 a fixé la durée du travail à 10 heures pour tout le personnel. Elle a été réduite en 1920 à 8 h. 1/2 par jour, avec maximum de 48 heures par semaine ; les heures supplémentaires sont permises.

XXII. — Suisse (2)

752. — La réglementation du travail industriel édictée par la législation suisse est certainement l'une des plus complètes et des mieux conçues ; nous en résumons ci-après l'économie.

(1) *La journée de huit heures en Suède* (Rev. intern. du trav., févr.-mars, juin 1926).

(2) Dr Landmann, *Die Arbeiterschutzgesetzgebund der Schweiz*, 1904 ; Clerget,

Loi fédérale. — La loi fédérale du 23 mars 1877, amendée le 18 juin 1914, a pour caractère distinctif d'être générale, en ce sens que les prescriptions qu'elle édicte s'appliquent à toutes les catégories d'ouvriers, hommes adultes compris.

L'âge d'admission dans les fabriques est fixé à 14 ans. La journée maxima est de 10 heures (ou même 9 heures, samedis et veilles de jours fériés) pour tous les ouvriers ; mais il convient de retrancher, de cette durée normale, une demi-heure pour les ménagères, et pour les mineurs de 16 ans, le temps affecté à l'enseignement scolaire et religieux.

Le travail de nuit et le travail du dimanche sont prohibés pour les mineurs de 18 ans et les femmes de tout âge. Les hommes adultes ont également droit au repos hebdomadaire. Il est interdit de faire travailler les ouvrières dans les deux semaines qui précèdent et dans les six semaines qui suivent l'accouchement.

La loi du 12 mars 1919, en vigueur depuis le 1er janv. 1920, a réduit en principe la journée à 8 heures dans tous les établissements assujettis à la loi des fabriques ; des dérogations permanentes ou temporaires sont prévues. Cf. L. 6 mars 1920 sur la journée de 8 heures dans les chemins de fer.

753 *bis.* — *Lois cantonales.* — La plupart des cantons industriels ont édicté des lois et règlements, plus ou moins complets, destinés à compléter la loi fédérale. Les uns se bornent à étendre aux petits ateliers la réglementation fédérale sur les fabriques ; d'autres ont diminué, pour certaines catégories de travailleurs, la durée légale de la journée (Bâle-Ville, L. du 27 avr. 1905, Berne, L. du 23 févr. 1908); d'autres étendent aux travailleurs en chambre, même au point de vue de la durée du travail, la protection de la loi (Soleure, 1895). Un certain nombre (Lucerne L. 16 févr. 1910, St-Gall, Appenzel, etc.), réglementent spécialement le travail des *sommeliers* dans les restaurants, hôtels et débits. Les lois de Lucerne, Glaris, Soleure, Bâle-Ville, Berne étendent le bénéfice de la protection légale aux demoiselles de magasin ; la loi de Neufchâtel va plus loin, et s'occupe également du *personnel féminin de bureau.*

Inspection. — Les autorités fédérales, représentées par les inspecteurs fédéraux, et les autorités cantonales, à l'aide d'agents de leur choix, veillent à l'application de ces règlements minutieux.

Les conditions du travail en Suisse (*Quest. prat. de lég. ouvr.*, mai-juill. 1908); Paul Louis, *La nouvelle législation ouvrière de la Confédération helvétique* (*Mus. soc.*, Mém. et docum., févr. 1908) ; Sigg, *La protection légale du travail en Suisse*, 1911 ; de Maday, *Législation sociale comparée*, I, p. 166 et s. ; *La législation sociale suisse en* 1920 (*Quest. prat.*, nov-déc. 1920), et *La législation sociale en Suisse de* 1921 *à* 1924 (*Quest. prat.*, 1925, p. 10 et 60).

XXIII. — TCHÉCOSLOVAQUIE (1)

753. — La législation de la Tchécoslovaquie, État successeur de l'Autriche, présente avec la législation de ce dernier pays, une affinité assez étroite.

Même réglementation du travail des enfants et des femmes ; même extension à l'ensemble des travailleurs de l'industrie du principe de la journée de huit heures, tempéré par quelques dérogations (L. 19 déc. 1918).

§ 2. — Evolution de la législation française de 1841 à 1930 (2)

754. — **Lois de 1841 et de 1848.** — La première loi française réglementant la journée de travail dans l'industrie remonte à 1841.

C'est en effet le 22 mars 1841 que fut promulguée la loi sur le *travail des enfants employés dans les manufactures*. Cette loi était manifestement insuffisante, puisqu'elle autorisait l'admission des enfants dans les manufactures dès l'âge de *huit ans*, et qu'elle ne régissait au surplus que la grande et la moyenne industrie.

Singulièrement plus hardi fut le législateur de 1848, qui ne craignit pas, le premier en Europe, de réglementer le travail des adultes. Mais nous avons rappelé dans notre historique (nos 149 et s.) comment ce mouvement réformateur de 1848 avait été suivi d'une prompte réaction, et comment le principe de la journée de *douze heures*, affirmé par la loi du 9 septembre 1848, ne fut jamais sérieusement respecté jusqu'à la loi du 16 février 1883, qui confia aux inspecteurs du travail le soin d'en faire revivre les prescriptions.

755. — **Loi de 1874.** — Aucune modification ne fut apportée, pendant tout le second Empire, à la législation des fabriques, malgré

(1) Stern, *La législation ouvrière tchécoslovaque* (Rev. intern. trav., oct. 1921) ; Grüber, *La politique sociale en Tchécoslovaquie*, Prague, 1924. — Cf. *Quest. Prat.*, 1926, p. 93.

(2) BIBLIOGRAPHIE. — Aux ouvrages cités en note sous les nos 691 et s., *supra*, *adde*: Sauzet, *Essai historique sur la législation industrielle de la France* (Rev. d'éc. polit., 1892) ; Mataja, *Les origines de la protection ouvrière en France* (*ibid.* 1895 et 1896) ; Cohen, *Louis Blanc et la Commission du Luxembourg* (*Ann. de l'Ec. des sciences polit.*, 1897) ; Pic, *La législation du travail en France* (rapp. présenté au Congrès de Bruxelles, 1897), et *Vue d'ensemble sur les lois incorporées en 1928 au Code du travail* (Rec. de dr. com. et de dr. soc., 1929, p. 91).

les abus criants stigmatisés par Jules Simon. Mais, aussitôt réunie, l'Assemblée nationale mit à son ordre du jour la question de la révision des lois sur le travail des enfants. Ses délibérations aboutirent au vote de la loi du 19 mai 1874, qui pour la première fois assura aux jeunes ouvriers une protection efficace. Cette loi fixait en principe à 12 ans l'âge d'admission des enfants dans les *manufactures*, et déterminait la durée maxima de la journée de travail : douze heures pour l'enfant mineur de 16 ans, et six heures seulement (*demi-temps*) pour les enfants de 10 à 12 ans, admis par exception au travail dans certaines industries. Elle interdisait le travail de nuit aux mineurs de 16 ans et aux *filles mineures* de 21 ans, sauf dans les usines à feu continu, consacrait pour les enfants le principe du repos du dimanche, et prohibait le travail souterrain, tant pour les *femmes de tout âge* que pour les enfants du sexe masculin mineurs de 12 ans. Enfin elle édictait tout un ensemble de pénalités, et organisait l'inspection.

756. — **Prolégomènes de la loi de 1892.** — Bien que très supérieure au régime antérieur, la réglementation de 1874 était néanmoins insuffisante sur trois points surtout : 1° en ce qu'elle ne s'appliquait pas aux simples *ateliers* ; 2° en ce qu'elle ne protégeait pas les enfants du sexe masculin au-delà de 16 ans ; 3° en ce qu'elle autorisait sans limitation le travail de nuit des femmes majeures.

Aussi, dès 1886, le ministre du commerce déposait-il sur le bureau de la Chambre un projet étendant aux femmes adultes le bénéfice de la protection légale. Accepté par la grande majorité de la Chambre, le principe de l'extension aux femmes adultes d'une protection jusqu'alors réservée à l'enfance rencontra au Sénat de vives résistances.

C'est surtout sur la question de la limitation des heures de travail que porta la discussion. Cette limitation avait été rejetée en première lecture ; la Chambre l'ayant rétablie, le Sénat se résigna à adopter le principe de la limitation, mais, en portant la durée maxima du travail des femmes de dix à onze heures pour donner satisfaction aux représentants des filatures. Ces réclamations intéressées prévalurent sur l'argumentation des auteurs du projet, qui avaient justement insisté sur les inconvénients graves d'un horaire différent, pour les femmes et les enfants : « Il ne faut pas, disait avec raison M. Jules Roche, que les mères quittent l'atelier une heure après leurs enfants, et laissent ainsi ces derniers livrés, vers la fin de la journée, au vagabondage de la rue ».

757. — **Loi du 2 novembre 1892 sur le travail des enfants et des femmes.** — *Difficultés d'application ; pratiques illégales.* — Dès les premières années d'application de la loi du 2 novembre 1892, un autre inconvénient, non moins grave, de ce défaut d'unité dans la réglementation apparut en pleine lumière, à savoir la difficulté du contrôle, résultant de la coexistence de quatre régimes légaux différents dans l'industrie : celui des enfants (dix heures), celui des adolescents de 16 à 18 ans (soixante heures par semaine, avec onze heures comme maximum), celui des femmes (onze heures), enfin celui des hommes adultes (douze heures). La Chambre s'y était résignée, par esprit de conciliation, et dans l'espoir que la mise en vigueur des dispositions nouvelles amènerait, en pratique, la généralisation de la journée de dix heures.

Mais ces espérances furent déçues. Bien loin de réduire à dix heures la journée de travail de tout leur personnel, la majorité des industriels s'obstina à exiger des enfants, en violation de la loi, un travail de onze heures, réalisant ainsi l'unification sur la base de la *journée la plus longue.*

Cette pratique illégale fut d'ailleurs encouragée par le gouvernement lui-même qui, au lendemain du dépôt sur le bureau du Sénat d'une proposition Lecomte tendant à unifier la journée de travail sur le pied de *onze heures,* se crut autorisé à en devancer le vote, et adressa aux inspecteurs des instructions les invitant *à tolérer* pour les enfants la journée de onze heures. Il ne subsistait donc plus, en fait, à la veille de la promulgation de la loi de 1900, que deux régimes légaux : celui des femmes et des enfants (onze heures), et celui des adultes (douze heures), dans les établissements visés par la loi de 1848.

Cette présence, dans un même établissement, d'adultes pouvant travailler douze heures, alors que la journée légale était de onze heures pour le reste du personnel, constituait, de l'avis unanime des inspecteurs, un encouragement à la fraude.

758. — *Equipes alternantes.* — Un autre grief, très sérieux, des inspecteurs, concernait l'abus des *équipes alternantes.* L'article 4, § 2, de la loi du 2 novembre 1892 contenait en effet une disposition ainsi conçue : « Tout travail entre 9 heures du soir et 5 heures du matin est considéré comme travail de nuit ; *toutefois,* le travail sera autorisé de 4 heures du matin à 10 heures du soir, quand il sera réparti entre *deux postes d'ouvriers* ne travaillant pas plus de *neuf heures chacun* ». Les rédacteurs de la loi avaient cru, en édictant cette disposition, améliorer la condition de l'ouvrier : or, en fait, cette tolérance avait, au contraire, pour l'ouvrier les conséquences les plus préjudiciables.

« L'on espérait, fit observer M. Ricard (1), qu'il aurait l'avantage de réduire sensiblement la présence de l'ouvrier à l'atelier... *C'est le contraire qui se produit.* Au lieu de faire travailler successivement chaque équipe pendant neuf heures, y compris l'heure de repos obligatoire, les industriels font alterner les deux équipes et l'usine marche ainsi sans arrêt pendant dix-huit heures. La première équipe commence à 4 heures du matin jusqu'à 9 heures ; la seconde va de 9 heures à 1 heure de l'après-midi ; la première reprend de 1 heure à 5 heures et la seconde termine la journée de 5 heures à 10 heures. Comme un certain nombre d'ouvriers n'habitent pas ordinairement dans le voisinage immédiat de l'usine, ils ne peuvent songer à rentrer chez eux pendant le temps qui sépare les deux périodes. Ils sont donc retenus par le service de l'usine *pendant treize et quatorze heures par jour!* »

759. — Loi du 30 mars 1900 sur le travail des enfants, des femmes et des adultes travaillant dans les mêmes locaux. — C'est principalement en vue de remédier à ces défauts de la loi de 1892 que la Chambre et le Sénat furent saisis presque simultanément des deux propositions Ricard et Lecomte (v. *supra*), tendant l'une à ramener à dix heures la journée légale de toutes les personnes protégées et à supprimer les équipes alternantes, l'autre à unifier la journée sur le pied de *onze heures*, non seulement pour les femmes et enfants, mais aussi pour les adultes travaillant dans les mêmes locaux que les personnes protégées.

Après de longues discussions, l'accord finit par s'établir sur un texte transactionnel, tendant à réaliser, par étapes successives, le principe de la journée de dix heures pour les femmes, les enfants et les adultes dans les établissements mixtes. Ce texte est devenu la loi du 30 mars 1900 fixant provisoirement à onze heures la journée de travail, et décidant que la durée légale sera de dix heures et demie deux ans après sa promulgation, et de dix heures au bout d'une nouvelle période de deux ans. Depuis le 1er avril 1904, la journée légale se trouve donc réduite à dix heures pour les enfants, les femmes et une grande partie du personnel adulte.

760. — Lois réglementaires postérieures (1904-1930). — Postérieurement à la loi du 30 mars 1900, plusieurs lois importantes sont venues accentuer en France la politique de protection ouvrière dont nous venons de retracer les grandes étapes. Il nous suffira de mentionner les textes suivants : — loi du 29 décembre 1900, prescrivant

(1) Propos. Ricard, Ch., 23 novembre 1893, *Doc. parl.*, n° 131.

l'établissement, dans les magasins de vente, d'un *nombre de sièges égal à celui des femmes qui y sont employées* ; loi socialement des plus importantes, malgré son objet très spécial, en ce qu'elle a eu pour résultat d'étendre aux établissements purement commerciaux le droit de contrôle des inspecteurs du travail (1).

Loi du 29 juin 1905 sur la *durée du travail dans les mines*, dont la caractérisque est d'avoir, pour le première fois, consacré législativement le principe de la journée de huit heures. Cette loi a été elle-même amendée dans un sens de plus en plus favorable à l'ouvrier par les lois des 31 déc. 1913 et 24 juin 1919.

Loi du 13 juillet 1906, amendée par les lois des 16 fév. 1922, 29 déc. 1923, et 19 avril 1924, établissant le *repos hebdomadaire en faveur des employés et ouvriers*, et fixant, en principe, au *dimanche* le jour du repos légal : loi doublement intéressante, d'abord parce qu'elle est le résultat d'un mouvement convergent des syndicats d'ouvriers ou d'employés et des groupes sociaux chrétiens, en faveur du repos du dimanche ; — intéressant ensuite, parce que, brisant un moule traditionnel reconnu trop étroit, elle unit dans une même protection les salariés du commerce et ceux de l'industrie.

Loi du 22 décembre 1911, relative à la mise en vigueur de la Convention internationale de Berne sur le *travail de nuit des femmes employées dans l'industrie*. — Cf. Loi du 11 juin 1917 sur le repos obligatoire de l'après-midi du samedi (semaine anglaise pour les ouvrières du vêtement).

Lois des 17 juin 1913, 15 juill. 1914 et 4 janv. 1928 sur le repos obligatoire des *femmes en couches*, et L. des 5 août 1917 et 24 oct. 1919 tendant à faciliter aux jeunes mères l'allaitement de leurs enfants dans des dépendances de l'usine (Cf. décr. 11 juin 1926).

Lois des 24 janv. 1925 sur le travail de nuit des enfants et des femmes (Cf. décr. 5 mai 1928) ; 30 juin 1928, sur la déclaration obligatoire des établissements industriels et commerciaux et l'âge d'admission des enfants dans les magasins.

Cf. lois des 7 avril 1925, 6 août 1925 et 22 août 1926 portant ratification des conventions de Genève, sur le travail de nuit des femmes, des enfants, et sur le repos hebdomadaire.

761. — Signalons également, entre autres textes édictant des réglementation spéciales : — 1° la loi du 7 décembre 1874, sur les

(1) Cf. décr. des 28 déc. 1909 et 26 oct. 1912, et L. du 7 déc. 1926 sur les *travaux interdits* aux femmes et aux enfants; décr. des 21 juin 1913 et 23 déc. 1928 sur l'emploi des enfants et des femmes aux *étalages des magasins*.

enfants employés dans les *professions ambulantes* ; — 2° les actes réglementaires (décrets, arrêtés, etc.) tendant à limiter la durée du travail des employés de chemins de fer (V. *infra*, n° 832) ; — 3° les actes de même nature concernant les ouvriers et employés des manufactures de l'Etat (V. *infra*, n° 833) ; — 4° les décrets du 10 août 1899 sur les *conditions du travail dans les marchés de travaux publics* pour le compte de l'Etat, des départements ou des communes ; ces décrets, touchant à la fois à la théorie du salaire minimum et à la réglementation de la journée de travail, seront étudiés seulement sous notre titre II, chap. II (contrat de travail) ; — 5° les lois du 17 avril 1907 sur la *réglementation du travail à bord des navires de commerce* et du 13 déc. 1926 portant codification du *travail maritime* ; 6° Les dispositions de la loi du 14 juillet 1913 sur l'assistance aux *familles nombreuses* concernant les enfants placés en apprentissage ; 7° La loi du 10 juillet 1915 sur la protection des ouvrières du vêtement *travaillant à domicile* ; — La loi du 28 mars 1919 interdisant le travail de nuit des *ouvriers boulangers*.

762. — Loi du 23 avril 1919 (1) **sur la journée de huit heures.** — Mais la loi réglementaire la plus importante de toutes, tant par ses répercussions sur les textes antérieurs que par ses conséquences sociales, est la loi du 23 avril 1919 fixant en principe à *huit heures* par jour, ou *quarante-huit* heures par semaine la durée maxima de la journée de travail dans les établissements industriels et commerciaux.

Il convient d'ailleurs de noter que cette loi n'a pas eu pour effet d'entraîner l'abrogation *immédiate* des textes antérieurs fixant une durée légale plus longue tant pour les femmes ou les enfants que pour les adultes. Le texte nouveau présente en effet cette particularité d'être subordonné pour son application à la promulgation de règlements d'administration publique, pris autant que possible à la suite d'une consultation des organisations professionnelles intéressées.

D'où il suit que, jusqu'à ce que toutes les professions industrielles ou commerciales aient fait l'objet de règlements de ce genre, les textes anciens continueront à s'appliquer aux professions ou aux régions non encore visées.

763. — Code du travail, livre II. — La plupart des textes précédemment cités ont été incorporés au Code du travail (livre II,

(1) Cf. L. du 2 août 1919 fixant à 8 heures la durée du travail à bord des navires de commerce.

De la réglementation du travail), promulgué par la loi du 26 nov. 1912. Ils l'ont été en principe du jour de leur promulgation. C'est ainsi que la loi du 24 juin 1919 sur le travail dans les mines figure sous les articles 9 à 13 du livre II, que les dispositions des lois de 1913-1928 concernant le repos des femmes en couches ont été incorporées au livre II sous les art. 54*a*, 54*e*, etc...

Toutefois, et pour les raisons signalées plus haut, les dispositions du chap. 2 du titre II (art. 6 à 8) concernant la durée du travail (10 ou 12 heures) ne seront abrogées dans chaque région et pour chaque profession qu'à partir de la mise en application des règlements d'administration publique intéressant ladite profession dans la région envisagée (L. 23 avril 1919, art. 3) (1).

§ 3. — Tendances dominantes des législations contemporaines (2)

764. — Les grands courants législatifs. — Si l'on met en parallèle la législation française et les principales lois étrangères, l'on discerne aisément trois ou quatre grands courants convergents, dont il nous paraît intéressant de dégager la formule.

L'enfant. — Tout d'abord, l'accord semble fait sur la nécessité de réglementer le travail de *l'enfant* et de *l'adolescent.* Sans doute, certaines divergences subsistent, tant sur l'âge d'admission que sur la durée du travail journalier et sur l'organisation de l'inspection. Mais le droit d'intervention des pouvoirs publics n'est plus sérieusement contesté, même par les libéraux.

L'ouvrière. — La réglementation du travail de la *femme adulte*, sans être aussi universellement admise, a fait néanmoins de très grands progrès. Il y a encore des résistances, en ce qui concerne

(1) Les lois réglementaires ont été, partiellement, déclarées applicables à l'Algérie et aux colonies par toute une série de décrets. — V. notamment, pour l'*Algérie*, les décrets des 5 janv. 1909 et 15 janv. 1921 ; pour la *Tunisie*, le décret beylical du 15 juin 1910 ; pour le *Maroc*, les dahirs des 13 juillet 1926 et 22 mai 1928. — Cf. Bouy, *Le problème de la main-d'œuvre et la législation du travail au Maroc*, th. 1930. — Sur la réglementation du travail indigène aux colonies, v. *infra*.

(2) Cons., sous la rubrique « *Mouvement social international* », les chroniques de droit comparé publiées par le *Bull. du Min. du travail*, et consacrées notamment : à l'âge d'admission des enfants (1919, 557), aux employés de commerce (1912, 1305), au repos des femmes en couches (1919, 422), à la journée de huit heures (1919, 84.322, 426 et 1920, p. 57). — Cf. l'enquête du B. I. T., sur la *réglementation de la durée du travail en Europe*, (Rev. intern. trav., juillet 1928). — Sur la *réglementation du travail agricole en Europe*, v. Rev. intern. trav., août 1923.

la durée de la journée de travail : mais l'accord est à peu près complet sur l'interdiction du travail de nuit et la protection légale des femmes en couches.

765. — *L'ouvrier adulte.* — Sur l'opportunité d'une réglementation du travail de l'adulte homme, les avis demeurent partagés, même depuis les résolutions de principe inscrites dans le traité de Versailles et dans les conventions de Washington. Ces divergences se traduisent en droit positif par la répartition des Etats en trois groupes. Un premier groupe comprend les Etats qui n'admettent aucune réglementation législative ; le second groupe, assez nombreux depuis 1919, englobe au contraire ceux dans lesquels la réglementation directe a prévalu (France, Autriche, Allemagne, Italie, Suisse, etc.). — Enfin, un troisième groupe comprend les Etats qui, sans légiférer directement sur le travail de l'adulte, le protègent indirectement, soit en assujettissant à certaines prescriptions spéciales les industries dont le fonctionnement intéresse particulièrement la sécurité de l'Etat (mines, chemins de fer, entreprises de transport), ou les industries dangereuses, soit en réglementant le travail du dimanche.

766. — *Employés de commerce.* — Signalons aussi une tendance très nette des législations récentes dans le sens d'une extension du domaine de la loi, de la fabrique à la petite industrie, et de la petite industrie au *commerce proprement dit.* Il suffit, pour mesurer le chemin parcouru, de comparer par exemple notre loi de 1848 (C. du trav. liv. II, art. 6), dont le champ d'application n'englobe que les manufactures et usines, aux lois, édictées les unes en faveur de tous les salariés sans distinction d'âge ni de sexe, les autres en faveur des enfants ou des femmes, sans distinction entre les jeunes ouvriers et ouvrières de l'industrie et des enfants ou les femmes employés de commerce.

767. — **Journée de huit heures.** — Les divergences notées plus haut s'atténueront d'ailleurs de plus en plus le jour où le principe de la journée de huit heures, proclamé par le traité de Versailles et la Conférence de Washington, consacré déjà par la législation particulière d'un certain nombre d'Etats, dont la France, se sera généralisé et régira l'ensemble des travailleurs de l'industrie et du commerce (1).

(1) Pour l'historique de la question des *trois huit*, cons. notamment : S. Webb and H. Cox, *The 8 hours day*, 1891 ; J. Rae, *La journée de 8 heures*, 1900 ; de Seilhac, *La question des 8 heures* (*Rev. polit.*, mars 1902). V. aussi *supra* n° 691.

768. — *Ouvriers à domicile.* — Rappelons enfin les dispositions prises par les législations récentes en vue d'assujettir à un certain contrôle le *travail à domicile* ou *travail en chambre*. La réglementation légale, au lieu de se limiter à la fabrique proprement dite, englobe ainsi tous les travailleurs de la *fabrique collective*, c'est-à-dire l'ensemble des salariés qui, soit dans de *petits ateliers*, soit *en chambre* (isolément ou en famille), concourent à l'établissement de produits manufacturés pour le compte d'un entrepreneur. — V. *infra* n°. 949.

ART. III. — *Commentaire de la législation française actuelle*

§ 1er. — Lois et règlements sur le travail industriel et commercial des enfants, des adolescents et des femmes

769. — Le travail des enfants, des adolescents et des femmes *dans l'industrie* et le *commerce* (1), est actuellement régi en France par le livre II du Code du travail (2), dans lequel ont été incorporées, soit les lois antérieures à sa promulgation, telles que les lois des

(1) Jusqu'à la loi du 30 juin 1928, et bien que certaines prescriptions du Code du travail fussent applicables aux enfants et aux femmes employés dans le *commerce* (art. 54 *a* et s., sur le repos des femmes en couches, art. 71 et s, sur l'hygiène des locaux, etc.), il n'existait de réglementation d'ensemble des conditions de travail que relativement aux établissements industriels.

Il en est autrement depuis la loi précitée, incorporée au livre II du Code du travail, qui a eu pour but d'une part, d'assujettir l'ouverture de tous les établissements industriels et *commerciaux* employant un personnel salarié, à une déclaration préalable (v. *supra* n° 611), et d'étendre à tous ces établissements (art. 2 nouveau), les prescriptions de l'ancien art. 1er, jusqu'alors spécial à l'industrie, concernant l'*âge d'admission* des enfants, ainsi que celles de l'art. 14 (qui renvoie à l'art. 1er), concernant la durée du travail, journée de 10 heures, partout où ne s'applique pas encore la journée de 8 heures, L'art. 21, concernant le travail de nuit, continuera cependant à s'appliquer uniquement aux établissements industriels (art. 21 § 1er nouveau).

(3) De nombreux décrets portant règlement d'administration publique sont venus compléter ces textes législatifs. — Nous citerons notamment, parmi les plus importants, les décrets suivants: 28 déc. 1909 (surcharges), 26 oct. 1912, 21 juin 1913 et 23 déc. 1928 (étalages extérieurs), 20 juin 1913 (tolérances et exceptions), 17 déc. 1913 et 24 sept. 1926 (femmes en couches), 21 mars 1914 (travaux dangereux interdits aux femmes et aux enfants), 5 mai 1928 sur le travail de nuit, etc. — Cf. sur l'organisation de l'inspection : décr. 22 sept. 1913 et 20 sept. 1929. — Pour le texte de ces décrets, v. *Bull. Min. travail*.

BIBLIOGRAPHIE. — Aux auteurs cités *supra*, en note sous n° 691, *adde* : — L'Estang de Busquec, *La réglementation du travail des employés de commerce*, th. 1913 ;

7-20 déc. 1871, 2 nov. 1893, 30 mars 1900, 13 juill. 1906, 22 déc. 1911, soit les lois modificatives postérieures, telles que les lois des 31 déc. 1912, 17 juin 1913, 11 juin 1917, 5 août 1917, 2 déc. 1917, 24 mars 1925, 7 déc. 1926, 4 janv. et 30 juin 1928, etc.

Ces textes doivent eux-mêmes se combiner, en ce qui concerne les *apprentis*, avec le titre 1er du livre 1er du Code du travail et, pour la *durée du travail*, avec la loi du 23 avril 1919 sur la *journée de 8 heures*, au fur et à mesure de l'extension du champ d'application de cette loi. — V. *supra*, n° 763.

A. **Champ d'application de la loi. — 770.** — 1° *Quant aux personnes.* — Le livre II du Code du travail (art. 1er, 14 et s. *ibid.*) protège, à des degrés divers, deux catégories de personnes : 1° Les *enfants* et *adolescents* des deux sexes, mineurs de 18 ans ; 2° Les *femmes*, quel que soit leur âge.

En principe, les mineurs de dix-huit ans de l'un et de l'autre sexe jouissent de la même protection : une seule exception concerne les travaux souterrains, interdits aux filles et aux femmes, accessibles au contraire sous certaines conditions aux enfants du sexe masculin (V. *supra*, n° 617).

Au-dessus de dix-huit ans, cesse la protection spéciale de la loi, en ce qui concerne les ouvriers du sexe masculin ; à partir de dix-huit ans, ils sont considérés comme adultes et ne peuvent plus se prévaloir que des lois de protection générale édictées en faveur de tous les salariés.

Les *femmes*, au contraire, sont placées à tout âge sous la protection de la loi.

La loi de 1892, incorporée au Code du travail, est une loi de police et de sûreté, applicable à tous les établissements industriels fonctionnant sur le territoire continental de la France, quelle que soit la nationalité, soit du chef de l'établissement, soit des ouvriers employés (art. 187, C. trav.) (1). Jusqu'à nouvel ordre, la loi n'est pas applicable aux colonies (2).

771. — 2° Quant aux travaux réglementés. — De l'article 1er de la loi, il résulte que le travail de l'enfant ou de la femme doit

Monier, *Le rôle social et économique de l'inspection du travail*, th. 1912 ; Pléven, *La semaine anglaise à l'étranger et en France*, th. 1917; Pascal, *Les métiers du théâtre*, 1923; Dall., *Rép. Prat.*, v° *travail*, n°s 405 et s. — Sur la question du travail *à domicile*, v. *infra*, n° 949.

(1) Aix, 7 févr. 1884, D. 85.2.212 ; Crim. Cass., 21 mai 1908, D. 1909.1.134.

(2) Sauf à l'Algérie, sous certaines réserves d'ailleurs (décr. 21 mars 1902, décr. 15 janv. 1921 (*Bull. Min. trav.*, 1921.10). Cf Rectenwald, *La législation ouvrière en Algérie* (*Rev. algér.* 1910, p. 137), et Mounier (*Rev. Algér.*, avril-sept. 1924). — Pour la *Tunisie* et le *Maroc*, v. *supra*, n° 763, note 1.

satisfaire à une double condition pour être réglementé : *a*) Ce doit être un travail *industriel*, ou *commercial* (sous certaines réserves) ; *b*) Ce travail ne doit pas être exécuté dans un *atelier de famille*.

a) *Le travail doit être industriel, ou commercial.* — Avant la loi du 30 juin 1928, seul le travail *industriel* était réglementé. Cette condition découlait de l'énumération limitative, donnée par l'article 1er, des *établissements* régis par la loi (usines, manufactures, mines, minières et carrières, chantiers, ateliers et leurs dépendances) (1). Cette énumération a été supprimée, en ce qui concerne la déclaration préalable et l'âge d'admission des enfants, par la loi de 1928 (art. 1-2 nouveau), mais maintenue au contraire en ce qui concerne le travail *de nuit* (art. 21 nouv.) ; d'où il suit que les prescriptions concernant l'interdiction du travail de nuit des femmes et des enfants demeurent inapplicables aux établissements commerciaux.

772. — Doivent en conséquence, être considérés comme échappant, par définition même, à toute réglementation : 1° Les *travaux agricoles* (2), alors même qu'il s'agirait de cultures industrielles (exemple : sarclage et arrachage de plantes oléagineuses, décision de la commission supérieure du 16 juillet 1876 ; culture des betteraves destinées à des raffineries de sucre, etc.) (3).

Toutefois, il faudrait se garder de considérer comme des travaux agricoles, affranchis de la réglementation, tous les travaux quelconques tendant à la mise en valeur et à la transformation des produits extraits du sol. Dès l'instant qu'il y a *transformation industrielle*, la loi devient applicable : c'est ainsi que les distilleries et

(1) Le nombre des ouvriers est indifférent. L'ouvrier travaillant habituellement seul dans l'atelier, concurremment avec le patron, a droit à la protection légale. — Cass., 27 août 1903, S. 1906.1.56. — Effectivement, ce qui caractérise l'*atelier*, c'est moins la réunion, peut-être accidentelle, de plusieurs travailleurs dans un même lieu, que la destination du lieu, son appropriation à un genre de travail. — Même arrêt. — Cf. Cass., 6 déc. 1901, S. 1905.1.476, et note Roux, sous Cass., 28 mars 1901, S. 1902.1.473.

(2) Sur l'impossibilité pratique de réglementer la durée du travail agricole, cons. Chausse, *L'ouvrier agricole devant les lois du travail* (*Quest. prat.*, 1911, p. 29). Le B. I. T. avait cru cependant pouvoir mettre à l'ordre du jour de la 3e Conférence intern. du travail (Genève, 1921), la question de la *réglementation* internat. du travail agricole. Mais en présence du *veto* de la France, l'examen de ce problème fut renvoyé *sine die* (Pic, *L'œuvre de l'organisation internation. du travail*, Rev. gén. de dr. intern. publ., 1925, p. 284). A noter toutefois les mesures prises en vue d'améliorer le logement des travailleurs agricoles (L. 31 juill. 1929).

(3) Sur le caractère agricole de l'exploitation des salins, v. Cass., 5 juin 1896, S. 97.1.56., — de l'élevage des lapins en vue de tirer profit des poils, v. Cass., 24 oct. 1901, D. 1903.1.165. — V. aussi Crim. Cass., 17 juill. 1909, S. 12.1.459 (embouteillage d'eaux minérales).

sucreries annexées à une ferme, à un domaine agricole, sont des établissements régis par la loi (question de fait pour les tribunaux) (1). Plus délicate est la question de savoir si l'emploi, par un agriculteur, d'un matériel industriel (machines à battre, charrues à vapeur, etc.) le rend *ipso facto* justifiable de la loi. La question est discutée : cependant, étant donné l'esprit de la loi, il semble bien que l'on doive considérer comme travaux industriels des travaux qui, tout en restant agricoles par leur objet, deviennent en quelque sorte *industriels par les procédés d'exécution*, et exposent les travailleurs aux mêmes dangers que ceux expressément visés par la loi (2).

773. — **2° Les professions libérales.** — Le travail scientifique, artistique ou littéraire échappe complètement à la réglementation légale. Ainsi, la loi est inapplicable aux enfants attachés à des offices ministériels, à des cabinets d'agents d'affaires, d'architectes, à des ateliers de peintres ou sculpteurs, à des laboratoires ou musées, ainsi qu'aux femmes ou enfants employés dans des administrations publiques. En ce dernier cas, d'ailleurs, des règlements spéciaux déterminent l'âge et les conditions d'admission (3).

3° Les professions se rattachant à la *domesticité* (4).

774. — **Situation spéciale depuis la loi de 1928, des employés de commerce.** — Ainsi que nous l'avons fait observer précédemment, avant la loi du 30 juin 1928, la réglementation légale ne s'appliquait en principe qu'aux établissements *industriels* ; les établissements commerciaux, magasins, boutiques ou bureaux y échappaient. A part l'obligation imposée aux gérants de magasins de disposer dans chaque salle un nombre de sièges égal à celui des femmes qui y sont employées (L. 25 mars 1900 — art. 76 à 91 liv. II C. trav.) (5), et la réglementation de l'emploi des enfants et des

(1) Il en est de même des *ateliers* affectés à la fabrication ou à la réparation des outils et appareils mis en œuvre dans une exploitation agricole. — Crim. Cass., 28 oct. 1899, D. 1902.1.208.

(2) V. cependant, en sens contraire : Crim. 5 juin 1896, D. 97.1.83 (machine à vapeur employée dans une *saline*, loi de 1892 inapplicable).

(3) Cons. d'Etat, 1er juill. 1910, D. 1912.3.112 (bureaux d'un ministère, inapplicabilité). — Mais les correcteurs d'épreuves, dont le travail est plus matériel qu'intellectuel, bénéficient de la protection (Trib. corr. St-Etienne, 28 avril 1894, D. 95.1.79.

(4) Ainsi, le travail consistant en occupations purement ménagères (cuisine et basse-cour, blanchissage et repassage, jardinage, etc.) ne rentre pas dans les prévisions de la loi de 1892. — Crim. 2 déc. 1901, D. 1903.2.225.

(5) Cette loi avait ouvert aux inspecteurs du travail l'accès de 227.070 éta-

femmes aux étalages extérieurs des magasins (art. 72 C. trav., décr. 21 juin 1913 et 23 déc. 1928), employés et commis des deux sexes, garçons de bureaux et de magasin, restaient dépourvus de toute protection légale directe.

La loi du 30 juin 1928 (liv. II C. trav., art. 1 et 2 nouveaux) est venue combler cette lacune en étendant expressément aux établissements *commerciaux* les prescriptions du Code du travail relatives à l'âge d'admission des enfants et à la durée du travail des personnes protégées (femmes et enfants). Mais il serait inexact de considérer l'assimilation des employés de commerce aux ouvriers de l'industrie comme complète, puisque les prescriptions des art. 21 et s. relatives à l'interdiction du travail de nuit demeurent spéciales à l'industrie (v. *supra*).

Il est donc, même aujourd'hui, nécessaire de préciser la ligne de démarcation qui sépare l'industrie du commerce. A ce point de vue, la jurisprudence antérieure a conservé tout son intérêt.

775. — Critérium de la distinction de l'industrie et du commerce. — Il n'est pas toujours facile de déterminer le critérium permettant de différencier l'industrie manufacturière de l'industrie commerciale. C'est ainsi que des difficultés s'étaient élevées dans la pratique : — *a*) Sur le point de savoir s'il convient de rattacher à l'industrie ou au commerce les *petites industries de l'alimentation* (boulangeries, boucheries, charcuteries, pâtisseries, auberges, restaurants et hôtels). Le Conseil d'État, consulté, s'était, à tort ou à raison, prononcé pour le caractère commercial de ces établissements (Cons. d'État, avis du 7 juill. 1894 (1).

b) Sur la question de l'applicabilité de la loi aux magasins annexés à des manufactures, ou, inversement, aux ateliers annexés à des magasins. La jurisprudence, repoussant en l'espèce toute indivisibilité, tient pour commerciaux les magasins de vente distincts des ateliers de fabrication (2), tandis qu'à l'inverse elle

blissements commerciaux occupant 575.000 personnes, dont 175.000 femmes (recensement professionnel de 1896). — Sur l'interprétation extensive de la loi de 1900, v. Cass. 12 avril 1902, D. 1902.1.359. — Cf. décr. 23 oct. 1917, étendant aux *ouvrières* les dispositions édictées tout d'abord en faveur des employées seulement.

(1) Cf. Req. 17 déc. 1910, S. *Bull. des somm.* 1911.1.32 (atelier affecté au commerce des *amandes*, préalablement concassées).

(2) Ainsi jugé pour un magasin de vente attenant à un atelier de couture (Trib. simp. pol. Reims, 16 juill. 1894, D. 95.2.56). D'une manière générale, l'industrie implique une certaine transformation des produits. — Un simple entrepôt n'aurait pas le caractère d'établissement industriel (*Sic* : entrep. d'huiles, Crim. req., 10 mars 1899, D. 1901.1.232). — L'industrie des *transports* est également commerciale (lett. minist., 23 févr. 1894).

qualifie d'industriels les ateliers de réparation ou transformation annexés à un grand magasin.

776. — *Théâtres : spectacles forains.* — Quant au travail des enfants employés dans les *théâtres*, bien qu'il ne rentre pas dans la définition même du travail industriel, il a fait l'objet d'une réglementation spéciale inscrite dans l'article 8 de la loi (C. du trav., liv. II, art. 58 et 59) à raison des dangers physiques et moraux qu'il présente (1).

En ce qui concerne les enfants employés par des entrepreneurs de *spectacles forains*, un régime spécial de protection a été institué par la loi du 7 décembre 1874, sur la protection des enfants *employés dans des professions ambulantes* (C. du trav., liv. II, art. 60 à 63).

777. — *Etablissements de bienfaisance. — Orphelinats ; établissements dépendant de l'Etat : exceptions supprimées* (2). — Sous le bénéfice des réserves précédentes, tout travail industriel ou commercial est aujourd'hui soumis à la réglementation. Sous l'empire de la loi de 1874, une double difficulté avait surgi, l'une concernant les ateliers organisés dans les établissements de bienfaisance ou d'enseignement, ouvroirs, orphelinats, écoles professionnelles, etc. ; l'autre au sujet des établissements industriels dépendant de l'Etat.

En ce qui concerne les premiers, la jurisprudence de la Cour suprême avait, par un arrêt du 17 février 1881, proposé une distinction ; elle considérait comme soumis à la réglementation les ateliers annexés à des établissements d'enseignement professionnel ou de bienfaisance lorsqu'ils semblaient organisés *dans un but de lucre*, et tenait pour exempts de tout contrôle les ateliers organisés, uniquement dans l'intérêt de l'instruction professionnelle ou de l'éducation des enfants.

Quant aux établissements d'Etat, et spécialement aux manufactures ressortissant aux ministères des finances, de la guerre, de la marine et des beaux-arts, les directeurs de ces établissements s'étaient toujours refusés à subir l'inspection.

778. — La loi de 1892 a supprimé formellement toutes ces exceptions injustifiées. D'une part, l'article 1er soumet tous les *ateliers*

(1) V. la circul. minist. du 19 nov. 1919, aux préfets et directeurs de théâtres et cafés-concerts sur la figuration en scène des enfants de moins de 13 ans. — V. Pascal, *op. cit.*

(2) Boizet, *Le travail et l'application des lois ouvrières dans les établissements de bienfaisance privée*, th. 1908.

au régime de protection institué par la loi, même lorsque ces établissements ont un caractère d'enseignement professionnel ou de bienfaisance, et sans tenir compte de la destination du travail, ni de l'affectation du produit (1). Par identité de motifs, les dispositions protectrices de la loi s'appliquent même aux enfants placés en apprentissage (C. du trav., liv. 2, art. 2, § 2).

D'autre part, le même article 1er assimile expressément les *établissements publics* aux établissements privés. Assimilation absolument rationnelle et équitable ; ainsi que l'a très justement fait observer le rapporteur de la loi, M. Waddington, « l'État, dans les usines qui lui appartiennent, doit donner le bon exemple de la soumission aux lois et ne peut se dérober, en sa qualité de fabricant, à une surveillance qu'il impose à tous les industriels » (2).

Le principe de l'assimilation des établissements publics aux établissements privés ne comporte aucune exception. Nous en concluons que la loi de 1892 doit être étendue même au travail des enfants, détenus dans les *maisons de correction* (3). Il importe peu, d'ailleurs, que le travail s'effectue en régie ou à l'entreprise.

779. — b) *Le travail ne doit pas être exécuté dans un atelier de famille* (art. 2, C. du trav., alin. 3). — L'on justifie généralement cette seconde condition par les considérations suivantes. Il y aurait, dit-on, plus d'inconvénients que d'avantages à ne pas faire cesser le pouvoir de réglementation de l'État au seuil de la maison paternelle ; il est, en effet, à présumer que le père de famille, la mère ou le tuteur n'exigeront pas un travail excessif de leurs enfants ou pupilles ; leur affection présumée est considérée, dès lors, comme constituant pour l'enfant une sauvegarde suffisante.

Si la loi ne s'applique pas, en principe, aux *ateliers de famille*, il ne faudrait pas croire, cependant, que l'autorité soit désarmée

(1) Cass., 7 et 8 déc. 1900, trois arrêts, D. 1902.1.57, S. 1903.1.249 ; Crim. cass., 28 mars 1901 (S. 1902.1.473, et note Roux, D. 1903.1.225). — V. cependant Limoges, 15 févr. 1901 (S. 1903.2.69). — Mais un travail ne revêt le caractère industriel que s'il fait l'objet d'une *organisation régulière* et suivie : un pensionnat dans lequel les enfants se livreraient à quelques travaux de couture accidentels pour la mise en état de leur linge de corps échapperait à l'action de la loi (Trib. Lyon, 23 mai 1900, *Le Droit*, 15 juill. 1900. — V. aussi Cass., 6 déc. 1901, D. 1903.1.225).

(2) Bourguin, *De l'application des lois ouvrières aux ouvriers et employés de l'État*, 1902. — V. aussi Gombeaux, *Condition juridique de l'État commerçant et industriel*, th. 1904.

(3) La loi de 1892 doit d'ailleurs se combiner, en ce qui concerne les mineurs placés dans des établissements *de réforme* publics ou privés, avec la loi du 11 avril 1908, et le décret du 13 juin 1910.

complètement en présence des abus qui pourraient s'y commettre. En effet, tout d'abord, l'article 2 de la loi du 24 juillet 1889 (amendée le 17 juillet 1927) permet aux parents et au ministère public d'intenter l'action en déchéance de la puissance paternelle contre les parents qui conprometttraient par de mauvais traitements la santé de leurs enfants.

En second lieu, l'article 65, alin. 3, C. trav., soumet au contrôle des inspecteurs, au point de vue de l'hygiène et de la sécurité, les ateliers de famille où le travail se fait à l'aide de chaudières ou moteurs mécaniques, ainsi que ceux où s'exerce une industrie classée dans les établissements dangereux.

780. — Quoi qu'il en soit, et malgré ces restrictions, les ateliers de famille jouissent incontestablement d'un régime de faveur très enviable, susceptible de donner naissance à des fraudes. Aussi le législateur a-t-il eu soin de déterminer avec précision les conditions sous lesquelles un atelier pourra mériter le qualificatif d'*atelier de famille*. Ces conditions sont au nombre de deux : — 1° L'atelier ne doit comprendre, comme ouvriers, employés ou apprentis, que des enfants, descendants ou pupilles de l'employeur. Dès l'instant que le patron de l'atelier emploie, concurremment avec ses enfants ou pupilles, fût-ce un seul étranger ou même un parent n'ayant pas vis-à-vis de lui la qualité de descendant, un collatéral, par exemple, l'atelier cesse d'être un atelier de famille au sens légal du mot, et la loi reprend son empire. 2° Les enfants ou pupilles doivent être, dans l'atelier, sous l'autorité de leurs pères, mère ou tuteur. Il ne suffit donc pas que l'enfant travaille aux côtés de son père, dans le même atelier, il faut qu'il travaille *chez son père*, dans un atelier dont celui-ci a la direction. Si le père n'a pas la qualité de patron, tous les abus sont à redouter pour l'enfant, et celui-ci a droit à la protection légale.

B. De la réglementation légale. — **781.** — La réglementation légale organisée, par la loi de 1892, pour tous les établissements industriels dans lesquels travaillent des enfants et des femmes, se réfère à six chefs principaux : âge d'admission, durée du travail, travail de nuit, repos hebdomadaire, travaux souterrains, hygiène et sécurité des travailleurs. Il convient d'y ajouter, depuis la loi du 17 juin 1913, un 7e chef (repos des femmes en couches).

I. Age d'admission. — L'art. 2 § 1er du livre 2 du C. du travail (amendé par la loi du 30 juin 1928) fixe à treize ans, en principe, la limite minima requise pour l'admission des enfants au travail dans les établissements industriels et commerciaux.

La limite *minima* de treize ans n'est cependant pas absolue. Les enfants, majeurs de douze ans et mineurs de treize, peuvent être, en effet, par exception, admis au travail dans les établissements industriels, sous les deux conditions suivantes : 1° qu'ils soient pourvus du *certificat d'études primaires*. La loi du 28 mars 1882 sur l'enseignement primaire libérant de toute obligation scolaire l'enfant pourvu de son certificat, le législateur a pensé qu'il y aurait plus d'inconvénients que d'avantages à interdire à cet enfant l'apprentissage immédiat d'un état ; mieux vaut pour lui l'atelier, même avec ses travaux pénibles, que le vagabondage de la rue ; — 2° que l'enfant produise un *certificat médical* constatant son aptitude au travail en vue duquel il est engagé. Le certificat d'aptitude physique est gratuitement délivré à l'enfant, soit par un médecin inspecteur des écoles, soit par un médecin chargé de la surveillance du premier âge. Cet examen médical est rigoureusement obligatoire pour les enfants mineurs de treize ans ; il est facultatif au contraire pour les enfants majeurs de treize ans et mineurs de seize ; c'est à l'inspecteur du travail qu'il appartient de requérir leur examen médical, lorsqu'ils lui semblent trop faibles pour supporter le travail auquel on les destine (art. 4) (1).

782. *Mineurs de douze ans : orphelinats.* — Quant aux enfants mineurs de douze ans, ils ne peuvent dans aucun cas être *admis* au travail dans un établissement industriel quelconque, fût-ce un établissement de bienfaisance. Il ne s'ensuit nullement qu'ils ne puissent être recueillis, avant l'âge de douze ans, dans des ouvroirs, orphelinats ou écoles techniques. Il résulte, en effet, de l'article 5 C. du trav., qu'aucun minimum d'âge n'est requis pour l'entrée des enfants dans les établissements dont il s'agit. Mais, tant que les enfants admis dans ces établissements n'ont pas atteint l'âge de treize ans (ou de douze, s'ils ont leur certificat d'études primaires, et un certificat d'aptitude physique), le travail desdits enfants est subordonné aux trois conditions suivantes : — *a*) que l'enseignement primaire soit organisé dans l'établissement; — *b*) que le travail ne consiste pas en un travail industriel proprement dit, c'est-à-dire lucratif, mais qu'il ait exclusivement le caractère d'un enseignement technique ou professionnel (2) ; — *c*) que

(1) Il est à remarquer du reste que la présence accidentelle dans une usine ou atelier d'un enfant n'ayant pas l'âge légal ne saurait être relevée comme une contravention, si d'ailleurs il est établi que cet enfant ne fait *à aucun titre* partie du personnel de l'établissement. — Cass., 8 août 1902, D. 1903.1.374, S. 1905.1.303.

(2) Jugé cependant qu'un orphelinat est en règle avec la loi, s'il n'emploie

le travail, accompli dans ces conditions n'excède pas trois heures par jour (1).

783. — II. **Durée du travail.** — Sur ce point, la loi de 1900 a profondément remanié, ainsi qu'on l'a fait remarquer précédemment, la loi de 1892.

Celle-ci divisait, au point de vue de la journée légale de travail, les personnes protégées en trois classes : — 1° Les *enfants des deux sexes mineurs de seize ans*, qui ne pouvaient être employés à un travail effectif de plus de dix heures par jour ;

2° Les *jeunes ouvriers* et *ouvrières* de seize à dix-huit ans, qui ne pouvaient être employés à un travail effectif de plus de soixante heures par semaine, sans que le travail journalier pût jamais excéder onze heures.

3° Les *femmes*, au-dessus de dix-huit ans, dont la journée légale était de onze heures.

784. — *Unification de la journée légale.* — A toutes ces organisations de travail distinctes, comportant pour la journée de travail de chaque catégorie d'ouvriers un point de départ et un terme différents, et une alternance dans les repos de nature à compliquer sensiblement la tâche des inspecteurs, la loi du 30 mars 1900 a substitué un régime uniforme. Deux paliers successifs avaient été prévus pour faciliter la transition : la journée devant être abaissée de 11 heures à 10 h. 1/2 le 1er avril 1902 et de 10 h. 1/2 à 10 heures le 1er avril 1904.

C'est donc en 1904 qu'a été instaurée, en France, la journée légale de *dix heures*, sinon pour tous les travailleurs industriels, du moins pour tous les établissements dans lesquels travaillent, seuls ou conjointement avec des hommes adultes, des femmes ou des enfants (art. 7 et 14 *ibid.* liv. 2 C. trav.). De ce chef, un progrès considérable était réalisé, la journée de dix heures étant la plus courte qui pût alors être envisagée.

Notons en passant, sauf à y revenir, que la journée de 8 heures se substitue aujourd'hui progressivement à celle de 10 heures

pas plus de trois heures par jour les enfants mineurs de douze ans recueillis dans l'établissement, alors même que les produits de ce travail des jeunes enfants seraient vendus à des maisons de commerce (lingerie en l'espèce). Trib. de pol. de Bourges, 22 déc. 1900, D. 1901.2.148. — Mais cette décision nous paraît illégale.

(1) Sur l'âge d'admission des novices ou des mousses à bord des navires de commerce, v. L. 17 avril 1907, amendée par la loi du 13 déc. 1926 (art. 110 et s.). — Cf. Loi du 11 janv. 1928, ratifiant la convention de Genève sur l'admission des enfants comme soutiers et chauffeurs.

pour tout le personnel, au fur et à mesure que s'étend, par voie de décrets, le domaine de la loi du 23 avril 1919.

785. — *Simultanéité des repos.* — Un autre progrès très sensible de la législation de 1900 consiste dans la simultanéité des repos, sauf pour les mines et les usines à feu continu (art. 15, C. trav.). « Ainsi se trouve unifiée pour tout le personnel protégé, —fit remarquer M. Jay (Congrès de Paris, p. 48), — non seulement la journée de travail, mais la répartition du travail entre les limites de cette journée : *entrée à la même heure à l'atelier, repos à la même heure, sortie à la même heure.* Pour le plus grand bien matériel ou moral de la famille ouvrière, le législateur y restaure ainsi la vie en commun (1) ».

786. — *Caractère impératif et général des prescriptions légales.* — Les prescriptions de la loi de 1900, comme celles de 1892, ont un caractère rigoureusement impératif. En décidant que la journée de travail ne pourra excéder onze heures de travail effectif, la loi de 1900 a entendu, non pas indiquer une *moyenne*, mais fixer pour toute journée quelconque, un maximum rigoureux. Trib. de simp. pol. Paris, 22 nov. 1900; *Mon. jud. de Lyon*, 8 janv. 1901). — Le repos, d'autre part, doit être absolu ; la mise en train du travail ne saurait donc compter comme temps de repos, ni être défalquée de la journée (Trib. pol. Troyes, 29 déc. 1893, D. 94.2.185) (2).

Ces prescriptions ne sont pas seulement impératives : elles sont aussi générales, et s'appliquent aussi bien aux *apprentis* qu'aux jeunes ouvriers (C. du trav., art. 14).

(1) Il est à remarquer toutefois que la jurisprudence, par une interprétation très contestable des lois de 1892 et de 1900, a pour ainsi dire abrogé de fait le principe de la simultanéité des repos. S'appuyant sur ce qu'aucune disposition de loi ne punit le défaut de concordance entre l'horaire affiché et le travail effectif, la Cour de Cassation a, par une série d'arrêts, décidé qu'en lui-même le fait par le chef d'industrie de faire reprendre le travail avant l'expiration du temps consacré au repos, tel qu'il est déterminé par l'horaire affiché, n'était pas punissable, et que le chef d'industrie ne pouvait, en pareil cas, être condamné que lorsqu'il serait établi en fait que la durée de la journée de travail a été dépassée. — Cass., 27 avr. 1900, S. 1902.1.254 ; 15 mai 1903, D. 1903.1.489 ; 24 mars 1906, S. 1906.1.152. — V. cependant trib. corr. Lille, 28 oct. 1903, D. 1906.2.197. — Pour la critique de cette jurisprudence, cons. notamment: Petit, note sous D. 1904.2.233, et notre article sur *Le contrôle de la durée légale du travail dans l'industrie* (extr. de la *Rev. d'écon. polit.*, 1905).

(2) Doit également être compté comme temps de travail le temps pendant lequel l'ouvrier, présentement inoccupé, est tenu de demeurer à l'usine, à la disposition du patron. — Trib. corr. Valenciennes, 16 mars 1906, D. 1906.2.197.

787. — *Exceptions.* — Quelque générales qu'elles soient, les prescriptions de l'article 3 comportent une exception, formulée en ces termes à l'article 17 : « Les restrictions relatives à la durée du travail des personnes visées à l'article 14 peuvent être temporairement levées par l'inspecteur divisionnaire, pour certaines industries désignées par un règlement d'administration publique » (Décr. 5 mai 1928, art. 3, — beurreries, fromageries, etc.).

La loi laisse à l'inspecteur divisionnaire la faculté de fixer la durée de la dérogation et même au besoin de la proroger. — Ces dérogations doivent d'ailleurs être incluses dans les limites du travail de jour.

788. — **Semaine anglaise.** — Signalons ici, mais à titre documentaire seulement, la loi du 11 juin 1917 décidant que « pendant la durée de la guerre et tant qu'une loi générale ne sera pas intervenue, dans les industries visées par l'art. 33 du liv. 1er du C. du trav. (industries du *vêtement*), le repos *pendant l'après-midi du samedi* sera assuré aux ouvrières de tout âge, dans des conditions déterminées par des règlements d'administration publique ». V. décr. 22 avr. 1918 et 18 févr. 1919.

La loi générale prévue *supra* étant intervenue (loi du 23 avril 1919 sur la journée de 8 heures), et ladite loi ayant été déclarée applicable à l'industrie du vêtement sur toute l'étendue du territoire français par le décret du 12 déc. 1919, la loi du 11 juin 1917 peut être considérée comme virtuellement abrogée.

789. — III. **Travail de nuit** (1). — En principe, il est interdit d'employer à aucun travail de nuit, soit des enfants des deux sexes âgés de moins de 18 ans, soit des femmes de tout âge, dans l'un quelconque des établissements industriels énumérés à l'article 21 de la loi (C. du trav., art. 21, amendé par la loi du 30 juin 1928). L'on entend par travail de nuit (art. 22 C. T., amendé par la loi du 24 janv. 1925) tout travail compris entre 10 heures du soir et 5 heures du matin.

De plus (art. 23) « le repos de nuit des enfants de l'un ou de l'autre sexe et des femmes doit avoir une durée minimum de *onze heures consécutives* » (2).

(1) Cons. spécialement : Pic, rapports au Congrès de Paris, 1900 et à l'Assemblée de Cologne, 1902, sur *l'interdiction du travail de nuit* (*Congr. de Paris*, p. 165 ; *Quest. prat.*, 1902.299) ; G. Alfassa, *Le travail de nuit des femmes*, 1904; Marthe Jay, *Le travail de nuit des femmes dans l'industrie française* (*Action popul.*, 1908); Trapenard, *Le travail de nuit des femmes et des enfants* (*Lois Nouv.*, 1912.1.25).

(2) L'art. 23 a eu pour but de mettre notre législation interne en harmonie

Au principe de l'interdiction du travail de nuit, la loi apporte deux catégories d'exceptions : des exceptions permanentes, des exceptions temporaires.

790. — *Exceptions permanentes.* — La loi de 1892 comportait une exception permanente très grave, que la loi du 30 mars 1900 a en principe abrogée, relativement au travail *à double équipe.* L'article 4, § 2, de cette loi autorisait en effet le travail, de 4 heures du matin à 10 heures du soir, lorsqu'il était *réparti* entre deux postes (ou équipes) d'ouvriers ne travaillant pas plus de 9 heures chacun. La pratique ayant révélé les graves inconvénients de ce système, surtout dans le cas où l'industriel avait recours, soit au régime des équipes *volantes* ou *relais*, soit à celui des *équipes alternantes* (V. *supra*, nos 758 et s.), le législateur de 1900 a purement et simplement supprimé cette tolérance. Désormais, par conséquent, est seule autorisée en France la division du travail par équipes *successives* et *continues*, la première équipe ne pouvant pas commencer le travail avant 5 heures du matin, et la seconde équipe devant être licenciée à 9 heures du soir (art. 16 C. T.). En fait, le régime nouveau équivaut virtuellement à la suppression du travail par équipes. Une exception est faite toutefois pour les travaux souterrains des mines, minières et carrières, dans lesquels a été maintenu le travail à double équipe, de 4 heures du matin à 10 heures du soir, ou même à minuit dans certaines exploitations (art. 27 et 28 liv. II C. T.).

791. — Restaient deux exceptions permanentes, maintenues sans modification par la loi de 1900 : — 1° Certaines industries, limitativement déterminées (pliage des journaux, brochage des imprimés, allumage des lampes de mines, etc.) étaient autorisées à faire travailler des femmes, *la nuit, à la condition que leur travail effectif n'excède pas 7 heures sur 24* (art. 4, § 5, de la loi).

2° Dans les *usines à feu continu* (art. 26) les enfants du sexe masculin de plus de 16 ans peuvent être employés tous les jours de la semaine, *la nuit*, aux travaux indispensables, sous les conditions qu'ils auront au moins un jour de repos par semaine (1). Les tra-

avec les prescriptions des conventions internationales de Berne (1911) et Washington (1919) sur le travail de nuit. — V. aussi l'exposé des motifs de la loi du 24 janvier 1925 (Cf. *Quest. prat.*, 1925, 125).

L'interdiction du travail de nuit s'applique aussi bien au personnel auxiliaire qu'au personnel régulier. — Trib. corr. Seine, 30 nov. 1909, D. 1910.5.16.

(1) La même exception, visant les femmes majeures, a été supprimée par la loi du 24 janv. 1925.

vaux tolérés et le laps de temps pendant lequel ils peuvent être exécutés sont déterminés par le décret du 5 mars 1928, art. 2 (qui a remplacé le décret du 30 juin 1913). Sont considérées comme usines à feu continu les papeteries, fabriques et raffineries de sucre, usines métallurgiques et verreries (1). Sont tolérés les travaux accessoires n'exigeant pas une grande dépense de forces (2) ; la durée du travail de nuit ne peut en aucun cas, pour les personnes protégées, dépasser 10 heures de travail effectif.

De ces deux exceptions, la première fut supprimée par la loi du 22 décembre 1911. — La seconde, au contraire, a été maintenue et incorporée à l'art. 26 C. T. ; mais, depuis 1925, elle ne concerne plus, avons-nous dit, que les enfants du sexe masculin.

792. — *Exceptions temporaires.* — Ces exceptions, autorisées par la convention de Berne, peuvent se répartir en deux catégories (3) :

793. — a) *Industries privilégiées à raison de la nature des produits à manipuler.* — Il est certaines industries dont la matière première, sujette à détérioration rapide, doit être mise en manutention sans retard, dès son entrée à l'usine : tel est le cas des produits alimentaires (fruits, légumes, poissons) ou des établissements industriels pour le traitement du lait. Ces industries, en conséquence, sont autorisées, par faveur spéciale, à faire travailler les femmes âgées de plus de 18 ans *la nuit*, sous les restrictions suivantes : — le travail effectif ne peut excéder 10 heures sur 24 ; la durée totale des dérogations varie suivant les industries, pour l'année entière, entre 25 et 90 jours ; l'inspecteur doit être avisé

(1) Ces industries sont en effet les seules qui exigent *nécessairement*, pour la fabrication même du produit, l'emploi d'une *source calorique continue* : les usines qui n'emploient le calorique que comme cource de force sans que le feu puisse être considéré comme un agent direct de la fabrication, peuvent sans doute avoir intérêt, pour des considérations d'ordre technique, à entretenir constamment leurs foyers ; mais des motifs de simple utilité ne suffisent point à justifier une dérogation à un principe d'ordre public, tel que la prohibition du travail de nuit.

(2) Exemples de travaux autorisés : pour les enfants et les femmes, dans les *raffineries de sucre*, le lavage et le triage des betteraves, le travail du sucre en tablettes ; dans les *usines métallurgiques* (pour les enfants seulement), la préparation des lits de fusion et des moules, les travaux accessoires d'affinage, laminage, martelage et tréfilage. — L'autorisation doit être donnée *par écrit* (Cass., 20 mai 1904, S. 1906.1.372). — Cons. Boulin, *Organisation du travail dans les usines à feu continu* (rapp. à l'Assoc. nat. fr. par la prot. lég. des trav., 1912).

(3) Une troisième catégorie était prévue par la loi de 1900 ; les *veillées*, pour certaines industries *saisonnières*. Cette exception a disparu en 1925.

dans les conditions indiquées *supra*, chaque fois qu'il est fait usage de la tolérance (art. 24 C. T. ; décr. 5 mai 1928, art. 1er). — La même faveur est accordée aux industries affectées au transport ou à l'emmagasinage des produits ci-dessus spécifiés (tonnellerie pour l'embarillage des produits de la pêche, réparations urgentes des bateaux).

794. — b) *Chômage accidentel*. — L'ancien article 4, § 7, obligeait l'industriel, qui désirait récupérer le temps perdu par suite d'un chômage accidentel (incendie, explosion, inondation, etc.), à se munir au préalable d'une autorisation de l'inspecteur. La loi de 1911 a substitué à cette disposition un nouveau paragraphe, autorisant l'industriel, en pareil cas, à faire travailler son personnel (enfants âgés de seize ans au moins et femmes majeures) la nuit sur simple préavis, sauf à se pourvoir d'une autorisation s'il a épuisé le crédit de quinze nuits par an (art. 25 C. T., amendé en 1925).

795. — IV. **Repos hebdomadaire.** — Aux termes de l'article 5 de la loi de 1892, « les enfants âgés de moins de dix-huit ans et les femmes de tout âge ne peuvent être employés dans les établissements énumérés à l'article 1er, plus de six jours par semaine, ni les six jours de fêtes reconnues par la loi même pour rangement d'atelier ».

Cet article est aujourd'hui partiellement abrogé par la loi du 13 juillet 1906 (incorporée au C. T., liv. 2, art. 30 et s.), qui a posé le principe du repos hebdomadaire obligatoiremet fixé au *dimanche*, sauf exception pour toutes les catégories de travailleurs.

Toutefois la loi de 1906 déclare formellement que l'article 5 de la loi de 1892 n'est abrogé qu'en ce qui concerne la fixation du jour hebdomadaire de repos. Mais cet article est demeuré en vigueur en ce qu'il assure en outre aux personnes protégées le chômage des fours de fêtes reconnues par la loi (1). *Sic* : art. 52 liv. 2, C. T.

La situation des femmes et des enfants diffère également de celle des hommes adultes, en ce qui concerne les dérogations autorisées. Un décret spécial, en date du 29 avril 1913, donne la nomenclature des catégories d'établissements dans lesquels le repos hebdomadaire des femmes et des enfants peut être suspendu en vertu des art. 45, 46 et 47 du liv. II, C. T. — V. aussi en ce qui concerne les usines à feu continu, les articles 39 et 53 *ibid*.

(1) Trib. simple police Clichy, 28 juin 1907, *Mon. jud. Lyon*, nº de juillet.

796. — V. Travaux souterrains. — Les filles et les femmes ne peuvent être employées aux travaux souterrains des mines, minières et carrières. Des règlements d'administration publique déterminent les conditions spéciales du travail des enfants de 13 à 18 ans du sexe masculin dans les travaux souterrains ci-dessus visés (art. 55 et 56, liv. 2, C. T.). Sur ces articles et sur le décret du 3 mai 1893, relatif à leur application, v. *supra*, nos 617 et s.

797. — VI. Hygiène, sécurité et moralité des travailleurs. — Les dispositions édictées par la loi du 31 déc. 1912, et incorporées sous les art. 71, 72 (amendé le 7 déc. 1926), et s. du livre 2 du C. T., sous la rubrique « dispositions spéciales au travail des enfants et des femmes », sont communes aux établissements industriels et *commerciaux*, et protègent aussi bien les employés de commerce que l'ouvrier ou l'apprenti. Elles s'appliquent même aux ateliers de famille, si le travail s'y fait à l'aide de chaudières à vapeur ou de moteur mécanique, ou s'il s'agit d'une industrie classée (art. 74 C. T.).

Les articles 71 et 72 visent les dangers pouvant résulter, pour la sécurité ou la moralité du travailleur, de la nature ou du mode de travail ; l'article 73 vise les dangers spéciaux inhérents à la nature de l'industrie.

798. — a) *Dangers résultant de la nature ou du mode d'exécution du travail.* — Les mesures préventives imposées à l'industriel, pour préserver dans la mesure du possible les enfants et les femmes de ces dangers, sans préjudice de la responsabilité qui pèse sur lui en cas d'accident (loi de 1898, v. tit. II, chap. II *infra*), sont consignées dans les articles 1er à 12 du règlement d'administration publique du 21 mars 1914, amendé le 24 sept. 1926, (*Off.* 30 sept.), dont il convient de rapprocher celui du 28 décembre 1909 (*limite supérieure de la charge* qui peut être *traînée* et *poussée* par les jeunes ouvriers mineurs de dix-huit ans, ou par les femmes de tout âge, tant à l'intérieur des établissements industriels *ou commerciaux* que sur la voie publique).

Ces mesures de *sécurité*, qu'il convient d'ailleurs d'appliquer cumulativement (1) avec les prescriptions générales de la loi de 1893, incorporées sous les art. 65 et s. C. T. (V. *supra*, n° 607), se réfèrent principalement aux objets suivants : — interdiction d'employer les enfants et les femmes au nettoyage et à la réparation des machines, ainsi que dans les ateliers où se trouvent des

(1) Trib. corr. Remiremont, 12 juin 1901 (*Gaz. Pal.*, 14-17 sept. 1901).

machines, dont les parties dangereuses ne sont pas recouvertes, — d'employer les enfants au-dessous de dix-huit ans à faire tourner des appareils en sautillant sur une pédale, — les enfants au-dessous de seize ans à actionner, au moyen de pédales, les métiers dits *à la main*, et à travailler aux scies circulaires et à ruban, — les enfants au-dessous de quatorze, quinze ou seize ans, dans les verreries, à cueillir et à souffler le verre, etc. (1).

Quant aux mesures tendant à sauvegarder leur *moralité*, elles se résument dans les dispositions suivantes : — obligation générale pour les patrons de veiller au maintien des bonnes mœurs dans les ateliers (art. 71 C. T.) ; — interdiction d'employer des enfants ou des femmes à la confection d'écrits, affiches, dessins, etc..., tombant sous l'application des lois pénales ; — interdiction d'employer des enfants mineurs dans les ateliers où se confectionnent des écrits, gravures, etc.. qui, sans tomber sous l'application des lois pénales, sont cependant de nature à blesser leur moralité (art. 12 décr. 21 mars 1914).

799. — b) *Dangers spéciaux inhérents à la nature de l'industrie.* — Les articles 13 à 15 du décret précité, rendu en exécution de l'article 73 C. T., ont divisé les industries en trois catégories, auxquelles correspondent trois *tableaux* annexés audit décret.

Le tableau A énumère les travaux *interdits* aux enfants au-dessous de dix-huit ans, aux filles mineures et aux femmes (fabrication des acides arsénique, nitrique, picrique, etc... du phosphore, du sulfate de mercure, étamage des glaces par le mercure, etc., etc.). Le tableau B énumère les travaux interdits aux enfants au-dessous de dix-huit ans (fabrique d'amorces fulminantes, de cartouches de guerre, de celluloïde, etc.). Enfin le tableau C donne la liste des établissements dans lesquels l'emploi des enfants âgés de moins de dix-huit ans et des femmes est autorisé sous certaines conditions.

Il est à remarquer que la définition de l'article 73 précité englobe tous les établissements industriels dans lesquels l'ouvrier est exposé à des manipulations ou à des émanations dangereuses, sans distinction entre les établissements classés, et non classés. Aussi le gouvernement n'a-t-il pas eu à se préoccuper, dans la confection

(1) Décret du 21 mars 1914, art. 7 : — 14 ans dans les verreries ordinaires, 15 ans pour cueillir et 16 ans pour souffler le verre dans les fabriques de bouteilles et de verres à vitre. — Cf. L. 6 janv. 1912 (rapp. J. Godart) portant approbation de l'arrangement *franco italien* du 15 juin 1910 sur la protection réciproque des jeunes ouvriers (les jeunes Italiens sont nombreux dans les verreries françaises).

des tableaux A, B et C, de cette question de classement, mais uniquement de la question de savoir quels sont, en fait, les établissements industriels particulièrement dangereux pour la santé des femmes et des enfants.

VII. **Chômage des femmes en couches** (1). — **800.** — Nous signalions en 1912, dans une précédente édition, l'absence vraiment inexplicable, dans la loi française, de ces dispositions protectrices des femmes en couches, qui se retrouvent aujourd'hui, avec des variantes, dans presque toutes les législations étrangères.

Posée devant le Parlement dès 1892, la question semblait en 1903 sur le point de recevoir une solution favorable, le Sénat ayant voté en 1re lecture, le 3 déc. 1903, une propos. *Strauss*, prescrivant le repos absolu de l'ouvrière dans les quatre semaines qui suivent l'accouchement, et assurant à la mère, pendant cette période de chômage obligatoire, les secours prévus par la loi du 15 juill. 1893 sur l'assistance médicale gratuite.

Et cependant, dix ans devaient encore s'écouler avant le vote de cette loi de salut social. Sans doute, le Parlement avait voté la loi *Engerand*, du 27 nov. 1909 (C. T., liv. 1er, art. 29), garantissant *leur travail et leur emploi* aux *femmes en couches*, et décidant que la suspension de travail par la femme, pendant *douze* semaines consécutives (2), dans la période qui précède et suit l'accouchement, ne peut être une cause de rupture de contrat de louage de services, et ce à peine de dommages-intérêts au profit de la femme.

Mais cette loi de 1909 n'était qu'une amorce : elle ne pouvait avoir d'efficacité réelle qu'à la condition d'être complétée par le vote de la propos. Strauss, plus nécessaire en France que partout ailleurs à raison de notre faible natalité. Ce vote intervint enfin en juin 1913 : la loi du 17 juin 1913 doit elle-même se combiner avec

(1) BIBLIOGRAPHIE. — Dr Fauquet, *La protection légale des femmes avant et après l'accouchement* (rapp. à l'Ass. nat. fr. pour la prot. lég. des trav., 1903) ; Bender, *La question du repos des femmes en couches* (*Quest. prat.*, 1907, 193); Vallin, *La femme salariée et la maternité*, 1911 ; Comolet-Tirman, *Comment. de la loi du 17 juin* 1913 (*Lois Nouv.*, 1914.1.98) ; *Quest. prat.*, 1928, p. 87.

(2) Le délai prévu par la loi de 1909, n'était que de *huit* semaines. Il a été porté à *douze* par la loi du 4 janv. 1928, incorporée à l'art. 29 C. trav. — Cette même loi complète l'art. 29 par une disposition portant qu'au cas où l'absence de la femme à la suite d'une maladie attestée par un certificat médical comme résultant de la grossesse ou des couches, mettant l'intéressée dans l'impossibilité de reprendre son travail, se prolongerait au delà du terme prévu ci-dessus, sans excéder *quinze* semaines, l'employeur ne pourra lui donner congé pendant cette absence.

les lois des 30 juill. 1913 (loi de finances), 23 janv. 1917, 5 août 1917 et 24 oct. 1919. Ces divers textes ont été, partiellement au moins, incorporés au livre 2 du C. du travail, dont il forment le chapitre IV *bis*, *repos des femmes en couches et des femmes allaitant leurs enfants* (art. 54 *a* et s.).

801. — *Loi du 17 juin 1913* (*repos obligatoire : allocations*). — L'économie générale de la réglementation nouvelle, dont l'utilité devait bientôt s'affirmer au cours de la guerre à raison de l'importance de la main-d'œuvre féminine dans les usines de guerre, est des plus simples. — Dans tous les établissements industriels ou commerciaux, publics ou privés, il est interdit d'employer des femmes accouchées dans les quatre semaines qui suivent leur délivrance (art. 54 *a*).

Cette interdiction impliquait, à titre de corollaire nécessaire, l'attribution à l'ouvrière, aux frais de la collectivité, d'une allocation journalière suffisante pour assurer sa subsistance et celle du nouveau-né pendant la période de chômage obligatoire, et aussi au cours des dernières semaines de la grossesse. Cette question est réglée par les art. 3 et s. de la loi du 17 juin 1913. Il est à noter toutefois que ces articles étendent le domaine de la protection légale à toute une catégorie de femmes, auxquelles ne saurait s'appliquer l'interdiction du travail, à savoir les femmes travaillant *chez elles*, mais privées de ressources suffisantes.

Il n'est même plus nécessaire, comme le décidait la loi de 1913, qu'il s'agisse d'une salariée travaillant habituellement chez autrui (ouvrières, employées ou domestiques); le législateur de 1917, préoccupé avant tout de favoriser la natalité, a entendu conférer les mêmes avantages à toutes les femmes, de nationalité française, dont la situation précaire justifierait l'allocation de secours officiels. — En ce qui concerne le taux des allocations, les collectivités auxquelles en incombe le paiement, le jugement des contestations, et les rapports de l'assistance officielle avec l'assistance privée (mutualité maternelle et œuvres diverses), v. titre IV, *infra*.

802. — *Loi du 5 août 1917* (*art. 54 b et s. liv. 2 C. T.*) ; *allaitement maternel.* — *Dans tous les établissements susvisés*, et pendant un an à compter du jour de la naissance, les mères allaitant leurs enfants, doivent disposer à cet effet d'une heure par jour *durant les heures du travail*.

La mère pourra toujours allaiter son enfant dans l'établissement. Les chefs d'établissement occupant plus de cent femmes de plus de 15 ans peuvent être mis en demeure d'installer dans leur usine ou fabrique, ou à proximité, des chambres d'allaitement (1).

§ 2. — Lois et règlements sur le travail industriel des hommes adultes

803. — La loi qui régit encore, dans quelques rares industries, le travail des hommes adultes, est la loi du 9 sept. 1848, complétée par la loi du 13 juill. 1906 sur le repos hebdomadaire (v. nº 808 *infra*), et amendée, en ce qui concerne les hommes travaillant dans les mêmes locaux que des femmes ou des enfants, par la loi du 30 mars 1900. Ces textes ont été incorporés au livre 2 du C. du travail, art. 6 à 8.

Mais, ainsi que nous l'avons fait observer précédemment (nºs 762 et 763), le champ d'application de ces deux textes se réduit progressivement au fur et à mesure que s'étend celui de la loi du 23 avril 1919 sur la *journée de 8 heures*, qui dès aujourd'hui s'est presque complètement substituée, dans l'industrie à la réglementation ancienne.

Aussi quelques explications sommaires, sur ces textes à peu près abrogés, nous semblent-elles suffisantes.

A. — *Adultes travaillant seuls*

804. — **Domaine de la loi de 1848** (C. T., liv. 2, art. 6 et 8 anciens). — Ces adultes, à l'exception des travailleurs de la mine (V. nº 827 *infra*), et de ceux pouvant se prévaloir de la loi du 23 avril 1919 (v. nº 814 *infra*), sont régis exclusivement par la loi de 1848. Mais il convient de noter que cette loi a un champ d'application des plus restreints.

Les prescriptions qu'elle édicte ne concernent en effet que les *manufactures et usines* (C. T., liv. 2, art. 6). Or cette formule, définie par la loi du 22 mars 1841, n'englobe que deux catégories d'établissements : 1° les établissements à moteur mécanique ou à feu continu ; 2° toute fabrique occupant plus de vingt ouvriers réunis en atelier. D'où il suit que, non seulement la loi ne protège point les travailleurs agricoles ou les employés de commerce,

(1) Cf. décret du 11 juin 1926 portant règlement d'admin. publique pour l'*allaitement maternel* dans les usines.

mais qu'elle laisse également en dehors de toute protection la majorité des ouvriers de l'industrie, à savoir : 1° tous les ouvriers travaillant dans de petits ateliers à la main ; 2° tous les ouvriers ne travaillant pas en atelier (ouvriers du bâtiment, terrassiers, mineurs, industries de transport, etc.).

805. — **Réglementation légale ; exceptions.** — La limite maxima du travail, pour les adultes protégés, est de 12 heures de travail *effectif*, c'est-à-dire non compris les repos. Le patron peut d'ailleurs, en divisant son personnel par équipes, laisser son atelier ouvert 15 heures, 24 heures même, le travail de nuit n'étant pas interdit.

Exceptions. — Quelque incomplète et peu gênante pour l'industrie que fût la réglementation de 1848, son domaine s'était presque aussitôt trouvé restreint encore par toute une série d'exceptions, soit au profit d'un certain nombre d'industries, soit en vue de certains cas de force majeure (décr. de 1851, 1866, 1869, 1899).

Un tel régime rendait à peu près illusoire la protection légale des adultes. Aussi, par le décret du 28 mars 1902, qui abroge tous les décrets antérieurs, les exceptions ont-elles été révisées, et limitées strictement dans leur objet et leur étendue. Désormais la *durée* du travail supplémentaire, c'est-à-dire de tout travail excédant 12 heures (ou 10 heures dans les établissements mixtes), est fixée par le décret lui-même (1). Il n'y a d'exception à la règle que pour le cas *d'accident* survenu, soit au matériel, soit aux installations ou bâtiments (tableau annexé au décret, § 6).

B. — *Adultes travaillant dans les établissements mixtes*

806. — **Principe de l'assimilation des adultes aux femmes et enfants travaillant dans les mêmes locaux.** — D'après la loi du 30 mars 1900, le travail de cette catégorie d'adultes est désormais soumis, au point de vue de la durée du travail tout au moins, à la même réglementation que celui du travail des enfants et des femmes. Il ne peut donc excéder *dix heures* de travail effectif (C. T., liv. 2, art. 7 ancien) (2).

(1) Ces prescriptions sont d'ordre public ; toute clause contraire serait nulle. — Cass., 27 avr. 1906, S. 1906.1.352, D. 1907.1.97, et note Petit.

(2) Crim. cass., 30 nov. 1901, D. 1902.1.17, et 20 février 1902, S. 1903.1.361.

Toutefois, dès le lendemain de la mise en vigueur du régime nouveau, de sérieuses difficultés s'élevèrent sur la portée du texte ; deux questions surtout donnèrent lieu à controverse.

a) *De la signification exacte du terme « dans les mêmes locaux »*. — Cette expression désigne-t-elle l'établissement industriel dans son ensemble, ou ne vise-t-elle que les ateliers où les adultes *travaillent côte à côte* avec des femmes ou des enfants ? — Par sa circulaire du 17 mai 1900, le ministre du commerce s'était prononcé en faveur de la première interprétation ; l'assimilation des adultes aux personnes protégées s'imposerait donc, non seulement lorsque ces diverses catégories d'ouvriers travaillent dans un même atelier, mais aussi lorsqu'elles travaillent à une même industrie, *sous un même toit*, les ateliers fussent-ils distincts, ou séparés par une cloison.

Mais la Cour de cassation, s'appuyant sur les déclarations du rapporteur de la loi au Sénat, M. Lecomte, décida au contraire que par cette expression « les mêmes locaux », on ne doit entendre que « l'atelier où le travail se fait *en commun*, et qu'on ne saurait y comprendre les ateliers distincts et séparés d'une même usine » (1).

807. — b) *Dans quelle mesure* la réglementation édictée par les lois de 1892 et 1900 dans l'intérêt des femmes et des enfants s'applique-t-elle aux *hommes adultes* travaillant *dans les mêmes locaux?* — L'unification du régime porte-t-elle exclusivement sur la durée de la journée, ou s'applique-t-elle à l'ensemble des prescriptions réglementaires, lesquelles se réfèrent non seulement à la *durée de la journée*, mais aussi à l'obligation de faire *reposer tout le personnel aux mêmes heures*, à l'interdiction du travail *par équipes alternantes*, enfin à l'interdiction (sauf exception) du *travail de nuit ?* — Dès le lendemain de la mise en vigueur de la loi de 1900, une très vive campagne fut menée en faveur de l'interprétation restrictive, soit par les fabricants de tulle (1), soit par différentes industries fabricant des produits pour lesquels une manipulation préparatoire est confiée à une équipe d'ouvriers adultes arrivant à l'atelier avant le reste du personnel (teintureries, pâtes alimentaires, produits chimiques, etc.).

C'est pour l'interprétation extensive que se prononça, au con-

(1) Le travail par *équipes alternantes*, ou travail *par quarts*, est depuis longtemps usité dans toute l'industrie *tullière*, à Calais, Lyon, Caudry et Saint-Quentin. — Sur les raisons techniques invoquées à l'appui de ce mode de travail, cons. notamment la *requête* adressée au Conseil d'Etat par le *Comité de défense des intérêts de l'industrie tullière en France* (*Quest. pratiques*, 1901, p. 290) ; Senlis, *De l'industrie des tulles et dentelles à Calais*, th. 1909.

traire M. le ministre du commerce dans sa circulaire du 17 mai 1900. C'est également à cette dernière que, sur pourvoi dans l'intérêt de la loi, la Cour de cassation (ch. crim) se rallia tout d'abord par un arrêt du 26 janvier 1901 (D. 1901.1.177).

Mais, par un arrêt nouveau, cette fois contradictoire, du 30 novembre 1901 (1), la chambre criminelle revint sur son interprétation première et posa en principe que la loi du 30 mars 1900 n'avait entendu assimiler les hommes adultes, travaillant dans *les mêmes locaux* que des femmes ou des enfants, qu'au seul point de vue de la durée du travail, mais qu'à tous autres points de vue ces adultes restaient soumis à la loi de 1848. — D'où il suit notamment :

1° Que la prohibition du travail par équipes *alternantes* ou *discontinues* (travail *par quarts*) est inapplicable aux hommes adultes travaillant dans un établissement mixte (2).

2° Que la disposition de la loi de 1900 prescrivant l'identité des repos pour toutes les personnes protégées ne concerne que les femmes et les enfants, mais non les adultes travaillant dans les mêmes locaux (3).

§ 3. — Législation commune à tous les travailleurs, de l'industrie ou du commerce

A. — *Loi de 1906 sur le repos hebdomadaire* (4)

808. — Nous avons précédemment (n° 760) mis en relief la portée sociale de la loi du 13 juillet 1906 qui, statuant dans une pensée de protection commune pour l'ensemble des travailleurs de l'industrie et du commerce, a posé nettement le principe du repos hebdomadaire et fixé au dimanche, sous certaines réserves, le jour du repos collectif légalement accordé à l'ensemble du personnel de chaque établissement.

(1) Crim. cass., 30 nov. 1901, D. 1902.1.17.

(2) Crim. cass., 30 nov. 1901, précité ; 27 déc. 1901, S. 1903.1.153.

(3) Crim. cass., 27 déc. 1901, précité ; 2 janv. 1902, D. 1903.1.283.

(4) TEXTES. — Loi 13 juill. 1906 (D. 1906.4.105) incorporée au C. du trav., liv. 2, art. 30 à 51 ; L. des 16 fév. 1922, 23 déc. 1923, 19 avril 1924. — Décrets des 24 août 1906, 13 juill. 1907, 14 août 1907 et 10 sept. 1908 : du 21 janv. 1909 étendant la loi à l'*Algérie*; du 31 août 1910 concernant le repos hebdomadaire des spécialistes des usines à feu continu ; du 20 avril 1913 (femmes et enfants). — Cf. L. 4 avril 1914 (repos hebdomadaire aux Halles centrales de Paris), incorporée au C. du trav., liv. 2, art. 51 *a* à 51 *h*.

BIBLIOGRAPHIE : Jèze, *Régimes juridiques organisés par la loi de 1900* (*Rev. de*

A. CHAMP D'APPLICATION DE LA LOI. — a) *Quant aux personnes protégées.* — De l'article 30 C. T., il résulte que les personnes qu'il est interdit d'occuper plus de six jours dans la semaine, et auxquelles le repos hebdomadaire doit être donné le dimanche, sont uniquement les *employés* ou les *ouvriers* (1). *De ce point de départ* découle toute une série de conséquences :

1° Ne peuvent prétendre à la protection légale que les auxiliaires *réguliers* de l'industriel ou du commerçant, unis à celui-ci par un contrat de travail ou d'apprentissage. Il convient d'appliquer ici, *mutatis mutandis*, les solutions admises pour l'interprétation des autres lois réglementaires, lois sur l'hygiène ou la sécurité des ateliers, lois sur le travail des femmes ou des enfants, ou sur les accidents professionnels. — Tous les employés, quelle que soit la nature ou l'importance de leurs services, sont protégés (2). Mais l'on ne saurait considérer comme un employé, au sens légal du mot, celui qui, sans être lié par aucun engagement, et agissant à titre gracieux, vient aider momentanément un commerçant, le dimanche, à vendre ses marchandises (3).

2° Quiconque loue ses services n'a pas droit à la protection légale ; encore faut-il que le travail presté se rattache à une entreprise industrielle et commerciale. D'où une distinction essentielle à établir entre les domestiques attachés à la personne, que la loi ne protège point, et les employés proprement dits, qui peuvent se prévaloir de la loi, même si leurs occupations se rattachent à la domesticité (4).

3° La loi est inapplicable aux associés, principalement aux asso-

dr. public, janv.-mars, 1907) ; Armbruster, *Le repos hebdomadaire*, 2e éd., 1910 ; thèses Estève, de Bosch, Révillon, Dodu, Watin-Augouard, 1907-1909 ; Bonnard, *La loi sur le repos hebdomadaire devant le Conseil d'État et la Cour de cassation* (*Quest. prat.*, août-sept. 1908); Berthomieu, *Le repos hebdomadaire dans le commerce*, 1914 ; Aubriot, *Les dérogations au repos collectif du dimanche*, 1914 ; Godart, *L'unité du travail ; la fermeture obligatoire des établissements commerciaux les jours de repos hebdomadaire* (*Quest. prat.*, 1926, 145) ; Maloigne, *Le repos hebdomadaire dans les études de notaire et le mouvement corporatif*, 1926 ; Janvier, *L'organisation professionnelle et le repos hebdomadaire*, th. 1927 ; *La législation sur la fermeture des magasins dans les pays européens*, enquête du B. I. T. (Rev. intern. trav., juillet 1928).

(1) Cass., 2 févr. 1907, S. 1907.1.200; D. 1907.1.305, et note Lacour.

(2) Crim., 3 déc. 1914, S. 17.1.151.

(3) Cass., 29 mars 1907, S. 1907.1.247 ; 4 mai 1907, S. 1907.1.293.

(4) Jugé en ce sens que les seuls domestiques exclus du bénéfice de la loi sont les *gens de maison* ou domestiques attachés à la personne. Peuvent au contraire l'invoquer tous les domestiques qui concourent à l'exercice de la profession de leur maître, ce qui est le cas par exemple de tout le personnel des hôtels-restaurants. — Cass., 2 févr. 1907, D. 1907.1.306 ; 5 juill. 1907, S. 1907.1.536. — ou du concierge d'un établissement industriel (Circ. ministre com., 3 sept. 1906).

ciés en participation, sauf au parquet à établir que l'acte de société produit est purement fictif, et que les prétendus associés sont, au fond, de simples employés salariés (1). Les associés, en effet, sont des patrons ; or, la loi de 1906 n'ayant aucun caractère confessionnel, n'impose nullement (comme la loi du 18 nov. 1814, abrogée en 1880, ou comme la loi espagnole, par exemple) la fermeture dominicale de tous les établissements industriels ou commerciaux : la loi est respectée, pourvu qu'au jour fixé par la loi le ou les patrons donnent congé à leur personnel.

Libre à eux de laisser leur magasin ouvert, et d'assurer le service de la clientèle, par eux-mêmes, ou avec le concours des personnes de leur famille (2). Tel était du moins le principe posé par la loi de 1906 ; mais ce principe a été sensiblement altéré, comme on le verra plus loin, du fait de la loi du 23 déc. 1923, autorisant la fermeture par arrêté préfectoral, après consultation des syndicats intéressés, de tous les établissements d'une même catégorie.

Les *gérants* de succursales doivent, pour l'application de la loi, être assimilés aux chefs d'entreprise ; ils ne sont, pas plus que ceux-ci, astreints au repos hebdomadaire (arg. art. 42 C. T. (3).

Mais l'on ne saurait assimiler ni à des associés, ni à des gérants, les *commis intéressés*, le contrat qui les unit au patron n'étant qu'une variété du louage de services (4).

Quant aux voyageurs de commerce, la liberté d'action dont ils

(1) Crim. cass., 2 févr. 1907 ; 4 mai 1907, précités ; 8 fév. 1908, D. 1908.1.318 ; 24 jan. 1914, D. 17.1.161, note L. L. — Sur l'assimilation des *tâcherons* à des associés, v. Crim., 2 mars 1912, D. 13.1.463.

(2) Trib. corr. Seine, 26 févr. 1925 (*Gaz. pal.*, 1925.1.629).. Il convient d'admettre ici l'exception expressément consacrée par les lois de 1892, 1893 et 1908 au profit des *ateliers de famille*. — Pourront donc travailler le dimanche, concurremment avec le patron, et en dehors de ses associés, sa femme, ses enfants et pupilles. — Mais l'atelier ou magasin cesse de bénéficier de la dispense si l'on y emploie, ne fût-ce qu'un seul auxiliaire étranger ou même un collatéral, un neveu ou un cousin par exemple (arg. art. 1er, al. 3, 1, 2, nov. 1892). — *Sic* : Cass., 7 mars 1907, S. 1907.1.64 ; D. 1907.1.305, et note Lacour ; Trib. simple police Paris, 5 janv. 1923, *Bull. Min. trav.*, 1923, 458.

(3) Crim. cass., 2 févr. 1907, D. 1907.1.07, S. 1907.1.246 ; 7 et 8 juin 1907, D. 1908.1.319 ; 25 oct. 1907, *Gaz. Trib.*, 10 nov. ; 24 oct. 1914, *Bull. Min. trav.*, 15.302. — C'est aux juges du fond à apprécier, en cas de doute, si les personnes qui ont travaillé le dimanche dans une succursale sont des employés ordinaires ou des gérants auxquels le repos n'est pas dû. — Mêmes arrêts. — Cf. Cass., 19 avr. 1907, S. 1907, suppl., p. 58 ; 6 mai 1910 (*Bull. Off. trav.*, 1911.44) ; 24 oct. 1914, précité ; Crim. cass. 1er déc. 1922, *Bull. Off. trav.*, 1923.75.

(4) Tel est le cas des cochers qui conduisent des voitures munies de compteurs, et sont rémunérés par une quote-part de recettes. N'étant pas associés, ils ont droit au repos hebdomadaire. — Trib. simple police, Paris, 2 mars 1907, D. 1907.5.23. — Sur la condition juridique du commis intéressé, v. *infra*, titre IV.

jouissent ne permet pas de les faire bénéficier de la loi de 1906, bien qu'ils ne soient pas les associés du chef d'entreprise (1).

809. — b) *Quant aux établissements réglementés.* — A ce point de vue, le domaine de la protection légale est aussi large que possible. — Il englobe l'ensemble des établissements industriels et commerciaux, y compris les manufactures dépendant de l'Etat, et les ateliers, ouvroirs, etc., ayant un caractère d'enseignement professionnel ou de bienfaisance, mais vendant au public (2).

La loi de 1906, toutefois, contrairement à la loi de 1903, ne s'applique pas aux *bureaux*, à l'exception cependant des études d'officiers ministériels (art. 51 C. Trav., amendé par la loi du 19 avril 1924 ; décr. du 7 janv. 1925). Elle ne protège pas non plus les fonctionnaires de l'Etat, puissance publique, dont l'immense majorité, du reste, bénéficie depuis longtemps du repos du dimanche.

La loi est également inapplicable aux ouvriers et employés des entreprises de transport par eau (3) ou par voie ferrée, dont les repos sont déterminés par des règlements spéciaux (art. 30 C. T., *in fine*) (4). En fait, les compagnies de chemins de fer ont pris leurs dispositions pour assurer à leur personnel *cinquante-deux jours par an* de suspension de travail, en dehors du repos périodique déjà prévu, dans un but de sécurité, par les arrêtés ministériels (5).

La jurisprudence considère, par contre, comme assujetties à la loi les autres entreprises de transport par terre, tramways, chemins de fer miniers ou industriels, etc. (6).

(1) Trib. simple police Nancy, 1er déc. 1906, *Gaz. Trib.*, 12 déc. 1906.

(2) Mais un *préventorium*, établissement de bienfaisance, dirigé par un médecin, ne tirant ses ressources que de subventions et de dons, ne réalisant aucun bénéfice et n'ayant d'autre but que de soigner des enfants débiles, échapperait à l'application de la loi. — Crim. cass., 26 oct. 1928, D. H. 28.545.

(3) Notamment au personnel des Compagnies de navigation (crim. cass., 18 janv. 1908, D. 08.5.48). — Sur l'application du principe du repos du dimanche, avec les dérogations spéciales qu'il comporte, aux équipages et employés des *navires de commerce*, v. L. 17 avril 1907, amendée par la loi du 13 décembre 1926, art. 28 et s.

(4) Crim. cass., 26 nov. 1926, D. H. 27.521.

(5) Sur la fermeture des gares de marchandises les dimanches et jours fériés, v. arrêté 17 avril 1908 (*Bull. Off. trav.*, 1908, 677. — Si le Code du travail ne s'applique pas aux agents des gares, il régit au contraire le personnel des buffets (Paris, 22 déc. 1912, D. 13.2.137), et note Lacour. — Sur le repos hebdomadaire dans les *mines*, v. circulaire, 1er juill. 1908.

(6) Crim. cass., 17 mai 1907 (D. 1908.1.317). — Mais la loi est inapplicable aux services municipaux de voirie (Crim., 3 mai 1912, D. 13.1.125).

Quant aux exploitations *agricoles*, elles échappent absolument à la réglementation légale (1).

810. — B. De la réglementation légale. — a) *Le principe*. — Le repos hebdomadaire doit avoir une durée maxima de *vingt-quatre* heures consécutives (2). Ce repos *doit être donné le dimanche* (art. 31 à 33 C. T.).

De ces deux dispositions combinées, il résulte nécessairement que le repos légal doit coïncider *exactement* avec la journée du dimanche, comptée de minuit à minuit. Ce mode de computation ne devrait être écarté que dans l'hypothèse de repos donné *par roulement*.

Le chômage imposé par la loi est un chômage absolu ; il y aurait contravention dans le fait d'employer, le dimanche, un ouvrier faisant partie du personnel régulier à des travaux accessoires (3).

Mais le patron, n'étant nullement tenu de fermer son établissement le dimanche (v. *supra*), pourrait en assurer le service à l'aide d'*extras*, c'est-à-dire d'auxiliaires *occasionnels* ne faisant point partie de son personnel régulier. Toutefois, il y aurait violation de la loi de la part du patron qui, pendant la durée du repos collectif légalement fixé au dimanche, occuperait dans son établissement, *d'une manière habituelle*, les mêmes employés et ouvriers, alors même que ceux-ci n'y seraient appelés à aucun travail les jours ouvrables. En pareil cas, en effet, ces employés *dominicaux*, pourrait-on dire, feraient réellement partie du personnel régulier de l'établissement ; or, d'après la loi, le repos du dimanche est dû indistinctement à *tout* le personnel, sauf au cas de repos par roulement autorisé (4).

(1) A moins qu'elles n'affectent un caractère industriel. Ainsi tomberaient sous l'application de la loi les fromageries autonomes, constituant un organisme distinct des exploitations agricoles qui les alimentent (Crim. 16 mai 1912, D. 13.1.193).

(2) Commet en conséquence une infraction à la loi le patron qui ne donne pas, chaque semaine, à ses employés, un repos de vingt-quatre heures consécutives, alors même que le total des heures de repos qu'il leur laisserait chaque jour excéderait le chiffre fixé par la loi. — Crim., 2 févr. 1907, S. 1907.1.246 ; 1er déc. 1914, *Gaz. Trib.*, 11 janvier 1915.

(3) Cass., 6 juill. 1907, S. 1907.1.480. — Il importe peu, la prohibition légale étant d'ordre public, que l'ouvrier ait formellement consenti à travailler. — Trib. simple police Paris, 30 janv. 1907, D. 1907.5.15.

(4) Telle est du moins la distinction ingénieuse et, à notre avis, juridique, par laquelle la Cour de cassation a solutionné cette très délicate question des *extras*. — Crim. Cass., 19 janv. 1907, S. 1907.1.103, et note Roux, D. 1907.2.107 ; 2 févr. 1907, D. 1907.1.105, et note Lacour (approbative) ; 20 avr. 1907, D. 1907.5.39 ; 8 janv. 1915, D. 19.1.72. — Cette distinction toutefois est combattue par les par-

811. — b) *Les exceptions au principe.* — Une loi sur le repos hebdomadaire comporte nécessairement tout un ensemble de restrictions ou dérogations, motivées les unes par la nécessité de pourvoir à l'alimentation régulière des cités, les autres par les exigences impérieuses de certaines industries, qui ne sauraient sans grave dommage se plier au régime de la suspension collective du travail pour tout le personnel, d'autres enfin par des considérations diverses (réparations urgentes, usages locaux, etc.).

Les exceptions admises par la loi française de 1906 peuvent se répartir, en quatre groupes principaux :

1° Sont admis de droit (art. 38 C. T.) à donner le repos hebdomadaire *par roulement* les établissements appartenant à certaines catégories, telles que : la fabrication des produits alimentaires destinés à la consommation immédiate, les hôtels, restaurants et débits, les débits de tabac, entreprises de journaux, de spectacles, musées et expositions, entreprises d'éclairage et de distribution d'eau ou de force motrice, de transport par terre (autres que les chemins de fer), etc.

Pour toutes ces catégories, énumérées par la loi, et pour toutes les industries analogues énumérées dans les décrets des 14 août 1907 et 10 septembre 1908, le roulement du personnel, permettant à l'entreprise de fonctionner sans arrêt, est *de droit*. Le chef d'industrie n'a donc de ce chef aucune autorisation à demander (1).

De l'article 38 C. T. (2), il convient de rapprocher tout un ensemble de dérogations auxquelles les industriels sont libres de recourir, aux termes de l'article 5, moyennant un simple préavis adressé à l'inspecteur du travail (art. 10). C'est ainsi, notamment, que dans tout établissement qui aura le repos hebdomadaire au même jour pour tout le personnel, le repos hebdomadaire pourra être réduit à une demi-journée pour les personnes employées à la conduite

tisans d'une interprétation stricte des prescriptions légales, pour lesquels tout recrutement d'un personnel d'*extras* est irrégulier (*Sic* : Trib. simple police Paris, 25 janv. 1907, *Gaz. Trib.*, 25 janv. — Cf. circ. minist. 3 sept. 1906). — Sur certaines questions transitoires soulevées par la mise en vigueur de la loi de 1906, mais dont l'intérêt a disparu, cons. Cass. 8 janv. 1907, D. 1907.1.57 et note Lacour.

(1) Ainsi jugé, relativement aux boulangeries (Cass., 24 janv. 1907, D. 1907.1.108), aux entreprises de location de bicyclettes (Trib. simple police Orléans, 15 déc. 1906, S. 1907.2.148), de pompes funèbres (Crim., 7 juill. 1911, S. 13.1.593).

(2) L'art. 39 C. T. renvoie à un règlement d'admin. publique pour la détermination des dérogations particulières au repos des spécialistes occupés dans les *usines à feu continu*, telles que hauts fourneaux. Ce règlement, applicable à l'Algérie, a été promulgué le 31 août 1910. — Cf. pour les dérogations au repos hebdomadaire applicable aux enfants et aux femmes, le décret du 29 avril 1913, pris en exécution de l'article 48 C. T.

des générateurs et des machines motrices, au nettoyage des locaux (art. 41 C. T.) (1), etc. ; — que dans les établissements de vente de denrées alimentaires au détail, le repos peut être donné le dimanche après-midi, avec un repos compensateur, par roulement et par semaine, d'une autre après-midi pour les employés âgés de moins de vingt et un ans et logés chez leur patron, et, par roulement et par quinzaine, d'une journée entière pour les autres employés (art. 42 C. T.), etc.

2° Aux termes de l'article 34 C. T., lorsqu'il est établi que le repos simultané, le dimanche, de tout le personnel d'un établissement serait *préjudiciable au public*, ou compromettait le *fonctionnement normal* de cet établissement, le repos peut être donné, soit constamment, soit à certaines époques de l'année, ou bien :

a) Un autre jour que le dimanche à tout le personnel de l'établissement ;

b) Du dimanche midi au lundi midi ;

c) Le dimanche après-midi avec un repos compensateur d'une journée par roulement et par quinzaine ;

d) Par roulement à tout ou partie du personnel.

Pour les établissements du second groupe, le roulement, ou les autres dérogations prérappelées, ne constituent pas un droit, mais une faveur spéciale et individuelle, accordée après enquête. Toute dérogation doit donc faire l'objet d'une demande, et l'industriel ne peut en faire usage que lorsque sa demande a été dûment agréée. L'autorisation, d'ailleurs, n'est pas donnée au patron, mais à l'établissement, d'où il suit : d'une part, qu'elle profite à son successeur (2) ; d'autre part, qu'elle ne saurait être étendue aux établissements possédés par le même patron, si d'ailleurs ces établissements sont distincts ou s'adressent à des clientèles différentes (3).

3° Le repos hebdomadaire peut être suspendu (art. 40 C. T.), *en cas de travaux urgents*, dont l'exécution immédiate est nécessaire pour organiser des mesures de sauvetage, pour prévenir des accidents imminents. Tout chef d'entreprise qui veut faire usage de cette faculté doit en aviser immédiatement, et, sauf le cas de force majeure, avant le commencement du travail, l'inspecteur de la circonscription. (Décret 24 août 1906, art. 3) (4).

(1) Sur le caractère limitatif de la dérogation concernant le nettoyage, v. Crim. cass., 20 mai 1911 (*Bull. Off. trav.*, 1911, p. 1278). — Sur la possibilité d'instituer des systèmes de dérogations différents pour chaque catégorie de personnel, v. Cons. d'Etat, 10 déc. 1909, S. 12.3.75.

(2) Cass., 20 févr. 1909, *Bull. Off. trav.*, 1909, p. 774.

(3) Cons. d'Etat, 10 déc. 1909, D. 1911.3.102 ; Trib. police Alger, 19 juill. 1910, *Mon. jud. Lyon*, 6 déc. 1910.

(4) Crim., 4 août 1911, D. 12.1.137 et note Leloir. Signalons ici une lacune. —

4° Les articles 46 et 47 C. T. autorisent certaines industries, notamment les industries de plein air, celles qui ne travaillent qu'à certaines époques de l'année (1), celles qui emploient des matières périssables, et les établissements soumis au contrôle de l'Etat ou exécutant des travaux pour son compte et dans l'intérêt de la défense nationale, à suspendre le repos hebdomadaire quinze fois par an (sous condition de préavis) (2). — En ce qui concerne les entreprises où les intempéries déterminent des chômages, les repos forcés viendront, au cours de chaque mois, en déduction des jours de repos hebdomadaire (art. 45 C. T.)

5° Enfin, dans tout établissement où s'exerce un commerce de détail et dans lequel le repos hebdomadaire a lieu le dimanche, ce repos peut être supprimé lorsqu'il coïncide avec un jour de *fête locale* ou de *quartier* désigné par un arrêté municipal (C. T. art. 44) (3).

812. — C. Procédure et voies de recours. — Lorsqu'un établissement quelconque veut bénéficier de l'une des exceptions prévues à l'art. 34 C. T., il (lisez le propriétaire ou le gérant) est tenu d'adresser une demande au préfet (4) du département. — Celui-ci doit demander d'urgence les *avis* du conseil municipal, de la chambre de commerce de la région et des syndicats patronaux et ouvriers intéressés de la commune. Ces avis doivent être donnés dans le délai d'un mois. Le préfet statue ensuite par un arrêté motivé qu'il notifie dans la huitaine (art. 35 C. T.).

La loi n'indique pas par quelle juridiction pourra être tranché le désaccord entre l'industriel et l'inspecteur sur l'opportunité ou sur la durée de la suspension du repos.

(1) Cette formule vise uniquement, d'après la jurisprudence, les industries qui cessent complètement le travail pendant certaines périodes, et non celles qui, soumises à l'influence de la mode, travaillent toute l'année et ont des périodes de morte-saison ou de surproduction. — Trib. simple police Seine, 9 févr. 1907, S. 1907.2.180. — A ce point de vue, la loi de 1906 serait donc plus stricte que celle de 1892. D'autre part, la loi n'a eu en vue que l'industrie proprement dite (Crim. cass., 13 mai 1909, D. 1910.1.337, et note Lacour).

(2) Dans cette hypothèse, aucune autorisation n'est nécessaire ; un simple préavis, même verbal, serait suffisant. — Trib. police Charenton, 26 sept. 1924, *Gaz. Trib.* 23 nov. 24.

(3) Cette suppression ne concerne que le personnel préposé à la vente (Civ. 11 janv. 1908, S. 1908.1.160). — V. aussi Cons. d'Etat, 25 févr. 1910, D. 12.3.13. — Mais une *foire* locale, à moins qu'elle ne se double d'une fête, ou kermesse organisée par la municipalité, ne saurait légitimer une telle suppression (Min. trav., avis du Comité du contentieux, 1913). — Le jour de l'An ne saurait, à ce point de vue, être assimilé à une fête locale (Cons. d'Et., 19 déc. 1924, D. 25.3.31).

(4) Préfet de police à Paris. — Cons. d'Etat, 30 nov. 1906, D. 1907.3.1. Le maire ne saurait se substituer ici au préfet (Cons. d'Et., 6 fév. 1925, S. 26.3.59).

La consultation préalable des autorités spécifiées au texte est obligatoire. Le préfet est libre sans doute de ne pas se conformer aux avis émis par ces différents corps, avis qui d'ailleurs peuvent être divergents et contradictoires (Cons. d'État, 10 juill. 1908. D. 1910.3.36) ; mais il est tenu de les demander ; il y a là une formalité substantielle dont l'absence vicie l'arrêté préfectoral (1). L'on ne saurait donc reconnaître aux préfets la faculté d'accorder des autorisations provisoires en attendant la fin de l'instruction des demandes en dérogation (2).

Le pouvoir d'appréciation conféré au préfet n'est pas un pouvoir discrétionnaire. Il doit au contraire s'inspirer dans sa décision des considérations énoncées en l'article 34 C. T. (intérêt du public, nécessités de l'industrie) ; s'il s'en écartait, il appartiendrait au Conseil d'État, saisi d'un recours pour excès de pouvoir, dans la quinzaine de sa notification, d'annuler l'arrêté et de renvoyer le réclamant devant le préfet pour la délivrance de l'autorisation à laquelle il a droit (3).

813. — Aux termes de l'article 36 C. T., l'autorisation accordée à un établissement doit être étendue aux établissements de la même ville *faisant le même genre d'affaires et s'adressant à la même clientèle*. Cette prescription est facile à justifier ; il serait inadmissible que l'administration, par des autorisations arbitrairement accordées ou refusées, favorisât tel ou tel établissement au détriment de ceux qui lui font directement concurrence. Mais doit-on conclure de cette disposition que l'autorisation obtenue par un établissement déterminé, un magasin de coiffure par exemple, bénéficie *ipso facto* à tous les établissements similaires de la ville, qui se verraient ainsi dispensés de solliciter une autorisation ? — Non, incontestablement : des articles 34 *in fine* et 36 combinés il résulte que toute dérogation basée sur l'article 34 doit faire l'objet d'une demande spéciale ou individuelle (4). — C'est à l'administration seule, en effet, qu'il appartient d'apprécier si tel établissement, qui entend se prévaloir de la dérogation préalablement accor-

(1) Cons. d'État, 8 mars 1907, D. 1908.3.73 ; Cass., 1er mai 1907, S. 1907.1.208. — Le retrait de l'autorisation doit être précédé des mêmes avis (Cons. d'État, 16 juin 1911, *Bull. Off. trav.*, 11, p. 993).

(2) Cons. d'État, 12 juillet 1907, S. 1907.3.99. — Mais il ne saurait dépendre du mauvais vouloir du corps consulté de retarder indéfiniment la solution. Si par exemple la chambre de commerce refuse d'émettre un avis, le préfet sera libre de statuer, aussitôt le mois expiré.

(3) Cons. d'État, 30 nov. 1906 (deux arrêts), S. 1907.3.17, et note Hauriou ; D. 1907.3.1. ; 12 juill. 1907, S. 1907.3.99 ; 25 juin 1924, *Bull. min. trav.*, 1924.277. — Cf. Bonnard, *op. cit.*

(4) Cons. d'État, 28 déc. 1906, S. 1907.3.19.

dée à un autre établissement, est bien réellement *similaire* de ce dernier dans le sens de l'article 36, c'est-à-dire s'il fait exactement le même genre d'affaires et s'il s'adresse à la *même clientèle* (1).

Supposons que l'industriel se soit pourvu au Conseil d'Etat contre l'arrêté de refus du préfet : quelle sera sa situation pendant la période intérimaire ? La difficulté provient de l'article 37, lequel attribue au recours devant le Conseil d'Etat un caractère *suspensif*.

Une fraction de la jurisprudence avait cru pouvoir conclure, de ce caractère suspensif, au droit pour l'industriel d'agir en cours d'instance comme si l'autorisation lui avait été accordée (2). Cette solution était difficilement conciliable avec les dispositions de l'article 2, décidant que l'industriel ne pourra recourir à l'une des combinaisons de faveur énumérées en cet article que lorsqu'il aura demandé *et obtenu* l'autorisation nécessaire. Aussi la Chambre criminelle s'est-elle prononcée nettement pour la négative (3). — Par contre, le recours formé par un concurrent contre un arrêté autorisant une dérogation entraîne de plein droit le sursis à l'exécution de l'arrêté. Le bénéficiaire de l'arrêté commet donc une contravention s'il fait travailler son personnel le dimanche matin, conformément audit arrêté (4).

Sur l'organisation du contrôle, v. le décret du 24 août 1906, amendé le 13 juillet 1907. — Sur les sanctions de la loi, v. *infra*. nos 836 et s.

813 *bis*. — *Fermeture simultanée des établissements similaires ; art. 43 a (L. du 29 déc. 1923)*. — Nous avons établi précédem-

(1) La similitude du commerce exercé ne suffit pas, il faut encore qu'il y ait identité de clientèle. Aussi l'autorisation peut-elle être accordée, par exemple, aux coiffeurs des faubourgs d'une ville, dont la clientèle est plus spécialement ouvrière, et refusée à ceux du centre. — Sur la signification des termes « *la même clientèle* », v. Cons. d'Etat, 31 juill. 1908, D. 10.3.31 ; 29 nov. 1912 (aff. de la *Samaritaine*), D. 16.3.34. — D'après cette jurisprudence, très discutée d'ailleurs, lorsque certains rayons sont affectés, dans un bazar ou dans un grand magasin, à la vente des mêmes objets et s'adressent à la même clientèle que des établissements déjà bénéficiaires d'une dérogation dans la même ville, l'exploitant du bazar ou du grand magasin aurait eu droit à cette dérogation pour les rayons dont il s'agit. — Cf. *Rev. judic.*, janv.-févr. 1911, plaid. Morillot. — Mais cette interprétation ne pourrait plus être donnée aujourd'hui en présence de la loi du 16 févr. 1922, modificative de l'art. 36, le texte nouveau spécifiant « qu'une fraction d'établissement ne peut, en aucun cas, être assimilée à un établissement ».

(2) Trib. simple police Bergerac, 17 nov. 1906, sous Cass., 18 janv. 1907, S. 1907.1.109 ; Trib. corr. Lorient, 9 janv. 1907, *Gaz. Trib.*, 16 janv. 1907.

(3) Crim. cass., 18 janv. 1907, S. 1907.1.109, D. 1907.1.153 et la note Lacour. — V. aussi Cons. d'Etat, 7 févr. 1908, D. 1909.3.74.

(4) Crim., 16 déc. 1911, D. 13.1.23.

ment qu'aux termes de la loi de 1906, si le patron était obligé d'assurer le repos de son personnel salarié, du moins était-il libre de laisser son établissement ouvert le dimanche et d'y exercer son commerce seul ou avec le concours des seuls membres de sa famille, ou même d'extras. A plus forte raison la loi de 1906 était-elle inopposable aux petits commerçants, industriels ou artisans travaillant seuls, sans le concours d'aucun salarié.

La loi du 25 déc. 1923, codifiée sous l'article 43 *a* du liv. II C. T., telle que l'interprète la jurisprudence des deux Cours souveraines, est venue bouleverser ces principes traditionnels. « Lorsqu'un accord sera intervenu — dispose l'art. 43 *a*, — entre les syndicats patronaux et ouvriers d'une profession et d'une région déterminée sur les conditions dans lesquelles le repos hebdomadaire sera donné au personnel... le préfet du département pourra, par arrêté, sur la demande des syndicats intéressés, ordonner la fermeture au public des établissements de la profession et de la région pendant toute la durée de ce repos ».

Ce texte incomplet, conçu en termes elliptiques et obscurs, a soulevé, dès le début de sa mise en vigueur, de graves difficultés, sur lesquelles sont intervenues de nombreuses décisions judiciaires. Ces difficultés peuvent se grouper sous trois chefs principaux :

1° Le pouvoir réglementaire du préfet peut-il s'exercer à l'égard des professions énumérées par l'art. 38 du liv. II C. T., et admises de droit à donner le repos *par roulement* à leur personnel ? — C'est à propos du conflit des pharmaciens de Paris que se sont nettement affirmées les deux thèses. Contrairement à l'opinion du trib. corr. de la Seine (1), la Ch. crim. de la C. de Cass. et le Conseil d'Etat (2), s'appuyant sur les travaux préparatoires, ont décidé que la loi de 1923 avait une portée absolument générale, et s'imposait même aux professions visées par l'art. 38 C. T.

2° L'arrêté préfectoral est-il opposable aux petits établissements exploités par des commerçants *travaillant seuls* ou avec le seul concours des membres de leur famille ?

Ici encore le désaccord était complet, à l'origine, entre les tribunaux inférieurs d'une part, le Cons. d'Etat et la C. de cass. d'autre part. La loi sur le repos hebdomadaire, font remarquer les tribunaux (3), est une loi de protection ouvrière écrite en vue du per-

(1) Trib. corr. Seine, 26 févr. 1925, D. H. 25.212.

(2) Crim. cass., 8 mai 1925, D. 1925.1.217 et note Pic, S. 26.1.339 ; Cons. d'Etat, 27 mars et 17 juill. 1925, D. 25.3.73 et note Pic.

V. aussi *Rec. intern. de jurisprud. du travail*, 1925, p. 222 et 1926, p. 260.

(3) Trib. corr. Seine, 26 févr. 1925 (marchands de meubles), et trib. s. police Brest, 11 mars 1925 (bijoutiers), D. H. 1925.424.

sonnel salarié. Si le législateur de 1923 avait entendu se placer à un autre point de vue, rétablir dans une pensée d'organisation syndicale la loi de la Restauration, d'inspiration confessionnelle, sur le repos du dimanche, il s'en serait expliqué formellement, car une telle réforme porterait une atteinte directe au principe de la liberté du travail.

Ecartant ces considérations, et s'appuyant avant tout sur les travaux préparatoires (rapp. J. Godart, Ch. 5 mars 1919, *doc. parl.* n° 5788), la Ch. crim. et le Cons. d'Etat ont au contraire décidé que la loi nouvelle était obligatoire, même pour les industriels ou commerçants travaillant seuls (1).

3° Lorsqu'il existe plusieurs syndicats patronaux et ouvriers de la profession, l'accord intersyndical sur le vu duquel peut intervenir l'arrêté préfectoral doit-il grouper l'unanimité des syndicats existants, ou suffit-il que les syndicats adhérents à l'accord représentent en fait, dans chaque catégorie, la volonté du plus grand nombre des intéressés ?

La Ch. crim. et le Cons. d'Etat se contentent d'un vote de majorité. Leur argument principal est, ici encore, déduit des travaux préparatoires. Il semble bien résulter de l'exposé des motifs que le législateur de 1923 a voulu, dans un intérêt social, conférer à la majorité les moyens légaux de briser la résistance de la minorité. Si l'unanimité des syndicats n'est pas indispensable, du moins la régularité de l'accord est-elle subordonnée à la justification d'une délibération préalable à laquelle tous les syndicats patronaux et ouvriers auront participé, ou auront été invités à participer. Lors donc qu'il sera établi en fait soit qu'un ou plusieurs syndicats de la profession ont été tenus à l'écart de la délibération prise par les autres, soit qu'ils n'ont été consultés que pour la forme, l'arrêté préfectoral intervenu sur la foi de tels accords devra être considéré comme nul (2).

(1) Crim. cass., 17 juill. 1925, D. 25.1.217, S. 30.1.333, Cons. d'Etat, 17 juill. 1925, 2 arrêts, D. 25.3.73 ; 27 mai 1927, *Droit ouvrier*, 27.217.

(2) Crim. cass., 14 mai 1925, D. 25.1.217 ; 13 févr. 1926, *Gaz. Pal.* 26.1.510 ; — Cons. d'Etat, 27 mars, 12 juin et 17 juill. 1925, D. 27.3.73, S. 25.3.42 ; 15 janv., 5 et 20 mars 1926, D. 26.3.33 et note Pic, S. 26.3.34 ; 29 déc. 1926, D. H. 27.110 ; Trib. corr. Seine 8 fév. 1928, *Semaine jurid.*, 28.565.

Sur le sens exact des termes « profession » et « région déterminée », dans l'art. 43 *a*, cons : Crim. cass. 1er mai 1925, D. 25.1.217 ; Cons. d'Etat, 12 juin et 17 juill. 1925, D. 25.3.73 ; 5 mars 1926, S. 26.3.34 ; 5 nov. 1926, *Gaz. Pal.*, 26.2.766 ; 27 mai 1927, *Gaz. Pal.*, 27.2.192. — Sur la question des établissements *mixtes*, n'exerçant la profession qu'à titre accessoire (ex. : épicier vendant de la charcuterie), v. Cons. d'Etat, 5 et 20 mars 1926, précités ; 27 mai 1927, *Droit ouvrier*, 1927, 217. — Cf. Crim. cass. 1er mai 1925, précité ; 16 juill. 1925, S. 26.1.333 ; Trib. s. police, 2 mai 1925, *Gaz. trib.*, 1er oct. 1925.

B. — *Loi du 23 avril 1919 sur la journée de huit heures* (art. 6 à 8 nouv. C. T., liv. 2) (1)

814. — Nous avons précédemment rappelé (nos 702 et 762), comment, devançant la signature du traité de Versailles (28 juin 1919), dont l'art. 427 propose aux puissances civilisées l'adoption de la journée de huit heures comme un *but à atteindre*, et la Conférence internationale du travail de Washington (v. *supra*, n° 183 *bis*) (2), le législateur français avait, dès le 23 avril 1919, consacré législativement le principe de la journée de 8 heures.

Nous avons fait remarquer d'ailleurs que le législateur de 1919, soucieux de ménager les transitions, n'avait point abrogé immédiatement les textes antérieurs, fixant une durée légale plus longue, tant pour les femmes et les enfants, que pour les adultes. Le texte nouveau présente en effet cette particularité d'être subordonné pour son application à la promulgation de règlements d'administration publique, pris autant que possible à la suite d'une consultation des organisations professionnelles intéressées, ou en conformité de contrats collectifs conclus entre patrons et ouvriers de l'industrie visée. — En d'autres termes, après avoir édicté la règle, le législateur s'efface et n'intervient plus que pour faire respecter les accords dont son geste initial a provoqué la création : conciliation ingénieuse des deux principes, antinomiques en apparence, d'autorité et de liberté (3).

Un second principe, d'une importance presque égale, se trouve proclamé dans la loi du 23 avril. Sans avoir la prétention utopique de consolider définitivement le taux des salaires en vigueur au moment de sa promulgation, l'art. 2 dispose que la réduction des heures de travail ne pourra, en aucun cas, être une cause *déterminante* de la réduction des salaires.

Sur la sanction pénale (art. 471 § 15 et 474 C. pén.) des infractions aux arrêtés préfectoraux régulièrement pris, v. Cass. 31 mars 1926, *Gaz. Pal.*, 1926.2.302.

(1) BIBLIOGRAPHIE. — V. *supra*, note sous n° 691.

Travaux préparatoires : proj. Colliard, Min. trav., Ch. 8 avril 1919, *Doc. parl.*, n° 5960 ; Ch., rapp. J. Godart, 10 avril 1919, *Doc. parl.*, n° 5980 ; Sén. rapp. Strauss, 22 avril 1919, *Doc. parl.*, n° 210.

(2) Sur la ratification conditionnelle par la France de la convention de Washington sur la journée de 8 heures (L. du 23 mai 1927), v. *infra*, n° 855.

(3) Scelle, *La loi des huit heures ; une évolution remarquable de la technique législative* (*Rev. polit. et parl.*, 1920, 4. p. 27 et s.). — Cf. Pic, *La journée de huit heures* (*Rev. bleue*, 4-11 oct. 1919).

815. — Liberté absolue des conventions dans le cadre tutélaire d'une moyenne légale de 8 heures de travail par jour ; engagement du législateur de sanctionner et de faire respecter les contrats collectifs, expression de la volonté commune des intéressés ; protection du salaire au jour des accords et, comme conséquence, impossibilité d'une pression quelconque sur le consentement de l'ouvrier : telle est, en résumé, l'économie générale de la loi du 23 avril 1919.

Commentons brièvement ce texte qui, par son importance, domine toute la législation ouvrière française d'après-guerre, nous réservant d'en indiquer plus loin les répercussions économiques et sociales.

A. **Champ d'application de la loi.** — **816.** — Aux termes de l'art. 1er de la loi, incorporé sous l'art. 6 du livre 2 du Code du trav., — le régime nouveau doit s'appliquer, dans les conditions et suivant les modalités déterminées ci-après, à *tous les établissements industriels ou commerciaux et dans leurs dépendances, de quelque nature qu'ils soient, publics ou privés, laïques ou religieux.*

Cette formule, étant identique à celle de l'art. 30, alin. 1er du livre 2 du C. T. concernant le *repos hebdomadaire*, et, relativement aux établissements industriels, à celle de l'ancien art. 1er sur le travail des enfants et des femmes, doit recevoir la même interprétation. Nous ne pouvons donc que renvoyer, sur ce point, aux développement fournis *supra*, nos 771 et 808 (1). Il nous suffira de rappeler d'un mot que, par cette formule, le législateur a entendu laisser en dehors de la réglementation les exploitations purement agricoles, le travail domestique, les professions libérales (2). Ni les ouvriers ruraux, ni les domestiques attachés à la personne, ni les auxiliaires des professions libérales (même les clercs des offices ministériels, auxquelles s'applique cependant la loi sur le repos hebdomadaire), ne peuvent donc réclamer, comme un droit, le bénéfice de la journée de 8 heures.

817. — **Chemins de fer ; marine marchande.** — La réserve de l'art. 30 concernant l'inapplicabilité du principe du repos hebdomadaire aux entreprises de transport par eau et aux chemins de fer ne se retrouve pas dans la loi de 1919. En conséquence, celle-ci est

(1) C'est ainsi, notamment, que la loi s'applique même aux ouvriers ou employés qui, tout en percevant un salaire, participent aux bénéfices de l'établissement. — Cons. d'Etat, 4 févr. 1927, *Gaz. Pal.*, 1927.1.364.

(2) Les employés des administrations publiques ne sont donc pas visés par la loi (Cavaillé, p. 54). Mais en fait les règlements spéciaux auxquels ils sont soumis ne leur imposent pas un temps de travail plus long.

virtuellement applicable, sous réserve des modalités nécessaires, à l'ensemble des entreprises de transport. En fait, le nouveau régime fut étendu dès juillet 1919 au personnel des gares, et à l'ensemble du personnel à partir du 15 novembre (arrêtés du 8 nov. 1919).

A ce régime provisoire rigide et coûteux, succéda le décret du 14 sept. 1922, beaucoup plus souple en ce sens que tout en maintenant le principe de la journée de 8 heures, il établissait une distinction essentielle entre heures de présence et heures de travail effectif, et portait à 12 heures, dans certaines circonstances, la durée du travail des employés de chemins de fer à service intermittent.

Mais, à la demande des cheminots, le décret de 1922 fut rapporté au bout de trois ans, et remplacé par le décret du 15 Janv. 1925, lequel pose en principe que les présences comptent pour quart du temps de travail. Il en est résulté pour l'ensemble du personnel des réseaux une diminution considérable du travail imposé à chaque agent, et l'obligation pour le réseau d'embaucher à grands frais 15 à 20.000 employés nouveaux (1).

La réglementation du travail des *marins du commerce* a passé par les mêmes fluctuations. C'est par une loi spéciale (L. 2 août 1919) que la journée de 8 heures a été introduite dans les entreprises de navigation ; mais cette loi laissait à un règlement d'administration publique le soin d'en déterminer les modalités et dates d'application, en tenant compte du genre de navigation, des diverses catégories du personnel navigant et des forces maritimes. Trois règlements, d'inspirations très différentes, ont été successivement promulgués. Un premier décret, du 24 fév. 1920, avait institué pour la marine marchande le régime des trois quarts (8 heures de service) ; mais, la marine anglaise et la plupart des marines européennes ayant refusé d'admettre les 8 heures (échec de la Conférence internationale de Gênes de 1920), et l'armement français ayant protesté contre un régime qui le mettrait en état d'infériorité évidente, le gouvernement, sur la proposition de M. Rio, Sous-secrétaire d'État de la marine marchande, avait, par le décret du 5 Sept. 1922, restauré le régime des deux quarts (c'est-à-dire deux équipes, faisant chacun 12 heures, repos compris).

Mais à la suite des protestations du personnel, le décret *Meyer*, du 31 mars 1925, a rétabli le régime des trois quarts (8 heures par équipe), atténué il est vrai par certaines dérogations. Les vives

(1) Rome, *La réglementation de la durée du travail des agents des trains*, th. 1922 ; — *Quest. prat.*, 1922, p. 166 et 1925, p. 127 ; *Les huit heures dans les chemins de fer* (Illustration, n° 21 février 1925) ; P. J. I., note D. 1929.3.9.

critiques du Comité central des armateurs de France n'ont pu jusqu'à ce jour déterminer le Gouvernement à revenir sur le décret de 1925 (1).

Pour les *mines*, qui bénéficiaient déjà, depuis les lois de 1905 et 1913, de la journée de 8 heures, une loi spéciale est intervenue le 24 juin 1919 (loi Durafour), dont le résultat pratique a été de réduire à 7 heures de travail effectif, en moyenne, la durée du travail souterrain (V. n° 827 *infra*).

Sur l'assimilation des *apprentis* aux ouvriers, v. *supra*, n° 786. — Sur la distinction à établir entre les employés, même intéressés, et les associés, v. *supra*, n° 808.

B. Durée du travail : mode de computation. — 818. — La loi du 23 avril 1919, dans son art. 1er. (art. 6 nouveau C. T.) pose le principe que « la durée du travail effectif des ouvriers et employés de l'un ou de l'autre sexe et de tout âge ne peut excéder *huit heures* par jour (2) ». Mais à ce principe d'une limitation journalière vient s'ajouter celui d'une computation ou limitation équivalente établie soit *par semaine* (48 heures), soit pour une période de temps plus courte ou plus longue que la semaine (ex. période décadaire, usitée dans les chemins de fer).

Toute liberté est laissée aux intéressés pour convenir d'aménagements spéciaux à condition que, quelle que soit la période de temps sur laquelle sera basée la limitation, celle-ci doive être calculée de telle sorte que la moyenne journalière, en tenant compte du repos hebdomadaire de 24 heures, ne soit pas supérieure à

(1) *Enquête sur la journée de huit heures dans la marine marchande* (B. I. T. de Genève, 1921) ; Pioton, *La journée de huit heures dans la marine marchande*, th. 1922 ; X., *ibid* (Débats, n° 29 juillet 1924) ; Ghilini, *ibid* (Illustration, n° 9 mai 1925) ; Quest. pratiques, 1922, 166 et 1925, 127.

(2) Dès avant la guerre, au moment de la discussion du projet réduisant à dix heures la durée du travail des adultes, le parti socialiste avait déposé un contre-projet fixant à huit heures la durée de la journée (Ch., amend. *Vaillant*, 17 nov. 1912). La Commission du travail, par l'organe de son rapporteur M. Godart, avait repoussé l'amendement, mais en laissant entendre que les dix heures n'étaient qu'une étape (Ch., *Doc. parl.*, 1911, p. 1444). La guerre devait mûrir la réforme. « Il ne faut point s'étonner, lisons-nous dans le rapport de M. *Godart* sur le projet déposé par le Min. du travail M. Colliard (Ch., 8 avril 1919, n° 5960), de voir la journée de 8 heures instamment demandée par les travailleurs du monde entier, au sortir de la grande crise. Cinq ans de guerre, dans l'évolution des Sociétés, comptent plus d'un demi-siècle de paix... Il ne faut point que, de tant de maux, ne sorte pas un peu de bien. Ceux qui ont fait la guerre ont été soutenus par cette pensée. Dans les usines, leur rentrée ne peut pas être simplement celle d'une main-d'oeuvre longtemps absente... Il importe, par reconnaissance et par dignité, qu'il y ait quelque chose de changé » (Rapp. Godart, Ch., 10 avril 1919, n° 5980).

8 heures. Ce mode de calcul, très souple, permettra notamment d'acclimater en France le régime de la semaine anglaise, déjà affirmé par la loi de 1917 pour les ouvrières du vêtement (9 heures par exemple, du lundi au vendredi, et 3 heures seulement le samedi matin) ; voire même de donner aux industries saisonnières la faculté de demander à certaines époques un travail intensif à leur personnel, sauf à compenser dans le reste de l'année les heures effectuées en trop, de manière à ce que chaque ouvrier ou employé ne fournisse pas, au cours des 313 jours ouvrables, plus de 8 heures de travail effectif (= 2.204 heures par an) (1).

Un autre avantage du système est de permettre, dans la grande industrie, la répartition par semaine du personnel en deux équipes, travaillant chacune plus de 8 heures, mais à des jours différents, dans les usines à feu continu par exemple, ou autres établissements autorisés à donner le repos par roulement.

819. — Le travail autorisé s'entend, du travail *effectif*, c'est-à-dire défalcation faite des repos (2), et aussi du temps nécessaire pour le trajet de l'ouvrier, de son domicile à l'usine. Ce terme « travail effectif » englobe donc, dans la généralité des cas, l'espace de temps compris « entre le signal fixant le commencement du travail dans chaque atelier ou chantier et le signal fixant l'arrêt du travail », déduction faite des repos réglementaires (Cf. accord du 24 mai 1919 entre patrons et ouvriers de la métallurgie). Dans certains cas toutefois, il conviendra de compter comme temps de travail effectif les quelques minutes de séjour au vestiaire ou au lavabo (industries salissantes, ou dans lesquelles des précautions spéciales doivent être prises pour prévenir l'intoxication saturnine, — décr. 1er oct. 1913) (3).

Quant aux manipulations préparatoires, mise en train des machines, affutage des outils, préparation des matières premières, elles rentrent évidemment dans la durée du travail effectif.

(1) Cf. rapp. Godart et Strauss ; Cavaillé, *op. cit.* — Il n'en est pas moins vrai qu'en principe et sous réserve de certaines dérogations strictement limitées et contrôlées, la loi française, à la différence de certaines lois étrangères, loi allemande en particulier, *interdit les heures supplémentaires*, même si le personnel les accepte ou les sollicite. — Lyon, 23 nov. 1925, D. 28.1.149 et note Pic. — V. *infra*, n° 821.

(2) Sont considérés comme *occupés*, au sens du décret du 26 août 1920, les ouvriers ou employés des salons de coiffure, non seulement lorsqu'ils se livrent à un travail effectif de leur emploi, mais même lorsque, présents au lieu de leur travail, ils se trouvent à la disposition de leur patron ou de la clientèle. — Cass., 28 juill. 1923, *Gaz. Pal.*, 1923.2.609.

(3) Cavaillé, p. 63 et s.

820. — Certaines difficultés, auxquelles ne paraissent pas avoir songé les rédacteurs de la loi de 1919, semblent devoir s'élever au sujet de la conciliation du texte nouveau avec les prescriptions du Code du travail concernant le travail des enfants et des femmes. Il est indéniable que la loi de 1919 ne modifie en rien les dispositions réglementaires concernant la durée et la simultanéité des repos, ou l'interdiction du travail de nuit. Il est certain, par contre, que la réduction à la moyenne de 8 heures s'impose pour l'ensemble du personnel, femmes et enfants compris, dans les industries visées par les règlements d'administration publique dont il sera question ci-après.

Mais convient-il de décider que la limitation journalière à 10 heures de travail doit encore jouer dans les hypothèses, d'ailleurs assez rares, où elle pourrait avoir un effet utile ?

L'affirmative nous semble tout à fait conforme à l'esprit de la loi. Lors donc qu'il est loisible d'employer les adultes plus de 10 heures, à la condition que la moyenne hebdomadaire n'excède pas 8 heures, le travail des femmes et des enfants ne saurait en aucun cas excéder 10 heures (1).

821. — La limitation de la journée à huit heures s'impose avec le caractère d'une loi d'ordre public, dans toutes les industries visées par les règlements de mise en vigueur du régime nouveau. Mais elle ne lie nullement les ouvriers ou employés qui, eux, ont toute latitude pour mettre, soit au service d'un autre patron, soit au service du public, les loisirs dont les gratifie le législateur.

C. *Influence du régime nouveau sur le taux du salaire.* — 822. — « La réduction des heures de travail — lisons-nous dans l'art. 2 de la loi, — ne pourra, en aucun cas, être une *cause déterminante de la réduction des salaires.* — Toute stipulation contraire est nulle et de nul effet ». Il convient d'ailleurs de ne pas se méprendre sur la portée de ce texte, introduit dans le projet primitif par un amendement de M. *Briand* (2). Ainsi que l'ont fait observer au cours de la discussion au Sénat MM. Ribot et Strauss, il faut bien se garder de voir là une stabilisation définitive du salaire au taux existant lors de la promulgation de la loi. Tout le monde a recon-

(1) Bry, p. 407 ; Cavaillié, p. 67.

(2) « Nous sommes unanimement d'accord, fit observer M. *Briand*, pour vouloir que cette réforme ne puisse pas avoir pour effet, pour conséquence, d'entraîner une réduction du salaire. Si une telle éventualité pouvait se produire, loin d'être une loi d'apaisement social, de justice sociale, elle pourrait produire les effets les plus dangereux et provoquer des conflits sociaux que, nous, nous voulons éviter... » Ch., 17 avril 1919, 2e s., Offic. du 18, p. 2059.

ou qu'il serait périlleux d'imposer par cette voie oblique le principe du minimum légal de salaires à l'ensemble de l'industrie et du commerce français.

Ce que le législateur a voulu, c'est mettre obstacle à un abaissement brutal et immédiat des salaires, en fonction de la réduction du temps de travail, dont les répercussions sociales auraient pu être très graves.

D. MISE EN VIGUEUR DE LA LOI PAR ÉCHELONS : MÉCANISME ET MODALITÉS D'APPLICATION. — 823. — L'un des traits les plus originaux du régime nouveau, mis déjà par nous en relief, réside dans le caractère successif de sa mise en vigueur. Le législateur s'est borné à poser le principe (1) ; mais pour sa mise en vigueur, par étapes ou échelons, il s'en rapporte avant tout aux intéressés.

Il les invite à s'entendre, à conclure entre eux des contrats collectifs, qui lui seront communiqués et qu'il se bornera, s'ils s'harmonisent avec les principes de la loi, à rendre obligatoires (2). Si patrons et ouvriers n'arrivent pas à s'entendre, le gouvernement est libre de prendre d'office des règlements rendant la loi de 8 heures obligatoire pour telle ou telle industrie, mais tout au moins doit-il consulter au préalable les organisations patronales et ouvrières intéressées, et n'agir qu'après avoir pris connaissance de leur avis motivé (3).

824. — Des règlements d'administration publique, — lisons-nous en effet dans l'art. 7, — déterminent par profession, par industrie, par commerce ou catégorie professionnelle, pour l'ensemble du territoire ou pour une région, les dates et conditions d'application de l'article précédent. Ces réglements sont pris, soit d'office, soit à la demande d'une ou de plusieurs organisations patronales ou ouvrières, nationales ou régionales intéressées. Dans l'un et l'autre cas, les *organisations patronales et ouvrières intéressées doivent être*

(1) Tant pour la France continentale que pour l'Algérie et les colonies (art. 4).

(2) Sur la validité des contrats collectifs ainsi homologués, v. Cass. 15 févr. 1921, S. 21.1.368.

(3) Sur les avantages et le mécanisme de cette méthode, cons. notamment : Scelle, *op. cit.* ; Cavaillé, p. 76 ; Pic, *op. cit.* et note sous D. 28.2.150. V. aussi les circulaires des 27 mai et 8 juin 1919 (*Bull. Min. trav.*, 19, p. 141 et 160), et le décret du 30 août (*Ibid.*, 19.130). — Cf. à titre de précédent, la loi du 11 juin 1917 sur le repos de l'après-midi du samedi des ouvrières dans les industries du vêtement. — Sur la liberté, pour le gouvernement de s'écarter, dans l'établissement du règlement, des avis formulés par les organisations, avis qui peuvent d'ailleurs être divergents, v. Cons. d'Etat, 24 févr. 1928, D. 29.3.9 et note P. L. J. (recours pour excès de pouvoir des grands réseaux de chemins de fer, c. le décret du 16 janv. 1925).

consultées ; elles doivent donner leur avis dans le délai d'un mois. ils sont révisés dans la même forme.

Ces règlements *devront se référer*, dans le cas où il en existera, aux accords (*conventions collectives de travail*) intervenus entre les organisations patronales et ouvrières intéressées.

Ils devront être obligatoirement révisés lorsque les délais et conditions qui y seront prévus seront contraires aux stipulations des conventions internationales sur la matière (1).

825. — Ces règlements (art. 8), doivent déterminer: — 1° La répartition des heures de travail dans la semaine de 48 heures ;

2° La répartition des heures de travail dans une période de temps autre que la semaine ;

3° Les délais dans lesquels la durée, actuellement pratiquée dans la catégorie professionnelle considérée, sera ramenée en une ou plusieurs étapes aux limitations fixées à l'art. 6 ;

4° Les *dérogations permanentes* qu'il y aura d'admettre pour les travaux préparatoires ou complémentaires ;

5° Les *dérogations temporaires* nécessaires pour permettre aux entreprises de faire face à des surcroîts de travail extraordinaires, à *des nécessités d'ordre national* ou à des accidents survenus ou imminents (2) ;

6° Les mesures de contrôle des heures de travail et de repos et de la durée du travail effectif ainsi que la procédure suivant laquelle seront accordées ou utilisées les dérogations (3) ;

7° La région à laquelle ils sont applicables.

Toute contravention aux prescriptions des règlements est passible d'une amende correctionnelle, de 5 à 100 francs (C. trav., liv. II, art. 165) (4). — V. n° 845 *supra*.

(1) En fait, il y a complet accord entre la loi française et le projet de convention élaboré en oct.-nov. 1919 par la Conférence internationale de Washington. Aussi la France a-t-elle pu ratifier, sous conditions, cette convention (L. 23 mai 1927), sans être obligée d'amender la loi de 1919.

(2) Dans tous les cas où doit avoir lieu une récupération des heures de travail perdues pour des causes accidentelles ou de force majeure, il est nécessaire, pour pouvoir dépasser l'heure de fermeture fixée par l'horaire, de prévenir l'inspecteur du travail. Cass. 28 oct. 1922, S. 23.1.190. — Sur les tarifs d'usage pour heures supplémentaires, cf. Civ. 29 avril 1927, *Gaz. pal.*, 27.2.120 ; Trib. civ. Lyon, 16 nov. 1927, *Gaz. Pal.* 1928.1.240.

(3) Ainsi, en principe, aucun ouvrier ou employé ne peut être occupé que conformément aux indications d'un horaire détaillé. — Cass. 10 avril 1924, *Gaz. Pal.*, 1924.1.723.

(4) Lyon, 10 nov. 1923, inédit ; Cass., 21 nov. 1925, *Gaz. Pal.*, 26.1.69. — Sur le droit d'intervention des syndicats dans les poursuites, v. Lyon, 23 nov. 1925, D. 28.2.149 et note Pic.

826. — On voit, par les dispositions analysées *supra*, que le législateur de 1919 avait sagement ménagé les transitions, et prévu des étapes, afin de laisser au régime nouveau le temps de s'acclimater, et aux industriels les délais nécessaires pour transformer leur outillage en vue de récupérer, dans une certaine mesure, la perte résultant pour eux de la réduction du temps de travail.

L'agitation ouvrière qui a presque immédiatement suivi le vote de la loi n'a pas permis, ainsi que nous le verrons *infra* (n°s 853 et s), aux prévisions du législateur de se réaliser. Sous la pression de la C. G. T., on a brûlé les étapes, si bien qu'en quelques mois, des règlements, précédés pour la plupart de conventions collectives, ont étendu le régime nouveau à la plupart des industries, voire même, récemment, au commerce de gros et de demi-gros. L'accord intervenu, dès le 27 avril 1919, avant même le vote définitif de la loi, entre l'Union des industries métallurgiques et minières, et la Fédération des ouvriers en métaux de France, accord complété le 24 mai 1919, et rendu exécutoire, sous réserve de certaines modifications, par le décret du 9 août 1920 amendé le 2 avril 1926 (1), peut être considéré comme un accord type, dont se sont inspirés depuis lors les négociateurs de nombreuses conventions similaires (2). — Sur les sanctions de la loi (art. 165 et 166, liv. 2, C. T.), v. n° 845, *infra*.

§ 4. — Réglementations spéciales

A. — **Mines.** — *Lois des 29 juin 1905, 31 décembre 1913 et 24 juin 1919* (3). — 827. — C'est la loi de 1905 qui a, pour la première fois, introduit dans la législation française le principe de la journée de huit heures. Mais la réforme avait été entourée de nombreu-

1) Sur ce décret, cons. Pasquier, *op. cit.*, p. 119 et s.

(2) V. notamment au *Bull. Min. trav.* (1919-1928), les décrets des 30 août 1919 et 5 août 1927 (Ind. du livre), 12 déc. 1919 et 1er sept. 1926 (Ind. textiles et vêtements), 2 avril 1920 (hôtels), 26 août (salons de coiffeur), 31 déc. (menuiserie), 17 mai 1921 et 13 août 1927 (commerce de gros et de demi-gros) ; 15 août 1923 (commerce de détail de marchandises autres que les denrées alimentaires dans les villes de plus de 100.000 h. ou assimilées) ; 22 mars (bâtiment) ; 5 mars 1926 (pharmacie) ; 12 août 1927 (Indust. chimiques) ; 8 août 1928 (verreries), etc...

(3) Travaux préparatoires de la L. 24 juin 1919 (D. 1920.4.143) : propos. Durafour (Ch., 15 avril 1919, *Doc. parl.*, n° 6013 ; rapp. Drivet, (Ch. 27 mai 1919, *Doc. parl.*, n° 6206 ; rapp. Colin (Sén., 17 juin 1919, *Doc. parl.*, n° 263). — Sur la loi de 1905, cons. notamment : Amieux, *Des conditions du travail dans les mines*, 1908. — Sur la loi de 1919, v. *Lois nouvelles* ; Chenais, *La loi de huit heures dans les mines*, th. 1920.

ses restrictions, destinées à faciliter la transition : les bénéficiaires de la courte journée étaient uniquement les ouvriers du fond employés à l'abatage, et d'importantes dérogations, les unes permanentes (longues coupes) visant les mines à faible rendement, les autres temporaires, avaient été prévues.

La loi du 31 décembre 1913 avait déjà notablement étendu le champ d'application de la loi, en l'étendant à tous les ouvriers du fond.

Les mineurs, cependant, ne se tenaient pas pour satisfaits, et après la guerre, ils réussirent à obtenir, par des menaces de grève générale, le vote d'un texte beaucoup plus favorable (loi *Durafour*, du 24 juin 1919), dont le résultat pratique a été, comme nous l'indiquons plus loin, d'instaurer en France dans les mines, le régime de la journée *de 7 heures.*

Cette loi de 1919 a été immédiatement incorporée au C. du travail, liv. 2, art. 9 à 13.

828. — *Exploitation visées et bénéficiaires de la loi.* — La loi s'applique (art. 9) aux mines de combustibles, de quelque nature qu'elles soient, ainsi qu'à toutes autres mines, minières et carrières et aux travaux de recherches. — Cette formule, aussi générale que possible, englobe en définitive tous les travaux de recherches ou d'extraction des substances minérales énumérées dans la loi de 1810 : en y comprenant les extractions de combustible *liquide* (pétrole par exemple), auxquelles certains auteurs contestaient antérieurement le caractère de mines.

Quant au personnel protégé, il comprend aussi bien les ouvriers travaillant au fond que les ouvriers de la surface, y compris ceux attachés à des dépendances de la mine, à l'exclusion cependant des exploitations adjointes (hauts fourneaux, fabriques d'agglomérés appartenant à la Cie minière, etc.). Seuls les employés de bureau sont exclus du bénéfice de la loi, et ne peuvent se prévaloir que de la loi du 23 avril 1919.

Il n'est pas indifférent pour un employé de mine de savoir s'il est couvert par la loi du 23 avril ou par celle du 24 juin, attendu : 1° que la première n'est applicable qu'au fur et à mesure de la promulgation des règlements d'administration publique prévus à l'article 3 ; 2° que la durée fixée par la loi du 23 avril n'est qu'une moyenne journalière, tandis que, dans la loi du 24 juin, la durée de 8 heures est un maximum.

829. — *Mode de calcul de la durée de travail.* — Pour les ouvriers de la surface, les huit heures s'entendent du travail effectif. — Pour les ouvriers du fond, au contraire, « la durée est calculée

pour chaque poste et pour chaque catégorie d'ouvriers, depuis l'heure réglementaire de l'entrée dans le puits *des premiers ouvriers descendant*, jusqu'à l'heure réglementaire de l'arrivée au jour des derniers ouvriers remontant. — Pour les mines où l'entrée a lieu par galeries, elle est calculée depuis l'arrivée *à l'entrée de* la galerie d'accès jusqu'au retour au même point ». Les huit heures prévues englobent donc : d'une part, le temps du repos (casse-croûte) pris au fond de la mine ; d'autre part, le temps, très variable suivant la profondeur des puits et la longueur des galeries, nécessaire pour permettre à tout le personnel de se rendre sur le lieu du travail. D'où cette conséquence, mise en relief au cours des débats, que dorénavant, dans un grand nombre d'exploitations, le temps de travail effectif n'atteindra pas même 7 heures !

830. — *Dérogations.* — Les prescriptions de la loi sont d'ordre public. — Sur les sanctions (art. 150 et 164 *b*, liv. 2, C. Trav.), v. *infra.* — Seules les conventions tendant à réduire la durée de la journée sont licites et doivent recevoir leur plein effet (art. 12 nouveau).

Toutefois, et par dérogation aux dispositions précédentes, la durée de la journée pourra, en cas de guerre *ou de tension extérieure*, être augmentée au-delà de huit heures. Ces dérogations seront décidées par le ministre chargé des mines, sous sa responsabilité (actuellement, le ministre des travaux publics). Art. 13.

Il n'est plus question, dans la loi de 1919, de dérogations temporaires, accordées par l'ingénieur en chef, en cas d'accident, ou par mesure de sécurité (v. l'ancien art. 12, L. 31 déc. 1913). Mais il ne semble pas douteux que la prolongation de la journée de travail, en cas d'accident ou de danger imminent, d'éboulement ou d'explosion, ne doive être tenue pour licite ; l'article 164 *b*, liv. 2, C. T., non abrogé, s'en explique formellement.

831. — *Maintien du salaire en vigueur.* — Signalons enfin la disposition de l'article 3 de la loi de 1919 portant qu'« en aucun cas, les salaires de toute catégorie, payés en suite de l'application de la présente loi, ne pourront être inférieurs aux salaires payés au jour de la promulgation. Il en est de même des primes ». — Cette formule a exactement la même signification que celle de l'article 2 de la loi du 23 avril 1919 (v. *supra*, n° 822), et ne saurait être considérée comme une stabilisation définitive des salaires en vigueur.

B. CHEMINS DE FER. — 832. — A l'inverse de certaines législations étrangères, notre législation ne réglemente pas encore la durée du travail des ouvriers et agents dans les entreprises de transports faisant l'objet de concessions publiques, spécialement dans les *chemins de fer*.

En attendant le vote de la loi organique promise, et sans cesse ajournée, le ministre des travaux publics s'était appliqué à combler cette lacune par une série d'arrêtés, destinés tout autant à assurer au public une sécurité plus grande qu'à améliorer la condition des agents. D'après les arrêtés du 30 mai 1914, — remplaçant des arrêtés antérieurs de 1899 et 1901, — la durée du service effectif, pour les mécaniciens, chauffeurs et agents des trains, avait été ramenée à une moyenne de 10 heures, calculée par décade, — et de 12 heures pour le personnel des gares.

Mais, ainsi qu'on l'a fait observer *supra* (n° 817), les arrêtés du 8 nov. 1919, et le décret du 15 janv. 1925, pris en exécution de la loi du 23 avril 1919, ont ramené en principe à 8 heures la durée de la journée pour l'ensemble du personnel.

C. MANUFACTURES DE L'ETAT ; USINES DE GUERRE. — 833. — Dès avant la guerre, l'Etat français s'acheminait, dans toutes les manufactures fonctionnant en régie, et dans les arsenaux, vers la journée de 8 heures.

Introduite dès 1901 dans l'administration des *postes et télégraphes* (arrêté du 9 févr. 1901), elle avait été étendue à tous les *arsenaux de la marine* par M. Pelletan (circul. minist. du 7 janv. 1903). Dans les *arsenaux de la guerre*, et les manufactures de tabac, allumettes et monnaies, le maximum était de 9 heures (1).

Au cours de la guerre, les dispositions légales ou réglementaires concernant la durée de la journée durent être suspendues. Toutefois, les Ministères de la guerre et de l'armement s'étaient efforcés d'unifier dans la mesure du possible les conditions du travail tant dans les établissements d'Etat que dans les usines privées travaillant pour la défense nationale, et d'intensifier la production sans imposer au personnel un surmenage excessif ; ce fut l'œuvre de la *Commission consultative du travail* instituée en 1916 par M. A. Thomas (circul. du 22 avril 1916), et des services du contrôle des fabrications de guerre, agissant de concert avec les *délégués du personnel* (2).

(1) Bourguin, *De l'application des lois ouvrières aux employés de l'Etat*, 1902 ; Ribeyrol, *Condition économique et juridique des ouvriers des arsenaux de la marine*, 1909. — Cf. décrets des 30 juin 1914, 16 nov. 1916 et 16 juill. 1927. — Sur le régime spécial de l'*Imprimerie nationale*, v. décr. 27 juin 1911.

(2) Circul. du ministre de l'armement du 5 septembre 1917, sur les *délégués d'atelier*.

D. TRAVAIL A DOMICILE. — 834. — La réglementation du travail à domicile, étant étroitement liée à la question du minimum légal de salaire (loi du 10 juill. 1915, incorporée au liv. 1er du C. du trav. ; art. 33 et s.), fera l'objet d'une étude d'ensemble à propos du contrat de travail (v. titre 2, c. 11, sect. 3, art. 1er, § 1er, *infra*).

E. TRAVAIL DANS LES BOULANGERIES. — 835. — Poursuivie inlassablement par M. Godart, la suppression du travail de nuit dans les boulangeries a fait l'objet de la loi du 28 mars 1919 (1).

Cette loi, incorporée à l'article 20 du livre 2 du C. du trav., édicte l'interdiction d'employer des ouvriers à la fabrication du pain et de la pâtisserie entre 10 heures du soir et 4 heures du matin.

Des dérogations pourront être accordées par le préfet sur demande des industriels ou des ouvriers, après avis du Conseil municipal, à l'occasion de foires ou de fêtes, en cas d'afflux temporaire de population, et si des raisons d'utilité publique l'exigent impérieusement.

Applicable un an après la loi fixant la date de cessation des hostilités (L. du 23 oct. 1919), la réglementation nouvelle est donc devenue exécutoire à dater du 24 oct. 1920. Il est à noter d'ailleurs que la loi interdisant uniquement l'emploi des ouvriers la nuit, aucun texte ne s'oppose à ce que les patrons travaillent eux-mêmes (2) aux heures interdites (3).

(1) Prop. de loi *J. Godart* (Ch., 24 fév. 1909, *doc. parl.*, n° 2336) ; rapp. *Godart* (Ch., 1er mars 1910, n° 3159) et *Herriot* (Sén., 7 juin 1918, n° 237). — Cf. Bouteloup, *Le travail de nuit dans la boulangerie*, th. 1909 ; Godart, *Les mineurs blancs*, 1910 ; *Le travail de nuit dans les boulangeries* (Rev. intern. du trav., avril 1924).

(2) La loi du 28 mars 1919 n'est applicable qu'aux ouvriers salariés, à l'exclusion des associés (Cass. 3 et 24 nov. 1922, S. 23.1.188). Mais l'ouvrier salarié qui posséderait une part de commandite dans l'entreprise ne saurait, pour l'application de la loi, être assimilé à un associé. — Mêmes arrêts.

(3) Le cadre de cet ouvrage, consacré à l'étude de la réglementation du travail industriel ou commercial, ne nous permet pas d'étudier les dispositions protectrices édictées par notre législation, soit en ce qui concerne les travailleurs de la mer, soit relativement aux travailleurs indigènes des colonies et protectorats.

Sur la loi du 17 avril 1907 (D. 07.4.153), relative à la réglementation du travail *à bord des navires de commerce*, à laquelle renvoie l'art. 57, liv. 2, C. T. ; Mouflet, *Les conditions du travail de la marine marchande*, th. 1907 ; Ripert, *Droit maritime*, 1, n° 431. — *Adde* : décr. des 4 août 1910 et 27 févr. 1917 ; L. du 2 août 1919 et décr. du 31 mars 1925 sur la journée de 8 heures ; L. 13 déc. 1926 sur la codification du *travail maritime*. — Sur la Conférence internat. de Gênes (juin-juill. 1920), concernant le travail des marins, v. *Bull. Min. trav.*, 1920, p. 289, et *Quest. prat.*, août-oct. 1920. — Sur la réglementation du *travail indigène aux colonies*, pays de *protectorat* et pays sous *mandat* (décrets concernant l'immigration, l'émigration, la protection des travailleurs indigènes, conventions internationales), cons. notamment : Girault, *Principes de colonisation et de législation coloniale* ; Cuvillier-Fleury, *La main-d'œuvre dans les colonies françaises*, th.

§ 4. — Sanctions des lois réglementant le travail
Inspection. — Pénalités

836. — La loi de 1874, pour assurer l'observation de ses prescriptions, avait organisé, et les lois réglementaires postérieures ont maintenu en le perfectionnant, tout un système préventif ou de surveillance, complété par un ensemble de *pénalités* destinées à réprimer les contraventions.

I. — Système préventif.

837. — Le système préventif résulte de la combinaison de trois ordres de mesures : *a*) Livret de travail ; — *b*) Affichage : — *c*) Inspection et commissions (1).

A. Livret de travail. — **838.** — Supprimé pour l'ouvrier, qui le considérait comme une atteinte à sa liberté et à sa dignité (L. 2 juill. 1890, V. *infra*, titre II, chap. 2), le livret de travail a été maintenu, *à titre de protection*, pour les enfants des deux sexes mineurs de 18 ans (art. 88, liv. 2 C. T.). Ce livret est remis gratuitement par le maire (ou à Paris par le préfet de police) aux père, mère ou tuteur de l'enfant ; l'on y inscrit les nom et prénoms de l'enfant, son âge et lieu de naissance et son domicile ; de plus, si l'enfant a moins de treize ans, le livret doit mentionner qu'il est muni d'un certificat d'études primaires. Ces indications permettent au chef d'industrie de savoir quels sont les travaux auxquels il peut être légalement affecté, et aux inspecteurs de constater les contraventions.

1907 ; Briffaut, *L'esclavage et l'engagement pour dettes dans le droit sino-annamite* (*ibid.*, 1907, p. 39 et s.) ; Solus, *Traité de la condition des indigènes en droit privé*, 1927 ; Besson, *La législation du travail dans les colonies françaises* (Rev. intern. trav., oct. 1927) ; Goudal, *La question du travail dans les colonies françaises* (Rev. gén. de dr. intern. public, janv.-mars 1928) ; Rivière, *La législation ouvrière au Maroc* (Gaz. des trib. du Maroc, 1er mars 1928) ; Goulven, *Les lois ouvrières au Maroc* (*ibid.*, 23 sept. 1928). — V. spécialement : pour l'*Algérie*, les décrets de 1921, pour la *Tunisie*, les décrets de 1910, 20 et 22, et pour le *Maroc*, le dahir du 13 juill. 1926. — Sur les stipulations du traité de Versailles en faveur des indigènes (art. 22 et 23), v. Antonelli, l'*Afrique et la paix de Versailles*, 1921. — Sur la question du *travail forcé* des indigènes devant la 12e Conférence intern. du travail, v. *Rec. de dr. com. et de dr. social*, n° août-sept. 1929.

(1) Mentionnons également l'obligation pour les chefs d'établissement de tenir un registre des *mises en demeure*, et d'établir une liste de leurs chantiers temporaires, L. 31 déc. 1912, art. 90 *a* et 90 *b*, C. T.).

D'après l'opinion générale, le maire compétent pour remettre le livret est le maire du domicile de l'enfant. Le livret est exigé, non seulement pour les enfants travaillant en qualité d'ouvriers, mais encore pour les enfants placés en apprentissage, sans préjudice des formalités spéciales imposées par la loi du 20 mai 1928 (*C. du trav.*, liv. 1er, art. 1er et s.) pour la rédaction de l'acte constatant la formation du contrat d'apprentissage. — Il l'est également dans les ouvroirs, orphelinats et ateliers de charité, et ne saurait être remplacé, en ce qui concerne cette catégorie d'établissements, par le tableau et l'état nominatif prévus à l'article 86 C. T. — Les travaux préparatoires de la loi de 1892 démontrent en effet, que bien loin de vouloir créer pour les établissements charitables un régime de faveur, le législateur de 1892 a entendu leur imposer des obligations spéciales et supplémentaires, dans l'intérêt des enfants (1).

Les parents de l'enfant doivent remettre le livret au patron lors de l'entrée de l'enfant dans l'atelier ; le patron doit y inscrire les dates d'entrée et de sortie, et reporter le tout sur un registre *ad hoc*. Le patron doit même, si des irrégularités ont été commises par le maire dans la tenue des livrets, les corriger sur son registre, et y inscrire toutes les mentions requises (2).

B. AFFICHAGE. — 839. — Les patrons sont tenus de faire afficher dans chaque atelier les dispositions concernant le travail des enfants et des femmes, les noms et adresses des inspecteurs, les heures auxquelles commence et finit le travail, ainsi que les heures et la durée du repos (art. 83-85 C. T.). — Sur le tableau horaire détaillé imposé aux ouvroirs et orphelinats, v. article 86.

C. INSPECTION DU TRAVAIL, ET COMMISSIONS (3). — **840. — Organisation du service d'inspection.** — La loi a confié à des *inspecteurs* et *inspectrices* la mission de veiller à l'application des lois réglementant le travail. Sous l'empire de la loi de 1874, les inspecteurs divisionnaires, au nombre de 21, dépendaient seuls de l'État ; les con-

(1) Crim. cass., 7 et 8 déc. 1900, D. 1902.2.57, la note et le rapport de M. le conseiller Dumas.

(2) Sur l'obligation pour le chef d'industrie de veiller à ce que tous les jeunes ouvriers soient munis de *livret*, v. Crim. 18 déc. 1912, D. 16.1.180. — Sur l'obligation pour le chef d'industrie de représenter les livrets à toute réquisition, v. Cass., 13 janv. 1905, *Gaz. Pal.* 14 févr. 1905.

(3) LÉGISLATION : C. T., liv. 2, art. 93 à 111. — Cf. notamment les décrets des 22 sept. 1913, 12 juin 1919, 15 juill. 1922, 20 sept. 1929 (*Offic.* du 25).

BIBLIOGRAPHIE : Cons. outre les ouvrages généraux sur la législation industrielle ou la réglementation du travail (V. *supra*, nos 16 et 691) : Rouquet, *Traité de l'inspection du travail*, 1902 ; Pournin, *L'inspection du travail*, 1904 ; Hugues,

seils généraux étaient libres de nommer des inspecteurs départementaux, rétribués sur le budget du département.

Aujourd'hui, tous dépendent directement de l'Etat et sont nommés, après concours, par arrêté du ministre du travail (C. T., art. 99, 103 et 113) (1). Le décret du 13 décembre 1892 a réduit le nombre des circonscriptions à 11 ; mais les 11 inspecteurs divisionnaires ont sous leurs ordres 133 inspecteurs ou inspectrices départementaux, non compris les stagiaires, et les inspecteurs du cadre algérien (décr. 12 juin 1919).

841. — **Attributions et pouvoirs des inspecteurs.** — Les attributions des inspecteurs se sont considérablement accrues, depuis la première organisation régulière du service par la loi de 1874 sur le travail des enfants, au fur et à mesure que se développait la législation protectrice des travailleurs. A l'heure actuelle, les inspecteurs du travail ont pour mission de veiller à l'application de toutes les lois protectrices des travailleurs précédemment étudiées, incorporées ou non au Code du travail (hygiène et sécurité, durée et modalités de travail), y compris la loi du 23 avril 1919 sur la journée de 8 heures, exception faite cependant pour le travail minier (art. 93 à 98, liv. 2 C. trav.). De plus, les inspecteurs sont appelés à coopérer, sur certains points précis (art. 11 et 31), à l'exécution de la loi du 9 avril 1898 sur les accidents du travail, amendée par une série de lois postérieures (art. 93 *in fine*, liv. 2, C. T.) (2).

Le contrôle des inspecteurs s'étend donc aujourd'hui, plus ou moins complètement, aux établissements industriels de tous ordres, y compris les établissements dépendant de l'Etat (3), ou les orphelinats (Cass., 28 mars 1901, D. 1903.1.225), aux chantiers, entreprises

Bec, Monteil, th. 1907-1910 ; Richaud, *De l'étendue du droit de visite des inspecteurs* (*Lois nouv.* 1913.1.189) ; *L'inspection du travail, son organisation dans les différents pays* (enquête du B. I. T., 1923) ; Berthiot, *Manuel de législation du travail*, I. *Lois appliquées par l'inspection du travail*, 1927. — Sur la 5e session de la Confér. intern. du travail, consacrée à l'étude des principes de l'inspection du travail (Oct. 1923), v. Quest. prat., 1923, p. 182.

(1) Sur les conditions du concours d'admission, v. la brochure éditée par le Minist. du travail. — Cf. Bailly, *Guide des candidats aux emplois d'inspecteurs*.

(2) Ils sont également préposés, concurremment avec la régie des contributions indirectes et les vérificateurs des poids et mesures, à la surveillance des *filatures de soie*, pour l'attribution des primes allouées à la *sériciculture* (l. 2 avr. et décr. 28 mai 1902, Rouquet, p. 76).

(3) Toutefois, pour les établissements de l'Etat dans lesquels l'intérêt de la défense nationale s'oppose à l'introduction d'agents étrangers au service, l'exécution des dispositions du livre 2 C. T. est exclusivement confiée aux agents désignés à cet effet par les ministres de la guerre et de la marine (art. 94 C. T.). Cf. décr. 10 avril 1925.

de transports, docks, etc., visés spécialement par la loi de 1898, aux entreprises de spectacles publics, sédentaires ou ambulants, aux magasins et boutiques, aux colonies pénitentiaires.

Échappent au contraire à leur surveillance : les travaux *agricoles* et exploitations *forestières* ; le travail *domestique* ; le travail *scientifique* (V. *supra*, n° 775) (1) ; les travaux *souterrains*, dont la surveillance est réservée au corps des *mines* (V. *supra*, n° 615).

Les *ateliers de famille* n'en sont exclus qu'en apparence : pour savoir en effet s'il n'y est pas fait emploi d'appareils mécaniques, ou si l'on n'y emploie réellement que des membres de la famille (V. *supra*, n° 779), les inspecteurs doivent exercer sur ces locaux une surveillance discrète, mais active, d'ailleurs facilitée par les prescriptions de la loi du 10 juill. 1915 sur le salaire légal minimum des ouvrières à domicile (v. *infra*) (2).

842. — Les inspecteurs sont investis des droits les plus étendus pour contrôler l'exécution des lois énumérées plus haut et assurer la répression des contraventions. La carte d'identité dont ils sont munis, après avoir prêté le serment professionnel imposé par l'article 102, C. T., leur confère en effet le droit de pénétrer en tout temps (et à toute heure ?) dans les établissements manufacturiers, commerciaux ou autres soumis à leur contrôle (3).

Ils peuvent procéder à un examen complet du matériel (hygiène et sécurité) et du personnel, interroger les ouvriers, se faire pré-

Dans les établissements soumis au contrôle technique du ministre des travaux publics, les attributions des inspecteurs sont confiées aux fonctionnaires chargés du contrôle (C. trav., liv. II, art. 96, modifié par la L. 24 janv. 1925).

(1) C'est aux chambres de discipline qu'il appartient d'assurer, sous le contrôle du parquet, l'observation du repos hebdomadaire dans les études des officiers ministériels (art. 51, liv. 2 C. T.).

(2) Pour plus de développements sur ces différents points, v. Rouquet, p. 58 et s. ; Berthiot, *op. cit.*

(3) La visite peut donc avoir lieu, soit un jour ouvrable, soit un dimanche ou jour férié, soit de jour, soit *de nuit*, dans les établissements autorisés à travailler la nuit, ou soupçonnés de soumettre leur personnel à un travail de nuit clandestin. Toutefois, sur ce dernier point, la jurisprudence décide que l'inspecteur ne peut pénétrer *de nuit* dans un établissement où l'on ne travaille ordinairement que de jour, que sur des indices graves, constatés par lui du dehors, qui font présumer qu'un travail de nuit prohibé s'accomplit dans cet établissement (Nancy, 21 juin 1900, et sur pourvoi Crim. cass., 12 juill. 1902, D. 1903.1.427). — Jugé même, à propos d'une infraction à la loi sur le repos hebdomadaire, que l'inspecteur, n'ayant pas plus de droits que les officiers de police judiciaire, ne peut pénétrer *la nuit*, sans le consentement du propriétaire, dans un établissement travaillant de nuit (boulangerie). — Cass., Ch. réunies, 29 juin 1911, D. 12.1.393 et note Lacour, S. 11.1.593 et note Roux ; Bordeaux, 14 déc. 1921, *Gaz. Pal.*, 22.1.505. — V. cependant, Crim. 14 déc. 1912, S. 14.1.420 ; 24 juin 1922, S. 22.1.396.

senter les livrets des enfants, registres, feuilles de présence à l'école et état nominatif trimestriel (pour les établissements d'enseignement professionnel et de bienfaisance), s'informer de la répartition des ouvriers par équipes, des heures d'entrée, de sortie et de repos, etc. (1). Le patron doit prendre toutes ses dispositions pour que, même en son absence, l'inspecteur puisse accomplir sa mission, compulser les registres, etc. (2).

843. — **Procès-verbaux et rapports.** — En cas de contravention constatée, l'inspecteur (sous réserve des prescriptions spéciales des articles 68 et s. C. T. sur la mise en demeure, V. *supra*, n° 608) dresse un procès-verbal en double exemplaire : l'un est envoyé au préfet, l'autre au parquet. Ces procès-verbaux font foi jusqu'à preuve contraire (art. 107 C. T.). Ils sont affranchis de la formalité de l'affirmation (3).

Le ministère public, d'ailleurs, peut connaître des contraventions sans en être saisi par un procès-verbal : il pourrait d'office mettre l'action publique en mouvement contre un chef d'industrie coupable, que l'inspecteur aurait négligé de signaler (4).

Les inspecteurs doivent adresser chaque année au ministre du travail un double rapport, l'un sur les résultats de leur inspection et les faits survenus dans leur circonscription, l'autre sur la statistique industrielle de celle-ci (art. 108 et 109 C. T.). Ces deux rapports servent de base au rapport d'ensemble dressé annuellement par les soins de la Commission supérieure (art. 114 C. T.), et publié au *Journal officiel* (5).

844. — **Commission supérieure du travail dans l'industrie, et commissions départementales.** — Sous l'empire de la loi de 1874, les

(1) Sur la coopération des syndicats à la recherche des infractions aux lois sur le travail, v. les circul. du min. du comm., en date du 19 janvier 1900. — Cf. Lorin, *Collaboration des ouvriers organisés à l'œuvre de l'inspection du travail* (rapp. à l'Assoc. p. le prot. lég. du trav., 1909). — Sur le droit pour un syndicat ouvrier d'agir, comme représentant les intérêts collectifs de la corporation, pour faire respecter les lois ouvrières, v. *supra*, n° 412.

(2) Crim. cass., 8 juill. 1911, *Mon. jud. Lyon*, 14-16 août 1912.

(3) Crim. cass., 11 juin 1910, *Mon. jud. Lyon*, 2-3 oct. 1910.

(4) Une circulaire en date du 10 novembre 1900 (*Quest. prat.*, 1902, p. 90), du ministère du commerce aux préfets, a attiré leur attention sur ce fait que les *officiers de police judiciaire* ont, au même titre que les inspecteurs du travail, qualité pour relever les contraventions aux lois de 1892 et 1893.

(5) Les rapports de la *Commission supérieure du travail dans l'industrie*, et des inspecteurs divisionnaires forment un volume annuel, édité (mais avec beaucoup de retard), par le Ministère du travail. — V. également le texte ou l'analyse de ces rapports dans le *Bulletin de l'inspection du travail*, le *Bulletin du ministère (Office) du travail*.

inspecteurs étaient assistés dans leur tâche par des commissions locales. Ces commissions, composées de cinq à sept membres nommés par le préfet, avaient pour mandat de contrôler et de compléter le service d'inspection. Ce système avait un vice capital : il soumettait les inspecteurs au contrôle d'une commission comprenant toujours parmi ses membres un ou plusieurs chefs d'industrie assujettis à l'inspection, et paralysait ainsi l'action de la loi, au lieu de la stimuler. Aussi, la loi de 1892 a-t-elle remplacé les commissions locales par des *Commissions départementales*, purement consultatives (art. 115 et 116 C. P.).

Le législateur de 1892 a maintenu au contraire, et même fortifié la *Commission supérieure*, composée de neuf membres, deux sénateurs, deux députés et cinq membres nommés pour quatre ans par le Président de la République. Les attributions de cette commission, constituée auprès du Ministre du travail, consistent à surveiller l'application des lois réglementaires sur tout le territoire, grâce à la concentration dans ses bureaux de tous les rapports des inspecteurs, à donner son avis sur les règlements nouveaux, à arrêter le programme du concours d'admission à l'inspectorat, à rédiger enfin le rapport annuel dont il est question précédemment (art. 112 à 114 C. T.).

A côté de ces organes essentiels, la loi de 1892 a institué, mais uniquement dans l'intérêt des jeunes ouvriers et apprentis, des *comités de patronage* départementaux (art. 117 à 119 C. T.). — Ces comités ont un double objet : protection des apprentis et des enfants employés dans l'industrie ; développement de leur instruction professionnelle.

II. — SYSTÈME RÉPRESSIF

A. TRAVAIL DES ENFANTS ET DES FEMMES; REPOS HEBDOMADAIRE. — **845.** — D'après la loi de 1874, le chef d'industrie coupable d'infraction aux prescriptions légales était passible d'une amende correctionnelle. La loi de 1892 a réduit, en principe, l'amende au taux des peines de simple police (5 à 15 fr.), d'où attribution de compétence au profit du juge de paix (1). L'amende est encourue par celui qui a la direc-

(1) Ce ne sont pas seulement les infractions aux prescriptions de la loi de 1892, mais, d'une manière générale, toutes les infractions aux lois réglementaires postérieures qui affectent le caractère de contraventions de simple police, en principe du moins, et sous réserve des exceptions ci-après indiquées (art. 158,

tion de l'établissement ; elle est donc infligée, tantôt au propriétaire de l'établissement industriel, tantôt, si le propriétaire n'en a pas la direction effective, au directeur ou gérant (art. 159 C. T.) (1). Dans ce dernier cas, le propriétaire pourrait être condamné à des dommages-intérêts, comme civilement responsable de son gérant (art. 184 C. T.).

846. — L'amende, décide l'article 160 C. T., sera appliquée autant de fois qu'il y aura de personnes employées dans des conditions contraires à la loi. Cette formule, par application de la règle du cumul des peines en matière de contraventions de simple police, proscrit implicitement la multiplication de l'amende par le nombre de journées pendant lesquelles *une même contravention* se serait prolongée ; mais elle implique au contraire l'application à l'industriel d'autant d'amendes qu'il y aura de *contraventions distinctes* commises, et ce, alors même qu'elles s'appliqueraient toutes à un même ouvrier. En admettant par exemple que l'on ait employé un enfant avant l'âge légal à des travaux prohibés, pendant un temps supérieur à la durée légale, l'on sera en présence de trois contraventions distinctes, donnant lieu *chacune* à une amende (2).

847. — *Récidive.* — En cas de *récidive*, la peine est notablement aggravée (amende de 16 à 100 fr.). Il y a *récidive* lorsque, dans les douze mois antérieurs au fait poursuivi, le contrevenant a déjà subi une condamnation pour une contravention identique. Le taux de la peine applicable entraîne la compétence du tribunal correctionnel (V. art. 161 et 162 C. T.). Ces pénalités peuvent être abaissées par l'admission de circonstances atténuantes (art. 463 du Code pénal), sans qu'en aucun cas l'amende, pour chaque contravention, puisse être inférieure à 5 francs (art. 182 et 183 C. T.). Il résulte, au contraire, du silence de l'article 159 C. T., qu'en cas de première

liv. 2, C. T.). — Cf. Trib. simple police, Boulogne-sur-Mer, 19 déc. 1906, S. 07.2.84. — Parmi les lois antérieures, il en est une, la loi de 1874 sur l'emploi des enfants dans les professions ambulantes, qui prévoit des sanctions beaucoup plus rigoureuses (emprisonnement de 6 mois à 2 ans, et amende de 16 à 200 fr.). — Art. 168 C. T.

(1) Cass., 24 juill. 1897, S. 99.1.105, et note Tissier ; 28 juin 1902, D. 1903.1.58. — Mais la responsabilité pénale des contraventions commises ne saurait incomber à des employés subalternes n'ayant aucune part dans la direction : Crim. rej. 16 mai 1896, D. 97.2.82 ; Trib. corr. Boulogne-sur-Mer, 11 juin 1901, D. 1902.2.118. — D'autre part, le directeur d'une société de panification ne saurait être déclaré responsable de l'infraction commise dans une succursale dirigée par un gérant autonome. — Cass. 24 déc. 1925, *Gaz. Pal.*, 1926.1.289.

(2) Crim. cass., 31 mars 1898, D. 99.1.30 ; 25 mars 1904, S. 1906.1.155, et note Roux ; 28 nov. 1908, D. 1909.1.101. — Cf. Rouquet, p. 237.

condamnation, le patron ne pourrait bénéficier des circonstances atténuantes ; le juge ne peut donc descendre au-dessous de 5 francs (1).

Il est même des cas où, en dehors de toute récidive, la pénalité applicable *de plano* est attributive de compétence au profit du tribunal correctionnel ; c'est le cas prévu par l'article 178 C. T. (fait d'avoir mis obstacle à l'accomplissement des devoirs d'un inspecteur, amende de 100 à 500, et, en cas de récidive, de 500 à 1.000 fr.).

848. — *Mise en demeure.* — Nous avons établi *supra* (nº 798) que la loi de 1892, spéciale à certaines catégories de travailleurs, n'avait nullement été abrogée par la loi du 12 juin 1893, même dans celles de ses prescriptions qui concernent l'hygiène et la sécurité des ateliers. La loi de 1892 puisant en elle-même sa force exécutoire, les infractions à ses prescriptions, ainsi qu'à celles imposées par les décrets réglementaires édictés pour son application, restent soumises au droit commun, et peuvent dès lors être poursuivies *de plano*, sans qu'il soit nécessaire de faire précéder les poursuites d'une *mise en demeure*, comme l'exige, au moins pour certaines prescriptions, l'article 6 de la loi de 1893, incorporé au C. T. (liv. 2, art. 68). — V. *supra*, nº 608 (2).

849. — *Bonne foi.* — Remarquons, d'autre part, que les infractions visées par la loi de 1892, ayant le caractère de *délits-contraventions*, la *bonne foi* du délinquant ne saurait, en principe, faire disparaître le délit : tout au plus lui vaudra-t-elle une modération de peine. Par exception, cependant, le patron pourra échapper à toute pénalité en prouvant sa bonne foi, s'il établit qu'il a été induit en erreur par la production d'actes de naissance, livrets ou certificats contenant de fausses énonciations, ou délivrés pour une autre personne (art. 164 C. T.) (3).

B. Travail des adultes ; journée de huit heures. — 850. — Les infractions aux prescriptions des lois de 1848 et 1900 concernant le travail des adultes, même dans les établissements mixtes (V.

(1) Cass., 23 mars 1907, S. 1907.1.238 ; 4 avr. 1908, D. 1909.1.164.

(2) Cons., dans le sens de la non applicabilité de l'art. 6 de la loi de 1893 : Crim. cass., 28 mars 1896, 12 juin 1896, 29 janv. 1897, D. 1900.1.241, et notre note ; 21 mai 1908, D. 1909.1.134. — *Contra* : Deschamps, *op. cit.*

(3) Par identité de motifs, en cas d'infraction aux dispositions concernant le travail des femmes récemment accouchées (L. 17 janv. 1913), les pénalités prévues ne sont applicables au chef d'établissement ou à son préposé que s'il a agi *sciemment* (art. 164 *a* C. T.).

supra, n° 806) ainsi que de la loi du 23 avril 1919 sur la journée de huit heures, ont, à l'inverse de celles prévues par les lois sur le travail des enfants et des femmes ou le repos hebdomadaire, le caractère de délits, passibles du tribunal correctionnel (1). La peine consiste en effet en une amende de 5 à 100 francs (art. 165 C. T.) ; les contraventions donnent lieu à autant d'amendes qu'il y a d'ouvriers indûment employés, sans que le total des amendes infligées par un même jugement puisse excéder 1.000 francs (art. 166 C. T.). Les circonstances atténuantes peuvent toujours être accordées (2).

ART. IV. — *Résultats économiques et sociaux de la nouvelle réglementation du travail. — Réformes nécessaires.*

§ 1er. — Résultats des lois du 30 mars 1900 et du 13 juillet 1906 (2)

851. — Lois de 1892 et 1900. — A la veille de l'application de chaque loi réglementaire, les doléances les plus vives s'élèvent. Soit en 1874, soit en 1892, l'on vit d'éminents économistes prophétiser la ruine prochaine de l'industrie nationale. Quelques mois devaient suffire, après la mise en vigueur de chacune d'elles, à faire ressortir l'inexactitude de ces pronostics.

Il est depuis longtemps démontré que la réglementation, instaurée par la loi de 1892 pour les femmes et les enfants, n'a eu en réalité aucune influence fâcheuse sur la prospérité de l'industrie nationale. (4).

Les heureux effets de la loi de 1892 permettaient de pronostiquer un succès identique pour la réforme de 1900. Et de fait, deux ans

(1) Cass., 27 et 28 déc. 1901, 14 févr. 1903, D. 1903.1.256. — Sur la question de savoir si la simple omission de prévenir l'inspection, en cas d'utilisation des heures réservées pour travaux urgents, constitue un délit correctionnel ou une simple contravention, v. Amieux, *Jurisprudence ouvrière* (Quest. prat., 1923, 170). — Cf. Paris, 17 juillet 1923, *Gaz. Pal.*, 20 oct. 1923.

(2) Il en est de même, d'après la jurisprudence, de la loi de sursis ou loi Bérenger (Cass., 5 mars 1892, *Bull. de l'insp. du travail*, 1895, p. 163).

(3) Cons. notamment les rapports de MM. Jay et Pic au Congrès de Paris, ainsi que les rapports de la Commission supérieure du travail sur l'application de la loi de 1892 (amendée par celles de 1900-1906), pendant les années 1900-1913.

(4) Les rapports de la Commission supérieure pour 1898 et 1899 sont particulièrement concluants. « L'accélération de vitesse des engins mécaniques, — déclare en 1898 l'insp. divis. de Lyon — les pertes de temps moins nombreuses, les repos plus réels, ont permis à la production, non de diminuer ou de rester stationnaire, mais de *suivre une marche ascendante* » (*Bull. Off. trav.*, 1898, p. 30).

à peine s'étaient écoulés depuis sa promulgation que nombre de fabricants avaient déjà réussi par une transformation de leur outillage, soit à compenser la perte résultant pour eux de la suppression des équipes de nuit féminines, soit même à supprimer radicalement le travail de nuit pour tout leur personnel (1).

Cette évolution s'est poursuivie, ainsi que l'attestent les rapports annuels de la Commission supérieure du travail. Tous ces rapports mettent nettement en relief la répercussion de la loi nouvelle sur les mœurs, et l'action réflexe des mœurs, de la pratique industrielle, sur l'application de la loi.

D'une part, en effet, la loi de dix heures incita les patrons à perfectionner leur outillage, et à exiger de leur personnel une assiduité plus grande destinée à compenser la perte pouvant résulter de la diminution du temps de travail. D'autre part, cette transformation une fois réalisée, les patrons n'opposèrent plus de résistance sérieuse à la mise en vigueur complète et régulière du régime nouveau ; le nombre des contraventions annuelles alla en diminuant, et l'on vit le mouvement en faveur de la journée de dix heures, gagnant de proche en proche, s'étendre à des usines qui, n'employant que des hommes adultes, auraient pu légalement conserver la journée de douze heures (2).

852. — Loi de 1906. — La loi sur le repos hebdomadaire, par suite du retard apporté à la promulgation de certains règlements, et des tâtonnements inhérents à la mise en vigueur d'une législation affectant plus d'un demi-million d'établissements, n'est entrée que vers 1910 dans la période de fonctionnement normal. Mais nous

(1) Cette suppression complète du travail de nuit pour tout le personnel était, dès 1901, un fait accompli dans un certain nombre de filatures des Vosges (dépos. de M. Strohl, filateur, à l'Assemblée de l'Ass. intern. pour la protect. lég. des trav., Paris, 1902), et dans la plupart des moulinages de la vallée du Rhône. Les transformations d'outillage, augmentant le rendement, avaient même permis à certains chefs d'industrie de majorer les salaires (dépos. Strohl). — Des constatations identiques avaient été faites, à la même époque, dans les tissages du Nord de la France, et aussi en Normandie.

(2) Le nombre des contraventions relatives à la durée du travail des femmes et des enfants a régulièrement diminué depuis 1902. Il était de 6.121 en 1903, de 3.365 seulement en 1909, 2.603 en 1913.

Quant au mouvement en faveur de la journée de dix heures, presque tous les inspecteurs divisionnaires le constatent à partir de 1905. Parmi les usines soumises alors à la loi de 1848, 34 p. 100 seulement avaient la journée de 11 heures et 32 p. 100 celle de 10 heures. Au total, en comptant les établissements soumis à la loi de 1892-1900, 73 p. 100 des établissements industriels avaient en 1910 la journée de 10 heures, ou même une journée plus courte. En 1919, lors de la promulgation de la loi de 8 heures, les longues journées de 11 à 12 heures avaient pratiquement disparu.

croyons pouvoir nous approprier les conclusions suivantes de la Commission supérieure du travail : « Malgré des critiques qui ne lui ont pas été ménagées, la loi sur le repos hebdomadaire, grâce à un certain nombre de tempéraments apportés à son application, entre progressivement dans les mœurs. Lorsque ces tempéraments nécesssaires auront été inscrits dans la législation, nous voulons espérer que la loi nouvelle, déjà acceptée dans le monde industriel, trouvera, auprès des commerçants dont elle assure également le repos, le même accueil favorable que celui qu'elle a rencontré auprès des travailleurs. » (1)

§ 2. — Premiers résultats de la loi de 1919 sur la journée de huit heures

853. — Dix ans s'étant écoulés depuis la mise en vigueur de la loi de huit heures, nous avons maintenant un recul suffisant pour en apprécier les résultats économiques et sociaux.

Malgré les difficultés d'adaptation du régime nouveau à certaines branches d'industries, notamment aux chemins de fer et à la marine marchande (2), il semble bien que depuis trois ou quatre ans surtout, les résistances patronales se soient notablement atténuées, et que le régime des courtes journées n'ait plus beaucoup d'adversaires irréductibles.

Il y eut sans doute une période critique. On a pu soutenir, au lendemain de la promulgation de la loi, que le Parlement français, en appliquant avant la lettre la clause du traité de Versailles (art. 427) invitant les puissances à ramener à 8 heures la journée de travail, sans même attendre la ratification du traité et les délibérations de la Conférence de Washington, avait agi avec une certaine témérité (3). N'était-ce pas une gageure que de réduire la

(1) Le nombre des dérogations autorisées par les préfets est allé en décroissant régulièrement depuis 1907. 13.283 avaient été accordées en 1907, 1.705 en 1908, 601 seulement en 1909 (Rapp. de la Commission supérieure pour 1913). — Sur les difficultés d'application de la loi de 1923, v. *supra* n° 813 bis.

(2) Sur les décrets successifs édictés relativement aux chemins de fer et à la marine marchande, et les difficultés que leur application a soulevées, v. *supra* n° 817.

(3) Cons. dans un sens plutôt défavorable à la loi : — Liesse, *La journée de huit heures, les résultats d'une enquête* (Econ. Fr., 1922.2.129) ; F. Poncet et Mireaux, *La France et les huit heures*, 1922 ; A. Berny, *Une fausse conception législative ; la loi de huit heures* (Rev. Pol. et Parl., août 1922). — En faveur de la loi : — Antonelli, *Le droit naturel et la journée de huit heures* (Lyon Rép.,

durée de la journée au lendemain d'une guerre, qui nous avait coûté plus de 1.500.000 vies humaines, alors que la reconstitution des régions libérées exigeait de la nation toute entière un effort intensif, presque surhumain ?, (1)

Le vote d'une telle loi ne risquait-il pas d'handicaper l'industrie française, déjà si éprouvée, dans sa lutte contre la concurrence étrangère, alors surtout que dans les pays concurrents la journée de 8 heures n'était pas adoptée, ou ne l'était que *pour la galerie*, comme en Allemagne par exemple ?

Sans doute, la loi du 23 avril 1919 n'était pas immédiatement exécutoire, et l'on avait prévu la possibilité, — dans chaque règlement d'administration publique, élaboré par le Conseil d'Etat sur le vu des accords intervenus entre les organisations patronales et ouvrières intéressées, — de ménager les transitions, au moyen de clauses dérogatoires, permanentes ou temporaires. La C. G. T. avait elle-même reconnu, au cours des débats, la nécessité de ces mesures transitoires : mais l'impatience des masses ouvrières, dès le lendemain de la promulgation de la loi (2), devait avoir pour résultat de brusquer l'évolution nécessaire.

854. — Lors de la crise industrielle de 1921, et en présence des hésitations des pays étrangers, un véritable mouvement parut se dessiner dans le Parlement français en faveur d'une révision de la loi de 1919 ; d'où le dépôt, fin 1921 et au début de 1922, de toute une série de propositions tendant les unes à assouplir le régime nouveau tout en respectant le principe de la loi (3), les autres à en suspendre temporairement l'application (4).

Mais ce mouvement, énergiquement combattu par les organisations ouvrières, se heurta bien vite à une résistance déterminée de la majorité parlementaire. Le Ministre du travail, M. Peyronnet, ne fit que traduire son sentiment en déclarant à la Commission du

n° 20 mars 1922) ; Bergeron, *La loi de huit heures et les loisirs ouvriers*, 1922, et Bouthoul, *ibid.*, th. 1924 ; O. Lipmann, *La durée du travail et la production* (Rev. intern. trav., avril 1924) ; Beaudemoulin, *La loi de huit heures*, 1925; Anstaux, *La journée de huit heures et la concurrence internationale* (Quest. prat., 1926. 49); Devinat, *Comment appliquer la loi de huit heures?* (Rev. pol. et parl., mai 1922) ; E. Milhaud, *Les résultats de l'établissement de la journée de huit heures* (Rev. intern. trav., févr. 1926) ; Wauters, *id.* (Rev. intern. trav., nov. 1926); A. Thomas, *A propos des huit heures ; pour faire le point* (*ibid.*, août 1926).

(1) Pour l'exposé de ces critiques, cons. notamment: Achard, *Autour de la journée de huit heures* (*Rev. polit. et parl.*, déc. 1920, p. 1920, p. 411); Touron, disc. au Sénat, s. 23 avril 1919 ; Truchy, II, p. 377.

(2) V. la déclaration de la C. G. T., du 27 mai 1919, protestant contre toutes dérogations.

(3) Propos. *Messier* (Ch. 8 nov. 1921, n° 3307), et *Marcellot* (Ch, 26 janv. 1922).

(4) Propos. Isaac, Constant, etc. (Ch. 22 déc. 1921, n° 3587).

travail (fév. 1922), qu'à son avis la loi était intangible, et qu'aucune raison sérieuse n'en légitimait la révision (1).

Deux ans plus tard, le nouveau Ministre du travail, M. J. Godart, délégué de la France à la Conférence internationale du travail de Genève (juill. 1924), reprenait la même thèse, en s'appuyant sur les résultats d'une enquête d'ensemble à laquelle il venait d'être procédé. « En France, déclara le ministre, le régime des huit heures a donné de féconds résultats. Il se fonde de plus en plus solidement... sur une évolution des mœurs et une transformation méthodique des moyens matériels de la production. Trente professions, groupant 5 millions de salariés, ont élaboré leur règlement de travail... leur accord a été sanctionné par des décrets...

Une enquête de l'Office du travail français qui va être publiée sous peu (2), et qui apportera d'utiles documents aux études entreprises sur l'utilisation du loisir des ouvriers, me permet d'affirmer que la journée de huit heures a amélioré en France la vie de famille, et donné un grand essor aux manifestations intéressantes d'une vie sociale s'organisant pour la recherche de la santé par la culture physique, du savoir par les cours professionnels et généraux, par la lecture, des distractions intelligentes par l'extension des sociétés musicales et récréatives (3). Depuis 1919, le nombre des jardins ouvriers s'est accru dans la proportion de 45 %. L'alcoolisme est en régression très nette... Même en pleine crise des lendemains de guerre, la France a jugé qu'elle ne pouvait mieux servir ses intérêts généraux et permanents qu'en protégeant la valeur essentielle, créatrice, l'élément actif de la prospérité : le travail. »

855. — La cause paraît jugée. Il ne saurait être question de revenir sur une réforme dont la portée politique dépasse les répercussions économiques, et dont les promoteurs, en prenant pour pivot de la réforme les conventions collectives librement débattues entre les organisations intéressées, ont entendu faire œuvre de pacification

(1) Pic, *L'offensive contre la journée de huit heures* (Quest. prat., 1922, p. 129 et s. ; Rev. pol. et parlem., avril 1922, et avril 1923) ; Devinat, *op. cit.* ; Gide, *La journée de huit heures* (*Emancipation*, févr. 1922). — Cf. résolution J. Godart, tendant à mettre fin à la campagne dirigée contre la journée de huit heures (Ch., s. du 17 févr. 1922, ann. n° 2.924).

(2) *Bull. Min. trav.*, 1924, p. 97, 213, 295, 325.

(3) Sur la question de *l'utilisation des loisirs ouvriers*, v. la broch. publ. en 1925 par l'Ass. intern. p. la prot. lég. des trav. — La question a été examinée également par la 5ᵉ Conférence intern. du travail, en 1924 (*Quest. prat.*, 1924, 112). — V. aussi : *La loi de huit heures et l'exode vers la banlieue* (*Bull. Min. trav.*, 1923, 153). — Sur le décr.-loi *italien* du 14 mai 1925 créant une œuvre nationale des loisirs de l'ouvrier, v. *Quest. prat.* 1926.30.

sociale. Les libéraux eux-mêmes ont dû en convenir. N'est-ce pas M. Isaac, alors Ministre du commerce, qui s'exprimait en ces termes, le 6 mars 1920, devant la Chambre de commerce de Lyon : « La journée de huit heures, inscrite dans le statut de la Société des Nations, a pris dans le monde du travail la valeur la force d'une conviction, d'un dogme religieux *intangible*. »

La loi doit donc être maintenue, et progressivement étendue à toute l'industrie manufacturière, voire même au commerce, tout au moins au commerce de gros et de demi-gros (1). Il appartient seulement aux pouvoirs publics d'étudier de concert avec les groupements professionnels, toutes les mesures susceptibles de faciliter la transition, et de préparer les transformations d'outillage propres à atténuer ou même à faire disparaître la perte résultant de la réduction de la journée légale (2).

En fait, les nombreuses conventions collectives signées au cours de ces dernières années, dans les branches d'industrie les plus variées, et les décrets édictés en suite de ces accords, se sont largement inspirés de ces directives prudentes (3). Les heureux effets de ces accords, ainsi que le faisait observer M. Godart, se sont déjà largement affirmés sur le terrain social. La classe ouvrière française sait mieux utiliser ses loisirs, et elle réalisera sans nul doute de nouveaux progrès dans cette voie du jour où la loi Loucheur, dont l'application commence à peine, aura enfin doté les masses populaires d'un *home* hygiénique et confortable, le meilleur des antidotes contre la tuberculose et l'alcoolisme.

855 bis. La journée de huit heures sur le plan international. — Il n'en est pas moins vrai que la non ratification, par plusieurs grandes puissances européennes, de la convention de Washington (nov. 1919) sur la journée de huit heures, serait susceptible, dans certaines circonstances données, de placer l'industrie française dans une situation difficile au regard de la concurrence étrangère.

Il semblait, en 1926, que l'accord fût imminent. Le gouvernement anglais avait en effet pris l'initiative de convoquer, à Londres,

(1) En fait, dès aujourd'hui, presque toutes les grandes catégories industrielles et nombre de catégories commerciales ont leur statut, fixé par décret, dans le cadre de la loi de 1919. — Cf. Oualid, *La législation sociale* (Rec. d'Econ. polit., 1928, p. 989, et 1929, p. 908).

(2) Cf. circul. du 17 déc. 1919 (*Bull. Min. trav.*, 1919.214), sur l'adaptation de la production à la journée de huit heures. — Sur les rapports de la journée de huit heures avec la normalisation du travail, cons. Fourgeot, *La rationalisation*, 1 v. in-8, 1929. — Cf. sur l'Institut internat. d'organisation scientifique du travail : Quest. prat., 1927, p. 41. — V. aussi n° 931, *infra*.

(3) V. les auteurs cités *supra*, n° 691. — Cf. Pasquier, *La loi sur la journée de huit heures dans la métallurgie*, p. 101 et s.

une Conférence des ministres du travail des principales puissances intéressées (France, Allemagne, Italie et Belgique), en vue d'arriver à une interprétation identique de la convention de Washington. La discussion aboutit à l'adoption d'un protocole, signé en juin 1926, par l'unanimité des délégués. C'est dans ces conditions que le gouvernement français crut pouvoir insister auprès du Parlement pour la ratification, qui fut autorisée par la loi du 23 mai 1927 ; cette ratification toutefois n'était que conditionnelle, et subordonnée à celle de l'Angleterre et de l'Allemagne (1).

Or jusqu'à présent ni l'une ni l'autre de ces deux puissances n'ont ratifié, l'Allemagne ayant, par sa loi du 14 avril 1927, substitué pratiquement au régime de la journée de huit heures, affirmé théoriquement, celui de la journée de 9 ou 10 heures (par le jeu des heures supplémentaires), et l'Angleterre ayant jusqu'ici subordonné son adhésion à la révision préalable de l'acte de Washington, révision à laquelle tous les délégués ouvriers et nombre de délégués gouvernementaux sont nettement opposés (2).

L'O. I. T. sortira-t-elle *bientôt* de cette impasse ? Il est permis de l'espérer en présence de l'attitude nouvelle prise, devant la 12me Conférence internationale du travail (juin 1929), par le gouvernement travailliste.

Rompant délibérément avec la tactique dilatoire du Ministère conservateur, M. Wolfe, délégué du gouvernement anglais, s'est dit autorisé à déclarer que le Ministère Mac Donald allait prendre d'urgence les mesures nécessaires pour aboutir à la ratification prochaine de la convention de Washington. Il est donc permis d'escompter enfin, de la part de l'Angleterre, une ratification qui, si elle est suivie d'une décision conforme du Reich allemand, déterminera automatiquement la mise en vigueur de la loi de ratification française de 1927.

§ 3. — Réformes nécessaires

856. — L'importance et la hardiesse des réformes réalisées par le Parlement français dans le domaine de la réglementation du

(1) Quest. prat. 1927, p. 40, 79, 104 et Rev. Pol. et Parl., mai 1927.

(2) Sur les vifs débats auxquels la motion anglaise a donné lieu au cours des 43e et 44e session du Conseil d'administration du B. I. T., tenues à Genève en mars 1929, v. *Rec. de dr. com. et de dr. soc.*, août-sept. 1929.

Il ne semble pas, du reste, que la question puisse être posée de longtemps en ce qui concerne l'*agriculture*, réfractaire par sa nature même, à toute réglemen-

travail industriel, et même commercial (1), au cours de ces dernières années, spécialement en 1915 (L. 18 juill. 1915 sur le salaire des ouvrières à domicile) 1919 (L. 23 avril 1919 sur la journée de huit heures) et 1928 (L. 30 juin 1928, âge d'admission des enfants dans les établissements commerciaux, 14 déc. 1928, salaire minimum, etc.) nous dispensent de longs développements sur cette question des réformes désirables.

Avant de remanier la réglementation en vigueur, il est indispensable en effet de lui laisser produire son plein effet. L'expérience seule permettra d'en apprécier la valeur, d'en signaler les lacunes ou les imperfections. Or, ainsi que nous l'avons fait observer, la loi de 1919, applicable aujourd'hui à l'immense majorité des établissements industriels, n'entrera en vigueur qu'à une époque indéterminée dans le commerce de détail.

Aussi, sans nous attarder à l'analyse des projets de 1906-1910 et des débats de la Chambre (févr.-juill. 1912) sur la journée de 10 heures (2), les réformes alors proposées ayant été depuis lors

tation légale rigide. On sait que la tentative du B. I. T. pour mettre la question à l'ordre du jour de la 3e Conférence internationale (1921) se heurta à l'opposition formelle de plusieurs puissances, dont la France (*Quest. prat.*, 1922, p. 38 ; *Bull. Min. trav.*, 1922, p. 481).

(1) Le cadre de cet ouvrage ne nous permet d'envisager que le travail industriel ou commercial. En ce qui concerne le *travail agricole*, nous ne pourrions, en France du moins, que dresser un procès-verbal de carence. Ce n'est que par des mesures indirectes (lois syndicales, lois sur le crédit agricole, les accidents, les retraites, etc.), que le législateur français a cherché jusqu'ici à améliorer la condition du prolétariat rural. — Authier, *L'amélioration légale de la condition des travailleurs agricoles*, th. 1911 ; Régnier, *L'ouvrier agricole*, 1924. — V. aussi *supra*, n° 520. — Signalons cependant : une proposition déjà ancienne (Ch. avril 1920, p. 685) du groupe socialiste (*Chaussy* et autres) tendant à étendre aux ouvriers agricoles le bénéfice de la journée de huit heures. Mais l'accueil nettement défavorable fait à cette proposition par la Commission de l'agriculture de la Chambre, coïncidant avec l'opposition du Gouvernement français à l'inscription, à l'ordre du jour de la 3e Conférence internat. du travail, d'un projet de convention sur la durée du travail dans l'agriculture (v. *supra*, n° 855 bis), démontre que la question n'est pas mûre. L'agriculture est une industrie saisonnière au premier chef ; l'agriculteur est un individualiste, hostile à toute inquisition, et l'organisation du contrôle se heurterait, en France tout au moins, à des obstacles presque insurmontables (*Quest. prat.*, janv.-mars 1921, p. 34.) — Cf. Payen, *La réglementation du travail dans l'agriculture* (*Econ. fr.*, 11 oct. 1920) ; Zolla, *La journée de huit heures et la production agricole* (Déb., n° 2 avril 1919). C'est seulement sur l'hygiène de l'habitation que peut utilement s'exercer le contrôle des pouvoirs publics. Aussi ne peut-on qu'applaudir au vote de la loi du 31 juill. 1929, concernant l'amélioration du logement des *travailleurs agricoles* (interdiction du couchage à la paille ; obligation, dans les deux ans, de réaliser le logement du personnel célibataire dans des locaux séparés d'après les sexes, et mise à sa disposition des lits individuels).

(2) Sur les projets gouvernementaux de 1906 et de 1910, cons. les rapports de

largement dépassées, nous bornerons-nous à signaler certaines réformes de détail susceptibles d'améliorer, sans en modifier la substance, la législation en vigueur.

I. Travail des enfants et des femmes. — 857. — Trois griefs principaux peuvent être formulés contre la réglementation en vigueur 1° protection insuffisante de l'enfance ouvrière ; 2° réglementation incomplète du travail des enfants et des femmes, employés de commerce ; 3° contrôle imparfait de certaines organisations de travail susceptibles d'engendrer de graves abus.

a) Protection insuffisante de l'enfance ouvrière (1). — La loi du 2 nov. 1892 (art. 2, liv. 2 C. T.), autorise l'admission des enfants âgés de 12 ans dans les établissements industriels (ou commerciaux, L. 30 juin 1928) lorsqu'ils sont munis des certificats d'enseignement primaire et d'aptitude physique. Or la plupart des physiologistes estiment que l'enfant ne devrait sous aucun prétexte être admis avant 14 ans dans un établissement industriel quelconque (2). Tout au moins conviendrait-il de ramener à 13 ans l'âge minimum d'admission. C'est ce qu'a décidé la Chambre en 1912 (3). Il est regrettable que le Sénat ait jusqu'ici laissé sommeiller ce projet (4).

858. — *b) Réglementation incomplète du travail des enfants et des femmes, employés de commerce.* — Le travail commercial en France, nous l'avons établi *supra* (n° 777) n'est pas directement réglementé. Il y aurait intérêt à substituer, aux dispositions fragmentaires en vigueur, une réglementation d'ensemble, inspirée des lois anglaise et allemande, assez souple pour ne pas ruiner le petit commerce, assez stricte cependant pour assurer à l'enfant et à la femme, employés dans les magasins et les petites indus-

M. J. Godart (Ch. 21 mars 1907, n° 876 et 15 avril 1911, n° 967). — Cf. Jay, *La protection légale des travailleurs*, 2e éd., 1910.

(1) Parmi les rapports présentés à l'Assoc. nat. fr. p. la protect. lég. des travaill., cons. notamment : Viennet, *Les veillées dans le commerce*, 1915 ; Millerand, *La 2e Conférence officielle de Berne, travail de nuit des jeunes ouvriers, journée de dix heures*, 1915.

(2) L'âge de 14 ans figure dans le projet de convention élaboré par la *Conférence internat. ouvrière de Washington*, en oct.-nov. 1919.

(3) Propos. *J. Godart* (*Ch.*, 13 nov. 1911, *Doc. parl.*, n° 1327); rapp. *Lemire*, 15 mars 1912 (*Doc. parl.*, n° 1768), adoptée le 14 juin 1912.

(4) D'après le projet de loi sur l'emploi des enfants dans les *théâtres, cinémas et professions ambulantes* (Ch. 30 juill. 1924, n° 379), l'âge d'admission serait en principe de 15 ans, au lieu de 13, sauf exception. — Le projet, voté par la Ch. le 30 déc. 1925, est encore pendant devant le Sénat.

tries de l'alimentation, le repos minimum (grand repos et repos intercalaires) indispensable à leur santé (1).

Est-ce à dire qu'il soit indispensable d'introduire dans ce but un chapitre additionnel au liv. 2 du C. du travail ? Cette nécessité absolue ne nous apparaît pas. Peut-être suffira-t-il, lorsqu'après consultation des intéressés il paraîtra possible d'étendre à l'ensemble du commerce de détail le régime de la loi de 8 heures, d'élaborer un règlement d'administration publique comportant de larges dérogations en ce qui concerne les hommes adultes, mais assurant aux femmes et aux enfants une protection efficace contre le surmenage.

Dès aujourd'hui, un progrès important a été réalisé par la loi du 30 juin 1928, étendant aux établissements commerciaux les dispositions du C. du trav. sur l'âge d'admission des enfants dans l'industrie.

859. — *c*) **Contrôle imparfait de certaines organisations de travail, susceptibles d'engendrer des abus.** — Cette formule vise principalement : les établissements de *bienfaisance privée* (*orphelinats, ouvroirs*, etc.) ; — le travail à *domicile* ou travail en *chambre*, dans lequel sévit de préférence le *sweating system*.

1° *Question des établissements de bienfaisance privée.* — A la suite des révélations scandaleuses contenues dans une lettre de l'évêque de Nancy, livrée à la publicité, sur l'exploitation des orphelines dans certains établissements privés, notamment dans les maisons dites du *Bon-Pasteur*, et de l'enquête officielle prescrite sur ces faits, le gouvernement crut devoir élaborer un projet soumettant les établissements de bienfaisance privée (orphelinats, ouvroirs), déjà assujettis à l'inspection en tant qu'établissements industriels (V. *supra*, n° 778), à un contrôle plus sévère, et prescrivant la constitution d'un pécule sur la tête de chaque enfant recueilli, dans des conditions déterminées. Soumis à la Chambre au début de l'année 1901, soit il y a vingt-neuf ans, ce projet fut voté le 12 juillet 1912 (2). Mais la délibération commencée au Sénat, le 10 mars 1914, sur le rapport de M. F. *Dreyfus* (3 févr. 1914, *Doc.*

(1) De l'Estang de Busquec, *Réglementation du travail des employés de commerce*, th. 1913. — Lainé, *Les demoiselles de magasins à Paris*, 1911.

(2) Rapp. Breton, des 12 juill. 1910 (n° 353) et 21 mars 1911. — Pour l'étude du projet, cons. Boizet, *Le travail et l'application des lois ouvrières dans les établissements de bienfaisance privée*, th. 1908 ; Chauveau, *Surveillance des établissements de bienfaisance privée* (Rev. pol. et parl., 1922.3.215). — V. aussi l'enquête contradictoire ouverte par la revue *L'Enfant*, et notamment les communications du Dr Thulié (n° du 15 sept. 1906), et de M. Fourcade (15 mai 1907). — Pour la statistique des établissements de bienfaisance soumis à l'inspection en 1913 (1.192

parl., n° 28), fut interrompue le jour même, et ne fut reprise qu'en 1925. Le texte, fortement amendé par le Sénat (24 déc. 1925 (1), est actuellement pendant devant la Chambre.

860. — 2° *Question du travail à domicile ou travail en chambre* (2). — Nous nous réservons d'étudier ultérieurement la question du *travail à domicile*, et de la surveillance à laquelle il doit être soumis (v. *infra*, tit. II, ch. 2, sect. 3). La plupart des lacunes de la loi du 10 juillet 1915 sur le salaire minimum des ouvrières du vêtement travaillant à domicile ont, du reste, disparu depuis le vote de la loi du 14 déc. 1928, incorporée au Code du travail.

II. — TRAVAIL INDUSTRIEL OU COMMERCIAL DES HOMMES ADULTES (2). — 861. — *a) Employés de commerce.* — Le vote de la loi de 1919 sur la journée de huit heures, virtuellement applicable au commerce comme à l'industrie, enlève au problème de la réglementation légale du travail des employés adultes une grande partie de son intérêt. Rappelons simplement le dépôt, en 1910 (3) d'un projet de loi tendant à garantir au personnel adulte des magasins et des bureaux un grand repos journalier et ininterrompu de 11 heures au minimum. Ce projet, sans intérêt réel depuis la loi de 1919, n'est pas venu en discussion.

862. — *b) Repos hebdomadaire ; congé annuel.* — Il est peu de lois dont le vote ait été aussi vivement réclamé par l'opinion publique que la loi de 1906 ; il en est peu cependant dont l'application ait soulevé, dès le début, de si vives critiques : réclamations du commerce de détail, lésé dans ses habitudes séculaires, et privé des facilités que lui offrait le travail du dimanche pour lutter contre les grands magasins ; protestations non moins véhémentes des employés, partisans du repos fixé au dimanche et hostiles au roulement.

au total), et des contraventions constatées, cons. *Rapp. sur l'appl. des lois réglem. le trav.*, 1913, p. 28. — Sur certains abus relevés dans les orphelinats, v. notamment notre étude sur *Les orphelinats industriels et les contrats d'engagement* (*L'Enfant*, n° du 5 juin 1906). — V. aussi Nancy, 23 févr. 1903 (aff. du *Bon-Pasteur*) *Mon. jud. de Lyon*, 7 avr. 1903.

(1) Cons. rapp. *Merlin*, Sén. 24 déc. 1924, n° 740.

(2) Sur le régime, préconisé par quelques économistes, de la journée *continue* de travail, dite *journée anglaise*, cons. l'enquête de Schulz, dans les Ann. du *Musée Social* (août 1929).

(3) Proj. du 7 juill. 1910 (Ch., n° 273). — Cf. sur la question : Artaud, *La question de l'employé en France*, 1909 ; Godart, *La limitation de la journée de travail des employés de commerce* (*Quest. prat.*, 1910, 121); Depitre, *Réglementation du travail des employés* (rapp. à l'Ass. p. la protect. lég. des trav., 1911) ; Cons. sup. du travail, Rec. des délib., 1 vol., 1912.

Aussi, moins d'un an après sa mise en vigueur, la Chambre était-elle saisie d'une douzaine de propositions de loi tendant à amender, la plupart dans un sens libéral, le texte de 1906, et, le 31 mai 1907 (Ch., n° 1007), le ministre du travail déposait-il à son tour sur le bureau de la Chambre un projet tendant à apporter à la loi différentes retouches.

Le projet de 1907 ne put venir en discussion avant la guerre. Mais, utilisant l'enquête ouverte en 1908 par la Commission du travail (1), le gouvernement déposa en 1919 un nouveau projet tendant à rendre obligatoires les accords intervenus entre les intéressés. Ce projet est devenu la loi du 23 déc. 1923, incorporée sous l'article 43 *a* du liv. II C. Trav. — V. *supra*, n° 813 bis. L'effort des organisations syndicales se concentre aujourd'hui sur la question du *congé annuel* payé (2).

863. — *c*) *Travail de nuit dans les boulangeries.* — La projet de loi déposé en 1924 sur le bureau de la Chambre tend à interdire d'une façon absolue, même aux patrons travaillant seuls, le travail de nuit dans les boulangeries (3). — Cf. proj. de convention, voté par la 6e Conférence internationale de Genève (Quest. Prat. 24. III). Adopté par la Chambre, le 12 juillet 1925, le projet est actuellement soumis au Sénat.

864. — *d*) *Travail pénitentiaire (prisons) ; concurrence au travail libre.* — La question de la concurrence du travail des prisons au travail libre, souvent abordée à la tribune de la Chambre, mais sans que de ces débats fréquents soit jamais sortie une réglementation pratique, analogue à celle adoptée par plusieurs pays étrangers, notamment par les Etats-Unis (V. *supra*, n° 729), est certainement l'un des problèmes les plus complexes que le législateur contemporain ait à résoudre (4).

(1) Rapp. Zevaès, du 12 mars 1908 (Ch., *Doc. parl.*, n° 1578). — V. la liste des propos. dues à l'initiative parlementaire (G. Berry, Ballande, R. Péret, etc.) au *Bull. Off. trav.*, 1910, VII et VIII. — Cf. pour l'étude de ces divers projets : Pellene, *La loi sur le repos hebdomadaire*, th. 1909.

(2) Proj. du 11 juill. 1925 (Ch. n° 1943). — Rapp. *Ponard*, du 18 mars 1928 (*Ch.*, n° 2714). — Cf. l. luxembourgeoise du 6 déc. 1926.

(3) Propos. J. Godart, 15 févr. 1921, Ch., n° 2137 ; proj. de loi, 25 août 1924, Ch., n° 496. — Rapp. Bender, Ch., 16 déc. 1924, n° 896.

(4) Cons. notamment sur la question : Roux, *Le travail dans les prisons*, 1902 ; Colombain, *La concurrence pénitentiaire en France*, th. 1904 ; Mossé, *Les prisons, Exposé pratique du régime pénitentiaire en France*, 1925. — Pour la statistique du travail pénitentiaire en France en 1912, v. *Bull. Off. trav.*, 1914, p. 618. — Sur l'état de la question aux Etats-Unis, cons. *Convict. labor* (public. du Bureau of Labor de Washington, 1907).

D'une part, en effet, il paraît impossible de supprimer le travail pénitentiaire, indispensable au maintien de la discipline, et qui, de plus, constitue un moyen puissant de moralisation et de relèvement pour les détenus susceptibles d'amendement. Mais, d'autre part, il est inadmissible que l'État déverse sur le marché une trop grande quantité de produits fabriqués à bas prix par les détenus, et vienne ainsi faire une concurrence ruineuse aux travailleurs honnêtes.

Ainsi posé, le problème paraît insoluble, à moins toutefois que l'on ne se rallie au système défendu en 1899 à la tribune de la Chambre, par MM. Vaillant et Baudin, système consistant à n'affecter les détenus qu'à des travaux exclusivement utilisés dans les prisons et à ne leur faire exécuter aucun travail productif, susceptible d'être accompli par les ouvriers libres (1) ; système séduisant, mais d'une application pratique très difficile, à raison de la diversité des fournitures nécessaires à toute agglomération nombreuse.

865. — A défaut de solution absolument satisfaisante du problème, divers palliatifs plus ou moins efficaces, pour la plupart empruntés aux lois ou aux règlements étrangers (2), ont été proposés. Nous ne pouvons que rappeler ici d'un mot ceux dont la mise à l'étude nous paraît s'imposer : — mise en adjudication de la main-d'œuvre pénitentiaire, conformément aux règles admises en matière de travaux publics (3) ; organisation de travaux extérieurs, agricoles ou d'utilité publique (dessèchement de marais, mise en valeur de terrains incultes ou insalubres), soit en France, soit aux colonies (4) ; affectation de la main-d'œuvre pénale à la fabrication d'objets consommés par les administrations publiques.

Ce dernier système, largement pratiqué à l'étranger, notamment pour les confections militaires (5), et préconisé par un grand nombre de criminalistes, a le grand avantage d'empêcher les produits fabriqués dans les prisons de venir sur le marché faire une concurrence directe à l'industrie libre. Sans doute, la concurrence n'est pas supprimée pour autant, cette dernière se voyant privée de

(1) Disc. Vaillant et Baudin, Ch., 1er févr. 1899, *Off.*, 2 févr., p. 269 et 273.

(2) V. l'exposé complet de la législation étrangère dans l'ouvrage précité de M. Roux.

(3) Cheysson (*Écon. franç.*, 9 janv. 1886, p. 41) ; Souchon, propos. développée devant la Société générale des prisons, s. du 19 juin 1901 (*Revue pénitentiaire*).

(4) Le colmatage de la Crau, par exemple, permettrait d'employer à un travail utile, mais pénible et malsain, difficile à exécuter avec la main-d'œuvre ordinaire, un très grand nombre de détenus (Doumergue, *Off.*, 2 févr. 1899).

(5) Allemagne, Hongrie, Italie, Suède, etc., (Roux, p. 172); Argentine (Huret, *En Argentine*, 1911, p. 9). — Cf. décr. français du 10 févr. 1920, sur la répartition du travail des détenus.

certaines fournitures ; mais il n'en est pas moins vrai que cette concurrence indirecte, sans influence fâcheuse sur les prix courants, n'a pas les mêmes inconvénients pour le travail libre, et doit, par conséquent, être préférée. Le procédé a été plusieurs fois préconisé par la commission du budget (1) ; il serait désirable que les administrations publiques tinssent plus de compte de ces indications.

III. PROJETS DE RÉFORME DE L'INSPECTION DU TRAVAIL (2). — 866. — Le corps des inspecteurs français, même renforcé par les décrets récents, ne saurait suffire à la tâche de plus en plus étendue que lui imposent nos lois réglementaires nouvelles. Il est en effet matériellement impossible, aux cent et quelques inspecteurs et inspectrices du cadre régulier, de visiter, fût-ce une fois l'an, les 5 ou 600.000 établissements industriels ou commerciaux placés actuellement sous leur contrôle (3).

Suffirait-il, pour résoudre le problème, d'augmenter le nombre des inspecteurs ou des inspectrices, ou ne serait-il pas préférable de renforcer l'inspection du travail, clé de voûte de la législation réglementaire, soit par la spécialisation des fonctions (création d'inspecteurs médicaux, — Canada, Belgique, Italie, v. *supra*, n°s 587, 590) (4) — soit par l'adjonction aux inspecteurs de délégués élus par les ouvriers, ou d'auxiliaires choisis dans la classe ouvrière, comme cela se pratique déjà en France pour les mines, en Angleterre, en Belgique, en Australie, pour les industries diverses (V. *supra*, n° 734) ? C'est à cette dernière solution, préconisée au Congrès de Paris, que nous n'hésitons point à nous rallier. — Nous avons signalé déjà les avantages que présenterait une inspection spéciale d'hygiène industrielle, confiée au corps médical. La création de délégués ouvriers n'aurait pas, croyons-nous, de moins heureux résultats. Subordonnés aux inspecteurs, les délégués

(1) Baudin, rapp. pour le budget de 1899 (*Off., Doc. parl.*, Ch., 1898, ann. n° 591). Cons. aussi les débats de la Ch., du 26 nov. 1909, terminés par le vote de la résolution Pelisse (*Bull. Off. trav.*, 1910, p. 196).

(2) Pour la bibliographie, v. *supra*, note sous n° 840. — Cf. Bender, *Etat actuel de l'inspection du travail* (*Quest. prat.*, 1907, p. 71) ; Lorin, *Collaboration des ouvriers organisés à l'œuvre de l'inspection du travail* (rapp. à l'Assoc. internat., 1908) ; Monteil, *L'inspection du travail en France, sa réforme*, th. 1909.

(3) Quel que soit leur zèle, les inspecteurs ne peuvent exercer qu'une surveillance très intermittente ; 33 % seulement des 513.331 établissements alors soumis à leur contrôle avaient reçu leur visite en 1913. Cette proportion s'élève toutefois à 50 % pour les établissements soumis aux articles 7 et 14 du liv. 2 du C. T., c'est-à-dire pour ceux occupant des enfants et des femmes.

(4) Création amorcée d'ailleurs par l'art. 21 de la loi du 10 déc. 1917 sur les établissements dangereux.

auraient pour unique mandat d'assister ceux-ci dans leur mission de contrôle ; ne pouvant dresser aucun procès-verbal, les délégués fourniraient à l'inspection le moyen de faire sentir partout son action, sans enlever cependant aux industriels la liberté d'action et d'indépendance, nécessaire à la prospérité de leurs entreprises.

C'est dans cet esprit qu'était rédigé le projet de loi sur les *délégués adjoints* à l'inspection du travail, déposé le 7 mai 1907 (Ch., *Doc. parl.*, n° 919) sur le bureau de la Chambre par M. Viviani, ministre du travail. Ces délégués, élus dans la même forme que les délégués mineurs, et investis d'attributions analogues, seraient institués dans tous les établissements commerciaux ou industriels occupant au moins cent ouvriers ou employés. Ce projet, abandonné, fut repris en 1925 par M. Goniaux et plusieurs de ses collègues (1). Un avant-projet, conçu dans le même esprit, fut adopté par le Conseil supérieur du travail dans sa session de novembre 1927 (*Bull. Min. trav.*, 1927, p. 395), mais l'opposition de plusieurs Chambres de commerce en a fait ajourner le dépôt par le Gouvernement.

(1) Propos. *Goniaux*, Ch. 8 déc. 1925, n° 2173. — Sur la question, beaucoup plus vaste, du *contrôle ouvrier*, et de la participation du personnel à la gestion, v. *infra*, titre IV.

TITRE II

CONTRATS INDUSTRIELS

CHAPITRE PREMIER

GÉNÉRALITÉS

867. — **Définition.** — L'on désigne sous le nom générique de contrats industriels les contrats intervenant entre les patrons ou chefs d'industrie et les ouvriers ou apprentis. Les trois principaux sont : — Le *louage de services*, plus généralement dénommé aujourd'hui *contrat de travail*, lorsqu'il s'applique à des services d'ordre industriels (1) : 1° Le *louage d'ouvrage* ou d'industrie ; — 2° Le contrat d'*apprentissage*, destiné à former les ouvriers qui s'engagent ultérieurement par un contrat de louage de services ou d'ouvrage.

(1) Nous verrons du reste, au cours de cette étude, que la tendance dominante des législations récentes est d'étendre au travail *commercial* les règles protectrices primitivement édictées dans l'intérêt des seuls *ouvriers*. — Certains auteurs préfèrent l'expression de *louage de travail* (Planiol, *Traité élémentaire de droit civil*, t. II, p. 567) ; d'autres celle de *contrat de salaire*, qui est d'une portée plus générale, les employés recevant comme les ouvriers d'industrie, une rémunération dénommée *salaire*. — Le cadre de cet ouvrage ne nous permettant point d'entrer dans l'étude des principes généraux du louage de services, pour laquelle nous renvoyons aux traités généraux de droit civil, nous tenons pour acquise la dénomination de *contrat de travail*, qui d'ailleurs tend de plus en plus à passer dans le langage courant, que plusieurs législations récentes ont adoptée (*Gewerbeordnung* allemande [*Arbeitsvertrag*], lois belges de 1900 et 1921, néerlandaise de 1907 sur le *contrat de travail*, Code suisse des oblig. de 1911, etc.), et qu'a consacrée à son tour le livre 1er (titre 2) du Code du travail français.

868. — Apprentissage. — Le Code civil est muet sur le contrat d'*apprentissage*. Mais il a été réglementé par une loi postérieure, la loi du 22 février 1851. Cette loi, et les textes qui l'ont complétée et modernisée (L. de 1892 et 1900, et surtout la loi du 20 mars 1928), ont été incorporés au livre 1er du C. du travail (art. 1er à 18). De la définition donnée par l'article 1er, il ressort que le caractère distinctif du contrat d'apprentissage, celui qui le différencie nettement du louage de services, réside dans l'obligation pour le patron de donner à l'apprenti l'éducation professionnelle. La prestation d'un certain travail par l'apprenti n'est que la compensation de l'éducation reçue, au lieu d'être l'équivalent d'un salaire convenu.

869. — Louage de services et louage d'ouvrage. — Quant aux deux autres contrats, l'article 1710 du Code civil les confond dans une même définition, trop large pour être bien exacte : « Le louage d'ouvrage est un contrat par lequel l'une des parties s'engage à faire quelque chose pour l'autre, moyennant un prix convenu entre elles ».

L'article 1779, il est vrai, distingue dans le *louage d'ouvrage et d'industrie* trois variétés : — 1° Le louage des *gens de travail* ; — 2° Celui des *voituriers*, tant par terre que par eau ; — 3° Celui des *entrepreneurs d'ouvrage* par suite de devis ou marchés.

Mais cette classification est elle-même très défectueuse au point de vue logique. Si le 1° correspond exactement au louage de services des *gens de travail*, expression générique englobant tous les salariés, ouvriers, employés ou domestiques, le 2° et le 3° constituent deux variantes d'un même type de contrat, le louage d'ouvrage, mais n'englobent point, dans une formule spécifique, toutes les variétés possibles dudit contrat (1).

(1) Il existe de nombreux locateurs d'ouvrage, font justement observer MM. Baudry-Lacantinerie et Wahl (*Du contrat de louage* 1898 t. II, n° 1209), « qui, sans être des *entrepreneurs d'ouvrage*, fournissent comme ces derniers leur travail moyennant un prix et, comme eux, n'ont à fournir que ce travail sans être dans un lien de subordination vis-à-vis du maître ». Tels sont les médecins, avocats, experts techniques, etc. — Aussi a-t-on pu soutenir qu'il est abusif de réunir sous un même qualificatif « louage de services » des engagements spécifiquement différents ; malgré certains caractères communs, les contrats conclus entre les personnes citées plus haut et leur clientèle sont en réalité profondément différents du contrat entre ouvrier et entrepreneur, auquel s'applique plus spécialement la dénomination de *contrat de travail*. — Chatelain, *Remarques sur le contrat de travail* (*Quest. pratiques*, 1905.297 et suiv.). — En ce qui concerne les *travailleurs intellectuels* salariés, qui tiennent le milieu entre les ouvriers d'industrie ou employés de commerce et les personnes exerçant une profession libérale à titre autonome, v. n° 891 bis *infra*.

870. — Meilleurs analystes, les jurisconsultes romains s'étaient appliqués à distinguer avec soin la *locatio operis* (louage d'ouvrage) de la *locatio operarum* (louage de services) (1). Le louage d'ouvrage est un contrat par lequel une personne s'engage vis-à-vis d'une autre à exécuter un travail ou une entreprise déterminée ; le louage de services (ou contrat de travail lorqu'il intervient entre patron et salarié) est un contrat par lequel une personne met son activité ou ses talents professionnels au service d'une autre personne pour un temps déterminé ou indéterminé (mais toujours temporairement). Ces deux formes de louage se différencient donc nettement par leur objet, puisque l'objet principal du louage d'ouvrage consiste dans l'exécution d'une œuvre déterminée, tandis que le salarié qui engage ses services à temps s'oblige d'une façon générale à prester tous les services rentrant dans sa spécialité, sans que son contrat détermine *in specie* les travaux à exécuter.

Les deux contrats diffèrent également par le caractère du lien de droit qu'ils établissent entre les parties : le louage de services impliquant, de la part du locateur de services, une certaine subordination au regard du maître qui ne se rencontre point, au même degré tout au moins, dans le louage d'ouvrage (2).

Il est facile de mettre en relief ces différences spécifiques par quelques exemples : je confie à un menuisier du bois brut avec lequel il devra me construire certains meubles ; le contrat qui intervient entre l'artisan et moi est un contrat de *louage d'ouvrage*. Cet artisan occupe chez lui, dans son atelier, un certain nombre d'ouvriers engagés au mois, ou des auxiliaires travaillant à la journée ; le contrat intervenu entre le patron de l'atelier et ses ouvriers est un louage *de services*. De même, il y a louage d'ouvrage dans les rapports du fabricant de soieries et du maître tisseur ou chef d'atelier, qui s'engage à exécuter chez lui, à ses risques, les commandes

(1) Conf. sur le contrat de travail et sur les caractères qui le distinguent du louage d'ouvrage : Guillouard, *Traité du louage*, t. II, n° 686 ; Bodeux, *Etudes sur le contrat de travail*, 1896, p. 30 ; Cornil, *Du louage de services ou contrat de travail*, 1895 introd. ; Planiol, *op. cit.*, t. II, p. 567 ; Martini, *La notion du contrat de travail*, 1912 ; Théry, *De la réglementation jurisprudentielle du contrat de travail en droit français*, th. 1913 ; Thoumsin, *Manuel du louage de services des employés*, 2e éd., Bruxelles, 1913 ; Colin et Capitant, *Droit civil français*, t. 2, p. 575 ; Josserand, *Droit civil positif français*, t. 2, nos 1258 et s. — Cf. Dall., *Répert. prat.*, v° *Louage d'ouvrage et d'industrie*, et *Travail*, nos 104 et s. ; *Répert. Fuzier-Herman*, v° *Louage d'ouvrage, de services ou d'industrie*, n° 3.

(2) La subordination de l'ouvrier à celui qui l'emploie est une condition essentielle du contrat de travail (Cass. 8 juill. 1924, S. 25.1.183 ; 11 mai 1925, S. 28.1.307). — Si cette subordination fait défaut (ex.: travail exécuté par une équipe d'ouvriers associés, investis d'une autonomie complète au regard de celui qui les emploie), il y aura louage d'ouvrage, mais non louage de services, (Civ. 23 nov. 1926, S. 27.1.24). — V. aussi Req., 12 nov. 1924, D. H. 24, 715.

qui lui sont transmises ; il y a au contraire louage de services entre le chef d'atelier et les ouvriers ou compagnons qu'il emploie.

871. — Il convient d'ailleurs de remarquer que la pratique, comme la doctrine contemporaine, tendent de plus en plus à assimiler au louage de services de l'ouvrier de fabrique ou de l'employé de magasin, le louage d'ouvrage passé entre un entrepreneur ou sous-entrepreneur et un artisan travaillant *à domicile*. Economiquement parlant, en effet, le *locator operis* est, en ce dernier cas, dans une position de dépendance aussi marquée au regard de l'employeur que s'il travaillait à l'atelier ou au magasin ; le contrat qui l'unit au bailleur d'ouvrage peut donc, sans forcer le sens des mots, être qualifié de *contrat de travail*. Sans doute, il est rémunéré *aux pièces* ; mais il n'y a là qu'une modalité de salaire, nullement incompatible avec le louage de services proprement dit, puisqu'il n'est pas rare de voir des ouvriers d'usine, dans la métallurgie notamment et le tissage, payés aux pièces et non point à la journée. — V. *infra*.

Le ministre du commerce, dans son projet de 1906 sur le contrat de travail, et la Commission du travail de la Chambre, dans le texte substitué par elle au projet primitif, avaient cru devoir se rallier à ce concept nouveau, et donner du contrat de travail la définition extensive suivante (texte de la Commission) :

« Art. 1779 (nouveau) du Code civil : — Il y a deux espèces principales de louage d'ouvrage : — 1° Le *contrat de travail* ; 2° Le *contrat d'industrie*.

Le contrat de travail est le contrat par lequel une personne s'engage à travailler pour une autre, qui s'oblige à lui payer un salaire calculé, soit à raison de la durée du travail, soit à proportion de la qualité ou de la quantité de l'ouvrage accompli, soit d'après toute autre base arrêtée entre l'employeur ou l'employé. — Le contrat d'industrie est le contrat passé entre les personnes qui offrent leur travail *non à un ou plusieurs employeurs déterminés, mais au public* » (1).

Nous acquiesçons volontiers, en théorie, à cette définition. Mais

(1) Cf. définitions du contrat de travail données par Merlin (*Le contrat de travail, les salaires, la participation aux bénéfices*, 1907, p. 1). — V. aussi Chambon, *Le projet de loi sur le contrat de travail* (*Quest. prat.*, 1908, p. 174 et suiv.) ; Chatelain, *Esquisse d'une nouvelle théorie sur le contrat de travail* (*Rev. trim. de droit civil*, 1904) ; Hayem, *La loi et le contrat* (préf. de Schatz), 1908 ; Boissard, *Contrat de travail et salariat*, 1910. — Cf. Allix, *L'industrie à domicile salariée* (*Rev. des sc. polit.*, 1904.469) ; d'Eichthal, *Les contrats de travail et leur appellation juridique* (*Rev. polit. et parl.*, 1908.2.521) ; Cuche, *Du rapport de dépendance, élément constitutif du contrat de travail* (*Rev. critique*, juill.-août 1913).

il nous paraît plus conforme à l'esprit du Code civil, tant que les modifications naguère proposées par la Commission du travail n'auront pas acquis force de loi, — or elles n'ont fait l'objet d'aucune discussion publique, et paraissent oubliées, — de nous en tenir à la distinction classique du louage de services et du louage d'ouvrage (1).

872. — Le salariat et les diverses écoles économiques. — Dans les grandes usines ou fabriques, l'on n'emploie guère que des ouvriers travaillant à temps (ou parfois aux pièces) dans l'intérieur même de l'usine ; le louage de services est donc la véritable forme du contrat dans la *grande industrie* ; aussi est-ce cette forme qui a suscité le plus de haines dans certains milieux. Les écoles socialistes révolutionnaires en réclament énergiquement la disparition. Supprimer le salariat par la suppression du patronat, et la mise en commun des instruments de travail, qui désormais appartiendraient à des collectivités ouvrières autonomes : tels sont les desiderata de l'école révolutionnaire.

L'école éclectique ou solidariste a des ambitions plus modestes, mais aussi plus facilement réalisables. Son objectif est de restreindre progressivement le domaine du contrat de salaire et d'en atténuer les inconvénients par un ensemble de lois tendant à favoriser, soit la participation aux bénéfices, combinée ou non avec la participation à la gestion, soit les groupements libres d'ouvriers travaillant pour leur compte, c'est-à-dire les sociétés coopératives de production (V. *supra*, n° 63, et *infra*, tit. IV). Mais elle ne s'attarde

(1) Cf. en faveur de la distinction traditionnelle, sur le terrain du droit positif français, du louage de services et du louage d'ouvrage : Planiol, Guillouard, Baudry et Wahl. — Cette distinction n'est pas spéciale au Code civil français : elle se retrouve encore dans la loi industrielle allemande, ou dans l'ordonn. autrichienne du 19 mars 1916, modifiant le C. civ. (*Bull. Off. intern. trav.*, 1916, p. 63). — Sur les polémiques doctrinales auxquelles cette distinction classique, vivement combattue par les économistes, a donné lieu en Allemagne, cons. Bachmann, chronique de législation et doctrine allemande (*Annales de droit commercial*, 1907, p. 277). — Il est à remarquer que les rédacteurs du Code du travail français de 1910, dans leur souci de ne pas innover, ont maintenu la distinction du louage de services et du louage d'ouvrage. Toutefois, il semble qu'ils aient entendu donner au terme contrat de travail une signification assez large pour englober à la fois l'un et l'autre. Le titre II du livre Ier du Code du travail de 1910 est en effet intitulé « *Du contrat de travail* », et il se subdivise en quatre chapitres : — I. Dispositions générales ; — II. Du louage de services ; — III. Du louage d'industrie ou marché d'ouvrage ; — IV. Du marchandage. — (Cf. André, *Le contrat de travail et le nouveau Code du travail*, th. 1913). — Aussi croyons-nous être dans l'esprit de la loi en étudiant ci-après, à propos du contrat de travail, et non dans le chapitre consacré au louage d'ouvrage, les dispositions de la loi de 1915 concernant la protection des ouvrières à domicile.

pas à des revendications vaines ; elle ne réclame pas la suppression d'autorité d'une organisation de travail qui a répondu pendant longtemps à des nécessités évidentes, et qui s'impose encore aujourd'hui dans la majorité des exploitations, convaincue d'ailleurs que, si la loi peut aider aux transformations économiques, elle ne saurait sans péril bouleverser brusquement l'ordre établi.

873. — Il n'importe, au point de vue social, qui seul nous préoccupe ici, que le contrat de travail soit un louage, ou une vente de travail, ou qu'il convienne plutôt de l'envisager, avec Bastiat et d'autres économistes de nuances très diverses, comme une altération du contrat de société : le salaire n'étant autre chose qu'un *forfait* accepté par l'ouvrier aux lieu et place de la part aléatoire de bénéfices lui revenant dans l'association ayant existé, ou pu exister théoriquement *ab initio*, entre son patron et lui (1).

Ce qu'il importe de savoir, c'est quelles ont été les causes de cette altération de la société primitive. Or, il est manifeste que l'on ne saurait sans injustice représenter le salariat comme la forme moderne de l'esclavage, comme un contrat léonin dans lequel toutes les chances de profit sont pour l'employeur.

Le salariat a revêtu sa forme actuelle, aussi ancienne d'ailleurs dans son principe, sinon dans ses modalités, que la civilisation elle-même (2), sous l'influence de nécessités pratiques évidentes ; et l'on ne saurait méconnaître qu'il a eu, en somme, malgré les abus qu'il a couverts ou facilités, d'heureuses conséquences pour les deux parties contractantes.

Sous le régime social qui prévaut encore aujourd'hui, en effet,

(1) Sur la théorie du salaire, que nous ne saurions examiner ici avec les développements qu'elle comporte, cons. notamment en sens divers : Gide, II, p. 312 ; Truchy, II, p. 132 ; Beauregard, *Essai sur la théorie des salaires*, 1887 ; Villey, *La question des salaires ou la question sociale*, 1887 ; De Tarde, *L'idée du juste prix*, 1907 ; Chatelain, *op. cit.* ; Tixier, *L'idée du juste salaire en droit français contemporain*, th. 1909 ; Levasseur, *Salariat et salaires*, 1909 ; Landry, *Manuel d'économique*, 1910, p. 684 et s. ; Ryan, *Salaire et droit à l'existence*, trad., Collin, 1909 ; Bayart, *La nature du contrat de travail* (*Rev. soc. cathol.*, juin 13, févr. 14). — Cf. Menger, *Le droit au produit intégral du travail*, trad. Bonnet, avec préface d'Andler, 1900 ; Sombart, *Der moderne Kapitalismus*, 2 vol., 1902.

(2) Ce qui est nouveau relativement, par contre, c'est la grande industrie, qui a contribué, ainsi que nous l'avons fait observer *supra* (n°s 12, 71 et s., 141), à accroître considérablement la classe des salariés et à diminuer corrélativement celle des artisans libres. De cette évolution est résulté un malaise social grandissant ; et c'est à le dissiper que s'applique le législateur contemporain. Mais il y a là un phénomène économique, pour ainsi dire fatal, dont les causes sont complexes, et qu'il serait antiscientifique de représenter uniquement comme un accaparement volontaire et prémédité du produit du travail par la classe capitaliste.

l'association pure et simple du maître et de l'ouvrier, le maître apportant son capital, l'ouvrier son travail, est nécessairement précaire ; car, si le maître peut, grâce à ses réserves, patienter pendant les années mauvaises, en attendant les bonnes années, l'ouvrier ne le peut pas : il a besoin d'une avance sur les bénéfices futurs qui lui permette de vivre. Et c'est ainsi que, par la force même des choses, l'ouvrier abdique *ses droits d'associé*, et fait avec le capitaliste un contrat aléatoire en vertu duquel il renonce à sa part éventuelle dans les bénéfices, à la condition que le patron lui paiera, à tout évènement, une somme fixe par jour de travail (1).

874. — Salariat, participation aux bénéfices, coopération. — Sans doute, il est permis dès aujourd'hui d'envisager la perspective d'une société meilleure dans laquelle l'ouvrier ne serait plus réduit, presque fatalement, à un salaire fixe.

Les progrès rapides du contrat collectif de travail (V. *supra*, n° 422 et *infra*, titre II, chap. 4), la pratique plus fréquente de la *participation aux bénéfices*, le développement des *coopératives de production*, dans lesquelles le salarié fait place à l'associé, sont autant d'indices de l'évolution heureuse qui se prépare. Mais une telle transformation sociale ne saurait s'effectuer que lentement, en raison des obstacles multiples dont elle aura à triompher. Quelque favorable que puisse être le législateur du XXe siècle à cette évolution, l'action légale ne fonctionnera jamais ici que comme adjuvant (2) et tout permet de supposer que, pendant longtemps encore,

(1) M. Chatelain (*op. cit.*) décompose le contrat entre ouvrier et entrepreneur en deux opérations distinctes, quoique connexes : une *association* à la base, et, venant se greffer sur l'association primitive, une *rente* par l'ouvrier de la part à laquelle son travail lui donnerait théoriquement droit dans le produit net de l'entreprise. Sur les conséquences pratiques de cette analyse juridique du contrat de travail, notamment au cas d'annulation de la convention, impliquant une évaluation du salaire *ex æquo et bono*, v. *infra*, n° 920. — La plupart des auteurs, sans admettre tous cette décomposition juridique du pacte, reconnaissent qu'il y a, dans le contrat de travail entre ouvrier et patron, un « contrat sous-jacent qui est une société». — Cons notamment : Beauregard, *Th. du salaire*, p. 261 et s. ; Gény, *Une théorie nouvelle des rapports juridiques issus du contrat de travail* (*Rev. trimestr.*, 1902) ; Porte, *Entrepreneurs et profits industriels*, 1901 ; etc. Il serait cependant antijuridique de voir dans le contrat de travail une société pure et simple, attendu que d'après la définition légale du contrat de société, tout associé doit participer aux pertes, or le salarié est précisément, de par son forfait, affranchi des pertes, et ce même lorsqu'au salaire vient s'ajouter une participation. — Pic, *Traité des Sociétés*, t. I, n°s 77 et suiv. — Mieux vaut s'en tenir ici à des formules un peu vagues, telles qu'association, *communauté de production* (Porte, *op. cit.*).

(2) Sur la mesure dans laquelle le législateur peut aider à la diffusion de la participation aux bénéfices et au mouvement coopératif, v. tit. IV, *infra*.

le contrat de salaire restera la base des accords entre patrons et ouvriers.

875. — **Louage d'ouvrage : travail aux pièces, marchandage, « sweating system ».** — Le louage d'ouvrage, qui se combine du reste, assez fréquemment, avec un louage de services à temps, semblerait à première vue de ne pas devoir soulever les mêmes problèmes sociaux que le louage de services. L'artisan, le chef d'atelier, l'ouvrier même qui travaille aux pièces, à domicile, ne paraissent pas être en effet, au regard de ceux qui les emploient, dans une dépendance aussi étroite que l'ouvrier engagé à temps ; ils doivent donc pouvoir, dit-on, obtenir plus aisément un prix ou salaire adéquat à la valeur de leur travail.

Cette forme de contrat a cependant soulevé, dans le camp socialiste, des récriminations presque aussi vives que le louage de services à temps. Karl Marx et ses disciples, envisageant la quantité de travail comme strictement limitée (1), condamnent formellement le salaire à la tâche, qui excite l'ouvrier habile ou laborieux à faire le travail de plusieurs, au risque de priver d'autres ouvriers du salaire dont ils auraient besoin pour subsister, tout en compromettant sa santé, sa vie même par un travail trop intensif.

En dehors même de tout parti pris d'école, il est malheureusement certain que cette liberté dont jouirait le *locator operis* (chef d'atelier, ouvrier libre travaillant à domicile), est plus apparente que réelle, et qu'en réalité les ouvriers de cette catégorie, vivant isolés les uns des autres, sont les plus exposés aux salaires de famine (sweating system). Il est rare, en effet, qu'ils soient en relations directes avec le chef d'industrie ; presque toujours c'est par l'entremise de courtiers qu'ils reçoivent les commandes de la fabrique ou du grand magasin, et le résultat fatal de cette interposition d'intermédiaires parasites, et de la concurrence que ceux-ci se font entre eux, est une exploitation dont les enquêtes françaises et étrangères ont révélé les abus lamentables.

Une autre forme d'exploitation de l'ouvrier, dont l'étude se rattache étroitement à la théorie du louage d'ouvrage, est le *marchandage*. L'on désigne sous ce nom la combinaison qui consiste, pour un artisan, à prendre de l'ouvrage à forfait et à le faire exécuter par d'autres ouvriers, qu'il paie à la journée ou à la pièce en spéculant sur la différence des prix : spéculation très couramment pratiquée, notamment dans la soierie (chef d'atelier marchandeur), dans la maçonnerie, la menuiserie ou la serrurerie, et qui a tou-

(1) Sur la théorie du *fonds des salaires*, et la réfutation de cette théorie, V. Gide, II, p. 324. — V. aussi Voidier, *Le salaire naturel*, 1901.

jours soulevé d'amères protestations de la part des ouvriers, qui accusent le marchandage d'aboutir fatalement à un avilissement des prix.

876. — **Apprentissage ; instruction technique.** — Après avoir étudié le *contrat de travail* proprement dit ou louage de services industriels, et le *louage d'ouvrage ou d'industrie*, dans son application à l'artisan, ouvrier à façon ou aux pièces (1), nous consacrerons un chapitre spécial au contrat *d'apprentissage*, et à l'organisation de l'enseignement technique.

Nous étudierons, en nous aidant du droit comparé, les moyens légaux par lesquels le législateur français s'est efforcé récemment de remettre en honneur l'apprentissage (Loi de 1928).

877. — **Employés de commerce.** — Bien que le louage de services des *employés et commis* de tous ordres se rattache en un certain sens au droit commercial, et que l'objet principal de notre étude doive être le louage de services appliqué à l'industrie, nous ne manquerons pas de signaler chemin faisant toutes les dispositions législatives, de plus en plus nombreuses, communes aux employés et aux ouvriers.

SOUS QUELLES FORMES L'ÉTAT DOIT-IL, OU PEUT-IL INTERVENIR DANS LES CONTRATS INDUSTRIELS ? — 878. — Telle est la seule question

(1) Les autres formes de louage d'ouvrage, entreprises de transports, entreprises de construction et autres variétés de *devis et marchés*, se rattachant au Code de commerce ou au Code civil, restent en dehors du cadre de nos recherches. — V. les traités de Guillouard, Baudry et Wahl, etc. — Cf. Josserand, *Les transports*, 2e éd., 1928.

(2) Il ne sera question qu'incidemment du louage de services des *domestiques*, dont l'étude rentre plutôt dans le cadre des Traités de droit civil. Nous verrons toutefois que certaines lois récentes, notamment les lois du 12 janvier 1895 sur la saisie-arrêt des salaires (art. 61 et s. Code du trav.), du 5 avril 1910 sur les retraites ouvrières, et du 2 août 1923 sur les accidents du travail, assimilent les *gens de service* aux salariés de l'industrie et du commerce. Quelques lois étrangères vont beaucoup plus loin dans cette voie d'assimilation (ex. loi genevoise du 12 mai 1897 sur les prud'hommes). — Cusenier, *Les domestiques en France*, th. 1913 ; Bass et Penancier, *Maîtres et gens de service*, 1925. — Cf. loi *autrichienne* du 20 déc. 1928 sur le contrat d'emploi des *chauffeurs* d'autos, et proj. de loi *belge* (Quest. prat., 1926.127), et *allemand* sur le contrat de travail des *gens de maisons* (Rev. du trav. belge, 1929, p. 143.485).

Sur le contrat d'*engagement des gens de mer*, v. les art. 250 et s. C. de com. auxquels renvoie l'art. 30 du liv. 1er du C. du trav., et la loi du 13 décembre 1926, portant codification du *travail maritime*. — Cf. Clee, *Le respect du contrat d'engagement des marins* (Rev. intern. trav., mai 1926). — Sur le contrat *sui generis*, intervenant entre un entraîneur et un apprenti jockey, v. Amiens, 2 nov. 1920, S. 22.2.109.

que nous devions étudier ici avant d'aborder l'étude particulière de chacun d'eux. L'intervention de l'État dans les contrats en général, et dans les contrats industriels en particulier, se manifeste sous quatre formes principales : — 1° Le législateur intervient pour interpréter la volonté des parties et suppléer à leur silence ; — 2° Il édicte les mesures propres à assurer la libre expression de la volonté des parties ; — 3° Il détermine les limites dans lesquelles devra se restreindre la liberté des parties contractantes ; — 4° Il organise les juridictions compétentes pour statuer sur les litiges pouvant s'élever entre les parties.

879. — 1° Loi interprétative de volonté. — Le législateur intervient tout d'abord pour *interpréter la volonté des parties*, et suppléer à leur silence. Jamais les parties ne font de conventions assez détaillées, pour que le juge y découvre la solution de tous les litiges dont leur exécution peut être la source ; les usages locaux peuvent, il est vrai, suppléer dans une certaine mesure au silence ou à l'insuffisance des conventions expresses, mais ces usages sont souvent incertains, variables ; aussi est-il préférable que le législateur formule, en règles précises, les caractères distinctifs et les effets essentiels de chaque contrat.

Ce que le législateur fait pour tous les contrats usuels, vente, louage de choses, mandat, société, etc., il peut également le faire pour le contrat de travail. Il lui appartient de déterminer quels seront, à défaut de conventions contraires, les effets de ce contrat, ses modes de formation ou de résiliation, sa durée, etc. Et, si le législateur français mérite un reproche de ce chef, ce ne peut être assurément celui d'avoir abusé de la réglementation ! S'il a posé des règles suffisamment explicites relativement au contrat d'apprentissage (L. de 1851, amendée en 1928) ou au louage d'ouvrage (C. civ., art. 1787 et s., sur les devis et marchés), il est singulièrement laconique, en effet, sur le contrat de louage de services. Tandis qu'il consacre soixante-cinq articles au louage de choses, le Code civil n'a en effet consacré que deux articles, les articles 1780 et 1781, au louage des domestiques et ouvriers. Il est permis de regretter cette réserve excessive, que n'ont pas imitée les législations européennes les plus récentes (1) ; en effet, ce contrat se

(1) Cons. notamment les dispositions très complètes du Code civil *allemand*, entré en vigueur le 1er janvier 1900. — Cf. Blondel, *Etude sur le Code civil allemand et les ouvriers* (*Bull. Soc. de législ. comp.*, 1902, p. 86). — Ces dispositions doivent elles-mêmes se combiner, soit avec les prescriptions de la *Gewerbeordnung*, et de la loi du 10 juin 1914 sur les contrats de travail, soit avec celles du Code de commerce relativement aux commis et employés. — V. aussi Code civil *autrichien* amendé le 19 mars 1916 (art. 1151-1163) ; nouveau Code civil *suisse*,

formant presque toujours verbalement, il n'en était que plus utile de suppléer au silence des parties (1).

880. — Sans doute, cette lacune fâcheuse du Code civil français a été partiellement réparée par de nombreuses lois postérieures, telle que les lois du 9 juillet 1889 (Code rural) sur l'engagement des ouvriers ruraux, des 27 décembre 1890 et 19 juillet 1928 tendant à compléter l'article 1780 (C. trav. liv. 1er, art. 23, résiliation et congés), des 12 janvier 1895 et 27 juill. 1921, sur la saisie-arrêt des salaires, du 13 juillet 1907 sur le libre salaire de la femme mariée, des 27 novembre 1909, 17 juin 1913 et 4 janv. 1928, garantissant leur travail ou leur emploi aux femmes en couches, du 7 décembre 1909 sur le paiement des salaires, du 25 mars 1910 sur les économats, des 10 juillet 1915 et 14 déc. 1928, sur le salaire des ouvriers à domicile, des 18 oct. 1917 et 1er fév. 1928, sur les cautionnements, du 25 mars 1919 sur les conventions collectives de travail, etc.

Mais il n'en est pas moins vrai que ces lois fragmentaires, même rapprochées et coordonnées (2), ne contiennent qu'une réglementation encore incomplète du contrat de travail. Aussi, tout en rendant hommage aux efforts de la jurisprudence pour assouplir les textes et en combler les lacunes (V. *supra*, n° 145), estimons-nous qu'il serait temps, pour le Parlement français, d'aborder enfin l'étude

complété par la loi fédérale du 30 mars 1911 (titre X, du contrat de travail). — Cf. Richard, *Le contrat de travail et droit suisse*, 1914.

Mais la loi la plus complète dans cet ordre d'idées est assurément la loi *belge* du 10 mars 1900 sur le *contrat de travail* (*Ann. de lég. du trav.*, 1900, p. 399), couronnement de l'édifice législatif, très remarquable, formé par la série des lois ouvrières du 16 août 1887 sur le paiement des salaires, du 18 août 1887 sur la saisie-arrêt des salaires, du 25 avr. 1896 sur les privilèges du salaire, du 15 juin 1896 sur les règlements d'atelier, etc. — Hanssens, *Théorie du contrat de travail* (*Quest. prat. de législ. ouvr.*, août-sept., oct. et nov. 1902). Il convient d'en rapprocher la loi du 7 août 1921, amendée le 5 mai 1929, sur le *contrat d'emploi*. — Cp. loi *néerlandaise* du 13 juill. 1907 (*Bull. Off. Intern.*, 1907, LVI) ; lois *autrichiennes* des 16 janvier 1910 sur le louage des employés de commerce (*Ibid.*, 1910.253), et 13 janv. 1914 sur le travail des ouvriers agricoles et forestiers ; lois *hongroise* de 1907 et *roumaine* des 23 déc. 1907-5 janv. 1908 sur le travail des ouvriers agricoles (*Ibid.*, 1907.294 et 1910, XXXVII); lois de *New-York* sur le travail des 17 avr. et 10 mai 1909 (*Ann. de lég. du trav.*, 1909, p. 260-308); loi *serbe* des 29 juin-2 juill. 1910 ; loi *luxembourgeoise* du 31 oct. 1919 sur le contrat de service des employés, etc...

(1) Tissier, *Le Code civil et les classes ouvrières* (Livre du Centenaire); Pic, *Le Centenaire du Code civil et le droit social de demain* (*Quest. prat.*, 1904-474). Pour plus de développements sur cette lacune évidente du Code civil français, v. *supra*, nos 145 et s.

(2) La plupart des lois récentes ont été incorporées au *Code du travail et de la prévoyance sociale*. — V. *supra*, nos 170 et 170 *bis*.

d'un projet synthétique tendant à doter les salariés d'une charte légale vraiment complète (1).

881. — 2° **Loi sanctionnatrice de volonté.** — Le législateur intervient, en second lieu, pour assurer *la libre expression de la volonté des parties*. Le législateur français n'a pas failli à cette partie de sa tâche. Nous avons eu, en effet, l'occasion d'étudier à propos des lois de 1864 sur les coalitions et de 1884-1920 sur les syndicats, les dispositions édictées en vue de concilier la liberté collective de coalition ou d'association, avec le principe de la liberté du travail.

882. — 3° **Lois limitatives de la liberté des contractants.** — Le législateur peut assigner *certaines limites à la liberté des parties contractantes*, en formulant, au nom de l'intérêt général et de l'ordre public, certaines règles impératives ou prohibitives, auxquelles les conventions particulières ne peuvent déroger (2).

Cette troisième forme d'intervention doit être naturellement beaucoup plus mesurée que les deux autres. Tout excès de réglementation aboutit en effet à paralyser l'activité industrielle.

C'est à cette forme d'intervention que se rattache (sans parler de la réglementation du travail, qui rentre plutôt dans l'organisation générale de l'usine ou de l'atelier) — l'ensemble des mesures législatives tendant à assurer, soit l'exécution des obligations de l'ouvrier envers le patron (livrets d'ouvrier, amendes, etc.), soit l'exécution des obligations du patron envers l'ouvrier (paiement du salaire, dette de sécurité).

883. — En ce qui concerne le *salaire*, l'on peut concevoir tout d'abord une intervention directe du législateur sous forme de fixation légale d'un *taux minimum* des salaires. Admise par plusieurs

(1) Sur le projet déposé par le ministre du commerce le 2 juill. 1906, v. chap. II, sect. V, *infra*. — Sur la réglementation du contrat de travail au *Maroc*, v. dahir du 12 août 1913, amendé les 16 mars 1918, 19 juill. 1922 et 4 janv. 1929.

(2) Les dispositions législatives concernant la *protection du salaire* manqueraient leur objet s'il était loisible aux parties, par une clause expresse, d'y déroger. Ces clauses dérogatoires risqueraient de devenir de style, et l'ouvrier, obligé de s'embaucher pour vivre, n'aurait pas la liberté morale nécessaire pour se refuser à leur insertion dans le contrat de travail. Au surplus, le Code civil s'est toujours prononcé dans le sens de l'*obligation* toutes les fois qu'il s'est proposé de *rétablir l'égalité* entre deux contractants. — V. les articles 887 et 1674 relatifs à la rescision pour cause de lésion en matière de partage ou de vente, l'article 1855 sur les clauses léonines dans les sociétés, etc. — Or, cette égalité est souvent rompue au détriment de l'ouvrier. D'où nécessité d'intervenir par un texte précis. — Cf. Chatelain, *Une raison particulière de légiférer en matière de contrat de travail* (*Quest. prat.*, 1903, p. 298).

États, dont la France, en matière de travaux publics, et dans l'intérêt des travailleurs à domicile, cette mesure radicale n'a été étendue d'une manière générale à l'industrie privée que par la législation australienne. Par contre, un grand nombre de législations étrangères ont introduit (1), depuis quelques années, dans le contrat de louage de services, certaines prescriptions obligatoires pour le patron et concernant le *mode de paiement des salaires* (interdiction du paiement en nature [*truck system*], obligation de payer les salaires à échéances fixes, réglementation ou prohibition des amendes, protection spéciale du salaire des femmes mariées, etc.).

De ces prescriptions, dont la plupart sont consacrées par nos lois des 27 novembre 1909 et 25 mars 1910, doivent être rapprochées les mesures législatives tendant à garantir le salaire, soit contre les créanciers de l'ouvrier, ou de l'employé (en le déclarant insaisissable, en tout ou en partie), soit contre les créanciers du patron (privilège, action directe, etc.). A ce dernier point de vue, nous possédons une législation assez complète (v. *infra*).

884. — En ce qui concerne l'obligation pour le patron de veiller à la sécurité de l'ouvrier, la loi peut, afin de faciliter le succès du recours en indemnité formé contre le patron par l'ouvrier victime d'un accident professionnel, mettre par un texte formel à la charge du patron l'obligation de prouver la faute de l'ouvrier, s'il veut s'exonérer de la responsabilité qui lui incombe. L'on conçoit même que le législateur, dans l'intérêt de la paix sociale, fasse un pas de plus : qu'il impose, par exemple, au patron l'obligation d'indemniser en tout cas l'ouvrier des suites de son accident, même si l'ouvrier a été victime de son imprudence (principe du *risque professionnel*), et qu'il organise en même temps un système spécial (assurances obligatoires ou garanties équivalentes) assurant aux ayants droit le paiement des indemnités légales et égalisant entre les industriels le fardeau du risque. C'est à ce dernier groupe de législations, de plus en plus nombreuses, qu'appartient, depuis la loi du 9 avril 1898, la législation française (2) ; et l'on peut dire que le principe du risque professionnel fait partie aujourd'hui du *droit commun européen* (V. *supra*, n° 167).

885. — La loi peut enfin intervenir pour réglementer le droit de résiliation ou de congédiement, notamment pour obliger le patron qui congédie sans juste cause un ouvrier ou employé à l'indemni-

(1) V. *supra*, sous n° 158, l'indication des principales lois étrangères, sur les dispositions desquelles nous reviendrons ultérieurement.

(2) Sur les lois étrangères correspondantes, v. *supra*, n° 158, notes.

ser du préjudice que lui cause le renvoi (art. 20 et s. tit. 1er Code du travail).

886. — 4° **Lois sur les juridictions arbitrales.** — L'État intervient enfin par la création d'organes spéciaux, *juridictions arbitrales* ou *conseils*, propres à assurer la solution des conflits individuels ou collectifs entre patrons et salariés.

L'étude de ces juridictions et conseils (Conseils de prud'hommes, Comités de conciliation ou Conseils d'arbitrage), fera l'objet de notre titre III. Les chapitres suivants du présent titre seront donc exclusivement consacrés à l'étude respective des trois principaux types de contrats industriels.

CHAPITRE II

DU LOUAGE DE SERVICES INDUSTRIELS (ET COMMERCIAUX), OU CONTRAT DE TRAVAIL (1)

887. — Définition. — Le louage de services ou contrat de travail, lorsqu'il intervient entre ouvrier et patron, ou entre commerçant et employé, peut se définir : un contrat par lequel une personne s'engage à exécuter temporairement les travaux rentrant dans sa profession ou son métier pour le compte d'une autre personne qui s'oblige, en retour, à lui payer pendant le même temps un salaire convenu, déterminé par la convention ou l'usage.

Ce qui caractérise cette forme de contrat, c'est qu'ici la chose louée est la *force de travail* (2) que possède le salarié. Celui-ci, en d'autres termes, consent à demeurer, pendant le temps convenu (ou pendant le temps indéterminé qui s'écoule jusqu'à la résiliation,

(1) BIBLIOGRAPHIE : Traités généraux de *droit civil, d'économie politique* ou de *législation industrielle* ; Aubry et Rau, *Droit civil français*, 5e éd., t. V ; Pont, *Petits contrats*, I, nos 88 et s. ; Huc, *Comm. théor. et prat. du Code civil*, t. X ; Colin et Capitant, II, p. 575 et s.; Josserand, II, nos 1258 et s. — Cf. ouvrages cités *supra* de Planiol, Guillouard, Baudry-Lacantinerie, Wahl et Beauregard ; *Traités d'écon. polit.*, de Gide, Cauwès, Paul Leroy-Beaulieu, Truchy, Perreau, *op. cit.* ; *Traités de législ. industr.* : Bry, p. 63 et s. ; Scelle, p. 100 ; *Rép. Dalloz, Rép. Fuzier-Herman*, vis *cit.*

Monographies sur le contrat de travail : Aux ouvrages précités (nos 871 et s.) de Bodeux, Cornil, Hanssens, Chatelain, Merlin, Duthoit, Perreau, Hayem, Boissard, Groussier, Martini, Théry, Thoumsin, Bayart, etc., *adde* : Pascaud, *Le contrat de travail*, 1903 ; Bureau, *Le contrat de travail*, 1902 ; Fontaine et Picquenard, *Louage de travail*, 1903 ; Perreau et Fagnot, *Le contrat de travail*, 1907 ; Deligny, *Le règlement du travail*, th. 1907. — Cf. Flament, *Loi belge de 1900 sur le contrat de travail*, th. 1906 ; M. Nast, *Loi hollandaise du 13 juillet 1907* (*Bull. Soc. d'Ét. législ.*, 1907.596) ; Molitor, Hueck et Riezler, *Der arbeitsvertrag*, 1926 ; Molitor, Nipperdey et Schots, *Europaïsches Arbeitsvertrag*, t. Ier, 1929.

(2) *Sic* : Bureau, *op. cit.*, chap. IV. — Telle nous paraît être du moins la conception légale. Mais philosophiquement, le concept traditionnel est des plus critiquables, et nous admettons volontiers qu'en théorie pure, il est beaucoup plus conforme à la dignité du travailleur, plus exact aussi économiquement (v. *supra*, no 871) de considérer que le salarié *vend* à l'entrepreneur sa part de copropriété pour un prix forfaitaire (qui est le salaire convenu) plutôt qu'il n'aliène sa force musculaire ou sa capacité technique. — Cf. Chatelain, Duthoit, *op. cit.* — V. aussi Bayart.

si le contrat est fait pour une période indéterminée), *au service* de celui qui l'emploie : ce dernier peut donc lui faire exécuter tous les travaux rentrant dans sa spécialité, tandis que l'ouvrier qui travaille *à façon*, *aux pièces*, n'est pas, en apparence du moins, sous la dépendance du patron. Ce n'est pas là, du reste, une différence nécessaire, car il peut exister entre le patron et l'ouvrier travaillant aux pièces un accord en vertu duquel le premier s'engage à fournir de l'ouvrage au second, et le second à ne travailler que pour le premier ; il y a, en ce cas, combinaison de louage de services et de louage d'ouvrage. Il en est ainsi, nécessairement, lorsque l'ouvrier travaille *aux pièces* dans l'atelier du patron. — V. *supra*, n° 871, et *infra*, n° 927.

888. — **Ouvriers et commis ou employés**. — Nous envisagerons ici de préférence les rapports juridiques du chef d'industrie ou de l'ouvrier. Mais nous aurons à étudier également, sauf à renvoyer pour le détail aux Traités de droit civil ou commercial, le contrat, de nature presque identique, qui unit le commerçant à ses commis ou employés de toute catégorie. Ce rapprochement s'impose d'autant plus que le législateur contemporain tend de plus en plus à briser le cadre étroit et artificiel des anciennes démarcations. Nous avons eu l'occasion de signaler déjà (n° 6), un certain nombre de lois, dites ouvrières, applicables indistinctement aux ouvriers et employés ; or, plusieurs d'entre elles se rattachent directement au contrat de travail (L. d. 27 déc. 1890 et 19 juill. 1928 sur la résiliation du contrat, par exemple).

Il n'en est pas moins vrai que des différences importantes subsistent, juridiquement, entre l'employé et l'ouvrier, notamment au point de vue de la compétence, des règles sur la saisie-arrêt des salaires, de l'étendue des privilèges garantissant le paiement du salaire, etc. (1).

Aussi est-il indispensable de proposer un critérium permettant de distinguer l'ouvrier de l'employé. — Qu'est-ce donc que l'*ouvrier* ?

889. — L'on désigne parfois sous ce terme générique, tout individu exerçant une profession manuelle ; le qualificatif d'ouvrier s'ap-

(1) Cons. notamment les lois du 23 avril 1924 sur le paiement des salaires des employés de commerce, du 2 août 1927 sur la carte d'identité des *voyageurs de commerce*, du 16 déc. 1927 sur le contrat intervenu entre les Compagnies d'assurances et leurs agents. V. aussi propos. Champetier de Ribes, Ch. 29 nov. 1926, n° 3617. Les lois étrangères maintiennent, elles aussi, d'importantes différences entre l'ouvrier et l'employé. C'est ainsi que la loi belge de 1900 sur le contrat de travail ne concerne *que les ouvriers*, et celle du 7 août 1922 sur le *contrat d'emploi* est au contraire spéciale aux employés de commerce.

pliquerait donc à la fois à l'artisan, qui travaille pour son propre compte, et à l'ouvrier qui travaille pour un patron. C'est à cette seconde catégorie de travailleurs qu'il convient en droit de réserver le qualificatif d'*ouvriers* : eux seuls, en effet, *louent leurs services* moyennant salaire. L'artisan, au contraire, joue vis-à-vis des particuliers qui lui remettent directement des commandes, le rôle de *locator operis*, ou de *vendeur*, lorsqu'il fournit la matière, mais il conserve son indépendance.

Est *ouvrier*, en d'autres termes, au sens juridique du mot, quiconque exécute un travail *manuel* (vieux français *manouvrier*) sous la direction d'un patron ou de ses préposés, quelle que soit la nature de l'établissement dans lequel ce travail s'exerce (usine, atelier ou chantier), quel que soit également le taux ou le mode de paiement du salaire (1). Sont donc ouvriers ceux qui exercent un *métier*, c'est-à-dire un art mécanique ou manuel, pour le compte d'autrui, ainsi que les individus embauchés comme auxiliaires pour un travail manuel simple ne comportant point d'apprentissage (terrassiers, manœuvres, etc.).

890. — Doivent au contraire être qualifiés de *commis* ou *employés* tous les auxiliaires du commerce ou de l'industrie qui, bien que placés par leur contrat sous la dépendance du patron, sont préposés à des travaux présentant un caractère d'ordre plutôt intellectuel que matériel (2). Ils n'exécutent pas de travail mécanique, comme les ouvriers, ils ne sont point au service de la personne comme les domestiques : leur rôle, à quelque degré de la hiérarchie qu'ils soient placés, consiste à seconder le patron dans son commerce, et, à ce titre, le contrat qui les unit à l'employeur, bien que constituant un véritable louage de services, se nuance, en quelque sorte, d'une idée de mandat (3).

Cette différence s'accuse nettement dans l'organisation intérieure de la fabrique. Le fabricant a, dans ses bureaux, toute une hiérarchie de commis et d'employés, qui reçoivent les ouvriers, chefs

(1) *Sic* : Baudry et Wahl, n° 1215 ; Bodeux, p. 24 et s. ; Hanssens, *Théorie du contrat de travail* (*Quest. pratiques*, 1902, p. 225).

(2) La jurisprudence est à peu près fixée en ce sens. Ainsi jugé que l'on doit considérer comme un *ouvrier* : un *coupeur* aux appointements de 6.000 francs par an (Trib. com. Seine, 9 oct. 1888, *Ann. de dr. comm.*, 1889.2.97) ; un *correcteur* d'imprimerie (?) (Trib. com. Seine, 9 mars 1889, *Ann. de dr. comm.*, 1889.2.109). Sont au contraire, des *employés* : le traducteur attaché à un journal (Trib. com. Seine, 9 mars 1889, précité) ; le commis-voyageur (Paris, 26 mai 1894, D. 95.2.189) ; les choristes de théâtre (Montpellier, 25 nov. 1895, D. 97.2.44), etc.

(3) Sur les différences qui séparent le louage de services du mandat salarié, cons. les traités généraux cités *supra*. — V. spécialement Baudry et Wahl, n° 1208.

d'atelier et autres, et leur distribuent le travail. Ces employés, qui participent à la direction intellectuelle de la fabrique, fût-ce pour une part modeste, ne sauraient être confondus avec des ouvriers.

891. — Contremaîtres. — Certains travailleurs occupent une situation intermédiaire, qui rend leur classement assez difficile : tels sont les *contremaîtres*, les *chefs d'atelier*. Ces derniers travaillent à façon pour le compte du fabricant, et spéculent sur le travail des ouvriers ou compagnons qu'ils emploient ; nous verrons cependant, en étudiant le fonctionnement des conseils de prud'hommes, qu'ils figurent sur la liste des ouvriers. A plus forte raison, le qualificatif d'ouvrier convient-il du *contremaître*, uni au patron par une *locatio operarum*, et non, comme le chef d'atelier, par une simple *locatio operis* (1). Le contremaître n'est, en définitive, qu'un *chef ouvrier* préposé, en raison de son habileté technique, à l'exécution de certains travaux *manuels* dans l'usine ; il demeure étranger à l'exploitation *commerciale*, et ne saurait, par suite, être rangé dans la catégorie juridique des employés.

891 bis. — Travailleurs intellectuels. — A la suite de la guerre de 1914-18, qui a renversé l'échelle des valeurs et réduit dangereusement le profit des carrières libérales, la question s'est posée de savoir s'il ne conviendrait pas d'assimiler, au moins dans une large mesure, les auxiliaires salariés des professions libérales (journalistes, professeurs d'institutions libres, secrétaires, aides-chimistes, aides de clinique, commis d'architectes, clercs, etc.) aux ouvriers et employés, et de les faire bénéficier de la législation protectrice édictée en faveur de ces derniers (2).

Telle est la thèse qu'a éloquemment défendue M. J. Godart, et dont se sont largement inspirés les fondateurs de l'*Institut international de coopération intellectuelle*, créé à Paris en 1926 sous l'égide de la Soc. des Nations (v. supra, n° 184), ainsi que les membres de la Commission consultative des travailleurs intellectuels, dont la 1re session s'est tenue à Genève, au B.I.T., en octobre 1928 (3).

Il convient d'ailleurs de noter que dans la mesure du possible, la jurisprudence s'efforce d'étendre à cette catégorie supérieure des salariés le bénéfice des lois protectrices du travail (4).

(1) Les lois belges de 1900 et 1921 sont en ce sens. Les travaux préparatoires de ces deux lois démontrent que l'on a considéré comme des *ouvriers*, appelés à bénéficier de ses dispositions protectrices, les chefs ouvriers et contremaîtres.

(2) J. Godart, *L'unité du travail* (Grande Revue, févr. 1926). — Cf. étude du B. I. T. (1928) sur *Les conditions du travail et la vie des journalistes*.

(3) Rec. de dr. comm. et de dr. social, 1929, p. 27.

(4) Ainsi jugé que le contrat passé entre le directeur d'une clinique médicale

Il n'en est pas moins vrai qu'à certains égards une législation spéciale s'impose. C'est ainsi qu'il a paru nécessaire d'introduire, dans le projet de loi sur les brevets d'invention, voté par la Chambre le 7 avril 1927 et actuellement soumis au Sénat, tout un ensemble de dispositions destinées à protéger les droits de *l'inventeur salarié* (1).

SECTION PREMIÈRE. — Formation et preuve du contrat

892. — Nécessité de l'intervention législative. — L'ouvrier sans travail est le plus souvent obligé de recourir à des intermédiaires qui se chargent, moyennant finances, de lui trouver une place. Mais ces placeurs, véritables courtiers du travail, prélèvent parfois sur les ouvriers une dîme hors de proportion avec l'importance du service rendu ; d'où le devoir impérieux, pour les pouvoirs publics, d'exercer un contrôle vigilant sur les agissements des bureaux payants, et surtout de faciliter l'organisation d'un état de choses nouveau, permettant aux chômeurs de se passer des services onéreux de ces intermédiaires.

Le législateur ne doit pas seulement intervenir, préalablement à la conclusion du contrat, pour empêcher l'exploitation des ouvriers par les courtiers du travail ; il a aussi qualité pour déterminer la forme extrinsèque, ou tout au moins indiquer avec précision les *modes de preuve* auxquels les parties contractantes pourront recourir en cas de contestation, soit sur l'existence même, soit sur les clauses du contrat de travail. L'objet de cette intervention ne doit pas être d'ailleurs de compliquer, par des formalités inutiles, la conclusion des contrats entre employeurs et salariés, mais bien au contraire de supprimer ou tout au moins de réduire au minimum les causes de conflits, en mettant à la disposition des parties des moyens de preuve aisément utilisables, et non susceptibles de maintenir l'une d'entre elles dans une situation d'infériorité vis-à-vis de l'autre. Étudions successivement ces deux modes d'intervention des pouvoirs publics dans la formation du contrat de travail.

et ses assistants, eux-mêmes diplômés, est une variété de louage de services (Trib. Seine, 24 mai 1921, S. 24.2.57).

(1) Pic, *La protection des droits de l'inventeur salarié*, broch. in-8, 1927 ; idem, *Quest. prat*, 1928, p. 37 et 83. — Cf. lois *autrichiennes* des 2 juill. 1925 sur les inventions des salariés et 13 juill. 1922 sur le contrat d'engagement d'*artiste*. — Sur la *propriété scientifique*, v. Roubier, Rec. de dr. comm. et de dr. social, janv. 1929.

§1. — De l'embauchage. — Question des bureaux de placement Les Offices publics et le marché du travail (1)

893. — Le placement sous l'ancien régime. — La question du placement des ouvriers remonte au moyen âge, à l'époque où les travailleurs manuels, affranchis du servage, prirent l'habitude de voyager de ville en ville, en quête de travail. Les plus anciennes forme d'embauchage sont l'embauchage sur certaines places publiques,ou par l'entremise des couvents. Au XVe et au XVIe siècle, apparut une autre forme, le placement corporatif, soit par les clercs des communautés d'arts et métiers, soit par l'entremise des mères compagnonniques. Ce second mode, le plus ancien et le plus apprécié des ouvriers, prévalut jusqu'à la fin du XVIe siècle : lorsqu'un compagnon du *Tour de France* affilié à un *devoir* compagnonnique arrivait dans une ville, il se rendait immédiatement à l'*auberge de la mère*, et recevait le gîte et le couvert, jusqu'à ce que ses compagnons établis dans la même ville lui eussent trouvé du travail ; il remboursait sa dépense sur ses premiers gains.

La royauté et les maîtres s'alarmèrent bien vite de la puissance du compagnonnage ; cette association occulte semblait une menace pour les maîtres qui, ayant acquis leur privilège à beaux deniers

(1) BIBLIOGRAPHIE. — De Molinari, *Les Bourses du travail* ; Normand, *Etude comparée sur le placement en France et à l'étranger*, 1900 ; Henrotte, *La question de l'embauchage*, th. 1907 ; Amblard, *L'application de la loi du 14 mars 1904*, th. 1909 ; Max Lazard, *Le chômage et la profession*, 1909 ; De Lavergne et P. Henry, *Le chômage, causes, conséquences, remèdes*, 1910 ; Baillacq, *Le placement des travailleurs*, th. 1912 ; Lavieuville, *La question des bureaux de placement*, 1912 ; Varlez, Picquenard, Max Lazard,, etc., *Le placement public à Paris*, 1913 ; Lépine, *Les bureaux de placement*, th. 1924.

Revues et périodiques français: Bull. de l'Assoc. nat. fr. p. la lutte c. le chômage (paraissant depuis 1910, fusionné en 1925 avec les *Documents du travail*). — V. aussi : Hauser, *Les indicateurs de travail ou bureaux publics de placement en Allemagne* (*Rev. polit. et parlem.*, 1889. t. XXI, p. 101) et *Les bureaux publics de placement en Allemagne* (*ibid.*, 1902, t. XXXI, p. 530) ; Varlez, *Les bureaux de placement officiels* (*Mus. soc.*, 1906.26) ; Bender, *La lutte contre le chômage* (*Quest. prat.*, 1910, p. 179) ; Lavigne, *Les Offices publics de placement* (*Parl. et opin.*, n° 20 mai 1921) ; Perret, *Du rôle moderne des Offices de placement* (Quest. prat. 1927, p. 23 et 49) ; *L'orientation professionnelle par les Offices publics* (Bull. min. trav., 1928, p. 410). — Cons. aussi les chroniques du *Bulletin du Ministère du travail*, des *Questions pratiques*, de la *Revue d'économie politique*, du *Rec. de dr. comm. et de dr. social*, etc.

Ouvrages et périodiques étrangers : Der Arbeitsmarkt (Rev. spéciale parais-

comptants, entendaient en retirer le plus de profit possible, et n'être pas obligés, par les menaces des *devoirs*, d'élever les salaires au-dessus d'un certain taux. De là, toute une série de mesures répressives contre les associations compagnonniques ; l'embauchage par les associations ouvrières fut prohibé, et les clercs des corporations conservèrent seuls le droit de pratiquer l'embauchage. Vainement *les bureaux d'adresses*, dont le premier fut créé sous Louis XIII par Théophraste Renaudot, cherchèrent-ils à se transformer en bureaux de placement ; les corporations s'émurent et obtinrent du roi des prohibitions formelles ; les bureaux d'adresses durent se contenter de fonctionner comme agences de placement pour les professions non constituées en maîtrises (domestiques, employés, etc.).

894. — **Le placement, de la Révolution au décret de 1852.** — Sous la Révolution, la disparition des corporations mit naturellement fin au monopole de l'embauchage dont étaient investis les clercs des dites corporations. Les ateliers de charité, institués par l'Assemblée constituante, n'eurent qu'une existence éphémère, et le placement par les logeurs, le placement direct et l'embauchage dans les lieux publics subsistèrent seuls. Mais cet état de choses engendra des abus que le Consulat s'efforça de faire disparaître, par une réglementation nouvelle. L'ordonnance du préfet de police, du 20 pluviôse an XII, décréta l'établissement à Paris de bureaux de placement, placés sous le contrôle direct de l'administration ; d'autres bureaux furent institués par les préfets dans les principales villes de province. Quant à l'embauchage gratuit, il continua à être pratiqué par les associations compagnonniques, et par certaines œuvres privées.

A la suite de la Révolution de 1848, le gouvernement provisoire se hâta de faire droit à la réclamation des ouvriers, qui demandaient la suppression des bureaux de placement, et le placement gratuit par les municipalités (Décr. 8 mars 1848). Mais les bureaux municipaux n'eurent pas le succès attendu ; quant aux bureaux de placement rémunérés, ils se rétablirent aussitôt après la disparition du gouvernement provisoire, en invoquant l'illégalité des arrêtés de suppression, contraires au principe de la liberté de l'industrie.

sant depuis 1897) : Conrad, *Die organisation des Arbeitsnachweisen in Deutschland* ; Krüger, *Bibliographie du chômage*, Berlin, 1910 ; Dr David, *Der Arbeitslohn*, 1913 ; *Revue du travail* (belge) ; *Rev. intern. du travail* (Genève).

Cons. également, sur les Bourses du travail, la bibliographie donnée *supra*, n° 460, et sur l'assurance contre le chômage, notre titre IV, *infra*. — Cf. comptes-rendus de la Conférence internationale du chômage, Paris, sept. 1910 (3 vol., 1911), du Congrès internat. de Zurich, sept. 1912 (*Quest. pratiques*, 1913, p. 38), et du Congrès de Prague (Quest. prat. 1925, p. 21).

Libres, ces bureaux justifièrent bientôt toutes les attaques formulées contre eux ; le gouvernement impérial s'émut de cet état de choses et crut trouver le remède aux abus signalés dans le système de l'autorisation préalable (Décr. 25 mars 1852).

895. — Bureaux de placement payants, sous le régime du décret de 1852. — L'article 1er de ce décret, encore en vigueur dans celles de ses dispositions conciliables avec les lois de 1904, 1925 et 1928, incorporées au Code du Travail, décide « qu'à l'avenir nul ne pourra tenir un bureau de placement, sous quelque titre et pour quelques professions, places et emplois que ce soit, sans une permission spéciale délivrée par l'autorité municipale » (*C. du trav.*, liv. 1er, art. 88). L'article 3 (*C. du trav.*, art. 79 et 80) confère à l'autorité municipale (préfet de police à Paris, préfet du Rhône à Lyon) un droit de surveillance permanente sur tous les bureaux autorisés, et l'article 5 (*C. du trav.*, art 92) détermine les cas dans lesquels la permission peut être retirée, sauf approbation du préfet. Il convient également de noter que celle-ci « *règle le tarif* des droits qui pourront être perçus par le gérant » (art. 3, 90 *C. du trav.*).

Bien que les bureaux de placement soient considérés comme des *fonds de commerce* (agence d'affaires), assujettis à la patente, le régime de l'autorisation préalable auquel ils sont assujettis oblige tout placeur qui veut céder son fonds à faire préalablement agréer l'acquéreur par l'autorité administrative, à peine de nullité (1).

896. — Placement gratuit. — L'objet du décret de 1852 n'avait nullement été de conférer aux bureaux autorisés dans les formes qu'il édicte le *monopole* légal du placement.

D'où il suit que l'on devait, dès avant la loi de 1904, considérer comme licite, et affranchi du contrôle institué par le décret, le placement *gratuit* par les organisations mutualistes, ou les œuvres d'assistance, confessionnelles ou non (établissements d'assistance par le travail, orphelinats, couvents ou patronages). L'administration avait seulement le droit et le devoir de veiller à ce que des bureaux de placement rémunérés ne vinssent pas s'abriter sous les dehors de la charité.

Il est des formes de placement gratuit que la loi reconnaissait même expressément, à savoir le placement municipal (L. 5 avril

(1) Paris, 28 avr. et 3 juin 1875, D. 77.2.119. — Sur la responsabilité civile des placeurs, tant au regard des salariés, qu'au regard des patrons, auxquels des renseignements manifestement faux auraient été fournis, et sur la responsabilité pénale dont les placeurs sont même passibles, lorsque leurs agissements revêtent les caractères d'une escroquerie, cons. notamment : Cass., 13 févr. 1862, D. 62.5.140 ; Paris, 28 avr. 1901, D. 1905.2.168.

1884, art 70 à 91) et le placement syndical (L. 21 mars 1884, amendée en 1920, art. 5).

En fait, presque toutes les villes industrielles, un certain nombre de syndicats ouvriers, et toutes les Bourses du travail avaient, bien avant la loi de 1904, créé des offices gratuits de placement. Mais ces offices n'avaient pour la plupart qu'un rayonnement très restreint.

897. — **Statistique officielle française antérieure à la loi de 1904.** — La statistique comparative du placement rétribué et du placement gratuit, dressée en 1898 par les soins de l'Office du travail français, fit, en effet, ressortir la supériorité numérique incontestable des placements effectués par les bureaux autorisés.

Les bureaux de placement autorisés étaient, en 1898, au nombre de 1.455 pour la France entière. En regard de ce chiffre considérable, le placement gratuit n'arrivait qu'à un total (très approximatif d'ailleurs), de 1.081 offices ou bureaux, dont 463 créés par les Bourses de travail, les syndicats ouvriers, les compagnonnages, 105 par des syndicats mixtes ou des syndicats patronaux, 452 créés par les mutualités et œuvres de bienfaisance, et 61 bureaux municipaux.

Quant au nombre de placements effectués, leur chiffre se serait élevé, d'après l'enquête de 1898, à 935.000 pour l'ensemble des bureaux autorisés. Pour les institutions de placement gratuit, le chiffre global était de 311.000 (1).

A la veille de la loi de 1904, l'écart était donc très grand entre les deux institutions, payante et gratuite, alors que dans la plupart des pays étrangers, au contraire, le placement gratuit tenait la tête. A quelles causes convenait-il d'attribuer cet état d'infériorité ? C'est ce qu'un rapide coup d'œil sur l'étranger nous permettra de déterminer.

898. — **Le placement gratuit à l'étranger.** — *Allemagne.* — L'organisation méthodique du placement a fait, depuis vingt ans, d'immenses progrès en Allemagne, sous l'influence conjuguée des associations charitables et des municipalités. Il convient d'ailleurs de noter que la plupart des bureaux municipaux fonctionnent sous le contrôle des intéressés, par l'intermédiaire de commissions mixtes, composées de patrons et d'ouvriers en nombre égal (système *paritaire*). Ce régime jouit d'un tel crédit auprès de la classe

(1) Il convient d'ajouter aux chiffres du placement ou de l'embauchage gratuit : 1° les placements effectués par les *logeurs* ; 2° l'embauchage direct par les patrons sur les places publiques (bâtiments, travaux agricoles).

ouvrière, qu'il s'est en maintes régions substitué aux bureaux exclusivement syndicaux, ainsi qu'aux bureaux de placement payants, d'ailleurs légalement supprimés par la loi du 22 juillet 1922 (*Bull. Min. trav.* 1922, p. 329).

899. — Une autre particularité du système allemand, et peut-être la principale cause de son succès, est la tendance à la fédération de tous les offices de placement (*Arbeitsnachweise*), municipaux, syndicaux ou charitables, et à la centralisation des renseignements nécessaires aux travailleurs en quête d'ouvrage. Ainsi s'est constitué vraiment, dans chacune des régions industrielles de l'Allemagne, un véritable *marché du travail* (1), une *Bourse du travail* au sens que donne à ce mot M. de Molinari. Le chômage est, par ce fait, réduit au minimum, les intéressés étant aussi exactement renseignés que possible sur les demandes de travail, et leur répartition sur l'ensemble du territoire (2).

D'abord régional, ce mouvement de fédération était devenu national, dès avant la guerre, et il englobait dans un vaste réseau la très grande majorité des *Arbeitsnachweise* de l'Empire, municipaux ou régionaux. Tous recevaient une impulsion commune d'un Comité central siégeant à Berlin. C'est ce comité, réorganisé sous le nom d'*Office national de placement* (ordonn. 5 mai 1920) qui, avec le concours des Comités régionaux, a, de 1914 à 1918, soutenu l'effort intensif des usines de guerre. La loi du 22 juillet 1922 n'a fait que consacrer et systématiser cette vaste organisation hiérarchisée.

900. — *Etats-Unis.* — Les Etats-Unis sont entrés, depuis quelques années, dans la voie de l'organisation, officielle et centralisée, du placement gratuit des travailleurs de toutes catégories. C'est l'Etat d'Ohio qui a pris l'initiative du mouvement en 1890 ; mais, depuis cette date, de nombreux Etats (New-York, Californie, etc.) ont créé à leur tour des bureaux publics. Chaque bureau est dirigé par le chef du bureau de statistique du travail, siégeant dans la capitale de l'Etat ; à cet Office central ressortissent les bureaux locaux (3).

(1) Sur le placement en Allemagne, cons. spécialement : *Bull. Off. trav.*, 1910, p. 505 ; C. Gérard, *Organisation du placement en Angleterre et en Allemagne*, (Rev. polit. et parl., avril 1912) ; *Bull. Assoc. fr. p. la lutte contre le chômage*, 1920, n° 41-42. — Sur le lien étroit établi par la loi du 16 juillet 1927 entre l'organisation du placement et l'assurance obligatoire c. le chômage, v. *Docum. du trav.*, nov. 1928.

(2) V. sur ce point l'enquête du ministère du travail français, dirigé par M. Picquenard (*Bull. Off. trav.*, 1910, p. 620 et 743).

(3) Cons. notamment : *Les Trade-Unions et la lutte contre le chômage aux*

901. — *Luxembourg.* — Le Luxembourg est le premier Etat, en Europe, qui soit entré dans la voie ouverte par les Etats-Unis. Un arrêté du gouvernement grand-ducal, en date du 19 novembre 1892, a créé, sous le nom de *Bourse du travail*, un système fort ingénieux de placement officiel centralisé, grâce à l'entremise de l'administration des postes (*Quest. Prat.*, 1901, p. 64). — Cf. L. 2 mai 1913 sur les bureaux payants.

902. — **Grande-Bretagne.** — L'Angleterre est entrée à son tour dans la même voie, en instituant, par la loi du 20 septembre 1909 (*Bull. Off. intern.*, 1910.23), sous le nom de *Labour Exchanges* (Bourses du travail), des bureaux publics de placement fonctionnant sous le contrôle direct du ministère du commerce. L'objectif de cette loi est de créer de toutes pièces un *marché national* de travail susceptible de régulariser, pour l'embauchage, le jeu de l'offre et de la demande. Chaque ville industrielle a son bureau public (*Labour Exchange*) ; tous les bureaux d'une région ressortissent à une *fédération régionale* chargée de centraliser les offres ou demandes de travail, et ces fédérations régionales elles-mêmes sont affiliées à un *Clearing house* national, ayant son siège à Londres.

Cette centralisation du placement a été complétée, pour certaines professions, par le jeu de l'assurance nationale contre le chômage (loi du 16 décembre 1911 et lois postérieures), sur laquelle nous reviendrons ultérieurement (*tit.* IV, *infra*).

903. — *Autres Etats.* — Dans les autres Etats d'Europe, il n'existe pas encore d'organisation fédérative aussi complète pour le placement des travailleurs. Mais dans la plupart d'entre eux, des efforts sérieux ont été faits en vue de soustraire le travailleur à l'exploitation du bureau payant. En Belgique, en Suisse, en Italie, aux Pays-Bas, dans les pays scandinaves, etc., le placement syndical par les Bourses du Travail ou les syndicats isolés, et le placement municipal se sont développés dans des proportions considérables. En Suisse, la centralisation officielle du placement, avec le concours des cantons, des villes, et de l'autorité fédérale helvétique peut-être considérée comme partiellement réalisée par l'arrêté fédéral du 29 octobre 1909 (*Bull. Off. trav.*, 1910, p. 516 ; *Rev. du trav. belge*, 1929, p. 988.). — Il en est de même en *Belgique*, où les bureaux paritaires sont largement subventionnés par les pouvoirs publics, sans préjudice des subsides accordés aux syndicats d'assurance contre le chômage (*Rev. du trav. belge*, *passim*). — Sur ce dernier point, v. titre IV, *infra* (1).

Etats-Unis (Bull. Ass. fr. chôm., 1930, n° 40).

(1) Cf. pour l'*Italie* (décret 29 mars 1928) : *Bull. Min. trav.*, 1928, p. 369, et

904. — *Conclusions.* — De cet exposé sommaire des institutions de placement à l'étranger se dégagent nettement, à notre avis, les conclusions suivantes. Le développement du placement gratuit dépend de trois facteurs principaux : — 1° de l'esprit de suite et de la méthode qui président à leur création ; — 2° de l'accord de tous les intéressés, patrons et ouvriers. C'est en associant étroitement l'élément patronal et l'élément ouvrier que les *Arbeitsnachweise* allemands ont acquis un essor si rapide ; — 3° de l'action des pouvoirs publics. L'Etat, les départements ou provinces, les municipalités peuvent, par des encouragements pécuniaires ou autres, coopérer à l'œuvre des offices gratuits, et aider à leur groupement. En procédant ainsi, les pouvoirs publics font œuvre éminemment utile, puisqu'en atténuant le fléau du chômage, plus sûrement que par l'organisation de travaux destinés à utiliser la main-d'œuvre inemployée, ils consolident la paix sociale et diminuent les charges de l'assistance publique.

905. — Le régime légal français ; lois des 14 mars 1904, 2 février 1925 et 19 juillet 1928 (C. Trav., liv. 1er, art. 79 et s.). — a). — **Loi de 1904.** — Il est permis de se demander s'il n'eût pas été sage d'imiter l'exemple de l'Allemagne ou des Etats-Unis, et d'organiser le placement gratuit sur des bases assez larges pour annihiler peu à peu les bureaux payants. Telle ne fut pas, tout d'abord, la tactique suivie en France. A la suite d'incidents tumultueux provoqués par la « Ligue pour la suppression des bureaux de placement », le groupe ouvrier porta, en 1892, la question devant la Chambre, qui fut appelée à opter entre diverses propositions, tendant les unes à la suppression immédiate, les autres à la suppression progressive des bureaux payants (1).

La Chambre se déclara favorable à la suppression graduelle des bureaux payants, mais cette thèse se heurta à l'opposition

Rev. trav., juin 1929, p. 966 ; pour les *Pays-Bas* : Rev. trav. belge, 1928, p. 485. — V. aussi loi *polonaise* du 10 juin 1924. Sur le mouvement, quasi-mondial depuis quelques années, en faveur du bureau public paritaire dans les pays non visés au texte (Autriche, Hongrie, Danemark, Argentine, Finlande, Suède, Serbie, etc.), cons. le *Bull. de l'Assoc. contre le chômage*, 1911-1921. — Sur le fonctionnement, en Russie soviétiste, des bureaux publics de placement, sous le contrôle du Commissariat du travail (décr. 3 sept. 1918, C. trav., 1919, art. 21), v. l'enquête du Bureau international de Genève sur *les conditions du travail en Russie soviétiste*.

(1) Suppression *directe* par la concession d'un monopole aux Bourses du travail et groupements corporatifs (proposition Coutant, déposée le 25 nov. 1893, Ch., *Doc. parl.*, n° 47), *indirecte* par la gratuité imposée aux placeurs (proposition Mesureur, déposée le 5 mai 1894, Ch., *Doc. parl.*, n° 601), ou *progressive* par l'interdiction d'accorder de nouvelles autorisations (proposition G. Berry, déposée le 10 mai 1894, Ch., *Doc. parl.*, n° 620).

irréductible du Sénat, et l'accord se fit en 1904 sur un texte transactionnel laissant subsister, en fait, les bureaux payants à côté des bureaux gratuits.

906. — *Economie de la loi de 1904* (1). — Sans doute, le principe de la suppression *facultative* des bureaux payants figure dans l'art. 1er (art. 94 C. T.) ; mais le but poursuivi n'est nullement atteint, puisque le texte qui a prévalu n'assigne aux communes aucun délai pour cette suppression. Le texte prévoit même la possibilité pour les communes d'accorder des autorisations nouvelles, avec cette différence toutefois que ces autorisations seront précaires, tandis que les bureaux existants ne peuvent être supprimés que moyennant indemnité (mise à la charge *exclusive* des communes), et que leurs tenanciers se voient reconnaître *expressément* le droit de transmettre leur office à cause de mort ou de le céder entre vifs (C. T., art. 94).

C'est au conseil de préfecture qu'il appartient de statuer, en cas de contestation, sur le chiffre de l'indemnité due au tenancier d'un bureau supprimé ; mais aucune base d'évaluation n'est inscrite dans la loi (C. T., art 97). De ce chef, aucune barrière n'est opposée à l'arbitraire du juge (2).

Ces suppressions sont d'autant plus onéreuses, en fait, qu'aux termes de l'article 11 (art. 95, C. du travail) « les bureaux faisant le placement *pour une même profession déterminée* devront être supprimés tous à la fois par un même arrêté municipal ».

Cette disposition, envisagée en elle-même, se justifie aisément (3). Le législateur a voulu empêcher certains administrateurs peu scrupuleux de créer un monopole, au profit de tels placeurs de

(1) La loi de 1904 a été incorporée, avec des modifications de pure forme et de numérotage, dans le *Code du travail*, livre 1er, sous les art. 79 à 98. Cette loi s'applique à toutes les agences de placement, payantes ou gratuites, à l'exception cependant des bureaux de nourrices, qui restent soumis aux dispositions de la loi du 25 décembre 1874, sur la protection des enfants du premier âge (C. T., art. 82), et des agences théâtrales, agences lyriques et agences pour cirques et music-halls. Ces dernières viennent enfin d'être réglementées par la loi du 16 mars 1928 (art. 98 nouveau C. trav.). Dorénavant, ces agences n'auront plus le droit de réclamer des artistes en quête d'un engagement l'acquittement d'un droit quelconque.

(2) Le Conseil d'Etat s'est efforcé de combler cette lacune. Pour déterminer le prix de vente, dit-il, il y a lieu d'envisager le produit net des trois dernières années qui ont précédé la promulgation de la loi, en opérant la déduction des frais d'exploitation, d'employés, etc., mais en tenant compte de la durée du bail, de la clientèle, de la progression des affaires, etc. (Cons. d'Etat, 2 févr. 1912, *Mon. jud. Lyon*, n° 18 déc. 1912).

(3) Sur la portée de cette prescription, v. Cons. d'Etat, 21 févr. 1908, et 2 avril 1909, S. 1910.3.62 et 1911.3.125.

leurs amis, par la suppression d'autorité des bureaux concurrents. Mais il était à prévoir, dans ces conditions, qu'une entente interviendrait dans chaque ville entre les placeurs de même catégorie pour fixer un taux de rachat très élevé. L'unique moyen d'y parer eût été d'insérer dans le texte, comme l'avait proposé la Chambre, une base ferme d'évaluation, calculée d'après le bénéfice net des derniers exercices. En s'y refusant, le Sénat a retardé pour une période indéterminée la disparition des bureaux payants.

907. — Le Sénat espérait, il est vrai, que l'inscription, dans l'article 4 de la loi (85 C. T.), d'une disposition obligeant les communes de plus de 10.000 habitants à créer un bureau municipal, et les petites communes à ouvrir à la mairie un registre d'offres et de demandes de travail, suffirait à provoquer la disparition progressive des bureaux payants. Mais l'évènement a démenti cet optimisme.

Malgré la surveillance administrative à laquelle ils sont toujours soumis (1), — le décret de 1852 ayant été maintenu dans celles de ses dispositions conciliables avec la loi nouvelle, — malgré les mesures édictées par la loi contre le placement clandestin (2), malgré le régime de faveur dont bénéficient les bureaux gra-

(1) Sur ce régime de surveillance et les pénalités édictées, cons. les art. 79 à 81, 88 à 93 du Code du travail. Au lendemain de la promulgation de la loi de 1904, l'on s'accordait à considérer le décret du 25 mars 1852 comme maintenu, dans celles de ses dispositions conciliables avec la loi nouvelle. — Ce décret a été abrogé par l'art. 3 de la loi du 28 déc. 1910, portant codification des lois ouvrières ; mais l'art. 4 ayant maintenu les règlements d'administration publique promulgués en exécution des lois (ou décrets-loi) incorporés au Code du travail, il semble bien que l'on doive considérer comme toujours en vigueur les arrêtés municipaux ou ordonnances pris en exécution du décret de 1852, notamment l'ordon. du préfet de police du 10 juin 1904, remplacée par l'ordonn. du 10 juillet 1920 (*Bull. Min. trav.*, 1920.84*). — Cf. Cons. d'Etat, 20 fév. 1920, S. 24.3.39. — Au surplus, les art. 88 et s. du Code du travail reproduisent la substance du décret. Il est donc certain qu'aucune indemnité ne serait due en cas de retrait de l'autorisation basé sur une condamnation encourue par le tenancier d'un bureau payant (Cons. Etat, 24 mai 1912, D. 12.3.15).

(2) Peine correctionnelle de 16 à 100 fr. et emprisonnement de six jours à un mois, ou l'une de ces deux peines seulement (art. 102 C. du trav.). Sans préjudice des réparations civiles, et du droit pour le tribunal correctionnel d'ordonner la fermeture des bureaux clandestins. — Cass., 2 août 1888, D. 89.1.127. — Ces pénalités sont les mêmes (art. 9) que celles encourues par le tenancier d'un bureau fonctionnant ouvertement, mais sans autorisation ou en dehors des conditions prévues par l'autorisation. — Cass., 10 mars 1905, D. 1905.1.152.

Sur le bureau clandestin pouvant se dissimuler sous le couvert d'un journal d'annonces, v. Paris, 18 mars 1907, D. 1907.5.33 ; Cass., 5 juill. 1907, D. 1909.1.301 et note Legris ; Paris, 24 nov. 1910, *Mon. jud. Lyon*, 22 sept. 1911.

tuits, syndicaux, mutualistes et autres, affranchis de l'autorisation et soumis (sauf les bureaux municipaux) à une simple déclaration (art. 83-84, C. T. de la loi), — les bureaux payants ont survécu, et ne semblaient même pas avoir, au moins avant la loi de 1925, vu diminuer sensiblement leur clientèle.

Il convient de remarquer en effet que l'injonction, plutôt platonique, adressée par le législateur aux villes de plus de 10.000 âmes d'avoir à organiser un bureau municipal ne fut, dans beaucoup de communes, suivie d'aucun effet. Quant aux registres que doivent ouvrir les autres communes, leur tenue irrégulière n'était pas de nature à inspirer beaucoup de confiance.

Le placement syndical ne s'était pas non plus développé, avant 1914 tout au moins, aussi rapidement qu'il eût été désirable, par suite de l'état d'hostilité latente entre les ouvriers et les patrons. Un certain nombre d'organisations patronales parvinrent cependant à s'affranchir du tribut que la loi nouvelle impose aux employeurs (1) en instituant, au siège de leurs syndicats respectifs, des offices de placement gratuit.

908. — Signalons toutefois, parmi les innovations heureuses de la loi de 1904, susceptibles de mettre fin à des abus regrettables, l'article 81 (art. 8 C. du travail) ainsi conçu : « Aucun hôtelier, aucun logeur, restaurateur ou débitant ne peut joindre à son établissement la tenue d'un bureau de placement ».

Cette disposition, qui, à raison de son caractère de loi de police, doit être appliquée même aux bureaux existant lors de sa promulgation, est aussi générale que possible. Elle s'applique indifféremment à tous les bureaux payants ou gratuits ; elle vise même toutes les combinaisons tendant à éluder la prohibition légale, telles que le maintien d'un débitant, tenancier d'un bureau annexé à son établissement sous le régime antérieur, comme secrétaire-gérant d'un syndicat ou d'une société de secours mutuels, ayant son siège dans le débit qu'il dirige (2). Echapperait seul aux pénalités légales le débitant qui, à titre purement accidentel, sans percevoir aucune rémunération, se serait entremis pour procurer une place à l'un de ses clients (3).

(1) L'art. 11 *in fine* (91 . T.). décide en effet que « les frais de placement touchés dans les bureaux maintenus à titre payant sont *entièrement supportés par les employeurs* sans qu'aucune rétribution puisse être reçue des employés ». — Cf. art. 102 *in fine* C. T. — Sur le caractère impératif de ces prescriptions, v. trib. corr. Nantes, 26 avril 1904, D. 1904.2.328.

(2) Trib. corr. Lille, 5 nov. 1904. D. 1904.4.424 ; Douai, 7 mars 1905 (*Bull. Off. trav.*, 1905.327).

(3) Cass., 1er février 1907, D. 1908.1.229, et note Legris. — Est également licite le

909. — *Développement des Offices publics, à base paritaire et hiérarchisés, pendant et depuis la guerre.* — En somme, dix ans après sa promulgation, la loi de 1904 apparaissait comme une simple manifestation platonique, sans efficacité réelle, rien n'étant prévu pour assurer la liaison des bureaux municipaux.

En 1910, un premier effort d'organisation avait bien été tenté par le Ministère du Travail. Des subventions proportionnelles au nombre de placements effectués furent offertes à tout bureau municipal à base paritaire ; l'Etat s'engageait en outre à rembourser aux communes la moitié des frais de placement interlocal (décret 25 oct. 1911). Les résultats cependant furent minimes, et lorsqu'à la suite de la ruée allemande le flot des réfugiés de Belgique et des départements envahis déferla sur la France entière, qu'en 1915 et 1916 il fallut pourvoir au recrutement en pays neutres de la main-d'œuvre étrangère, destinée aux usines de guerre, la nécessité impérieuse d'organiser le placement régionalement et nationalement, suivant un plan d'ensemble, apparut enfin. D'où la création de *l'Office central de placement des chômeurs et réfugiés* (décr. 26 oct. 1914), dont l'action, secondée par certaines grandes Fédérations patronales (Comité des Forges, etc.), devait bientôt s'exercer à tout le territoire, par l'entremise des Offices départementaux et régionaux : les premiers s'occupant surtout du placement interlocal, le placement local demeurant réservé aux Offices municipaux, les seconds, en petit nombre, ayant surtout à pourvoir à l'immigration étrangère et à la répartition rationnelle des chômeurs entre les diverses régions (1).

910. — Dès la fin de 1916, presque tous les départements possédaient un Office départemental. Au moment de l'armistice (11 nov. 1918), l'ensemble du réseau rattaché à l'Office central comportait, en dehors d'un service central de la main-d'œuvre étrangère, et des Bureaux d'Alsace-Lorraine, 6 Offices régionaux et 199 Offices départementaux ou municipaux.

Il est incontestable que, sans cette organisation hiérarchisée et très souple, le placement des démobilisés et mutilés de guerre (2)

fait, pour un syndicat ou une société de secours mutuels faisant le placement gratuit, d'avoir son siège social dans une salle annexée à un débit si, d'ailleurs, le débitant demeure étranger au placement.

(1) Circul. Min. trav., 25 déc. 1915 et 8 mars 1916 sur le fonctionnement et le rôle des Offices publics, municipaux, départementaux ou régionaux. — Cf. décr. 12 mars 1916. — Il existe aussi, au Ministère de l'Agriculture, un *Office national de la main-d'œuvre agricole* (15 mars 1915).

(2) Sur les mesures prises en vue du placement des mutilés et réformés de la guerre, cons. notamment les lois des : 17 avril 1916, 30 janv. 1923 et 13 juill.

se serait heurté à de graves obstacles, qui ont été heureusement évités dans la plupart des centres industriels.

911. — L'organisation actuelle (*Lois des 2 février* 1925 *et* 19 *juillet* 1928). — Réalisée pendant la guerre sous la pression des évènements, l'organisation centralisée et hiérarchisée du placement gratuit a reçu sa charte légale de la loi du 2 février 1925, complétée et amendée sur certains points de détail par la loi du 19 Juillet 1928, l'une et l'autre incorporées au Code du travail (liv. 1er, art. 85 et s.). La première réglemente les Offices ; la seconde renforce le contrôle des bureaux payants, organise la coordination des renseignements statistiques concernant le marché du travail et réglemente le recrutement des ouvriers étrangers (1).

La cellule initiale de l'organisation est le Bureau ou Office municipal ; on sait que toute commune de plus de 10.000 habitants doit en être dotée. Au centre économique du département, — qui n'est pas toujours le chef-lieu — est institué l'Office départemental, investi, par la loi de 1925, de la mission d'assurer le recrutement et le placement des travailleurs de l'industrie, du commerce et de l'agriculture ainsi que des professions domestiques. Il sert de lien entre tous les Offices municipaux du département. — Il est adjoint à chaque bureau municipal ou Office départemental une Commission administrative de contrôle à base paritaire tripartite (fonctionnaires, patrons, ouvriers, art. 85 *C. du T.*). — Les Offices départementaux à leur tour sont reliés par des Offices régionaux au nombre de sept : Paris, Lyon, Marseille, Lille, Strasbourg, Toulouse et Nantes. Organes de coordination et de contrôle, ces Offices centralisent pour toute la région les offres et demandes d'emploi qui n'ont pu être satisfaites dans chaque département ; ils prennent directement la direction de vastes mouvements de main-d'œuvre qui, notamment à l'époque des grands travaux agricoles, dépassent les moyens normaux des Offices départementaux. Ils corres-

1928 sur les emplois *réservés* aux blessés et réformés de guerre : 2 janv. 1918, concernant la rééducation professionnelle et l'*Office national des mutilés et réformés de la guerre* (rattaché au Ministère des pensions depuis la loi du 5 août 1920). Cet Office national est lui-même secondé par des Comités départementaux et locaux : — V. aussi la loi du 26 août 1924 sur l'*emploi obligatoire* des mutilés de la guerre. — Cf. décr. 3 avril 1925, 6 août et 10 nov. 1927, 9 juin 1928.

(1) Sur la loi de 1925 et le décr. du 9 mars 1926, v. l'étude précitée de M. Perret (Quest. prat., 1927). — Sur la loi de 1928, v. *Rec. de dr. com. et de dr. soc.*, 1929, p. 93. — En ce qui concerne le recrutement et le contrôle de l'immigration étrangère, v. *supra* n° 236. — Pour le contrôle de l'immigration nord-africaine, cons. notamment : décr. du 7 avril 1928. — Cf. Mercier, *Etude sur la crise de la main-d'œuvre en Algérie* (Rev. Algér., 1929, p. 97 et s.).

pondent entre eux de manière à assurer les compensations interrégionales (1).

Au sommet de l'édifice, se trouve l'Office central, organe de contrôle et de statistique, placé sous l'autorité immédiate du Ministre du Travail. Celui-ci est assisté d'autre part du *Conseil national de la main-d'œuvre* (décr. du 7 avril 1925 (2). Ce conseil, qui groupe dans une action commune les directeurs de l'Office central et des Offices régionaux, les représentants du Parlement, des Fédérations patronales et ouvrières et des divers ministères intéressés, centralise tous les renseignements relatifs au marché du travail sur l'ensemble du territoire, contrôle le fonctionnement des Offices, prépare et étudie les réformes nécessaires, à réaliser par voie législative ou réglementaire.

Les résultats de cette centralisation méthodique du placement sont des plus encourageants. — A l'heure actuelle 177 Offices municipaux et départementaux de placement fonctionnent sous le contrôle du Ministère du Travail, assisté de l'Office central du Conseil national de la main-d'œuvre et des sept Offices régionaux. Les Offices municipaux et départementaux, subventions de l'État comprises, ont coûté, en 1925, 6.704.258 fr. et ont réalisé 1.450.000 placements, dont 6.645 dans les professions libérales. — Dans le deuxième semestre 1925, les Offices ont eu à statuer en matière de main-d'œuvre étrangère, sur 4.256 demandes collectives et 27.538 demandes individuelles d'introduction de travailleurs (3).

Ces chiffres, dont le niveau est à peu près stationnaire pour la période 1924-28, suffiraient à attester la vitalité de l'institution (4) : grâce au développement des Offices publics paritaires, la question si irritante naguère des bureaux de placement payants a bien perdu de son acuité. Bientôt il ne subsistera plus, en face des Offices gratuits, qu'un nombre relativement restreint de bureaux payants, ayant acquis le droit à l'existence par leur bonne organisation. Leur maintien sera un stimulant pour les Offices publics.

(1) Sur leur rôle en cas de crise de chômage. v. *Bull. Min. trav.*, 1928, p. 90* et s. — V. *infra* titre IV. — Sur *l'orientation professionnelle* par les Offices publics, v. *Bull. Min. trav.*, 1928, p. 410. — Nous y reviendrons en traitant de l'apprentissage et de l'enseignement professionnel. — V. nos 1146 et s.

(2) *Quest. prat.*, 1925, p. 78 et 1928, p. 89.

(3) Rapport sur les subventions aux Offices publics de placement en 1925 (*Bull. Min. trav.*, 1928, p. 46) ; cf. arrêté du 11 juin 1928, relatif à ces subventions (Ibid., 1928, p. 153*)

(4) L'ensemble des placements par les Offices s'élèverait, pour 1928, à 1.353.305 ; mais l'immigration étrangère est en progression (97.000 entrées, 61.000 rapatriements). — R. Picard, *Le marché du travail* (Rev. d'écon polit., 1929, p. 880) ; *Bull. du marché du travail.*

§ 2 Forme et preuve du contrat

912. — **Louage de services (contrat du travail), contrat consensuel.** — Le louage de services est, comme le louage de choses, un contrat purement consensuel. Dès que les parties sont d'accord, le contrat est formé, alors même qu'aucun écrit n'aurait été dressé pour le constater (1). —

Cette solution, conforme aux principes généraux du droit français et aux nécessités de la pratique, résulte d'ailleurs expressément de l'article 2 de la loi du 2 juillet 1890, sur l'abrogation du livret d'ouvrier, incorporé dans le *Code du travail*, liv. 1er, sous l'article 19, ainsi conçu : « Le contrat de travail est soumis aux règles du droit commun et peut être constaté dans les formes qu'il convient aux parties contractantes d'adopter. — Le contrat de travail entre les chefs ou directeurs des établissements industriels ou commerçiaux, des exploitations agricoles ou forestières, et leurs ouvriers, est exempt de timbre et d'enregistrement ». Les termes mêmes de cet article semblent indiquer que ses rédacteurs ont entendu se référer, non seulement à la *preuve*, mais aussi à la *forme extrinsèque* du contrat. Il est permis seulement de se demander s'il était bien utile de consacrer par un texte le caractère consensuel du contrat de louage de services, alors que les principes généraux commandaient déjà cette conclusion (2).

913. — **Preuve : retour au droit commun.** — Faut-il conclure du même texte que la *preuve* du louage de services est également régie par le droit commun des preuves ? Selon nous, l'affirmative n'est pas contestable en présence du texte même de l'article : *le droit commun* dont il y est question paraît bien viser tout à la fois

(1) Juge, *De la formation du contrat de travail d'après la jurisprudence* (Rev. prat. de dr. industr., 1912, p. 195). — Cf. Théry, *op. cit.* ; Demogue, *Notion du contrat de travail* (Rev. trimestr. 1926, p. 419) et *Conséquences de la nullité du contrat de travail* (*Ibid.*, 1926, p. 774). V. aussi *supra* nos 869 à 871, 889.

(2) Cf. art. 3, § 2 de la loi belge du 10 mars 1900 sur le contrat de travail : « La convention peut être faite *verbalement* ou *par écrit*, sans préjudice de la loi sur les règlements d'atelier » et art. 4 de la même loi : « En matière de contrat de travail, la *preuve testimoniale est admise*, à défaut d'écrit, quelle que soit la valeur du litige ». — Cons. Haussens, *Théorie du contrat de travail* (*Quest. prat.*, oct. 1902, p. 295). — Notons ici que l'art. 19 du Code du travail français, figurant sous la rubrique « dispositions générales », s'applique incontestablement, aussi bien au louage d'ouvrage ou d'industrie qu'au louage de services proprement dit.

la formation et la preuve du contrat (1) ; et quant à l'objection tirée de la partie finale de cet article 19, il suffira, pour y répondre, de revenir brièvement sur les exceptions au droit commun des preuves, consacrées par la législation antérieure. Naguère, en effet, deux exceptions à ce droit commun étaient édictées, l'une par l'article 1781 du Code civil (abrogé dès 1868), l'autre par les lois des 14 mai 1851 et 22 juin 1854 sur le livret d'ouvrier, abrogées en 1890.

A. *Art. 1781.* — L'article 1781 est ainsi conçu : « Le maître est cru *sur son affirmation* pour la quotité des gages, pour le paiement du salaire de l'année échue et pour les acomptes donnés pour l'année courante ». Cet article consacrait, dans les rapports juridiques entre maîtres, domestiques et ouvriers assimilés, une double dérogation au droit commun : — 1° Il refusait au domestique ou à l'ouvrier le droit de recourir à la preuve testimoniale, même en matière n'excédant pas 150 francs, pour établir le montant de ses gages, ainsi que le chiffre des avances du maître ; — 2° Le maître ou patron était cru sur son affirmation, c'est-à-dire sur son serment, pour la quotité des gages, le paiement des salaires de l'année échue et les acomptes donnés sur l'année courante ; il était interdit au juge de déférer, sur l'un ou l'autre point, le serment au salarié.

Cette inégalité de traitement, fondée sur la différence des conditions sociales de l'employeur et de l'employé, était manifestement contraire au double principe de l'égalité civile et de l'égalité politique. Ces considérations ont déterminé le législateur à abroger purement et simplement l'article 1781 (loi du 2 août 1868) (2).

914. — B. *Livrets d'ouvrier : abrogation.* — Une deuxième exception au droit commun résultait de la loi de 1854 sur les *livrets d'ouvrier*. La dérogation apportée au droit commun par l'article 1781 du Code civil ne concernait que la preuve des paiements effectués. Le droit commun reprenait donc son empire lorsque la contestation portait sur l'existence même du contrat de louage, ainsi que sur l'époque à laquelle le contrat avait commencé ou pris fin. Il en était ainsi du moins à l'égard des domestiques ; car, pour les ouvriers, la législation de 1854 sur le livret obligatoire, où étaient indiquées les dates d'entrée et de sortie de l'ouvrier, supprimait

(1) Cass. 12 juill. 1925, S. 25.1.224.

(2) Sur l'impossibilité, depuis l'abrogation de l'art. 1781, de considérer comme probante, relativement aux acomptes soi-disant payés, la simple affirmation du maître, v. trib. paix Domfront, 6 févr. 1907, D. 1907.5.36.

en général toute contestation sur l'existence même du contrat, ainsi que sur son point de départ.

L'objet principal de ce livret était d'assurer la stricte observation des obligations de l'ouvrier ; aussi renvoyons-nous l'étude du livret d'ouvrier à notre section II. Mais il importe de noter ici que ce livret, si critiquable à d'autres points de vue, avait du moins l'avantage de constituer un moyen facile de preuve du contrat.

Le livret d'ouvrier ayant été abrogé par la loi du 18 juillet 1890, ce mode spécial de preuve du contrat (sauf en ce qui concerne les enfants et filles mineures) a aujourd'hui disparu, si bien qu'à tous égards la preuve du louage de services entre patrons et ouvriers se trouve actuellement régie par le droit commun (1).

915. — Conséquences pratiques du retour au droit commun. — De ce retour pur et simple au droit commun, découlent les conséquences suivantes :

1° L'ouvrier doit prouver, suivant les modes ordinaires, la créance de salaire qu'il allègue. Il devra donc établir, et l'existence du louage de services, et la quotité du salaire. En fait, du reste, la contestation portera presque toujours sur le taux du salaire, la matérialité du travail effectué étant le plus souvent établie. Mais en quoi consistera cette preuve de droit commun ? Si aucune des deux parties ne faisait acte de commerce (*sic*, entre maître et domestique), le bailleur de services ne pourrait recourir à la preuve testimoniale qu'en matière n'excédant pas 500 francs, c'est-à-dire lorsque le total des salaires stipulés pour le temps convenu ne dépasserait pas ce chiffre (art. 1341 C. civ., modifié par la loi du 1er avril 1928).

(1) *Sic* : Trib. paix Lille, 22 avril 1895, *Gaz. pal.*, 1895.2.218 ; Cass., 12 juill. 1925, précité ; Guillouard, II, n° 706 ; Baudry et Wahl, II, n°s 1921 et s. — Vainement prétendrait-on équivoquer, à cet égard, sur la disposition finale de l'art. 2 de la loi du 2 juillet 1890 (art. 19, C. du travail). Il est vrai que cet article autorise les parties à *constater* leurs accords « dans les formes qu'il leur plaira d'adopter », au besoin sur un *livret* purement facultatif ou sur un registre tenu par le patron. Il est vrai aussi que la disposition finale du même article exempte de timbre et d'enregistrement les écrits que les parties auront pu dresser. Mais ce sont là des prescriptions superflues qui, en tout cas, ne changent rien au principe affirmé au début du texte, à savoir *que le droit commun reprend tout son empire.*

Jugé cependant que, le contrat de travail pouvant être constaté dans les formes qu'il plaît aux parties d'adopter (C. T., art. 19), l'acte s. s. privé constatant un contrat de louage de services n'est pas soumis, pour sa validité, à la formalité de la rédaction en autant d'originaux qu'il y a de parties contractantes et ne peut être considéré comme nul sous le prétexte qu'il ne contiendrait pas la mention, exigée par l'art. 1325 C. civ., qu'il a été fait en double exemplaire. — Civ., 12 nov. 1913, D. 14.1.285. — Pour la critique de cet arrêt, v. la note signée M. N., sous D. 14.1.289.

Au-dessus de 500 francs, le bailleur de services qui ne pourrait invoquer ni écrit, ni commencement de preuve par écrit, n'aurait d'autre ressource que l'aveu du patron ou la délation de serment.

Mais telle n'est pas généralement la situation lorsque le débat s'élève entre un patron et ses ouvriers. Si, en effet, le contrat est civil au regard des ouvriers, le patron au contraire fait acte de commerce. Or, il est de principe que lorsqu'un acte est mixte, la partie dont l'engagement est civil a le droit de recourir contre l'autre partie, qui est commerçante, aux preuves du droit commercial. Le droit commercial admettant la preuve testimoniale, sans limitation de chiffre, c'est-à-dire même au-dessus de 500 francs, les ouvriers pourront, quel que soit le taux du salaire, prouver par témoins leurs allégations.

916. — 2° Mais la partie commerçante ne peut pas, au contraire, recourir contre l'autre partie, dont l'engagement est civil, à d'autres modes de preuve que ceux reconnus par le Code civil. En conséquence, une fois que l'ouvrier aura établi par tous les moyens possibles l'existence du contrat et le montant de sa créance, le patron qui se prétendrait libéré par un paiement devra en apporter la preuve. Jusqu'à concurrence de 500 francs, la preuve testimoniale sera recevable, mais au-dessus de ce chiffre le patron devra produire une preuve écrite, par exemple une quittance de l'ouvrier, ou tout au moins un commencement de preuve par écrit ; sinon il en sera réduit à la preuve résultant de l'aveu de l'adversaire ou du serment qu'il lui déférera, ce qui revient à dire que le patron sera à la discrétion de l'ouvrier. Dans cette hypothèse, la situation que l'article 1781 faisait au maître se trouve donc complètement renversée (1).

Dans la pratique, la situation est cependant, même depuis la suppression des livrets d'ouvrier, beaucoup moins mauvaise pour les patrons qu'il ne semble. En effet, tout d'abord, si l'intérêt est supérieur à 500 francs, la plus élémentaire prudence fera un devoir au patron d'exiger une quittance de l'ouvrier lorsque le total des paiements par lui faits à l'ouvrier, atteindra ce chiffre. D'autre part, en vertu de l'article 2271 du Code civil, l'action des ouvriers pour le paiement de leurs salaires se prescrit par six mois ; pour les salaires remontant à plus de six mois, le patron actionné aura donc la ressource d'opposer la prescription. Enfin la

(1) Le projet de loi sur le contrat de travail, déposé en 1906 par le ministre du commerce, rétablit l'égalité entre les parties en spécifiant qu' « en matière de contrat de travail, la preuve testimoniale est *toujours admise*, à défaut d'écrit, quelle que soit la valeur du litige ». — Cf. loi belge (art. 4.).

plupart des usines et des ateliers importants ont des règlements intérieurs qui organisent des modes spéciaux de constatation des paiements : les signatures apposées par les ouvriers sur le registre *ad hoc* valent quittance (1).

917. — Nous avons jusqu'ici supposé une contestation s'élevant entre le patron et un simple ouvrier. Si le conflit s'élève entre un patron et un ouvrier marchandeur ou chef d'atelier, la situation est différente ; patron et chef d'atelier font l'un et l'autre acte de commerce, et par conséquent le patron peut établir sa libération par tous les modes de preuve admis en droit commercial et notamment par la production de ses livres ou par la preuve testimoniale.

SECTION II. — Conditions de validité intrinsèque du contrat de travail

918. — Le contrat de louage de services suppose, de même que le contrat de louage de choses, un accord de deux volontés, émané de deux parties capables, sur l'objet et sur le prix. En d'autres termes, pour que le contrat soit valable, quatre conditions sont requises : — 1° Le consentement des parties ; — 2° La capacité ; — 3° Un objet licite ; — 4° Un prix ou salaire convenu (2).

I. — CONSENTEMENT DES PARTIES.

919. — Vices du consentement ; contrainte morale. — Il n'y a pas de contrat sans consentement ; c'est là un principe général qui domine tout le droit des obligations, et dont l'application au con-

(1) Sur les *règlements d'atelier*, v. *infra* n°s 996 et s.

(2) L'objet propre de ce chapitre étant de signaler les particularités du contrat de louage de services dans son application à l'ouvrier, ou subsidiairement à l'employé, et spécialement de commenter les dispositions législatives, en vigueur ou projetées, relatives à la *protection du salaire*, il nous suffira de rappeler, à grands traits, les principes généraux du contrat de louage de services. L'on en trouvera l'exposé complet dans les traités, cités *supra*, consacrés au contrat de louage, spécialement dans les ouvrages de MM. Guillouard, Baudry-Lacantinerie et Wahl, Cornil, Bodeux, Hanssens, ou dans les Traités de Droit civil de Colin et Capitant, Josserand, Planiol et Ripert, Hémard, etc. — Une proposition de loi de M. Champetier de Ribes (Ch., 29 nov. 1926, n° 3617), étendrait aux employés la législation protectrice dont bénéficie l'ensemble des travailleurs, comme on l'a déjà fait en Autriche, Belgique, Luxembourg, Hongrie, Grèce.

trat de travail ne comporte aucune observation particulière. Si le consentement des parties est simplemnt vicié, le contrat existe, mais l'annulation peut être demandée à la requête de la partie dont le consentement a été vicié ; ici encore, application du droit commun.

Les vices du consentement seront, comme pour tous les autres contrats, l'erreur, le dol ou la violence.

920. — Mais les tribunaux pourraient-ils annuler, pour vice du consentement, la convention par laquelle un ouvrier, sous l'empire de la misère, s'engagerait à travailler pour un salaire dérisoire, notablement inférieur au salaire usuel ? N'y aurait-il pas, dans ce cas, une contrainte morale suffisante pour justifier l'annulation du contrat ? Les conseils de prud'hommes ont une tendance à annuler, en ce cas, la convention, ou même à fixer de leur propre autorité un salaire plus élevé ; mais la Cour de cassation a formellement condamné cette pratique (1).

Selon nous, la question doit être résolue par une distinction. A notre sens, les conseils de prud'hommes excèdent leurs pouvoirs, lorsqu'en présence d'une convention fixant le taux du salaire ils déclarent le salaire insuffisant et en élèvent le taux, sous le seul prétexte que l'ouvrier a été victime d'une lésion. La rescision des contrats pour cause de lésion ne saurait, en effet, être admise en dehors des hypothèses limitativement déterminées par la loi (2). Mais, si le conseil de prud'hommes constate qu'en fait l'ouvrier était, au jour où il a contracté, dans un état de misère tel qu'il a dû, sous l'empire d'une nécessité absolue qui lui enlevait la conscience de ses actes, accepter les conditions léonines que le patron lui a imposées, cette constatation lui donnera le droit d'annuler le contrat pour cause de violence, et de fixer, d'après les usages locaux, le taux du salaire dû à l'ouvrier, abstraction faite des clauses souscrites par lui (3).

(1) Cass., 12 déc. 1853 D. 54.9.20. La proposition de loi Champetier de Ribes, citée *supra* n° 918, autorise la rescision si la rémunération est inférieure de plus du quart à la moyenne des appointements en usage dans la région pour un même genre de travail.

(2) Civ. cass., 4 août 1909, *Rev. prat. de dr. indust.*, 1910, p. 5.

(3) Sur les éléments constitutifs de la *contrainte morale*, cons. notamment : Trib. corr. de Château-Thierry (prés. Magnaud), 4 mars 1898, confirmé sans adoption de motifs, par la Cour d'Amiens, 22 avr. 1898, D. 1899.2.329, et la dissertation très complète de M. Josserand. Il s'agissait, dans cette espèce devenue célèbre, de savoir si la soustraction d'un pain, *déterminée* par une faim pressante et par l'état de détresse du jeune enfant de l'inculpée, était ou non constitutive du délit de *vol*. Mais les arguments qui, en l'espèce, militaient en faveur de l'acquittement de la prévenue, pourraient *a fortiori* être invoqués en faveur

Peut-être serait-il préférable de préciser, comme le fait le Code civil allemand (art. 138), les hypothèses dans lesquelles le salarié peut demander la rescision de son contrat pour insuffisance manifeste de la rémunération promise, eu égard au travail fourni. Tel a été l'avis des rédacteurs du projet français de 1906 qui proposent de compléter ainsi l'article 1813 du Code civil : « Le contrat de travail pourra être rescindé avec allocation de dommages-intérêts lorsque ses conditions seront en désaccord flagrant, soit avec les conditions habituelles de la profession ou de la région, soit avec la valeur ou l'importance des prestations fournies. » — Cf. art. 1036 du nouveau Code civil suisse (1).

921. — Le patron pourrait-il, à l'inverse, abaisser brusquement le taux du salaire, en excipant notamment de la force majeure (cas de guerre par exemple) ? La jurisprudence n'autorise en pareil cas qu'une suspension du contrat ; aussi admet-elle l'employé, une fois le moratorium levé, à réclamer rétroactivement le complément du salaire convenu (Trib. civ. Seine, 3 nov. 1919, *Gaz. Pal.*, 17 févr. 1920). — Cf. Brunet, *La guerre et les contrats*, 1917.

II. — Capacité des parties.

922. — **Mineur et femme mariée.** — Le louage de services a le caractère d'un acte de commerce au regard du patron, d'un engagement civil au regard de l'ouvrier. Le patron doit donc avoir la capacité de s'obliger civilement. Le mineur et la femme mariée (non séparée de corps) ne peuvent, dès lors, figurer comme bailleurs de travail dans un contrat de louages de services, sans être relevés par une autorisation de leur incapacité.

Le *mineur*, tout d'abord, ne peut louer ses services qu'avec l'autorisation de son père ou de son tuteur (ou curateur) (2). Un pareil

de l'annulation d'un contrat de travail contracté sous l'empire de la contrainte. — V. aussi Garraud, *Traité de droit pénal*, t. I, 2e éd., n° 271.

(1) Cons. sur la question : Saleilles, *Th. gén. de l'obligation d'après le premier projet du Code civil allemand*, 1901 ; Escarra, *La lésion dans le contrat de travail* (*Bull. Soc. d'Et. législ.*, 1906, p. 245) ; Chatelain, *Lésion dans le contrat de travail* (*Rev. trim. de dr. civ.*, 1907, p. 89) ; Gerlier, *Des stipulations usuraires dans le contrat de travail*, th. 1907 ; Digot, *La justice dans les contrats et les obligations lésionnaires*, préf. de Bureau, 1919.

(2) Remarquons du reste que, dans la conclusion du contrat, le mineur non émancipé est assisté, autorisé par son père ou tuteur, mais non pas *représenté*. Dès l'instant qu'il s'agit d'engager sa personne, il serait inadmissible qu'il ne

engagement peut, en effet, avoir pour le mineur des conséquences pécuniaires ou morales assez graves pour qu'il lui soit interdit, même après émancipation, de se lier ainsi envers un patron sans l'assentiment de ses représentants légaux. Un mineur pourrait, au contraire, sans aucune autorisation, exercer la profession d'artisan, c'est-à-dire travailler pour son compte, soit seul, soit même avec la coopération d'ouvriers placés sous ses ordres : c'est du moins la solution qui découle de l'article 1308 du Code civil. *La femme mariée*, d'autre part, ne peut louer ses services qu'avec l'autorisation de son mari (1).

L'on admet d'ailleurs généralement, en pratique (par analogie de la solution admise pour la femme commerçante), que l'autorisation peut être tacite ; toutes les fois qu'un mineur ou une femme mariée loue ses services, l'on devra présumer l'autorisation du père ou du mari, s'il n'y a pas eu opposition expresse de leur part (2). Cette autorisation, d'autre part, est *générale*, c'est-à-dire qu'elle a pour résultat d'habiliter la femme, en bloc, à l'exercice de tous les actes dont l'ensemble constitue la profession lucrative à laquelle elle entend désormais se livrer (Cass., 11 nov. 1907, précité). — Cette solution ne paraît pas contestable depuis la promulgation de la loi du 13 juillet 1907 sur le libre salaire de la femme mariée. Nous n'irons pas jusqu'à admettre, avec certains commentateurs de cette loi, que le législateur de 1907 ait entendu habiliter la femme à exercer librement telle profession qu'il lui plaise de choisir. Mais du moins convient-il de laisser à la femme, une fois habilitée à l'exercice d'une profession, toute liberté pour l'accomplissement des actes que celle-ci comporte normalement.

923. — Faut-il aller cependant jusqu'à permettre à la femme, en cas de refus ou de retrait d'autorisation du mari, de se faire autoriser par justice ? La jurisprudence, et une fraction importante de la doctrine, estimaient, avant la loi de 1907, que la femme ne peut pas plus louer ses services qu'elle ne peut faire le commerce avec l'autorisation de justice (3). Mais cette solution nous parais-

prît pas au contrat une part *active*, et que son représentant légal pût l'engager envers un tiers, soit malgré lui, soit à son insu. — Feuillet, *Des conséquences juridiques de la minorité en matière de contrat de travail*, th. 1912.

(1) A moins toutefois qu'elle n'ait recouvré, par l'effet de la séparation de corps, sa pleine et entière capacité juridique (art. 311, C. civ.).

(2) Ainsi jugé, relativement à l'engagement théâtral d'un mineur (Trib. civ. Seine, 25 oct. 1894, *Gaz. Pal.*, 1894.2.587) ou d'une femme mariée (Cass., 11 nov. 1907, D. 1908.1.25, et note A. Colin). — Cf. Baudry et Wahl, t. II, p. 94 ; Parry, *L'engagement théâtral des incapables*, th. 1913.

(3) Cass., 6 août 1878, D. 79.1.400, S. 79.1.65. — Cf. Aubry et Rau, t. V, p. 144.

sait contraire au texte et à l'esprit de l'article 219 C. civ. Il nous semblait en effet que l'intervention de justice, loin d'être contraire aux intérêts de famille, était de nature à prévenir des abus possibles (1). Tel est le point de vue des législations récentes (2).

Au surplus, la jurisprudence elle-même avait reculé devant l'application rigoureuse de son principe. C'est ainsi qu'en cas d'abandon du mari, la femme peut se trouver dans la nécessité d'engager ses services pour vivre ; en pareil cas, il était universellement admis qu'elle pouvait obtenir du tribunal l'autorisation nécessaire (3).

La loi de 1907 est venue renforcer notre thèse. Ne serait-il pas contradictoire d'attribuer à la femme la libre disposition de son salaire, et de permettre cependant au mari, dans un esprit de vexation pure, d'empêcher la femme d'exercer une profession lucrative et honorable, sans que celle-ci ait le droit de déférer à la justice le refus du mari ! — *Sic* : A. Colin, note précitée sous D. 1908.1.25.

924. — Travaux prohibés. — Les incapables, mineurs ou femmes, ne pourraient d'ailleurs être autorisés à accomplir des travaux interdits par la loi. C'est ainsi qu'un enfant mineur de treize ans, qu'une femme mariée même adulte, ne pourraient être autorisés, l'enfant par son père ou tuteur, la femme par son mari, à travailler dans l'intérieur d'une mine.

C'est ainsi également qu'un père ne pourrait engager dans un établissement industriel les services de son fils, mineur de douze (ou de treize ans si les conditions prévues par les art. 2 et 3 liv. 2 C. T. ne sont pas réunies), et qu'il ne pourrait valablement autoriser le patron à employer son fils, même majeur de treize ans, à des travaux dangereux, dans des conditions autres que celles déterminées par les articles 71 et s. du livre 2 du C. T. (4).

III. — Objet licite.

925. — L'objet du contrat doit être licite et possible ; c'est là un principe commun à tous les contrats. Un ouvrier ne pourrait donc

(1) Baudry et Wahl, t. II, n° 1229 ; Beudant, *Cours de droit civil*, t. I, n° 332. — Cf. trib. civ. Seine, 16 mai 1891, *Pand.*, 1894.2.56.

(2) Art. 29 de la loi belge de 1900 : « La femme mariée est capable d'engager son travail moyennant l'autorisation expresse ou tacite de son mari. A défaut de cette autorisation, il peut y être suppléé par le juge de paix, sur simple réquisition de la femme, le mari préalablement entendu ou appelé ».

(3) Cass., 6 août 1878, précités.

(4) Cf. trib. Montdidier, 3 août 1905, *Rev. des accid. du travail*, 1906, p. 161 ; Cass., 27 avr. 1906, S. 1906.1.352.

pas engager ses services pour l'exécution d'un travail contraire à la morale ou aux lois, par exemple pour la fabrication d'armes prohibées, pour le creusement d'une mine destinée à faire sauter un édifice, etc. (1).

Certains travaux, licites en principe, sont d'ailleurs prohibés au regard de certaines personnes ; tels sont les travaux souterrains au regard des femmes.

IV. — Prix ou salaire

926. — Le contrat de louage étant un contrat parfaitement synallagmatique, le prix est de l'essence de ce contrat. Le prix ou salaire, rémunération des services prestés par l'ouvrier, consiste généralement en argent ; la plupart des législations interdisent, sauf exception, ou du moins réglementent plus ou moins rigoureusement le paiement des salaires en nature.

Nous reviendrons sur ces prohibitions et sur ces garanties dans notre section suivante. Il nous suffira d'examiner ici, très brièvement les divers modes de fixation du salaire.

927. — **Des différentes sortes de salaires** (2). — Ainsi que nous l'avons fait observer précédemment (n° 872), les deux types essentiels de salaires sont le salaire *au temps* et le salaire *aux pièces*. Dans le salaire *au temps*, l'ouvrier ou employé vend à l'employeur son travail pour une période de temps déterminée (journée, semaine ou mois), sans que la quantité de travail entre en ligne de compte, au moins en apparence. (En fait, il est évident que le patron a en vue une moyenne de travail utile, et que l'ou-

(1) Est nul, le jeu étant interdit en France, le contrat de louage conclu entre le tenancier d'une maison de jeu et un croupier. — Just. paix, Trouville, 16 sept. 1907 (Cohendy et Darras, p. 839). — Il semble toutefois que cette solution devrait être écartée, au profit des établissements de villes d'eaux autorisés à organiser certains jeux (L. 15 juin 1907).

(2) L'ouvrage le plus documenté sur la question est incontestablement l'ouvrage de Schloss sur les *Modes de rémunération du travail* (trad. précédée d'une introduction, et augmentée de notes par Ch. Rist), 1902. — Cons. également : Levasseur, *Salariat et salaires* (1909) ; Humery, *La question du juste salaire ; précis d'application du salaire à prime Rowan à toutes les industries*, 1920 ; Yovanovitch, *Le rendement optimum du travail ouvrier*, 1923 ; Roger Picard, *Le salaire et ses compléments*, 1927 ; Bayle, *Les hautes salaires*, 1 v. 1927. — V. aussi : Gide, II, p. 312 ; Truchy, II, p. 132. — Sur la *participation aux bénéfices* et ses multiples variétés, v. tit. IV, *infra*. — Sur *l'échelle mobile*, v. *infra* n° 1288. Sur le *système Taylor et la rationalisation*, v. *infra* n° 931.

vrier qui ne fournirait point cette moyenne courrait le risque de n'être pas embauché à nouveau à l'expiration du temps convenu).

Dans le salaire *aux pièces*, au contraire, c'est une quantité de travail déterminée que l'ouvrier vend au patron, sans qu'il soit tenu compte du temps mis par l'ouvrier à l'exécuter. Mais ici encore, et en admettant même qu'un délai maximum n'ait pas été fixé pour l'achèvement de chaque pièce, la considération de temps n'est, au fond, nullement indifférente. Les deux contractants ont dû, en effet, tenir compte, dans la détermination du salaire, du temps moyen nécessaire à un ouvrier qualifié pour exécuter le travail.

Cette considération du temps nécessaire à l'exécution du travail stipulé est plus apparente dans le travail *à la tâche*, combinaison des deux formes précédentes, l'ouvrier s'engageant, dans une période donnée, à ne pas exécuter moins d'un certain maximum.

928. — Sur ces formes-types, en quelque sorte, sont venues peu à peu, surtout dans la seconde moitié du XIXe siècle, se greffer des formes de rémunération plus complexes. D'une manière générale, cette évolution du simple au complexe a eu pour but et pour résultat de diminuer sensiblement l'arbitraire patronal et d'obliger les chefs d'industrie à se rapprocher de plus en plus de la formule « *à travail égal, salaire égal* ». La forme simpliste du travail *à la journée* ou du travail *aux pièces* a, dans la majorité des industries, complètement disparu pour faire place à des combinaisons plus étudiées, tendant à proportionner aussi rigoureusement que possible *la rémunération à l'effort*, ou à rémunérer également les efforts identiques. La mesure de cet effort est fournie par l'appréciation de trois éléments : la *productivité* ; la *durée*, et enfin la *difficulté* du travail. Aussi voit-on fréquemment aujourd'hui le salaire à temps accompagné d'un minimum de travail, ou le salaire aux pièces accompagné d'un minimum de salaire journalier ou d'un maximum de travail.

929. — *Salaires progressifs.* — L'on a vu se développer aussi, sous l'empire des mêmes causes, la pratique du salaire *progressif* ou *sursalaire*, c'est-à-dire des majorations de salaire accordées aux ouvriers dont la production dépasse une quantité déterminée (1).

Le salaire fixe, au temps, à la pièce, est ainsi majoré, soit d'une prime proportionnelle à la production dépassant la quantité normale, soit d'un tant pour cent, 5, 10 0/0 par exemple du salaire,

(1) Sur les primes usitées, tant en France qu'en Angleterre ou aux Etats-Unis, dans les industries textiles, la métallurgie, la cordonnerie, etc. cons. notamment : Schloss-Rist, *op. cit.*, p. 83 et suiv. — Cf. Yovanovitch, *Les stimulants modernes du travail ouvrier*, 1923.

non proportionnel à la production. Les primes fixes, progressives ou proportionnelles, attribuées après chaque année de services, peuvent être un avantage offert à l'ancienneté pour amener la stabilité dans le personnel. Parfois aussi la prime est attribuée non pas à la quantité, mais à la qualité du travail exécuté, ou à l'économie réalisée sur la matière première (1).

Le caractère commun de ces primes, sursalaires, etc., est d'être indépendants du bénéfice net réalisé dans l'industrie, et de n'impliquer par conséquent aucune atteinte, si faible soit-elle, à l'indépendance patronale, tandis que la participation oblige nécessairement le chef d'industrie, sinon à subir un contrôle direct, du moins à fournir des comptes à son personnel. Ainsi s'explique aisément la résistance du patronat à la participation (v. titre IV *infra*), en regard du développement rapide du régime des primes (2).

930. — *Allocations familiales* (3). — L'une des variétés de primes les plus usitées, depuis une dizaine d'années, est le sursalaire familial. Cette dernière expression a fait place à celle, plus exacte, d'allocations familiales. Les sommes allouées aux ouvriers chargés de famille, proportionnellement au nombre de leurs enfants, sont en effet *en dehors* du salaire, lequel correspondant à un travail déterminé doit être, à rendement égal, identique pour tous ; l'allocation s'*ajoute* au salaire pour les bénéficiaires, mais ne s'y incorpore pas.

C'est par l'entremise de *Caisses de compensations*, groupant soit l'ensemble des industriels d'une même ville, soit l'ensemble des patrons d'une même profession ou de professions similaires, que les allocations sont servies. Ce mécanisme a pour objet, en répartissant les charges entre tous les adhérents, suivant l'importance

(1) Sur la prime à *la qualité* dans le tissage, en France, prime ayant pour contrepartie une amende lorsque les défauts des pièces livrées excèdent un certain taux convenu, v. *Stat. des grèves* pour 1898, p. 47. — La prime à la qualité a, sur la prime à la quantité, l'avantage de stimuler le mérite professionnel, sans imposer à l'ensemble du personnel un véritable surmenage. V. Schloss-Rist, p. 89-90. — La prime à l'*économie* est d'un usage courant dans l'industrie des chemins de fer, dans les industries électriques, etc. (économies sur le charbon, l'huile, etc.).

(2) Sur la différence entre la participation aux bénéfices véritables et la participation au gain (*gain sharing*), cons. Schloss-Rist, p. 93. Rapprocher la participation au bénéfice des actions de travail, *infra* n° 1370.

(3) Ch.-F., *Le sursalaire familial ou allocations pour charges de famille* (Quest. prat., août-déc. 1920) ; Hubert, *Nature juridique du salaire familial*, th. 1924 ; François, *Les allocations familiales*, *Quest. prat.*, 1927, p. 10 ; Leveau, *Les allocations familiales dans l'industrie du bâtiment*, 1 v. in-8, 1926 ; Robert Pinot, *Les œuvres sociales des industries métallurgiques.* — Cf. *Bull. Min. trav.*, 1928, p. 464.

de leur maison et quelque soit le nombre de pères de famille qu'ils emploient, de supprimer toute prime à l'embauchage des célibataires ou des ménages sans enfants.

Quelques industriels généreux jetèrent à Grenoble, il y a quelques années, les bases de cette institution qui a gagné rapidement presque tous les pays civilisés. En 1928, on comptait en France 218 caisses de compensation, groupant 20.000 entreprises avec 1 million et demi de salariés, répartissant 230 millions de francs. Mais toutes les entreprises et administrations publiques ou privées n'adhèrent pas à ces caisses et on estime que 3.862.000 salariés bénéficient de 1.475 millions en allocations familiales (1).

931. — *Système Taylor et ses dérivés* (2). — *La rationalisation.* — A la question des primes à la production se rattache directement l'étude du *Système Taylor*, sur l'organisation scientifique des usines. Le cadre de cet ouvrage ne nous permet d'étudier ici, même sommairement, ni le système du célèbre ingénieur américain, ni les divers systèmes procédant du même point de départ, et tendant à obtenir de l'ouvrier le meilleur rendement, tout en l'associant indirectement aux bénéfices réalisés par l'employeur.

Le taylorisme compte autant d'adversaires déterminés que de disciples enthousiastes ; il conviendrait selon nous de se tenir à égale distance des uns et des autres. Que cette méthode aboutisse, comme on le prétend dans les milieux ouvriers, à l'intensification du surmenage, nous ne le croyons pas ; car, judicieusement appliqué, il ne doit être qu'un moyen pratique d'obtenir de chaque ouvrier *le maximum de rendement utile, avec le minimum d'efforts, et dans le moindre temps.*

(1) On sait qu'aux termes de la loi du 19 déc. 1922, les cahiers des charges des marchés de travaux publics peuvent imposer aux soumissionnaires l'obligation de servir à leur personnel des allocations familiales. — D'après un projet de loi récent (Ch., 20 déc. 1928, n° 957), cette clause deviendrait obligatoire dans tous les marchés de cette nature.

(2) W. Taylor, *Principes d'organisation scientifique des usines*, trad. Royer, 1913, et *La direction des ateliers*, 1918 ; Hourst, *Le problème de la main-d'œuvre. La taylorisation et ses applications aux conditions industrielles de l'après-guerre*, 1918 ; Bayle, *Les salaires ouvriers, salaire moderne et système Taylor*, 1918. — Cf. Dugué de Bernonville, *Les nouvelles méthodes d'organisation des ateliers* (Bull. Statist. gén. de la France, avril 1921) ; Anglès, *Les salaires avec primes et le taylorisme*, 1925 ; Thompson, *La réorganisation des usines*, 1928 ; Philip, *Le problème ouvrier aux États-Unis* ; Astruc, *L'organisation rationnelle des usines*, 1923 ; Le Chatelier, *Le Taylorisme*, 1928 ; Austin et Lloyd, *Le décret des hauts salaires*, 1926 ; Bayle, *Ibid.*, 1927. — Sur l'organisation des usines, v. Benoist, 1923 ; Nussbaumer, 1924 ; Charpentier, Carbon, 1927. — V. aussi de Tarlé, *L'organisation rationnelle du travail industriel et les syndicats ouvriers* (*Economie nouv.*, mars 1927) ; R. Hoffherr, *Les aspects sociaux du*

Or ce résultat peut être obtenu, non par un appel plus grand à l'énergie individuelle, mais uniquement par une organisation rationnelle de la production. Mécanisme moderne, succession rapide et ordonnée des diverses manipulations de la matière première à l'intérieur des ateliers, suppression des acoups, des entrepôts inutiles et prolongés : développement des usines sur des plans horizontaux plutôt qu'en hauteur, adaptation judicieuse du personnel aux tâches qu'on lui confie, chronométrage rigoureux des temps pour déterminer le prix de revient horaire ou aux pièces, et calculer en conséquence les salaires ou les primes : telles sont les principales directives du système Taylor ou de ses dérivés (1).

Mais il est certain qu'une telle organisation suppose un haut personnel sélectionné (ingénieurs sociaux), un contrôle rigoureux et que, très coûteuse à mettre sur pied, elle ne peut s'adapter qu'à la grande industrie. Elle ne convient d'autre part qu'à la fabrication en série, et ne saurait être d'aucun emploi dans nos industries de luxe, dans lesquelles l'habileté, le sens artistique doivent s'allier à une intermittence de travail acharné et de flânerie créatrice.

Les méthodes scientifiques du Travail, la rationalisation, échouent si l'on n'obtient pas avant tout les dispositions favorables des organisations corporatives et de l'ouvrier, qui doit y trouver un intérêt matériel et moral : progrès technique et progrès social marchant de pair. Les Etats-Unis ont diminué les prix de revient en supprimant le gaspillage de travail et de temps, non en réduisant les salaires.

Ce n'est pas seulement le travail, mais l'industrie qui s'est nationalisée. La limitation des types d'articles amène la réglementation des conditions de ventes, contrôlées par les cartels et les trusts nationaux et internationaux.

Longtemps on a cru que tout le gain de patron était pris sur les

mouvement de rationalisation (*Quest. prat.*, 1928, p. 40) ; Rimailho, *L'organisation scientifique du travail* (*Bull. de la Ch. de comm. de Paris*, 1926). — Sur la rationalisation dans l'industrie, cf. *Rev. économique intern. de Bruxelles*, dont le n° de mai 1928 est consacré presque en entier au problème de la rationalisation ; Aucuy, *L'organisation scientifique du travail*, *ibid*, 1927.1.444 ; Lhost, *La normalisation en France* (*Rev. pol. et parlem.*, nov. 1928) ; Dubreuil, *Standards*, 1929 ; De Fréminville, *L'organisation scientifique du travail* (*Illustration*, n° 22 juin 1929) ; Fourgeaud, *La rationalisation*, 1 v., 1929 ; de Leener, *L'organisation du travail*, 1928. — Cf. Gide, 1, p. 162 ; Truchy, 1, p. 126 ; *Bull. Min. trav.*, 1927.397.

(1) Aux Etats-Unis, la publication des rapports Hoover, après l'enquête de 1921, relevant dans l'industrie un gaspillage de 29 % à 64 %, eut pour effet de limiter de 78 à 47 les modèles de lit, de 66 à 7 les modèles d'automobiles, de 63 à 27 les modèles de construction de maison, etc. — Cf. Philip, *Le problème ouvrier aux Etats-Unis*, 1927 ; Dubreuil, *op. cit.*

salaires, comme si patrons et ouvriers devaient partager une quantité de bien immuable. Mais par de meilleures méthodes, patrons et ouvriers produisent plus, bénéfices et salaires s'accroissent en même temps. La productivité sera augmentée par des améliorations techniques qui tendent à réduire les dépenses inutiles en temps, en matières premières, en frais de transport, en force, en main-d'œuvre, en capitaux. Il faut que les progrès soient organisés en vue de servir le travail autant que le capital, car on a vu récemment l'excès de rationalisation aviver le chômage en Allemagne et aux États-Unis (1).

932. — *Salaire collectif.* — L'on entend par salaire collectif le salaire payé globalement à toute une *équipe* d'ouvriers. La répartition peut s'effectuer de diverses manières. Tantôt c'est le patron qui détermine lui-même la quote-part revenant à chacun dans la somme totale allouée pour le travail en commun : cette quote-part comprenant fréquemment un salaire au temps pour les membres subordonnés, et un salaire aux pièces pour les chefs de l'équipe (2).

Tantôt le patron laisse aux ouvriers le soin de répartir entre eux la somme globale suivant le mode qu'il leur plaît de choisir. On est alors en préence du *travail coopératif*, qu'il ne faut d'ailleurs pas confondre avec la coopération de production proprement dite, dans laquelle il n'y a plus ni chef d'industrie ni salaire, mais association pure et simple (V. tit. IV *infra*) (3).

(1) C'est à cette conciliation nécessaire des droits du travail et du capital que travaille l'*Institut intern. d'organisation scientifique du travail*, récemment institué à Genève sous l'égide du B. I. T. — Tel a été également l'objectif du récent Congrès intern. d'organisation scientifique du travail (Paris, juin 1929), auquel ont activement coopéré les grandes Fédérations ouvrières, notamment la C. G. T. — Cf. Fourgeaud, *op. cit.*, conclusions.

(2) Le salaire collectif affecte en ce cas le caractère d'un *forfait* (*contrat work*) au regard des chefs d'équipe et principaux ouvriers. Le salaire au temps des ouvriers inférieurs vient en déduction du forfait : d'où avantage pour les chefs de groupe à exécuter le travail dans le plus bref délai possible. Si les ouvriers rémunérés au temps ne sont pas embauchés directement par le chef d'industrie, l'opération affecte alors les caractères du *marchandage*, prohibé en principe en France dans des conditions déterminées plus loin (v. chap. III, *infra*). Le salaire peut être à la fois collectif et *progressif* (filatures du Lancashire, docks de Londres, employés d'un même rayon dans certains grands magasins, etc.). — Schloss-Rist, p. 119 et s.

(3) Le travail coopératif est largement usité dans les mines anglaises, dans les mines belges de Mariemont et Bascoup ; en Australie, en Nouvelle-Zélande, pour l'exécution des travaux publics, et dans la plupart des mines françaises (Cf. Amieux, *op. cit.*). — Ce mode de travail fonctionne aussi parfois, en France, dans l'imprimerie, notamment pour l'impression du *Journal Officiel* (Feretti, *La commandite égalitaire de l'Imprimerie nationale* [*Régie directe*, janv.-février

Parmi les modes de rémunération normale de nombreuses catégories de travailleurs, on peut ajouter la pratique du *pourboire*. Ce salaire ou ce supplément de salaire doit parvenir intégralement au personnel. Dans ce but, M. J. Godart a déposé une proposition de loi au Sénat (n° 17, du 17 janvier 1928). Elle exige que dans les hôtels, restaurants, cafés, brasseries, tout pourboire perçu par le patron soit versé intégralement au personnel. A défaut de réglementation collective, un règlement d'administration publique déterminera les modes de justification à la charge de l'employeur, les catégories de personnel qui prendront part à la répartition et les modalités de cette répartition. Le pourcentage attribué ne peut en aucun cas être l'occasion d'une réduction du salaire fixe.

933. — Statistique des salaires (1). Leur progression au XIXe siècle. — Cette complexité croissante dans les modes de rémunération n'a-t-elle pas coïncidé avec un accroissement notable, non seulement du salaire *nominal*, mais aussi du salaire *réel*, c'est-à-dire de la puissance d'acquisition des choses nécessaires ou utiles à la famille ouvrière correspondant au salaire moyen ? Il le semble bien *a priori*, puisque, nous l'avons établi, c'est en vue d'une justice plus grande dans la répartition que ces transformations dans le mode de paiement se sont, plus ou moins consciemment, réalisées dans la seconde moitié du XIXe siècle. Et, de fait, les statistiques françaises et étrangères confirment pleinement ce point de vue ; leur signification n'est pas douteuse et la plupart des auteurs, libéraux ou interventionnistes peu importe, s'accordent à reconnaître qu'au cours du dernier siècle, les salaires ont progressé en moyenne, sensiblement plus vite que le coût moyen de la vie, surtout depuis 1850. L'on ne diffère que sur le taux de cette progression (2).

1909]) chez les dockers des ports, notamment à Londres et à Gênes, etc. — Cons Richard, *Essai sur la coopération de main-d'œuvre*, th. 1904 ; Maraux, *La sous-commandite. association de travail dans l'atelier patronal*, *Rev. intern. trav.*, nov. 1925.

(1) BIBLIOGRAPHIE : Levasseur, *Questions ouvrières*, chap. IX et *Salariat et salaires* ; Fawcets, *Travail et salaires* ; Beauregard, *Théorie du salaire* ; Villey, *La question des salaires* ; Bourguin, *Les systèmes socialistes*, p. 367 et suiv. ; De Foville, *Le taux des salaires et le coût de la vie en France à la fin du XIXe siècle* (*Econ. franç.*, 13 et 27 sept. 1902) ; *Salaires et durée du travail dans l'industrie française*, 5 vol. et un album graphique, 1893-1897 (publ. de l'*Off. du trav. franç.*) ; *La petite industrie, salaires*, 2 vol., 1893-1896 (*Off. franç.*) ; Enquête sur le *travail à domicile dans la lingerie* (5 vol., 1907-1911) ; Aftalion, *Le salaire réel et sa nouvelle orientation* (*Rev. d'écon. polit.*, 1912, p. 541 et s.) ; Halbwachs, *La classe ouvrière et les niveaux de vie*, 1913. — Cf. le *Bull. du Ministère du Travail* et le *Bull. de statistique générale de la France*, et les enquêtes anglaises et américaines. — V. aussi Gide, II, p. 341 ; Truchy, 2e édit., 1927, p. 171.

(2) M. Villey (*La question des salaires*, p. 62) estime que de 1850 à 1880, les

Nous nous bornerons à quelques exemples.

934. — *Tissage.* — Dans l'industrie du tissage, de la filature de la laine, qui occupe un si grand nombre d'ouvriers dans le nord de la France, voici les salaires relevés sur les registres d'un fabricant (1) :

	1855	1889
Dégraisseurs	2 fr. 50	3 fr. 25
Tisseurs	3 fr. »	5 fr. »
Tisseuses	2 fr. 50	4 fr. 25

Industries diverses. — D'autre part, M. le Sénateur Siegfried, dans un discours prononcé à Dieppe en avril 1900 (*Mutual. lyonn.*, avr. 1900), déterminait ainsi le salaire journalier moyen des ouvriers dans l'ensemble des départements, Paris excepté :

	1840	1894
Tissages de coton	1 fr. 44	3 fr. 25
Mines de houille	1 fr. 96	4 fr. 25
Industrie du livre	1 fr. 58	4 fr. 20
Verreries et cristalleries	2 fr. 62	4 fr. 50

Dans l'ensemble, le salaire moyen des ouvriers des départements est passé de 2 fr. 07 en 1840 à 4 fr. en 1891, et celui des ouvrières de 1 fr. 02 à 2 fr. 20.

Nous connaissons exactement les salaires des ouvriers des mines, les propriétaires de mines de houille étant tenus de les faire connaître chaque année à l'État (*Statistiques de l'industrie minérale en France*). De 1882 à 1910, ils s'élèvent de l'indice 78 à l'indice 105 et dans cette période, les prix de gros n'ont pas augmenté.

935. — *Agriculture.* — Dans l'agriculture, la progression des salaires n'a pas été moins sensible au cours du XIXe siècle. Tandis que la part du propriétaire dans le produit brut de la terre, évaluée

salaires ont augmenté de plus de 50 %, tandis que la moitié seulement des denrées nécessaires à l'ouvrier a augmenté de prix. Pour M. Beauregard (*Théorie du salaire*, p. 114), l'augmentation des objets nécessaires à la vie des ouvriers serait de 25 1/3 %, et celle du salaire nominal de 42 %. — Pour M. Gide, la hausse réelle au cours du XIXe siècle, de 1800 à 1900, serait de 77 % (*Économie sociale*, p. 63) ; pour Levasseur, *Hist. des classes ouvrières et de l'industrie en France*, de 60 et peut-être 70 %.

(1) D. Zolla, *Le progrès de l'outillage mécanique et les salaires* (*Monde écon.*, 1896, t. 1er, p. 257).

il y a cinquante ans à 21 0/0, fléchissait à 11 0/0, la part du salaire (ouvriers ruraux et valets de ferme) passait du simple au double, si bien que la main-d'œuvre par hectare passait de 78 francs (1850) à 192 francs (1896) (1). D'après l'enquête agricole décennale de 1892, la moyenne des salaires pour l'ensemble des départements en 1891 ressortissait aux chiffres suivants, très supérieurs à ceux de 1862 :

	Eté	Hiver
Ouvriers nourris................	1,85	1,30
— non nourris.........	2,94	2,04

936. — Les salaires au début du XXe siècle : état stationnaire. L'enquête de 1911.— Cette progression du salaire réel ne devait pas se poursuivre dans les premières années du XXe siècle. L'enquête poursuivie en 1911 par le ministre du travail, publiée dans la *Statistique générale de la France*, est à ce point de vue très significative.

Dans quelques professions, l'on constata une hausse légère, mais dans la plupart, le taux des salaires demeura stationnaire de 1906 à 1911 :

Voici quelques chiffres :

Catégories d'ouvriers		Salaire journalier En 1906	Début de 1911
Imprimeurs :	à Paris	7.20	7.20
	en province	4.73	4.94
Peintres en bâtiment :	à Paris	7.20	7.22
	en province	4.39	4.76

Sans doute, la progression demeurait sensible si l'on comparait l'année 1910 à l'année 1896.

Mais cette progression avait été beaucoup moins rapide que le coût des denrées, de telle sorte qu'en 1912 il semblait bien que le pouvoir d'achat du salaire fût retombé au niveau du début du siècle dernier. Cette conclusion ressortait clairement des *nombres indices* ci-après, relevés dans l'enquête officielle de 1911 (l'indice relatif à l'année 1900 étant supposé égal à 100).

	Années 1806	1840	1900	1908	1910
Salaires	40	48	100	105	110
Coût d'un genre de vie uniforme...	»	84,5	100	100,5	104
Pouvoir d'achat du salaire	»	57	100	104,5	106

(1) Sur les salaires agricoles, cons. notamment : *Statistique agricole de la France* (résult. génér. de l'enquête décen. de 1892) ; Zolla, *Etudes d'économie sociale*, 1896 ; Souchon, *La propriété paysanne*, p. 51 et suiv.

En résumé, l'ouvrier n'était pas plus riche en 1910 avec 110 francs que l'ouvrier de 1806 avec 40 francs : l'amélioration constatée en 1900 était presque retombée à zéro (1).

937. — *Les fluctuations du taux des salaires depuis la guerre de 1914.* — Depuis la guerre, les salaires ont subi des fluctuations déconcertantes, d'ailleurs influencées directement par la hausse vertigineuse des denrées nécessaires à l'existence, et par les variations de la valeur du franc, stabilisé seulement, au cinquième de sa valeur or, en 1928.

Dans tous les pays du monde, belligérants ou non, les salaires nominaux avaient considérablement progressé de 1914 à 1919 ; mais en était-il de même du salaire réel ? Oui peut-être, dans l'industrie du bâtiment, où l'on vit quadrupler le salaire des simples manœuvres. Mais dans l'ensemble, il semble bien que le salaire n'ait pas alors progressé aussi rapidement que le coût des denrées, en d'autres termes que le salaire réel ait plutôt diminué (2).

Mais, depuis la crise de 1921-22, la condition générale des travailleurs, pris dans leur ensemble, s'est nettement améliorée. Assurément l'établissement d'une statistique rigoureusement exacte des salaires est une tâche ardue ; elle est cependant facilitée depuis quelques années par le fonctionnement régulier des Commissions chargées de suivre les variations du coût de la vie (décr. du 15 fév. 1920), et par le développement des conventions collectives tendant à faire varier le taux des salaires suivant les indices de prix. Des tableaux statistiques dresssés au cours de ces dernières années, nous croyons intéressant d'extraire quelques chiffres (3).

Le salaire moyen de l'ouvrier mineur était en 1914 de 4 fr. 94, en 1918, de 10 fr. 12, en 1921, de 18 fr. 80, en 1924, de 22 fr. 80, en 1926, de 28 fr. 40, en 1927, de 31 fr. 29 ; la hausse depuis 1925

(1) Cf., sur la question de savoir si la hausse des salaires au XIXe siècle a été aussi rapide que l'inflation du capital mobilier : Cadoux, *Contribution à l'étude des salaires réels* (Journal de la *Soc. de Statist. de Paris*, 1907.409) ; Chatelain, *Le problème de la répartition proportionnelle du revenu* (*Quest. prat.*, 1907, 1910 et 1911).

(2) Truchy, II, p. 127 et s. — Cf., sur les salaires pendant et depuis la guerre : Bitsch, *La hausse des salaires et la cherté de la vie en France*, th. 1920.

(3) Sur les fluctuations du taux des salaires en France, mises en corrélation avec les indices de prix, cons. notamment : *Bull. de la statistique de la France* ; Laporte, *Mouvement des salaires depuis* 1921, broch. 1927 ; Richardson, *Quelques aspects des fluctuations des salaires dans divers pays au cours des dernières années* (Rev. intern. trav., févr. 1928) ; *Enquête sur les salaires en France en oct. 1927* (*Bull. Min. trav.*, 1928, p. 2 et s.) ; Dugué de Bernonville, *Les salaires en 1928* (*Rev. d'écon. polit.*, 1929, p. 869 et s.).

s'explique par la grève des mineurs anglais et, depuis ce moment, la plus grande partie de la hausse s'est consolidée.

Voici les nombres indices des salaires des diverses professions, la nourriture non comprise, en 1927, d'après les évaluations des conseils de prud'hommes (indice 100 en 1910).

Ensemble de 38 professions masculines hors de Paris : 593; ensemble de 21 professions masculines dans la région parisienne : 513 ; hors Paris, imprimeurs 603, charrons 608, charpentiers 574, forgerons 552, maçons 611, terrassiers et journaliers 649. Dans l'industrie du métal de la région parisienne, les salaires ont augmenté en 1920, baissé pendant la crise de sous-consommation, (due à l'augmentation des prix, qui a pesé sur l'industrie française entre le dernier trimestre de 1920 et le dernier trimestre de l'année 1921), et suivi l'augmentation du coût de la vie, pour ainsi dire ininterrompue depuis la fin de l'anneé 1921 (1).

Le nombre indice des salaires dans 7 professions féminines hors de Paris était, fin 1927, de 648 ; et pour les repasseuses 705, pour les modistes 600, pour les couturières 671 ; à la même époque, le nombre indice des prix de détail était de 553, dans les villes autres que Paris et de 543 à Paris.

938. — La progression a été plus forte pour les salaires les plus bas avant la guerre : tisserands, terrassiers, journaliers. Par contre, les salaires des forgerons, qui étaient les plus élevés, ont augmenté moins que les autres ; les salaires tendraient donc à s'égaliser par en-haut. Il en est de même dans le monde des employés.

938 bis. — Quoiqu'il en soit, et pour la majorité des travailleurs, le niveau de vie s'est plutôt relevé depuis 1922, et l'amélioration est réelle.

Les prévisions de Ricardo, formulées au début du 19e siècle, qu'on a appelées depuis « la loi d'airain des salaires », d'après laquelle ils ne pouvaient ni augmenter ni diminuer, la volonté des hommes perdant sur eux toute emprise, ne se sont donc pas réalisées. L'expérience acquise depuis 1850 le démontre. La loi d'airain ne joue que dans les périodes de crise exceptionnelle ou de raréfaction du capital. La législation ouvrière, l'organisation syndicale que Ricardo ne pouvait prévoir en 1819 ont produit leur effet et infligé un démenti au précurseur de Karl Marx.

(1) *L'Usine*, n° 11 mai 1928.

SECTION III. — Effets du contrat du Travail (1)

Article 1er. — *Obligations du patron*

939. — Ces obligations peuvent se grouper sous trois chefs : 1° paiement du salaire ; 2° prestations, accessoires ou d'usage ; 3° mesures destinées à assurer la sécurité de l'ouvrier et à prévenir les accidents.

§ 1er. — Paiement du salaire. — Sa protection par la loi

940. — **La protection légale des salaires : ses divers modes.** — L'obligation essentielle du patron consiste dans le paiement, aux échéances stipulées ou d'usage, du salaire convenu, ainsi que des accessoires promis en argent ou en nature, et même de la part de bénéfices si l'ouvrier a été admis à y participer.

C'est au législateur qu'il appartient de sanctionner cette obligation, comme toutes autres dettes légalement contractées. Mais, ainsi que nous l'avons fait observer précédemment, le législateur contemporain ne croit pas avoir fait assez pour le travailleur lorsqu'il a fixé, dans quelques formules précises, les principes d'interprétation proposés au juge, et déterminé les juridictions compétentes. Il estime qu'il appartient également, sinon de fixer d'autorité un minimum de salaire dans l'industrie privée (réserve faite pour les industries exposées au *sweating*), tout au moins de *protéger* le salaire déterminé par la libre convention des parties : — 1° contre la négligence ou les abus de pouvoir du patron (truck system, irrégularité dans les paiements, retenues, amendes, détournements ou mauvaise gestion des fonds prélevés sur le salaire de l'ouvrier pour versements à des caisses de secours) ; — 2° contre les créanciers du patron (privilèges du salaire) ; — 3° contre

(1) BIBLIOGRAPHIE. — Lambert, *Essai sur la protection du salaire*, avec préf. de M. Gide, 1897; Bender, *Le salaire effectif, sa protection par la loi*, avec préf. de M. Pic, 1898; Cornelissen, *Théorie du salaire et du travail salarié*, 1908; Levasseur, *Salariat et salaires*, 1909; Ryan, *Salaire et droit à l'existence*, 1910; Landry, *Manuel d'économie, le salaire;* Tixier, *L'idée du juste salaire en droit français contemporain.* — V. aussi les ouvrages généraux cités *supra*, ainsi que les monographies (visées *infra*), consacrées à chacun des modes particuliers de protection du salaire.

les créanciers de l'ouvrier (insaisissabilité) ; — 4° enfin, dans l'intérieur de la famille, contre les abus de pouvoir des personnes sous l'autorité desquelles peut se trouver placé le salarié (femme mariée, jeune ouvrier) (1).

Il convient d'examiner successivement ces différentes formes d'intervention, afin d'en apprécier la légitimité.

I. — Du salaire légal minimum, soit dans l'industrie privée, soit dans les travaux publics. — Question du travail à domicile

941. — Appartient-il aux pouvoirs publics (Etat, département ou province, commune) d'intervenir d'*autorité* dans la fixation du salaire, en vue d'assurer aux travailleurs de toute catégorie une rémunération minima calculée sur la moyenne des besoins de la famille ouvrière (*juste salaire* ou *salaire familial*) ? Les socialistes l'affirment énergiquement (1) ; presqu'au début de chaque législature, le groupe socialiste dépose sur le bureau de la Chambre une série de propositions tendant à fixer un salaire minimum, soit pour tous les corps d'Etat, soit pour certaines catégories de travailleurs (2). Les chrétiens sociaux, s'appuyant sur l'Encyclique *De conditione opificum*, réclament eux aussi l'intervention de l'Etat dans la fixation du taux du salaire, à raison de la contrainte morale qui pèserait sur l'ouvrier lorsqu'il contracte avec le patron, et de l'impossibilité où il se trouve de débattre *librement* les conditions de son engagement (3).

(1) Les représentants les plus autorisés de l'école libérale admettent en cette matière l'intervention de la loi. « On comprend, écrit M. Paul Leroy-Beaulieu, que la loi s'occupe du mode de paiement des salaires. *Quand un système a été reconnu comme généralement dolosif, il n'y a pas d'abus à l'interdire* ». P. Leroy-Beaulieu, *Traité*, t. II, p. 503.

Le projet de loi sur la réforme de la législation des brevets, présenté en 1924, et voté par la Chambre le 7 avril 1927, précise le droit des employés en ce qui concerne les brevets résultant des inventions réalisées par eux. Les employés, *inventeurs salariés*, seront législativement protégés contre l'abus consistant, pour certains patrons, à leur faire signer un contrat par lequel ils cèdent, à l'avance, au patron leurs droits d'invention, même si l'invention n'est pas la conséquence directe de leurs fonctions. — Pic, *La protection des droits de l'inventeur salarié d'après le projet de loi français sur les brevets d'invention, mis en parallèle avec certaines lois étrangères récentes*, 1928. — *Quest. pratiques*, 1928, p. 81.

(2) Parmi les propositions du groupe socialiste déposées sur le bureau de la Chambre française, cons. notamment : propos. Vaillant, tendant à instituer la journée de huit heures et un *salaire minimum* pour tous les ouvriers et employés, 5 nov. 1906, reprise le 17 nov. 1910 (Ch., n° 469); propos. Cuny, tendant à instituer un minimum de salaire pour tous les travailleurs (Ch., 5 déc. 1910, *Doc. parl.*, n° 545) ; propos. Picquenal, tendant à accorder un minimum de salaire à tous les auxiliaires des services publics (Ch., 22 nov. 1928, n° 769), etc...

(3) Cons. à ce sujet le très intéressant *referendum* joint aux *Etudes sur le con-*

La question, à notre sens, n'est pas susceptible d'une réponse absolue ; et nous estimons, avec la majorité des interventionnistes, qu'il convient d'établir une distinction fondamentale entre la fixation, par les pouvoirs publics, d'un minimum général des salaires dans toutes les professions — forme d'intervention aussi périlleuse que difficile à réaliser pratiquement — et la détermination d'un salaire minimum, pour les ouvriers et ouvrières travaillant à domicile, comme dans tous les cas où le *sweating* est à craindre, ou l'insertion, dans les cahiers des charges des marchés de *travaux publics*, de clauses obligeant les adjudicataires à se conformer au taux des salaires et à la durée de la journée considérés comme normaux et courants dans la ville ou la région où le travail doit être exécuté. Ces deux dernières formes d'intervention se justifient par des considérations sérieuses et ne sont plus contestées.

A. DU MINIMUM LÉGAL DE SALAIRE DANS L'INDUSTRIE PRIVÉE, EN GÉNÉRAL (1). — 942. — **Ancien droit.** — L'intervention de l'État dans la fixation des salaires ou des prix n'est certes pas une nouveauté. Pendant de longs siècles, l'État s'est attribué le droit et le pouvoir de réglementer les salaires, mais dans l'intérêt des patrons. M. Levasseur, dans son *Histoire des classes ouvrières avant 1789*, nous rapporte que Dioclétien fixa un maximum de salaires, et ce, à peine de mort ! Malgré la barbarie exorbitante de la peine, la loi ne fut pas exécutée ; et les successeurs de Dioclétien durent rapporter la loi.

trat de travail de M. Bodeux, p. 426 et suiv. Se sont prononcés nettement contre toute intervention de l'Etat, MM. P. Leroy-Beaulieu et H. Valleroux (libéraux) et M. Morisseaux (interventionniste) ; ont au contraire préconisé catégoriquement l'action de la loi, en vue de l'établissement du juste salaire, M. l'abbé Pottier, profess. à Liège, et M. le comte de Kuefstein, l'un des leaders du parti démocrate chrétien d'Autriche. — M. Verhaegen, de la Ligue démocratique belge, préconise la tarification syndicale, le contrat collectif (cf. nos conclusions). M. Jay admettrait que les tarifs établis d'un commun accord entre les syndicats patronaux et ouvriers fussent *sanctionnés* par l'Etat, sous une forme à déterminer.

(1) BIBLIOGRAPHIE. — Cf. les traités sur le *contrat de travail* de Glatard, Hubert Valleroux, Cornil, Bodeux, Stocquart, cités *supra* ; Jay, *Protection légale*, p. 298 ; *Congrès intern. du travail à domicile* (Bruxelles, 1910, Zurich, 1912, rapp. et compte rendus) ; Boyaval, *La lutte contre le sweating system ; le minimum légal de salaire, l'exemple de l'Australie et de l'Angleterre* (préf. de M. de Mun), 1912 ; Pic, *La question du minimum des salaires dans l'industrie privée* (*Rev. polit.*, sept. 1912) ; R. Picard, *Le minimum de salaires*, 1913 ; *Le salaire minimum dans l'industrie à domicile* (*Bull. Min. trav.*, 1914.45) ; Duchêne, *Les progrès de la législation sur le minimum de salaires*, 1918 ; Vayssié, *Du minimum légal des salaires*, 1923.

Sur le minimum de salaires en Australie et en Nouvelle-Zélande, cons. les auteurs cités *supra* (titre Iᵉʳ, chap. IV, sect. 3) — V. aussi : Cl. Black, *Wage*

Mêmes pratiques au moyen âge : en France, en Angleterre, en Allemagne, des lois ou des règlements locaux fixaient le taux des salaires (1). Il ne paraît pas qu'ils aient été mieux observés.

Même échec, en 1793, pour la tarification du prix des denrées et objets de consommation courante, édictée par la Convention (2). Aujourd'hui, nul ne s'aviserait plus de demander la fixation d'un taux *maximum* dans l'intérêt des patrons ; l'on ne réclame plus guère non plus, en temps de paix tout au moins, sauf pour le pain et la viande, le retour aux lois du maximum ; mais l'on demande à l'État d'empêcher la dépression des salaires par la fixation d'un taux *minimum*, au-dessous duquel le salaire ne pourrait jamais descendre, les parties restant libres de fixer un taux contractuel supérieur.

943. — **Les obstacles à la tarification légale.** — Nous craignons que les partisans de cette tarification légale ne s'exagèrent singulièrement la toute-puissance du législateur. N'ayant point érigé le principe de la non-intervention en dogme intangible, nous ne lui contesterions pas le droit d'intervenir dans le contrat de salaire pour maintenir l'égalité, si nous n'estimions, d'une part, que cette intervention serait plus nuisible qu'utile, et, d'autre part, que les travailleurs ont dans le développement organique du mouvement syndical, un remède beaucoup plus efficace à la dépression des salaires.

944. — Le grand obstacle à la tarification légale est son défaut de souplesse. Certes, le travail n'est pas une marchandise ordinaire (Cf. art. 427 du traité de Versailles). Mais il n'en reste pas moins

Boards of Australasia, Londres, 1907 ; Lorin, *L'Australie contemporaine* (*Rev. polit. et parl.*, juin 1908). — Cf. Sagot, *Salaires minima en Australie* (*Mouv. social*, juin 1909). — Sur le minimum de salaires en Angleterre : Pic, *Les audaces de la démocratie sociale anglaise* (*Quest. prat.*, 1909.345) ; Holcombe, *The british minimum wages act of* 1909 (*Quart. J. of Economics*, mai 1910) ; Corbett, *La loi anglaise sur les conseils d'industrie* (*Doc. du Progrès*, avr. 1910). — Pour plus de développements sur ces différentes lois et sur la position de la question dans les principaux pays étrangers, notamment en Allemagne, Autriche, Suisse, Belgique, etc., v. l'ouvr. précité de Boyaval. — V. aussi *Minimum wages legislation* (enquête du Bureau de Washington), 1914 ; Broda, *Les résultats de l'application du salaire minimum pendant et depuis la guerre*, Berne, 1921 ; de Tarlé, *Le salaire minimum dans l'industrie* (étude de droit comparé), *Economie nouv.*, févr. 1928.

(1) Sur les règlements édictés au XIVe siècle, en France, par le roi Jean, en Angleterre par Edouard III, cons. Levasseur, *op. cit.*, t. 1er p. 398 ; — Henri Hauser, *Ouvriers du temps passé*.

(2) Sur les lois du maximum en 1793, v. *supra*, n° 264. — Sur la taxation des denrées au cours de la guerre de 1914-1918, v. *supra*, n° 266.

que le taux du salaire est éminemment variable suivant la nature du travail, l'état du marché, l'activité des affaires, la cherté des matières premières, l'importance plus ou moins grande des commandes intérieures ou de l'étranger ; le salaire varie également dans la même profession, de province, à province et de ville à ville ; en un mot, il est essentiellement mobile, de même que les profits, dont il suit dans une certaine mesure toutes les alternatives de hausse ou de baisse (1). Cette variabilité du taux normal du salaire rend très difficile toute tarification rationnelle ; et l'on peut affirmer que presque toujours le tarif légal serait supérieur ou inférieur au taux qui résulterait de la libre convention des parties.

Si le minimum légal est inférieur au taux courant, la tarification est superflue ; si, au contraire, le minimum légal se trouve être supérieur au taux normal, l'application stricte de la loi aboutirait, si elle était possible, à une ruine irrémédiable du patron. Il se peut il est vrai que l'autorité, après avoir dûment constaté l'impossibilité d'appliquer le tarif sans ruiner le patron, ne tienne pas la main à l'exécution de la loi ; mais alors celle-ci tombera aussitôt dans un discrédit mérité, et les ouvriers ne manqueront pas de protester vivement contre la trahison ou l'impuissance de l'État (2).

945. — Un autre écueil de la tarification légale, c'est la surenchère. Vainement les partisans du minimum imposé allèguent-ils que leur objectif est plutôt d'empêcher l'avilissement des salaires que d'en provoquer artificiellement la hausse ; leurs affirmations sont trop souvent démenties par les faits, et le parti socialiste ne dissimule pas ses intentions de surélever artificiellement le salaire, en attendant la suppression du salariat (3). Et d'ailleurs, cette tendance est une conséquence fatale du principe même du *salaire familial*. Il ne saurait être question d'instituer un salaire progressif, variant suivant les charges de famille, attendu qu'une protection aussi maladroite irait diamétralement à l'encontre des intérêts respectables que l'on entend sauvegarder ; préoccupés du prix de revient, les patrons préféreraient forcément les célibataires aux ouvriers mariés, et les ouvriers mariés sans enfants aux ouvriers chargés de famille ! De toute nécessité, le tarif doit donc être uniforme, et assez élevé pour faire face aux charges moyennes d'une famille ouvrière (4).

(1) H. Denis, *L'histoire des prix*, 1895, et les graphiques joints à l'ouvrage.
(2) Cf. Truchy, II, p. 384.
(3) Interpell. Aubriot, Ch., s. du 23 févr. 1912.
(4) Rappelons toutefois que les fédérations patronales françaises ont depuis

946. — L'on a cherché, il est vrai, dans la plupart des projets déposés, à contrebalancer cette tendance à la hausse par un appel aux intéressés eux-mêmes, qui, après discussion contradictoire, proposeraient un prix courant, qu'il appartiendrait simplement aux pouvoirs publics de sanctionner et de contrôler (V. *supra*, n° 941, note 2, le résumé du referendum Bodeux). Présentée sous cet aspect, la réforme semble plus acceptable ; et cependant, même avec cette atténuation, nous ne saurions nous y rallier. Pour la combattre, il nous suffira, croyons-nous, de signaler, d'après des documents récents, les inconvénients très apparents déjà du régime australasien, précisément basé sur cette coopération des organisations syndicales, patronales et ouvrières, et des pouvoirs publics, dans la fixation du tarif des salaires.

947. — Le salaire minimum, en Australie et Nouvelle-Zélande. — C'est en *Australie*, dans l'Etat de *Victoria*, qu'une loi de 1896, amendée les 23 décembre 1907 et 2 mars 1909, a introduit le régime du salaire légal minimum. Bientôt après, le régime était étendu à l'*Australie du Sud* (L. de 1900, amendée les 23 déc. 1908 et 31 déc. 1925) puis à la *Nouvelle Galles du Sud* (24 avr. 1908), et au *Queensland* (L. de 1912, et du 28 sept. 1925). En *Nouvelle-Zélande*, la loi ne fixe pas directement, sauf pour les jeunes ouvriers, qui tous doivent recevoir un salaire minimum (L. du 21 oct. 1899), le taux des salaires ; mais la loi de 1894, amendée en 1904, 1908, 1926 et 1927, sur l'arbitrage obligatoire (1), aboutit finalement à un résultat identique, puisqu'elle confère aux juges de la Cour arbitrale, dont les parties sont *obligées* d'accepter la juridiction, le droit de fixer pour l'avenir, en cas de contestation, le taux des salaires ainsi que les autres conditions du travail (2). — Cf. lois sur l'arbitrage des Etats du *Commonwealth* australien autres que Victoria et l'Australie du Sud. V. notamment L. 24 avril 1908, (Nouvelle-Galles du Sud), L. des 19 février 1902 et 7 juin 1927 (Australie méridionale). — V. aussi loi genevoise du 10 février 1900, amendée le 26 mars 1904. Cf. Code du trav. soviétique (Rev. belge trav, 1927, 1161).

Quels résultats cette tarification a-t-elle produits ? — Si l'on se

peu ingénieusement résolu le problème par la création de caisses de compensation, d'ailleurs jusqu'ici purement facultatives. — V. *supra* n° 930.

(1) Sur cette loi, et sur les diverses lois australasiennes instituant l'arbitrage obligatoire, v. *infra*, tit. III. — Cf. *Le contrôle des salaires en Australie* (Réf. sociale, n° janv. 1925).

(2) Sur le caractère obligatoire des décisions des tribunaux du travail, cons. l'étude d'ensemble intitulée « *La juridiction du travail dans les différents pays* » (Rev. du trav. belge, 1929, p. 918).

bornait à consulter les documents officiels, ce régime aurait donné les meilleurs résultats dans l'Etat de Victoria, où en 1911 fonctionnaient 75 commissions mixtes, composées d'un nombre égal de patrons et d'ouvriers départagés par un juge, et correspondant à autant de métiers, occupant ensemble 75.000 ouvriers (Boyaval, *op. cit.*, p. 284). La progression des salaires, depuis l'institution des *Wages-Boards* jusqu'en 1911, n'aurait pas été inférieure à 25 0/0.

Mais les renseignements fournis par MM. Siegfried, Vigouroux, Métin, par la *Labour Gazette* de Londres ou *l'Office du travail français*, sont beaucoup moins optimistes. De l'enquête à laquelle ces auteurs se sont livrés semblent bien ressortir les conclusions suivantes. Certains tarifs légaux, supérieurs au taux courant, ont pu être imposés à l'industrie ; mais les résultats de cette majoration sont plutôt défavorables. En effet, le taux surélevé des salaires, en augmentant le prix de revient, a permis à la production étrangère, malgré l'isolement de l'Australie et le coût du fret, de venir concurrencer les produits indigènes (*sic*, pour les chaussures, le charbon, etc) ; et l'on ne saurait cependant, sans provoquer une hausse excessive des prix et par conséquent un renchérissement de la vie, qui rendrait illusoire la tarification, élever des barrières douanières trop hautes.

Socialement parlant, la loi crée, au profit des ouvriers habiles, une surprime énorme, les patrons étant naturellement enclins à opposer au principe du minimum de salaire celui du *rendement minimum* (Gonnard, *op. cit.*). Aussi les ouvriers médiocres, maladifs ou âgés, ont-ils grand'peine à s'embaucher ; ou du moins ils ne le peuvent qu'à la condition de s'engager, par des accords clandestins, à travailler au-dessous du tarif. En douze ans, 14 remaniements ont dû être apportés à la loi néo-zélandaise. Le formalisme judiciaire de la Cour d'arbitrage a entraîné des délais, qui ont à leur tour, en surexcitant les esprits, provoqué des grèves (1).

Ces constatations, faites dans un pays admirablement placé, à raison de son éloignement même, pour les expériences sociales, suffisent à démontrer combien il serait difficile à un Etat européen (2), concurrencé de toutes parts, de faire respecter une législ-

(1) Sur les inconvénients du système néo-zélandais d'arbitrage obligatoire, cons. Boyaval, p. 287 et les autorités citées par lui. V. aussi : Schindler. *L'Australie et le régime travailliste* (*Rev. d'Econ. polit.*, 1913, 339). — Cf. Daniel Salles, *La réglementation des salaires par l'Etat en Australie et Nouvelle-Zélande* (Rev. *intern. trav.*, oct. 1924).

(2) Mentionnons ici qu'en *Russie soviétiste* tous les salaires sont établis d'après une échelle fixée par les syndicats intéressés, sous le contrôle du Commissariat du travail. — La rémunération en nature tend, par suite de la dépréciation du

lation tendant à stabiliser les salaires à un taux artificiellement surélevé.

948. — **Conclusions.** — Qu'est-ce à dire, sinon que l'État ne peut agir efficacement dans le sens d'une hausse progressive des salaires de l'industrie privée (sauf toutefois en ce qui concerne les travailleurs à domicile dont il est question ci-après) que par des moyens indirects, dont les principaux sont : — une législation tendant à développer l'instruction professionnelle ; — une bonne législation sur les institutions de conciliation et d'arbitrage, spécialement sur les conseils permanents, dont l'action peut, même en dehors de tout caractère obligatoire, s'exercer utilement dans le sens du maintien des salaires (V. tit. III, *infra*) ; — la rescision du contrat de travail pour cause de lésion (V. *supra*, n° 921) ; — enfin et surtout une législation favorable au mouvement syndical, et aux contrats collectifs de travail.

Telles paraissent bien être les conclusions qui se dégagent du vaste débat institué, sur le *salaire minimum*, à la Conférence intern. du travail, dans ses 10e et 11e sessions (1).

B. Du minimum de salaire pour les ouvriers a domicile (2).

— 949. — **Le problème du sweating ; divers remèdes proposés.** — Nous avons eu l'occasion de signaler déjà les mesures prises par diverses législations étrangères, en vue de remédier aux abus du travail en chambre et du *sweating system*, dont les ouvriers isolés, travaillant à domicile, sont fréquemment les victimes, sur-

rouble, et aussi par application des principes communistes, à se substituer au salaire en espèces (décr. 10 déc. 1917 et 22 sept. 1918, *Bull. Min. trav.*, 1920, p. 302). — Le salaire *réel* des ouvriers d'industrie n'en est pas moins en baisse. — Zagorski, *La Nep dans une impasse* (Rev. pol. et parlem., août 1929).

(1) *Quest. prat.*, 1928, p. 31 et 651 ; *Rev. pol. et parlem.*, n° août 1928.

(2) Bibliographie. — La question du *travail à domicile* ou *travail en chambre*, et par conséquent du sweating, a fait l'objet de nombreuses enquêtes, nationales et internationales, de plusieurs Congrès (Bruxelles, 1910, Zurich, 1912), de la 10e et de la 11e conférence internationale du travail en 1927 et 1928 (*Rev. pol. et parl.*, août 1928, *Quest. prat.*, 1928, p. 31, 251), et d'innombrables ouvrages et monographies en toutes langues. Nous nous bornerons à indiquer les documents essentiels.

Bibliographie générale des industries à domicile, Bruxelles, 1908 ; Schwiedland, *La répression du travail en chambre*, 1897 ; Dubois et Julin, *Les moteurs électriques dans les industries à domicile*, 1901 ; Fagnot, *La réglementation du travail en chambre*, 1904 ; Ansiaux, *Que faut-il faire de nos industries à domicile ?* Bruxelles, 1904 ; C. Milhaud, *L'ouvrière en France*, 1907 ; Badiou, *Essai sur la réglementation du travail dans l'atelier de famille des tisseurs de soies*, th. 1907 ; R. Picard, *La question du travail à domicile et le Congrès de Bruxelles* (*Grande

tout lorsqu'au lieu d'être en relations directes avec le chef d'industrie, ils sont obligés de passer par l'intermédiaire des courtiers des grandes fabriques ou des *grands magasins*, et d'accepter un salaire infime. Dépression du salaire de la profession, subi par la masse ouvrière entière ; surmenage préjudiciable à la santé des ouvriers et ouvrières travaillant en chambre, conséquence fatale des longues journées, et de l'installation plus que défectueuse au point de vue hygiénique des logements ouvriers : tels sont les deux vices, incontestables, de ce mode de travail.

Frappés de ces deux inconvénients, plusieurs économistes autorisés, appartenant aux écoles allemande ou autrichienne, notamment MM. Schwiedland et Sombart (1), n'hésitent pas à se prononcer pour une réglementation sévère du travail en chambre, et préconisent toute une série de mesures allant de la réglementation (extension de toutes les prescriptions légales au travail à domicile, même familial) à la prohibition absolue du travail hors de l'atelier, lorsque le travail à domicile est *évitable*.

958. — Nous estimons, avec la majorité des auteurs français et belges, qu'une telle sévérité dépasserait le but. Nous ne nions certes pas les abus, trop réels, du travail en chambre et du *sweating*. Mais il est permis de se demander si le remède à ces maux consiste, comme le croit M. Schwiedland, dans l'embrigadement obligatoire de tous les ouvriers dans l'usine (ou même dans *les ateliers corporatifs*), ou s'il ne serait pas préférable de favoriser, par l'action commune des municipalités et des chefs d'industrie, la reconstitution du *petit atelier*, plus facile à surveiller que les locaux purement privés dans lequel s'exerce le travail dit familial.

Il est excessif d'affirmer, comme le fait volontiers l'école alle-

Revue, 10 oct. 1910); Gemähling, *Travailleurs au rabais*, 1910 ; G. Mény, *La lutte contre le sweating system*, 1910 ; Pic, *L'industrie du ruban à St-Etienne* (*Quest. prat.*, 1911, p. 263) ; Dr Broda, *Comment on pourrait diminuer la misère des ouvrières en chambre* (*Doc. du Progrès*, janv. 1912) ; Boyaval, *La lutte contre le sweating system* (préf. de Mun), 1912, *op. cit.* ; Guitton, *L'industrie des rubans de soie en France*, 1928. — Cons. également les ouvrages cités *supra*, n° 697, de MM. Ch. Benoist, Bonnevay, Espinasse.

(1) Cf. l'enquête de l'Off. du trav. français sur le travail à domicile dans la lingerie (5 vol., 1907-1911). — Parmi les monographies de métier consacrées au travail des ouvriers et ouvrières en chambre et aux abus du *sweating*, cons. notamment : De Boissieu, *L'usine au logis à Paris* (*Quest. prat.*, 1902, 321 et 363) ; Cote, *L'industrie gantière à Grenoble*, 1903 ; Bayzelon, *L'industrie de la dentelle à la main*, th. 1906 ; Dorchin, *L'industrie à domicile de la confection du vêtement dans la campagne lilloise*, th. 1907 ; Brocard, *Le travail des femmes à domicile dans la région de Nancy* (Quest. prat., 1908,353) ; Roy, *La lunetterie dans le canton de Morez*, th. 1913.

mande, que la petite industrie est une forme arriérée et barbare de production : ainsi que l'ont si bien démontré les auteurs des monographies citées en note (MM. Bonnevay, Dubois, Badiou, etc.), cette forme de production, encore très répandue, est au contraire celle qui convient le mieux à la fabrication des articles de luxe, tels que la soierie lyonnaise, la rubanerie, la dentelle, la broderie fine, — de l'armurerie, de l'horlogerie, de l'article de Paris, etc. Sans doute, les salaires des ouvriers et ouvrières travaillant en chambre ou en petit atelier sont souvent d'une modicité excessive ; mais les récents progrès de la science électrique semblent devoir contribuer au relèvement progressif de leur condition.

Des sociétés se sont constituées, dans plusieurs centres ou régions industriels, pour faciliter la distribution de la force électrique à domicile et la transformation des métiers à la main en métiers mécaniques. Lorsque cette petite révolution économique aura produit tous ses effets utiles (1), la supériorité de la grande usine sur le petit atelier au point de vue des frais généraux sera moindre et le travail à domicile, mieux rémunéré, ayant d'autre part cet avantage de maintenir la cohésion familiale, n'encourra plus les mêmes reproches.

Pour obtenir plus sûrement ces résultats, une éducation de l'opinion s'impose. Il faut que tous les amis sincères des classes laborieuses s'efforcent de faire comprendre aux ouvrières les dangers de l'isolement, la nécessité du groupement syndical pour la défense commune de leurs intérêts et de leurs droits (2). Il faut qu'ils travaillent d'autre part à mettre en garde le public, surtout les femmes de la bourgeoisie, trop souvent à la recherche d'un bon marché excessif, contre les dangers, moraux et matériels, de cet avilissement de la main-d'œuvre ; ils feront appel à leur conscience de femmes et de mères, et s'appliqueront en même temps

(1) Cette transformation est très avancée dans la rubanerie stéphanoise (De Boissieu, Badiou, *op. cit.*), beaucoup moins dans les ateliers de canuts lyonnais, malgré les efforts de la Société pour le développement du tissage à Lyon fusionnée depuis 1907 avec la *Caisse de prêts*. — Un intéressant projet avait été élaboré il y a quelques années, en vue de créer, à la Croix-Rousse, une cité ouvrière des tisseurs, avec, au centre, un atelier coopératif. Un atelier coopératif de ce genre fonctionne déjà à Roubaix, avec un plein succès (rapp. Pic, *Bull. munic. de Lyon*, 1907.2.169). Une Société, dite *Société des ateliers-logis pour tisseurs lyonnais*, s'était constituée dans ce but en 1911 ; la guerre en entraîna la dissolution, mais la question a été reprise par une société H. B. M., le *Domaine du combattant*, qui vient d'aménager un vaste immeuble en atelier-logis (1929).

(2) Gonnard, *La femme dans l'industrie*, 1906. — Cf. Mlle Rochebillard, *Action syndicale féminine* (*Soc. d'écon. polit. de Lyon*, 1904) ; abbé Lemire, *Organisation du travail des femmes* (*Coin de terre et du foyer*, n° de mai 1903) ; Duthoit, *Vers l'organisation professionnelle*, 1910 ; G. Renard, *L'ouvrier à domicile*, 1927.

à mettre en relief les dangers matériels que font courir aux consommateurs les produits fabriqués au rabais dans des locaux malsains, véritables foyers de tuberculose. Cette campagne d'assainissement, depuis longtemps entreprise dans les pays anglo-saxons par les *ligues sociales d'acheteurs*, poursuivie avec un zèle infatigable en France et en Suisse par Mme J. Brunhes (1), se développe méthodiquement et affecte aujourd'hui un caractère international.

951. — *Action législative: a) Inspection et contrôle.* — Est-ce à dire que nous contestions l'utilité de la réglementation légale ? Nullement, et s'il nous apparaît difficile de soumettre les ateliers de famille aux prescriptions légales concernant la durée du travail, du moins avons-nous reconnu la légitimité et l'utilité de leur assujettissement à l'inspection, au point de vue de l'hygiène des locaux dans lesquels le travail s'exerce. — Cf. art. 65 liv. 2 C. T., v. *supra* n° 606.

Nous regrettons que ces prescriptions ne s'appliquent qu'aux ouvriers et ouvrières du vêtement, alors qu'elles seraient également utiles dans d'autres branches d'industrie (2).

952. — *b) Minimum légal de salaires. — A l'étranger : loi anglaise de 1909 sur les Conseils d'industrie.* — Mais ne convient-il pas de progresser plus hardiment dans la voie de la réglementation légale et d'instituer, au profit des ouvrières du vêtement et des autres industries où sévit le *sweating*, un minimum légal de salaires ?

A la suite d'une vaste enquête ouverte à peu près simultanément en France, en Angleterre, en Suisse (3), l'affirmative fut nettement préconisée par divers Congrès internationaux, notamment à Lucerne (1908) et Zurich (1912).

Le Congrès de Zurich put faire état des premiers résultats de la loi anglaise de 1909. Effectivement, en présence des révélations

(1) Mme Jean Brunhes, *La ligue sociale d'acheteurs* (rapp. à l'Assoc. nat. franç. pour la protect. lég. des trav., 1903) ; Vermorel, *Les ligues sociales d'acheteurs* (*Quest. prat.*, 1909, 23) ; Deslandres, *L'acheteur*, 1911.

(2) Cf. loi *norvégienne* du 15 févr. 1918 sur le travail à domicile (*Bull. Off. intern.*, 1918, p. 97). — V. aussi ordonn. *allemande* du 14 févr. 1913, prise en exécution de la loi du 20 déc. 1911. — Sur les mesures prises ou proposées en vue de protéger les petits commerçants, ou les artisans autonomes, contre la concurrence ruineuse des *grands magasins*, et des *sociétés à succursales multiples*, v. le chap. 3 du présent titre.

(3) Dans la lingerie, d'après l'enquête française de 1907, la moyenne du salaire des ouvrières n'atteignait pas 400 francs par an !

scandaleuses de l'enquête du *Board of trade* (1), le gouvernement anglais avait pris l'initiative de déposer, le premier en Europe, un projet sur le minimum de salaire qui est devenu la loi du 20 octobre 1909, instituant les *conseils d'industrie*, directement inspirés des comités de salaires australasiens, mais avec un champ d'application limité d'abord à un petit nombre d'industries.

Cette loi (2) donne tous pouvoirs au *Board of trade*, c'est-à-dire au ministre du commerce, pour créer des conseils d'industrie (*Trade-Boards*) dans la confection des vêtements, la fabrication des boîtes, des chaînes, le finissage ou reprisage de dentelles et de filet à la mécanique. Tous les travailleurs (hommes ou femmes) occupés dans ces industries, *soit en fabrique ou en atelier, soit à domicile*, sont visés par la loi. Le champ d'application de cette loi a été étendu par la loi de 1918, qui accorde au ministre le droit de créer des conseils d'industrie dans toutes les industries où il estime que le taux des salaires n'est pas suffisamment élevé et où il n'existe aucune organisation susceptible de remédier à cet état de choses. La loi est appliquée aujourd'hui dans trente-cinq industries, au lieu de quatre en 1915 ; la plupart se rattachant au vêtement, quelques-unes à l'alimentation ou à des spécialités (voitures d'enfants, pompes funèbres, jouets, cartonnage, brosses).

Le Conseil d'industrie comprend des membres officiels nommés par le *Board of trade*, des représentants élus des patrons et des ouvriers. Ces deux dernières catégories sont en nombre égal, mais les membres officiels sont moins nombreux. Le président est toujours choisi parmi ces derniers. Les femmes sont éligibles. Le conseil fixe, après enquête, le tarif minimum des salaires pour travail au temps et, s'il y a lieu, pour le travail aux pièces. Les conseils d'industrie fixent le tarif minimum de salaire. Un délai d'attente, de 6 mois au moins, destiné à provoquer les réclamations, doit s'écouler avant sa mise en vigueur. Quand il a été rendu obligatoire pour une région déterminée par ordonnance ministérielle, toute convention stipulant un salaire qui lui serait inférieur est nulle et expose le patron à une amende (3).

(1) L'enquête avait révélé notamment qu'à Birmingham, des enfants de trois ans étaient employés dans des fabriques d'agrafes ; qu'on leur allouait 3 sous pour coudre deux douzaines de mouchoirs. Les femmes employées, en Irlande, au même travail, recevaient 2 sous par douzaine.

(2) V., le texte de cette loi dans l'*Ann. de lég. du travail*, 1909.367. — Sur les études doctrinales qu'elle a suscitées, v. la bibliographie relatée *supra*, n° 942. — Cf. *Bull. Off. trav.*, 1910.73 et *Quest. prat.*, 1910.100. — Sur les méthodes de fixation des salaires minima, devant le B. I. T., v. *Quest. prat.*, 1928, p. 31 et s.

(3) Sur la mise en vigueur et les résultats de la loi anglaise, cons. notamment : Boyaval, *op. cit.*, p. 437 et s. ; Broda, *op. cit.*

953. — Par deux lois ultérieures, le législateur anglais s'engagea beaucoup plus avant dans la voie de la fixation légale des salaires. Effectivement, à la suite d'une grève générale qui avait pendant un mois paralysé la production industrielle, intervint la loi du 20 mars 1912, posant le principe du minimum légal de salaires pour tous les ouvriers du tréfonds dans les *mines de houille*.

Puis fut promulguée, en pleine guerre, la loi du 21 août 1917 (Bull. Min. trav., 1917, p. 564), sur la *production du blé*. Cette loi assurait aux salariés agricoles un salaire minimum, établi par des Conseils spéciaux, et garantissait aux fermiers à titre de compensation, un prix minimum pour leur blé et leur avoine, de 1917 à 1922. Une nouvelle loi sur les salaires agricoles minima a été promulguée en 1924 (*Doc. du travail*, Oct. 1928).

954. — *Autres Etats*. — Un certain nombre d'États de l'Union américaine devaient, au cours de l'année 1913, emprunter à l'Angleterre le régime des Comités de salaires pour l'industrie à domicile : Massachusetts, Washington, Orégon, Californie, Colorado, etc. (1). L'exemple des Etats-Unis fut suivi par le *Mexique* (L. 27 oct. 1916).

Les Comités professionnels institués par la loi *allemande* du 20 déc. 1911, étaient, au contraire, des organes purement consultatifs. Ils pouvaient procéder à des enquêtes sur le taux courant des salaires, provoquer la conclusion de contrats collectifs, mais leurs suggestions n'avaient que la valeur d'un conseil ou d'un vœu, dépourvu de toute force obligatoire. Mais le droit d'imposer un minimum de salaires leur a été conféré expressément par la loi du 27 juin 1923 sur le travail à domicile (*Bull. min. trav.*, 1923, 474). — D'autre part, la faculté conférée, par la loi du 23 déc. 1926, au ministre du travail de rendre exécutoire les décisions des tribunaux du travail ou des commissions arbitrales permet d'obtenir indirectement des résultats identiques, et ce, même en dehors du cadre restreint de l'industrie à domicile (2).

955. — *Loi française du 10 juillet 1915, complétée par la loi du 14 décembre 1928, sur la fixation du salaire des ouvriers et des ouvrières à domicile dans l'industrie du vêtement* (3). — Cette loi,

(1) V. notamment la loi de Massachussets, du 19 mai 1913 (*Ann. Lég. trav.*, 1913, p. 193). — Cf. *Bull. Min. trav.*, 1914, 50 ; *Réf. soc.*, mai 1924.

(2) Cf. notre revue des Qu. ouvrières (Rev. pol. et parl., fév. 1929). — Sur l'arbitrage obligatoire ou semi-obligatoire en Allemagne, v. *infra*, titre III.

(3) *Travaux préparatoires* : Proj. du 7 novembre 1911 (Ch., *Doc. parl.*, n° 1269); rapp. Berthod, Ch., 20 janv. 1913, n° 2472. — Proj. du 12 nov. 1926, Ch. n° 3499 ; rapp. Chassaing, 7 mars 1928, Ch. n° 5782.

manifestement inspirée de la loi anglaise de 1909, a été incorporée au liv. 1er du Code du trav., art. 33 à 33 *n*, 99 *a*, et 107 (1).

L'article 33 C. T. détermine le champ d'application de la loi. Elle protège, sans distinction de nationalité, les ouvrières (et, d'après la loi de 1928, *les ouvriers*) de l'industrie du vêtement travaillant *à domicile* (2). Le ministre du travail a, du reste la faculté, par décret rendu sur avis du Conseil supérieur du travail, d'en étendre le bénéfice à d'autres industries (L. de 1928). L'énumération indicative des industries visées, contenue dans cet article (3) est complétée par l'article 1er du décret du 18 sept. 1917 sur la semaine anglaise. Le travail à domicile s'est développé dans ces dernières années et il a semblé au législateur de 1928 utile d'étendre les dispositions de la loi de 1915 aux hommes, sans qu'il soit besoin qu'ils exécutent les même travaux que les femmes.

956. — La détermination du salaire minimum ne résulte pas de la loi, mais elle est théoriquement confiée aux conseils du travail (art. 33 *e*), réglementés par la loi du 17 juillet 1908 et par le décret du 10 mai 1909. Cependant, comme il n'en existe pas jusqu'ici pour les professions visées, les articles 33 *f* et 33 *g* créent deux sortes de comités, les comités de salaires et les comités professionnels d'expertise.

C'est aux préfets qu'il appartient de provoquer la création de ces comités dans chaque département. Les *comités de salaires* sont composés de deux ouvrières ou deux ouvriers, ou bien une ouvrière et un ouvrier et d'un nombre égal de patrons (hommes ou femmes). Ils sont choisis par le président et les vice-présidents de sections

(1) Cf. décr. 24 sept. 1915, 10 juill. 1922, 30 juill. 1926.

BIBLIOGRAPHIE. — Jay, rapp. à l'*Ass. Nat. fr.*, 1915 ; Tourret, *Le salaire minimum des ouvrières à domicile*, 1916 ; *Les ouvrières à domicile* (*Bull. Assoc. Chôm.*, 1921, n° 45) ; Roger Picard, *Le minimum légal des salaires des ouvrières à domicile en France* (*Rev. intern. du travail*, août 1926 et *Docum. du trav.*, sept. 1926) ; *Rec. de dr. comm. et de dr. social*, mars 1929. — Sur les résultats et les insuffisances de la loi, v. aussi *Quest. prat.*, 1927, p. 84 et 1928, p. 36 ; Mlle Espinasse, th. Lyon, 1926. — Cf. *Rev. belge du trav.*, 1927, p. 376 ; *Docum. du trav.*, août-sept. 1926.

(2) C'est aux juges du fond à apprécier s'il s'agit bien d'une ouvrière *à domicile* (Civ., 26 juin 1917, D. 20.1.17).

(3) Ouvrières exécutant à domicile des travaux de vêtements ou accessoires du vêtement, tels que chapeaux, cravates, lingerie en tous genres, broderie, dentelles, plumes, fleurs artificielles. — Cette énumération démontre que le législateur a eu en vue le vêtement et ses accessoires ; mais non tous les articles de toilette, ce qui engloberait la plupart des industries de luxe (Cass. 13 juin 1918, S. 1921.1.143). C'est ainsi que, sans nul doute, la loi est inapplicable à la bijouterie. Mais elle s'applique à ces travaux, qu'ils soient ou non destinés au vêtement (v. décr. 10 août 1922 et décr. 20 juill. 1926).

des conseils de prud'hommes, et s'il n'en existe pas dans le département, ou à défaut d'accord sur le choix, par le président du tribunal civil. Le juge de paix préside. Il est normal de renouveler le mandat des membres du comité tous les trois ans, puisque la révision des minima de salaires doit avoir lieu tous les trois ans, aux termes de l'article 33 *e*, qu'il faut en outre rapprocher de l'article 33 *f*.

S'il n'y a pas dans le département un nombre suffisant de représentants patronaux de l'industrie en cause, le préfet peut faire appel à un employeur de l'industrie visée, dans un département voisin. S'il est impossible de constituer le comité, le préfet détermine le salaire minimum en se renseignant auprès des personnalités et groupements compétents, notamment auprès des inspecteurs du travail. C'est la procédure usitée en matière de constatation du taux normal et courant des salaires, pour l'application des décrets du 10 août 1899 sur les conditions du travail dans les marchés passés au nom de l'État.

Le conseil ou, à défaut, le comité de salaires n'a pas à déterminer le salaire juste et rationnel. Il constate le taux du salaire quotidien *moyen* (1), habituellement payé dans la région aux ouvrières d'habileté moyenne de la même profession, travaillant en atelier, à l'heure ou à la journée et exécutant les divers travaux courants de la profession. Si ces ouvrières n'existent pas dans la région, on tiendra compte du salaire des ouvrières exécutant des travaux analogues, même dans d'autres régions similaires, ou même du salaire payé à la journalière ou s'il y a lieu au journalier dans la région.

En tenant compte de ces éléments, le comité de salaires fixe le salaire minimum de l'ouvrière (ou de l'ouvrier), pour une heure de travail ou pour une journée de huit heures.

Le minimum s'entend d'un salaire net de toutes fournitures.

Quant aux *comités professionnels d'expertise*, ils sont composés d'une manière analogue aux précédents. Comme les comités de salaires, ils peuvent appeler à leurs délibérations, avec voix consultatives, les inspecteurs ou inspectrices du travail de leur circonscription. Des jetons de présence sont alloués aux membres ouvriers. Les comités d'expertise dressent le tableau du temps nécessaire à la confection des travaux faits en série, pour les divers articles et les diverses catégories d'ouvrières (ou d'ouvriers). Le

(1) Sur la notion du *salaire moyen*, cons. spécialement : décis. de la Commission centrale des 8 et 9 mars 1916 (*Bull.*, 1916, p. 147), présid. de M. Falcimaigne, conseiller à la C. de Cass. — Sur l'étendue d'application de la loi, v. Cass., 13 juin 1918, S. 21.1.142.

tarif indiquant le minimum de salaire résultera du minimum de salaire horaire fixé par les comités de salaires, multiplié par le nombre d'heures nécessaires à l'exécution du travail afférent aux différents articles, fixé par le comité d'expertise.

957. — La circulaire du 24 juillet 1915 rappelle que la loi prévoit trois sortes de salaires minima ou tarifs qu'il est utile de bien distinguer :

1° Un minimum de salaire au temps qui est déterminé par le conseil du travail ou le comité départemental des salaires ;

2° Un minimum de salaire à la pièce, applicable aux articles fabriqués en série, établi par les comités professionnels d'expertise ;

3° Des prix de façon fixés par l'entrepreneur et qui doivent être inscrits par lui sur les bulletins ou carnets remis aux ouvrières (ou aux ouvriers) et affichés par ses soins dans certains cas.

Les décisions du Comité sont publiées au *Recueil des actes administratifs* du département. Le décret du 24 sept. 1915 détermine les conditions de cette publicité. Un recours est ouvert pendant un mois, à partir de la publication, soit au gouvernement, soit à toute association ou à toute personne intéressés dans la profession, devant la *Commission centrale* (1), siégeant au Ministère du travail : cette Commission, à base paritaire, est présidée par un conseiller à la Cour de cassation (art. 33 *h*).

958. — La loi de 1915-1928 est une loi d'ordre public (2). Les manquements à la loi ne sont pas seulement nuls, ils ont en outre le caractère d'infraction (art. 33 *n*). Aussi, pour assurer l'exécution stricte de ses prescriptions, a-t-elle organisé un contrôle sévère, des sanctions, et une double série d'actions en justice.

Les fabricants, entrepreneurs ou intermédiaires faisant exécuter à domicile les travaux visés doivent en informer l'inspecteur du travail, tenir un registre indiquant le nom et l'adresse des ouvriers et ouvrières, afficher les prix de façon pour les articles faits en série, dans les locaux d'attente et dans ceux où se fait la remise et la réception du travail, remettre enfin à l'ouvrier ou à l'ouvrière, au moment où il reçoit le travail, un bulletin à souche ou un carnet indiquant la nature et la quantité du travail, la date, les prix

(1) Sur le règlement intérieur de la Commission centrale, v. l'arrêté ministériel du 3 nov. 1915.

(2) Cass., 26 juin 1917, S. 1918.1.21 — Mais les tarifs adoptés par un Comité n'ont d'effet que pour l'avenir, et ne sauraient être appliqués rétroactivement aux contrats de travail antérieurement conclus. — Civ. 28 juill. 1919, *Bull. Min. trav.*, 1921, p. 434.

de façon applicables, ainsi que la nature et la valeur des fournitures imposées au salarié.

A la réception du travail achevé, on inscrit sur les bulletins et carnets la date de la remise, la rémunération due, les frais laissés à la charge de l'ouvrier ou de l'ouvrière, la somme nette payée ou à payer. Toutes ces mentions doivent être reportées sur la souche du bulletin ou, pour les carnets, sur un registre d'ordre ; souches et registres restent pendant un an à la disposition de l'inspecteur du travail. Ces multiples obligations, auxquelles doivent veiller les inspecteurs du travail (art. 107), sont sanctionnées par des peines de simple police, et en cas de récidive par des peines correctionnelles (art. 33 *a* à 33 *n* et 99 *a*) (1).

959. — Enfin, pour en assurer plus complètement l'application, *deux actions civiles sont possibles* : devant le conseil de prud'hommes, ou, à défaut, le juge de paix, et devant la juridiction répressive en se portant partie civile.

Ces actions peuvent être intentées d'abord par l'ouvrier ou l'ouvrière insuffisamment rétribué contre le véritable auteur responsable de la violation de la loi, celui par le fait duquel « le salaire minimum n'aura pu être payé » ou insuffisamment payé (art. 33 *i*), sans préjudice des dommages-intérêts possibles. Les réclamations ne sont recevables qu'autant qu'elles se seront produites au plus tard un mois après chaque paiement du salaire. Cependant le délai fixé ne s'appliquera pas à l'action intentée par l'ouvrière pour obtenir à son profit l'application d'un tarif d'espèce, établi par un précédent jugement et régulièrement publié (art. 33 *j*). En pareil cas, la prescription est de six mois (art. 2271 C. civ.).

Ces actions civiles peuvent, en outre, être intentées par les syndicats professionnels existant dans la région pour les industries visées à l'article 33, et par les associations autorisées à cet effet par le ministre du travail (telles, par exemple, que *les unions françaises du travail à domicile*, ou les *ligues sociales d'acheteurs*). « Ils pourront exercer l'action, dit l'article 33 *k*, et sans avoir à justifier d'un préjudice ». Le préjudice, en d'autres termes, est légalement présumé ; il suffit d'une atteinte aux intérêts professionnels (2). Ils peuvent encore déférer à la commission centrale

(1) Cass. 13 juin 1918, S. 1921.1.142 ; 21 févr. 1919, S. 1921.1.230.

(2) Ce texte est à rapprocher de l'art. 9 de la loi du 29 juin 1907, de l'art. 2 de la loi du 5 août 1908, tous deux relatifs à la répression des fraudes, et de l'art. 5 nouveau de la loi organique sur les syndicats professionnels (L. 21 mars 1884 amendée par la loi du 12 mars 1920). V. *supra*, n° 412. Cf. Cass., Ch. réun., 5 avr. 1913, D. 14.1.65. — Sur la distinction à établir entre l'action ouverte à l'ouvrière, pour obtenir le paiement de la différence qui peut lui être due,

des salaires, les décisions des comités de salaires ou des comités professionnels d'expertise qu'ils jugeraient contestables, (comparer, en matière de contrats collectifs, la loi du 25 mars 1919). Ces associations constituent une sorte de « ministère public adjoint », dont la vigilance permettra de vaincre certaines résistances intéressées (1). Mais la jurisprudence de la cour de cassation estime que la loi n'a nullement reconnu aux syndicats la faculté de se substituer aux ouvrières lésées, ni conféré le mandat légal d'exercer en leur lieu et place l'action qui leur est personnelle (Cass. 28 juin 1919, D. 20. 1. 17).

La durée de la prescription des actions collectives est la même que celle de l'action individuelle des ouvrières et ouvriers.

Associations et syndicats peuvent être tenus de fournir caution si le défendeur le requiert, à moins qu'ils ne possèdent en France des immeubles d'une valeur suffisante (art. 33 *k*).

C. Du minimum légal de salaires dans les travaux publics. — **960** (2). — Si l'État ne peut, ni ne doit intervenir pour fixer le taux du salaire dans l'industrie privée (sauf, à titre exceptionnel, au profit de certains travailleurs à domicile), il en va tout autrement, lorsque, maître de l'ouvrage, il impose un taux minimum à ses adjudicataires dans un cahier des charges.

Il ne s'agit pas en effet pour l'État d'intervenir comme élément perturbateur dans des contrats privés, car il est *partie au contrat*. Il pouvait faire exécuter les travaux en régie. S'il préfère recourir à l'adjudication, il est juste qu'il puisse imposer ses conditions à l'adjudicataire.

Le principe théorique de cette intervention étant admis, elle se justifie aisément dans la pratique. Dans le système français des

et l'action du syndicat ou de l'association, exclusivement basée sur l'inobservation des prescriptions de la loi de 1915, v. Civ. 28 juillet 1919, D. 20.1.17.

(1) La loi est aujourd'hui très généralement observée. Des comités fonctionnaient dès 1920 dans tous les départements (*Bull. Min. trav.*, 1920, p. 342). Il est intéressant de noter que, par suite de conventions collectives intervenues entre le Comité central des houillères de France et la Fédération nationale des travailleurs du sous-sol, sous les auspices du ministre du travail (circul. du 3 mars 1920, *Bull. Min. trav.*, 1920, p. 41), des bordereaux de salaires ont été établis dans la plupart des bassins houillers, bien qu'aucun texte ne pose encore, en France, le principe du minimum de salaire pour les ouvriers des mines.

(2) Bibliographie. — Mazoyer, *Les conditions du travail dans les chantiers de la Ville de Paris*, 1900 ; Mabaret du Basty, *Les conditions du travail dans les marchés de travaux publics*, 1907 ; Mimerel, *Les stipulations en faveur des ouvriers dans les entreprises de travaux publics*, th. 1910. — V. aussi Bender, *Les décrets Millerand* (*Quest. prat.*, 1902, p. 140 et s.) ; Perreau, *Stipulations en faveur des ouvriers dans les marchés administratifs* (Rec. Acad. Lég. de Toulouse, 1918-19, p. 269).

adjudications au rabais, les prescriptions minutieuses des cahiers des charges soustraient à l'action de la concurrence tout ce qui a trait aux fournitures ; aussi l'adjudicataire n'a-t-il trop souvent d'autre ressource, pour s'indemniser des rabais excessifs qu'il a dû consentir, que de faire travailler les ouvriers à un tarif réduit. La main-d'œuvre, si elle n'est point protégée, est ainsi exposée à payer la concurrence entre soumissionnaires.

Cette pratique risque d'amener par contre-coup, vu l'importance des travaux publics, véritables régulateurs du marché, un fléchissement des salaires dans l'industrie privée. Nuisible à l'ouvrier, ce système écarte les entrepreneurs scrupuleux qui n'osent pas imposer à leurs ouvriers des réductions de salaires excessives. Mal payé, l'ouvrier fournit un travail de qualité inférieure, et finalement l'économie apparente réalisée par le Trésor public, grâce à l'exagération des rabais, se traduit en une perte pour l'administration, obligée d'entreprendre à bref délai des travaux de réfection coûteux.

Les pouvoirs publics doivent donc s'opposer à toute spéculation sur la main-d'œuvre par une constatation impartiale des prix courants, et par l'insertion dans les cahiers des charges d'une clause interdisant aux entrepreneurs de descendre au-dessous de ce salaire courant, considéré comme *cran d'arrêt*.

961. **Les conditions du travail à l'étranger dans les travaux publics.** — Cette réforme a été mise en pratique avec un plein succès dans plusieurs pays étrangers, avant d'être admise en France.

En *Angleterre*, dès 1888, le Conseil du comité de Londres stipulait la condition du minimum de salaire. Cet exemple fut suivi par la plupart des villes industrielles, puis par l'État lui-même (1891).

En *Belgique*, les municipalités et les conseils de province ont pour la plupart adopté le régime des conditions du travail. Le gouvernement en a fait autant : un arrêté du 2 juillet 1896 fixe les conditions à insérer. Le taux du salaire minimum est établi d'après celui qui est communément admis dans la région où les travaux sont effectués. Les conseils de l'industrie et du travail, composés par moitié de patrons et d'ouvriers, sont consultés. — Un régime analogue fonctionne aux États-Unis, en Allemagne, en Espagne, en Suisse, aux Pays-Bas, etc.

962. — **France : Premières tentatives d'intervention.** — Tandis que cette expérience intéressante se poursuivait à l'étranger, les pou-

(1) Sur la loi de *New-York* (1897, chap. 415) modifiée en 1899, cons. *Ann. de législ. du travail*, 1899, p. 546.

voirs publics et judiciaires, en France, se montraient nettement hostiles à l'insertion, par les municipalités, de clauses relatives au taux du salaire dans les cahiers des charges.

La ville de Paris ayant, à la date du 2 mai 1888, pris une délibération imposant aux adjudicataires l'observation des *prix de série*, plusieurs entrepreneurs se pourvurent devant le Conseil d'État, et obtinrent un arrêt déclarant contraire à la liberté des conventions les clauses du cahier des charges concernant les conditions du travail.

Le gouvernement intervint alors, et chargea l'Office du travail d'une enquête, dont les résultats déterminèrent le Conseil supérieur du travail à voter, à la date du 10 décembre 1897, sur le rapport de M. Keufer, un vœu tendant à ce que la loi décrète l' « obligation pour l'entrepreneur de se conformer au taux des salaires et à la durée du travail considérés comme normaux et courants dans la ville ou la région où le travail est exécuté ».

964. — Décrets du 10 août 1899 (*décrets Millerand*). — Il semblait tout d'abord que la question, ainsi posée devant l'opinion, dût être tranchée législativement. Et de ce fait, depuis 1894, plusieurs propositions tendant à poser le principe du minimum de salaires dans les travaux publics avaient été déposées sur le bureau de la Chambre. Mais M. Millerand, ministre du commerce, escomptant le vote favorable de la Chambre, et désireux de tourner les obstacles qu'il prévoyait à raison de l'opposition possible du Sénat, crut plus expédient de réaliser la réforme par voie de décrets. Leur légalité n'est plus contestée.

964. — Les décrets du 10 août 1899 sur les conditions du travail dans les marchés passés au nom de l'État, des départements, des communes et des établissements publics de bienfaisance sont au nombre de trois.

Le *marchandage* est formellement interdit par chacun des trois décrets (simple application du décret-loi du 2 mars 1848, qui le prohibe).

Ces décrets spécifient que les cahiers des charges des marchés de travaux publics passés au nom de l'État *doivent* et que les cahiers des charges des marchés des communes *peuvent* contenir des clauses par lesquelles l'entrepreneur s'engage à observer les conditions suivantes : — 1° Repos hebdomadaire ; — 2° Limitation du nombre d'ouvriers *étrangers* dans les proportions fixées par l'administration, selon la région et la nature des travaux (1) ; —

(1) Sur la question du travail des étrangers en France, v. *supra*, n°° 241 et s.

3° Limitation de la durée du travail journalier à la *durée normale* du travail en usage pour chaque catégorie, dans la ville ou la région où le travail est exécuté ; — 4° Obligation de payer aux ouvriers un *salaire normal* égal, pour chaque profession et dans chaque profession pour chaque catégorie d'ouvriers, au *taux couramment appliqué* dans ladite ville ou région.

L'on admet généralement que ces conditions sont limitatives. C'est ainsi en particulier qu'une municipalité ne pourrait substituer, au taux courant du salaire, une tarification arbitraire, supérieure à ce taux. Les clauses prévues au 1° et au 3° ont perdu leur utilité depuis les lois sur le repos hebdomadaire et sur la journée de huit heures.

Par contre, la loi du 19 décembre 1922 impose aux soumissionnaires des marchés de travaux publics, passés au nom de l'Etat, des départements et des communes l'obligation de servir des allocations familiales à leur personnel (V. les règlements d'administration publique du 13 juillet 1923.).

965. — *Salaire normal : sa détermination.* — La condition relative à la fixation du salaire normal doit nous arrêter un instant. Ainsi que nous l'avons fait remarquer déjà, le but de la réforme n'est nullement de conférer à l'administration le droit de fixer arbitrairement le taux des salaires. Son rôle se borne, comme dans la détermination du salaire minimum des ouvrières à domicile, à constater, à vérifier le taux des salaires couramment pratiqués dans la profession et la région pour chaque catégorie d'ouvriers. Aux termes de l'article 3, elle doit, à cet effet, se référer autant que possible aux accords intervenus, c'est-à-dire aux contrats collectifs existants. A défaut d'accords de ce genre, il appartient à l'administration de provoquer l'avis de *commissions mixtes*, composées en nombre égal de patrons et d'ouvriers, sauf à compléter et contrôler les renseignements ainsi obtenus par ceux que peuvent lui fournir les syndicats, conseils de prud'hommes, ingénieurs, architectes départementaux ou communaux et autres personnes compétentes.

Une fois faites, ces constatations sont inscrites sur des *bordereaux de salaires* joints au cahier des charges. Les adjudicataires connaissent donc exactement, au moment où ils soumissionnent, l'importance des charges qu'ils assument (1). Les ouvriers connaissent

(1) Sur l'utilité d'inscrire le taux des salaires, constatés par le préfet, dans le cahier des charges, sans se contenter d'une insertion au recueil des actes de la préfecture, v. cons. d'Etat, 12 déc. 1919, sér. 1924.3.47.

également, au moyen d'affiches apposées dans les chantiers, les conditions dont ils sont fondés à réclamer l'application.

966. — S'il y avait *impossibilité matérielle* d'établir un bordereau des salaires, l'entrepreneur reprendrait son entière liberté (art. 3 § 4).

Il était inadmissible, d'autre part, que pour des travaux de longue durée, les prix arrêtés primitivement ne pussent être modifiés. Aussi l'article 3, alinéa 4, décide-t-il que les bordereaux pourront être révisés, sur la demande des patrons et des ouvriers, lorsque des variations dans le taux des salaires ou de la durée du travail « auront reçu une *application générale* dans l'industrie en cause » ; c'est à l'administration qu'il appartient d'apprécier dans chaque espèce si l'amplitude et la généralité des fluctuations constatées sont suffisantes pour justifier la révision demandée.

967. — Cette révision exerçant une répercussion nécesssaire sur les frais généraux de l'entreprise, soit dans le sens d'une aggravation si le salaire normal est majoré, soit dans le sens d'une atténuation dans le cas inverse, une révision correspondante des prix du marché peut être réclamée par l'entrepreneur, ou imposée au contraire d'office à celui-ci par l'administration, mais seulement si « les variations ainsi constatées dans le taux des salaires ou la durée du travail journalier dépassent les limites déterminées par le cahier des charges ». (1).

968. — *A quels marchés ou fournitures s'applique la réglementation ?* — L'une des principales objections formulées contre le régime des décrets est tirée de l'impossibilité d'établir une ligne de démarcation précise entre les travaux ou fournitures auxquels ils s'appliquent et ceux que la tarification ne saurait atteindre. — A cette objection, l'article 1er du décret répond par avance en spécifiant que les conditions réglementaires concernent la main-d'œuvre des travaux ou fournitures, *dans les chantiers ou ateliers organisés ou fonctionnant en vue de l'exécution du marché*. D'où il suit qu'une distinction essentielle doit être faite entre les produits fabriqués *spécialement* pour le compte de l'Etat (départements ou communes), soit par l'entrepreneur principal, soit par un rétrocessionnaire partiel ou sous-traitant, et les fournitures courantes.

(1) Cons. d'Etat, 3 nov. 1916, D. 17.3.1 ; 20 déc. 1917, D. 1917.3.1 ; 3 nov. 1916, Rec. cons. d'Et., 1916, p. 426 ; 14 mai 1920, Rec. cons. d'Et., 1920, p. 508. — L'expression de révision administrative est interprétée dans un sens strict : cons. d'Et., 12 déc. 1919, *Rec. cons. d'Et.*, 1919, p. 915 ; 27 mars 1920, *Rec. cons. d'Et.*, 1920, p. 375

Le sous-entrepreneur est soumis au tarif ; le simple fournisseur, marchand de produits se trouvant couramment dans le commerce et fabriqués sans affectation spéciale, y échappe.

969. — *Ouvriers de seconde catégorie.* — Autre grief : — en obligeant l'entrepreneur à payer un salaire minimum à tout son personnel, vous l'incitez, dit-on, à ne conserver que les meilleurs ouvriers.

Les rédacteurs des décrets, pour écarter cet inconvénient, ont pris soin, non seulement de prévoir la fixation d'un salaire différent pour *chaque catégorie* d'ouvriers (art. 1er), mais aussi de laisser à l'entrepreneur une certaine marge pour l'embauchage, à prix réduit, des *demi-ouvriers*, dont il peut avoir besoin pour certains travaux accessoires (art. 3 *in fine*).

970. — *Sanctions.* — Aux termes de l'article 4, l'ouvrier qui justifierait n'avoir pas reçu le salaire prévu au bordereau recevra de l'administration elle-même la différence entre ce qu'il a touché et ce qu'il aurait dû recevoir. Le montant en sera prélevé sur les sommes dont l'administration serait débitrice envers l'entrepreneur, ou sur son cautionnement.

En cas d'infractions réitérées, le ministre intéressé pourra, par décision spéciale, et sans préjudice des sanctions pénales (amendes) prévues au cahier des charges, exclure l'entrepreneur, pour un temps déterminé ou définitivement, des marchés de son département.

971. — La jurisprudence ne tend guère à renforcer l'action des décrets. Ainsi, la Cour de cassation décide qu'aucun texte de loi ne prohibe, à peine de nullité, une convention aux termes de laquelle l'ouvrier accepterait un salaire inférieur au salaire fixé par le cahier des charges. Les décrets de 1899 n'ont pas édicté la nullité de tels accords, car un décret ne pouvait modifier une loi, l'article 1134 du Code civil sur la liberté des conventions. Les ouvriers lésés ont seulement, le cas échéant, la faculté de se prévaloir de l'article 4 du décret qui organise un système destiné à les indemniser (Civ., 23 déc. 1908, D. 1909.1.88. ; 25 mars 1908, D. 1910.1.454).

972. — *Le minimum de salaire dans les traités de travail, et d'immigration.* — Rappelons en terminant que le principe du minimum de salaire a pris place récemment dans les traités de travail et d'immigration, afin de mettre obstacle à la concurrence au rabais des travailleurs étrangers. C'est ainsi que l'article 2 du traité du travail *franco-italien* du 30 sept. 1919 dispose que « le

salaire des travailleurs d'immigration ne pourra être inférieur à celui que, dans la même entreprise, reçoivent, à travail égal, les ouvriers nationaux de la même catégorie... ». — Cf. Convention franco-polonaise du 7 sept. 1919.

II. — Paiement du salaire en nature. — Prohibition du « truck system » et des économats (1).

973. — **Légitimité de la protection légale des salaires.** — Si l'Etat ne peut, sauf exception, fixer le taux minimum du salaire, du moins peut-il intervenir pour garantir, dans la mesure du possible, à l'ouvrier et à l'employé le paiement intégral et régulier du salaire stipulé, et en décréter l'insaisissabilité et l'incessibilité (V. *supra* n° 940).

Trois lois incorporées dans le code du travail s'efforcent d'assurer le paiement du salaire intégral : la loi du 7 décembre 1909 sur le paiement des salaires, celle du 25 mars 1910 sur la suppression des économats, celle du 12 janvier 1895 sur l'insaisissabilité et l'incessibilité des salaires.

974. — **Paiement en nature, ses inconvénients ; nécessité d'une réglementation stricte.** — Le premier chef de réglementation, dans toutes les lois récentes, françaises et étrangères, concerne le *paiement des salaires en nature.*

Le paiement des salaires en nature ou en bons ou jetons a les plus sérieux inconvénients. Il facilite tout d'abord la fraude, attendu que, si l'on est fixé à première vue, sauf en période d'inflation, sur la valeur d'un billet de banque, d'une pièce de monnaie, l'estimation d'une marchandise est loin de présenter le même caractère de précision. Cette considération seule suffirait à condamner le *truck system*, ou système du troc ou échange qui a pour résultat éventuel d'augmenter indirectement le bénéfice du patron de la réduction clandestine subie par l'ouvrier.

(1) BIBLIOGRAPHIE. — Cons. outre les ouvrages généraux sur le contrat de travail, ou sur la protection du salaire (Baudry et Wahl, Bodeux, Cornil, Bender, Lambert, Hanssens, Perreau, Merlin, v. *supra*, n°s 889 et 940) ; Lansard, *Les économats*, 1908 ; Reclus, *Les économats dans l'industrie des chemins de fer en France*, th. 1908 ; Bellom, *La loi de 1909 sur le paiement des salaires* (*Quest. prat.*, 1910, p. 249 et s.) ; Le Noir de Tourteauville, *Du paiement des salaires des ouvriers et employés*, 1911 ; Héraud, *La suppression des économats*, th. 1912. — Cf. *Enquête de l'Office du travail sur les économats des chemins de fer* (*Bull. Off. trav.*, 1910, p. 33).

Cette tromperie possible sur la valeur n'est pas le seul inconvénient du truck pour l'ouvrier. Son imprévoyance s'accroît par l'impossibilité d'épargner. Recevant en paiement des denrées destinées à la consommation immédiate, l'ouvrier n'a plus d'avances ; il vit dans la dépendance étroite du patron ou de ses agents, qui l'incitent à des achats excessifs ou même à des consommations nuisibles, telles que les boissons alcooliques.

Le truck peut affecter les formes les plus variées. Tantôt le patron paie tout ou partie du salaire en marchandises, cotées à un prix supérieur à celui du commerce ; tantôt il paie en espèces, mais l'ouvrier est tenu de s'approvisionner dans un magasin que le patron fait tenir par un parent, un protégé, un contremaître. Parfois l'ouvrier est payé par un intermédiaire, courtier, chef d'équipe, etc., qui tient un cabaret où il lui faudra consommer bon gré, mal gré (1) ; parfois également, il reçoit sa paie en coupons de valeurs et subit ainsi la perte de l'escompte ou de l'impôt (2).

Vainement l'ouvrier, conscient du préjudice que lui causent ces pratiques, voudrait-il protester ; sa protestation isolée ne serait pas entendue et pourrait lui coûter sa place.

975. **Truck system et économats.** — Originaire d'Angleterre, le truck system, dont nous rappelons au numéro précédent les procédés usuels, a surtout sévi en Allemagne et dans les pays anglo-saxons. En France il est plus rarement pratiqué (3).

C'est sous une forme différente, celle des *économats*, institués par de grandes compagnies industrielles, qu'il s'est plutôt manifesté. Ces économats sont des magasins de vente créés et administrés par les employeurs à l'usage de leurs ouvriers et employés. Les marchandises sont délivrées contre des *bons* que l'ouvrier reçoit en paiement de son salaire, ou sont inscrites sur un livret réglé le jour de la paye. L'institution a donc une apparence philanthropique. Malheureusement, il est trop tentant pour le patron de fournir des marchandises médiocres à un prix élevé ; pour l'ouvrier, d'échanger les jetons contre des boissons alcooliques, ou de prendre des marchandises au magasin pour les revendre avec perte dans le but de se procurer du numéraire. Seul le paiement intégral en monnaie ayant cours légal assure l'exécution loyale du contrat.

(1) L'art. 6 de la loi du 9 mai 1905 sur les délégués à la sécurité des ouvriers mineurs est ainsi conçu : « Les délégués élus ne pourront être débitants, lorsqu'ils toucheront un salaire correspondant à vingt journées de travail mensuel ».

(2) Du Maroussem, *Les ébénistes du faubourg Saint-Antoine*.

(3) V. cependant les exemples donnés par les auteurs cités *supra*, n° 973.

Les économats, même organisés dans un but exclusivement philanthropique, ont du reste un inconvénient grave : ils portent presque fatalement atteinte à la liberté du personnel. Même lorsque, théoriquement, les ouvriers demeurent libres de s'approvisionner ailleurs, en fait, ceux qui ne s'adressent jamais à l'économat sont vus avec défaveur. Cette liberté disparaît même complètement lorsque l'ouvrier (et il en est ainsi dans certaines exploitations minières) reçoit en paiement de son salaire, au moins pour une certaine quote-part, des bons ou jetons d'une valeur conventionnelle qu'il ne peut écouler qu'à l'économat. Nous retrouvons alors tous les abus du truck system.

La classe ouvrière s'insurgea contre cette dépendance dans laquelle l'économat la maintenait (grèves de Decazeville en 1886, du bassin de Longwy en 1905, etc.). Les petits détaillants, gravement lésés par ces ventes au prix du gros, exploitèrent habilement ces défiances ; si bien qu'un grand nombre d'économats durent, ou disparaître, ou se transformer en coopératives de consommation.

Le législateur devait-il laisser à l'initiative privée le soin d'effectuer cette transformation, ou n'était-il pas de son devoir d'intervenir d'autorité pour mettre fin à des abus indéniables ? C'est à cette dernière solution qu'à l'exemple de nombreuses lois étrangères, il a cru devoir se rallier, par les lois de 1909 et 1910.

976. — **Lois étrangères.** — Le *truck system* est prohibé dans un certain nombre de pays étrangers. Il l'est en Angleterre, par trois lois qui, réunies, forment les « trucks acts 1831 to 1896 » (1). Il est interdit au patron : 1° de payer les salaires autrement qu'en monnaie courante, exception faite pour le cas où le chef d'industrie aurait fourni soit le logement, soit des aliments destinés à être cuits et mangés dans ses établissements ou fait l'avance des frais de médecin, pharmacien et d'éducation des enfants ; — 2° D'indiquer à ses ouvriers leurs fournisseurs, de vendre à son personnel des marchandises (sauf celles citées plu haut) et d'en retenir le montant sur la paye ; — 3° De faire des avances ou des retenues.

Aux Etats-Unis, la plupart des Etats ont une législation analogue. Cf. lois du Connecticut, 19 mai 1905, de New-York, 19 mai 1906, de Californie, 1er mai 1911, etc.) (2). La loi belge des 10 août 1887-17 juin 1896 s'est inspirée des lois anglaises. La loi allemande du 1er juin 1891 appuie ses prohibitions de nombreuses sanctions civiles et pénales ; en Suisse, une loi fédérale du 27 mars 1877, en

(1) Loi anglaise du 4 août 1896. — Cf. Loi 10 déc. 1904, *Austral. occid.*

(2) Sur l'état actuel de la législation aux États-Unis, cons. la public. du Bureau of Labor de Washington, intitulée : *Wage payment législation in U. S.*, 1918.

Autriche une loi du 8 mars 1885, en Hongrie une loi du 22 mars 1884, en Norvège une loi du 27 juin 1892, dans le Luxembourg une loi du 12 juillet 1895, amendée le 7 août 1906, prohibent le paiement en nature (1).

977. — La loi *belge*, qui est la plus complète, mérite qu'on s'y arrête. Celle de 1887 interdit le paiement des ouvriers dans les débits de boissons, magasins, boutiques ou locaux y attenant, prohibe le trúck system, prescrit le paiement à intervalles réguliers.

La loi de 1896 décide que tout ouvrier a toujours le droit de contrôler les mesures, pesées ou toute opération quelconque ayant pour but de déterminer la quantité ou la qualité de l'ouvrage par lui fourni et de fixer ainsi le montant du salaire. Elle punit d'une amende de 50 à 2.000 francs quiconque aura entravé l'ouvrier dans l'exercice de ce contrôle.

978. — **Le régime légal français sur la protection des salaires : paiement en argent, suppression des économats.** — Un premier pas dans la voie de la réglementation avait été fait par la loi du 15 janvier 1895 sur la saisie-arrêt des salaires, que nous commentons plus loin ; l'article 4 de cette loi (art. 50, C. du trav.) prohibe en effet toute compensation entre la dette des salaires dont le patron est tenu et ses créances pour fournitures faites à l'ouvrier, sauf exceptions limitativement déterminées.

Mais cette mesure, d'une efficacité douteuse, ne remédiait qu'à l'un des abus signalés ; il fallait la compléter. D'où la loi du 7 décembre 1909 sur le *paiement des salaires des ouvriers et employés* (art. 43 à 45, C. du travail), dont le double objectif est d'assurer la régularité des paiements et d'interdire en principe le *truck system* ou paiement du salaire en nature.

(1) Nous résumons ci-après les principales prescriptions des lois étrangères en ce qui concerne spécialement les *économats*. En *Belgique*, l'ouverture de tout économat est subordonnée à une autorisation préalable, essentiellement révocable : les fournitures doivent être faites au prix de revient, la fréquentation de l'économat doit être libre.

En *Angleterre*, les fournitures à crédit sont prohibées. Non seulement la compensation est interdite, comme en France, entre la dette du salaire et la créance de fournitures, mais toute action en paiement est refusée au patron à raison de ces fournitures.

Aux termes de l'article 78 de la loi *autrichienne*, « la fourniture d'aliments dont le prix est prélevé sur le salaire peut faire l'objet d'une convention entre l'industriel et l'ouvrier, à condition que le prix de vente ne soit pas supérieur au prix d'achat. Les industriels n'ont pas le droit de fournir *à crédit* aux ouvriers, en prélevant le prix sur le salaire, d'autres objets et marchandises, et notamment des boissons spiritueuses ». — Cf. art. 115-118 loi *allemande*, et l'art. 340 de la loi fédérale suisse sur le contrat de travail du 30 mars 1911.

« Les salaires des ouvriers et employés, lisons-nous dans l'article 43 du Code du travail, doivent être payés *en monnaie métallique ou fiduciaire ayant cours légal*, nonobstant toute stipulation contraire à peine de nullité. » Cette disposition s'applique à tous les salariés du commerce, de l'industrie ou même de l'agriculture (1), ainsi qu'aux employés des administrations publiques ou privées, à l'exclusion des domestiques et des salariés des professions libérales.

D'autre part (art. 45, C. du trav.), « le paiement ne peut être effectué un jour où l'ouvrier ou l'employé a droit au repos, soit en vertu de la loi, soit en vertu de la convention. Il ne peut avoir lieu dans les débits de boissons ou magasins de vente, sauf pour les personnes qui y sont occupées » (2).

La sanction de ces dispositions est, au point de vue civil, la nullité du paiement, et, s'il y a lieu, l'allocation de dommages-intérêts ; au point de vue pénal une amende de simple police (C. du trav., n° 104). Ces infractions sont constatées dans les conditions indiquées par les art. 107 du liv. I, 105 et 107 du liv II du C. du trav.

A s'en tenir à l'article 43, du C. du trav., la prohibition de tout paiement en nature semblerait désormais absolue. Mais il n'en est rien, attendu qu'il faut compléter cette disposition par celle de l'article 1er de la loi du 25 mars 1910 (C. du trav., art. 75) supprimant les *économats* et interdisant aux employeurs de vendre directement ou indirectement à leurs ouvriers et employés des denrées et marchandises de quelque nature que ce soit. Cet article permet de stipuler que l'ouvrier, en dehors de son salaire fixé en argent, sera logé et nourri (cas fréquent dans les travaux agricoles), ou qu'il recevra de l'employeur, pour l'exécution même du contrat de travail, des fournitures au prix coûtant, telles que le fil et les aiguilles pour l'ouvrier tisserand, la poudre, les mèches ou les outils pour le mineur ou le carrier, etc.

La valeur de ces prestations en nature, venant s'ajouter à la portion payée en espèces, fait partie intégrante du salaire global. Ce peut même être la portion principale, la loi n'ayant pas indiqué la proportion minima de la quote-part à payer en numéraire.

Ici apparaissent en pleine lumière l'inconvénient des lois fragmentaires et la bizarrerie de la méthode suivie par les rédacteurs

(1) En fait, l'application stricte de l'art. 43 est difficile à réaliser pour les ouvriers agricoles, attendu que les pouvoirs de contrôle des inspecteurs du travail sont rigoureusement limités au domaine de l'industrie et du commerce (C. du trav., art. 107). C'est aux officiers de police judiciaire seuls qu'il appartient de relever les infractions concernant les salariés de l'agriculture.

(2) A rapprocher de cette disposition la loi du 6 mars 1917 (art. 66 b liv. 2 C. T.), interdisant l'introduction dans les usines de toutes boissons alcooliques autres que le vin, la bière ou le cidre. — V. *supra*.

du Code du travail, qui logiquement auraient dû fusionner dans un même chapitre les articles 43 et 75.

Les articles susvisés n'ont pas tous, d'ailleurs, le même champ d'application. C'est ainsi que les articles 43 du C. du trav. imposant le paiement en espèces, et 45 du C. du trav. interdisant de payer les salaires un jour de repos ou dans un débit de boissons, ont une portée générale et visent même les *ouvriers agricoles*. L'article 44 du C. du trav., au contraire, portant obligation de payer les salaires au moins deux fois par mois, ne concerne que les employés et ouvriers du commerce et de l'industrie.

979. — Ainsi que nous l'avons fait observer précédemment, la loi du 25 mars 1910 (1) sur la *suppression des économats* doit être envisagée comme l'aboutissant logique de l'évolution législative dont les étapes principales sont la loi de 1895 et celle de 1909.

Cette loi, incorporée au Code du travail sous les articles 75 à 77, interdit à tout employeur : — 1° d'annexer à son établissement un économat où il vende, directement ou indirectement, à ses ouvriers et employés ou à leurs familles, des denrées ou marchandises de quelque nature que ce soit (2) ; — 2° d'imposer à ses ouvriers ou employés l'obligation de dépenser leur salaire, en totalité ou en partie, dans des magasins indiqués par lui. L'on entend par vente indirecte celle qui a lieu dans un magasin tenu par la femme, les enfants, un parent ou un prête-nom quelconque du patron.

En somme, la pensée du législateur a été d'interdire au patron toute spéculation sur le salaire et aussi toute pression, même dictée par une pensée philanthropique, ayant pour but de restreindre la liberté pour l'ouvrier de s'approvisionner dans les magasins de son choix.

La loi ne fait exception que pour les prestations en nature rappelées au numéro précédent (logement, nourriture (3), ou fournitures destinées à l'exécution du travail), et encore à la condition que ces diverses prestations soient expressément visées dans le

(1) Propos. déposée le 3 juill. 1906 par M. J. Coutant (Ch., n° 195), et le 5 juillet 1906, par M. Flayelle (Ch., n° 200) ; rapp. Zévaès, *Off.*, 30 mai 1907, Ch., n° 899. — Le dahir *marocain* du 13 juillet 1926 sur le paiement des salaires réglemente, mais sans les supprimer, les économats.

(2) Sur la définition de l'économat, magasin *destiné* exclusivement au personnel, et *annexé* à l'établissement, v. la circul. minist. du 10 sept. 1910. — Cf. *Les économats patronaux devant la loi* (*Rev. intern. du trav.*, févr. 1923).

(3) Sur les conditions dans lesquelles peuvent régulièrement fonctionner les *cantines*, indispensables sur certains chantiers, v. la circul. minist. du 10 sept. 1910. La *cantine*, combinaison passagère dirigée, avec l'aide du patron, par les ouvriers eux-mêmes, est absolument licite (Paris, 24 juill. 1919, D. 20.2.71). Sur les coopératives de consommation, v. *supra*, n° 975.

contrat de travail (ou le règlement d'atelier). A défaut de stipulation expresse, la prohibition du paiement du salaire en nature reprendrait tout son empire.

L'article 77 C. du trav. consacre toutefois deux dérogations importantes au principe de la suppression. La première vise les économats des réseaux de chemins de fer soumis au contrôle de l'Etat. Ces établissements peuvent être maintenus, pour des périodes successives de cinq années, sur l'avis favorable du personnel, recueilli par voie de referendum (1). On y met cependant une triple condition : — 1° que les agents ne soient pas obligés de s'approvisionner à l'économat ; — 2° que la vente des denrées ne procure à la Compagnie aucun bénéfice ; — 3° que l'économat soit géré sous le contrôle d'une commission composée, pour un tiers au moins, de délégués élus par les ouvriers et employés du réseau.

Une exception semblable est édictée au profit des économats annexés à des entreprises *industrielles*, si le capital appartient en majorité au personnel, et si les assemblées générales sont statutairement composées en majorité des mêmes éléments.

Des sanctions rigoureuses sont édictées par la loi de 1910. L'article 4 (art. 105, C. du trav.) dispose en effet que « toute infraction aux articles 75, 76, 77 sera passible d'une amende de 50 à 2.000 francs, qui pourra être portée à 5.000 francs en cas de récidive ». C'est aux inspecteurs du travail qu'il appartient d'assurer, en ce qui concerne le commerce ou l'industrie, l'exécution de la loi, sans préjudice du droit de poursuite appartenant aux officiers de police judiciaire (art. 107, C. du trav.).

III. — Paiement des salaires a intervalles réguliers

980. — Cette seconde forme de protection du salaire n'a pas besoin d'une longue justification. Le salaire doit, avons-nous dit, être envisagé comme un forfait. Or ce forfait, ayant pour but de satisfaire aux besoins immédiats de l'ouvrier, devrait rigoureusement être payé au jour le jour. Le paiement à long terme a l'inconvénient d'exciter l'ouvrier à acheter à crédit, et engendre tous les abus auxquels la législation répressive du truck system a pour objet de remédier.

(1) Aucun referendum n'a pu avoir lieu pendant la guerre. Mais les économats des Compagnies ayant alors rendu de réels services, le referendum organisé en 1921 a été nettement favorable au maintien de l'institution (171.549, voix pour, 20.187 contre). — Cf. *Econom. franç.*, 1921,2.204.

Aussi la plupart des législations qui prohibent cette dernière pratique se préoccupent-elles également d'assurer le paiement du salaire stipulé à intervalles réguliers ; les unes imposant rigoureusement au patron l'obligation d'effectuer le paiement dans le délai qu'elles spécifient, les autres fixant un délai, mais réservant aux parties la faculté d'y déroger par des conventions contraires (1) ; seules, parmi les lois qui réglementent le truck, la loi anglaise laisse une entière liberté aux contractants.

981. — La loi du 7 décembre 1909 ne se borne pas à interdire le truck system ou paiement des salaires en nature (V. *supra*) ; elle impose également dans son article 2 (art. 44, C. du trav.) le paiement des salaires à intervalles *réguliers*. — Ceux des *employés* doivent être payés au moins une fois par mois ; ceux des *ouvriers* du commerce et de l'industrie au moins *deux fois* par mois, à seize jours au plus d'intervalle (2).

Cette formule exclut du bénéfice de la loi, pour les raisons indiquées ci-dessus, tout un ensemble de salariés qu'il est d'usage de payer à intervalles assez éloignés : les domestiques, les salariés de l'agriculture, les auxiliaires des professions libérales. Par contre, il ressort des travaux préparatoires que le législateur de 1909 a entendu protéger les travailleurs à domicile, les ouvriers et employés des industries agricoles (sucreries, raffineries, distilleries, fabriques d'engrais, etc.), et les artistes dramatiques (3), qui sont

(1) Appartiennent au premier groupe (fixation légale *impérative* de l'intervalle maximum qui peut s'écouler entre deux paiements), les lois belge, suisse, russe, et plusieurs lois de l'Union américaine (V. notamment loi du Massachusetts, 10 avr. 1899). Nous avons déjà mentionné *supra* (n° 977), les prescriptions de la loi *belge*. En *Suisse* (loi de 1877 amendée par la loi du 26 juin 1902), le paiement a lieu au moins *tous les mois* ; pour le travail aux pièces, les conditions sont fixées de gré à gré. Des prescriptions analogues figurent dans les lois *italienne*, *hollandaise*, etc.

Rentrent dans le second groupe (lois interprétatives de volonté), les lois *autrichienne*, *hongroise*, *norvégienne*.

La législation *allemande* doit, à ce point de vue, être classée à part. En principe, cette loi abandonne à la libre convention des parties le soin de déterminer l'époque du paiement. Toutefois, cette liberté comporte un double tempérament : *a*) les communes peuvent, pour certaines industries, imposer le paiement des salaires à intervalles réguliers (art. 119 *a*) ; *b*) dans les fabriques occupant vingt ouvriers au moins, le règlement d'atelier (obligatoire, v. *infra*) doit, entre autres mentions réglementaires, déterminer l'époque et le lieu du paiement des salaires (art. 134 *a*).

(2) Sur la distinction de l'*employé* et de l'*ouvrier*, v. *supra*, n°s 890 et s. — V. aussi Req. 22 févr. 1911, D. 11.1.470.

(3) Trib. pol. Paris, 29 juin 1911, *Mon. jud.*, 10 nov. 1911 (droit d'intervention reconnu au syndicat des artistes dramatiques, à l'effet d'assurer l'observation de la loi) ; trib. corr. de la Seine, 31 déc. 1912, *Gaz. trib.*, 1913, 1er sem. 2.177.

liés par un louage d'ouvrage, sans distinguer suivant qu'ils sont engagés au jour, à la semaine, au mois ou à l'année, (Cass. 2 mai 1923, S. 1924. 1. 205).

Du texte et de l'esprit de la loi, il ressort que le paiement de l'ouvrier ne doit pas seulement avoir lieu deux fois par mois (1) ; il faut en outre que le délai séparant deux paiements n'excède pas seize jours. Ainsi, un employeur serait en contravention si, ayant réglé ses ouvriers le 31 mars, puis le 16 avril, il ne les payait ensuite que le 2 mai, bien qu'il ne se soit pas écoulé plus de seize jours entre les paiements, par le motif qu'en pareil cas il n'y aurait pas eu deux règlements dans le mois d'avril, comme la loi l'exige (Circul. min., 10 mars 1910).

Pour le travail *aux pièces*, les dates de paiement peuvent être fixées *de gré à gré ;* cependant, si la durée du travail excède quinze jours, l'ouvrier doit recevoir des acomptes chaque quinzaine et être payé intégralement dans les quinze jours qui suivent la livraison de l'ouvrage (C. du trav., art. 44). La loi ne s'est pas expliquée sur le règlement du travail aux pièces comportant un délai d'exécution inférieur à quinze jours ; mais l'esprit de la loi doit conduire à décider qu'en pareil cas le règlement doit avoir lieu également dans la quinzaine de la livraison (Circul. min., 18 juin 1910). — La loi du 23 avril 1924, insérée dans l'art. 44 C. tr., a ajouté que les commissions dues aux voyageurs et représentants de commerce donneront lieu à un règlement au moins tous les trois mois.

Il est interdit d'autre part (art. 45, C. du trav.) d'effectuer le paiement « un jour où l'ouvrier a droit au repos, soit en vertu de la loi, soit en vertu de la convention. Il ne peut avoir lieu dans les débits de boissons ou magasins de vente, sauf pour les personnes qui y sont occupées » (2).

Pas plus que l'article 43 du C. du trav., l'article 44 ne vise ni les domestiques, ni les salariés de professions libérales.

L'on s'accorde aujourd'hui à reconnaître aux prescriptions de la loi concernant la régularité des paiements ou interdisant d'y procéder dans certains locaux, le caractère de dispositions *d'ordre public,* auxquelles il ne saurait être permis de déroger par des conventions contraires, notamment par un règlement d'atelier (3).

(1) *Au moins* deux fois par mois, dit la loi. D'où il suit que, s'il est interdit aux parties de fixer des délais plus longs, il leur est loisible au contraire d'en fixer de plus courts (Crim. 5 déc. 1912, S. 13.1., sup. 30).

(2) Ni même dans une dépendance du débit (Crim., 21 févr. 1914, S. 14.1.232).

(3) Cass., 30 mai 1907, D. 1908.1.380 ; 21 juill. 1909 et 1er juin 1910, D. 10.2.5 et 207. — Cf. D. 10.4, p. 151, 2e colonne. — Sur le rôle dévolu aux inspecteurs du travail dans la constatation des infractions (art. 107, C. du trav.), V. la circulaire du

982. — *De la prescription de l'action en paiement de salaires.* — Pour la prescription de l'action en paiement des salaires, l'article 49, livre I, du Code du travail renvoie aux dispositions du Code civil (art. 2271, 2272, 2274 et 2275 C. civ., 433 C. com.). La durée est de six mois. Cette prescription est fondée sur une présomption de paiement et par suite, elle est inapplicable au cas où celui qui l'invoque reconnaît explicitement ou implicitement n'avoir pas payé la somme réclamée (Civ. cass., 20 nov. 1889, D. 90.1.60 ; 31 oct. 1894, D. 94.1.536). — Pour les domestiques qui se louent à l'année, la prescription est d'un an (1).

IV. — Mesures tendant a assurer a l'ouvrier, a l'encontre du patron, le paiement intégral du salaire

983. — **Les risques du salaire.** — Si l'ouvrier a intérêt à être payé en argent, et à intervalles réguliers, il a encore plus besoin d'être payé intégralement. Affranchir l'ouvrier de tous les risques qui peuvent le priver de son salaire intégral, protéger ce salaire contre le patron et contre les créanciers, soit de l'ouvrier, soit du patron, voire même contre le mari ou le père s'il s'agit du salaire de l'ouvrière mariée, ou de l'enfant, tel doit être, en notre matière, l'objectif essentiel du législateur.

Avant les lois de 1894, 1895, 1898, 1914 et 1919, l'ouvrier français était exposé à des risques multiples, dont la réalisation pouvait le réduire, lui et sa famille, à la misère la plus complète.

Tout d'abord, il subissait des retenues notables sur son salaire, en vue de versements dus à des caisses de secours ou de retraites, ou à des compagnies d'assurance contre les accidents. Le patron pouvait aussi lui imposer des retenues pour se rembourser d'avances antérieures, ou à titre d'amendes pour malfaçons, ou contravention au règlement de l'usine. Enfin son salaire pouvait être frappé de saisie-arrêt à la requête d'un de ses créanciers.

10 mars 1910, de laquelle il résulte que les Inspecteurs n'ont pas le pouvoir d'exiger des patrons la présentation de pièces, telles que livres, feuilles de paye, etc..., destinées à préciser les modalités de paiement adoptées. Ils doivent, pour établir l'infraction, invoquer l'aveu des patrons, les témoignages des ouvriers, ou produire les fiches de paie.

(1) Pour plus de développements, v. les traités généraux de droit civil et spécialement Aubry et Rau, 5e éd., t. 8, § 774 ; Baudry-Lacantinerie et Tissier, *De la prescription*, n° 752 ; Guillouard, t. 1, n° 763 ; Demogue, *Prescription des salaires des ouvriers*, Rev. trim., 1925, p. 377. — L'article 49 ne se référant pas à l'article 2277 C. civ., la prescription de cinq ans est par là-même exclue, Cass., 2 mai 1923, S. 1924.1.205.

D'autre part, l'ouvrier était exposé à se voir privé de tout ou partie du salaire qui lui était dû, par suite de la faillite ou déconfiture de son patron, ou dépouillé, par suite des mêmes évènements, des fonds déposés sous forme de retenue de salaire dans une caisse gérée par le patron, ces fonds faisant partie de l'actif général de la masse. Il courait aussi le risque, avant la loi de 1898, de perdre tout moyen d'existence dans l'avenir, s'il était victime d'un accident du travail, non imputable au patron.

Enfin, l'ouvrière mariée pouvait et le mineur peut encore se voir dépouiller de leur salaire par un abus de pouvoir du mari ou du père qui, dans la classe ouvrière, exploitent trop souvent le travail des personnes placées sous leur autorité.

Autant de dangers graves pour l'ouvrier, dont une législation prévoyante devrait le préserver, dans la plus large mesure possible. Une revue rapide de ces différents risques nous permettra de constater qu'un progrès considérable a été réalisé en France, à cet égard.

Examinons tout d'abord les mesures législatives édictées (ou projetées) en vue de protéger le salaire *à l'encontre du patron lui-même.*

A. Taux des retenues sur les salaires, en vue des versements a des caisses de secours ou de retraite, et assurances diverses. —

984. — Le système des retenues pratiquées sur le salaire à l'effet de prémunir l'ouvrier contre les principaux risques qui le menacent est très équitable, mais à une triple condition :

1° Que l'État exerce, sur l'emploi et l'affectation des retenues, un contrôle sérieux ;

2° Que le patron ne fasse pas supporter à l'ouvrier l'assurance de certains risques qui, logiquement, doivent être englobés dans les frais généraux de l'entreprise. Ainsi, et pour ne citer qu'un exemple, les accidents du travail sont de ce nombre, en vertu du risque professionnel.

3° Que les retenues, même justifiées dans leur principe, n'absorbent pas une part excessive du salaire qui est indispensable à l'ouvrier pour vivre.

985. — A cette préoccupation légitime se rattache tout d'abord l'ensemble des mesures édictées par le législateur en vue de favoriser les sociétés de secours mutuels :

a) Dispositions budgétaires tendant à majorer les pensions des titulaires des livrets individuels de la Caisse nationale des retraites et des membres des sociétés de secours mutuels qui servent des retraites (V. *infra*, titre IV) ;

b) Loi du 1er avril 1898, amendée le 24 déc. 1927. Nous reviendrons ultérieurement sur cette loi (titre IV *infra*) ; mais il convient de signaler ici celles de ses dispositions (art. 18 à 21) tendant à assurer la fixité de l'intérêt servi par la Caisse des dépôts, et conférant aux sociétés de secours mutuels approuvées toute une série d'avantages, exemptions de taxes, gratuité des locaux, dont l'effet indirect est de permettre aux dites sociétés de fournir des secours relativement élevés, moyennant des versements très modiques.

Au même ordre d'idées se rattachent : — 1° La loi du 29 juin 1894, qui a rendu obligatoire la constitution dans toutes les exploitations minières de caisses de secours et de retraite (V. *infra*) ; — 2° La loi du 5 avril 1910, amendée par toute une série de lois postérieures, sur les retraites ouvrières et paysannes, fondée sur le principe de la triple contribution des bénéficiaires, des patrons et de l'Etat (V. titre IV, *infra*) ; La loi du 5 avril 1928 sur les assurances sociales, qui fait appel à cette triple contribution pour garantir les travailleurs contre les risques sociaux.

B. Paiement par compensation. — 986. — **Loi de 1895 : compensation interdite à raison des fournitures.** — Nous avons vu précédemment que les lois de 1909 et 1910 ont interdit en principe le paiement du salaire en nature et supprimé les économats. — Mais, dès 1895 (L. du 12 janv. 1895, art. 4, devenu l'art. 50, C. du trav.) le législateur français s'était préoccupé de remédier à l'un des abus les plus apparents du *truck system*, en interdisant toute compensation entre le salaire échu et la créance du patron pour fourniture d'aliments, vêtements, etc., même de logement, car le texte est général, et n'admet au principe qu'il pose que deux exceptions, mentionnées ci-après.

Le patron n'a, par suite, que les droits des créanciers ordinaires et, comme eux, il ne pourra que se payer, à l'aide d'une saisie-arrêt, sur le dixième saisissable du salaire (1). Il ne pourrait pas être

(1) Le législateur français a pensé sans doute qu'en fait de logement, comme en fait de fournitures d'aliments, la coopération devait être encouragée de préférence au patronage. Il favorise les sociétés d'habitation à bon marché (v. *infra*, titre IV) ; il croit inutile d'encourager les patrons à fournir eux-mêmes le logement à leurs ouvriers. — Il n'y a pas à ce point de vue contradiction entre l'article 50 du Code de travail, qui interdit la compensation, et l'article 75 du même Code, aux termes duquel l'interdiction pour tout employeur d'annexer à son établissement un économat « ne s'étend pas au contrat de travail si ce contrat stipule que l'ouvrier est logé et nourri, et recevra, en outre, un salaire déterminé en argent ». Ce dernier article en effet vise le cas d'une clause *expresse* du contrat de travail, imposant au patron, en sus du salaire, la prestation de la nourriture et (ou) du logement. Le premier, au contraire, prévoit l'hypothèse de fournitures faites spontanément par le patron.

admis à compenser, avec sa créance de fournitures, le dixième saisissable, ni le dixième *cessible* des salaires. Car l'article 62 du C. du trav. qui vise la cessibilité a voulu laisser à l'ouvrier la faculté de céder ses salaires à due concurrence, sans lui imposer cette cession (Civ. cass., 10 nov. 1902, D. 1903.1.201 ; 12 déc. 1904, D. 1907.1.467). D'après le droit commun, la compensation n'est possible que dans la mesure où le salaire est saisissable.

La prohibition pour le patron de compenser sa dette de salaire avec sa créance de fournitures reçoit exception dans les deux cas suivants : 1° à raison des fournitures d'outils ou instruments nécessaires au travail ; 2° des matières et matériaux dont l'ouvrier a la charge et l'usage. Il faut ajouter : des sommes avancées pour l'acquisition de ces mêmes objets.

Cette double exception est justifiée par l'intérêt de l'ouvrier, auquel on facilite le travail. Notons que cet article, bien que se référant *in terminis* aux seuls ouvriers, doit être étendu, par identité de motifs, à tous salariés visés par la loi de 1895, art. 61 C. trav., par conséquent aux employés.

Il semble que, pour les fournitures spécifiées au texte, la loi admette la compensation, sans limitation de taux. Faut-il donc en conclure que le patron pourrait, au jour de la paye, retenir, pour se couvrir des avances faites, l'intégralité du salaire ? Cette conclusion serait exagérée. Le salaire a un caractère alimentaire. Le juge pourra donc user du pouvoir d'appréciation qui lui était reconnu dès avant la loi du 12 janvier 1895, et arbitrer librement la quote-part de numéraire qui reviendrait à l'ouvrier.

987. — Sanction. — La prohibition de l'article 50, du C. du trav. est d'ordre public. On ne pourrait donc y déroger ni expressément, ni tacitement. La nullité absolue d'une telle compensation pourrait être invoquée par tout intéressé et constatée par le juge en tout état de cause, même d'office. La jurisprudence est en ce sens. Elle annule, comme contraire à l'ordre public, toute convention qui porterait atteinte au paiement effectif des sept dixièmes du salaire, que cette convention fût antérieure au paiement ou concomitante. L'ouvrier peut donc répéter contre le patron les sommes qui seraient retenues au mépris de la loi (Cass. civ., 21 juill. 1909, D. 1910.1.25, S. 1910.1.113 et note Tissier ; *ibid.*, 1er juin 1910, D. 1910.1.297, S. 1910.1.417 et note Lyon-Caen). Enfin, par application de la loi du 7 décembre 1909, article 4, § 3, l'employeur qui effectuerait une retenue abusive s'exposerait à une amende, sans préjudice de la responsabilité civile.

988. — Est-ce à dire que la loi exige qu'il y ait eu nécessairement un paiement effectif en espèces, avec numération à l'ouvrier, et un second paiement également en espèces, par l'ouvrier au patron ? Ce serait aller au-delà de l'esprit de la loi. Ce que la loi exige (arrêts précités, et notes sous D. 1910.1.25 et 297) (1), c'est qu'il y ait eu mise *à la disposition de l'ouvrier* de la portion insaisissable de ses salaires, soit des sept dixièmes au moins. En présence d'un règlement de comptes intervenu entre patron et ouvrier, règlement aux termes duquel l'ouvrier n'aurait reçu que la balance du compte, c'est au juge du fond qu'il appartient d'apprécier, d'après les circonstances de la cause, s'il y a eu compensation *imposée* par le patron, fait interdit par la loi, ou si au contraire c'est volontairement, en toute liberté, et sans que la compensation lui ait été opposée, qu'il a renoncé à se prévaloir de l'indisponibilité de partie de son salaire, pour se libérer immédiatement envers son patron (2).

C. Retenues pour avances en numéraire. — **989.** — En ce qui concerne les avances en numéraire, autres que celles spécifiées en l'article 50, le législateur de 1895 s'est arrêté à un moyen terme. Avant d'exposer l'économie de l'article 5 (C. du trav., art. 51), relatif à cette catégorie d'avances, il nous paraît intéressant de marquer les étapes parcourues.

1re *Etape*. — Depuis les lettres patentes des 2 janvier 1749, et 12 septembre 1781 (3) jusqu'à la loi du 14 mai 1851 (en exceptant la période révolutionnaire du 17 mars 1791 au 22 germinal an XI), la loi assure au patron la restitution de ses débours, en lui conférant un droit de rétention à l'encontre de l'ouvrier, énergiquement garanti par l'institution du *livret*, rétabli par la loi du 22 germinal an XI (V. *infra*) (4). Pour que le patron conserve un privilège, lorsque l'ouvrier l'a quitté, il lui suffit d'inscrire sa créance sur le livret. Il peut garder le livret par devers lui tant qu'il n'est pas payé, et comme on ne doit pas recevoir un ouvrier s'il n'est muni d'un livret portant l'acquit de ses engagements, il en résulte pour le patron créancier d'avances une véritable mainmise sur la personne même de l'ouvrier !

Une telle législation était aussi favorable au patron, que vexa-

(1) Cf. A. Colin, *Compensation et saisissabilité des salaires ouvriers* (*Rev. trim. de dr. civil*, 1909, p. 817).

(2) Mais le juge ne saurait présumer l'existence d'une renonciation de ce genre (Civ. cass., 8 nov. 1911, *Bull. Off. trav.*, 1912, p. 191 ; 22 déc. 1925, S. 25.1.357). — V. cependant, Cass., 31 mai 1907, S. 1909.1.253, et note Tissier (en sens contraire).

(3) Marc Sauzet, *Essai historique sur la législation industrielle de la France* (*Rev. d'écon. polit.*, 1892, p. 391).

(4) Marc Sauzet, *Le livret obligatoire des ouvriers* (*Rev. critique*, 1890).

toire pour le travailleur, attaché en quelque sorte à la glèbe industrielle.

990. — 2° *Etape.* — Du 14 mai 1851 au 2 juillet 1890, le patron n'a plus qu'une de ces deux prérogatives. Le droit de rétention du livret, qui lui permettait de dompter l'ouvrier par la famine, a disparu. Mais le patron demeure investi d'un privilège pour le remboursement de ses avances, jusqu'à concurrence de 30 francs.

La loi de 1851 obligeait, en effet, le nouveau patron, dans le cas où le livret mentionnait des avances consenties à l'ouvrier par l'ancien patron, à retenir le montant de ses avances par voie de prélèvement de 1/10 sur le salaire journalier (jusqu'à concurrence de 30 francs au maximum), et à les restituer à l'ancien patron.

991. — 3° *Etape.* — La loi du 2 juillet 1890 ayant abrogé le livret, sa disparition entraîna celle du privilège du patron ; sa créance pour avances rentra dans le droit commun. Il pouvait seulement se rembourser par des retenues sur le salaire, faites jusqu'à concurrence de la somme fixée par convention avec l'ouvrier, retenir la totalité du salaire dû, en cas de départ de l'ouvrier débiteur, enfin pratiquer une saisie-arrêt.

On ne pouvait cependant interdire toutes avances patronales ; c'eût été livrer les salariés à l'usurier. D'autre part, il fallait défendre l'ouvrier contre les conditions trop dures des patrons. C'est pourquoi l'article 5 de la loi du 12 janvier 1895 (C. du trav., art. 51) s'est arrêté à une solution transactionnelle, consistant à autoriser le remboursement, mais en limitant les retenues du patron au *dixième du salaire.*

992. — La retenue du dixième. — L'avance, en espèces, prévue par l'article 51 C. du trav., ne doit pas être confondue avec l'acompte. L'acompte pour un travail en cours n'est que le paiement partiel fait par le patron de sa dette. Bien évidemment, il peut, au jour de la paie, retenir l'intégralité des acomptes qu'il a déjà payés (article 51, 3°). L'avance en espèces, au contraire, est *un prêt*, spontanément consenti par le patron à son ouvrier. C'est à ce prêt seul que s'applique la disposition restrictive de l'article 51.

Le dixième, mentionné en cet article, ne se confond du reste ni avec le dixième saisissable, gage commun des créanciers de l'ouvrier, ni avec le dixième cessible, quote-part laissée à l'ouvrier pour soutenir son crédit (V. *infra*, n° 1011). C'est une quote-part affectée, par une sorte de privilège spécial, au patron créancier. Par des retenues successives de ce dixième, au jour de chaque paye, le patron parviendra donc à se rembourser de ses avances, sans subir le concours des autres créanciers de l'ouvrier. Mais il ne saurait augmenter l'étendue de son gage en pratiquant une saisie-arrêt *sur soi-même*, à l'effet de s'attribuer le dixième saisissable, ce qui équivaudrait à un paiement par compensation, interdit par l'article 50. Ce dixième saisissable reste le gage commun de tous les créanciers (Cf. J. Appleton, *La saisie-arrêt sur soi-même*).

Peut-être, cependant, pourrait-il, si l'ouvrier n'en a pas encore disposé, se faire céder le dixième cessible; car, dit-on, ce que la loi a entendu interdire, c'est le paiement forcé par voie de compensation, non pas le paiement *volontaire*.

993. — L'on remarquera que l'article 51 de la loi de 1895 statue uniquement en vue de l'hypothèse d'un ouvrier débiteur d'avances, demeuré au service du patron : le code du travail prend ainsi le contre-pied de la loi ancienne (loi de 1851) qui, envisageant surtout l'intérêt patronal, s'était ingéniée à assurer à l'ex-patron le remboursement des avances par lui faites à son ancien ouvrier. Aujourd'hui, le patron qui, pour une cause quelconque, signifie congé à son ouvrier, n'a plus aucun privilège sur les salaires de celui-ci, à l'effet de se rembourser de ses avances.

La situation respective des parties, par suite de l'abrogation du livret, est donc complètement renversée. Avant la loi de 1895, le patron pouvait, sans grand risque, congédier l'ouvrier auquel il avait consenti des avances, puisque les salaires futurs lui étaient affectés. Depuis la loi de 1895, c'est l'ouvrier débiteur d'avances qui, assuré de toucher en numéraire les 7/10 de son salaire, peut, sans risques, donner congé à son patron, lequel a tout intérêt à le conserver. Le régime actuel a donc affranchi entièrement les ouvriers de la quasi-servitude qui pesait sur eux, tant qu'ils n'avaient pas réussi à se libérer.

994. — Le principe d'après lequel le patron *doit* mettre *à la disposition de l'ouvrier* les *sept dixièmes* au moins de son salaire est un principe absolu et nous en avons précédemment, avec la jurisprudence, déduit certaines conséquences intéressantes, en ce qui concerne l'impossibilité pour le patron de retenir sur les salaires, à titre de compensation, la valeur des fournitures (autres que celles énumérées en l'art. 50 du C. du trav.).

En fait, le plus souvent, l'ouvrier touchera même plus des sept dixièmes ; car il faut supposer, pour que son salaire subisse une retenue de trois dixièmes, qu'une saisie-arrêt ait été pratiquée sur le premier dixième par un ou plusieurs de ses créanciers, qu'il ait cédé par avance un second dixième à l'un d'entre eux; et enfin que son patron actuel lui ait fait une avance en numéraire dont la loi l'autorise à se rembourser par retenues successives, ne dépassant pas le *dixième* des salaires exigibles.

Pour que, dans l'état présent de la législation, un ouvrier puisse être exposé à subir une retenue excédant les trois dixièmes de son salaire, il faut imaginer un ouvrier qui, en dehors des trois causes de retenues précitées, se trouverait être : ou débiteur de fournitures visées expressément par l'article 50 *in fine* du Code du travail, ou passible d'amendes pour infraction au règlement de l'atelier ou pour malfaçon, ou débiteur de restitutions en vertu d'un jugement répressif. Lorsqu'un employé, par exemple, est condamné par le tribunal correctionnel, pour vol ou détournement au préjudice de son patron, à une peine d'emprisonnement et à la restitution des sommes volées ou de la valeur des marchandises détournées, il semble bien que le patron soit absolument fondé à opposer en compensation, devant le conseil des prud'hommes, à l'action de son employé en paiement d'un arriéré de salaire, les sommes qui lui sont allouées à titre de réparation civile, quand bien même elles empiéteraient sur les sept dixièmes réservés.

Ces restitutions sont en effet *d'ordre public*, et ce qui le prouve, c'est que le paiement en est garanti par la contrainte par corps. Selon nous, d'ailleurs, le conflit n'est qu'apparent. L'article 50 du Code du travail interdit au patron d'opposer en compensation, à l'ouvrier créancier du salaire, la valeur des *fournitures* qu'il a pu lui faire ; l'article 51 lui interdit d'autre part de se rembourser de ses avances *en numéraire* autrement que par voie de retenues sur le salaire, dont chacune ne peut excéder le dixième échu. Mais peut-on sérieusement qualifier de *fournitures* les marchandises volées par l'employé à son patron, ou d'*avances* les sommes par lui dérobées ? Evidemment non. (1).

995. — Nous arrivons à une hypothèse plus délicate. Antérieurement à la loi du 7 décembre 1909, la jurisprudence admettait la légitimité des retenues pratiquées sur le salaire par le patron, même au delà du maximum légal des trois dixièmes, en vue d'acquitter les cotisations dues par l'ouvrier à une société ou caisse de secours ou de prévoyance constituée dans l'usine en vertu d'un règlement d'atelier connu de l'ouvrier (2).

Mais cette solution paraît difficilement conciliable avec le principe absolu posé dans l'article 1er de la loi du 7 décembre 1909 (C. du trav., art. 43). Ainsi que le fait remarquer Bellom (3), avant la loi de 1909, un patron aurait pu remettre à l'ouvrier son salaire

(1) La loi fédérale *suisse* du 30 mars 1911, incorporée au Code civil (art. 340) contient à ce sujet une réserve précise.

(2) Cass., 18 mai 1909, *Bull. Off. trav.*, 1909, p. 1223.

(3) Bellom, La loi du 7 déc. 1909 (*Quest. prat.*, 1910, p. 252).

diminué de la cotisation, et joindre aux espèces un récépissé signé du trésorier de la société ; mais une telle procédure est aujourd'hui condamnée par la loi de 1909 (1), qui, exigeant le paiement du salaire en monnaie ayant cours légal, interdit *ipso facto* tout paiement en jetons, bons ou récépissés.

Le patron pourrait sans doute, en s'appuyant sur l'adhésion de l'ouvrier au règlement de l'atelier, retenir deux dixièmes de son salaire, l'un à titre de cession volontaire, l'autre à titre de remboursement d'avances, et imputer sur eux, s'ils ne sont pas déjà absorbés, le montant de la cotisation. Mais toute retenue excédant ce maximum de deux dixièmes est à considérer comme illégale.

D. Règlements d'atelier ; retenues pour amendes et malfaçons (2). — 996. — Des retenues pour avances, il convient de rapprocher les retenues pour amendes et malfaçons. Ces amendes étant la sanction ordinaire des règlements d'atelier, nous étudierons tout d'abord ces derniers.

Du règlement d'atelier. — Le règlement d'atelier est la loi intérieure de l'usine. Il consiste dans un ensemble de prescriptions, les unes interprétatives de volonté, les autres, en plus grand nombre, impératives ou même comminatoires, et sanctionnées par des amendes ou des pénalités graduées. Dès son entrée dans l'usine, l'ouvrier est censé accepter toutes les clauses du règlement. Le patron peut toujours le modifier pendant la durée d'engagements en cours, ce qui met les ouvriers dans l'alternative de partir ou de continuer leur travail aux conditions nouvelles. On voit par ce défaut d'accord préalable des volontés des deux parties contractantes, que le règlement d'atelier, tel qu'on le conçoit en France, n'a que l'apparence d'une convention. C'est moins un contrat de salaire-type qu'une déclaration unilatérale de volonté du patron.

Ce règlement diffère aussi, en général, du contrat de salaire-type

(1) L'on peut argumenter dans le même sens de l'abrogation, par la loi du 5 avr. 1910 sur les retraites, de l'article 3 de la loi du 27 déc. 1895, sur les caisses de retraites, de secours et de prévoyance. Bellom, *op. cit.*

(2) Bibliographie. — Cailleux, *La législation belge sur les règlements d'atelier*, 1900. — Cf. ouvrages précités de Bodeux, Hubert-Valleroux, Glafard, Cornil, Hanssens sur le *contrat de travail*, de Lambert, Bender, Caron, Ambroise sur la *protection du salaire*, et sur les *règlements d'atelier*, th. Chatel, 1908, Desroy du Roure, 1910. — V. aussi Vermale, *Truck system et amendes* (*Quest. prat.*, avr. 1901) ; Pichon, *Des contrats d'adhésion*, th. 1912 ; Pic, *Les règlements d'atelier*, (*Rev. trim. de dr. civ.*, 1912, p. 81) ; Pic, *Conditions de validité du règlement d'atelier*, note sous D., 1925.1.129 ; Gazin, *La nature juridique des règlements de travail, contribution à l'étude des contrats d'adhésion*, th. 1913 ; Lerolle, *Les règlements de travail et le contrat collectif*, broch. 1913.

en ce que presque jamais il ne mentionne le taux des salaires, objet essentiel du contrat, les patrons n'aimant pas à se lier d'avance par une déclaration formelle (1). Le plus souvent l'on se borne à y insérer une série de prescriptions relatives à la police de l'atelier, aux horaires, à la discipline, aux malfaçons, aux époques et modes de paiement de salaires, aux causes de congé, avec les pénalités afférentes (2).

997. — *Jurisprudence française.* — La jurisprudence décide qu'avant de déclarer obligatoire le règlement, il appartient aux tribunaux de rechercher : — 1° si en fait il a été connu et librement accepté par l'ouvrier, lors de la formation du contrat de travail (3) : — 2° si le règlement ne contient aucune clause contraire à l'ordre public (4).

En cas de doute, c'est à la partie qui se prévaut du règlement d'atelier à prouver qu'il a été connu et accepté de l'autre partie, auquel cas celle-ci est liée, par application des principes généraux sur le *contrat d'adhésion* (5). La preuve que l'ouvrier ou employé a eu connaissance du règlement et qu'il s'y est soumis implicitement peut d'ailleurs se faire par témoins, et même par simples pré-

(1) V. cependant trib. civ. de Lyon, 7 mai 1918, *Gaz. judic. et commerc.* n° 9 déc. 1918 (règlement d'atelier organisant dans une usine le système de rémunération dit « à boni limité ». — V. aussi Civ., 24 juillet 1918, D. 18.1.54 (bonification pour charges de famille).

(2) V., à titre de spécimen, le règlement des verreries de Bruai, rapp. par Lambert, p. 499.

(3) Toulouse, 6 juin 1904, D. 1905.5.9 ; Cass., 15 et 17 janv. 1906, D. 1906.1.241 et note Petit ; 24 janv. 1906, D. 1906.1.255 ; 8 déc. 1907, D. 1908.1.420 ; Trib. civ. Lille, 19 févr. 1906, D. 1909.2.211 et note Pic ; Cass., 19 déc. 1923, D. 25.1.829 et note Pic ; Aubry et Rau, t. 5 § 372, 2° ; Baudry-Lacantinerie et Wahl, t. 2, n° 1680 et 3031.

(4) Art. 6, 1131 et 1132, 1134 à 1172, C. civ. — Ainsi serait contraire à l'ordre public le règlement d'atelier, même accepté de l'ouvrier, par lequel celui-ci s'interdirait de réclamer aucune indemnité, même pour renvoi abusif. Une telle stipulation, en effet, irait directement à l'encontre du principe affirmé par l'article 1780 du Code civil et l'article 23 C. du trav. — Trib. civ. Lille, 19 févr. 1906, précité, et notre note. — Cf. Cass., 27 avr. 1906, D. 1907.1.97 et note Petit. Pour plus de renseignements, v. n° 1204 *infra*. — Il en serait de même du règlement imposant à l'ouvrier des retenues illégales (ex. : retenues pour primes d'assurance contre les accidents). — Cass., 16 nov. 1910, *Bull. Off. trav.*, 1910, p. 1334. Est aujourd'hui contraire à l'ordre public, et par conséquent nulle d'une nullité absolue toute clause du règlement tendant à réduire ou à supprimer la durée du délai congé telle qu'elle résulte des usages de la profession ou des conventions collectives en vigueur (Loi du 19 juill. 1928, modificative de l'art. 23, liv. 1er C. trav.). — Cf. *Rec. de dr. com. et de dr. soc.*, 1929, p. 91.

(5) Cass. civ., 28 juin 1909, *Bull. Off. trav.*, 1909.1225 ; D. 1910.1.21.

somptions ; la production d'un écrit contenant l'adhésion formelle du travailleur n'est nullement indispensable (1).

Et lorsque les tribunaux ont constaté, en fait, que l'ouvrier a eu connaissance du règlement, et que de plus ce règlement n'est pas illégal, il ne leur appartient pas de réduire les amendes infligées en conformité de ses prescriptions, même s'ils les tiennent pour excessives. Leur seul droit est, après vérification des clauses justificatives, d'en constater l'application, conformément au principe général que les conventions font la loi des parties (2).

998. — **Nécessité de l'intervention législative.** — A cette liberté excessive dont jouissent les patrons, d'après la législation française actuelle, pour la rédaction et la publicité des règlements, deux sortes de remèdes peuvent être apportés ; les uns proviennent de l'initiative privée, les autres de l'intervention de l'État. L'initiative privée peut s'exercer sous deux formes : en poussant à la création soit de conseils d'usine, soit de commissions mixtes de patrons et d'ouvriers en fortifiant l'action des syndicats professionnels.

Mais dans les pays même où les institutions arbitrales et syndicales sont le plus développées, l'on a reconnu la nécessité d'une intervention législative directe, pouvant affecter trois formes :

1° La loi peut rendre le règlement d'atelier obligatoire, au moins dans la grande et la moyenne industrie ;

2° L'élaboration du règlement ne doit pas être l'œuvre du patron seul ; un certain droit consultatif doit être reconnu au personnel ;

3° Tout règlement doit être publié.

999. — *Lois étrangères.* — C'est dans cet esprit que sont rédigées toutes les lois étrangères récentes : — Codes industriels *suisse* (L. 23 mars 1877, amendée par la loi du 26 juin 1902), *hongrois* (L. 21 mai 1884), *autrichien* (8 mars 1885), *allemand* (L. 1er juin 1891 et 30 juin 1900, art. 134 *a* à 134 *h*), lois *norvégienne* du 27

(1) Sur les circonstances desquelles les tribunaux peuvent induire souverainement la preuve de l'acceptation par l'ouvrier des clauses du règlement dérogatoire au droit commun, v. Cass. civ., 15 et 17 janv. 1906, précités. — De ces circonstances, l'une des plus caractéristiques est l'affichage du règlement, dans des locaux où l'ouvrier avait accès, et où il est établi qu'il a pénétré en fait maintes fois (Civ., 30 juin 1913, D. 17.1.45 ; 18 déc. 1917, D. 18.1.41 et note Sarrut ; 12 mars 1918, D.18.1.39).

(2) Cass., 17 janv. 1906, précité ; Cass. 26 déc. 1922, S. 1923.1.32 ; 9 déc. 1925, S. 1925.1.367. — Cf. Cass., 22 févr. 1909, *Bull. Off. trav.*, 1909, p. 673.

juin 1892 ; *belge* du 15 juin 1896 (1) ; *grecque* des 26 mars-8 avril 1914.

Toutes ces lois prescrivent la publicité du règlement sous certaines sanctions pénales, toutes le déclarent obligatoire pour les établissements occupant un nombre déterminé d'ouvriers (10 en Belgique, 20 en Allemagne, Autriche, 25 en Norvège). Toutes exigent, avant sa mise en vigueur, l'homologation de l'autorité supérieure, ou soumettent tout au moins son application (*sic :* loi belge) à la consultation collective des ouvriers (art. 26), au contrôle permanent de l'inspecteur du travail (et des conseils des prud'hommes). Enfin la plupart (Allemagne, Hongrie exceptées), reconnaissent aux ouvriers un certain droit de critique.

1000. — *Projets français.* — En France, la question des règlements d'atelier est depuis bientôt quarante ans soumise au Parlement.

Dès 1890, la Chambre était saisie d'une proposition Ferroul (2), exigeant l'approbation préalable du règlement par une commission dite du travail, instituée dans chaque centre industriel. Les amendes disciplinaires étant supprimées, seules subsistaient les retenues pour malfaçons qui n'auraient pu être infligées qu'avec l'autorisation, ou plutôt par jugement de ladite commission, dont les patrons seraient en quelque sorte devenus les justiciables.

Ce projet était impraticable. Aussi la commission qui en était saisie en élabora-t-elle un autre conçu dans un tout autre esprit, conférant le droit d'homologation au conseil des prud'hommes ou, à défaut de prud'hommes, au juge de paix. Ce texte fut adopté par la Chambre le 3 novembre 1892, mais écarté par le Sénat (3).

Le projet sur le contrat de travail, déposé par le gouvernement en 1906, contenait un titre complet sur les règlements d'atelier, manifestement inspiré de la loi belge.

1001. — Le gouvernement a repris la question dans un projet de loi (4) préparé au Cons. sup. du travail (Bull. Min. trav. 26.410), et

(1) De toutes ces lois, la loi belge de 1896 est la plus complète. — Sur la loi belge, cons. notamment : Cailleux, *op. cit.* ; Vandervelde, *La loi belge sur les règlements d'atelier.*

Il est intéressant de noter qu'en Allemagne, depuis la loi de 1900, comme en Belgique, le règlement d'atelier est obligatoire dans les *magasins* comme dans les *fabriques* (article 139 *k* du Code industriel allemand, révisé en 1900).

(2) 29 mai 1890, Ch., *Doc. parl.*, n° 591, p. 870 ; rapp. Saint-Romme, 6 juill. 1892, Ch., *Doc. parl.*, n° 2262. — Cf. propos. Zévaès, 4 nov. 1898, Ch., *Doc. parl.*, n° 416.

(3) Rapp. Maxime Lecomte, 20 juill. 1893, Sén., *Doc. parl.*, n° 204, p. 61 et séance du 27 avril 1894.

(4) Chambre, 26 déc. 1927, *doc. parl.*, n° 5283. — Rapport Emile Bender, n° 5717;

déposé à la Chambre le 26 décembre 1927 ; l'accord semble fait désormais entre les deux assemblées. Le principal inconvénient des règlements intérieurs provient de ce que les intéressés risquent d'y adhérer sans les connaître. Voilà pourquoi le projet prescrit l'affichage dans les lieux où le travail est effectué, ainsi que dans les locaux et à la porte des locaux où se fait l'embauchage. Le dépôt du règlement sera effectué au conseil des prud'hommes et, à défaut, au greffe de la justice de paix, (ce serait l'article 22 *a* du Code du travail).

1002. — De la sanction des règlements d'atelier : abus des amendes. — L'amende n'est pas l'unique sanction possible des règlements d'atelier. Il faut y ajouter la réprimande, la mise à pied, sorte de mise en disponibilité temporaire, et le renvoi.

La *réprimande*, peine purement morale, ne saurait être réglementée. — Le *droit de renvoi*, d'autre part, ne saurait être dénié au patron, qui sans cette prérogative ne serait qu'un gérant sans autorité ni prestige. La loi ne peut que l'obliger à des dommages-intérêts envers l'ouvrier congédié sans motifs sérieux (v. sect. IV, *infra*).

Le contrôle législatif ne peut donc, en principe, s'exercer utilement que relativement aux amendes et mises à pied. De cette dernière, du reste, les patrons n'abusent guère, le renvoi temporaire de plusieurs ouvriers risquant de désorganiser l'usine.

Il n'est pas douteux que les amendes aient donné lieu à de fréquents abus, surtout les amendes disciplinaires, ne correspondant à aucun préjudice direct. Comme le truck-system, elles constituent pour certains patrons un moyen de réduire indirectement le taux des salaires. Elles sont en outre parfois infligées arbitrairement par des contremaîtres, sans que l'ouvrier ait la faculté de protester utilement, puisqu'en dénonçant le contremaître, il risquerait fort de s'exposer au renvoi. Enfin, et par delà l'ouvrier, elle frappent durement toute la famille ouvrière. Les enquêtes faites sous les auspices du conseil du travail démontrent que dans certaines régions les abus les plus graves ont été commis (1).

1003. — *Lois étrangères.* — Pour remédier à ces inconvénients,

projet voté sans débat le 13 mars 1928. — Au Sénat, rapport Hamelin, 1928, n° 704, discussion en séance du 11 déc. 1928, renvoi à la commission ; nouveau débat et vote, le 23 janv. 1930. Mais le Sénat ayant amendé le projet sur un point de détail, le texte a dû faire retour à la Chambre : d'où nouveau retard.

(1) V. notamment les faits cités par MM. Keufer (rapp. au *Cons. sup. du travail*, 1892, t. II, p. 144) ; Le Gavrian (*Disc. à la Ch.*, s. du 4 nov. 1892, p. 1424) ; Lambert, *op. cit.*, p. 216.

la plupart des législations étrangères (1) ont eu recours à quatre moyens combinés :

1° *Obligation d'inscrire dans les règlements d'atelier toutes les pénalités applicables.* C'est une garantie contre l'arbitraire patronal.

2° Fixation d'un *taux maximum* au-dessus duquel les amendes ne sauraient s'élever. Quoi qu'il arrive, l'ouvrier touchera en espèces la majeure partie de son salaire, solution absolument équitable eu égard au caractère alimentaire du travail (2).

3° *Affectation du produit intégral des amendes à des œuvres dans l'intérêt des ouvriers.* Le patron n'a plus intérêt à multiplier les amendes. Il perd le moyen d'abaisser son prix de revient par des retenues injustifiées. L'expérience de la Suisse et de l'Allemagne démontre la pleine efficacité de ces dispositions.

4° *Publicité des amendes infligées.* Cette publicité, c'est-à-dire l'inscription de toutes les amendes infligées, avec mention des motifs sur un registre approuvé par le patron et communiqué périodiquement aux inspecteurs du travail, est une garantie sérieuse contre l'abus des amendes infligées par des subalternes.

1004. — Certaines législations (Hongrie) n'ont recours qu'au premier moyen : d'autres (Suisse, Norvège) combinent les trois premiers moyens. Les plus récentes (Allemagne, Belgique) combinent les quatres moyens précités, et réduisent ainsi le nombre et le taux moyen des amendes au strict minimum, sans cependant priver absolument le patron d'un instrument d'autorité et de discipline.

Quelques lois étrangères, en petit nombre il est vrai, prohibent même en principe les amendes *disciplinaires*, et n'autorisent que les retenues pour malfaçon. — *Sic* : Loi anglaise de 1896 ; lois américaines du Massachusetts (27 mars 1891, spéciale au tissage), de l'Indiana, 28 février 1899, etc. — Ces lois procèdent de l'idée, théoriquement exacte, que les amendes ne correspondant pas à un préjudice appréciable ont le caractère de *peines* ; or il ne saurait appartenir à un chef d'industrie de s'ériger en *juge* (Cf. A. Fontaine, *Rev. polit. et parl.*, 1899, t. XIX, p. 154).

1005. — *Projets français.* — En France, la question des *amendes* n'a pas encore été résolue par le Parlement, sauf toutefois pour les

(1) Lois citées *supra*, sous n° 999. *Adde*, loi anglaise du 4 août 1896 (*Ann. de lég. étr.*, 1897, p. 44).

(2) En Allemagne et en Suisse, l'amende ne peut dépasser, en principe, la moitié du salaire journalier ; en Belgique, le cinquième seulement.

ouvriers mineurs (affectation obligatoire aux caisses des sociétés de secours, loi du 29 juin 1894, art. 6). Mais plusieurs projets ont été déposés. Le plus radical, le projet Ferroul (V. *supra*, n° 1.001) ne tend à rien moins qu'à supprimer les amendes disciplinaires et à ne laisser subsister, à l'instar du droit anglais, que les retenues pour malfaçon.

Le système des amendes peut se justifier en droit. Il n'est effectivement, à la condition toutefois que le règlement qui les édicte soit entouré de garanties sérieuses, qu'une application du principe de la clause pénale. L'ouvrier accepte par avance, en se soumettant au règlement, qu'une amende forfaitaire lui soit infligée pour inexécution ou mauvaise exécution de ses engagements. Peut-être aussi pourrait-on le justifier par l'intérêt même des ouvriers. La discipline, indispensable dans tout atelier, ne peut que difficilement être maintenue par la seule autorité morale des chefs. Enlevez absolument au patron le droit d'infliger des amendes, il aura recours aux deux sanctions qui lui restent, le renvoi, qui va faire de l'ouvrier un sans-travail, et la mise à pied, qui lui impose un chômage plus ou moins prolongé, aggravé par une privation de salaire (1).

Aussi le Sénat s'était-il une première fois, en 1894, refusé à voter le texte prohibant les amendes, adopté par la Chambre en 1892. Le rapporteur ayant fait observer (2) que beaucoup de patrons n'avaient jamais eu recours à ce mode de pénalité, qu'il était donc possible aux chefs d'industrie de n'en plus faire usage, la Chambre maintint, en 1898 (séance des 6 et 8 déc.), son texte de 1892.

Le projet sommeilla dix ans ; lorsqu'il revint devant le Sénat (22 janv. 1909), celui-ci, malgré l'intervention de M. Viviani, persévéra dans son point de vue et substitua au texte prohibitif voté par la Chambre un système tendant à réglementer étroitement les amendes patronales.

Plutôt que de céder, la Chambre, dans sa séance du 30 juin 1909, supprima purement et simplement l'article 4, relatif aux amendes, qui faisait l'objet du litige entre les deux assemblées.

Cet antagonisme prolongé était des plus regrettables. Nous admettons fort bien que, théoriquement, la Chambre préfère, en matière d'amendes, l'interdiction absolue à la réglementation ; mais celle-ci eût valu assurément mieux que le régime actuel de liberté illimitée.

(1) Un contrat de travail sans amendes — a dit M. Colson — est « un Code pénal où l'on n'a laissé subsister que la peine de mort ».

(2) *Quest. prat.*, 1909, p. 50, 270, 381 ; — *Bull. Off. trav.*, 1909.441.

Les Chambres l'ont compris, puisqu'elles paraissent d'accord pour voter le projet de loi du 26 déc. 1927 (voir *supra* n° 1.001 et note 4). Les amendes, c'est-à-dire les pénalités fixées par l'employeur pour sanctionner des manquements au règlement intérieur, sont interdites en principe. Cependant, par exception, on les admet pour les manquements à la discipline et aux prescriptions relatives à l'hygiène et à la sécurité des travailleurs. Le régime des amendes ne peut être maintenu ou créé qu'avec l'autorisation de l'inspecteur divisionnaire du travail, après consultation des organisations patronales et ouvrières intéressées. Le taux des amendes devra être fixé par un règlement intérieur régulièrement établi ; le total des amendes infligées dans la même journée ne pourra excéder le quart du salaire journalier ; leur montant sera versé dans une caisse de secours au profit du personnel. Toutes stipulations contraires à ces dispositions sont nulles et de nul effet. Les amendes infligées seront mentionnées sur un registre spécial tenu à la disposition des inspecteurs du travail.

1606. — **Retenues pour malfaçons.** — Les deux projets, de la Chambre et du Sénat, réservent le droit pour le patron de pratiquer des retenues pour malfaçons, détériorations de machines ou de marchandises. Ce sont de véritables dommages-intérêts. Le taux n'en est pas limité, sauf au tribunal des prud'hommes à statuer en cas de contestation.

Avec le projet de loi que nous avons résumé au n° précédent, et la surveillance des inspecteurs du travail, les industriels ne pourront plus éluder la loi et infliger de véritables amendes sous couleur de dommages-intérêts.

Toutefois, certaines législations, afin d'éviter les abus, rendent obligatoire la réception de l'ouvrage en présence d'un délégué, agent de la collectivité des ouvriers de l'établissement (loi anglaise de 1860 sur les mines), ou déterminent les procédés de mesurage et de contrôle du travail exécuté, notamment en matière de tissage (Cf. lois angl. de 1891 et du 6 juill. 1895 ; loi belge du 17 juin 1896). — Il y avait là une lacune qu'ont partiellement comblée les articles 34 à 42 du liv. 1er du C. du trav. (loi du 10 juillet 1915 amendée par la loi du 19 juillet 1928) sur les moyens de constater les conventions relatives aux salaires en matière de *tissage*, de *bobinage*, de coupe du velours de coton, de teinture, blanchiment et apprêts des étoffes (1).

(1) Signalons certaines initiatives intéressantes prises par les conseils de prud'hommes. C'est ainsi que le règlement des usages du Conseil des prud'hommes de Lyon contient un article 16 ainsi conçu : « Quelque défectueuse que

Un livret spécial appartenant à l'ouvrier et laissé entre ses mains porte des indications précises sur les marchandises qui lui sont livrées, avec le prix de façon. Le compte de façon de l'ouvrage exécuté est arrêté au moment de la remise, par le fabricant, commissionnaire ou intermédiaire qui inscrit toutes les mentions sur un registre d'ordre (1).

1007. — Retenue pour garantie. — Restent les retenues de salaire *à titre de garantie*, opérées par le patron qui se constitue ainsi un cautionnement contre le défaut d'exécution des obligations de l'ouvrier, en cas de départ illégal par exemple. Cette mesure pare à l'insolvabilité de l'ouvrier, qui lui rend léger l'oubli de ses obligations.

Les législations allemande de 1891 art. 119 *a*), suisse de 1877, belge du 10 mars 1900 (art. 26) autorisent ces retenues, mais en les réglementant. Ainsi, d'après la loi belge, les prélèvements ainsi effectués sur les salaires à titre de garantie doivent être déposés aux mains d'un tiers convenu ; ils ne peuvent en aucun cas excéder le cinquième du salaire payable à chaque échéance.

En France, cette forme de retenues est encore peu usitée (2).

V. — Protection du salaire a l'encontre des créanciers de l'ouvrier : insaisissabilité, incessibilité

1008. — Nécessité de cette protection. — Le salaire de l'ouvrier court aussi le risque, lorsque le législateur n'édicte à cet égard aucune prohibition, d'être saisi par les créanciers de l'ouvrier. Or la faculté illimitée de saisie laissée à ceux-ci constitue un véritable danger social.

Il n'est pas seulement injuste, en effet, de priver l'ouvrier du salaire qui lui est indispensable ; il est dangereux de tolérer de pareilles exécutions. Réduits au dénûment, chassés parfois de l'atelier où ils travaillaient, par un patron que la fréquence des

soit la fabrication d'une étoffe, le fabricant ne peut en réduire la façon de plus de moitié ». — Cf. art. 33 proj. de loi du 10 juill. 1906 sur la réglementation du travail.

(1) V. Lambert, *op. cit.*, p. 235.

(2) L'article 36 du projet du gouvernement de 1906 est calqué sur la loi belge, mais la retenue autorisée est limitée à *un dixième*. En ce qui concerne le versement d'une certaine somme par l'employé, à titre de *cautionnement*, au moment de son embauchage, v. *infra*, n° 1032.

saisies-arrêts indisposait, ces ouvriers déclassés n'étaient que trop portés à écouter les paroles de révolte.

1009. — Lois étrangères. — Cette portée sociale du problème de la saisie des salaires n'a pas échappé au législateur contemporain. Aussi la plupart des législations récentes admettent-elles, soit l'insaisissabilité totale sans limitation de taux, soit l'insaisissabilité totale jusqu'à concurrence d'un certain minimum, soit l'insaisissabilité partielle.

Au premier groupe (insaisisssabilité totale) appartiennent les lois *allemande*, *anglaise*, *norvégienne* et *brésilienne* (1). Le second groupe (insaisissabilité totale jusqu'à concurrence d'un certain minimum) comprend notamment les lois *hongroise*, *autrichienne* et *espagnole* (2). Au troisième groupe appartiennent les lois *russe* (ancienne), *belge*, *suisse*, *luxembourgeoise*, la plupart des lois de l'Union *américaine* (V. notamment L. du Connecticut, 15 mai 1903) et la loi *française* (3).

1010. — France : Prolégomènes de la loi de 1895. — Jusqu'en 1895, aucune disposition législative ne restreignait en France le droit de saisie des créanciers de l'ouvrier. Cette lacune était d'autant plus singulière que, depuis longtemps, nos lois protégeaient contre le risque de saisie diverses catégories de personnes (4). La jurisprudence, il est vrai, s'était efforcée de combler cette lacune : partant du principe que tout salaire a, plus ou moins, le carac-

(1) *Allemagne*, L. 21 juin 1869, modifiée par la loi du 29 mars 1897 (*Ann. de lég. du trav.*, 1897, p. 7); — *Angleterre*, (act. du 14 juill. 1870); — *Norvège* (L. 29 mars 1890).

(2) *Hongrie*, art. 62 de la loi sur la procédure civile du 1er juin 1881 (salaire insaisissable au-dessous de 1 florin 50) ; — *Autriche*, L. 25 avr. 1873, modifiée par les lois des 26 mai 1888 et 17 mai 1912: insaisissabilité absolue des travaux *de durée*, n'excédant pas 2.000 couronnes par an (travaux dont la durée est fixée par la loi, la convention ou l'usage à une année au moins, ou dont la durée est indéterminée, mais dont le cours ne cesse que par un congé donné trois mois à l'avance); insaisissabilité des autres salaires ou traitements jusqu'à concurrence des 2/3; — *Espagne* (C. civ., et loi du 12 juill. 1906): insaisissabilité absolue des salaires et traitements inférieurs à 24 réaux (6 fr.) par jour.

(3) D'après la loi *russe* de 1886 (d'ailleurs aujourd'hui abrogée), la quotité saisissable est de 1/3 ou de 1/4 suivant la qualité du salarié (célibataire, marié et père de famille) ; — d'après la loi *belge* du 18 avr. 1887, modifiée par la loi du 25 mai 1920, les salaires sont saisissables pour 1/5 ; même règle pour les traitements n'excédant point 9.000 francs. — La loi *suisse* (L. 11 avr. 1889) laisse à l'autorité judiciaire le soin de fixer la quotité saisissable.

(4) Insaisissabilité totale des salaires des matelots (Ordonn. 1er nov. 1745) ; insaisissabilité partielle des traitements des fonctionnaires (L. 15 pluv. an III), etc

tère alimentaire, elle n'autorisait la saisie que pour ce qui excédait la quotité nécessaire à la subsistance de l'ouvrier (un cinquième en général) : parfois même les tribunaux déclaraient le salaire, à raison de sa modicité, insaisissable *pour le tout* (1).

Tout équitable qu'elle fût, cette jurisprudence ne pouvait remplacer un texte précis. Le taux de la portion saisissable variant au gré des tribunaux, il était impossible aux créanciers d'apprécier à l'avance sur quoi devait porter la saisie. Ils commençaient ordinairement par saisir la totalité du salaire ; l'on plaidait alors en vue d'obtenir la restriction de la saisie, de là des lenteurs et des frais.

1011. — Loi du 12 juillet 1895. — Ces considérations déterminèrent le législateur à intervenir ; d'où la loi du 12 janvier 1895 sur la saisie-arrêt et la cession des salaires et petits traitements (2). Cette loi avait pour but de protéger contre leurs créanciers les ouvriers et gens de services, quel que soit le montant de leur rémunération, les employés ou commis et les fonctionnaires, à condition que leurs appointements ou leur traitement ne dépassent pas 2.000 francs par an. Lorsqu'un débiteur rentre dans une de ces catégories, la quantité saisissable ou cessible de son salaire est réduite au dixième ; les retenues pour avances en espèces ne peuvent donner lieu qu'à des retenues ne dépassant pas un autre dixième. En tout état de cause, l'ouvrier et l'employé conservent les sept dixièmes de leur salaire. En second lieu, à la procédure de droit commun était substitué un régime de faveur comportant, d'une part, la substitution de la compétence du juge de paix à celle du Tribunal civil, d'autre part, la simplification des formalités et la réduction des frais, la lettre recommandée remplaçant l'emploi de l'huissier.

Ainsi étaient effacées en faveur des salariés les moins fortunés, les complications accumulées à plaisir par la procédure de droit commun des saisies-arrêts : instance au Tribunal civil et constitutions d'avoué, exploits et sommation par huissier, requête, ordonnance, assignation en paiement, en validité, dénonciation

(1) Cass., 29 mai 1878, D. 79.1.24 ; 18 févr. 1895, S. 97.1.403.

(2) BIBLIOGRAPHIE. — Schaffhauser et Chevresson, *La saisie-arrêt des gages, salaires et petits traitements* (*Lois nouv.*) ; César-Bru, *La saisie-arrêt des salaires*, 1896 ; Lesage et Compin, *Traité de la saisie-arrêt d'après la loi de 1895* ; Emion, *La saisie-arrêt sur les salaires* ; Pabon, *Traité de la saisie-arrêt des salaires*. — V. aussi Garsonnet et César-Bru, *Traité de procédure*, 2e éd., t. IV, p. 482, et § 1306 et s.; Garsonnet et Josserand, *Traité des voies d'exécution*, p. 124 et s. ; Lambert, *op. cit.*, p. 280 et s. ; Bender, *Le salaire effectif*, p. 40 et s. ; Bender, *Les imperfections de la loi sur la saisie-arrêt des salaires ; Comment y remédier?* (*Quest. prat.*, 1900, p. 29 à 113); Dalloz, Répert. pr., v° *saisie-arrêt*, n°s 562 et s.

et contre-dénonciation de la saisie, jugements, droits d'enregistrement élevés. L'assistance judiciaire n'apportait qu'un soulagement apparent : le créancier gagnant faisait bien l'avance des frais, mais il ne donnait mainlevée qu'après les avoir récupérés.

Aussi le créancier refusait le crédit, tant qu'il n'avait point reçu du patron l'assurance que celui-ci lui remettrait à chaque paye une portion du salaire. Cet arrangement amiable, lui aussi, était onéreux pour l'ouvrier qui, achetant à crédit, par paiements échelonnés, payait les denrées bien au-dessus de leur valeur réelle.

1012. — Dès le lendemain de la mise en vigueur de la loi, deux très graves imperfections apparurent en pleine lumière. Ses rédacteurs, en n'admettant la saisie que pour une fraction très faible du salaire et en simplifiant les formalités de procédure, avaient cru concilier tous les intérêts en présence. L'évènement démontra que le régime nouveau n'était favorable ni aux salariés, qui voyaient se multiplier les saisies pour les sommes les plus minimes, à raison même des facilités nouvelles qu'une procédure expéditive offrait aux créanciers, ni aux créanciers, leurrés par la perspective d'un paiement rarement obtenu, à raison de l'énormité relative des frais et de la pluralité des participants à la distribution. Ce régime ne profitait, en réalité, qu'aux hommes de loi.

Sans doute, les frais de la nouvelle procédure, envisagés isolément, sont moindres que ceux de l'ancienne ; mais, plus souvent répétés, ils s'élèvent fréquemment à un total invraisemblable, dépassant parfois de beaucoup, pour les créances modiques, le capital de la créance (1). Les retenues effectuées suffisent à peine, trop souvent, à faire face aux intérêts et aux frais ; le malheureux salarié, pris dans cet engrenage, est dans l'impossibilité de jamais parvenir à sa libération.

1012 bis. — **Quotité saisissable.** — Une législation qui se prête à de tels abus est condamnée. Mais comment la réformer ? Suffisait-il de la remanier en vue de faire disparaître tous les frais inutiles, mais en conservant le principe de l'insaisissabilité partielle, ou ne convenait-il pas d'adopter une solution radicale, et de décréter l'insaisissabilité *absolue* ?

La Chambre des députés avait cru devoir, en 1898, se rallier au premier système. Le projet voté par elle le 1er avril 1898, tout en

(1) M. Bender, par exemple, cite le cas d'un ouvrier obligé, pour une dette de 9 fr. 25, de payer 49 fr. 60 de frais! — Cons. également les faits précis relatés dans l'enquête de l'*Office du travail*, 1899 (frais s'élevant à 788 %, à 1693 %).

maintenant la faculté de saisie jusqu'à concurrence d'un dixième, se bornait à simplifier la procédure.

En présence des résultats de l'enquête ouverte en 1899 par l'Office du travail (1), la commission sénatoriale, au contraire, se prononça nettement, au rapport de M. Chovet, en faveur de l'insaisissabilité complète. Le Sénat ne partagea pas cette manière de voir et, à la séance du 18 novembre 1902, il renvoya à la Commission un contre-projet Savary conforme dans les lignes générales à la proposition de la Chambre. Le dixième des salaires ou traitements restait saisissable, comme sous l'empire de la loi de 1895 (2).

Il a été déterminé par cette considération que l'employé, le petit fonctionnaire peuvent avoir besoin de crédit au moment où un chômage, une dépense importante, sollicitent leurs économies et épuisent leurs ressources. Le fournisseur fait crédit parce qu'il a la possibilité de poursuivre le recouvrement de sa créance : même s'il n'attend pas un grand secours des retenues opérées en vertu de la saisie, il l'envisage comme un stimulant à la volonté de se libérer envers lui. Sans doute, l'Angleterre et les pays austro-allemands admettent l'insaisissabilité, mais le créancier a un moyen de coercition plus redoutable que la saisie, la contrainte par corps.

1013. — Loi du 27 juillet 1921. — Son économie générale.
Ce contre-projet, voté par le Sénat le 22 novembre 1906, adopté avec modification par la Chambre le 27 mai 1915, amendé et mis au point par le Sénat en 1920, a été enfin voté par la Chambre le 8 juillet 1921, après 23 ans de gestation et promulgué à la date du 27 juillet 1921. Ses dispositions s'incorporent, (sauf les mesures transitoires, art. 2, concernant les saisies antérieures à sa promulgation) au livre 1er du C. du trav. sous les articles 61 à 73 b. La loi a un caractère d'ordre public, par conséquent les bénéficiaires ne sauraient valablement renoncer à ses avantages (3).

1014. — Quels sont les bénéficiaires de la loi du 27 juillet 1921 ? Tous les ouvriers, gens de service, employés ou fonctionnaires,

(1) Sur 817 réponses au questionnaire envoyé par le Ministère du commerce aux chambres de commerce, aux syndicats, etc., l'on en compte 368 seulement en faveur de la saisissabilité, et 412 en faveur de l'insaisissabilité absolue. — Fital, *Le l'insaisissabilité du salaire ouvrier*, 1905.

(2) Il en résulte que la compensation légale ne peut s'opérer que dans cette même limite du dixième saisissable, sauf les exceptions des articles 50 et 51 C. trav., Cass. 8 mars 1925, S. 1926.1.109.

(3) *Travaux préparatoires* : Ch., rapp. Zévaès (15 mars 1909, n° 2837) ; Guernier (9 juill. 1912, n° 2150) ; Bender (27 mai 1915, n° 708). — *Sén.*, rapp. Savary (29 mars 1917, n° 114). — Ch., rapp. J. Godart (23 déc. 1920, n° 1917). — René Japiot, *Saisie-arrêt des salaires et traitements*, *Lois nouvelles* ; Pabon, *Traité de la saisie-arrêt des salaires*, 1922 ; Demogue, *Rev. trim.*, 1925, p. 113.

qui ces derniers dépendent de l'État, du département ou des communes, à la seule condition que leurs salaires, leurs appointements ou leur traitement ne dépassent pas 6.000 francs (1) par an (art. 61 C. Tr.). La distinction si importante, dans la loi de 1895, entre l'employé ou petit fonctionnaire protégé si son traitement annuel est inférieur à 2.000 francs et l'ouvrier quel que soit son salaire, est heureusement supprimée par la loi de 1921. Mais les dispositions de l'article 61 ne s'appliquent pas aux émoluments des professions libérales (médecins de l'assistance publique, etc.), sauf si leur rétribution est continue et périodique (2).

1015. — Le salaire ou traitement est payable, en principe, en argent (C. du trav., art. 43), mais au salaire en argent peuvent cependant, (V. l'article 75 du Code du travail), s'ajouter certaines prestations en nature. En bonne logique, ces deux éléments de la rémunération (numéraire, et prestations accessoires, logement, nourriture, etc.) devraient entrer en ligne de compte pour l'application de la loi ; sinon, il en résulterait une inégalité injustifiable entre les salariés rémunérés exclusivement en argent et ceux recevant une rémunération mixte (3).

C'est cependant l'opinion contraire qui prévaut en jurisprudence. Elle s'appuie essentiellement sur la difficulté que présente l'évaluation, par le juge, de la valeur de ces prestations accessoires, et sur ce qu'il y aurait d'injuste à mettre le créancier, au point de vue de la compétence (laquelle dépend en matière de traitement du taux du salaire), à la discrétion complète du juge. D'ailleurs,

(1) Porté à 12.000 par la Chambre, le 28 février 1929. Le Sénat est saisi de ce projet.

(2) Trib. civ. Beauvais, 22 déc. 1899, Dalloz, 1901.2.53 et D. 1905.1.429, note 1, 2. Les correcteurs d'imprimerie sont des employés (Trib. civ. Seine, 13 juill. 1908, D. 1909.5.7). Les artistes dramatiques sont des employés, liés par un contrat de louage d'industrie (Ruben de Couder, v° *Théâtre*, n° 1180 ; Baudry-Lacantinerie et Wahl, 2 éd., t. 2, n° 1640 ; Sénat, séances des 22 janv., 2 déc. 1909). Les employés de théâtres et concerts sont soumis à la juridiction prud'homale (L. 29 mars 1907).

Les gratifications n'étant point une dette de l'employeur, sont insaisissables, même lorsque, pratiquement, l'employé n'a pas d'autre rémunération (garçons de café par exemple). — Cf. Cézar-Bru, p. 9. — Des propositions de loi ont été déposées, interdisant sur les *pourboires* un prélèvement sous une forme quelconque (propos. J. Coutant, 28 janv. 1907, *Ch.* n° 701). — Cf. propos. Godart, tendant à réglementer le contrôle et la répartition du pourboire dans les hôtels, restaurants, cafés, etc. (Sén. 17 janv. 1928 ; rapp. Godart, s. 28 déc. 1928, *doc.*, n° 811). — V. *supra* n° 932.

(3) Mais dans les 6.000 (bientôt 12.000 francs) du salaire protégé ne sont pas comprises les allocations pour charges de famille (Trib. civ. Bourg, 7 avril 1925, *Loi* 30 mai 25).

ajoute-t-on, des prestations en nature ne sauraient être saisies-arrêtées : l'on n'en peut donc faire état (1).

Cette argumentation ne nous semble nullement décisive. D'une part, en effet, il est inexact de prétendre que la saisie-arrêt ne puisse s'appliquer qu'aux sommes d'argent (art. 557 et 578 C. proc. civ.). D'autre part, la difficulté plus ou moins grande de l'évaluation de tel ou tel élément de salaire ne saurait enlever aux prestations dont il se compose leur caractère propre, qui est de faire partie intégrante de la rémunération promise. Au surplus, la jurisprudence tend à le reconnaître lorsque le salaire consiste *principalement* en nature (Trib. civ. Angoulême, cité en note). Or c'est précisément dans cette dernière hypothèse que l'évaluation des prestations entraînera le plus de difficultés, puisqu'il ne s'agira plus alors d'en faire état pour calculer le dixième saisissable, ou pour décider si le traitement excède ou non le taux légal, mais bien de les soumettre directement à la saisie. Mieux vaut donc supprimer toutes les distinctions (2).

* **1016.** — La loi s'applique aux *traitements* inférieurs à 6.000 francs, donc aux fonctionnaires, en activité ou en disponibilité. Mais comme elle ne vise que les salaires, elle ne protège ni les gains variables des auxiliaires des commerçants, rémunérés à la commission, (3) ni les économies de l'ouvrier (note sous D. 98. 2. 65), ni l'indemnité de brusque congédiement (Req. 8 déc. 1905, D. 1907.1.87). Pour la même raison, les pensions de retraite, servies aux ouvriers et employés par une caisse spécialement constituée à cette fin par

(1) Trib. civ. Angoulême, 30 déc. 1896, D. 97.2.353 ; Trib. civ. Corbeil, 2 mars 1898, D. 99.2.217. — Cf. notes Appleton, D. 97.2.354 et 1909.2.220 ; Lesage et Compin, n° 82.

(2) Sur la question de savoir si l'augmentation de traitement survenue postérieurement à la saisie-arrêt peut avoir pour effet, si le traitement nouveau excède le maximum fixé par la loi, de faire perdre à l'employé le bénéfice du régime de faveur institué par la loi de 1895, cons. dans le sens de la négative ; Dalloz, *Rép. prat.*, v° *saisie-arrêt*, n° 612. — Dans le cas où un mari et une femme, mariés sous le régime de la communauté, seraient tous deux employés, l'on ne devra pas faire masse de leurs deux traitements, mais les envisager *séparément* : Trib. civ. Montpellier, 23 nov. 1895, D. 97.2.44. — C'est d'ailleurs au salaire ou traitement brut, et non pas au salaire net, déduction faite des retenues diverses effectuées par le patron, qu'il convient de s'attacher (Trib. civ. Dijon, 5 mars 1896, D. 97.2.41, et la note de M. Glasson). Il importe peu que l'employé n'ait que son traitement pour vivre, ou qu'il possède une fortune personnelle ; la loi ne considère que le taux du traitement (Trib. civ. Dunkerque, 18 juill. 1912, D. 14.5.6). Les retenues sur les salaires, destinées à constituer une pension de retraite, n'étant qu'une portion du traitement, ne peuvent faire l'objet d'une saisie particulière (Dijon, 5 mars 1896, D. 97.2.41, 10 déc. 1898, D. 99.2.294, note J. Appleton, D. 98.2.65).

(3) Ainsi, la loi est inapplicable aux émoluments, essentiellement variables, des

leur employeur, sont soumises aux règles du droit commun (Civ. Cass. 15 nov. 1904. D. 1905. 1.254 ; 4 fév. 1913. D. 1916. 1. 84). Ne rentrent pas dans le champ d'application de la loi les salaires des marins déclarés insaisissables et incessibles par l'article 74. C. Tr., ni les pensions de retraite, ou les pensions d'accidentés du travail, réglés par des lois spéciales (1).

1017. — Quotité cessible. — La cession est permise dans les mêmes limites que la saisie. Aux termes de l'article 62 du C. du trav., les salaires, appointements et traitements visés par l'article 61 ne pourront être *cédés* que jusqu'à concurrence d'un *autre dixième*. Ce texte déroge doublement au droit commun : en effet l'ouvrier créancier de salaires aurait pu, même avant l'échéance, céder une quote-part quelconque de son salaire ; et, de plus, il lui eût été loisible de céder aussi bien le dixième saisissable que la partie insaisissable. Or, d'une part, si le salaire déclaré insaisissable pour les neuf dixièmes fût demeuré cessible sans limitation, les créanciers n'eussent pas manqué d'exiger la cession à titre de garantie, et la protection légale fût devenue illusoire. D'autre part, si le dixième insaisissable fût demeuré cessible, il était à craindre que cette faculté n'eût pour résultat de réduire à néant le gage des créanciers. Voilà pourquoi le cessionnaire ne participe pas, en vertu de la même créance, à la distribution de la fraction saisie. Les deux dixièmes distincts attribués aux créanciers saisissants et aux cessionnaires ne sont pas susceptibles de se confondre. La masse des créanciers aura pour gage commun le dixième saisissable ; et si le débiteur veut, à titre de garantie supplémentaire, déléguer un dixième de son salaire à tel de ses créanciers, c'est sur un second dixième que portera, de plein droit, la cession (2).

En la forme, la cession ne peut être consentie que par une déclaration souscrite sur le registre du greffe de l'art. 72 C. Tr., par le cédant *en personne*, devant le greffier de la justice de paix de sa résidence. Le greffier, s'il en est requis, la notifie par lettre recommandée au débiteur des salaires ou traitements. La retenue est opérée sur cette seule notification. La cession non notifiée est périmée dans le délai d'un an. Le cessionnaire touche directement les retenues du débiteur des salaires, sur la production d'une copie

représentants de commerce, mandataires, etc., rémunérés à la commission. — Cass. 27 mars 1912, D. 12.2.126.

(1) Civ. cass., 28 nov. 1900, et sur renvoi Dieppe 18 mars 1902, D. 1904.1.291.

(2) Sur la possibilité pour un ouvrier devenu commerçant de céder, pendant la période suspecte, le dixième cessible à l'un quelconque de ses créanciers, V. Cass., ch., 10 nov. 1902, D. 1903.1.201, note Thaller.

de la mention de la déclaration faite au greffe (art. 62 C. Tr., modifié L. 28 juill. 1921).

A la différence de la saisie-arrêt, la cession dûment signifiée, dans les formes de l'art. 1690 du Code Civil, confère au cessionnaire un droit privatif sur la créance cédée. De deux cessionnaires du dixième cessible, celui-là sera donc préféré qui le premier aura signifié son titre au débiteur cédé, c'est-à-dire au patron, car en matière de cession de salaire ou de petit traitement, compétence et procédure sont régies par le droit commun.

1018. — Des saisies ou cessions pour créance alimentaire. — La loi a cru devoir excepter des restrictions formulées par les art. 61 et 62 du C. Tr., les cessions et saisies faites pour le paiement des dettes alimentaires, dont serait tenu l'ouvrier ou l'employé. Dans ce conflit entre deux créances privilégiées l'une et l'autre, le législateur a dû attribuer la préférence au créancier d'aliments, qui risquerait d'être réduit au dénûment s'il n'avait droit qu'au dixième saisissable.

La saisie-arrêt pratiquée par le crédirentier pourra donc porter sur la totalité des salaires exigibles, sauf au tribunal à affranchir de la saisie, conformément au droit commun de l'art. 582 du C. Pr. civ., la quote-part indispensable à l'ouvrier pour subsister. La procédure de ces saisies-arrêts pour dettes alimentaires est celle des articles 64 et suivants C. Tr., à peine de nullité (1). La faculté, pour le créancier d'aliments, de saisir le salaire sans limitation implique le droit, pour le débiteur, de prévenir la saisie en cédant volontairement son salaire par avance.

L'article 63 a pris soin d'énumérer limitativement les dettes alimentaires dont il s'agit, en renvoyant aux articles 203 et suivants, 301, 319 du code civil, qui visent les personnes qui ont droit à une pension alimentaire, et à la loi du 13 juillet 1907 relative à la contribution des époux aux charges du ménage. Les fournisseurs d'aliments, qui constituent d'ordinaire les principaux créanciers de la famille du salarié, suivent la loi commune, de même que le donateur qui réclamerait des aliments en vertu de l'article 955 du Code Civil.

Comment régler le concours des créanciers d'aliments et des autres créanciers ? Dès l'instant qu'aucune disposition n'affecte le dixième saisissable à telle ou telle catégorie de créanciers, nous déciderons qu'ils viennent en concours, même sur ce dixième, avec les créanciers de droit commun, sauf à ne les colloquer sur le dixième saisissable que pour le dixième de leur créance.

(1) V. D. 1899.2.186, note Cézar-Bru ; trib. civ. Lyon, 18 mai 1923, Sir. 1923.2.64.

1019. — Procédure de la saisie-arrêt. — Compétence du juge de paix. — La procédure, par une exception remarquable au droit commun, se déroule toute entière devant le juge de paix, dont la compétence est d'ordre public. Il s'agit du juge de paix de la résidence du saisi et non de son domicile, comme sous la loi de 1915 (art. 64 du C. Tr.). La juridiction cantonale est plus rapprochée de l'ouvrier, plus paternelle, plus accessible et moins coûteuse.

Pour éviter le plus possible les procès, toute procédure de saisie-arrêt commence obligatoirement, même s'il y a titre, par une mesure de conciliation effectuée devant le juge de paix. Sur la réquisition du créancier qui doit, comme en toute saisie-arrêt, avoir un droit certain, exigible et liquide, le juge de paix convoque le débiteur devant lui, au moyen d'une lettre recommandée avec avis de réception. Le délai pour la comparution est de trois jours francs à partir de la date de la remise figurant à l'avis de réception. Si le débiteur ne se présente pas et à défaut d'avis de réception, c'est seulement alors que le créancier peut recourir à l'huissier et faire citer par exploit, sauf s'il y a titre exécutoire. Le créancier est averti de la date de la comparution au moment où il formule sa réquisition au greffe.

Le juge de paix, assisté de son greffier, dresse procès-verbal de la comparution des parties, même si aucun arrangement n'est intervenu, ou de la non-comparution (art. 64 *a*.). Si les parties ont comparu et qu'une entente soit intervenue, il en mentionne les conditions. A défaut d'entente et s'il y a titre ou s'il n'y a pas de contestation sérieuse sur l'existence ou sur le titre de la créance, le juge rend une ordonnance pour autoriser la saisie-arrêt, en énonçant la somme pour laquelle elle sera formée. Il autorise dans la même forme la saisie-arrêt, si le débiteur ne s'est pas présenté, sur convocation régulière. Le juge peut refuser l'autorisation au créancier sans titre ou ne l'accorder qu'avec réserve de lui en référer en cas de difficulté.

L'ordonnance est inscrite sur le registre du greffier institué par l'art. 72 C. Tr., qui, dans les 48 heures de sa date, donne avis au débiteur s'il a fait défaut et au saisi ou à son représentant, préposé au paiement des salaires ou traitements dans le lieu où travaille le débiteur. Cet avis est transmis par lettre recommandée, ce qui supprime les frais d'exploit de saisie-arrêt, art. 64.

Le débiteur peut toucher du tiers saisi la portion non-saisie de ses salaire, appointements ou traitement. Si, après qu'une saisie-arrêt a déjà été pratiquée, il survient d'autres créanciers, ceux-ci font une déclaration de leur créance, signée et déclarée sincère, accompagnée de toutes les pièces de nature à permettre au juge d'évaluer la créance. Cette opposition ne peut se produire, entre les mains du même tiers saisi, que par une inscription au registre du greffier, pour empêcher que plusieurs saisies-arrêts ne soient formées contre un seul débiteur. Le greffier en donne avis, dans les mêmes conditions que pour la saisie originaire. Cet avis vaut opposition (art. 65).

1020. — **Validation de la saisie-arrêt.** — Le début de la procédure résumé ci-dessus a pour objet de garantir les créanciers contre toute distraction de leur gage. La seconde phase des opérations a pour but de déterminer les droits de chacun et de répartir la quotité saisissable entre tous ceux dont le titre est reconnu régulier.

Sur requête du saisi, du saisissant ou du tiers-saisi, mentionné sur le registre, ou sur ordonnance rendue d'office par le juge de paix, le greffier convoque, dans les 48 heures, toutes les personnes intéressées par avertissement recommandé, pour voir statuer sur la validité (art. 66). La convocation à l'audience a lieu à trois jours francs par un avertissement recommandé, mais pas à peine de nullité (Trib. paix Lille, 6 nov. 1895, D. 1896.2.506).

Pour apprécier la validité, la nullité ou la main-levée de la saisie-arrêt, le juge de paix prononce sans appel, dans la limite de sa compétence en dernier ressort et à charge d'appel, à quelque valeur que la demande puisse s'élever. Ce magistrat est encore compétent si la créance est contestée, pour prononcer sur son existence et sa qualité, lorsque la valeur du titre du saisissant n'excède pas sa compétence (1). C'est seulement au point de vue de la procédure que la loi sur la saisie-arrêt des salaires est extensive de compétence au profit du juge de paix ; mais, s'il y a procès *sur le fond du droit*, le droit commun reprend son empire. Si donc le créancier n'a pas de titre, que la créance prétendue dépasse le taux de la compétence normale du juge de paix, ou que cette créance soit contestée, le juge pourra bien autoriser la saisie ; mais il devra surseoir à statuer sur la validité jusqu'à ce que le tribunal civil ait rendu un jugement au profit du saisissant.

Le tiers-saisi doit faire sa déclaration affirmative, audience tenante, à moins qu'il ne l'ait faite au préalable par lettre recommandée et adressée au greffier. Cette déclaration indique exactement et avec précision la situation entre le tiers-saisi et le saisi. Faute de cette déclaration, ou si elle est reconnue mensongère, le

(1) Cass. civ., 19 mai 1914, D. 1917.1.176. — Pour une créance commerciale, il y a controverse. En faveur de la compétence du juge de paix, D. 1898.2.65. — Garsonnet, tome IV, § 1471, p. 485; César-Bru, p. 20; *contra* ; trib. civ. Lyon, 12 mars 1897, D. 1898.2.65. S'il s'agit d'une cession de salaire ou de la signification de la cession, le juge de paix n'est compétent que dans les limites ordinaires du droit commun, qui n'a subi aucune modification quant à la compétence et à la procédure, Cass. civ., 27 déc. 1898. D. 1899.1.103.

tiers-saisi est rendu débiteur pur et simple des retenues non opérées et condamné aux frais par lui occasionnés. Il a fallu déjouer la collusion possible entre l'ouvrier et un patron qui, systématiquement, déclarerait ne rien devoir ou indiquerait un taux inférieur à la réalité.

1021. — Si le jugement de validité, de nullité ou de main-levée de la saisie-arrêt est rendu par défaut, avis de ses dispositions est transmis par le greffier à la partie défaillante par lettre recommandée, dans les trois jours du prononcé (art. 67). L'opposition doit être fournie dans les huit jours de la date de la lettre, par une déclaration sur le registre du greffe.

Toutes les parties intéressées sont prévenues par lettre recommandée du greffier, en observant le délai de trois jours francs. Le jugement qui intervient alors est réputé contradictoire. L'appel de tout jugement rendu en matière de saisie-arrêt et petits traitements, doit être fourni dans les dix jours du jugement contradictoire (art. 68).

1022. — Répartition des sommes saisies. — On a souvent critiqué la situation que créait la loi de 1895 au patron tiers-saisi, obligés non seulement de faire les retenues, mais de les conserver par devers lui, en attendant que les créanciers se présentent, munis de leur état de répartition. Ces ennuis risquaient de retomber sur l'ouvrier, congédié à la première saisie.

Pour remédier à cette situation, la loi de 1921 a centralisé toutes les opérations de distribution aux mains du greffier, auquel le tiers saisi remet tous les trois mois ou dans les quinze jours qui suivent l'époque où les retenues cesseront d'être opérées, les fonds qu'il a conservés. Exception est faite pour les comptables de l'État, des départements et des communes, qui versent les retenues à la Caisse des dépôts et consignations. Les versements s'opèrent directement ou par mandat-carte, avec avis de réception. Le tiers-saisi est valablement libéré sur la seule quittance du greffier (art. 69). A défaut de versement à l'époque fixée, le juge de paix peut l'y contraindre par une ordonnance, notifiée dans les trois jours, sous pli recommandé par le greffier. Le tiers-saisi a huit jours pour y faire opposition au moyen d'une déclaration sur le registre. Il est statué sur cette opposition, conformément aux règles de compétence et de procédure précédemment exposées. L'ordonnance non frappée d'opposition dans la huitaine devient définitive. La saisie-arrêt et les oppositions, consignées par le greffier sur le registre, conservent leur effet jusqu'à complète libération du débiteur.

La loi de 1921 exige que la répartition soit faite au greffe par le juge de paix, assisté du greffier. Pour en réduire le nombre, le juge devra attendre de pouvoir distribuer 30 % et un minimum de 100 francs, déduction faite des frais à prélever sur les créances privilégiées. Les sommes versées sont quittancées sur le procès-verbal (art. 70).

L'état de répartition judiciaire, étant un acte de juridiction contentieuse, est considéré comme susceptible d'appel dans les dix jours, malgré le silence de la loi, lorsque le montant de la somme totale à distribuer excède la compétence du juge de paix. Les parties qui ont fait défaut peuvent faire opposition à l'état de répartition, dans les huit jours de la date de la répartition, par une déclaration au greffe.

1023. — Le juge de paix qui a autorisé la saisie reste compétent, même lorsque le débiteur aura transporté sa résidence dans un autre canton, tant qu'il n'aura pas été procédé à une saisie dans le canton de la nouvelle résidence contre le même débiteur et entre les mains du même tiers-saisi. Dès que le tiers-saisi est avisé de la saisie-arrêt nouvelle, il remet au greffier de la première résidence le solde des sommes qu'il a retenues et on procède à une répartition qui met fin à la procédure dans l'ancien canton.

La saisie-arrêt, les interventions et les cessions consignées sur le registre du greffe sont radiées de ce registre par le greffier, en vertu soit d'un jugement, soit d'une attribution, soit d'une répartition constatant l'entière libération du débiteur, soit d'une mainlevée amiable (art. 70 *a*). Dans tous les cas, un avis recommandé est adressé immédiatement au tiers-saisi par le greffier.

1024. — La loi du 27 juillet 1921 a innové en créant une main-levée conditionnelle de la saisie, qui peut être accordée par la majorité des créanciers. Voici comment : si,depuis la première répartition, aucune nouvelle créance n'a été enregistrée au greffe, le juge de paix, lors de la deuxième répartition, invite les créanciers à donner main-levée de leur saisie, sous la condition que le débiteur s'acquittera du reliquat de ses obligations, dans un délai qu'ils détermineront. Si plus de la moitié des créanciers, représentant au moins les trois-quarts des sommes des créances validées, acceptent de donner mainlevée, le juge prononce par ordonnance la mainlevée de la saisie-arrêt, qui est radiée sur le registre.

1025. — Aucun créancier compris dans ces répartitions ne peut former une nouvelle saisie-arrêt sur le salaire ou les appointements du débiteur, à moins qu'il ne soit pas payé à une seule des échéances convenues.

Si un créancier non compris dans les répartitions ou dont la créance serait née postérieurement à l'ordonnance de mainlevée, forme une saisie-arrêt, ou si l'un des créanciers dont la saisie a été levée n'est pas payé au terme convenu et forme pour cette cause une *nouvelle* saisie, tous les créanciers antérieurement saisissants ou intervenants sont réinscrits d'office et sans frais pour la portion de leur créance non éteinte. Le greffier chargé de cette inscription en avise le tiers saisi.

1026. — Les frais de saisie-arrêt et de distribution sont à la charge du débiteur saisi. Ils sont prélevés sur la somme à distribuer. Tous les frais de contestation jugée mal fondée sont mis à la charge de la partie qui succombe (art. 71, conf. art. 130 et 131 C. Proc.). Pour l'exécution de la loi, il est tenu au greffe de la justice de paix un registre sur papier non timbré dont les énonciations ont force authentique et sur lequel sont mentionnés tous les actes d'une nature quelconque, décisions et formalités auxquels donne lieu l'exécution des dispositions légales (art. 72).

Tous les actes, décisions et formalités visés par l'art. 72 sont enregistrés gratis et rédigés, ainsi que leurs copies, sur papier non timbré. Les lettres recommandées, les procurations du saisi et du tiers-saisi et les quittances données au cours de la procédure sont exemptes de tout droit de timbre et dispensées de la formalité de l'enregistrement. Enfin les lettres recommandées jouissent de la franchise postale (art. 73). Toutes les précautions sont ainsi prises pour ne pas accabler le débiteur sous les frais.

VI. — Protection du salaire a l'encontre des créanciers du patron : privilèges et autres garanties de paiement (1)

1027. — **Catégories d'ouvriers privilégiés.** — La créance de salaires, vu son caractère alimentaire, est un créance favorable au premier chef ; il semble donc qu'elle aurait dû toujours figurer au nombre des créances garanties par un privilège général (art. 2101 et 2103 C. civ.). Il n'en fut rien cependant jusqu'à la loi du 17 juin 1919 : certaines catégories d'ouvriers seulement étaient protégées par des garanties de paiement spéciales.

Ont droit à ces garanties spéciales : 1° les ouvriers employés par les entreprises de travaux publics (Déc. du 26 pluviôse a II ; art. 3

(1) Bibliographie. — Fagnot, *La protection du salaire en cas de faillite ou de déconfiture* (rapp. au Cons. sup. trav.), 1908 ; Aubry et Rau, t. 3, § 260 ; Baudry-Lacantinerie et de Loynes, *Privilèges et hypothèques*, t. 1, n° 336 ; Guillouard, t. 1, n° 224.

et 4, loi du 25 juillet 1891) ; 2° les ouvriers employés à la construction d'un bâtiment et de tous autres ouvrages faits à l'entreprise (art. 1798 C. civ., 47 C. du trav.) ; 3° les ouvriers agricoles qui ont ensemencé ou récolté (art. 2102-1° C. civ.).

Quant au privilège du conservateur de la chose (art. 2102 C. civ.), au privilège du constructeur d'édifice (art. 2103-4° C. civ.), et au droit de rétention, reconnus généralement à l'ouvrier sur l'objet réparé ou créé par lui, avec des matériaux fournis par le patron (art. 48 C. du trav.), ce sont là des garanties spéciales au contrat de louage d'industrie ou à façon, que nous étudierons ultérieurement.

Envisageons successivement les deux premières catégories de salariés visées ci-dessus :

1029. — 1° Les ouvriers employés par les entrepreneurs de travaux publics. — Le décret du 26 pluviôse an II confère, par ses articles 3 et 4, aux ouvriers et aux fournisseurs pour travaux de l'Etat, un privilège sur les sommes dues aux entrepreneurs. Ce privilège s'exerce sur les sommes dues, nonobstant toutes cessions que l'entrepreneur en aurait consenties.

La loi du 25 juillet 1891 a étendu le privilège à *tous les travaux ayant le caractère de travaux publics*, sans distinction entre les travaux de l'Etat et ceux exécutés pour le compte d'une commune ou de tous autres établissements publics (1). Les sommes dues aux ouvriers pour salaires sont payées de préférence à celles dues aux fournisseurs (art. 46 C. trav.). Mais le décret de pluviôse, comme la loi de 1891, n'ont prévu que l'hypothèse où les travaux publics sont exécutés par des entrepreneurs ou adjudicataires. Il en résulte que le privilège ne saurait être invoqué, lorsque les travaux sont exécutés par l'administration, en régie directe.

1030. — 2° Les ouvriers employés à la construction d'un bâtiment et de tous autres ouvrages faits à l'entreprise. — Il y a controverse sur la portée exacte de l'article 1798 du Code civil. Il est à peu près admis aujourd'hui qu'il déroge au droit commun, en ce que, sans créer un véritable privilège, il substitue à l'action oblique de l'article 1166 une *action directe* permettant à l'ouvrier de poursuivre, directement et de son chef, le propriétaire pour le compte duquel a travaillé l'entrepreneur, son patron, débiteur du salaire.

L'objectif de cette disposition a été de soustraire les ouvriers, en cas de faillite ou déconfiture de l'entrepreneur, à la loi du concours, et de les autoriser à agir directement contre le propriétaire,

(1) Cf. Aubry et Rau, t. 3, § 263 bis, p. 331 ; Baudry et de Loynes, t. I, n°s 724 et s. ; Guillouard, t. II, n° 616.

et à se faire attribuer ainsi la totalité du prix encore dû par celui-ci, de préférence aux autres créanciers de l'entrepreneur (1).

Notons, d'ailleurs, que les ouvriers n'ont d'action directe sur la créance de l'entrepreneur, qu'autant que cette créance existe ; si donc ladite créance se trouve éteinte par un paiement effectué de bonne foi par le propriétaire, sans opposition de la part des ouvriers, ou par l'effet de la prescription (prescription de six mois aux termes de l'art. 2271), leur action est éteinte par voie de conséquence (Civ. 17 oct. 1900, D. 1902.1.569).

1031. — *Privilège général des salariés.* — Malgré sa complexité, notre législation française était l'une des plus incomplètes (2).

L'article 2101 du Code civil édictant un privilège général sur les meubles visait seulement les gens de service. On ne pouvait l'étendre aux salaires de tous ceux qui louent leurs services dans les termes de l'art. 1780 du Code civil.

L'article 549 du Code de commerce accordait un privilège aux ouvriers pour leurs salaires gagnés dons les trois mois avant l'ouverture de la liquidation judiciaire de la faillite, et aux commis, sédentaires ou voyageurs pour 6 mois, ou s'il s'agissait de remises proportionnelles, pour 3 mois. Mais ces dispositions ne s'appliquaient qu'aux entreprises ayant un caractère commercial.

Il suffisait, pour combler ces lacunes, d'incorporer au Code civil les prescriptions de l'article 549 du Code de commerce, en vue de faire bénéficier d'une protection égale dans son principe et dans sa durée, tous les salariés de l'industrie, du commerce et

(1) Cass. ch., civ., 17 oct. 1900, D. 1902.1.569. — Aubry et Rau, t. IV, § 374 ; Colmet de Santerre, t. VII, n° 251 *bis* ; Guillouard, t. II, n° 897 ; Baudry et de Loynes, t. I, n° 631.

Constituant une faveur, l'article 1798 doit être interprété restrictivement. Il ne saurait, en conséquence, être invoqué ni par les fournisseurs de matériaux (Cass., 12 févr. 1880, S. 80.1.416), ni par les commis et employés de l'entrepreneur (Besançon, 16 juin 1863, D. 63.2.103), ni par le sous-entrepreneur ou sous-traitant (Cass. 28 janv. 1880, D. 80.1.254).

Mais quiconque fournit un travail *manuel* doit pouvoir invoquer le bénéfice de l'article 1798. Sont par conséquent en droit d'exercer l'action directe : 1° tous les ouvriers, quel que soit leur mode d'engagement ou de rémunération (Trib. civ. Lyon, 5 févr. 1892, *Mon. jud. Lyon*, 6 avr. 1892) ; 2° les contremaîtres, qui ont la direction matérielle du travail ; 3° les *tâcherons*, c'est-à-dire les sous-traitants qui travaillent eux-mêmes, concurremment avec les ouvriers embauchés par eux (Cass., 12 févr. 1866, D. 66.4.57). — Sur la non responsabilité de l'entrepreneur général envers les ouvriers des sous-traitants, à moins de stipulations expresses insérées dans le cahier des charges, cons. : Civ. cass., 23 janv. 1900.1.324.

(2) D'après la loi *allemande* du 10 févr. 1877 (*Konkursordnung*), tous les salariés ont un privilège identique, portant sur la dernière année de salaire. — *Cf.* loi *belge* (L. 16 déc. 1851) ; loi *suisse* (11 avr. 1889).

de l'agriculture, ouvriers, commis ou domestiques à gages. C'est ce qu'a fait la loi du 17 juin 1919 : les privilèges énumérés à l'art. 549 du Code du commerce sont rangés parmi ceux de l'article 2101 du Code civil. Ils sont colloqués au même rang que la créance des gens de service et viennent immédiatement après les frais de justice, les frais funéraires et de dernière maladie.

Désormais, seront donc privilégiés : pour l'année échue et ce qui est dû de l'année courante, les salaires des gens de service ; pour les 6 derniers mois précédant la faillite, la liquidation judiciaire ou la déconfiture, les appointements, les salaires, les remises proportionnelles et les commissions de tous ceux qui louent leurs services dans les termes de l'article 1780 du Code civil, que le commettant ou patron soit ou non commerçant, (art. 47 C. trav.) (1). Les artistes dramatiques sont assimilés aux salariés au point de vue du privilège. Le privilège garantit également l'indemnité de renvoi (L. 19 juillet 1928) (2).

1032. — *Garantie des cautionnements des employés et ouvriers.* — L'usage tend à se généraliser de demander des cautionnements à certaines catégories d'ouvriers ou d'employés et comptables, receveurs, (garçons de recettes, etc... Lorsque survenait la faillite du patron, ces versements étaient très compromis, car la jurisprudence ne les considérait que comme de simples créances chirographaires. C'est pour porter remède à cette situation qu'est intervenue la loi du 2 avril 1914, insérée au Code du travail, liv. I, art. 32 à 32 *f*, par la loi du 18 octobre 1917.

Le patron doit inscrire sur un registre spécial, tenu à la disposition de l'inspecteur du travail, les sommes versées par ses employés et ouvriers ou par lui retenues sur leurs salaires et traitements pour servir de cautionnement. On notera que les règles relatives au cautionnement ne s'appliquent pas aux dépôts volontaires faits chez un patron par ses employés en vue d'en tirer des bénéfices. Puis le patron verse le montant du cautionnement, dans la quinzaine, au nom de l'employé, sur un livret spécial d'une caisse d'épargne, si le montant est égal ou inférieur au minimum fixé pour les dépôts dans les caisses, par les lois en vigueur au jour de la remise des dits cautionnements (Loi du 1er février 1928). Si le cautionnement est d'une valeur supérieure à ce maximum,

(1) Sur la portée d'application de l'art. 549, v. Cass., 28 juill. 1924, S. 25.1.183.

(2) V. *supra*, n° 1007. — Le privilège de l'article 549 couvre-t-il, outre le salaire fixe, le tantième bénéficiaire de l'employé participant aux bénéfices ? La Cour de cass. civ. dit non (2 février 1927, *Gaz. Pal.*, 1927.1.423). Cette solution est contestable, les participations ayant le caractère d'un supplément de salaire.

ou quelle que soit sa valeur, s'il est constitué par des titres, il sera déposé à la Caisse des dépôts et consignations. Pour le retrait, en cas d'accord, les signatures de l'employé et de l'employeur suffisent ; en cas de contestation, le différend sera porté devant le Conseil de prud'hommes.

Toute infraction constatée par les inspecteurs du travail sera passible d'une amende de 16 à 500 francs ou, suivant le cas, des sanctions prévues à l'article 408, § 1er du Code pénal, art. 99 *b* C. trav. (1).

Aucune saisie-arrêt ne peut être formée sur un cautionnement.

VII. — Protection du salaire de la femme ou des enfants mineurs (2)

Salaire de la femme. — **1033.** — Dans les ménages ouvriers, la mise en commun de tous les gains réalisés par les époux est indispensable pour maintenir en équilibre le budget familial. Or, il n'est pas rare de voir le mari dissiper, au jeu ou au cabaret, non seulement son propre gain, mais le maigre salaire de sa femme.

C'est à favoriser ces abus de pouvoir du chef de famille qu'aboutissait la loi française, par le jeu normal des principes qui régissent la communauté légale, régime des époux mariés sans contrat, c'est-à-dire de l'immense majorité des ménages ouvriers. Le salaire de la femme, en effet, fait partie intégrante de la communauté ; — chef de la communauté, le mari ne faisait donc, avant la loi de 1907, qu'user de son droit en s'opposant à ce que le salaire fût versé aux mains de la femme, et en exigeant qu'il fût remis.

La loi du 13 juillet 1907, loi de transaction entre deux concepts antinomiques, — le concept nouveau, favorable au droit de la femme, — et le concept classique, basé sur la prédominance du droit du mari, — a eu pour objet de mettre fin à ces abus, en s'inspirant largement des lois étrangères.

(1) Cass. crim. 7 mai 1927, *Gaz. Pal.*, 1927.2.278.

(2) Parmi les nombreux commentaires de la loi du 13 juill. 1907, cons. notamment : De la Grasserie, (*Lois nouvelles*, 1907) ; Chéron, *La loi de 1907* (*Rev. trim. de dr. civ.*, 1909) ; Lalou, *Droit de la femme mariée sur le produit de son travail*, 1910 ; Margat, *La femme commerçante*, 1913 ; Laguette, *La saisie-arrêt entre époux*, 1921 ; Veaux. *Le libre salaire de la femme mariée*, 1926 ; Le Poulinier, *Protection légale des gains et biens réservés de la femme mariée*, 1928. — Cf. Planiol, t. 2, p. 1840 ; Aubry et Rau, t. 5 § 372 et p. 414 ; Baudry et Wahl, t. 2, n° 2827 ; Colin et Capitant, *Droit civil*, t. Ier p. 622 et s. — V. aussi Capitant, *L'abolition de l'incapacité de la femme mariée* (Gaz. Dalloz, 10 janv. 1924).

1034. Lois étrangères. Il tend, en effet, à se former, tant en Europe qu'en Amérique, une sorte de *droit commun législatif* dont le trait distinctif réside dans un ensemble de mesures tendant à assurer à la femme la libre disposition de ses gains personnels, résultant de l'exercice d'une profession lucrative quelconque. Analogues par leur but, ces lois diffèrent d'ailleurs par les moyens employés et par l'étendue des droits qu'elles confèrent à la femme. A ce point de vue, on pourrait les répartir en trois groupes :

1° Le groupe *anglo-saxon*, caractérisé par la séparation absolue d'intérêts entre les conjoints ; c'est à la séparation de biens généralisée que la femme doit sa pleine indépendance. — Cf. lois anglaises des 9 août 1870, 18 août 1882, 5 déc. 1893, la plupart des lois des Etats-Unis de l'Amérique du Nord, et aussi la loi italienne du 17 juillet 1919 qui donne à la femme mariée pleine capacité juridique.

2° Le groupe des lois de *type communautaire*, *latin* ou *scandinave*, qui, sans porter atteinte au principe même de la communauté des époux, confèrent à la femme des pouvoirs de libre administration sur les valeurs entrées de son chef dans la masse commune. — V. notamment lois *suédoise* du 11 décembre 1874, *danoises* des 7 mai 1880 et 7 avril 1899, *norvégienne* du 27 juin 1888, *finlandaise* du 15 avril 1889 ; loi *genevoise* du 7 novembre 1894 ; lois *belges* des 10 février et 10 mars 1900.

3° Le groupe *germanique*, intermédiaire entre les deux précédents, dont le système consiste dans la juxtaposition de deux catégories de biens : les biens patrimoniaux soumis à un régime impliquant une certaine communauté d'intérêts (communauté ou union de biens), et les *biens réservés* (produits du travail de la femme, — biens servant à l'exercice de sa profession ou de son industrie), au regard desquels la femme est à considérer *comme séparée de biens*. Les économies réalisées par elle lui restent propres (sauf sa contribution obligatoire aux charges du ménage), alors même que la communauté étant le régime légal, celles provenant du travail du mari devraient être partagées par moitié (C. civ. allemand, art. 1365 et s., 1441, 1526 ; — C. civ. suisse de 1907, art. 212 et s.).

1035. — Loi du 13 juillet 1907. — Dès avant la loi de 1907, le droit propre de la femme avait été reconnu déjà par quelques lois spéciales. C'est ainsi qu'aux termes de l'article 3 de la loi du 1er avril 1898 sur les *sociétés de secours mutuels*, la femme peut s'affilier à une société de ce type sans l'autorisation du mari ; — qu'elle peut, également, sans cette autorisation, faire des versements à la Caisse nationale des retraites pour la vieillesse (loi du 20 juill. 1886, art. 13). C'est ainsi enfin que la femme peut se faire ouvrir, sans l'assistance de son mari, un livret de caisse d'épargne, et qu'elle peut effectuer seule les retraits, sauf opposition de la part de celui-ci (lois des 9 avr. 1881, art. 6, et 20 juill. 1895, art. 16). — V. aussi, relativement au bien de famille, la loi du 12 juill. 1909, art. 16, § 3.

Mais la plus importante réforme, faite au profit de la femme mariée qui, par son travail séparé, réalise des gains distincts de ceux du mari, résulte de la loi du 13 juillet 1907, complétée par la loi du 8 juin 1923, (à laquelle renvoie l'art. 78, C. du trav.), relative au *libre salaire de la femme mariée* et à la contribution des époux aux charges du ménage. Cette loi s'inspire, comme le projet de la Société d'Etudes législatives de 1904, du système scandinave ou belge, consistant à accorder à la femme sur le produit de son travail et même sur ses épargnes, un droit de libre disposition, sans d'ailleurs porter atteinte au principe de la communauté.

1036. — Sous tous les régimes matrimoniaux, et sous la seule condition d'exercer une profession distincte de celle du mari, la femme a tout pouvoir sur les produits de son travail personnel et les économies en provenant. La loi a un caractère d'ordre public (art 1er), et la femme ne pourrait même pas, par convention spéciale, renoncer à cette capacité nouvelle. La femme peut non seulement toucher, mais faire emploi de ses gains, salaires et économies en acquisitions de valeurs mobilières ou immobilières, aliéner à titre onéreux, hypothéquer les biens ainsi acquis, emprunter sur eux, sans autorisation maritale. Elle a, en un mot, la libre disposition de ces *biens réservés*, sauf qu'il lui est interdit de les aliéner à titre gratuit. Pour les tiers, avec qui elle aura traité, leur responsabilité sera mise à couvert par la seule justification qu'elle exerce personnellement une profession distincte de celle de son mari. Par là aussi sera assurée la validité des actes faits par la femme.

En cas d'abus, de dissipation, d'imprudence ou de mauvaise gestion, le mari pourra toujours faire retirer à la femme, par le tribunal civil du domicile marital, statuant en chambre du conseil, en tout ou en partie, les pouvoirs qui lui sont conférés. S'il y avait urgence, une ordonnance de référé donnerait au mari l'autorisation de s'opposer aux actes que la femme se proposerait de passer avec un tiers (art. 2). Le jugement est exécutoire par provision.

Un droit de saisie est reconnu aux créanciers de la femme, comme à ceux qui ont contracté avec le mari pour les besoins du ménage, lorsque d'après le régime adopté, ces biens auraient dû se trouver dans les mains du mari (1). Pour empêcher le mari d'exercer indi-

(1) Les biens qui proviennent du travail commun des époux restent soumis aux

rectement sur les biens réservés un pouvoir qui lui est retiré directement, ceux-ci sont soustraits à l'action des créanciers du mari ou de la communauté dont la créance sera étrangère à l'intérêt du ménage. La preuve de cet intérêt incombe au créancier poursuivant.

De son côté, le mari ne sera responsable sur ses biens ou sur ceux de la communauté qu'autant que la femme a contracté dans l'intérêt du ménage avec l'autorisation maritale (art. 3).

Si l'un des époux ne subvient pas spontanément aux charges du ménage et manque au devoir de secours, l'autre peut exercer la saisie-arrêt des salaires en faisant autoriser cette énergique sanction par le juge de paix (art. 7). — C'est une innovation hardie et des plus heureuses qui permettra, notamment à la femme, à la mère de famille, de toucher une partie de la paie du samedi (1).

Les biens dont l'administration avait été réservée à la femme durant le mariage sont, lors de sa dissolution, adjoints à l'actif de la communauté ou de la société d'acquêts. Vis-à-vis de tous, la femme pourra établir, même par témoins, la provenance et la consistance des biens réservés (art. 4 et 5).

La femme peut ester en justice, sans autorisation, dans toutes les contestations relatives aux droits et aux biens qui lui sont reconnus par la loi du 13 juillet 1907 (2). Cette loi pourra être invoquée même par la femme mariée avant sa promulgation, mais seulement si son pécule a été constitué depuis la loi (3).

1037. — En somme, le législateur n'est pas allé jusqu'à la suppression de l'incapacité juridique et à l'adoption de la séparation de biens comme régime de droit commun, estimant que l'opinion

dispositions antérieures (Cf. Lalou, note sous D. 1909.2.18). Tel est le cas des gages d'une femme employée comme domestique avec son mari chez le même maître (Trib. civ. Abbeville, 30 nov. 1910, D. 13.2.17).

(1) Cf. lois anglaise du 25 juin 1896 et norvégienne du 6 juillet 1892. — La faculté pour la femme de saisir le salaire du mari ne semble pas subordonnée à la condition que la femme exerce elle-même une profesion lucrative (Lalou, note sous D. 1909.2.17). — Pour l'interprétation de l'art. 7, cons. notamment : trib. paix Charenton, 16 févr. 1910, D. 1910.2.281 et note Lalou.

(2) Cf. Cass., 3 nov. 1926, S. 27.1.23 (Indemnité pour rupture d'engagement).

(3) Trib. civ. de Lannion, 8 févr. 1910, D. 1910.2.287 et note Lalou ; Douai, 1er avr. 1912, D. 13.2.17 ; Req. 2 févr. 1914, S. 14.2.208. — Les produits de l'industrie et du travail d'une femme commune en biens restent affectés à l'entretien du ménage et des enfants, sans récompense contre la communauté, la loi n'ayant pas attribué à ces biens réservés le caractère de propres. *Ibid.* — La saisie des salaires de l'épouse qui se refuse à contribuer aux charges de ménage est possible, même quand les époux sont séparés de fait et ne font plus ménage commun (Cass., 1er févr. 1909, D. 1909.1.85, S. 1909.1.209). — Cf. note de M. Lalou sous D. 1908.2.17.

n'y est pas préparée. Mais, en fait, c'est bien une quasi-séparation dont, sous réserve de la faculté de retrait inscrite dans l'article 2, bénéficient désormais les femmes exerçant une *profession distincte* de celle de leur mari (1). La communauté ne reprendra ses droits qu'au moment de la dissolution et encore à la condition que la femme accepte cette communauté. Considérable est la brèche apportée aux vieux principes du Code civil. Elle ira s'élargissant par le fait que les nécessités de la vie moderne déterminent une progression constante du nombre des femmes qui travaillent.

SALAIRE DES ENFANTS MINEURS. — 1038. — Théoriquement, le salaire des enfants mineurs de 18 ans échappe à la jouissance légale des père et mère (art. 387 C. civ.), mais il est soumis à l'administration légale du père. Celui-ci peut donc le toucher et en disposer, à charge d'en rendre compte.

A part les dispositions inscrites au profit des mineurs dans les lois sur les caisses d'épargne (L. de 1895, art. 16), sur la caisse des retraites (L. de 1886, versement à partir de 16 ans) ou sur les sociétés de secours mutuels (L. de 1898, art. 3), aucune procédure n'a été organisée à l'effet de garantir l'enfant contre les abus de pouvoir possibles des personnes ayant autorité sur lui (2).

Le législateur français aurait intérêt à s'inspirer de la loi belge (3), du 10 mars 1900. D'après cette loi (art. 35 et 36), le chef d'entre-

(1) Il est à remarquer en effet, que la loi de 1907, dont nous ne commentons les dispositions qu'en tant que protectrices de l'ouvrière ou de l'employée, a une portée beaucoup plus large. Le texte n'exige nullement, pour que la femme bénéficie du régime nouveau, qu'il s'agisse d'une *salariée*. Il lui suffit d'exercer une profession distincte de celle du mari.

« La conclusion à tirer de ces prémisses est que la loi devra s'appliquer aux *femmes commerçantes*, pourvu toutefois qu'elles soient dûment autorisées à faire le commerce. Ne s'agit-il pas ici, en effet, de femmes retirant des produits de leur travail personnel et exerçant, par définition même, une profession autre que celle de leur mari ? Cette conclusion s'impose d'ailleurs, car autrement comment comprendre qu'une femme mariée, après être devenue propriétaire de l'établissement commercial où elle était jusqu'alors employée, vît par cela même sa capacité diminuée ? » — Valéry, *Les femmes commerçantes et la loi du 13 juillet* 1907 (*Ann. de droit commerç.*, 1907, 396) ; Thaller, p. 113 ; Margat, *op. cit.*

(2) Remarquons toutefois que la jurisprudence a une tendance à refuser aux créanciers du père le droit de saisir-arrêter les salaires dus personnellement à l'enfant (Just. de paix de Lille, 6 mai 1896, cité par Lambert, p. 331). D'autre part, si le mineur a réussi à se constituer un pécule, le père peut bien se le faire remettre, mais il ne peut en faire emploi que dans les conditions déterminées par l'art. 389 C. civ.

(3) C'est ce qu'a fait la Commission du travail de la Chambre des députés (rapport Chambon, cité *supra*) en proposant de compléter ainsi l'article 387 du Code civil. « Le payement fait par l'employeur à l'employé mineur de la rému-

prise remet valablement au mineur son salaire, sauf opposition du père ou tuteur ; mais, si l'intérêt du mineur l'exige, le juge de paix peut d'office, ou sur la réquisition d'un parent, autoriser le mineur à encaisser ce salaire et à en disposer, ou lui désigner un tuteur *ad hoc*, qui en disposera pour ses besoins.

VIII. — Protection des sommes prélevées sur le salaire, en vue d'alimenter des caisses de secours ou de retraites

1039. — Caisse autonome des retraites des ouvriers mineurs : loi du 29 juin 1894 et lois postérieures (1). — Ce n'est pas ici le lieu d'étudier et de comparer les divers systèmes d'assurance (V. titre IV, *infra*). Il nous suffit de constater qu'au point de vue de la protection des sommes prélevées sur le salaire, l'assurance obligatoire, consacrée notamment par la loi de 1894 sur les caisses des mineurs, donne aux travailleurs une sécurité absolue. Toutes les précautions ont été prises pour éviter à l'avenir le retour de scandales tels que celui de la liquidation de Terrenoire en 1890, où l'on vit les créanciers de la société s'approprier une somme de 2 millions prélevée sur les salaires des ouvriers, par le motif que, ladite somme rentrant dans l'actif général de la socité, les ouvriers devaient être traités comme de simples créanciers chirographaires (V. *infra*, n° 1042).

Aujourd'hui au contraire, les ouvriers mineurs, propriétaires du livret individuel qui constate leurs versements et ceux imposés à l'exploitant, n'ont rien à redouter ni de la faillite, ni de la déconfiture de celui-ci, ni d'un renvoi survenant avant qu'ils n'aient atteint l'âge fixé pour la retraite.

nération qui lui est due est valable si le père ou tuteur n'y a mis préalablement opposition.

« En cas d'opposition par lettre recommandée ou par voie extrajudiciaire, le juge de paix peut, soit d'office, soit sur simple réquisition d'un parent ou d'un tiers, et après avoir entendu le père ou le tuteur, autoriser le mineur à recevoir tout ou partie de la rémunération de son travail ». — Signalons aussi l'article 119 de la loi industrielle allemande. D'après cet article, les communes règlent à leur gré les mesures relatives au paiement des salaires dus aux ouvriers mineurs.

(1) V. les lois des 25 févr. 1914, 29 mars 1919, 9 mars, 30 avril, 6 août 1920, 20 juill. 1921, 24 déc. 1923, 11 juill. 1925, 29 févr. 1928, 21 mars 1930. — Cf. L. 25 janv. 1928 au profit des ouvriers *ardoisiers*.

BIBLIOGRAPHIE. — Rongé, *Les caisses de retraites et de secours créées au profit des ouvriers et employés des mines*, 1897 ; Aguillon, *Traité de la législation des mines*, t. I, n°s 916 et s., 1903 ; Chaudié, *Les retraites des ouvriers mineurs*, th. 1907.

1040. — Aux Caisses de secours et de retraite des ouvriers mineurs, rendues obligatoires dans chaque exploitation par la loi de 1894, la loi du 25 février 1914 a substitué une *Caisse autonome de retraites*, jouissant de la personnalité civile et fonctionnant sous le contrôle de l'Etat. La gestion financière est confiée à la Caisse des dépôts et consignations. Elle est administrée par six membres élus par les ouvriers, six par les exploitants des mines, six nommés par l'Etat (1).

Les exploitants versent obligatoirement chaque mois à la caisse autonome une somme égale à 4 % du salaire de leurs ouvriers (2 % à leur charge et 2 % à prélever sur les salaires). Les versements sont inscrits sur un livret individuel au nom de chaque mineur et employé, soit à capital aliéné, soit à capital réservé si l'assuré le demande.

L'entrée en jouissance des pensions est fixée à 55 ans. Pour avoir droit aux allocations et majorations, l'assuré doit justifier de 30 années de travail salarié dans les mines françaises. La caisse autonome dispose en outre d'un fonds spécial, alimenté par un prélèvement sur le salaire de chaque ouvrier, dont le taux est fixé par le Conseil d'administration sans pouvoir dépasser 2,5 %, par un versement patronal égal et une contribution de l'Etat. Ce fonds spécial assure des majorations et allocations supplémentaires.

Les délégués à la sécurité des ouvriers mineurs, titulaires et suppléants, sont assimilés aux ouvriers en ce qui concerne l'exécution de la loi.

1041. — **Ouvriers et employés des Compagnies de chemins de fer (lois des 21 juillet 1909 et 28 décembre 1911)** (2). — Il est une autre catégorie importante d'établissements industriels, dans lesquels les ouvriers et employés sont aussi efficacement garantis que les mineurs contre les risques de vieillesse, invalidité ou maladie ; nous voulons parler des *Compagnies de chemins de fer*.

Depuis longtemps, les agents des Compagnies réclamaient le vote d'un texte précis, déterminant, pour l'ensemble des réseaux, les bases sur lesquelles leurs retraites seraient dorénavant établies. Ils ont obtenu satisfaction par la loi du 21 juillet 1909, relative aux *conditions de retraites du personnel des grands réseaux de chemin de fer d'intérêt général*.

Cette loi s'étend aux agents, employés et ouvriers des deux sexes

(1) Sur la procédure électorale et les pouvoirs des conseils d'administration, cons. notamment : Cass. Req., 5 mars 1902, D. 1902.1.254 ; 19 avril 1921, S. 23.1.360 ; 15 déc. 1924, S. 24.1.300.

(2) Poirier du Lavouer, *Des retraites des employés de chemins de fer*, th. 1913.

des grandes Compagnies de chemins de fer de l'État, laissant en dehors de ses dispositions le personnel des compagnies secondaires de chemin de fer d'intérêt général et des compagnies d'intérêt local. La loi ne s'est pas bornée à rendre la retraite obligatoire (art. 6), elle a posé des règles et apporté des améliorations : affiliation après une année d'emploi continu, retraite normale fixée pour chacune des années d'affiliation à un cinquantième du traitement du salaire moyen des six années les plus productives (art. 3) ; admission à la retraite à cinquante ans d'âge et vingt-cinq ans de services pour les mécaniciens et chauffeurs ; pension d'invalidité immédiate ou différée, retraite proportionnelle après quinze années de services, remboursement des retenues, avec les intérêts, aux agents n'ayant pas droit à la retraite (art. 5) ; cumul des rentes accidents avec les pensions de retraite (art. 4) ; réversibilité de la demi-pension au profit des veuves et des orphelins de moins de 18 ans (art. 7) ; création de commissions de réforme composées en partie de délégués élus du personnel, etc...

Le passage du régime de retraite ancien au régime nouveau (art. 9) devait soulever des difficultés d'application. La loi du 28 décembre 1911 (*Quest. prat.*, 1912.20) les a tranchées dans le sens le plus favorable au personnel en édictant la rétroactivité du nouveau régime.

Les agents des chemins de fer secondaires et des tramways, bénéficient d'un statut analogue (L. des 22 juill. 1922 et 31 mars 1928).

1042. — Caisses de retraite, de secours et de prévoyance fondées au profit des employé et ouvriers ; loi du 27 décembre 1895. — La loi du 27 décembre 1895 avait un double objectif : d'une part, empêcher le patron de détourner de leur destination les fonds prélevés sur le salaire ainsi que ceux provenant d'une contribution personnelle qu'il se serait contractuellement engagé à fournir ; et, d'autre part, mettre les fonds ainsi épargnés à l'abri de l'action des créanciers patronaux, en cas de déconfiture ou de faillite.

1043. — L'utilité de la loi de 1895 ayant en partie disparu depuis la mise en vigueur de la loi du 5 avril 1910 sur les retraites ouvrières et paysannes, nous en résumons en quelques mots les prescriptions, celles du moins qui ont survécu à la promulgation de cette dernière loi (1). Elles portent sur trois chefs : — 1° Création d'un *droit de gage*, au profit des employés et ouvriers, sur toutes les

(1) Ces prescriptions elles-mêmes deviendront caduques, dès la mise en vigueur de la loi du 5 avril 1928, sur les assurances sociales, cette loi ayant réglé dans le détail le sort des caisses patronales antérieures. — V. titre IV, *infra*.

sommes ou valeurs affectées aux institutions de prévoyance, quelles qu'elles soient (art. 4) ; — 2° *Exigibilité immédiate*, en cas de faillite, liquidation judiciaire ou déconfiture du patron, ou en cas de fermeture de l'établissement ou de cession volontaire (si le cessionnaire ne consent point à prendre les lieu et place du cédant), de toutes les sommes ou valeurs non utilisées conformément aux statuts, en capital et intérêts : la restitution des sommes qui n'auraient pas été effectivement versées à l'une des caisses sus-indiquées, étant garantie, pour la dernière année et l'année courante, par un *privilège général* sur les biens du chef d'entreprise, prenant rang concurremment avec le privilège des gens de service de l'article 2101 C. civ. (art. 1 et 4) ; — 3° Droit pour les ouvriers et employés de désigner, à la majorité, un mandataire collectif chargé de les représenter en justice (art. 5).

1044. — *Incessibilité des pensions de retraite.* — Il existait une autre lacune dans la loi du 27 décembre 1895, c'était l'absence de toute disposition tendant à assurer l'insaisissabilité des pensions allouées par une caisse patronale. La loi de finances du 17 avril 1906 (art. 65) y a pourvu. Elle déclare incessibles et insaisissables, jusqu'à concurrence de 360 francs, « toutes pensions de retraites, servies aux ouvriers, employés, à leurs veuves et à leurs orphelins par une caisse spécialement constituée à cette fin... ».

Cette disposition est aujourd'hui sans objet en ce qui concerne les retraites allouées aux ouvriers ou employés, l'article 21 de la loi de 1910 édictant l'insaisissabilité absolue sans limitation de taux. Mais elle pourrait encore recevoir son application pour les pensions servies aux veuves et orphelins.

§ 2. — Prestations accessoires et d'usage

1045. — Le patron ne doit pas seulement payer le salaire convenu ; il doit procurer à l'ouvrier les moyens d'exécuter le travail promis. Il doit donc lui fournir le local nécessaire pour l'exécution du travail, la machine s'il s'agit d'un travail mécanique, et même les outils, sauf convention ou usages locaux contraires.

Si l'ouvrier se trouvait dans l'impossibilité de travailler, faute d'avoir été mis à même d'exécuter le travail convenu, l'inexécution provenant de la faute du patron, l'ouvrier aurait droit non seulement au salaire stipulé, mais même à des dommages-intérêts ; il en serait ainsi, par exemple, si le patron lui avait confié une machine hors de service, ou s'était refusé, contrairement à la convention ou à l'usage des lieux, à lui fournir les outils.

Si, au contraire, l'inexécution provenait de la faute de l'ouvrier, celui-ci, non seulement n'aurait pas droit au salaire, mais pourrait être condamné à des dommages-intérêts.

1046. — *Quid*, enfin, si l'inexécution provient d'un cas fortuit ou de force majeure ? Pour qui sont les risques ? Nous verrons, en traitant du louage d'ouvrage, que les risques sont pour l'ouvrier qui travaille à façon. Il n'en saurait être de même pour l'ouvrier travaillant à temps ; si les objets dont la fabrication lui est confiée viennent à périr fortuitement, il n'en aura pas moins droit à une rémunération correspondant au temps pendant lequel il a travaillé.

§ 3. — Responsabilité du patron à raison des accidents du travail, ou des maladies professionnelles. — Risque professionnel et assurance (1).

1047. — Le problème. — La question de la meilleure législation applicable aux accidents ouvriers ou professionnels est l'une des plus graves que le législateur contemporain ait à résoudre. Le

(1) BIBLIOGRAPHIE. — La bibliographie, tant française qu'étrangère, est trop considérable pour que nous puissions songer à donner ici l'indication, même sommaire, des principaux ouvrages ou articles parus sur la question des accidents du travail depuis trente-cinq ans. La bibliographie la plus complète, pour les ouvrages parus en langue française jusqu'en 1897, est celle de Losseau : *De la réparation des accidents du travail*, Bruxelles, 1897. — V. aussi, pour la même période, la bibliographie jointe à notre étude sur *La loi du 9 avril 1898*, broch. 1898.

Parmi les nombreux commentaires consacrés à la loi de 1898, nous citerons notamment : Bellom, *De la responsabilité en matière d'accidents du travail*, 2ᵉ éd., 1902 ; Serre, *Les accidents du travail*, 3ᵉ éd., 1921 ; Cabouat, *Traité des accidents du travail*, 2 vol. 1901-1907 et de l'*Extension du risque professionnel*, 2 vol. 1914-16 ; Sachet, *Traité théorique et pratique de la législation sur les accidents du travail*, 7ᵉ éd., 3 vol., 1926 ; Loubat, *Traité sur le risque professionnel*, 3ᵉ éd., 2 vol., 1907 ; Pic, *Les assurances sociales*, 1913. — V. aussi les commentaires pratiques de MM. Chardiny, Coulet, Isolde, Ferrette et Laval (préf. de M. Mirman), Jouanny, Lecouturier, Mirman, de Mouy, Valensi, Vavasseur. — Cf. Dall., *Répert pratique*, et *Suppl.* vᵒ *Accidents du travail*; *Rép.* Fuzier-Herman, vᵒ *Louage d'ouvrage*, chap. II, sect. 3 ; Bry, *Lég. ind.*, 6ᵉ éd., nᵒˢ 259 et s. ; Scelle, p. 234 et s.

Parmi les thèses, monographies, articles de revues françaises, consacrés à la question des accidents, envisagée dans son ensemble, cons. notamment : Desserteaux, *Des accidents du travail*, 1909 ; Gény, *Risques et responsabilité* (*Rev. trim. de droit civil*, 1902, 812) ; Ritzmann, *La prévention des accidents du travail* (Rev. intern. trav., mars 1928)

Sur les accidents envisagés du point de vue médical, cons.: Forgues, Jambrau

développement du machinisme a eu pour conséquence nécessaire l'insécurité croissante du travailleur ; ayant à utiliser et à maîtriser des forces redoutables, l'ouvrier est souvent victime d'accidents fortuits que rien ne pouvait faire prévoir. Parfois aussi, l'accident est dû à son imprudence ; mais l'imprudence de l'ouvrier est chose presque fatale : vivant au milieu du danger, familiarisé avec les mécanismes les plus périlleux, il est nécessairement porté à négliger un jour certaines précautions, et la plus petite négligence peut lui être fatale. Parfois, enfin, l'accident a pour cause initiale une faute du patron ; mais il n'est pas toujours facile d'établir exactement les responsabilités, si bien que les juges peuvent souvent, de très bonne foi, considérer comme résultant d'un cas fortuit ou même comme imputable à l'ouvrier, un accident qui, en bonne justice, eût dû être attribué à la faute du patron.

Placé en présence de ce redoutable problème, le législateur contemporain a un double devoir social à remplir. Il doit tout d'abord imposer au patron, sous des sanctions sévères, tout un ensemble de mesures propres à assurer, dans la mesure du possible, la sécurité des travailleurs ; il doit, en second lieu, garantir aux victimes de ces accidents, malheureusement trop fréquents malgré toutes les mesures préventives, une indemnité suffisante pour mettre la victime, si elle a survécu, ou sa famille, si l'accident a été suivi de mort, à l'abri de la misère. *Prévenir*, quand cela est possible, *réparer*, si les mesures préventives ont été impuissantes, tel doit donc être le double objectif d'une législation rationnelle.

La plupart des législations récentes l'ont compris ; et depuis la fin du siècle dernier, un courant irrésistible a entraîné les Parlements de la plupart des pays civilisés dans la voie que nous signalons. Presque partout, une réglementation détaillée sur l'hygiène et

et Crouzon, *Guide pratique des médecins dans les accidents du travail*, 4e éd., 1923; Dr Vernon, *Le facteur humain et les accidents du travail* (Rev. intern. trav., mai 1926).

Adde: Recueil de documents sur les accidents du travail (lois, décrets, règlement, et circulaires, jurisprudence, rapports et enquêtes, etc.), 50 vol. et broch. au 1er janv. 1921, édités par le ministère du travail (collection interrompue) ; Paulet, *Les assurances sociales en France*, 1909.

Cpr. les chroniques, documents et études publiées dans la *Rev. pratique des assurances sociales*, le *Rec. spécial des accid. du travail* (Villetard de Prunières et Rémy), le *Bull. du Minist. du travail*, les *Quest. prat. de législ. ouvr.*, les *Ann. de droit comm.*, le *Droit ouvrier*, le *Rec. de dr. com. et de dr. soc.* (R. D. C. D. C.), la *Rev. gén. des accidents du travail* (Cantineau), le *Rec. intern. de jurisprud. du travail.*

En ce qui concerne les ouvrages ou articles concernant, soit tel point spécial de la législation des accidents, ou des maladies professionnelles, soit le principe de la responsabilité, soit les législations étrangères, v. *infra.*

la sécurité des ateliers a été édictée (v. *supra*, nos 601 et s.) (1) ; presque partout également, la notion traditionnelle de responsabilité a cédé la place à l'idée de *risque professionnel*, le plus souvent complétée par un système d'assurance officielle.

I. — De la responsabilité au risque professionnel et a l'assurance obligatoire. — Évolution convergente de la doctrine, de la jurisprudence et des lois positives.

1° Justification théorique du risque professionnel et de l'assurance obligatoire. — **1048.** — Trois étapes ont marqué l'évolution de la jurisprudence et de la doctrine dans le sens d'une protection toujours plus complète accordée à l'ouvrier, jusqu'à la consécration, par la loi, d'un système législatif nouveau assurant à tout ouvrier victime d'un accident professionnel non volontairement provoqué une indemnité forfaitaire.

1049. — A. **Responsabilité délictuelle.** — Pendant longtemps la jurisprudence française a placé sans hésitation le fondement juridique de la responsabilité patronale, du chef des accidents dont les ouvriers sont victimes, dans l'article 1382 du Code civil ; et même à la veille de la loi de 1898, la majorité des arrêts se rattachait encore à ce concept d'une responsabilité basée uniquement sur la faute, le quasi-délit commis par le patron.

L'ouvrier ne pouvait donc prétendre à une indemnité qu'à la condition de justifier de l'existence d'une faute imputable au patron. Soit un ouvrier blessé par l'explosion d'une chaudière : cette explosion devra être considérée, *a priori*, comme due à un cas fortuit, et si l'ouvrier veut obtenir une indemnité, il devra préalablement établir que la chaudière était en mauvais état, et que le patron ne s'était pas mis en mesure de la réparer ou de la remplacer (2).

(1) Sur le musée de prévention des accidents du travail et d'hygiène industrielle, créé en 1904, à Paris, au Conservatoire des arts et métiers (décret 7 octobre 1904), et sur les musées similaires de l'étranger (Vienne, Amsterdam, Charlottenbourg près Berlin, Moscou, Zurich, etc.), cons.: Da Cunha, *Les accidents du travail et les musées de prévention*, 1906. Cf. Hartmann, *Le développement des moyens fournis par la technique, en Allemagne, pour prévenir les accidents*, rapp. au Congrès de Dusseldorf, 1912.

(2) Cass., 15 avr. 1889, D. 90.1.136 ; 5 avr. 1894, S. 97.1.229 ; Paris, 19 mars 1895, *Droit*, 6 avr. 1895. — Il est même des arrêts qui se refusaient à mettre à la charge du patron la responsabilité d'un accident causé par un outillage manifestement défectueux, lorsque ces défauts avaient été ignorés du chef d'indus-

1050. — B. Responsabilité contractuelle. — Vers 1882, une réaction très marquée se produisit, dans les milieux doctrinaux, contre la théorie jurisprudentielle, et en faveur du principe de la *responsabilité contractuelle*, c'est-à-dire basée sur une obligation implicite du patron envers l'ouvrier. D'après son contrat, l'ouvrier est sous l'autorité du patron ; l'installation du matériel, le choix des outils sont le fait de ce dernier : si le matériel ou les outils sont défectueux et que cette défectuosité cause un accident, n'est-il pas juste qu'il en réponde ? Le patron, en d'autres termes, est un *débiteur de sécurité* ; il doit à chaque instant, suivant la formule de MM. Sainctelette et Sauzet, « pouvoir restituer l'ouvrier, le rendre à lui-même valide comme il l'a reçu ; si le patron ne rend pas l'ouvrier sain et sauf, il manque à ses obligations et en doit réparation, à moins qu'il ne prouve qu'aucune faute ne lui est imputable ».

L'admission de la responsabilité contractuelle aboutit donc, logiquement, *au renversement de la preuve*. Ce n'est plus à la victime à prouver que l'accident provient de la faute du patron ; c'est au contraire au patron, s'il veut s'exonérer, à apporter la preuve directe du cas fortuit ou de la faute de l'ouvrier (1) ; ou tout au moins à établir qu'il avait mis à la disposition de son personnel un outillage en parfait état (Labbé, note sous S. 89.4.1).

1051. — C. Responsabilité légale. — Dans les dernières années qui précédèrent le vote de la loi de 1898, surgit une nouvelle théorie, dite de la *responsabilité légale* ou *responsabilité du fait des choses*, fondée sur l'article 1384 du Code civil, à laquelle une fraction importante de la doctrine et de la jurisprudence se rallia rapidement, non seulement parce qu'elle donnait à des textes interprétés jusqu'alors trop restrictivement toute leur portée, mais surtout

trie: Rouen, 1er août 1887, *Rec. Rouen*, 1887.260. Toutefois, une jurisprudence plus équitable avait prévalu; et, sans cesser de rattacher la responsabilité à l'article 1382, les tribunaux décidaient communément que le patron répond du vice démontré de l'outillage, même s'il ne l'a point connu: Douai, 11 nov. 1889, S. 94.1.36 (explosion de chaudière); Orléans, 10 mai 1890, *Loi*, 7 juin 1890 (rupture d'un échafaudage), qu'il doit tenir compte de l'inexpérience ou de l'âge de l'ouvrier dans la répartition du travail: Trib. civ. Bruxelles, 4 mai 1904 (*Rev.* [belge] *des accidents du travail*, 1904.224), etc. — Cf. notre note sous D. 1904.2.461.

(1) Cons., en faveur de la *responsabilité contractuelle:* Sainctelette, *Responsabilité et garantie*, p. 140 et s.; Sauzet, *Responsabilité des patrons vis-à-vis des ouvriers* (*Rev. crit.*, XII, 1883, p. 611); Chavegrin, note sous S. 96.2.225; Esmein, note sous D. 97.1.17; Baudry et Wahl, t. II, p. 139. — La jurisprudence belge est plutôt favorable à cette thèse: Cass. belge, 8 janv. 1886, S. 86.5.25 ; Trib. civ. Bruxelles, 4 mai 1904 (*Rev. des accidents du travail*, 1904.224). — Cf. Trib. civ. Villeneuve-sur-Lot, 7 et 28 juill. 1894, *Gaz. Pal.*, 1895.2. *Suppl.*, 27.

parce qu'elle permettait de faire, aux victimes d'accidents professionnels, une situation bien préférable que dans les deux autres systèmes.

L'article 1384, dit-on, que la jurisprudence a longtemps considéré comme une application spéciale de la règle formulée en l'article 1382, procède, en réalité, d'un point de départ tout différent. Il ne vise pas comme l'article 1382 une responsabilité *subjective*, ayant son principe dans une faute imputable à tel ou tel individu : il se réfère à un fait matériel, *objectif*, le fait d'un dommage causé par une chose inanimée, et déclare le propriétaire de ladite chose responsable, de plein droit, *ex lege*, du fait de sa chose.

L'idée de *risque créé* se substitue ainsi à l'idée de *faute* : le patron répond de l'accident, non parce qu'il est en faute, mais parce que sa chose, son outillage a créé le risque. Donc il en répond, même si l'accident provient d'un *cas fortuit* (1). Ce point de départ admis, l'ouvrier victime d'accident a droit à indemnité en tout cas, à moins que l'accident ne provienne de *sa propre faute* (2), ou d'un cas de *force majeure*, c'est-à-dire d'une cause étrangère, extérieure et irrésistible (foudre, inondation, tremblement de terre, etc.).

1052. — D. Fondement juridique des législations récentes : le risque professionnel. — Le principe du *risque professionnel*, qui, à première vue, semble se confondre avec la théorie précédente, peut se résumer dans la formule suivante : « La production industrielle

(1) De ce chef, la théorie du risque créé est infiniment plus avantageuse pour l'ouvrier que le système de la responsabilité, même contractuelle. Il est en effet, démontré que la très grande majorité des accidents proviennent d'un cas fortuit (55 % d'après les statistiques citées dans le rapport Ricard : Ch., 1892, *Doc. parl.*, n° 1926).

(2) Pour la justification du système, cons. notamment : Josserand, *De la responsabilité du fait des choses inanimées*, 1897 ; notes sous D. 1900.2.289, 1909.2.245, et *Traité des transports*, 2e éd., n° 870 ; Saleilles, *Les accidents du travail et la responsabilité civile*, 1897 ; Bouvier, *L'évolution de l'idée de la responsabilité* (*Rev. crit. de législ.*, 1898, p. 176) ; Perceron, *A propos d'une théorie nouvelle de la responsabilité* (*Ann. de dr. commerc.*, 1898.1.59). — Cf. en faveur de la responsabilité objective : Orléans, 10 févr. 1892, S. 93.2.205 ; Cons. d'Etat, 21 juin 1895 (S. 97.2.33, et la note de M. Hauriou ; Civ. cass., 16 juin 1896, S. 97.1.17, D. 97.1.433, et la note de M. Saleilles ; Req., 22 janv. 1908, D. 1908.1.217. — Pour la critique du système, cons. notam. : Esmein, note sous S. 97.1.17 ; Planiol, *Droit civil*, t. II, n° 930, et notes sous D. 1906.1.457, et 1907.2.17. — Cons. également, sur les théories relatives à la responsabilité : E. Lévy, *Responsabilité et contrat* (*Rev. critique*, 1899, p. 361 et s.) ; Sourdat, *Traité général de la responsabilité*, 5e éd., 2 vol., 1902 ; Gardenat et Salmon-Ricci, *De la responsabilité civile*, 1927, p. 464 et s. ; Lalou, *La responsabilité civile*, 1928. — Sur la distinction du cas fortuit et de la force majeure : v. Josserand, *op. cit.* ; Bourgoin, *Essai sur la distinction du cas fortuit et de la force majeure*, 1902.

exposant le travailleur à certains risques, c'est à celui qui recueille le profit de cette production, c'est-à-dire au patron, que doit incomber l'obligation d'indemniser la victime en cas de réalisation du risque, abstraction faite du point de savoir s'il a commis une faute susceptible d'engager sa responsabilité. » En d'autres termes, la réparation de tous les accidents dont les ouvriers sont victimes dans leur travail doit rentrer dans les *frais généraux* de l'entreprise, incombant aux chefs d'industrie.

Peu importe, dès lors, que l'accident provienne d'une faute du patron ou d'un cas fortuit. Sur ce terrain, la théorie précédente de la responsabilité légale, ou du *risque créé* (théorie susceptible d'être étendue même en dehors du domaine de la législation ouvrière) et la théorie du *risque professionnel*, limitée à l'industrie, aboutissent aux mêmes conclusions. Mais ces deux théories se séparent sur la question des conséquences de l'accident, dû à une faute de l'ouvrier.

1053. — Faute de l'ouvrier : droit à l'indemnité. — Dans la théorie fondée exclusivement sur l'article 1384 du Code civil, le patron ne saurait répondre des accidents provenant de la *faute* de l'ouvrier. « En pareil cas, fait observer logiquement M. Josserand (*op. cit.*, p. 124), la victime du dommage ne pourra pas obtenir d'indemnité, car le dommage a été causé, non par la chose, mais par sa propre faute : les termes de l'article 1384 ne sont pas satisfaits... ».

Cette déduction, pour être rigoureusement logique, n'en est pas moins regrettable. Loin d'établir ainsi une antithèse entre le cas fortuit et la faute, la plupart des législations étrangères n'admettent l'exclusion du droit à l'indemnité forfaitaire que pour le cas de *dol*, c'est-à-dire d'accident intentionnellement provoqué par la victime ; auquel cas celle-ci ou ses ayants droit ne sauraient évidemment réclamer aucune indemnité, l'idée du risque étant, par définition même, exclusive de tout élément *intentionnel*. La supériorité de ce dernier point de vue nous paraît facile à établir.

Il convient, en effet, de remarquer que, dans la thèse du risque exclusivement basé sur l'article 1384, l'ouvrier se voit privé de tout droit à indemnité, par cela seul qu'une faute quelconque, *si légère soit-elle*, est relevée à sa charge.

Or l'imprudence de l'ouvrier, nous l'avons fait observer déjà, est presque fatale. Il faut d'ailleurs tenir compte aussi de la fatigue physique ; toutes les statistiques démontrent que les accidents sont plus nombreux à la fin de la journée. Si l'imprudence de l'ouvrier est une conséquence nécessaire du milieu dans lequel il vit, n'est-il pas équitable de considérer comme un risque véritable les accidents causés par elle ?

1054. — *Faute lourde ou inexcusable.* — Mais, dira-t-on, cette assimilation au cas fortuit, acceptable pour les fautes légères, est inadmissible au cas de faute lourde ou inexcusable ; l'accident, en pareil cas, n'est plus un risque, se rattachant à la responsabilité objective de l'industrie, c'est un fait *tout subjectif*, entièrement imputable à l'ouvrier. L'argumentation est spécieuse ; elle a paru décisive au législateur anglais ; la loi anglaise du 6 août 1897, amendée en 1906, décide en effet que, pour conférer un droit à indemnité, l'accident ne doit pas résulter de la *faute lourde* de l'ouvrier. Le texte sénatorial primitif (24 mars 1896) réservait également le cas de *faute inexcusable* de l'ouvrier et refusait à celui-ci, en pareille hypothèse, le bénéfice de la loi.

Cette distinction, si légitime en apparence, ne laisse pas que de présenter dans la pratique des inconvénients sérieux, et de rouvrir la porte à l'arbitraire des tribunaux, que l'insertion dans la loi du principe du risque avait précisément pour objet de supprimer. Rien n'est plus difficile, en effet, que de préciser où commence la faute lourde ; et ce n'est pas résoudre la difficulté que de substituer au terme consacré de faute *lourde* l'expression, au fond aussi vague, de faute *inexcusable* (1).

1055. — Est-ce à dire cependant que la gravité de la faute ne doive avoir aucune influence sur la fixation du chiffre de l'indemnité ? Logiquement, il en devrait être ainsi ; et telle est effectivement la solution admise par les lois du groupe germanique, ainsi que par la loi belge. Ainsi que nous le verrons plus loin, le Parlement français a préféré s'en tenir à un moyen terme ; contrairement à la thèse primitive du Sénat, le texte qui a prévalu consacre le principe du droit à indemnité, pour tout accident non intentionnellement provoqué ; mais il confère au juge la faculté, « s'il est

(1) Aussi nous associons-nous sans réserves à la thèse, éloquemment développée par M. Cheysson, au cours de la discussion ouverte devant la Société d'Economie sociale sur le rapport de M. Saleilles intitulé « *Le risque professionnel dans le Code civil* » (*Réforme sociale*, n° du 16 avr. 1898, p. 634 et s.) : — « Il est très facile, quand on discute dogmatiquement... de trouver des fautes... Pourquoi cet ouvrier touchait-il cette barre rouge ? Pourquoi cet autre a-t-il sauté du train en marche ?... Pour répondre à ces questions, il faudrait se replacer au milieu même des circonstances du travail et de l'état mental qu'elle amène ; il est des moments où l'on est emporté au-dessus des conseils de la prudence, où le soldat se fait casser la tête en montant à l'assaut. Il est alors un héros et on le décore s'il survit. Il ne s'agit pas de réclamer la croix pour les ouvriers imprudents, mais au moins l'indulgence pour celles de leurs imprudences qui confinent à l'héroïsme sur le champ de bataille de l'industrie... — En réalité, il est impossible de dire où commence et où finit la faute lourde; la *responsabilité se gradue par teintes insensibles...* »

prouvé que l'accident est dû à une faute inexcusable de l'ouvrier, de diminuer le taux de l'indemnité » (art.20). En revanche, et à titre de compensation, « lorsqu'il est prouvé que l'accident est dû à la *faute inexcusable du patron*, l'indemnité peut être majorée ».

Nous craignons fort, avec M. Cheysson (*loc. cit.*), « que ce système mixte, qui essaie d'emprunter les avantages des deux systèmes absolus, ne leur prenne en réalité que leurs inconvénients, sans avoir leur logique et leur netteté. *Par l'impossibilité organique d'une définition légale de la faute lourde*, il nous fait retomber dans les aléas du régime actuel ; il enlève ses bases solides à l'assurance... » (1), et devient une source nouvelle de procès.

1056. — Nécessité d'une législation spéciale. — Il nous reste, pour justifier le législateur d'avoir consacré par un texte formel le principe du risque professionnel, étendu même aux accidents provenant de la faute de l'ouvrier, sous la seule réserve formulée *supra*, à répondre à une objection grave des civilistes. Les lois d'exception, nous dit-on, sont à éviter le plus possible. De plus, une loi spéciale présenterait l'inconvénient redoutable de démontrer que l'idée de faute comme base est exacte en général ; on en tirerait la preuve que, en dehors de l'ouvrier, il faut revenir à l'article 1382... Or, le voyageur, par exemple, est aussi intéressant que l'ouvrier... » (Bouvier, *L'évolution de l'idée de responsabilité*, *Revue critique*, 1898, p. 176).

Nous avons, croyons-nous, répondu par avance à cette objection, en établissant que le risque professionnel, exclusivement basé sur l'article 1384 du Code civil, était insuffisant, puisqu'il ne permettait pas d'indemniser l'ouvrier victime d'un accident provenant de sa propre faute, même légère. Nous ajouterons que cette interprétation large était très loin d'être admise sans conteste par la jurisprudence, et que la multiplicité des systèmes, entre lesquels hésitaient les tribunaux, était une source de préjudice aussi bien pour les patrons que pour les ouvriers ; cette incertitude a disparu par le fait de la loi.

Il est une autre considération qui, à elle seule, suffirait à établir la légitimité de la législation nouvelle. Dès l'instant que la responsabilité devient objective, il est indispensable que les industriels puissent calculer exactement l'importance des charges que leur impose un risque dont ils répondent à tout événement, et qui fait partie désormais de leurs frais généraux. Le législateur (Cf.

(1) Cf. Demeur, *La faute grave, la faute inexcusable et le risque professionnel* (*Rev. des accidents du travail*, janv. 1903, p. 8).

toutes les lois récentes) est donc obligé d'intervenir pour substituer au pouvoir d'appréciation arbitraire du juge une *tarification légale* des indemnités correspondant à chaque nature d'accident, tarification susceptible de servir de base solide à l'assurance (Saleilles, *Le risque professionnel dans le Code civil*, *Réf. soc.*, 1898.1.64).

1057. — Quant au reproche de faire une loi d'exception, ce reproche serait fondé si l'on admettait qu'une bonne législation sur les accidents professionnels doit se limiter à la reconnaissance du risque professionnel et à la fixation du taux des indemnités forfaitaires. Mais le reproche s'évanouit, si l'on admet, ainsi que nous cherchons à l'établir *infra*, que l'admission du risque a pour corollaire logique et nécessaire l'institution d'un système d'assurance obligatoire, ou de toute autre garantie équivalente ; un tel système ne peut être introduit dans la pratique que par une loi, et cette loi ne peut être que spéciale, le salaire devant être la base de toute assurance ouvrière, tandis que l'assurance des voyageurs contre les risques de transport, par exemple, à supposer que sa généralisation semble désirable, devrait être établie sur des bases absolument différentes.

1058. — E. **L'assurance obligatoire, corollaire logique du risque professionnel.** — L'assurance obligatoire, disons-nous, est le corollaire logique du risque professionnel, soit que l'on envisage l'intérêt des ouvriers, soit que l'on se place au point de vue de l'intérêt général de l'industrie et du patronat.

L'intérêt des ouvriers est évident : pour que l'ouvrier, victime d'un accident, soit effectivement et utilement indemnisé, il ne suffit pas que la loi mette l'indemnité à la charge du patron ; il faut, de plus, qu'elle le garantisse contre l'insolvabilité de ce dernier, et aussi qu'elle mette à sa disposition une procédure simple, gratuite et expéditive.

Mais, au fond, l'intérêt des patrons est ici identique à celui des ouvriers. La grande industrie, sans doute, peut, sans une majoration excessive de ses frais généraux, faire face aux charges nouvelles que lui imposera le risque professionnel, à raison de la loi des grands nombres.

L'obligation d'indemniser tout ouvrier victime d'accident serait, au contraire, une charge ruineuse pour les petits patrons n'employant qu'un petit nombre d'ouvriers. Le meilleur moyen de préserver la petite industrie de ce danger est de recourir à *l'assurance obligatoire*, de préférence sous la forme de mutualité *patronale*. Répartis sur l'ensemble des ouvriers d'une même région, ou d'une même profession, les risques d'accidents deviennent très supportables pour chaque patron syndiqué.

Tel est précisément le principe sur lequel reposent, notamment, les législations *allemande* et *autrichienne*, ainsi que la majorité des lois récentes qui s'en sont inspirées (lois scandinaves, italienne, hollandaise, belge, suisse, etc.). — V. *infra*. Seules les lois anglaise de 1897-1906 et espagnole de 1901, se bornent à poser le principe du risque professionnel. Nous verrons bientôt que le système français de 1898, amendé en 1899, aboutit à rendre l'assurance quasi-obligatoire en fait.

2° ÉVOLUTION DES LOIS ÉTRANGÈRES DANS LE SENS DU RISQUE PROFESSIONNEL ET DE L'ASSURANCE OBLIGATOIRE. — 1059 (1). — Ainsi que nous l'avons fait observer précédemment, un mouvement irrésistible entraîne les Parlements dans la voie, frayée par l'Allemagne, du risque professionnel et de l'assurance obligatoire. Il y a vingt-cinq ans, les lois qui n'apportaient aucune dérogation au droit commun, en ce qui concerne la responsabilité patronale, étaient encore les plus nombreuses. Aujourd'hui, au contraire, ces lois sont l'exception. La plupart des Etats se sont ralliés au principe du risque professionnel, complété par l'assurance obligatoire. Quelques-uns toutefois ont remplacé l'obligation de l'assurance par un système de garanties, réputé équipollent ; d'autres se sont provisoirement arrêtés à mi-chemin, et se sont bornés à insérer dans la loi le principe du risque, sans garantir, autrement que par un privilège, l'ayant droit contre l'insolvabilité éventuelle du chef d'industrie.

Passons en revue, rapidement, chacun de ces quatres groupes.

1060. — A. Des législations qui ont substitué à la responsabilité patronale le principe du risque professionnel, complété par l'assurance obligatoire. — Les lois-types du 1er groupe sont les lois *allemande* et *autrichienne* : au même groupe se rattache toute une série de lois postérieures, lois *finlandaise*, *hollandaise*, *italienne*, *luxembourgeoise*, *norvégienne*, *suisse* et *belge* (sous réserves) (2).

(1) BIBLIOGRAPHIE. — Pour l'étude comparative des lois en vigueur dans les principaux pays étrangers, et des projets soumis aux différents Parlements, cons. notamment: Bellom, *Les lois d'assurance ouvrière à l'étranger; Assurance contre les accidents*, 6 vol 1895-1906; Dr Bœdiker, *Die Arbeiterversicherung in den Europäischen Staaten*, Leipzig, 1 vol., 1895; Dr Zacher, *Arbeiterversicherung im Auslande*, Berlin, 1898-1901; Pic, *L'évolution des lois européo-américaines en matière d'accidents du travail* (Rev. Ec. intern. 1913.3.207). — *Bull. Min. du travail français*, 1894-1929, chron.; *Bulletin, et Revue des assurances sociales*, 1889-1920 ; *Bull. Off. intern. du travail* (1902-1919), et *Série législative* (depuis 1920).

(2) Quelques Etats, tout en demeurant fidèles pour l'ensemble de l'industrie au principe traditionnel de la responsabilité, y ont cependant dérogé pour certaines industries. C'est ainsi que d'après la loi *grecque* du 20 déc. 1901 (*Quest. pratiques*, 1902.26), les ouvriers employés dans les mines et les établissements métal-

1061. — a) **Allemagne** (1). — C'est la loi impériale du 6 juillet 1884 (complétée par les lois des 5 mai 1886, 11 et 13 juillet 1887) qui a substitué au principe de la responsabilité du patron le régime du risque professionnel et de l'assurance obligatoire. Ces lois ont elles-mêmes été coordonnées et révisées par la loi du 30 juin 1900, puis incorporées au Code fédéral des assurances ouvrières, promulgué le 19 juillet 1911. Une ordonnance du 12 mai 1925 (*Quest. prat.* 26, 125), amendée le 11 févr. 1929, a étendu à certaines maladies professionnelles le bénéfice de la loi des accidents.

Tout accident confère à l'ouvrier qui en est victime un droit à indemnité, à l'exception d'un seul cas, celui où la victime aurait intentionnellement causé l'accident. Cette indemnité est établie d'après un tarif légal, et proportionnelle au montant du salaire.

D'après la loi de 1884, les seuls ouvriers appelés à bénéficier du régime nouveau étaient les ouvriers industriels ; mais ce régime a été étendu, par les lois postérieures, aux ouvriers de l'Etat, des exploitations agricoles et forestières, des entreprises de transport, aux ouvriers du bâtiment, aux gens de mer, enfin aux employés travaillant dans les industries assujetties dont le traitement est inférieur à 5.000 marks (Loi de 1911). Seuls les pêcheurs et artisans, les employés de commerce et les domestiques restent en dehors du régime légal (2).

lurgiques ont droit, en cas d'accident, à une indemnité forfaitaire. — Des dispositions analogues figurent dans la loi *bulgare* en ce qui concerne les ouvriers des mines et des manufactures de l'Etat.

Signalons aussi : la loi du *Maryland* (*Etats-Unis*), du 1er juillet 1902 (*Bull. Off.*, 1902, 894), instituant une assurance d'Etat, obligatoire en faveur de tous les ouvriers des mines, entreprises de transport, et travaux municipaux (Cf. lois de l'Illinois, du 16 mai 1905, *Ibid.*, 1906, CX ; du Montana, pour les mineurs (act de 1909); — la loi fédérale *suisse*, du 28 juin 1901, concernant l'assurance des *militaires* contre la maladie et les accidents (*Bull. Off. intern. de Bâle*, 1902.305).

(1) BIBLIOGRAPHIE. — Sauvaire-Jourdan, *L'assurance obligatoire en Allemagne*, 1894 ; de l'Hopital, *L'assurance-accident en Allemagne*, thèse 1905. — *Off. du trav.*, *L'assurance obligatoire contre les accidents du travail en Allemagne et en Autriche, résultats financiers, statistiques*, 3 vol.; D. Weymann, *Situation actuelle et réforme de l'assurance allemande* (*Bull. Ass. soc.*, 1911.45); *Quest. prat.*, 1911.323. — V. aussi les ouvrages précités de Zacher, Bœdiker, ainsi que les chroniques du *Bull. des assur. soc.*, etc...

(2) Cette exclusion a cessé d'être absolue, depuis la loi de 1900, pour les artisans, petits patrons de l'industrie, et pour les employés. D'une part, en effet, les chefs d'entreprise dont le profit annuel ne dépasse pas 3.000 marks peuvent s'assurer volontairement; d'autre part, le Conseil de la corporation peut décréter l'obligation de l'assurance, soit pour les petits patrons dont le profit annuel n'excède pas 3.000 marks ou qui n'occupent pas régulièrement plus de deux ouvriers, soit pour les travailleurs à domicile. Enfin, les statuts corporatifs peuvent autoriser à contracter l'assurance, soit les patrons dont le profit excède 3.000 marks, soit certaines catégories d'employés. Au total, le nombre des assu-

1062. — *Mutualité corporative.* — L'assurance obligatoire a pour base la mutualité corporative. Tous les patrons sont en effet groupés, obligatoirement, en un certain nombre de corporations professionnelles, placées sous le contrôle de l'État, représenté par l'Office national (ancien Office impérial) des assurances. Ces corporations sont établies par profession, avec juridiction territoriale pouvant s'étendre à l'Empire entier. Tout industriel est, de droit, membre de celle comprenant son industrie. Le Conseil d'administration de chaque corporation a un triple rôle :

1° Il édicte des règlements sur les mesures à prendre pour prévenir les accidents et réduire ainsi au minimum les risques à répartir.

2° Il fixe, en conformité du tarif légal, l'indemnité due à chaque ouvrier victime d'accident. Sa décision est susceptible d'appel devant un tribunal arbitral, composé d'un président nommé par l'Empereur (aujourd'hui le Président du *Reich*) et de quatre assesseurs, deux nommés par la corporation et deux par les représentants des ouvriers. La décision du tribunal arbitral peut elle-même être déférée à l'Office national des assurances.

3° Le Conseil d'administration de la corporation *répartit* chaque année les indemnités allouées (dont l'avance est faite par l'administration des *postes*), augmentées des frais généraux, entre tous les membres de la corporation, proportionnellement au nombre des ouvriers de chaque entreprise, au montant des salaires et au tarif de risque appliqué à l'établissement. Le fardeau des indemnités incombe en effet intégralement aux patrons, ou plutôt à la corporation ; aucun prélèvement n'est exercé sur les salaires.

L'Office national des assurances est la clef de voûte de tout le système : système de centralisation rigoureuse, dont l'effet a été de substituer à la responsabilité individuelle de chaque patron la responsabilité corporative sous le contrôle direct de l'Etat. Cet Office, qui représente le Reich, a son siège à Berlin. Il comprend trois membres permanents au moins, dont le président, nommé à vie par le chef de l'Etat, et huit membres non permanents, dont quatre nommés par le Conseil fédéral (aujourd'hui le *Reichsrath*) dans son sein, deux par les Conseils d'administration des corporations et deux par les représentants des ouvriers.

rés de toute catégorie s'élevait avant la guerre à plus de 24 millions (*Bull. Off. trav.*, 1912.159, d'après le *Reichsarbeitsblatt*). Il est aujourd'hui de 22 millions environ (*Rev. du trav. belge*, 1928, 986). — Certaines maladies professionnelles sont assimilées aux accidents (ordonn. 15 mai 1925, *Quest. prat.*, 26.125).

1063. — *Procédure et taux des indemnités.* — Lorsqu'un accident quelconque se produit, la victime ne peut poursuivre individuellement le chef d'industrie. C'est la corporation seule qui en répond, et elle est saisie de l'affaire par le chef d'industrie lui-même, qui est légalement tenu, sous sanction pénale, d'avertir dans les quarante-huit heures la police locale et sa corporation. Une enquête est ouverte et suivant les résultats de cette enquête le Conseil d'administration fixe en premier ressort, et à charge d'appel devant les juridictions mentionnées ci-dessus, le taux de l'indemnité.

En cas de mort, l'indemnité consiste en une somme, pour frais funéraires, fixée à vingt fois le salaire quotidien du mort, et en diverses rentes accordées aux ayants droit du mort, à la veuve, aux enfants et aux ascendants nécessiteux (1). En cas de blessure entraînant incapacité absolue de travail, l'indemnité consiste en une rente égale aux deux tiers du salaire moyen (2). En cas d'incapacité partielle de travail, la rente est réduite en proportion de la faculté de travail restante. La rente a une durée égale à celle de l'incapacité de travail comptée à partir de la quatorzième semaine après l'accident. Les frais de maladie et de secours pendant les treize premières semaines sont, en partie, à la charge des Caisses d'assurances obligatoires en cas de maladie, en partie à la charge des chefs d'entreprise.

1064. — *Bases financières de l'assurance : système de la répartition.* — Ainsi que nous l'avons fait observer précédemment, le législateur allemand s'est arrêté au système de la *répartition* (*Umlagenverfahren*), qui consiste à ne répartir entre les industries assujetties que les rentes allouées dans l'année précédente, augmentées d'un tant pour cent affecté à la constitution d'un fonds de réserve. Ce système fait antithèse au système autrichien, dit de la *capitalisation* ou *couverture* (*Deckungsverfahren*), qui consiste à constituer chaque année, par le groupement des cotisations de la

(1) L'on prend comme salaire de base le plein salaire jusqu'à 1.800 marks, le surplus ne comptant que pour un tiers (texte de 1911). Cette même loi de 1911 a porté de 2.000 à 5.000 m. la limite du salaire des assujettis. — Ces taux avaient été naturellement modifiés pendant la période d'effondrement du mark. La restauration monétaire de 1924 a permis de les rétablir, sauf certaines modifications. On sait que le reichsmark actuel équivaut à plus de 5 francs français.

(2) D'après la loi de 1900, *la rente peut même s'élever à 100 % du salaire*, lorsque la victime n'est pas seulement devenue complètement incapable de travailler, par suite de l'accident, mais se trouve réduite à un état de dénuement tel qu'elle ne pourrait plus subsister, avec une rente calculée au taux normal, sans s'adresser à l'assistance.

corporation, une somme correspondante au capital nécessaire au service des rentes créées au cours de l'exercice précédent.

Lors de la révision de la loi allemande en 1900, de très vives critiques furent formulées contre le système de la répartition, qui ne serait, dit-on, que le système de l'imprévoyance. La capitalisation permet aux assurés de mesurer immédiatement l'étendue des charges qu'ils assument, tandis que la répartition ne dégrève le présent qu'en grevant outre mesure l'avenir (1).

Les adversaires de la capitalisation (2) répondirent que celle-ci présenterait un grave danger, celui de l'accumulation de capitaux énormes soustraits à la circulation générale.

Rien n'est plus difficile d'ailleurs que de calculer avec exactitude, vu les fluctuations du taux de l'intérêt, le taux de capitalisation afférent aux rentes. L'on peut admettre la capitalisation pour l'assurance vieillesse-invalidité, dont les bases, relativement simples, permettent l'établissement d'une *prime moyenne* constante ; mais la multiciplicité des types de rentes et indemnités diverses afférentes à l'assurance-accidents est, pour l'adaptation du régime de capitalisation à cette dernière, un écueil très sérieux, auquel n'a pas échappé le législateur autrichien (V. *infra*).

Aussi l'Allemagne a-t-elle cru devoir conserver le système de la répartition, renforcé par d'importantes réserves.

Par ce système intermédiaire, le législateur allemand était arrivé à l'établissement, en matière d'accidents, de cette *prime moyenne constante*, déjà réalisée par la loi de 1899 sur l'assurance-invalidité, au moyen de la capitalisation. Les réserves ont été naturellement englouties pendant la période d'inflation (1921-23) ; mais on travaille à les reconstituer (1), et à unifier dans une certaine mesure les bases financières des divers types d'assurances, sans courir l'aléa d'un changement complet de système.

1065. — b) **Autriche** (2). — La loi autrichienne du 28 décembre 1887, complétée et étendue par les lois du 18 mai 1894 et du 8 février 1909, repose comme la loi allemande sur le principe du

(1) En 1891, la dépense totale, pour l'Empire entier, s'était élevée à 46.682.804 marks. En 1906, elle avait atteint 182.539.434 marks ; en 1910, elle s'était infléchie à 164.425.400 marks (*Bull. Off. trav.*, 1912.160).

(2) Cons. en faveur de la capitalisation : Cheysson, *Réf. soc.*, 1898.1.730; et en faveur de la répartition, les ouvrages ou articles précités de MM. Bödiker, Zacher, Brouilhet.

(1) Cons. l'étude du Dr K. Cräner, sur *La reconstruction de l'assurance sociale* (*Wirtschaft dienst*, n° 20 avril 1928), résumée par la *Rev. du trav.* (28, p. 986).

(2) Menzel, *Die Arbeiterversicherung nach österreichischem Rechte*, Leipzig, 1893; Bellom, *L'assurance ouvrière contre les accidents en Autriche* (Econ. fr., 21 févr. 1914).

risque professionnel, et sur l'assurance obligatoire. Mais elle est plus décentralisatrice, en ce qu'elle organise, au lieu de corporations professionnelles pouvant s'étendre à tout l'Empire, des circonscriptions *régionales* (une par province, comprenant toutes les industries de la province). Elle a de plus l'avantage de ne point engager les finances de l'État, aucune administration officielle n'étant chargée d'avancer aux corporations les fonds nécessaires au paiement des indemnités. Enfin, le régime autrichien a pour base, au point de vue financier, le système de la capitalisation, au lieu de la répartition admise en Allemagne.

Autre différence : tandis qu'en Allemagne les chefs d'industrie supportent seuls le poids de l'assurance, en Autriche les ouvriers y participent pour un dixième de la cotisation afférente au chef d'entreprise, mais seulement lorsque leur salaire excède un florin. Cette obligation pour les ouvriers de coopérer au fonds d'assurance est d'ailleurs difficilement conciliable avec le principe même du risque professionnel.

1066. — Comme en Allemagne, les indemnités sont fixées en premier ressort, à charge d'appel devant un tribunal arbitral, par le bureau de la corporation ; mais il n'existe pas en Autriche de tribunal suprême analogue à l'Office allemand. Les décisions des tribunaux arbitraux ne sont pas cependant en dernier ressort ; elles peuvent être frappées d'appel devant le tribunal civil de la région.

Les indemnités sont fixées sur les mêmes bases qu'en Allemagne ; le taux en est cependant un peu moins élevé. La répartition des charges de la corporation se fait aussi proportionnellement au salaire et au coefficient de risque. Mais tandis qu'en Allemagne l'on ne répartit que les rentes payées annuellement, légèrement majorées en vue de la réserve, en Autriche au contraire, c'est le capital présumé nécessaire pour assurer le service des rentes créées chaque année qui doit être annuellement réclamé des industriels (1).

1067. — Autres législations. — Les lois allemande et autrichienne ont déterminé un véritable courant dans le sens de la proclamation légale du risque et de l'institution de l'assurance obligatoire. Neuf législations récentes (sans parler des lois *belge*, et *helvétique*, sur lesquelles nous reviendrons dans un instant), la loi *nor-*

(1) Le système autrichien, longtemps considéré comme supérieur, a donné d'assez sérieux mécomptes. A la fin de 1904, six caisses sur sept étaient en déficit. Fuster, *Note sur les déficits des caisses* (*Bull. Comité assur.*, 1907.744).

végienne du 23 juillet 1894, modifiée le 16 août 1915, la loi *italienne* du 17 mars 1898 amendée le 29 juin 1903, la loi *hollandaise* du 2 janvier 1901 amendée le 5 juin 1913, la loi *luxembourgeoise* du 5 avril 1902 (1), la loi *hongroise* du 6 avril 1907 sur l'assurance des personnes employées dans l'industrie et le commerce contre les maladies et les accidents, la loi *danoise* du 28 juin 1920 ; enfin les lois *serbe* des 25 juin-12 juill. 1910 et *roumaine* des 25 janv-9 févr. 1912, se rattachent directement au système austro-allemand (2). Aussi nous suffira-t-il de signaler brièvement les particularités de certaines d'entre elles.

Au point de vue de l'étendue d'application, les lois norvégienne et néerlandaise protègent tous les ouvriers de l'industrie, marins et mariniers ; la loi hongroise protège également certaines catégories d'employés (§ 3), et admet les employés non protégés, travailleurs à domicile, artisans travaillant seuls, domestiques et ouvriers agricoles, à contracter des assurances facultatives. Les lois *italienne* (3) et *luxembourgeoise*, au contraire, n'assujettissent au régime légal, en principe, que les industries occupant au moins cinq ouvriers.

Toutes les lois précitées admettent l'indemnité forfaitaire ; mais contrairement au système prédominant, la loi italienne, au lieu d'attribuer une rente en cas de décès ou d'incapacité permanente, garantit un capital basé sur le salaire (en cas de décès, cinq fois le salaire annuel pour les ayants droit ; en cas d'incapacité permanente absolue, cinq fois le salaire avec minimum de 3.000 fr.).

1068. — L'assurance est organisée en principe, dans la plupart des Etats précités, par une Caisse officielle unique pour tout le territoire. Toutefois, en Serbie, l'organisation de l'assurance est confiée aux corporations locales constituées en Fédération nationale, et au Portugal, à des mutualités régionales. Tous pratiquent le système autrichien de la capitalisation ou couverture, sauf la *Hongrie* qui a adopté le système allemand de la répartition.

(1) Une loi *luxembourgeoise*, du 18 août 1928 (*Rev. du trav.*, 1928, 1260) a étendu le bénéfice de la loi à certaines maladies professionnelles.

(2) Cons. notamment, sur la loi *italienne* les études de F. Carnelutti, dans la *Rivista di diritto commerciale*, de Sraffa et Vivante, et la revue *Il contratto di lavoro*, de V. Positano. — La législation italienne a été récemment complétée par les décr.-loi du 27 oct. 1927 sur l'assurance obligatoire contre la tuberculose, et du 13 mai 1929 sur l'assurance obligatoire contre les *maladies professionnelles* (Cf. C. Marchi, *Rivista Le assicur. Soc.*, V. 1929). — Cf. loi *finlandaise* du 5 déc. 1895 (*Ann. de lég. étr.*, 1896, p. 730). — Sur la loi *danoise*, v. *Rev. du trav.*, 1921.82.

(3) Signalons toutefois le décret italien du 23 août 1917 étendant l'obligation de l'assurance aux agriculteurs (salariés agricoles, petits propriétaires, fermiers et métayers).

Les contestations, d'après la loi norvégienne, sont tranchées en premier ressort par le directeur de la Caisse nationale d'assurance et en appel par une Cour arbitrale siégeant à Oslo. La loi néerlandaise institue deux Cours arbitrales superposées. En Hongrie, les rentes temporaires sont fixées par la Caisse du district et les rentes permanentes par la Caisse nationale, sauf appel devant l'Office national. La loi italienne attribue compétence au préteur (juge de paix) ou au tribunal civil, suivant les distinctions admises en France. D'après la loi luxembourgeoise, la compétence du juge de paix est exclusive.

1069. — **Belgique** (1). — La loi *belge* du 24 décembre 1903 (2), bien que se rattachant à certains égards au groupe germanique, présente cependant une physionomie très spéciale.

Par une combinaison fort heureuse du principe allemand de l'assurance *obligatoire* avec le système français de l'option entre les diverses formes d'assurances, complété par l'institution d'un fonds de garantie analogue à celui de la loi française, le législateur belge est parvenu à mettre sur pied un régime légal très complet, supérieur, à notre avis, à tout ce qui a été réalisé jusqu'ici dans les autres Etats.

Le champ d'application de la loi est très large. Sont appelés à en bénéficier non seulement les ouvriers de l'industrie, mais aussi les travailleurs agricoles et les employés (magasins occupant habituellement trois employés au moins).

Le risque professionnel est admis sans aucun tempérament déduit de la faute inexcusable : les indemnités sont forfaitaires ; leur taux, majoré par la loi du 3 août 1926, se rapproche beaucoup du taux français.

Les difficultés relatives à l'application de la loi sont soumises à une juridiction unique : le juge de paix.

En principe, l'assurance est *obligatoire* pour tous les chefs d'industrie, à moins qu'ils ne préfèrent fournir un cautionnement. Les intéressés ont le choix entre la caisse officielle et les caisses privées, d'ailleurs assujetties à un contrôle rigoureux.

Le paiement des indemnités temporaires et le remboursement

(1) Demeur, *Le risque professionnel*, 2e éd., Bruxelles, 1908; Namèche, *Commentaire de la loi de 1903*, 2e éd., 1908. — V. aussi *Revue des accidents du travail*, de Demeur et Smeysters, et *Revue pratique de droit industriel*, de Bodeux. — Rapp. officiel sur l'exécution de la loi, Bruxelles 1928.

(2) Amendée par les lois des 24 déc. 1903, 27 août 1919, 7 août 1921, 3 août 1926, 24 juill. 1927, et 15 mai 1929.

des frais funéraires ou médicaux sont assurés par un *fonds de garantie*.

Certaines maladies professionnelles sont, aujourd'hui, assimilées aux accidents (L. du 24 juillet 1927).

1070. — Suisse (1). — Jusqu'à la loi du 13 juin 1911, la législation helvétique faisait partie du groupe des Etats qui rattachent la responsabilité patronale à la notion traditionnelle de faute. Toutefois les lois fédérales des 25 juin 1881 et 26 août 1885, considérant le patron comme débiteur de sécurité (notion de la responsabilité *contractuelle*), édictaient contre lui, en cas d'accident, une présomption de faute.

Depuis longtemps, l'on avait reconnu, en Suisse, l'insuffisance de la législation en vigueur. L'Assemblée fédérale avait même voté, le 5 octobre 1899, une loi sur l'*assurance obligatoire* contre les *maladies et les accidents*, basée sur les mêmes principes que la législation allemande. Mais cette loi fut rejetée par un referendum populaire, le 20 mai 1900.

Les partisans de l'assurance obligatoire remirent le projet sur le chantier, en ayant soin de disjoindre l'assurance-maladie de l'assurance-accidents.

C'est ce projet qui est devenu la loi fédérale du 13 juin 1911, ratifiée par le referendum populaire du 4 février 1912. Aux termes de la loi de 1911, l'assurance-accidents est obligatoire pour toutes les entreprises soumises au régime de la responsabilité ; elle est simplement facultative, mais avec droit aux subsides, pour les ouvriers agricoles, les travailleurs à domicile, les manœuvres et domestiques.

L'assurance est organisée, comme dans les États précités, par une Caisse officielle unique pour tout le territoire, dont le siège social est à Lucerne. L'assurance englobe les accidents et les maladies professionnelles. La rente, fixée en principe à 70 0/0 du salaire pour incapacité totale de travail, peut être portée à 100 0/0, lorsque l'infirmité exige des soins spéciaux.

1071. — B. Des Etats qui ont admis le risque professionnel et remplacé l'obligation de l'assurance par un système de garantie équipollent. — A ce second groupe appartiennent la législation *française* de 1898-1899, sur laquelle nous reviendrons plus loin ; les

(1) Clerget, *Les conditions du travail en Suisse* (Quest. prat., 1908, p. 209); Le Cointe, *Exposé de la loi fédérale sur les assurances*, Genève, 1912 ; Dr W. Lauber, *Réparation des maladies professionnelles en Suisse* (Rev. intern. trav., oct. 1927).

lois *suédoise* du 24 avril 1901 et *argentine* du 11 oct. 1915, manifestement inspirées du système français (assurance facultative, droit pour l'ouvrier en cas d'insolvabilité patronale de recourir à un fonds de garantie). Mais par une loi postérieure (17 juin 1916), la *Suède* s'est ralliée au régime de l'assurance obligatoire.

1072. — C. Des Etats qui ont simplement consacré le risque professionnel. — A ce groupe appartiennent : les lois *anglaise* du 6 août 1897, complétée par les lois des 26 décembre 1906 et 16 avril 1923 (*Série législ.*. 1923) — *espagnole* du 30 janvier 1900, *russe* du 2 juin 1903 (*Bull.off. trav.*, 1904, p. 150) (1). Ces lois se bornent à consacrer le risque professionnel et l'indemnité forfaitaire, mais sans instituer d'assurance obligatoire, ni même, comme la loi française, de garantie officielle contre l'insolvabilité du patron débiteur. L'ouvrier est simplement investi d'un privilège sur le patrimoine de son débiteur, et sur l'indemnité d'assurance, s'il a cru devoir s'assurer. Aucune indemnité n'est due à l'ouvrier coupable « d'un manquement grave et volontaire à ses devoirs » (formule de la loi anglaise) (2).

Toutefois, un premier pas a été fait dans la voie de l'assurance par la loi anglaise de 1906, loi de *consolidation* qui a pris la place de tous les textes antérieurs. Cette loi, en effet, sans poser le principe de l'assurance obligatoire, dispose que lorsqu'une assurance mutuelle groupant la majorité des intéressés ou même une assurance à prime réunissant également cette majorité se sera constituée dans une circonscription déterminée ou pour une industrie donnée, le secrétaire d'Etat aura le droit, par ordonnance et sauf approbation ultérieure du Parlement, d'*obliger* tous les employeurs de cette région ou de cette industrie à s'assurer auprès de cette mutuelle ou de cette compagnie. Il y a là un essai, plus curieux que pratique, d'organisation de l'assurance.

D'autre part, le champ d'application de la loi a été considérablement élargi. Non seulement le principe du risque professionnel est

(1) Depuis la révolution soviétiste, cette loi a cessé de s'appliquer : les ouvriers bénéficiant, théoriquement au moins, d'une assurance d'Etat contre tous les risques (Bull. Min. trav., 1920,299).

(2) Sur la loi *anglaise* du 6 août 1897, cons.: Rist, *La législation anglaise sur la responsabilité en matière d'accidents*.

Sur la loi du 21 décembre 1906, v. Knowler, *La loi de* 1906 (*Rev. de dr. intern. privé*, mars-avril 1908); Carpentier, *La législation anglaise sur les accidents du travail*, th. 1909.

A rapprocher de la législation anglaise les lois de la *Nouvelle-Zélande* (3 oct. 1902), de l'*Australie méridionale* (24 nov. 1904), de la colonie du *Cap* (8 juin 1905), du *Canada* (Rev. du trav., 28, 1149).

étendu à un grand nombre d'ouvriers et employés nouveaux (ouvriers de transports, de petits ateliers et porteurs de charges dans les magasins, marins, etc.) ; mais le bénéfice de la loi est même étendu à certaines *maladies professionnelles* spécifiées, telles que l'empoisonnement saturnin, les maladies spéciales résultant du maniement du phosphore, de l'arsenic, du mercure, le charbon, la crampe d'écrivain, etc. A ce dernier point de vue, la loi anglaise de 1906, complétée par les ordonnances des 2 décembre 1908 et 30 juillet 1914, a un champ d'application sensiblement plus étendu que celui de la loi française du 25 oct. 1919.

1073. — D. **Des Etats qui rattachent encore la responsabilité patronale à la notion traditionnelle de faute prouvée, ou présumée.** — A ce groupe se rattachent encore, sous les réserves indiquées *supra* (note sous n° 1060), en Europe, les lois grecque et bulgare, et, hors d'Europe, les lois en vigueur aux Etats-Unis, dans les Républiques de l'Amérique du Sud (Argentine exceptée), et au Japon.

Toutefois, un mouvement très net se dessine, dans tous les Etats civilisés, en faveur de l'admission du risque professionnel. Pour nous en tenir aux Etats-Unis, l'évolution est très marquée depuis quelques années. Il y a vingt ans à peine, la jurisprudence américaine s'inspirait encore du concept de responsabilité délictuelle ; concept aggravé par de singulières restrictions dont le résultat était de rendre à peu près illusoire la responsabilité patronale (1).

Mais à la suite de plaintes justifiées des *Trade-Unions*, la majorité des Etats de l'Union américaine ont, de 1907 à 1929, légiféré spécialement sur les accidents du travail, et chaque étape a été marquée par une accentuation de la protection due à la victime (2). Tandis que les lois de Massachusetts (avril 1913), de l'Ohio, de Dakota, de la Californie, des Philippines, etc., se bornent à préciser la responsabilité du patron, et à déterminer le taux des indemnités, la loi du Montana sur les accidents survenus dans les mines (1909), et la loi de New-York (24 mai et 25 juin 1910) sur les accidents survenus dans un certain nombre de professions

(1) Une longue série d'arrêts rendus par les Cours de justice américaines, s'inspirant de l'ancienne *Common law anglaise*, considérait comme autant de fins de non-recevoir à la demande de la victime chacune des circonstances suivantes : 1° *l'acceptation tacite des risques;* 2° la *faute professionnelle de l'ouvrier;* 3° le fait que l'accident était imputable à un *compagnon de travail (fellow servant)*.

(2) Pour l'étude de cette évolution de loi de l'Union américaine, consulter notamment : Dewavrin, *Les lois américaines sur les accidents du travail* (*Quest. prat.*, 1911, p. 124 à 158) ; *Workmen's compensation laws of the U. S. and foreign country*, Washington, 1917.

spécifiées, proclament au contraire, sous certaines réserves, le risque professionnel. C'est ainsi qu'aux termes de la loi new-yorkaise, manifestement inspirée de l'act anglais de 1897, la victime (ou ses représentants en cas de décès) a droit aux indemnités prévues, (deux tiers du salaire ou de la réduction) toutes les fois que l'accident provient, soit d'un risque inhérent à la profession, soit de la négligence d'un patron ou d'un de ses agents ; toutefois le patron est exonéré de toute responsabilité, si l'accident est imputable à la *faute inexcusable* de la victime. La loi de Massachusetts assimile même certaines maladies professionnelles aux accidents.

Signalons d'autre part, trois actes fédéraux : de 1907, sur les accidents survenus dans les entreprises internationales et interprovinciales de transport par chemins de fer (*Bull. Off. intern.*, 1910, CXXXIX) ; du 7 sept. 1916, au profit des employés du gouvernement fédéral ; et du 4 mars 1927, au profit des dockers (*Rev. du trav.*, 1927, p. 1496).

Les lois du Montana, de New-York, de Wisconsin (Rev. intern. trav., sept. 22), ne sont elles-mêmes qu'une étape, sur la voie qui conduit, logiquement, à l'admission sans réserve du risque professionnel, complété par l'assurance. La Fédération américaine du travail, appuyée par l'opinion (1), avait ouvert une campagne énergique en ce sens. Certaines législatures, notamment celle de l'Illinois, avaient été saisies de projets tendant à l'organisation officielle de l'assurance-accidents ; mais ces projets ont été mis en échec par l'opposition systématique des cours à la législation sociale (2).

En attendant, certaines lois récentes ont tout au moins assujetti le fonctionnement des assurances privées à un contrôle officiel (*commissionner of insurance*) (3).

1074. — Conclusion. — De cette vue d'ensemble sur le mouvement législatif contemporain, ressort jusqu'à l'évidence cette conclusion que le principe traditionnel de la responsabilité basée sur l'idée de faute est dès à présent condamné. La plupart des législations positives l'ont abandonné ; quelques États se sont bornés à faire l'application de la théorie du risque à certaines catégories de travailleurs ; mais les États retardataires tendent à

(1) Justin, *L'opinion américaine et le risque professionnel; le projet de loi de l'Illinois* (*Bull. assur. soc.*, 1907, 580); Henderson, *Récent progrès of public opinion, voluntary organization and législation* (*Bull. assur. soc.*, 1911, p. 99).

(2) Lambert, *Le gouvernement des juges et la lutte contre la législation sociale aux États-Unis*, 1921, p. 72.

(3) *Sic:* Loi de Minnesota, juill. 1919 (*Labor législation of* 1919, p. 152).

se rallier au système nouveau (1) et dès maintenant nous nous trouvons en présence d'un *droit commun européen* solidement établi, qui deviendra bientôt un droit *européo-américain*, voire même un droit mondial.

ÉVOLUTION SPÉCIALE DE LA LÉGISLATION FRANÇAISE : ORIGINES DE LA LOI DE 1898 ; LOIS COMPLÉMENTAIRES. — **1075** (2). — C'est en 1880 (propos. Martin Nadaud, 29 mars 1880, ann. 2680) que la Chambre fut pour la première fois saisie de la réforme de la législation des accidents. Depuis cette date, les propositions se multiplièrent, l'on n'en compte pas moins de dix pour la période 1880-1888.

Conformément aux conclusions de sa commission, la Chambre vota, le 10 juillet 1888, un texte substituant à la responsabilité de droit commun le principe du risque professionnel, et organisant un système d'assurances facultatives de l'État. Ce premier projet n'aboutit pas, le Sénat ayant supprimé le titre relatif à l'assurance.

Le gouvernement ne défendit pas devant la Chambre le texte du Sénat ; il crut préférable d'élaborer un nouveau projet inspiré du système allemand, consacrant le système de *l'assurance obligatoire*. Ce projet, déposé le 28 juin 1880 sur le bureau de la Chambre, par M. J. Roche, ministre du commerce, fut voté le 10 juin 1893.

1076. — *Projet de 1893.* — Le régime nouveau était basé sur le double principe du risque professionnel et de l'assurance obligatoire. Le principe du forfait était admis. Un tribunal arbitral était institué.

La commission sénatoriale, saisie du texte de la Chambre, conserva le principe du risque et du forfait, mais rendit l'assurance facultative. — Au cours de la discussion, des atteintes beaucoup plus graves furent portées au principe même de la réforme, et finalement le Sénat vota, le 24 juin 1896, un texte reposant sur les bases suivantes : — consécration, sous réserve, du risque professionnel ; remplacement du forfait par la fixation d'un minimum et d'un maximum ; suppression de l'assurance.

(1) V. proj. anglais de 1926 (*Rev. du trav.*, 1926, p. 135, 1883).

(2) Pour l'étude complète des travaux préparatoires de la loi de 1898, cons. notamment notre *Traité*, 1re éd., p. 398, et nos articles de la *Rev. pol. et parl.*, 1895, et de la *Rev. d'écon. polit.*, 1898. — V. aussi : *Bull. des assurances sociales* ; *Bull. Off. du trav.* ; *Lois nouvelles*, etc. — Parmi les nombreux rapports soumis à la Chambre ou au Sénat, cons. principalement : Rapp. de MM. Poirier (Sén., 3 avr. 1895, ann. n° 73) ; Thévenet, 25 janv. 1898 (Sén., ann. n° 15) ; Maruéjouls, 24 mars 1898 (Ch., ann. n° 3150).

Projet de 1897. — Ainsi mutilé, le projet fit retour à la Chambre ; mais la Commission, le considérant comme inacceptable, reprit le texte de 1893, sous réserve de la suppression de la juridiction arbitrale.

Le texte vint en discussion le 27 octobre 1897 à la Chambre ; mais à peine la délibération était-elle commencée que M. Boucher, ministre du commerce, proposait une nouvelle rédaction, destinée dans sa pensée à concilier partisans et adversaires de l'assurance obligatoire. Ce système, que la Chambre adopta dans sa séance du 28 octobre, consistait essentiellement dans la substitution à l'assurance obligatoire d'un impôt additionnel sur la patente, destiné à garantir les ouvriers, créanciers d'indemnités, contre tout risque d'insolvabilité des patrons.

Ce projet présentait, à notre avis, un grave défaut. Sans doute, il donnait à l'ouvrier une sécurité complète, mais il faisait peser sur l'industrie une charge fort lourde, sans le contrepoids de l'assurance, seul moyen pratique de répartir proportionnellement le fardeau des indemnités ; d'où menace de ruine pour les petits industriels assez imprudents pour ne point s'assurer (1). De plus, il assignait à l'État un rôle difficile à justifier : celui de *caution* des industriels insolvables. L'on conçoit l'État-assureur ; il est difficile de justifier l'État-caution.

1077. — Loi du 9 avril 1898. — Aussitôt saisie du projet, la commission sénatoriale se mit à l'œuvre et, à la suite de conférences officieuses avec la commission de la Chambre, élabora un texte transactionnel, qui, voté sans débats par la Chambre le 25 mars, est devenu la loi du 9 avril 1898.

(1) Le principe de l'assurance *obligatoire* a prévalu cependant pour les *inscrits maritimes*, déjà obligatoirement assurés par la *Caisse des invalides de la marine* (dont la création remonte à la fin du règne de Louis XIV) contre le risque de vieillesse ou d'invalidité prématurée (Caisse réorganisée par la loi du 14 juill. 1908). La loi du 21 avril 1898, amendée par la loi du 29 décembre 1905, a, en effet, créé au profit des marins français une Caisse nationale de prévoyance contre les risques et accidents de leur profession (y compris les maladies professionelles) : caisse rattachée à la Caisse des Invalides, mais ayant néanmoins son existence propre. — La loi de 1905 a été elle-même amendée sur plusieurs points de détail, par les lois des 8 avr., 19 avr. 1910, et 13 juill. 1911. — Lecourbe, *La caisse de prévoyance des marins français*, 1907.

D'autre part, les ouvriers *mineurs* sont obligatoirement assurés, par la loi du 29 juin 1894 (V. *supra*, n° 1039), contre les risques de maladie, de vieillesse et d'invalidité. Or l'article 6 de la loi de 1898 organise la participation des Caisses de secours, constituées en exécution de la loi de 1894, au service des rentes allouées aux ouvriers mineurs victimes d'accidents. Des caisses de cette nature existant, en exécution de la loi de 1894, dans *toutes* les exploitations, l'on peut également considérer l'assurance-accidents comme obligatoire dans les mines, minières et carrières.

La loi de 1898 consacre le principe du risque professionnel et de l'indemnité forfaitaire, mais le texte définitif ne contient plus trace d'assurance officielle, même facultative (1). Sur ce point, les préventions du Sénat contre toute ingérence officielle, même indirecte, dans l'organisation de l'assurance, l'emportaient définitivement.

Que restait-il donc du système de garanties adopté par la Chambre en 1897 ? Uniquement la partie la plus contestable, à savoir la constitution d'un fonds spécial de garantie.

Pour tous les détails d'application, la loi de 1898 renvoyait à toute une série de règlements d'administration publique dont la promulgation devait précéder de trois mois la mise en vigueur du régime nouveau (1).

1078. — La loi du 24 mai 1899 et l'assurance facultative. — Mise à exécution du régime nouveau. — Incomplète et boiteuse, favorable à la grande industrie, ruineuse pour la petite, la loi de 1898 devait fatalement se heurter dès le début de sa mise en vigueur aux difficultés les plus graves. Lorsque furent promulgués, à l'*Officiel* du 1er mars 1899, les décrets réglementaires du 28 février dont la publication allait servir de point de départ au délai de trois mois, la généralité des industriels fut prise au dépourvu.

Les *mutualités libres et les syndicats de garantie*, sur lesquels les promoteurs de la loi avaient fondé de si grandes espérances, se heurtaient dans leur constitution à des obstacles multiples, provenant, les uns de la complexité même du rouage nouveau, les autres de la rigueur trop stricte des règlements complémentaires de la loi. Se sentant maîtresses de la situation, certaines Compagnies d'assurances à primes posèrent alors les bases d'un *consortium*, destiné à majorer les primes ; et de toutes parts, de véhémentes protestations s'élevèrent contre l'imprévoyance du législateur de 1898, qui avait, par un scrupule de libéralisme intempestif, laissé les patrons aux prises avec les Compagnies d'assurances, sans même leur ouvrir l'accès d'une Caisse d'État.

Le Parlement comprit alors la nécessité d'en revenir au système de l'assurance officielle, que le Sénat avait imprudemment écarté. — Menacées de la concurrence d'une Caisse officielle, les Compagnies privées seraient promptement obligées, sous peine de périr, de modérer leurs prétentions ; et les tarifs de la Caisse officielle

(1) Les principaux décrets organiques, complémentaires de la loi, portent la date du 28 févr. 1899. Le second de ces décrets a été amendé le 27 déc. 1906. Pour les autres décrets, ainsi que pour les tarifs et barèmes, v. le *Recueil* spécial publié par le Ministère du travail. — V. aussi le *Bulletin du Ministère du travail*, le *Code des accidents du travail* (petite coll. Dalloz).

serviraient ainsi, en quelque sorte, de *régulateur au marché des assurances* (Kahn, *Ann. de dr. comm.*, 1900, 139).

1079. — C'est de ce mouvement qu'est issue la loi du 24 mai 1899. Cette loi s'est proposé, en somme, un triple objectif :

1° Mettre en harmonie la Caisse nationale d'assurance contre les accidents, instituée par la loi du 11 juill. 1868, mais inutilisable sous sa forme archaïque, avec la technique moderne de l'assurance.

2° Affranchir autant que possible le Trésor de tous risques en spécifiant que les primes devront être calculées de manière que le risque et les frais généraux d'administration de la caisse soient entièrement couverts, sans qu'il soit nécessaire de recourir à la subvention prévue par la loi de 1868 ;

3° Déterminer avec précision le *point de départ* du régime nouveau en ménageant aux industriels, à compter de la publication des tarifs officiels, un temps suffisant pour les étudier et les comparer à ceux des compagnies privées. Celles-ci, en effet, dès le dépôt du projet de loi, avaient renoncé au consortium, et elles s'apprêtaient à se faire concurrence par une surenchère de rabais, pour le plus grand profit des industriels. Un délai supplémentaire s'imposait donc pour l'examen de ces conditions nouvelles. D'où la disposition de l'article 2 portant que « la loi du 9 avril 1898 ne sera appliquée *qu'un mois après* le jour où la *Caisse des accidents* aura publié ses tarifs au *Journal Officiel* et *admis les industriels* à contracter des polices, et où ces tarifs auront été approuvés par décret... ».

1080. — Résiliation des polices. — Loi du 29 juin 1889. — La loi du 24 mai fut complétée par une loi du 29 juin 1899 sur la résiliation des polices d'assurance antérieures à la loi de 1898. Cette loi d'exception se justifiait par la situation vraiment périlleuse dans laquelle se trouvaient les industriels, assurés antérieurement à la loi, et placés dans l'alternative ou de s'assurer à la même Compagnie pour le supplément de risque résultant de la loi nouvelle, et par conséquent de subir toutes ses exigences, ou de s'assurer à une Compagnie nouvelle contre le risque nouveau, tout en demeurant dans les liens du précédent contrat, désormais sans objet. Telle était du moins la jurisprudence singulièrement rigoureuse qui tendait à se généraliser (1), lorsque la loi du 29 juin 1899 vint dégager les industriels de ce traquenard juridique, par la disposition suivante : — « Pendant une période d'un an, à partir du jour de la promulgation de la présente loi, les polices d'assurances (accidents) concernant les industries prévues à l'article 1er de

(1) Trib. civ. Seine, 18 mai 1899, *Gaz. Pal.*, 20 mars 1899.

la loi du 9 avril 1898 *et antérieures à cette loi pourront être dénoncées* par l'assureur ou par l'assuré au moyen d'une déclaration au siège social ou chez l'agent local.

1081. — Accidents agricoles (moteurs inanimés). — Loi du 30 juin 1899. — Signalons enfin, pour compléter cette revue des lois destinées à faciliter la mise à exécution du régime nouveau, la loi du 30 juin 1899, sur les *accidents agricoles*, loi mettant « les accidents occasionnés par l'emploi de machines agricoles mues par des moteurs inanimés » à la charge des exploitants des moteurs.

1082. — Réforme de la procédure : lois des 22 mars 1902 et 31 mars 1905. — Dès le lendemain de la mise en vigueur du régime nouveau, certaines imperfections apparurent, auxquelles le législateur s'efforça de remédier. Cette mise au point aboutit au vote : 1° de la loi du 22 mars 1902, incorporée au texte de 1898, qui a tranché plusieurs controverses, notamment en ce qui concerne le point de départ de la prescription ; 2° de la loi du 31 mars 1905, délimitant plus exactement la compétence respective du juge de paix et du tribunal civil, améliorant la condition des ouvriers étrangers, précisant les règles de la révision, etc.

1083. — *Relèvement du salaire limite (L. des 5 août 1920, 8 Juill. 1926)* ; *allocations temporaires (L. des 15 Juillet. 1926, 15 Août 1929)*. — En présence de la hausse considérable des salaires, due à la dépréciation du franc, le législateur a dû relever à 4.500 francs d'abord, puis à 8.000 la limite au delà de laquelle la victime ne peut plus prétendre qu'à une indemnité réduite (L. des 5 Août 1920, et 8 Juillet 1926).

C'est pour la même raison qu'il a fallu, par des allocations temporaires, relever les rentes allouées aux accidentés antérieurs à la stabilisation du franc (L. des 15 Juillet 1922, 15 Juill. 1926, 19 Juill. 1927, 24 Mars, 15 Août 1928, 15 Août 1929).

1084. — Réformes touchant au fond du droit. — *a Exploitations commerciales (loi du 12 Avril 1906)*. — La loi de 1898 ne concernait en principe que les entreprises industrielles ; de là des controverses très délicates, au sujet de la ligne de démarcation à établir entre les entreprises assujetties et celles demeurées sous l'empire du droit commun. Cette incertitude, aggravée par les divergences jurisprudentielles, était également préjudiciable aux industriels, et aux ouvriers.

C'est pour y mettre fin que le Parlement s'est décidé à étendre la loi des accidents à *toutes les exploitations commerciales* (L. 12 Avril 1906, complétée par le décret du 18 Fév. 1907, et la loi du 18 Oct. 1919).

Élargissant toujours le cercle des personnes protégées, le législateur a successivement étendu le bénéfice de la loi à trois autres catégories de travailleurs ; les forestiers, les travailleurs agricoles, et les gens de maison :

b) *Exploitations forestières* (L. 15 Juillet 1914).

c) *Exploitations agricoles* (L. des 15 Décembre 1922 et 30 Avril 1926. — Cf. décrets du 22 Août 1923, et 17 Mars 1929).

d) *Domestiques et gens de maison* (L. du 2 Août 1923).

e) *Maladies professionnelles.* — Signalons en terminant une loi très importante, complémentaire des précédentes : la loi du 25 oct. 1919, assimilant aux accidents *les maladies professionnelles*, ou du moins certaines d'entre elles.

1085. — *Faculté d'adhésion à la législation des accidents* (L. 18 Juillet 1907). —Cette loi, de moins en moins utilisée au fur et à mesure que s'élargit le cadre des bénéficiaires, a un double objet : 1° permettre aux employeurs d'assurer à un personnel non protégé (ouvriers ruraux et gens de maison jusqu'en 1923, auxiliaires des professions libérales), le bénéfice de la loi s'ils y consentent ; — 2° permettre aux employeurs, en cas de doute sur leur qualité d'assujettis (ex. administrations hospitalières) de s'assurer dans les conditions prévues par la loi de 98 (1).

II. — Commentaire de la législation en vigueur en ce qui concerne les accidents industriels (loi du 9 avril 1898 et lois complémentaires).

I. Champ d'application de la loi. — **1086.** — 1° Entreprises assujetties au régime légal. — Depuis la loi de 1906, ces entreprises se répartissent en deux catégories : 1° Les entreprises visées par l'art. 1er de la loi de 1898 ; — 2° les entreprises purement commerciales. — Il est, du reste, un grand nombre d'établissements qui, rentrant tout à la fois dans la catégorie des exploitations indus-

(1) Signalons enfin d'un mot, parmi les textes législatifs complémentaires de la loi de 1898, les lois des : 12 déc. 1912, étendant aux *délégués mineurs* le bénéfice de la loi; 28 mai 1913 créant un privilège au profit de la victime sur l'*indemnité d'assurance* ; 15 nov. 1916, concernant les *mutilés de guerre* victimes d'accidents ; 25 sept. 1910, sur l'application de la loi à l'*Algérie* ; 17 oct. 1919, mettant tous les *frais médicaux et pharmaceutiques* à la charge du chef d'entreprise; 6 juill. 1920, lui imposant également les frais d'hospitalisation ; 7 avril 1926, sur le *Comité consultatif des accidents du travail* ; 16 mars 1928, au profit des *protégés français* ; 30 mars 1928, portant ratification de la convention de Genève sur les accidents. — Cf. 3 dahirs *marocains* du 26 mai 1927 sur les accidents du travail ; décr. 3 août 1927 pour exécution de la L. du 15 mars 1926 relative aux conflits entre la loi de 1898 et la loi des assurances sociales en vigueur en Alsace-Lorraine.

trielles et des entreprises commerciales (ex. : entreprises de manufacture), sont assujettis au régime légal par application de l'un et de l'autre texte.

Il n'est cependant pas indifférent de savoir, en présence d'une entreprise commerciale tangente à l'industrie, si elle rentre ou non dans le cadre primitif de la loi de 1898. En effet, d'une part, la loi de 1906 ne dispose que pour l'avenir, de telle sorte que les accidents survenus avant sa promulgation dans les exploitations commerciales non assujetties à la loi de 1898 n'ont pu donner lieu à réparation que dans les termes du droit commun. D'autre part, la taxe additionnelle de quatre centimes imposée par la loi de 1898, en vue d'alimenter le fonds de garantie, est réduite à un centime et demi *pour les exploitations exclusivement commerciales*.

L'intérêt des controverses soulevées par l'art 1er de la loi de 1898 n'en est pas moins singulièrement diminué depuis la mise en vigueur de la loi de 1906. Aussi nous bornerons-nous à un rappel sommaire de ces difficultés.

1087. — A. Entreprises régies par l'article 1er de la loi de 1898. — A tort ou à raison, le législateur de 1898 a cru devoir donner une énumération des industries assujetties. Forcément incomplète, cette énumération a donné lieu à une série de controverses, que l'on eût pu éviter, soit en formulant seulement un critérium général, soit en laissant au Conseil d'État le soin d'établir une liste détaillée des professions soumises au risque. Ce dernier procédé, auquel a eu recours le législateur de 1906 (v. *infra*), aurait permis d'éviter certaines contradictions, entre les solutions données par l'administration (contributions directes) chargée d'établir les rôles des professions soumises au centime additionnel à la patente, sous le contrôle des tribunaux administratifs, et les décisions des tribunaux de droit commun, compétents pour statuer sur les actions en indemnité (1).

Nous estimons toutefois que la plupart de ces controverses eussent été évitées si tous les tribunaux se fussent inspirés avant tout de l'esprit qui a présidé à la rédaction de la loi, au lieu de donner au texte de l'article 1er une interprétation littérale et restrictive, manifestement contraire à son esprit (2).

(1) Il est vrai que, dans la pratique, les trois ministères des finances, du commerce et de la justice étaient parvenus à établir, d'un commun accord, en s'inspirant des avis du Comité consultatif des assurances contre les accidents, un tableau général, par ordre alphabétique, des professions passibles de la taxe additionnelle (Circul. min. comm., 8 juin 1901, tableau annexe, *Offic.*, p. 3638 et 3680). Mais les tribunaux ne sont pas liés par de simples circulaires (Paris, 28 nov. 1901, *Bull. Off. trav.*, 1902, p. 533).

(2) La véritable formule nous paraît avoir été donnée, en termes très heureux,

Il suffit, en effet, de se reporter aux travaux préparatoires pour reconnaître que l'intention formelle du législateur de 1898 a été d'instituer un système général de protection susceptible d'englober tous les accidents du travail survenus dans l'industrie, sans aucune distinction entre la grande et la petite industrie (1).

1088. — **Classification des industries assujetties.** — Étudions, dans cet esprit, l'article 1er de la loi. Cet article vise expressément trois catégories distinctes d'établissements : *a*) certaines entreprises industrielles désignées par leur objet ; — *b*) d'autres entreprises désignées par la forme de l'exploitation ; — *c*) toutes exploitations, même non industrielles, où des matières explosibles sont mises en œuvre, ou dans lesquelles il est fait usage de machines mues par une force autre que celle de l'homme ou des animaux.

1089. — a) **Entreprises désignées par leur objet.** — Ces industries sont : le bâtiment, les entreprises de transport, de chargement ou déchargement, les magasins publics, les mines, minières et carrières.

Bâtiment. — Cette expression générique, industrie du bâtiment, comprend l'ensemble des travaux qui concourent à l'édification et à la mise en état des constructions de toute nature (2) : gros œuvre (maçonnerie, charpente, toiture) ; travaux préparatoires (taille de pierres), ou de mise en état de l'édifice (menuiserie, plâtrerie, peinture, fumisterie, etc.) (3).

par un jugement du tribunal civil de Chartres, du 8 août 1900 (*Mon. jud.*, 13 déc. 1900) : « L'énonciation des professions désignées dans l'art. 1er, — dit en substance ce jugement, — n'est pas limitative. En dehors des ouvriers appartenant à une industrie nominativement désignée, la loi protège tous ceux qui travaillent, soit à des ouvrages dangereux, soit au milieu d'une agglomération de machines ou de matériaux qui augmentent pour eux et sans qu'ils puissent les prévoir ou s'en préserver, les chances d'accident ».

(1) Cons. en faveur de l'interprétation extensive : Cass., 3 août 1903, D. 1904.1.45, S. 1904.1.491, D. 1907.1.85 ; Amiens, 20 mars 1900, D. 1900.2.268 ; Bourges, 17 juill. 1904, S. 1903.2.143. — *Sic* : Loubat, t. 1er, nos 46 et s.; Cabouat, t. II, no 219 ; Hemard, *Professions assujetties au risque* (*Ann. de dr. comm.*, 1903). — V. au contraire, en faveur de l'interprétation restrictive : Aix, 17 nov. 1900, D. 1902.2.68 ; Sachet, *op. cit.*, nos 80 et s. ; Baudry et Wahl, *Du louage*, t. II, no 1711.

(2) Les ouvriers de l'ameublement, au contraire, ne sauraient rentrer dans le même groupe. D'ailleurs, ils bénéficieront de la disposition concernant les manufactures, entendue au sens large. — Cabouat, *op. cit.*, p. 251. — Quant au peintre-décorateur, dont l'œuvre artistique s'incorpore à l'immeuble, la question de savoir s'il doit être considéré comme entrepreneur au regard des ouvriers qu'il emploie est controversée. — V. pour l'affirmative : Trib. Seine, 19 mars 1901, *Mon. jud. Lyon*, 9-10 nov. 1901, et pour la négative : Paris, 13 juill. 1902, *Droit*, 17-19 nov.

(3) Ainsi jugé, pour les ferblantiers (Nancy, 6 déc. 1902, *Rec. de Nancy*, 1903, p. 49), les serruriers (Caen, 31 oct. 1900, S. 1901.2.211), les colleurs de papiers peints (Bordeaux, 26 mars 1907, *Gaz. des trib.*, 29 sept.).

Transport. — Sont assujetties à la loi les *entreprises de transport par terre, par eau ou par voie des airs*, d'où cette double conséquence : 1° que la loi est applicable indifféremment aux entreprises de transports terrestres (chemins de fer, tramways, omnibus, etc.) fluviales, maritimes ou aériennes (1), sans qu'il y ait lieu de distinguer entre le transport des personnes et le transport des marchandises (2) ; — 2° qu'elle était inapplicable avant la loi de 1906 aux commerçants ou agriculteurs qui, n'exerçant aucune industrie assujettie, se bornent à véhiculer leurs marchandises, ou produits (3).

Chargement et déchargement. — Comme pour le transport, ce sont les *entreprises* de chargement ou de déchargement, et non les opérations quelconques rentrant sous cette rubrique qui sont assujetties. « Il faut, lisons-nous dans la circulaire du garde des sceaux, en date du 10 juin 1899, qu'il s'agisse d'une entreprise, c'est-à-dire d'opérations spécialisées par un industriel dans un but de lucre. Ainsi, le chef d'une exploitation non assujettie (commerciale ou agricole) (4) ne tomberait pas en principe sous l'empire de la loi

(1) Les entreprises de transport maritime ne sont régies par la loi du 9 avril qu'autant qu'elles échappent, et dans la mesure où elles échappent au régime spécial édicté, en faveur des inscrits maritimes, ou même de certains marins non inscrits, par les lois des 21 avril 1898 et 29 déc. 1905. Civ., 6 avril 1927, S. 27.1.221 ; Aix, 2 août 1900, S. 1901.2.215 ; Bordeaux, 22 janv. 1903, S. 1903.2.304.

(2) Ainsi les cochers au service d'entreprises de transport de voyageurs bénéficient de la loi, même s'ils sont rémunérés suivant le système de *la moyenne* (Comité consult., *Off.*, 1899, p. 8192; Cass., 23 juin 1903, D. 1905.1.139). — Cf. pour les omnibus d'hôtels (Comité consult., *Off.*, 1900, p. 2609).

(3) Il était universellement admis, sous l'empire de la loi de 1898, que le transport par voitures de ses propres marchandises par un commerçant devait être envisagé comme un accessoire de la profession principale, et ne constituait pas une entreprise de transports. — Cass., 28 mars 1903, S. 1907.1.31; Trib. Saint-Calais, 23 mai 1902, D. 1903.2.419. — D'où cette conséquence singulière, quoique juridique, que le cocher-livreur au service d'un industriel était protégé, tandis que celui travaillant pour le compte d'un négociant, bien qu'exécutant le même travail et exposé aux mêmes risques, ne pouvait se prévaloir de la loi. — Cette *inelegantia juris* a disparu depuis 1906 ; le transport par voiture des marchandises livrées par un négociant étant une opération accessoire de son commerce est évidemment soumis, à ce titre, au régime du risque professionnel de par la loi du 12 avril 1906. — Mais les transports par voiture attelée, exécutés par un agriculteur, n'ayant aucun caratère commercial, demeurèrent soumis au droit commun de l'article 1382, jusqu'à la mise en vigueur de la loi du 15 déc. 1922 sur les accidents agricoles, C. civ. 26 janv. 1927, S. 27.1.126. Seul le personnel des voitures *automobiles* utilisées dans l'agriculture a bénéficié, jusqu'à cette date, de la protection légale par application de la loi du 30 juin 1899 (Comité consult., *Off.*, 1899, p. 8192).

(4) La formule a cessé d'être exacte pour les exploitations commerciales en 1906, et pour les exploitations agricoles en 1923.

pour le transport ou le déchargement de ses produits effectués par ses employés ou ouvriers. » — Mais cette condition est nécessaire et suffisante : peu importe, dès lors, qu'il s'agisse de chargement de navires ou bateaux, ou de manutention de marchandises dans des locaux quelconques (gares, entrepôts, docks, garde-meubles, etc.).

Magasins publics. — Cette expression, qui dans une certaine mesure fait double emploi avec la précédente, désigne spécialement les magasins généraux ou docks réglementés par les lois des 28 mai 1858 et 31 août 1870, les entrepôts de douanes, bâtiments d'exposition, constitués en entrepôts réels des douanes, etc. (1).

Mines, minières et carrières. — Il suffit, pour déterminer le sens exact de ces termes, de se reporter à l'énumération, très complète, des articles 2 à 4 de la loi du 21 avril 1810 (2). Il n'est pas fait mention des salines dans cette énumération : mais il résulte d'actes réglementaires postérieurs que les *salines* ne sauraient être assimilées aux mines qu'autant qu'elles sont exploitées, « soit à l'état solide par puits et galeries, soit par dissolution au moyen de trous de sonde ou autrement » (Cf. L. 17 juin 1840, art. 2 ; décr. 17 mars 1841, art. 3). Les marais salants, par exemple, ne sauraient rentrer dans cette catégorie (3).

1093. — b) **Entreprises désignées par la forme de l'exploitation.** — Les entreprises industrielles ainsi désignées, non par l'objet de l'exploitation, mais par la forme extérieure qu'elles affectent, sont les *usines, manufactures et chantiers.*

Usines et manufactures : Quid des simples ateliers ? — L'usine, dirons-nous avec M. Cabouat (p. 256), est tout établissement dans lequel s'élaborent au premier degré les matières premières extraites du sol (établissements métallurgiques, usines de produits chimiques, etc.). Quant au terme de *manufacture* (ou *fabrique*, car ces deux expressions nous paraissent à peu près synonymes), il englobe la série indéfinie des établissements, grands ou petits, dans lesquels les produits bruts, livrés par l'agriculture ou préparés par l'usine, sont manipulés, et transformés en produits fabriqués de toute nature adaptés aux besoins variés de la civilisation (tissus, industries alimentaires, industries utilisant les métaux sous toutes les formes, etc., etc.). Peu importent, du reste, les procédés mis en œuvre pour la fabrication : travail manuel, travail mécanique ou combinaison de l'un et de l'autre.

(1) Peuvent se prévaloir de la loi les employés d'une salle de ventes publiques, Cons. d'État, 24 juill. 1903, D. 1904.3.73 ; Cass. 30 janv. 1922, S. 24.1.285.

(2) Sur l'application de la loi aux *carrières*, v. Cass., 15 févr. 1927, *Gaz. Pal.*, 27.1.702.

(3) Nîmes, 28 déc. 1914, *Gaz. trib.* 7 févr. 1916 (Cie des Salins du Midi).

Ces définitions larges préparent notre réponse à l'une des questions les plus controversées de la matière, avant la loi de 1906. La loi de 1898 ne mentionnant pas les simples *ateliers*, alors que les ateliers sont expressément visés, soit par la loi de 1892 sur le travail des enfants et des femmes, soit par la loi de 1893 sur l'hygiène des établissements industriels, devait-on interpréter cette omission dans le sens d'une exclusion de tous les salariés travaillant en *atelier* (petits ateliers de couture, mode, cordonnerie, confection, petites industries de l'alimentation, etc...) ? La question était très discutée (1). Pour nous, étant donné notre critérium, la solution n'était pas douteuse ; c'est à l'interprétation extensive qu'il convenait de s'arrêter.

Sans doute, la loi de 1898 ne mentionne pas les *ateliers* ; mais, il n'existe aucun critérium satisfaisant permettant de différencier la grande et la moyenne industrie de la petite, l'atelier de la manufacture. N'est-il pas étrange d'admettre ou d'écarter l'application de la loi, en s'appuyant, non point sur la nature du travail, mais uniquement sur l'importance de l'établissement et de l'outillage, de déclarer la manufacture de vêtements soumise à la loi, et d'en affranchir l'atelier du tailleur ? Les ateliers sont manifestement soumis à l'application des lois de 1892 et de 1893. Or il est quelque peu contradictoire de soumettre un atelier aux articles de la loi de 1893 imposant au patron certaines mesures de sécurité en faveur de son personnel, et de refuser à celui-ci en cas d'accident, dû le plus souvent à l'insuffisance de ces mesures, la protection de la loi de 1898 !

Il faudrait un texte bien précis pour imposer une telle conclusion. Or, d'une part, le terme de manufacture est élastique ; d'au-

(1) Cons., dans le sens de l'interprétation extensive, les nombreux avis du Comité consult. des assurances, déclarant assujetties à la loi les professions suivantes: ateliers de couture (*Off.*, 1900, p. 2114), de dentelles et broderies à la main (*ibid.*), d'ébénisterie (*ibid.*) ; petites industries de l'alimentation (boulangeries (*ibid.*, p. 2609), boucheries avec tuerie (*ibid.*), charcuteries (*ibid.*, p. 1008), etc. — V. dans Bellom, p. 95, la liste complète des industries visées par le Comité. — Cf. trib. paix Montauban, 23 juill. 1900, D. 1902.2.68 (boulangerie). — *Sic:* Cabouat, p. 258 et s.; Bellom, p. 107 ; Circul. garde des sceaux, 22 août 1901.

Après quelques hésitations (v. Cass., 26 avr. 1904, S. 1907.1.181), la Cour de cassation s'était nettement prononcée en ce sens, notamment en ce qui concerne les ateliers de maréchaux-ferrants, de tonneliers, les boucheries, etc. — Cass., 3 août 1903, S. 1904.1.491 ; 8 janv. 1907, S. 1907.1.353. — Douai, 24 juill. 1901, S. 1902.2.223 (boulangerie).

V. au contraire, pour l'interprétation restrictive (exclusion des ateliers): Rennes, 26 nov. 1901, D. 1903.2.419 (boulangerie); Agen, 16 mars 1903, S. 1903.2.96 (boucherie) ; etc. — La jurisprudence administrative semblait fixée dans le sens restrictif: Cons. d'Etat, 28 févr. 1902, 2 arrêts, D. 1902.3.17 (ateliers de fleurs artificielles, *id.*, de modistes).

tre part, les travaux préparatoires démontrent que les rédacteurs de la loi ont entendu viser même les petits ateliers (Bellom, p. 107).

Au surplus, l'interprétation extensive paraît bien avoir été législativement consacrée par la loi du 12 avril 1906, dans son article 4, § 1, ainsi conçu : « La taxe prévue par l'article 25 de la loi du 9 avril 1898 continuera à être perçue pour les exploitations assujetties par ladite loi, *y compris tous les ateliers.* » Cette formule spécifie nettement que les simples ateliers sont soumis à la loi, non comme établissements commerciaux, mais comme entreprises industrielles. — *Sic :* Loubat, t. II, n° 2317.

1091. — *Chantiers.* — Par le même motif, nous interprétions dans le sens le plus large, avant la loi de 1906, le terme *chantiers*, qui semble avoir été ajouté à la loi surtout dans le but d'assujettir au risque certaines industries, dans lesquelles s'effectuent en plein air des manipulations périlleuses de marchandises. Si cette expression ne devait comprendre que les chantiers de construction, elle eût fait double emploi avec le terme *industrie du bâtiment.* Aussi devait-on décider, selon nous, que dans la loi de 1898, le mot chantier ne comprend pas seulement les chantiers de travaux publics (1) et privés (terrassements et préparation de matériaux en vue de la construction d'édifices, ponts, routes, etc.), mais aussi « les agglomérations de matériaux ou d'approvisionnements qui, par leur importance, leur disposition, leur manutention, présentent des conditions d'exploitation et de risques analogues à celles des chantiers du bâtiment » (2).

Cette interprétation nous semblait à la fois la plus conforme à la terminologie courante (3) et à l'équité. Nous admettions en conséquence qu'il convenait d'assimiler aux chantiers où les produits sont manufacturés, ceux où ils sont simplement déposés en vue de la vente, toutes les fois du moins que l'agglomération de matériaux, par son importance, forme un véritable chantier industriel (*Sic :* Loubat, t. 1er, n° 135). Tel est le cas, en particulier, des chan-

(1) Pour les chantiers de travaux publics, cons. : Cass., 27 oct. 1909, S. 12.1.28; Poitiers, 4 mars 1914, S. 15.2.37.

(2) Paulet, *La loi française d'assurance contre les accidents* (rapp. au Congrès des accid., Paris, 1900). — Cf. Avis du Comité consultatif pour les entrepôts de bois (*Off.*, 1900.72), les approvisionnements commerciaux en gros de charbon, de vin ou de fer (*Ibid.*).

(3) « On entend par chantier aussi bien l'emplacement où l'on dispose, où l'on couche certains objets pour les conserver en dépôt, que celui où on les travaille ». Littré, *Dict. de la langue française*, v° *Chantier.*

tiers de marchands en gros de charbons (1), de fer (2), de vins (3), de bois (4), etc.

La Cour de cassation n'a jamais admis cependant cette interprétation extensive. Pour elle, le mot « chantier » ne doit pas être séparé des mots « usines et manufactures » qui en précisent la signification. Il désigne l'endroit où des ouvriers travaillent ensemble à la préparation industrielle des matériaux ; mais il ne saurait englober les simples entrepôts. Echapperaient donc à la loi les chantiers des marchands de charbons (5), de fers (6), de vins (7) ou de bois (8). Ils n'y seraient soumis, depuis 1906, qu'à raison de la commercialité de l'exploitation.

A plus forte raison, pour la Cour de cassation, le parterre de la coupe ne saurait-il être considéré comme un *chantier*, dans le sens de la loi de 1898. Une coupe de bois est essentiellement une opération *agricole*, échappant au domaine du risque professionnel, même depuis la loi de 1906, si ce n'est lorsqu'il y est fait emploi, suivant la formule de la loi de 1899, de « machines agricoles mues par des moteurs inanimés » (9), (ex. scierie mécanique).

Quelque critiquable que fût cette jurisprudence, peu conciliable avec la solution admise pour les ateliers, le législateur de 1906 semblait avoir entendu la confirmer, en décidant que « la taxe sera réduite à un centime et demi pour les exploitations exclusivement commerciales, y compris *les chantiers de manutention et de dépôt* ». Ces chantiers ne furent donc, à compter de la promulgation de la loi de 1906, assujettis au régime du risque professionnel qu'en tant qu'accessoires d'une entreprise commerciale. L'intérêt de la question a du reste à peu près disparu depuis la promulgation de la loi du 15 juillet 1914 sur les accidents *forestiers*.

1092. — c) Entreprises, industrielles ou non, où sont mises en œuvre des matières explosives, ou dans lesquelles il est fait usage de machines. — Pour cette troisième catégorie d'établissements, le

(1) Lyon, 1er avr. 1901, *Mon. jud. Lyon*, 2 mai.

(2) *Lyon*, 20 juin 1902, *Mon. jud.*, 19 juill. (chiffons et vieux métaux).

(3) Paris, 12 janv. 1901, D. 1901.2.253; Cons. d'Etat, 10 juill. 1903, D. 1904.3.73.

(4) Chambéry, 16 déc. 1909, D. 1911.2.350.

(5) Cass., 27 oct. 1903, D. 1904.1.73. — Cf. sur le principe : Civ. 17 févr. 1920, D. 20.1.65.

(6) Cass., 30 mars 1904, *Gaz. trib.*, 27 juill. 1904.

(7) Cass., 21 déc. 1903, D. 1904.1.73; 28 mai 1910, D. 1911.1.29.

(8) Trib. Alençon, 9 déc. 1903, *Gaz. Pal.*, 30 déc. 1903.

(9) Et ce, même si l'exploitant de la coupe est un négociant. Cass., 20 mars 1912, D. 13.1.59 ; 6 mars 1917, D. 17.1.1, et note Sarrut. — V. aussi (mais seulement en ce qui concerne les coupes): Cons. d'Etat, 28 févr. 1902, S. 1905.3.107. — Cf. Sachet, t. 1, n° 921 ; Loubat, *Des accidents agricoles*, nos 135 et s. — *Contra* : Bordeaux, 13 avril 1911, D. 12.2.366. — V. aussi Cass., 13 mars 1917, S. 17.1.130.

caractère industriel de l'entreprise n'est point exigé : que l'entreprise ait un objet industriel, commercial, ou même agricole, dès l'instant qu'il y est fait usage, dans les conditions spécifiées *infra*, de substances explosives, ou d'engins mécaniques faisant courir au personnel des risques plus ou moins grands, le bénéfice de la loi de 1898 couvre le personnel affecté à la fabrication ou à la conduite des engins, ainsi que les autres ouvriers appelés par leur travail dans les ateliers ou chantiers où ces substances sont utilisées, où ces engins sont mis en mouvement (1).

Il a été formellement spécifié, au cours des travaux préparatoires, que la soumission à la loi ne pouvait résulter que de la *mise en œuvre*, c'est-à-dire de la manipulation, et non du simple emploi de substances explosives. Le seul fait, par exemple, d'éclairer un magasin à l'acétylène ne saurait avoir pour résultat de soumettre cet établissement à la loi (2).

Quant aux machines dont l'usage entraîne soumission à la loi pour tout le personnel sujet au risque qu'elles créent, le terme légal « machine mue par une force autre que celle de l'homme ou des animaux », désigne tous les mécanismes, fixes ou mobiles, mus par une force élémentaire quelconque (vent, eau, vapeur, gaz, air chaud, électricité, etc.) (3). L'imperfection des mécanismes de ce genre usités dans l'agriculture (machines à battre, turbines, moulins, etc.) est une cause fréquente d'accidents ; c'est pourquoi il parut essentiel de soumettre à l'application de la loi toutes les exploitations, même agricoles, qui en feraient usage (4).

1093. — B. Entreprises commerciales (loi de 1906). — Aux termes de l'article 1er de la loi du 12 avril 1906, « la législation sur les responsabilités des accidents du travail est étendue à *toutes les entreprises commerciales* ».

La signification véritable de cette formule se précise si on la rapproche des articles 632 et 633 du Code de commerce, dans lesquels le législateur a donné la liste des actes de commerce. Les principaux de ces actes sont : — tout achat de denrées ou marchandises pour les revendre..., toute entreprise de manufactures, commis-

(1) Cf. circul. du 16 juin 1899; Cabouat, p. 265. — V. cependant Sachet, n° 175. — Cet auteur n'admet au bénéfice de la loi que la première catégorie d'ouvriers.

(2) *Sic* : Trib. Bourgoin, 14 mars 1906, *Rec. des accid. du trav.*, 1906, p. 273.

(3) Nîmes, 1er août 1906, D. 1906.2.377.

(4) Sur les modifications apportées à la loi de 1898, par les lois des 30 juin 1899 et 15 déc. 1922 sur les accidents agricoles, v. n° 1180, *infra*. — Quant aux exploitations industrielles (distilleries d'alcool par exemple) annexées à des exploitations agricoles, elles ont évidemment le caractère d'usines ou manufactures, et à ce titre sont soumises à la loi. — Civ., 24 janv. et 8 nov. 1912, D. 12.1.381, et 13.1.388.

sion, transports..., toute entreprise de fournitures, agences..., toute opération de change, banque et courtage..., toutes expéditions maritimes..., tout affrètement..., tous engagements de gens de mer, etc. » (1).

Aux termes de l'article 4 de la loi de 1906, la liste des exploitations *exclusivement* commerciales, assujetties pour l'avenir au régime légal, devait être arrêtée dans les six mois de sa promulgation par décret rendu sur la proposition des ministres du commerce et des finances. Cette liste publiée, dans le délai légal, par décret du 27 septembre 1906, est sujette à révision quinquennale (2).

L'on s'est demandé si cette liste liait les tribunaux. Quelques auteurs se prononcent pour l'affirmative, par le motif que le décret a été soumis à la sanction législative (art. 4 *in fine*). — *Sic* : Sachet 2e suppl., n° 2153. — Mais cette interprétation nous semble plutôt en opposition avec les travaux préparatoires. M. Cordelet s'exprime en effet en ces termes dans son rapport au Sénat : « Le classement des entreprises commerciales, fait *uniquement au point de vue de la loi de garantie*, devra rester sans influence sur l'interprétation de la loi du 9 avril 1898. »

1094. — Généralité des prescriptions légales. — Toutes les industries, tous les établissements rentrant dans l'un des trois groupes précités sont assujettis à la loi (3), sans qu'il y ait lieu de distinguer entre les entreprises privées et celles dépendant de l'État,

(1) Pour le commentaire des art. 632 et 633 C. comm., v. Thaller et Percerou, *Traité élém. de dr. commercial*, p. 8 et s. Sur la combinaison des articles précités et de la loi de 1906, cons. notamment : Rimbert, *L'extension de la loi de 1898 aux exploitations commerciales*, th. 1907 ; Cabouat, *De l'extension du risque professionnel aux exploitations commerciales*. — Une coopérative *de consommation* qui ne vend qu'à ses seuls adhérents, n'ayant pas le caractère d'une entreprise commerciale, n'est pas soumise à la loi de 1906. — Civ. cass., 22 nov. 1911, D. 13.1.83. Echappe également à l'application de la loi le directeur d'un pensionnat, sa profession étant libérale et non commerciale (Trib. civ. Seine, 21 févr. 1912, D. 13.2.103).

(2) Le tableau des professions passibles de la taxe réduite prévue à l'art. 4, actuellement en vigueur, est annexé à la loi du 18 octobre 1919.

(3) Il semble toutefois que la loi ne s'applique qu'aux établissements poursuivant un but de lucre. Echapperaient donc à l'application de la loi les laboratoires de recherches des Facultés, les ateliers annexés à des écoles techniques ayant un but *exclusif* d'enseignement, les Ecoles professionnelles de rééducation pour les blessés de guerre. — Avis du Comité consultatif (*Bull. Comité perman.*, 1899, p. 583). — Cf. Bellom, p. 108 ; Loubat, t. 1er n° 132; Cohendy, *Les accidents du travail et les écoles professionnelles* (*Quest. prat.*, 1911.302). Ainsi jugé pour les Ecoles d'arts et métiers (Angers, 21 mai 1928, *Gaz. pal.*, 28.2.312), les Ecoles pratiques d'agriculture (Trib. civ. Auxerre, *Gaz. pal.*, 28.1.489), les orphelinats (Trib. Seine, 27 janv. 1928, *Loi*, 12 juin). — Ni le personnel enseignant, ni les élèves ne sont donc protégés par la loi ; seuls les ouvriers ou manœuvres employés par

des départements, des communes ou des établissements publics. La loi de 1898, il est vrai, à la différence de la loi de 1892, ne vise pas *in terminis*, dans son article 1er, les établissements d'Etat, mais plusieurs articles de la loi (art. 13, 32, notamment) présupposent l'extension du régime qu'elle édicte aux travaux exécutés pour le compte de l'Etat, soit dans les établissements qu'il dirige, soit par l'entremise d'adjudicataires (1).

l'établissement pourront s'en prévaloir (Angers, 21 mai 1928, précité). — *Contra* : Trib. civ. Seine, 16 juill. 1901 (*Rev. des ass. mut.*, 1901.297).

Jugé, dans le même ordre d'idées, que le caractère commercial ou industriel d'une entreprise, dépendant uniquement du but qu'elle poursuit, un hôpital ou hospice, établissement exclusivement charitable et de pure bienfaisance, n'exerce point une entreprise assujettie à la loi : ne pourront dès lors se prévaloir de la loi de 98 ni les ouvriers affectés à la fabrication du pain confectionné dans l'établissement (Cass., 16 déc. 1928, S. 28.1.287), ni ceux employés au transport du bois ou du charbon (Cass., 16 déc. 1925, D. H. 26.54). — *Contra*, Trib. civ. Mayenne, 5 janv. 23, *Gaz. pal.*, 14 févr.

Par contre, les *maisons de santé* et *cliniques* médicales qui procurent aux malades, moyennant rémunération, avec les soins médicaux, le logement et la nourriture, sont en principe des entreprises commerciales assujetties à la législation des accidents (Cass., 12 nov. 1923, *Gaz. pal.*, 23.2.723 ; 16 déc. 25, D. H. 26.27 ; 6 juill. 1927, D. H. 27.432.

Il convient de noter d'ailleurs que, depuis la loi du 2 août 1923, qui a étendu le bénéfice de la loi des accidents aux domestiques à gages, tout le personnel servant et infirmier des hospices se trouve protégé par celle-ci. Seul, jusqu'à nouvel ordre, le personnel médical reste exclu des avantages de la loi de 1898. — Cf. rapp. Vidal-Naquet sur le projet en instance devant le Sénat sur l'application de la loi au personnel médical (*Rev. des Hôpitaux*, n° févr. 1929).

(1) *Sic* : Civ., 4 déc. 1912, D. 17.1.1. — Cf. Bellom, p. 113 ; Bourguin, *De l'application des lois ouvrières aux ouvriers et employés de l'Etat*, p. 124 ; G. Cohendy, *Le risque professionnel des ouvriers et employés de l'Etat, ou des communes*, th. 1912. — Toutefois, à cette règle, l'art. 32 apporte une exception, en ce qui concerne deux catégories d'agents de l'Etat : *a*) le personnel des *ateliers de la marine*, lequel a droit, en vertu de règlements spéciaux, à des secours calculés sur une base plus large que celle admise par la loi de 1898 (décr., 12 janv. 1892, loi du 21 juin 1900) ; *b*) les ouvriers immatriculés des *manufactures d'armes* dépendant du ministère de la guerre, dont les droits, en cas d'accident, demeurent déterminés par le règlement du 24 juin 1878, et l'instruction générale du ministre de la guerre du 23 mars 1897. — Sur ces règlements spéciaux, cons. Bellom, p. 123 et s. ; Cabouat, p. 284 et s.

En dehors de ces deux exceptions, la loi de 1898 devra recevoir son application. Elle peut, par conséquent, être invoquée par le personnel des manufactures de l'Etat (tabac, allumettes, etc.), par les ouvriers des établissements de la guerre, arsenaux et poudreries notamment (Crim. cass., 20 juill. 1907, *Mon. jud. Lyon*, 27-28 oct. 1907), les ouvriers en régie employés par la marine, les ouvriers des ponts et chaussées, des chemins de fer de l'Etat (note Chavegrin sous S. 98.1.385), des postes et télégraphes (Cass., 27 oct. 1909, D. 1911.1.40). — Il importe peu que ces travailleurs soient *commissionnés*, et puissent en un certain sens être considérés comme des *fonctionnaires*. C'est en effet la nature du travail plutôt que la qualité du travailleur qu'a eu en vue le législateur. — *Sic* : en ce qui concerne les employés des bureaux ambulants des postes, et les ouvriers télégraphistes :

1094 bis. — Les ouvriers travaillant pour le compte des *communes* peuvent, comme les salariés de l'État, se prévaloir de la loi de 1898, pourvu, qu'à raison de la nature du travail exécuté et des conditions dans lesquelles il a été exécuté, la commune puisse être considérée comme un chef d'entreprise (1).

Sur ce point, toutefois, il y a désaccord entre la Ch. civile, et la Ch. des Requêtes, autour de laquelle se groupent un certain nombre de Cours d'appel. — D'après ces dernières, dont la thèse restrictive a été plusieurs fois accueillie par la Ch. des Requêtes, il ne suffirait pas, pour que la loi de 1898 s'applique, que l'entreprise communale affecte une *forme industrielle* ; il faudrait encore qu'elle ait un *but* lucratif, et constitue à ce titre une opération commerciale (2).

La Ch. civile, au contraire, ne s'attache qu'à la nature du travail, et aux risques qu'il implique, sans se préoccuper du caractère lucratif ou non qu'il présente pour la ville. Toutes les fois que les travaux entrepris ont le caractère de *travaux publics*, le personnel doit être protégé par la loi de 1898 (3). — Cette dernière jurisprudence nous paraît devoir être approuvée. Pourquoi s'attacher au caractère commercial et lucratif des travaux communaux, alors que la même distinction n'est pas admise pour les travaux de l'État, et que tous les salariés de l'État sont protégés par la loi de 1898 ? — Cf. Cohendy, *op. cit.* — V. aussi Perreau (*Rev. critique* 1926. 192), et note *Gaz. Pal.* 1926. 319.

Toulouse, 11 oct. 1911, D. 12.2.45; civ., 4 déc. 1917, D. 20.1.95. — Cf., sur le principe, Cass., 11 avril 1921, S. 24.1.265, et note A. S.; 30 juin 1924, *Gaz. Pal.*, 1er octobre; 18 juin 1928, D. H. 28, 116 ; Loubat, t. Ier, n° 357. — Cf. Perrin, *Les risques professionnels dans les fonctions et emplois publics* (*Rev. polit. et parl.*, 1906.2.88).

(1) Cass., 3 août 1909, S. 12.1.36; 4 déc. 1912, D. 17.1.1 et note Sarrut; Civ. 30 juin 1924. D. H. 24.601; Civ., 5 janv. 1925, D. H. 25-79 (Caisse de crédit municipal).

(2) Les employés et ouvriers municipaux, attachés à un service communal, dépourvu de but lucratif (voirie vicinale, enlèvement des boues, inhumations, etc.) ne seraient donc pas protégés par la loi. — Grenoble 9 nov. 1906, D. 11.1.122; Requ. 3 janv. 1912, D. 12.5.29; Paris, 21 janv. 1913, S. 13.2.230; Requ. 13 nov. 1923, D. H. 24.28; Paris, 24 déc. 1928, Rec. dr. com. et dr. soc., 1929.81. — Il n'en serait autrement qui si les boues et ordures ménagères étaient traitées industriellement et transformées en engrais destinés à la vente, — Nancy, 25 nov. 1921, *Gaz. pal.*, 21.1.22; Paris, 24 déc. 28, précité; Requ., 17 juill. 1929, D. H. 29, 425. — Cf. sur la non application de la loi au personnel des boucheries municipales instituées à Paris pendant la guerre, sans but lucratif: Trib. civ. Seine, 4 nov. 1921, *Gaz. Pal.*, 2 févr. 1922.

(3) Civ. cass. 11 avril 1921, S. 34.1.265 ; 30 juin 1924, D. H. 24.601 (travaux d'adduction et de distribution d'eau); 19 juin 1922, S. 24.2.265 (travaux d'entretien d'un cimetière communal). — Cf. en ce qui concerne les cantonniers: Trib. civ. Auxerre, 4 janv. 28, *Gaz. trib.*, 3 juin ; — l'enlèvement des ordures ménagères, Trib. civ. Meaux, 15 mars 1927, *Gaz. pal.*, 27.2.436; l'entretien des égouts, Civ. 13 janv. 1928, D. H. 28.116.

Signalons toutefois ici une catégorie d'agents que l'on ne saurait assimiler aux ouvriers, une protection spéciale ayant été édictée pour eux par la loi des finances du 12 avril 1898, art. 17 et 59 : ce sont les *sapeurs-pompiers* (sauf ceux de Paris, incorporés à l'armée). Les communes sont tenues de les assurer à la Caisse nationale contre les accidents : à cet effet la loi de 1898, amendée par la loi du 31 Juillet 1907, a ouvert un fonds de subvention aux communes (1).

1095. — 2° PERSONNES RÉGIES PAR LA LOI, ACTIVEMENT OU PASSIVEMENT. — L'application de la loi de 1898 présuppose l'existence d'un contrat de travail, ou d'un contrat d'apprentissage, entre la victime de l'accident et la personne à laquelle une indemnité est réclamée. Si ce lien contractuel, impliquant une subordination directe de l'employé à l'employeur (v. *supra*, n° 870), fait défaut, le risque particulier défini par la loi ne se rencontre plus, il ne peut plus être question que d'une responsabilité délictuelle ordinaire (2). D'où cette double conséquence : — 1° que l'ouvrier qui se charge à forfait, pour le compte d'un particulier, ou d'une collectivité (commune par ex.) de l'exécution d'un travail dangereux, est à considérer comme un entrepreneur, et par conséquent ne saurait prétendre en cas d'accident au bénéfice de la loi (3) ; — 2° que l'ouvrier qui, travaillant seul d'ordinaire, fait appel, pour l'exécution d'un travail, à la collaboration *accidentelle* d'un ou de plusieurs camarades, ne saurait être déclaré responsable à leur égard des accidents dont ils seraient victimes. Cet ouvrier est un artisan, non pas un patron ; ses collaborateurs occasionnels sont indépendants vis-à-vis de lui, il n'est donc point dans les conditions prévues par la loi (art. 1er).

Par contre, toutes les fois que l'on est en présence d'un contrat de travail, fût-il conclu pour une très courte durée (embauchage momentané (4), la loi s'applique. Ce principe ne recevrait excep-

(1) Sur la non application de la loi de 1898 aux *sapeurs-pompiers*, v. Civ., 29 juin 1926, D. 27.1.69 et note Falcimaigne.

(2) Cass., 2 déc. 1901, D. 1902.1.403; Bordeaux, 19 mars 1903, S. 1906.2.111; Douai, 12 déc. 1906, S. 1907.2.71 ; Cass., ch. réun., 26 mai 1921, S. 23.1.33 et note Sachet. — *Sic:* Sachet, t. Ier, n° 266; Loubat, t. Ier, nos 400 et s.

(3) Civ. cas., 6 août 1902, D. 1902.1.579 (scieur de long); Rennes, 3 févr. 1903, *Loi*, 17 févr.; Chambéry, 30 mars 1904, D. 1906.2.71; Poitiers, 12 déc. 1904, S. 1906.2.157; Cass., 12 avr. 1923, Rec. Bordeaux, 23.3.53; 11 mai 1925, S. 25.1.307; Dijon, 25 mai 1926, *Gaz. Pal.*, 26.2.326.

(4) Civ. 12 avr. 1927, D. H. 27, 303 (pilote d'aviation engagé pour quelques heures de vol). — La loi s'applique même si le travail exécuté d'un commun accord entre les parties, diffère de celui pour lequel le contrat primitif avait été conclu. — Cass., 1er juill. 1925, *Gaz. Pal.*, 25.2.515. — Cf. pour l'ouvrier engagé à

tion que si le patron avait été induit en erreur par des manœuvres dolosives de l'ouvrier, par exemple si celui-ci, mineur de dix-huit ans, avait produit de fausses pièces pour se faire embaucher sur ses chantiers où ne sont admis que des ouvriers majeurs de dix-huit ans (1). Ne conviendrait-il pas également d'exonérer le patron de la responsabilité spéciale de la loi de 1898 dans le cas où le contrat de travail aurait été conclu au mépris d'une prescription impérative de la loi (embauchage d'un enfant n'ayant pas atteint l'âge légal) ? La Cour de cassation s'est prononcée en effet pour l'affirmative (2) : mais une telle doctrine, véritable prime à la violation de la loi par les patrons, nous paraît des plus dangereuses. La subordination *de fait* dans laquelle se trouve en pareil cas le jeune ouvrier au regard de son patron, malgré la nullité du contrat de travail, suffit, selon nous, à justifier l'application de la loi de 1898 (3).

Plaçons-nous successivement, pour le développement de ces principes, au point de vue actif (*bénéficiaires* de la loi) et au point de vue passif (*entrepreneur responsable*).

1096. — a) **Des bénéficiaires de la loi.** — Ces bénéficiaires sont : les *ouvriers*, les *employés*, les *apprentis* (art. 8) (4), et en cas de décès de la victime, leurs représentants légaux (V. *infra*). Quiconque peut être qualifié, à raison du lien de droit existant entre lui et le patron, individu ou société peu importe, d'ouvrier ou d'employé, *lato sensu*, a droit à la protection de la loi (5).

l'essai : Demogue, *Rev. trim.*, 23. 788. — Mais un comptable ambulant, qui se rend périodiquement chez un commerçant pour réviser sa comptabilité, n'est pas un employé (Grenoble, 7 mars 1922, *Mon. jud. Lyon*, 22 mai).

(1) Cass. 2 déc. 1901, D. 1902.1.403. — Cf. Trib. civ. Seine, 21 févr. 1924, *Rec. assur.*, 24.54 (embauchage d'un *déserteur* ayant dissimulé sa situation).

(2) Cass., 8 déc. 1909, D. 1910.1.320; 1er mars 1910, *Bull. Off. trav.*, 1910, p. 1096; 22 mai 1912, *ibid.*, 12 mai, p. 861. — V. aussi Trib. civ. Lille, 28 déc. 1922, *Rec. assur.*, 1923, 68.

(3) Lyon, 9 juill. 1908, S. 1909.2.8; Nîmes, 24 mai 1906, S. 1908.2.176. — Sic : Pic, Barrault, Mihura et Wahl, *Les accidents du travail survenus aux enfants n'ayant pas atteint l'âge légal*, broch. 1913.

(4) Les *apprentis*, salariés ou non, rentrent dans la catégorie des personnes protégées. — Cass., 16 janv. 1906, *Rev. des accid. du travail*, 1906, p. 224. — V. toutefois, sur la question de savoir si les parents d'un apprenti, victime d'un accident mortel, ne peuvent se prévaloir du droit commun de l'art. 1382 à l'encontre du patron responsable, les observations présentées *infra*, n° 1148.

(5) Mais la loi de 1898 serait inapplicable, à raison de l'absence du lien de droit prévu au texte, soit à la personne *réquisitionnée* par l'autorité militaire (Trib. Tours, 15 déc. 1917, S. 18.2. sup. 10), soit à la personne effectuant un chargement pour une Commission de ravitaillement (Limoges, 30 juill. 1917, S. 18.2 sup. 2). — La responsabilité de l'État peut sans doute être engagée en pareil cas, mais en vertu d'autres textes.

Peu importe, dès lors, la situation hiérarchique de l'agent. Employés subalternes et employés supérieurs, ouvriers, contremaîtres, surveillants et ingénieurs (1), tous peuvent prétendre aux indemnités arbitrées par la loi, sous réserve du maximum indiqué en l'article 2 (2), pourvu qu'ils soient en mesure d'établir, dans les conditions déterminées ci-après, une relation de cause à effet entre le travail et l'accident.

Peu importe également le mode d'organisation du travail ou de rémunération des ouvriers. Aucune distinction ne doit être faite entre l'ouvrier travaillant à la journée et celui travaillant à la tâche, pourvu qu'il y ait subordination à un chef d'entreprise (Civ., 15 janv. 1913, D. 13.1.320). Auront également droit aux indemnités légales les ouvriers embauchés directement par l'entrepreneur, ceux embauchés par un contremaître, admis lui-même à raison de son état de subordination à invoquer le bénéfice de la loi (3), ou les ouvriers travaillant par équipes coopératives (4).

La *nationalité* des ouvriers est aussi indifférente ; Français et étrangers, victimes d'un accident survenu en France, ou même à l'étranger dans un travail exécuté pour le compte d'une maison rançaise (5), peuvent également se prévaloir de la loi. L'on ne fait

(1) Loubat, t. Ier, n° 385; Cabouat, t. Ier, n° 286. — Sur le droit, pour le *directeur technique* d'une société, qui n'est à vrai dire que le premier employé de celle-ci, d'invoquer le bénéfice de la loi, cons. notre étude intitulée: *A propos de la loi du 9 avril* 1898 (*Quest. prat.*, 1900, p. 127). Cf. Trib. civ. Bernay, 11 janv. 1910, *Rec. accid. trav.*, t. XIII, p. 56. — Mais un fondé de pouvoirs, un administrateur-délégué, un directeur général de société est un mandataire, non un salarié, et ne saurait dès lors être admis à invoquer la loi de 1898. — Trib. civ. Seine, 21 févr. 1911, *Rec. accid. trav.*, t. XIV, p. 97.

Sur l'application de la loi aux artistes lyriques, v. Trib. civ. Nîmes, 2 mars 1922 ,D. 23.5.15; aux artistes engagés par une entreprise cinématographique, v. Paris, 17 déc. 1921, D. 22.2.10 (Cf. Demogue, *Rev. trim.*, 25, p. 904), — aux pilotes aviateurs au service d'une entreprise de transports aériens: Civ. 12 avr. 1927, S. 27.1.309, D. H. 27.303. — Sur la non responsabilité d'un entraîneur au regard d'un apprenti jockey, v. Amiens, 2 nov. 1920, S. 22.2.109.

(2) Les ouvriers et employés *à salaire élevé*, c'est-à-dire ceux dont le salaire annuel dépasse 8.000 francs (L. du 8 juill. 1926), ne bénéficient des dispositions légales que jusqu'à concurrence de cette somme. Pour le surplus, ils n'ont droit qu'à une fraction, indiquée *infra*, sauf conventions contraires (art. 2).

(3) C. Douai, 25 juill. 1900, *Mon. jud. Lyon*, 29 déc. 1900.

(4) Sur ce mode de travail, qu'il ne faut pas confondre avec la coopération proprement dite, v. *supra*, n° 932. — Il est assez usité notamment dans les mines, la typographie, etc. — Cf. Cabouat, p. 392 ; Demogue, *Rev. trim.*, 1924, p. 680. — Mais la solution indiquée au texte présuppose une équipe travaillant sous le contrôle d'un entrepreneur. Si l'équipe était autonome, et composée de membres travaillant sur un pied absolu d'égalité, il n'y aurait pas contrat de travail susceptible de servir de base à l'application de la loi. — Cass., 2 mars et 8 avr. 1910, D. 1911.1.85 (équipe d'ouvriers maçons).

(5) Avis du Comité consult., *Off.*, 1900, p. 2113; Rennes, 22 déc. 1902, *Gaz. Pal.*, 1903.1.81. — Cf. Bellom, p. 196 ; Loubat, t. Ier, n° 421. — Le droit pour les

de différence entre les uns et les autres que pour le service des rentes, dans certains cas spécifiés ci-après (art. 3 *in fine*) (1).

Il n'y a pas non plus de distinction à faire, nous l'avons établi, entre les ouvriers de l'industrie privée et les ouvriers ou employés des manufactures de l'Etat (2).

Encore faut-il qu'il s'agisse d'auxiliaires de l'industrie ou du commerce. La loi de 1898 ne pouvait donc, avant la loi du 2 Août 1923, être invoquée par les *domestiques* attachés à la personne (3).

1097. — Mais la dépendance qui justifie l'application de la loi doit être une dépendance juridique, et non pas simplement *économique*. L'ouvrier qui travaille *à domicile* pour le compte d'un entrepreneur ne saurait donc prétendre à aucune indemnité ; il est assimilé à l'artisan qui travaille directement pour la clientèle. Il en est de même de l'ouvrier travaillant à la tâche, mais en dehors de toute surveillance du patron (4).

A plus forte raison, le risque professionnel est-il inapplicable aux tiers qui, sans dépendre d'un chef d'entreprise, seraient victimes d'un accident dans l'exercice de leurs fonctions (magistrats, médecins, inspecteurs de travail, etc.). Ils ne sauraient prétendre à une indemnité que dans les termes du droit commun de l'article 1382 (5). — Seuls les *délégués mineurs* sont, par faveur spéciale, appelés à bénéficier du régime légal (L. 13 déc. 1912).

1098. — *Voyageurs de commerce.* — La question de savoir si les voyageurs de commerce peuvent, depuis la loi de 1906, se pré-

ouvriers engagés en France pour un travail à exécuter *à l'étranger* de se prévaloir de la loi de 1898, n'est plus contestable en présence de l'art. 15, modifié par la loi du 31 mars 1905. Douai, 4 avr. 1905, *Gaz. Pal.*, 1905.1.596.

(1) Exception faite pour les *sujets ennemis*, avec lesquels tout commerce est interdit (décr. 27 sept. 1914). — Le sujet ennemi, engagé au mépris de la prohibition, ne pouvant exciper un contrat de travail, entaché d'une nullité d'ordre public, est évidemment irrecevable à se prévaloir de la loi de 1898. — Mais cette prohibition ne visait, ni les *Alsaciens-Lorrains*, munis d'un permis de séjour (Trib. civ. de la Roche-sur-Yon, 13 juin 1916, *Gaz. trib.*, 22 janv. 1917), ni, sauf controverse, les *Polonais* nantis d'un permis identique (Trib. civ. Besançon, 12 août 1916, *Gaz. Trib.*, 22 janv. 1917).

(2) Sur la non-applicabilité de la loi de 1898 aux *détenus*, affectés dans les établissements pénitentiaires à un travail industriel, sans pour autant être liés à l'Etat ou à l'entrepreneur par un contrat de travail, cons. Douai, 9 mars 1903, *Rec. min. com.*, t. III, p. 166. *Sic*: F. Dreyfus, *Des accidents du travail dans les établissements pénitentiaires*, th. 1912. — *Cf.* pour les *exclus* de l'armée : Rennes, 15 janv. 1924, S. 25.2.20.

(3) Cass., 28 févr. 1910, D. 11.1.39. — Haudier, *Des accidents dont sont victimes les domestiques et gens de maison*, 1911. — Par contre, les gens de service affectés à une exploitation industrielle ou commerciale étaient couverts par la loi de 1898 (Civ. 13 juin 1911, *Bull. Off. trav.*, 1911, p. 1228).

(4) Cass., 4 janv. 1911, D. 11.5.15.

(5) De Marcère (Sén., 3 mars 1898, *Déb. parl.*, p. 237) ; Loubat, n° 300.

valoir de la loi de 1898, doit être résolue par une distinction entre le voyageur attaché à une seule maison et le voyageur à la commission, travaillant pour plusieurs maisons. — Le premier est un commis, protégé par la loi de 1898 (Civ. 20 avril 1912, *Mon. jud. Lyon*, 1er fév. 1913). — Le second est un négociant travaillant pour son compte, à ses risques et périls. — *Sic :* déclaration du ministre du commerce à la Chambre (Loubat, t. II, n° 3237).

1099. — Mobilisés, détachés dans des usines de guerre. — Blessés de guerre (1). — La question de savoir si la loi de 1898 peut être invoquée par les *mobilisés* mis à la disposition des industriels travaillant pour la Défense nationale a soulevé de vives controverses, qu'il nous suffira de rappeller ici sommairement. Dans un premier système, le mobilisé en usine ne serait pas un ouvrier, mais un *soldat en service commandé ;* c'est donc à l'État, et non à l'industriel qu'incomberait la réparation de l'accident (2).

Dans un second système, au contraire, qui tendait à prévaloir, et qui pouvait d'ailleurs s'appuyer sur les circulaires ministérielles des 25 juin et 15 oct. 1915 (3), le critérium de la distinction entre l'ouvrier et le soldat résiderait dans la *présence sous les drapeaux.* Le mobilisé en usine, par la nature de son travail et des risques qu'il court serait à considérer, non comme un soldat, mais comme un ouvrier au point de vue de la loi de 98 (4).

1100. — En ce qui concerne les *blessés de guerre*, réformés, et engagés ensuite comme ouvriers dans un établissement industriel, leur qualité de salariés n'est pas contestable. Mais le législateur a craint que, les infirmités résultant de blessures de guerre pouvant créer une faiblesse professionnelle, les patrons n'hésitassent à embaucher à l'avenir des blessés de guerre.

Aussi, par la loi du 25 nov. 1916, a-t-il exonéré de la totalité des rentes allouées à la victime ou à ses ayants-droit les chefs d'entreprise, si l'accident a pour cause exclusive l'infirmité de

(1) BIBLIOGRAPHIE. — Leven, *La guerre et les accidents du travail* (Rev. polit. et parl., 1918.2.162); Dr Valentino, *Accidents du travail et blessés de guerre*, 1917 ; Jadé, *Les accidents du travail pendant la guerre*, 1918. — V. aussi Bry, p. 239 et s.

(2) Trib. Nevers, 19 juill. 1915. D. 16.2.16; Trib. Grenoble, 4 juin 1917, *Gaz. Trib.*, 19 août 1917.

(3) Circul. du min. de la guerre, du 25 juin 1915, et du min. de l'armement, du 15 oct. 1915.

(4) Besançon, 28 mars 1916, S. 17.2.96; Toulouse, 20 déc. 1916, *Rec. assur.*, 1917.372; Limoges, 26 mai 1919, *Gaz. Trib.*, 14 août 1919 ; Requ., 20 déc. 1920, D. 21.1.81 et note Sarrut. — V. cependant, en ce qui concerne la pension de veuve: Civ. 12 mai 1925, D. H. 25.468.

guerre préexistante, et de la quotité des dites rentes correspondant à l'aggravation constatée, si l'accident a été seulement aggravé par l'infirmité.

Il est pourvu au service des rentes allouées par voie de prélèvement sur les ressources d'un fonds spécial de prévoyance dit « des blessés de guerre » (1), géré par la Caisse des dépôts, et alimenté par une contribution des employeurs ou des organismes d'assurances, dont le taux est annuellement fixé par la loi de finances.

1161. — b) Des personnes responsables. — C'est au patron, c'est-à-dire à la personne physique ou morale, individu ou société peu importe, qui assume la direction de l'entreprise (2), qu'incombe la responsabilité du risque (3).

Quelle sera, au point de vue qui nous occupe, la situation des intermédiaires qui fréquemment s'interposent entre le chef d'industrie et les ouvriers ? Il convient d'établir ici une distinction essentielle entre le simple *marchandeur*, qui prend à forfait l'exécution d'une partie de travail, et l'effectue avec les ouvriers qu'il recrute, mais en utilisant un matériel fourni par le patron, et le *sous-entrepreneur*, qui a son personnel et son matériel, et qui, par conséquent, jouit d'une véritable autonomie. Le premier n'est qu'un chef ouvrier, couvert lui-même par le risque, et par conséquent incapable de l'assumer ; le second est un chef d'entreprise, qui décharge par son intervention l'entrepreneur général de tous les risques d'accidents survenus dans les chantiers qu'il dirige (4).

(1) Ce fonds n'est tenu que du paiement des rentes, non des allocations journalières. Paris, 18 avril 1929, D. H. 29, 357.

(2) Mais encore faut-il qu'il y ait entreprise. La loi ne régit pas les simples particuliers faisant exécuter chez eux des travaux qui pourraient tomber sous le coup de la loi de 1898 s'ils étaient entrepris par un assujetti au risque *professionnel*. — Limoges, 11 avril 1921, *Rec. Assur.*, 22.318 ; Cass., 19 févr. 1924, *Gaz. Pal.*, 24.1.675.

(3) Doivent être considérées comme chefs d'industrie, à l'égard de tous inspecteurs et préposés, les associations de propriétaires d'appareils à vapeur et autres sociétés de prévention contre les accidents (Comité consult., avis du 12 juill. 1899, *Bull. Off.*, 1900, p. 60). — L'on admet aussi généralement, par une extension plus équitable peut-être que juridique de la théorie du risque, que « la *société coopérative de production*, réalisant une production industrielle, payant des salaires aux sociétaires employés, doit être considérée comme un *chef d'entreprise* au sens de la loi de 1898 » (Comité consult., avis du 31 mai 1899, *Quest. prat.*, 1900, p. 39). — *Sic*: Sachet, p. 113. — Paris, 12 juill. 1910, *Rev. accid. trav.*, t. XIV, p. 152; Angers, 31 déc. 1912, *Rec. accid.*, XV, p. 251; Requ. 6 janv. 1914, D. 17.1.1 ; 22 mars 1920, S. 22.1.297. — Sur l'extension de la loi aux *orphelinats* industriels, v. Paris, 29 mai 1902, S. 1904.2.148.

(4) Cass., 6 mai 1907, S. 1907, *Suppl.*, p. 26; 7 juin 1910, *Rev. accid. trav.*, t. XIII, p. 187; Bordeaux, 5 janv. 1910, *Rec. accid. trav.*, t. XIII, p. 104; Douai, 8 nov. 1910, D. 11.5.29; Dijon, 10 janv. 1928, *Rec. des Somm.*, 28, n° 2266. — Ces solutions

Quid, du cas où le patron aurait momentanément mis son ouvrier à la disposition d'un autre entrepreneur ? La réponse ne saurait faire de doute : si cet ouvrier est victime d'un accident, c'est à son patron, et non à son employeur occasionnel, auquel ne l'unit aucun lien de droit, qu'il devra s'adresser pour obtenir réparation (1).

1102. — 3° Nature et circonstances du risque. — *Définition de l'accident ; maladie professionnelle exclue.* — Le risque prévu, expressément visé par l'article 1er, est *l'accident* : terme précis qui englobe toutes les lésions corporelles dues à une cause extérieure, soudaine et violente (choc, chute, explosion, asphyxie, intoxication due à un dégagement de gaz irrespirables, etc.), mais qui exclut au contraire la *maladie* (2). Et par maladie, il faut entendre, non seulement les maladies communes, qui, à supposer qu'elles soient aggra-

sont indépendantes d'une autre question, examinée *infra*, au sujet de la portée du décret de 1848 interdisant le marchandage. — Cf. Bellom, p. 145; Cabouat, p. 287. — En cas de sous entreprise, l'entrepreneur général pourrait être, par une clause formelle du cahier des charges, déclaré responsable solidairement avec le sous-entrepreneur. — Trib. com. Seine, 8 févr. 1899, *Droit*, 10 mars 1899.

(1) Cass., ch. réun., 8 janv. 1908, 2 arr., D. 1908.1.185 et note Dupuich ; Civ., 27 mars 1928, *Gaz. Pal.* 28.2.6. — V. aussi Cas., 16 juin 1920, S. 22.1.108 et note Sachet (ouvrier menuisier détaché par son patron dans une minoterie pour y exécuter des travaux de sa spécialité); Cass., 2 mars 1921, S. 22.1.209.

(2) Les travaux préparatoires sont formels (Cf. déclar. de MM. Boucher, Maruéjouls, Léon Bourgeois). Cette distinction fondamentale entre la maladie et l'accident était faite depuis longtemps par les compagnies d'assurances. La formule très exacte en a été donnée en ces termes, au Congrès de Paris de 1889, par M. Marestaing (*Compte rend.*, p. 117): « L'accident n'existe que lorsqu'il s'accuse sous forme d'une lésion, c'est-à-dire d'un *traumatisme* dû à une cause violente, fortuite et extérieure. Ainsi, toute mort et toute incapacité de travail provenant de l'action du feu, des jets de vapeur et de tout choc avec un corps compact sont considérés comme accidents, de même que les asphyxies et les empoisonnements subits provoqués par l'eau et les gaz délétères. — Par contre, ne sont pas considérés comme accidents les affections à *solution non immédiate*, déterminées par le séjour prolongé dans les lieux humides ou malsains ; par la fatigue ; par les empoisonnements progressifs provoqués par le plomb, le cuivre, le mercure, le phosphore; par le maniement de substances délétères... ». Cons. au surplus, pour les difficultés d'ordre médical, se rattachant à l'application de la loi : Ferrette et Dr Laval, *Les accidents du travail*, 2e partie, *Considérations médicales;* Dr Thoinot, *Accidents du travail et maladies d'origine traumatique;* Dr Lacassagne, *Précis de médecine légale*, 2e éd. 1909; Dr Oliver, *Diseases of occupation*, Londres, 1908; Dr Poëls, *Médecine légale des accidents du travail*, t. Ier, Bruxelles, 1908. — V. aussi : *Maladies professionneles* (publ. de l'*Off. du trav.* français, 1903); Chautemps, *La réparation des maladies professionnelles*, th. 1907; De Paoli, *De l'assimilation des maladies professionnelles aux accidents du travail*, th. 1908; Breton, *Les maladies professionnelles*, 1911; Lantieri, *Des éléments constitutifs de l'accident du travail*, 1912. — Cf. Loubat, t. Ier, nos 539 et s.; Sachet, n° 271; Chardiny, p. 54; Serre, p. 88; Ollive et Le Meignen, *Accidents du travail*, nos 27 et s.

vées par le milieu malsain dans lequel se meut l'ouvrier, n'ont cependant pas sa profession pour cause (tuberculose, anémie, phénomènes nerveux, troubles de la vision, etc.), mais même les *maladies dites professionnelles*, c'est-à-dire directement déterminées par l'exercice même de la profession, sans qu'il soit possible de leur assigner une origine et une date déterminées (1). Telles sont la nécrose des allumettiers, le saturnisme (empoisonnement par le plomb, Bordeaux, 25 mai 1910, D. 1911.5.28), l'hydrargyrisme, dû à l'absorption des vapeurs mercurielles, la dermatite des teinturiers, gantiers (Trib. Charleville, 23 juin 1910, *Rec. accid. trav.*, t. XIV, p. 67), l'otite scléreuse des forgerons, l'affection pulmonaire causée par l'absorption des poussières (Trib. Pontoise, 20 déc. 1910, *Rec. accid. trav.*, t. XIV, p. 81), les lésions provoquées par la manipulation répétée de substances radio-actives (Trib. civ. Seine, 10 juill. 1926, S. 27.2.144).

Cette exclusion de la maladie professionnelle, motivée exclusivement par des considérations pratiques (2), était depuis longtemps condamnee par le corps médical. Elle est en effet aussi injuste qu'illogique : injuste, attendu que la maladie professionnelle, constituant comme l'accident un véritable *risque* de la profession, devrait en bonne justice ouvrir au profit de celui qu'elle atteint un droit égal à la réparation; illogique, car il n'y a au fond aucune différence de nature entre un empoisonnement accidentel, dû à un brusque dégagement de gaz délétères, et l'empoisonnement lent et insidieux, par ces mêmes gaz, de l'organisme du travailleur (3).

(1) Cass., 27 juill. 1905, D. 1907.1.295; 27 mars 1911, D. 12.1.190; Orléans, 11 déc. 1912, D. 13.2.323. — V. aussi Cass., 5 juill. 1917, D. 20.1.65.

(2) Une maladie courante, susceptible d'être observée chez des individus de toute condition, peut devenir professionnelle lorsqu'elle est manifestement déterminée par le milieu dans lequel travaille l'ouvrier ou par les substances qu'il manipule, ou les contacts auxquels sa profession l'expose (phtisie des aiguiseurs ou polisseurs d'armes, syphilis des verriers, charbon ou pustule maligne des tanneurs, bouchers, etc...). Van der Borght, *Maladies professionnelles* (Congr. de Milan, 1894, p. 84 et s.). — Cette circonstance, jointe à la difficulté de déterminer l'employeur responsable, n'a pas peu contribué à l'exclusion du risque maladie.

(3) Mongin, *Le risque professionnel dans les maladies*; Cabouat, p. 174 et s.; Loubat, t. Ier, n° 240; Dr Thoinot, Breton, *op. cit.*

Il est intéressant de remarquer que, par une faveur spéciale, la notion du risque a été, pour les *marins*, étendue par les lois des 21 avr. 1898 et 29 déc. 1905 aux maladies professionnelles. Même solution, au profit des *sapeurs-pompiers* qui auraient, dans un service commandé, contracté une maladie entraînant une incapacité absolue et permanente (L. de fin. du 13 avr. 1898, décret organique du 12 juill. 1899, D. 1901.4.90, et L. du 31 juill. 1907). — Cf. arrêtés du min. des travaux publics des 28 sept. 1899 et 24 déc. 1910, sur les secours dus aux ouvriers atteints de maladies occasionnées par des travaux exécutés pour le compte de l'État. — V. aussi, sur l'ankylostomiase des mineurs, la loi de fin. du 13 juill. 1911, art. 139.

Aussi le législateur français s'est-il récemment décidé à assimiler aux accidents, non pas toutes les maladies professionnelles, mais seulement certaines d'entre elles spécialement déterminées (saturnisme, hydrargyrisme). La loi qui a réalisé cette réforme (L. 25 oct. 1919), n'ayant pu être incorporée à la loi de 1898, à raison de certaines particularités de procédure, sera commentée ultérieurement.

1103. — L'accident, avons-nous dit, est une lésion corporelle due à une cause extérieure, lésion entraînant soit la mort, soit une incapacité de travail, permanente ou temporaire. Dans l'accident-type, nous sommes donc en présence, soit d'une blessure, d'une lésion traumatique, immédiatement consécutive au fait qui l'a déterminée (fracture d'un membre, contusion, perte ou lésion d'un œil, etc...) soit d'une asphyxie ou d'une intoxication (1).

Mais il se peut, et en ce cas l'on ne doit pas hésiter à envisager le cas comme un accident, que le choc par exemple ait déterminé une *lésion interne*, dont les effets ne se manifestent qu'au bout de quelques jours ou de quelques semaines. Tout revient à une question de preuve : et si l'on est en demeure d'établir une relation directe entre la lésion, même qualifiée de *maladie*, constatée chez la victime et telle cause accidentelle alléguée et prouvée, l'application de l'article 1er s'impose (2).

(1) Ch. réun., 7 avr. 1921, S. 22.1.81 et note Sachet.

(2) La jurisprudence est aujourd'hui fixée dans le sens de l'assimilation, aux accidents du travail, des affections pathologiques d'*origine traumatique*. Ainsi jugé : pour l'*asphyxie aiguë* par émanations méphitiques (Trib. Lyon, 18 nov. 1905, *Mon. jud. Lyon*, 14 déc.); pour la *syphilis* contractée par un ouvrier verrier ayant fait usage d'un outil contaminé par un autre ouvrier (Bordeaux, 24 févr. 1910, D. 11.5.31); pour l'*affection charbonneuse* contractée par un ouvrier tanneur en manipulant des peaux contaminées (Cass., 3 nov. 1903, D. 1907.1.87; Toulouse, 5 mai 1909, S. 09.2.254); la *pneumonie traumatique* (Paris, 2 nov. 1901, *Rev. jud. des accid. du trav.*, 1902.141; Requ. 20 avr. 1915, D. 17.1.1. et note Sarrut), et ses complications, pleurésie, endocardite, etc. (Paris, 4 mai 1906, *ibid.*, 1906.250) ; poussée tuberculeuse mortelle (Grenoble, 18 déc. 1912, D. 13.2.297 ; Cass. 13 juill. 1926, *Rec. Caen*, 27.125; 20 juill. 1926, S. 1926.1.286) ou ayant aggravé une arthrite antérieure (Lyon, 29 janv. 1923, *Mon. judic.*, 30 juill.); les *névroses* (hystérie ou neurasthénie) d'origine traumatique (Cass., 26 oct. 1905, Gaz. pal., 1905.2.515; 11 avril 1923, *Gaz. pal.*, 23.2.172; Nîmes, 25 juillet 1924, *Journ. assur.*, 24.466), l'aliénation mentale (Paris, 22 nov. 1923, D. H. 24.35); la *variole*, contractée par un maçon employé à la démolition d'un hopital de contagieux (Paris, 4 mai 1906, D. 11.5.31); la *gale*, contractée au cours du travail (Trib. Amiens, 16 nov. 1921, *Loi* 8 févr. 1922); la *rage*, déterminée par la morsure d'un chien (Trib. civ., Perpignan, 3 juin 26, S. 27.2.37). Une prédisposition morbide n'exclut même pas l'application de la loi de 1898, si d'ailleurs l'incapacité de travail a eu pour cause déterminante un accident (Nancy, 13 août 1906, *Rev. jud. des accid. du trav.* 1907.35). — Cf. Dr Lenoir, *Conférence sur les accidents du travail et les affec-*

1104. — Etats morbides équivoques. — Il existe un certain nombre d'affections, dont le caractère est douteux, attendu qu'elles peuvent avoir un accident pour cause déterminante, mais qu'elles peuvent également se manifester sans aucun traumatisme initial. De ces affections, la plus fréquente est la *hernie*. En pareil cas, c'est aux juges du fond qu'il appartient d'apprécier souverainement d'après les circonstances de fait, si l'affection constatée chez l'ouvrier a pour origine un effort musculaire excessif (*hernie de force*), auquel cas elle devra être qualifiée d'accident (1), ou si elle n'est pas simplement le résultat d'une prédisposition de l'ouvrier, ou de circonstances indépendantes du travail (2).

1105. — Gravité de l'accident. — En principe, tout accident, même léger, ouvre au profit de la victime un droit à indemnisation. Suivant l'expression très juste de Sarrut (note sous D. 1904.1.105), « l'*accident vaut titre* ». Toutefois, la victime n'y peut prétendre que si l'interruption de travail a duré *plus de quatre jours* (art. 1er, § 1er, *in fine*). Le législateur a pensé que les accidents minuscules, très fréquents dans l'industrie, étaient de ceux contre lesquels le personnel pouvait aisément se prémunir par l'épargne ou la mutualité; et surtout il a craint, en assurant une indemnité aux victimes des accidents les plus légers, d'encourager la simulation (3).

1106. — Relation nécessaire entre l'accident et le travail. — L'accident, dit l'article 1er, doit, pour donner lieu à indemnité, être

tions traumatiques (Econ. fr. 13, p. 418). — Mais il appartient à l'intéressé d'établir le rapport de cause à effet existant entre la maladie dont il souffre et l'accident antérieur (Cass., 20 mars 1923, *Gaz. Pal.*, 23.2.228; Lyon, 2 févr. 1928, *Mon. judic.*, 7 sept.).

(1) Cass. 5 nov. 1928, *Gaz. pal.*, 28.2.293. Et ce, même s'il avait, à *l'état latent*, une prédisposition congénitale à cette infirmité (Grenoble, 16 avr. 1901; Lyon, 9 janv. 1902, D. 1902.2.435; Aix, 16 nov. 1922, *Gaz. trib.* 15 avril 23; Paris, 3 déc. 1923, *Gaz. trib.*, 26 mai 1924).

(2) Req., 8 juill. 1902, *Mon. jud. Lyon*, 16 juill. — Cp. sur la distinction des hernies accidentelles ou de force, et des hernies ayant le caractère d'une tare physiologique, la série des arrêts (Rouen, 30 nov. 1901; Lyon, 9 janv. 1902, etc.) rapp. sous D. P. 1902.2.435, et la note de M. Sarrut. V. aussi Cass., 19 févr. 1908, D. 1908.1.241 ; 22 nov. 1922, *Gaz. pal.*, 23.1.27 ; 30 juin 1925, *Ibid*, 25.2.453; trib. civ. Villefranche-s-Saône, 13 nov. 1923, *Gaz. trib.* 23 déc. — Sur les difficultés relatives aux tours de reins, coups de fouet, durillons forcés (Cass., 8 nov. 1910, et 1er mai 1911, S. 11.1.40 et 327, Dijon, 11 mai 1925, D. H. 25.160), etc., cons. Van der Borght, Marestaing, *op. cit.*

(3) Sur la *simulation*, v. Thoinot, p. 488 et s.; Loubat, t. Ier, nos 610 et s.; Dr Petitjean, *Médecins et accidents du travail* (*L'Aide sociale*, 31 mars 1908). — Sur l'application aux simulateurs des peines de l'escroquerie, v. Paris, 15 févr. 1908, D. 1908.2.139.

« survenu *par le fait du travail ou à l'occasion du travail* ». Nous n'insisterons pas sur les discussions subtiles auxquelles a donné lieu, au Parlement, puis dans la doctrine (1), la substitution de la disjonctive *ou* à la conjonctive *et*, qui figurait dans le texte primitif. Il nous suffira de faire observer que, par cette substitution, le législateur a entendu laisser au juge la faculté de qualifier l'accident d'*accident du travail*, dans tous les cas où il constaterait l'existence d'un lien de connexité entre le travail professionnel de l'ouvrier ou employé et l'accident dont il a été victime: soit que l'accident ait eu pour cause directe et immédiate le travail exécuté (*fait du travail*) (2), soit qu'il ait été causé « par un acte connexe au travail et plus ou moins utile à son accomplissement » (3).

Si cette connexité est établie — et en cas de doute c'est à l'intéressé qu'incombe la preuve (Cass., 28 mars et 1er mai 1911, S. 1911. 1.327), — la circonstance que l'accident aurait lieu *hors des locaux* affectés à l'industrie ne saurait être exclusive du risque. Sans doute, l'ouvrier qui, habitant à une certaine distance de l'usine, est blessé par une cause quelconque au cours du trajet, ne saurait prétendre à indemnité, cet accident étant indépendant du risque

(1) Cons. notamment : Sachet, p. 150 et s.; Cabouat, p. 186 et s.

(2) Ainsi est victime d'un accident dérivant du *fait même du travail* l'ouvrier qui, étant à son travail, est atteint par une courroie de transmission, et broyé ou mutilé, l'ouvrier qui, à son établi, reçoit dans l'œil un éclat de métal, le chauffeur ou mécanicien blessé soit par une explosion de chaudière, soit par des matières incandescentes, l'ouvrier du bâtiment qui tombe d'un échafaudage, etc.

(3) Cass., 22 nov. et 8 déc. 1909, D. 1911.1.91. — Ex. d'accidents survenus *à l'occasion du travail* : ouvrier blessé en donnant un coup de main à ses camarades d'un atelier voisin (Req., 19 nov. 1928, D. H. 28.607), en coopérant à l'extinction d'un incendie survenu dans l'usine (Nancy, 21 nov. 1902, D. 1903.2.166; Cass., 8 déc. 1909, S. 10.1.254), ou même dans le voisinage à raison du risque couru par l'usine (Cass. 13 juin 1914, S. 21.1.364); ouvrier blessé par l'imprudence soit d'un de ses camarades (C. Paris, 27 févr. 1901, *Gaz. Trib.*, 18-19 mars soit 1901), soit d'un préposé du patron (v. cependant Lyon, 14 juin 1927, *Gaz. Pal.*, 27.2.386), ou attaqué par des grévistes aux abords du chantier (Trib. Seine, 20 mars 1911, *Rec. accid. trav.*, t. XIV, p. 103 ; Paris, 21 févr. 1921, *Bull. min. trav.*, 22.62); contremaître blessé par un ouvrier (Requ. 2 juin 1913, D. 15.1.44; Civ., 5 juillet 1927, 27.1.388); ouvrier blessé sur *le lieu du travail* au cours d'une rixe provoquée par un tiers (Cass., 19 mai 1911, D. 11.5.61); ouvrier blessé dans un accident de tramway, pris par lui sur un ordre du patron pour se rendre chez un client ou dans une gare, où il a été envoyé pour expédier des marchandises ou en prendre livraison (Paris, 10 mars 1908, D. 11.5.32), ou sur le lieu du travail, mais pendant un repos, le repos étant compris dans le *temps du travail* (Civ. 23 févr. 1914, D. 17.1.1; 14 févr. 1921, S. 21.1.360 et note Sachet ; 3 janv. 1928, *Gaz. pal.*, 28.1.513); employé de bureau ou de magasin, occupé dans les locaux industriels ou à proximité, et blessé par une explosion survenue dans lesdits locaux. — Loubat, n°s 444 et s.; Cabouat, p. 309; Bellom, p. 89 et s.

professionnel (1) ; il en est de même de l'ouvrier qui, envoyé chez un client, se détourne de son trajet par curiosité pure et reçoit une décharge électrique en touchant aux fils électriques d'un treuil auprès duquel la nécessité de son travail ne l'appelait point (2). Mais, toutes les fois que le lieu où l'accident se produit peut être considéré comme le *prolongement du travail*, et notamment chez un client de l'usine ou dans le trajet normal effectué *d'ordre* du patron, entre celle-ci et le domicile du client (devenu *lieu de travail*), il y a vraiment accident du travail, conférant à la victime un droit à indemnité (3).

1107. — *Cas fortuit et force majeure.* — Inversement, un ouvrier peut être frappé au cours de son travail, dans l'usine même, et se voir privé de tout droit à indemnité. Il en est ainsi, d'après l'opinion générale tout au moins, lorsqu'il est victime d'un cas de *force majeure*, d'une de ces forces naturelles soudaines, irrésistibles, contre lesquelles les prévisions humaines sont impuissantes, et dont la manifestation ne saurait, à aucun titre, rentrer dans la définition du risque professionnel : foudre (4), tremblement de terre, inondation, raz de marée, cyclone, ouragan (5). A ce point de vue la force majeure fait antithèse au simple cas fortuit, qui est au premier chef un risque industriel, devant entrer dans les pré-

(1) Cass. 24 fév. 1920, S. 21.1.369 et note Sachet ; Toulouse, 27 mai 1926, *Gaz. pal.*, 26.2.366. — Il en serait autrement si le trajet, effectué dans des véhicules mis à la disposition du personnel par le chef d'entreprise, pouvait être envisagé comme un *prolongement du chantier* (Cass., 30 juill. 1919, D. 20.1.81; S. 21.1.369 et note Sachet; 11 mars 1925, D. H. 25.290), ou si l'accident, même survenu en dehors du lieu de travail, se rattachait par un lien direct de cause à effet à un accident du travail antérieur (Cass., 28 janv. 1903, D. 1904.1.517).

(2) Civ. 2 déc. 1913, D. 17.1.1 et note Sarrut; 18 nov. 1917, S. 26.1.369 et note Sachet; Civ., 31 mars 1919, D. 20.1.81; Civ., 8 juill. 1924, D. H. 24.588, S. 25.1.265 et note A. S. (pilote d'avion s'étant écarté de son itinéraire pour convenances personnelles).

(3) V. les espèces citées précédemment. — *Adde:* Cass., 17 juill. 1907, D. 1908.1.218; 15 juin 1911, *Rec. des accid. trav.*, t. XIV, p. 281; 18 mars 1912, D. 13.1.62; Civ. 7 avril 1919, D. 20.1.81 et note L. S.; 30 juill. 1919, D. 20.1.81 et note L. S.; 30 juill. 1919, D. 20.1.81; 4 mars 1925, D. H. 25.290; 2 mars 1927, *Gaz. pal.*, 27.1.69 (charretier traversant une voie ferrée pour gagner le quai d'embarquement des marchandises à transporter). — Cf. Aix, 1er juin 1922, *Loi*, 16 nov. 22 (employé ayant péri par suite d'un naufrage, au cours d'un voyage effectué sur un ordre de son patron); Requ. 28 nov. 1927, D. H. 28, 54 (employé blessé en faisant, en auto, une tournée d'inspection); Civ. 30 avr. 1927, D. H. 27.317 (voyageur de commerce blessé au cours de sa tournée). — Cf. Trib. cor. Rhône, 10 déc. 1928, *Mon. jud.*, 24 mai 29 ; Requ. 24 juill. 1928, D. H. 28.447 (trajet à bicyclette, pour raisons de service).

(4) Requ. 30 avril 1912, D. 12.5.32.

(5) Pau, 6 mai 1914, S. 14.2.184; Requ. 23 juin 1925, *Gaz. Pal.*, 3 octobre.

visions patronales (explosion de chaudière ou de substances explosibles, rupture d'une pièce d'un mécanisme, etc.), d'autant plus que dans bien des cas, le prétendu cas fortuit n'est que la conséquence d'une faute initiale, d'une négligence du chef d'industrie ou de ses préposés.

Cette dernière observation nous conduit logiquement à admettre la responsabilité du chef d'industrie, même en présence d'un cas de force majeure, si les accidents survenus peuvent, en un certain sens, être rattachés, soit à la nature de l'industrie exercée (orage déterminant à l'intérieur de l'usine des courants électriques, conséquence fatale de l'outillage) (1), soit à une négligence initiale (non réfection d'une digue susceptible de prévenir les inondations, mauvais état d'une toiture enlevée, d'une cheminée d'usine ou d'un bâtiment industriel détruits par un ouragan, etc.) (2).

Par une extension qui nous paraît assez contestable de la notion de *force majeure*, la jurisprudence se refuse en général à considérer comme un accident du travail *l'insolation*, même survenue au cours du travail, par le motif que cet accident, dû à l'action de forces naturelles, est étranger au travail. Il n'en serait autrement, et l'ouvrier ou employé victime d'insolation ne pourrait prétendre à une indemnité que si le juge du fond constatait « que le travail a contribué à mettre ces forces naturelles en mouvement ou qu'il en a aggravé les effets » (3). Cette distinction nous paraît difficile à justifier : n'est-il pas indéniable en effet qu'un débardeur, un employé de chemin de fer ou de tramway obligés de stationner en plein soleil sont plus exposés, *par le fait même de leur travail*, qu'un passant quelconque, à contracter une insolation ? La condition légale de connexité nous paraît donc remplie (4). En tous cas,

(1) Cass., 2 mars 1904, D. 1904.1.553; Lyon, 3 mai 1910, S. 10.2.247; *Office imp. assur. Allem.*, 29 mai 1906, S. 1909.1.25 et note Sachet ; Cass. 9 mai 1922, *Gaz. Pal.*, 22.2.268. — Cf. Nancy, 1er juill. 1922, *Gaz. Pal.*, (arbre abattu par la tempête, et écrasant un bûcheron au travail).

(2) Douai, 16 févr. 1924, *Rec. Douai*, 1924.108. — Sur la distinction de la force majeure et du cas fortuit, cons. notamment: Josserand, *op. cit.*, p. 120; Exner, *Traité sur la notion de la force majeure*, trad. Seligman, 1892; Sourdat, *op. cit.*, t. 1er, nos 645 et s.; Bourgoin, *Essai sur la distinction du cas fortuit et de la force majeure*, 1902; Sachet, p. 154; Cabouat, p. 194; Capitant, note D. 17.2.33; Gardenat et Salmon-Ricci, *De la responsabilité civile*, 1927, p. 23.

(3) Civ. cass., 10 déc. 1902, D. 1903.1.331; 2 mars 1904, D. 1904.1.553; Trib. Lyon, 26 déc. 1907, D. 1909.2.125 et note Loubat; Amiens, 28 juin 1912, S. 14.2.183; Lyon, 10 avril 1924, *Mon. jud.*, 6 oct. 24. — Cf. sur le principe de la distinction: Requ. 23 juin 1925, *Gaz. Pal.*, 25.2.27; Paris, 15 Févr. 1926, *Gaz. Pal.* 20 avril.

(4) Il a été jugé d'ailleurs que le bénéfice de la loi est acquis à la famille d'un ouvrier mort d'une congestion cérébrale causée *par le froid*, s'il est constaté que l'heure matinale et les modalités du travail, jointes à des tares physiologiques de la victime, ont aggravé les risques. Cass., 2 juill. 1928, S. 28.1.300. —

l'on ne saurait assimiler à l'action des forces de la nature les *bombardements aériens*, qui sont le fait de l'homme (1).

1108. — *Fait étranger au travail.* — De même et par identité de motifs, le patron ne saurait être déclaré responsable des accidents survenus à ses ouvriers, dans l'usine même, ou à plus forte raison au dehors à raison de faits *absolument étrangers au travail* (2). Le départ est souvent assez délicat entre les accidents survenus à l'occasion du travail et ceux dont le fait générateur est absolument indépendant du travail.

D'une manière générale, il convient plutôt, en cas de doute, d'admettre la connexité toutes les fois que l'accident, même non déterminé par le travail dont l'ouvrier était chargé, apparaît néanmoins comme une conséquence directe du risque créé par l'outillage au milieu duquel l'ouvrier est *fatalement* appelé à se mouvoir ; et ce, alors même qu'au moment précis où l'accident s'est produit, il ne se serait point trouvé à son poste de travail (3).

1109. — Absence de tout élément intentionnel. — L'idée de risque, fondement juridique de la loi, est exclusive de l'élément intentionnel ; lors donc qu'il est établi que l'ouvrier s'est exposé volontairement, à l'accident, en vue d'acquérir, ou de faire acquérir à sa famille (*suicide*), l'une des indemnités ou rentes prévues par la loi, ou qu'il a, dans un but criminel, provoqué un accident dont il a été la victime ou l'une des victimes, toute indemnité doit

N'est-il pas illogique de distinguer entre l'insolation et la congestion causée par le froid ?

(1) L'ouvrier atteint par une bombe, au cours de son travail, peut donc se prévaloir contre son patron des dispositions de la loi de 1898 (Cass., 18 avril 1918, D. 18.1.25 et note Capitant,. Requ. 8 déc. 1924, D. 25.1.184), sauf à celui-ci à se faire indemniser par application des lois sur la réparation des dommages de guerre (L. 17 avril 1919, etc.). — Cf. trib. St-Quentin, 16 févr. 1922, D. 22.2.17 et note Capitant (*contra* : Paris, 13 mars 1922, *ibid.*).

(2) Cass., 27 avr. 1903, S. 1904.1.488; Cass. 27 avril 1915, S. 21.1.369 (concours bénévole prêté à un tiers pour le déchargement d'un bateau); 15 mars 1927, *Gaz. Pal.*, 27.2.13 (chute mortelle d'un ouvrier exclu du travail pour ivresse); 17 mai 1927, D. 27.1.350 (mort subite, due à une embolie); 1er août 1927, S. 27.1.387 (chute résultant d'un pari); 6 juill. 1927, S. 27.1.389 (accident d'autos, promenade d'agrément avec le patron).

(3) Telle est du moins la jurisprudence équitable inaugurée par la Cour de cassation: Civ. rej., 17 févr. 1902, D. 1902.1.273, S. 1904.1.177 et note Wahl (ouvrier blessé dans l'atelier, à l'heure du travail, en revenant à son poste qu'il avait quitté un instant pour aller dans la même salle demander du papier à cigarettes à un camarade); — fût-ce au mépris d'une défense : Requ., 18 févr. 1908; *Mon. jud. Lyon*, 29-30 mars); 23 févr. 1914, S. 21.1.369 (ouvrier blessé dans l'atelier par le jet d'un projectile lancé par un ouvrier dont le travail imposait le voisinage). — Dans ces divers cas, la Cour suprême voit un risque

lui être refusée (art. 20, § 1er) : sans préjudice des poursuites pénales et de l'action civile dont il est passible (1).

II. Indemnité forfaitaire : tarification légale. — **1110. — Principe du forfait : exceptions, action contre les tiers, faute inexcusable.** — Si l'ouvrier ou l'employé est toujours fondé, sous la seule réserve de l'accident *intentionnellement* provoqué, à réclamer une indemnité, du moins n'a-t-il droit qu'à l'indemnité fixée par la loi.; la tarification légale est obligatoire aussi bien pour le juge que pour l'ouvrier. Toutefois, le principe du forfait comporte un double tempérament. D'une part, la victime ou ses ayants droit conservent tous leurs droits à l'encontre des *tiers responsables* (2),

professionnel, par le motif, très juridique, que « l'obligation pour le chef d'industrie de veiller à la sécurité de son personnel ne cesse que là où son autorité prend fin ». — Cass., 19 juill. 1911, D. 1911.5.62. — Tout accident survenu *dans le temps et au lieu* du travail doit être *présumé* se rattacher au travail. — Cass., 18 févr. 1908, S. 1910.1.251; 25 oct. 1910, *Rec. accid. trav.*, t. XIV, p. 204; 22 déc. 1914, S. 16.1.14; 30 juill. 1919, D. 20.1.81 et note L. S., S. 21.1.369). — Ainsi jugé pour une *chute* ayant déterminé la fracture d'un membre, survenue à l'heure et au lieu du travail (Cass. 10 déc. 1913, S. 22.1.81 et note Sachet. — Cf. trib. civ. Seine, 9 nov. 1923, *Gaz. trib.*, 26 mai 1924). Et le *lieu* du travail s'étend aux *dépendances* que les ouvriers sont obligés de traverser pour se rendre à leur travail ou pour quitter le poste qui leur est assigné (Cass. 27 avril 1925, *Gaz. Pal.*, 25.2.79). On doit même dire que l'ouvrier est *au lieu du travail*, partout où il se rend *sur les ordres du patron* pour les besoins de l'entreprise (Cass., 17 juill. 1907, S. 10.1.206; 15 juin 1911, D. 11.5.61; 29 janv. 1912, D. 13.5.7.), ou même pour une tâche accessoire (Civ. 22 nov. 1927, D. H. 28.36, port d'une lettre à la poste). — Certains tribunaux ou Cours d'appel, toutefois, sont plus rigoureux dans l'appréciation de la connexité. — V. notamment Paris, 30 mars 1901; Douai, 13 mai 1901, D. 1902.2.405; Paris, 24 juill. 1903, D. 1905.2.477. Ainsi, et, spécialement, il y a controverse pour le cas de *rixe* entre ouvriers, dont aucun n'a d'autorité sur l'autre, survenue dans l'enceinte de l'usine, mais pour un fait étranger au travail. — Cf. pour l'application de la loi: Civ. 2 juill. 1926, *Gaz. Pal.* 26.2.373; Crim. 27 mai 1927, D. H. 27, 266 ; Ch. réun., 8 juin 1928, D. 29.1.57 et note Rouast. — Cf. Dijon, 31 mars 1927, D. H. 27.337. — *Contra:* Aix, 24 févr. 1927, *Gaz. Pal.*, 27.1.628 (cassé par Ch. réun.) — V. en sens divers, sur cette délicate question: Bellom, p. 92; Paulet, *op. cit.*, p. 15; Loubat, t. 1er, nos 479 et s.

(1) Trib. civ. Seine, 17 mars 1900, *Gaz. Pal.*, 1900.2.678. — Cf. Bellom, p. 219. — La loi ne contient aucune disposition concernant le fait intentionnel imputable au chef d'entreprise ou à son préposé; mais il semblerait logique d'autoriser en pareil cas la victime ou ses représentants (sans préjudice des poursuites pénales auxquelles le coupable est exposé), à réclamer conformément au droit commun une indemnisation intégrale — Alger, 5 févr. 1926, D. H. 26.324 ; Lyon 7 juin 1927, D. H. 27.471. — Cf. Sachet, p. 322; Cabonat, p. 212. — La C. de cass. est cependant fixée en sens contraire: — Crim. 2 juill. 1927, D. 27.1.74, et Ch. réun., 8 juin 1928, D. 29.1.57 et note Rouast (L. de 1898 seule applicable, la qualité de tiers responsables ne pouvant être reconnue qu'aux personnes n'ayant avec l'entreprise aucun lien de droit).

(2) Sur la définition du *tiers responsable*, notamment en cas de travail en commun des ouvriers de deux entreprises distinctes, v. Civ. 8 avr. 1924, D. H.

c'est-à-dire des auteurs de l'accident *autres que le chef d'entreprise ou ses préposés*, à l'effet d'obtenir d'eux réparation intégrale du préjudice causé, dans les termes du droit commun (1). Le juge, en ce cas, fixe à son gré le taux de l'indemnité dont le montant exonère jusqu'à due concurrence le chef de l'entreprise (2).

D'autre part, le juge a la *faculté* (art. 20) de *diminuer la pension*, s'il est prouvé que l'accident est dû à une *faute inexcusable de l'ouvrier* et de majorer au contraire celle-ci, sans que la rente ou le total des rentes allouées puisse en aucun cas dépasser le montant du salaire annuel (ou de la réduction subie par le salaire (3) si l'incapacité de travail est partielle), s'il est prouvé que l'accident est dû à la *faute inexcusable du patron*, ou de ceux qu'il s'est substitués dans la direction (4). Nous avons déjà formulé nos réserves sur cette solution transactionnelle, qui fatalement rouvre la porte à l'arbitraire du juge.

26, 352; 26 janv. 1927, S. 27.1.126. — Sur l'action directe du patron et de l'assureur, v. Civ. 22 juill. 1926, D. 27.1.229; 27 févr. 1929, D. H. 29, 185.

(1) Civ., 10 juill. 1911, D. 12.1.230; 22 fév. 1921, S. 22.1.209. — Toutefois, dans le cas où l'accident a entraîné une incapacité permanente ou la mort, cette indemnité doit être attribuée, sous forme de rentes, servies par la Caisse nationales des retraites (art. 7); le tiers reconnu responsable pouvant, en outre de cette rente, être condamné envers la victime ou envers le chef d'entreprise, si celui-ci intervient dans l'instance, au paiement des autres indemnités et frais prévus aux articles 1 et 4. — Cette règle est d'ordre public; est donc nulle la transaction aboutissant au paiement d'un capital par le tiers responsable. — Cass., 17 janv. 1912, *Rec. accid.*, XV, 300; 15 nov. 1921, S. 22.1.209 et note Sachet.

Cette action contre les tiers responsables peut être exercée par le chef d'entreprise (ou par la Cie d'assurances, subrogée à ses droits), à ses risques et périls, aux lieu et place de la victime ou de ses ayant-droit, si ceux-ci négligent d'en faire usage. Si cette action est reconnue fondée, le chef d'industrie (ou l'assureur) est exonéré vis-à-vis de l'accidenté dans la mesure de la condamnation prononcée contre le tiers responsable (Cass. 13 mai 1919, 15 nov. 1921, S. 22.1.209). — Cf. Bellom, p. 389; P. Garraud, *De la responsabilité du tiers, auteur d'un accident du travail*, th. 1914; th. Large, Nestorico, 1915.

(2) Mais, si l'art. 7 dispose que la victime conserve, contre les auteurs de l'accident autres que son patron et ses préposés, le droit de réclamer la réparation du préjudice causé, conformément aux règles du droit commun, c'est à la condition que cette action soit essentiellement restreinte aux tiers *complètement étrangers au travail*. — Cass. 31 oct. 1923, *Gaz. Pal.*, 24.1.69. — L'exonération prévue à l'art. 7 ne saurait dès lors être invoquée par le chef d'entreprise, alors qu'il est l'auteur ou le co-auteur de l'accident; ou du moins, elle ne peut alors être invoquée que dans la mesure où la responsabilité du droit commun serait moins onéreuse que la garantie forfaitaire. — Cass., 14 janv. 1919, 22 juill. 1920, S. 22.1.209 et note Sachet.

(3) Civ. 22 mars 1920, D. 21.1.81.

(4) Sur le sens exact de cette formule, *substitués dans la direction*, v. Cass., 21 janv. 1903, D. 1903.1.105. — V. aussi Sachet, t. II, n° 1454. — A noter d'ailleurs que la rente majorée ne peut être allouée qu'à des ayants-droit de la loi de 1898 (Civ. 28 nov. 1922, *Gaz. Pal.*, 1923.1.50).

1111. — Vainement la doctrine et la jurisprudence se sont-elles évertuées à définir avec autant de précision que possible les caractères spécifiques de la faute inexcusable. Celle-ci, nous dit-on, est *plus qu'une faute lourde* ; c'est une faute *quasi-dolosive*, c'est-à-dire une faute tellement grossière que celui qui s'en est rendu coupable est *inexcusable* de l'avoir commise attendu qu'il n'a pu, vu sa connaissance technique du métier, ignorer le péril auquel il s'exposait, ou auquel il exposait, soit ses camarades (s'il s'agit d'une faute imputée à ses ouvriers), soit son personnel (si c'est au patron ou à ses représentants que la faute est imputée). Il y a, en d'autres termes, dans la faute inexcusable un élément *intentionnel*, portant « non sur le fait lui-même de l'accident, mais sur la négligence, l'imprudence ou la contravention qui en a été la cause » (1).

La précision de ces formules n'est qu'apparente ; et le flottement de la jurisprudence, en présence de l'infinie diversité des hypothèses dans lesquelles la question se pose, et de la difficulté de doser en quelque sorte le degré de responsabilité de l'agent, démontre combien ont été plus avisées les législations étrangères qui, délibérément, ont refusé de faire échec, même pour le cas de faute grave, au principe du forfait (2). Il est vrai que le tribunal,

(1) Lyon, 7 juin 1911, *Mon. jud. Lyon*, 10-11 oct.; Lyon, 28 nov. 1927, *Ibid*, 26 juin 1928. — V. aussi : Trib. civ. Seine, 13 janv. 1900, *Mon. jud. Lyon*, 12 févr.: Bellom, p. 214 et s.; Cabouat, p. 232 et s.; Sachet, 4e éd., t. II, nos 1405 et s.; Loubat, t. 1er, no 110; Bravard, *La faute inexcusable*, th. 1909. — Il n'y a du reste, à cet égard, aucun lien nécessaire entre le résultat des poursuites correctionnelles dirigées contre l'auteur d'un homicide ou de blessures par imprudence, et la constatation du caractère inexcusable de la faute. — Ainsi, le bénéfice des circonstances atténuantes accordé, à la suite de la rupture du câble d'une cage de descente ayant entraîné la mort de plusieurs ouvriers mineurs, à l'ingénieur poursuivi pour homicide par imprudence, ne saurait empêcher la juridiction civile de retenir la faute inexcusable (Lyon, 7 juin 1901, précité). — Et à l'inverse le tribunal civil peut, nonobstant la condamnation correctionnelle prononcée, tenir la faute pour inexcusable (Cass., 15 févr. 1910, D. 1911.5.30; Lyon, 23 avril 1923, *Mon. jud.*, 5 nov.).

(2) Voici, empruntés à la jurisprudence, quelques exemples de fautes inexcusables *de la part de l'ouvrier* : désobéissance *aux ordres formels du patron* (Cass. 24 avr. 1923, *Gaz. pal.*, 23.2.32) ; usage d'un monte-charges interdit aux ouvriers (Trib. Marseille, 9 mars 1909, *Rec. accid.*, t. XII, p. 66), ou d'un passage dangereux (Lyon, 21 juin 1922, *Mon. jud.*, 21 mars 1923) et interdit (Civ. 29 nov. 1922, *Mon. jud. Lyon*, 1er juin 23). Mais la témérité, le simple oubli de précautions ne constituent pas nécessairement des fautes inexcusables, attendu que les meilleurs ouvriers peuvent commettre des excès de zèle (ex., nettoyage d'un mécanisme en mouvement, Besançon, 18 févr. 1900, *Mon. jud. Lyon*, 19 mars; remise d'une courroie sur des poulies en marche, Grenoble, 21 janv. 1910, *Rec. accid.*, t. XIII, p. 108; charretier assis sur un brancard, Douai, 15 avr. 1910, *Rec. accid.*, t. XIII, p. 118; employé de chemin de fer, montant dans un train en marche (Lyon, 2 janv. 1925, *Gaz. Pal.*, 25.1.382). — Sur la question controversée de savoir si l'*ivresse* est nécessairement une faute

même s'il constate le caractère inexcusable de la faute de l'ouvrier, il n'est pas tenu de réduire l'indemnité (Cass., 9 janv. 1907, S. 1907. 1.237) ; il est vrai également qu'il ne peut refuser toute indemnité (Cass., 14 Févr. 1921, S. 21.1.369 ; 3 Juin 1924, S. 24.1.301). Mais, la loi n'ayant opposé aucun cran d'arrêt à la faculté de réduction, le tribunal pourrait réduire la rente à un chiffre insignifiant.

Toutefois, cette faculté de réduction ne s'exerce que sur les rentes, à l'exclusion des indemnités d'incapacité temporaire (1).

1112. — Des diverses catégories de rentes ou indemnités. — Les allocations, indemnités ou rentes allouées en exécution des articles 3 et 4 peuvent se répartir en deux groupes, d'après leur mode d'établissement. Les unes, en effet, sont fixées indépendamment du salaire, les autres ont pour base le salaire.

A. **Allocations ou indemnités indépendantes du salaire.** — Ces allocations comprennent deux éléments : en cas d'accident mortel, les *frais funéraires*, évalués à la somme de 200 francs au maximum : et, en toute occurence, les *frais médicaux et pharmaceutiques* (art. 4, modifié par les lois des 31 mars 1905, 5 mars 1917, 17 oct. 1919, 6 juill. 1920 et 12 avril 1922).

Cette expression, *frais médicaux et pharmaceutiques*, doit être entendue dans le sens le plus large. Le patron est tenu d'en sup-

inexcusable, cons. en sens divers: Paris, 24 nov. 1900, D. 1901.2.60; Evreux, 26 avr. 1910, *Rec. accid. trav.*, t. XIV, p. 66; — pour l'affirmative, Cass. 9 mai 1927, D. H. 28.534. — V. aussi Cabouat, p. 236 et s. — Constituent d'autre part, *au regard du patron*, des fautes inexcusables: l'infraction *habituelle* aux lois et règlements de sécurité, notamment en ce qui concerne les travaux interdits aux jeunes ouvriers (Paris, 3 janv. 1911, *Rec. accid. trav.*, t. XIV, p. 177); Lyon, 25 janv. 1926, *Mon. jud.*, 28 mai), ou les mesures de précaution prescrites dans les usines (appareils protecteurs, Paris, 3 nov. 1924, D. H. 24.690), dans les mines Lyon, 21 déc. 1909, D. 1911.2.225), ou les chemins de fer (Riom, 29 oct. 1925, D. H. 26. 28 ; Douai, 15 déc. 1927, *Gaz. Pal.*, 28.1.131); l'obstination d'un chef d'industrie à conserver une installation démontrée périlleuse par des accidents antérieurs (Requ. 8 janv. 1918, D. 21.1.81), ou par des signes extérieurs (inclinaison d'un mur, éboulements) dont la gravité ne pouvait lui échapper (Chambéry, 13 août 1902, S. 1906.2.9; Trib. Nice, 6 nov. 1907, D. 1908.5.31); l'installation d'une forge à proximité d'un réservoir à pétrole (Trib. Seine, 8 avr. 1911, *Rec. accid. trav.*, t. XIV, p. 106), etc. — Jugé toutefois que l'on ne doit point nécessairement considérer comme une faute inexcusable du patron le fait de n'avoir point pourvu les parties dangereuses des machines d'appareils protecteurs (Dijon, 3 mai 1928, D. H. 28.534), ni le seul fait de l'inobservation de règlements publiés, bien que cette omission le rende passible des art. 319 et s. C. pén. (Trib. civ. Brest, 31 janv. 1900, *Rec. accid.*, 11.1.94). — Sur ces articles, cons. Garraud, *Traité de dr. pénal*, IV, n° 418. — Ces dernières solutions sont, *a priori*, très contestables.

(1) Civ. 4 juill. 1916, D. 17.1.1 et note Sarrut.

porter en tous cas, le fardeau intégral, dès le premier jour de l'incapacité de travail, et jusqu'à la guérison, ou à la consolidation de la blessure, qui, en principe, sert de point de départ au service de la rente. Ces frais comprennent, non seulement les honoraires du médecin et les médicaments, mais « tous les soins et toutes les fournitures qui sont la suite ou l'accessoire des prescriptions du médecin ou que commande l'état du blessé », soit dans un établissement public, soit dans une clinique privée (1).

L'ouvrier ne saurait être obligé d'accepter le médecin (ou le pharmacien du chef d'entreprise (ou de la compagnie d'assurances que celui-ci s'est substituée) ; mais, s'il use de la faculté qui lui est reconnue de prendre un médecin ou un pharmacien de son choix, le chef d'entreprise n'est obligé que « jusqu'à concurrence de la somme fixée par le juge de paix du canton où est survenu l'accident, conformément à un tarif qui sera établi par arrêté du ministre du travail, après avis d'une commission spéciale » dont l'art. 4 § 2 indique la composition (2).

Avant la loi de 1905, des difficultés s'étaient élevées sur le point

(1) Civ. 15 mai 1928, D. 29.1.53 et note M. Nast. — Jugé en ce sens qu'il convient de faire rentrer dans les frais médicaux, mis à la charge du patron, les frais d'un traitement thermal expressément prescrit comme moyen curatif (Trib. civ. Chambéry, 22 nov. 1900, *Mon. jud. Lyon*, 20 févr. 1901), ou les frais de radiographie d'un membre fracturé (Trib. civ. Grenoble, 8 févr. 1912, *Rev. accid.*, t. XV, p. 112); ou d'un examen ophtalmoscopique (J. paix Lyon, 3 nov. 1910, *ibid.*, t. XIV, p. 20). Il en est de même du coût des appareils orthopédiques (Trib. civ. Saint-Etienne, 20 mai 1904, *Mon. jud. Lyon*, 26 mai). — Cf. Sachet, n° 374; Olbert, *Des frais médicaux ou pharmaceutiques en matière d'accidents du travail* (*Quest. prat.*, 1902, p. 256); Loubat, t. Ier, n° 789. — V. cependant Cass., 19 juill. 1905 (D. 1907.1.332). — Sur la mesure dans laquelle l'ouvrier a l'obligation de se laisser soigner, cons. Bellom, n° 239; Lescudier, *De l'obligation légale pour l'ouvrier victime d'un accident du travail de se soumettre au traitement prescrit par le médecin* (*Rev. trim. de dr. civ.*, 1904, p. 285 et s.); P. Garraud et Lacoste, *Le rôle de la volonté du médecin et du patient quant au traitement médical et à l'intervention chirurgicale*, br. 27. — V. aussi Grenoble, 27 oct. 1908, D. 11.2.206.

(2) Cette commission spéciale, instituée par arrêté du ministère du commerce du 20 mai 1905, a établi un tarif médical et un tarif pharmaceutique, homologués par arrêté ministériel du 30 septembre (*Off.* du 8 oct. 1905). Ces tarifs ont été majorés à plusieurs reprises. — Il convient d'ailleurs de remarquer que ce tarif ne s'impose nullement aux médecins et pharmaciens. Ceux-ci restent, comme auparavant, entièrement libres de débattre la rémunération de leurs soins ou le prix de leurs fournitures (J. paix Lude, 26 déc. 1907, *Rec. accid. trav.*, t. XIII, p. 5). Mais, le juge ne pouvant, dans le cas où la victime a usé de la faculté d'option que la loi lui reconnaît, condamner l'industriel ou l'assureur substitué à une somme supérieure au tarif, médecin et pharmacien n'auront de recours, pour l'excédent, que contre l'accidenté ou ses représentants. — Circ. min. comm., 6 nov. 1905 (*Loi*, 8 nov.). — Cf. Cass., 21 déc. 1909, D. 11.1.135. — Sur le droit de contrôle du médecin désigné par le chef d'entreprise (art. 4), v. Cass. 2 mai 1924, S. 25.1.29.

de savoir dans quelle mesure le patron devait supporter *les frais d'hospitalisation ?*

La loi du 31 mars 1905 a tranché la controverse dans le sens le plus favorable à la victime, en décidant que « le chef d'entreprise est *seul tenu*, dans tous les cas, en outre des obligations contenues à l'article 3, des frais d'hospitalisation ». Mais, afin d'éviter des abus possibles, elle a pris soin : 1° de régler le tarif des frais d'hospitalisation (1) ; — 2° de conférer au chef d'entreprise le droit de faire surveiller le traitement par un médecin expert.

1113. — B. Indemnités et rentes basées sur le salaire. — Avant de faire connaître le taux des rentes allouées en exécution de la loi, deux questions préalables doivent être examinées : 1° Comment se détermine le salaire de base ? — 2° Quels sont les accidents donnant ouverture à une rente ou indemnité ?

Du salaire de base (2). — Le salaire de base, pour les indemnités *temporaires*, s'entend (art. 3, § 3) du salaire *touché au moment de l'accident*, à moins que le salaire ne soit *variable*. Dans ce dernier cas, l'indemnité journalière est égale à la moitié du *salaire moyen* (3) des journées de travail pendant le mois qui a précédé *l'accident*.

Pour la fixation des rentes dues aux représentants de l'ouvrier décédé, ou à l'ouvrier lui-même, victime d'un accident ayant entraîné incapacité permanente, le *salaire annuel* s'entend, relativement à l'ouvrier occupé dans l'entreprise pendant les douze mois écoulés avant l'accident, de la rémunération *effective* qui lui a été

(1) Les frais d'hospitalisation ne peuvent, *tout compris*, dépasser le tarif établi pour l'application de l'art. 4 de la loi du 15 juill. 1893, majoré de 30 % (L. 6 juill. 1920). Cass. 18 nov. 1925, S. 25.1.309. — Cf. Gouachon et Mouret, *Manuel pratique d'assistance*, 1925 (chap. des accidentés).

(2) Durruty, *Du salaire de base*, th. 1910.

(3) Sur l'établissement de cette moyenne, v. Civ. 30 juill. 1919, D 20.1.120; 10 fév. 1925, *Gaz. Pal.*, 25.1.620; 24 et 27 avril 1925, D. H. 25, 347 et 387; 7 juill. 1925, S. 25.1.206; 3 déc. 1928, D. H. 29.130. — Si, dans le mois qui a précédé l'accident, l'ouvrier à salaire variable n'a fait qu'une journée de travail chez le chef d'entreprise débiteur de l'indemnité, le salaire se confond alors avec celui qu'il touchait au moment de l'accident, comme au cas où le salaire est fixe (Cass., 4 janv. 1926, *Gaz. Pal.*, 26.1.394). — Et le juge du fond doit, dans les motifs de sa décision, indiquer les bases de calcul par lui adoptées, afin de permettre à la Cour suprême d'exercer son contrôle (Cass., 5 déc. 1923, S. 25.1.153; 24 nov. 1925, *Gaz. Pal.*, 26.1.167). — A noter d'ailleurs que, pour la détermination de l'indemnité journalière, doit être considéré, non comme variable, mais comme fixe, le salaire d'un salarié rémunéré à l'heure (ex.: femme de ménage) s'il est employé tous les jours le même nombre d'heures (Cass., 19 juill. 1926, D. 27.1.71 et note Falcimaigne). — V. aussi Cass. 28 juin 1924, S. 25.25.1.52 (mécanicien travaillant à l'heure).

allouée pendant ce temps, soit en argent, soit en nature. — Pour les ouvriers occupés depuis moins de douze mois, il s'entend de la rémunération effective qu'ils ont reçue depuis leur entrée dans l'entreprise, augmentée de la rémunération moyenne qu'ont reçue, pendant la période nécessaire pour compléter les douze mois, les ouvriers de même catégorie (1). Pour les industries où le travail n'est pas continu (fabriques de sucre de betterave, par exemple), le salaire annuel est calculé tant d'après la période d'activité que d'après le gain de l'ouvrier pendant le reste de l'année (art. 10) (2).

En somme, et plus simplement, l'esprit de la loi est d'établir, pour chaque catégorie d'ouvriers, un salaire annuel moyen représentant aussi exactement que possible son gain normal annuel, en y comprenant tous les suppléments (gratifications, indemnités de résidence ou de déplacement, remises, etc.), qui ont un certain caractère de régularité, et en excluant au contraire toutes les majorations accidentelles (remboursement de dépenses, frais de route, gratifications extraordinaires, etc.) qui, incorporées au salaire, en élèveraient artificiellement le taux (3).

(1) Cass., 30 juin 1924, D. H. 24, 579; 27 mai 1925, S. 25.1.121 et note A. S.; 11 mai 1927, *Gaz. Pal.*, 27.2.255

(2) Civ. 13 janv. 1914, D. 17.1.1. et note Sarrut. — Cf. Douai, 13 mars 1923, dockers (*Rec. Douai*, 23.145), et Angers, 15 avril 1924, D. H. 24, 500; Montpellier, 1er avril 1924, *Rec. assur.*, 24.249; Paris, 27 juill. 1928, Gaz. Pal., 28.2.433. — Cette disposition (art. 10, § 3) vise exclusivement le cas exceptionnel des ouvriers employés dans une entreprise dont l'activité est périodique, et où ne se rencontrent pas d'ouvriers de la même catégorie touchant, pendant une année, un salaire permettant d'établir une moyenne annuelle, conformément au paragraphe 2 (Trib. civ. Lyon, 23 mars 1922, *Mon. judic.*, 21 avril). On ne saurait donc l'étendre, par exemple, à une compagnie de chemins de fer, dont l'activité est continue, quand bien même une partie de son personnel ne serait employée que par intermittence et selon les besoins du service (Orléans, 9 févr. 1906, *Rec. des accid. du trav.*, 1906.239), ni même à l'industrie du *bâtiment*, dont les chômages, déterminés par les intempéries, n'ont rien de périodique (Cass., 19 déc. 1910, D. 11.1.452; Chambéry, 10 nov. 1928, *Gaz. pal.*, 26.1.167), solution contestable d'ailleurs, le législateur paraissant bien avoir songé, notamment, à l'industrie du bâtiment. — Dall., *Rép. prat.*, v° *Accid.*, n° 205. — Une même entreprise peut d'ailleurs, exceptionnellement, comprendre à la fois des services à travail discontinu et des services à travail continu, à la condition que ces services soient distincts (Cass., 12 juin 1923, *Gaz. Pal.*, 1923.2.461). — D'où la nécessité pour le juge d'indiquer, dans ses considérants, en vue de quelle situation il a statué (Cass., 5 mars 1907, S. 1907, *Suppl.*, p. 26) et 12 juin 1923, précité.

Le juge peut d'ailleurs établir, comme il l'entendra, dans l'hypothèse visée au paragraphe 2, le salaire des ouvriers *de même catégorie*. Aucune prescription de la loi n'oblige le juge du fait à ne se décider que d'après les éléments d'appréciation fournis par les livres de l'entreprise même où l'accident est survenu. — Cass., 4 mai 1904, S. 1906.1.497, et note de M. Wahl; 19 déc. 1910, D. 11.1.452; 10 janv. 1917, *Gaz. trib.*, 15 janv. — *Sic*: Loubat, t. 1er n° 668.

(3) Douai, 29 janv. 1901, D. 1901.2.275. Jugé en ce sens qu'il convient de com-

1114. — C'est également en s'inspirant de l'esprit de la loi que, dès avant la loi de 1905, l'on faisait généralement état, pour le calcul du salaire de base, des journées perdues par suite d'une cause accidentelle, indépendante de la volonté de l'ouvrier, maladie (de celui-ci, ou même de sa femme, — Chambéry, 13 avr. 1910, D. 1911.2.222), blessure, période de service militaire, chômage exceptionnel de l'usine (Civ. 26 juill. 1926, *Gaz. Pal.* 26.2.651), etc. ; tandis que l'on ne tenait pas compte, dans ce calcul, des journées volontairement perdues par lui (1).

prendre dans le salaire de base: les versements, prélevés sur le salaire, en vue d'alimenter une caisse de secours ou de retraites (Trib. civ. Valenciennes, 17 nov. 1899, D. 1900.2.495); les heures supplémentaires, de règle dans certaines industries; Cass., 21 janv. 1903, D. 1903.1.105; 27 janv. 1920, S. 21.1.124); les primes d'ancienneté (Dijon, 13 déc. 1927, D. H. 28.172); les primes allouées par les compagnies de chemins de fer aux mécaniciens ou chauffeurs, pour bon entretien des machines, économie de combustible, etc. (Grenoble, 6 nov. 1907, D. 1909.2.177 et note Loubat; Nancy, 30 avril, 1924, *Gaz. Pal.*, 24.2.150); les indemnités de résidence (Trib. civ. Toulouse, 19 mai 1900, *Rec. accid.*, II.263); les pourboires, mais seulement lorsque leur régularité, basée sur un usage constant, permet de les considérer comme un élément du salaire (Cass., 9 nov. 1910, D. 1911.1.483; 27 avril 1925, D. H. 25.38. — Cf. note Dupuich, sous D. 1902.2.297); les frais de nourriture (Douai, 25 juill. 1900, D. 1901.2.155), ou de logement (Cass., 19 nov. 1900, D. 1902.2.364), considérés comme supplément régulier de salaire; — les prestations en charbon accordées par certaines compagnies minières (Cass., 3 janv. 1910, XIII., 147), la participation bénéficiaire accordée à certains employés (Civ. 8 déc. 1913, D. 17.1.1; 24 juin 1929, D. H. 29.441), ou les commissions allouées (Cass., 17 déc. 1924, *Gaz. pal.*, 25.1.241). — Il en est de même des indemnités *de vie chère*, véritable complément de salaire (Cass. 2 mai et 6 nov. 1923, 27 mai 1925, S. 25.1.121 et note A. S.). — *Quid*, des *allocations familiales* ? La jurisprudence distingue: si l'allocation est servie par le patron lui-même en vertu du contrat de travail ou d'un règlement d'atelier, elle constitue un sursalaire et doit entrer en ligne de compte. — Il en est autrement si l'allocation est servie par une *Caisse de compensation*, à laquelle le chef d'industrie est affilié (Civ., 15 mai 1921, 2 mai 1923, 6 nov. 1925, S. 25.1.121; Lyon, 14 févr. 1929, *Mon. judic.*, 3 sept. 29; Trib. civ. Rhône, 7 mars 1929, D. H. 29.310). — V. cependant Paris, 24 déc. 1928, *Rec. dr. com. et dr. soc.*, 29.82.

L'on discute sur le caractère des indemnités de déplacement, allouées notamment par les Compagnies de chemins de fer; certains arrêts les considèrent comme le remboursement pur et simple des dépenses effectuées par l'agent: Lyon, 15 juin 1900, D. 1900.2.4; Bordeaux, 8 juill. 1902, S., 1903.2.245; d'autres les envisagent comme un supplément de salaire; Douai, 27 mai 1900, D. 1900.2.478; Pau, 21 févr. 1902, D. 1903.1.108. En réalité, tout dépend des circonstances, et c'est aux juges du fond qu'il appartient d'apprécier, d'après leur taux, d'après les circonstances dans lesquelles elles sont allouées, s'il convient ou non de les considérer comme salaire (Cass., 3 janv. 1910, D. 11.1.168).

(1) Aix, 3 août 1900; Besançon, 8 août 1900, D. 1901.2.178. — Une difficulté s'était élevée toutefois avant la loi de 1905 pour le cas de *grève*. Il est incontestable que l'on ne saurait assimiler la *grève* au chômage individuel et purement volontaire de l'ouvrier; mais convient-il cependant de l'assimiler aux causes imprévues et accidentelles, citées *supra* ? Quelques arrêts admettaient la solution

Ce mode de computation est aujourd'hui imposé par le paragraphe 4 de l'article 10 nouveau (L. 31 mars 1905) ainsi conçu : « Si, pendant les périodes visées aux alinéas précédents, l'ouvrier a chomé exceptionnellement et pour des causes indépendantes de sa volonté, il est fait état du salaire moyen qui eût correspondu à ces chômages. »

Toutefois, et par exception, le salaire qui sert de base à la fixation de l'indemnité allouée soit à un ouvrier âgé de moins de seize ans, soit à un apprenti (fût-il âgé de plus de seize ans, — Cass., 22 déc. 1909, *Rec. accid. trav.*, t. XIII, p. 143) ne doit pas être fixé au-dessous du salaire le plus bas des ouvriers valides de la même catégorie occupés dans l'entreprise (art. 8) (1).

1115. — *Des accidents donnant ouverture à une rente ou indemnité.* — Les accidents peuvent, au point de vue du droit qu'ils confèrent à la victime ou à ses ayants droit, se diviser en quatre catégories d'après leurs conséquences : accidents n'entraînant

affirmative, la plus favorable à l'ouvrier (Aix, 3 août 1900, D. 1900.2.178). — Cf. Planiol, note sous D. 1904.1.289; Pic, *De la suspension d'exécution du contrat de travail par l'effet des grèves* (Extr. de la *Rev. trim. de dr. civil*, 1905) et *supra* n° 326; d'autres distinguaient et n'autorisaient l'ouvrier à faire entrer dans le calcul du salaire de base les sommes qu'il eût touchées sans la survenance de la grève, que si celle-ci, par sa généralité et sa gravité, avait réellement arrêté pour un temps le travail de la profession: Dijon, 3 juill. 1900, D. 1901.2.250. — Cf. Sachet, n° 669; Bellom, p. 166. — Enfin, dans une troisième opinion, consacrée par la Cour de cassation, la grève serait en tout cas une rupture volontaire du contrat de travail: la reprise du travail n'aurait lieu qu'en exécution d'un contrat nouveau et, par suite, l'ouvrier victime d'un accident, avant que douze mois se soient écoulés depuis la fin de la grève, ne pourrait pas être considéré comme ayant été occupé pendant l'année écoulée. Dès lors, c'est le 2e al. de l'art. 10 qui serait applicable, et non le premier. — Cass., 4 mai 1904, D. 1904.1.289 et note Planiol, S. 1906.1.497, et note Wahl. Les travaux préparatoires de la loi de 1905 démontrent nettement que le législateur, considérant la grève, acte *collectif*, comme un chômage indépendant de la volonté *individuelle* de l'ouvrier, a entendu condamner cette interprétation, et « opposer à la jurisprudence de la Cour de cassation un texte obligeant les tribunaux à tenir compte du salaire que l'ouvrier a manqué de gagner pendant la grève ». Loubat, t. Ier n° 654; Cabouat, t. II, nos 564 et s. *Sic*: Paris, 15 déc. 1924, *Gaz. trib.*, 21 janv. 1925. — V. cependant Trib. civ. Havre, 27 oct. 1923, *Gaz. Pal.*, 23.2.695. — Mais le temps pendant lequel un ouvrier a subi une peine d'emprisonnement ne saurait être considéré comme une période de chômage forcé, cette interruption de travail étant la conséquence d'une faute personnelle de l'ouvrier (Douai, 21 mai 1924, *Rec. Douai*, 24.264, 26.470).

(1) Cette règle est impérative (Civ. 18 févr. 1924, *Gaz. pal.*, 24.1.649). — Il a été jugé que l'expression « ouvriers *valides* » devait s'entendre des ouvriers majeurs de 21 ans exerçant le même métier, et non des ouvriers de 16 ans: C. Rennes, 23 déc. 1900, D. 1901.2.60. — *Contra:* Dijon, 23 juill. 1900, *Rec. minist.*, III.490. — En réalité, le législateur a entendu laisser au juge la plus grande liberté d'ap-

qu'une incapacité de travail temporaire, accidents entraînant une incapacité permanente absolue, ou une incapacité permanente partielle, accidents mortels.

Incapacité temporaire. — L'*incapacité temporaire* est une incapacité de travail destinée à disparaître après rétablissement de la victime. Elle n'est prise en considération, d'après l'article 1er, que si elle a duré plus de quatre jours ; mais en revanche, toutes les fois qu'elle est constatée, elle confère à la victime le droit de réclamer l'indemnité de demi-salaire indiquée ci-après, sans qu'il y ait lieu de tenir compte du degré, absolu ou partiel, de l'incapacité.

1116. — *Incapacité permanente absolue.* — L'*incapacité permanente absolue* est celle qui fait de l'ouvrier un invalide, une *épave humaine*, incapable de fournir désormais un travail rémunérateur dans n'importe quelle profession (1). Le projet de 1893 définissait ainsi ce genre d'incapacité : « Sont considérées comme incapacités permanentes absolues du travail, la cécité, la perte complète de l'usage de deux membres ou toute infirmité incurable mettant la victime hors d'état de travailler et de pourvoir à sa subsistance. » Cette définition a disparu du texte définitif, le législateur ayant cru préférable de laisser les juges du fond libres d'apprécier, dans chaque espèce, le caractère véritable de l'incapacité, sans être liés par aucun texte (2). En fait, l'on s'accorde à considérer comme incapacités absolues la cécité (3), la perte par amputation ou fracture non réduite des deux jambes (4), la perte des deux bras, la paralysie généralisée ou l'aliénation mentale consécutives à l'ébran-

précîation. Le mot *valide* n'implique aucune idée de majorité; « il est employé ici par opposition à l'ouvrier âgé de moins de 16 ans qui est, suivant l'expression du rapporteur M. Duché, un ouvrier « en cours de formation ». — Cass., 29 mai 1906, D. 1909.1.444. — *Sic*: Loubat, t. Ier, n° 701. — Est également une question de fait la question de savoir si un travailleur recevant une faible rémunération doit être néanmoins considéré comme un *apprenti*, dans le sens de l'art. 8: Cass., 22 déc. 1909, D. 1911.1.121 (motifs); 30 juillet 1919, D. 20.1.120. — Loubat, n° 693.

(1) Requ. 18 mars 1912, D. 13.1.66; 8 déc. 1920, D. 21.1.81.

(2) Requ. 21 janv. 1924, *Bull. min. trav.*, 1924.412.

(3) Ou la perte d'un œil accompagnée de la suppression presque complète de la vision de l'autre, par suite d'ophtalmie sympathique. — Douai, 7 août 1900, D. 1901.2.85.

(4) C. Riom, 4 avr. 1900, *Gaz. Pal.*, 1900.1.805; C. Douai, 5 avr. 1900, *Gaz. Pal.*, 1900.1.752 — Au sujet de l'amputation du bras droit, les tribunaux sont divisés; les uns y voient une incapacité absolue (Trib. civ. Versailles, 11 janv. 1900, D. 1900.2.81); d'autres, en plus grand nombre, l'envisagent comme une incapacité partielle (Trib. civ. Seine, 24 mars 1900, *Le Droit*, 18 avr. 1900; Lyon, 1er avr. 1901, D. 1902.2.330).

lement causé par la blessure. L'on ne saurait d'ailleurs envisager comme preuve d'une capacité de travail subsistant chez l'ouvrier quelques besognes occasionnelles qu'on lui confie par charité ou qui n'exigent qu'un effort momentané, sans aucun retour à l'activité professionnelle (1).

Tel est du moins le principe : toutefois, il y a controverse pour le cas où le caractère absolu de l'incapacité serait la conséquence, non de la blessure, mais de l'existence d'une *infirmité antérieure*. Supposons, par exemple, qu'un ouvrier borgne perde, par suite d'accident, l'œil unique qui lui permettait de travailler : peut-on dire qu'il y a incapacité permanente *absolue* consécutive à l'accident, ou seulement incapacité de travail partielle ? La jurisprudence est divisée. Plusieurs Cours d'appel ont admis cette dernière solution (2) ; le premier système, consacré par la Cour de cassation, nous paraît à la fois plus équitable, et plus juridique, par cette raison décisive que c'est dans la comparaison du salaire touché avant l'accident (salaire déjà réduit à raison de l'infirmité de l'ouvrier) et du salaire qu'il est encore susceptible de toucher ensuite que réside l'unique critérium du caractère de l'accident. Devenu aveugle, l'ouvrier ne peut plus espérer aucun salaire ; l'incapacité est donc absolue (3).

1117. — *Incapacité permanente partielle.* — L'incapacité permanente partielle s'entend de tout accident ayant pour résultat de diminuer définitivement la capacité professionnelle de l'ouvrier : tel est le cas de tous les accidents qui mettent le travailleur dans la nécessité de se contenter d'un salaire plus ou moins réduit dans un métier moins pénible, ou des accidents qui, sans obliger la victime à changer de profession, ne lui permettent plus de fournir normalement dans cette profession qu'un travail de qualité inférieure.

(1) Cass., 9 nov. 1909, D. 11.1.144.

(2) Paris, 16 févr. 1901, D. 1901.2.457; Rennes, 5 nov. 1901, *Gaz. trib.*, 22 nov. 1901. — Cf. Dr Barral, *L'état antérieur dans les accidents du travail*, th. méd., 1909.

(3) *Sic* : Cass., 31 juill. 1906 et 12 avr. 1907, D. 1908.1.241, et note Dupuich ; 27 mai 1910, S. 10.1.536; Lyon 6 avr. 1909, D. 11.2.222; Civ. 13 nov. 1917, D. 20.1.120; 30 juin 1926, D. 27.1.124 (motifs). — Cf. Sachet, t. Ier, n° 455 ; Loubat, t. Ier, n° 580; Cabouat, t. II, n° 674; Bellom, p. 81; Dupuich, note sous D. 1901.2.457. — Mêmes solutions pour le cas où l'incapacité de travail serait aggravée par suite d'une *prédisposition morbide antérieure*. — Ainsi, doit être considéré comme atteint d'une incapacité permanente absolue l'ouvrier qui, atteint d'une contusion du thorax, est devenu incapable de travailler à raison d'une lésion pulmonaire antérieure subitement aggravée par le traumatisme. — Trib. civ. St-Etienne, 21 nov. 1901, *Mon. jud. Lyon*, 5 déc. 1901. — Cf. civ. 22 déc. 1914, D. 17.1.1 et note Sarrut; 30 juin 1926, D. 27.1.124.

Le législateur n'a pas cru pouvoir dresser une liste, qui forcément eût été incomplète, des accidents entraînant une incapacité partielle du travail, ni encore moins proposer une classification permettant de déterminer *a priori* la capacité de travail conservée. C'est donc au juge qu'il appartient de se prononcer, dans chaque espèce, tant d'après la gravité de la blessure déterminée par l'enquête que d'après les aptitudes et l'âge de la victime, sur le caractère de l'incapacité et sur la réduction qu'elle est susceptible de faire subir au salaire normal (1).

1118. — Mais cette liberté d'appréciation est-elle complète, ou n'est-il pas indispensable, pour que le juge ait le droit d'admettre l'existence d'une incapacité permanente partielle, que cette incapacité se soit manifestée *en fait* par une *réduction effective du salaire* ? La raison de douter vient de l'article 3, § 2, d'après lequel la rente doit se calculer d'après « *la réduction que l'accident aura fait subir au salaire* ». Le texte primitif portait : « En cas d'incapacité permanente partielle, l'indemnité (calculée pour le cas d'incapacité absolue) est *diminuée dans la proportion de la capacité de travail conservée* ». Le changement de rédaction, dit-on, est significatif : il prouve que le législateur a entendu obliger le juge à prendre pour critérium de la détérioration physique subie par l'ouvrier la différence constatée entre les salaires touchés par l'ouvrier, avant et après l'accident (2).

Cette interprétation littérale est aujourd'hui abandonnée, à raison des conséquences inacceptables auxquelles elle aboutit. Il importe peu, au point de vue qui nous occupe, que le patron conserve à l'ouvrier blessé, par pitié ou par calcul, afin d'échapper à l'obligation de servir une pension, son salaire antérieur (sauf à le congédier après l'expiration du délai de prescription ou de révision). Ce qu'il faut uniquement envisager, c'est le salaire normal que l'ouvrier peut, après sa blessure, espérer obtenir malgré la diminution de sa capacité de travail.

(1) Ainsi, sont considérés généralement comme entraînant incapacité permanente partielle: l'amputation d'une jambe (C. Besançon, 6 mai 1900, *Gaz. Pal.*, 1900.1.717); l'amputation du bras droit ou de la main droite (Beauvais, 11 janv. 1900, D. 1900.2.87; Lyon, 1er avr. 1901, D. 1902.2.230); du bras gauche ou de la main gauche (Besançon, 28 juin 1900, D. 1900.2.227); le sectionnement des doigts (Chambéry, 15 mars 1911, D. 11.5.63); la perte de la dernière phalange du médius gauche (Nancy, 9 mars 1900, D. 1900.2.231; cf. Trib. Seine, 27 juill. 1901, sous Paris, 4 juill. 1902, S. 1905.2.26, et note Wahl); la perte d'un œil (Orléans, 14 févr. 1900, D. 1900.2.231). — La perte de l'usage d'un bras, l'ankylose des doigts de pieds, la hernie, etc., etc., peuvent également être considérés comme entraînant incapacité permanente partielle.

(2) Cf. Nancy, 9 mars 1900, D. 1900,2.230.

Dès l'instant qu'il y a diminution certaine de la capacité générale de travail, fût-elle légère, l'on est en présence d'une incapacité permanente partielle, dont le juge n'a plus qu'à mesurer le degré pour établir le taux de la rente (1).

En d'autres termes, la détermination du taux de la rente dépend de la combinaison de deux éléments : d'une part le salaire *effectif* que touchait l'ouvrier blessé avant l'accident, et d'autre part les *facultés de travail* que lui laisse l'accident. Si cette faculté de travail est *diminuée*, fût-ce dans une proportion minime, une rente est due ; si au contraire les juges du fond estiment que la lésion consolidée ne peut exercer sur le salaire aucune influence appréciable, il leur appartient de refuser toute rente à l'accidenté, le paiement du demi-salaire jusqu'à consolidation, plus les frais médicaux, étant considéré comme une indemnisation suffisante. Tout se ramène ainsi à une question de fait, et ainsi s'expliquent les contradictions apparentes de la jurisprudence au sujet du droit à la rente en cas de réduction minime de la capacité ouvrière (2).

1119. — *Accident mortel.* — Doit être considéré comme accident mortel, donnant ouverture, au profit des ayants droit, aux rentes indiquées ci-après, tout accident ayant déterminé la mort immédiate, ou directement entraîné la mort, fût-ce au bout d'un temps plus ou moins long (3). Mais il en serait autrement du décès survenu, après une période intermédiaire de rétablissement, au cours de laquelle l'ouvrier a touché la pension d'incapacité, absolue ou partielle ; et ce, alors même que la mort paraîtrait avoir été hâtée par l'état maladif de la victime, déterminé lui-même par l'accident initial.

(1) Cass., 2 mars 1912, D. 12.1.361 et note Dupuich, 3 août 1915, D. 17.1.1. et note Sarrut; 5 juin 1919, D. 20.1.120 ; 29 nov. 1921, *Journ. assur.* 22.65; 31 mai 1927, *Gaz. Pal.*, 27.2.392; Lyon, 3 déc. 1909, S. 10.2.218; Paris, 6 déc. 1910, *Rec. acc. trav.* t. XIV, p. 175. — *Sic.:* Bellom, p. 183; Loubat, t. 1er, n° 846; Sachet, t. 1er, n° 538.

(2) Bordeaux, 8 juin 1910; Douai, 2 mai 1910, D. 1911.5.7 et 22 ; Dijon, 6 févr. 1911, D. 1911.2.386; 20 févr. 1911, D. 11.1.412. — Cette réduction de la capacité de travail est le seul critérium auquel doive s'attacher le juge, abstraction faite du point de savoir si l'incapacité n'aurait pas été aggravée par une infirmité ou une prédisposition morbide antérieures. La solution précédemment donnée (n° 1116) pour le cas d'incapacité absolue s'applique, en effet, par indentité de motifs, à l'incapacité permanente partielle. — Cass., 12 avr. 1907, D. 1908.1.241 (tuberculose préexistante) ; Civ. 30 juin 1920, D. 27.1.124 et note Blaevoet (accident antérieur); Dijon, 11 juin 1928 (R. D. C. et D. S., 29.52).

(3) En cas de doute, la preuve de la relation entre l'accident et le décès incombe aux ayant droit. — Cass., 18 mai 1925, *Gaz. pal.*, 25.2.327.

1120. — Des indemnités et rentes correspondant à chaque catégorie d'accident. — *a) Incapacité temporaire ; demi-salaire.* — Aux termes de l'article 3, § 3, amendé par la loi du 31 mars 1905, l'ouvrier ou employé a droit à une *indemnité journalière, sans distinction entre les jours ouvrables et les dimanches et jours fériés* (1), *égale à la moitié du salaire touché au moment de l'accident*... Cette indemnité est due jusqu'à la guérison, (Cass. 5 déc. 1923, S. 25.1.297), quelque longue que soit l'incapacité consécutive à l'accident. D'après la loi de 1898, elle n'était jamais due *qu'à partir du cinquième jour.* La loi de 1905 distingue : due à partir du cinquième jour pour les accidents légers, elle est payable à compter du premier jour si l'incapacité de travail a duré plus de dix jours (2).

L'indemnité est invariablement fixée à la moitié du salaire, sous réserve du droit de réduction reconnu au président (art. 16), sans pouvoir être réduite à raison des prestations auxquelles l'ouvrier pourrait avoir droit à un titre quelconque (3). Pour les *délégués mineurs*, elle est fixée à la moitié de leur indemnité journalière (L. 13 déc. 1912).

1121. — *Faculté de décharge de l'indemnité sur les sociétés de secours mutuels et autres caisses de secours.* — L'obligation pour les chefs d'industrie de supporter les frais de maladie, et de payer en outre aux ouvriers blessés une indemnité de demi-salaire jusqu'à guérison, est une charge fort lourde, que seule l'adoption d'un régime d'assurance obligatoire aurait pu atténuer notablement. A défaut de cette solution, rejetée par le Sénat, le législateur de 1898 a dû se contenter d'un palliatif, plus ou moins efficace, consistant dans la faculté pour l'industriel assujetti de se décharger sur des sociétés de secours mutuels ou des caisses patronales subventionnées par lui, du fardeau des indemnités (art. 5 et 6).

Deux situations, à cet égard, doivent être distinguées. S'il n'existe pas dans l'établissement de caisse de secours, le patron peut se décharger, pendant les trente, soixante ou quatre-vingt-dix premiers jours à partir de l'accident, de l'obligation de payer aux victimes les frais de maladie et l'indemnité temporaire, en affiliant ses ouvriers à une société de secours mutuels, et en prenant à sa charge le tiers au moins de la cotisation : si l'indemnité journalière payée par la société à ses membres est inférieure au demi-

(1) Ce membre de phrase a été ajouté par la loi de 1905, pour trancher la controverse qui s'était élevée sur la question de savoir si le demi-salaire était dû les dimanches et jours fériés.

(2) Le jour de l'accident non compris (Cass., 10 févr. 1910, D. 11.1.133).

(3) Trib. paix Noisy-le-Sec, 28 juill. 1915, *Gaz. Trib.* 10 mars 16. — Cf. Cass. 18 janv. 1921, S. 23.2.169 et note Sachet.

salaire, la différence demeure à la charge du chef d'entreprise. S'il existe une caisse de secours (*sic* : dans toutes les exploitations minières), le patron peut se décharger des obligations précitées moyennant une subvention annuelle à ladite caisse, dont le montant et les conditions devront être soumis à l'homologation ministérielle (Min. des trav. publics pour les mines, Min. du travail pour toutes autres caisses) (1).

1122. — *b) Incapacité permanente absolue : deux tiers du salaire.* — La rente allouée à l'ouvrier, atteint d'une incapacité permanente absolue, est fixée aux *deux tiers* du salaire annuel (art. 3, § 1er). Le taux élevé de la rente se justifie aisément par la situation particulièrement pénible de ces travailleurs, réduits, suivant l'expression de M. Boucher, ministre du commerce, à l'état d'*épaves humaines*. Le fardeau des rentes de cette première catégorie est d'ailleurs moins lourd qu'il ne semblerait à première vue pour l'ensemble de l'industrie, d'une part, à raison de ce fait que la durée de l'existence des victimes d'accidents graves est presque fatalement abrégée, d'autre part à raison du petit nombre d'accidents de cette nature (2).

1123. — *c) Incapacité permanente partielle : moitié de la réduction du salaire.* — Pour l'incapacité partielle et permanente, la victime a droit à une *rente égale à la moitié de la réduction que l'accident aura fait subir au salaire* (art. 3, § 2). Il y a, entre la solution consacrée pour l'incapacité *absolue*, et celle admise pour l'incapacité *partielle*, une asymétrie bizarre, qui nous paraît injustifiable : — Si l'ouvrier incapable de travailler peut prétendre à une rente correspondant aux 2/3 de son salaire, il eût été logique, semble-t-il, d'allouer à l'ouvrier dont la capacité de travail est simplement diminuée, une rente variable d'après la capacité conservée, mais susceptible de se rapprocher des 2/3, sans jamais atteindre complètement ce taux, réservé à l'incapacité totale. — Ce rabais légal que l'on impose au juge, sous prétexte d'atténuer le dommage causé à l'industrie par les simulations possibles, a le double défaut, selon nous, d'être irrationnel, et pratiquement inefficace,

(1) Sur l'application des art. 5 et 6 de la loi, cons. les décrets des 2 et 10 mai 1899, et l'arrêté ministériel du 16 mai. — Cf. Paris, 17 juin 1902, S. 1904.2.57, et note Wahl.

(2) Les statistiques démontrent que leur nombre, au fur et à mesure que se développent les mesures préventives, va en décroissant ; Bellom, *Journ. Soc. de statist. de Paris*, 1897, p. 232. — Leur chiffre est presque insignifiant : 0,75 % environ. — Sur la dernière statistique officielle (1927), v. *Bull. min. trav.*, 1928, p. 439.

sauf pour les accidents les plus graves, entraînant une incapacité quasi absolue, qui, par une singulière inconséquence, donneront lieu à des indemnités proportionnellement très inférieures à celles allouées pour des accidents légers.

1124. — *Pouvoirs du juge.* — Sous cette seule réserve, les juges du fond jouissent d'une entière liberté d'appréciation pour évaluer la capacité de travail conservée, et déterminer en conséquence de cette appréciation le taux de la rente. Le grand nombre des décisions intervenues déjà a permis à quelques auteurs d'établir un véritable barême, naturellement approximatif, des indemnités afférentes aux accidents les plus usuels (1).

1125. — *Point de départ de la pension.* — C'était une question fort controversée, avant la loi de 1905, que celle de savoir à partir de quel moment est due la pension allouée à l'ouvrier victime d'une incapacité permanente, absolue ou partielle ?

La question présente un intérêt pratique considérable, l'indemnité temporaire de demi-salaire, payable jusqu'au jour où la rente commence à courir, étant nécessairement inférieure au taux de la pension due pour incapacité absolue, et nécessairement supérieure au taux de la pension due pour incapacité partielle. Elle n'avait pas donné lieu à moins de quatre systèmes. Pour les uns, la pension devait courir dès le jour de l'accident. Tant qu'un doute subsistait sur le caractère de la blessure, l'indemnité de demi-salaire devait être payée, mais seulement à titre d'avance imputable sur la pension (2).

(1) La réduction de salaire correspondant à un même accident varie naturellement suivant les professions (Dijon, 6 févr. 1911, D. 11.2.286). -Ainsi, par exemple, l'on admet communément que l'amputation du bras droit entraîne pour l'ouvrier mineur une réduction des 3/5, pour le mécanicien des 6/7, etc.; que la perte d'un œil entraîne une réduction de 25 à 33 % pour les ouvriers utilisant surtout leur force musculaire (manœuvres, etc.), et de 50 à 60 % pour les mécaniciens. La question de la réduction doit d'ailleurs être examinée dans chaque espèce, sans qu'il soit loisible au juge de renvoyer simplement à une sorte de tarif établi ou accepté par lui. — Cass., 1er déc. 1908, *Rec. accid. trav.*, t. XI, p. 72. — Cons., pour l'étude de cette jurisprudence : Lesage et Mabire, *Taux des rentes allouées, d'après la jurisprudence, en matière d'infirmités permanentes partielles*, 1902 ; Dr Rémy, *L'évaluation des incapacités permanentes basée sur la physiologie des fonctions ouvrières des diverses parties du corps*, 2e éd., 1911 ; Zeys, *La valeur du corps humain devant les tribunaux et les lois sur les accidents du travail*, 1911 ; Imbert, Oddo et Chavernac, *Guide pour l'évaluation des incapacités*, 1923 ; Dr Imbert, *Tableau des incapacités en matière d'accidents du travail*, 1925 ; Dr Daussat, *Expertise des professions dans les accidents du travail*, 1925 ; Dr Mayet, *Barême pour l'évaluation de l'incapacité partielle et permanente*, 1925.

(2) Bordeaux, 25 juin 1900, *Rec. min.*, VI, 230.

Un second système faisait partir la pension du jour de l'accord intervenu, ou de la décision judiciaire, suivant que le règlement de l'indemnité avait lieu à l'amiable ou donnait lieu à une instance (1). D'autres lui assignaient pour point de départ le jour de la demande en règlement d'indemnité (2).

Enfin, dans un quatrième système, qui tendait à prévaloir (3), et que la loi de 1905 (art. 15 et 16 nouveaux) a expressément consacré, l'on assigne pour point de départ à la pension le jour de la *consolidation de la blessure,* c'est-à-dire le jour où la situation du blessé paraît définitivement fixée, que le caractère permanent et absolu de l'incapacité du travail soit désormais reconnu, ou que, si l'incapacité est partielle, l'ouvrier puisse reprendre son travail sans risque d'aggravation. — Dans le cas où l'indemnité temporaire, qui ne peut se cumuler avec la rente, aurait été payée après le jour où la rente est jugée devoir prendre cours, il y aurait lieu à imputation de l'une sur l'autre (4).

1126. — *d) Accident mortel : rentes servies aux ayants droit.* — L'article 3, § 4, distingue trois catégories d'ayants droit : — 1° Le *conjoint survivant* (non divorcé ou séparé de corps), qui a droit à une rente viagère égale à 20 0/0 du salaire normal de la victime, pourvu que le mariage ait précédé l'accident (5). — En cas de nouveau mariage, le droit à la rente cesse, et fait place à une allocation en capital correspondant au triple de la rente ; — 2° Les enfants,

(1) C. Bourges, 27 févr. 1900, S. 1901.2.16.

(2) Trib. civ. Narbonne, 13 févr. 1900, *Mon. jud. Lyon*, 12 mars.

(3) Cass., 7 janv. 1902, D. 1902.1.339 ; 19 janv. 1903, D. 1903.1.108 ; 24 janv. 1905, *Gaz. trib.*, 2-4 nov. 1905.

(4) Il en sera ainsi fréquemment, l'indemnité temporaire devant continuer à être servie jusqu'à la décision définitive, c'est-à-dire jusqu'à une date parfois de beaucoup postérieure à la consolidation de la blessure. — V. Boyer, *La consolidation dans les accidents du travail*, 1906. — Toutefois, lorsqu'un ouvrier blessé, après avoir repris son travail, s'est trouvé dans la nécessité de l'interrompre et de suivre un nouveau traitement, le jour où son état est devenu définitif est le seul qui doive servir de point de départ à la rente (Cass. 24 nov. 1925, *Gaz. Pal.*, 26.1.167). — Par contre, l'ouvrier qui refuse de subir une opération bénigne doit supporter les conséquences de son refus injustifié. En conséquence, c'est au jour où la guérison aurait été obtenue si l'ouvrier s'était laissé opérer qu'il convient de fixer la date de la consolidation, et non à celui, plus reculé, où la guérison a été effective. — Nancy, 15 mars 1921, *Rec. assur.*, 21.436 ; Lyon, 15 janv. 1923, *Mon. judic.* 30 juill. 23.

(5) Le mariage putatif confère à la veuve, jusqu'à son annulation, le droit à la rente. Trib. Moutiers, 16 janv. 1904, *Rec. min. com.*, t. IV, p. 61. — L'expression « conjoint survivant » désigne d'ailleurs aussi bien le *mari* survivant que la veuve : Lyon, 7 juin 1900.2.12. — *Contra* : Trib. civ. Valenciennes, 30 août 1922, S. 23.2.31 (restriction inadmissible).

légitimes ou naturels (pourvu, en ce qui concerne ces derniers, qu'ils aient été reconnus avant l'accident, ou que leur filiation naturelle soit légalement établie). Paris, 2 mars 1901, *Mon. jud. Lyon*, 3 juin.

Les orphelins de père *ou* de mère ont droit, jusqu'à 16 ans révolus (1), à une rente variant de 15 à 40 0/0 du salaire suivant leur nombre ; les orphelins de père *et* de mère ont droit chacun à 20 0/0, sans que le chiffre total puisse excéder 60 0/0 (1) ; — 3° Les ascendants ou les descendants (petits-enfants ou arrière-petits-enfants), sous la double condition que la victime n'ait laissé ni conjoint ni enfants, et qu'ils fussent *à la charge* de celle-ci au moment de l'accident (2). La rente, viagère pour les ascendants, temporaire pour

(1) Le tribunal ne peut sous aucun prétexte accorder une rente à un enfant majeur de 16 ans. — Cass. 28 nov. 1922, *Gaz. Pal.*, 23.1.50.

(2) L'enfant simplement conçu au jour de l'accident a droit à la rente, dont le point de départ sera le jour de la naissance: Paris, 22 févr. 1901, D. 1901.2.308. Le texte ne s'étant pas expliqué formellement sur l'hypothèse du concours entre le conjoint et les enfants, l'on s'est demandé si les indemnités prévues par l'article 3, § 4, A (conjoint) ne pouvaient pas se cumuler avec les indemnités allouées aux enfants par l'article 3, § 4, B. — L'admission du cumul, en supposant que le défunt laisse un conjoint (20 %), quatre enfants nés du mariage (40 %) et trois enfants d'un premier lit, orphelins de père et de mère (60 %), imposerait à l'industriel une charge globale de 120 % du salaire! Bien que l'hypothèse soit plus théorique que pratique, car il arrivera très rarement que de ces enfants issus de deux lits, aucun n'ait encore atteint l'âge de 16 ans, ce résultat possible condamne le système; et nous estimons avec la majorité des auteurs que l'on doit considérer le taux de 60 % comme un *maximum* légal, qui en aucun cas ne saurait être dépassé, quels que soient le nombre et la qualité des ayants droit (Rennes, 22 janv. 1901, *Gaz. Pal.*, 1901.1.250; Bellom, p. 190; Cabouat, p. 374). Mais la pension de la veuve étant irréductible, la réduction proportionnelle ne portera que sur les rentes allouées aux enfants (Limoges, 2 juill. 1920, S. 21.2.8). V. aussi Cass., 12 juill. 1926 et 21 juin 1927, *Gaz. Pal.*, 26.2.522 et 27.2.367 (sol implicite). Au décès de la veuve, la rente des enfants s'élèvera, automatiquement jusqu'au plafond légal (Civ. 3 janv. 1927, D. 27.1.137 et note Rouast). — Certains arrêts proposent une solution transactionnelle. Le conjoint survivant aurait en tout cas droit à 20 %; mais les enfants, du premier et du second lit, ne pourraient prétendre, entre eux tous, qu'à 60 %. Rouen, 2 mai 1903, D. 1904.2.25.

(3) La question de savoir si les ascendants ou descendants étaient *à la charge* du défunt est une pure question de fait abandonnée à l'appréciation des tribunaux. Cass., 20 juill. 1903, D. 1903.1.532 ; Requ. 16 juin 1913, S. 13.1.384 ; 28 juin 1927, *Gaz. Pal.*, 27.2.18. — Sur les circonstances susceptibles de déterminer la religion des juges, cons. notamment: Paris, 18 févr. 1902, S. 1902.2.148; Anvers, 15 janv. 1915, *Gaz. Trib.*, 29 mai 1915. — Tous ces arrêts procèdent de cette idée que la mission des juges du fond est de rechercher en fait si, à raison de son âge, de ses infirmités, etc., l'ascendant était ou non dans l'impossibilité de pourvoir lui-même à sa subsistance, et dans la nécessité de recourir à l'assistance de ses descendants. Si l'accidenté était pour l'ascendant un soutien utile, mais non indispensable, la rente devra être refusée (Trib. civ. Bourg, 8 juill. 1927, *Loi*, n° 4 nov. 27). Toutefois, les charges de famille incombant légalement à l'ascendant, doivent

les enfants ou descendants, qui n'y peuvent prétendre que jusqu'à l'âge de 16 ans, est de 10 0/0 pour chaque ayant droit, sans que le montant total des rentes ainsi allouées puisse dépasser 30 0/0 (1). — Toutes les rentes allouées en exécution de la loi de 1898 sont incessibles et insaisissables (2).

1127. — De vives critiques ont été formulées contre cette tarification légale, qui constituerait une véritable prime à l'embauchage des *célibataires*, dont le décès n'impose presque aucune charge au chef d'industrie, tandis que la mort d'un ouvrier marié et père de famille peut le grever de charges écrasantes. Peut-être le danger est-il moins grand qu'on ne l'a cru tout d'abord, vu le faible coefficient des accidents mortels et aussi à raison de ce fait que les sociétés d'assurances n'ont pas l'habitude de tenir compte de l'état civil des ouvriers dans la fixation de leurs primes (3). — Le péril, cependant, existe lorsque l'entrepreneur est un petit patron qui désire rester son propre assureur (4).

1128. — *Du cumul de la rente allouée en exécution de la loi de 1898 et d'une pension de retraite.* — Les indemnités et rentes allouées en exécution de la loi de 1898 peuvent-elles se cumuler avec les pensions de retraite, auxquelles l'ouvrier peut avoir droit de par son contrat, ou auxquelles la veuve de la victime aurait pu prétendre d'après le règlement de l'usine ? La question a été longtemps controversée en jurisprudence ; mais elle peut être considérée comme résolue aujourd'hui dans le sens du droit au cumul, par une série d'arrêts, émanés les uns de la Cour de cassation (retraites patronales), les autres du Conseil d'État (pensions

être prises en considération (Civ. 3 janv. 1927, D. 28.1.137 et note Rouast ; 16 févr. 1927, S. 27.1.187). — Cf. Demogue, *Rev. trim. de dr. civ.*, 1923, 514. — Il n'est pas nécessaire, d'autre part, que l'ascendant fût à la charge *exclusive* de la victime (Aix, 18 oct. 1922, *Loi*, 8 déc.). — Sur le caractère essentiellement personnel du droit à la rente, v. Rouen, 9 avr. 1903, D. 1904.2.293.

(1) Cette énumération est limitative. Les frères et sœurs ne sauraient donc prétendre à aucune indemnité (Bordeaux, 14 mai 1907, S. 09.2.221), même en se fondant sur l'art. 1382. — *Ibid.* — Cf. Paris, 14 nov. 1924, *Gaz. trib.*, 17 déc.; 20 juill. 1925, D. 26.2.119. — Sur la réversibilité des portions de rentes éteintes par le décès d'un des enfants ou par sa majorité de 16 ans, cons. Rennes, 22 janv. 1901, S. 1901.2.217 ; Paris, 9 nov. 1912, S. 13.2.169.

(2) Cass., 17 et 18 nov. 1908, D. 11.1.118. — Cf. Trib. civ. Nice, 24 févr. 1904, D. 1908.2.269 et note P. Appleton.

(3) Cf. Cabouat, p. 408 et s. ; Bellom, p. 200. — Les accidents mortels ne correspondent même pas à 1/4 % du nombre total des accidents déclarés (2.139 accidents mortels en 1927, sur un total de 88.367 déclarations).

(4) Le régime d'assurance obligatoire emprunté à l'Allemagne par le projet de 1893 remédiait pleinement à ce danger.

dues aux ouvriers des manufactures nationales) (1). Cette solution nous paraît de tous points conforme aux principes essentiels sur lesquels repose la loi de 1898. L'indemnité forfaitaire accordée par cette loi devant demeurer entièrement à la charge du chef d'entreprise (art. 30), et l'engagement que prend celui-ci de servir une pension de retraite étant une des conditions du louage de services, l'agent qui a droit à la fois à une rente viagère à raison d'un accident du travail et à une pension de retraite à raison de l'ancienneté de ses services (ou sa veuve s'il est décédé), est en droit d'exiger cumulativement *l'une et l'autre*.

1128 bis. — **Allocations temporaires** (L. des 15 Juill. 1922, 30 Juin 1924, etc., 19 Juill. 1927), et **rajustement des rentes** (15 Août 1929). — La dépréciation du franc ayant réduit les rentes en cours à un taux dérisoire, le législateur a dû, dès 1922, se préoccuper de relever le taux par des allocations temporaires (L. 15 Juill. 1922), renouvelées d'abord de deux ans en deux ans (L. 30 Juin 1924, 15 Juillet 1926), puis sensiblement majorées par la loi du 19 Juill. 1927 (2).

Le franc étant désormais stabilisé au 5me de sa valeur environ (L. 25 Juin 1928), il était indispensable de substituer aux allocations temporaires un régime définitif, assurant aux mutilés du travail des indemnités convenables, se rapprochant de celles des mutilés de guerre, d'où la loi du 15 août 1929, sur le *rajustement des rentes*, dont l'économie générale est la suivante : — tandis que jusqu'à ce jour bénéficiaient seuls des majorations les mutilés du travail dont l'accident était antérieur au 5 Août 1920, désormais en bénéficieront tous les accidentés antérieurs au 9 Juillet 1927 (date de l'entrée en vigueur du nouveau taux initial, fixé par la loi du 9 Juillet 1927, commentée sous le numéro suivant).

Le régime est étendu aux mutilés du travail, frappés d'une invalidité de 20 à 30 0/0. Il est accordé aux catégories suivantes, jusqu'alors exclues : gens de maisons, victimes de maladies professionnelles, accidentés du travail de l'Algérie.

Enfin les majorations sont sensiblement augmentées. Alors que jusqu'à présent elles variaient, suivant le degré d'invalidité ; entre 360 et 3.000 francs l'an, elles s'échelonneront désormais de 1.065 à 4.735 francs l'an. Un mutilé de 100 0/0 aura une rente viagère

(1) Cass., 24 Juin 1905, S. 1907.1.345, et note Wahl ; 14 mai 1912, D. 14.1.11. — Cons. d'État, 18 nov. 1904, S. 1905.3.145. — Sic : Sachet, t. 1er, n° 698; Loubat, t. 1er, n°s 1089 et s.; Bouvier, *Le cumul d'une rente viagère et d'une pension de retraite en cas d'accident du travail* (*Quest. prat.*, 1905, p. 111).

(2) En vertu de la clause de rétroactivité insérée dans la loi du 15 juill. 1926, ces allocations sont garanties même aux victimes d'accidents antérieurs aux lois des 9 avril 1898, 22 avril 1900, 13 déc. 1922 et 15 juill. 1924.

annuelle d'au moins 5.333 francs (pension et majoration comprise) (1). — La question des accidentés agricoles est réservée (projet spécial encore en suspens).

1129. — **Des dérogations aux règles précédentes, concernant soit le taux, soit le mode de paiement des indemnités.** — *Dérogations concernant le taux de la rente.* — Ces dérogations concernent : les travailleurs à salaire élevé ; les ouvriers étrangers.

Travailleurs à salaire élevé. — Aux termes de l'art. 2, § 2, amendé par les lois des 5 août 1920 et 8 Juillet 1926 (2), les ouvriers ou employés dont le salaire ou traitement annuel dépasse 8.000 fr. ne bénéficient des dispositions légales que jusqu'à concurrence de cette somme. Pour le surplus, et jusqu'à 18.500 fr., ils n'ont droit qu'au *quart* des rentes stipulées à l'art. 3 (3) ; au-delà de 18.500 fr., ils n'ont droit qu'à *un huitième*, à moins de conventions contraires élevant le chiffre de la quotité.

1130. — *Ouvriers étrangers* (4). — En principe, les ouvriers étrangers peuvent prétendre aux mêmes indemnités que les Français. Toutefois, à ce principe, l'article 3 *in fine* apporte une double exception : — 1° L'ouvrier étranger, atteint d'une incapacité permanente, qui viendrait à quitter le territoire français, recevra pour toute indemnité un capital égal à trois fois la rente qui lui avait été allouée ; — 2° Les représentants de l'ouvrier étranger, victime d'un accident mortel, ne recevront aucune indemnité si, au moment de l'accident, ils ne résidaient point sur le territoire francais (5).

(1) Ces majorations profitent aux ayant-droits en cas de décès de l'accidenté. — Cass., 30 mars 1926, *Gaz. Pal.*, 1926.2.106.

(2) Le texte primitif portait 2.400 francs ; la loi de 1920 l'avait élevé à 4.500 francs, mais ce dernier chiffre n'était plus en rapport avec le taux moyen des salaires actuels. — Sur la non rétroactivité de la loi de 1920, v. Civ. 6 janv. 1925, D. H. 25,98.

(3) Cette limitation ne s'applique qu'aux rentes et non aux indemnités temporaires. Cela résulte de la loi du 22 mars 1902, qui a substitué aux mots rentes *ou indemnités* du texte primitif, le mot « rentes » seulement.

(4) Cons. sur la question : Raynaud, *Les accidents du travail des ouvriers étrangers*, th. 1902; Barrault, *L'assurance ouvrière et les ouvriers étrangers* (*Quest. prat.*, 1907, p. 305, 375); Capitant, *Les conventions internationales sur les accidents du travail* (*Rev. de dr. int. privé*, 1910); Loubat, *Les accidents du travail en droit international*, 1910 ; Soulié, *Condition des ouvriers étrangers en matière des accidents*, th. 1913.

(5) La résidence s'entend ici d'une résidence de *fait*. Paris, 3 janv. 1903, D. 1904.2.92; Trib. Nice, 14 déc. 1903, D. 1905.2.23. — Il est inutile que l'ouvrier ou l'ayant droit ait en France un domicile *autorisé* : mais il faut qu'il y possède son habitation. L'ouvrier qui, habitant à l'étranger, vient chaque jour en France

Cette disposition a été très vivement critiquée, d'abord parce qu'elle constitue une véritable prime à l'embauchage des ouvriers étrangers, ensuite parce qu'elle aboutit à des conséquences iniques, surtout si l'on admet avec la jurisprudence que l'ouvrier ou ses représentants non résidents n'ont même pas le droit de réclamer une indemnité, en prouvant la faute du patron dans les termes de l'article 1382 (1). Une telle législation, ajoutait-on, ne peut que légitimer de la part des puissances étrangères des mesures de rétorsion contre les ouvriers français travaillant à l'étranger.

Ces critiques étaient quelque peu exagérées. La prime à l'embauchage des étrangers n'avait peut-être pas la gravité qu'on lui attribuait. Mais il n'en est pas moins vrai que cette disposition, dans sa forme brutale, n'était ni conforme à l'intérêt bien entendu des travailleurs français, ni en harmonie avec les traditions généreuses de notre pays au regard des étrangers. Aussi a-t-elle été amendée en ces termes par la loi du 31 mars 1905 (paragr. final ajouté à l'art. 3) : « Les dispositions des trois alinéas précédents pourront, toutefois, *être modifiées par traités* dans la limite des indemnités prévues au présent article, pour les étrangers dont les pays d'origine garantiraient à nos nationaux des avantages équivalents. »

Des traités de ce genre, tendant à assimiler aux nationaux les ouvriers étrangers appartenant à la nationalité du pays co-contractant, pour tous les droits conférés aux victimes d'accidents du travail, et à associer étroitement les Caisses d'assurance des deux Etats contractants au service des rentes allouées, ont été conclus jusqu'à ce jour entre la France et l'Italie, la Belgique, le Luxembourg, la Grande-Bretagne, la Rép. de St-Marin (2).

travailler dans une usine voisine de la frontière n'est pas un résident : Cass. 7 juill. 1903, D. 1903.1.533. Et, lorsque l'étranger a quitté la France, sans esprit de retour, le patron est autorisé à se libérer définitivement, sans révision possible, par l'offre d'un capital égal à trois fois la rente. — Cass., 18 mars 1922, D. 24.2.202.

(1) Cass., 16 nov. 1903, D. 1904.1.133, S. 1906.1.27 ; Paris, 16 mars 1902, D. 1904.2.92. — Si, parmi les enfants âgés de moins de seize ans laissés par un ouvrier étranger, victime en France d'un accident suivi de mort, les uns, au moment de l'accident résidaient en France, les autres à l'étranger, il n'y aurait pas lieu, pour la fixation de la rente à allouer aux enfants résidant en France, de tenir compte de l'existence des enfants résidant à l'étranger. — Chambéry, 13 août 1902, S. 1906.2.9.

(2) Traité de travail franco-italien du 30 sept. 1919 (remplaçant le traité du 16 avril 1904), arrangements du 30 juin 1924, et règlements d'exécution du 27 janvier 1925; — Convention franco-belge du 21 févr. 1906; — Convention franco-luxembourgeoise du 27 juin 1906 ; — Convention franco-anglaise du 27 août 1909 ; — Convention du 2 juillet 1918 avec St-Marin. — Pour plus de développements sur ces conventions et leur portée sociale, v. *supra*, n° 181 et les autorités citées. —

1131. — *Conflits de législations* (1). — Que décider, dans le cas où un ouvrier, français ou étranger, embauché en France par un chef d'entreprise français, pour un travail à exécuter à l'étranger, viendrait à être victime d'un accident du travail ? Les réparations dues à la victime devront-elles s'apprécier d'après la loi française (*lex loci contractus*), ou d'après la loi du lieu de l'accident ? Si l'on envisage la responsabilité du patron comme une responsabilité délictuelle, c'est la loi du lieu de l'accident qui seule devra s'appliquer (2). Si on la considère au contraire comme naissant du contrat lui-même (dette de sécurité), c'est à la loi du lieu du contrat qu'il convient de donner la préférence.

C'est à cette dernière interprétation que paraît s'être rallié le législateur de 1905, lorsqu'il a inscrit dans l'article 15 un paragraphe 6 ainsi libellé : « Lorsque l'accident s'est produit en territoire étranger, le juge de paix compétent est celui du canton où est situé l'établissement ou le dépôt auquel est attachée la victime. » Et la loi de 1907, sur la faculté d'adhésion, est venue confirmer encore cette interprétation (3).

Quoique le texte ne statue *in terminis* que sur une question de compétence, il semble bien que ses rédacteurs aient entendu im-

Adde, Sicoré, *Application de l'arrangement franco-allemand* (*Journ. Clunet*, 1909 69). — Cp. Conventions belgo-luxembourgeoise du 22 mai 1906, germano-luxembourgeoise du 2 sept. 1906, germano-néerlandaise du 27 août 1909, italo-hongroise du 19 sept. 1909, italo-allemande du 31 juillet 1912, etc. — L'application des traités franco-italien et franco-belge a soulevé de délicates questions se rattachant au principe de non-rétroactivité. La Cour de cassation a jugé (18 nov. 1908, D. 1911.1. 118) que la convention franco-italienne de 1904 était inapplicable aux faits antérieurs à sa promulgation. — Cf. note Loubat sous Trib. Marseille, 30 janv. 1908 (D. 1910.2.237).

(1) Pour l'étude du conflit des lois en matière d'accidents, que nous ne pouvons qu'effleurer ici, cons. spécialement : Raynaud, *Les conflits des lois en matière d'accidents du travail* (*Journ. de dr. intern. privé*, 1911.1057) ; Perroud, même titre (*ibid.*, 1912, p. 385).

(2) *Sic* : Liège, 21 juin 1905, D. 1907.2.286. — V. aussi C. de Gênes, 30 sept. 1898, S. 1901.4.1 et note Wahl ; C supr. Luxembourg, 4 juill. 1902, S. 1907.4.21 ; C. d'appel de Londres, 30 mars 1909 (*Clunet*, 1910, p. 620). — Cons. également, dans le sens de la territorialité stricte des lois sur les accidents : Douai, 9 août 1905, *Rev. de dr. intern. privé*, 1906.164 ; Raynaud, *op cit.*

(3) Cass., 8 mars 1907, D. 1908.1.371 ; Florence, 28 oct. 1908, *Clunet*, 1910, p. 667, D. 11.2.308 et la note ; Ch. réun., 26 mai 1921, S. 23.1.33 et note Sachet (colonies dans lesquelles la loi de 98 n'a pas encore été promulguée) ; Paris, 16 mars 1925, *Gaz. Pal.*, 25.1.701 ; Loubat, *Accid. du trav. en dr. intern.*, p. 28 et 120 ; Anzilotti, note sous l'arrêt précité de Florence (*Rev. de dr. intern.*, 1909, p. 75) ; Perroud, *De l'extension extraterritoriale des lois de police comme conséquence de l'autonomie de la volonté* (*Journ. de dr. intern. privé*, 1906.633) et article précité (*ibid.*, 1912.385). — Cf. sur le caractère contractuel de la responsabilité dérivant des contrats d'adhésion, notes Perroud sous S. 11.1.105 et Ferron sous S. 11.2.233.

plicitement se référer à la loi française. Est-ce à dire que, dans l'hypothèse inverse, contrat de travail passé à l'étranger pour un travail à exécuter sur le sol français, la loi étrangère doive s'appliquer à l'exclusion de la loi française ? La logique le voudrait ; mais une telle solution serait difficilement conciliable avec le caractère d'ordre public assigné à la loi par l'article 30. Dès que l'accident se produit sur le sol français, c'est, croyons-nous, la loi française qui doit recevoir son application (1), sous réserve des stipulations contraires inscrites dans les traités spéciaux. Un traité général, tel que la convention franco-suisse du 25 juin 1869, ne suffirait même pas à faire écarter l'application des règles spéciales de compétence édictées par la loi de 1898 (2).

1132. — *Dérogations concernant le mode de paiement des indemnités.* — En principe, la victime de l'accident n'est pas admise à réclamer le capital correspondant à la rente. Toutefois, par exception, le quart de ce capital peut lui être attribué, après l'expiration du délai de révision (art. 9 et 17 cbn.) ; l'on a voulu procurer ainsi à l'ouvrier invalide les ressources pécuniaires nécessaires pour l'acquisition d'un petit fonds de commerce. — La victime peut également demander que ce capital serve à constituer sur sa tête une rente viagère réversible, pour moitié au plus, sur la tête de son conjoint (2).

III. Déclaration et enquêtes. — **1133.** — A. **Déclaration.** — Aux termes de l'article 11, tout accident ayant occasionné une incapacité de travail doit être déclaré dans les quarante-huit heures, non compris les dimanches et jours fériés, par le chef d'entreprise ou ses préposés, au maire de la commune, qui en dresse procès-verbal et en délivre immédiatement récépissé. — La déclaration et le procès-verbal doivent indiquer, dans la forme réglée par le décret du 23 mars 1902, les nom, qualité et adresse du chef d'entreprise, le lieu précis, l'heure et la nature de l'accident, les circonstances dans lesquels il s'est produit, la nature des blessures, les noms et adresses des témoins. — Toute contra-

(1) Loubat, *Accid. en dr. intern.*, p. 49, 120. — V. aussi Cass., 6 mai 1907, S. 1907.1.463 (sol. implicite) ; Nancy, 10 févr. 1906, D. 10.2.297.

(2) Trib. civ. Grasse, 3 mai 1911, *Rec. accid. trav.*, t. XIV, p. 112. — Sur les conflits entre la loi française et le régime allemand, encore en vigueur en *Alsace-Lorraine* (Haut-Rhin, Bas-Rhin, Moselle), v. L. 15 mars 1920 et décr. du 3 août 1927.

(3) Les frais de l'instance engagée à cet effet incombent à l'ouvrier. — Aix, 10 mars 1923, S. 24.2.86.

vention est punie d'une amende de 1 à 15 francs, qui peut être élevée à 300 francs en cas de récidive.

D'après la rédaction de 1898, toute déclaration devait être accompagnée d'un certificat médical. Le texte de 1902 décharge les chefs d'entreprise de la production de certificats médicaux pour les accidents légers n'entraînant qu'une incapacité de travail de quatre jours au plus. D'autre part, les maires n'ont plus la responsabilité du choix à faire, d'après les énonciations des certificats médicaux, entre les déclarations à retenir et celles à transmettre aux justices de paix. Le nouvel article 12 impose, en effet, au maire l'obligation de transmettre dans les vingt-quatre heures qui suivent le dépôt du certificat, et au plus tard dans les cinq jours qui suivent la déclaration de l'accident, toutes les déclarations par lui reçues, accompagnées des certificats médicaux correspondants ou de l'attestation qu'il n'a pas été produit de certificat.

La déclaration d'accident peut être faite dans les mêmes conditions par la victime ou ses représentants jusqu'à l'expiration de l'année qui suit l'accident.

Pour tout accident ayant entraîné la mort ou donné lieu à un certificat médical, avis est donné immédiatement par le maire à l'inspecteur départemental ou à l'ingénieur des mines.

1133 bis. — B. Enquête et expertises. — Lorsque, d'après le certificat médical, la blessure paraît devoir entraîner la mort ou une incapacité permanente, ou lorsque la victime est décédée, le juge de paix, dans les vingt-quatre heures, procède à une enquête à l'effet de déterminer : la cause de l'accident, l'identité et l'état civil des victimes, la société d'assurance à laquelle le chef d'entreprise était assuré ou le syndicat de garantie auquel il était affilié (1).

En cas d'insuffisance ou d'obscurité du certificat médical, le juge de paix peut, soit désigner un médecin pour examiner le blessé, soit commettre un *expert* pour l'assister dans l'enquête (2).

Si le juge de paix, le tribunal ou la Cour croient devoir ordonner une *expertise médicale*, l'expert ne peut être, ni le médecin

(1) L'enquête du juge de paix n'est pas le seul élément d'information dont la justice dispose le cas échéant : le tribunal peut faire état des témoignages recueillis, de l'enquête prescrite par le parquet et dirigée par un commissaire de police concurremment avec celle du juge de paix, etc. : C. Paris, 1er mai 1900, S. 1900.2.281 ; 16 févr. 1901, *Gaz. Pal.*, 1901.1.490.

(2) Sur les enquêtes et expertises, v. les instructions détaillées contenues dans l'article 13 de la loi. — Cf. Rouen, 8 févr. 1913, S. 14.2.52 ; Cass. 7 juin et 13 juill. 1921 et 2 janv. 1923, S. 23.1.169 et note Sachet.

qui a soigné le blessé, ni un médecin attaché à l'entreprise ou à la société d'assurance (art. 12 et 19, nouveaux).

IV. Juridictions et procédure (1). — **1134. — Délimitation des compétences respectives du juge de paix et du tribunal civil.** — D'après les art. 15 et 16 de la loi amendés par la loi du 31 mars 1905, les contestations relatives aux frais funéraires, frais de maladie et indemnités temporaires, sont soumises au juge de paix du canton où l'accident s'est produit, quel que soit le chiffre de la demande ; et toutes les autres (demandes de rentes et actions connexes) sont de la compétence du tribunal civil, lequel ne statue qu'après un préliminaire obligatoire de conciliation devant le président du tribunal civil (2).

Cette comparution en conciliation devait avoir lieu, d'après la loi de 1898, sur convocation du président, dans les cinq jours de la transmission du dossier. L'article 16 nouveau (l. du 31 mars 1905) distingue avec raison plusieurs hypothèses. La convocation doit avoir lieu dans les cinq jours de la transmission du dossier, si la victime est décédée avant la clôture de l'enquête, ou, dans le cas contraire, dans les cinq jours de la production par la partie la plus diligente, soit de l'acte de décès, soit d'un accord écrit des parties reconnaissant le caractère permanent de l'incapacité, ou bien de la réception de la décision du juge de paix visée au 3e alinéa de l'article précédent, ou enfin, si aucune des pièces n'a été déposée, dans les cinq jours précédant l'expiration du délai de prescription, lorsque la date de cette expiration est connue du président. Le chef d'industrie comparaît en personne ou par fondé de pouvoir spécial (3) ; les représentants de l'ouvrier ou de ses ayants droit, s'ils ne se présentent en personne, doivent avoir capacité pour transiger.

(1) Lesueur, *Compétence et procédure en matière d'accidents*, th. 1907 ; Loubat, t. Ier, chap. XV et s. ; Verneil. *Attributions des juges de paix en matière d'accidents du travail*, 3e éd., 1907, et note sous D. 1909.2.177; Bressolles, *La procédure spéciale en matière d'accidents*, th. 1913 ; Saint-Pol, *Compétence des juges de paix en matière d'accidents*, th. 1913. Sur l'action de l'établissement hospitalier subrogé aux droits de l'ouvrier, V. Cass., 20 nov. 1918, S. 23.1.169.

(2) Le préliminaire de conciliation est d'ordre public (Cass., 15 avr. 1919, S. 23.1.169).

(3) Une société doit être représentée par un de ses administrateurs ; son directeur technique n'aurait pas qualité pour la représenter, à moins d'en avoir reçu pouvoir: Besançon, 11 juill. 1900 (*Gaz. Pal.*, 1900.2.256). Le plus souvent, l'assureur se fera remettre un pouvoir à cet effet par l'assuré. D'après le nouvel art. 16, le président doit convoquer « la victime ou son ayant droit, le chef d'entreprise qui peut se faire représenter, *et s'il y a assurance, l'assureur* ». Le même article ajoute: « s'il y a assurance, l'ordonnance du président ou le jugement fixant la

Lors que le tribunal civil est saisi d'une demande de rente viagère pour incapacité permanente, le juge de paix n'en demeure pas moins seul compétent, à l'exclusion du tribunal civil, pour connaître de toutes contestations relatives à l'indemnité journalière de demi-salaire (1).

Toutefois, en cas de non-conciliation, le président peut, par son ordonnance de renvoi et sans appel, substituer à l'indemnité journalière une provision inférieure au demi-salaire ; cette provision peut être allouée ou modifiée en cours d'instance, par voie de référé, sans appel (2).

1135. — **Voies de recours contre les décisions du juge de paix ou du tribunal.** — Aux termes de l'article 15, modifié par la loi de 1905, les décisions des juges de paix doivent, au point de vue de l'appel, être divisées en deux catégories ; celles relatives au paiement des frais médicaux et pharmaceutiques ne sont, en dernier ressort, que jusqu'à 300 francs ; celles concernant les indemnités temporaires sont, au contraire, en dernier ressort, à quelque chiffre que la demande s'élève (3).

rente allouée *spécifie que l'assureur est substitué au chef d'entreprise* ». Cette rédaction assez obscure a suscité dans la pratique des interprétations divergentes. D'après certaines décisions, l'assureur ne doit pas être mis en cause, mais est substitué de plein droit au chef d'entreprise. Trib. Cambrai, 8 mars 1906, *Gaz. Trib.*, 30 avr.-1er mai 1906. — Mais la Cour de cassation est fixée en sens contraire. Elle exige la mise en cause de l'assureur; on ne condamne pas une personne non assignée. Cass., 27 mai 1910, D. 11.1.307 ; 27 avril 1922, S. 23.1.169 et note Sachet. — Sur la non connexité de l'action contre le chef d'industrie ou l'assureur et de l'action contre les tiers responsables, v. Civ. 27 févr. 1929, *Rec. de dr. com. et de dr. soc.*, 29.196.

(1) Cass., 6 juill., 8 nov. 1908, D. 1909.1.137 et note Dupuich; 24 janv. 1912 et 15 janv. 1913, *Rec. accid.*, XV, 303 et 423. — Mais il doit se déclarer incompétent pour toute action tendant à l'attribution d'une rente, et renvoyer en ce cas l'affaire, dans les trois jours, au président du tribunal (art. 15). — Cf. Cass., 24 févr. 1913, *Gaz. Trib.*, 25 juill. 1913. — V. aussi Cass., 10 janv. 1912, *Rec. accid.*, CXV, 299. — Cf. note Sachet, sous S. 23.1.169.

(2) Paris, 28 mai 1907, *Rec. accid. trav.*, t. IX, p. 58. — C'est au président seul qu'il appartient de fixer le taux de la provision (Pau, 6 mars 1910, *Gaz. Trib.*, 19 sept.). Mais le président excéderait ses pouvoirs s'il accordait une provision supérieure au demi-salaire. Lyon, 17 févr. 1912, *Mon. jud. Lyon*, 21 mars. — Il ne lui appartient pas non plus de fixer la date de la consolidation de la blessure, et par suite la date à laquelle la provision fera place au service de la rente; c'est au tribunal seul qu'il appartient de statuer sur ce point. — Cass., 6 déc. 1910, *Rec. accid. trav.*, t. XIV, p. 222.

(3) Cette disposition ne déroge nullement à la règle générale posée par l'art. 14 de la loi du 25 mai 1838, d'après laquelle les jugements rendus par les juges de paix sont toujours sujets à appel quand ils ont statué sur une question de compétence. Cass., 25 nov. 1903, D. 1904.1.73, S. 1906.1.336 ; 4 avr. 1907, S. 1907.1.411 ; 12 juill. 1920 et 11 avril 1921, S. 23.1.169 ; 25 janv. 1927, S. 27.1.142. — Loubat, 1.

En règle générale, le pourvoi en cassation contre les décisions des juges de paix n'est recevable que pour excès de pouvoirs. Avant la loi de 1905, ce principe recevait application en notre matière (1). Mais l'article 15 nouveau, qu'il convient de combiner avec la loi du 22 déc. 1915, dispose expressément que le recours en cassation est recevable, non seulement pour excès de pouvoirs, mais aussi pour violation de la loi (2).

Les jugements émanés du tribunal civil sont susceptibles d'appel dans les termes du droit commun (3). Toutefois, l'appel doit être interjeté dans les *trente jours* (4), de la date du jugement, s'il est contradictoire et, s'il est par défaut, dans la quinzaine du jour où l'opposition ne sera plus recevable. L'opposition n'est plus recevable en cas de jugement par défaut contre partie, lorsque le jugement a été signifié à personne, passé le délai de quinze jours à partir de cette signification. La Cour doit statuer d'urgence dans le mois de l'acte d'appel. Le recours en cassation est soumis au droit commun.

Le bénéfice de l'*assistance judiciaire* est accordé de plein droit en justice de paix, au tribunal civil, et pour l'acte d'appel (art. 22).

1136. — Prescription (5). — L'action en indemnité prévue par la loi se prescrit *par un an*. Le texte de 1898 portait « à dater du jour de l'accident ». Cette rédaction avait soulevé de graves controverses, sur la détermination des causes interruptives (6) de prescription

1er, n° 1466. Il est à remarquer d'autre part, que la compétence spéciale des juges de paix en matière d'accidents du travail n'a été modifiée, ni par les lois générales sur la compétence de ces magistrats en date des 12 juillet 1905 (anc. art. 5, 1°) et 1er janv. 1926, ni par le décret-loi du 5 nov. 1926. — Le délai d'appel est de quinzaine, aussi bien sur le fond (frais médicaux) que sur la compétence. — Cass. 17 déc. 1924, S. 25.1.30; 20 juill. 1925 (*Rec. accid. trav.*, 15e r., p. 10). Lorsque le délai d'appel est expiré à l'égard du chef d'entreprise, l'appel formé contre l'assureur n'est plus recevable. Cass. 14 déc. 1922, S. 23.1.169. — V. aussi Cass. 16 févr. 1927, *Gaz Pal.*, 27.1.637

(1) Civ. cass., 29 janv. 1901, D. 1901.1.57, et note Sarrut ; 13 juin 1903, D. 1904.1.510.

(2) Cette disposition n'a pas d'effet rétroactif (Cass, 19 janv. 1910, *Rev. accid. trav.*, t. XIII, p. 150).

(3) Cass., 2 mars 1903, S. 1904.1.349; Chambéry, 4 mars 1914, S. 14.2.104.

(4) Sur la suspension des délais d'appel pendant la guerre (décr. 10 août 1914), v. Bordeaux, 25 avril 1917, D. 18.2.55; Cass. 18 mai 1920, S. 21.1.200. — Sur l'augmentation des délais à raison de la distance, v. Cass. 10 déc. 1922, S. 23.1.169 et note Sachet.

(5) Pour plus de développements, cons. Loubat, t. Ier, nos 1837 et s.; Cabouat, t. II, nos 897 et s.; Laroque, *De la prescription en matière d'accidents du travail*, 1904. — L'action du médecin en paiement de ses honoraires est soumise à la même prescription. — Cass. 19 oct. 1921, S. 23.1.169.

(6) Il y a encore doute sur l'application des causes *suspensives* de prescription.

La loi du 22 mars 1902 a mis fin à ces controverses en déclarant que l'action en indemnité se prescrit par un an à dater du jour de l'accident, *ou* de la clôture de l'enquête du juge de paix, *ou* de la cessation du paiement de l'indemnité temporaire ». Le caractère interruptif de ces deux faits n'est donc plus discutable (1).

Mais la loi de 1902 ne s'est pas expliquée sur le point de savoir s'il faut considérer comme suspensive la déclaration de l'accident ; aussi la question est-elle vivement discutée (2). Par contre, l'on s'accorde à reconnaître qu'en substituant l'action du président à celle de la partie, le législateur de 1902 n'a pu vouloir attribuer à la convocation que le président adresse au chef d'entreprise un effet autre et moindre que celui qu'aurait eu la citation en justice, délivrée par la victime ou ses représentants. Cette convocation est donc à la fois introductive d'instance et interruptive de prescription (3).

On discutait également, avant la loi de 1902, sur le point de savoir si la prescription courait du jour de l'accident, même dans le cas où la gravité de l'accident ne s'était révélée qu'un certain temps après. Partant du principe « *contra non valentem agere...* », certains arrêts avaient décidé que la prescription, en cas d'incapacité permanente, ne courait que du jour de la *consolidation de la blessure* (4). Cette solution équitable était cependant repoussée par

La Cour de cassation estime, contrairement à l'art. 2252 C. civ., que la prescription n'est pas suspendue par la minorité ou l'interdiction de la victime, ou de ses représentants. Cass., 18 mars 1903, D. 1904.1.161; Loubat, t. 1er, n° 1895. — *Contra*: Paris, 27 juill. 1901, D. 1902.2.163 ; Bordeaux, 2 mars 1926, S. 26.2.77.

(1) Civ., 31 mai 1927, D. H. 27, 416. — De l'art. 18, modifié par la loi de 1903, il résulte clairement que la prescription ne peut être déclarée acquise que si une année s'est écoulée depuis le dernier terme fixé, c'est-à-dire depuis que l'indemnité temporaire a cessé d'être payée (Trib. Boulogne-sur-Mer, 3 mai 1902, S. 1903.2.89) ou si cette indemnité a été payée d'avance, depuis l'expiration de la période à laquelle est afférent le paiement (Besançon, 8 avr. 1905, S. 1905.2.197). Cf. Cass., 26 janv. 1914, *Gaz. Trib.* 5 juin. — Sur l'impossibilité pour les ayants cause de la victime d'agir utilement, lorsque l'action est prescrite à l'égard de la victime, v. Cass., 5 juill. 1904, S. 1906.1.183.

(2) D'après la Cour de cassation, si la déclaration émanée de l'ouvrier est suspensive, il en serait différemment de la déclaration effectuée par le patron, cette déclaration ne pouvant équivaloir à une reconnaissance de dette — Cass., 9 mars 1903, S. 1904.1.401 et note Wahl; 26 oct. 1909, S. 10.1.447 (*Contra*: Bordeaux, 12 févr. 1901, *Journ. des arr. de Bordeaux*, 1902.2.12). — Est suspensive, en tout cas, la déclaration prescrite par l'art. 19 pour l'introduction de la demande en révision (Riom, 21 déc. 1912, *Rev. accid.*, XV, 244).

(3) Cass., 18 mars 1903, D. 1904.1.161 ; 7 janv. 1907, S. 1907.1.416. — Cf. Sachet, t. II, n° 1299. — Sur l'effet interruptif de l'action en justice de la victime ou de ses ayants droit, v. Cass. 19 oct. 1921, S. 23.1.169 et note Sachet.

(4) Caen, 18 juill. 1901, S. 1902.2.57 ; Trib. Château-Chinon, 21 nov. 1902, S. 1903.2.89. — Cf. Loubat, t. 1er, n° 1896.

la Cour de cassation (4). L'interprétation de la Cour suprême semble bien confirmée, tant par la loi de 1902, qui fixe un point de départ uniforme, quel que soit le caractère de l'action en indemnité, que par la loi du 31 mars 1905 (5). Cette dernière décide, en effet, que l'indemnité journalière doit être servie jusqu'au jour où la rente est définitivement fixée à l'amiable ou judiciairement ; il serait donc inexact de soutenir que l'ouvrier est dans l'impossibilité d'agir puisqu'il lui est loisible, jusqu'à ce que la blessure ait acquis un caractère certain, de faire prolonger le service de l'indemnité journalière et de retarder d'autant le point de départ de la prescription.

1137. — Action en révision (1). — Il est souvent difficile de se prononcer immédiatement sur la gravité réelle de l'accident ; aussi les indemnités et rentes allouées en exécution de la loi n'ont-elles *ab initio* qu'un caractère provisoire. Elles ne deviennent définitives et irrévocables qu'à l'expiration d'un délai, plus ou moins long suivant les législations, dit délai de *révision*.

D'après la loi française (art. 19), la demande en révision de l'indemnité, fondée sur une aggravation (2) ou une atténuation de

(1) Cass., 23 juin 1904, D. 1905.1.113.

(2) Cass. 20 oct. 1925, D. H., 25.647 ; 21 déc. 1926, S. 27.1.136. — Si le point de départ du délai peut être reporté au jour de la clôture de l'enquête du juge de paix, c'est à la condition que l'enquête ait commencé dans l'année écoulée depuis le *jour de l'accident*. — Cass. 16 avr. 1926, *Gaz. Pal.*, 26.2.137; 31 mai 1927, D. H. 27, 416. V. aussi Cass. 2 févr. 1927, S. 27.1.167.

(3) Toute décision intervenue pendant les délais de révision ayant le caractère d'un règlement provisoire, l'état de l'ouvrier peut être soumis à des révisions successives. — Cass., 9 janv. 1906, D. 1907.1.181; Dijon, 16 déc. 1928, D. H. 29.27. — Aussi le titre de pension n'est-il remis à la victime qu'à l'expiration des trois ans. — Pour plus de détails sur la procédure de révision, cons. Tirlemont, *De la révision de l'indemnité*, th. 1909 ; Dall., *Rép. pratique*, n°s 352 et s. — V. aussi Loubat, t. Ier, n°s 1765 et s.

(4) L'action en révision n'est pas une voie de recours destinée à réparer des erreurs de fait ou de droit commises par des décisions précédentes, mais une action fondée sur des *faits nouveaux*, tels que l'aggravation ou l'atténuation de l'infirmité ou le décès de l'ouvrier (Lyon, 10 nov. 1927, *Mon. jud. Lyon*, 5 juin 28). V. aussi Cass. 4 janv. 1926, *Gaz. pal.* 26.1.332 (aggravation révélée par la radiographie). — La déclaration au greffe par laquelle le président du tribunal est saisi de la demande en révision a la valeur d'un acte introductif d'instance (Cass. 17 janv. 1927, *Gaz. Pal.* 27.1.438). — Sur le maintien des salaires de base fixé par une décision judiciaire, v. Cass. 22 janv. 1918, S. 21.1.121. — Sur les frais de l'instance, v. Cass. 27 avril 1921, S. 21.1.251. Une aggravation ne constitue pas une base légale à l'action en révision, si elle n'est pas la conséquence normale de l'évolution du traumatisme, mais a pour cause la négligence de l'ouvrier et son refus injustifié de se prêter à une opération, légère d'ailleurs et sans aucun danger. Cass., 15 févr. 1910, D. 1911.1.303 ; 8 janv. 1918, D. 21.1.81

l'infirmité de la victime, ou sur son décès par suite des conséquences de l'accident, est ouverte pendant *trois ans*. D'après la loi de 1898, le délai de révision courait, soit de l'accord intervenu entre les parties, soit de la décision passée en force de chose jugée (arrêt de la Cour, s'il y a eu appel, Bordeaux, 25 avril 1927, *Gaz. trib.*, 31 janv. 1919). — A ces deux points de départ, la loi de 1905 en a ajouté un troisième, à savoir « la date (1) à laquelle cesse d'être due l'indemnité journalière, s'il n'y a point eu attribution de rente ». Cette addition au texte primitif a eu pour résultat de modifier la jurisprudence antérieure sur deux points importants :

1° Sous l'empire de la loi de 1898, on décidait que la recevabilité de la demande en révision était subordonnée à la condition qu'il fût intervenu entre les parties, soit un accord portant sur la fixation de l'indemnité, soit une décision définitive (2). Depuis la loi de 1905, il suffit qu'une indemnité journalière ait été payée, et qu'elle ait cessé de l'être moins de trois ans avant l'introduction de l'instance (3).

2° Avant la loi de 1905, la Cour de cassation décidait que l'action en révision n'était recevable qu'à l'encontre d'un jugement ou d'un accord relatif à la rente (incapacité permanente), et non contre un jugement ou accord relatif à l'indemnité journalière (4).

Cette distinction est implicitement condamnée par le texte nouveau (5).

1138. — **Des accords autorisés entre les parties.** — La jurisprudence tenait pour valables, sous l'empire de la loi ancienne, les transac-

et note Sarrut. L'ouvrier, toutefois, pourrait refuser de se prêter à une opération chirurgicale, d'un caractère aléatoire (Trib. civ. Toulouse, 2 déc. 1914, *Gaz. Trib.*, 11 févr. 1916). V. Garraud et Laborde-Lacoste, *op. cit.* — En cas de décès, consécutif à l'accident à raison duquel une rente avait été accordée à l'accidenté, il appartient aux ayants droit d'agir en révision contre le chef d'industrie et l'assureur. — Cass. 20 févr. 1922, S. 23.1.169.

(1) Sur cette date, v. n°s 1120 et 1125 cbn.

(2) Cass., 3 mars 1903, S. 1904.1.493.

(3) Cass., 17 juin 1912, *Rec. accid.*, XV, 369.

(4) Cass., 27 juin et 25 nov. 1904, S. 1906.1.183; 6 juin 1921, S. 23.1.169.

(5) Cass., 5 mars 1907, 8 mai et 31 juill. 1907, D. 1908.1.180, S. 1910.1.201 et note Wahl; 16 janv. 1911, *Rec. accid. trav.*, t. XIV, p. 239. — Sur la question beaucoup plus délicate de savoir si la prescription de l'action en attribution de rente a pour conséquence l'irrecevabilité de la demande en révision, cons. (dans le sens de la négative); Cass., 16 mai 1906, S. 1906.1.185, et note Wahl, D. 1907.1.458; Lyon, 7 juin 1928, S. 28.2.67. — En tout cas, une fois le délai de trois ans expiré, la forclusion est absolue, et s'applique aussi bien aux demandes reconventionnelles qu'aux demandes principales (Riom, 27 juill. 1912, *Rec. accid.*, XV, 225). — Sur la suspension du délai pendant la guerre (décr. 10 août 1914), v. Civ. cass., 30 avril 1927, S. 27.1.303.

tions intervenues au lendemain même de l'accident entre le chef d'industrie (ou la compagnie d'assurance substituée à lui) et la victime ou ses ayants droit (1). Le législateur de 1898 a voulu rendre impossibles désormais ces transactions, arrachées à la misère de la victime ou de sa famille, et les a déclarées nulles, d'une nullité d'ordre public (art. 30), sans qu'il y ait à distinguer entre celles qui interviendraient hors la présence des magistrats et celles qui résulteraient d'accords passés devant le président du tribunal (2).

Mais, l'indemnité une fois fixée, soit par l'ordonnance du président enregistrant l'accord des parties, soit par une décision judiciaire passée en force de chose jugée, le droit commun reprend son empire. Créancier et débiteur peuvent donc, d'un commun accord, substituer à l'indemnité convenue tel autre mode de satisfaction qu'il leur plairait de choisir (3). Toutefois, il était à craindre que, par ignorance ou par suite de manœuvres d'intimidation, l'ouvrier créancier ne fût induit à accepter une combinaison nouvelle contraire à ses intérêts. Pour parer à ce danger, l'article 21 décide que « les parties peuvent toujours, après détermination du chiffre de l'indemnité due à la victime de l'accident, décider que le service de la pension sera *suspendu* ou remplacé, *tant que l'accord subsistera*, par tout autre mode de réparation ». De cette rédaction, il ressort que les conventions de cette nature ont un caractère *essentiellement provisoire*, subordonné au maintien de l'accord des deux parties ; d'où il suit que le créancier peut, à toute époque, réclamer le retour au mode de règlement judiciairement déterminé (4), sans préjudice de son droit d'agir en révision, dans les délais déterminés par l'article 19, pour obtenir l'augmentation de la rente.

1139. — Cette première restriction au droit de libre disposition des parties en entraînait logiquement une seconde, à savoir l'interdiction de stipuler le paiement, aux lieu et place de la rente primitivement allouée, d'un capital déterminé dont la remise aurait eu forcément un caractère irrévocable. Toutefois, et par exception, les parties peuvent (sans préjudice de la faculté inscrite à l'art. 9, v. *supra*) convenir du remplacement de la pension par le paiement d'un capital sans attendre l'expiration du délai de révision, dans deux cas : — 1° Si cette pension n'est pas supé-

(1) Civ. cass., 23 févr. 1892, S. 92.1.313.

(2) Cass., 22 déc. 1909, D. 11.1.307; 12 nov. 1923, D. H. 24.7. — Serait valable, au contraire, la transaction portant, non sur la rente, mais sur les frais pharmaceutiques (Requ. 28 avril 1926, D. 27.1.154).

(3) Cass., 7 janv. 1902, D. 02.1.339.

(4) Civ. cass., 14 mars 1921, *Mon. jud. Lyon*, 21 juill. 1922.

rieure à 100 francs et si le titulaire est majeur ; — 2° Si l'ayant droit est le conjoint survivant, quel que soit le chiffre de la pension (art. 3 A, et 21 *in fine*, combinés).

V. GARANTIES. — **1140. — Caractère facultatif de l'assurance.** — Nous avons établi *supra* que le Sénat avait écarté tous les systèmes de garantie reposant sur l'obligation.

La loi du 24 mai 1899 a rétabli, il est vrai, l'assurance officielle, mais avec un caractère facultatif. Les industriels assujettis au risque sont libres, ou de ne point s'assurer (1), ou s'ils croient devoir s'assurer, comme la prudence les y invite, d'opter entre l'une des combinaisons suivantes : assurance, mais seulement pour les accidents entraînant la mort ou une incapacité de travail permanente, à la *Caisse nationale d'assurances en cas d'accidents* (2) ; assurance auprès d'une compagnie à primes fixes ou d'une mutuelle ; affiliation à un syndicat de garantie.

1141. — Sociétés d'assurances à primes fixes ou mutuelles (3). — La loi (art. 27, modifié par la loi de 1905) assujettit les sociétés privées d'assurances à certaines obligations, et à un régime de contrôle minutieux, tant dans l'intérêt des ayants droit, créanciers d'indemnités, que dans l'intérêt du Trésor, qui dans le système français est en définitive garant de la solvabilité de l'assureur (4).

Les obligations imposées aux sociétés d'assurances (5), se réfèrent à deux objets principaux : — dépôt d'un cautionnement, consti-

(1) ...ou de s'assurer partiellement, auquel cas ils restent leurs propres assureurs pour la portion des risques non couverte. Cass., 15 févr. 1910, D. 11.1.11.

(2) Nous avons indiqué *supra*, n° 1080, comment cette Caisse, créée par la loi du 11 juill. 1868, avait été réorganisée par la loi du 24 mai 1899 et adaptée aux nécessités nouvelles. Cette Caisse n'assure point les risques d'accidents entraînant une simple incapacité temporaire, contre lesquels les industriels peuvent se couvrir par un versement à une société de secours mutuels effectué dans les conditions prévues à l'art. 5; mais elle assure tous les autres risques prévus par la loi de 1898. — Cf. Delaunay, *Intervention de la Caisse nationale des retraites en matière d'accidents du travail*, 1913.

(3) Guermeur, *Assurance contre les accidents du travail*, 1925; Max Hermant, *L'assurance contre les accidents du travail* (Rev. pol. et parl., oct. 1927).

(4) V. le second décret du 28 févr. 1899 (modifié par le décret du 27 déc. 1906). — Cp. *Barême maximum pour le calcul des réserves mathématiques des sociétés d'assurances contre les accidents* (arrêté minist. du 30 mars 1899, annexe). — Sont assujetties à ce contrôle toutes les sociétés pratiquant l'assurance contre les accidents du travail, quelle que soit leur dénomination. — Trib. s. police, Blois, 30 janv. 1912, *Rec.*, XV, 151. — Sur ces sociétés, cons. notamment: Arnault de la Ménardière, *Des rapports de l'assurance avec les tiers*, th. 1912.

(5) Indépendamment des obligations imposées à toutes les compagnies d'as-

tution d'une réserve mathématique. — Le *cautionnement* (1), affecté par privilège au paiement des pensions, doit être constitué préalablement au fonctionnement de la société ; les fonds sont déposés à la Caisse des dépôts.

La *réserve mathématique*, imposée à toutes les sociétés mutuelles ou à primes, sauf à celles qui, usant de la faculté inscrite dans l'article 28 de la loi, effectuent immédiatement le dépôt du capital constitutif des rentes à la Caisse nationale des retraites, a pour but de parer aux éventualités imprévues (nombre d'accidents excédent la moyenne, pertes sur le portefeuille, etc.). Cette réserve, qui doit être constituée dès la seconde année d'exploitation, doit correspondre au minimum au montant des capitaux représentatifs des rentes et indemnités à servir ; le montant est arrêté chaque année contradictoirement, d'après un barème officiel, entre le ministère du travail et les sociétés. A la différence du cautionnement, la réserve demeure à la disposition de la compagnie, mais elle ne peut être placée que dans les conditions déterminées par l'article 8.

Les sociétés *étrangères*, indépendamment des prescriptions imposées aux sociétés françaises, doivent accréditer auprès du ministre du travail un agent préposé spécialement à la direction des opérations faites en France, et domicilié en France (2).

1142. — *Du contrôle auquel sont assujetties les sociétés d'assurances* (3). — Ce contrôle permanent est exercé, sous l'autorité du ministre du travail, par des commissaires-contrôleurs, ou des

surances à primes par le décret du 8 mars 1922. — Sur ce décret, cons. Pic, *Traité des soc. commerc.*, t. III, n°s 1802 et s., et les autorités citées; Clément, *Des assurances mutuelles*, etc.

(1) L'arrêté ministériel du 29 mars 1899 a, sauf certaines exceptions, fixé le cautionnement à 400.000 francs pour la première année de fonctionnement sous le régime du décret du 28 févr. 1899; — pour les années ultérieures, à 2 % du total des salaires ayant servi de base aux assurances pendant la dernière année, sans que la somme ainsi calculée puisse descendre au-dessous de 400.000 ou excéder 2 millions. — Le cautionnement est réduit de moitié pour les sociétés *mutuelles* constituées dans les conditions prévues par l'art. 6 du second décret du 28 févr. 1899. — Sur la validité des polices souscrites antérieurement au dépôt du cautionnement, v. Trib. civ. Lille, 21 mars 1913, *Rev. accid.*, XV, 160. — *Contra*: Lyon, 28 nov. 1912, *ibid.*, XV, 234; Cass. 19 déc. 1921, S. 23.1.57 et note Sachet. — Sur la mesure de l'obligation de la Cie d'assurance en cas d'insuffisance des risques déclarés, v. Civ., 28 déc. 1921, S. 23.1.57.

(2) Art. 10 du décret du 28 févr. 1899. — Pour le détail des conditions qui viennent s'ajouter à l'obligation du cautionnement et de la réserve, v. art. 10 et 11 du second décret du 28 févr. 1899.

(3) A la déclaration de guerre d'août 1914, les sociétés d'assurances ennemies (allemandes, autrichiennes ou hongroises) furent placées sous *séquestre*. En vue

délégués spéciaux du ministre. Ces commissaires sont investis des pouvoirs les plus étendus à l'effet de vérifier, au siège des sociétés, la caisse et la comptabilité, les contrats intervenus, les écritures, etc. (décr. de 1868, loi de 1898). — Art. 14 du décr, du 28 fév. 1899. — D'autre part, les sociétés doivent produire au ministre du travail, aux dates fixées par lui, le compte rendu détaillé de leurs opérations, avec tableaux statistiques à l'appui, l'état des salaires assurés, etc. (art. 12) ; elles doivent également communiquer sans retard leurs tarifs, polices, prospectus, etc. (art. 11).

Pièces, rapports des commissaires, contre-vérifications des délégués spéciaux, sont centralisés dans les bureaux du Ministère du travail, qui chaque année rédige, avec le concours du *Comité consultatif des assurances contre les accidents du travail*, un rapport d'ensemble au Président de la République sur le fonctionnement de toutes les sociétés soumises à la surveillance. La liste de ces sociétés est révisée chaque année avant le 1er décembre et publiée à l'*Officiel* (1).

Le Comité consultatif (art. 27), sans avoir le rôle prépondérant de l'Office national allemand, puisqu'il n'est investi d'aucun pouvoir contentieux, n'en est pas moins un des rouages importants du régime légal français. Il doit, en effet, être consulté par le ministre dans un certain nombre de cas prévus par les décrets, et peut être appelé à donner son avis, tant sur les difficultés d'application ou d'interprétation de la loi, que sur les réformes nécessaires.

1143. — Syndicats solidaires de garantie (2). — Les syndicats de garantie, prévus par les lois de 1898 et du 12 avril 1906 (art. 6), diffèrent essentiellement des sociétés ou syndicats d'assurance mutuelle en ce que, dans l'assurance mutuelle, les assurés ou associés versent une prime, variable sans doute avec l'étendue des risques, mais dont les statuts déterminent le taux maximum, tandis que les adhérents d'un syndicat de garantie sont solidairement responsables, sans aucune limitation, de la solvabilité les uns des autres (3).

de sauvegarder les intérêts des assurés, l'administrateur-séquestre continua la gestion des contrats dans les conditions déterminées par le Min. du travail (décr. 29 sept. 1914).

(1) A toute époque, un arrêté du ministre du travail peut mettre fin aux opérations de l'assureur qui ne remplit pas les conditions prévues par la loi ou dont la situation financière ne donne pas des garanties suffisantes (art. 27). Sur la nullité des contrats passés par les Compagnies non autorisées, v. Cass. 19 déc. 1921, D. 25.1.109. — Sur le *Comité consultatif*, v. l'art. 27 de la loi, amendé par la loi du 7 avril 1926.

(2) Rojnitza, *Les syndicats de garantie*, th. 1914.

(3) Une prime fixe leur est ordinairement réclamée, mais le conseil d'administration est toujours libre, en cas d'insuffisance de ressources pour la liqui-

A ce point de vue, le syndicat de garantie semble moins avantageux que l'assurance mutuelle ; mais il a en revanche cette supériorité sur l'assurance de dispenser les adhérents du dépôt d'un cautionnement (remplacé par la solidarité personnelle des membres), et de la constitution d'une réserve mathématique. Aussi conçoit-on la formation d'un lien de cette nature entre un certain nombre d'industriels, exerçant des professions connexes dont les risques peuvent être appréciés par les adhérents avec une certaine précision. Libres de leurs placements, les syndicats peuvent du reste, s'ils sont habilement gérés, constituer en quelques années une réserve volontaire permettant de faire face à une partie des risques assumés par le syndicat.

Les syndicats de garantie sont réglementés par les articles 20 à 26 du décret du 28 février 1899, amendé le 27 décembre 1906. Ils doivent comprendre au moins 5.000 ouvriers (ou employés) assurés et 10 chefs d'entreprise adhérents, dont 5 ayant au moins 300 ouvriers, ou bien 2.000 ouvriers assurés et 300 chefs d'entreprise adhérents, dont 2.000 ouvriers assurés et 300 chefs d'entreprise adhérents, dont 30 ayant au moins chacun 30 ouvriers.

Ces syndicats sont autorisés par décrets rendus en Conseil d'État après avis du Comité consultatif. Ils peuvent être autorisés par arrêtés ministériels, lorsque leurs statuts sont conformes à des statuts-types approuvés par décret rendu en Conseil d'État (1). Ils sont soumis à la même surveillance que les sociétés d'assurances (2).

1144. — Facilités de paiement du capital accordées aux chefs d'industrie ; cas où le versement est obligatoire. — Écartant l'obligation de l'assurance, le législateur de 1898 a également supprimé, en principe, l'obligation pour les industriels demeurés leurs propres assureurs ou pour les compagnies qu'ils se sont substituées, de verser à une caisse d'État les capitaux nécessaires à la constitution des rentes. Mais le chef d'industrie peut toujours, s'il le désire, verser le capital représentatif des pensions mises à sa charge à la Caisse nationale des retraites (art. 28 de la loi).

Toutefois, et par exception, la capitalisation, totale ou partielle,

dation d'un exercice, de percevoir une cotisation supplémentaire (Trib. com. Seine, 30 oct. 1908, *Mon. jud. Lyon*, 21 déc. 1909; Trib. civ. Lyon, 25 nov. 1909, *ibid.*, 30 nov.).

(1) Le décret approuvant les statuts-type, prévus par l'art. 6 de la loi du 12 avr. 1906, a été promulgué le 27 déc. 1906.

(2) Mais les prescriptions spéciales du décret du 22 janv. 1868 (remplacé par le décr. de 1922) sont inapplicables aux syndicats. — Trib. corr. Seine, 19 avril 1913, *Mon. jud. Lyon*, 17-18 oct. 1913.

devient obligatoire dans les deux cas suivants : — 1° Si la victime fait usage de la faculté que lui confère l'article 9 de la loi de réclamer, après l'expiration des délais de révision, le versement en espèces du quart (au plus) du capital représentatif de la pension ; — 2° Lorsqu'un chef d'entreprise cesse son industrie, soit volontairement, soit par décès, liquidation judiciaire ou faillite, soit par cession d'établissement, le capital représentatif des pensions à sa charge *devient exigible de plein droit* et doit être versé à la Caisse nationale des retraites. Toutefois, le chef d'entreprise ou ses ayants droit peuvent être déchargés de ce versement s'ils fournissent certaines garanties (art. 28).

1145. — **Garanties accordées aux créanciers de rentes et indemnités contre l'insolvabilité des débiteurs** (1). — L'assurance n'étant pas obligatoire, le versement d'un capital n'étant imposé à l'industriel que dans certains cas exceptionnels, quelles sont donc les *garanties* conférées par la loi à la victime de l'accident, ou à ses ayants droit, contre l'insolvabilité, le mauvais vouloir ou la négligence du chef d'industrie ? — A première vue, il semblerait que le régime de garantie mutuelle obligatoire de solvabilité, institué par la loi de 1898, offre à l'ouvrier une sécurité aussi grande que l'assurance mutuelle. Il n'en est rien cependant.

Effectivement, la loi de 1898, à la différence du projet de 1897, laisse en dehors de la garantie qu'elle institue le remboursement des frais médicaux, pharmaceutiques et funéraires, ainsi que le service des indemnités temporaires (2). Elle se borne à conférer au créancier, de ce chef, un privilège général sur les biens du débiteur (art. 23 de la loi) (3).

1146. — *Recours du créancier de rente impayé contre la Caisse nationale des retraites, et action récursoire de la Caisse contre l'industriel.* — Les créanciers de rentes allouées, soit aux ayants droit de l'ouvrier décédé, soit à l'ouvrier victime d'un accident entraînant incapacité permanente, absolue ou partielle, ont au contraire, en cas de non-paiement à l'échéance, un recours contre la Caisse nationale des retraites, à la condition de fournir certaines justifications, déterminées par le premier décret réglementaire du 28 février 1899.

(1) Ces garanties sont déterminées par le troisième décret du 28 févr. 1899. Mallet, *Des garanties de paiement de l'ouvrier*, th. 1904.

(2) Cass., 1er août 1905, *Gaz. Pal.*, 1905.2.448.

(3) D'autre part, la loi du 28 mai 1913, complétant l'art. 2102 C. civ., a créé, au profit de la victime, un privilège sur l'indemnité d'assurance due à l'auteur de l'accident, assuré pour couvrir sa responsabilité.

La Caisse, à son tour, peut recourir contre les industriels insolvables ou négligents dont elle a acquitté la dette ; elle est investie, dans ce but, du droit de délivrer des contraintes (art. 17 du décret).

Toutefois, si le chef d'entreprise est assuré, il est *à l'abri de tout recours* de la Caisse nationale. Celle-ci n'a d'action que contre la société d'assurance ; son action est garantie par le privilège de l'article 2102 du Code civil sur l'indemnité due par l'assureur (art. 20 de la loi) (1).

1147. — *Fonds de garantie* (2). — Des dispositions précédentes, il ressort que l'État, par l'entremise de la Caisse nationale, s'est constitué, non point le réassureur, mais la caution des industriels, des compagnies d'assurances et des mutuelles insolvables. En vue de faire face aux charges qu'elle assume de ce chef, la Caisse des dépôts et consignations possède *un fonds spécial de garantie*, alimenté par une contribution spéciale (3), et par les recouvrements effectués sur les débiteurs d'indemnités (collocation par privilège dans les faillites). (4).

VI SANCTIONS DE LA LOI ; ORDRE PUBLIC. — **1148. — Caractère impératif des prescriptions légales.** — Toute convention contraire à la présente loi — dit l'article 30 — est *nulle de plein droit*. — De ce principe, la jurisprudence a conclu logiquement à la nullité radicale de toutes les conventions tendant à faire supporter à l'ouvrier tout ou partie de la prime d'assurance contre les risques visés par la loi de 1898, ainsi que des conventions ayant pour résultat indirect de décharger le patron du fardeau des indemnités que l'article 1er impose aux chefs d'industrie. Les ouvriers qui justifieraient avoir subi des retenues de ce genre auront le droit d'en exiger le remboursement (5).

(1) Note Dupuich, sous Cass., 8 août 1905 et 23 avr. 1909, D. 1911.1.5. — Cf. Cass., 27 avril 1922, *Gaz. Pal.*, 22.2.19.

(2) Japiot, *Le fonds de garantie créé par la loi de* 1898, th. 1910.

(3) Ce fonds, d'après la loi de 1898, était alimenté par des centimes additionnels à la patente des assujettis. Depuis la loi du 30 déc. 1922 (*cf.* décr. 23 mars 1923), il l'est par le produit de deux taxes: 1° Contribution des exploitants assurés perçue sur toutes les primes d'assurance ; 2° Contribution des non assurés, perçue sur les capitaux constitutifs des rentes mises à leur charge.

(4) La Caisse nationale des retraites, gérante du fonds de garantie, est légalement subrogée dans tous les droits de l'ouvrier contre l'industriel. — Civ. 10 juill. 1911, D. 12.1.230; 25 févr. 1913, D. 14.1.108. Elle n'est d'ailleurs chargée du paiement qu'en cas de carence, soit du chef d'entreprise, soit de la Compagnie d'assurance ou du syndicat de garantie. — Cass. 9 juin 1928, S. 28.1.269. — Cf. Lyon, 3 nov. 1921, *Mon. judic.* 8 mai 1922.

(5) Cass., 31 oct. 1906, S. 1907.1.345; 16 nov. 1910, D. 1911.5.22; 22 janv. 1918, D.

C'est à ce même caractère d'*ordre public* que se rattache la disposition de l'article 2, portant que les ouvriers et employés (ou leurs représentants) ne peuvent se prévaloir, à raison des accidents dont ils sont victimes, d'autres dispositions que celles de la loi. Il leur est donc interdit d'invoquer le bénéfice des articles 1382 et suiv., alors même qu'ils seraient en mesure de prouver une faute du patron, alors même que celui-ci, ou son préposé, aurait été condamné correctionnellement pour violation des règlements, ou même pour homicide par imprudence ! (1)

Les victimes ou leurs représentants ne conservent le droit de réclamer la réparation du préjudice causé, conformément au droit commun, que contre les auteurs de l'accident, autres que le patron, ses ouvriers ou préposés.

La rigueur avec laquelle la jurisprudence applique l'article 2 confine même à l'injustice. C'est ainsi qu'elle dénie aux ascendants d'un *apprenti* décédé des suites de sa blessure le droit d'actionner le patron en responsabilité, conformément à l'article 1382, même s'il était prouvé que l'accident est dû à une faute lourde de celui-ci, ayant engagé sa responsabilité pénale (2).

Une telle interprétation constitue une véritable prime à l'incurie patronale, le patron ayant tout intérêt à ce que l'apprenti blessé succombe à ses blessures, puisque, en cas de décès, il échappe à toute indemnité, l'ascendant n'étant évidemment *pas à la charge* de son fils ou petit-fils, simple apprenti non salarié, tandis que si le blessé survit, il lui devra une indemnité de demi-salaire !

20.1.81. — Mais il faudrait, au contraire, tenir pour licites les retenues sur le salaire ayant pour but d'assurer l'ouvrier contre un risque non prévu par la loi (secours de maladies, secours pour accident n'entraînant pas incapacité de plus de quatre jours) ; Trib. civ. Seine, 22 sept. et 17 nov. 1899, D. 1900.2.17, et note de M. Dupuich, — ou d'assurer un travailleur non protégé par la loi de 1898, (Nancy, 12 nov. 1910, D. 1911.1.193 et note Dupuich). — Sur la nullité radicale des obligations contractées, pour rémunération de leurs services, envers les intermédiaires qui se chargent, moyennant émoluments convenus à l'avance, d'assurer aux victimes d'accidents le bénéfice des instances ou accords prévus aux art. 15-19, v. le § 4 nouveau (L. de 1905) de l'art. 30.

(1) Cass., 6 août 1907, D. 1911.1.29; 24 févr. 1914, 16 mars 1915, D. 17.1.1 et note Sarrut; Crim. 2 juill. 1926, D. H. 26.418; Ch. réunies, 8 juin 1928, D. 29.1.57 et note Rouast. — Certaines Cours ont résisté à cette jurisprudence (Alger, 5 févr. 1926, D. H. 26.324 ; C. assises Rhône, 29 avril 1926, D. H. 26.389 ; Aix, 24 févr. 1927); mais leurs décisions ont été cassées. — L'action de droit commun ne serait recevable que si le fait dommageable allégué par l'ouvrier était distinct de l'accident lui-même (Requ. 18 janv. 1928, *Gaz. pal.*, 28.1.292 ; Civ. 7 janv. 1928, D. H. 28.399). — Cf. Bordeaux, 23 déc. 1924, *Rec. Bordeaux*, 24, 25.1.79. — V. *supra* n° 1110.

(2) Cass. 16 janv. 1906, S. 1906.1.25. — Cf. Trib. Havre, 13 nov. 1924, *Gaz. Pal.*, 24.2.744.

Le texte de l'article 2 impose-t-il donc une solution aussi inique ? A vrai dire, nous ne le croyons pas. Si l'article 8, en effet, assimile l'apprenti à l'ouvrier valide le moins payé, pour le calcul de l'indemnité de demi-salaire ou de la rente, au cas d'accident *non mortel*, l'article 2 ne mentionne plus l'apprenti. N'avons-nous pas le droit de conclure de ce silence que l'hypothèse de l'accident mortel dont un apprenti peut être victime est en dehors des prévisions de la loi, et demeure régie par le droit commun ? (1). Quoi qu'il en soit, et en présence de la jurisprudence contraire de la Cour suprême, une modification au texte s'imposerait, l'impunité du patron étant, en pareil cas, un véritable scandale !

1149. — Affichage ; inspection. — Les chefs d'entreprise sont tenus, sous peine d'une amende de 1 à 15 francs, de faire afficher *dans chaque atelier* la loi et les règlements. Les infractions à cette prescription, ainsi qu'aux dispositions de l'article 11 (déclaration), sont constatées par les inspecteurs du travail (2).

III. — Accidents agricoles et forestiers (lois des 30 juin 1899, 15 juillet 1914, 15 décembre 1922 et 30 avril 1926) (3)

1150. — L'article 1er de la loi de 1898 s'appliquait indistinctement à tous les accidents survenus par le fait ou à l'occasion du travail, dans toute exploitation où il est fait usage d'une machine mue par une force autre que celle de l'homme ou des animaux. Cette for-

(1) *Sic.*: Pic, note sous Lyon, 6 janv. 1904 (arrêt confirmé par la Ch. des req., le 16 janv. 1906), *Mon. jud. Lyon*, n° 28 janv. 1904, D. 1910.1.120. — V. aussi *supra*, n°s 1095 et 1096.

(2) Sur les *immunités fiscales*, octroyées par la loi, v. art. 28, § 1er, et instruction de la direction générale de l'enregistrement du 24 juin 1899, n° 2988 (*Rev. de l'Enregistr.*, 1900, p. 19). Sur les émoluments et indemnités des greffiers de justice de paix, et autres officiers ministériels appelés à coopérer à l'application de la loi, v. art. 29, § 2.

(3) Bibliographie. — Sur la loi du 30 juin 1899, cons. notamment : — de Saint-Charles, *Les lois sur les accidents du travail et les contrats du travail agricole* (*Quest. prat.*, 1900, 193 et suiv.); Gonnard, *Les accidents agricoles en France*, 1901; Aupetit, *De la responsabilité des accidents agricoles*, 1901; Loubat, *Des accidents agricoles*, 1902; Nuville, *Des accidents du travail agricole*, th. 1908; Thévenot, Sagot, th. 1913.

Sur les lois de 1922 et 1926 : — Dall. Pér., 1923.4.305 (comment. Tournier) et 1927.4.160; Toubeau, *Lois nouvelles*, 1926.1.321; — Bouchet, *Manuel de la législation sur les accidents agricoles*, 1923; Desarnauts, *Les accidents du travail en agriculture*, 1924; Bouffet, Parisot, th. 1923.

mule large englobait incontestablement les exploitations agricoles (V. *supra*, n° 1092) ; mais de sérieuses difficultés s'étaient élevées sur les conditions d'application de la loi. Une interprétation trop large eût imposé à l'agriculture des charges excessives, une interprétation trop étroite eût laissé sans réparation des accidents, plus nombreux au fur et à mesure que l'agriculture s'industrialise. C'est pour remédier à ce double danger qu'a été édictée la loi du 30 mars 1899, qu'il a été impossible d'incorporer dans la loi générale sur les accidents, les deux lois procédant d'un principe différent pour la détermination, soit des personnes responsables, soit des bénéficiaires.

Loi du 30 juin 1899. — Les prescriptions de la loi peuvent se grouper autour de trois règles suivantes : — 1° Les accidents survenus dans les exploitations agricoles ne donnent lieu à indemnité qu'autant qu'ils sont *directement* causés par l'emploi de machines agricoles mues par des moteurs inanimés (1). La jurisprudence, interprétant la loi à la lettre, décide que tout accident survenu à une personne, même préposée au service de la machine, échappe à l'application du risque spécial qu'elle prévoit s'il n'est pas le résultat *direct* de la mise en œuvre de la machine (2).

2° Le chef d'entreprise responsable est *l'exploitant* du moteur, c'est-à-dire « l'individu ou la collectivité qui dirige le moteur ou le fait diriger par ses préposés ». Ainsi, pour les batteuses mécaniques, la personne responsable sera, tantôt l'agriculteur lui-même, s'il est propriétaire de la machine ou si, l'ayant louée, il en a assumé la direction, tantôt l'entrepreneur de battage qui envoie, de ferme en ferme, sa machine accompagnée de son mécanicien (3).

3° Sont appelés à bénéficier de la loi non seulement les ouvriers ou employés de l'exploitant, unis à celui-ci par un contrat de travail, mais encore toutes les personnes, *quelles qu'elles soient*, occupées à la conduite ou au service des moteurs ou machines (4). A ce

(1) Telles sont les machines utilisées dans l'agriculture proprement dite (batteuses mécaniques, charrues à vapeur, semeuses, faucheuses, défonceuses), la viticulture (pressoirs mécaniques, etc.), l'horticulture et culture maraîchère (appareils pour la distribution de l'eau, le chauffage des serres), la sylviculture (scies hydrauliques pour l'abatage des arbres, etc.). — V. les détails fournis par Loubat, *op. cit.*

(2) Cass., 20 mars 1912, D. 13.1.61; 22 févr. 1921, *Gaz. Pal.*, 10 mai 1921 ; Nîmes, 20 févr. 1911, D. 13.2.175; Poitiers, 6 nov. 1916, *Gaz. trib.*, 7 juin 1917 : Civ. 26 janv. et 3 août 1927, S. 27.1.125 et 351 ; 30 nov. 1927, *Gaz. pal.*, 28.1.185.

(3) Cass., 20 févr. 1907, D. 1907.1.257, et note Dupuich, S. 1907.1.238; Grenoble, 29 juin 1906, *Rev. accid. trav.*, 1907.30.

(4) Personnes occupées à la *conduite du moteur* de la machine: mécaniciens, chauffeurs et auxiliaires. Personnes occupées au *service* de la machine: auxi-

point de vue, le législateur de 1899 s'est complètement écarté, dans une pensée d'équité, du principe posé par l'article 1er de la loi de 1898 (V. *supra*, n°s 1095 et s.). C'est ainsi que les voisins, qui seraient, suivant un usage fréquent à la campagne, venus aider au battage à charge de revanche, sans même recevoir de salaire, et l'agriculteur lui-même (1), s'il prend part au travail comme auxiliaire de l'entrepreneur de battage, pourraient, en cas d'accident, se prévaloir de la disposition légale.

Pour les victimes ne recevant pas de salaire, l'indemnité est calculée, selon les tarifs de la loi de 1898, en prenant pour base le salaire moyen des ouvriers agricoles de la commune.

1151. — Accidents forestiers (Loi du 15 juillet 1914) (2). — Jusqu'à cette loi, les accidents survenus dans les exploitations forestières étaient assimilés à des accidents agricoles, et ne donnaient par conséquent lieu à indemnité que dans les cas exceptionnels prévus par la loi précitée du 30 juin 1899.

Juridiquement inattaquable, cette jurisprudence était d'une rigueur excessive, à raison du caractère périlleux du travail forestier. N'était-il pas du reste illogique de faire bénéficier les ouvriers employés dans les scieries par exemple de la loi de 1898, et d'en exclure ceux qui procèdent à l'abatage ou à l'élagage des arbres d'une coupe, pour le compte parfois du même entrepreneur ! Telles sont les considérations qui ont déterminé le législateur à étendre en principe, aux accidents forestiers, le bénéfice de la loi de 1898 (3).

1152. — *Champ d'application de la loi.* — La loi s'applique aux *exploitations de bois*, c'est-à-dire aux travaux d'abatage, d'ébranchage, de schlittage, ainsi qu'au façonnage sur le parterre de la coupe (art. 2). Elle est au contraire inapplicable : 1° aux arbres

liaires qui coopèrent au travail de celle-ci en lui apportant les matières à mettre en œuvre (blé en gerbes, par exemple), ou en retirant les produits manipulés (enlèvement du grain, etc.). Cass., 6 janv. 1903, S. 1905.1.337, D. 1903.1.178; Besançon, 10 févr. 1911, *Mon. jud. Lyon*, 23 mars 1912; Toulouse, 24 oct. 1912, *ibid.*, 22 février 1913.

(1) Poitiers, 23 mars 1908, S. 1909.2.78.

(2) Cf. décr. du 27 mars, et circul. du 21 juin 1915. — Bibliographie: Guyot et Rouleau de la Roussière, *Les accidents du travail en matière forestière*, 1918; Bry et Perreau, n° 299.

(3) La loi de 1914, comme celle de 1898, ne bénéficie qu'aux salariés de l'entreprise. Ne saurait donc s'en prévaloir un petit entrepreneur chargé de l'abatage et jouissant, dans son travail, d'une complète indépendance. Civ. 24 avril 1925, D. H. 1925.370; Dijon, 26 mai 1926, *Gaz. Pal.* 1926.2.326. — Il en serait différemment d'un bûcheron engagé à la tâche (Poitiers, 5 déc. 1923, D. 24.2.73 et note Savatier).

plantés hors bois, terrains boisés dont la superficie d'un seul tenant n'excède pas 3 hectares (1) ; — 2° aux coupes effectuées soit par le propriétaire du sol, soit par le fermier ou métayer, pour son usage personnel (2) ; — 3° aux accidents survenus au cours du transport des bois hors du parterre de la coupe (distinction entre bûcherons et voituriers) (3).

1152 bis. — *Industriels assujettis et bénéficiaires.* — C'est au *chef d'entreprise* qu'incombe la responsabilité de l'accident. En thèse générale, ce sera un entrepreneur adjudicataire de la coupe. Ce peut-être aussi le propriétaire, s'il exploite commercialement en vue de la revente.

Quant aux bénéficiaires, ce sont tous les ouvriers *embauchés* en vue du travail spécial défini plus haut, et pouvant justifier d'un contrat d'engagement exprès ou tacite (art. 3 §).

Pour le salaire de base et le taux des indemnités, la loi de 1914 se réfère aux principes de la loi de 1898 (4).

1153. — **Extension du régime légal à l'ensemble des accidents agricoles** (loi du 15 déc. 1922 amendée et complétée par la loi du 30 Avril 1926). — A l'exception des cas spéciaux et strictement limités, visés par les lois précédentes de 1899 et 1914, les salariés des exploitations industrielles et commerciales pouvaient seuls invoquer le bénéfice de la loi de 1898. Il en est différemment depuis la loi du 15 décembre 1922, amendée et complétée par la loi du 30 Avril 1926. — Cf. décrets réglement. des 29 juill. et 22 août 1923, 9 nov. 1926 et 4 août 1927.

Aux termes de cette loi, qui est entrée en vigueur le 30 Août 1924 (5), le bénéfice de la législation des accidents a été étendu aux ouvriers, employés et domestiques autres que ceux exclusivement attachés à la personne, occupés dans les exploitations agricoles, de quelque nature qu'ils soient, ainsi que dans les exploitations

(1) Abatage d'un arbre isolé, loi inapplicable (Civ. 13 juill. 1926, D. H. 26.533).

(2) Trib. Bagnères-de-Bigorre, 16 juin et 16 déc. 1914, *Gaz. trib.*, 19 mai 1917. — Cf. Requ. 27 juill. 1925, S. 26.1.151 (loi inapplicable aux coupes affouagères, exécutées personnellement par les habitants de la commune).

(3) Civ., 28 mars 1928, S. 28.1.236; 5 mars 1929, *Rec. D. C. et Dr. Soc.*, 29.197.

(4) Sur le calcul de l'indemnité journalière pour les travailleurs n'ayant pas de salaire fixe (salaire départemental moyen, fixé par arrêté préfectoral, art. 4), V. Cass., 20 janv. 1920, D. 21.1.81; 24 avril 1923, S. 23.1.348.

(5) La loi de 1922 ne dispose que pour l'avenir. Pour les accidents agricoles antérieurs au 30 août 1924, la responsabilité de l'employeur n'était engagée, au regard de la victime, que dans les termes du droit commun de l'art. 1382 C. Civ. — Req. 9 févr. 1926, S. 26.1.86.

d'élevage, de dressage, d'entraînement, les haras, les entrepôts de toute nature, les bureaux, les dépôts ou magasins de vente se rattachant à des syndicats ou exploitations agricoles, lorsque l'exploitation agricole constitue le principal établissement, les sociétés coopératives agricoles régies par la loi du 5 août 1920, les fruiteries, les unions mutuelles d'assurance et de crédit agricole, et les associations de propriétaires (art. 1er, amendé en 1926) (1).

Peu importe, dorénavant, *la nature de l'accident*, qu'il soit provoqué par un moteur inanimé, ou qu'il provienne du fait de l'homme ou des animaux (chute, maniement d'un outil, choc violent, blessure causée par un animal domestique, coup de pied de cheval, coup de corne, etc.), il n'importe : dès l'instant que la victime est un salarié, la loi s'applique.

Les lois de 1899 et 1914 ne sont pas abrogées pour autant, mais leur champ d'application se trouve forcément réduit. C'est ainsi qu'aux termes de l'art. 16 de la loi de 1922, alinéa 6, les dispositions de la loi de 1899 ne s'appliquent plus aux accidents causés par les moteurs inanimés, toutes les fois que ceux-ci sont utilisés, pour les besoins de leur exploitation, par les agriculteurs (ou les syndicats et coopératives de battage — L. de 1926) auxquels ils appartiennent et qui sont eux-mêmes assujettis au régime légal nouveau. Les accidents survenus au cours des opérations de battage, mais non causés par la machine (ex. accident dans le transport de la machine, d'une ferme à l'autre), qui n'étaient pas couverts par la loi de 1899, le seront désormais par celle de 1922, l'entreprise de battage ayant le caractère d'une opération agricole. (2).

D'après le texte primitif, les exploitants qui travaillent d'ordinaire seuls ou avec l'aide des membres de leur famille, n'étaient pas assujettis à la loi même s'ils employaient (notamment au moment des grands travaux, foins, moissons, etc.) des collaborateurs occasionnels, salariés ou non. Ils le sont au contraire, en ce qui concerne ces collaborateurs, depuis la loi de 1926 (3). Il leur

(1) Sont assimilés aux ouvriers agricoles, ceux qui, n'étant pas petits patrons, sont occupés à l'entretien des *jardins* (art. 2). Sur la distinction entre le jardinier à la tâche, assimilé à un ouvrier, et l'entrepreneur de jardinage, v. Trib. Thonon, 26 mars 1926, D. H. 26.294; Civ. 29 avril 1929, D. 29.297.

(2) Sur l'application alternative, aux accidents survenus au cours des opérations de battage, des lois de 1899 et de 1922, suivant les distinctions indiquées au texte, cons. notamment: Rennes, 31 mars 1927, *Gaz. Pal.*, 28.1. som. 1 ; Paris, 18 juill. 1927, *Gaz. Pal.*, 28.1. som. 83 ; Toulouse, 23 mars 1928, *Gaz. Pal.*, 28.2.244 ; Trib. civ. Dordogne, 5 juin 1928, D. H. 28.506.

(3) La responsabilité spéciale de la loi de 1922-26 suppose l'existence, soit d'un contrat de travail, soit tout au moins d'un lien de dépendance momen-

est loisible, en ce qui concerne les membres de leur famille, d'adhérer à la législation des accidents de travail pour tous les accidents qui leur surviendraient par le fait ou à l'occasion du travail (1), à la condition toutefois de contracter de ce chef une assurance dans les conditions déterminées par la loi (art. 1er et 4 nouveaux).

1153 bis. — Si le propriétaire n'exploite pas lui-même, le fermier, le métayer, ou tout autre exploitant, est seul responsable des indemnités.

Les indemnités ou les rentes sont les mêmes que celles de la loi de 1898. Cependant, un salaire minimum de base est fixé par département. C'est sur ce salaire que sera notamment calculé la rente due à un ouvrier de moins de 16 ans, s'il n'est établi qu'il gagnait davantage.

La déclaration de l'accident est faite par l'exploitant, mais l'initiative de la procédure appartient à la victime, qui doit avertir l'exploitant par lettre recommandée avec avis de réception.

1153 ter. — Les Compagnies d'assurances à primes fixes sont admises, dans les conditions déterminées par la loi de 1898, à couvrir les risques résultant de l'application de la présente loi (art. 11). Les contrats souscrits avant la publication des décrets d'application sont résiliés de plein droit (art. 16, amendé en 1926) (2).

L'exploitant non assujetti, qui désire adhérer, doit faire une déclaration à la mairie, en justifiant de l'assurance contractée par lui. En cas de résiliation, il doit en avertir le maire par lettre recommandée. Si la résiliation émane de l'assureur, un délai d'un mois est accordé à l'exploitant pour contracter une nouvelle police.

Des formules d'avis d'accident doivent se trouver dans les mairies, à la disposition des victimes.

Les sociétés d'assurances ou de réassurances mutuelles agricoles, constituées dans les termes de la loi du 4 juillet 1900, en vue de couvrir les risques de mort ou d'incapacité permanente, sont soumises au contrôle de la surveillance du ministère du travail. Sans

tanée du travailleur au regard de l'exploitant. Sur la nécessité de ce lien de dépendance, v. Trib. civ. Rhône, 9 janv. 1929, *Mon. jud.* 7 juin. — V. aussi Poitiers, 11 juill. 1928, D. H. 28.455.

(1) Pour que l'accident, même à la suite d'une déclaration d'adhésion, donne lieu à réparation, il faut qu'il ait eu lieu dans le temps et au lieu du travail. — Lyon, 15 mars 1928, *Gaz. Pal.*, 28.1.760.

(2) BIBLIOGRAPHIE. — Simonnot, *Les accidents du travail agricole et l'assurance par la mutualité*, 1926; Simon et Brissaud, *Les accidents du travail et les assurances agricoles*, 1927. — Sur la résiliation de plein droit des polices antérieures, v. Angers, 9 mars 1926, D. 27.2.52.

être investies d'un monopole, elles bénéficient d'un régime de faveur, et notamment de subventions importantes (art. 11 L. de 1922, amendée en 1926).

IV. Accidents aux domestiques et gens de maison (L. 2 Août 1923)

1154. — La loi du 2 Août 1923 (1) a étendu le bénéfice de la loi de 1898 aux domestiques, gens de maison, serviteurs à gages, concierges et salariés du même genre à un titre quelconque, attachés ou non à la personne (2).

Le salaire servant de base à la fixation des indemnités s'entend uniquement, à l'exclusion de tout autre profit en argent, de la rémunération convenue, et des prestations en nature, directement allouées par le maître en exécution du contrat de louage de services.

Toutefois, les rétributions accessoires et habituelles concourant à former la rémunération effective, notamment sous forme d'étrennes, devront être ajoutées au salaire de base pour le calcul de l'indemnité en cas d'incapacité permanente ou de mort.

Cette loi est devenue exécutoire le 3 février 1924.

V. — Loi de 1907 sur la faculté d'adhésion à la législation des accidents (3)

1155. — Nous avons indiqué précédemment (n° 1085) l'objet, de plus en plus limité au fur et à mesure que s'élargissait le domaine de la loi de 1898, de la loi du 18 juillet 1907 sur la faculté d'adhésion à la législation des accidents du travail. Les formalités édictées par

(1) D. 23.4.324; Sachet, *Commentaire de la loi*, 1923. — Les domestiques attachés à la personne d'un agriculteur, non couverts par la loi de 1922, peuvent se prévaloir de la loi du 9 août 1923. — Lyon, 15 mars 1928, *Rec. D. C. et D. S.*, 1929.85.

(2) Une *dame de compagnie* ne rentre pas dans la catégorie des gens de service (Dieppe, 5 juill. 1928, *Rec. D. C. et D. S.*, 1929, 22). — Il en serait de même des secrétaires, précepteurs ou institutrices, bibliothécaires privés, dactylos, etc. Les *femmes de ménage* sont, au contraire, assimilées aux domestiques. Mais une femme de ménage, atteinte d'une incapacité permanente, ne saurait voir sa rente calculée sur l'ensemble des salaires qu'elle gagnait dans différentes maisons, mais uniquement sur celui qu'elle gagnait chez la personne qui l'employait au moment où elle a été accidentée. — Trib. civ. Seine, 6 mars 1925, *Gaz trib.*, 20 sept. 1925, *Journ. assur.*, 25.173.

(3) Helleu, *De l'assujettissement volontaire à la législation sur les accidents du travail*, 1908.

cette loi (déclaration d'adhésion, carnet destiné à recevoir l'adhésion des salariés) (1), ne sauraient soulever aucune difficulté sérieuse.

Le seul point délicat, non tranché par le texte, est de savoir si les prescriptions de la loi de 1898 conservent leur caractère d'ordre public, même quand l'assujettissement des parties intéressées à cette loi est le résultat, non point d'une prescription impérative de la loi, mais d'une adhésion volontaire. A première vue, il semble que l'on ne puisse considérer comme étant d'ordre public des prescriptions auxquelles employeurs et employés se sont soumis volontairement, sans y être contraints.

Ce point de vue, cependant, serait inexact. Sans doute, la responsabilité qu'il a assumée étant contractuelle (2), l'employeur peut faire cesser son assujettissement par une déclaration de volonté contraire, mais cette déclaration n'a d'effet que pour l'avenir et ne saurait être opposée aux salariés embauchés antérieurement. Il nous paraît donc plus juridique de décider : — 1° Que lorsqu'un employeur s'est, du consentement de son personnel, soumis à la législation des accidents dans les conditions prévues par la loi de 1907, cette législation s'applique à lui dans son intégralité, sans qu'il puisse en répudier certaines prescriptions (3) ; — 2° Que les jugements rendus en cette matière ne sauraient faire l'objet d'un acquiescement valable.

VI. — Maladies professionnelles (Loi du 25 oct. 1919) (4)

1156. — *Antécédents de la loi.* — Le seul risque prévu par la loi de 1898 était le risque accidents, à l'exclusion de la *maladie professionnelle* (v. *supra* n° 1102). En présence des résultats iniques auxquels aboutissait cette exclusion, MM. Vaillant et Breton avaient, dès 1901, proposé à la Chambre d'étendre le bénéfice de la loi aux maladies d'origine professionnelle. Avant d'examiner ces propositions au fond, la Chambre adopta une motion invitant

(1) V. le décret du 30 juill. 1907, et la circ. minist. du 31 janv. 1911.

(2) Sur le caractère contractuel de la responsabilité née des contrats d'adhésion, cons. Ferron, note sous Bordeaux, 8 juill. 1909, S. 1911.2.233, et Perroud, note sous Cass., 26 janv. 1910, S. 1911.1.105; Bordeaux, 13 avr. 1911, D. 12.2.366.

(3) Trib. s. pol. Châteauneuf-sur-Cher, 7 août 1909, *Rec. accid. trav.*, t. XIV, p. 5.

(4) *Travaux préparatoires.* — Propos. Breton, 5 déc. 1901, Ch. n° 2810; prop. Dubief, Min. com., 14 juin 1906, Ch. n° 88; rapp. *Breton*, Ch., 22 mars 1907, n° 888, repris le 9 juin 1910. — Cf. décr. 31 déc. 1920 (*Offic.*, 7 janv.) et 4 mai 1921.

Bibliographie. — Parmi les nombreuses études consacrées à la question avant

le gouvernement à constituer une Commission extra-parlementaire, chargée d'établir la liste des maladies professionnelles (1).

Prenant les travaux de cette Commission technique pour base de ses travaux, le gouvernement déposa, en juin 1906, un projet qui, amendé, est devenu la loi du 25 oct. 1919, entrée en vigueur le 25 janv. 1921.

1157. — *Des maladies professionnelles visées par la loi.* — Le législateur a cru préférable de procéder par étapes. Seront considérées comme maladies professionnelles, — décide l'art. 2 — les affections aigues ou chroniques, mentionnées aux tableaux annexés à la présente loi, lorsqu'elles atteignent des ouvriers habituellement occupés aux travaux industriels correspondants. Or les tableaux en question ne visent que deux séries d'affections : le *saturnisme* professionnel (plomb), et *l'hydrargyrisme* (mercure) (2).

Mais le législateur se réserve de compléter le texte en tenant compte des enquêtes de la Commission supérieure des maladies professionnelles, basées elles-mêmes sur la déclaration, rendue obligatoire pour le corps médical (art. 12, § 1er), de toute maladie ayant un caractère professionnel et comprise dans une liste

le vote de la loi, cons., outre les ouvrages déjà cités *supra* n° 1102 : Breton, *Les maladies professionnelles*, 1911; R. Picard, *La réparation des maladies professionnelles*, 1911. — Pour le commentaire de la loi, v. *Lois nouv.*, 1919.3.1030; Breton, *Les maladies professionnelles* (Parl. et Opin., 20 déc. 1919); Théry, *id.* (Econ. Européen, 1919, n° 7); Lefort, Pirioux, th. 1921; Lefort, *Traité de la législation sur les maladies professionnelles*, 1923; Sachet, Suppl. au *Traité des accidents*, 1925; Des Georges, *Réparation des conséquences des maladies professionnelles*, 1925 ; Robert Lagarde, *La réparation des maladies professionnelles*, 1927; J. Kréher, *La notion de maladie professionnelle devant la législation et la jurisprudence*, 1930.

(1) Une série de rapports particuliers ont été établis concernant les principaux poisons industriels : plomb, mercure, arsenic, sulfure de carbone, benzine, nitrobenzine, aniline, hydrogène sulfuré, vapeurs et gaz vénéneux ou caustiques, virus de la variole, du charbon, poussières à pneumonies et dermatoses d'origine professionnelle. Ces rapports ont été condensés dans le rapport général de M. Leclerc de Pulligny.

(2) Cette liste est limitative. Ainsi la loi est inapplicable au cas d'un ouvrier mort des suites de la manipulation de substances radioactives. Trib. civ. Seine, 10 juill. 1926, S. 27.2.144, ou au cas d'un ouvrier atteint d'une lésion oculaire contractée dans le chargement d'un four électrique (Trib. St-Jean-de-Maurienne, 22 oct. 1925, *Gaz. Pal.*, 25.2.636). Toutefois, tous les phénomènes pathologiques se rattachant au saturnisme ou à l'hydrargyrisme, même non énumérés dans le tableau-annexe, lequel est simplement énonciatif, peuvent donner lieu à l'application de la loi. — Trib. civ. Seine, 20 févr. 1925, *Gaz. Pal.*, 25.1.740. — *Contra :* Trib. civ. Belfort, 17 mars 1922, *Gaz. Pal.*, 22.1.559. La Ch. des Requ. vient de se prononcer également pour le caractère strictement limitatif de cette nomenclature, Requ. 20 juin 1929, D. H. 29.444.

établie par décret (décr. des 4 mai 1921, 19 fév. 1927, et 16 nov. 1929) (1).

1158. — *Présomption d'origine : répartition de responsabilité entre les employeurs successifs.* — La phase d'incubation d'une maladie professionnelle étant essentiellement variable, le législateur a dû suppléer à la preuve directe, impossible en l'espèce, par une présomption légale. Lorsqu'un ouvrier quitte une exploitation assujettie, son employeur demeure responsable de la maladie qu'il a pu contracter dans cette exploitation, jusqu'à l'expiration du délai spécifié au tableau annexé à la loi (un an, tant pour le saturnisme que pour l'hydrargyrisme). Toutefois (art. 3), cette responsabilité va en décroissant en raison du temps écoulé entre le départ de l'ouvrier et le moment où survient une incapacité de travail résultant de la maladie. Si donc à ce moment l'ouvrier travaille dans une autre entreprise également classée dans les exploitations correspondantes à ladite maladie, son nouvel employeur n'est responsable « que pour le surplus de l'indemnité ». En d'autres termes, lorsqu'un ouvrier a passé, dans l'année qui précède la survenance de la maladie, par deux ou plusieurs établissements similaires, le fardeau de l'indemnité se répartira entre les chefs d'industrie proportionnellement au temps passé par la victime dans chaque établissement. Il ne serait fait exception à cette règle de proportionnalité que s'il était établi qu'un des employeurs ait commis une faute inexcusable, auquel cas le tribunal pourrait augmenter sa part de responsabilité.

Pour simplifier la procédure, la loi dispose (art. 3, *in fine*), que le dernier des employeurs responsables est tenu, vis-à-vis de la victime ou des ayants-droit, pour le tout de l'indemnité ; mais sauf son recours, dans la mesure indiquée *supra*, contre les employeurs précédents.

L'industriel qui cesserait de faire emploi des substances susceptibles de provoquer les maladies professionnelles visées par la loi peut s'exonérer, pour l'avenir, de la responsabilité lui incombant,

(1) La loi de 1919, n'étant entrée en vigueur que quinze mois après sa promulgation, ne saurait avoir d'effet rétroactif. Mais à quel moment faut-il se placer pour savoir si tel malade est ou non recevable à se prévaloir de la loi ? D'après la Cour de cassation, dont la décision a fait jurisprudence, une seule *date est à considérer, celle de la cessation du travail (arg., art. 5a* et *13 d*). Par suite, pour qu'un ouvrier puisse invoquer le bénéfice de la loi, il suffit que la cessation du travail soit postérieure à sa mise en vigueur; peu importe que la maladie qui a occasionné cette cessation se soit manifestée antérieurement par certains accidents. — Civ. 2 déc. 1925, D. 27.1.104. — Cf. Nancy, et trib. civ., Seine, 18 déc. 1924, D. 25.2.26 et note H. L. — *Contra;* Trib. civ. Seine, 1er mars 1923, D. 23.2.65 et note H. Lalou, et Paris 13 oct. 1924, D. H. 24.643.

au moyen d'une déclaration faite dans les formes déterminées par un règlement d'administration publique (art. 4, et décr. 31 déc. 1920, *ibid.*).

1159. — *Déclaration et procédure.* — Tandis qu'en matière d'accident la déclaration incombe au patron, c'est au contraire à la victime ou à ses représentants qu'il appartient de déclarer les maladies professionnelles. La déclaration doit être faite, avec certificat médical à l'appui, dans les 15 jours qui suivent la cessation du travail au maire de la commune qui en dresse procès-verbal et en délivre immédiatement récépissé. Copie certifiée de cette déclaration est transmise aussitôt à l'employeur et à l'inspecteur du travail (1).

1160. — *Indemnités et assurances.* — En ce qui concerne le taux des indemnités, et les organismes d'assurance (Caisse nationale, Compagnies privées, mutuelles ou à primes, syndicats de garantie), la loi de 1919 renvoie en principe à la loi de 1898. — V. les art. 6 à 9 de la loi.

VII. — Résultats d'ensemble de la loi de 1898, et des lois complémentaires. — Réformes désirables

Heureux résultats de la loi. — **1161.** — La loi de 1898 est entrée en vigueur depuis trente et un ans. Cette période d'application a suffi pour dissiper les alarmes des adversaires du risque professionnel, et démontrer que l'industrie française pouvait, aussi bien que ses rivales, s'adapter au risque professionnel.

Depuis longtemps déjà, la grande majorité des industriels a compris la nécessité de l'assurance. Restent seuls désormais en dehors de l'assurance, « ce refuge moralement obligatoire de toutes les entreprises assujetties », suivant l'expression caractéristique de M. Millerand (circ. aux préfets, 24 août 1899) :

1° Les entreprises puissantes ayant tout intérêt à demeurer leurs propres assureurs, comme les compagnies de chemins de fer, ou quelques grands établissements métallurgiques ;

2° Les *imprudents et les insolvables.*

(1) Cette déclaration peut, d'ailleurs, être faite par mandataire et notamment par le patron, auquel les pièces ont été transmises par l'ouvrier alité et hors d'état de se transporter à la mairie. — Caen, 27 avril 1926, *Gaz. Pal.*, 26.2.220. — La déclaration dans la quinzaine n'est pas prescrite à peine de déchéance ; elle peut être faite utilement jusqu'à l'expiration du délai de prescription (Alger, 28 mars 1923, S. 23.2.109), lequel court du jour de la cessation du travail (Cass 29 mars 1927, S. 27.1.174). — Cf. Requ. 21 févr. 27, D. 27.1.183.

1162. — *Progrès des mesures préventives.* — D'autre part, et ce n'est pas là un des résultats les moins heureux du régime nouveau, la loi de 1898 a donné une vive impulsion à l'étude des mesures préventives susceptibles de diminuer le nombre des accidents. L'Association des industriels de France, qui s'est depuis longtemps placée au premier rang dans cette voie et qui a très efficacement coopéré à la mise à exécution de la loi de 1893 sur l'hygiène et la sécurité des ateliers (V. *supra*, n° 602), a multiplié ses efforts, étendu son champ d'action, et s'est mise en rapport avec les organisations similaires de l'étranger afin de donner, à cette noble lutte pour la préservation de la vie humaine, un caractère international.

Les chiffres fournis par nous *supra* (n° 1127), faisant ressortir la diminution sensible du nombre des accidents mortels, suffisent à établir l'efficacité de ces efforts.

Projets de réforme. — **1163.** — Depuis quelques années, un mouvement intense se dessinait dans les organisations ouvrières en faveur d'une révision générale, dans un sens plus équitable, de notre législation des accidents de travail. Ce mouvement détermina le dépôt sur le bureau de la Chambre, de plusieurs projets ou propositions de loi, dont le plus important est celui du 15 janv. 1925, élaboré par M. Godart, Ministre du travail (Ch. 1925, n° 1042) (1).

La Commission d'assurances et de prévoyance sociales procéda à un examen d'ensemble de tous ces projets, et confia à M. *Gros*, la rédaction du rapport (Ch. 7 juill. 1926, n° 3159, et rapp suppl., 20 déc. 1927, n° 5237). Le projet de la Commission, amendé sur divers points, a été voté par la Chambre le 22 déc. 1927 ; il est actuellement pendant devant le Sénat.

Le nouveau texte proposé apporterait à la législation en vigueur (fond du droit et procédure), des modifications profondes, dont les principales seraient les suivantes:

1° Extension formelle du bénéfice de la loi à tous les *salariés intellectuels* (personnel des laboratoires, secrétaires, lectrices, bibliothécaires privés, etc.) ;

2° Suppression du *délai de carence*. Les accidents les plus minimes, même ceux n'entraînant pas une incapacité de travail de quatre jours au moins, donneront lieu à indemnisation ;

3° Suppression de la disposition limitant à 8.000 fr. le *salaire de*

(1) Pour la liste complète des projets et propositions, v. *Bull. min. trav.*, 1929, Etat des projets, p. VIII. — Cf., pour l'étude critique du projet voté par la Chambre; — Gauquier, *Aperçu législatif concernant la réforme en discussion sur les accidents du travail* (Lois nouvelles, n° 1er déc. 1927), et *Observations sur le projet de loi* (Annales législatives, n° févr. 1929); chronique des *Quest. pratiques*, 1927, p. 23; *Bull. Min. trav.*, 1927, p. 487.

base. On sait qu'aujourd'hui (L. du 8 juill. 1926), les victimes dont le salaire excède 8.000 fr. n'ont droit qu'à un quart de la rente correspondante jusqu'à 18.500 fr., et un huitième au-delà de 18.500. Dorénavant, toutes les rentes seront calculées sur le salaire réel jusqu'à 15.000 fr. ; pour le surplus, la rente serait réduite à un quart jusqu'à 25.000, à un huitième au-dessus de 25.000.

4° Augmentation du taux de *l'indemnité journalière* en cas d'incapacité temporaire (portée de 50 à 75 0/0 du salaire) et majoration de cette indemnité (jusqu'à 100 %) pour les salariés chargés de famille ;

5° Substitution, en cas d'*incapacité permanente partielle*, à la rente calculée uniformément sur la moitié de la réduction, d'une rente progressive, à partir de 50 % d'invalidité, à raison de 1,5 % pour 1 % de réduction de capacité au-dessus de 50, pouvant aller jusqu'au montant intégral du salaire;

6° Rente égale au salaire, en cas d'*incapacité permanente absolue*, au lieu des deux-tiers;

7° Détermination du taux de l'incapacité par un barême administratif ;

8° Mise à la charge de l'industriel des frais de rééducation professionnelle et du coût de tous appareils du prothèse;

9° Majoration des rentes allouées, en cas de décès, au conjoint survivant (1), ainsi qu'aux enfants, descendants ou ascendants;

10° Nouveau mode de calcul des frais médicaux et pharmaceutiques ;

11° Application de plein droit du bénéfice de l'assistance judiciaire à l'instance devant la Cour ;

12° Intervention du fonds de garantie en cas d'incapacité temporaire.

1164. — Le projet a soulevé, dans les milieux patronaux, une émotion profonde, à raison de l'aggravation considérable des charges que son adoption imposerait à l'industrie française (surcharge évaluée à plus d'un milliard). Presque toutes les Chambres de commerce (2), et les grandes Fédérations patronales se sont prononcées pour une révision très sérieuse de la plupart des articles du projet, l'industrie ne pouvant, sans grands risques, supporter

(1) Le projet assimilait même, à la veuve, *l'épouse de fait* (concubine, mère d'un enfant naturel reconnu); mais cette disposition a été rejetée, pour des raisons de moralité, à la demande de M. Duval-Arnould.

(2) Cons. spécialement les rapports de M. Duchemin à la Ch. de com. de Paris (2 févr. 1927), Weitz à la Ch. de com. de Lyon, (10 févr. 1927), Férasson au Comité central des Ch. syndicales (*Bull. du Comité*, Juin 1926). — Cf. *Quest. prat.*, 1927, p. 34 et s.

cette surcharge, au moment où vont peser sur elle de très lourdes obligations du fait de la mise en vigueur prochaine de la loi sur les assurances sociales. — Il est plus que probable que le Sénat remaniera profondément le projet,

1165. — Signalons également d'un mot, parmi les projets récents : — *a*, un projet du gouvernement étendant le bénéfice de la loi des accidents au personnel médical des hôpitaux (médecins et chirurgiens, internes et externes) et autres établissements de bienfaisance publics et privés (Ch. 1er juin 1926, n° 2931), adopté par la Chambre le 21 Janvier 1927 (2) ;

b) Une propos. tendant à abroger la loi du 30 juin 1899 sur les *accidents provoqués par l'emploi de machines agricoles*, et à en *incorporer les prescriptions à la loi de* 1922-26 sur les accidents agricoles (propos. *Cassez*, Sén. 19 nov. 1926, n° 617).

1166. — *Maladies professionnelles.* — Si l'on admet avec le professeur Etienne-Martin (1), que la maladie professionnelle est une « maladie créée de toutes pièces par un travail déterminé ou par les conditions dans lesquelles il est effectué », la liste des maladies assimilées à l'accident par la loi de 1919, limitée encore par le tableau annexe indiquant les formes cliniques sous lesquelles le malade doit se présenter pour être indemnisable (système dit de *la double liste*), apparaît comme beaucoup trop restrictive.

Et de fait, la plupart des lois étrangères donnent, des maladies professionnelles, une liste bien plus complète. La loi suisse de 1877, complétée par l'arrêté du 19 déc. 1887, les répartit en onze groupes (maladies ayant pour origine l'emploi du plomb, du mercure, du phosphore, de l'arsenic ; fabrication du cyanogène, de la benzine, de l'aniline, de la nitroglycérine ; virus du charbon, de la morve et de la variole ; dégagement de gaz irrespirables (acide sulfurique, acide azoteux, etc.) ou de gaz vénéneux (acide sulfhydrique, sulfate de carbone, etc.).

En Angleterre, 32 maladies sont garanties, sans compter la sclérose ; 21 le sont en droit allemand (2). — Tous les orateurs qui ont pris part à la récente Conférence, tenue à Lyon en Avril 1929, par la

(1) Sur cet important projet, actuellement soumis au Sénat, cons. les rapp. et docum. publiés par la Revue des Hôpitaux, 1926-28. — Cp. rapp. *Dudouyt* au Sénat (S. 21 déc. 1927, n° 735).

(2) Disc. inaugural de la Conférence internationale des maladies professionnelles.

(3) Sur le droit comparé, cons. notamment : *Rev. intern. du trav.*, 1922-1928 ; des Georges, *op. cit.*, Kréher. *La notion de maladie professionnelle devant la législation et la jurisprudence* (Rec. de D. C. et de D. S., mars 1930).

Commission internationale permanente pour l'étude des maladies professionnelles (1), se sont prononcés pour une réforme de la loi française dans un sens extensif. Le Ministre du travail a mis, croyons-nous, la question à l'étude ; mais aucun projet gouvernemental répondant aux vœux formulés n'a encore été déposé.

ARTICLE 2. — *Obligations de l'ouvrier. — Livret d'ouvrier et livrets d'acquit.*

1167. — A. OBLIGATIONS DE L'OUVRIER. — Les obligations de l'ouvrier, ou bailleur de services, envers le patron, peuvent se résumer dans les propositions suivantes :

I. L'ouvrier (ou employé) doit fournir en *personne* les services promis. Le louage de services implique en effet un certain *intuitus personæ ;* aussi l'ouvrier ne peut-il, à moins d'un consentement formel du maître, se faire remplacer, même provisoirement, par un tiers.

Il doit, de plus, fournir ses services dans les conditions déterminées par son contrat ou par l'usage (2).

Enfin l'ouvrier doit, à l'atelier, respecter le règlement, ordinairement affiché. L'ouvrier ou apprenti convaincu d'avoir troublé l'ordre de l'atelier était passible d'une action disciplinaire devant le conseil des prud'hommes (décr. 3 août 1810). Mais l'article 73 de la loi du 27 mars 1907 ayant abrogé le décret de 1810, ces infractions ne tombent plus que sous l'application des lois pénales ordinaires.

1168. — II. L'ouvrier est responsable des *détériorations* causées par sa négligence au matériel confié à ses soins, ainsi que des *malfaçons* provenant de sa faute (3). En ce qui concerne la détérioration du matériel, la responsabilité de l'ouvrier ne saurait d'ailleurs être engagée qu'autant qu'il y a eu faute certaine de sa part.

(1) Sur les travaux de la Conférence, cons. *La médecine du travail*, n° 1 (Oct. 1929) ; Kréher, *op. cit.* — Cf. Juncker, *Pour l'extension de la loi sur les maladies professionnelles* (Droit ouvrier, 1927, p. 161).

(2) Sur le droit pour l'ouvrier de refuser d'obéir à des ordres du patron, immoraux ou illégaux, v. trib. Coulommiers, 10 juin 1925, *Gaz. Pal.*, 25.2.729 (comptabilité occulte); Trib. Seine, 28 Juin 1927, D. H. 27.519 (droit pour un comptable de se refuser à passer des écritures irrégulières).

(3) Req. 15 févr. 1892, S. 92.1.143.

Il en est de même des malfaçons ; l'ouvrier n'en peut être déclaré responsable qu'autant qu'elles proviennent manifestement de sa négligence, et non du vice de la matière, ou d'un ordre du patron. Même s'il y a faute établie de l'ouvrier, sa responsabilité est couverte dès que le patron a reçu l'ouvrage sans formuler de réserves et ce, alors même que le vice ne serait pas apparent. Il en serait différemment toutefois, et la responsabilité de l'ouvrier subsisterait si l'ouvrier avait empêché la découverte du vice par des manœuvres frauduleuses.

1169. — III. L'ouvrier est responsable du *retard dans l'exécution* provenant de sa faute. Il doit livrer l'ouvrage dans les délais déterminés par la convention, l'usage ou le règlement de la fabrique. Mais, à la différence de l'ouvrier à façon, il ne répond pas des cas fortuits ; en conséquence, si l'ouvrage vient à périr fortuitement avant son achèvement, il n'en supportera pas le risque, c'est-à-dire qu'il aura droit au salaire correspondant aux journées de travail consacrées à l'exécution de l'ouvrage détruit.

1170. — IV. *Révélation de secrets : rémunérations occultes.* — L'ouvrier (ou l'employé) ne doit ni révéler à qui que ce soit les secrets ou procédés de fabrication de la maison, ni faire usage de ces procédés dans son intérêt personnel (1).

Des pénalités sévères ont été, d'autre part, édictées récemment contre les ouvriers ou employés coupables d'avoir accepté des *rémunérations occultes* (L. du 16 fév. 1919, incorporée sous les art. 177 et 179, C. Pén.) (2).

Est puni d'un emprisonnement de un à trois ans et d'une amende de 300 à 3.000 fr., ou de l'une de ces peines seulement, tout salarié (quelle que soit sa situation hiérarchique) qui aurait sollicité ou accepté une rémunération, à l'insu de son patron, pour faire un acte de son emploi, ou s'abstenir de faire un acte que son devoir lui commandait de faire. — Est puni d'un emprisonnement d'un à trois ans et d'une amende de 3.000 à 10.000 fr., ou de l'une de ces peines seulement, quiconque aura corrompu ou tenté de corrompre, par promesses, dons, commissions, escomptes ou primes, tout

(1) Sur l'application de l'art. 418 C. pén. aux commis et ouvriers, v. trib. com. Seine, 6 juill. 1893, *Gaz. trib.*, 15 août. — Sur la concurrence déloyale que l'ex-employé ou commis pourrait faire à la maison dont il a cessé de faire partie, v. *supra*, n°s 277 et s.

(2) V. dans l'exposé des motifs de la loi (Ch., *Doc. parl.*, 1918, p. 246) l'indication des fraudes les plus usuelles: ententes occultes avec certains fournisseurs; trafic de wagons, si fréquent pendant la guerre, etc. — Cf. Civ. 22 mars 1928, *Rev. cons. prud'h.*, 29, p. 51.

commis, employé ou salarié quelconque d'un commerçant ou d'un industriel.

Le droit de poursuite appartient concurremment au parquet, à l'employeur et à tout intéressé, fournisseur évincé, syndicat d'employés ou d'ouvriers, etc.

B. DU LIVRET D'OUVRIER (3) — **1171.** — *Historique.* — C'est ici le lieu de donner quelques indications rétrospectives sur le *livret d'ouvrier*, abrogé en principe par la loi du 2 juillet 1890.

Le livret était un cahier, remis par l'autorité (à Paris par le préfet de police, à Lyon par le préfet, dans les autres villes par le maire), dont tout ouvrier de manufacture *devait* être muni, à peine d'amende ou d'emprisonnement de un à cinq jours. Ce livret portait tout d'abord les nom, lieu de naissance et signalement de l'intéressé ; il lui servait en effet de passeport et devait être visé à nouveau dans les diverses localités où l'ouvrier cherchait du travail. Il contenait, en outre, la mention des ateliers où l'ouvrier avait successivement travaillé, les indications du jour de son entrée et du jour de sa sortie de chaque atelier, l'acquit des engagements contractés par lui envers chaque patron, enfin la mention des avances non remboursées qu'il avait reçues de son patron. Nul patron ne pouvait, sous peine d'amende, recevoir un ouvrier dans son usine, si celui-ci n'était porteur d'un livret constatant l'acquit de ses engagements, délivré par le maître précédent.

L'origine de cette institution des livrets d'ouvrier se trouve dans les règlements des anciennes corporations d'arts et métiers, qui imposaient aux compagnons de ne quitter leur maître qu'après en avoir obtenu un *congé*, constatant qu'ils s'étaient acquittés de toutes leurs obligations. Ce sont les lettres patentes du 12 septembre 1781 qui créèrent le livret proprement dit.

1172. — Sous la Révolution, l'abolition des corporations entraîna la disparition du livret. Mais les doléances des patrons, qui se plaignaient de n'avoir aucun moyen de contraindre les ouvriers à exécuter leurs engagements, déterminèrent le Consulat à remettre en vigueur l'institution traditionnelle du livret (L. 22 germinal an XI et arrêté du 9 juin an XII).

L'arrêté du 9 juin an XII fut remplacé par les lois des 14 mai 1851 et 22 juin 1854 qui supprimèrent, en principe, le droit pour le patron de retenir le livret jusqu'à la complète exécution des obligations de l'ouvrier, droit exorbitant qui permettait au patron de

(1) BIBLIOGRAPHIE. — Sauzet, *Le livret obligatoire de l'ouvrier* (Rev. critique, 1890); Plantier, *Le livret d'ouvrier*, 1900; Bernard, *Le livret ouvrier*, th. 1903.

dompter l'ouvrier par la famine. La loi de 1854, plus favorable à cet égard pour l'ouvrier que l'arrêté de l'an XII, se montra en revanche plus rigoureuse en ce qu'elle institua diverses pénalités contre les contrevenants (1).

1173. — *Lois de 1851 et 1854 : graves dérogations au droit commun.* — Dans son ensemble, la législation des livrets dérogeait gravement au droit commun à un triple point de vue :

1° En ce qu'elle imposait au patron nouveau l'obligation de s'assurer du congé d'acquit de l'ancien en réclamant la production d'un livret régulier ;

2° En ce que cette législation conférait au patron un droit de contrainte sur son ouvrier pour l'obliger à exécuter ses engagements. En effet, même depuis la suppression du droit de rétention, le patron pouvait, en refusant de porter le congé d'acquit sur le livret de l'ouvrier, le mettre dans l'impossibilité de s'engager ailleurs ;

3° En ce que cette législation assurait indirectement au patron un véritable privilège pour le remboursement de ses avances jusqu'à concurrence de 30 francs (V. *supra*, n°s 989 et s.).

Cette triple dérogation au droit commun était-elle justifiée ? Les défenseurs du livret obligatoire affirmaient que le livret était à la fois conforme à l'intérêt général et à l'intérêt particulier des deux parties contractantes.

1174. — *Inconvénients du livret obligatoire.* — Mais les ouvriers soutenaient qu'un tel régime de suspicion policière était incompatible avec le principe de l'égalité devant la loi, proclamé par la Révolution, et leur propension à entrer dans les voies révolutionnaires était d'autant plus irrésistible qu'ils subissaient plus impatiemment le joug de la surveillance. Aussi la loi sur le livret obligatoire, dès les dernières années de l'Empire, était-elle presque tombée en désuétude. Cet état de choses ne fit que s'accentuer sous la République, si bien qu'à la veille de l'abrogation du livret, la réforme était presque un fait accompli.

Si le livret était, au point de vue général, une arme dangereuse, il avait aussi le vice grave d'avantager l'un d'entre eux, au détriment de l'autre. Il faisait par trop pencher la balance en faveur du patron, puisque, suivant une expression énergique, « il attachait l'artisan à la glèbe industrielle ». L'avantage que pouvaient

(1) Cette loi de 1854 fut d'ailleurs aggravée par le décret du 30 avr. 1855, véritable instrument d'investigation policière.

trouver les ouvriers à l'institution du livret était bien illusoire en comparaison du profit léonin qu'en retiraient les patrons (1).

1175. — Loi du 2 juillet 1890 ; abrogation du livret. — Du certificat de travail. — L'égalité a été rétablie par la loi du 2 juillet 1890. Cette loi, en effet, tout en supprimant le livret, a conféré à l'ouvrier la faculté d'exiger, à la fin de son engagement, un *certificat* contenant exclusivement la date de son entrée, de sa sortie, et l'espèce de travail auquel il a été employé ; le patron qui refuserait de délivrer ce certificat serait passible de dommages-intérêts (art. 3 de la loi, incorporé au livre 1er du *Code de travail*, art. 24) (2). Le droit commun eût légitimé, de la part de l'ouvrier, l'exigence de ce certificat ; le législateur a cependant agi sagement en inscrivant expressément ce principe dans la loi.

Ce certificat est exempt de timbre et d'enregistrement (art. 24, modifié par la loi du 18 juill. 1917).

1176. — Livrets spéciaux maintenus par la loi de 1890. — Si la loi du 18 juillet 1890 a abrogé les livrets d'ouvriers, elle a laissé subsister les livrets imposés aux enfants et aux filles mineures employés dans l'industrie (V. *supra*, n° 838), ainsi que les *livrets d'acquit* de la *fabrique de Lyon*, institués par la loi du 18 mars 1806, et les *livrets de compte* pour le *tissage* et le *bobinage*, établis par la loi du 7 mars 1850 (et dont il est fait aussi usage à Lyon). Ces livrets, en effet, n'ont que des avantages, puisqu'ils facilitent la preuve des quantités de matières premières livrées et rendues et sauvegardent la loyauté des transactions.

a) *Livrets d'acquit de la fabrique lyonnaise.* — D'après la loi

(1) Le livret d'ouvrier est inconnu dans les pays anglo-saxons. Il a complètement disparu en Allemagne; la loi industrielle allemande du 1er juin 1891 (art. 107 et s.), s'inspirant de la loi française, ne l'exige que pour les mineurs de vingt et un ans. — La loi belge du 10 juill. 1883 s'est arrêtée à un système intermédiaire et a maintenu le livret, avec un caractère *facultatif*.

(2) C'est un droit *absolu* pour l'ouvrier de réclamer un certificat. — Le même droit appartient aux employés, bien que la loi de 1850 ne concerne, *in terminis*, que les ouvriers (Trib. paix Ancenis. 23 mai 1907, D. 1908.5.4).

Mais le certificat exigé ne se réfère qu'à la nature et à la durée des services. Toute *appréciation* formulée par un patron sur ses anciens employés ou ouvriers, étant susceptible d'engager sa responsabilité, doit être entièrement libre. — L'ouvrier ne peut, à son départ, exiger une appréciation *favorable* et de son côté le patron ne peut, sans encourir des dommages-intérêts, en formuler une *défavorable*. — Cass. 22 déc. 1920, S. 22.1.380. — Sur le droit, pour le patron, de préciser l'*heure* du départ de l'ouvrier, v. Cass., 26 juill. 1922, S. 22.1.380. — Sur le droit, pour l'ouvrier, d'exiger une *spécification* exacte de l'emploi dont il était chargé, v. Civ. 16 févr. 1921 (*Bull. min. trav.*, 22.315).

du 18 mars 1806 (incorporée au *Code du travail*, liv. 1er, art. 52 à 60), tout chef d'atelier est tenu de se faire remettre par le conseil des prud'hommes deux livrets pour chacun de ses métiers à tisser la soie ; il dépose l'un chez le fabricant et conserve l'autre. Lorsqu'un chef d'atelier cesse de travailler pour un fabricant, il doit faire noter sur le livret d'acquit, par celui-ci, qu'il a soldé son compte, ou, dans le cas contraire, faire inscrire le montant de sa dette en compte de matière, ou en compte d'argent, sur les deux livrets. Dans ce dernier cas, son nouveau patron est tenu de lui faire subir une retenue d'un huitième sur les prix de façon ; le nouveau patron est comptable de la somme retenue envers l'ancien.

Il se peut qu'un chef d'atelier travaille, sur un même métier, pour plusieurs patrons différents ; s'il quitte ces divers patrons pour travailler désormais au compte d'un autre fabricant, la retenue d'un huitième que celui-ci doit prélever sur les prix de façon ne sera pas répartie au marc le franc entre les anciens patrons créanciers, mais « le prélèvement s'opère en faveur du négociant dont la créance est la plus ancienne, et ainsi successivement ». Il est essentiel, étant donné ce mode de prélèvement, de constater exactement la date de chaque créance. Aussi l'article 26 de la loi de 1806 (C. du travail., 58) décide-t-il que « la date des dettes que les chefs d'atelier auront contractées envers les négociants qui les auront occupés sera regardée comme certaine vis-à-vis des négociants et maîtres d'atelier seulement après l'apuration des comptes, l'inscription de la déclaration sur le livre d'acquit et le visa du bureau des prud'hommes ».

Les obligations imposées au nouveau patron qui engage un chef d'atelier sans livret sont beaucoup plus sévères. Le manufacturier qui voudra engager un chef d'atelier sans livret sera tenu de solder intégralement l'ancien patron resté créancier en compte de matières, et de solder jusqu'à concurrence de 600 francs le compte débiteur d'argent du chef d'atelier.

1177. — *b) Livrets de tissage et bobinage.* — La loi du 7 mars 1850, complétée par les lois des 10 juillet 1915 et 19 juillet 1928 (incorporées au *C. du trav.*, liv. 1er, art. 34 à 39) a donné aux *tisseurs* et *bobineurs*, ainsi qu'aux fabricants qui les emploient, un moyen très simple de constater les conventions intervenues. Le fabricant qui livre des fils pour être tissés et bobinés doit inscrire, lors de la livraison, sur un livret spécial laissé aux mains du tisseur, les indications concernant les poids, longueur, numéros des fils, etc., et le prix de façon. Ces mentions doivent être reproduites sur le registre d'ordre du fabricant. Toute contravention est passible d'une amende de 11 à 15 francs (1). (C.P., art. 99 *a*)

Si le tissage est effectué chez l'employeur, celui-ci aura la faculté de substituer au livret une *fiche attachée au métier* (L. de 1928).

SECTION IV. — Modes d'extinction du contrat de travail et conséquences pécuniaires de la résiliation. — Délai congé

§ 1er. — Notions préliminaires.

1178. — Prohibition de l'engagement perpétuel. — Le contrat de louage de services est, par essence, un contrat à temps. L'article 1780 du Code civil (*Cod. du trav.*, liv 1er art. 20) décide, en effet, « qu'on ne peut engager ses services qu'à temps ou pour une entreprise déterminée ». Cette disposition, corollaire logique du principe de liberté individuelle proclamé par la Révolution française, avait un double objectif : — 1° consacrer l'abolition d'un certain nombre d'usages anciens qui étaient manifestement des survivances du servage, tels, par exemple, que la défense à tous domestiques ou serviteurs de quitter leurs maîtres sans le consentement de ceux-ci, sous peine d'être punis comme vagabonds ; — 2° atteindre certaines conventions qui, sans être positivement conclues pour la vie entière, enchaîneraient d'une manière excessive la liberté du promettant (2).

1179. — S'attachant à l'esprit plutôt qu'à la lettre de l'article 1780, la jurisprudence n'hésite pas à annuler les contrats qui, bien que faits pour une durée déterminée, sont conclus pour un temps si long que, selon toute vraisemblance, le promettant aliénerait sa liberté sa vie durant ; il y a là une question de fait rentrant dans le pouvoir souverain d'appréciation du juge du fond (3).

Quid du contrat par lequel un ouvrier, commis ou domestique, s'engagerait à servir un patron ou maître pendant la vie de ce dernier ? Le contrat est-il ou non valable ? La question ne paraît pas

(1) Cf. loi du 21 juill. 1856 sur la coupe du velours de coton, la teinture ou blanchiment et l'apprêt des étoffes (incorporée au *Code du trav.*, liv. 1er, art. 40 à 42).

(2) Des dispositions analogues figurent dans la plupart des lois étrangères. — V. notamment : art. 345, Code suisse des oblig., art. 1628 C. civ. italien.

(3) Aux arrêts cités *supra*, n° 261, *adde* : Civ. cass., 28 juin 1887, S. 87.1.380. — Cf. Baudry et Wahl. t. II, p. 201.

susceptible d'une réponse absolue. Le contrat en lui-même n'est pas nécessairement nul ; mais il devrait être annulé si le maître, selon toute probabilité, paraissait devoir survivre à l'ouvrier (1).

Quant à l'engagement pris par le maître envers l'ouvrier de garder ce dernier tant qu'il vivra, cet engagement est valable en soi, à la condition qu'en retour l'ouvrier ne s'engage pas réciproquement à servir le maître sa vie durant.

1180. — Ouvriers de manufactures. — L'article 1780 n'a pas paru au législateur constituer une garantie suffisante en ce qui concerne les ouvriers employés dans les usines et manufactures. L'article 15 de la loi du 22 germinal an XI (*C. du trav.*, 22) décide en effet que « l'engagement d'un ouvrier ne pourra excéder un an, à moins qu'il n'ait un traitement et des conditions stipulées par un acte exprès » (Acte exprès signifie ici acte écrit).

Cette loi peut s'expliquer par une double considération : — 1° le taux des salaires varie, dans des proportions assez notables, d'année en année. L'ouvrier qui s'engagerait pour plusieurs années, moyennant un salaire fixe, risquerait d'être gravement lésé en cas de hausse de salaires correspondant par exemple à une hausse des denrées nécessaires à la vie ; — 2° en forçant l'ouvrier à passer un acte écrit, toutes les fois qu'il voudrait s'engager pour plus d'un an, le législateur a voulu attirer son attention sur la gravité d'un acte de cette nature ; il était à craindre qu'il ne prît à la légère un engagement verbal.

1181. — Sanction des prohibitions. — L'article 1780 et l'article 14 de la loi du 22 germinal an XI, n'ayant pas le même fondement juridique, n'ont pas la même sanction. La loi de l'an XI ayant simplement pour but de protéger l'ouvrier contre son imprévoyance, l'ouvrier seul doit donc pouvoir se prévaloir de la nullité. Cette nullité, purement relative, est susceptible de confirmation expresse ou tacite (2).

Tout autre est, selon nous, le caractère de la nullité fondée sur la violation de l'article 1780 du Code civil. Dès l'instant que cette disposition est une règle d'ordre public, qu'elle a pour but de sanctionner le principe de la liberté individuelle, il en résulte logiquement que tout engagement entaché de perpétuité est un engagement sur cause illicite, inexistant comme tel (3).

(1) Toulouse, 28 déc. 1892, S. 93.2.209. — V. aussi Pau, 27 févr. 1905.
(2) Flurer, *Rev. critique*, 1889, p. 312; Glafard, p. 128.
(3) Aubry et Rau, t. IV, § 372; Glafard, p. 134; Baudry et Wahl, p. 205.

La nullité pourra donc être invoquée, non seulement par l'ouvrier, mais encore par le patron. Le salaire dû à l'ouvrier jusqu'au jour de l'annulation du contrat devra être fixé uniquement d'après l'usage des lieux ou à dire d'experts, abstraction faite du salaire stipulé dans le contrat (1).

Le contrat, étant inexistant, le refus d'exécution d'un pareil contrat ne saurait donner lieu à aucuns dommages-intérêts. Si des dommages-intérêts étaient alloués à l'une des parties, ce ne pourrait être qu'à raison du dol de l'autre partie, qui par exemple aurait déterminé son co-contractant à s'engager pour la vie, à l'aide de manœuvres frauduleuses.

§ 2. — Modes d'extinction du louage de services pour un temps déterminé.

1182. — Ces modes sont : — 1° l'arrivée du terme ; — 2° le consentement des deux parties ; — 3° la mort de l'ouvrier ; — 4° la faillite du maître sous certaines conditions ; — 5° la force majeure ; — 6° une décision de justice.

I. **Arrivée du terme.** — C'est le mode normal d'extinction du louage de services contracté pour un temps déterminé. Il n'est pas nécessaire d'ailleurs, pour que le contrat soit réputé conclu pour une durée déterminée, que les parties aient inséré dans leurs conventions une clause expresse à cet effet. La durée du contrat peut, en effet, à défaut de convention expresse, être déterminée par l'usage des lieux, la nature de l'ouvrage, parfois même par la loi.

Par l'usage des lieux. — Telle est la règle législativement consacrée, pour les domestiques et ouvriers ruraux, par la loi du 9 juillet 1889 (*Code rural*, art. 15). — Pour les ouvriers, au contraire, la fixation de la durée du contrat par un usage local est tout à fait exceptionnelle.

Par la nature de l'ouvrage. — Ce mode de fixation intervient surtout pour les ouvriers agricoles. Ainsi les ouvriers engagés pour les foins, moissons ou vendanges sont censés engagés pour toute la durée de la fenaison, de la moisson ou de la vendange.

Par la loi. — En général, la loi n'assigne aucun terme à la durée de louage de services ; elle se borne à prohiber le louage *perpétuel*.

(1) Civ. cass., 28 juin 1887, D. 88.1.296, S. 87.1.360.

Toutefois ce principe comporte *au moins une exception* en ce qui concerne les ouvriers employés dans les forges, où l'interruption du travail peut causer de graves dommages. L'édit royal du 9 décembre 1729, considéré par la jurisprudence comme non abrogé (?), décide que les ouvriers et voituriers ne peuvent quitter l'établissement pour aller travailler dans une autre usine, à peine de 300 livres, pendant que le haut fourneau est encore en feu.

Tacite reconduction. — Le renouvellement par *tacite reconduction* a-t-il lieu dans le louage de services ? Oui en principe. Toutefois, d'après la jurisprudence (1), le contrat prorogé serait désormais à durée indéterminée, chaque partie ayant le droit de le dénoncer en se conformant aux délais d'usage.

1183. — II. Consentement des deux parties (mutuus dissensus). — Lorsque le contrat est conclu *pour un temps déterminé*, aucune des deux parties ne peut, contre le gré de l'autre, rompre la convention et se soustraire à ses engagements. L'autre partie n'a pas, il est vrai, de moyens de contrainte directe contre celle qui veut résilier, mais elle peut alors faire prononcer la résiliation à son profit, par justice, avec dommages-intérêts destinés à compenser le préjudice qu'elle éprouve, du fait de cette rupture illicite (2).

Mais ce que chaque partie isolément ne peut faire, les deux parties le peuvent évidemment d'un commun accord : leur volonté commune fait loi.

1184. — III. Mort de l'ouvrier. — Le contrat de louage de services étant contracté *intuitu personæ*, la mort de l'ouvrier met fin de plein droit au contrat. Il en est différemment de la mort du maître, la personne du maître n'étant pas, en général du moins, prise en considération par l'ouvrier. Lors donc que l'exploitation industrielle est continuée par les héritiers, les obligations et les droits du *de*

(1) Cass. 31 mars 1924, S. 24.1.295

(2) Civ. cass., 4 août 1909, D. 1911.1.224. L'auteur de la rupture ne serait dispensé des dommages-intérêts que s'il pouvait invoquer, à l'encontre de l'autre partie, des griefs graves dont il appartient aux juges du fond d'apprécier la légitimité. Sur le droit pour un employé de quitter son patron, à raison des actes illégaux que celui-ci lui aurait demandé, v. *supra*, n° 1167, en note. — Sur le droit pour un patron de congédier un employé fortement suspecté d'improbité, v. Montpellier, 4 déc. 1926, D. H. 27.202. — Sur le calcul de l'indemnité, v. Paris, 27 oct. 1925, *Rev. prud'h.*, 1926.172 ; Trib. Seine, 25 mars 1926, D. H. 26.262. — Sur les dédits stipulés en cas de rupture, notamment dans les engagements d'artistes, v. Trib. Seine, 12 nov. 1926, *Rev. prud'h.*, 1927.270 ; Civ. 2 févr. 1927, D. 27.1.164. — Sur la nullité de la renonciation au droit de réclamer des dommages intérêts, v. Cass., 22 déc. 1925, S. 26.1.15.

cujus se transmettent à ceux-ci, qui pourront exiger de l'ouvrier les services promis jusqu'à l'expiration du temps convenu. Si la mort du patron mettait fin à l'exploitation, le contrat de louage, au contraire, prendrait fin de plein droit (1).

1185. — IV. **Faillite du patron.** — La faillite du patron ne résout pas de plein droit le contrat. Le syndic peut continuer l'exploitation et conserver les ouvriers, aux conditions convenues entre eux et le débiteur. Mais la faillite, lorsqu'elle entraîne la cessation de l'exploitation, met virtuellement fin, par voie de conséquence, aux contrats intervenus entre le chef d'industrie et les ouvriers ; en ce cas, ceux-ci n'ont pas plus droit à une indemnité de résiliation (2) qu'ils n'y auraient droit en cas de décès du patron suivi de fermeture de l'établissement.

1186. — V. **Force majeure.** — Le contrat de louage de services, comme toute autre convention, est résilié de plein droit en cas de force majeure rendant l'exécution impossible (art. 1148 et 1302 C. civ.). Cette résiliation n'étant pas fautive a lieu sans dommages-intérêts, qu'elle se produise soit du chef du maître, soit du chef de l'ouvrier. Il est impossible de donner une énumération limitative de tous les cas de force majeure ; en voici quelques exemples : — 1° Les maladies ou infirmités qui mettent l'ouvrier dans l'impossibilité de continuer son travail (3).

2° La destruction, par l'effet d'un incendie ou de toute autre cause fortuite, de l'établissement dans lequel travaillent les ouvriers, alors du moins que cet événement imprévu oblige le chef d'industrie à abandonner son entreprise. Si l'indemnité d'assurance lui permettait de reprendre son exploitation, il ne pourrait, sous prétexte de force majeure, congédier son personnel sans s'exposer à des dommages-intérêts (Paris, 10 mai 1854, D. 55. 2.15).

3° La fermeture, par ordre de l'autorité publique, de l'établis-

(1) La dissolution de la société, précisément parce qu'elle met fin à l'exploitation, est incontestablement une cause de résiliation, sans dommages-intérêts, au regard du personnel attaché à la société disparue. — La société nouvelle qui prendrait sa place, simple ayant cause à titre particulier, ne serait pas tenue, à moins de s'y être engagée, de conserver le personnel : Bordeaux, 21 juill. 1890, *Rec. Bordeaux*, 1890.1.455.

(2) Telle est du moins la thèse qui prévaut en jurisprudence, car en doctrine la question est vivement controversée. — Pour l'exposé de la controverse, v. *Répert.* Fuzier-Herman, v° *Commis*, n°s 235 et suiv.; note sous Cass., 11 juill. 1904., D. 1906.1.289.

(3) Mais le patron ne peut congédier ses ouvriers que si la maladie est grave et prolongée. Trib. civ. Seine, 19 janv. 1893, *Loi*, 9 févr. 1893. V. *infra*, n° 1197. — Cf. articles 346 du Code fédéral *suisse* des obl., et 616 du Code civil *allemand*.

sement industriel. Toutefois, si cette fermeture était la suite d'une contravention (ex. : établissement dangereux, ouvert sans autorisation), il n'y aurait plus force majeure : la fermeture étant consécutive à la faute du patron, celui-ci devrait des dommages-intérêts aux ouvriers.

4° La suspension forcée de l'exploitation par suite d'une occupation ennemie. Le patron, contraint d'arrêter son exploitation, peut en ce cas congédier ses ouvriers, sans indemnité (2).

5° La modification apportée à certaines clauses essentielles du contrat par l'effet d'une loi nouvelle (3).

1187. — *Appel sous les drapeaux : temps de paix.* — En temps de paix, une distinction essentielle doit être faite entre l'appel sous les drapeaux et la convocation pour une période de réserve. Le jeune ouvrier ou employé, incorporé dans le contingent annuel de l'armée ou de la marine, voit son contrat résilié de ce fait ; mais l'appel de la classe étant un cas de force majeure, le salarié n'est tenu envers son patron d'aucune indemnité, à moins qu'il ne lui ait dissimulé sa situation militaire.

Pour les simples périodes d'appel des réservistes ou territoriaux, ou les périodes d'instruction imposées aux officiers de réserve, la loi du 18 juill. 1901, incorporée au liv. 1er du C. du travail (art. 25 à 28) pose au contraire le principe de la non-résiliation. Le congé donné pour ce fait par l'une des parties à l'autre (l'appel peut en effet viser aussi bien le patron que l'employé) oblige l'auteur du congé à des dommages-intérêts, dont le taux est arbitré par le juge sur des bases déterminées par l'article 1780 du Code civil (1).

1188. — *Mobilisation : temps de guerre, tension extérieure.* — La mobilisation générale, telle que celle qui, en août 1914, arracha brusquement des millions d'hommes à leurs occupations de temps de paix, ou même la mobilisation partielle d'une ou de plusieurs

(1) L'état de guerre, même suivi de l'occupation ennemie, n'est un cas de force majeure entraînant la rupture du contrat de travail, que s'il met réellement le chef d'industrie dans l'*impossibilité* de continuer son exploitation ; il y a là une question de fait laissée à l'appréciation des juges du fond. — Civ. 4 août 1915, S. 16.1.17 ; 2 févr. 1916, *Gaz. Trib.*, 12 nov. ; Paris, 20 avril 1916, *ibid.*, 15 juillet. — Une fermeture temporaire ne suffirait pas à rompre le contrat (Civ. 8 févr. 1916, *Bull. Min. trav.*, 16.350). Ces principes sont expressément affirmés dans la loi du 22 nov. 1918 (art. 1er), que nous commentons ci-après.

(2) Loi sur le repos hebdomadaire, par exemple (Cass., 26 juillet 1909, D. 11.1.55).

(3) L'appel de l'ouvrier ou de l'employé sous les drapeaux, comme réserviste ou territorial, fait légalement obstacle pour un temps à la rupture, alors même qu'il s'agirait d'un contrat à durée indéterminée. — Cass., 2 août 1911, p. 1093.

classes, en dehors de toute guerre, et à titre de mesure préventive, entraînent, dans les rapports juridiques des employeurs ou des employés, de telles perturbations, qu'il a semblé indispensable au législateur d'intervenir d'autorité. Il eût été scandaleux en effet, au lendemain de la grande guerre, de voir tous les postes détenus par des embusqués, des étrangers, ou des femmes, au détriment des mobilisés qui, au péril de leur vie, avaient défendu le sol national.

D'où la loi du 22 nov. 1918 (1), dont l'article 1er est ainsi conçu : « Les administrations, offices, entreprises publiques ou privées doivent garantir à leur personnel mobilisé, pour toutes les personnes ayant un contrat de louage relevant des articles 20 à 24 du livre 1er du Code du travail, *et toutes les fois que la reprise de la personne est possible* (2), l'emploi que chacun occupait au moment de sa mobilisation. »

Cet article, on le voit, est aussi général que possible. Il vise, d'une part, aussi bien les fonctionnaires et agents des services publics de tous ordres que les ouvriers ou les employés (3) des industries privées : il englobe d'autre part toutes les variétés de contrat de travail, aussi bien ceux conclus pour un temps déterminé que ceux d'une durée indéterminée. Si le contrat est à durée déterminée, il reprend de plein droit à la démobilisation, pour la durée restant en cours au moment de la mobilisation, sauf la faculté de dénonciation réservée à l'intéressé dans les conditions spécifiées à l'article 2.

Dans les administrations publiques, l'article 3 pose un ensemble de règles ayant pour but d'assurer aux démobilisés, au point de vue du traitement et de l'avancement, une situation au moins égale à celle des agents demeurés en fonctions. Dans les entreprises privées, le contrat de travail souscrit en vue de pourvoir au remplacement d'un mobilisé n'est en aucun cas, opposable au mobilisé et ne peut, sous aucun prétexte, être invoqué par l'employeur

(1) Wahl, *La loi du 22 nov. 1918* (Rev. trim. de dr. civ., 1918.319) ; Deshayes, *Le contrat de travail des mobilisés*. — Dès avant la loi de 1918, certains tribunaux avaient décidé que la mobilisation n'entraînait pas rupture de contrat et que le patron devait reprendre ses employés, revenus dans leurs foyers. — Trib. civ. Seine, 21 avril 1915, D. 16.2.101 ; Cass., 4 août 1915, D. 16.2.101 ; Cass., 4 août 1915, S. 66.2.27. — Sur la réintégration du mobilisé renvoyé abusivement, v. Civ. 21 fév. 1927, *Rev. Prud'h.* 1928, 31.

(2) Sur le cas d'impossibilité de reprise de l'ouvrier dans son emploi antérieur, v. Civ. 25 févr. 1927, S. 27.1.175.

(3) Même les employés supérieurs. Ex. : directeur général de Société anonyme (Trib. civ. Seine, 6 janv. 1920, D. 20.2.20).

comme une cause d'impossibilité ou d'empêchement à la reprise du contrat primitif (1).

C'est aux tribunaux qu'il appartient, sous la réserve sus indiquée, d'apprécier si la reprise est réellement *impossible*. Pour cette appréciation, il sera tenu compte uniquement, d'une part, des changements profonds survenus depuis le début de la guerre dans le fonctionnement des administrations, offices ou entreprises, par suite de destruction d'établissements, modifications importantes dans les procédés de travail, pertes de clientèle (2) ; d'autre part, des maladies, blessures ou infirmités de nature à modifier notablement l'aptitude des personnes à l'emploi qu'ils occupaient avant la mobilisation (3). La preuve de l'impossibilité de reprise du contrat incombe à l'employeur (art. 4).

1189. — A la suite du rappel, en mai 1921, de la classe 1919 en vue d'une occupation éventuelle de la Ruhr, le législateur a cru devoir compléter la loi de 1918 par un texte nouveau (L. du 23 juin 1921), garantissant expressément leur travail ou leur emploi aux hommes rappelés sous les drapeaux.

Cette disposition, édictée en vue des hommes de la classe 19, rappelés en mai et démobilisés fin juin 1921, jouerait automatiquement au profit des classes de réserve, dont le rappel pourrait devenir nécessaire, en cas de tension extérieure.

1189 bis. — *Emplois réservés* (*L. du 30 janv. 1923*), *et emploi obligatoire des mutilés de guerre* (*L. 26 avril 1924*). — Signalons enfin brièvement deux lois, inspirées du même esprit que les précédentes, et qui ont eu pour objet d'en combler les lacunes.

Aux termes de la loi du 30 janv. 1923, amendée le 21 juill. 1928, sur les *emplois réservés*, les officiers et hommes de troupe des armées de terre et de mer *invalides de guerre*, c'est-à-dire pensionnés définitivement ou temporairement (L. du 23 Oct. 1919), bénéficieront pendant un délai de *dix ans*, à partir de la publication du décret rendu pour l'application de la loi, d'un droit de préférence pour l'obtention des emplois réservés de l'État, des établissements publics, des départements, de la Ville de Paris, de l'Algérie et des

(1) Le salaire alloué au démobilisé doit être le salaire normal de l'emploi, y compris tous ses avantages accessoires (Cass. 22 févr. 1921, S. 22.1.14).

(2) La fermeture de l'atelier où le mobilisé était employé peut être considérée comme un cas d'impossibilité (Trib. civ. Seine, 6 janv. 1920, D. 20.2.20). — Mais il en est autrement de la cession du fonds ; le mobilisé a le droit d'exiger sa réintégration à l'encontre de l'acquéreur (Req., 1er juill. 1920, D. 20.1.109 et note Kalou).

(3) Sur la rééducation professionnelle, v. Loi du 2 janv. 1918.

colonies, dont la nomenclature et la proportion sont fixées par les tableaux annexés à ladite loi.

D'après la loi du 26 Avril 1924 sur *l'emploi obligatoire des mutilés de guerre*, toutes les exploitations, industrielles ou commerciales, autres que celles visées par la loi du 30 janv. 1923, qui occupent régulièrement plus *de dix* salariés de l'un et de l'autre sexe, sont tenues d'employer des pensionnés de guerre au prorata de leur personnel total, dans les conditions fixées à l'art. 3. — D'après cet article 3, cette proportion est fixée, pour chaque catégorie d'établissements, par arrêté du Ministre du Travail, sans pouvoir excéder 10 0/0 du personnel total dans chaque exploitation. — Tout pensionné de guerre, présenté par les Offices publics de placement, est soumis à une période d'essai, qui ne peut être supérieure à une semaine pour les ouvriers et un mois pour les employés. (1) Cf. décr. des 3 avril 1925, 10 nov. 1927, 9 juin 1928, et 4 fév. 1930, rendus pour l'application de la loi.

1190. — *Femmes en couches.* — De la loi précitée du 18 juillet 1901 il convient de rapprocher la loi du 28 décembre 1909 (amendée par la loi du 4 janv. 1928), incorporée au livre 1er du Code du travail sous l'article 29, et portant que « la suspension du travail par la femme, pendant douze semaines consécutives, dans la période qui précède et suit l'accouchement, ne peut être une cause de rupture par l'employeur du contrat de louage de services, et ce à peine de dommages-intérêts au profit de la femme. Celle-ci devra aviser l'employeur du motif de son absence » (2).

Ainsi que nous l'avons fait observer déjà *supra*, n° 800, cette loi était incomplète, à un double point de vue : 1° en ce qu'elle *autorise* la femme en couches à suspendre son travail, mais sans lui en faire une obligation ; — 2° en ce qu'elle n'allouait aucune indemnité à la jeune mère privée de ressources. A ce double point de vue, la France était manifestement en retard sur l'étranger.

La loi Strauss, du 17 juin 1913, incorporée au C. du travail (art. 1er, art. 29 *a*, et art. 2, art 54 *a* et s.) est venue combler

(1) Un mutilé ne peut être renvoyé *immédiatement* que pour faute très *grave*. Hormis cette hypothèse, il a droit à un préavis double du préavis d'usage. — Trib. civ. Seine, 23 juill. 1927, *Gaz. Pal.*, 1927.2.607. — V. *infra*, n° 1199.

(2) La loi de 1928 a porté le délai de huit à douze semaines. Elle dispose en outre que, au cas où l'absence de la femme à la suite d'une maladie attestée par un certificat médical comme résultant de la grossesse se prolongerait au-delà du terme prévu, sans excéder *quinze* semaines, l'employeur ne pourra lui donner congé pendant cette absence. Il va de soi que l'art. 29, ne distinguant pas, s'applique aussi bien aux filles-mères qu'aux femmes mariées. — Civ. 27 mai 1913, D. 13.1.300.

cette double lacune. Amendée et complétée par la loi de finances du 30 juill. 1913 (art. 68 à 79), et par le décret du 17 déc. 1913, la loi Strauss admet pour toute salariée la possibilité de quitter le travail sans délai-congé ni indemnité de rupture dans la période qui précède l'accouchement. Il est interdit à tout employeur d'admettre au travail les femmes accouchées dans les quatre semaines qui suivent leur délivrance.

La femme accouchée a droit à une indemnité journalière pendant les quatre premières semaines, à condition d'avoir complètement suspendu son travail. Le paiement de cette indemnité incombe aux départements (L. 15 juill. 1893 s. l'assistance médicale gratuite), avec participation obligatoire des communes et de l'État (art. 68, L. 30 juillet 1913).

La loi du 17 juin 1913 a été complétée : 1° Par la loi du 15 juill. 1914 au sujet de la compétence des Conseils de préfecture pour les contestations relatives au domicile de secours ; — 2° Par la loi du 2 déc. 1917, aux termes de laquelle toute mutualité maternelle, toute société de secours mutuels, toute œuvre d'assistance préalablement agréée par décret..., peut être chargée par le Conseil municipal, le bureau d'assistance consulté, d'assurer le fonctionnement de la loi dans la commune.

1191. — VI. Résiliation par autorité de justice. — Dans les hypothèses précédentes, la résiliation a lieu *de plein droit* ; il nous reste à examiner les hypothèses dans lesquelles la résiliation peut être prononcée *par justice*, à la requête de l'une des parties, pour inexécution des obligations de l'autre. Il suffit d'appliquer ici le principe général de l'article 1184 du Code civil. Notons d'ailleurs que, dès l'instant qu'il s'agit d'une obligation de faire, les voies de contrainte directe sont impossibles. Presque toujours le juge se trouvera en présence d'un *fait accompli*, d'un *congé donné*, et il aura simplement à rechercher si ce congé est indû ou légitime (1). Les cas d'*inexécution fautive* des engagements pris ne peuvent pas plus faire l'objet d'une énumération limitative que les cas de force majeure. Nous citerons, à titre d'exemple, les hypothèses suivantes :

Causes légitimes de résiliation contre l'ouvrier : — 1° désertion de l'usine, ou refus d'exécuter les travaux confiés ; — 2° détérioration des matières et outils confiés à l'ouvrier, ou malfaçon de l'ouvrage ; — 3° retard dans l'exécution ; — 4° incapacité pro-

(1) Sur le pouvoir d'appréciation souveraine des juges du fond, v. Civ. 23 févr. 1926, *Gaz. Pal.*, 1926.1.703.

fessionnelle (1), ou négligence grave de l'ouvrier ; — 5° actes d'infidélité à l'égard du maître ou des autres ouvriers, vols, etc. (2) ; — 6° fait de troubler l'atelier, par des menaces, insultes, voies de fait.

Causes légitimes de résiliation contre le patron : — 1° défaut de paiement du salaire (3) ; — 2° voies de fait ou insultes ; — 3° exigences illégales (4) ; — 4° insalubrité de l'atelier, ou remise d'outils dangereux.

La résiliation du contrat, dans les cas prévus par l'article 1184, oblige celui par la faute duquel elle est rendue nécessaire à des *dommages-intérêts* (Paris, 9 mars 1912, *Gaz. trib.*, 10 mars). La faute incombe-t-elle au maître, les dommages-intérêts consisteront dans l'allocation à l'ouvrier du salaire fixé pour toute la durée du contrat, plus les intérêts judiciaires (art. 1135 C. civ.) (5) — Est-ce l'ouvrier qui est en faute, il y aura lieu pour le tribunal de transformer l'obligation de faire dont il était tenu en dommages-intérêts, arbitrés conformément aux articles 1149 à 1152 du Code civil.

§ 3. — Modes d'extinction du louage de service contracté pour une durée indéterminée (art. 1780 C. civ., 23 C. Trav.) (6)

1192. — Certains modes d'extinction sont communs au louage *à temps* et au louage *sans détermination* de durée, par exemple : le *mutuus dissensus*, la mort de l'ouvrier, la mort ou faillite du patron suivie de fermeture de l'établissement, la force majeure.

(1) Ainsi, le patron peut se réserver de congédier son commis, si celui-ci ne lui procure pas un chiffre d'affaires minimum (Paris, 11 févr. 1883, D. 87.2.140).

(2) Ex.: entente d'un employé avec les fournisseurs pour majorer les prix. Paris, 15 juin 1893, D. 93.2.472. — Le fait est aujourd'hui réprimé pénalement par la loi du 16 févr. 1919. V. *supra*, n° 1170. — Improbité de l'ouvrier : Montpellier, 4 déc. 1926, D. H. 27.202.

(3) Civ. 11 juill. 1911, D. 12.1.60. Un simple retard ne serait pas toujours une cause de résiliation (Cass., 5 nov. 1923, S. 24.1.259).

(4) Un comptable, mis en demeure par son patron d'organiser une comptabilité occulte est en droit de s'y refuser, et de faire résilier ses engagements. — Trib. Coulommiers, 10 juin 1925, *Gaz. Pal.*, 1925.2.729

(5) Trib. civ. Seine, 25 mars 1926, D. H. 26.262. — V. cependant Paris, 27 oct. 1926, *Rev. prud'h.*, 1926.172.

(6) BIBLIOGRAPHIE. — Sur la loi de 1890 : Sauzet, *Etude sur le nouvel article* 1780 (*Annales de dr. commerc.*, 1891, 2, p. 49 et 97); Planiol, notes sous D. 93.2.377; 1904.1.449; Esmein, note sous S. 98.1.21; Wahl, *Du motif légitime de rupture dans*

Mais il est un mode d'extinction *spécial* au louage à *durée indéterminée*, à savoir le *congé unilatéral* (art. 1780 C. civ., complété par les lois des 27 déc. 1890 et 19 juillet 1928, — incorporées à l'art. 23 du liv. 1er du C. du travail). Dès l'instant que la durée de la convention n'est pas déterminée, chaque partie peut y mettre fin quand bon lui semble en *donnant congé à l'autre*, à la condition toutefois de respecter les délais d'usage, s'il en existe.

Le Code civil n'avait pas expressément consacré ce mode d'extinction ; mais la jurisprudence avait depuis longtemps reconnu la validité de la rupture du louage de services à durée indéterminée, par la *volonté de l'une des parties* (1).

1193. — Lois des 27 décembre 1890 et 19 juillet 1928 (C. du trav., art. 23) : faculté unilatérale de dénonciation. — La faculté de congé unilatéral est aujourd'hui expressément reconnue aux deux parties, dans le louage fait sans détermination de durée, par la disposition suivante, incorporée à l'article 1780, par la loi du 27 décembre 1890 : « Le louage de services, fait sans détermination de durée, peut toujours cesser par la volonté des parties contractantes ».

Cette même disposition a passé, sans modification, dans le livre 1er du Code du travail, dont elle est devenue l'article 23, lequel

le contrat de louage de services (*Quest. pratiques*, 1903, p. 161); Pic, *Les règlements d'atelier et le délai-congé* (*Rev. trim. de dr. civ.*, 1912.861) ; Lamy, *Etude de droit comparé sur le délai-congé*, 1913. — V. aussi les traités sur le louage de services ou contrat de travail de MM. Glatard, Cornil, Bodeux, Baudry et Wahl, Guillouard, Hanssens. — Cf. les thèses de MM. Fould, Milhet, Rouflet, Bienvenu, Antonelli, etc. ; Demogue, *De l'abus du droit en matière de renvoi d'ouvriers* (*Rev. trimest.*, 25, p. 134); Ronast, *La rupture abusive du contrat de travail*, D. H. 1928, p. 5 et s.; Dall., Rép. Prat., v° *Louage d'ouvrage*, n° 317 et s. — Sur la loi de 1928 : Gardenat, *La loi de 1928 sur le délai-congé* (Semaine jurid., n° 23 août 1928); Préau et Riffard, *Les délais de préavis en matière de congédiement d'employés et d'ouvriers*, 3e éd., 1929; Pic, *Vue d'ensemble sur les lois incorporées en 1928 au Code du travail* (Rec. de dr. com. et de dr. soc., 1929, p. 92); Josserand, *Cours de droit civil positif français*, t. II, 1930, p. 601 et s.; Juncker, *Théorie nouvelle de la rupture du contrat de travail* (Droit ouvrier, 1928, p. 321); Dall., Supplém. au Rép. prat., v° *Louage d'ouvrage*, n° 317. — Cf., sur les travaux préparatoires de la loi du 19 juill. 1928; les rapp. de Duval-Arnould, à la Ch. (10 févr. et 8 mars 1928, nos 5511 et 5823), et de Pasquet au Sénat (28 juin 1928, n° 581); D. P. 29.4.154.

Certaines lois étrangères contiennent une réglementation détaillée du délai-congé. V. notamment : loi *allemande* de 10 juin 1914, ordonn. *autrichienne* du 19 mars 1916, loi *luxembourgeoise* du 31 oct. 1919 (B. Min. trav., 20.179) ; loi *belge* du 7 août 1922 sur le contrat d'emploi (Ann. de lég. étrang., 1922, p. 77), etc. — Cf. *Rec. internat. de jurisprudence du travail*, 1925, 20 (Allem., Angl., Italie, Etats-Unis).

(1) Civ. cass., 4 août 1879, D. 80.1.272; Req., 2 mai 1881, D. 82.1.164.

article vient à son tour d'être modifié et complété par la loi précitée du 19 juill. 1928 (1).

1194. — *Esprit de la législation nouvelle.* — L'évolution législative et jurisprudentielle en matière de délai congé, jalonnée par les deux lois fondamentales de 1890 et 1928, l'une et l'autre incorporées à l'art. 23 du livre 1er du Code du travail, peut se synthétiser dans les deux formules suivantes :

a) *Stabilisation de l'emploi* garantie par la prédominance des usages et des contrats collectifs sur les contrats de travail individuels ou les règlements d'atelier ;

b) Substitution, au régime du bon plaisir individuel, d'un statut égalitaire et équitable, matérialisé dans le droit expressément reconnu au tribunal d'allouer des dommages-intérêts pour tout abus constaté dans l'exercice du droit de congé, soit par l'employeur, soit par l'employé.

Préparée par la loi de 1890, qui réalisait déjà un progrès important, développée par une jurisprudence libérale, la théorie nouvelle du délai congé a trouvé son expression définitive dans la loi de 1928, qui, elle, consacre sans ambages les deux principes sus énoncés, véritable charte d'affranchissement des travailleurs de tous ordres, désormais tenus à l'abri de tout abus d'autorité et placés vraiment, au regard de l'employeur, sur le plan d'une réciprocité complète de droits et d'obligations.

Examinons successivement, afin d'en préciser la portée, les solutions consacrées par la loi de 1890, puis les innovations de la loi de 1928.

1195. — *Loi du 27 déc. 1890 : dans quels cas, d'après cette loi, une indemnité de résiliation est-elle due par l'auteur du congé ?* — Dès le lendemain de la promulgation de cette loi, la question s'est posée de savoir si, en disposant que le congé unilatéral, donné par l'une des parties à l'autre, *pouvait* donner lieu à des dommages-intérêts, le législateur avait entendu innover, déroger au droit commun, ou se contenter d'appliquer au cas particulier de la résiliation fautive le droit commun de la responsabilité ?

Suffisait-il, en d'autres termes, que la partie contre laquelle le contrat était rompu justifiât d'un *préjudice*, pour que le juge fût

(1) L'art. 1780 C. civ., n'ayant pas été changé par la loi de codification de 1910, la matière du délai-congé était régie par deux textes identiques, l'art. 1780 C. civ., et l'art. 23 Civ. 1er C. trav. — La loi du 19 juillet 1928 ne contenant, par suite d'un oubli sans doute, aucune référence à l'art. 1780, il n'y a plus identité entre les deux textes du C. civ. et du C. du travail ; mais il va de soi que l'art. 1780 ne se suffit plus à lui-même et doit dorénavant se combiner avec le nouvel article 23 du C. du travail.

tenu de lui allouer une indemnité (ce qui eût été évidemment dérogatoire au droit commun) ? — Ou devait-elle, au contraire, établir non seulement le préjudice, mais l'existence d'une faute imputable à l'auteur du congé, conformément à l'art. 1382 C. civ. ? — Le texte de la loi de 1890 ne fournissait aucun éclaircissement sur la question : rien n'est plus équivoque, en effet, que la formule « la résiliation *peut* donner lieu à des dommages-intérêts ».

Les travaux préparatoires étaient malheureusement aussi obscurs que le texte. Au Sénat, certains orateurs, M. Tolain entre autres, avaient représenté la loi comme tendant à réaliser une innovation. M. Poincaré, rapporteur de la loi à la Chambre (29 déc. 1888), avait au contraire spécifié nettement que la loi n'avait entendu innover que relativement à l'indication des éléments d'appréciation des dommages-intérêts, mais qu'elle s'en référait à *la jurisprudence antérieure* pour la détermination des cas dans lesquels les dommages-intérêts seront dûs. — L'on peut faire valoir d'ailleurs, à l'appui de cette dernière thèse, un argument très sérieux déduit du rejet, par le Sénat, du texte primitif de la Chambre, d'après lequel le contrat ne pouvait être résilié *sans motif légitime* (1).

C'est, ainsi que nous le verrons bientôt, en faveur de cette interprétation que devaient nettement se prononcer les Cours et Tribunaux appelés à appliquer la loi de 1890. Ils n'ont fait que continuer la jurisprudence antérieure, mais en la systématisant autour de la notion, d'abord confuse et aujourd'hui clairement dégagée, de *l'abus du droit*.

1196. — **Jurisprudence antérieure ; sa confirmation par la loi de 1890.** — Or, que décidait cette jurisprudence ?

Il ressort de l'ensemble des arrêts de la Cour suprême antérieurs à 1890 que la partie congédiée, soit que le congé émane du patron, soit qu'il émane de l'ouvrier ou employé, pouvait obtenir des dommages-intérêts dans trois cas : — 1° si le congé avait été donné brusquement, au mépris d'un *usage local* (2), et sans motif grave

(1) *Sic* : Sauzet et Mongin, *loc. cit.* — *Contra* : Planiol, note précitée ; Baudry et Wahl, II, p. 219.

(2) Les délais d'usage sont essentiellement variables, suivant les professions, les régions et la nature des fonctions exercées. Ils évoluent d'ailleurs avec le temps, et le juge doit toujours rechercher quels sont les usages *actuellement* en vigueur (Trib. civ. Seine, 20 juill. 1929, D. H. 29.454). Il y a là une question de fait parfois délicate, rentrant dans les pouvoirs du juge du fond. On trouvera dans l'ouvrage précité de Préau et Riffard l'indication des usages en vigueur, en 1929, dans plus de 200 professions ou régions. — V. aussi Baudry et Wahl, t. II, p. 234 et s. — Le plus ordinairement, les domestiques attachés à la personne,

(1) ; — 2° si, même en l'absence d'un usage, le congé avait été donné sans observer le délai résultant expressément ou implicitement des accords des parties (2) ; — 3° si, même en l'absence d'usage, même en l'absence de conventions expresses ou tacites, les circonstances dans lesquelles le congé est intervenu révélaient à la charge de l'auteur du congé, l'existence d'une *faute* (délit ou quasi-délit) engageant sa responsabilité dans les termes du droit commun (3).

En résumé, la jurisprudence de la Cour suprême antérieure à la loi de 1890, tout en reconnaissant aux deux parties la faculté de résiliation *ad nutum* et en refusant par conséquent aux juges le droit de scruter les motifs du congé, autorisait cependant l'allocation des dommages-intérêts à la partie congédiée, en cas de contravention aux usages, de violation des conditions expresses ou tacites de contrat, ou de *faute* prouvée du patron.

1197. — *Jurisprudence postérieure à la loi de* 1890. — *Son fondement juridique : l'abus du droit.* — Précisons maintenant les caractères de cette *faute*, qui seule, à défaut d'usage, justifiera l'allocation de dommages-intérêts à la partie congédiée. Nous abordons ici le terrain de l'article 1382 du Code civil : dès l'instant en effet que le congé n'est contraire ni aux usages, ni aux conditions expresses ou tacites du contrat, ou du *règlement d'atelier* (4), la faute imputée à l'auteur du congé ne peut être qu'une faute délictuelle.

et autres gens de service, tels que concierges (Paris, 7 févr. 1920, D. 20.2.114), ont droit à huit jours; les employés ordinaires, engagés au mois, à un mois plein (Cass. 20 juill. 1925, S. 25.1.108), ainsi que les rédacteurs de journaux (Paris, 30 nov. 24, D. 24.2.6); les employés supérieurs, chefs de service engagés le plus souvent à l'année, à trois mois (Civ. 18 janv. 1927, S. 27.1.160), de même que les voyageurs de commerce, les chimistes (Cons. prud'h., Boulogne-sur-Mer, 16 nov. 1927 (*Rev. prud'h.*, 28.21); les directeurs d'agences ou succursales, les ingénieurs préposés à la direction d'un service, à 6 mois (Trib. com. Nantes, 19 déc. 1921, *Rec. Nantes*, 21.1.377). — Il n'y a pas de délai de préavis pour les employés d'hôtel (Cass. 8 mars 1922, S. 22.1.356). Si le contrat passé avec un employé prévoit un délai de prévenance d'un an, le patron qui, ayant donné congé, a conservé l'employé au-delà du délai n'a plus, pour le congédier définitivement, qu'à observer le délai de prévenance en usage pour les employés de sa catégorie (Cass. 1er févr. 1926, S. 26.1.266).

(1) Cass., 5 févr. 1872, S. 72.1.132 (motifs).

(2) Cass., 5 févr. 1872, S. 72.1.132 ; 28 avr. 1874, D. 74.1.304. — Cf. Paris, 10 juin 1872, S. 72.1.132

(3) Civ. cass., 10 mai 1875, D. 75.1.198 ; Req., 17 mai 1887, D. 87.1.410 ; Civ. cass., 18 juill. 1892, S. 92.1.337.

(4) Sur la validité, jusqu'à la loi de 1928, des conventions individuelles ou des *règlements d'atelier* réduisant ou même supprimant tout délai de prévenance v. Civ. 18 déc. 1917, D. 18.1.41 et note Sarrut; 19 févr. 1923, D. 25.1.129 et note Pic; 9 janv. 1928, *Rev. prud'h.*, 29.93. — V. *infra* n° 1204.

Mais comment concevoir que *l'exercice d'un droit* — le congé *ad nutum* étant l'exercice d'un droit reconnu expressément par la loi, — puisse être fautif ?

La réponse à cette question se trouve dans la théorie moderne de *l'abus du droit*, dont les lois sociales récentes sont manifestement inspirées (1). C'est à cette théorie qu'ont entendu se référer les rédacteurs de l'article 2 de la loi de 1890 (C. du trav. 23) ; c'est elle que les tribunaux, dès le lendemain de la loi nouvelle, systématisant la jurisprudence antérieure, ont entendu appliquer.

Chaque partie, dans le contrat de louage de services à durée indéterminée, ne doit user de sa faculté de donner congé *qu'avec mesure*. Si les conditions dans lesquelles il en est fait usage blessent manifestement l'équité, s'il est prouvé, par exemple, que le patron n'a donné congé à l'ouvrier que dans l'intention de lui nuire, il n'y a plus exercice, mais *abus* du droit de congé ; cet abus est une faute, un délit civil, dont il est dû réparation : et ce, alors même que les délais d'usage auraient été respectés (Prud'h. Lyon, 26 mars 1907, D. 1907.1.59) (2).

Il n'est, du reste, nullement nécessaire, pour qu'il y ait faute, que l'auteur du congé ait agi avec le propos délibéré de nuire à l'autre partie. Il y aurait faute également dans tous les cas où le brusque renvoi affecterait, à raison des circonstances du fait, le caractère d'un *acte arbitraire et dommageable*, non justifié par l'attitude de l'ouvrier ou de l'employé (1).

(1) Sur la théorie de l'*abus du droit*, v. *supra*, n° 307. — Cons. spécialement Josserand, *De l'esprit des droits, théories dites de l'abus des droits*, 1927.

(2) C'est ainsi que l'on devrait, à notre avis, considérer comme *abusif*, et susceptible de donner ouverture à une action en dommages-intérêts, le renvoi d'un ouvrier, basé *exclusivement* sur l'affiliation de cet ouvrier à un syndicat. Le droit d'association professionnelle étant une faculté inaliénable, reconnue par les lois, les mesures d'intimidation pratiquées par un patron à l'égard des ouvriers qu'il emploie, dans le but de leur interdire l'usage de ce droit, constituent en effet, au premier chef, un abus d'autorité. — Cf. notre note sous D. 1909.2.121 et les autorités citées. — La jurisprudence tendait à se fixer en ce sens. — *Sic* : Req., 13 mars 1905, D. 1906.1.113, et note Planiol; 27 mai 1910, D. 11.2.233; Trib. civ. Bordeaux, 14 déc. 1903, S. 1905.2.17, et note Ferron ; Trib. Lille, 12 nov. 1906, D. 1908.2.73 et note Josserand. — V. aussi *supra*, n° 353. — La Ch. civ. a jugé, il est vrai, qu'un patron peut subordonner l'embauchage de ses ouvriers à la condition qu'ils s'engagent à ne s'affilier à aucun syndicat: un tel engagement est licite, pourvu qu'il ne soit pas dicté par une pensée d'hostilité à l'égard du syndicat (Crim., 9 mars 1915, D. 16.1.25). — Mais autre chose est de se refuser à embaucher un ouvrier syndiqué, autre chose est de congédier brusquement un bon ouvrier, uniquement parce que syndiqué. Aussi, même depuis l'arrêt de 1915, la plupart des tribunaux continuent-ils à qualifier ce congé d'abusif. — Trib. civ. Avesnes, 18 déc. 1923, *Bull. min. trav.*, 24.904 ; Trib. civ. Roanne, 4 juin 1929, *Sem. juridique*, 29.904. — *Contra* : Trib. civ. Seine, 22 juin 1926 (*Rec. intern. de jurispr. du trav.*, 1927, p. 229).

(3) Après quelques hésitations (v. Cass., 18 juill. 1892, D. 92.1.585, et note Pla-

C'est aux juges du fond qu'il appartient de relever les éléments de fait constitutifs de la faute dommageable ; leur pouvoir d'appréciation est souverain, et la censure de la Cour suprême ne trouverait à s'exercer que si les juges prétendaient rejeter sur l'auteur du congé le fardeau de la preuve (2), alors que celle-ci, d'après la loi de 1890, telle que nous l'avons interprétée tout au moins, incombe incontestablement à la partie congédiée, demanderesse en dommages-intérêts (1).

niol, *Pand.*, 1893.1.481, et note Chauveau), la Cour suprême s'est prononcée nettement, par une série de décisions concordantes, en faveur de cette interprétation de l'article 1780 : Cass., 12 nov. 1900 (deux arrêts), D. 1901.1.22; 16 et 18 mars 1903, D. 1905.1.127; 22 mars 1904, D. 1904.1.450; 4 août 1915, S. 16.2.27 et note Wahl; 25 févr. 1920, D. 20.1.94 — Cf. Agen, 7 janv. 1895, D. 95.2.40; Lyon, 10 mai 1898, *Le Droit*, 23 août 1898.

(1) Voici quelques exemples, empruntés à la jurisprudence (en dehors des cas précités d'atteinte au droit syndical), de congés *abusifs* donnant ouverture à des dommages-intérêts: *a*) renvoi d'un bon ouvrier, à raison d'une courte absence, motivée par une indisposition sérieuse (Cass., 25 févr. 1920, D. 20.1.94; 20 juill. 1920, D. 21.1.35; 2 janv. 1924, S. 24.1.268) ; *b*) brusque renvoi, sans motifs plausibles, d'un ouvrier engagé avec promesse verbale, ou implicite, de le conserver longtemps (Cass., 1er août 1900, *Gaz. Pal.*, 18 sept.). Cette promesse implicite s'induira notamment, soit des frais que l'ouvrier a dû faire pour exécuter le travail (Nîmes, 8 août 1895, *Gaz. Trib.*, 19 janv. 1896 ; Cass., 2 janv. 1924, précité), soit des conventions accessoires au contrat de travail, par exemple de l'admission de l'ouvrier ou employé au bénéfice d'une caisse de retraites alimentée partiellement par un prélèvement sur les salaires; *c*) renvoi brusque, par un patron dont l'industrie est sujette à des chômages périodiques, d'anciens ouvriers qui avaient le droit de compter, à défaut d'avertissement donné en temps utile, sur un réengagement à l'ouverture de la campagne suivante (Cass., 5 févr. 1896, *Gaz. Trib.*, 12 févr.); *d*) congé donné à un ouvrier pour refus de travail le dimanche, en dehors des cas où la loi de 1906 autorise des dérogations (Prud'h. Lyon, 26 mars 1907, D. 07.1.59), ou encore pour refus d'adhérer à un règlement d'atelier manifestement illégal (Trib. civ. Lille, 19 févr. 1906, D. 1909.2.121 et notre note), et plus généralement, pour tout refus par l'employé de commettre un acte illégal (Civ. 25 févr. 1920, D. 20.1.94; Trib. civ. Seine, 28 juin 1927, D. H. 27.619); *e*) congé donné à un bon ouvrier à raison de son refus d'accepter un poste inférieur ou différent de celui pour lequel il a été engagé (Civ. 29 déc. 1926, *Gaz. Pal.*, 27.1.457).

Jugé, par contre, qu'il n'y a pas *abus*, mais juste motif de renvoi, dans le fait de congédier un ouvrier ou employé pour cause d'infidélité (Lyon, 25 mai 1907, *Mon. jud. Lyon*, 20 juin), de vol (Cass., 22 juill. 1896, *Ann. de dr. comm.*, 1897, p. 189), ou d'enquête judiciaire pour vol laissant planer sur l'employé une présomption grave d'improbité (Cass., 2 avril 1924, S. 24.1.288), pour actes d'indiscipline (Req. 2 juin 1924, D. H. 24.429); à raison de son attitude inconvenante à l'égard des femmes placées sous ses ordres (Trib. civ. Alger, 9 juin 1927, *Semaine jurid.*, 27, 1299); ou de sa participation active à une manifestation politique tumultueuse (Civ. 15 mars 1926, S. 26.1.117); ou à raison d'une concurrence déloyale faite à la maison dont il dépend (Limoges, 23 nov. 1896, *Rev. prat. de dr. comm.*, 1896.24).., d'intempérance habituelle (Trib. comm. Amiens, 25 oct. 1898, *Rev. prat.*, 1899.37) .., de maladie prolongée nécessitant son rempla-

1198. — Fardeau de la preuve. — C'est en effet sur cette question du fardeau de la preuve que les deux théories en présence diffèrent principalement. Si l'on admet que l'article 1780 nouveau a innové, et imposé au juge l'obligation d'allouer des dommages-intérêts à toute partie congédiée *sans motifs légitimes*, il s'ensuit logiquement que le fardeau de la preuve doit incomber à l'auteur du congé. Mais si l'on décide avec la Cour de cassation que la loi de 1890 a simplement confirmé la jurisprudence antérieure, il est de toute évidence que l'obligation de *prouver* la faute, c'est-à-dire le caractère *abusif* du congé, incombe à la partie congédiée (1).

Pratiquement, d'ailleurs, les deux systèmes ne diffèrent pas aussi profondément qu'on serait tenté de le croire. Sans doute, il n'y a pas identité entre la *faute prouvée* et l'absence de motifs suffisants. Mais il n'en est pas moins vrai qu'en fait le juge sera amené à ouvrir une enquête sur les *motifs* du congé pour y découvrir, soit la preuve de la faute alléguée, soit au contraire la justification dudit congé ; et, comme en l'absence de toute énumération légale des causes de congé (2), il est investi d'un pouvoir souverain d'appréciation, il s'ensuit que les deux systèmes, bien que procédant de points de départ divergents, aboutissent en fait à des conclusions assez voisines.

cement (Cass., 28 janv. 1908, D. 1908.1.195; 20 déc. 1926, *Gaz. Pal.* 27.1.457), de mauvais état des affaires nécessitant une réduction du personnel, pourvu toutefois. que le patron ait laissé à l'employé dont l'emploi est supprimé le temps nécessaire pour trouver un autre engagement (Paris, 21 nov. 1885, *Droit*, 7 déc.), ou de réorganisation des services imposée par la loi de huit heures (Cass., 8 mars 1921, S. 22.1.108), ou par les circonstances économiques (Civ. 25 oct. 1927, *Gaz. Pal.*, 27.2.768), réserve faite du cas où le but réel de la réforme serait d'évincer, sans motif légitime, tel ou tel employé (Paris, 21 oct. 1924, *Rev. prud'h.*, 25.253). — Inversement un employé français a de justes motifs de rompre le contrat qui le lie à une Société où prédominent les intérêts allemands (Trib. corr. Seine, 14 mars 1916, S. 17.2.119). — Sur la question de savoir si la *grève* entraîne rupture du contrat de travail, v. *supra*, n° 310.

(1) Cass., 20 mars 1895, D. 95.1.249; 23 mars 1904, D. 1904.1.192; 13 nov. 1906, S. 1906.1.500; 9 avril 1913, S. 14.1.210; 24 juill. 1922, S. 22.1.311; 2 janv. 1924, S. 24.1.268; 25 févr. 1925, D. 26.1.207; 3 juin 1929, *Semaine jurid.*, 29, 1165. Les juges du fond ont un pouvoir souverain pour qualifier les faits et décider s'ils constituent ou non un abus de droit de congé: Cass., 20 mars 1895, précité; 1er août 1910, S. 11.1.24; 10 nov. 1927, *Cons. prud'h.*, 28.234. Mais ils doivent relever les faits desquels résulte, selon eux, la preuve de la faute; sinon, leur décision pourrait être cassée pour insuffisance de motifs: Civ., 24 nov. 1902, D. 1904.1.60 ; 22 oct. 1923, S. 24.1.175; 23 févr. 1925, D. 26.1.207.

(2) A ce point de vue, la loi française diffère d'un certain nombre de lois étrangères, qui se sont efforcées de dresser une liste aussi complète que possible des causes légitimes de rupture. — V. notamment: art. 94 et s. loi hongroise; § 123 et s. *Gewerbeordnung* allemande, amendée par la loi du 9 juill. 1926 (*Rec. du trav. belge*, 1926, 1632); art. 20 et 21 de la loi belge du 10 mars 1900 sur le

1199. — *Justes motifs ; brusque rupture.* — La faute susceptible d'engager la responsabilité de l'auteur du congé ne consiste pas seulement, d'après la jurisprudence, dans l'abus du droit de résiliation ; il peut aussi y avoir abus dans le procédé employé. En d'autres termes, la seule existence d'un juste motif de résiliation ne dispense point la partie qui donne congé d'observer les *délais d'usage*, ou ceux stipulés au contrat ; elle doit en principe s'y conformer, à moins de motifs graves, dont le juge est appréciateur souverain (1). L'obligation est la même, de ce chef, pour le patron et pour l'employé (2).

contrat de travail. — La loi belge du 7 août 1922 (*Ann. de lég. étr.*, 22, p. 77), laisse au juge le soin d'apprécier la légitimité des motifs du brusque congédiement, mais « peuvent seuls être invoqués pour justifier le congé, les motifs notifiés par lettre recommandée, expédiée dans les trois jours du congé » (art. 14).

(1) Le congé, même justifié, doit être précédé du préavis d'usage, à moins d'une cause grave justifiant un renvoi immédiat (ou un départ immédiat, si le congé émane du salarié). — Cass., 21 nov. 1893, D. 94.1.237; 22 mars 1904, D. 1904.1.449; 6 août 1912, D. 15.1.32; 15 juin 1914, D. 18.7.320; 4 août 1915, D. 16.1.22; 16 déc. 1925, S. 25.1.375. — Parmi les causes graves justifiant un renvoi immédiat, nous citerons par exemple le désordre causé dans l'atelier par l'attitude d'un ouvrier (Cass., 25 juill. 1910, D. 11.1.446), son attitude à l'égard du patron (Requ. 2 juin 1924, D. H. 24.429), sa condamnation pour vol (v. *supra*), etc. — Le renvoi immédiat, au contraire, serait abusif, et ouvrirait au profit de la partie brusquement congédiée, droit à indemnité : — si le manquement reproché à l'ouvrier ou employé était sans gravité (Civ. 21 mars 1916, D. 18.1.41, et note Sarrut ; Requ. 22 juill. 1925, D. 26.1.125 et note Falcimaigne. — Cf. Trib. com. Seine, 6 juin 1922, D. 22.5.2); — si le congé était motivé par l'état de maladie du salarié, spécialement d'une ouvrière malade des suites de couches (Trib. civ. Seine, 10 janv. 1919, D. 19.2.8; 18 déc. 1925, D. H. 25.76; Civ. 18 janv. 26, S. 26.1.115 Civ. 19 nov. 1926, *Droit ouvrier*, 27.188) ; — ou par l'insuccès d'un artiste à son premier début, alors que rien n'était spécifié à ce sujet dans le contrat d'engagement (Civ. 24 janv. 1927, D. H. 27.81); — ou par des nécessités de réorganisation ou rationalisation des services (Cass., 8 mars 1921, S. 22.1.108). — Notons qu'ici le fardeau de la preuve n'incombe plus à l'ouvrier ou employé congédié. Dès l'instant que le patron ne s'est pas conformé au délai d'usage, c'est à lui qu'il appartient d'établir la réalité des griefs allégués à la charge de la partie congédiée. — Lyon, 6 juill. 1901, *Mon. jud. Lyon*, 10 déc. — Planiol, note sous D. 1904.1.449. — Et le juge doit, dans les motifs de sa décision, indiquer les griefs sur lesquels il se fonde pour déclarer légitime le renvoi immédiat et rejeter l'action en dommages-intérêts de la partie congédiée (Civ. 23 févr. 1925, D. 26.1.207).

Certaines lois étrangères déterminent expressément la durée du délai de congé. C'est ainsi que le délai de préavis est de 14 jours pour les ouvriers, et d'un mois pour les employés, d'après la loi allemande (art. 122 et 133), de 7 jours pour les ouvriers, un mois ou trois mois pour les employés suivant le taux de leur salaire (l. belges de 1900 et 1922 cib.) six mois même pour les employés comptant plus de dix ans de service (l. belge de 1922, art. 12), etc... Le *règlement d'atelier* (obligatoire dans certains cas, v. *supra*, n° 1.000) peut d'ailleurs fixer d'autres délais (Comp. art. 3, *loi belge*, 13 juin 1896).

(2) Cass. 15 juin 1925, D. 26.1.199. — Le congé peut d'ailleurs être collectif,

Remarquons d'ailleurs, en terminant, que théoriquement au moins, le congé brusque ou abusif donné au patron par l'ouvrier ou employé comporte les mêmes sanctions civiles que celui émanant du chef d'industrie (Trib. com. Seine, 8 nov. 1907, *Mon. jud. Lyon*, 2-3 février 1908). Mais en fait les applications du principe sont infiniment moins nombreuses, les patrons hésitant à engager contre leurs employés des instances frustratoires.

II. De la fixation du taux des dommages-intérêts pour renvoi abusif. — **1200.** — A ce second point de vue, la loi de 1890 a innové manifestement, en ce sens qu'elle a *obligé* le juge (art. 1780 nouv., § 4) à tenir compte, dans la détermination du taux des dommages-intérêts — le principe du droit aux dommages étant reconnu — de plusieurs éléments distincts (1), dont suit l'énumération :

1° *Les usages.* — Ce premier élément était à peu près le seul dont la plupart des tribunaux tinssent compte avant la promulgation de la loi ; il reste toujours l'un des principaux (2).

2° *La nature des services engagés.* — Il est juste, en effet, que l'indemnité varie suivant la difficulté du travail, l'importance de la situation occupée, la valeur de l'employé, le genre d'industrie,

pourvu qu'il ait été porté effectivement à la connaissance de tous les intéressés. — Cass. 6 mai 1924, D. 26.1.207.

(1) Il convient du reste de remarquer que la seule hypothèse visée au texte est celle d'un congé *abusivement donné*. Si le congé est justifié, et que le seul grief relevé contre l'auteur du congé réside dans l'inobservation du délai d'usage, le juge peut fixer à son gré le chiffre des dommages. En général, on allouera à l'ouvrier ou à l'employé congédié une indemnité égale au salaire qu'il eût touché pendant le temps que le patron aurait dû lui accorder (Douai, 11 mai 1892, D. 93.2.170; Trib. civ. Seine, 10 août 1908, D. 1909.5.6 (Cf. Demogue, *Rev. trim.* 1926, 1058), — et ce, même si l'ouvrier cessait le travail par suite de la fermeture de l'atelier (Civ. 6 mai 1924, S. 25.1.77). — Si le juge n'allouait qu'une indemnité inférieure, il devrait s'en expliquer dans les motifs de sa décision (Civ. 30 juin 1926, D. 27.1.69). Il pourrait, au contraire, s'il le jugeait équitable, allouer une indemnité supérieure (Cass. 22 mars 1904, D. 04.1.449). A noter d'ailleurs que, si le congé était à la fois abusif et donné sans préavis, le juge devrait allouer cumulativement deux indemnités distinctes (Civ. 17 août 1929, S. 29.2.162, motifs).

Plusieurs lois étrangères déterminent le taux de l'indemnité due pour rupture sans préavis, ni motif grave : art. 22 loi belge de 1900, et 15, loi belge de 1922; art. 124 *b*, loi allemande.

Sur le droit pour le patron de se tenir pour libéré, lorsque le délai d'usage est expiré, alors même que l'ouvrier, par suite de maladie ou d'accident survenus aussitôt après le congé donné, n'aurait pu terminer la période à laquelle il pouvait prétendre, v. Cass., 7 déc. 1909, D. 1910.1.65 et note Lalou.

(2) Cass., 28 juin 1893, D. 93.1.473; Amiens, 2 janv. 1892, D. 92.2.489; Civ., 24 mars 1917, D. 17.1.175 ; 30 mars 1914, D. 18.2.54. — Pour les employés engagés aux *colonies*, il est d'usage que le patron supporte tous les frais de rapatriement. — C. d'appel de l'Afrique occid., 17 janv. 1908, *Mon. jud. Lyon*, 23 juin.

d'art ou de commerce (Rapp. Poincaré) (1) et aussi les services rendus à la maison (ex. abandon au patron de la propriété de diverses inventions (Paris, 26 janv. 1911, *Mon. jud. Lyon*, 20 oct. 1911).

3° *Le temps écoulé.* — Un employé qui est resté pendant plusieurs années au service du même patron, a évidemment droit, s'il est congédié brusquement, à une indemnité plus forte qu'un employé nouveau (2).

4° *Les retenues opérées et les versements effectués en vue d'une pension de retraite.* — C'est là l'*innovation principale* de la loi et la condamnation très nette de la jurisprudence antérieure (3). Désormais les tribunaux pourront et devront, pour la fixation du chiffre des dommages-intérêts, faire entrer en ligne de compte le total des retenues opérées sur le salaire de l'ouvrier ou employé congédié.

Ils pourraient même, s'il faut s'en rapporter aux déclarations du rapporteur de la loi au Sénat, M. Cuvinot, tenir compte également des versements effectués par le patron.

Remarquons du reste que, même depuis la loi de 1890, l'employé renvoyé pour justes motifs ne pouvait réclamer, comme un droit, la restitution de ses versements ; cette loi, en effet, n'oblige le juge à en tenir compte dans la fixation du chiffre des dommages-intérêts, qu'autant qu'il est dû des dommages, c'est-à-dire seulement dans le cas où le patron a fait, de son droit de congé, un usage abusif (4). Pour légale qu'elle soit, cette solution est inique ; sa gravité est du reste bien atténuée depuis la mise en vigueur de la loi des retraites du 5 avril 1910, qui attribue à chaque ayant-droit la propriété de ses versements, quelle que soit la caisse collectrice (5).

(1) Lyon, 8 mai 1903, D. 1904.2.422; Cass., 23 avr. 1907, S. 1908.1.69.

(2) Jugé en ce sens que le voyageur de commerce, auquel sont allouées des remises, proportionnelles au chiffre d'affaires réalisé par lui avec fixation d'un minimum et d'un maximum, a droit au maximum, en cas de brusque congé donné avant l'expiration de l'année, si le chiffre d'ores et déjà réalisé par lui faisait supposer qu'il eût atteint le maximum (Lyon, 24 janv. 1896, *Mon. jud. Lyon*, 18 juill. 1897). — V. aussi cons. prud'h. Seine, 30 déc. 1908 (*Mon. jud. Lyon*, 18 juin 1908). Cf. Bordeaux, 14 nov. 1927, D. H. 28.12 (professeur libre, ancienneté de services).

(3) Sur cette jurisprudence, qui reconnaissait aux compagnies le droit de congédier sans indemnité aucune les employés ayant effectué des versements à une caisse de retraite, cons. Cass., 4 août 1879, D. 80.1.272. — Actuellement, l'employé de chemins de fer, congédié pour justes motifs, n'en peut pas moins prétendre à la retraite proportionnelle prévue aux règlements (Civ., 1er août 1916, D. 16.1.286).

(4) Civ., 1er déc. 1926, *Gaz. Pal.*, 27.1.303.

(5) Sur le respect des *droits acquis* à l'employé congédié, en vertu par exemple

LA THÉORIE DU DÉLAI-CONGÉ D'APRÈS LA LOI DU 19 JUILLET 1928. — **1201.** — Le nouveau texte pose tout d'abord, en principe, la nécessité d'un délai-congé fixé par les usages professionnels locaux ou par des conventions collectives de travail. Puis il ajoute que les dommages-intérêts qui peuvent être accordés pour inobservation du délai-congé ne se confondent pas avec ceux auxquels peut donner lieu, d'autre part, la résiliation *abusive* du contrat par la volonté d'une des parties contractantes (1). Sur ces deux points, le nouvel article 23 se borne à confirmer la solution jurisprudentielle.

Mais la loi de 1928 n'en innove pas moins sur plusieurs points importants. L'innovation capitale ressort de la disposition suivante : « Toute clause d'un *contrat individuel* ou d'un *règlement d'atelier* fixant un délai-congé inférieur à celui qui est établi par les usages ou par les conventions collectives est *nulle de plein droit* ». Est nulle *a fortiori* toute clause tendant à supprimer le délai d'usage (2).

Ce texte permettra de faire échec, désormais, aux clauses de certains règlements d'atelier qui, supprimant tout délai-congé, autorisaient la rupture immédiate du contrat. Jusqu'à ce jour, devant de pareils règlements, la jurisprudence était désarmée, car elle les considérait comme des conventions qui, réputées connues des intéressés pourvu qu'elles eussent été affichées, faisaient la loi des parties. Or, pratiquement, le règlement est un *contrat d'adhésion* dont les stipulations s'imposent à l'ouvrier sans qu'il puisse le discuter (3).

Tout autre est le caractère de la convention collective de travail, librement débattue contre les patrons et les organisations ouvrières ; aussi, les clauses en devront-elles être respectées, même si elles réduisent ou suppriment le délai-congé.

1202. — Seconde innovation : « le tribunal, pour apprécier s'il y a abus, pourra faire une enquête sur les circonstances de la rupture. — Le jugement devra, en tous cas, mentionner expressément le motif allégué par la partie qui aura rompu le contrat ». Sans doute,

d'un contrat de participation, ou du règlement de retraites de l'usine, v. Cass. 14 mars 1922, S. 23.1.31; 1er déc. 1926, précité.

(1) Civ. 17 août 1929, S. 29.1.262.

(2) Civ. 4 nov. 1929, D. H. 29, 588. — Cf. Cons. prud'h. Seine, 9 mars 1929, *Gaz. Pal.*, 29.1.749; Trib. civ. Seine, 20 juill. 1929, *Gaz. Pal.*, 24 juill. Serait également entachée de nullité toute clause d'un contrat de travail ou d'un règlement d'atelier tendant, par une prolongation abusive de la *période d'essai*, à tourner la prohibition légale (Trib. Seine, 21 juin 1929, *Semaine jurid.* 29, 1228).

(3) Sur les abus auxquels de tels règlements donnaient lieu, v. notre note sous D. 1925.1.129, ainsi que le rapport à la Chambre de M. Duval-Arnould.

la jurisprudence autorisait le juge à allouer des dommages-intérêts à la partie congédiée s'il tenait le congé pour abusif ; mais le texte nouveau lui en fait, implicitement, une obligation. Dire en effet que le tribunal pourra ordonner une enquête sur les circonstances de la rupture et *devra* mentionner expressément le motif allégué, soit qu'il le tienne pour pertinent, soit qu'il le rejette comme mal fondé, équivaut à un renversement de la preuve. Jusqu'ici, la preuve de l'abus incombait à la partie congédiée, demanderesse en dommages-intérêts : désormais, elle incombe à l'auteur du congé, qui, pour échapper à la condamnation pour abus, devra établir la légitimité de l'initiative prise par lui de rompre le contrat (1).

D'autres innovations de détail, moins importantes d'ailleurs, doivent également être relevées : —

a) Le texte, s'inspirant sur ce point de la législation en vigueur en Alsace-Lorraine, dispose expressément que le contrat de travail continue à s'appliquer, en cas de modification dans la situation juridique de l'employeur, notamment par succession, vente, fusion, transformation du fonds ou mise en société, entre le nouvel entrepreneur et le personnel de l'entreprise. — D'autre part, la cessation de l'entreprise, sauf le cas de force majeure, ne libère pas l'entrepreneur de l'obligation de respecter le délai-congé. —

b) L'ancienneté de services, combinée avec l'âge de l'ouvrier ou de l'employé, figure aujourd'hui expressément au nombre des circonstances qui peuvent justifier aux yeux du juge le droit aux dommages-intérêts et déterminer l'étendue du préjudice (2).

c) Le privilège institué par l'article 2.101-4° C. civ., en faveur des gens de service pour le paiement de leurs salaires, est expressément étendu aux indemnités allouées, pour résiliation abusive du contrat.

d) Les contestations auxquelles peut donner lieu l'application des règles précédentes, lorsqu'elles sont portées devant les tribunaux civils ou les Cours d'appel, doivent être instruites comme affaires sommaires et jugées d'urgence.

1203. — *Rétroactivité de la loi de 1928.* — En principe, la loi n'est pas rétroactive (C. civ., art. 2). Mais le principe de non-rétroactivité comporte une double exception : 1° dans les cas où le législateur s'est prononcé expressément en faveur de la rétroactivité ; 2° si, même en l'absence de clauses formelles, la loi nou-

(1) Trib. civ. Seine, 22 déc. 1928, *Gaz. Pal.*, 29.1.058 (renvoi brusque d'un vieil employé, aucun motif sérieux, abus du droit).

(2) Cf. Trib. civ. Seine, 22 déc. 1928, précité.

velle est rétroactive par sa nature (ex. loi interprétative, loi de procédure, loi d'ordre public, etc.) (1).

Or, si nous faisons l'application de ce principe à la loi du 19 Juillet 1928, nous constatons que, s'il n'a pas expressément décrété la rétroactivité des dispositions qu'il édicte, le législateur de 1928 s'est proposé d'une part de confirmer sur certains points la jurisprudence antérieure, comme l'avait fait déjà la loi de 1890 (2), donc *d'interpréter*, et d'autre part que les innovations certaines incluses dans le texte nouveau affectent un caractère d'ordre public, car elles se rattachent à un objectif d'ordre social et de protection du travail.

Aussi la jurisprudence, s'inspirant de l'ordre social, n'a-t-elle pas hésité à affirmer la rétroactivité de la loi de 28, et à déclarer nulles les clauses tendant à supprimer ou à réduire le délai d'usage, même insérées dans un contrat individuel ou un règlement d'atelier antérieur à sa promulgation (3).

1204. — *Mandataire salarié ; agent d'assurances* (loi du 16 déc. 1927). — Il était généralement admis en jurisprudence, tout au moins jusqu'à la loi du 16 déc. 1927, que l'art. 23 C. trav. ne s'applique qu'au louage de services (4). D'où l'on avait conclu logiquement à la validité de la clause, communément insérée dans les contrats passés entre les Compagnies d'assurances et leurs agents, autorisant celles-ci à donner congé aux dits agents sans préavis ni indemnité.

Cette solution était cependant vivement contestée en doctrine, non seulement à raison de son caractère inique, mais aussi au nom des principes généraux du droit. Ainsi que l'avait fait justement remarquer M. Planiol (note sous D. 92.1.585), la qualité de *mandataire*, en la personne d'un agent, n'efface pas en lui la qualité de salarié. Il est à la fois mandataire et *locator operarum*, et

(1) Roubier, *Le conflit des lois dans le temps ; la théorie de la non rétroactivité des lois*, 1929.

(2) Sur la rétroactivité de la loi du 27 déc. 1890, modificative de l'art. 1780 C. civ., v. Cass. 22 juill. 1902, D. 1904.1.299.

(3) Civ. 22 avril 1929, *Rec. de dr. com. et de dr. soc.*, 29, p. 230; 31 mai 1929(*Gaz. Pal.*, 29.2.137. — Mais le tribunal doit s'attacher aux usages actuels, et non aux usages anciens tombés en désuétude par suite de l'accord tacite des parties, fût-ce à la suite de règlements d'atelier passés dans la pratique courante. — Trib. civ. Seine, 20 juill. 1929, D. H. 29.454.

(4) Cass. 19 juill. 1892, D. 92.1.585 et note Planiol, *Pand.*, 93.1.481 et note Chauveau ; 8 mars 1921, S. 22.1.79 (motifs).

en cette seconde qualité il ne saurait être privé du droit d'invoquer l'art. 1780 C. civ (aujourd'hui l'art. 23 C. trav.) (1).

Depuis quelques années, au surplus, un revirement se dessinait, et nombre d'arrêts avaient admis que, nonobstant l'art. 2004 C. civ., le mandataire brusquement révoqué peut prétendre à une indemnité si la révocation a été faite *abusivement* (2).

C'est, en somme, cette jurisprudence équitable que la loi du 16 décembre 1927 a consacrée en décidant expressément que « le contrat passé entre les compagnies d'assurances et leurs agents, sans détermination de durée, peut toujours cesser par la volonté d'une des parties contractantes. Néanmoins, la résiliation du contrat par la volonté d'un seul peut donner lieu à des dommages-intérêts qui seront fixés conformément à l'art. 1780 C. civ. (art. 23 du livre 1er du Code du travail) ». Cette loi, ayant un caractère interprétatif, doit s'appliquer, selon nous, même aux contrats antérieurs à sa promulgation : et la référence expresse à l'art. 23 permet de faire bénéficier les agents d'assurances des clauses plus favorables incorporées à l'art. 23 par la loi de 1928.

1205. — *Directeur technique de société : cumul de fonctions d'administrateur et de directeur.* — On n'a jamais contesté que le *directeur technique* d'une société puisse se prévaloir de l'art. 23. A la différence des administrateurs, mandataires révocables, le directeur technique n'est que le premier des employés, préposé à la fabrication ; il est donc uni à la société par un véritable louage de services (3).

Mais que dire de l'administrateur qui cumule son mandat avec la fonction de directeur technique ? Ce cumul est-il légal ? L'affirmative n'est pas douteuse en ce qui concerne l'administrateur ordinaire. Comme l'agent d'assurances dont il est question plus haut, il est à la fois mandataire et *locator operarum* ; et en cette seconde qualité il ne saurait être privé du droit d'invoquer l'art. 1780 (23 C. trav.) (4).

(1) N'est-il pas contradictoire d'ailleurs, d'appliquer l'art. 1780, quelle que soit la hiérarchie sociale de l'employé, ou la nature de ses services, d'en faire bénéficier ceux-là même dont le travail est purement intellectuel, comme les professeurs libres, les rédacteurs de journaux ou les artistes (Trib. civ. Seine, 6 mai 1910, D. 1911.5.6), les médecins d'usine (Civ. 3 mars 1926, D. H. 26.221), ou de clinique privée (Trib. civ. Seine, 24 mai 1921, S. 24.2.57, et note Perreau), et d'en exclure les seuls agents des Compagnies d'assurances ?

(2) Nancy, 2 févr. 1909, S. 09.2.246 (représentants de commerce); Paris, 28 janv. 1911, S. 11.2.309. — V. aussi Req. 16 avril 1907, D. 07.1.445.

(3) Cass. 12 déc. 1892, D. 93.1.164; 2 mai 1924, *Bull. Min. trav.*, 24.413; Chambéry, 28 févr. 1900, D. 1900.2.503; Paris, 23 mars 1909, *Journ. Soc.*, 1909.406.

(4) Cass., 16 avril 1907, D. 1907.1.445; 9 juill. 1923, *Rev. soc.*, 23.384; — Douai, 20

Plus délicate est la question de savoir si un *administrateur délégué* aurait le droit d'exciper, en cas de brusque révocation, d'un contrat de directeur technique par lui conclu avec la société ? — Théoriquement, le cumul de ces deux fonctions, ne laisse pas que de soulever de sérieuses objections. Mais la jurisprudence ne s'y est pas arrêtée. Désireuse de réagir contre les inconvénients de la révocabilité *ad nutum*, elle a affirmé au contraire, dans maintes décisions, la légalité du cumul, c'est-à-dire le droit pour un administrateur-délégué de se prévaloir à l'encontre de la société, en cas de révocation injustifiée, d'un contrat de directeur technique (1).

Elle n'y met qu'une condition ; c'est qu'il ne s'agisse pas d'un expédient, destiné à consolider illégalement la situation d'un directeur général, mais bien d'un contrat distinct conférant à l'administrateur des fonctions techniques nettement distinctes (2).

1206. — *Employés et ouvriers de l'Etat ou des communes.* — Que les ouvriers des manufactures de l'Etat, des régies municipales, ou des services concédés (3), puissent invoquer le bénéfice de l'article 1780 (a. 23 C. trav.), nul ne le conteste, mais la jurisprudence admet au contraire, presqu'unanimement, que cet article ne saurait être invoqué, ni par les fonctionnaires, ni par les employés de l'Etat, des départements ou des communes. Les tribunaux judiciaires seraient incompétents pour en connaître et les tribunaux administratifs, compétents en la forme, n'auraient pas qualité pour allouer des dommages-intérêts à l'employé révoqué, cette révocation ayant le caractère d'un acte de puissance publique (4).

Ce principe s'appliquerait même aux agents des chemins de fer de l'Etat (5), bien qu'il ait été formellement déclaré, au cours de la discussion, que ces agents en bénéficient.

Malgré toute l'autorité qui s'attache à une jurisprudence consacrée par les trois plus hautes juridictions de l'Etat, nous n'hési-

nov. 1913, *Journ. Soc.*, 1914.3.66; Trib. com. Lyon, 15 nov. 1918, *Ibid.*, 21.260. — *Sic*; Pic, *Traité des soc.*, II, n° 1139; Houpin et Bosvieux, 6e éd., n° 1121.

(1) Cass., 12 déc. 1892, D. 93.1.164 ; 9 juill. 1923, *Rev. soc.* 23, 384; — Paris, 14 mars 1907, D. 1907.2.183; Douai, 20 nov. 1913, *Journ. Soc.*, 1914.366; Paris, 29 nov. 1926, *Journ. Soc.*, 1928.405; Paris, 4 mai 1928, *Rev. prud'hom.*, 29.139; Trib. civ. Seine, 10 juill. 1929, *Rev. soc.* 1930, 32. — *Sic*: Pic, *op. cit.*, II, n° 1139; Houpin et Bosvieux, n° 1121; Molièrac, *Le congédiement des directeurs et des employés supérieurs dans les sociétés* (*Rev. soc.*, 1929, 455).

(2) Cass. 9 juill. 1923, précité (motifs); Paris, 18 avril 1912, S. 14.2.129.

(3) Cass. 13 déc. 1922, S. 23.1.310 (motifs).

(4) Trib. confl. 27 déc. 1887, D. 89.3.89; Cass. 18 nov. 1895, D. 96.1.497; Cons. d'Etat, 29 avril et 18 mai 1892, D. 93.3.76; 11 déc. 1903, D. 1905.3.29. — Cf. Hauriou, *Droit administratif*, p. 684.

(5) Cass., 18 nov. 1895, précité; 16 nov. 1910, *Rev. de dr. indust.*, 1910.113.

tons pas à considérer les solutions qu'elle consacre comme inacceptables. En effet, cette jurisprudence repose sur une confusion manifeste entre les fonctions d'autorité et les fonctions de gestion (1).

IV. Sanction du droit éventuel a des dommages-intérêts, reconnu a la partie congédiée. — 1207. — *Renonciations.* — Aux termes de l'article 1780 (Code du trav., art. 23), « les parties *ne peuvent renoncer à l'avance au droit éventuel de demander* des dommages-intérêts en vertu des dispositions ci-dessus ». — Quel est le sens précis de cette prohibition ? Il est incontestable que, par cette formule, le législateur de 1890 a entendu prohiber la convention par laquelle un ouvrier renoncerait à l'avance, en traitant avec le patron, au droit de réclamer une indemnité de résiliation, *pour quelque cause que ce soit, même pour congé abusif.*

Mais, d'après une jurisprudence constante, les rédacteurs de la loi de 1890 n'avaient eu en vue que l'hypothèse du *congé abusif*, sans prétendre innover en rien en ce qui concerne le délai d'usage. Les parties, pouvant se concéder mutuellement la faculté de congé immédiat, devraient pouvoir, par identité de motifs, renoncer au droit de réclamer des dommages-intérêts pour le cas de révocation sans observation du délai d'usage. Une telle renonciation pouvait valablement figurer dans un *règlement d'atelier*, connu et accepté de l'ouvrier ou employé (2).

Bien que la clause prérappelée n'ait pas été modifiée dans son contexte par la loi de 1928, sa portée n'en est pas moins beaucoup plus absolue, du fait des modifications apportées aux paragraphes précédents de l'art. 23. Désormais, en effet, nous l'avons établi, toute renonciation au délai d'usage inscrite dans un contrat de

(1) Berthélemy, *Dr. administ.*, p. 64; Bourguin, *De l'application des lois ouvrières aux ouvriers et employés de l'Etat*, p. 40 et s.

(2) La jurisprudence était formelle en ce sens. Elle reconnaissait aux parties le droit de fixer à leur gré la durée du délai de congé, de se dispenser réciproquement de tout délai, voire même de renoncer à l'avance à toute indemnité pour rupture sans préavis. Ces clauses et renonciations pouvaient valablement être insérées dans un *règlement d'atelier*. — Cass. 15 et 17 janv. 1906, D. 1906.1.241 et note Petit; 30 juin 1913, D. 17.1.45; 8 déc. 1913, D. 17.1.273; Civ. 18 déc. 1917, D. 18.1.41 et note Sarrut; 19 févr. 1923, D. 25.2.129 et note Pic; 9 janv. et 2 avril 1928, *Rev. prud'h.*, 1929, 93 et 111. — Mais en cas de doute, c'est au patron qu'incombait la charge de prouver que le règlement d'atelier invoqué par lui avait été connu et accepté de l'ouvrier. Cass. 22 mars 1918, S. 19.1.159; 19 févr. 1923, précité. — Toutefois, les parties n'en conservaient pas moins le droit, nonobstant *toutes renonciations*, de demander des dommages-intérêts pour rupture *abusive* du contrat de travail. — Arrêts précités. — Cf. Pic, notes sous D. 1909.2.121 et D. 25.1. 129.

travail individuel, ou dans un règlement d'atelier, même antérieur à la promulgation de la loi nouvelle, est nulle d'une nullité absolue.

1207 bis. — *Clauses pénales.* — L'on se demandait, sous l'empire de la loi de 1890, si la prohibition de renoncer à l'avance au droit de réclamer une indemnité *pour congé abusif* devait être étendue aux *conventions de dédit* par lesquelles les parties se réservent, moyennant le paiement d'un forfait, de reprendre leur liberté ?

Dans l'opinion dominante, la question devait être résolue par une distinction. La fixation à forfait de l'indemnité due par brusque rupture, sans préavis, était valable en principe (1). Mais la partie congédiée conservait toujours le droit, nonobstant toutes conventions contraires, de réclamer pour congé *abusif* une indemnité supérieure, dont il appartenait au juge de fixer librement le chiffre, en tenant compte des éléments indiqués en l'art. 1780 (2).

Cette distinction est-elle encore possible, en présence de la loi de 1928, qui tient également pour nulle la suppression du délai d'usage et la résiliation abusive ? Il ne le semble pas. Toute clause de dédit insérée dans le contrat aura en principe un caractère suspect, et pourra être considérée par le juge, en cas de doute, comme ayant pour objet d'éluder les prescriptions légales : les tribunaux seront donc toujours libres de n'en pas tenir compte, et de fixer en toute liberté le chiffre des dommages-intérêts dus à la partie congédiée (3).

(1) Cass. 22 juill. 1902. D. 1904.1.299; 13 juill. 1925, S. 25.1.224; 2 févr. 1927, *Gaz. Pal.*, 27.1.523 — ...Le patron aurait, toutefois le droit de refuser toute indemnité, nonobstant la clause de dédit, à l'employé congédié, si une faute grave était relevée à sa charge, ou si un cas de force majeure, indépendant de la volonté du patron, obligeait celui-ci à licencier son personnel brusquement. Mais la force majeure s'entend d'un événement étranger au débiteur; la liquidation n'a nullement ce caractère, et ne saurait dispenser le patron de payer le dédit convenu. — Cass. 2 févr. 1927, précité. — L'employé (fût-ce une femme mariée), doit également le dédit convenu en cas de brusque rupture. Req. 3 nov. 1926, S. 27.1.231. Mais il ne le doit pas s'il est atteint de maladie grave l'obligeant à suspendre brusquement son service (force majeure). — Cass. 20 déc. 1926, *Gaz. Pal.*, 27.1.457.

(2) Cass. 22 juill. 1902, précité. — Cf. Demogue, *Rev. trim.* 1926, 1038.

(3) Civ. 4 nov. 1929, D. H. 29.588 (motifs). Un règlement forfaitaire des salaires, déclare cet arrêt, ne peut pas faire échec à l'usage local, suivant lequel un employé a droit, en cas de congédiement, aux appointements du mois en cours et du mois suivant.

CHAPITRE III

DU CONTRAT DE LOUAGE D'OUVRAGE OU D'INDUSTRIE. — MARCHANDAGE (1).

1208. — Définitions. — Ce contrat ne comporte pas les mêmes développements que le louage de services. Nous n'avons, en effet, à revenir ni sur les caractères distinctifs de ces deux formes de louage (V. *supra*, nos 869 et s.), ni sur les règles qui leur sont communes, mais simplement à signaler les particularités du louage d'ouvrage (2).

C'est au louage d'ouvrage que se réfère le paragraphe final de l'article 1711 du Code civil, relatif aux *devis*, *marchés* ou *prix faits*. Le *devis* est un état détaillé et estimatif des travaux à accomplir; c'est plutôt un avant-projet qu'un marché. L'expression de *marché* désigne au contraire un contrat de louage d'ouvrage conclu pour un *prix ferme*, pour un *prix fait* (suivant l'expression légale). Cette expression de *prix fait* fait bien ressortir l'une des différences essentielles qui distinguent nos deux formes de louage; dans le louage à temps, l'ouvrier est payé à raison de la durée du travail accompli ; dans le louage d'ouvrage, le prix ou salaire correspond à la prestation d'un ouvrage déterminé.

(1) BIBLIOGRAPHIE. — Guillouard, *Traité du louage*, t. II, p. 296 et s.; Dalloz, *Rép. prat.*, et *Supplém.*, v° *Louage d'ouvrage et d'industrie*, nos 537 ; *Rép.* Fuzier-Herman, v° *Louage d'ouv.*, tit. III. — Cf. Aubry et Rau, t. IV, § 374; Baudry et Wahl, t. II, p. 378 et s.; Colin et Capitant, *Droit civil*, t. 2, p. 561 ; Josserand, *Droit civil*, t. 2, p. 617; Mainvielle, *Traité de la profession d'architecte*, n° 120 et s.; Chaignon, *Condition juridique de l'artisan;* H. Rabinovitch, *L'évolution récente de l'artisanat et ses problèmes*, 1928. V. aussi *Revue juridique et fiscale de l'entreprise*. — *Textes* concernant *les devis et marchés;* C. civ., art. 1787 à 1799.

(2) Encore ne l'étudierons-nous que relativement au simple ouvrier ou artisan, assimilé à l'entrepreneur de profession dans la partie qu'il se charge d'exécuter *à forfait* (art. 1799). — Sur le louage dans son application aux entrepreneurs proprement dits, architectes, etc. (*contrat d'entreprise*), v. les traités généraux de droit civil, ou les commentaires précités du contrat de louage. — Sur les règles particulières aux marchés de travaux publics, v. les traités de droit administratif, et notamment Berthélemy, p. 620 et s. — Cf. Dalloz, *Rép.*, v° *Travaux publics*, etc.

1209. — Le louage d'ouvrage lui-même se subdivise en deux variétés bien distinctes, suivant que le bailleur d'ouvrage (artisan, ouvrier à façon, à la tâche ou aux pièces) ne fournit que son travail et non la matière, ou qu'il fournit à la fois la matière et le travail. Il n'y a véritablement louage, à proprement parler, que dans le premier cas; dans la seconde hypothèse, il y a plutôt *vente d'une chose future*, d'un objet à fabriquer ou à transformer (art. 1711) (1).

SECTION PREMIÈRE. — **Obligations récipoques des parties.**

§ 1er. — **Obligations du maître**

1210. — **Fournitures : paiement du prix.** — Le maître, ou l'auteur de la commande est tenu d'une double obligation: — 1° Fournir à la date fixée des matériaux convenus ; — 2° Payer le prix après réception.

La *prescription* de l'action en paiement impartie à l'ouvrier à façon, artisan ou entrepreneur, n'est pas la prescription de six mois, mais bien la prescription de droit commun, comme en matière de *vente*, c'est-à-dire la prescription de trente ans.

1211. — **Garanties de paiement.** — Les ouvriers à façon ont tout d'abord, comme les ouvriers à temps, le privilège de l'article 549 du Code civil en cas de faillite du maître (V. *supra*, nos 1027 et s.). Mais ils ont d'autres garanties spéciales :

1° L'ouvrier qui a, par son travail, assuré la conservation de la chose, peut se prévaloir, si la chose est entre les mains du maître, du privilège établi par l'article 2102-3° au profit du conservateur de la chose (*C. du trav.*, liv. 1er, art. 47) ;

2° L'entrepreneur ou maître ouvrier qui a exécuté un ouvrage de construction a le privilège de l'article 2103-4° sur la plus-value, à la condition de satisfaire aux prescriptions de l'article (double procès-verbal). Il n'existe d'ailleurs aucun privilège mobilier correspondant au profit de l'ouvrier qui a fait, sur une chose *mobilière*, des travaux d'amélioration (Thézard, *Des privilèges*, n° 353) (2).

(1) Civ. cass., 10 juill. 1888, S. 88.1.430. — Cf. Guillouard, t. II, nos 772 et s.; Baudry et Wahl, t. II, p. 384. — Sur le caractère de la distinction du louage d'ouvrage et du louage de services, v. Cass., 8 janv. 1926, S. 27.1.270.

(2) Jouissent toutefois d'un privilège sur le *navire* les ouvriers employés à sa construction, si le navire n'a point encore voyagé, ou aux réparations (radoub, armement, équipement), avant le départ du navire, s'il a déjà navigué (art 191-8°, C. com.). — Ripert, *Traité de droit maritime*, t. 1er, n° 331 et s.

3° L'artisan ou l'ouvrier qui a exécuté sur un objet des travaux d'amélioration ou de transformation a, sur cet objet, tant qu'il demeure en sa possession, à défaut d'un privilège, un *droit de rétention* (1). — *C. du trav.*, liv. 1er, art. 48.

L'artisan ou l'ouvrier ne peut se prévaloir de ces garanties spéciales, et spécialement du privilège de l'article 549, qu'autant qu'il a traité directement avec le maître ; s'il a traité avec un sous-entrepreneur, un marchandeur ou tâcheron, il n'a pas de privilège à faire valoir contre le maître, pas plus qu'il n'a d'*action directe* (2), sous réserve toutefois de l'exception inscrite dans l'article 1798 (V. *supra*, nos 1030 et s.).

DU MARCHANDAGE (DÉCRET DU 2 MARS 1848, ART. 32 ET 103, LIV. 1er C. DU TRAVAIL) (3). — **1212. — Marchandage et sous-entreprise.** — *Inconvénients du marchandage.* — Cette impossibilité pour l'ouvrier d'agir directement en paiement de ses salaires contre l'entrepreneur principal (sauf dans le cas de l'art. 1798), lorsqu'il est embauché par un *sous-entrepreneur*, rétrocessionnaire partiel du marché, n'a pas de grands inconvénients. Le sous-entrepreneur est en effet, comme l'entrepreneur principal, un négoçiant présentant une certaine surface, ayant un outillage et un crédit qui lui permette de satisfaire aux obligations qu'il assume.

Tout autre est la situation de l'ouvrier embauché par un *marchandeur*, qui prend à forfait un lot à exécuter, et spécule sur la différence entre le forfait convenu et le total des salaires des ouvriers qu'il embauche à la journée, au plus bas prix possible. Ouvrier comme eux, connaissant par conséquent toutes les roueries du métier, le *sous-traitant, ouvrier, marchandeur* ou *tâcheron*, exige de son personnel une somme de travail parfois supérieure à celle qu'exigerait d'eux un entrepreneur véritable; il ne promet à ses ouvriers qu'un salaire réduit ; et encore ne sont-ils pas certains de le toucher, les entrepreneurs ne contrôlant pas toujours d'assez près la solvabilité des marchandeurs qu'ils s'adjoignent.

(1) Trib. com. Marseille, 20 nov. 1893, *Rec. Marseille*, 94.1.28. — Cf. Guillouard, t. II, n° 776; Glasson, *Droit de rétention*, p. 58; Nicolas, *Droit de rétention*, n° 139; Baudry et Wahl, t. II, p. 434. — Ce droit de rétention est *indivisible* (arg. art. 2114).

(2) *Contra*: art. 5 du projet gouvernemental de 1906 sur le contrat de travail.

(3) BIBLIOGRAPHIE. — Brodu, *Du marchandage*, 1898; Jean Appleton, *Le marchandage et la jurisprudence* (*Quest. prat.*, 1900, p. 66 et suiv.), et notes sous D. 97.2.401; 98.1.369; 99.2.393; Fraysse, *Le marchandage dans l'industrie du bâtiment*, th. 1911; Flamand, *La suppression du marchandage* (*Parl. et Opin.*, 25 août 1911); Demogue, *Rev. trim.*, 1926, p. 112.

1213. — Sans doute, le marchandage n'a pas que des inconvénients. Il permet tout d'abord aux ouvriers d'élite de s'élever au-dessus de leur condition : c'est parmi les tâcherons que se recrute la majeure partie des entrepreneurs, des patrons du bâtiment. D'autre part, il n'est pas exact que cette combinaison conduise fatalement à un avilissement de salaires. Pour certaines catégories de travaux, spécialement dans l'industrie du bâtiment, les entrepreneurs ont intérêt à traiter à forfait avec des ouvriers spécialistes, prêts à leur fournir à point nommé les équipes volantes dont ils ont besoin pour quelques jours, mais qu'ils ne pourraient utiliser pour toute la campagne. Ces chefs d'équipe passent avec les entrepreneurs une série de marchés échelonnés, qui leur laissent une marge sérieuse de bénéfices, et leur permettent de rémunérer très convenablement leurs ouvriers.

Le seul abus incontestable de ce mode de travail réside dans l'insuffisance des garanties de paiement offertes à l'ouvrier. Mais il serait facile, dit-on, de faire disparaître cet inconvénient en conférant par un texte formel une action directe (1) aux ouvriers contre l'entrepreneur principal, pour la totalité de leurs salaires impayés.

1214. — **Décret du 2 mars 1848 : prohibition du marchandage.** — Quelle que soit la valeur de ces considérations au point de vue économique, juridiquement, le marchandage est prohibé. Cette prohibition résultait avant la mise en vigueur du Code du travail de la combinaison du décret du 2 mars 1848, déclarant *abolie* « l'exploitation des ouvriers par des sous-entrepreneurs *ou* marchandage », et de l'arrêté du 21 mars 1848 érigeant le marchandage prohibé en délit correctionnel (amende de 50 à 100, de 100 à 200 fr. pour une première récidive, emprisonnement de un à six mois en cas de double récidive).

En fait, ce décret est demeuré lettre morte pendant plus de trente ans ; on a même soutenu qu'il devait être considéré comme abrogé par désuétude (2). La controverse n'a plus d'ailleurs qu'un intérêt historique, le texte des décret et arrêté de 1848 ayant été incorporé au Code du travail de 1910 (art. 30 *b* et 103, liv. 1er).

1215. — **Portée de la prohibition.** — Mais quelle est la portée exacte de la prohibition ? Il est incontestable que l'on ne doit considérer comme un marchandage prohibé, ni le contrat de sous-entreprise,

(1) Le principe de cette action directe était inscrit dans l'art. 5 du projet de loi de 1906 sur le contrat de travail.

(2) G. Michel, *Nouv. Dict. d'écon. polit.*, v° *Marchandage*. — *Contra*: Brodu, p. 76; J. Appleton, *op. cit.*

les rédacteurs du décret n'ayant entendu viser que le *tâcheron* ou sous-traitant *ouvrier*, ni la sous-entreprise effectuée par une équipe d'ouvriers (Sur l'équipe coopérative, v. *supra*, n° 932).

Mais doit-on considérer comme délictueux tout marchandage proprement dit, ou le marchandage n'est-il délictueux qu'autant qu'il se complique d'une *exploitation abusive* des ouvriers embauchés, se traduisant par un avilissement des salaires ?

La majorité des auteurs enseigne que le législateur de 1848 a entendu prohiber radicalement ce mode de travail (1).

Mais la jurisprudence, dans son ensemble, s'est formellement prononcée pour l'interprétation restrictive (2). Depuis l'arrêt des Chambres réunies du 31 janvier 1901, et jusqu'à ce que le Parlement soit appelé à se prononcer expressément sur la question (3), il est donc acquis que le décret de 1848 ne prohibe pas tout contrat de marchandage, mais qu'il en réprime uniquement les abus.

Remarquons du reste que, dans le cas où les éléments du délit sont réunis en fait, l'entrepreneur peut être poursuivi comme complice dans les termes du droit commun (4).

Sweating system et grands magasins. — **1216** (5). — Le marchandeur ou tâcheron, dont il est question ci-dessus, paie ses ouvriers à la journée, et par conséquent assume les risques de malfaçon. Le *sweater*, au contraire, est un intermédiaire payant ses auxiliaires *à la tâche* ; spéculation beaucoup moins défendable que la marchandage simple, puisque par ce procédé l'intermédiaire se

(1) Brodu, p. 85 et s.; J. Appleton, article et notes précités; Jay, *op. cit.* — Cf. Orléans, renv. après cass., 11 juill. 1899, D. 99.2.393.

(2) Crim. cass., 4 févr. 1898, D. 98.1.369, S. 99.1.249, et la note de M. Roux; Crim. cass., 16 févr. 1900 (cassant l'arrêt précité de la Cour d'Orléans), D. 1900.1.209, S. 1900.1.537, et note Roux; Cass., Ch. réun. (cass., dans la même affaire de l'arrêt de Bourges), 31 janv. 1901, D. 1901.1.169, concl. cf. proc. gén. Laferrière; Crim., 22 juin 1925, S. 25.1.126 .

(3) Le Ministre du travail a déposé, le 17 nov. 1908 (*Doc. parl.*, n° 2116) sur le bureau de la Chambre, un projet de loi tendant à interdire le marchandage, d'une façon *absolue*: sous cette unique réserve qu'il n'y a pas marchandage lorsque la convention intervient entre une entreprise principale et une association ouvrière de production ou une équipe d'ouvriers. — Ce texte, voté par la Chambre le 17 mars 1910, a été arrêté au Sénat.

(4) Crim. cass., 4 févr. 1898, précité.

(5) Bibliographie. — Aux études déjà citées par nous sur l'industrie à domicile et le sweating (V. *supra*, notes sous n°s 949 et s.), *adde*: Garrigues, *Les grands magasins de nouveautés et le petit commerce de détail*; d'Avenel, *Mécanisme de la vie moderne. Les grands magasins*; Poupart, *Les sociétés de bazars* (*Rev. polit. et parlem.*, 1908.1.391); Martin Saint-Léon, *Le petit commerce français*, 1911; Gemähling, *La concentration commerciale sans grands magasins* (*sociétés à succursales multiples*), *Rev. d'écon. polit.*, 1912, p. 170; Morlde, *Les maisons à succursales multiples*, 1913 ; Valmy Baisse, *Les grands magasins*, 1927.

décharge sur ses subordonnés des malfaçons (Cauwès, t. III, n° 835).

La situation est pire encore pour l'ouvrier lorsque l'intermédiaire, au lieu d'être un tâcheron, est un simple courtier de travail : commis intéressé d'un *grand magasin* ou courtier libre, qui spécule sur la main-d'œuvre et recrute à vil prix des ouvriers, ou traite au rabais avec de petits fabricants. Écrasés par la concurrence, à court de crédit, ceux-ci cherchent à se procurer une main-d'œuvre à prix réduit, ou vendent à perte. Le résultat le plus clair de cette politique imprévoyante des petits fabricants est d'achever la ruine de la petite industrie, au profit des *grands magasins*, qui deviennent ainsi les maîtres du marché.

1217. — *Action législative.* — Il y a, dans le développement de cette spéculation sur la main-d'œuvre, qualifiée du nom significatif de *sweating system* (système de la sueur), un véritable danger social, dont il est malheureusement difficile d'indiquer le remède. L'action du législateur ne peut ici s'exercer directement ; toute prohibition absolue se heurterait, comme le décret de 1848, à des impossibilités matérielles.

Mais plusieurs remèdes législatifs indirects peuvent être concurremment essayés, et leur application, faite avec prudence et méthode peut, comme la législation répressive des trusts (v. *supra*, nos 562 et s.), enrayer dans une certaine mesure le développement excessif de la concentration industrielle.

Parmi ces remèdes, il en est deux que nous avons indiqués déjà, et étudiés assez longuement pour qu'il n'y ait pas lieu d'y revenir : nous voulons parler de la réglementation du travail à domicile ou travail en chambre, et de la fixation d'un minimum légal de salaires pour les ouvriers à domicile (v. *supra*, nos 952 et s.).

1218. — Nous citerons en second lieu un aménagement équitable des impôts et taxes municipales (*patente* en particulier). Il est du devoir strict de l'État de venir en aide à la petite industrie dans sa lutte inégale contre les grands magasins, en imposant à ceux-ci des charges fiscales proportionnées aux bénéfices exceptionnels qu'ils retirent de la réduction des frais généraux (1).

Il convient, d'autre part, d'offrir aux petits détaillants ou fabricants des facilités nouvelles pour constituer entre eux, soit des

(1) Sur les mesures fiscales prises en ce sens à l'égard des grands magasins, ainsi que des établissements à succursales multiples, ou *sociétés de bazars*, etc., cons. Allix, *Traité de législation financière*; Dalloz, Répert, v° *taxes et impôts directs*.

coopératives d'achats en gros, soit des sociétés de production. La coopération, que la petite industrie envisage volontiers comme une machine de guerre dirigée contre elle, pourrait être son instrument de salut, si elle savait en faire usage, et renoncer à temps à des procédés de concurrence au rabais, qui la ruinent irrémédiablement (1).

Citons enfin, parmi les mesures indirectes auxquelles les pouvoirs publics peuvent utilement recourir pour remédier aux abus du sweating : la constitution d'ateliers syndicaux ; — les encouragements donnés aux sociétés destinées à assurer le transport de la force motrice à domicile (v. *supra* n° 950) ; — une législation sévère sur l'abus des liquidations fictives (*sic*, loi française du 30 décembre 1906) ; — le développement de l'enseignement professionnel.

§ 2. — Obligations du bailleur d'ouvrage (entrepreneur, artisan, ouvrier à façon).

1219. — Le bailleur d'ouvrage est tenu de trois obligations principales : — 1° livrer un travail exempt de toute malfaçon ; — 2° livrer ce travail dans les délais convenus ; — 3° rendre compte de la *matière*, lorsqu'elle lui a été fournie par le maître.

I. **Responsabilité des malfaçons.** — La première obligation d'un bailleur d'ouvrage consiste dans la prestation d'un *travail exécuté conformément aux règles de l'art : — spondet peritiam artis.* S'il y a *malfaçon*, le patron peut donc refuser le travail, ou imposer à l'ouvrier une réduction de salaire, dont le taux, en cas de litige, sera arbitré par le conseil de prud'hommes.

1220. — Il arrive fréquemment qu'un objet reçoit la main-d'œuvre de toute une série d'ouvriers. A qui incombe, en pareil cas, la responsabilité de la malfaçon ? — Deux hypothèses doivent être distinguées.

a) Chaque ouvrier apporte directement au patron la pièce sur laquelle s'est exercé son travail (*sic* pour le travail exécuté en

(1) V. les détails donnés par Schwiedland sur les organisations de ce genre fonctionnant en Suisse, en Autriche, etc. — Depuis quelques années, la législation française s'efforce d'encourager l'artisanat ou métier autonome par tout un ensemble de mesures en faveur de l'apprentissage, des coopératives d'artisans, et du crédit artisanal. — V. n°s 1271 et s., *infra*.

atelier), en ce cas, le patron vérifiera la pièce, à chaque transformation subie par elle, et fera ainsi le départ des responsabilités.

b) Le premier ouvrier remet la pièce au second ouvrier, celui-ci à un troisième, etc. ; en sorte que le patron ne vérifie le travail qu'après l'achèvement. En ce cas, la malfaçon est aux risques du dernier ouvrier, sauf son recours contre les précédents.

Il est un cas où l'ouvrier ne répond pas de la malfaçon, c'est le cas où celle-ci proviendrait d'un vice de la matière. Si le tissu se déchire à la réception par suite de la mauvaise qualité du fil, l'ouvrier n'est pas en faute ; aussi aura-t-il droit à tout son salaire (1).

1221. — *Malfaçons découvertes après réception.* — *Quid*, si le patron, après avoir vérifié et accepté l'ouvrage, découvre des malfaçons ?

Nous estimons qu'à moins de dol de l'ouvrier, celui-ci est à l'abri, par le fait de la réception, de toute réclamation. On peut argumenter en ce sens, par *a contrario*, de la disposition de l'article 1792 du Code civil. Si en matière d'immeubles, où la découverte des malfaçons est très difficile, la responsabilité de l'architecte ne dure que dix ans, il est impossible d'admettre que la responsabilité des ouvriers à façon se prolonge pendant *trente ans* (délai de droit commun) ; et cependant, c'est à cette conclusion inacceptable que l'on aboutit si l'on ne voit pas, dans la réception sans réserve, une fin de non-recevoir *absolue* contre toute action en responsabilité (V. Guillouard, t. II, n° 793).

1222. — II. **Livraison dans les délais.** — Le bailleur d'ouvrage doit *livrer son travail dans les délais convenus.* — Tout retard non justifié, non motivé par un cas de force majeure (2), peut l'exposer à des dommages-intérêts, consistant dans une réduction du prix stipulé, ou même dans la résiliation du marché.

1223. — **Responsabilité de la matière** (3). — Deux situations doivent être envisagées :

a) *Du louage improprement dit* (l'artisan a fourni la matière). — En ce cas, tous les risques sont pour le bailleur, jusqu'à la récep-

(1) Il en serait autrement, toutefois, si l'ouvrier avait eu seul connaissance du vice de la matière, et qu'il eût négligé d'en informer le patron. — Guillouard, t. II, n° 790; Baudry et Wahl, t. II, p. 392.

(2) Civ. cass., 3 juill. 1893, S. 96.1.67; Guillouard, t. II, n° 816.

(3) Sur les moyens légaux destinés à faciliter, dans les industries du tissage, le règlement du compte de matières (lois de 1806, 1850, 10 juill. 1915 et 19 juill. 1926, Code du trav., liv. Ier, art. 34 et s.), v. *supra*, nos 1176 et s.

tion (art. 1788 C. civ.), le locataire (c'est-à-dire le patron) n'étant, au fond, qu'un acheteur *sous condition que l'ouvrage soit achevé*. Conséquence : si la chose périt aux mains de l'ouvrier antérieurement à la réception, l'ouvrier perd à la fois la matière et tout droit à une rémunération quelconque.

b) *Du louage proprement dit* (le patron a fourni la matière). — Dans ce cas, les risques sont pour le patron, demeuré propriétaire de la matière (art. 1789). Mais, si le patron perd la matière qu'il a fournie, l'ouvrier, de son côté, perd tout droit au salaire (art. 1790). La perte résultant du risque se répartit ainsi entre les deux contractants : le patron perdant la matière première, l'ouvrier perdant son salaire. Sa condition, à ce point de vue, est donc beaucoup moins favorable que dans le louage de services (1).

1224. — Preuve de la faute. — Si l'ouvrier à façon ne répond pas des risques, il répond au contraire de sa *faute*, et doit rembourser au patron la valeur de la matière, lorsque celle-ci a péri par sa faute. C'est à l'ouvrier, débiteur de la restitution d'un corps certain, qu'incombe la preuve du cas fortuit (2).

1225. — Réception : vérification partielle ; mise en demeure. — Par exception, l'ouvrier a droit à son salaire malgré l'absence de faute du patron, dans trois cas : 1° si la chose périt par le vice de la matière ; — 2° si elle périt après sa réception (3) ; 3° si elle périt, même avant la réception, mais après que le patron a été mis en demeure de la recevoir (art. 1790). Il n'existe pas, le plus souvent, d'acte écrit constatant la réception ; mais la preuve de celle-ci peut s'induire de certaines circonstances, telles que le paiement du prix.

Lorsqu'il s'agit d'un ouvrage à plusieurs pièces ou à la mesure, la vérification peut se faire *par parties* (art. 1791) ; l'ouvrier a tout intérêt à cette vérification échelonnée, puisqu'il n'est exposé aux risques que pour les pertes non encore vérifiées. Ici encore, la preuve de la vérification résultera le plus souvent de présomptions : l'article 1791 *in fine* édicte même à ce sujet une présomption légale,

(1) Il serait plus équitable de rétablir la règle romaine, d'après laquelle les risques de pertes étaient exclusivement à la charge du patron, l'ouvrier ayant droit à son salaire (L. 36, *locati conducti*, *Dig.*, 19.2). — *Sic*: art. 2 et 42 *in fine* du projet de loi de 1906 sur le contrat de travail.

(2) Req., 19 mai 1886, D. 86.1.409; Lyon, 23 décembre 1892, D. 93.2.229; Cass. 16 déc. 1924, D. 25.1.21, S. 25.1.45. — Cf. Guillouard, t. II, p. 787 ; Baudry et Wahl, t. II, p. 393; Minvielle, n° 188

(3) Req. 4 janv. 1888, D. 89.1.211.

obligatoire pour le juge, résultant des paiements effectués par le maître à raison des parties achevées.

Il ne peut dépendre du maître, lorsque l'ouvrage est terminé, de laisser les risques à la charge de l'ouvrier en négligeant de prendre livraison. Aussi l'article 1790 autorise-t-il l'ouvrier à mettre le patron *en demeure de prendre livraison* ; à partir de cette mise en demeure, les risques sont entièrement au compte du maître. La *mise en demeure* résultera évidemment des moyens indiqués dans l'article 1139 du Code civil (sommation, etc.) ; mais il est admis, sauf usages contraires, qu'elle peut résulter d'un *simple avertissement* de la part de l'ouvrier.

Ce droit de mise en demeure a été complété par la faculté, pour l'ouvrier à façon, en cas de non-retirement dans les deux ans, de faire vendre l'objet aux enchères et de se payer sur le prix (L. des 31 déc. 1903 et 7 mars 1905, D. 1905.4.31).

1226. — *Perte par déchet ; conditionnement.* — La perte de la matière, dont l'ouvrier est comptable, sous réserve des cas fortuits, peut résulter des nécessités mêmes de la fabrication. Tout travail exécuté sur une matière première entraîne, en effet, fatalement un certain déchet, dont l'ouvrier ne saurait être rendu responsable, que s'il excède la moyenne ordinairement constatée dans cette industrie (1).

Le calcul du déchet est plus délicat lorsque la matière première est susceptible de varier de poids suivant l'état hygrométrique de l'air, comme la soie, la laine ou le coton. L'on remédie, en ce cas, aux fraudes possibles au moyen d'un procédé connu à Lyon, Saint-Étienne, Milan, etc., sous le nom de *conditionnement des soies* (2).

SECTION II. — **Modes d'extinction du contrat de louage d'ouvrage** (3).

1227. — Le louage d'ouvrage prend fin par les causes suivantes :

1° **Achèvement de l'ouvrage.** — C'est le mode normal (4). Il con-

(1) La plupart du temps, les fabricants évaluent le déchet à forfait ; ainsi, à Paris, les ouvriers orfèvres ont droit à un déchet de 1 %.

(2) Sur l'exploitation des établissements de condition des soies par les Chambres de commerce, v. *supra*, n° 696.

(3) V. spécialement : Colin et Capitant, t. 2, n° 578; Minvielle, n° 359.

(4) Prenant fin par la remise de l'ouvrage, le contrat de travail aux pièces ne comporte, à moins d'usages contraires, aucune obligation de préavis pour le patron. — Cass., 18 mai 1909, D. 1910.1.46. *Cf.* Poitiers, 9 et 12 juin 1913, D. 20.2.41 et note Savatier.

vient toutefois d'observer que la *tacite reconduction* est applicable : ainsi, lorsqu'un ouvrier travaillant à la pièce l'a rapportée au patron et a reçu une nouvelle pièce du même genre, un nouveau contrat se forme sur les mêmes bases que l'ancien.

Il arrive parfois que le louage d'ouvrage se complique de la fixation d'un terme. Dans certaines industries (vêtement, par exemple) il est même d'usage d'engager *à temps* les ouvriers à façon. En ce cas, le contrat prend fin, non par la réception de chaque pièce, mais à l'expiration du terme fixé, à moins qu'il n'y ait tacite reconduction par la remise de nouvelles pièces.

1228. — 2° **Accord des deux parties (mutuus dissensus).** — Cet accord peut intervenir, soit avant le commencement de l'ouvrage, soit en cours d'exécution. Dans le premier cas, aucune indemnité n'est due de part ni d'autre ; dans le second cas, au contraire, à défaut de conventions contraires, le patron doit payer à l'ouvrier le prix du travail accompli.

1229. — 3° **Volonté unilatérale du maître.** — Art. 1794 : « Le maître peut résilier, par sa seule volonté, le marché à forfait, quoique l'ouvrage soit déjà commencé, en dédommageant l'entrepreneur de ses dépenses, de tous ses travaux et de tout ce qu'il aurait pu gagner dans l'entreprise. » Cet article déroge gravement au droit commun, puisqu'il rompt la loi d'égalité. Tandis que dans le louage de services *à temps* aucune des deux parties ne peut se dédire sans le consentement de l'autre, et qu'à l'inverse dans le louage de services contracté pour une durée indéterminée, les deux parties peuvent *réciproquement* se donner congé (art. 1780), dans le contrat de louage d'ouvrage, au contraire, le maître peut résilier *par sa seule volonté*, sans que l'ouvrier ait la faculté de se dédire.

Cette dérogation au droit commun est injustifiable. Vainement prétend-on la justifier par cette considération que le maître peut, avant l'achèvement de l'ouvrage, éprouver des revers de fortune qui le mettent dans l'impossibilité de faire les frais de la commande (1). En réalité, l'entrepreneur ou façonnier lui aussi court des risques (hausse brusque des matériaux ou de la main-d'œuvre) ; il est donc injuste de lui refuser une faculté de dédit que l'on reconnait à l'autre partie (2).

Le maître lui-même, d'ailleurs, pour être admis à résilier, doit indemniser complètement le bailleur d'ouvrage du préjudice que lui causera le non-achèvement de la commande. Cette indemnité comprendra, conformément au droit commun, un double élément :

(1) Guillouard, t. II, n° 806.
(2) Baudry et Wahl, t. II, p. 402.

1° les frais déjà faits par l'ouvrier pour l'exécution (*damnum emergens*) : 2° le profit espéré de l'entreprise (*lucrum cessans*).

1230. — Caractère exceptionnel de l'article 1794 : interprétation restrictive. — Dérogeant au droit commun, l'article 1794 doit être interprété restrictivement. Non seulement il ne saurait être question de l'étendre au louage de services à temps ; mais nous estimons également, bien que la question soit controversée, qu'étant écrit en vue du *marché à forfait*, il doit être déclaré inapplicable au marché *à la pièce* ou *à la série de prix* (1).

La question de savoir si l'article 1794 est applicable au cas où l'ouvrier fournit, non seulement son industrie, mais la matière, est beaucoup plus délicate. La négative s'induirait, selon nous, de l'article 1711, lequel envisage plutôt l'opération comme une vente que comme un louage. Cependant l'on étend généralement, dans la pratique, l'article 1794 à cette hypothèse (2). Il suffirait, pour écarter cette solution inique, d'étendre, comme le proposait le projet de loi de 1906, les règles du contrat de travail au louage d'ouvrage dans lequel la matière fournie apparaît comme l'accessoire du travail (art. 2 du projet).

1231. — *Résiliation aux torts de l'ouvrier.* — L'ouvrier ou bailleur d'ouvrage n'a pas, avons-nous dit, la même faculté de résiliation. Sans doute, il pourra arriver en fait que son refus d'exécuter le contrat entraîne la résiliation ; mais cette résiliation ne résultera pas d'une simple manifestation de volonté de l'ouvrier, elle devra être prononcée par justice. Le tribunal pourra d'ailleurs, si le maître le requiert et si le travail promis le comporte, au lieu de déclarer le marché résilié, ordonner qu'il sera exécuté par un tiers, aux frais et risques et périls de l'ouvrier (art. 1144 C. civ.).

1232. — 4° Mort de l'ouvrier. — Le contrat de louage d'ouvrage (comme le louage de services) est contracté *intuitu personæ ;* aussi la loi décide-t-elle (art. 1795) que l'obligation de faire qu'il impose à l'ouvrier ne se transmet point passivement aux héritiers.

L'article 1796, pour déterminer les bases du *règlement de comptes* à intervenir entre le patron et les héritiers de l'ouvrier, prévoit trois situations possibles : — 1° l'ouvrage était achevé, mais non livré au jour du décès de l'ouvrier. En ce cas, le maître devra prendre livraison, et acquitter l'intégralité du salaire ; — 2° l'ouvrage n'était pas commencé. Le maître ne devra rien aux héritiers ;

(1) Rouen, 12 févr. 1889, *Rec. Rouen*, 89.132.
(2) Civ. cass., 5 janvier 1897, D. 97.1.89, S. 97.1.73. — Cf. Baudry et Wahl, t. II, p. 459. — *Contra*: Planiol, note D. 97.1.89.

— 3° l'ouvrage était commencé. En ce cas, le maître devra aux héritiers une indemnité, à la condition, toutefois, que l'ouvrage commencé puisse lui être de quelque utilité.

1233. — *Faillite de l'ouvrier.* — Supposons que le bailleur d'ouvrage soit un *commerçant* (il en sera ainsi non du simple ouvrier à façon, mais de l'entrepreneur ou même du sous-entrepreneur). Quel va être l'effet de la faillite du bailleur, au point de vue l'exécution du contrat ? La faillite, à la différence de la mort de l'ouvrier, ne résout pas le contrat ; que si, en fait, le syndic se refuse à exécuter, ou se trouve dans l'impossibilité de le faire, le maître pourra produire à la faillite pour une indemnité de résiliation (1).

1234. — *Mort ou faillite du maître.* — Ni la mort, ni la faillite du maître ne résolvent le contrat ; mais, en cas de faillite, les ouvriers peuvent refuser de continuer le travail, si les syndics ne leur garantissent pas le paiement intégral du prix convenu. Si les syndics refusent cette garantie, les ouvriers produiront à la faillite, par privilège, pour la portion du prix correspondant au travail effectué ; ils pourront en outre obtenir des dommages-intérêts (2).

5° et 6° **Force majeure et résolution judiciaire.** — Le louage d'ouvrage se dissout enfin, comme le louage de services, soit de plein droit par tout événement fortuit rendant l'exécution impossible (3), soit par décision de justice pour inexécution fautive des obligations de l'autre partie, conformément à l'article 1184.

(1) Baudry et Wahl, t. II, p. 455. — V. cependant : Trib. com. Seine, 10 oct. 1895, *Gaz. Pal.*, 95.2.543.

(2) Paris, 17 février 1892, S. 94.2.179. — Cf. art. 578 C. com., amendé par la loi du 20 mars 1928, arg. d'analogie.

(3) La guerre peut-elle être considérée comme un événement de force majeure ? De droit commun, elle n'est envisagée comme telle que si elle a mis, en fait, le débiteur dans l'impossibilité d'exécuter ses engagements (Cass., 24 févr. 1915, *Mon. jud. Lyon*, 23 juillet). — Mais, à raison des perturbations causées par la guerre de 1914-18, il a paru expédient de faciliter la résiliation des marchés à livrer conclus avant le 1er août 1914 ; d'où la loi du 21 janv. 1918, autorisant la résiliation « s'il est établi qu'à raison de l'état de guerre l'exécution des obligations de l'un des contractants entraînera des charges ou lui causera un préjudice dont l'importance dépasserait de beaucoup les prévisions qui pouvaient être raisonnablement faites à l'époque de la convention ».

CHAPITRE IV

DES CONVENTIONS COLLECTIVES DE TRAVAIL

(Loi du 25 Mars 1919)

SECTION PREMIÈRE. — Evolution historique de la convention collective de travail, en France et à l'Étranger (1)

1235. — *Les progrès du contrat collectif de travail, en France et à l'étranger.* — Le contrat collectif ou convention collective de travail (*tarifvertrag* du droit allemand) peut se définir : « *Une réglementation contractuelle préalable des conditions du travail* », négociée entre les chefs d'industrie, isolés ou groupés, et les syndicats professionnels d'ouvriers ou d'employés.

Le cadre de ce traité ne nous permet pas d'insister, comme nous le voudrions, sur l'importance capitale que présente, au point de vue de la paix sociale (2), cette reconnaissance du contrat collectif, très largement pratiqué en Angleterre, aux Etats-Unis, en Australasie, et dont l'usage s'est répandu en France, en Allemagne, en

(1) BIBLIOGRAPHIE. — La bibliographie française et étrangère sur les conventions collectives de travail est considérable. — Nous nous bornerons à citer, pour la période *antérieure* à la loi française de 1919 :

France : outre les ouvrages déjà cités, sous n° 422, cons. notamment : — Moissenet, *Les contrats collectifs*, th. 1903; M. Nast, *Les conventions collectives*, et note D. 11.1.201; Piron, *Les conceptions juridiques successives du contrat collectif de travail en France*, th. 1909; Rouast, *Nature juridique du contrat collectif*, th. 1910; Duthoit, *Les sanctions du contrat collectif du travail*, 1911; Rafal, th. 1913; Lerolle, *La réglementation professionnelle du travail et le contrat collectif*, 1919.

Allemagne : Lotmar, *Der Arbeitsvertrag*, 2 v., 1902; Rundstein, *Die tarif verträge*, 1906; Claes, *Le contrat collectif en Allemagne*, Bruxelles, 1910; Weisshuhn, *Tarifverträge im Maschinenbau*, 1913.

Belgique : De Visscher, *Le contrat collectif du travail*, préf. Saleilles, 1913.

Italie; Barbero, *Il contratto collettivo di lavoro*, *Turin*, 1908.

(2) Sur les avantages économiques et sociaux du contrat collectif, cons. notamment : Brouilhet, Passama, cités *supra*, n° 422; Raynaud, *Le contrat collectif en France*, 1921 (refonte d'un ouvrage paru en 1901).

Belgique, en Italie, en Suisse et généralement dans la plupart des pays industriels (1).

1236. — *Les conventions collectives et la jurisprudence française. — Loi de 1919.* — Ainsi que nous l'avons fait observer *supra*, n° 422, la jurisprudence était depuis longtemps fixée dans le sens de la validité des conventions collectives (2). Il y avait tout au moins accord sur le principe ; mais les divergences éclataient lorsqu'il s'agissait, soit de déterminer les clauses susceptibles de figurer dans un contrat de ce genre, soit de préciser la liste des personnes, individus ou groupements, juridiquement liées par l'accord intervenu, ainsi que les sanctions applicables en cas d'inexécution.

L'on admettait assez généralement que le contrat collectif de travail n'est pas un simple contrat de travail-type, proposé à l'agrément des patrons, puisque l'on y voit figurer fréquemment des clauses qui ne sauraient trouver place dans un contrat de travail individuel. La plupart des auteurs l'envisageaient comme un *contrat innommé*, puisant son caractère obligatoire dans l'article 1107 C. civ. (3). Mais il n'était pas sans inconvénient de laisser à la jurisprudence le soin de circonscrire le champ d'application et les effets juridiques de cette convention, dont la preuve d'ailleurs, en l'absence de toutes formalités initiales requise à peine de nullité, ne laissait pas que d'être souvent difficile.

C'est pour combler cette lacune que fut déposé par le Ministre du travail, le 11 juillet 1910, le projet de loi relatif aux conventions collectives du travail, devenu la loi organique du 25 mars 1919, incorporée au Code du travail (liv. 1er, art. 31-32).

1237. — *Lois étrangères.* — De nombreuses législations étrangères reconnaissent formellement le contrat collectif (4).

(1) Il tend aujourd'hui à se généraliser dans les industries extractives, métallurgiques, typographiques, textiles; il est très fréquent aussi dans les industries du bâtiment, des transports, de la manutention des marchandises (dockers des ports); il est usité aussi en agriculture (viticulture, culture betteravière, etc.). — Cf. les statistiques annuelles du *Bull. Min. trav.* — V. notamment la statistique des conventions collectives conclues en France en 1927 (*Bull. min. trav.*, 28.157). Sur les conventions collectives en Allemagne en 1927, v. *Bull.*, 28.222; — en *Suisse*, v. Rev. belge du travail, 27.1073, etc.

(2) Cass., 1er févr. 1893, D. 93.1.241; 16 déc. 1908, D. 1909.1.76 et note Capitant; 7 juill. 1910, D. 11.1.201 et note Nast; 2 août 1911, S. 12.1.201 et note Wahl; 24 oct. 1916, S. 16.1. sup. 28; Lyon, 10 mars 1908, D. 09.2.33; Paris, 16 févr. 1911, D. 12.2.289 et note M Nast.

(3) Cf. Passama, M. Nast, Rouast, précités. — V. aussi notre 4e édition, n° 414.

(4) Pour l'étude de ces lois étrangères, cons. principalement: B. Raynaud, *Le contrat de travail à l'étranger*, 1929 (étude très complète); Clerc, *Le contrat collectif, exposé historique sur les législations des divers Etats*, th. 1923; Dr

Ces législations se divisent en deux groupes bien distincts. Les unes, comme la loi française, réglementent plus ou moins complètement le contrat collectif, mais en limitent les effets juridiques aux groupements ou aux individus qui y ont volontairement adhéré. Telles sont les lois belge, danoise, finlandaise, néerlandaise, polonaise, roumaine, suédoise (1).

Les autres procèdent de l'idée, essentiellement syndicaliste, de contrat collectif *obligatoire*. A ce groupe appartiennent, d'une part, les Etats dans lesquels prévaut l'arbitrage obligatoire, dont les normes s'imposent à l'ensemble des travailleurs de la profession (Australie et Nouvelle-Zélande, Autriche, canton de Genève, Italie, Russie soviétique) (2) ; d'autre part, les Etats où l'autorité gouvernementale est investie, comme en Allemagne, du droit de rendre obligatoires les décisions arbitrales qui lui paraissent répondre à des nécessités économiques ou sociales impérieuses (3).

Il y a contrat collectif obligatoire toutes les fois que « les conditions du travail arrêtées collectivement *s'imposent* à l'ensemble des établissements de la profession et de la région qui se trouvent en concurrence (Raynaud, *op. cit.* p. 286).

Dans les autres pays, spécialement en Angleterre, aux Etats-Unis, au Canada, la loi est muette sur le contrat collectif, qui n'en est pas moins légalement reconnu, mais dont la réglementation est purement jurisprudentielle (4).

SECTION II. — Commentaire de la loi de 1919
(Art. 31 à 31 *x*, 32 C. Trav., Liv. Ier) (5)

1238. — **Définition.** — « La convention collective de travail — lisons-nous dans l'article 31 C. T., — est un contrat relatif aux conditions

Sitzler, *La législation sur les contrats collectifs en Allemagne* (Rev. intern. trav., oct. 1922); Bottai, *L'organisation syndicale italienne* (Rev. intern. trav., juin 1927).

(1) Lois *belge* du 31 mai 1898 sur les unions professionnelles, art. 10 (simple reconnaissance), *danoise*, 28 févr. 1927; *finlandaise*, 22 mars 1924; *néerlandaise*, 13 juill. 1907; *polonaise*, 12 mars 1921; *roumaine*, 26 mai 1921; *suédoise*, 25 mars 1928 (réglementation détaillée).

(2) Série des lois *australiennes* et *néo-zélandaises* sur l'arbitrage, v. *infra*, n° 1294; lois *autrichienne*, 18 déc. 1919; *genevoise*, 26 mars 1904; *italienne* (L. 5 avril 1926 sur la discipline juridique des rapports collectifs du travail, charte du travail du 21 avril 1927, décr.-loi du 6 mai 1928 sur le dépôt et la publication des contrats collectifs); *russe* (Code soviétique du travail, du 8 nov. 1922, art. 15 à 27).

(3) *Allemagne*: ordonn. des 23 déc. 1918, 31 mai 1920, 30 oct. 1923; L. 23 janv. 1923. — Cf. L. du 23 déc. 1926 sur les tribunaux du travail. — V. *infra*, n° 1283.

(4) Sur la jurisprudence comparative du contrat collectif, en France, Allemagne, Angleterre, Italie et aux Etats-Unis, v. *Rec. internat. de jurisprudence du travail*, Genève, 4 v. parus (1925 à 1928).

(5) *Travaux préparatoires*: — dep. du proj., Ch., 11 juill. 1910 (*Doc. parl.*, n°

du travail, conclu entre, d'une part : les représentants d'un syndicat professionnel ou de tout autre groupement d'employés et, d'autre part, les représentants d'un syndicat professionnel ou de tout autre groupement d'employeurs, ou plusieurs employeurs contractant à titre personnel ou même un seul employeur. — Elle détermine les engagements pris par chacune des parties, etc. » — La convention collective de travail, ajoute l'article 31 c, doit être écrite à peine de nullité.

Du rapprochement de ces deux textes, découlent les conditions de validité, et les effets juridiques de la convention.

§ 1er. — Conditions de validité de la convention collective

1239. — *a) Condition de forme et de publicité.* — La convention n'est valable que si elle est *écrite* (1); elle ne devient *obligatoire*, même *inter partes*, que le lendemain de son dépôt, soit au secrétariat du Conseil de prud'hommes ou, à défaut, au greffe de la justice de paix du lieu où elle est passée (2). — Ce premier dépôt est seul exigé ; mais chaque partie a la faculté de déposer également la convention au secrétariat de tout autre Conseil dans le ressort duquel elle doit s'appliquer.

Quant au champ d'application de celle-ci, toute latitude est laissée aux parties. Elles peuvent l'étendre ; soit à tout le territoire, soit à une région, ou une localité, soit même à un ou plusieurs établissements déterminés. A défaut d'indication expresse, la convention n'a d'effet que dans le ressort du ou des Conseils ou justices de

298). — Rapp. *Groussier*, Ch., 5 déc. 1912 (n° 2334); Rapp. *Strauss*, Sén., 17 déc. 1918 (n° 499). — La loi du 25 mars 1919 a été complétée par le décr. du 3 nov. 1919. — A rapprocher diverses lois antérieures ou postérieures, impliquant reconnaissance légale du contrat collectif; L. du 27 déc. 1892 sur les conseils d'arbitrage; décr. du 10 août 1899; L. des 10 juill. 1915 (ouvrières à domicile), 11 juin 1917 (semaine anglaise), 23 avril 1919 (journée de 8 h.).

BIBLIOGRAPHIE. — Raynaud, *op. cit.*, p. 163 et s.; Yankowitch, *La convention collective du travail*, th. 1920; Cumin, *Le contrat collectif de travail*, 1921; Chéron, *Le contrat collectif de travail et la responsabilité des syndicats* (*Qu. pratiques*, 1921, p. 41 et s.) : Scelle, p. 190 et s. ; thèses Brèthe, 1921, Crépin, Cordier, 1922 ; Lautaud, *Les conventions collectives et la loi de 1919*, 1925. — V. aussi : Pirou, *Le problème des contrats collectifs en France* (Rev. intern. trav., janv. 1923); Gounot, *L'autorité dans la profession*, broch. 1926; Fourgeaud, *Du Code individualiste au droit syndical*, 1929.

(1) La loi n'a du reste assujetti cet écrit à aucune forme solennelle, il faut et il suffit que l'existence de la convention soit établie par une preuve littérale. — Cass. 1er mai 1923, S. 23.1.372. — Cf. Demogue, *Rev. trimestr.*, 25, p. 126.

(2) Avant la loi de 1919, ces formalités n'étaient pas nécessaires. — Mais, lorsqu'une convention collective, antérieure à la loi, qui avait pris fin par suite de grève, a été remise en vigueur en vertu d'accords conclus postérieurement au décret du 3 nov. 1919, il y a convention nouvelle soumise à la formalité du dépôt. — Cass. 1er mai 1923, S. 23.1.372.

paix dont le secrétariat ou le greffe aura reçu le dépôt légal (art. 31 *d*).

1240. — B. *Conditions de fond.* — *a*) *Quant aux personnes.* — En ce qui concerne les personnes admises à figurer dans une convention collective comme *contractants* originaux, une distinction essentielle doit être faite entre employeurs et employés. — Du côté employeurs, la participation du contrat peut être, soit individuelle, soit collective. En d'autres termes, un employeur isolé peut, aussi bien qu'un groupement d'employeurs, signer une convention collective. Du côté *employés* (terme générique englobant aussi bien les ouvriers d'industrie que les employés de commerce), au contraire, la participation au contrat ne peut être *que collective*.

Mais, à tort ou à raison, le législateur de 1919 n'a pas entendu réserver le droit de contracter aux seuls syndicats ou unions de syndicats régulièrement constitués ; il l'a reconnu à tous les groupements même non personnifiés, tels que sociétés coopératives, mutualités, voire même à des groupements de circonstance (ensemble du personnel, syndiqué ou non, d'une usine). Sur le mode d'habilitation des représentants du groupe, v. art. 31 *h*.

1241. — *b*) *Quant à l'objet.* — Le *contenu* des conventions collectives est très variable. Suivant l'heureuse expression de Raynaud (*op. cit.*, p. 209), il faut distinguer dans toute convention le noyau et l'enveloppe protectrice.

Le *noyau* renferme toutes les clauses, en nombre illimité, relatives aux modalités des contrats de travail ou d'équipe intéressant les personnes visées au contrat : modes de rémunération, tarifs de salaire (1), délai-congé (loi de 1928), limitation du nombre des étrangers ou des apprentis, durée de la journée, aménagement de celle-ci dans le cadre de la loi de 8 heures, etc...

L'enveloppe protectrice comprend : les clauses interdisant toute dérogation, les clauses d'adhésion éventuelle, les clauses relatives au droit syndical ou au droit de grève, les clauses d'arbitrage ou compromissoires.

A ces deux catégories de dispositions, s'ajoutent les articles concernant l'étendue d'application (dépôt, et lieu d'exécution), et la durée du pacte.

1242. — *c*) *Quant à la durée.* — Au point de vue de la durée, la loi distingue deux catégories de conventions, suivant qu'elles sont conclues pour une durée indéterminée, ou déterminée.

(1) Sur le caractère obligatoire du marché contracté par un entrepreneur suivant des prix de série, malgré la conclusion ultérieure d'un contrat collectif emportant majoration des salaires, v. Civ., 17 nov. 1925, S. 26.1.37.

Durée indéterminée. — Lorsque la convention est conclue pour une durée indéterminée, elle peut être dénoncée à tout moment par un préavis notifié un mois à l'avance, tant au secrétariat ou greffe où elle est déposée, qu'à chacune des parties co-signataires. Le désistement d'un groupe entraîne *ipso facto* celui de tous les individus dont il se compose. Si l'une des parties comprend plusieurs groupements d'employeurs, la convention dénoncée par l'un des groupements ou l'un des individus adhérents continue à lier tous les autres, sauf la faculté pour ceux-ci de la dénoncer à leur tour, dans les dix jours qui suivent (art. 31 *c*, *f*, et *m* cb.). Comme le fait observer M. Chéron (*op. cit.*), « pareille convention est très fragile. C'est un château de cartes sans cesse exposé à s'effondrer ».

Durée déterminée (1). — L'accord peut être conclu, au contraire, pour une durée déterminée, ou jusqu'à l'achèvement de telle entreprise. En pareil cas, la faculté unilatérale de dénonciation est exclue, mais *pour cinq ans maximum*. Le législateur a estimé qu'il serait imprudent de stabiliser les conditions du travail pour une durée plus longue. Il est rare, en fait, aujourd'hui, que les accords dépassent 6 mois, vu l'état d'incertitude du marché.

A l'expiration du terme prévu, la convention est prorogée par *tacite reconduction* ; mais elle ne vaut plus, à moins de clause contraire, que comme convention à durée indéterminée (art. 31 *h*).

§ 2. — Effets et sanctions

1243. — Effets de la convention. — Le cercle des personnes liées par la convention est essentiellement mobile (2). Il comprend en effet, non seulement les parties signataires ou les membres des groupements adhérents, mais aussi ceux qui adhèrent après coup à la convention. Il s'élargit donc par ces adhésions successives, de même qu'à l'inverse, il se rétrécit par des dénonciations collectives ou individuelles.

Pour déterminer exactement quelles sont, à un moment donné, dans le champ territorial qui lui est assigné, les personnes ou groupements liés par le pacte, une distinction doit être faite entre les conventions à durée indéterminée et celles conclues pour une durée indéterminée.

(1) Est à durée déterminée, dans le sens de la loi, la convention subordonnée, non à une condition suspensive, mais à l'arrivée d'un terme incertain. — Civ. 18 juin 1923, D. 27.1.87, et note Pic.

(2) Demogue, *Des personnes à qui une convention collective de travail est opposable* (Rev. trim., 1926, 763).

Sont considérés comme liés par une convention *à durée indéterminée* : 1° Les employeurs et employés, *individuellement* parties à l'acte ; 2° ceux qui font partie *collectivement* des groupements signataires au moment de la convention, à moins que dans les huit jours de son dépôt, ils ne donnent leur démission desdits groupements ; 3° les membres de tout groupement adhérant ultérieurement à cette convention (1), sous la même réserve ; 4° ceux qui, postérieurement au dépôt, entrent dans un groupement partie à cette convention ; 5° les employeurs isolés qui adhèrent directement à la convention par notification.

Sont considérés comme liés par une convention à *durée déterminée* : 1° les groupements partie à la convention, ou y adhérant ultérieurement ; 2° les employés et employeurs *nominativement* désignés dans la convention ; 3° les employeurs y adhérant ultérieurement ; 4° les membres des groupements parties à la convention qui y adhèrent *individuellement*.

La convention « est considérée comme étant à durée indéterminée à l'égard des autres personnes qu'elle lie » (art. 31 l. *in fine*). En d'autres termes, l'employé ou employeur, membre d'un groupement adhérent, mais qui se serait abstenu de signer, conserve la liberté de se dégager à la condition de donner sa démission de syndiqué, et de la notifier un mois à l'avance. Il semble bien que le législateur de 1919 ait trop sacrifié ici le droit collectif au droit individuel ; il est à craindre en effet qu'une véritable cascade de démissions ne vienne, dès le lendemain de la conclusion du contrat collectif, en paralyser les effets. Le seul remède serait dans la renonciation des syndiqués à cette faculté indéfinie de dénonciation, renonciation autorisée par l'art. 31 *o*, mais bien difficile à obtenir dans la pratique (2).

1244. — *Sanctions.* — Toutes stipulations contraires à la convention collective (notamment en ce qui concerne le taux des salaires) sont interdites dans les contrats de travail individuels intervenus

(1) Dans toute convention collective (à moins de clause contraire), est sous entendue une *stipulation* pour autrui, permettant à toutes les personnes exerçant la même profession, de s'en approprier le bénéfice par voie d'adhésion.

(2) Chéron, Cumin, *op. cit.* — Sur la détermination du cercle des collectivités ou des individus liés par la convention, v. Civ., 11 févr. 1920, D. 20.1.111; 5 janv. 1921, S. 21.1.37; 7 mars 1921, S. 23.1.30; 30 juin 1925, S. 25.1.152; 22 févr. 1926, D. H. 26.221. — Une convention collective ne pouvant avoir d'effet qu'entre personnes faisant partie du syndicat signataire ou adhérent, ou y ayant individuellement adhéré, les juges du fond doivent constater, lorsqu'ils appliquent une convention, que les personnes auxquelles on l'oppose rentrent bien dans l'une des deux catégories susvisées. — Arrêts précités.

ultérieurement entre les personnes qu'elle lie (art. 31 *q* et 31 *r*) (1). D'autre part, les groupements signataires ou adhérents sont tenus de ne rien faire qui soit de nature à en compromettre l'exécution loyale (*c* 31 *s*) (2). C'est ainsi que toute grève, déclarée brusquement au mépris des stipulations du pacte, serait à considérer comme abusive, et engagerait la responsabilité de ses promoteurs.

D'autre part, les groupements capables d'ester en justice, liés par une convention collective de travail peuvent, en leur nom propre, intenter une action en dommages-intérêts aux autres groupements parties à la convention, et à toutes personnes liées par celle-ci et qui violeraient les engagements contractés (art. 31 *t*. — V. aussi les art. 31 *u* et *v*). (3).

1245. — *Appréciation générale.* — La loi de 1919, dès sa mise en vigueur, a suscité de vives critiques. Parmi les commentateurs de la loi, les uns lui ont reproché sa trop grande timidité, regrettant que les conventions votées par la majorité des employeurs et des employés ne soient pas rendues obligatoires pour l'ensemble de la profession (4). D'autres redoutent au contraire que les stipulations du pacte, obligatoires pour les employeurs, ne puissent être impunément méconnues par les syndicats ouvriers, à raison de l'insaisissabilité d'une fraction de leur patrimoine (5).

Le développement considérable du contrat collectif en France, depuis dix ans (6), est la meilleure justification de la loi. Sa valeur sociale est également attestée par la prédominance marquée des contrats collectifs nationaux ou régionaux sur les contrats d'usine, ou limités à quelques établissements seulement (7). Les premiers seuls, en effet, ont une puissance de rayonnement suffisante pour s'imposer au patronat comme à la classe ouvrière.

(1) Cons. prud'hommes Seine, 13 nov. 1920, *Bull. Min. trav.*, 1921.81... Exception faite pour les accords individuels, visés et autorisés par le contrat collectif (Civ. 15 févr. 1921, *Bull. Min. trav.*, 22, 205).

(2) Trib. paix de Paris, 25 mars 1927 (*Droit ouvrier*, 27.242); Cons. prud'h., Reims, 1er févr. 1927 (*Rev. prud'h.* 27.309).

(3) V. *supra* n° 412 et les décisions citées. — Cf. note Pic sous D. 25.2.1.

(4) Cumin, *op. cit.* — Cf. propos. Lerolle, du 19 nov. 1918 (Ch., n° 5243) et proj. Millerand sur le règlement amiable des conflits collectifs (v. *infra*, titre III).

(5) Chéron, *op. cit.*

(6) V. la dernière statistique officielle des conventions (*Bull. min. trav.*, 29, p. 147) et l'analyse des principales conventions conclues en 1928 (*ibid.* 28, p. 194 et s., et 29, p. 73).

(7) Raynaud, p. 259 et s.; Allix, *Syndicalisme et nationalisation* (Rev. polit. et parl., juill. 1920); Fourgeaud, *op. cit.*, conclusions.

CHAPITRE V

DU CONTRAT D'APPRENTISSAGE ET DE L'ENSEIGNEMENT TECHNIQUE (1)

1246. — Ancien régime. — Le contrat d'apprentissage, trop délaissé aujourd'hui, a été, pendant de longs siècles, la clé de voûte de l'organisation industrielle. Les métiers étant restés, en effet jusqu'à la fin du XVIIIe siècle, monopolisés en principe aux mains des corporations, l'apprentissage était la seule voie ouverte à quiconque aspirait à l'honneur et aux profits de la maîtrise (V. *supra*, n°s 104 et suiv.).

Le contrat d'apprentissage, dont les conditions devaient être consignées par écrit, écrit déposé aux archives de la corporation,

(1) BIBLIOGRAPHIE. — F. Buisson, *L'enseignement primaire supérieur et professionnel*, 1887; Fouqué, *La crise de l'apprentissage et les progrès de l'enseignement professionnel*, 1900 ; Cohendy, *L'enseignement professionnel obligatoire dans les pays étrangers* (*Quest. pratiques*, 1905.65.103); Leblanc, *L'enseignement professionnel en France au début du XXe siècle*, 1905; Debolo, *L'apprentissage à l'atelier*, th. 1906; Boudra, *L'apprentissage à l'école-atelier*, 1907, et *Pour l'apprentissage* (*Quest. prat.*, 1910.79); Gasquet, *L'enseignement professionnel et technique* (*Rev. intern. de l'enseign.*, 15 avr. 1908); Paquier, *L'enseignement professionnel en France*, 1908; De Ribes Christofle, *L'enseignement technique* (*Fédér. des industr.*, n° 3 mars 1908); Dubiel, *L'apprentissage et l'enseignement technique*, 1910; Brizon, *L'apprentissage*, 1911; Villemer, *Le problème de l'apprentissage* (*Rev. polit. et parl.*, sept. 1911); Astier et Cuminal, *L'enseignement technique en France et à l'étranger*, 2e éd., 1912; Marc Réville, *L'enseignement technique et l'apprentissage*, 1913; Fauché, *L'apprentissage du XVIIIe siècle à nos jours*, th. 1914; Jauneau, *L'apprentissage dans les métiers d'art*, 1914; Guillet, *L'enseignement technique supérieur*, 1917; Quantin, *Les Chambres de métiers* (*Rev. polit. et parl.*, mai 1921); Max Turman, *L'apprentissage et les chambres de métiers en France* (*Rev. écon. intern.*, sept. 1922); Buyse, *Comment réagir contre l'extinction menaçante de l'apprentissage* (*Ibid.*, nov. 1924); Retail, *L'enseignement technique et l'initiative privée*, 1925; Barraud, *Les Chambres de métiers en France*, 1926; Petit, *L'organisation professionnelle du travail dans les départements du Rhône et de la Loire*, th. 1927; Labbé, *L'apprentissage et la taxe d'apprentissage*, préf. E. Herriot, 1928. — *Bull. de la Soc. de protection des apprentis; Rev. de l'enseignement technique;* Congrès internat. de l'enseignement technique; Procès-verbaux du Congrès supérieur de l'enseignement technique, du Conseil supérieur du travail, et de la Conférence patronale de l'apprentissage (1 v. 1926). — Sur l'*orientation professionnelle*, v. *infra*, n° 1270 *bis*.

imposait au patron des obligations de deux sortes : — 1° un *devoir d'instruction professionnelle ;* — 2° *un devoir de tutelle.*

1247. — Le droit moderne : lois organiques des 22 Février 1851 et 20 Mars 1928 ; leur incorporation au Code du travail. — L'abolition du régime corporatif en 1791 eut pour conséquence de laisser le contrat d'apprentissage sous l'empire de la liberté des conventions. Cette liberté excessive engendra les plus fâcheux résultats.

Le législateur ne doit pas se désintéresser du sort des mineurs : c'est à la loi qu'il appartient de déterminer les conditions de capacité requises dans la personne du patron qui substitue ainsi, par contrat, son autorité à celle du père de famille, ainsi que les mesures propres à empêcher un contrat, dont le but essentiel est d'assurer l'éducation professionnelle, de dégénérer en une exploitation abusive de l'apprenti par le maître.

C'est dans cette pensée de protection qu'ont été rédigées la loi du 22 germinal an XI, et surtout la loi des 22 février-4 mars 1851 sur le contrat d'apprentissage. Modifiée sur certains points de détail par les lois de 1874, de 1892 et 1900, sur le travail des enfants et des femmes et par la loi de 1906 sur le repos hebdomadaire, la loi de 1851 (incorporée au *C. du trav.* presque textuellement, dans les art. 1 à 18, et 99) constituait encore la loi organique de l'apprentissage. Heureusement complétée par la loi du 25 juill. 1919 sur l'enseignement technique (art. 44 à 51), elle a été récemment amendée et modernisée par la loi du 20 mars 1928 (1).

SECTION PREMIÈRE. — Réglementation légale de l'apprentissage

§ 1er. — Caractères distinctifs du contrat

1248. — Définition. — L'article 1er du livre 1er du C. du trav. définit ainsi le contrat d'apprentisage : « Le contrat d'apprentissage est celui par lequel un fabricant, un chef d'établissement industriel

(1) Issue de la propos. *Verlot*, sur l'organisation de l'apprentissage, la loi du 20 mars 1928 a été incorporée sous les art. 1er, 3, 7, 13 et 107, liv. 1er, C. travail, *Trav. préparatoires; Ch.*, rapports Lerolle (15 juillet 1919, n° 6500), et Paulin (9 juin 1927, n° 4527); *Sénat*, rapp. M. Roustan (22 déc. 1925, n° 594, et 6 mars 1928, n° 238). — Cf. D. P., 1929.4.342.

ou commercial (1), un artisan ou un façonneur s'oblige à donner ou à faire donner une formation professionnelle méthodique à une autre personne, qui s'oblige en retour à travailler pour lui, le tout à des conditions, et pendant un temps convenus ».

De cette définition il ressort que le contrat d'apprentissage est un contrat *sui generis*, qui tantôt se rapproche du louage d'industrie, tantôt ressemble à la vente, mais dont l'objet principal est toujours *l'instruction technique* de l'apprenti, quelles que puissent être les stipulations accessoires (prestations en nature ou en argent dues par l'apprenti ou sa famille, rémunération promise au contraire à l'apprenti au bout d'un certain temps, logement, etc.).

§ 2. — Forme, et conditions de validité intrinsèque du contrat

1249. — A. Forme du contrat : nécessité d'un écrit. — Sous l'empire de la loi de 1851, le contrat d'apprentissage pouvait se former *verbalement* : la preuve, en ce cas, en était faite conformément au droit commun.

La loi de 1928 a donc innové en décidant (art. 2 nouveau) que le contrat d'apprentissage *doit être constaté par écrit*, soit par acte authentique, soit par acte sous seing privé... Il doit être obligatoirement rédigé dans la quinzaine au plus tard de sa mise en exécution, faute de quoi l'employeur et le représentant de l'apprenti seront passibles de peine de police (on remarquera que l'écrit n'est pas exigé *à peine de nullité*).

S'il est passé par acte sous seing privé, trois originaux seront dressés : un pour l'employeur, un pour l'apprenti ou son représentant légal, et un pour la publicité (dépôt au Conseil des prud'hommes) (2).

La valeur de cette innovation fut vivement contestée. M. *Saint-Maur* fit observer, lors de la discussion au Sénat, que le contrat non écrit avait l'avantage de mieux s'adapter aux usages. Si désormais un artisan s'avise de prendre un apprenti sans passer d'écrit, va-t-on le traduire devant le tribunal de simple police ? Si oui, les

(1) La loi de 1851 ne visait que l'apprentissage *industriel*. Il y avait là une lacune que la loi de 1928 a comblée en assimilant, au point de vue de l'organisation de l'apprentissage, le commerce à l'industrie. Quant à l'*apprentissage agricole*, il vient d'être spécialement réglementé par la loi du 18 janvier 1929.

(2) Si le père, la mère ou le représentant du mineur entendent l'employer comme apprenti, ils doivent en faire la déclaration au secrétariat du conseil des prud'hommes. Cette déclaration tient lieu d'écrit (art. 2, nouveau).

petits industriels renonceront à former des apprentis ; sinon, la loi restera lettre morte.

A ces arguments, M. Serre, président de la Commision du commerce, répondit :

« L'apprentissage se meurt en France, moins par la faute des patrons, que par celle des parents, qui veulent que leurs enfants touchent immédiatement des salaires. Il importe donc de prendre des précautions pour empêcher la rupture abusive des contrats d'apprentissage, à l'instigation des parents ; or des sanctions ne sont possibles que si le contrat est constaté par un écrit en forme, ayant date certaine ». — Celle-ci résulte des visas apposés par les maires ou, à leur défaut, par les secrétaires des Conseils de prud'hommes ou greffiers de justice de paix.

L'art. 3 (nouveau) indique dans le détail les mentions qui doivent figurer sur le contrat d'apprentissage. Il doit notamment indiquer les cours professionnels que le chef d'établissement s'engage à faire suivre à l'apprenti, conformément à la loi sur *l'enseignement technique* du 25 Juillet 1919, ainsi que l'indemnité à payer, en cas de rupture du contrat.

1250. — B. Conditions de validité intrinsèque du contrat. — Capacité des parties. — *Capacité requise en la personne du patron.* — En principe, tout patron majeur (1) et capable peut recevoir des apprentis. Toutefois, en sont déclarées incapables, non seulement les personnes frappées d'une incapacité générale (aliénés, interdits judiciairement ou légalement), mais encore toutes les personnes frappées de condamnations permettant de suspecter la moralité du patron (art. 6 et 7 C. trav.).

La *femme mariée*, autorisée à faire le commerce, ne peut engager d'apprentis qu'en vertu d'une autorisation expresse du mari.

Quant au mineur, commerçant ou artisan, l'art. 4 du C. du trav., en décidant que « nul ne pourrait recevoir des apprentis mineurs, s'il n'était âgé de 21 ans au moins », lui a enlevé la faculté de prendre de jeunes apprentis ; il ne peut engager que des apprentis majeurs.

Capacité requise en la personne de l'apprenti. — Seul, en principe, l'individu majeur et maître de ses droits peut s'engager comme apprenti, sans avoir besoin d'autorisation. La femme mariée

(1) Sur les immunités fiscales accordées aux artisans travaillant avec le concours des membres de leur famille, d'un apprenti de moins de 18 ans et d'un compagnon, v. L. 21 mars 1928.

ne peut valablement s'engager comme apprentie, sans l'autorisation de son mari ; quant au mineur non émancipé, il ne figure même pas en personne au contrat, il est représenté par son père ou tuteur (1).

Toutefois le consentement au moins tacite du mineur est nécessaire. Seuls les mineurs *détenus*, soit par ordre du père (droit de correction, art. 375 et s., C. civ.), soit par autorité de justice, pourraient être *contraints* au travail.

La question de savoir si le *mineur émancipé* peut s'engager librement comme apprenti, est controversée. Certains auteurs estiment que cet engagement est un acte de simple administration, qu'il doit pouvoir accomplir seul (2). Mais il nous paraît plus juridique d'exiger l'intervention du curateur.

1251. — C. Enfants assistés ou moralement abandonnés. — Les enfants laissés à l'abandon, n'ayant ni parents connus, ni tuteur, peuvent être confiés par le juge de paix de leur domicile (ou plus exactement, puisqu'il s'agit de vagabonds, sans domicile connu, par le juge de paix du lieu où ils sont recueillis), à un chef d'industrie, qui consent à les prendre comme apprentis. Le juge de paix, en pareil cas, joue le rôle des parents (art. 3-3°).

Mais dans la pratique, le magistrat cantonal n'aura que très rarement à user de cette faculté, le patronage des enfants *trouvés, abandonnés ou orphelins* étant confié par la loi à l'*Assistance publique* (3), et la loi du 24 juillet 1889 ayant pourvu à l'éducation des enfants *maltraités* ou *moralement abandonnés*. Si les parents ont été déclarés *déchus* de la puissance paternelle (art. 10 et s.

(1) A défaut du père (mort, interdiction, déclaration d'absence, ou même simple absence prolongée), l'autorisation sera donnée par la mère. Cons. prud'h. Lyon, soieries, 4 oct. 1871, *Journ. des prud'h.*, 72, p. 108.

Si l'enfant mineur est un enfant naturel, il sera représenté au contrat par celui de ses auteurs qui l'aura reconnu. S'il a été reconnu par son père et par sa mère, le droit de contracter au nom de l'enfant appartient, en principe, à celui des deux parents qui le premier l'a reconnu (L. 2 juill. 1907, art. 1er).

(2) Aubry et Rau, t. II, p. 130; Cons. prud'h. Paris, 17 octobre 1851, *Journ. des prud'h.*, 52, p. 83.

(3) Décret du 19 janv. 1811, confiant la tutelle de ces enfants aux *commissions administratives des hospices*. En fait, depuis la circul. du Minist. de l'Intérieur du 3 août 1869, les commissions administratives ont été dessaisies de leurs attributions au profit des *inspecteurs des enfants assistés*, qui veillent à la rédaction du contrat d'apprentissage, suivant un type uniforme (Fouqué, p. 83, note 2), et visitent les enfants au cours de leurs tournées: Dall. *Répert. prat.*, v° *Secours publics*, nos 50 et s. — A rapprocher de la loi de 1889 les lois des 22 juill. 1912, 22 févr. 1921 et 30 mars 1928 sur les *tribunaux pour enfants* et adolescents et la liberté surveillée, ainsi que la loi du 24 mai 1921 sur le *vagabondage des mineurs de 18 ans*.

de la loi), la tutelle de l'enfant sera le plus souvent dévolue à l'Assistance publique (art. 11). Si les parents sont simplement suspects, sans s'être rendus coupables de faits précis pouvant entraîner déchéance, les *sociétés de patronage* constituées en exécution de la loi de 1889 entreront en négociation avec les parents pour obtenir de ceux-ci l'abandon amiable de leurs droits (art. 17). En pareil cas, le contrat d'apprentissage sera signé par la société de patronage.

En ce qui concerne les *pupilles de la nation*, v. *infra*, titre IV.

§ 3. — Effets du contrat (ou obligations réciproques des parties)

1252. — A. **Obligations du patron.** — 1° L'obligation essentielle, primordiale, qui pèse sur le patron, est l'obligation de donner à l'apprenti l'éducation professionnelle. Aux termes de l'article 10 C. du trav. (Cf. nouvel art. 1er), cet enseignement doit être *progressif* et *complet* (1).

Est-ce à dire que le maître doive enseigner à son apprenti ses *secrets de fabrique*, ou lui faire connaître les procédés pour lesquels il aurait pris un *brevet d'invention ?* La question ne paraît pas susceptible d'une réponse absolue. C'est au tribunal qu'il appartient de décider, dans chaque espèce, si le patron s'est ou non implicitement engagé à instruire l'apprenti de ses secrets et procédés spéciaux.

L'apprenti dont le temps d'apprentissage est terminé passe un examen devant une Commission désignée par le Comité départemental de l'enseignement technique. En cas de succès un diplôme lui est délivré (art. 11 *a* nouveau). — Cf. décret 31 Mars 1926 et 23 Mars 1928 sur la création d'un *brevet professionnel*.

1253. — 2° Le maître est tenu d'employer l'apprenti, jusqu'à l'expiration du terme convenu entre les parties. La loi n'a assigné au contrat aucune durée maxima ; elle s'en réfère implicitement aux

(1) Sur le sens de cette formule Trib. civ. Limoges, 30 janv. 1906, D. 06.5.62. — L'art. 7 *a* nouveau, s'est efforcé de sanctionner efficacement cette obligation du maître. Il dispose en effet, que « lorsque l'instruction professionnelle donnée par un chef d'établissement à ses apprentis est manifestement insuffisant, comme en cas d'abus grave, dont l'apprenti aurait été victime, le Conseil des prud'hommes ou, à son défaut le juge de paix, peut, à la requête du Comité départemental de l'enseignement technique, *limiter le nombre* des apprentis dans l'établissement, ou même *suspendre pour un temps, le droit pour le patron de former des apprentis* ».

usages locaux. Et, « si le temps convenu pour la durée de l'apprentissage dépasse le maximum de la durée consacrée par les usages locaux, ce temps peut être réduit ou le contrat résolu » (art. 26 C. trav).

1254. — 3° A l'expiration du terme fixé par la convention ou par l'usage, le maître doit, sous peine de dommages-intérêts, rendre l'apprenti mineur à ses parents ou tuteur, et délivrer audit apprenti, mineur ou majeur, peu importe, un congé d'acquit, un certificat constatant l'exécution du contrat (1).

De même que le livret d'acquit des chefs d'atelier lyonnais, le congé d'acquit des apprentis a pour objet principal d'empêcher les industriels de se faire une concurrence déloyale en attirant dans leurs ateliers des apprentis déjà au courant du métier.

Dans ce but, l'article 12 (nouveau) du C. du trav. dispose que « toute personne convaincue d'avoir employé sciemment, en qualité d'apprenti, d'ouvrier ou d'employé, des jeunes gens *de moins de 18 ans*, n'ayant pas rempli les engagements de leur contrat d'apprentissage, ou n'en étant pas régulièrement déliés, *sera passible* d'une indemnité au profit du chef d'établissement ou d'atelier abandonné ».

1255. — 4° Si l'apprenti est mineur, le patron est tenu envers l'apprenti des obligations du chef de famille ; la puissance paternelle lui est en quelque sorte déléguée. Il doit en particulier, sous peine de résiliation avec dommages-intérêts (2), surveiller sa conduite, et prévenir sa famille des fautes graves qu'il pourrait commettre.

1256. — 5° Le maître doit se conformer aux dispositions impératives sur les conditions du travail de l'apprenti. Il ne peut l'employer à des travaux autres que ceux de sa profession, par exemple à des travaux domestiques (3), (art. 8) et doit se conformer aux prescriptions impératives du livre II du Code, relatives à la réglementation du travail.

1257. — 6° Le maître doit enfin satisfaire à toutes les obligations auxquelles il s'est expressément soumis par le contrat. Il doit four-

(1) A Paris et dans un grand nombre de villes, le délai maximum d'usage est de trois ans.

(2) Prud'h. Seine, 20 août 1868, *Journ. des prud'h.*, 68, p. 204.

(3) Sur les tolérances admises par la pratique, v. Trib. com. Seine, 24 avr. 1874, *Journ. des prud'h.*, 76, p. 85.

nir à l'enfant un logement et une nourriture convenables. Il doit également lui payer le *salaire convenu*, s'il en a été stipulé.

Dans cette hypothèse, aujourd'hui très fréquente, le contrat d'apprentissage se complique d'un contrat de louage de services. En conséquence, l'apprenti aura contre le maître une action en paiement de son salaire, prescriptible par six mois. Si le maître tombe en faillite ou en liquidation judiciaire, cette action est garantie par un privilège colloqué au même rang que le privilège des gens de services (art. 549, C. civ.). Enfin sa créance de salaire est insaisissable, dans la même proportion que celle d'un ouvrier (1).

1258. — B. **Obligations de l'apprenti.** — 1° L'obligation principale de l'apprenti est de payer au maître le prix convenu pour l'apprentissage.

Lorsque la rémunération consiste en numéraire, le maître a une action contre l'apprenti ou sa famille pour en obtenir le paiement. Cette action se prescrit par un an à dater de l'expiration du temps d'apprentissage (art. 2272, C. civ.).

Lorsque la rémunération consiste en travail, le maître a droit au travail de l'enfant pendant toute la durée du contrat. Aussi l'article 11 décide-t-il que l'apprenti est tenu de remplacer, à la fin de l'apprentissage, le temps qu'il n'a pu employer par suite de maladie ou d'absence ayant duré plus de quinze jours.

Mais le maître n'a pas d'action directe pour contraindre l'apprenti à fournir le travail promis. Les obligations de faire non exécutées se résolvant en dommages-intérêts, il pourra simplement l'actionner en dommages-intérêts devant le conseil des prud'hommes (2).

Même dans le cas où un prix en argent a seul été convenu, le maître a le droit de profiter en outre du travail exécuté par l'apprenti, sans être tenu de payer à celui-ci aucun salaire ni indemnité, à moins de s'y être formellement obligé. Mais en revanche, il ne peut réclamer aucune indemnité à l'apprenti et à sa famille à raison des dommages causés par la maladresse de l'apprenti.

1259. — 2° L'apprenti doit *obéissance* aux ordres du maître, en tant que ces ordres se rapportent à l'enseignement du métier ou à la police de l'atelier. Civilement responsable du fait de son apprenti, majeur ou mineur, peu importe (art. 1384, C. civ.), le

(1) Pour la *sanction pénale* des obligations du maître, v. art. 99 du liv. 1er C. du trav. — Sur les droits de l'inspecteur, v. art. 107 nouveau.

(2) Mais il ne pourrait retenir, contre le gré de son apprenti, le livret qui lui appartient et dont il a besoin pour se placer dans un autre atelier. — Cass., 22 juin 1910, D. 11.1.385 et note H. L.

maître doit pouvoir prescrire toutes les mesures propres à empêcher les actes délictueux, susceptibles d'engager sa responsabilité.

§ 4. — Modes d'extinction du contrat

1260. — 1° Causes d'extinction de plein droit. — Article 14 (C. du trav.): « Le contrat d'apprentissage est résolu de plein droit: 1° par la mort du maître ou de l'apprenti; — 2° si l'apprenti ou le maître est appelé au service militaire ; — 3° si le maître ou l'apprenti vient à être frappé d'une des condamnations prévues en l'article 6 du présent titre; — 4° pour les filles mineures, dans le cas de divorce du maître, de décès de l'épouse du maître, ou de tout autre femme de la famille qui dirigeait la maison à l'époque du contrat (Cp. art. 5).

Ces quatre causes sont-elles les seules ? Non, évidemment, il en est deux au moins que l'article 14 n'a pas indiquées, mais qui découlent de la nature même du contrat, à savoir: — a) *L'arrivée du terme* ; — b) *L'accord des deux parties* (*mutuus dissensus*).

En principe, le contrat d'apprentissage ne peut prendre fin par la volonté unilatérale de l'un des contractants. A ce principe l'article 13 (C. du trav.), apporte une exception : « Les deux premiers mois de l'apprentissage sont considérés comme un temps d'essai pendant lequel le contrat peut être annulé par la seule volonté de l'une des parties. Dans ce cas, aucune indemnité ne sera allouée à l'une ou à l'autre partie, à moins de conventions expresses ».

1261. — Indemnité de résiliation. — Faut-il conclure de ce texte, par *a contrario*, que dans les autres cas de résiliation, la partie du chef de laquelle la résiliation se produit est passible de dommages-intérêts ? La question n'est pas susceptible d'une réponse absolue. Des dommages-intérêts seront certainement dus si la résiliation est la conséquence d'une condamnation encourue par le maître ou par l'apprenti ; dans les autres cas prévus par l'article 14, au contraire, il y a force majeure, et par conséquent la résiliation ne saurait être le principe d'aucune indemnité (art. 1148).

1262. — 2° Causes de résolution judiciaire. — Ces causes de résolution, énumérées par l'article 15 (C. du trav.), sont facultatives pour le juge. La liste de l'article 15 est limitative, mais cette limitation est plus apparente que réelle, le 1° dudit article (manquement aux obligations du contrat) étant aussi large que possible, et ne faisant guère que reproduire le principe de l'article 1184 du Code civil.

Toutefois, si l'énumération contenue dans cet article est insufficace, en tant que digue opposée à l'arbitraire du juge, peut-être a-t-elle l'avantage de supprimer les difficultés qui auraient pu s'élever sur le caractère de certains faits expressément mentionnés: en l'absence du 4° et du 5°, peut-être le juge eût-il hésité à prononcer la résiliation du contrat à raison du changement de résidence du patron, ou de la condamnation subie par l'une des parties (1).

1263. — 3° Réduction judiciaire de la durée du contrat. — En principe, le juge saisi d'une demande en résiliation ne peut que la repousser ou l'admettre ; il ne peut modifier les conditions du contrat. Ce principe comporte toutefois une exception inscrite dans l'article 16 (C. du trav.). En présence d'un contrat d'apprentissage conclu pour un temps supérieur aux délais d'usage, le juge a le choix entre trois partis : 1° maintenir le contrat pour le tout si la convention paraît favorable à l'apprenti ; — 2° maintenir le contrat, mais en réduisant sa durée au temps fixé par l'usage ; — 3° en prononcer la résolution, mais sans dommages-intérêts au profit du patron.

SECTION II. — Déclin de l'apprentissage ; Progrès de l'enseignement technique. — Droit comparé. — Loi du 25 Juillet 1919 sur l'enseignement technique. — Artisanat et Chambres de métiers.

1264. — Déclin de l'apprentissage. — L'intervention du législateur n'avait pas empêché la décadence rapide, dans la seconde moitié du XIXe siècle, du contrat d'apprentissage, qui n'était pratiqué qu'à titre exceptionnel dans la grande industrie (2), et qui tendait même à disparaître dans la petite industrie, malgré les efforts tentés soit par les patrons, soit par les ouvriers, soit par les socié-

(1) Sur l'application de cet article, cons notamment: Cons. prud'h. Paris, 27 janv. 1875, *Journ. des prud'h.*, 76, p. 48. — V. aussi Trib. paix, St-Félicien, 13 janv. 1909, D. 10.5.16.

(2) Depuis quelques années, les directeurs de plusieurs établissements industriels importants ont reconnu l'inconvénient de cette absence d'éducation professionnelle préparatoire de leurs jeunes ouvriers, et ont, pour combler cette lacune, organisé eux-mêmes, dans l'usine, des écoles d'apprentissage, des cours techniques, des concours d'apprentis (Compagnies de chemins de fer, Imprimerie Chaix, Cristallerie de Baccarat, Chambre syndicale des industries métallurgiques du Rhône, Soierie lyonnaise (*Quest. prat.*, 1914, p. 48, etc., etc.). — Cf. Fouqué, p. 245 et s.; *Débats*, n°. 15 déc. 1924; *Rev. intern. trav.*, mai 1925.

tés de patronage ou les pouvoirs publics, pour en assurer le maintien.

Les causes de cette décadence de l'apprentissage, partiellement enrayée aujourd'hui, étaient les unes d'ordre économique, les autres d'ordre moral et social..

Causes économiques. — Dans la grande industrie, l'ouvrier n'est plus que l'auxiliaire des machines, de plus en plus perfectionnées, qui exécutent automatiquement la partie la plus difficile du travail. Cette simplification du travail manuel rend inutile, en apparence du moins (1), tout apprentissage proprement dit ; les enfants entrent dans la fabrique *comme ouvriers*, y sont employés immédiatement à une tâche facile, et arrivent progressivement à être employés dans les ateliers exigeant une habileté professionnelle plus grande. De la grande industrie, cette division extrême du travail a passé dans la petite industrie. Les professions se subdivisent en une infinité de spécialités pour lesquelles un long apprentissage est tout à fait superflu.

Causes morales et sociales. — L'idée morale et tutélaire qui dominait l'ancien contrat d'apprentissage tend manifestement à s'oblitérer chez beaucoup de patrons, qui voient plutôt dans leurs apprentis des ouvriers *à bon marché* que des pupilles dont ils ont la tutelle et la direction morale. D'autre part, les apprentis subissent impatiemment l'autorité du patron, et se résignent difficilement à la situation de dépendance où les retient leur contrat.

1265. — Rôle de l'Etat. — En présence de cette situation, à laquelle il était urgent de porter remède — car le salut de plusieurs industries d'art en dépendait — les pouvoirs publics pouvaient hésiter entre deux solutions : — ou suivre l'exemple des pays germaniques et restaurer l'apprentissage par le régime corporatif, — ou favoriser par tous les moyens en leur pouvoir le développement de l'enseignement professionnel, tout en complétant ou en corrigeant la loi de 1851, (liv. 1er du C. du trav.), en vue de l'adapter aux nécessités modernes.

En fait, le législateur français s'est arrêté à un moyen terme : sans restaurer la corporation, il s'est appliqué tout à la fois à développer l'enseignement technique, et à faire revivre l'apprentissage, avec le concours de l'artisanat et des Chambres de métiers.

(1) Ce point de vue, d'ailleurs est erroné. Les chefs d'industrie éclairés (v. la note précédente) reconnaissant aujourd'hui que, pour le travail à la machine comme pour le travail à la main, l'habileté professionnelle de l'ouvrier est un facteur précieux (Levasseur, *Le travail à la machine et le travail à la main*).

DROIT COMPARÉ (1). — **1266. — Système germanique : apprentissage corporatif et écoles de perfectionnement.** — Nous n'insisterons pas longuement sur l'organisation de l'apprentissage en Allemagne, en Autriche, ou en Suisse. Qu'il nous suffise de rappeler que, dans le régime néo-corporatif institué, en 1883 en Autriche, adopté par l'Allemagne en 1897, et introduit par la suite dans les États balkaniques (2), l'apprentissage est redevenu ce qu'il était autrefois en France, c'est-à-dire l'assise solide de la petite industrie (V. *supra*, n° 1246) ; c'est aux corporations qu'il appartient de déterminer les conditions de l'apprentissage, sa durée, le mode de surveillance et de contrôle auquel sont assujettis les maîtres, de régler le programme des examens, etc. (3). Dans la grande industrie, l'apprentissage est facultatif, mais il est assez répandu.

L'enseignement technique, dans le système allemand, n'a pas en effet pour but de remplacer l'apprentissage à l'atelier, mais de le compléter ; aussi, à côté des écoles techniques, a-t-on surtout développé les écoles *de perfectionnement* (*Fortbildungschule*) (4). Cette combinaison de l'enseignement pratique par l'atelier et de l'enseignement théorique par l'école ou le cours du soir a produit, pour l'Allemagne et la Suisse en particulier, des résultats remarquables.

L'Etat, les cantons ou les villes ne se bornent pas, en Allemagne ou en Suisse, à encourager les examens d'apprentis, les expositions

(1) BIBLIOGRAPHIE. — Sur les pays étrangers, en général, cons. les ouvrages précités de Cohendy, Fouqué, Paquier, etc. — Cf. *Etude de législation comparée sur l'apprentissage et l'enseign. technique* (*Bull. min. du trav.*, 1913, p. 605). — Sur l'*Allemagne*: M. Wolff, *L'apprentissage en Allemagne* (*Mus. soc., docum.*, mai 1903), et *L'enseignement professionnel en Allemagne* (*ibid.*, mai 1907), *Rev. du trav.* (belge), chron., 1927, p. 501 et 1477. — Sur l'*Autriche*: Schwiedl, *L'enseignement professionnel en Autriche* (*Doc. Progrès*, avr. 1912). — Sur la *Suisse*: De Savoy, *L'apprentissage en Suisse*, 1910; de Maday, *Législ., soc.*, I, p. 235. — Sur la *Belgique*: Merlant, *Rapp. sur l'organisation de l'enseignement technique en Belgique*, 1898. — Sur l'*Angleterre*: Pyfferoen, *Rapp. sur l'enseignement professionnel en Angleterre*, 1896. — Sur les *Etats-Unis*: O. Buysse, *Méthodes américaines d'éducation générale et technique*, 1908; *Industrial education* (*Bur. of labor* de W.), 1911; Cestre, *L'enseignement professionnel aux Etats-Unis* (Rev. polit., mai 1920).

(2) L'organisation de l'apprentissage est également l'objectif de la corporation officielle *italienne* (L. 5 avril 1926) et de la corporation *espagnole* (décr. 26 nov. 1926). — V. *supra* n°s 331 et s.

(3) Dix-neuf cantons suisses imposent l'obligation des examens, comme aussi celle du contrat d'apprentissage écrit, conforme à une formule-type. — V. notamment la loi *bernoise* du 26 août 1908 sur les apprentissages. — Cf. loi *vaudoise* du 22 nov. 1911, et la loi de *Bale-Ville* du 16 avril 1913. — Ces lois cantonales doivent se combiner avec la loi fédérale du 30 mars 1911. — Bertin, *La France et la Suisse devant l'apprentissage* (*Débats*, n° 2 févr. 1922).

(4) L. d'Empire du 27 déc. 1911; l. prussienne du 3 juin 1912.

techniques locales ou régionales, ou à subventionner les artisans qui forment des apprentis ; ils *imposent* aux patrons l'obligation de laisser à leurs ouvriers mineurs de dix-huit ans le temps nécessaire pour suivre régulièrement les cours (1). Les villes allemandes ont même le droit (§ 120 de la loi industr.) de rendre *obligatoire*, pour tous les ouvriers mineurs de dix-huit ans, l'enseignement technique qu'elles instituent.

1267. — Système américain : l'éducation professionnelle par l'école. — En Angleterre et aux États-Unis (2), l'apprentissage est absolument libre, l'État ne s'immisce en rien dans la conclusion de ce contrat. Malgré cette abstention de la loi, l'apprentissage à l'atelier est demeuré assez en honneur en Angleterre dans certaines industries, grâce aux efforts des *Trade-Unions* (3). Mais il en est différemment aux États-Unis (4), où l'apprentissage est presque inconnu : l'enfant, au sortir de l'école technique, entre immédiatement à l'atelier ou à l'usine comme ouvrier salarié.

1268. — Les progrès de l'enseignement technique en France. — Vers la fin du siècle dernier, l'opinion publique en France paraissait acquise à la conception américaine. L'on considérait volontiers la disparition de l'apprentissage traditionnel comme une conséquence nécessaire de l'évolution industrielle, et tous les efforts des pouvoirs publics se concentrèrent pendant quelques années sur l'organisation de l'enseignement technique (5). C'est à cette concep-

(1) *Gewerbeordnung allemande*, § 120, et lois des 30 mai 1908 et 27 déc. 1911; loi sur l'apprentissage de *Berne*, revisée en 1908, etc. — V. aussi les art. 99 *b* et 100 de la *Gewerbeordnung autrichienne* (amendée par la loi du 5 février 1907, la loi *norvégienne* du 25 juill. 1913, la loi *espagnole* du 17 juill. 1911. — Sur les *Chambres de métiers* allemandes, maintenues en Alsace et en Lorraine, cons. Barde, *Les Chambres de métiers* (Parl. et Opin., sept. 1919), et chronique *Quest. prat.*, 1924, 175. — Sur l'organisation de l'apprentissage en *Pologne* (Code indust. du 7 juin 1927), v. *Rev. du trav.*, 1928.721. — D'après la loi *danoise* du 6 mai 1921, la signature d'un contrat d'apprentissage est obligatoire entre l'employeur et l'employé, lorsque celui-ci est âgé de moins de 18 ans.

(2) La *Belgique* et les *Pays-Bas* n'ont pas non plus de lois spéciales sur l'apprentissage. — Sur le projet belge, très complet, soumis en 1928 au Parlement belge, v. *Rev. du trav.*, 1928.577.

(3) Si l'Angleterre n'a pas de loi sur l'apprentissage, il en est différemment dans certains dominions. — V. notamment la loi du *Queensland* (Australie), du 28 sept. 1923 (*Série législ.* du B. I. T., 1923).

(4) *Développement de l'enseignement professionnel aux États-Unis* (Rev. intern. trav., janv. 1923); Vrinat, *L'effort industriel et social aux États-Unis*, 1927.

(5) Loi du 11 déc. 1880 sur les *écoles manuelles d'apprentissage*, loi du 26 janv. 1892 sur les *écoles pratiques de commerce et d'industrie*; décrets organiques sur le Conseil supér. de l'enseign. technique des 4 juill. 1898, 21 nov. 1898, et décr.

tion que se rattachent la plupart des actes législatifs antérieurs à la loi de 1919.

Mais depuis, l'on a reconnu que cette tendance était trop exclusive, qu'il ne suffisait pas de transformer les écoles d'enseignement général en écoles techniques spécialisées, pour inculquer à l'enfant la pratique du métier ; que cette pratique ne peut s'acquérir qu'à l'atelier, surtout pour certaines industries d'art ou de luxe où la supériorité française s'est toujours affirmée jusqu'à ce jour.

L'on a reconnu d'autre part que, *sans l'obligation de l'enseignement professionnel pour les apprentis*, il était presque impossible de réaliser l'objectif dont la nécessité est actuellement reconnue de tous, savoir le relèvement de l'apprentissage.

Sans doute, sur plusieurs points du territoire, des sociétés de patronage se sont constituées ; de puissantes sociétés d'enseignement populaire (1) ont organisé, dans nos grandes villes, un ensei-

du 7 mai 1908 (amendé les 12 juill. 1921 et 7 mai 1928), sur les écoles pratiques du commerce et d'industrie; décr., 14 août 1909 organisant les écoles nationales d'arts et métiers; décrets Couyba, du 24 oct. 1911, instituant des *Comités départementaux* et *cantonaux* de l'enseignement technique; L. de finances du 27 févr. 1912, art. 53, instituant une Ecole normale de l'enseignement technique. — La plupart des auteurs (Fouqué, Paquier, etc.) répartissent les écoles en trois groupes, correspondant aux trois types classiques d'enseignement, supérieur, secondaire et primaire: le degré supérieur comprendrait le *Conservatoire des arts et métiers*, l'Ecole normale de l'enseignement technique, l'Institut des H. Etudes commerc. de Paris, les écoles sup. de commerce, les écoles de chimie industrielle, les écoles des mines de Paris et St-Etienne. Au degré *secondaire* ou *moyen* correspondraient les écoles nationales d'arts et métiers (décr. 1er août 1924), l'école d'horlogerie de Cluses, l'école centrale lyonnaise, etc... Enfin au premier degré ou degré élémentaire, se rattacheraient les écoles pratiques de commerce et d'industrie, nationales, municipales ou privées. — Cette division nous paraît quelque peu artificielle. Que certaines écoles, comme le Conservatoire des arts et métiers, ou l'Institut des Hautes Etudes comm., soient des établissements de haut enseignement, nous l'admettons volontiers; mais la répartition des autres établissements publics ou privés, entre les divers degrés est assez arbitraire, et nous donnerions nos préférences à une classification basée sur le caractère *général* ou *spécialisé* de l'enseignement: — enseignement professionnel général: Ecoles nationales professionnelles, Ec. supér. de commerce, etc.; — Enseign. profess. spécialisé: écoles pratiques de commerce et d'industrie, écoles de tissage, d'horlogerie, écoles municipales parisiennes du meuble (école *Boule*), du livre (école *Etienne*), etc. — Il convient de noter d'autre part que la plupart des Universités ont, depuis quelques années, organisé un enseignement technique supérieur (Instituts de chimie, d'électro-technique, Ecole de tannerie de Lyon, d'horlogerie de Besançon, etc.).

Depuis le rattachement de l'enseignement technique au Ministère de l'Instruction Publique (1920), sept Ecoles nationales professionnelles (dont celle de Lyon, formée par la réunion de la *Martinière*, externat, et de l'Ecole des *Minimes*, internat) sont venues s'ajouter aux six anciennes Ecoles, de Voiron, Vierzon, Nantes, etc...

(1) Sociétés philotechniques de Paris, philomatique de Bordeaux, Société indus-

gnement professionnel complet sous forme de cours du soir ; — plusieurs Chambres syndicales ouvrières ou patronales ont à leur tour jeté les bases d'un enseignement technique spécialisé (1) ; — des Chambres de métiers, dès avant la loi de 1925, s'étaient constituées dans plusieurs centres industriels, à Bordeaux, Lyon, Montpellier, etc. (2) ; enfin plusieurs Conseils de prud'hommes avaient pris l'initiative d'instituer des examens d'apprentis (3).

Mais tous ces efforts dispersés étaient encore bien insuffisants, eu égard à l'importance de la tâche à accomplir. Aussi le législateur français a-t-il reconnu la nécessité, tout à la fois, de doter l'enseignement technique d'un statut organique, à base d'obligation, et de moderniser notre réglementation de l'apprentissage. De cette double tendance sont issues la loi du 25 juill. 1919 sur l'enseignement technique, celles du 13 juillet 1925 sur la *taxe d'apprentissage* et du 26 juillet 1925 sur les *Chambres de métiers*, et la loi de 1928 sur l'apprentissage, analysée plus haut.

1269. — **Loi organique du 25 juillet 1919 sur l'enseignement technique, industriel et commercial** (4). — Cette loi a un triple objet : 1° Elle organise l'enseignement technique *obligatoire* dans les Ecoles spéciales, publiques ou privées, sous le contrôle du Ministère du commerce et de l'industrie (5) ; — 2° Elle confère au Ministre le

trielle de St-Quentin, Institut catholique des arts et métiers de Lille, Société d'enseignement professionnel du Rhône (315 cours en 1928). — Sur cette dernière, v. Herriot, *L'enseignement professionnel et la démocratie* (*Quest. prat.*, 1908, p. 225). — Cf. Petit, *op. cit.*; Labbé, *L'enseignement technique et l'apprentissage dans la région lyonnaise*, 1928; *Quest. prat.*, 1923, p. 76 et 1924 p. 22.

(1) Chauffeurs-mécaniciens, imprimerie, papeterie, orfèvrerie, bijouterie, fleurs et plumes, etc.; Ch. syndicales patronales de la bijouterie, de l'ameublement, etc. — Sur les cours organisés par les syndicats, fédérations professionnelles, etc., v. Fouqué, p. 239; *Quest. pratiques*, 1903, p. 62.

(2) Des Chambres de métiers, doublées d'Ecoles de métiers correspondants, se sont constituées à Lyon, dans la métallurgie et la soierie, sous l'égide de la Chambre de commerce, dès 1923. — Cf. Labbé, *op. cit.* — Sur les *ateliers-Ecoles* d'orientation professionnelle et de préapprentissage, créés par la Ch. de commerce de Paris, v. le rapport de M. Gaillard, broch. in-8, 1929. — Cf. *Rev. intern. trav.*, janvier 1923.

(3) Sur les examens institués par le cons. des prud'hommes de Nîmes, v. Fouqué, p. 273; Vovard (*Réf. soc.*, 16 déc. 1909). D'importantes créations (patronage des apprentis, cours du soir, etc.) sont dues également à l'initiative des Unions compagnonniques.

(4) *Travaux préparatoires*; proj. déposé par le Min. du commerce le 13 juill. 1905 (Ch., *Doc. parl.*, n° 2648); propos. *Astier*, du 4 mars 1913 (Sén., *Doc. parl.*, n° 47); rapp. *Astier*, du 1er juill. 1914 (n° 355). — Ch., rapp. *Verlot*, du 12 déc. 1918 (n° 4938). — Cf. D. P. 20.4.381.

(5) A noter que, depuis le décret du 20 janv. 1920, l'enseignement technique dépend d'un S.-Secrétariat d'Etat, rattaché au Ministère de l'*Instruction publique*.

droit de décider la création de cours professionnels et de perfectionnement obligatoires pour les apprentis, ouvriers et employés des deux sexes, mineurs de 18 ans ; — 3° Elle institue des Conseils, chargés de veiller au développement de l'enseignement technique.

Doivent être considérées comme établissements d'enseignement technique, au sens de la loi, les Écoles qui, en raison du caractère industriel ou commercial de leur enseignement, sont ou seront placées par une loi ou par un décret sous l'autorité du Ministre du commerce (aujourd'hui du S.-S. d'État de l'E. T.). Elles sont de deux sortes : publiques, (créées par l'État) et privées ; (ouvertes par des particuliers, ou des Chambres de commerce). Les Écoles privées elles-mêmes se subdivisent en Écoles privées ordinaires, et Écoles reconnues par l'État (art. 2 et 3). Les Écoles spécialisées en vue d'une industrie ou d'un commerce déterminés sont dénommées *Écoles de métiers* (art. 10).

Différents Conseils sont préposés au développement de l'enseignement technique: — le Conseil supérieur de l'E. T. (art. 5 et 6) ; l'inspection de l'E. T. ; les Comités départementaux et, s'il y a lieu, les Comités cantonaux (n° 8 et 91).

1270. — Le titre V, relatif aux *cours professionnels ou de perfectionnement*, rendus obligatoires pour les apprentis, ouvriers et employés de moins de 18 ans, constitue l'innovation capitale de la loi. Ces cours, gratuits, doivent avoir lieu pendant la journée légale de travail.

L'obligation se réfère à leur création, et à leur fréquentation.

a) Les professions dans lesquelles des cours seront reconnus nécessaires sont désignés par le Ministre ; une commission locale professionnelle dresse la liste des cours à créer, ou à réorganiser ;

b) L'obligation de la fréquentation intéresse à la fois le patron et l'apprenti. Le patron, en ce qu'il est tenu de laisser aux jeunes ouvriers et employés le temps nécessaire pour suivre les cours obligatoires (art. 44), et qu'il doit s'assurer de la fréquentation en visant le livret de l'apprenti (art. 45). L'apprenti, en ce qu'il est soumis à l'obligation jusqu'à 18 ans, à moins d'en être dispensé par un diplôme ou un certificat d'aptitude professionnelle. — Sur les sanctions, v. art. 50 et s.. — Sur les organes de contrôle, v. art. 9, 39, 40, 49 (1).

(1) Il convient de rapprocher de la loi organique du 25 juill. 1919 deux lois nées de la guerre: loi du 27 juillet 1917 sur les *Pupilles de la Nation* ; loi du 2 janv. 1918 sur la rééducation professionnelle des *mutilés et réformés de la guerre*. — En ce qui concerne l'enseignement professionnel agricole, v. L. 2 août 1918.

1271. — Les Chambres de métiers (L. du 26 Juillet 1925), l'artisanat, et la taxe d'apprentissage. — Nous avons précédemment, (n° 220) décrit sommairement le fonctionnement et le but des Chambres de métiers, créées par la loi du 26 juill. 1925 (Cf. décr. 17 avril 1928), en vue de défendre les intérêts de l'artisanat ou petite industrie autonome (1).

Nous n'y *reviendrons* pas, sauf pour rappeler qu'un des objectifs essentiels de ces Chambres est de participer à l'organisation de l'apprentissage, grâce aux ressources diverses mises à leur disposition, et provenant soit de subventions de l'Etat, des départements, des communes ou des Chambres de commerce, soit de centimes additionnels à la patente payée par les artisans-maîtres, soit du prélèvement autorisé sur le produit de la *taxe d'apprentissage* instituée par la loi budgétaire du 13 juill. 1925 (2).

Il est à remarquer que le type adopté par la loi de 1925 a été vivement combattu par la plupart des Chambres de commerce. A part la Ch. de commerce de Strasbourg (3), les autres Chambres françaises avaient repoussé catégoriquement l'idée de *Chambres interprofessionnelles*, réservées aux artisans ; elles n'admettaient que la Chambre des métiers dans le cadre d'une seule profession, englobant tous les fabricants, grands ou petits, avec compétence régionale. C'est à ce type que répondent notamment les Chambres et Ecoles de métiers créées, dès avant la loi de 1925, sous le patronage de plusieurs Chambres de commerce, dont celles de Bordeaux et de Lyon (4).

Il y aurait, à notre avis, tout avantage à reconnaître concurremment ces deux types de Chambres de métiers, qui répondent à une inspiration différente, mais qui n'en concourent pas moins au

(1) Sur les *Congrès de l'artisanat*, tenus au cours de ces dernières années, notamment à Bordeaux, Paris, Strasbourg, etc., v. *Quest. prat.*, 1923.153, 1923.116, 1926.129. — Sur les encouragements multiples des pouvoirs publics (immunités fiscales, *crédit artisanal*, etc.), cons. les lois budgétaires de ces dernières années. — V. aussi *infra*, titre IV.

(2) Les art. 25-26 de la loi du 13 juill. 1925 ont créé une *taxe d'apprentissage* (0 fr. 20 % du chiffre global des salaires payés par le chef d'entreprise au cours de l'année précédente), destinée à subventionner les écoles de métiers, cours professionnels, laboratoires de recherches, etc. — En peuvent être exonérés, en tout ou partie, les assujettis en mesure de justifier des dispositions déjà prises par eux directement, ou par l'entremise de Chambres syndicales ou de chambres de commerce, en vue de favoriser l'enseignement technique et l'apprentissage. — Cf. décr. 9 janv. 1926, L. 27 déc. 1927, art. 148. — Cf. Lacoin, *La taxe d'apprentissage* (Rev. pol. et parl., déc. 1924); Ch. com. Lyon, 1927, p. 501 (étude critique).

(3) On sait que les Chambres de métiers alsaciennes procèdent du type des Chambres d'artisans allemandes (*Handwerkskammern*).

(4) Pic, *Congrès de l'artisanat de Bordeaux* (Rev. pol. et parl., août 1923).

même but, la rénovation de l'apprentissage. En fait, d'ailleurs, la Direction de l'enseignement technique les voit, semble-t-il, d'un œil également favorable (Cf. étude précitée de M. Labbé).

Orientation professionnelle. — **1272.** — Signalons, en terminant les progrès de l'*orientation professionnelle*, officiellement organisée dès 1922 (décr. 26 sept. 1922), en vue de diriger les enfants et adolescents vers les métiers convenant le mieux à leurs aptitudes. Le système français repose essentiellement sur les Offices publics de placement. « La répartition judicieuse de la jeunesse entre les métiers et la profession doit être, en effet, dépendante, d'une part des aptitudes des sujets, des exigences des professions ; d'autre part, des débouchés offerts par celle-ci. Ou comment être renseigné sur les professions encombrées ou les professions déficitaires, sinon par les Offices de placement, observatoire du marché du travail ? » (1).

Toutefois, à côté des organismes d'orientation professionnelle, directement rattachés aux Offices publics de placement, fonctionnent des bureaux d'O. P. rattachés, soit à des Chambres de métiers (Bordeaux, Tours, etc.), ou à des Comités de patronage d'apprentis, soit à des instituts pédagogiques (ex. Institut Lannelongue, de Paris). Il sont actuellement au nombre d'une centaine, dont 59 subventionnés par l'Etat, répartis sur tout le territoire (2).

(1) Perret, *Du rôle moderne des Offices de placement* (*Quest. prat.* 1927, p. 53 et s.).

(2) *Dix conférences sur l'orientation professionnelle et l'apprentissage*, 1925 ; Pic, *Les progrès de l'orientation professionnelle en France* (Rev. pol. et parlem., oct. 1929, et la bibliographie jointe).

TABLE PROVISOIRE

TITRE DEUXIÈME. — CONTRATS INDUSTRIELS

IMP. DU PUBLICATEUR
F. MARSAT,
- DOMFRONT - ORNE -

TRAITÉ ÉLÉMENTAIRE

DE

LÉGISLATION INDUSTRIELLE

LES LOIS OUVRIÈRES

TRAITÉ ÉLÉMENTAIRE

DE

LÉGISLATION INDUSTRIELLE

LES LOIS OUVRIÈRES

SUPPLÉMENT à la 6e ÉDITION

Analyse des principaux textes législatifs ou réglementaires
promulgués en France de Juillet 1930 à Janvier 1933

PAR

Paul PIC

PROFESSEUR HONORAIRE DE LÉGISLATION INDUSTRIELLE ET OUVRIÈRE
A L'UNIVERSITÉ DE LYON
PROFESSEUR HONORAIRE A L'ÉCOLE SUPÉRIEURE DE COMMERCE

avec la collaboration de **Jean KRÉHER**
AVOCAT A LA COUR DE PARIS
Secrétaire de la rédaction du *Recueil de Droit Commercial et de Droit Social*

Prix : 10 francs

PARIS
Librairie Arthur ROUSSEAU
ROUSSEAU & Cie, Éditeurs
14, RUE SOUFFLOT ET RUE TOULLIER, 13

1933

AVANT-PROPOS

L'objet de ce Supplément à notre *Traité de Législation Industrielle* est de présenter une brève analyse des nombreuses dispositions législatives ou réglementaires, concernant la législation ouvrière, promulguées en France de Juillet 1930, date de la publication de notre 6e édition, à fin Janvier 1933. — V. notamment les lois, incorporées au *Code du travail*, du 4 Août 1930 sur la *saisie-arrêt des salaires*, du 5 Févr. 1932 sur les *amendes et règlements d'atelier*, du 11 Mars 1932 sur les *allocations familiales obligatoires*. — V. aussi les lois des 1er Janv. 1931 sur les *maladies professionnelles* ; 30 avril 1931 sur le rajustement des rentes des *accidentés du travail*, 20 Avril 1932 sur les *établissements dangereux, incommodes ou insalubres*, 10 Août 1932 sur la protection de la *main-d'œuvre nationale*, 14 Janv. 1933 sur la surveillance des *établissements de bienfaisance privés*.

L'on trouvera aussi dans ce Supplément un petit nombre d'arrêts de principe, ou de solutions doctrinales, se référant à la législation antérieure (ex., loi du 19 Juil. 1928 sur le *délai-congé*), ainsi que l'analyse sommaire de quelques importants projets ou avant-projets, tels que ceux relatifs à la réforme de la loi du 30 Avril 1930 sur les *assurances sociales*, aux accidents du travail, aux congés annuels payés, ou à la semaine de 40 heures.

Nous avons choisi, pour la rédaction de ce travail, la méthode qui nous a paru le mieux adaptée au but poursuivi. Chaque texte commenté ou cité figure sous le ou les nos correspondant à son objet dans la 6e édition. Ex : la loi organique des *Assurances Sociales* (5 Avril 1928, 30 Avril 1930) a fait l'objet, dans le *Traité*, d'une étude d'ensemble, sous les nos 1434 et s. ; le lecteur du Supplément trouvera, sous les mêmes nos, la liste des principaux décrets ou circulaires promulgués pour l'application de cette loi depuis Juillet 1930. — Le no 1444 du Traité formule une appréciation générale sur le régime nouveau des A. S., dont la mise en vigueur commençait à peine ; on trouvera sous le même nº du Suppl. une vue d'ensemble sur les premières années d'application, les imperfections constatées, et les réformes reconnues nécessaires.

Cette mise au point, à laquelle a collaboré M. *Kréher*, rajeunira le Traité et lui rendra toute son actualité.

Lyon, le 15 *Avril* 1933.

P. PIC.

INTRODUCTION

170 *bis*. — *Livres I à IV du Code du travail*. — La codification de nos lois ouvrières se poursuit à un rythme satisfaisant. Au cours des années 1930 à 1932, neuf lois successives sont venues amender et compléter chacun des quatre livres du Code :

*Livre 1*er. — Lois des 4 Août 1930 sur la *saisie-arrêt des salaires*, 4 Mars 1931 sur le *paiement des salaires*, 5 Février 1932 sur les *amendes* et *règlements d'atelier* (comblant une des plus graves lacunes de la réglementation en vigueur), et 11 Mars 1932 sur les *allocations familiales* obligatoires.

Livre II. — Lois des 9 Mars 1931 sur l'*hygiène et la sécurité* des travailleurs dans lse établissements industriels, et 16 Juillet 1932 sur les *Commissions départementales du travail*.

Livre III. — Lois des 22 Mars et 18 Avril 1931 sur les *coopératives ouvrières de production et de crédit*.

Livre IV. — Loi du 25 décembre 1932 sur les *Conseils de prud'hommes agricoles*.

181. *Conventions internationales*. — Parmi les conventions internationales soumises à l'approbation des Chambres, nous citerons : la convention franco-belge, du 21 Mai 1927 (loi d'approbation du 2 Mai 1930) relative au régime spécial des *retraites des ouvriers mineurs* ; la convention de Genève de Mai-Juin 1928 (loi de ratification du 9 Août 1930) sur les méthodes de fixation des *salaires minima* ; la convention de Genève de Mai-Juin 1925 (loi de ratification du 10 Juillet 1931), concernant la réparation des *maladies professionnelles*.

TITRE PREMIER

RÉGLEMENTATION ADMINISTRATIVE DE L'INDUSTRIE

CHAPITRE PREMIER

MINISTÈRES DU TRAVAIL, ET DE LA SANTÉ PUBLIQUE. — CORPS CONSULTATIFS

SECTION PREMIÈRE. — **Ministères du Travail et de la santé publique**

185. — Disjoints en 1920, fusionnés en 1924, les Ministères du travail et de l'hygiène ont été disjoints à nouveau en 1930. Le Ministère de l'Hygiène reconstitué sous le nom de *Ministère de la Santé publique*, a sous sa direction les services d'hygiène et d'assistance publiques, du pari mutuel, des habitations à bon marché, et l'inspection médicale des écoles (L. budgétaire du 28 Mars 1930, art. 5).

Signalons également, en passant, la création par cette même loi budgétaire (art. 6), du Sous-Secrétariat de l'économie nationale, rattaché à la présidence du Conseil.

SECTION II. — § 1er. — **Corps consultatifs investis d'attributions générales.**

192. *Conseil national économique*. — Décret du 30 Juillet 1930. — Le Conseil national économique attend encore son statut organique ; le décret du 30 Juillet 1930 a simplement apporté, au décret du 16 Janv. 1925, quelques modifications de détail.

Le Conseil n'en tient pas moins des sessions régulières, deux fois l'an environ, et les enquêtes poursuivies par ses soins, notamment sur le chômage et sur l'outillage national, ont fourni au gouvernement sur ces deux problèmes d'une importance vitale et d'ailleurs connexes, une documentation précieuse (*Rec. de dr. commerc. et de dr. social*, 1932, p. 21). Mais il importe de préciser ses attributions.

Tel est l'objet du projet de loi déposé, le 24 Janv. 1933, par MM. Paul-Boncour, président du Conseil et Patenôtre, Sous-Secrétaire d'État de l'économie nationale, sur le bureau de la Chambre. L'exposé des motifs précise en ces termes le but poursuivi :

« Le conseil national économique, institué par décret en juin 1925, n'avait pas encore de statut légal.

Le nouveau projet de loi, tenant compte de l'expérience des sept années de fonctionnement du conseil national économique, apporte quelques modifications à sa constitution initiale.

Tout en conservant au conseil le caractère d'un organe consultatif du gouvernement, le projet accentue sa collaboration avec les pouvoirs publics en établissant entre les Chambres et lui un contact plus étroit.

En particulier, aux termes du projet de loi, un certain nombre de parlementaires sont désignés pour faire partie du conseil national économique au titre de représentants de l'intérêt général.

En outre, le projet assure au sein du Conseil une représentation des intérêts régionaux et des intérêts de nos territoires d'outre-mer.

Le Conseil national économique sera appelé, d'autre part, à jouer un rôle plus important que jusqu'à présent dans l'étude, la préparation et le règlement des problèmes intéressant la profession : à cet effet la base professionnelle du Conseil a été renforcée et sa compétence accrue.

En résumé, trois idées principales inspirent le nouveau projet :

1° D'une part, il mettra fin à toute dispersion dans l'étude des questions intéressant l'ensemble des départements ministériels.

2° D'autre part, il témoigne du désir du gouvernement de créer un lien nécessaire entre les divers groupements.

De cette sorte le gouvernement, continuant à pratiquer la politique de collaboration à laquelle il se montre particulièrement attaché, n'aura plus à consulter séparément les divers groupements intéressés. Il trouvera près de lui un organisme consultatif réunissant dans son sein les représentants qualifiés de toutes les associations professionnelles existant dans la nation.

Et, ce qui est nouveau, c'est que le conseil national économique, au lieu de représenter des organisations éparses, représentera et encadrera la profession organisée.

3° Enfin le nouveau texte souligne l'intention du gouvernement de trouver, à la veille des débats de la Conférence économique mondiale d'où dépend en grande partie la solution de la crise qui pèse sur nous et qui nécessite le dur rétablissement budgétaire auquel il procède, le concours renforcé des milieux économiques et sociaux de la nation.

En effet, le nouveau conseil reflète plus fidèlement dans ses aspects divers et plus complètement l'activité économique de la métropole et de l'empire colonial. »

§ 3. — Corps constitués dans les différents centres.

215 et s. — *Commissions départementales du travail.* — (Loi du 16 Juillet 1932). — Cette loi organise les Commissions départementales du travail, auxiliaires de l'inspection, dont le principe avait été posé par le législateur de 1893, mais qui, en fait fonctionnaient très irrégulièrement. Le texte nouveau, sur lequel nous reviendrons à propos de la réglementation du travail (n° 844), s'incorpore dans le livre II du Code de travail (art 115 et 116 modifiés, 115 *a* et 116 *a nouveaux*).

220. *Chambres de métiers* (L. 15 Juin 1930) ; *conseillers des métiers* (décr. 24 Oct. 1932). — La loi du 15 juin 1930 se borne à modifier sur un point de détail la loi du 26 Juillet 1925, qui a introduit en France les Chambres de métiers. Les *conseillers des métiers*, institués par le décret du 24 Octobre 1932, sont au contraire une innovation intéressante, sur laquelle nous aurons l'occasion de revenir (n° 1271). Par cette nouvelle création, le législateur français accentue son évolution dans le sens de l'organisation corporative du métier, et convie toutes les classes sociales à coopérer à la renaissance de l'artisanat.

CHAPITRE II

DU PRINCIPE DE LA LIBERTÉ DU TRAVAIL

SECTION PREMIÈRE. — Travailleurs étrangers en France l'immigration ouvrière réglementée

227 et s. — *Protection de la main-d'œuvre nationale, contingentement des travailleurs étrangers.* — (L. du 10 Août 1932). — La pro-

gression du chômage dans le monde, étroitement liée à la crise économique, a déterminé tous les gouvernements à réglementer sévèrement l'immigration étrangère. Nos traités d'immigration avec la Pologne, l'Italie, la Tchécoslovaquie, nous obligent il est vrai à respecter les contrats de travail sur le vu desquels les immigrants de ces divers pays se sont embauchés en France. Mais nous étions libres de ne pas autoriser le renouvellement de ces contrats à leur expiration, et de contingenter d'autre part le nombre des ouvriers étrangers admis dans chaque ordre d'entreprise. C'est dans cet esprit qu'à été édictée la loi du 10 Août 1932.

Déjà obligatoire pour les travaux publics d'Etat, le contingentement, d'après la loi nouvelle, et le décret organique du 29 Oct. 32, l'est devenu également pour les marchés passés par les départements, les communes et les établissements publics (proportion maxima variant de 5 à 10 %).

En ce qui concerne les entreprises privées, industrielles ou commerciales, ces décrets pourront fixer la proportion des travailleurs étrangers qui pourront être employés. Cette proportion sera fixée par profession, pour l'ensemble du territoire ou pour une région.

Tout étranger désirant entrer en France pour y être employé comme travailleur devra être muni d'une autorisation ministérielle spéciale accordée après consultation des services publics de placement (1). — Cf. L. du 24 Juil. 1932, modificative de la loi du 16 Juil. 1912 sur l'exercice des professions ambulantes et la circulation des nomades.

CHAPITRE IV

LES SYNDICATS PROFESSIONNELS

368 et s. — *Syndicats de fonctionnaires.* — La proposition *Chabrun*, tendant à la reconnaissance légale du droit syndical des fonctionnaires, et rapportée par son auteur (Ch. 6 Fév. 1928, doc. parl. n° 874), n'a fait l'objet jusqu'ici d'aucune discussion.

Sans doute, le Ministère Paul-Boncour, en affirmant, dans sa déclaration du 22 Décembre 1932, sa volonté de coopérer avec les organisations professionnelles, et spécialement avec la Fédération des

(1) Pour plus de développements, cons. nos chroniques sur *Le chômage et la main-d'œuvre étrangère* (*Rec. de dr. comm. et de dr. soc.*, 1931, 23) et La lutte contre le chômage (*Ibid.* 1932, 109).

fonctionnaires, affiliée elle-même à la C. G. T., avait pris position nettement en faveur de cette reconnaissance, d'ailleurs conforme aux théories développées jadis par le nouveau Président du Conseil dans sa thèse fameuse sur *Le fédéralisme économique*.

Mais l'échec de cette tentative hardie, et la chute du Ministère Boncour après un mois d'une existence mouvementée, n'encourageront probablement pas le Parlement à instituer de sitôt un débat public sur une proposition aussi délicate que la proposition Chabrun, qui fatalement mettra aux prises les syndicalistes et les défenseurs de l'autorité et de la souveraineté de l'Etat, forts de toute une série d'arrêts de nos Chambres souveraines (Cons. d'Etat et C. de cassation) proclamant l'illégalité de ces syndicats.

CHAPITRE V

SECTION PREMIÈRE. — **Police de l'industrie.**

550 et s. — **Ententes industrielles,** *cartels et trusts*, (proj. de loi du 6 Mars 1932). – Ainsi que nous l'avons établi (n° 567 et s.), la nouvelle réglementation des ententes industrielles, édictée par la loi du 3 Déc. 1926, modificative des articles 419-421 C. Pén., repose essentiellement sur la distinction des bonnes et mauvaises ententes, autrement dit des syndicats de spéculation ou de monopolisation, prohibés, et des ententes destinées à consolider, à stabiliser les prix, absolument licites. — Cf. note Pic sous un arrêt d'Aix, du 19 Avril 1926, D. 1930-2-17.

Mais, en l'absence de toute organisation officielle de contrôle, les Tribunaux sont le plus souvent dans l'impossibilité de se rendre compte du but réel poursuivi par les promoteurs de ces ententes, si bien que les pénalités édictées contre le délit *d'altération des prix* sont très rarement applicables. C'est à combler cette lacune que, s'inspirant de la législation allemande, tend le projet de loi sur le *régime des ententes commerciales et industrielles* récemment déposé sur le bureau du Sénat par MM. Reynaud, garde des sceaux et Rollin, Min. du commerce (Sén. 6 Mars 1932, ann. n° 182. — Cf. *Ann. de dr. commerc.*, 1932, p. 155).

Aux termes de ce projet, toute entente industrielle ou commerciale peut faire l'objet d'un déclaration au Ministère du commerce, signée d'un mandataire qualifié. Toutes modifications ultérieures,

gnée d'un mandataire qualifié. Toute modification ultérieure, au but, à l'objet, à la durée ou à la composition d'une entente inscrite sur le registre du Ministère du commerce doit être déclarée dans le mois, sous peine d'une amende administrative de 1 à 20 fr. par jour de retard.

Il est institué auprès du Ministre du commerce un Comité consultatif des ententes industrielles et commerciales, qui a pour mission de donner les avis qui lui sont demandés par le gouvernement et de procéder à toutes enquêtes sur le fonctionnement d'une entente déclarée ou non. Au cas où une infraction à l'art. 419 C. Pén. serait relevée, à l'occasion de la création ou du fonctionnement d'une entente déclarée, l'action publique ne sera mise en mouvement que par le ministère public, qui pourra demander l'avis du Comité consultatif avant toute poursuite.

Cf., sur les projets ou avants-projets de réglementation des *holdings* et des *investments trusts*; Pic *Sociétés*, suppl. p. 28 ; Charignon, *Sociétés de placement et sociétés de contrôle*, 1932.

597. **Hygiène publique** (proj. de loi de 1922). — L'insuffisance de la loi du 15 Fév. 1902 sur la *protection de la santé publique*, est depuis longtemps reconnue. Tous les ministres successifs de la Santé publique, MM. Strauss (interpell. au Sénat, 1er Mars 1928, chroniques de la *Revue philanthropique*), et Godart (Congrès d'hygiène, Oct. 1932) ont poussé le cri d'alarme, mais jusqu'ici en pure perte. Le projet déposé sur le bureau de la Chambre, le 7 Nov. 1922, et tendant à compléter les lacunes de la loi de 1902, a bien été rapporté par M. Godart (Ch. 16 Nov. 1923, n° 6570, rapp. repris en 1925-1928), puis par M. Legros (Ch. 11 Juill. 1930, n° 5834), mais aucun de ces rapports n'est venu jusqu'ici en discussion.

A signaler toutefois un important décret du 30 Avril 1930, sur la protection des *sources*, et la police des *eaux minérales*.

601. — **Hygiène industrielle.** — Loi du 9 Mars 1931, modifiant l'art. 68 du livre II du Code de travail (application des règlements d'administration publique visant tous les établissements assujettis, procédure de la mise en demeure, avant tout procès-verbal). — **Décrets** du 8 Août 1930 portant modification du décret du 21 Mars 1914 sur les travaux dangereux pour les femmes et les enfants, et du 24 Octobre 1930 modifiant le décret du 10 Juillet 1913 relatif aux mesures générales de protection et de salubrité applicables à tous les établissements assujettis.

Loi du 20 Avril 1932 tendant à la suppression des *fumées industrielles*. — Il est interdit aux établissements industriels, commerciaux *ou administratifs* d'émettre soit des fumées, soit des poussières, soit des gaz toxiques ou corrosifs, susceptibles d'incommoder le voisinage, de nuire à la santé publique, etc... Des arrêtés préfectoraux réglementeront cette interdiction (application différée d'un an pour les établissements publics, de trois ans pour les industries privées). Les pénalités encourues sont celles de la loi du 15 Décembre 1917.

622 et s. — **Industries monopolisées.** — A. *Monopoles d'Etat.* — *a*) *Monopoles fiscaux.* — La question du développement des monopoles fiscaux (alcools, pétroles, assurances, etc.) a été maintes fois posée, sous la pression du parti socialiste, devant la Commission des finances de la Chambre, en décembre 1932 notamment, mais jusqu'ici le Parlement s'est montré défavorable à ces projets.

C'est ainsi, en ce qui concerne le *pétrole*, qu'au projet Klotz, qui tendait à conférer à l'Etat le monopole d'importation, complété par le contrôle officiel de la vente, les lois des 10 Janvier 1925 et 30 Mars 1928 ont substitué un régime de liberté contrôlée. Cette loi de 1928 vient elle-même d'être complétée par la loi du 14 Avril 1932, autorisant les préfets à prendre dans tout ou partie de leur département des arrêtés fixant les prix limites, qui ne pourront être dépassés pour la vente du pétrole, ou de ses dérivés et résidus.

Cette loi avait été précédée par celle du 25 Juillet 1931, portant ratification des conventions entre l'Etat et la Cie Française des pétroles. Pour en comprendre la portée, il convient de rappeler qu'aux termes des accords de San Remo de 1920, la France a droit à 25 % des pétroles de Mossoul dans l' *Irak* ; mais l'Etat français, n'étant pas outillé pour se charger lui-même de l'importation de ces pétroles, a délégué ses droits, moyennant une importante participation bénéficiaire, à une société concessionnaire, la *Cie Française des pétroles.* Ce sont ces accords qu'il s'agissait de ratifier. — Pour plus de développements, cons. Pic *Syrie et Palestine*, Supplém. p. 38 ; Rec. de dr. comm. et de dr. soc., 1932, p. 18.

633. — *b*) *Monopoles résultant de la nature même de l'industrie.* — 1° *Mines.* — Loi du 1er décembre 1929 tendant à compléter la loi du 16 déc. 1922 sur les travaux de *recherche de mines* (dispositions concernant les recherches de pétrole et de gaz combustibles). — Loi du 9 Février 1930 appliquant aux gisements miniers ayant fait l'objet de concession sous le régime de la loi du 5 Sept. 1919, la loi du 28 Juin 1927 sur l'institution de permis d'exploitation des mines.

Sur le régime minier du Maroc, cons. Hoffherr et Manchaussé, *Formules modernes d'organisation minière africaine*, 1933.

645. — 2° *Houille blanche.* — Décrets des 25 Avril, 17 Mai 1931 fixant les conditions de la représentation des départements, com-

munes et établissements publics dans les Conseils d'administration des sociétés concessionnaires de *forces hydrauliques*. — Sur les sociétés d'économie mixte, v. *infra*, n° 1381.

654. — 3° *Chemins de fer*. — Le déficit croissant des chemins de fer, par ses répercussions sur le budget de l'Etat, du fait des conventions de 1883 sur la garantie d'intérêts, est assurément l'un des facteurs les plus graves du déséquilibre budgétaire actuel.

Les causes de ce déficit, qui n'a rien de spécial à la France, sont connues : développement des transports automobiles, et par suite perte par les Cies du monopole des transports dont elles jouissaient depuis trois quarts de siècle ; crise économique mondiale ; caractère trop rigide des réglements et des tarifs ; exagération des charges fiscalss imposées aux Cies ; tergiversations parlementaires (H. Roy, rapp. au Sénat, 1932, n° 305).

Il est plus difficile d'indiquer les remèdes. Sans doute il est relativement aisé de faire disparaître certaines de ces causes, d'assouplir les tarifs et les réglements (on y travaille activement), de réduire sensiblement les taxes (ce que prévoit le projet de budget pour 1933 du Ministère Daladier). Mais ce ne sont là que des palliatifs. Or le rachat des réseaux par l'Etat est impraticable puisqu'il coûterait plus de dix milliards : la déchéance réclamée par le parti socialiste (propos. Moch, 28 Janv. 1932) serait un véritable coup de force et se heurterait à une opposition irréductible du Conseil d'Etat. Que faire alors ?

En Octobre dernier, M. Daladier, ministre des trav. publics dans le Ministère Herriot, avait engagé des pourparlers avec les Cies pour les déterminer à fusionner entre elles. Les Cies s'y sont refusées, affirmant d'ailleurs que cette fusion ne réduirait pas sensiblement leurs frais généraux.

Le gouvernement paraît s'engager actuellement dans une autre voie. Considérant que toute dénonciation unilatérale des conventions aves les Cies donnerait ouverture à un recours pour excès de pouvoirs, M. G. Bonnet, Ministre des travaux publics du Ministère P. Boncour, aujourd'hui Ministre des Finances, a fait connaître à la Commission des travaux publics de la Chambre (s. du 25 Janv. 1933) qu'il cherchait une base d'accord avec les réseaux. Dans ce but, il a préparé une formule d'avenant à la convention de 1921, sur laquelle le Parlement sera prochainement appelé à statuer. Les mesures envisagées, dont certaines pourront être prises de suite, dans le cadre même des accords de 1921 (modifications des réglements d'exploitation, coordination du rail et de la route, abaissement des taxes sur les transports par voies ferrées, taxation des transports sur routes, permettront de résorber progressivement le déficit. (1)

660. — *B. Régies municipales.* — Décr. du 17 Janvier 1930 (Offic. du 25) sur les *régies municipales*, (directes ou intéressées). Ce décret développe le principe posé par le décret-loi du 28 déc. 1926, brièvement analysé dans notre *Traité* (n° 670). — Cf. l. de finances du 30 Juin 1930, art. 23, et décr. du 9 Janv. 1933 (réglement intérieur type). Les heureux effets de cette extension des libertés communales risquent malheureusement d'être paralysés par le mauvais vouloir du Conseil d'Etat, dont certains arrêts récents montrent qu'il persiste dans son hostilité de principe à l'égard des régies municipales. Pic, *Les régies municipales et le Conseil d'Etat* (Rec. de dr. comm. et de dr. soc., 1930, 200).

Ce n'est pas seulement par le moyen des régies, directes ou intéressées, ou des coopératives subventionnées, que les communes pourront lutter contre la *vie chère.* Elles peuvent aussi y parvenir par la taxation de certaines denrées ; mais, à cet égard, les influences locales paralysent trop souvent l'effort des municipalités. C'est pour neutraliser ces influences qu'il serait question de transférer, dans certains cas, de la commune au département le pouvoir de taxation. Cf. proj. de loi Chautemps, du 25 Janv. 1933, tendant à réglementer les pouvoirs des préfets et des maires en matière de taxation de la *viande de boucherie.*

La question des *lotissements* ou de *l'aménagement* des villes a fait l'objet de plusieurs lois récentes : L. du 30 Juill. 1930 réglant le statut des acquéreurs de terrains lotis ; L. du 18 Avril 1931, complétant la loi du 15 Mars 1928 sur l'aménagement des lotissements défectueux ; L. du 14 Mars 1932 autorisant l'établissement d'un projet d'aménagement de la *région parisienne.*

A signaler d'autre part, le dépôt sur le bureau de la Chambre par M. Tardieu, alors ministre de l'agriculture, à la date du 20 Nov. 1931, d'un important projet tendant à compléter les lois antérieures des 14 Juin 1919, 19 Juill. 1924 sur les plans d'extension des villes, et du 15 Mars 1928 sur les lotissements (Rec. de dr. comm. et de dr. soc., 1932, 17). Les articles de ce projet concernant les lotissements défectueux ont passé dans la loi susvisée du 18 Avril 1931.

(1) A cons. notamment sur la question des chemins de fer : Colson, chron. de la *Rev. Polit. et parlem.* (Mars 1932) ; Perroux, *Les chemins de fer et autres modes de transports* (Rev. d'économie politique, Mai-Juin 1932) ; Pic, *Le déficit des réseaux de chemins de fer, causes et remèdes* (Rec. de dr. comm. et de dr. social, 1932, p. 149 et s.). — La taxation des transports automobiles est, dès maintenant réalisée (L. budgétaire du 28 Fév. 1933).

674. **Industries réglementées.** — *Etablissements dangereux, insalubres ou incommodes.* — (L. 20 Avril 1932). — Cette loi complète heureusement la loi organique du 19 déc. 1917 sur les établissements dangereux, insalubres ou incommodes.

C'est ainsi qu'aux termes de l'art 3 nouveau, dans les *zones réservées à l'habitation* prévues dans les projets d'aménagement et d'extension des villes, aucun établissement nouveau appartenant à la première ou à la deuxième classe ne peut être autorisé. En outre, un réglement d'administration publique déterminera ceux des établissements qui, rangés dans la troisième classe, doivent, à cet égard, être assimilés aux établissements de la deuxième classe.

Après la clôture de l'enquête, — le préfet prend l'avis de la commission sanitaire locale, du service de l'inspection des établissements classés et de l'inspection du travail, et s'il y a lieu, des autres services intéressés (ex. service chargé de la police des eaux). Enfin, il statue sur le rapport du Conseil départemental d'hygiène... Les tiers qui n'ont acquis des immeubles, qui n'en ont pris à bail ou qui n'ont élevé des constructions dans le voisinage d'un établissement classé que postérieurement à l'affichage ou à la publication de l'arrêté autorisant l'ouverture sont irrecevables à déférer l'arrêté au Conseil de préfecture.

Les art 34 et s. nouveaux réglementent dans le détail les pénalités encourues par les contrevenants ainsi que les mesures administratives (mise en demeure, travaux exécutés aux frais de l'industriel, fermeture; ect.), susceptibles d'être ordonnées.

689 bis. — **Répression des fraudes.** — Loi du 26 Mars 1930 réprimant les *fausses indications d'origine* des marchandises, et loi du 20 Avril 1932, rendant obligatoire l'indication d'origine de certains *produits étrangers.* — Loi du 28 Février 1931 concernant la répression de la fraude dans le commerce du *beurre* et la fabrication de la *margarine.* — V. aussi décr. 16 Oct. 1930 sur les *Halles centrales de Paris.*

SECTION II. — Réglementation légale du travail industriel et commercial.

A. Les lois nouvelles.

754. — **Le mouvement législatif de 1930 à 1933.** — A signaler deux lois, la loi du 16 Juill. 1932 sur les *commissions départementales*, et la loi du 14 Janv. 1933 sur les *établissements de bienfaisance* privés,

et un certain nombre de décrets : décr. du 25 Juill. 1929, modificatif du décr. du 22 Sept. 1913 sur *l'inspection du travail* ; 12 Juin 1930, modifiant le décr. du 14 Août 1907 sur la nomenclature des établissements admis à donner le *repos hebdomadaire* par roulement ; du 8 Août 1930 modifiant le décr. du 21 Mars 1914 sur les *travaux dangereux* pour les femmes et les enfants ; du 16 Nov. 1932 pour l'application de la loi du 3 Juill. 1929 sur le logement des *ouvriers agricoles*. — V. aussi, au *Bull. du Min. du travail*, toute une série de décrets sur la *journée de huit heures* dans diverses industries.

844. — *Commissions départementales du travail.* — La loi de 1892 avait institué, auprès des inspecteurs, des commissions départementales, mais sans préciser ni leur composition, ni leurs attributions. Aussi, dans nombre de départements, négligeait-on de les réunir : ce rouage, si utile cependant, tendait à disparaître. C'est à combler cette lacune que vise la *loi du* 16 *Juill*, 1932, modifiant les articles 115-116 du livre II du Code de travail, et créant les articles 115 *a* et 115 *b* nouveaux.

Dans chaque département, il est créé une commission départementale du travail ; elle est obligatoirement instituée par le Conseil général. Si l'importance du département l'exige, plusieurs commissions peuvent être instituées dans des centres différents. Chaque commission doit tenir au moins 4 réunions par an.

La commission comprend des membres de droit (préfet, inspecteur divisionnaire, directeur de l'office départemental de placement) et des membres élus (conseillers généraux, conseillers prud'hommes, conseillers municipaux, représentant (en nombre égal) les organisations ouvrières et patronales du département. La durée du mandat est de six ans.

Les commissions sont chargées de présenter sur l'exécution de la réglementation du travail et les réformes utiles, des rapports qui seront transmis au ministère du travail. Leur compétence s'étend à tous les travailleurs du commerce, de l'industrie et de l'agriculture. Elles peuvent également être chargées par le ministre ou le préfet d'études relatives à l'application des lois ouvrières.

Elles ont la faculté de prendre l'initiative d'études d'ordre général concernant le travail. Elles peuvent être appelées à donner leur avis sur les projets ou propositions intéressant la législation du travail.

Ces commissions se réunissent chaque année en un Congrès, où chacune d'elles est représentée par plusieurs délégués dont au moins un représentant patronal et un représentant ouvrier.

859. — *Surveillance des établissements de bienfaisance privés.* — (Loi du 14 Janv. 1933). — C'est en 1901 que le projet de loi sur la

surveillance des établissements de bienfaisance privés fut déposé sur le bureau de la Chambre ! Il vient enfin d'être voté, après une série d'allées et venues entre la Chambre et le Sénat. Peut-être ne doit-on pas déplorer ce retard, car les mesures de défiance injustifiée qui figuraient dans le projet de 1901 ont disparu du texte définitif, et c'est dans une atmosphère d'entente mutuelle entre toutes les œuvres d'assistance, publiques ou privées, que s'est déroulé au Sénat la délibération définitive. En voici l'économie générale :

Tous les établissements de bienfaisance créés par des particuliers ou des associations, soit laïques, soit religieuses, sont soumis aux dispositions de la loi. Vingt jours avant l'ouverture de l'établissement, le ou les fondateurs sont tenus d'en faire la déclaration à la mairie, qui en donne aussitôt avis à la préfecture.

Les assistés âgés de moins de treize ans, s'ils n'ont pas obtenu ultérieurement leur certificat d'études primaires, doivent recevoir l'enseignement primaire et ne peuvent être employés, en dehors des heures de classe consacrées à l'enseignement et à l'éducation morale et physique, qu'à des travaux domestiques ou d'enseignement professionnel.

Les établissements de bienfaisance privés, qui hospitalisent des *enfants mineurs*, ont l'obligation de leur allouer un *pécule* au double titre de récompense et d'encouragement pour leur conduite et leur travail. Le fonds des pécules sera constitué, dans chaque établissement qui hospitalise normalement dix enfants au moins en âge et en état de travailler, par un versement proportionnel au nombre de journées de présence des pupilles. Le taux et les modalités du versement sont déterminés par la direction de l'établissement sous le contrôle du Conseil départemental d'assistance publique ou privée.

La répartition du fonds des pécules est faite entre les pupilles, suivant le règlement de l'établissement, ce règlement devant être approuvé par le Conseil départemental. Cette répartition doit comprendre une part distribuée par semaine ou par quinzaine, et une autre part réservée pour être portée au compte de l'assisté, sous forme de *primes d'épargne*.

La gestion des fonds des pécules est soumise au contrôle du Conseil départemental.

Les versements au fonds des pécules ne sont exigés que pour les assistés dont l'apprentissage est terminé et qui comptent au moins une année de présence dans l'établissement. Les conseils départementaux peuvent dispenser temporairement, des versements prévus, les établissements qui justifieront que l'exiguïté de leurs ressources les met dans l'impossibilité d'y faire face. Sont également dispensés les établissements dont le but est d'organiser soit l'apprentissage ménager, soit l'apprentissage professionnel lorsque, dans ce dernier cas, le temps de l'apprentissage est limité à la durée de l'apprentissage suivant les usages locaux et la profession.

La surveillance des établissements de bienfaisance privés est assurée, sous l'autorité du Ministre de l'hygiène (santé publique), par l'inspecteur général des services administratifs et l'inspecteur de l'assistance publique.

Sur la procédure de fermeture en cas d'abus constatés, sur la composition et les attributions du Conseil départemental de l'assistance publique ou privée, v. art. 19 et s. de la loi.

B. — Les projets de réforme.

860. *Le mouvement ouvrier en faveur de la semaine de quarante heures ; la position du B.I.T.* — Pendant un demi-siècle la classe ouvrière a lutté pour obtenir la journée de *huit heures*. Elle la possède aujourd'hui en France et dans la majorité des pays industriels ; mais, en présence du chômage grandissant, qui en plusieurs pays a pris des proportions catastrophiques, les Fédérations syndicales réclament un nouvel abaissement de la journée de travail et font pression sur le B. I. T. de Genève en vue de la mise à l'étude sur le plan international de la *semaine de quarante heures*.

Déjà posée à la session de Madrid du Conseil d'adm[on] du B. I. T. (Oct. 1932), la question vient de faire l'objet d'une étude approfondie à la Conférence préparatoire tripartite tenue à Genève en Janvier 1933 (1). Dès le premier contact, les thèses patronale et ouvrière s'affrontèrent, et il devint évident que les délégués gouvernementaux allaient devenir les arbitres de la situation.

Le groupe ouvrier prit immédiatement position en faveur de la semaine de 40 heures, sans réduction des salaires. Le groupe patronal s'appliqua au contraire à faire ressortir que l'adoption, même concertée, — à supposer qu'une telle entente fut possible, alors que la plupart des grandes puissances n'avaient pas encore ratifié la convention de Washington de 1919 sur la journée de 8 heures, — n'aurait aucune influence durable sur le chômage. Elle l'aggraverait même si elle devait se combiner avec une stabilisation des salaires actuels, qui entraînerait automatiquement une majoration des prix de revient et par suite la fermeture de nombreuses usines.

Visiblement embarrassés, les délégués gouvernementaux se ral-

(1) Pour plus de développements, cons. nos chroniques du *Rec. de dr. comm. et dr. soc.*, 1932, 21 et 133, et 1933, 22.

lièrent à la formule transactionnelle suivante : « La Conférence, après avoir pris connaissance des divers arguments apportés pour et contre la réduction de la durée de travail, estime qu'elle est *un moyen susceptible de réduire le chômage* ». En conséquence, elle tient pour désirable d'arriver à un arrangement sur le plan international susceptible d'assurer le maintien du niveau de vie des salariés ».

Suivent un certain nombre de résolutions conformes, sur lesquelles la Conférence générale du travail sera appelée à délibérer, dans sa session de Mai prochain.

861. — *La journée continue de travail, dite journée anglaise* (1). — Au problème des 40 heures se rattache, par un lien de connexité, celui de la journée continue de travail dite journée anglaise, c'est-à-dire de la journée ne comportant qu'une seule séance à l'usine ou au bureau, d'une durée de 8 h., coupée seulement par un repos de quelques minutes, consacré à un repas léger pris sur place.

Si nous en croyons les partisans du système, ses avantages seraient considérables, pour le patron, et pour le salarié. Le premier verrait ses frais généraux sensiblement réduits, ne fût-ce que du fait des économies de chauffage et de charbon. Les économies ne seraient pas moindres pour l'ouvrier : économie sur le transport, s'il retourne chez lui pour déjeuner, économie du repas au restaurant s'il déjeune au dehors.

La plupart des hygiénistes, cependant, y sont opposés (décl. de Marcel Frois, membre du Conseil supérieur d'hygiène de France). La détente du milieu de la journée est nécessaire à la santé : un repas léger et froid pris sur place ne saurait suppléer au grand repas actuellement pratiqué. D'ailleurs, supprimer le repas de midi n'est guère dans les habitudes françaises ; ce serait supprimer un peu de la vie de famille. La journée continue a pu réussir dans quelques usines ; elle n'a aucune chance de s'acclimater chez nous, et il ne saurait être question de l'imposer par voie législative.

862. — *La journée de travail de mi-temps* (2). — Il est une autre modalité de travail dont on se préoccupe aujourd'hui, c'est le travail de mi-temps, qui permet notamment aux mères de famille de se

(1) Vassivière, *La journée anglaise*, 1917 ; M. Schultz, *La journée continue de travail dite journée anglaise, ses avantages et ses inconvénients* (enquête du *Musée social*, en Août-Sept. 1929) ; chronique du Recueil de dr. com. et dr. soc., 1929, p. 332.

(2) M. Schultz, *La journée de travail de mi-temps* (Musée soc., Sept. 1930, Fév. 1931) ; La journée de travail de mi-temps (Rec. de dr. com. et de dr. soc., 1931, 80).

procurer un salaire d'appoint, sans abandonner complètement leur foyer, comme le font les ouvriers ou les employés travaillant matin et soir à l'usine, à l'atelier ou au magasin. Malgré l'opposition de la Fédération des employés, qui envisage cette formule comme une « expérience tentée par les féministes bourgeoises, soutenues par les surintendantes d'usine », le Congrès des Commissions départementales, dans sa session de Paris de Sept. 1930, a émis un vœu favorable, tendant à intensifier la propagande auprès des industriels en vue de l'organisation du travail à demi-temps en faveur des femmes mariées ou chargées de famille.

Il ne peut s'agir là d'ailleurs que d'une propagande, et non de mesures d'ordre législatif, le travail à demi-temps n'étant susceptible que d'applications limitées, à côté du travail normal en usine, atelier ou magasin, et du travail à domicile. Peut-être cependant conviendrait-il d'édicter certains minima de salaires, comme pour les ouvrières à domicile.

863. — *Recul de l'âge légal d'entrée à l'usine.* — La plupart des physiologistes estiment que l'enfant ne devrait sous aucun prétexte être admis avant 14 ans dans un établissement industriel quelconque (cf. projet de convention élaboré par la Conférence internationale du travail de Washington, en Nov. 1919). C'est dans cet esprit qu'était conçu le projet de loi sur la fréquentation scolaire et la prolongation de la scolarité obligatoire, déposé au Sénat le 22 Juill. 1920, par le Ministre de l'Instruction publique (Sén., doc. parlem. n° 367). Adopté par le Sénat le 28 Déc. 1922, ce projet a été rapporté (rapp. *Pieyre*, 18 déc. 1930, Ch. doc. parl., n° 4218), mais n'a pas encore été discuté par la Chambre. La recrudescence du chômage triomphera peut-être de l'inertie du Parlement, le B. I. T. insistant sur les inconvénients de la concurrence faite par la main-d'œuvre infantile aux travailleurs adultes en quête d'emploi.

864. *Congés annuels payés.* — Depuis longtemps, les Congrès ouvriers insistent en faveur de la fixation, par la loi, d'un minimum de congé annuel payé pour tous les salariés (huit ou quinze jours par année). Ces congés existent déjà dans toutes les administrations publiques, dans les mines et dans un certain nombre d'établissements privés ; mais peuvent-ils être rendus obligatoires, sans une majoration excessive des prix de revient ? Sur ce point, les avis sont très divergents. Ainsi s'explique probablement le retard mis par la Chambre à ouvrir la discussion sur le projet de loi déposé par le Ministre du travail, M. Durafour, le 11 Juill. 1925, conformément à une suggestion du Conseil supérieur du travail (Ch., doc. parl. n° 1943). Le débat s'est engagé cependant en Juin 1931, et a abouti au

vote (2 Juill.) d'un texte rendant le congé payé (huit jours en principe) obligatoire dans les établissements occupant au moins cinq ouvriers (*Rec. dr. comm. et dr. soc.*, 31.1891). Mais l'adhésion du Sénat paraît bien douteuse (1).

866. — *Délégués à la sécurité des établissements industriels.* — La question de l'extension, à tous les établissements industriels soumis au régime de l'inspection, de l'institution de *délégués du personnel* ayant des attributions analogues à celles des *délégués mineurs*, est depuis longtemps posée devant l'opinion. Depuis le projet Viviani de 1907 (*Traité*, n° 866), de nombreuses propositions ont été déposées (notamment la propos. *Goniaux*, Ch. 7 Juin 1928, doc. parl., n° 106, inspirée de l'avant-projet établi en 1927 par le Conseil supér. du travail) ; mais aucun débat public n'a encore eu lieu. L'opposition très nette des Chambres de commerce ne serait pas étrangère à cet ajournement.

(1) Sur la question des *congés payés*, cons. notamment : les chroniques du *Rec. de dr. comm. et dr. soc.*, 31, p. 18 et 136 ; Aman, *Les vacances ouvrières payées* (Rev. polit. et parl., Mars 1931). Cf. sur la question connexe de *l'organisation des loisirs ouvriers*, notre chronique du *Rec. de dr. comm. et dr. soc.*, 31, p. 53.

TITRE II

CONTRATS INDUSTRIELS

CHAPITRE II

DU CONTRAT DE TRAVAIL

§ 1er. — Paiement du salaire. — Sa protection.

A. — Les lois nouvelles.

948. — *Allocations familiales obligatoires.* (L. du 11 Mars 1932, modifiant les tit. III et V du livre 1er du Code de travail et 2101 C. Civ.) (1). — Cette loi, réclamée avec insistance depuis plusieurs années par les Congrès de la natalité, est appelée, croyons-nous, à rendre d'éminents services. — On sait avec quelle rapidité cette institution des allocations familiales (inaugurée en 1916 dans les usines d'Ugines, appliquée ensuite à Grenoble par les établissements *Joya*, puis étendue progressivement à la plupart de nos grands et moyens établissements industriels) s'est développée en France, puis à l'étranger, grâce au mécanisme ingénieux des caisses de compensation. Ce procédé permet de favoriser les familles nombreuses, tout en maintenant à un taux uniforme les salaires de base : seul moyen de supprimer toute prime indirecte à l'embauchage des salariés célibataires ou mariés sans enfants. Il existait fin 1931, 250 caisses environ ; elles avaient distribué près de 400 millions sous forme d'allocations familiales. En présence des résultats obtenus, il a paru nécessaire, à l'instar de la Belgique (loi belge du 4 Août 1930), de généraliser l'institution, c'est-à-dire de la ren-

(1) Pour le commentaire de la loi, cons. notamment : Rheln, *Les allocations familiales obligatoires*, 1 v. in-8, 1932. — Cf. Heyman, *La généralisation des allocations familiales en Belgique*, Bruxelles, 1931.

dre obligatoire pour tous les employeurs. Mais deux écueils étaient à éviter : 1° Ne pas substituer aux Caisses de compensation privées, qui ont fait leurs preuves, et sur lesquelles sont venues se greffer d'importantes œuvres sociales (visiteuses de l'enfance par exemple), des institutions étatistes, moins souples, plus routinières, et beaucoup plus coûteuses ; 2° Ne pas écraser l'industrie nationale, surtout en pleine crise, par une contrainte brutale et immédiate, mais préparer la transition graduée du régime de liberté actuel au régime de l'obligation (déjà institué d'ailleurs, par la loi du 19 déc. 1922, pour les adjudicataires de travaux publics).

Le législateur de 1932 a su éviter ce double écueil. Loin de créer des caisses d'Etat, il a affirmé sa volonté d'utiliser les caisses existantes. Et d'autre part, s'inspirant du précédent de la loi du 23 Avril 1919, il a ménagé les étapes nécessaires, la loi ne devant s'appliquer que par paliers, en exécution de réglements d'administration publique pris après consultation des organisations professionnelles intéressées.

Ramenée à ses grandes lignes, l'économie de la loi du 11 Mars 1932 est en effet la suivante :

Tout employeur occupant habituellement des ouvriers ou employés dans une profession industrielle, commerciale ou libérale, sera *tenu* de s'affilier à une caisse de compensation ou à toute autre institution agréée par le Ministre du travail, constituée entre employeurs en vue de répartir entre eux les charges résultant des allocations familiales prévues par la présente loi (art. 74 *a* liv. 1er C. trav.).

Les allocations sont dues pour tout enfant ou descendant, légitime, reconnu ou adoptif, et pour tout pupille, résidant en France et à la charge du travailleur et n'ayant pas dépassé l'âge de l'obligation scolaire. Elles sont dues jusqu'à 16 ans pour les enfants poursuivant leurs études ou placés en apprentissage (art. 74 *b*).

Le taux minimum de l'allocation afférente à chaque enfant sera déterminé par arrêté du Ministre du travail pour chaque département. Le ministre devra se conformer au taux pratiqué par les caisses déjà agréées (art. 74 *c*).

Exceptionnellement, pourra être dispensé de l'affiliation tout employeur qui aura institué pour son personnel un service d'allocations agréé par le Ministre du travail.

Un réglement d'administration publique déterminera : 1° Les conditions à remplir par les caisses de compensation pour obtenir l'agrément ; 2° Les justifications à fournir pour les enfants ayant dépassé l'âge de l'obligation scolaire (art. 74 *g*). — Postérieurement à la publication du réglement susvisé, des décrets pris après consultation des syndicats patronaux des professions ou régions intéressées détermineront les délais dans lesquels les dispositions légales entreront en vigueur dans les diverses professions (art. 74 *h*).

Les dispositions qui précèdent ne sont pas applicables aux établissements de l'Etat ou autres établissements publics dans lesquels des régimes particuliers d'allocations familiales ont été établis par la loi (art 74 *i*).

Elles seront appliquées aux exploitations agricoles dans les conditions que précisera un réglement d'administration publique rendu après consultation des Chambres d'agriculture (art 74 *j*).

Suivent les sanctions.

980. — *Paiement des salaires, pièce justificative.* — (L. du 4 Mars 1931, art. 44 *a* et 104 modifiés du livre 1er du *C. de travail*). — Cette loi, destinée à renforcer la position du salarié devant les tribunaux compétents en cas de contestation avec son patron au sujet du salaire, a intercalé entre l'art. 44 et l'art. 45 du livre 1er du C. de travail un article 44 *a* ainsi conçu :

« A l'occasion du paiement des salaires aux ouvriers ou employés du commerce, de l'industrie ou des professions libérales et du réglement des commissions aux voyageurs et représentants de commerce, il doit être remis aux intéressés une *pièce justificative* indiquant le nom, la qualification professionnelle de l'ayant-droit et faisant ressortir le montant de la rémunération brute gagnée par celui-ci et, s'il y a lieu, la nature et le montant des diverses déductions opérées sur cette rémunération brute, ainsi que le montant de la rémunération nette... ».

996 et s. — *Amendes et réglements d'atelier.* (L. du 5 Fév. 1932, incorporée sous les art. 22, 23 et s. du livre 1er du *Code de travail*). — La question des amendes et réglements d'atelier était pendante depuis plus de quarante ans (rapp. *Bender*, Ch. 2 Mars 1928, no 5717) ; il était temps d'en finir et de combler enfin cette lacune vraiment injustifiable de notre législation ouvrière.

Le long conflit entre les deux Chambres ayant pris fin, un peu par lassitude, le texte du projet est devenu définitif, et a été promulgué le 5 Fév. 1932. Il nous suffira, la question ayant déjà été longuement étudiée ici (*Traité*, nos 996-1006), d'en rappeler l'économie générale.

Dans les établissements où existe un réglement intérieur, ce réglement doit être affiché dans les locaux de travail et d'embauchage. Il doit également être déposé au secrétariat du Conseil de prud'hommes (art 22 *a*).

Il est interdit, en principe, à tout employeur de sanctionner par des amendes les manquements aux prescriptions de ce réglement intérieur.

Toutefois, le maintien d'un tel régime, lorsque la demande en sera faite dans les trois mois qui suivront la promulgation de la loi ou son introduction dans les établissements nouvellement créés, pourra être autorisé par l'inspecteur divisionnaire du travail. Celui-ci devra statuer après consultation des organisations patronales et ouvrières de la profession. L'autorisation devra dans tous les cas, être subordonnée aux conditions ci-après :

a) Les amendes ne pourront être prévues que pour les manquements à la discipline et aux prescriptions relatives à l'hygiène et à la sécurité des travailleurs ;

b) Leur taux devra être fixé par des réglements intérieurs régulièrement établis ;

c) Le total des amendes infligées dans la même journée ne pourra excéder le quart du salaire journalier ;

d) Le produit des amendes sera versé dans une caisse de secours au profit du personnel ;

e) Les amendes infligées seront mentionnées sur un registre tenu à la disposition des inspecteurs.

Les articles suivants, à incorporer sous les art. 99, 105, 107, livre 1er C. trav. indiquent les sanctions (peine de police en principe, peine correctionnelle dans certains cas, notamment en cas de récidive).

La loi du 5 Février édicte également des sanctions contre le *débauchage* des travailleurs. Aux termes du nouvel art. 23 *a*, lorsqu'un salarié, ayant rompu abusivement un contrat de travail, engage à nouveau ses services, le nouvel employeur est solidairement responsable des dommages causés à l'employeur précédent dans les trois cas suivants : 1° quand il est démontré qu'il est intervenu dans le débauchage ; 2° quand il a embauché un travailleur qu'il savait déjà lié par un contrat de travail ; 3° quand il a continué à occuper un travailleur après avoir appris que ce travailleur était encore lié à un autre employeur par un contrat de travail.

1008 et s. — *Saisie-arrêt des salaires, traitements et soldes.* (Loi du 4 Août 1930, modifiant les art. 61 et s. du livre 1er du C. du trav., sur la *saisie-arrêt ou la cession des salaires et petits traitements.* — Loi du 24 Août 1930 relative à la *saisie-arrêt et à la cession des appointements, traitements et soldes des fonctionnaires civils et militaires.* — Cf. décr. du 15 Oct. 1931). (1)

Depuis plusieurs années, le Parlement était saisi de divers pro-

(1) Bibliographie. *Commentaire* des deux lois, par Heilbronner (D. P. 1931, 4, p. 82 et s.) : *La saisie-arrêt et la cession des salaires et petits traitements*, par Milhaud, 1 v, in-8, 1930.

jets tendant à mettre notre législation sur la saisie-arrêt des salaires et traitements en harmonie avec la situation économique présente, le coût moyen de la vie et la valeur réelle du franc papier depuis la stabilisation monétaire.

Ces divers projets devaient aboutir au vote de deux lois connexes : l'une du 4 Août 1930, tendant à modifier les art. 61 et s. du livre 1er du Code de travail, concernant les salaires et traitements servis par les entreprises privées ; l'autre du 24 Août, relative au traitement des fonctionnaires civils et aux soldes militaires.

Rappelons d'un mot que d'après la législation antérieure les salaires et appointements servis par les entreprises privées et n'excédant pas 6.000 fr. l'an n'étaient saisissables qu'à concurrence *d'un dizième,* un second dixième pouvant d'ailleurs être cédé (L. 27 juill. 1921, incorporée au Code du Trav., liv. 1er, art 61 et s. Pour le commentaire de ce texte, v. notre *Traité,* n° 1013 et s.).

Ces dispositions, applicables également aux *petits traitements* des fonctionnaires, avaient été étendues par la jurisprudence aux soldes militaires rentrant dans la même catégorie. Quant aux salaires et appointements supérieurs à 6.000 fr., ils étaient saisissables *en totalité* s'ils étaient servis par des entreprises privées (sous réserve des pouvoirs reconnus au juge par la jurisprudence). Ceux des fonctionnaires civils bénéficiaient au contraire, d'après la loi du 20 ventôse an XI, d'une insaisissabilité partielle : un cinquième étant saisissable sur la première tranche de 1.000 fr., un quart sur les 5.000 fr. suivants, et un tiers sur la portion excédant 6.000 fr. à quelque somme qu'elle s'élevât. Quant aux *soldes militaires* excédant 6.000 fr., elles pouvaient être saisies jusqu'à concurrence d'un cinquième (Décr. 15 pluviose, an II, etc.).

Les deux lois de 1930 coordonnées font disparaître ces distinctions abusives et surannées, et instituent pour les émoluments de toute nature (salaires, traitements ou soldes), un barême unique qui est le suivant :

1/10e saisissable sur la portion inférieure ou égale au plus à 15.000 fr.

1/5e sur la portion comprise entre 15.000 et 25.000 ;

1/4 sur celle comprise entre 25.000 et 40.000 ;

1/3 sur celle comprise entre 40.000 et 60.000 fr.

Tout ce qui excède 60.000 fr. est saisissable en totalité.

Il convient de signaler d'autre part la disparition, pour les salaires et traitements n'excédant pas 6.000 fr., du système des deux portions : l'une saisissable à concurrence d'un dizième et l'autre cessible à concurrence d'un second dizième. La quotité de la retenue est dorénavant la même, quelles que puissent être les obligations contractées par le débiteur, elle dépend uniquement du barème indiqué ci-dessus.

Toutefois, les nouveaux textes contiennent une disposition de faveur très justifiée, au profit des *créanciers d'aliments*. Il est spécifié en effet (art. 62 nouveau, livre Ier C. trav.) qu'en cas de cession ou de saisie-arrêt pour non paiement de dettes alimentaires prévues par les art. 205 et s. C. Civ., le taux mensuel courant de la pension alimentaire sera, chaque mois, *intégralement prélevé sur la portion saisissable* des salaires ou appointements.

1039. — *Prélèvements sur les salaires. ; Caisse de secours des ouvriers mineurs.* (Loi du 21 Mars 1930 modifiant le statut des Caisses de secours, institué par la loi du 29 Juin 1894). — A rapprocher de cette loi les multiples projets ou propositions tendant à élever le taux des retraites servies par la Caisse autonome des ouvriers mineurs. — Sur ces projets, v. *Bull. Min. travail*, 1932, p. XIX.

B. — Les projets de loi.

1040. — *a) La réglementation des pourboires.* — Sén., propos. J. Godart, du 17 Janv. 1928 (doc. parl. n° 17) ; rapport Godart du 28 déc. 1928 (doc. parl. n° 811). — Adoptée par le Sénat le 15 Nov. 1929, cette proposition est actuellement pendante devant la Chambre. Elle ne tend ni à supprimer le pourboire consacré par l'usage dans certaines professions (garçons de café par exemple), ni à imposer un pourcentage pour le remplacer (ex. 10 % ajoutés fréquemment aux notes d'hôtels, de restaurant, etc.) ; son objectif est uniquement de garantir au personnel salarié le bénéfice intégral des sommes perçues à ce titre sur la clientèle (1).

1041. — *b) Projet de suppression de l'incapacité juridique de la femme mariée.* — Dans le régime actuel (L. du 13 Juill. 1907), la femme a la libre disposition de son salaire et de ses gains personnels. V. nos 1033 et s. du *Traité*. Mais, sous cette importante réserve la femme mariée n'en demeure pas moins une incapable. Le projet de loi déposé par M. Renoult, garde des sceaux, sur le bureau du Sénat (23 Juin 1932), constituerait une réforme beaucoup plus hardie, puisqu'il ne tend à rien moins qu'à supprimer l'incapacité juridique de la femme mariée, et à modifier profondément le régime de la communauté légale.

(1) Voirin, L'attribution intégrale du pourboire aux salariés (D. H. 1930, p. 1 et s.), et note sous Cass. 18 Avril 1929 (D. P. 30. 1. 25).

Sur le premier point, la femme cessant d'être une incapable, dégagée du devoir d'obéissance, n'a plus à solliciter l'autorisation maritale pour exercer un commerce ou une profession quelconque. Cette autorisation lui est également inutile pour passer des actes juridiques, même s'il s'agit d'actes de disposition (sous réserve des restrictions procédant du régime matrimonial adopté), et pour ester en justice.

D'autre part, un nouveau régime légal dit de la *participation aux acquêts*, est substitué, pour les époux mariés sans contrat, au régime de la communauté légale. Désormais, chacun des époux mariés sans contrat aura la gestion et la disposition de ses biens propres. Ce n'est qu'à la dissolution du mariage que les acquêts seront évalués et partagés. Il y a là, en somme, une combinaison du régime traditionnel de la communauté et de la séparation de biens (1).

Ce projet est intéressant, mais il bouleverse si profondément les traditions juridiques françaises que son adoption nous paraît très problématique.

1042. — C. — *Travailleurs à domicile ; leur condition juridique.* — La question, très délicate, de savoir si les travailleurs à domicile (tisseurs, passementiers, façonniers de toutes catégories) peuvent être considérés comme des salariés pour l'application des lois ouvrières (compétence prud'homale, privilèges du salaire, assurances sociales, etc.), préoccupe vivement les milieux parlementaires.

A la suite d'une série de décisions refusant aux travailleurs à domicile la qualité d'assurés obligatoires (v. infra), et aussi d'un arrêt de la Cour de Lyon, du 27 Oct. 1931 refusant aux ouvriers passementiers de St-Etienne, considérés comme des travailleurs autonomes, le bénéfice du privilège institué par les art. 549 C. com. et 47 liv. 1er C. trav. dans la faillite du patron, plusieurs députés de la région lyonnaise, MM. Herriot, Bruyas et Julien ont déposé sur le bureau de la Chambre (Ch. 21 déc. 1931, *doc. parl.* n° 6.015) une propos. de loi tendant à modifier l'art 47 du livre 1er du C. de trav. et à étendre expressément le bénéfice de cette disposition aux *façonniers* travaillant à domicile pour des négociants, notamment aux tisseurs et passementiers. Un rapport favorable a été déposé par M. Julien.

(1) Cf. pour l'étude du projet : Capitant, *L'abolition de l'incapacité de la femme mariée* (D. H. 1932, p. 97 et s.).

1243. — d. — *La réapparition des économats.* — On sait qu'en principe la loi du 25 Mars 1910, incorporée au Code du travail, liv. Ier, sous les art. 75-77, a supprimé les économats patronaux à raison des abus auxquels ils se prêtaient. La prohibition légale ne comporte que deux exceptions, en faveur des économats des réseaux de chemins de fer et de ceux annexés à des entreprises industrielles, dont le capital appartient en majorité au personnel (v. n. *Traité*, n° 979).

Cette législation avait un double objectif : sauvegarder l'indépendance de l'ouvrier, qui doit être libre de dépenser son salaire où et quand il lui plaît ; faire disparaître une forme de concurrence périlleuse pour le petit commerce patenté, et lourdement taxé.

Les économats, cependant, tendent aujourd'hui à reparaître, sous des formes variées : associations entre ouvriers et employés d'une usine pour l'achat en commun et la distribution des denrées ou marchandises ; coopératives formées entre les mêmes personnes ; services purement patronaux d'achat et de distribution des produits. Ces groupements ne sont le plus souvent que des économats déguisés, qui ne peuvent subsister que grâce au concours direct ou indirect des employeurs. Il en est qui n'approvisionnent pas seulement les ouvriers de l'usine, ceux-ci achetant souvent pour des tiers. Mais, même limité strictement à la clientèle des ouvriers des usines intéressées, le système des économats fausse le jeu normal du commerce.

Avec ces organisations, on voit réapparaître les abus que le législateur de 1910 avait entendu supprimer : et, notamment l'impossibilité pour l'ouvrier ou l'employé de disposer librement de ses gains. A l'égard du commerce de détail, il est certain également que le préjudice est grave, les détaillants déjà handicapés par la taxe sur le chiffre d'affaires étant durement atteints par la crise.

De là des protestations véhémentes, dont les Fédérations de détaillants et certaines Chambres de commerce se sont fait récemment l'écho. Est-ce à dire que les textes en vigueur soient insuffisants et doivent être remaniés ? Il ne le semble pas. Les sanctions, d'autre part, sont rigoureuses (art. 105 et s. liv. Ier C. du trav.). Mais il importe que les inspecteurs du travail et le parquet, préposés à l'application de la loi, redoublent de vigilance (1).

(1) A cons. : *La réapparition des économats* (Rec. de dr. com. et dr. soc., 1932, 59).

§ 2. — Accidents du travail. — Maladies professionnelles

1128. — *Loi du 30 Avril 1931 sur le rajustement des rentes des mutilés du travail.* — D'après le nouveau texte, les veuves ou ascendants des victimes d'un accident du travail bénéficient d'une pension minima de 1.000 fr. l'an. Les mutilés ayant besoin de l'assistance d'une tierce personne recevront, en plus de la majoration prévue par la loi du 18 Août 1929, une bonification annuelle de 3.000 fr. Le caractère obligatoire de l'assistance d'une tierce personne est constaté par ordonnance du président du tribunal de la résidence du mutilé.

De la loi précédente doit être rapprochée la loi du 14 Mai 1930 sur la *rééducation professionnelle des mutilés du travail.* Si, à la suite d'un accident du travail, la victime ne peut arriver à exercer la même profession ou ne peut le faire qu'après une nouvelle adaptation, elle a le droit d'être admise gratuitement dans une école de rééducation professionnelle, visée à la loi du 5 Mai 1924, pour y apprendre l'exercice d'une profession de son choix, sous réserve de présenter les conditions d'aptitude requises. Les frais de rééducation sont assurés par les soins de la caisse nationale des retraites pour la vieillesse au moyen d'un fonds spécial. — Cf. décr. des 3 Sept. 1930 et 3 Juin 1931.

1150. — **Accidents agricoles.** — *Loi du 29 Juillet 1930* tendant à faire bénéficier les victimes d'un *accident du travail agricole* du *régime des allocations* institué par la loi du 15 Août 1929. — Le bénéfice de la loi du 15 Août 1929 est étendu aux victimes d'un accident du travail de l'agriculture ainsi qu'à leurs ayants-droit. — Les majorations de la présente loi seront liquidées ou acquittées, dans les conditions fixées par les lois du 15 Juill. 1922 et 15 Juill. 1926.

La dépense en sera supportée par un fonds de majoration, alimenté par une contribution spéciale sur les exploitants agricoles.

1156 et s. — **Maladies professionnelles.** *Loi du 1er Janvier 1931.* — Cette loi modifie la loi du 25 Oct. 1919 et en étend très notablement le champ d'application.

Si l'on admet avec le Professeur Etienne Martin (1), que la maladie professionnelle est « une maladie créée de toutes pièces par un travail déterminé ou par les conditions dans lesquelles il est effec-

(1) Disc. inaugural de la Conférence internationale des maladies professionnelles (Lyon, Avril 1929).

tué », la liste des maladies assimilées à l'accident par la loi de 1919, limitée encore par le tableau annexe, indiquant les formes cliniques sous lesquelles la maladie doit se présenter pour être indemnisable (système de la *double liste*), apparaissait comme beaucoup trop restrictive.

Et de fait la plupart des lois étrangères donnent, des maladies professionnelles, une liste bien plus complète. La loi *suisse* de 1877 les répartit en onze groupes. En Angleterre 32 maladies sont garanties ; 21 le sont en Allemagne. Tous les orateurs qui prirent part à la Conférence tenue à Lyon, en Avril 1929, par la *Conférence internationale permanente pour l'étude des maladies professionnelles* (1), se prononcèrent pour une réforme de la loi dans un sens extensif.

C'est pour répondre à ces vœux que fut déposé le projet gouvernemental qui devait aboutir au vote de la loi du 1er Janv. 1931. Au saturnisme et à l'hydrargyrisme cette loi ajoute : l'intoxication professionnelle par le tétrachloréthane, le benzinisme professionnel, le phosphorisme professionnel, les intoxications causées par l'action des rayons X ou des substances radioactives.

Liste encore incomplète, mais qui peut dorénavant (art. 2 de la loi), être allongée à volonté par voie de règlements d'administration publique, pris après avis de la commission d'hygiène industrielle et de la commission supérieure des maladies professionnelles (instituée à l'art. 10). Cf. décr. du 16 Nov. 1929 sur la déclaration obligatoire des maladies d'origine professionnelle.

1161 et s. — **Projets de réforme.** — Nous avons analysé, dans notre traité (n° 1163) les dispositions essentielles du projet élaboré par la Commission d'assurance et de prévoyance sociales de la Chambre, projet tendant à la réforme d'ensemble de la législation de 1898. On sait que ce projet, voté par la Chambre le 22 déc. 1927, sur le rapport de M. *Gros*, a suscité dans les milieux industriels une émotion profonde, à raison de l'aggravation considérable des charges que son adoption imposerait à la production française (plus d'un milliard).

Il était à prévoir, surtout à raison de la crise économique qui sévit depuis deux ans, que le Sénat amenderait notablement le texte de la Chambre. Aucun débat public n'a encore eu lieu, mais la

(1) V. le compte rendu des travaux de la Conférence dans *La Médecine du travail* (n° Oct. 1929). — Cf. sur le droit comparé : Kréher, *La notion de maladie professionnelle devant la législation et la jurisprudence* (Rec. de dr. comm. et de dr. soc., 1930, p. 49 et s.). — Sur *l'Institut de médecine du travail* de Lyon, v. *Rec.*, 1931, p. 24.

Commission d'hygiène en a déjà délibéré, et le rapport *Chauveau* (Sén. 7 Juill. 1930, *doc. parl.* nº 523) a écarté les dispositions les plus onéreuses pour les employeurs. Elle a notamment rétabli le délai de carence, rejeté l'augmentation du taux de l'indemnité journalière en cas d'incapacité temporaire, etc...

La Fédération nationale des mutilés et invalides du travail, dans un Congrès tenu à Avignon en Juin 1931 (1), a vivement protesté contre cet abandon partiel des réformes votées par la Chambre ; mais il est peu probable, eu égard à la situation économique actuelle, que la Commission sénatoriale modifie sensiblement son texte.

§ 3. — Modes d'extinction du contrat de travail.

1192 et s. — Délai congé. — *La loi du 19 Juill. 1928 (C. trav., liv. 1er, art. 23) et la jurisprudence.* — Aucun texte nouveau n'est intervenu sur la matière ; mais la jurisprudence a eu à se prononcer par maints arrêts, sur les difficultés multiples d'interprétation que soulève la loi de 1928. Il nous suffira de citer quelques décisions-type qui en marquent bien l'orientation générale (2).

Les premiers commentateurs de la loi avaient interprété le nouvel art. 28 comme impliquant un renversement de la preuve. Nous nous étions personnellement prononcé en ce sens (nº 1202). Ce n'est pas l'avis de la C. de Cassation : En prescrivant aux tribunaux de mentionner, et par suite, de discuter le motif de rupture allégué par la partie qui met fin, de sa seule volonté, au contrat de louage de services fait sans détermination de durée, et en facilitant ainsi l'administration de la preuve d'un *abus* du droit de résiliation, la loi de 1928, — déclare la Ch. civ., — n'a pas abrogé la règle suivant laquelle le fardeau de cette preuve incombe à celui qui a subi la rupture. Civ. Cass. 18 Mars 1930, D. 30. 1. 71, et note Rouast (en sens contraire). — Cf. Req. 26 Mars 1931, D. 32. 1. 8 et note E. P.

(1) Pour le compte rendu des travaux du Congrès et de la Conférence des avocats adhérents à la Fédération, cons. l'étude de J. Kréher sur *Les mutilés du travail* (Rec. de dr. com. et dr. soc., 1931, p. 225). — V. aussi le journal *Le mutilé du travail* (organe de la Fédération). — Sur la Conférence internationale des mutilés et invalides du travail, tenue à Zurich en Juillet et sur le Congrès international des accidents et maladies du travail tenu à Genève en Août 1931. cons. le *Rec. de dr. com. et dr. soc.* (1931, p. 251 et s.).

(2) Pour une étude synthétique de la jurisprudence relative à la loi nouvelle, cons. notamment : Kréher, *La rupture du contrat de travail*, préf. de P. Pic, broch. 1931. — V. aussi *Rec. international de jurisprud. du travail*, France, contrat individuel de travail, années 1930 et 1932.

Une autre question importante, tranchée au contraire dans un sens favorable aux salariés, est celle de la prédominance de l'usage, ou des conventions collectives sur les réglements d'atelier. Ainsi, n'est pas légalement justifiée la décision qui déclare qu'un *usage nouveau*, spécialement l'usage qui fixait à une semaine le délai-congé dans l'industrie métallurgique de la région parisienne, a été abrogé par une pratique nouvelle résultant de *réglements d'atelier*, pris par les patrons *d'une manière unilatérale* et généralisée (congédiement d'heure à heure), sans apporter la preuve soit d'une convention collective contraire, soit d'un usage nouveau qui se serait substitué à l'ancien. Civ. 31 Juill. 1930 (Rev. des Cons. de prud'hommes, 31, 123) ; 20 Avril 1931 (*ibid*, 32, 13) ; 28 Juill. 1931 (D. H. 31, 523).

Il a été décidé également, toujours dans un sens favorable à l'ouvrier, qu'un contrat à durée déterminée, lorsque les parties consentent par tacite reconduction, à des prorogations successives, devient, à défaut d'une clause limitant le nombre des prorogations, à durée indéterminée. Dès lors, par application de l'art. 23 nouveau, qui frappe de nullité toute clause d'un contrat individuel de travail à durée indéterminée fixant un délai-congé inférieur à celui qui est établi par les usages, est nulle la clause d'un contrat de cette nature destinée à priver l'ouvrier du bénéfice de ce délai d'usage. Civ. 4 Nov. 1931 (D. H., 31, 553) ; 28 Déc. 1932 (D. H. 33, 65).

Sur la rétroactivité de la loi de 1928, v. Civ. Cass. 22 Avril 1929 (D. H. 29, 281), et notre chronique (Rec. de dr. com. et dr. soc. 1930, 15).

1201. — *Projets de loi.* — Le Parlement est dès maintenant saisi de diverses propositions tendant à amender et compléter l'art. 23 ; on en trouvera la liste dans le *Bull. du Min. du trav.* (1932, 11). Nous n'en retiendrons qu'une seule, celle de M. *Lamoureux*, tendant à doter les *voyageurs de commerce* d'un *statut légal* (Ch. 17 Janv. 1930, ann. n° 2768) (1). Les dispositions essentielles du projet sont les suivantes :

L'art. 23 C. trav. est rendu applicable aux contrats de travail à durée indéterminée ou déterminée, intervenus entre commerçants et industriels et les *voyageurs, représentants et placiers* du commerce ou de l'industrie, qu'ils soient attachés à une ou plusieurs maisons et quel que soit leur mode de rémunération. Pour cette catégorie de salariés, le délai-congé ne peut être inférieur à trois mois.

(1) Pour l'étude et la critique de ce projet, v. Kréher, *Le statut des voyageurs de commerce* (Rec. de dr. com. et de dr. soc., 1931, p. 263).

L'indemnité à allouer, le cas échéant, tient compte des éléments déterminés à l'art. 23 et en outre : *a*) des salaires mensuels fixes ; *b*) des remises proportionnelles et commissions directes ou indirectes ; *c*) des ordres à venir après rupture comme suite aux échantillonnages des voyageurs, représentants et placiers ; *d*) de l'importance de la clientèle apportée, créée ou développée par eux ; *e*) du temps restant à courir dans les contrats à durée déterminée.

Sur les sanctions édictées contre le *débauchage* des travailleurs, par la loi du 5 Fév. 1931, v. *supra*, n° 996.

1262. — *Emplois réservés.* — Sur les emplois réservés aux *mutilés de guerre*, v. décr. du 16 Mai 1931. — Sur les diverses propositions tendant à faire bénéficier les *mutilés du travail*, ou certaines catégories d'entre eux, des dispositions légales en vigueur en ce qui concerne les mutilés de guerre, v. *Bull. Min. trav.* 1932, IV.

CHAPITRE V

APPRENTISSAGE, ENSEIGNEMENT TECHNIQUE. — ARTISANAT

1271. — *Chambres de métiers, conseillers des métiers, encouragements à l'artisanat.* — Nous avons signalé déjà les efforts du législateur contemporain pour développer et encourager *l'artisanat*, c'est-à-dire le petit métier autonome. Ce mouvement se poursuit ; nous n'en voulons pour preuve que le vote de toute une série de lois récentes : Lois des 15 Juin 1930, 20 Mars 1931, 23 Avril 1932, apportant à la loi organique du 26 Juillet 1925 sur les *Chambres de métiers* diverses modifications de détail ; L. de finances du 16 Avril 1930 (art. 69) sur la *taxe d'apprentissage* (cb. décr. 8 Avril 1931) ; L. du 2 Août 1932 tendant à faciliter la construction de *locaux à usage artisanal*. — Cf. décr. du 24 Oct. 1932, portant création de *conseillers des métiers*.

De tous ces textes, il nous suffira de résumer brièvement les deux plus intéressants : la loi du 2 Août 1932, et le décret du 24 Oct. 32.

Construction de locaux à usage artisanal. (L. 2 Août 1932). — Les sociétés coopératives artisanales ainsi que les groupements de ces mêmes sociétés ont la faculté : d'acquérir des maisons individuelles comportant des logements et des ateliers ; de créer des cités jardins dans le même but ; d'aménager à cet effet des maisons existantes. La valeur locative de ces immeubles devra être limitée à deux fois les maxima prévus pour les H. B. M.

Les unions de crédit artisanales prévues par les lois de 1923 et 1929 sont chargées de financer ces opérations au moyen d'avances remboursables dans un délai maximum de 25 ans. Le ministre du travail est autorisé à prélever chaque année, jusqu'à concurrence de 2 millions de fr., sur les disponibilités du fonds de dotation de l'artisanat, les sommes nécessaires pour contribuer au service de l'intérêt et de l'amortissement des emprunts contractés auprès de la Caisse des dépôts.

Conseillers des métiers (décr. 24 Oct. 1932). — Le but de cette institution nouvelle est défini en ces termes dans le rapport du Ministre du travail qui précède le texte du décret : « Les pouvoirs publics, justement pénétrés de l'importance sociale de la classe artisanale, ont tenu à encourager le mouvement de rénovation des métiers. La loi du 25 Déc. 1923 a organisé le crédit à l'artisanat. La loi du 26 Juill. 1925, portant création de chambres de métiers, a doté l'artisanat d'organismes représentatifs distincts...

Ce n'est pas seulement auprès des pouvoirs publics que les artisans ont rencontré de la sympathie dans leurs efforts en vue de s'affirmer *comme une classe distincte de producteurs* ; des artistes, des écrivains, des juristes, des savants se sont intéressés à leurs efforts, et le moment semble venu de donner aux sympathies et aux encouragements que les artisans ont rencontrés, une reconnaissance officielle. Tel est l'objet du présent projet de décret... »

L'économie du décret peut se résumer ainsi qu'il suit :

Les conseillers des métiers sont choisis parmi les personnes qui, s'étant déjà signalées par l'intérêt qu'elles ont porté aux artisans, sont susceptibles de contribuer, dans les divers domaines, à l'organisation et au développement des métiers. Ces conseillers exercent gratuitement leurs fonctions.

Les conseillers des métiers peuvent être consultés par le Ministre du travail sur les différentes questions intéressant les artisans. Ils ont la faculté de soumettre directement au ministre leurs rapports et propositions.

Ils sont nommés par arrêté du ministre du travail, après avis de la commission prévue par la loi de 1923. Leur mandat est de cinq ans ; ils sont rééligibles.

Enseignement technique. — Loi du 9 Avril 1932, modificative de la loi du 25 Juill. 1919 sur *l'enseignement technique.* — Loi du 27 Novembre 1932 sur *l'enseignement agricole.*

TITRE III

CONFLITS COLLECTIFS OU INDIVIDUELS ENTRE PATRONS, OUVRIERS ET EMPLOYÉS

I. — Conflits individuels.

Conseils de prud'hommes. 1304. — A) *Compétence ratione materiæ des prud'hommes : prud'hommes agricoles.* D'abord spéciale à l'industrie, puis étendue au commerce, la compétence des Conseils de prud'hommes vient d'être étendue à l'agriculture par la loi du 25 Décembre 1932.

Aux termes de cette loi, l'art. 1er du Livre IV du Code du travail est modifié ainsi qu'il suit : « Les conseils de prud'hommes sont institués pour terminer par voie de conciliation les différends qui peuvent s'élever à l'occasion du contrat de louage d'ouvrage dans le commerce, l'industrie *et l'agriculture* entre les patrons ou leurs représentants et les employés, ouvriers et apprentis ».

Le décret d'institution (art. 4) déterminera le ressort du Conseil, le nombre des catégories dans lesquelles sont répartis les commerces, les industries et *les opérations agricoles* soumises à sa juridiction et le nombre des prud'hommes affectés à chaque catégorie.

Sont électeurs agricoles : 1° Electeurs ouvriers, les ouvriers agricoles à la journée ou à gages ; 2° Electeurs employés : les régisseurs ou les chefs de culture ; 3° Electeurs patrons : les propriétaires, usufruitiers, fermiers, métayers, colons partiaires, domaniers, anciens agriculteurs, les membres de la famille du chef d'exploitation travaillant avec lui.

1312. — B) *Compétence territoriale ou ratione personæ.* — Le seul Conseil compétent est, en principe, celui de la *situation de l'établissement*, auquel appartiennent les deux plaideurs. A ce principe la loi du 6 Avril 1932, modificative des art. 2, 50 et 59 C. proc. civ., a apporté la dérogation suivante : « Les contestations relatives à des fournitures, travaux, location, louage d'ouvrage ou d'industrie, peuvent être portées devant le juge du lieu où la convention a été contractée ou exécutée lorsqu'une des parties sera domiciliée en ce lieu.

1313. — *Projets d'extension.* — Dans sa session de Nov. 1931, le Conseil supérieur du travail a cru devoir, malgré l'avis nettement défavorable de la plupart des Chambres de commerce (Rec. de dr. com. et de dr. soc. 1931, 112), se prononcer pour l'extension de la juridiction prud'homale à plusieurs catégories nouvelles de salariés : employés des offices publics et ministériels (à l'exclusion des clercs), personnel de rédaction des journaux, personnel des professions libérales (commis d'architectes, d'ingénieurs, etc.), salariés des sociétés civiles ou des associations ; domestiques attachés à la personne et concierges.

II. — Conflits collectifs (Conciliation et arbitrage).

1341. — *Les projets de loi.* — Aucun des projets de loi tendant à réorganiser les Comités de conciliation, Conseils d'arbitrage, pendants depuis de longues années devant le Parlement, n'a abouti jusqu'ici.

Signalons simplement le dépôt, sur le bureau du Sénat (Sén. 20 Mai 1931, n° 483), d'un rapport favorable de M. *Godart* sur le projet de loi *Loucheur*, voté par la Chambre le 25 Juin 1929 et analysé déjà dans notre Traité, relatif au *réglement amiable* des conflits du travail : projet tendant à rendre obligatoire, en principe, la tentative de *conciliation*, l'*arbitrage* demeurant facultatif, sauf dans les entreprises d'intérêt public (Chemins de fer, usines, distribution d'eau ou de lumière, etc.).

TITRE IV

VUE D'ENSEMBLE SUR LES INSTITUTIONS SOCIALES
ÉCONOMIE SOCIALE

I. — Participation aux bénéfices et à la gestion. — Actionnariat ouvrier. — Sociétés d'économie mixte.

1379. — *Actionnariat ouvrier.* — En présence de l'échec de la loi du 26 Avril 1917 sur les *sociétés anonymes à participation ouvrière*, on s'est demandé s'il ne conviendrait pas de rendre obligatoire la participation du personnel aux bénéfices et, dans une certaine mesure à la gestion, sinon dans tous les établissements industriels, — ce qui paraît impraticable, — tout au moins dans les entreprises en régie ou concédées ? C'est à cette pensée que répond le dépôt par M. *Basset*, sur le bureau de la Chambre (Avril 1931), d'une proposition de résolution invitant le Gouvernement « à déposer un projet de loi rendant obligatoire l'actionnariat ouvrier dans les entreprises exploitées par l'Etat, soumises à son contrôle ou concédées par lui ».

Cette proposition n'a pas eu de suite, la Commission du travail, sur le rapport de M. *Pinault*, ayant conclu au rejet (*Rec. dr. com. et dr. soc.* 1931, 136). — Cf. propos. *Planche*, tendant à modifier la loi du 26 Avril 1917 (Ch. 18 Janv. 1929, n° 1105).

1381. — *Sociétés d'économie mixte.* — Si la formule de l'actionnariat ouvrier a échoué, le régime des *sociétés d'économie mixte* continue au contraire à progresser. Toutes ces sociétés ont pour caractère distinctif d'associer étroitement, en vue d'une entreprise d'intérêt général, les ressources publiques provenant de l'impôt (Etat, départements ou colonies, communes, Chambres de commerce) et les capitaux privés.

Nous avons déjà signalé plus haut (n° 622) l'accord intervenu entre l'Etat français et la *Cie française des pétroles*. Il convient également de noter dans le même ordre d'idées : 1° la constitution définitive, en Octobre 1932 de la *Compagnie nationale du Rhône*, qui va poursuivre, avec le concours de l'Etat, des départements riverains et du département de la Seine, de la Cie P. L. M. et d'un certain nombre de sociétés industrielles, l'aménagement du Rhône au triple point de vue navigation, irrigation, forces hydro-électriques. Sur les caractéristiques de cette Sté, v. *Rec. dr. com. dr. soc.* 31, 52. 2° Le vote de la loi du 11 Décembre 1932 sur *l'aviation marchande*, associant étroitement l'Etat à l'exploitation des lignes de navigation aérienne. — Cf. projets relatifs à la reconstitution de la *Cie Transatlantique*. — La question du statut de la *radio diffusion* n'est pas encore législativement réglée ; mais là aussi, il semble que l'on s'oriente vers un régime d'économie mixte (*Rec. dr. comm. et dr. soc.*, 31, 106).

A la même formule se rattachent les sociétés pour l'exploitation des *forces hydro-électriques* (Décr. 29 Avril et 17 Mai 1931, *Rec. dr. com. et dr. soc.* 31, 135 et 189).

Sur les *régies municipales*, v. *supra*, n° 660.

Sur le développement des entreprises d'économie mixte aux colonies et dans les pays de protectorat, spécialement au *Maroc*, cons. Hoffherr, *L'économie marocaine* 1932 ; Hoffherr et Mauchaussé, *Formules modernes d'organisation minière africaine*, 1933. — Sur les Banques coloniales, v. *Rec. dr. com. et dr. soc.* 31, 106.

Sur un avant-projet de *Transsaharien*, v. Rec. dr. com. et dr. soc. 31, 106.

II. — Habitations à bon marché.

1386. — La législation sur les habitations à bon marché n'a subi aucune modification sérieuse depuis la promulgation de la loi *Bonnevay*, du 28 Juin 1930, commentée déjà par nous, qui a amendé le régime des H. B. M. (Loi *Loucheur*, 13 Juill. 1928), sur deux points : *a*) augmentation des avances de l'Etat our logements à *loyers moyens* ; *b*) création d'un type nouveau d'H. B. M., intermédiaire entre l'H. B. M. ordinaire et le logement moyen, *l'H. B. M. améliorée*.

Il nous suffira de mentionner d'un mot les deux lois des 28 Juin 1930 et 5 Janvier 1932, prorogeant sous certaines conditions le délai d'exonération des droits de mutation immobilière pour les constructeurs d'H. B. M. et la loi du 9 Mars 1932 sur l'attribution de l'actif net des organismes H. B. M. en liquidation. Cf. L. 22 Mars 1931 relevant le maximum des avances de l'Etat, et L. du 25 Janv. 1933 sur les prêts consentis par les sociétés de *crédit immobilier* aux sociétés de *jardins ouvriers*.

1387. — Nombreuses, par contre, sont les propositions de loi, tendant à compléter ou modifier le régime en vigueur. On en trouvera la liste dans le *Bull. Min. trav.* 1932, XXIX. Nous n'en mentionnerons qu'une seule, la propos. *Landry* (Ch. 23 Déc. 1929), tendant à faciliter le logement des *familles nombreuses* par un mécanisme ingénieux de subventions croissant avec le nombre d'enfants. V. *Rec. dr. com. et dr. soc.*, 1931, 135.

Il nous paraît superflu d'y insister, la situation budgétaire ne permettant même pas d'aborder la discussion de ces propositions multiples, qui toutes se traduiraient par une augmentation des charges assumées par l'Etat, alors que dans le projet de budget de 1933 les encouragements pécuniaires du Trésor sont notablement réduits. La crise du logement n'a plus du reste la même acuité, et la preuve nous en est fournie par la difficulté où se trouvent actuellement les Offices pour louer leurs immeubles à loyers moyens et même, dans certaines villes, les H. B. M. améliorées.

1388. — *Bien de famille* (*homestead*). — Aux termes de la loi du 22 Fév. 1931, modificative de la loi du 12 Juil. 1909 sur le *bien de famille*, ce bien pourra comprendre soit une maison ou parties diverses de maison (un étage par exemple), soit une maison et son terrain adjacent, soit une maison avec boutique ou atelier et le matériel et outillage le garnissant exploités par une famille d'artisans.

La valeur dudit bien, y compris celle du cheptel, matériel et outillage, ne devra pas, lors de sa fondation, dépasser 40.000 fr. (1).

III. — Sociétés coopératives. — Crédit populaire.

1358. — *Sociétés coopératives ouvrières de production.* — V. *infra*, L. du 22 Mars 1931. — Cf. décr. 26 Janv. 1933 (taux des avances).

1402. — *Coopératives de crédit.* — a) *Crédit ouvrier.* — V. L. du 22 Mars 1931, modifiant le livre III du Code de travail (statut juridique des sociétés coopératives ouvrières de crédit). — Cf. décr. du 1er Oct. 1931 sur la participation des *sociétés françaises d'ouvriers* aux adjudications de l'Etat (*Bull. Min. trav.*, 1931, n° 206).

b) *Crédit mutuel urbain.* — Décr. 25 Août 1932 sur le Crédit mutuel.

(1) Sur la *première cité artisanale française*, en cours d'édification à Paris, quai Jemmapes, v. *Rec. dr. com. et dr. soc.*, 31, 80.

c) *Crédit artisanat.* — La loi *Serre*, du 1er Mai 1929, sur le crédit artisanal est entrée en vigueur en 1931. A cet effet l'Union nationale des sociétés coopératives d'artisans de France a été habilitée (Avril 1931) pour effectuer les opérations de crédit prévues au texte. Les avances, dont chacune ne peut dépasser 25.000 fr., remboursables sur une période de cinq années, seront accordées aux petits artisans n'occupant pas, en sus des membres de leur famille, plus de deux ouvriers et d'un apprenti de moins de 18 ans, à l'effet de constituer, d'aménager, d'installer, de refaire tout ou partie, de doter en outillage ou en matériel leur petite entreprise artisanale. Des avances remboursables en 10 mois, dont le montant ne peut dépasser 5.000 fr., sont également accordées, en vue de faciliter les achats de matières premières. — Cf. L. 17 Mars 1931 tendant à admettre les *petits artisans ruraux* au bénéfice des prêts à long terme du crédit agricole.

d) *Crédit agricole.* — L. du 4 Août 1929 et 22 Juill. 1932 sur les opérations de *crédit à long terme*, effectuées en application de la loi du 5 Août 1920 sur le crédit mutuel et les coopératives agricoles. Cf. décr. du 22 Oct. 1930.

L. des 30 Mars 1931 et 24 Mars 1932 sur les opérations de crédit agricole *à moyen terme*.

L. du 30 Juill. 1931 sur les prêts à moyen terme aux *jeunes ménages agricoles*.

e) *Crédit maritime.* — L. des 25 Mars 1931 et 9 Avril 1932.

Les projets de loi. — Nombreux sont les projets ou propositions de loi tendant à améliorer ou à compléter le statut des coopératives de production, de consommation et de crédit (v. *Bull. Min. trav.*, 1932, XXI). Nous ne mentionnerons que le projet gouvernemental, du 26 Juin 1930 (Ch. n° 3.566), portant fixation du statut fiscal des coopératives agricoles de production. Au surplus, le vote de ces projets apparaît comme peu vraisemblable, vu l'intensité du mouvement actuel dans le sens de la suppression de tous les privilèges fiscaux, mouvement nettement appuyé par la plupart des Chambres de commerce et des Fédérations patronales (*Rec. dr. com. et dr. soc.*, 1931, 264).

IV. — Épargne.

1406. — *Caisses d'épargne.* — Trois lois nouvelles sont intervenues, concernant le statut légal des Caisses d'épargne : Loi budgétaire du

31 Mars 1931, élevant les maxima des dépôts dans les Caisses ; L. du 30 Avril 1931 accroissant les ressources des Caisses, et L. du 24 Janvier 1933 sur l'emploi des bonis des Caisses d'épargne. Cf. décr. 31 Oct. 1932 (taux de l'intérêt).

De ces trois lois, la plus importante est sans contredit la loi du 31 Mars 1931, dont l'art. 61 bis est ainsi conçu : « Les maxima prévus par l'art. 1er de la loi du 20 Août 1926, concernant les dépôts aux Caisses d'épargne, sont élevés à 20.000 fr. pour les particuliers, et à 100.000 fr. pour les sociétés de secours mutuels ». Cette élévation considérable des maxima, portés respectivement de 12.000 à 20.000, et de 50 à 100.000, a été diversement appréciée. Il est incontestable que, du fait de ces mesures, le moyen et le petit commerce et d'une façon générale les classes moyennes sont incitées à confier leur épargne aux Caisses, qui leur servent un intérêt de beaucoup supérieur à celui que leur offrent les Banques, pour les dépôts à vue.

Cet afflux de capitaux considérable (40 milliards environ pour 1931) dans les Caisses de l'Etat, ou plus exactement de la Caisse des dépôts et consignations, est-il absolument sans danger ? Nous nous bornons à poser la question ; l'avenir y répondra (1).

Sociétés de capitalisation et d'épargne. — Lois des 10 Fév. 1931 et 4 Fév. 1932, et décr. du 12 Juin 1931 sur les entreprises de capitalisation et d'épargne. Les textes nouveaux comportent tout un ensemble de mesures tendant à renforcer le contrôle et la surveillance de l'Etat sur ces entreprises, qui gèrent des capitaux considérables (plus de 25 milliards en 1930), provenant en majeure partie de la petite épargne. — Cf. *Rec. dr. com. et dr. soc.*, 1931, p. 73 et 19[illegible].

V. — Assurances sociales.

I. **La loi des assurances sociales** (5 *Avril* 1928, 30 *Avril* 1930). — A. *Sa mise en application.* — 1434 et s. — La mise en application de la loi du 30 Avril 1930 a nécessité un tel luxe de réglementation (plus de 100 décrets, arrêtés ou circulaires, depuis le règlement d'administration publique du 25 Juill. 1930, visé dans notre 6e édition), que nous ne pouvons songer même à en donner la liste ! Il nous suffira de mentionner les textes les plus importants :

Loi du 28 Juill. 1931, simplifiant la perception des cotisations ;

(1) *Les nouvelles attributions de la Caisse des dépôts et consignations* (Rec. dr. com. et dr. soc., 1931, 55).

Décr. des 22 Sept. 1931, 15 Fév., 21 Mars et 21 Avril 1932, 27 Janv. 1933, modificatifs du réglement organique du 25 Juill. 1930 ;

Circul. du 23 Août 1930 sur la détermination de la qualité de salarié (1) ;

Décr. du 20 Sept. 1930 sur le fonctionnement des caisses primaires ;

Décr. du 21 Sept. 1930 sur les institutions patronales ;

Circul. du 4 Octobre 1930 sur les rapports des Assurances sociales avec l'*Assistance médicale gratuite* (2) ;

Décr. du 30 Nov. 1930 relatif aux droits des assurés en chômage partiel ;

Série de décrets des 30 Juin et 6 Juillet 1931, sur la coordination des régimes spéciaux d'assurance, avec le régime général des A. S. (Cf. L. des 7 Janv. et 31 Mars 1932 sur les retraites des agents des chemins de fer) ;

Circul. du 1er déc. 1932 sur la mise en application de l'assurance-invalidité.

B. *Imperfections constatées ; réformes nécessaires.* — 1444. — Dès les premiers mois d'application de la loi, les imperfections du texte, d'inspiration mutualiste en apparence, étatiste en réalité, apparurent en pleine lumière. Le ministre du travail s'efforça bien, à coup de décrets, arrêtés et circulaires, d'en corriger les défauts et d'en assouplir le mécanisme. Mais cette réglementation minutieuse, sans cesse remaniée, et dans le dédale de laquelle les intéressés ont peine à se reconnaître, eut plutôt pour effet d'aggraver le mal.

Voici en quels termes s'exprimait à cet égard, dans le journal des *Assurances Sociales* (Mai 1932) M. le Dr *Grinda*, l'un des rapporteurs et des principaux promoteurs de la réforme : « Tout d'abord, — dit-il, — plusieurs constatations de fait : — Le principe de la loi n'est plus contesté par personne (3). Les salariés en apprécient les avantages, les employeurs en comprennent toute la portée sociale et en acceptent les charges. La complication paperassière de la loi n'est au contraire acceptée par personne... on ne remédiera pas à la situation en augmentant l'amas de textes et de réglements déjà

(1) Sur la question, très discutée, de savoir si les travailleurs à domicile, jouissant d'une certaine autonomie, peuvent être considérés comme des assurés obligatoires, cons. nos notes sous D. 31, 1, 121 et D. 31, 2, 113.

(2) Cf notre chronique sur *Les A. S., les hôpitaux et hospices, et la loi sur l'A. M. G.* (Rec. dr. com. et dr. soc., 31, 17 et 105).

(3) M. Grinda est optimiste. — L'assurance obligatoire a encore des adversaires résolus. Le *Journal des Débats*, sous la plume de M. Liesse, mène contre elle depuis l'origine une campagne véhémente. *M. de Lasteyrie*, à la Chambre, s'y est associé (résol. déposée en Mai 1931, tendant à supprimer l'obligation pour le risque maladie) ; et tout récemment (Fév. 1933), à l'occasion du débat sénatorial

trop considérable. Il faut, au contraire, arriver à un texte unique, très simple, d'intelligence et d'application facile ».

Ce texte devra, déclare M. *Heller*, président de la Fédération mutualiste de la Seine (*Pax*, du 4 Juin 1931), être d'inspiration mutualiste. « La formule mutualiste, dit-il, n'est faite que de l'autonomie, de l'indépendance accordée aux sociétés de secours mutuels par le législateur de 1898, liberté qui n'est d'ailleurs nullement incompatible avec le principe d'obligation posé par la loi de 1928. Il suffirait, en effet, tout en offrant aux groupements mutualistes des ressources accrues et obligatoires, de laisser ces groupements maîtres de leur gestion, au lieu de leur imposer, comme le fait le régime actuel des A. S., la création d'organismes nouveaux (les Caisses primaires), juridiquement et financièrement distincts ».

C'est précisément ce que demandent MM. *Dorman* et *Montigny* dans leur propos. de loi (Ch. 4 Nov. 1930, n° 3961). Ils réclament pour les mutualistes assurés sociaux le droit de continuer à verser une cotisation à leur Société de secours mutuels si celle-ci leur garantit des avantages équivalents à ceux de la loi, en d'autres termes, le droit de précompter eux-mêmes cette cotisation au lieu d'en imposer l'obligation à l'employeur.

Energiquement appuyée par toute la mutualité française (Etats-Généraux mutualistes de 1931 et 1932), la propos. Dorman-Montigny viendra sans doute en discussion devant la Chambre, concurremment avec le projet gouvernemental dont le nouveau ministre du travail, M. F. Albert, a annoncé, par voie de communication à la presse (25 Février 1933), le dépôt prochain. La caractéristique de ce projet réside dans un effort de simplification. Les cadres actuels seraient maintenus, et à ce point de vue l'idée maîtresse de la propos. Dorman-Montigny serait écartée, mais l'application de la loi serait rendue plus simple, plus rapide et moins coûteuse.

« L'intention du gouvernement, a dit le ministre, est d'aboutir dès que possible, à une simplification dans les modalités d'application de la loi, de manière à la rendre moins onéreuse aussi bien pour l'Etat que pour les employeurs. En ce qui concerne les principes essentiels, il demeure entendu qu'il ne saurait être question d'en modifier l'esprit. Ni l'obligation, ni la participation des employeurs et employés ne peuvent être abandonnées.

sur le 2e douzième provisoire, M. *Milan*, président de la Caisse d'amortissement, a saisi le Sénat d'une résolution tendant à suspendre l'application de la loi pendant deux ans. Ce qui est vrai, c'est que ces adversaires systématiques sont peu nombreux et que jamais le Parlement ne consentira à une telle régression, à une telle faillite morale, qui entraînerait d'ailleurs, à raison des milliards déjà accumulés en vue du service des pensions de vieillesse et d'invalidité, des complications très graves, et justifierait les pires attaques des communistes.

« C'est surtout en matière de réglementation pratique qu'il y a lieu de poursuivre un effort susceptible de ménager la bonne volonté des uns et des autres et réduire au minimum leurs obligations administratives. A cet effet, le gouvernement accepte bien volontiers les suggestions contenues dans la proposition de M. Fié, président de la commission d'assurance et de prévoyance de la Chambre, et les idées qui ont inspiré les votes récents de cette commission. Le gouvernement est donc résolu à réaliser la suppression des timbres, celles des feuillets et cartes de cotisations, le paiement des cotisations proportionnelles aux salaires et, par là même, la suppression des catégories trop rigides, enfin le système des cotisations forfaitaires annuelles pour certaines catégories de travailleurs, notamment les gens de maison.

« Les modes actuels de perception, en outre de leur complication, comportent une minutie de contrôle sur pièces qui exige l'emploi d'un personnel nombreux et n'élimine pas toutes les chances d'erreur. Le relevé des timbres est une opération extrêmement laborieuse ; les cartes se perdent ; les timbres sont irrégulièrement appliqués ; les contestations se prolongent sans fin entre les services et les assurés sociaux, et le jour où il y aura lieu de liquider un grand nombre de pensions, des retards se produiront qui risquent d'aboutir à un véritable embouteillage. Cette échéance à prévoir, et par conséquent à organiser, rend indispensable un remaniement dans le sens des calculs prompts et clairs.

« C'est pourquoi, allant encore plus loin dans la voie de la simplification, le gouvernement envisage le versement des cotisations en espèces, chèque ou mandat, à l'appui d'un simple relevé global des salaires par trimestre, comme en matière d'accidents du travail, et l'ouverture, au service départemental des assurances sociales, d'un compte d'ordre pour chaque employeur.

« Le fonctionnement des assurances sociales, ainsi simplifié, entraînera de sérieuses économies, le contrôle sur place devant se substituer progressivement à la bureaucratie, avec un personnel plus mobile et moins pléthorique. » (1).

II. — L'assistance aux chômeurs : problème de l'assurance-chômage.

1445. *Fonds national de chômage ; l'effort de l'Etat.* — Au fur et à mesure que sous l'influence de la crise mondiale, le chômage

(1) Pour plus de développements, cons. nos chroniques de la *Rev. Polit. et parlement.* (Décembre 1932) et du *Recueil de dr. comm. et de dr. soc.*, (1932, 80 et 111).

s'amplifiait, le Gouvernement et le Parlement français s'efforçaient, en coordonnant leurs efforts avec ceux des départements et des communes, de régulariser le régime des subventions aux Caisses de chômage, d'en accroître le taux, et d'en prolonger la durée. C'est de cette inspiration commune que procèdent les nombreux textes, lois, décrets ou circulaires, promulgués de 1930 à 1932 (v. *Bull. min. trav.*), dont il nous suffira de rappeler les plus importants ;

Loi du 31 Mars 1932 augmentant les ressources du *Fonds national de chômage*, et L. du 23 Avril 1932 sur l'aide de l'Etat aux communes et départements, qui entreprennent des travaux en vue d'occuper les chômeurs ;

Décr. des 31 Déc. 1931 et 4 Août 1932, élevant le taux de la contribution de l'Etat aux fonds de chômage (*Rec. dr. comm et dr. soc.*, 1932, 105) ; — 24 Juin 1932, supprimant le délai maximum de 180 jours, au-delà duquel le chômeur ne pouvait plus prétendre aux subsides et devenait justiciable du bureau de bienfaisance ; — 7 Oct. 1932, 12 et 24 Janv. 1933, prorogeant les dispositions des décr. des 31 Déc. 31 et 24 Juin 1932, fixant le taux des subventions de l'Etat aux caisses de secours contre le chômage partiel, etc.

1446. — *Le problème de l'assurance obligatoire contre le chômage* (1). — L'Etat français doit-il délibérément se cantonner sur le terrain, étroitement délimité, des subventions aux institutions publiques de chômage, ou ne devrait-il pas s'orienter à son tour, comme l'ont fait plusieurs grands Etats européens, Angleterre, Allemagne, etc., vers l'assurance obligatoire contre le chômage involontaire, couronnement logique de tout l'édifice des Assurances sociales ?

Théoriquement, l'assurance-chômage, malgré ses difficultés d'organisation, peut se justifier par de sérieuses considérations. — V. Mossé, *L'assurance obligatoire contre le chômage au point de vue social*, th. 1929.

Mais, si l'on considère les charges formidables que ce régime impose à l'Angleterre et à l'Allemagne et les difficultés financières auxquelles se heurte présentement le gouvernement français, il ne saurait être question actuellement d'introduire dans nos lois cette nouvelle forme d'assurance, qui creuserait encore plus profondément le déficit.

L'accélération des grands travaux (loi d'outillage national), le contingentement des ouvriers étrangers, la réalisation de l'équilibre

(1) Cons. notamment, pour l'étude de la question : nos chroniques du *Rec. de dr. com. et dr. soc.* 1931, p. 24, 61, 261, et 1932, p. 109, et de la *Revue politique et parlementaire* (*La crise mondiale de chômage et l'assurance obligatoire*, n° Mars 1930, et *L'organisation de la lutte contre le chômage*, n° Mars 1932).

budgétaire et la reprise des affaires qui paraît devoir en découler, seront autant de facteurs de redressement qui permettront de résorber peu à peu la main-d'œuvre nationale inemployée et d'atténuer les souffrances causées par le chômage. — Augmenter les charges de la production, déjà si lourdement taxée, pour gager l'assurance-chômage, serait à n'en pas douter un remède pire que le mal.

VI. — Assistance sociale.

L'assurance-chômage, qui par bien des côtés confine à l'assistance, va nous servir de transition naturelle pour passer à l'exposé sommaire de notre législation récente sur l'assistance sociale.

A. *Familles nombreuses : encouragements à la natalité ; assistance maternelle.* — **1456.** — Lois des 26 Nov. 1930 et L. budg. du 31 Mars 1931 (art. 102), modifiant la loi du 14 Juill. 1913 sur l'assistance aux *familles nombreuses.*

L. du 27 Juill. 1932, modifiant la loi du 22 Juill. 1923 sur l'encouragement national aux *familles nombreuses.*

Sén. : dép., le 18 Juin 1931 (doc. parl., nº 577) du rapport de M. *Strauss* sur : 1º La propos. *Strauss* s. *l'assistance maternelle* ; 2º La propos. adoptée par la Chambre le 26 Mars 1930, portant création de *maisons maternelles.* — Sur le rôle des *maisons maternelles,* v. *Rec. de dr. com. et dr. soc.*, 1931, p. 74. — Sur les primes à la *natalité* (propos. Bonnevay), v. *Rec. D. C. D. S.*, 1930, 108.

B. —*Hôpitaux, hospices, sanatoriums, dispensaires.* — 1458. — L. du 24 Mars 1932 prorogeant la loi du 14 fév. 1921 sur les prix de journée dans les établissements hospitaliers. Cf. décr. 7 Mai 1930 portant fixation desdits prix.

L. de finances du 30 Juin 1930 (art. 27), sur les *sanatoriums* (création de villages et hameaux sanatoriums pour tuberculeux). Cf. décr. des 16 Janv. 1931 et 30 Mai 1932. Cf. circul. Landry du 26 Juill. 1931 (Rec. D. C. et D. S., 31, 258) relative à l'organisation de la *prévention* (lutte contre la tuberculose, le cancer, les maladies vénériennes, dispensaires, préventoriums, etc.). — Sur les nombreuses propos. de loi intéressant l'assistance, v. *Bull. Min. trav.* 1932, XXIV. — En ce qui concerne le contrôle des établissements de bienfaisance privée. (L. du 14 Janv. 1933), v. *supra*, nº 859.

TABLE ANALYTIQUE

N.-B. — Les chiffres renvoient aux numéros.

A

B

C

D

E

F

G

H

I

J

L

M

N

O

P

R

S

T

U

V

Imprimerie du *Publicateur*

F. Marsat

Domfront (Orne)

IMP. DU PUBLICATEUR. — F. MARSAT, DOMFRONT

TRAITÉ ÉLÉMENTAIRE DE LÉGISLATION INDUSTRIELLE

LES LOIS OUVRIÈRES

SUPPLÉMENT à la 6e ÉDITION

Analyse des principaux textes législatifs ou réglementaires
promulgués en France de Juillet 1930 à Janvier 1933

PAR

Paul PIC

PROFESSEUR HONORAIRE DE LÉGISLATION INDUSTRIELLE ET OUVRIÈRE
A L'UNIVERSITÉ DE LYON
PROFESSEUR HONORAIRE A L'ÉCOLE SUPÉRIEURE DE COMMERCE

avec la collaboration de Jean KRÉHER
AVOCAT A LA COUR DE PARIS
Secrétaire de la rédaction du *Recueil de Droit Commercial et de Droit Social*

Prix : 10 francs

PARIS
Librairie Arthur ROUSSEAU
ROUSSEAU & Cie, Éditeurs
14, RUE SOUFFLOT ET RUE TOULLIER, 13

1933

DU MÊME AUTEUR

Principaux ouvrages

Traité élémentaire de législation industrielle, Les lois ouvrières, 6e édition. — Rousseau et Cie, édit., 1 fort vol. in-8, 1931.

Traité des Sociétés commerciales, (collection E. Thaller), 3 vol. in-8, 2e éd. 1926, Rousseau et Cie, et *Supplément*, 1930.

Traité théorique et pratique de la faillite des sociétés commerciales, Rousseau et Cie, 1887, 1 vol. in-8.

Des sociétés à responsabilité limitée (en collaboration avec M. Baratin), libr. des Juris-Classeurs, 1 vol. in-8, 2e éd. 1929, et *Supplément*, 1933.

Syrie et Palestine, *mandats français et anglais dans le Proche Orient*, (préf. de M. le Général Gouraud, dessins origin. de G. A. Pic, et une carte, E. Champion, édit., 1 vol. in-12, et *Supplément*, 1931.

Co-direction (avec M. le profes. Roger Picard) du **Recueil de droit commercial et de droit social** (anct *Questions pratiques de Législation ouvrière*), édité par la Sté Nouv. des Juris-Classeurs, Paris.

---

www.ingramcontent.com/pod-product-compliance
Lightning Source LLC
LaVergne TN
LVHW020953300926
849160LV00007B/134

9782329195643